国家出版基金项目
NATIONAL PUBLICATION FOUNDATION

國家出版基金項目

教育部哲學社會科學研究重大課題攻關項目

「十一五」國家重點圖書出版規劃項目·重大工程出版規劃

國家社會科學基金重大項目

北京大學「九八五工程」重點項目

儒藏

精華編六二冊
經部禮類

儒藏

精華編

北京大學《儒藏》編纂與研究中心

《儒藏》精華編第六二册

首席總編纂　季羡林

項目首席專家　湯一介

總　編　纂　湯一介　龐　樸　孫欽善　安平秋（按年齡排序）

本册主編　彭　林

《儒藏》精華編凡例

一、中國傳統文化以儒家思想爲中心。《儒藏》爲儒家經典和反映儒家思想、體現儒家經世做人原則的典籍的叢編。收書時限自先秦至清代結束。

二、《儒藏》精華編爲《儒藏》的一部分，選收《儒藏》中的精要書籍。

三、《儒藏》精華編所收書籍，包括傳世文獻和出土文獻。傳世文獻按《四庫全書總目》經史子集四部分類法分類，大類、小類基本參照《中國叢書綜録》和《中國古籍善本書目》，於個別處略作調整。凡單書已收入入選的個人叢書或全集者，僅存目録，並注明互見。出土文獻單列爲一個部類，原件以古文字書寫者一律收其釋文文本。韓國、日本、越南儒學者用漢文寫作的儒學著作，編爲海外文獻部類。

四、所收書籍的篇目卷次，一仍底本原貌，不選編，不改編，保持原書的完整性和獨立性。

五、對入選書籍進行簡要校勘。以對校爲主，確定内容完足、精確率高的版本爲底本，精選有校勘價值的版本爲校本。出校堅持少而精，以校正誤爲主，酌校異同。校記力求規範、精煉。

六、根據現行標點符號用法，結合古籍標點通例，進行規範化標點。專名號除書名號用角號（《》）外，其他一律省略。

七、對較長的篇章，根據文字内容，適當劃分段落。正文原已分段者，不作改動。千字以内的短文一般不分段。

八、各書卷端由整理者撰寫《校點説明》，簡要介紹作者生平、該書成書背景、主要内容及影響，以及整理時所確定的底本、校本（舉全稱後括注簡稱）及其他有關情況。重複出現的作者，其生平事蹟按出現順序前詳後略。

九、本書用繁體漢字豎排，小注一律排爲單行。

#《儒藏》精華編第六二册

經部禮類

通禮之屬

五禮通考

〔清〕秦蕙田 撰
吕友仁
張焕君 校點
曹建墩

目録

六二册

五禮通考卷第四……一六二

五禮通考卷第五……一八七

五禮通考卷第六

五禮通考卷第七

五禮通考卷第八

五禮通考卷第九

六三册

六四册

六五册

六六册

六七册

六八册

七〇册

五禮通考卷第二百四十二……八五七九

五禮通考卷第二百四十三……八六二六

校點説明

《五禮通考》，作者秦蕙田（一七〇二—一七六四），字樹峰，號味經，江南金匱（今江蘇無錫）人。乾隆元年（一七三六），一甲第三名進士，累官至刑部尚書。謚文恭。《清史稿》、《清儒學案》有傳。事迹詳見錢大昕《潛研堂集·刑部尚書秦文恭公墓志銘》。

據秦蕙田《五禮通考自序》，《五禮通考》的編寫，發軔於雍正甲辰（二年，一七二四），蕆事於乾隆辛巳（二十六年，一七六一）。以卷帙多寡、字數多少而論，是經部書中的第一大著作。此非秦氏一人之力，實際工作者尚有錢大昕、戴震、王鳴盛等人，皆當時一流學者。

《五禮通考》正文二百六十二卷，依次爲吉禮一百二十七卷，嘉禮九十二卷，賓禮十三卷，軍禮十三卷，凶禮十七卷。每一禮又分爲若干門類，凡爲門類七十有五。「通考」之「通」，既有共時的通，即每述一義，必網羅衆説；也有歷時的通，即每記一制，必上起先秦，下迄明末，古禮近制，靡弗該載。「通考」之「考」，則是每述一義，每記一制，必有案斷，必有折中。《四庫提要》説：「考證經史，元元本本，具有經緯，非剽竊餖飣、挂一漏萬者可比，較陳祥道等所作，有過之無不及矣。」可謂平實之論。

已知的《五禮通考》傳世版本主要有下列幾種。

一、味經窩刻本之初印本

首蔣汾功、方觀承二序，次凡例，次目録二卷，次卷首四卷，次正文二百六十二卷。今知復旦大學圖書館有藏。此本的刊刻時間，《中國古籍善本書目》著録爲乾隆十八年（一七五三），疑有誤。第一，據秦蕙田《五禮通考自序》，乾隆二十六年冬，

「爰始竣事」。第二，錢大昕是《五禮通考》的參校者之一，在此本卷二五八至卷二六二，卷端皆署「右春坊右贊善嘉定錢大昕參校」。據錢大昕自編《年譜》，錢氏擢右春坊右贊善是在乾隆二十三年。綜合以上證據，我們認爲，初印本或刻於乾隆二十六年。初印本的主要缺點有二。一是校勘不精，譌脱衍倒特多，以致復旦藏本的天頭地腳充斥着秦蕙田、盧文弨、姚鼐等人的校語。二是與此後的各本比較，有重大的遺漏。清季學者賀緒蕃在復旦藏本卷一九七的末尾批校説：「此本較後定本少附戴氏震《勾股割圜記》五十三頁。」此五十三頁，約合四萬多字。

此初印本比較難得，臺灣聖環圖書公司一九九四年據復旦藏本的照片出版了一個影印本，校勘記中簡稱「聖環本」。

二、味經窩刻本之通行本

首蔣汾功、方觀承、顧棟高三序，次秦蕙田自序，次凡例，次總目二卷，次卷首四卷，次正文二百

六十二卷。從校勘的角度來説，此本最佳。因爲初印本的兩大缺點在此本都得到了糾正。由於秦蕙田在乾隆二十九年遽然下世，該本成於誰手，不得而知。而該本的問世，當在四庫開館，高宗下詔徵書之前，即乾隆三十七年之前。此本爲後來諸本之祖本。此本今存不少，國家圖書館、北大圖、上圖都有藏，著録爲乾隆十八年者即是。下文簡稱「通行本」。

三、文淵閣《四庫全書》本（校勘記簡稱「庫本」）

據《四庫提要》，庫本成書於乾隆四十三年，抄自江蘇巡撫採進本。此採進本當即通行本。庫本與通行本相比，有三點大的不同。第一，卷端署名不同。庫本一律署作「刑部尚書秦蕙田撰」。而通行本除了署名「內廷供奉禮部右侍郎金匱秦蕙田編輯」外，還附上了同訂者、參校者的官銜姓名。第二，對朝廷忌諱的文字進行删改。例如，通行本卷一二三引錢謙益《雞鳴山功臣廟考》上下，庫本

全部删去；又如通行本卷二〇六引錢謙益《徐霞客傳》一節，庫本抽換爲字數相同的方中履《古今釋疑》一節。蓋清高宗惡錢氏之爲人，故有此舉。第三，徵引《遼史》、《金史》、《元史》、《明史》中的人名、官名、地名的譯音字，不僅與通行本異，而且也與今中華書局校點本《遼史》、《金史》、《元史》、《明史》異。但庫本並非一無是處。由於庫本的抄手文化素質較高，通行本的一些明顯誤字，得到了改正。

四、光緒六年江蘇書局重刊本

此本行款與通行本全同，所異者，一是多出盧文弨、盧見曾二序而删去顧楝高序，二是多用正體字。如通行本之「賔」，光緒本作「賓」；通行本之「輙」，光緒本作「輒」。是其例。

權衡以上諸本之優劣，此次校點以北京大學圖書館藏乾隆間味經窩刻後印通行本作底本，以聖環本作通校本，以庫本作參校本。

對於聖環本天頭地腳上的前人校語，能夠辨識確爲誰人者，如卷五七「文弨案」云云，則盧文弨也，即謂之「盧校」；不能辨識確爲誰人者，則概以「三家校」稱之。所謂「三家」，指秦蕙田、盧文弨、姚鼐三人。

校勘記中所稱「校點本」，指中華書局、上海古籍出版社出版之《五禮通考》徵引他書如《遼史》《金史》等的校點本。

此書卷帙繁重，故校點工作由三人分工合作完成。吕友仁負責校點本書序言、凡例、總目和卷首四卷，以及正文卷一二八至卷二六二，曹建墩負責校點卷一至卷五七，張焕君負責校點卷五八至卷一二七。自愧譾陋，敬希讀者指正。

校點者　吕友仁　張焕君　曹建墩

蔣序❶

三代時，禮行於上，自王侯迄士庶，皆肄習焉，無庸稽之簡册也。凌夷至春秋，學士大夫，猶相與講明指示，斯須不去。秦燔典籍，禮經蕩然。叔孫通補苴於漢，僅以綿蕞習之，而禮幾不可問矣。自時厥後，注疏家掇拾煨燼之餘，强以己意附會，分離乖隔，瑕釁百端，故孔文舉謂鄭康成時有臆説，郊天鼓殆不必麒麟之皮也。夫以康成之悉心搜討，不避拙，不辭難，而當時已不免詆呵，況其他乎！予嘗謂《詩》、《書》雖殘缺，而迹其遺文，尚皆有義理可據。惟禮則隨時代更，郊社所配，殷周各異，南北之祀，分合多歧。一端如此，餘可例矣。又未經夫子手定，故羣儒議論紛紛，比於聚訟。若唐之《開元禮》，宋之《太常因革禮》，雖命儒臣纂輯，垂爲一代章程，而因陋就簡，大略與綿蕞等，後人但藉以考其同異而已，非好學精思者，孰能訂其是非得失而正之。往時崑山徐大司寇有《讀禮通考》一書，於諸禮猶闕而未備。少宗伯秦公奮然繼起，合五禮而編次之，薈萃該洽，受心所是而非以立異，於古有稽而不敢苟同，其不可强釋者，則闕疑焉，仍其名曰《通考》。今秋，兒子和寧給假歸里，爰以授之，而索予弁其首。予讀之，听然莫逆於心也。

夫五禮之用，大以經世，小以物身，雖難言，又烏可以不論。世之噤不敢措一詞

❶ 此題原無，爲校點者所加。下文三序同。

者，既病其言雜，復未覩禮家之大全，故安於放而習於簡耳，非篤古而宿其業，又烏能蔵之。予與秦氏世好，從父弱六出尊大父對巖先生之門，藥師又與予同年友也，日往來寄暢園中，與其羣從子弟遊，素知其家多藏書，凡禮經疏義，外間絶少刊本，而庋貯緘題者數十笥。宗伯以絶人之姿，盡發而讀之，早歲即洞其條理，綜核纂注，彙爲一編。通籍後，簪筆承明，每稍暇，輒抒思釐定。至晉居秩宗，而帙始成，人以爲善於其職云，予謂是惟能宿其業耳。積數十年博覩閎覽之資，用以搜擇融洽，折諸儒之異同而求其是，將使後之考禮者，恍然如日再中，不至若扣槃捫燭也，故不敢以老辭，序而歸之。乾隆十有八年秋八月，陽湖八十二老人蔣汾功。

方序

三代以下，言禮者必折衷于朱子。朱子論編纂禮書，宜以《春官》五禮爲之綱，顧自輯《儀禮經傳通解》，别以《家》、《鄉》、《邦國》、《王朝》爲次，雖亦具嘉、賓、軍三禮，而未科别其條。勉齋、信齋，續以《喪》、《祭》之禮，始略備吉凶二類，而又與前編體裁未能畫一，蓋亦稟本，未成之書也。學者既不見先王之大全，中間又無先儒衡定之成書，各以耳剽臆決，塗飾文具，所稱聖人緣情而制，因性而作者，豈如是乎？昔在京師時，伯父望溪先生奉詔纂修《三禮》，余數從講問，伯父告之曰：「禮者，義之實，先王所以體性而達情也。學者能内考其性情，以協諸進退、揖讓、尊卑、際會之節，始知三千三百，莫不犁然曲當于人心，直可兼陳萬物而權衡之耳。」因以所著《喪禮或問》授余。既而閲崑山徐氏《讀禮通考》，乃知聖人立中制節，《或問》實揭其精微。若載《或問》於喪禮，補弔荒禬恤之制，則凶禮已全。因準是而師朱子輯禮本意，博采經傳子史，區爲吉、嘉、賓、軍四類，而彙成《五禮全書》，庶幾經世大典，可以信今而垂後也。

吾友味經先生，以博達之材，粹於《禮經》。官秩宗日，侍内廷，值聖天子修明禮樂，乃益好學深思，研綜墳典，上自六經，下迄元明，凡郊廟、禋祀、朝覲、會同、師田、行役、射鄉、食饗、冠昏、學校，各以類附，於是五禮條分縷析，皆可依類以求其義。先生向與伯父論禮，因屬余參訂。爰考歷代之沿革，諸儒之異同，有所見，輒附於其間，非謂能折衷禮制也。凡先儒緒論，其合於經者，於人心必大洽適焉；其附會穿鑿顯悖於經者，於人心必大剌謬焉。故曰禮者，羣義之文章，協諸義而協，則禮雖先王未之有，可以義斷也。顧是書體大物博，先生積數十年，搜討參伍，乃能較若畫一。余志所聞於父師者，特以示其涂徑，俾知名數雖繁，要以義理爲之準，斯得其門而入爾，無徒博觀於外而駭然以驚焉可也。桐城方觀承拜譔。

顧序

少宗伯秦公味經，輯《五禮通考》一書，凡若干卷。書垂成，而余入京師，屬爲之敘。余卒讀，作而歎曰：

皇哉！唐哉！此數千百年來所絶無而僅有之書也，顧實有先得余心者。憶年二十餘，讀《儀禮》、《周官》、《戴記》，歎周公制禮，整理天下，陶成庶類。逮後政衰，諸侯惡其害己而皆去其籍。蓋典禮廢壞，實自春秋、戰國時始。漢高堂生僅傳《士禮》十七篇，而《周官》三百六十職，備陳祭祀、朝覲、會同、賓客、燕饗之事，實爲天子諸侯之禮。則《周官》列其職事，而《儀禮》詳其節次，二書相爲經緯。因欲以《儀禮》爲經，《周禮》爲傳，旁及《詩》、《書》、大小《戴》以及鄭、孔、賈、服之注疏，略仿朱子《經傳通解》之例，名曰《周官聯》，取聯事之義。屬稿半載，因攻制藝，遂爾輟業。中間倖成進士，復家居三十餘年，輯成《春秋大事表》及《毛詩訂詁》，而於《禮經》，不復措意。辛未秋，有詔慎簡經學，余蒙恩授國子司業銜，迴憶覃精《三禮》之時，已五十餘年。余髮種種，且老矣，欲復整理故業，而畏其繁重，力弗克勝。今讀秦公書，恍然如其意所欲出，綱舉而目張，州次而部居，折衷百氏，剖析同異，復舉兩漢以來至前明，凡《郊祀》、《禮樂》、《輿服》諸志及紀傳之關於五禮者，悉以類相附。詳歷代之因革，存古今之同然。蓋舉二十二史，悉貫以《周官》、《儀禮》之書，細大不遺，體要備舉。余謂是書如女媧之補天，視王通之續經，束晳之《補亡》，其大小純雜，殆不可以里道計。至是，而成周之禮，始燦然大明於世。余向日所欲爲而未竟者，似有先告焉，而毫髮無餘憾矣。余垂老得睹是書，因備陳向日區區之愚，得附名簡末，自幸竊自愧也。乾隆十七年壬申，顧棟高時年七十有四。

自序

蕙田性拙鈍，少讀書，不敢爲詞章淹博之學，塾師授之經，循行數墨，恐恐然若失也。歲甲辰，年甫逾冠，偕同邑蔡學正宸錫、吴主事大年、學士尊彝兄弟爲讀經之會，相與謂《三禮》自秦漢諸儒抱殘守闕，注疏雜入讖緯，轇轕紛紜。《宋史》載子朱子當日嘗欲取《儀禮》、《周官》、二《戴記》爲本，編次朝廷、公卿、大夫、士、民之禮，盡取漢晉以下諸儒之説，考訂辨正，以爲當代之典。今觀所著《經傳通解》，繼以黄勉齋、楊信齋兩先生修述，究未足爲完書。是以《三禮》疑義，至今猶蔀。迺於《禮經》之文，如郊祀、明堂、宗廟、禘嘗、饗宴、朝會、冠昏、賓祭、宫室、衣服、器用等，先之以經文之互見錯出足相印證者，繼之以注疏諸儒之牴牾訾議者，又益以唐宋以來專門名家之考論發明者，每一事一義，輒集百氏之説而諦審之，審之久，思之深，往往如入山得逕，榛蕪豁然，又如掘井逢源，溢然自出，然猶未敢自信也。半月一會，問者難者，辨者答者，迴旋反覆，務期惬諸己，信諸人，而後乃筆之箋釋，存之考辨。如是者十有餘年，而裒然漸有成帙矣。丙辰通籍，供奉内廷，見聞所及，時加釐正。乙丑，簡佐秩宗，奉命校閲禮書。時方纂修《會典》，天子以聖人之德，制作禮樂，百度聿新，蕙田職業攸司，源流沿革，不敢不益深考究。丁卯、戊辰，治喪在籍，杜門讀《禮》，見崑山徐健菴先生《通考》規模義例，具得朱子本意，惟吉、嘉、賓、軍四禮，尚屬闕如。惜宸錫、大年，相繼徂謝，乃與學士吴君尊彝陳舊篋，置抄胥，發凡起例，一依徐氏之本。並取向所考定者，分類排輯，補所未及。服闋後，再任容臺，徧覽典章，日以增廣。適同學桐山宜田領軍見而好之，且許同訂。宜田受其世父望溪先生家學，夙精《三禮》，郵籤往來，多所啓發，并促早爲卒業，施之剞氏，以諗同志。德水盧君抱孫、元和宋君愨庭，從而和之。戊寅，移長司寇，兼攝司空，事繁少暇，嘉定錢宫允曉徵實襄參校之役。辛巳冬，爰始竣事。凡爲門類七十有五，爲卷二百六十有二。自甲辰至是，閱寒暑三十有八，而年亦已六十矣。顧以蕙田之謭陋，遭遇聖明，復理舊業，以期無瘝厥職而已。至于朱子之規模遺意，未知果有合焉否也。是爲序。金匱秦蕙田。

五禮通考凡例

一、五禮之名，肇自《虞書》。五禮之目，著于《周官·大宗伯》，曰吉、凶、軍、賓、嘉。小宗伯掌五禮之禁令與其用等。孔子曰：「周監于二代，郁郁乎文哉，吾從周！」所以經緯天地，宰制萬物，大矣至矣。自古禮散軼，漢儒掇拾於煨燼之餘，其傳於今者，惟《儀禮》十七篇、《周官》五篇、《考工記》一篇，文多殘闕；《禮記》四十九篇，删自小戴；及所存《大戴禮》，間有制度可考，而純駁互見；附以注疏及魏晉諸家，人自爲説，益用紛歧。唐宋以來，惟杜氏佑《通典》、陳氏祥道《禮書》、朱子《儀禮經傳通解》、馬氏端臨《文獻通考》，言禮頗詳。今案《通解》所纂《王朝》、《邦國》諸禮，合《三禮》諸經傳記，薈萃補輯，規模精密。第專録注疏，亦未及史乘，且屬未成之書。《禮書》詳于名物，略于傳注；《通典》、《通考》雖網羅載籍，兼收令典，第五禮僅二書門類之一，未克窮端竟委，詳説反約。《宋史·禮志》載朱子「嘗欲取《儀禮》、《周官》、二《戴記》爲本，編次朝廷、公、卿、大夫、士、民之禮，盡取漢晉而下及唐諸儒之説，考訂辨正，以爲當代之典，未及成書」。至近代，崑山徐氏乾學著《讀禮通考》一百二十卷，古禮則做《經傳通解》，兼採衆説，詳加折衷，歷代則一本正史，參以《通典》、《通考》，廣爲搜集，庶幾朱子遺意，所關經國善俗，厥功甚鉅。惜乎吉、嘉、賓、軍四禮，屬草未就。是書因其體例，依《通典》五禮次第，編輯吉禮如干卷，嘉禮如干卷，賓禮如干卷，軍禮及凶禮之未備者如干卷。而《通解》内之《王朝禮》，别爲條目，附于嘉禮。合徐書，而《大宗伯》之五禮，古今沿革，本末源流，異同失得之故，咸有考焉。

一、考制必從其朔，法古貴知其意。而議禮之家，古稱聚訟，權衡審度，非可臆決。徐本于經文缺略、傳注糾紛之處，必詳悉考訂，定厥指歸。兹特兼收異説，并先儒辨論，附于各條之後，以備參稽。或並存闕疑，於治經之學，不無補裨。

一、杜氏、馬氏所載歷代史事，大概專據志書，而本紀、列傳，不加搜採。然史家記事，彼此互見，且二十二史，體例各殊，有詳于志而不登紀傳者，亦有散見紀傳而不登于志者，舉一廢一，不無掛漏。又其採輯之法，有時全載議論，一事而辨析千言；有時專提綱領，千言而括成一語，詳略不均，指歸無據。兹特徧採紀傳，參校志書，分次時代，詳加考核。凡諸議禮之文，務使異同並載，曲直具存，庶幾後之考者，得以詳其本末。

一、作者謂聖，述者謂明，聖則經而賢則傳。《漢藝文志》言禮者十三家，洎及魏晉，師傳弟受，抱殘守闕，厥功偉焉。至宋元，諸大儒出，粹義微言，元宗統會，而議禮始有歸宿。兹編考訂，專以經傳爲權衡。謹緝《禮經源流》，列于首簡。

一、歷代禮典，西京賈、董昌言，未遑制作；東都鋭意舉修，多雜讖緯；魏晉則僅傳儀注。逮梁天監中，五禮始有成書。唐《開元禮》出，而五禮之文大備。杜氏因之，參輯舊聞，作爲《通典》。馬氏續加增廣，纂入《通考》。元明各有《集禮》及《典章》、《會典》等書。班孟堅云：「王者必因前王之禮，順時施宜，有所損益。」夫子亦曰：「百世可知。」述《禮制因革》。

一、吉禮爲五禮之冠。《記》曰：「禮有五經，莫重于祭。」唐虞伯夷典三禮，《周官》大宗伯掌天神、地祇、人鬼之禮。第兩郊、七廟，遺文缺微，《儀禮》所傳，《特牲》、《少牢》，皆大夫士之祭，故《漢志》有「推《士禮》而致于天子」之譏。矧讖緯繁興，康成雜入經注，辨難滋起。如天帝有六，地祇爲二；明堂之五室九室，祈穀之建子建寅；禘郊不分，地社莫別；宗廟六祭，淆于禘祫分年，昭穆祧遷，紊于兄弟繼序。他如服冕、牲牢、樂舞器數，歧説益紛，幾千年間，廢興創革，往往莫之適從。玆編于經傳搜集無遺，冀以補綴萬一，至先儒論説及累朝奏議，亦廣爲採取，較之《通典》、《通考》，詳略懸殊，卷帙亦獨多於他禮。

一、《大宗伯》三禮，馬氏《通考》以《郊社》、《宗廟》統之，三者亦各自爲敘。然先農、先蠶，以人鬼而入《郊社》；六宗、四類，又不能確指爲何神。《經傳通解》增列「百神」一項，究不如《宗伯》三禮爲統括。今但以義類相從，未敢强分名目。

一、《儀禮》十七篇，依鄭注，嘉禮居其七。《通典》從《開元禮》，以大射、鄉射屬軍禮，《宋史》仍屬嘉禮。夫古者射以觀德，貫革非所尚也，今從鄭氏。

一、《大宗伯》「以賓禮親邦國」。是時，天下封建，故諸侯于天子有朝、宗、覲、遇、會、同、問、視之禮，諸侯鄰國，亦相朝聘。自罷侯置守，無復古儀。杜氏《通典》，採摭古今，分爲四條。《通志》但存《三恪二王後》一則。《通考》竟全删去，以藩國朝貢附見于《朝儀》。今輯經文天子、諸侯覲聘之禮，以存古儀；録史傳藩國朝貢及遣使迎勞諸儀，以昭近制，而士庶人相見禮終焉。

一、《儀禮》闕軍禮。《周官·大宗伯》「以軍禮同邦國」，曰大師、大均、大田、大役、大封。唐《開元禮》其儀二十有三，《通典》綜爲九條。今兼《通考》之例，爲類一十有九。

一、《大宗伯》「以凶禮哀邦國之憂」，其禮之别有五。《論語》曰：「所重：民、食、喪、祭。」喪，固凶禮一大端也，已詳徐氏《讀禮通考》，兹特以賑襘補其缺云。

一、經禮三百，《周官》六職所掌，大、小《戴記》所載，廣大悉賅。《通考》將田賦、選舉、學校、職官、象緯、封建、輿地、王禮各爲一門，不入五禮；而朱子《經傳通解》俱編入《王朝禮》，最爲該洽。今祖述《通解》，稍變體例，附於嘉禮之内，《易》曰：「嘉會足以合禮。」蓋言盛也。

一、五禮各門經文之後，二十二史紀志列傳，搜擇頗廣，今附《通解·王朝禮》各類，經則照五禮條目，詳加考證，史則第載沿革大端，以備參考，全文概從摘略。

一、徐書上自王朝，下逮民俗，古禮今制，靡弗該載。是編六籍而外，後世典章，始于秦漢，訖于前明。洪惟我朝，聖聖相承，制度修明，日新富有，至于科條所頒，敬切訓行，高深莫贊。蕙田叨佐秩宗，疏陋是懼，復理專門故業，略識源流，抑亦退食寢興，無忘匪懈云爾。

五禮通考卷首第一

内廷供奉禮部右侍郎金匱秦蕙田編輯
太子太保總督直隸右都御史桐城方觀承同訂
國子監司業金匱吴鼎
按察司副使元和宋宗元 參校

禮經作述源流上

王氏通曰：「吾視千載而上，聖人在上者，未有若周公焉。其道則一，而經制大備，後之爲政者，有所持循矣。」

陸氏德明曰：「《周》、《儀》二禮，並周公所制。三禮次第，《周》爲本，《儀》爲末。」

孔氏穎達曰：「《洛誥》云：『考朕昭子刑，乃單文祖德。』又《禮記·明堂位》云：『周公攝政六年，制禮作樂，頒度量于天下。』所制之禮，則《周官》、《儀禮》也。」

賈氏公彦曰：「《周禮》、《儀禮》，發源是一，理有始終，分爲二部，並是周公攝政太平之書。《周禮》爲末，《儀禮》爲本。」

觀承案：陸氏謂「《周》爲本，《儀》爲末」者，《周禮》乃禮之綱要，《儀禮》乃禮之節目也。賈氏又謂「《周禮》爲末，《儀禮》爲本」者，《周禮》乃經世宰物之宜，《儀禮》乃敦行實踐之事也。

韓氏愈曰：「予嘗苦《儀禮》難讀，又其行于今者蓋寡，沿襲不同，復之無由，考于今，誠無所用之。然文王、周公之法制，粗在于是，孔子曰：『吾從周。』謂其文章之盛也。古書之存者希矣，百氏雜家，尚有可取，况聖人之制度耶！于是掇其大要，奇辭奧旨著于篇，學者可觀焉。惜乎吾不及其時揖讓進退于其間，嗚呼盛哉！」

程子曰：「有《麟趾》、《關雎》之意，然後能行《周官》之法度。」問：「《周禮》有訛缺否？」程子曰：「甚多。周公致治之大法，亦在其中，須知道者觀之，可決是非也。」「《禮記》中有聖人格言，亦有俗儒乖謬之說。乖謬之說本不能混格言，只爲學者不能辨別，如珠玉之在泥沙耳。聖人文章，自然與學爲文者不同，譬之化工生物，剪裁繪畫，雖似相類，終不若化工所生者，自有一般生意。」「《禮記·儒行》、《經解》，極害義理。」又曰：「《儒行》之篇，如後世遊說之士所爲誇大之說，觀孔子平日語言，有如是者否？」「《禮記》除《中庸》、《大學》，唯《樂記》爲最近道，學者深思自得之。《表記》亦近道，其言正。」

張子曰：「《周禮》是的當之書，然其間必有末世增入者。如盟詛之類，必非周公之意。蓋盟詛起于王法不行，人無所取直，故要之于神，所謂『國將亡，聽于神』也。天官之職，須襟懷洪大看得。蓋其規模至大，若此心欲事事上致曲窮究，湊合此心，如是之大，必不能得也。《周禮》唯太宰之職難看，蓋無許大心胸包羅，記得此，復忘彼，其混混天下之事，當如捕龍蛇，搏虎豹，用心力看方可。其他五官便易看，止一職也。」

周氏諝曰：「禮經之殘缺久矣，世之所傳曰《周禮》，曰《儀禮》，曰《禮記》。其間，獨《周禮》爲太平之成法，《儀禮》者又次之，《禮記》者，雜記先王之法而尚多漢儒附會之疵，此學者所宜精擇。」

呂氏大臨曰：「冠、昏、射、鄉、燕、聘，天下之達禮也。《儀禮》所載，謂之禮者，禮之經也。《禮記》所載，謂之義者，訓其經之義耳。　《周禮》直欲使無一物不得其所，故其書無一言而非仁。」

晁氏公武曰：「西漢諸儒得古文禮凡五十六篇，高堂生傳《士禮》十七篇，爲《儀禮》。《喪服傳》一卷，子夏所爲。」

楊氏時曰：「《周官》之書，先王經世之務也，不可不講。」

朱子曰：「《周禮》，周公遺典也，胡氏父子以爲王莽令劉歆撰，此恐不然。　《周禮》乃周家盛時聖賢制作之書。　《周禮》一書，周公所以立下許多條貫，皆是從廣大心中流出。　《周官》徧布精密，乃周公運用天理熟爛之書。　説制度之書，唯《周禮》、《儀禮》可信，《禮記》便不可深信。　《周禮》畢竟出于一家，謂是周公親筆做成固不可，然大綱却是周公意思。　天官之職，是總五官者，若其心不大，如何包得許多事。且冢宰内自王之飲食、衣服，外至五官庶事，自大至小，自本至末，千頭萬緒，若不是大其心者區處應副，事到面前，便且區處不下。況于先事措寘，思患預防，是著多少精神。所以記得此，復忘彼，佛氏只合下將那心頓下無用處，纔動步，便疏脱，所以吾儒貴窮理致知，便須事事物物理會過。　五峰以《周禮》爲非周公致太平之書，謂如《天官·冢宰》，却管甚宫闈之事。其意只是見後世宰相請託宫闈，交結近習，以爲不可。殊不知此正人君治國平天下之本，豈可以後世之弊而併廢聖人之良法美意哉。　又如王后不當交通外朝之説，他亦是懲後世弊。要知《儀禮》中，亦分明自載此理在。　至若女祝『掌凡内禱祠、祈禳之事』，使後世有此官，則巫蠱之事安從有哉！　比、閭、族、黨之法，正周公建太平之基本。但這箇一如棊盤相似，枰布定後，棊子方有放處。舊嘗妄意此書大綱是要人主正心、脩身、齊家、治國、平天下，使天下之民無不被其澤，又推而至于鳥獸草木，無一不得其所而已。不如是，不足以謂之裁成輔相，參贊天地耳。《周禮》一書好，廣大精密，周家法度在裏許。　《儀禮》，禮之根本，而《禮記》乃其枝葉。　《儀禮》，經也；《禮記》，傳也。且如《儀禮》有《冠禮》，《禮記》便有《冠義》；《儀禮》有《昬禮》，《禮記》便有《昬義》；以至燕、射之類，莫不皆然。　《儀禮》載其事，《禮記》明其理。讀《禮記》不讀《儀禮》，許多理皆無安著處。　《禮記》只是解《儀禮》，如《喪服小記》便是解《喪服傳》，推之諸篇皆然。」　問：「《儀禮》傳記是誰作？」曰：「傳是子夏作，記是子夏以後人作。」　「漢河間獻王得古禮五十六篇，想必有可觀，但當時君臣間有所不曉，遂至無傳。故先儒謂聖經不亡于秦火，而壞于漢儒，其説亦好。　今《儀禮》多是士禮，天子、諸侯喪祭之禮皆不存，其中不過有些小朝聘、燕享之禮。自漢以來，凡天子之禮，皆是將士禮來增加爲之。　漢河間獻王所得禮五十六篇，却有天子諸侯之禮，故班固謂『愈于推《士禮》以爲天子諸侯之禮』者。　班固作《漢書》時，此《禮》猶在，不知何代何年失了，可惜。　《儀禮》不是古人預作一書如此，初間只以義起，漸漸相襲，行得好，至于情文極細密，極周緻處，聖人見此意思好，故録成書。只看古人君臣之際，如君臨臣喪，坐撫當心，要絰而踊；今日之事，至于死生之際，恝然不相關，不啻如路人，恩義安在？《儀禮》舊與六經、三傳並行，至王介甫始罷去。其後雖復《春秋》，而《儀禮》卒廢。今士人讀《禮記》而不讀《儀禮》，故不能見本末。　世謂《禮記》爲漢儒作，非也。漢儒最純者，莫如董仲舒。仲舒之文最純者，莫如三策，曷嘗有《禮記》中語乎！如《樂記》所謂『天高地下，萬物散殊，而禮制行矣。流而不息，合同而化，而樂興焉』，仲舒安能到此？　禮有經有變。經者，常也；變者，常之變也。先儒以《曲禮》爲變禮，蓋曲者，委曲之義，故以爲變禮。然『毋不敬，安定辭，安民哉』，此三語謂之變，可乎？先儒以《儀禮》爲經禮，然其中亦自有變，又不可一律觀也。」　問：「孔子何以問禮于老聃？」曰：「始疑有兩老聃，後思之，老子曾爲柱下史，故知禮之節文，所以孔子問之。聃雖知禮，然其意以爲不必盡行，行之反以多事，故欲絶滅之。《禮運》所謂『謀用是作，而兵由此起』等語，亦有此意。」　「《漢志》諸記，自一百三十一篇以下，與經文本不相雜，疑今亦多見于本篇後記及二戴之記、《孔子家語》等書，特不可考其所自耳。」

【陳君舉《周禮説》】周制，三公位冢宰，則冢宰與王坐而論道者也。今攷其屬，小宰掌外治，凡與王左右親習之官，隸焉。內宰掌內治，凡與后左右親習之官，隸焉，而他無職業。凡若是。作《格君心》四篇。其一曰：凡饔飧、田罟、薪蒸之事，醫藥之事，酒漿之事，幄帟次舍之事，甚卑冗也，甚煩縟也，必用命士，必皆領于冢宰。若王有師田之事，則大僕而下，凡僕馭之官。有祭祀之事，則大祝而下，凡巫祝之官。有燕樂之事，則大師而下，凡聲樂之官。其用命士，每官多至四十人，往往皆大夫長之，而屬于卿。若夫宿衛，非宮正之羣吏，則宮伯之士庶子，所謂執矛戈，立階阼，皆冕衣裳者，非若後世，但以兵衛也。昔周公作《立政》，大抵汲汲于用賢，而以虎賁、綴衣、趣馬、攜僕列諸左右常伯、三事之下，常伯、三事，皆大臣也，名位尊矣，視趣馬、綴衣至不等。而周公一概言之，何也？蓋以大臣進見有節，敷奏有常，而朝夕與王燕者，則斯人也，必以士爲之，則必公卿所自簡除，所自考課。苟非命士，則簡除、考課，不出于朝廷，其進雜而羣枉至矣。是故分隸于列卿，而冢宰之治特詳。《書》曰：「昔在文武，侍御僕從，罔非正人，以旦夕承弼厥辟。」由此其選也。方周公之教世子也，魯公之子伯禽，衛康叔之子牟，齊太公之子伋，俱事成王。伯禽、牟、伋，蓋宿衛國子也，他日能爲顯諸侯，而成王與之處，則相觀而善之益多。其後詩人刺皇父曰：「皇父卿士，家伯維宰，仲允膳夫，蹶維趣馬，艷妻煽方處。」以是數人者，皆相從于女謁者也。由此觀之，王之所與燕私，得其人，則太子見德而成王爲賢君；不得其人，則女謁行而褒姒之禍作，自后世子賢否繫焉，而周之興亡從之，如之何其不謹乎？其二曰：庖事、酒事、衣裘之事，惟王及后，有司不敢會。既不會矣，而必領于大臣何也？彼賤有司誠不宜以苛細推校至尊，唯大臣以道佐人主，獨得與人主可否相是非，是故領之。夫富有四海，而一人之奉，就使無節，歲費幾何？方且嘉與大臣以自防檢，庶幾過差不中九式之度。雖有司不敢議，而大臣盡規，所以資啓沃，成敬畏也。其三曰：嘗讀《關雎》，知三代而上，后妃極天下之選矣。后妃母儀天下，常若欲然有不足配至尊之意。當是時，夫人、嬪若干人，世婦若干人，女御若干人，各以其職奉上，所以共賓祭、蕃子孫之官備矣。后方惻然遐想，幽深側陋之閒，尚有遺賢宜配君子，求而不可得，則中夜不寐，展轉歎息，庶幾得之，吾當推琴瑟鐘鼓之奉，與之偕樂而後慊。后德如此，則宮掖之政，一以聽后之所爲，奚不可者乎！迺內小臣而下，凡閽官、九嬪而下，凡婦官，下至于女奴曉祝者、曉書者、曉裁縫者，必屬之大臣，則夫員數之增損，職掌之廢寘，祿秩之多寡，賜予之疏數，皆禀命于朝廷，而后不與。且使內宰得以稽其功緒，而賞罰其勤惰，苟違有司之禁，雖天子不得自以爲恩。是故私謁不行而內政舉，古之所謂正家者蓋如此，而非屑屑然也。令出房闥而方較是非于侵紊之後，爭予奪于縱弛之餘，抑末矣。漢太尉楊秉糾中常侍，而尚書詰以三公統外，安得越奏近官。蓋內治不聽于公卿久矣，無怪乎後世之多亂也歟！

其四曰：周之學政，不別言王世子，而嫁子于諸侯，無王姬之法。蓋天子之元子、庶子、命士與公卿大夫之子共齒于學，王姬之車服，雖不繫其夫，而其肅雝之詩曰：「齊侯之子，平王之孫。」則從夫之序也。夫惟王與后，自牧甚卑，則以能下人爲家法。夫唯能下人，而後能長有天下。自秦人尊君卑臣之令行，無惑乎後世之疑《周禮》也。

馬氏廷鸞曰：「《儀禮》爲書，于奇辭奧旨中有精義妙道焉，于纖悉曲折中有明辨等級焉。不惟欲人之善其生，且欲人之善其死；不惟致嚴于冠、昏、朝、聘、鄉、射，而尤致嚴于喪祭。後世徒以其『推士禮而達之天子』，以爲殘闕不可考之書，徐而觀之，一士也，天子之士與諸侯之士不同，上大夫與下大夫不同，等而上之，固有可得而詳者矣。」

熊氏朋來曰：「《儀禮》是經，《禮記》是傳，儒者恒言之。以《冠義》、《昏義》、《鄉飲酒義》、《射義》、《燕義》、《聘義》與《儀禮·士冠》、《士昏》、《鄉飲酒》、《射》、《燕》、《聘》之禮相爲經傳也。劉氏又補《士相見》、《公食大夫》二義，以爲二經之傳。及讀《儀禮》，則《士冠禮》自『記冠義』以後，即《冠禮》之記矣。《士昏禮》自『記士昏禮凡行事』以後，即《昏禮》之記矣。《鄉飲酒》自『記鄉朝服而謀賓介』以後，即《鄉飲》之記矣。《鄉射禮》自『記大夫與則公士爲賓』以後，即《鄉射》之記矣。《燕禮》自『記燕朝服于寢』以後，即《燕禮》之記矣。《聘禮》自『記久無事則聘焉』以後，即《聘禮》之記矣。《公食大夫禮》自『記不宿戒』以後，即《公食大夫》之記矣。《覲禮》自『記几俟于東廂』以後，即《覲禮》之記矣。《士虞禮》自『記虞，沐浴不櫛』以後，即《士虞禮》之記矣。《特牲饋食禮》自『記特牲』以後，即《特牲》之記矣。《士喪禮》則『士處適寢』以後，❶附在《既夕》者，即《士喪禮》之記矣。《既夕禮》則『啓之昕』以後，即《既夕》之記矣。漢儒稱《既夕禮》即《士喪禮》下篇，故二記合爲一也。《喪服》一篇，每章有子夏作傳，而『記公子爲其母』以後，又別爲《喪服》之記，其記文亦有傳，是子夏以前有此記矣。十七篇，唯《士相見》、《大射》、《少牢饋食》、《有司徹》四篇不言記，其有記者，十有三篇。然《冠

❶「適」，原作「通」，據熊朋來《五經説》卷五、《儀禮·既夕》改。

禮》之記有『孔子曰』，其文與《郊特牲》所記冠義正同。其餘諸篇，唯《既夕》之説，略見于《喪大記》之首章，《喪服》之傳，與《大傳》中數與「與」，疑當作「語」。相似，餘記自與《小戴·冠》、《昏》等六義不同，何二戴不以《禮經》所有之記文而傳之也？十三篇之後各有記，必出于孔子之後，子夏之前，蓋孔子定禮，而門人記之。故子夏爲作《喪服》傳而并其記亦作傳焉。《聘禮》篇末，『執圭如重，入門鞠躬，私覿愉愉』等語，未知《鄉黨》用《聘禮》語，抑《聘禮》用《鄉黨》語。大抵《禮經》多出于七十二子之徒所傳。案朱子《鄉黨集注》用晁氏曰：『定公九年，孔子仕魯，至十三年，適齊，其間無朝聘之事，疑「使擯」「執圭」二條，但孔子嘗言其禮如此。』又引蘇氏曰：『孔氏遺書，雜記曲禮，非必孔子事也。』見得古《儀禮》之書，聖門因記其語。」

湛氏若水曰：「《儀禮》有有經而無傳者矣，《公食大夫》也，《士相見》也。有有傳而無經者矣，《郊特牲》也，《諸侯釁廟》也，《遷廟》也，《公符》也，《投壺》也。有經中之傳者矣，凡《儀禮》之稱曰『記』者是也。有傳中之傳者矣，《玉藻》之有《深衣》也，《明堂》之有《月令》也。」

童氏承敘曰：「或曰高堂生所傳特《士禮》耳，餘多散佚。又曰古禮于今無所用之，雖昌黎亦云然。夫禮也者，理也，先王以承天之道，以治人之情。孔子曰：『殷因于夏禮，所損益可知也。周因于殷禮，所損益可知也。』因者，其本也；損益者，其末也。協諸義而協，則先王所未有者，可以義起矣。故后蒼有『推而致于天子』之説。然今觀之，《冠》、《昏》、《相見》，士禮也；《鄉飲》、

《鄉射》，大夫禮也；《燕》、《射》、《覲》、《聘》、《公食大夫》，諸侯禮也；《士喪》、《既夕》、《士虞》、《特牲饋食》，諸侯、士禮也；《少牢饋食》、《有司徹》，諸侯、卿大夫禮也；《喪服》則通于天下，顧獨曰《士禮》，何哉？ 夫禮，無本不立，無文不行，雖夏商之際，不能無文焉，至周而備爾。 孔子曰：『虞、夏之文，不勝其質；商、周之質，不勝其文。』蓋思本也。 然文之蠹也久矣，其在于今宜無所用，至其本，固未泯也。 是故因其文而遡之可知也，因其本而拓之可行也，不猶愈于并其文而亡之乎？」

王氏志長曰：「六官：治、教、禮、政、刑、事，上下四方，覆藏宥密，如天地四方之六合，缺一不可。 大如六鄉、六遂、六軍，小如六牲，皆六官合而後具。 如六出之花，六瓣具而後花成，缺一不可也。 一職修，可以扶顛持危，撥亂世而反之正；六職修，則天下太和，萬物咸若矣。」 又曰：「《周官》物各付物，如天地之化，大之日星垂教，河嶽効靈；小之草木之一花一實，鳥獸之一羽一毛，靡不相對成文，非物物刻而雕也。」 又曰：「《周禮》有必不可復者，如后妃夫人與尸賓獻酬，天子與邦君送迎揖讓是也。 至宫府之爲一體，王后世子之動有式法，寓兵于農，取士以賢，選用宦寺、府史、胥徒，制馭諸侯、四夷，後世舍此，無以爲治。」 又曰：「《周官》中有原兼官不別設官者，有其官相聯不得不兼者，有平日不設，臨事設之，事畢復罷者，皆使人以其所能，用人以其餘力，故事治而功不妨，官設而祿不費，所以善也。」

徐氏乾學曰：「文中子亟稱《周官》，以爲『王道極』是也，蓋夢寐欲行之。 唐太宗讀

《周禮》，亦歎爲『真聖作也』。而漢劉歆佐王莽，頗遵用，以更張而敗。宋王安石尤主之，奉詔上所撰《三經義》頒行，而自董《周官》，已用新法，欲一二追復，而又敗。于是人咸爲《周官》諱，以爲非經。程伊川則以爲『有《關雎》、《麟趾》之意，可以行《周官》之法度』，不易之言也。張橫渠以爲『天官之職，必心量宏大方能讀，若不大其心以體之，而欲于事上窮究湊合』，知其難也。朱晦菴曰：『《周禮》乃周公建太平之書，皆從廣大心中流出。』又爲孝宗言：『《周禮·天官·冢宰》一篇，乃周公輔相成王，垂後世之大法，至爲深切。欲知三代人主正心誠意之實學，驗諸此。』蓋尊信如此。乃武帝嘗作《十論七難》以排之，不立學官，而何休詆爲『戰國陰謀』，謬矣。」

宗元案：《十論七難》，乃林碩作，非武帝也，此誤。

萬氏斯大曰：「《儀禮》一書，與《禮記》相爲表裏，考儀文則《儀禮》爲備，言義理則《禮記》爲精。在聖人，即吾心之義理而漸著之爲儀文；在後人，必通達其儀文而後得明其義理。故讀《禮記》而不知《儀禮》，是無根之木，無源之水也。」

右《禮經》作述大指。

孔氏穎達曰：「《周禮》見于經籍，其名異者，見有七處。案《孝經說》云『經禮三百』，一也；《禮器》云『經禮三百』，二也；《中庸》云『禮儀三百』，三也；《春秋說》云『禮經三百』，四也；《禮說》云『有正經三百』，五也；《周官外題》謂《周禮》，六也；《漢書·藝文志》云《周官經》六篇，七也。七者皆云『三百』，故知俱是《周官》。《周官》三百六十，舉其數而云三百也。其《儀禮》之別，亦有七處，而有五名。一則《孝經説》、《春秋》及《中庸》並云『威儀三千』，二則《禮器》云『曲禮三千』，三則《禮記》云『動儀三千』，四則謂爲《儀禮》，五則《藝文志》謂《儀禮》爲《禮古經》。凡此七處，五名稱謂，並承『三百』之下，故知即《儀禮》也。所以三千者，其履行《周官》五禮之别，其事委曲，條數繁廣，故有三千也。非謂篇有三千，但事之殊别，有三千條耳。或一篇一卷，則有數條之事，今行于世者，唯十七篇而已。」

吕氏大臨曰：「《禮器》云：『經禮三百，曲禮三千，其致一也。』《中庸》云：『禮儀三百，威儀三千。』然則曲禮者，威儀之謂，皆禮之細也。布帛之有經，一成而不可變者也，故經禮象之。經禮三百，蓋若祭祀、朝聘、燕饗、冠昏、鄉射、喪紀之禮，其節文之不可變者有三百也。布帛之有緯，其文曲折有變而不可常者也，故曲禮象之。曲禮三千，蓋大小、尊卑、親疏、長幼，並行兼舉，屈伸損益之不可常者有三千也。今之所傳《儀禮》者，經禮也；其篇末稱『記』者，記禮之變節，則曲禮也。《禮記》所載，皆孔子門人所傳授之書，雜取于遺編斷簡者，皆禮經之變節也。」

葉氏夢得曰：「『經禮三百，曲禮三千』，經禮一而曲禮十，經禮其常，猶言制之凡也；曲禮其變，猶言文之目也。故言『禮儀三百，威儀三千』。先王之時，皆有書與法藏有司，官掌之，士習之，有司守之，謂之執禮。《周官》太史掌邦之六典，禮居一焉。其曰：『大祭祀，與羣執事讀禮書而協事。祭之日，執書以次位常。大會同、朝覲，以書協禮事。將幣之日，執事以詔王。』《小史》：『大祭祀，讀禮法。』或讀之以喻衆，或執之以行事。至周衰，而二者皆亡，唯孔子獨能知之，故亦謂之執禮。今《禮記》首載《曲禮》，此非其書與法之正，漢儒雜記其所聞而纂之耳，故言『《曲禮》曰』以表之。如『毋放飯，毋流歠』，《孟子》亦云，則孟子猶及見其略歟？所謂經禮者，無復聞矣。」朱子曰：「『經禮』、『威儀』，《禮器》作『經』、『曲禮』，而《中庸》以經禮爲禮儀，鄭玄等皆曰『經禮』即《周禮》三百六十官，『曲禮』即今《儀禮》也。冠、昏、吉、凶，其中事儀三千。以其有委曲威儀，故有二名。獨臣瓚曰：『《周禮》三百』，特官名耳。經禮，謂冠、昏、吉、凶，蓋以《儀禮》爲經禮也。而近世葉夢得曰：『經禮，制之凡也。曲禮，文之目也。先王之世，二者蓋皆有藏書于有司，祭祀、朝覲、會同，則太史執之以蒞事，小史讀之以喻衆，而卿大夫受之以教萬民，保氏掌之以教國子者，亦此書也。』愚意禮篇三名，《禮器》爲勝；諸儒之說，瓚、葉爲長。蓋《周禮》乃制治立法設官分職之書，于天下無不該攝，禮典固在其中，而非專爲禮設也。故《漢志》立其經傳之目，但曰《周官》而不曰《周禮》，自不應指其官目以當禮篇之目，又況其中或以一官兼掌衆禮，或以數官通行一事，亦難計其官數，以充禮篇之數。至于《儀禮》，則其中冠、昏、喪、祭、燕、射、朝、聘，自爲經禮大目，亦不容專以曲禮名之也。但曲禮之篇，未見于今何書爲近，而三百三千之數，又將何以充之耳？又嘗考之經禮，固今之《儀禮》，其存者十七篇，而其逸見于它書者，猶有《投壺》、《奔喪》、《遷廟》、《釁廟》、《中霤》等篇。其不可見者，又有古經增多三十九篇，而《明堂陰陽》、《王史氏記》數十篇，及河間獻王所輯禮樂古事，多至五百餘篇，倘或猶有逸在其間，大率且以《春官》所頒五禮之目約之，則其初固當有三百餘篇無疑矣。所謂『曲禮』，則皆禮之微文小節，如今《曲禮》、《少儀》、《内則》、《玉藻》、《弟子職》篇所記事親事長、起居飲食、容貌辭氣之法，制器備物、宗廟宫室、衣冠車旗之等，凡所以行乎經禮之中者，其篇之全數雖不可知，然條而析之，亦應不下三千有餘矣。若或者專以『經禮』爲常禮，『曲禮』爲變禮，則如《冠禮》之『不醴而醮用酒』，『殺牲而有折俎』，『若孤子冠母不在』之類，皆禮之變，而未嘗不在《經禮》篇中。『坐如尸，立如齊』，『毋放飯，毋流歠』之類，雖在《曲禮》之中，而不得謂之變禮，其説誤也。」

王氏應麟曰：「《三禮義宗》云：『《儀禮》十七篇，吉禮三，凶禮四，賓禮三，嘉禮七，軍禮皆亡。』《禮器》注：『曲禮，謂今《禮》也。』即指《儀禮》。而《儀禮疏》云：『亦名曲禮。』（晉荀崧亦云。）朱文公從《漢書》臣瓚注，謂：『《儀禮》乃經禮也，曲禮皆微文小節，如今《曲禮》、《少儀》、《内則》、《玉藻》、《弟子職》，所謂威儀三千也。』」

敖氏繼公曰：「《記》有之曰：『禮經三百，曲禮三千。』所謂經禮，即十七篇之類也。其數乃至三百者，豈其合王朝與侯國之禮而言之歟？若所謂曲禮，則又在經禮之外者，如《内則》、《少儀》所記之類是也。」

郝氏敬曰：「夫儀之不可爲經，猶經之不可爲儀也。經者，萬世常行；儀者，隨時損益。父子、君臣、夫婦、長幼、朋友，經也；禮儀三百，威儀三千，儀也，皆以節文斯五者。五者三代相因，而儀者所損益可知也。」

姜氏兆錫曰：「三千之數，若以篇數求之，恐其數或無以充，或者以爲經禮是禮之大條件，曲禮是其中之小條件，曲禮與經禮，非是劃然兩項，曲禮即在經禮之中，其分二名，只是一綱一目，猶《大學》所謂三綱領八條目，但不得專以變禮當之耳。且如《儀禮》今存十七篇，是經禮，其中之威儀條件，却有許多便是曲禮。惟經禮是綱領，藏得這許多，故經禮每禮自爲一篇，而曲禮亦在其中也。」

右經禮威儀之別。

五禮通考卷首第一

博野尹嘉銓校字

五禮通考卷首第二

内廷供奉禮部右侍郎金匱秦蕙田編輯❶

太子太保總督直隸右都御史桐城方觀承同訂

按察司副使元和宋宗元參校

禮經作述源流下

【《漢書·藝文志》】《周官經》六篇。王莽時劉歆置博士。師古曰：「即今之《周官禮》也，亡其《冬官》，以《考工記》充之。」《周官傳》四篇。

【《河間獻王傳》】修學好古，所得書皆古文先秦舊書，《周官》、《尚書》、《禮》。

【《後漢書·賈逵傳》】作《周官解詁》。

【《儒林傳》】中興，鄭衆傳《周官經》。後馬融作《周官傳》，授鄭玄，玄作《周官注》。玄本習《小戴禮》，後以古經核之，取其義長者，故爲鄭氏學。

鄭玄序云：❷「世祖以來，通人達士大中大夫鄭少贛名興。及子大司農仲師、名衆。議郎衛次仲、侍中賈君景伯、南郡太守馬季長，皆作《周禮解詁》。」又云：「玄竊觀二三君子之文章，顧省竹帛之浮辭，其所變易，灼然如晦之見明，其所彌縫，奄然如合符復析，斯可謂雅達廣攬者也。二鄭者，同宗之大儒，今讚而辯之，庶成此家世所訓也。」

---

❶「内廷供奉禮部右侍郎金匱秦蕙田編輯」，光緒六年江蘇書局本此下有「兩淮都轉鹽運使德水盧見曾」十二字。卷首第三、第四同此。

❷「玄」，原作「元」，係避清聖祖諱，今改回。下同，不一一出校。

馬融《周官傳》云：「秦法與《周官》相反，故始皇特疾惡，欲絶滅之，搜求焚燒之獨悉。孝惠帝始除挾書之律，❶開獻書之路，既出于山巖屋壁，入于秘府，五家之儒，莫得見焉。至孝成皇帝，達才通人，劉向、子歆，校理秘書，始得列序，著于《録》《略》。然亡其《冬官》一篇，以《考工記》足之。時衆儒並出共排，以爲非是。唯歆獨識，其年尚幼，務在廣覽博觀。末年，乃知其周公致太平之迹，迹具在斯。奈遭天下倉卒，兵革並起，弟子死喪，僅有門人河南緱氏杜子春尚在，永平之初，年且九十，能通其讀，鄭衆、賈逵往受業焉。衆、逵洪雅博聞，又以經書記轉相證明爲《解》，逵《解》行於世，衆《解》不行。吾年六十，爲武都守，郡小少事，乃述平生之志，著《易》《尚書》《詩》《禮》傳，皆訖。惟念前業未畢者，唯《周官》。年六十有六，目瞑意倦，自力補之，謂之《周官傳》也。」

【賈公彦《序周禮廢興》】《周禮》起于成帝劉歆，而成于鄭玄，附離之者大半，故林孝存以爲武帝知《周官》末世瀆亂不驗之書，故作《十論七難》以排棄之，何休亦以爲六國陰謀之書。唯有鄭玄偏覽羣經，知《周禮》者，周公致太平之迹，括囊大典，網羅衆家，是以《周禮》大行後王之法。《易》曰：「神而化之，存乎其人。」此之謂也。

蕙田案：元儒吴澄云：「《周官》六篇，缺《冬官》，《漢・藝文志》序列于禮家，後人名曰《周禮》。文帝召老

❶「孝惠帝」，原作「孝武帝」，據庫本改。

樂工，因得《春官・大司樂》之章。景帝子河間獻王好古學，購之女子李氏，得《周官》五篇，武帝遂藏之秘府。哀帝命劉歆校理秘書，始著《録》《略》，以《考工記》補之。」《隋志》謂河間獻王所補，未詳孰是。

【《隋書・經籍志》】漢時有李氏，得《周官》，《周官》蓋周公所制官政之法，上于河間獻王，獨闕《冬官》一篇，獻王購以千金不得，遂取《考工記》以補其處，合成六篇奏之。至王莽時，劉歆始置博士，以行于世。河南緱氏及杜子春受業于歆，❶因以教授。自後馬融作《周官傳》以授鄭玄，玄作《周官注》。今《周官》六篇，唯鄭注立于國學。《周官禮》十二卷，馬融注。《周官禮》十二卷，鄭玄注。《周官禮》十二卷，王肅注。《周官禮》十二卷，伊説注。《周官禮》十二卷，干寶注。梁人有《周官寧朔新書》八卷，❷晉燕王師王懋約撰，亡。《集注周官禮》二十卷，崔靈恩撰。《禮音》三卷，劉昌宗撰。《周官禮異同評》十二卷，晉司空長史陳邵撰。《周官禮駁難》四卷，孫略撰。《周官禮義疏》四十卷，沈重撰。《周官分職》四卷，《周官禮圖》十四卷。梁有《郊祀圖》四卷，亡。

【《儒林傳》】陳邵泰始中爲燕王師，撰《周禮評》，甚有條貫。

【《舊唐書・經籍志》】《周官評論》十二卷，❸陳邵撰，❹傳玄評。《周官寧朔新書》八卷，司馬伷序，王懋約注。《周官音》三卷，鄭玄撰。

【《唐書・藝文志》】賈公彦《周禮疏》五十卷，《通考》：「晁氏曰：公彦，洺州人，永徽中仕至太學博

❶「及」字衍，當刪。
❷「人」，《隋書・經籍志》作「又」。
❸「評論」，《舊唐書・經籍志》作「論評」。
❹「撰」，《舊唐書・經籍志》作「駮」。

士。今併爲十二卷，世稱其發揮鄭學最爲詳明。」王玄度《周禮義决》三卷。

【《宋史・藝文志》】王安石《新經周禮義》二十二卷，《通考》：晁氏曰：「熙寧中，設經義局，介甫自爲《周官義》十餘萬言，不解《考工記》。」陳氏曰：「熙寧八年，詔頒之國子監，且置之《義解》之首。」王昭禹《周禮詳解》四十卷，《通考》：陳氏曰：「其學皆宗王氏《新說》。」楊時《周禮辯疑》一卷，《通考》：晁氏曰：「攻安石之書。」夏休《周禮井田譜》二十卷，陳止齋序曰：「其說畿内，廣成萬步謂之都，不能成都謂之鄙。雖不能成鄙，即成縣者與之爲縣，成甸者與之爲甸，至一丘一邑盡然。以其不能成都成鄙，故謂之閒田。以其不可爲軍爲師，而無所專繫，故謂之閒民。鄉遂市官，皆小者兼大者，他亦上下相攝，備其數，不必具其員，皆通論也。餘至纖至悉，要與時務合，不爲空言。」鄭諤《周禮解義》二十二卷，《中興藝文志》：「詳制度，明經旨，學者宗其書。」黄度《周禮說》五卷，《通考》：陳氏曰：「字文叔，不解《考工記》。」葉適序曰：「《周官》晚出，而劉歆遽行之，大壞矣，蘇綽又壞矣，王安石又壞矣。以余考之，周之道，莫聚于此書；周之籍，莫切于此書。文、武、周、召之實政，在是也。永嘉陳君舉亦著《周禮說》十二篇，素善文叔，論議相出入，所以異者，君舉以後準前，由本朝至漢，溯而通之；文叔以前準後，由春秋至本朝，沿而別之。」陳傅良《周禮說》一卷，《通考》作十三卷。《中興藝文志》：「傅良之言曰：鄭氏之誤三：《王制》，漢儒之言，今以釋《周禮》；《司馬法》，兵制，今以證田制；漢官制皆襲秦，今以比《周官》。徐筠學于傅良，記所口授而爲書，曰《微言》。傅良爲《說》十二篇，專論綱領。」劉彝《周禮中義》八卷，陳氏曰：「祠部員外郎長樂劉彝執中撰。」林之奇《周禮講義》四十九卷，項安世《周禮丘乘圖說》一卷，❶史浩《周禮講義》，《中興藝文志》：「孝宗爲建王浩分講《周禮》，多啓發，孝宗稱之，然止于《司關》。」林椅《周禮綱目》八卷，易祓《周

❶「丘」，原作「邱」，係避孔子諱，今改回。下同，不一一出校。

禮總義》三十六卷，胡銓《周禮傳》十二卷，俞廷椿《周禮復古編》三卷，鄭景炎《周禮開方圖説》一卷，鄭伯謙《周禮類例義斷》二卷，魏了翁《周禮折衷》二卷、《要義》三十卷，王與之《周禮訂義》八十卷。

【王圻《續文獻通考》】《補正古周禮》，胡一桂撰。《周禮説》，馬之純著。《周禮通解》，聞人充著。《禮經纂要》，周昌著。《周禮解》，陳戒叔、余嘉。《周禮辯學》，王居正著。《周禮解義》，漳州黄穎。《周官辯疑》，德董濬。❶《周禮集解》，興化黄鐘。《周禮辯》一篇，金楊雲翼著。《周官考正》，吴澄序次。序曰：「《周官》六篇，其《冬官》一篇闕，《漢·藝文志》序列于禮家，後人名曰《周禮》。文帝嘗召至魏文侯時老樂工，因得《春官·大司樂》之章。景帝子河間獻王好古學，購得《周官》五篇，武帝求遺書，得之，藏于秘府，禮家諸儒，皆莫之見。哀帝時，劉歆校理秘書，始著于《録》《略》，以《考工記》補《冬官》之闕。歆門人河南杜子春能通其讀，鄭衆、賈逵受業于杜。漢末馬融傳之鄭玄，玄所注，今行于世。宋張子、程子甚尊信之。王文公又爲《新義》。朱子謂：此經周公所作，但當時行之，恐未能盡，後聖雖復損益可也。至若肆爲排詆訾毁之言，則愚陋無知之人耳。《冬官》雖闕，今仍存其目，而《考工記》别爲一卷，附之經後云。」《周禮纂言》，吴當著。當，澄之孫。《周禮補亡》，丘葵著。葵，同安人，取五官中錯簡成書，因名《補亡》。《周官考》三卷，臧夢解著。鄭人。《周禮集説》。宋濂著。

【《明史·藝文志》】方孝孺《周禮考次目録》一卷，何喬新《周禮集注》七卷、《周禮明解》十二卷，陳鳳梧《周禮合訓》六卷，魏校《周禮沿革傳》六卷、《官職會通》二卷，楊慎《周官音詁》一卷，舒芬《周禮定本》十三卷，季本《讀禮疑圖》六卷，陳深《周禮訓雋》十卷、

❶「德董濬」，據《明一統志》卷五〇、《江西通志》卷八七，疑當作「德興董濬」。

《周禮訓注》十八卷、《考工記句詁》一卷，唐樞《周禮因論》一卷，羅洪先《周禮疑》一卷，王圻《續定周禮全經集注》十四卷，李如玉《周禮會注》十五卷，柯尚遷《周禮全經釋原》十四卷，金瑶《周禮述注》六卷，王應電《周禮傳》十卷、《周禮圖説》二卷、《學周禮法》一卷、《非周禮辯》一卷，馮時行《周禮別説》一卷，施天麟《周禮通義》二卷，徐即登《周禮説》十四卷，❶焦竑《考工記解》二卷，陳與郊《考工記輯注》二卷，郝敬《周禮完解》十二卷，郭良翰《周禮古本訂注》六卷，孫攀古《周禮釋評》六卷，陳仁錫《周禮句解》六卷，張采《周禮合解》十八卷，林兆珂《考工記述注》二卷，徐昭慶《考工記通》二卷，王志長《周禮注疏刪翼》三十卷，郎兆玉《注釋古周禮》六卷，沈羽明《周禮彙編》六卷。

王氏志長曰：「近世非《周禮》者，指瑕摘疊，不下十數家，自絶于經，無論矣。自俞壽翁、王次點、吴幼清而來，以爲《周禮》未嘗亡散，見于五官，取五官聯職者，而人各以其意回復更定，則此乃人之《周禮》，豈復爲周公之《禮》哉？」以上《周禮》。

【《漢書·儒林傳敘》】言《禮》則魯高堂生。

【《藝文志》】漢興，魯高堂生傳《士禮》十七篇。訖孝宣世，后倉最明。戴德、戴聖、慶普，皆其弟子，三家立于學官。《禮古經》者，出于魯淹中。蘇林曰：「里名也。」及孔氏，學七十篇，劉氏敞曰：「學七十」，當作「與十七」。文相似，多三十九篇。《禮古經》五十六卷，后氏、戴氏。《經》七十篇。劉氏敞曰：「七十」，當作「十七」。

【《儒林傳》】漢興，魯高堂生傳《士禮》十七篇，而魯徐生善爲頌。蘇林曰：「《漢舊儀》：有二

❶「徐」，原作「周」，據《明史·藝文志》改。

郎爲此頌貌威儀事。有徐氏，徐氏後有張氏，不知經，但能盤辟爲禮容。天下郡國有容史，皆詣魯學之。」師古曰：「頌，讀與容同，下皆類此。」孝文時，徐生以頌爲禮官大夫，傳子，至孫延、襄。師古曰：「延及襄二人。」襄，其資性善爲頌，不能通經；延頗能，未善也。襄亦以頌爲大夫，至廣陵内史。延及徐氏弟子公户滿意、桓生、單次皆爲禮官大夫。師古曰：「姓公户，名滿意也。與桓生及單次凡三人。單，音善。」而瑕丘蕭奮以《禮》至淮陽太守。諸言《禮》爲頌者，由徐氏。孟卿，東海人也。事蕭奮，以授后倉、魯閭丘卿。倉説《禮》數萬言，號曰《后氏曲臺記》，服虔曰：「在曲臺校書著記，因以爲名。」師古曰：「曲臺殿，在未央宫。」授沛聞人通漢子方、如淳曰：「聞人，姓也，名通漢，字子方。」梁戴德延君、戴聖次君、沛慶普孝公。❶爲東平太傅。德號大戴，爲信都太傅；聖號小戴，以博士論石渠，至九江太守。由是《禮》有大戴、小戴、慶氏之學。通漢以太子舍人論石渠，至中山中尉。普授魯夏侯敬，又傳族子咸，爲豫章太守。大戴授琅邪徐良斿卿，爲博士、州牧、郡守，家世傳業。小戴授梁人橋仁季卿、楊榮子孫。師古曰：「子孫，榮之字也。」仁爲大鴻臚，家世傳業，榮琅邪太守。由是大戴有徐，❷小戴有橋、楊氏之學。

【《劉歆傳》】歆欲立《逸禮》，列于學官。移書太常博士曰：「魯恭王得古文于壞壁，《逸禮》有三十九。天漢之後，孔安國獻之，藏于秘府，伏而未發。孝成校理舊文，以考學官所傳，經或脱簡，傳或間編。」

【《隋書·經籍志》】漢初，有高堂生傳十七

❶「孝公」二字，《漢書·儒林傳》重文。
❷「徐」下，《漢書·儒林傳》有「氏」字。

篇，又有《古經》出于魯淹中，而河間獻王好古愛學，收集餘燼，得而獻之，合五十六篇，並威儀之事。《古經》十七篇，與高堂生所傳不殊，而字多異。自高堂生至宣帝時，后倉最明其業，乃爲《曲臺記》。倉授梁人戴德及德兄子聖、沛人慶普，于是有大戴、小戴、慶氏，三家並立。後漢惟曹充傳慶氏，以授其子褒。然三家雖存並微，相傳不絶。漢末，鄭玄傳小戴之學，後以古經校之，❶取其于義長者作注，爲鄭氏學。其《喪服》一篇，子夏先傳之，諸儒多爲注解，今又別行。今《古經》十七篇，唯鄭注立于國學，餘多散亡，並無師説。《儀禮》十七卷，鄭玄注。又十七卷，王肅注。梁有李軌、劉昌宗《音》各一卷，鄭玄《音》二卷，亡。《儀禮義疏見》二卷，《儀禮義疏》六卷。

【《史記正義》】《七録》云：古經出魯淹中，其書周宗伯所掌五禮威儀之事，有六十六篇，無敢傳者，後博士侍其生得十七篇，鄭玄注，今之《儀禮》是也，餘篇皆亡。

【《唐書·藝文志》】袁準注《儀禮》一卷，孔倫注一卷，陳銓注一卷，蔡超宗注一卷，田僧紹注二卷，朱氏彝尊曰：「陸氏《釋文·序録》載注解傳述人，于《儀禮》有鄭康成注，此外馬融、王肅、孔倫、陳銓、裴松之、雷次宗、蔡超宗、❷田儁之、劉道拔、周續之凡十家，云『自馬融以下，並注《喪服》』。考《隋·經籍志》，十家之中，惟載王肅《儀禮注》十七卷，其餘未嘗有全書注也。《舊唐書·經籍考》于馬融《喪服記》下云『又一卷，鄭玄注；又一卷，袁準注；又一卷，陳銓注；又二卷，蔡超宗注；又二卷，田僧紹注』，亦未載諸家有全書注。至《新唐書·藝文志》始載袁準《儀禮注》一卷、孔倫注一卷、陳銓注、蔡超宗注二卷、田僧紹注二卷，並不著其注《喪服》，則誤以《喪服》注爲《儀禮》全書注也。下至鄭氏《通

❶「校」，原作「授」，據《隋書·經籍志》改。

❷「宗」，原脱，據《新唐書·藝文志》及下文補。

志略》，既于《儀禮》全書注載袁準、孔倫、陳銓、蔡超宗、田僧紹姓名，而又于《喪服傳》注，五家複出，由是西亭王孫《授經圖》、焦氏《經籍志》皆沿其誤，當以陸氏《序録》爲正也。」賈公彦《儀禮疏》五十卷。衛氏湜《禮記集説》曰：「同李玄植編《儀禮疏》。《儀禮》自鄭注之後，僅有黄慶、李孟悊二家《疏義》，公彦等裁定爲五十卷。」

【《宋史·藝文志》】陳祥道注解《儀禮》三十二卷，周燔《儀禮詳解》十七卷，李如圭《儀禮集釋》十七卷，朱熹《儀禮經傳通解》二十三卷。

【宋《中興藝文志》】《儀禮經傳通解》凡二十三卷，熹晚歲所定，惟《書數》一篇，缺而未補。其曰《儀禮集傳集注》者，即此書舊名。凡十四卷爲《王朝禮》，而《卜筮》一篇亦缺，熹所草定，未及删改。

【朱子《乞修三禮劄子略》】《周官》一書，固爲禮之綱領。至其儀法度數，則《儀禮》乃其本經。而《禮記·郊特牲》、《冠義》等篇，乃其義疏耳。前此猶有《三禮》、通禮、學究諸科，士猶得以誦習而知其説。熙寧以來，王安石變亂舊制，廢罷《儀禮》，而獨存《禮記》之科，棄經任傳，遺本宗末，其失已甚。而博士諸生，又不過誦其虚文，以供應舉。至于其間，亦有因儀法度數之實而立文者，則咸幽冥而莫知其源，一有大議，率用耳學，臆斷而已。故臣嘗與一二學者考訂其説，欲以《儀禮》爲經，而取《禮記》及諸經史雜書所載有及于禮，皆以附于本經之下，具列注疏諸儒之説。略有端緒，而私家無書檢閲，無人抄寫，久之未成。欲望聖明特詔有司，許臣就秘書省關借《禮》、《樂》諸書，自行招致舊日學徒十餘人，踏逐空閑官屋數間，與之居處，令其編類，可以興起廢墜，垂之永久，使士知實學，異時可爲聖朝制作之助，則斯文幸甚。【朱在《儀禮經傳目録後記》】先君所著《家禮》五卷，《鄉禮》三卷，《學禮》十一卷，《邦國禮》四卷，《王朝禮》十四卷，今刊于南康道院。其曰《經傳通解》者二十三卷，蓋先君晚歲之所親定，次第具見于《目録》，唯《書數》一篇，闕而未補，而《大射禮》、《聘禮》、《公食大夫禮》、《諸侯相朝禮》八篇，則猶未脱稿也。其曰《集傳集注》者，此書之舊名也。凡十四卷，爲《王朝禮》，而《卜筮篇》亦缺，餘則先君所草定而未暇删改者也。至于《喪》、《祭》二禮，則嘗以規摹次第，屬之門人黄榦，俾之類次，他日書成，亦當相從于此，庶幾此書，本末具備。吴氏師道曰：「以《三禮》論，則《周官》爲綱，《儀禮》乃本經，而《禮記》諸篇則其疏義。三者固有本末之相須而不可闕，是以子朱子慨然定爲《儀禮經傳通解集注》之書。未完者，門人又足成之，可謂禮書之大全，千古之盛典也。」虞氏集曰：「先王既遠，禮樂崩壞，秦漢以來，諸儒相與綴輯所傳聞而誦説之，後世猶得稍見其緒餘者，則其功也。然其臆説，自爲牴牾，亦不無焉。自非真知聖人之道，不能有所決疑于其閒。伊、洛諸君子出，然後制作之本，蓋庶幾矣。至于朱子，將觀其會通，以行其典禮，故使門人輯爲《儀禮經傳通解》，其志固將有所爲也。事有弗逮，終身念之。而所謂《家禮》者，因司馬氏之説而麤爲隱括，特未成書，而世已傳之。其門人楊氏，以其師之遺意爲之記注者，蓋以補其闕也。」曾氏棨曰：「朱子挈《儀禮》正經以提其綱，輯《周禮》之記、諸經有及于禮者以備其闕，釐爲家鄉、邦國、王朝之目，自天子以至于庶人之禮，謂之《儀禮經傳通解》，然亦未及精詳。」

黄榦《儀禮經傳續通解》二十九卷。陳氏曰：「外府丞長樂黄榦直卿撰，晦菴之婿，號勉齋。始晦菴著禮書，喪、祭二禮，未及論次，以屬榦續成之。」【楊復《儀禮經傳續編序》】昔文公朱先生既修家、鄉、學、邦國、王朝禮，以喪、祭二禮屬勉齋黄先生編之，先生服膺遺訓，不敢少息。嘉定乙卯，先取向來《喪禮》稿本，精專修改。至庚辰之夏而書成，凡十有五卷。竊嘗聞其略曰：禮，時爲大，要當以《儀禮》爲本。近世以來，儒生誦習，知有《禮記》，而不知有《儀禮》，昔之僅存者皆廢矣。今因其篇目之僅存者，爲之分章句，附傳記，使條理明白而易攷，後之言禮者，有所依據，不至棄經而任傳，遺本而宗末。王侯大夫之禮，關于綱常者爲尤重，《儀禮》既闕其書，後世以來處此大變者，咸幽冥而莫知其源，取具臨時，沿襲鄙陋，不經特甚，可爲慨歎。今因《小戴·喪大記》一篇，合《周禮》、《禮記》諸書，以補其缺，而王侯大夫之禮，粲然可考。于是喪禮之本末經緯，莫不悉備。既而又念《喪禮》條目散闊，欲撰《儀禮喪服圖式》一卷，以提其要，而附古今沿革于其後。草具甫就，而先生没矣。嗚呼，此千古之遺憾也！先生所修《祭禮》，本經則《特牲》、《少牢》、《有司徹》，《大戴禮》則《釁廟》，所補者則自天神、地祇、百神、宗廟，以至因事而祭者，如建國遷都，巡狩師田，行役祈禳及祭服祭器，事序始終，其綱目尤爲詳備。先生嘗爲復言，《祭禮》用力甚久，規模已定，每取其書翻閱而推明之，間一二條，方欲如意修定而未遂也。嗚呼！禮莫重于喪、祭，文公以二書屬之先生，其責任至不輕也。先生于二書也，推明文王、周公之典，辯正諸儒異同之論，掊擊後世蠹壞人心之邪説，以示天下後世，其正人心、扶世教之功至遠也。而《喪服圖式》、《祭禮》遺藁尚有未及訂定之遺恨，後之君子，有能繼先生之志者，出而成之，是先生之所望也。

楊復《儀禮圖解》十七卷。

曾氏棨曰：「黄榦《通解續》，晚年《祭禮》尚未脱稿，又以授之楊復。復研精覃思，蒐經摭傳，積十餘年，以《特牲饋食》、《少牢饋食》爲經，冠之《祭禮》之首，輯《周禮》、《禮記》諸書，分爲經傳，以補其闕。綜之以通禮，首之以天神，次之以地祇，次之以宗廟，次之以百神，次之以因祭，次之以祭物，次之以祭統，有變禮，有殺禮，有失禮，並見之篇終。郊祀、明堂、廟制，皆折衷論定，以類相從，各歸條貫，使畔散不屬者悉入于倫理，疵雜不經者咸歸于至當，而始得爲全書。又因朱子之意，取《儀禮》十七篇，悉爲之圖，制度名物，粲然畢備，以圖考書，如指諸掌，西山真德秀稱爲千古不刊之典焉。」張氏萱曰：「《儀禮經傳通解續》，宋淳祐間信齋楊復著。❶朱晦菴編集《儀禮經傳通解》，獨喪、祭二禮未完，以屬黄勉齋榦續成之。勉齋即世，《祭禮》猶未就，于是信齋據二公草本，參以舊聞，精加修定，凡十四卷，八十一門。」徐氏乾學曰：「《儀禮》一書，《冠》、《昏》、《喪》、《既夕》、《虞》，皆士禮，惟大夫而上無《冠禮》，他諸侯大夫《昏》、《喪》、《葬禮》皆亡，唯《饋食》有《少牢》，有《有司徹》，則《太牢》亡也。《特牲》、《少牢》唯《饋食》，則《享禮》

❶「淳」，原作「神」，據庫本改。

亡也。聘有《公食大夫》，則《公再享大夫禮》亡也。禮，大問曰聘，使大夫則問于事，《相朝禮》亡也。至王禮止《覲》，則《春朝》、《夏宗》、《冬遇》、《殷見》、《衆頫》禮亡也。推斯而言，禮缺廢甚矣。蓋孔子適周，學周禮于柱下史，而王朝禮業不展于邦國。諸侯憚行禮，又自去其籍，以孟子之好古，一則曰『未之學』，一則曰『聞其略』，他可知矣。惟士鄉禮以習行而存，今觀漢中世諸生，猶以時習禮于孔氏，而孔子廟堂、車服、禮器猶存可見已。其存者，又文辭古奥，易行難誦，讀其所稱宫室堂奥、冕弁衣裳、飲食用器，非今世嘗及見，即進趨、拜跪、辟讓、揖遜、周旋之節，又異宜而莫之行，自唐韓愈已苦其難讀，而歎以爲文、武、周公之法制具在，恨不及其時揖讓進退于其間。然自鄭注賈疏而外，諸儒先舊説不復得見。至唐太宗，始表章《十三經》，以注疏列于學官。而王安石用《三經新説》，又罷《儀禮》，蓋廢已久矣。至是，文公實始尊信之，勉齋黄氏、信齋楊氏相繼講求，以述先生之志，洵禮家之統宗也，後之學者，可以審所遵循矣。」

【《文獻通考》】《集釋古禮》十七卷，《釋宫》一卷，《綱目》一卷。陳氏曰：「廬陵李如圭寶之撰。《釋宫》者，經所載堂室門庭，今人所不曉者，一一釋之。」**【《中興藝文志》】**《儀禮》既廢，學者不復誦習，或不知有是書。乾道間，有張淳始訂其訛，爲《儀禮識誤》。淳熙中，李如圭爲《集釋》，出入經傳；又爲《綱目》，以别章句之指；爲《釋宫》，以論宫室之制。朱子嘗與之校定禮書。

【王圻《續文獻通考》】《類注儀禮》，黄士毅著。士毅，字子洪，莆田人，朱子門人。**《儀禮解》，**葉味道著。味道，温州人，嘉定中進士，理宗訪問朱子門人，使者以味道對，授博士。**《儀禮合抄增損》，**高斯得著。

《儀禮集説》十七卷，敖繼公著。《自序》曰：「《儀禮》何代之書也？曰：周之書也。何人所作也？曰：先儒皆以爲周公所作，愚亦意其或然也。周自武王，始有天下。至周公相成王，乃始制禮作樂，以致太平。故以其時攷之，則當是周公之書。又以其書攷之，辭意簡嚴，品節詳備，非聖人莫能爲，益有以見其果爲周公之書也。然周公此書，乃爲侯國而作也，而王朝之禮不與焉。何以知其然也？書中十七篇，《冠》、《昏》、《相見》、《鄉飲》、《鄉射》、《士喪》、《既夕》、《士虞》、《特牲饋食》，凡九篇，皆言侯國之士禮；《少牢饋食》上下二篇，皆言侯國之大夫禮；

《聘》、《食》、《燕》、《大射》四篇，皆言諸侯之禮；惟《覲禮》一篇，則言諸侯朝天子之禮，然主于諸侯而言也。《喪服》篇中言諸侯及公子、大夫士之服詳矣，其間雖有諸侯與諸侯之大夫爲天子之服，然亦皆主于諸侯與其大夫而言也。由是觀之，則此書決爲侯國之書無疑矣。然則聖人必爲侯國作此書者何也？夫子有言曰：『夫禮，必本于天，殽于地，列于鬼神，達于喪、祭、冠、昏、射、御、朝、聘，聖人以禮示之，故天下國家可得而正。』以夫子此言證之，則是書也，聖人其以爲正天下之具也歟？故當是時，天下五等之國，莫不寶守是書而藏之有司，以爲典籍，無事則其君臣相與講明之，有事則皆據此以行禮。又且班之于其國，以教其人。此有周盛時所以國無異禮，家無殊俗，兵寢刑措，以躋太平者，其以是乎！其後王室衰微，諸侯不道，樂于放縱而憚于檢束也，于是惡典籍之不便于己而皆去之，則其向之受于王朝者，不復藏于有司矣，向之藏于有司者，或私傳于民間矣，此十七篇之所以不絕如綫而幸存以至于今日也。或曰：此十七篇爲侯國之書，固也，豈其本數但如是而已乎？抑或有亡逸而不具者乎？曰：是不可知也。但以經文與其禮之類考之，恐其篇數本不止此也。是經之言士禮特詳，其于大夫，則但見其祭禮耳，而其昏禮、喪禮，則無聞焉，此必其亡逸者也。《公食大夫禮》云『設洗如饗』，謂如其公饗大夫之禮，而今之經乃無是禮焉，則是逸之也明矣。又諸侯之有覲禮，但用于王朝耳，若其邦交，亦當有相朝、相饗、相食之禮。又諸侯亦當有喪禮、祭禮，而今皆無聞焉，是亦其亡逸者也。然此但以經之所嘗言、禮之所可推者而知之也，而況其間又有不盡然者乎？由此言之，則是經之篇數本不止于十七，亦可見矣。《記》有之曰：『經禮三百，曲禮三千。』所謂經禮，即十七篇之類也，其數乃至于三百者，豈其合王朝與侯國之禮而言之歟？若所謂曲禮，則又在經禮之外者，如《内則》、《少儀》所記之類是也。先王之世，人無貴賤，事無大小，皆有禮以行之。蓋以禮有所闕，則事有所遺，故其數不容不如是之多也。去古既遠，而其所存者乃不能什一也，可勝歎哉！夫其已廢壞而亡逸者，固不可復見矣，其幸存而未泯者，吾曹安可不盡心而講明之乎！」《三禮敘録》，吴澄序次。序曰：「《儀禮》十七篇。漢興，高堂生得之，以授瑕丘蕭奮，奮授東海孟卿，卿授后倉，倉授戴德、戴聖。大戴、小戴及劉氏《别録》所傳十七篇，次第各不同。尊卑吉凶，先後倫序，惟《别録》爲優，故鄭氏用之，今行于世。《禮經》殘缺之餘，獨此十七篇爲完書。以唐韓文公尚苦難讀，况其下者。自宋王文公行《新經義》，廢黜此經，學者益罕傳習。朱子考定《易》、《書》、《詩》、《春秋》四經，而謂三《禮》體大，未能緒正，晚年欲成其書，如此至惓惓也。《經傳通解》，乃其編類草稾，將俟喪、祭禮畢而筆削焉。無禄弗逮，遂爲萬世之闕典，澂每伏讀而爲之惋惜。竊謂《樂經》既亡，經僅存五，《易》之《彖傳》、《象傳》，本與《繫辭》、《文言》、《説卦》、《序卦》、《雜卦》諸傳共爲十翼，居上下經二篇之後者也，而後人以入卦爻之中。《詩》、《書》之序，本自爲十篇，居國風雅頌、典謨誓誥之後者也，而後人以冠各篇之首。《春秋》三經三傳，初皆别行，《公》《穀》配經，其來已久，最後注《左氏》者，又分傳以附經之年，何居？使傳文序文與經混淆，不唯非所以尊經，且于文義多所梗礙，歷千數百年，而莫之或非也，莫之或正也。至東萊吕氏，于《易》，始因晁氏本定爲經二篇，傳十篇。朱子于《詩》、《書》，各除篇端小序，合而爲一，以寘經後。《春秋》一經，雖未暇詳校，而亦别出《左氏》經文，併以刊之臨漳。于是《易》、《書》、《詩》、《春秋》，悉復夫子之舊。五經之中，其未爲諸儒所亂者，惟二《禮經》。然三百三千，不存蓋十之九矣，朱子補其遺闕，則編類之初，不得不以《儀禮》爲綱，而各疏其下。脱稾之下，❶必將有所科别，决不但如今稾本而已。若執稾本爲定，則經之章也，而以後記、補記、補傳，分隸、分古于其左也，與《彖》、《象傳》之附《易經》者，有以異乎否也？夫以《易》、《書》、《詩》、《春秋》之四經，既幸而正，而《儀禮》之一經，又不幸而亂，是豈朱子之所以相遺經者哉！徒知尊信草創之書，而不能探索未盡之意，亦豈朱子之所以望後學者哉！嗚呼！由朱子而來，至于今將百年，然而無有乎爾。澂之至愚，輒因朱子所分禮章，重加倫紀，其經後之記，依經章次，秩敘其文，不敢割裂，一仍其舊，附于篇終。其十七篇次第，並如鄭氏本，更不間以它篇，庶十七篇正經不至雜糅。二戴之《記》中有經篇者，離之爲逸經。禮各有義，則經之傳也。以戴氏所存，兼劉氏所補，合之而爲傳。正經爲首，逸經次之，傳終焉，皆别爲卷而不相紊。此外，悉以歸諸戴氏之《記》。朱子所輯及黄氏《喪禮》、楊氏《祭禮》，亦參伍以去其重複，名曰《朱氏記》，而與二戴爲三。凡周公之典，其未墜於地者，蓋略包舉而無遺。造化之運不息，則天之所秩，未必終古而廢壞，有議禮制度

❶「下」，《吴文正集》卷一作「後」。

考文者出，所損所益，百世可知也。雖然，苟非其人，禮不虛行，存誠主敬，致知力行，下學而上達，多學而一貫，以得夫堯、舜、禹、湯、文、武、周公、孔子之心，俾吾朱子之學，末流不至于漢儒，學者事也。澂也不敢自棄，同志其尚敦勗之哉！」趙氏魏史曰：「《儀禮》者，周公監二代而制之以經世者也。漢興，河間獻王得孔壁《禮經》五十六篇，其十七篇與高堂生所傳同，❶餘外三十九篇在于秘府，謂之《逸禮》。繼以新莽之亂，亡焉。故迄今所存，止此而已。其篇次，二戴與劉氏《别録》參差不同，而鄭本一依劉氏。其注疏，朱子蓋嘗以浮蕪病焉，欲力爲釐正而不果，近代吴氏亦嘗嗣爲考定焉而未盡。」**《儀禮逸經》八篇**，吴澄纂次。序曰：「漢興，高堂生得《儀禮》十七篇，後魯共王壞孔子宅，得古文《禮經》于孔氏壁中，凡五十六篇，河間獻王得而上之，其十七篇與《儀禮》正同，餘三十九篇藏在秘府，謂之《逸禮》。哀帝初，劉歆以列之學官，而諸博士不肯置對，竟不得立。孔、鄭所引《逸經·中霤禮》、《禘于太廟禮》、《王居明堂禮》，皆其篇也。唐初猶存，諸儒曾不以爲意，遂至于亡，惜哉！今所纂八篇，其二取之《小戴記》，其三取之《大戴記》，其三取之鄭氏注。《奔喪》也，《中霤》也，《禘于太廟》也，《王居明堂》也，固得《儀禮》三十九篇之四，而《投壺》之類，未有考焉。疑古禮逸者甚多，不止于三十九篇也。《投壺》、《奔喪》篇首，與《儀禮》諸篇之體如一，《公冠》等三篇，雖已不存此例，蓋作記者删取其要以入記，非復正經全篇矣。《投壺》，大小戴不同，《奔喪》與《逸禮》亦異，則知此二篇亦經刊削，但未如《公冠》等篇之甚耳。五篇之經文，殆皆不完，然實爲《禮經》之正篇，則不可以其不完而擯之于記，故特纂爲《逸經》，以續十七篇之末。至若《中霤》以下三篇，其經亡矣，而篇題僅僅見于注家片言隻字之未泯者，猶必收拾而不敢遺，亦『我愛其禮』之意也。」**《儀禮傳》十篇**。吴澄纂次。序曰：「《儀禮傳》十篇，澂所纂次。案《儀禮》有《士冠禮》、《士昏禮》，《戴記》則有《冠義》、《昏義》；《儀禮》有《鄉飲酒禮》、《鄉射禮》、《大射禮》，《戴記》則有《鄉飲酒義》、《射義》，以至《燕》、《聘》皆然。蓋周末漢初之人作以釋《儀禮》而戴氏抄以入《記》者也。今以此諸篇正爲《儀禮》之傳，故不以入《記》。依《儀禮》篇次，萃爲一編。文

❶「其」，原作「自」，據庫本改。

有不次者，頗爲更定。《射義》一篇，迭陳天子、諸侯、卿大夫、士之射，雜然無倫，釐之爲《鄉射義》、《大射義》二篇。《士相見義》、《公食大夫義》，則用清江劉氏原父所補，並因朱子而加考詳焉。于是《儀禮》之經，自一至九，經各有其傳矣，唯《覲義》缺。然《大戴·朝事》一篇，實釋諸侯朝覲天子及相朝之禮，故以備覲禮之義，而共爲傳十篇云。」李氏俊民曰：「秦焰既熄，掇拾遺餘，兼收並蓄，得傳于後，漢儒之力也。依稀論著，以傳其舊，唐賢之學也。會通經傳，洞啓門庭，以袪千載之惑，朱子之特見也。若夫造詣室奥，疏剔户牖，各有歸趣，則至草廬吴先生始無遺憾焉。世有好禮之士，先觀注疏舊本，次考朱子《通解》，然後取先生所次所釋而深研之，乃知俊民之言爲不妄也。」朱氏彝尊曰：「吴氏《儀禮逸經》八篇，《投壺》一，《奔喪》二，《公冠》三，《諸侯遷廟》四，《諸侯釁廟》五，《中霤》六，《禘于太廟》七，《王居明堂》八。傳十篇，《冠義》一，《昏義》二，《士相見義》三，《鄉飲酒義》四，《鄉射義》五，《燕義》六，❶《大射義》七，《聘義》八，《公食大夫義》九，《朝事義》十。❷方朱子《通解目録》，文簡而倫敘秩然，以之頒學官可也。」

【《明史·藝文志》】汪克寬《經禮補逸》九卷。自序曰：「自《樂》亡而經行于世惟五，《易》、《詩》、《書》、《春秋》，雖中不無殘闕，而未若《禮經》甚焉。然三百三千不傳，蓋十之八九矣。朱子嘗考定四經，謂《三禮》體大，未易緒正，晚年惓惓是書，未就而没，遂爲萬世缺典，克寬伏讀而加惋惜焉。世之《三禮》，所傳曰《周禮》，曰《儀禮》，曰《禮記》。其實，《禮記》乃《儀禮》之傳，《儀禮》乃《周禮》之節文。而《三禮》之要，則在乎吉、凶、軍、賓、嘉五禮之别也。何則？吉禮之别十有二，以禋祀祀昊天上帝，以實柴祀日月星辰，以槱燎祀司中、司命、風師、雨師，以血祭祭社稷、五祀、五嶽，以貍沈祭山林川澤，以疈辜祭四方百物，以肆獻祼享先王，以饋食享先王，以祠春饗先王，以禴夏饗先王，以嘗秋饗先王，以烝冬饗先王。凶禮之别有五：以喪禮哀死亡，以荒禮哀凶札，以弔禮哀禍烖，以襘禮哀圍敗，以恤禮哀寇亂。賓禮之别有八：春見曰朝，夏見曰宗，秋見曰覲，冬見曰遇，時見曰會，殷見曰同，時聘曰問，殷頫曰視。軍禮之别有五：以大師之禮用衆，以大均之禮恤衆，以大田之禮簡衆，以大役之

❶「義」，原作「禮」，據庫本改。
❷「事」，原作「士」，據庫本改。

禮任衆，以大封之禮合衆。嘉禮之別有六：以飲食之禮親宗族兄弟，以昏冠之禮親成男女，以賓射之禮親故舊朋友，以饗燕之禮親四方之賓客，以脤膰之禮親兄弟之國，以賀慶之禮親異姓之國。此其大較也。然《儀禮》十有七篇，吉禮之存，惟《特牲饋食》篇，乃諸侯國之士祭祖廟之禮，《少牢饋食》及《有司徹》篇乃諸侯卿大夫祭祖禰廟之禮。凶禮之存，唯《喪服》篇，乃制尊卑親疏冠絰衣服之禮。《士喪禮》篇，乃士喪其親，自始死至既殯之禮。《士虞禮》篇，乃士既葬其親，迎精而反，日中而祭于殯宮之禮。賓禮之存，唯《士相見禮》篇，乃士以職位相親，始承贄相見之禮。《聘禮》篇，乃諸侯相交，久無事，使相問之禮。《覲禮》篇，乃諸侯秋朝天子之禮。嘉禮之存，惟《冠禮》篇，乃士之子始加冠之禮。《士昏禮》篇，乃士娶妻之禮。《鄉飲酒禮》，乃鄉大夫賓興賢能飲酒之禮。《鄉射禮》篇，乃士爲州長會民射于州序之禮。《燕禮》篇，乃諸侯燕饗其臣之禮。《大射儀》篇，乃諸侯將有祭祀之事，與羣臣燕飲之禮。《公食大夫禮》篇，乃諸侯以禮食鄰國小聘大夫之禮。自此之外，如朝覲、會同、郊祀、大饗帝、大喪之禮，蓋皆亡逸。況軍禮無存，非關細故，此豈散軼已在于夫子正禮之前哉？是以當時吉禮之失，如魯君之郊，僭天子之禮；孟獻子之禘，七月而爲之；夏父弗綦躋僖公而逆祀；三桓大夫，立公廟于私家；管仲鏤簋、朱紘；晏平仲豚肩不掩豆；至于太廟説笏與燔柴于奥，諸侯宮縣而祭以白牡之類是也。凶禮之失，如伯魚喪出母，期而猶哭；子路姊喪，過而弗除；子上母死而不喪，成人兄死不爲衰，有爲慈母練冠、爲妾齊衰者，有居喪沐浴佩玉與浴于爨室者，有朝祥而暮歌與既祥而絲屨組纓者，以至小斂而奠于西方，既祖而反柩受弔，有以大夫而遣車一乘，有葬其夫人而醯醢百甕之類是也。賓禮之失，如天子下堂而見諸侯，朝覲而私覿主國，王臣以私好而朝諸侯者有焉，諸侯以强大而盟天子之三公者有焉，庭燎之百，侯國用之，繡黼丹朱中衣，大夫用之者又有焉。嘉禮之失，如魯昭公娶于吴則不告天子，魯哀公爲重肆夏以饗賓，天子以喪賓燕者有之，夫人出境而饗諸侯者有之，大夫反坫與不識殺烝者又有之。軍禮之失，如齊桓公亟舉兵，作僞主以行；魯莊公及宋戰，以失御而敗，戰而復矢，始于升陘；敗而髽弔，始于臺駘；以至蒐田不時，丘甲始作之類，可攷也。又況出師專征，習視故常，爭地黷武，歲無虚日。使《禮經》舊典，具存于當時，則五禮之失，豈至如是之甚哉！由是知周之叔世，禮典已多散逸，蓋不特火于秦而亡于漢也。今考于《儀禮》、《周官》、大小《戴記》、《易》、《詩》、《書》、《春秋傳》、《孝經》、《家語》及漢儒紀録，凡有合于禮者，各著其目，列爲五禮之篇，名曰《經禮補逸》。是編也，于周公經世之典，雖未能極意象之微，然五禮之大體，蓋略包舉無遺，庶幾學者于此，俾由得失以觀其會通，而天之所秩與造化之運不容息者，卒歸于性命之正，則三代可復也，明時制作之盛，或有擇焉，亦區區愛禮之一得云。」曾氏魯曰：「六籍之闕也久矣，而《禮》爲甚。漢興，區區掇拾于秦火之餘，而淹中古經旋復散失，所存者十有七篇而已。《周官》雖後出，而《司空》之篇竟莫得補。二戴所傳，又往往雜以秦漢之紀。然則學者之欲覩夫成周三千三百之目之全，固亦難矣。至宋，慶曆、元祐諸儒先後慨然有志于復古。及朱子，乃始斷然謂《周禮》爲禮之綱，《儀禮》其本經，而《禮記》其義疏。于是創爲條目，科分臚列，出入經傳，補其遺闕，以爲《王朝》、《邦國》、《家》、《鄉》、《學》禮，而《喪》、《祭》二禮，則以屬門人黄氏，其有功于學者甚大。然其書浩博，窮鄉晚進，有未易遽究者。祁門汪先生德輔父，❶間嘗因其成法，別爲義例，以吉、凶、軍、賓、嘉五禮之目，會萃成書，名曰《經禮補逸》，辭約而事備，學者便焉。學禮之士，誠能因汪氏之所輯，以達于朱子之書，則三百三千之目，雖不可復覩其全，然郁郁乎文之盛，豈不若身歷而目擊之矣乎！」《儀禮逸經》十八篇，永樂中，劉有年上之。朱氏彝尊曰：「吾意有年所進，即草廬吴氏本耳。逸經八篇，傳十篇，適合其數，當時内閣諸老知其爲草廬書，是以《館閣書目》止載草廬本，無有年姓名也。」黄潤玉《儀禮戴記附注》五卷，何喬新《儀禮敘録》十七卷，陳鳳梧《射禮集要》一卷，湛若水《儀禮補逸經傳測》一卷，王廷相《昏禮圖》一卷、《鄉射禮圖注》一卷，舒芬《士相見禮儀》一卷，聞人詮《飲射圖解》一卷，朱縉《射禮集解》一卷，胡纘宗《儀禮鄭注附逸禮》二十五卷，郝敬《儀禮節解》十七卷，王志長《儀禮注疏删翼》十七卷。以上《儀禮》。

【《漢書·藝文志》】《禮記》百三十一篇，七十

❶「祁」，原作「祈」，據《經義考》卷一三四改。

子後學者所記也。《明堂陰陽》三十三篇，古明堂之遺事。《王史氏》二十一篇，七十子後學者。師古曰：「劉向《別録》云六國時人也。」《曲臺后倉》九篇，如淳曰：「行射禮于曲臺，后倉爲記，故名《曲臺記》。」《中庸説》二篇，師古曰：「今《禮記》有《中庸》一篇，亦非本禮經，蓋此之流。」《明堂陰陽説》五篇。《明堂陰陽》、《王史氏記》所見，多天子諸侯卿大夫之制，雖不能備，猶瘉倉等推《士禮》而至于天子之説。師古曰：「瘉，與愈同。愈，勝也。」 孔氏穎達曰：「《禮記》之作，出自孔氏。但正禮殘缺，無復能明，故范武子不識殽烝，趙鞅及魯君謂儀爲禮。至孔子没後，七十二子之徒，共撰所聞，以爲此《記》。或録舊禮之義，或録變禮所由。《中庸》是子思伋所作，《緇衣》公孫尼子所撰。鄭康成云：『《月令》，吕不韋所修。』盧植云：『《王制》，漢文時博士所録。』其餘衆篇，皆如此例，未能盡知所記之人。鄭君《六藝論》云：『案《漢書·藝文志》、《儒林傳》云，傳禮者十三家，唯高堂生及五傳弟子戴德、戴聖名在也。』又云：『戴德傳《禮》八十五篇，則《大戴禮》是也。戴聖傳《禮》四十九篇，則此《禮記》是也。』」虞氏曰：「《禮記》乃《儀禮》之傳：《儀禮》有《冠禮》，《禮記》則有《冠義》以釋之；《儀禮》有《昏禮》、《鄉飲酒禮》、《燕禮》、《聘禮》，《禮記》則有《昏義》、《鄉飲酒義》、《燕義》、《聘義》以釋之。其他篇中，雖或雜引四代之訓，而其言多與《儀禮》相爲表裏。但《周禮》、《儀禮》皆周公所作，而《禮記》則漢儒所録，雖曰漢儒所録，然亦《儀禮》之流也。《儀禮》之書，漢初已行，故高堂生傳之蕭奮，蕭奮傳之孟卿，孟卿傳之后倉，后倉傳之戴德、戴聖，二戴用習《儀禮》而録《禮記》，故知《禮記》、《儀禮》之流也。」

【《孟卿傳》】孟卿善爲《禮》，傳后倉，世所傳《后氏禮》，皆出孟卿。戴德號「大戴」，聖號「小戴」，以博士論石渠。

【《後漢書·橋玄傳》】七世祖仁，從戴德學，著《禮記章句》四十九篇，號曰橋君學，成帝時爲大鴻臚。

【《儒林傳》】鄭玄注小戴所傳《禮記》四十

九篇。

【《隋書·經籍志》】漢初，河間獻王又得仲尼弟子及後學者所記一百三十一篇獻之，時亦無傳之者。至劉向考校經籍，檢得一百三十篇，向因第而敘之。而又得《明堂陰陽記》三十三篇、《孔子三朝記》七篇、《王氏史氏記》二十一篇、❶《樂記》二十三篇，凡五種，合二百十四篇。戴德刪其煩重，合而記之，爲八十五篇，謂之《大戴記》。而戴聖又刪大戴之書爲四十六篇，謂之《小戴記》。漢末，馬融遂傳小戴之學。融又足《月令》一篇、❷《明堂位》一篇、《樂記》一篇，合四十九篇；而鄭玄受業于融，又爲之注。今《小戴記》四十九篇，唯鄭注立于國學。《禮記》十卷，漢北中郎將盧植注。《禮記》二十卷，漢九江太守戴聖撰，鄭玄注。《禮記》三十卷，王肅注。梁有《禮記》十二卷，業遵注，亡。《禮記寧朔新書》八卷，王懋約注。梁有二十卷。《月令章句》十二卷，漢左中郎將蔡邕撰。《禮記音義隱》一卷，謝氏撰。《禮記音》二卷，宋中散大夫徐爰撰。梁有鄭玄、王肅、射慈、射貞、孫毓、繆炳《音》各一卷，蔡謨、東晉安北諮議參軍曹耽、國子助教尹毅、李軌、員外郎范宣《音》各二卷，徐邈《音》三卷，劉昌宗《音》五卷，亡。《禮記》三十卷，魏秘書監孫炎注。《禮略》二卷。《禮記要鈔》十卷，緱氏撰。梁有《禮義》四卷，魏侍中鄭小同撰。《摭遺別記》一卷，樓幼瑜撰，亡。《禮記新義疏》二十卷，賀瑒撰。梁有《義疏》三卷，宋豫章郡丞雷肅之撰，亡。《禮記義疏》九十九卷，❸皇侃撰。《禮記講疏》四十八卷，❹皇侃撰。《禮記義疏》四十卷，沈重撰。《禮記義》十卷，何氏撰。

❶ 上「氏」字，《隋書·經籍志》無，疑是。
❷ 「足」，《通典·禮典序》作「定」。
❸ 「義」，《隋書·經籍志》作「講」。
❹ 「講」，《隋書·經籍志》作「義」。

《禮記大義》十卷，梁武帝撰。《禮記文外大義》二卷，秘書學士褚暉撰。《禮記義證》十卷，劉芳撰。《禮記略解》十卷，庾氏撰。《禮記評》十一卷。劉儁撰。

【《舊唐書·經籍志》】《小戴禮記》二十卷，戴聖撰，鄭玄注。《月令章句》十二卷，戴顒撰。《禮記義記》四卷，鄭小同撰。《禮記講疏》一百卷，皇侃撰。《義疏》五十卷，皇侃撰。《禮記義疏》四十卷，熊安生撰。《禮記義證》十卷，劉芳撰。《禮記類聚》十卷。《禮記正義》七十卷，孔穎達撰。【衛氏湜《禮記集説》】孔氏，字仲達，先與朱子奢、李善信、賈公彦、柳士宣、范義頵、張權等取皇甫侃、❶熊安生二家《義疏》删定，續與前修疏人及周元達、趙君贊、王士雄等覆更詳審，爲《正義》七十卷。又曰：鄭氏注雖間有拘泥，而簡嚴該貫，非後學可及。孔氏《正義》以一時崇尚讖緯，多所採録，然記載詳實，未易輕議。第自晉宋而下，傳禮學者，南人有賀循、賀瑒、庾蔚、❷崔靈恩、沈重、范宣、皇甫侃等，北人有徐道明、❸李業興、李寶鼎、侯聰、熊安生等，何止十數家。《正義》實據皇甫侃以爲本，而以熊安生補其所不備，後世但知爲孔氏之書而已。

《禮記疏》八十卷。賈公彦撰。

【《唐書·藝文志》】《御刊定禮月令》一卷，❹集賢院學士李林甫、陳希烈、徐安貞，直學士劉光謙、齊光乂、陸善經，修撰官史玄晏，待制官梁令瓚等注解。自第五易爲第一。❺ 【《文獻通考》】晁氏曰：「唐明皇删定，李林甫等注。序謂吕氏定以孟春日在營室，不知氣逐閏移，節隨斗建，于是重有删定。國朝景祐初改從舊文，由是別行。」 【《宋三朝國史·藝文志》】初，《禮記·月令篇》第六，即鄭注。唐明皇改黜舊文，附益時事，號《御删月令》，升爲首篇，集賢院別爲之注。厥後，學者傳之。而《釋文》、《義疏》，皆本鄭志，❻遂有別注小疏者，詞頗卑

---

❶「皇甫侃」，或當爲「皇侃」。下「皇甫侃」同。

❷「庾蔚」，據文義疑當作「庾蔚之」。

❸「道」，據文義疑當作「遵」。

❹「禮」下，《新唐書·藝文志》有「記」字。

❺「第五」，庫本作「第六」，疑是。

❻「鄭志」，《通考》卷一八一作「鄭注」，疑是。

鄙。淳化初，判國子監李至請復行鄭注，從之。成伯璵《禮記外傳》四卷，晁氏曰：「《義例》兩卷，五十篇；《名數》兩卷，六十九篇。劉明素序，張幼倫注。」王元感《禮記繩愆》三十卷，《禮記字例異同》一卷。元和十二年詔定。

【《宋史·藝文志》】楊逢殷《禮記音訓指説》二十卷，上官均《曲禮講義》二卷，吕大臨《禮記傳》十六卷，【衛氏湜《禮記集説》】《中興館閣書目》止一卷，有《表記》、《冠義》、《昏義》、《鄉飲酒義》、《射義》、《燕義》、《聘義》、《喪服四制》八篇而已。今書坊所刊十卷，又有《曲禮》上下、《孔子閒居》、《中庸》、《緇衣》、《深衣》、《儒行》、《大學》八篇。李格非《禮記精義》十六卷，【衛氏湜《禮記集説》】字文叔，就《曲禮》、《檀弓》、《王制》、《喪服小記》、《大傳》、《少儀》、《學記》、《樂記》、《雜記》、《喪大記》、《祭法》十一篇中，隨所見爲之義。陸佃《禮記解》十四卷、❶《述禮新説》四卷，【《宋中興藝文志》】牽于《字説》，宣和末，其子宰上之。方慤《禮記解義》二十卷，【《文獻通考》】陳氏曰：「政和三年表進，自爲之序。以王氏父子獨無解義，乃取其所撰《三經義》及《字説》，申而明之，著爲此解，由是得上舍出身，其所解文義亦明白。」馬希孟《禮記解》七十卷，【《文獻通考》】陳氏曰：「希孟，字彦醇，未詳何人，亦宗王氏。」【朱子《語録》】方、馬二《解》，合當參看，儘有説得好處，不可以其新學而黜之。【衛氏湜《禮記集説》】方氏、馬氏及山陰陸氏三家，方氏最爲詳悉，有補初學。然雜以《字説》，且多牽合，大爲一書之累。間有與長樂陳氏《講義》同者。方自序亦謂諸家之説于王氏有合者，悉取而用之，則其説不皆自己出也。馬氏、陸氏皆略。馬氏《大學解》又與藍田吕氏同。陸氏説多可取，間有穿鑿，亦新學誤之也。王普《深衣制度》一卷，夏休《破禮記》二十卷，【《中興藝文志》】夏休以《禮記》多漢儒雜記，于義有未安者，乃援《禮經》以破之。然《中庸》、《大學》，實孔氏遺書也。衛氏湜曰：「夏休立意毀訾，斷章拆句，妄加譏詆，《中庸》、《大學》，猶且不免，其不

❶「十四」，《宋史·藝文志》作「四十」。

知量甚矣。」戴溪《曲禮口義》二卷、《學記口義》三卷，胡銓《禮記傳》十八卷，【衛氏湜《禮記集說》】廬陵胡氏，字邦衡。《禮記小疏》二十卷，不知作者。衛湜《禮記集說》二百六十卷，【《文獻通考》】陳氏曰：「直秘閣崑山衛湜正叔集諸家說，自注疏而下爲一書，各著其姓氏，寶慶二年表上之，由是寓直中秘。魏鶴山爲作序。」楊簡《孔子閒居講義》一篇，鄭樵《鄉飲禮》七卷，張虙《月令解》十二卷，吴仁傑《禘祫綿蕞》三卷，魏了翁《禮記要義》三十三卷。

【衛氏湜《禮記集說・名氏》】長樂劉氏彝，字執中，《七經中義》內《禮記》四十卷。臨川王氏安石，字介甫，《禮記發明》一卷。横渠張子，《記說》三卷。延平周氏諝，字希聖，解《王制》等十七篇，不見于《中興館閣書目》。石林葉氏夢得，字少蘊，解《曲禮》等十九篇。仲子模《過庭録》時有論說。慶源輔氏廣，字漢卿，取《注疏》、❶方氏、馬氏、陸氏、胡氏諸說，倣《吕氏讀書紀》編集，間有己說。金華應氏鏞，字子和，《纂義》二十卷。金華邵氏淵，字萬宗，解《曲禮》等五篇。

【王圻《續文獻通考》】《禮記解》二十卷，何述著，浦城人。《禮記纂義》，藺溪應鏞。《禮記解》，龍溪黃樵仲、晉江吕椿。《小戴記集解》，岳珂，飛之孫。《戴記心法》，徐畸。《禮記通攷》，繆主一。《禮記正義》一卷，温州鄭樸翁。《禮記集說》，陳澔注。澔，都昌人，號雲莊，潛心禮學。自序曰：「先君子師事雙峰先生十有四年，以是經三領鄉書，爲開慶名進士，所得于師門，講論甚多，中罹煨燼，隻字不遺。不肖僭不自量，會萃衍繹，而附以臆見之言，名曰《禮記集說》。」《校正小戴記》三十六篇，吴澄纂次。《序》曰：「《小戴記》三十六篇，澂所序次。漢興，得先儒所記禮書

❶「取」，原作「所」，據衛湜《禮記集說・名氏》改。

三百餘篇，大戴氏删合爲八十五，小戴氏又損益爲四十三，《曲禮》、《檀弓》、《雜記》分上下，馬氏增以《月令》、《明堂位》、《樂記》，鄭氏從而爲之注，總四十九篇。精粗雜記，靡所不有。秦火之餘，區區掇拾，所謂存十一于千百，雖不能以皆醇，然先王之遺制，聖賢之格言，往往賴之而存。第其諸篇出于先儒著作之全書者無幾，多是記者旁搜博採，勦取殘編斷簡，會萃成篇，無復詮次，讀者每病其雜亂而無章，唐魏鄭公爲是作《類禮》二十篇，不知其書果何如也，而不可得見。朱子嘗與東萊先生吕氏商訂《三禮》篇次，欲取《戴記》中有關于《儀禮》者附之經，其不係于《儀禮》者，仍別爲記。吕氏既不及答，而朱子亦不及爲，幸其大綱存于文集，猶可攷也。晚年編校《儀禮經傳》，則其條例與前所商訂又不同矣。其間所附《戴記》數篇，或削本篇之文，補以他篇之文，今則不敢，故止就本篇之中，科分節别，以類相從，俾其上下章，文義聯屬，章之大指，標識于左，庶讀者開卷瞭然。若其篇第，則《大學》、《中庸》，程子、朱子既表章之，以與《論語》、《孟子》並而爲四書，固不容復厠之《禮》篇。而《投壺》、《奔喪》，實爲《禮》之正經，亦不可以雜之于《記》。其《冠義》、《昏義》、《鄉飲酒義》、《射義》、《燕義》、《聘義》六篇，正釋《儀禮》，別輯爲傳，以附經後矣。此外猶有三十六篇，曰通禮者九：《曲禮》、《内則》、《少儀》、《玉藻》，通記小大儀文，而《深衣》附焉。《月令》、《王制》，專記國家制度，而《文王世子》、《明堂位》附焉。曰喪禮者十有一：《喪大記》、《雜記》、《喪服小記》、《服問》、《檀弓》、《曾子問》六篇記喪，而《大傳》、《間傳》、《問喪》、《三年問》、《喪服四制》五篇，則喪之義也。曰祭禮者四：《祭法》一篇記祭，而《郊特牲》、《祭義》、《祭統》三篇，則祭之義也。曰通論者十有二：《禮運》、《禮器》、《經解》一類，《哀公問》、《仲尼燕居》、《孔子閒居》一類，《坊記》、《表記》、《緇衣》一類，《儒行》自爲一類，《學記》、《樂記》，其文雅馴，非諸篇比，則以爲是書之終。嗚呼！由漢以來，此書千有餘歲矣，而其顛倒糾紛，至朱子始欲爲之是正，而未及竟，豈無望于後之人歟！用敢竊取其義，修而成之，篇章文句，秩然有倫，先後始終，頗爲精審，將來學禮之君子，于此考信，其有取乎，非但爲戴氏忠臣而已也。」《禮記纂言》，吴澄著。

《禮記集義》，陳櫟著，休寧人。《禮記説》，韓性著。《禮記集説》四十九卷，彭絲著。絲，安福人。《禮記節疏》，張業著，安福人。《禮記正訓》。劉績著。

【《明史·藝文志》】連伯聰《禮記集傳》十六卷，朱右《深衣考》一卷，黄潤玉《考定深衣古制》一卷，永樂中敕修《禮記大全》三十卷，胡廣等纂。鄭節《禮傳》八十卷，岳正《深衣注疏》一卷，楊廉《深衣纂要》一卷，夏時正《深衣考》一卷，王廷相《夏小正集解》一卷、《深衣圖論》一卷，夏言《深衣考》一卷，王崇慶《禮記約蒙》一卷，楊慎《檀弓叢訓》二卷、一名《附注》。《夏小正解》一卷，張孚敬《禮記章句》八卷，戴冠《禮記集説辯疑》一卷，柯尚遷《曲禮全經類釋》十四卷，李孝先《投壺譜》一卷，黄乾行《禮記目録》四十九卷，聞人德潤《禮記要旨補》十六卷，丘檞《禮記摘訓》十卷，徐師曾《禮記集注》三十卷，戈九疇《禮記要旨》十六卷，陳與郊《檀弓輯注》二卷，姚舜牧《禮記疑問》十二卷，沈一中《禮記述注》十八卷，王萱《禮記纂注》四卷，郝敬《禮記通解》二十二卷，余心純《禮經搜義》二十八卷，劉宗周《禮經考次正集》十四卷、《分集》四卷，樊良樞《禮測》二卷，陳有元《禮記約述》八卷，朱泰禎《禮記意評》四卷，湯三才《禮記新義》三十卷，王翼明《禮記補注》三十卷，黄道周《月令明義》四卷、《坊記集傳》二卷、《表記集傳》二卷、《緇衣集解》二卷，陳際泰《王制説》一卷，張習孔《檀弓問》四卷，盧翰《月令通考》十六卷，楊鼎熙《禮記敬業》八卷，閻有章《説禮》三十一卷。以上《禮記》。

【《漢書·藝文志》】《軍禮司馬法》百五十五篇，《古封禪羣祀》二十二篇，《封禪議對》十九篇，武帝時也。《漢封禪群祀》三十六篇，《議奏》三十八篇。石渠。

【《後漢書·儒林傳》】孔安國所獻《禮古經》

五十六篇及《周官經》六篇，前世傳其書，未有名家。中興已後，亦有大、小戴博士，雖相傳不絶，然未有顯于儒林者。建武中，曹充習慶氏學，傳其子褒，遂撰《漢禮》。

【《曹褒傳》】父充，持《慶氏禮》，建武中爲博士，作章句辯難，于是遂有慶氏學。褒拜博士，作《通義》十二篇，演經雜論百二十篇，又傳《禮記》四十九篇，慶氏學遂行于世。

【《儒林傳》】董鈞習慶氏禮，永平初爲博士。

【《鄭玄傳》】自秦焚六經，聖文埃滅。漢興，諸儒頗修藝文。及東京，學者亦各名家。而守文之徒，滯固所稟，異端紛紜，互相詭激，遂令經有數家，家有數説，章句多者，或乃百餘萬，學徒勞而少功，後世疑而莫正。鄭玄括囊大典，網羅衆家，刪裁繁蕪，刊改漏失，自是學者略知所歸，仲尼之門，不能過也。及傳授生徒，並專以鄭氏家法云。

【《徐防傳》】永元十四年，司空徐防以五經久遠，聖意難明，以誤後學，❶上疏曰：「漢承秦亂，經典廢絶，本文略存，或無章句。收拾缺遺，建立明經，博召儒術，開寘太學，孔聖既遠，微旨將絶，故立博士十有四家，設甲乙之科，以勉勸學者，所以示人好惡，改敝就善者也。」

【《會要》】盧植少與鄭玄同事馬融，能通古今，好學研精，而不守章句，作《三禮解詁》。

【《盧植傳》】熹平四年，拜九江太守。作《尚書章句》、《三禮解詁》。時始立太學石經，以正五經文字。植上書曰：「少從通儒馬融受古學，頗知今之《禮記》特多回冗。臣前以《周禮》諸經，發起粃繆，敢率愚淺，爲之解詁。願得將能書生二人，詣東觀，專心

❶「誤」，《後漢書·徐防傳》作「悟」。

研精，合《尚書》章句，考《禮記》失得，庶裁定聖典，刊立碑文。古文科斗，近于爲實，而厭抑流俗，降在小學。中興，通儒班固、賈逵、鄭興父子，並悦之。今《毛詩》、《左氏》、《周禮》各有傳記，與《春秋》相表裏，宜寘博士，爲立學官，以廣聖意。」歲餘，拜議郎，校《五經》。

【《魏志·王肅傳》】肅善賈、馬之學，而不好鄭氏，采會同異，爲《尚書》、《詩》、《論語》、《三禮》、《左氏》解。肅父朗，字景興，著《易》、《春秋》、《孝經》、《周易》傳，肅撰定，皆列學官。

【《儒林傳》】董景道，字文博，《三禮》之義，專遵鄭氏，著《禮通論》，非駮諸儒，演廣鄭旨。

【《隋書·經籍志》】《大戴禮記》十三卷，漢信都王太傅戴德撰。梁有《謚法》三卷，後漢安南太守劉熙注，亡。　【《文獻通考》】晁氏曰：「漢戴德纂，亦河間王所獻百三十一篇，劉向校定，又得《明堂陰陽記》三十三篇，德删爲八十五篇，今書止四十篇，其篇目自三十九篇始，無四十三、四十四、四十五、六十一四篇，有兩七十四，蓋因舊闕録之。每卷稱今卷第幾，題曰九江太守戴德撰。案九江太守，聖也，德爲信都王太傅，蓋後人誤題。」　陳氏曰：「自隋、唐志所載卷數，皆與今同，而篇第乃自三十九而下，止于八十一。其前闕三十八篇，末闕四篇，所存當四十三，而于中又闕第七十二，複出一篇，實存四十篇。意其闕者，即聖所删耶？　然《哀公問》、《投壺》二篇，與今《禮記》文不異，他亦間有同者。《保傅》傳，世言賈誼書所從出也。今考《禮詧》篇湯武、秦定取舍一則，盡出誼疏中，反若取誼語勦入其中者。《公符篇》至録漢昭帝冠詞，則此書殆後人好事者采諸書爲之，故駁雜不經，決非戴德本書也。」　朱子曰：「《大戴禮》冗雜，其好處已被小戴採摘來做《禮記》了，然尚有零碎好處在。」《石渠禮論》四卷，戴聖撰。梁有《羣儒疑義》十二卷，戴聖撰。《禮論》三百卷，宋御史中丞何承天撰。《禮論條牒》十卷，宋太尉參軍任預撰。《禮論帖》三卷，任預撰。梁四卷。《禮論鈔》二十卷，庾蔚之撰。《禮論要鈔》十卷，王儉撰。梁三卷。《禮論要鈔》一百卷，賀瑒撰。《禮論鈔》六十九卷。《禮論要鈔》十卷，梁有齊御史中丞荀萬秋《鈔略》二卷；尚書儀曹郎丘季彬《論》五十八卷，《議》一百三十卷，《統》六卷，亡。《禮論答問》八卷，宋中散大夫徐廣撰。《禮論答問》十三卷，徐廣撰。《禮答問》二卷，徐廣撰，殘缺。梁十一卷。《禮答問》六卷，庾蔚之撰。《禮答問》三卷，王儉撰。梁有晉益壽令吴商《禮難》十二卷，❶《雜議》十二卷，又《禮議雜記故事》十三卷，《喪雜事》二十卷；宋光禄大夫傅隆《議》二卷，《祭法》五卷，亡。《禮答問》十二卷。《禮雜問》十卷，范寧撰。《禮答問》十卷，何佟之撰。梁二十卷。《禮雜問》十卷。《禮雜答問》八卷。《禮雜答問》六卷。《禮雜問答鈔》一卷，何佟之撰。《問禮俗》十卷，董勛撰。《問禮俗》九卷，董子弘撰。《答問雜儀》二卷，任預撰。《禮儀答問》八卷，王儉撰。《禮疑義》五十三卷，❷梁護軍周捨撰。《制旨革牲大義》三卷，梁武帝撰。《禮樂義》十卷。《禮秘義》三卷。《三禮目録》一卷，鄭玄撰。梁有陶弘景注一卷，亡。《三禮義宗》三十卷，崔靈恩撰。《三禮宗略》二十卷，元延明撰。《三禮大義》十三卷。《三禮大義》四卷。《三禮雜大義》三卷。梁有《司馬法》三卷，《李氏訓記》三卷；又《郊丘議》三卷，魏太尉蔣濟撰。《祭法》五卷，又《明堂議》三卷，王肅撰。《雜祭法》六卷，晉司空中郎盧諶撰。《祭典》三卷，晉安北將軍范汪撰。《七廟議》一卷，又《後養議》五卷，干寶撰。《雜鄉射等議》三卷，晉太尉庾亮撰。《逆降議》三卷，宋特進顔延之撰。《逆降議》一卷，田僧紹撰。《分明士制》三卷，何承天撰。《釋疑》二卷，郭鴻撰。《答問》四卷，徐廣撰。《答問》五十卷，何胤撰。又《答問》十卷。亡。《三禮圖》九卷，鄭玄

❶「益壽」，校點本《隋書·經籍志》校改作「益陽」。

❷「五十三」，《隋書·經籍志》作「五十二」。

及後漢侍中阮諶等撰。《周室王城明堂宗廟圖》一卷。鄭諶撰。❶梁又有《冠服圖》一卷、《五宗圖》一卷、《月令圖》一卷，亡。

【《舊唐書·經籍志》】《雜禮義》十一卷，吴商等撰。《禮議雜記故事》十一卷，《禮論答問》九卷，范甯撰。《雜禮儀問答》四卷，戚壽撰。《禮論降議》三卷，顔延之撰。《禮論抄》六十六卷，任預撰。《禮雜抄略》二卷，荀萬秋撰。《禮議》一卷，傅伯祚撰。《禮統郊記》六卷，《禮論要抄》十三卷，《禮論抄略》十三卷，《禮大義》十卷，梁武帝撰。《禮統》十三卷，賀述撰。《三禮圖》十二卷。夏侯伏朗撰。

【《唐書·藝文志》】魏徵《次禮記》二十卷，亦曰《類禮》。《舊唐書》：「魏徵以戴聖《禮記》編次不倫，遂爲《類禮》二十卷，以類相從，削其重複，採先儒訓注，擇善從之，研精覃思，數年而畢。太宗覽而善之，賜物千段，録數本，賜太子、諸王，仍藏秘府。」元行沖《類禮》五十卷，李敬玄《禮論》六十卷，張鎰《三禮圖》九卷，唐質《類禮》二十卷，❷韋彤《五禮精義》十卷，丁公著《禮志》十卷，丘伯敬《五禮異同》十卷，孫玉汝《五禮名義》十卷，杜肅《禮略》十卷，張頻《禮粹》二十卷。

【《宋史·藝文志》】《五禮緯書》二十卷。聶崇義《三禮圖集注》二十卷，《文獻通考》晁氏曰：「聶崇義，周世宗時被旨纂集，以鄭康成、阮諶等六家圖刊定，建隆三年奏之。」歐陽丙《三禮名義》五卷，魯有開《三禮通義》五卷，殷介集《五禮極義》一卷，李洪澤《直禮》一卷，王慤《中禮》八卷，陸佃《禮象》十五卷，《文獻通考》陳氏曰：「陸佃改舊圖之失，其尊爵彝鼎，皆取公卿家及秘府所藏古遺器，與聶《圖》大異。」何洵直《禮論》一卷，陸佃

❶「鄭諶」，《隋書·經籍志》作「祁諶」。

❷「唐質」，《新唐書·藝文志》作「陸質」，疑是。

《大裘議》一卷，陳祥道《禮例詳解》十卷、《禮書》一百五十卷，《文獻通考》晁氏曰：「祥道，元祐初以左宣議郎仕太常博士，解禮之名物，且繪其象，甚精博。朝廷聞之，給札繕寫奏御。」陳氏曰：「論辨詳博，間以繪畫，于唐代諸儒之論，近世聶崇義之《圖》，或正其失，或補其闕，元祐中表上之。」李心傳《丁丑三禮辨》二十三卷，《中興藝文志》：「以《儀禮》之說與鄭氏辨者八十四，《周禮》之說與鄭氏辨者二百二十六，皆有據。大戴之書，疑者三十。小戴之書，疑者一百九十八。鄭氏之注，疑者三百七十五。亦各辨其所以而詳識之。」鄭伯謙《太平經國書統集》七十卷，鄭樵《鄉飲禮》七卷。

【王圻《續文獻通考》】《三禮發微》，趙敦臨，奉化人。《伊洛禮書補亡》，陳傳良。《禮講解》，奉化舒璘。《禮學舉要》、《禮學從宜》，仙遊鄭鼎新著。《三禮說》，蕭㪺著。《校正大戴記三十四篇》，吳澄序次。序曰：「《大戴記》三十四篇，澂所序次。案《隋志》，《大戴記》八十五篇，今其書缺前三十八篇，始三十九，終八十一，當爲四十三篇。中間第四十三、第四十四、第四十五、第六十一四篇復闕，第七十四有二，總四十篇。據云八十五篇，則末又缺其四。或云止八十一。皆不可考。竊意大戴類萃此《記》，多爲小戴所取，後人合其餘篇，仍爲《大戴記》。已入《小戴記》者，不復録而闕其篇，是以其書冗泛，不及小戴書甚。蓋彼其膏華，而此其查滓爾。❶然尚或間存精語，不可棄遺。其與《小戴》重者，《投壺》、《哀公問》也。《投壺》、《公冠》、《諸侯遷廟》、《諸侯釁廟》四篇既入《儀禮》逸經，《朝事》一篇又入《儀禮》傳。❷《哀公問》，小戴已取之，則于彼宜存，于此宜去。此外猶三十四篇。《夏小正》，猶《月令》也；《明堂》，猶《明堂位》也；《本命》以下，雜録事辭，多與《家語》、《荀子》、《賈傳》等書相出入，非專爲記禮設，《禮運》以下諸篇之比也。《小戴》文多綴補，而此皆成篇，故其篇中章句，罕所更定。唯其文字錯誤，參互考校，未能盡正，尚以俟好古博學之君子云。」《三禮考注》，康宗武著。《三

❶「查」，三家校作「渣」。

❷「入」，原作「一」，據《續文獻通考》改。

禮訂疑》。湛若水著。

【《明史·藝文志》】夏時正《三禮儀略舉要》十卷，湛若水《二禮經傳測》六十八卷，大略以《曲禮》、《儀禮》爲經，《禮記》爲傳。吴嶽《禮考》一卷，劉績《三禮圖》二卷，貢汝成《三禮纂注》四十九卷，李黼《二禮集解》十二卷，合《周禮》、《儀禮》爲一，集諸家之説以解之。李經綸《三禮類編》三十卷，鄧元錫《三禮編繹》二十六卷，唐伯玉《禮編》二十八卷。以上通禮。

右禮經傳述源流。

五禮通考卷首第二

博野尹嘉銓校字

五禮通考卷首第三

內廷供奉禮部右侍郎金匱秦蕙田編輯
太子太保總督直隸右都御史桐城方觀承同訂
按察司副使元和宋宗元參校

禮制因革上

【《虞書・舜典》】修五禮。帝曰：「咨！四岳，有能典朕三禮？」僉曰：「伯夷。」帝曰：「俞，咨！伯，汝作秩宗。夙夜惟寅，直哉惟清。」伯拜稽首，讓於夔、龍。帝曰：「俞，往，欽哉！」

【《皋陶謨》】天秩有禮，自我五禮有庸哉！

【《通典》】自伏羲以來，五禮始彰。堯舜之時，五禮咸備。

【《禮記・禮器》】三代之禮一也，民共由之。或素或青，夏造殷因。

【《論語》】子張問：「十世可知也？」子曰：「殷因於夏禮，所損益可知也；周因於殷禮，所損益可知也。其或繼周者，雖百世可知也。」子曰：「夏禮吾能言之，杞不足徵也；殷禮吾能言之，宋不足徵也。文獻不足故也，足則吾能徵之矣。」

【《中庸》】非天子不議禮，不制度，不考文。今天下車同軌，書同文，行同倫，雖有其位，苟無其德，不敢作禮樂焉。雖有其德，苟無其位，亦不敢作禮樂焉。子曰：「吾說夏禮，杞不足徵也。吾學殷禮，有宋存焉。吾學周禮，今用之，吾從周。」

【《書・周官》】宗伯掌邦禮，治神人，和上下。

【《周禮》】惟王建國，辨方正位，體國經野，設官分職，以爲民極。乃立天官冢宰，使帥其屬而掌邦治，以佐王均邦國。立地官司徒，使帥其屬而掌邦教，以佐王安擾邦國。立春官宗伯，使帥其屬而掌邦禮，以佐王和邦國。立夏官司馬，使率其屬而掌邦政，以佐王平邦國。立秋官司寇，使率其屬而掌邦禁，以佐王刑邦國。立冬官司空，使率其屬而掌邦事，以佐王富邦國。吴澄補。

【《天官》】大宰掌六典，以佐王治邦國。三曰禮典，以和邦國，以統百官，以諧萬民。　以八則治都鄙：一曰祭祀，以馭其神。六曰禮俗，以馭其民。　小宰以六屬舉邦治：三曰春官，其屬六十，掌邦禮。以六職辨邦治：三曰禮職，以和邦國，以諧萬民，以事鬼神。

【《地官》】大司徒施十有二教：一曰以祀禮教敬，則民不苟。二曰以陽禮教讓，則民不争。三曰以陰禮教親，則民不怨。四曰以樂禮教和，則民不乖。五曰以義辨等，則民不越。六曰以俗教安，則民不偷。　以荒政十有二聚萬民：七曰眚禮。　以鄉三物教萬民而賓興之，三曰六藝，禮、樂、射、御、書、數。　以五禮防萬民之僞，而教之中。　保氏教六藝，一曰五禮。

【《春官》】大宗伯之職，掌建邦之天神、人鬼、地示之禮，以佐王建保邦國。以吉禮事邦國之鬼神示，以凶禮哀邦國之憂，以賓禮親邦國，以軍禮同邦國，以嘉禮親萬民。　小宗伯之職，掌五禮之禁令與其用等。　凡國之大禮，佐大宗伯。　凡小禮，掌事，如大宗伯之儀。吉禮之別十有二：禋祀、實柴、槱燎、血祭、貍沈、疈辜、肆獻祼、饋食、祠、禴、嘗、烝。凶禮之別五：喪、荒、弔、襘、恤。賓禮之別八：朝、宗、覲、遇、會、同、問、視。軍禮之別五：大師、大均、大田、大役、大封。嘉禮之別六：飲食、昏冠、賓射、享燕、脤膰、賀慶。

天官：內宰以陰禮教六宮九嬪。

春官：都宗人正都禮，家宗人掌家禮。

秋官：小行人掌邦國賓客之禮籍，以待四方之使者。令諸侯春入貢，秋獻功，王親受之，各以其國之籍禮之。【注】名位尊卑之書。【疏】邦之禮籍，諸侯及臣皆在。　掌訝掌邦國之等籍，以待賓客。【注】等，九儀之差等。

【《春秋左傳》】隱公七年，春，同盟稱名，繼好息民，謂之禮經。【注】此言凡例，乃周公所制禮經也。十一年不告之例，又曰「不書于策」，明禮經皆當書于策。　【疏】此爲禮之常法，丘明意，言周公謂之。　閔公元年，仲孫曰：「魯猶秉周禮，周禮所以本也。魯不棄周禮，未可動也。」　僖公二十一年，成風曰：「崇明祀，保小寡，周禮也。」　二十五年，卜偃曰：「周禮未改，今之王，古之帝也。」　文公十八年，太史克曰：「周公制《周禮》曰：則以觀德，德以處事，事以度公，公以食民。」　宣公十六年，王曰：「享有體薦，宴有折俎，公當享，卿當宴，王室之禮也。」　成公二年，晉獻齊捷，王使委于三吏，禮之如侯伯克敵使大夫告慶之禮，降于卿禮一等。僖十一年：「王以上卿之禮享管仲，管仲受下卿之禮而還。」　昭四年：「左師獻公合諸侯之禮六，子產獻伯子男會公之禮六。」　昭公二十年，韓宣子適魯，見《易象》與《魯春秋》，曰：「周禮盡在魯矣。吾今知周公之德與周之所以王也。」　哀公七年，子服景伯曰：「周之王也，制禮上物不過十二，今棄周禮而曰必百牢。」子貢曰：「大伯端委以治周禮。」

【《國語》】公子如楚，楚成王以周禮享之。晉侯使隨會聘于周，定王享之殽烝。　王曰：「惟是先王之宴禮欲以貽女。」武子歸，乃講聚三代之典禮，修執秩以爲晉法。

【《禮記·王制》】司徒修六禮以節民性。

【《明堂位》】周公攝政六年制禮。【疏】《周官》、《儀禮》也。

【《禮運》】天子適諸侯，必舍其祖廟，而不以禮籍入，是謂壞法亂紀。【注】謂太史典禮，執簡記，奉諱惡。

【《中庸》】武王末受命，周公成文、武之德，追王太王、王季，上祀先公以天子之禮。斯禮也，達乎諸侯大夫及士庶人。父爲大夫，子爲士，葬以大夫，祭以士。父爲士，子爲大夫，葬以士，祭以大夫。期之喪，達乎大夫。三年之喪，達乎天子。父母之喪，無貴賤，一也。　宗廟之禮，所以序昭穆也。序爵，所以辨貴賤也。序事，所以辨賢也。旅酬下爲上，所以逮賤也。燕毛，所以序齒也。踐其位，行其禮，奏其樂。　郊社之禮，所以事上帝也。宗廟之禮，所以祀乎其先也。明乎郊社之禮，禘嘗之義，治國其如示諸掌乎！

【《論語》】孔子曰：「周監於二代，郁郁乎文哉！吾從周。」

【《孟子》】諸侯惡其害己也，而皆去其籍。

【《漢書·禮樂志》】周監於二代，禮文尤具，事爲之制，曲爲之防，故稱禮經三百，威儀三千。於是教化浹洽，民用和睦，災害不生，禍亂不作，囹圄空虛，四十餘年。孔子美之曰：「郁郁乎文哉！吾從周。」及其衰也，諸侯逾越法度，惡禮制之害己，去篇籍。遭秦滅學，遂以亂亡。

【《通典》】夏商二代，散亡多闕。洎周公攝政六年，述文、武之德，制《周官》及《儀禮》，以爲後王法。《禮序》云：「禮也者，體也，履也，統之于心曰體，踐而行之曰履。」然則《周禮》爲體，《儀禮》爲履矣。周衰，諸侯僭忒，自孔子時，已不能具。秦平天下，收其儀禮，歸之咸陽，但採其尊君抑臣，以爲時用。

徐氏乾學曰：「《周官》、《儀禮》，皆漢儒所傳，後人疑其未必皆出周公手。當孔子未作《春秋》以前，《魯史》記韓宣子聘魯，見魯之《易象》、《春秋》，歎曰：『周禮盡在魯矣！吾今而知周公之德與周之所以王也。』齊仲孫湫曰：『魯秉周禮，未可動也。』及夫子既作《春秋》，其間朝聘、會盟、郊祭、廟祀、婚嫁、喪葬、賓、軍諸禮，與僭竊之非制，行事之得失，無不犁然具備。故《孟子》曰：『《春秋》，天子之事也。』左氏傳《春秋》，以禮爲釋經之例，某人某事曰禮也，某人某事曰非禮也，其他記禮特詳，則是《春秋》即周禮也。以魯之《春秋》而尚歎爲周禮，况經大聖人之制作也乎！謂《春秋》爲周禮，奚不可？」

【《史記·齊世家》】景公二十六年，獵魯郊，因入魯，與晏嬰俱問魯禮。

【《孔子世家》】孔子爲兒嬉戲，常陳俎豆，設禮容。孟釐子戒其嗣懿子曰：「孔丘年少好禮，其達者歟！吾即没，若必師之。」懿子與魯人南宫敬叔往學禮焉。南宫敬叔言魯君曰：「請與孔子適周。」俱適周問禮，蓋見老子云。孔子之時，周室微而禮樂廢，《詩》、《書》缺，追跡三代之禮，序《書傳》，上紀唐虞之際，下至秦穆，編次其事，曰：「夏禮吾能言之，殷禮吾能言之。」觀夏殷所損益，曰：「後雖百世可知也。以一文一質，周監二代，郁郁乎文哉！吾從周。」故《書傳》、《禮記》自孔氏。孔子以《詩》、《書》、《禮》、《樂》教，弟子蓋三千焉，身通六藝者七十有二人。魯世世相傳，以歲時奉祀孔子冢，而諸儒亦講禮、鄉飲、大射於孔子冢。適魯，觀仲尼廟堂、車服、禮器，諸生以時習禮其家，余低回留之不能去云。

蕙田案：春秋時，博物閎覽，好古洽聞之大夫，無如子産、叔向、晏嬰、韓起，諸人曾未一見《周官》、《儀禮》。蓋周公成文、武之德，其追王、郊禘、六官、五禮諸大經大法，皆藏于王朝，掌于柱下，史官固不得見也。而諸侯之籍，頒自王室者，則又惡其害己而皆去之。是以孔子志從先進，夢見周公，適周問禮于老聃，歎周文之盛，而後知所用者皆周禮也，故曰「吾從周」。司馬氏曰：「適魯，登孔子廟堂，觀其車服、禮器，諸生以時習禮其家。陳涉之王也，魯之儒持孔子禮器往歸之。漢高祖誅項籍，引兵圍魯，諸儒猶稱習舊禮，弦歌之音不絶。」此周禮之不絶如綫者，豈非由大聖人遺化僅存于好學之國者乎！周禮在魯，漢儒稱孔子定禮樂，信矣！

【《禮書》】周衰，禮廢樂壞，大小相逾。至秦有天下，悉内六國禮儀，采擇其善，雖不合聖制，其尊君抑臣，朝廷濟濟，依古以來。至于高祖，光有四海，叔孫通頗有增益減損，大抵皆襲秦故，自天子稱號，下至佐僚及宫室官名，少所變改。

【《漢書·禮樂志》】命叔孫通制禮儀，以正君臣之位。以通爲奉常，遂定儀法，未盡備而通終。

【《叔孫通傳》】漢王并天下，諸侯共尊爲皇帝，通就其儀號，高帝悉去秦儀法，爲簡易。群臣飲，争功，醉或妄呼，拔劍擊柱，上患之。通説上曰：「願徵魯諸生與臣弟子共起朝儀。」高帝曰：「得無難乎？」通曰：「五帝異樂，三王不同禮。禮者，因時世人情爲之節文者也。故夏、殷、周禮所因損益可知者，謂不相復也。臣願頗采古禮與秦儀雜就之。」上曰：「度吾所能行爲之。」通使徵魯諸生三十餘人。魯有兩生不肯行，曰：「禮樂所由起，百年積德而後可興也。」通遂與所徵三十人西，及上左右爲學者與其弟子百餘人，爲緜蕞野外。習之月餘，通曰：「上可試觀。」上使行禮，曰：「吾能爲此。」乃令羣臣習肄，會十月。漢七年，長樂宮成，諸侯羣臣朝十月。竟朝置酒，無敢讙譁失禮者。高帝曰：「吾乃今日知爲皇帝之貴也。」拜通爲奉常，賜金五百斤。孝惠定宗廟儀法，又稍定漢諸儀法，皆通所論著也。

文帝時，賈誼以爲：「漢承秦之敗俗，廢禮義，捐廉恥，而大臣特以簿書不報期會爲大故。夫移風易俗，使天下回心而向道，類非俗吏之所能爲也。夫立君臣，等上下，使綱紀有序，六親和睦，此非天之所爲，人之所設也。人之所設，不爲不立，不修則壞。漢興至今二十餘年，宜定制度，興禮樂，然後諸侯軌道，百姓素樸，獄訟衰息。」乃草具其儀，天子説焉。而大臣絳、灌之屬害之，故其議遂寢。

【《郊祀志》】文帝十六年四月，使博士、諸生刺六經中作《王制》，謀議巡狩、封禪事。

【《史記·禮書》】孝文即位，有司議欲定儀禮。孝文好道家之學，以爲繁禮飾貌，無益于治。

上武帝。即位，招致儒術之士，令共定儀，十餘年不就。上制詔御史曰：「漢亦一家之事，典法不傳，謂子孫何！化隆者閎博，治淺者褊狹，可不勉歟！」乃以太初之元，改正朔，易服色，封泰山，定宗廟百官之儀，以爲典常，垂之于後云。

【《漢書・禮樂志》】武帝即位，議立明堂，制禮服，以興太平。會竇太后好黄、老言，不説儒術，其事又廢。後董仲舒對策，言：「漢得天下以來，常欲善治，而至今不能勝殘去殺者，失之當更化而不能更化也。」是時，上方征討四夷，鋭志武功，不暇留意禮文之事。宣帝時，琅邪王吉爲諫大夫，又上疏言：「欲治之主不世出，公卿幸得遭遇其時，未有建萬世之長策，舉明主于三代之隆者也。孔子曰：『安上治民，莫善于禮。』願與大臣延及儒生，述舊禮，明王制，驅一世之民，躋之仁壽之域。」上不納其言，吉以病去。至成帝時，犍爲郡于水濱得古磬十六枚，議者以爲善祥。劉向因是説上：「宜興辟雍，設庠序，陳禮樂，隆雅頌之聲，盛揖讓之容，以風化天下。或曰：不能具禮。禮以養人爲本，如有過差，是過而養人也。刑罰之過，或至死傷。今之刑，非皋陶之法也，而有司請定法，削則削，筆則筆，救時務也。至于禮樂，則曰不敢，是敢于殺人不敢于養人也。爲其俎豆筦弦之間小不備，因是絶而不爲，是去小不備而就大不備，大不備，❶或莫甚焉。夫承千載之衰周，繼暴秦之餘敝，民漸漬惡俗，貪饕險詖，不閑義理，不示以大化，而獨敺以刑罰，終已不改。故曰：『導之以禮樂，而民和睦。』初，叔孫通將制定禮樂，❷見非于齊、魯之士，然卒爲漢儒宗，業垂後嗣，斯成法也。」成帝以向言下公卿議，會向病卒，丞相大司

❶「大不備」，點校本《漢書》以爲此三字衍。

❷「樂」，《漢書・禮樂志》作「儀」。

空奏請立辟雍。案行長安城南，營表未作，遭成帝崩，羣臣引以定謚。【孟康注】《謚法》：「安民立政曰成。」帝欲立辟雍，未就而崩，羣臣議謚，引以爲美，謂之成。

【班彪《韋玄成傳贊》】漢承亡秦絶學之後，祖宗之制，因時施宜。自元、成後，學者蕃滋。貢禹毁宗廟，匡衡改郊兆，何武定三公，後皆數復，故紛紛不定。何者？禮文缺微，古今異制，各爲一家，未易可偏定也。

【《禮樂志》】叔孫通所撰禮儀，與律令同録，藏于理官，法家又復不傳，漢典寢而不著，臣民莫有見者。又通没之後，河間獻王采禮樂古事，稍稍增輯，至五百餘篇。今學者不能昭見，但推士禮以及天子，説義又頗謬異，故君臣、長幼交接之道，寖以不章。❶

蕙田案：禮莫盛於成周。漢興三百餘年，西京未遑制作，雖有賈誼、董仲舒、王吉、劉向諸人，班《志》所載，僅存議論，惜哉！《孟子》曰：「見其禮而知其政。」三代之治，所以不復見于後世也。

【《通鑑》】光武建武五年，上幸太學，稽式古典，修明禮樂。

【《後漢書·伏湛傳》】光武知湛名儒，拜尚書，使典定舊制。

【《張純傳》】建武初，舊章多缺。張純在朝歷世，明習故事，每有疑議，輒以訪純，自郊廟、婚冠、喪紀，禮儀多所正定，帝甚重之。

【《後漢書·祭祀志》】建武三十二年二月，上至奉高刻石，文曰：「建明堂，立辟雍，起靈臺，設庠序，同律、度、量、衡，修五禮，五玉，三帛，

❶「寖」，原作「寑」，據庫本改。

二牲，一死，贄。吏各修職，復于舊典。」

【《曹褒傳》】曹充持《慶氏禮》，建武中爲博士，從巡狩岱宗，定封禪禮。還，受詔議立七郊、三雍、大射、養老禮儀。顯宗即位，充上言：「三王不相襲禮，大漢宜自制禮，以示百世。」帝善之。

【《東平王傳》】時中興三十餘年，東平王蒼以爲天下化平，宜興禮樂，乃與公卿共議，定南北郊、冠冕、車服制度。

【《漢會要》】世祖受命中興，撥亂反正，改定京師于土中。即位三十年，四裔賓服，百姓家給，政教清明，乃營立明堂、辟廱。明帝即位，躬行其禮，天子始冠通天，衣日月，備法物之駕，盛清道儀，威儀甚美。

【《禮儀志》】永平二年，上始帥羣臣躬養三老、五更于辟廱，行大射之禮。郡、縣、道行鄉飲酒于學校。于是七郊禮樂三廱之義備矣。

【《曹褒傳》】褒少篤志，有大度，結髮傳父業，尤好禮事。常感朝廷制度未備，慕叔孫通漢禮儀，晝夜研精，沉唫專思。召拜博士。會肅宗欲制定禮樂，元和二年，褒知帝旨欲有興作，乃上疏言：「宜定文制，著成漢禮，丕顯祖宗盛德之美。」章下大常，巢堪以爲一世大典，非褒所定，不可許。帝知羣僚拘攣，難與圖始，朝廷禮憲，宜時刊立。明年，復下詔曰：「漢遭秦餘，禮壞樂崩，因循故事，未可觀省。有知其説者，各盡所能。」褒省詔歎息，謂諸生曰：「昔奚斯頌魯，考甫咏殷。夫人臣依義顯君，竭忠彰主，行之美也。當仁不遜，吾何辭哉！」遂復上疏，具存禮樂之本，❶制改之意。拜褒侍中，從駕南巡。

❶「存」，《後漢書·曹褒傳》作「陳」，疑是。

既還，以事下三公，未及奏，詔召玄武司馬班固問改定禮制之宜，固曰：「京師諸儒，多能説禮，宜廣招集，共議得失。」帝曰：「諺言：『作舍道邊，三年不成。』會禮之家，名爲聚訟，互相疑異，筆不得下。昔堯作《大章》，一夔足矣。」章和元年正月，乃召褒詣嘉德門，令小黄門持班固所上叔孫通《漢儀》十二篇，敕褒曰：「此制散略，多不合經。今宜依禮條正，使可施行。于南宫、東觀，盡心集作。」褒乃次序禮事，依準舊典，雜以五經讖記之文，撰次天子至于庶人冠婚吉凶終始制度，以爲百五十篇，寫以二尺四寸簡奏上。帝以衆論難一，故但納之，不復令有司平奏。和帝即位，褒乃爲作章句，帝遂以《新禮》二篇冠，擢褒監羽林左騎。

【《張奮傳》】永元十三年，拜太常，上疏：「漢當改作禮樂，圖書著明。謹條禮樂異議三事，願下有司，以時考定。先帝已詔曹褒，今但奉而成之，猶周公斟酌文、武之道，非自爲制。」帝善之，未行。

蕙田案：班固志叔孫通所撰禮儀，大半襲秦法，則非先王舊矣。河間獻王采禮樂古事，增輯至五百餘篇，至固時已不能見。肅宗鋭意制作，排止羣議，委任曹褒，君臣相得，誠一時之嘉會也。惜乎所撰《新禮》，不能依古損益，多雜讖緯，有虚盛美，可勝慨哉。後太尉張酺、尚書張敏等，奏其破亂聖術，帝雖寢其奏，而漢禮遂不行。善乎劉歆之言曰：「綴學之士，因陋就寡，信口説而背傳記，是末師而非往古，至國家將有大事，若立辟廱、封禪、巡狩之儀，則莫知其原。」蓋禮學之不講，自古爲然矣。

【《張衡傳》】安帝永初中，謁者僕射劉珍、校書郎劉騊駼著作東觀，撰集《漢記》，因定漢家禮儀，上言請衡參論其事，會病卒，❶衡常歎息，欲終成之。

【《應劭傳》】獻帝建安二年，時始遷都于許，舊章湮没，書記罕存。應劭慨然歎息，乃綴集所聞，著《漢官禮儀故事》。凡朝廷制度，百官典式，多劭所立。

【《續漢書》】應劭著《中漢輯敘》、《漢官儀》及《禮儀故事》凡十一種，百三十一卷。漢制所以不亡者，由劭記之。

【《南齊志》】魏侍中王粲、尚書衛覬集創朝儀，而魚豢、王沈、陳壽、孫盛，雖綴時禮，不足相變。吴則丁孚，拾遺漢事。蜀則孟光、許慈，草創時制。

【《三國志·許慈傳》】慈治《三禮》，自交州入蜀。時又有魏郡胡潛，卓犖强識，祖宗制度之儀，喪紀五服之數，皆指掌畫地，舉手可采。先主定蜀，乃鳩合典籍，慈、潛並爲博士，與孟光、來敏等典掌舊文。

【《孟光傳》】光長于漢家舊典，先主定益州，拜爲議郎，與許慈等並掌制度。

【《衛覬傳》】受詔典著作，又爲《魏官儀》。

【《王肅傳》】所論駁朝廷典制，郊祀、宗廟、喪紀，輕重凡百餘篇。

【《晉書·禮志》】魏氏光宅，憲章斯美。王肅、高堂隆之徒，博通前載，三千條之禮，十七篇之學，各以舊文，增損當世。及晉國建，文帝又命荀覬因魏代前事，撰爲新禮，

❶「病」，《後漢書·張衡傳》作「並」，疑是。

參考今古，更其節文。羊祜、任愷、庾峻、應貞，並共刊定，成百六十五篇，奏之。太康初，朱整奏付尚書郎摯虞討論之，虞表所宜增損曰：「臣典校故太尉顗所撰《五禮》，臣以爲此禮當頒于天下，不宜繁多。顗爲百六十五篇，篇爲一卷，合十五餘萬言。臣又謂卷多文煩，類皆重出。案《尚書·堯典》祀山川之禮，唯于東嶽備稱牲幣之數，陳所用之儀，其餘則但曰『如初』。《周禮》祀天地五帝，享先王，其事同者，皆曰『亦如之』。文約而義舉。今禮儀事同而名異者，輒别爲篇卷，煩而不典，皆宜省文通事，隨類合之。事有不同，乃列其異。如此，所減三分之一。」虞討論新禮訖，以元康元年上之。所陳唯明堂、❶五帝、二社、六宗及吉凶王公制度，凡十五篇，有詔可其議。後虞與傅咸讚續其事，❷竟未成功。中原覆没，虞之《決疑注》，是其遺事也。江左刁協、荀崧補緝舊文，蔡謨又踵修其事云。

【《唐志》】《晉尚書儀曹新定儀注》四十一卷，《晉儀注》三十九卷，傅瑗《晉新定儀注》四十卷，《晉尚書儀曹吉禮儀注》三卷，《晉尚書儀曹事》九卷，《晉雜儀注》二十一卷。

【《晉書·荀顗傳》】咸熙中，顗遷司空。及蜀平，興復五等，命顗定禮儀。顗上請羊祜、任顗、庾峻、應貞、孔顥共删改舊文，撰定晉禮。

【《應貞傳》】貞以儒學，與太尉荀顗撰定新禮，未施行。

【《裴秀傳》】魏咸熙初，荀顗定禮儀，賈充

❶「堂」，原脱，據《晉書·禮志》補。

❷「讚」，《晉書·禮志》作「纘」，疑是。

正法律，而秀改官制焉。

【《鄭冲傳》】常道鄉公即位，拜太保。時文帝輔政，平蜀之後，命賈充、羊祜等分定禮儀，皆先諮于冲，然後施行。

【《張華傳》】晉史及儀禮憲章，並屬于華，多所損益。

【《摯虞傳》】荀顗撰新禮，使虞討論得失而後施行。

【《戴邈傳》】元帝草創，學校未立，邈上疏曰：「帝王至務，莫重于禮學，宜以三時之隙，漸就修建。」于是始修禮學。

【《荀崧傳》】元帝踐祚，拜尚書僕射，使崧與刁協共定中興禮儀。

【《刁協傳》】晉中興建，拜尚書左僕射。于時朝廷草創，憲章未立，朝臣無習舊儀者。協久在中朝，諳練舊事，凡所制度，皆稟于協焉。

【《宋書・禮志》】漢文以人情季薄，國喪革三年之紀；光武以中興崇儉，七廟有共堂之制；魏祖以侈惑宜矯，終斂去襲稱之數；晉武以丘郊不異，二至并南北之祀。互相即襲，以訖于今。自漢末剥亂，舊章乖弛，魏初則王粲、衛覬典定衆儀，蜀朝則孟光、許慈創理制度，晉始則荀顗、鄭冲詳定晉禮，江左則荀崧、刁協緝理乖紊。

【《傅隆傳》】文帝元嘉十四年，帝以新撰《禮論》付太常傅隆。隆上表曰：「漢興，徵召故老，搜集殘文，其體例紕繆，首尾脱落，難可詳論。幸高堂生頗識舊義，❶諸儒各爲章句之説，既明不獨達，所見不同，或師資相傳，共枝別幹。故聞人、二戴，俱事后蒼，俄已分異；盧植、鄭玄，偕

❶「生」，原無，據庫本補。

學馬融，人各名家。又後之學者，未逮曩昔，而問難星繁，充斥兼兩，挾文列錦，❶焕爛可觀。然而五服之本或差，哀敬之制舛雜，國典未一于四海，家法參駁于搢紳，誠宜考詳遠慮，以定皇代之盛禮者也。謹率管穴所見五十二事上陳。」

【《南齊書·禮志》】永明二年，詔尚書令王儉制定新禮，立治禮樂學士及職局，置舊學四人，新學六人，正書令史各一人，幹一人，祕書省差能書弟子二人，因集前代，撰治五禮，吉、凶、軍、賓、嘉也。

【《梁書·武帝本紀》】天監初，何佟之等述制旨，并撰《五禮》一千餘卷，帝稱制斷疑。

【《徐勉傳》】普通六年，尚書徐勉《上修五禮表》曰：「夫禮所以安上治人，弘風訓俗，經國家，利後嗣者也。在乎有周，憲章尤備，因殷革夏，損益可知。其大歸有五，即宗伯所掌典禮，吉爲上，凶次之，賓次之，軍次之，嘉爲下也。洎周室大壞，王道既衰，官守斯文，日失其序。是以韓宣適魯，知周公之德；叔侯在晉，辨郊勞之儀。戰國縱横，政教愈泯。暴秦滅學，埽地無餘。漢氏鬱興，日不暇給，猶命叔孫于外野，方知帝王之爲貴。末葉紛綸，遞有興毀。及東京曹褒，南宮制述，集其散略，百有餘篇，雖寫以尺簡，而終闕平奏。至乎晉初，爰定新禮，荀顗制之于前，摯虞刪之于末。既而中原喪亂，罕有所遺。江左草創，因循而已。伏惟陛下，睿明啓運，先天改物，作樂在乎功成，制禮弘于業定。是以命彼羣才，修甘泉之

❶ 「挾」，《宋書·傅隆傳》作「摛」，疑是。

法；❶延兹碩學，闡曲臺之儀。化穆三雍，人從五典，秩宗之教，勃焉以興。復尋所定五禮，❷起齊永明三年，❸太子步兵校尉伏曼容表求制一代禮樂。于時參議，置新舊學士十人，止修五禮，詔稟衛將軍丹陽尹王儉，❹學士亦分住郡中，製作歷年，猶未克就。後又以事付國子祭酒何胤，經涉九載，猶復未畢。建武四年，胤還山東，齊明帝敕委尚書令徐孝嗣。舊事本末，隨在南第。永元中，孝嗣于此遇禍，又多零落。鳩斂所餘，權付尚書左丞蔡仲熊、驍騎將軍何佟之共掌其事。時修禮局住在國子學中門外，東昏之代，頻有軍火，其所散失，又逾大半。天監元年，佟之啓審省置之宜，詔：『宜以時修定，以爲永准。此既經國所先，外可議其人，人定便即撰次。』于是尚書僕射沈約等參議，請五禮各置舊學士一人，人各自舉學士二人，相助抄撰。其中有疑者，依前漢石渠、後漢白虎，隨源以聞，請旨斷決。乃以舊學士右軍記室參軍明山賓掌吉禮，中軍騎兵參軍嚴植之掌凶禮，中軍田曹行參軍兼太常丞賀瑒掌賓禮，記室參軍陸璉掌軍禮，右軍參軍司馬褧掌嘉禮，尚書左丞何佟之總參其事。佟之後，❺以鎮北諮議參軍伏暅代之。後又以暅代嚴植之掌凶禮。暅尋遷官，以五經博士繆昭掌凶禮。復以禮儀深廣，記載殘缺，宜須博論，共盡其致，更使鎮

❶「修」，《梁書・徐勉傳》作「搜」。
❷「復」，《梁書・徐勉傳》作「伏」。
❸「三年」，《梁書・徐勉傳》校勘記謂當作「二年」。
❹「詔稟」，《梁書》、《南史・徐勉傳》皆作「諮稟」，疑是。
❺「之」下，《梁書》、《南史・徐勉傳》有「亡」字。

軍將軍丹陽尹沈約、太常卿張充及臣三人同參厥務。臣又奉别敕，總知其事。末又使中書侍郎周捨、庾於陵二人復豫參知。若有疑議，所掌學士當職先立議，通諮五禮舊學士及參知，各言同異，條牒啓聞，决之制旨。《嘉禮儀注》以天監六年五月七日上尚書，合十有二帙，百一十六卷，五百四十六條。❶《賓禮儀注》以天監六年五月二十日上尚書，合十有七帙，一百三十三卷，❷五百四十五條。❸《軍禮儀注》以天監九年十月二十九日上尚書，合十有八帙，一百八十九卷，二百四十條。《吉禮儀注》以天監十一年十一月十日上尚書，合二十有六帙，二百二十四卷，一千五條。《凶禮儀注》以天監十一年十一月十七日上尚書，合四十有七帙，五百一十四卷，五千六百九十三條。大凡一百二十帙，一千一百七十六卷，八千一十九條。又列副秘閣及五經典書各一通，繕寫校定，以普通五年二月始獲寫畢。不任下情，輒具載撰修始末并職掌人、所成卷帙條目之數，謹拜表以聞。」

蕙田案：五禮之書，莫備于梁天監，時經二代，撰分數賢，彙古今而爲一，本宸斷以决疑，卷帙逾百，條目八千，洋洋乎禮志之盛也！世遠文湮，逸亡無考，惜哉！

【《隋書·經籍志》】《梁吉禮儀注》十卷，明山賓撰。《賓禮儀注》九卷，賀瑒撰。

案：山賓撰《吉儀注》二百六卷、《録》六

❶「四十六」，《梁書·徐勉傳》作「三十六」。

❷下「三」字，原脱，據庫本及《梁書·徐勉傳》補。

❸「五百」，原脱，據庫本及《梁書·徐勉傳》補。

卷，嚴植之撰《凶儀注》四百七十九卷、《録》四十五卷，陸璉撰《軍儀注》一百九十卷、《録》二卷，司馬褧撰《嘉儀注》一百十二卷、《録》三卷，並亡，存者唯十九卷。

【《唐書・藝文志》】嚴植之《南齊儀注》二十八卷，沈約《梁儀注》十卷，又《梁祭地祇陰陽儀注》二卷。明山賓等《梁吉禮》十八卷，《梁吉禮儀注》四卷，又十卷。《梁尚書儀曹儀注》十八卷。賀瑒等《梁賓禮》一卷，《儀注》十三卷。陸璉《梁軍禮》四卷。司馬褧《梁嘉禮》三十五卷，又《嘉禮儀注》四十五卷。

【《隋書・禮儀志》】陳武帝克平建業，多準梁舊，仍詔尚書左丞江德藻、散騎常侍沈洙、博士沈文阿、中書舍人劉師知等，或因行事，隨時取舍。

【《陳書・張崖傳》】天嘉元年，爲儀曹郎，廣沈文阿《儀注》，撰《五禮》。

【《唐書・藝文志》】《陳吉禮儀注》五十卷。張彦《陳賓禮儀注》六卷。

【《北魏書・太祖本紀》】天興元年，詔儀曹郎董謐撰朝覲、享宴、郊廟、社稷之儀。二年，❶又詔有司制冠服，隨品秩各有差。時事未暇，多失古禮。世祖經營四方，未能留意，仍世以武力爲事，取于便習而已。至高祖，始考舊典，以制冠服，百僚六宮，各有差次。肅宗時，又詔崔光、王廷明及在朝名學更議之，❷條章初備焉。

【《禮志》】高祖稽古，率由舊則，斟酌前王，擇其令典，朝章國範，煥乎復振。世宗優游在上，致意玄門，儒業文風，顧有未洽，墜禮

❶「二」，《魏書・禮四之四》作「六」。

❷「廷」，《魏書・禮四之四》作「延」。

淪聲，因之而往。肅宗已降，魏道衰羸，太和之風，仍世凋落。

【《隋書·經籍志》】王逡之《禮儀制度》十三卷。

【《唐書·藝文志》】常褧《後魏儀注》五十卷。

【《隋書·禮儀志》】後齊則左僕射陽休之、尚書元修伯、鴻臚卿王晞、國子博士熊安生，並習于《儀禮》者也，平章國典，以爲時用。

【《北齊書·王晞傳》】乾明元年八月，昭帝踐阼。九月，除晞散騎常侍，因奏事罷，帝從容曰：「比日何爲自同外客？但有所懷，隨宜作一牒，即徑進也。」因敕尚書陽休之、鴻臚卿崔劭等三人，❶每日本職務罷，並入東廊，並舉録歷代廢禮墜樂，職司廢置，朝饗異同，輿服增損，婚葬儀軌，貴賤齊衰，❷有不便于時而古今行用不已者，或自古利用而當今毀棄者，悉令詳思，以漸條奏。

【《崔昂傳》】齊受禪，昂與太子少師邢邵議定國初禮。

【《邢邵傳》】邵爲太常卿、中書監攝國子祭酒。邵博覽墳籍，無不通曉，吉凶禮儀，公私諮稟，質疑去惑，爲世指南。

【《魏收傳》】收除儀同三司，帝召收及陽休之參議吉凶之禮，并掌詔誥，武定後國家大事文詞，皆收所作，邢邵、温子昇所不逮。其參議典禮，與邢相埒。

【《李鉉傳》】鉉年十六，從章武劉子猛受

❶「崔劭」，《北齊書·王晞傳》作「崔劼」。

❷「齊」，校點本《北齊書·王晞傳》校勘記曰：「《北史》卷二十四『齊』作『等』，疑是。」

《禮記》，常山房虬受《周官》、《儀禮》，撰定《三禮義疏》及《三傳異同》。天保初，詔鉉與殿中尚書邢卲、中書令魏收等參議紀律。❶

【《隋書・禮儀志》】在周則蘇綽、盧辯、宇文弢並習于《儀禮》。

【《周書・熊安生傳》】高祖入鄴，敕令于大乘佛寺參議五禮。

【《隋書・宇文弢傳》】仕周爲禮部上士，奉詔修《五禮》，書成，奏之。

【《隋書・禮儀志》】開皇初，高祖思定典禮。太常卿牛弘奏曰：「聖教陵替，國章殘缺，漢、晉爲法，隨俗因時，未足經國庇人，弘風施化。且制禮作樂，事歸元首。江南王儉，偏隅一臣，私撰《儀注》，多違古法。就廬非東階之位，凶門豈設重之禮？兩蕭累代，舉國遵行。後魏及齊，風牛本隔，殊不尋究，遥相師祖，故山東之人，浸以成俗。西魏以降，師旅弗遑，賓嘉之禮，盡未詳定。今請據前經，革兹俗弊。」詔曰：「可。」弘因奏徵學者，撰《禮儀》百卷。悉用東齊《儀注》以爲準，亦微採王儉禮。修畢，上之，詔遂班天下，咸使遵用焉。

【《高祖本紀》】仁壽二年，詔楊素、蘇威、牛弘、薛道衡、許善心、虞世基、王卲並修定五禮。

【《隋書・辛彦之傳》】彦之博涉經史，周太祖見而器之，引爲中外府禮曹，修定儀注。及周閔帝受禪，彦之與少宗伯盧辯專掌儀制。高祖受禪，拜禮部尚書，與祕書監牛弘撰新禮，有《禮要》一部，《新禮》一部，並行于世。

❶ 「紀」，《北齊書》、《南史》本傳皆作「禮」。

【《劉炫傳》】炫初事蜀王，及蜀王廢，與諸儒修定《五禮》。

【《牛弘傳》】弘與楊素、蘇威、薛道衡、許善心、虞世基、崔子發等，并召諸儒論新禮隆殺輕重。弘所立議，衆咸推服之。

【《經籍志》】《隋朝儀禮》一百卷，牛弘撰。悉用東齊《儀注》以爲準，亦微采王儉禮。五年正月戊辰，行《新禮》。

【《唐書・藝文志》】牛弘、潘徽《隋江都集禮》一百二十卷。

【《唐書・禮樂志》】自梁以來，始以其當時所行傅于《周官》五禮之名，各立一家之學。唐初，用隋之禮。至太宗時，詔中書令房玄齡、秘書監魏徵，與禮官學士，因隋之禮，增爲《吉禮》六十一篇，《賓禮》四篇，《軍禮》二十篇，《嘉禮》四十二篇，《凶禮》六篇，《國恤》五篇，爲百卷，是爲《貞觀禮》。

【《玉海》】吉禮之别，有大祀、中祀、小祀，而天子親祠者二十有四。大祀，天地、宗廟、五帝。中祀，日星、社稷、嶽瀆。小祀，風雨、靈星、山川焉。賓禮則以待四夷之君長與其使者，蕃國來朝，遣使迎勞，授館，將幣，擯享之節焉。軍禮之分，曰親征，曰遣將，曰宣露布，曰講武，曰狩田，曰大射，而其節則有旗鼓、刀矟、弓矢、跪起、偃伏之節焉。嘉禮之重者，曰加元服，曰皇太子冠，曰册后，曰太子納妃，曰元會，曰臨軒册太子，曰讀時令，曰養老更，曰鄉飲酒，正齒位焉。凶禮，天子禮缺。

【《藝文志》】《大唐儀禮》一百卷，長孫無忌、房玄齡、魏徵、李百藥、顔師古、令狐德棻、孔穎達、于志寧等撰。

【《魏徵傳》】始喪亂後，典章湮散，徵奏引諸儒校集祕書，國家圖籍，燦然完整。

【《竇威傳》】高祖入關，禮典湮缺，威多識朝廷故事，乃裁定制度。帝語裴寂曰：「威，今之叔孫通也。」

【《顔師古傳》】太宗即位，封師古琅邪縣男，譔《五禮》成，進爵爲子。

【《唐會要》】高宗初，以《貞觀禮》節文未盡，詔太尉無忌等重加修撰，勒成一百三十卷，至顯慶三年奏上，高宗自爲之序，是爲《顯慶禮》。時許敬宗、李義府用事，其取舍多依違希旨。用博士蕭楚材言，「禮不豫凶事，國大喪，非臣子所忍言」，遂焚《貞觀禮·國恤篇》，他詆諛類是。事既施行，議者以爲非。上元三年，下詔命依《貞觀》爲定。儀鳳二年，詔並依《周禮》行事。自是，禮司益無憑準，每有大事，輒别制一儀，援古附今，臨時專定，《貞觀》、《顯慶》二禮，亦皆施行。

【《唐書·藝文志》】《永徽五禮》一百三十卷，長孫無忌等八人撰，二百九十九篇，顯慶三年上。

【《通典》】武后時，以禮官不甚詳明，特詔國子司業韋叔夏、率更令祝欽明每加刊定。叔夏卒後，給事中唐紹專知禮儀。紹博學，詳練舊事，議者以爲稱職。

【《韋叔夏傳》】叔夏擢春官員外郎，武后拜洛，享明堂，凡所沿改，皆叔夏、祝欽明、郭山惲等所裁討。每立一議，衆咨服之。后又詔：「《五禮》儀物，司禮博士有所修革，須叔夏、欽明等評處，然後以聞。」

【《唐書·禮樂志》】開元十年，以國子司業韋縚爲禮儀使，掌五禮。十四年，通事舍人王嵒上疏，請刪去《禮記》舊文而益以今事，詔集賢院議。學士張説奏曰：「《禮記》，不刊之書，去聖久遠，不可改易。而《貞觀》、《顯慶禮》，儀注前後不同，宜加折衷，以爲唐禮。」于是令徐堅、李鋭、施敬本撰述，歷年未就，蕭嵩代鋭爲學士，奏起居舍人王仲丘撰定，爲百五十卷，是爲《大唐開元禮》。由是，唐世五禮之文大備，而後代用之，雖時小有損益，不能過也。

【唐六典】禮部：凡五禮之儀，一百五十有二。一曰吉禮，其儀五十有五。一曰冬至祀圜丘，二曰祈穀于圜丘，三曰雩祀于圜丘，四曰大享于明堂，五曰祀青帝于東郊，六曰祀赤帝于南郊，七曰祀黄帝于南郊，八曰祀白帝于西郊，九曰祀黑帝于北郊，十曰禇祭百神于南郊，十一曰朝日于東郊，十二曰夕月于西郊，十三曰祀風伯、雨師、靈星、司中、司命、司人、司禄，❶十四曰夏至祭方丘，十五曰祭神州于北郊，十六曰祭大社，十七曰祭五岳、四鎮，十八曰祭四海、四瀆，十九曰時享于太廟，二十曰祫享于太廟，二十一曰禘享于太廟，二十二曰拜五陵，二十三曰巡五陵，二十四曰祭先農，二十五曰享先蠶，二十六曰享先代帝王，二十七曰薦新于太廟，二十八曰祭司寒，二十九曰祭五龍壇，三十曰視學，三十一曰皇太子釋奠，三十二曰國學釋奠，三十三曰釋奠于齊太公，三十四曰巡狩告圜丘，三十五曰巡狩告社稷，三十六曰巡狩告宗廟，三十七曰巡狩，三十八曰封禪，三十九曰祈于太廟，四十曰祈于太社，四十一曰祈于北郊，四十二曰祈于岳瀆，四十三曰諸州祭社稷，四十四曰諸州釋奠，四十五曰諸州祈禜，四十六曰諸縣祭社稷，四十七曰諸縣釋奠，四十八曰諸縣祈禜，四十九曰諸太子廟時享，五十曰王公已下時享其廟，五十一曰王公已下祫祭其廟，五十二曰王公已下神享其廟，五十三曰四品已下時享其廟，五十四曰六品已下時祭，五十五曰王公已下拜埽。二曰賓禮，其儀有六。一曰蕃國王來見，二曰戎蕃王見，三曰蕃王奉見，四曰受蕃使表及幣，五曰燕蕃國王，六曰燕蕃國使。三曰軍禮，其儀二十有三。一

❶「禄」，原作「録」，據庫本改。

曰親征類于上帝，二曰宜于太社，三曰造于太廟，四曰禡于所征之地，五曰軷于國門，六曰告所過山川，七曰露布，八曰勞軍將，九曰講武，十曰田狩，十一曰射于射宮，十二曰觀射于射宮，❶十三曰遣將出征，宜于太社，十四曰遣將告于太公廟，十五曰遣將告于太廟，十六曰祀馬祖，十七曰享先牧，十八曰祭馬社，十九曰祭馬步，二十曰合朔伐鼓，二十一曰合朔諸州伐鼓，二十二曰大儺，二十三曰諸州縣儺。

四曰嘉禮，其儀有五十。

一曰皇帝加元服，二曰納后，三曰正至受皇太子朝賀，四曰皇后正至受皇太子朝賀，❷五曰正至受皇太子妃朝賀，六曰皇后正至受太子妃朝賀，七曰正至受羣臣朝賀，八曰皇后正至受羣臣朝賀，九曰千秋節受羣臣朝賀，十曰皇后受外命婦朝賀，十一曰皇帝于明堂讀春令，十二曰讀夏令，十三曰讀秋令，十四曰讀冬令，十五曰養老于太學，十六曰臨軒册皇后，十七曰臨朝册皇太子，十八曰内册皇太子，十九曰臨軒册王公，二十曰朝堂燕諸臣，二十一曰册内命婦，二十二曰遣使册授官爵，二十三曰朔日受朝，二十四曰朝集使辭見，二十五曰皇太子加元服，二十六曰納妃，二十七曰正至受羣臣賀，二十八曰受宫臣賀，二十九曰與師傅保相見，三十曰受朝集使參辭，三十一曰諸王冠，三十二曰納妃，三十三曰公主降嫁，三十四曰三品以上冠，三十五曰四品以下冠，三十六曰六品以下冠，三十七曰三品以上婚，三十八曰四品以下婚，三十九曰六品以下婚，四十曰朝集使禮見及辭，四十一曰任官初上，四十二曰鄉飲酒，四十三曰正齒位，四十四曰宣赦書，四十五曰羣臣詣闕上表，四十六曰羣臣起居，四十七曰遣使慰勞諸蕃，四十八曰遣使宣撫諸州，四十九曰遣使諸州宣制，五十曰遣使諸州宣赦書。

五曰凶禮，其儀一十有八。

一曰凶年振撫，二曰勞問疾患，三曰中宫勞問，四曰皇太子勞問，五曰五服制度，六曰皇帝爲小功以上舉哀，七曰敕賜弔祭，八曰會喪，九曰册贈，十曰會葬，十一曰致奠，十二曰皇后舉哀弔祭，十三曰皇太子舉哀弔祭，十四曰皇太子妃舉哀弔祭，十五曰三品已上喪，十六曰四品已下喪，十七曰六品已下喪，十八曰王公已下喪。

❶「射」，原作「社」，據《唐六典》卷四改。

❷「四曰皇后正至受皇太子朝賀」十二字，原脱，據三家校補。

【《唐會要》】開元二十六年，渤海求寫《唐禮》，許之。貞元二年六月，敕通《開元禮》者舉一人，同一經例。九年五月，❶敕問大義百條，試策三道。大中五年十一月，太常禮院奏私廟並準《開元禮》及曲臺爲定制。

【《唐書·藝文志》】《開元禮》一百五十卷，張説請修貞觀、永徽五禮，命賈登、張烜、施敬本、李鋭、王仲丘、陸善經、洪孝昌撰輯，蕭嵩總之。人名與《禮志》詳略不同。蕭嵩《開元禮儀鏡》一百卷，《書目》止第一至第五卷，又有《儀鏡略》十卷。《開元禮京兆義羅》十卷，《類釋》二十卷，《國史志》：《類釋》二十卷。《百問》二卷，《書目》：「凡百篇，分上下二卷。」韋渠牟《貞元新集開元後禮》二十卷，貞元十七年七月上。《通典》本百五十卷，《纂例》成三十五卷，冀尋閱易周。

【《集賢注記》】《開元禮序例》三卷，《吉禮》七十五卷，《賓禮》二卷，《嘉禮》四十卷，《軍禮》十卷，《凶禮》二十卷。

【《禮樂志》】貞元中，太常禮院修撰王涇考次歷代郊廟沿革之制，及其工歌祝號，而圖其壇屋、豆籩、上下陟降之序，爲《郊祀録》十卷。

元和十一年，秘書郎韋公肅録開元以後禮文，損益爲《禮閣新儀》三十卷。

【曾鞏序略】《禮閣新儀》三十篇，韋公肅撰，記開元以後至元和之變禮。集賢院書二十篇，以目録考次序，則篇次亦亂，因定著從目録，而三十篇復完。此書所紀，雖其事已淺，然凡世之記禮者，皆有所本，而一時之得失具焉。

【《中興書目》】公肅取開元以後至元和十

❶「五」，原作「正」，據三家校改。

年沿革損益，爲十五門，每門又别其條目，爲三十卷，一卷爲目録，止二十九卷。今卷存而書不全。

元和十三年，太常博士王彦威集開元以後至元和十三年五禮裁制敕格，爲《曲臺新禮》三十卷上之；又採元和以來至長慶典禮不同者，王公士民昏祭喪葬之禮，❶爲《續曲臺禮》三十卷。

【《王彦威傳》】彦威爲檢討官，采獲隋以來下訖唐凡禮沿革，皆條次彙分，號《元和新禮》，上之，詔拜博士。

【《唐會要》】王彦威疏曰：「自開元二十一年已後迄聖朝，垂九十餘年，法通沿革，禮有廢興，每有禮儀大事，命禮官博士約舊損益，修撰儀注，以合時變。臣今所集録開元以後至元和十三年奏定儀制，不唯與古禮有異，與《開元儀禮》已自不同矣。禮科者，名教之總，與儀注相扶而行，闕一不可。今備禮科之單複，欲使開卷盡在，案文易徵。其他五禮儀式，或舊儀不載而與新創不同者，次第編録。曲臺實禮之藏，故名曰《元和曲臺新禮》，并目録成三十卷。」

【《唐書·禮樂志》】❷方開元撰修時，大臣仍辟《國恤》章不録，而山陵之禮，遂世無所執。國大喪，皆摭拾殘缺，附比倫類，以苟幸襄事，事已輒斥去。崇、豐二陵，不間歲仍搆，❸禮儀使杜黄裳，起太常爲相，于是命太常丞裴瑾、博士辛秘詳考以行。内之攢

❶「王公」上，《玉海》卷六九有「益以」二字。

❷案：引文不見於《唐書·禮樂志》，而見於柳宗元《柳河東集·裴瑾崇豐二陵集禮序》。

❸「搆」，柳宗元《柳河東集·裴瑾崇豐二陵集禮序》作「遘」。

塗秘器，象物之宜；外之斥土復土，因山之制。上之顧命典册文物以示萬國，下之服制節文，皆羅絡旁午于百代之異同。❶于是瑾取所奏復于上，辨列于下刊定者，爲《崇豐二陵集禮》，藏之太常，君子以爲愛禮而近古焉。

【《鄭餘慶傳》】憲宗患典制不倫，謂餘慶淹該前載，詔爲詳定，使俾參裁訂正。餘慶引韓愈、李程爲副，崔鄾、陳佩、楊嗣復、庾敬休爲判官，增損儀矩，號稱詳衷。

【《唐書·藝文志》】餘慶《書儀》二卷，裴度《書儀》二卷。

【《杜佑傳》】先是，劉秩摭百家，侔周六官法，爲《政典》三十五篇，房琯稱其才過劉向。佑以爲未盡，因廣其闕，參益新禮，爲二百篇，自號《通典》，奏之，優詔嘉美，儒者服其書約而詳。

【《歸崇敬傳》】崇敬，字正禮，治禮家學，多識容典。肅宗時，召參掌儀典。

【《楊瑒傳》】瑒常歎士大夫不能用古禮，因其家、冠、昏、喪、祭，乃據舊典爲之節文，揖讓威儀，哭踊衰殺，無有違者。

【《五代史·劉岳傳》】劉岳爲太常卿。初，鄭餘慶常採唐士庶吉凶書儀之式，雜以當時家人之禮，爲《書儀》二卷。明宗見其有起復、冥婚之制，歎曰：「儒者所以隆孝弟而端風俗，且無金革之事，起復可乎？婚，吉禮也，用于死者，可乎？」乃詔岳選文學通知古今之士，共删定之。岳與博士段顒、❷田敏增損其書，而事出鄙俚，其婚禮有女坐婿鞍、合髻之説，尤

❶「代」，《柳河東集·裴瑾崇豐二陵集禮序》作「氏」。
❷「段」，原作「臨」，據庫本、《新五代史·劉岳傳》改。

爲不經，公卿之家頗遵用之。

【《周書·世宗本紀》】顯德五年，敕竇儼集《通禮》。儼上言：「禮者，太一之紀，品物之宗，自五帝之後，三代以來，損益因革，咸有憲章。越在唐室，程軌量，昭物采，則有《開元禮》在。紀先後，明得失，則有《通典》在。録一代之事，包五禮之儀，比類相從，討尋不紊，則有《會要》在。三者，經國之大典也。梁朝之後，戎祀朝會，多于市廛，草定儀注，前代矛盾，率多粃粺。請依《唐會要》門類，上自五帝，迄于聖朝，悉命編次。《開元禮》、《通典》之書，包綜于内，名曰《大周通禮》，俾禮院掌之。」

五禮通考卷首第三

博野尹嘉銓校字

五禮通考卷首第四

内廷供奉禮部右侍郎金匱秦蕙田編輯
太子太保總督直隸右都御史桐城方觀承同訂
按察司副使元和宋宗元參校

禮制因革下

【《宋史·太祖本紀》】開寶六年，行《開寶通禮》。

【《禮志》】太祖受周禪，即位之明年，因太常博士聶崇義上《重集三禮圖》，詔太子詹事尹拙集儒學之士詳定之。開寶四年，四方漸平，民稍休息，乃命御史中丞劉温叟、中書舍人李昉、兵部員外郎知制誥盧多遜、左司員外郎知制誥扈蒙、太子詹事楊昭儉、左補闕賈黄中、司勳員外郎和峴、太子中舍陳鄂撰《開寶通禮》二百卷，本唐《開元禮》而損益之。既又定《通禮義纂》一百卷。《長編》云：「《通禮》二百卷，六年四月與《義纂》同上。」太宗勤于政治，修明典章。真宗承重熙之後，天下無事，于是封泰山，祀汾陰，天書聖祖，崇奉迭興，專制詳定所，命執政、翰林、禮官參領之。尋改爲禮儀院，仍歲增修，纖微委曲，緣情稱宜，蓋一時彌文之制也。自《通禮》之後，其制度儀注傳于有司者殆數百篇。先是，天禧中，陳寬編次禮院所承新舊詔敕不就。天聖初，王皞始類成書，盡乾興，爲《禮閣新編》六十卷，大率吏文，無著述體，而本末完具，有司便之。

【《玉海》】天聖五年，太常博士同知禮院王皞所撰《禮閣新編》六十卷。或作五十卷，書盡乾興。初，天禧中，同判太常禮院陳寬請編次本院所承詔敕，其後不能就，皞因取國初乾興所下詔敕，删去重複，凡千八百三十道。類以五禮之目，成書上之，賜五品服。

【《仁宗本紀》】景祐三年二月壬戌，詔兩制、禮官詳定京師士民服用居室之制。八月己酉，班民間冠服、居室、車馬、器用犯制之禁。

【《玉海》】寶元二年六月丁卯，天章待制賈昌朝、直史館宋祁同修纂《禮書》。

【《宋史·職官志》】宋初舊制，判寺無常員，以兩制以上充；丞一人，以禮官久次官高者充。別置太常禮院，雖隸本寺，其實專達。有判院、同知院四人。寺與禮院，事不相兼。康定元年，置判寺、同判寺，始並兼禮院事。元豐正名，始專其職，分案五，置吏十一。

【《玉海》】康定元年四月，修成《閤門儀制》十二卷，《四方館條例》一卷，《客省條例》七卷。十月癸巳，館閣校勘刁約、歐陽修同修《禮書》。

【《宋史·禮志》】景祐四年，賈昌朝撰《太常新禮》及《祀儀》，止于慶曆三年。皇祐中，文彦博撰《大享明堂記》二十卷。嘉祐六年七月乙丑，❶命姚闢、蘇洵同禮官編纂《禮書》。初，判太常寺歐陽修言：「太常，典禮所在，而文字散失，請命官纂集，庶備討論而傳後世。」時朝廷重寘局，止命禮院官。是歲，秘閣校理張洞奏請擇文學該贍者三四人寘局，命判寺一員總領。知制誥張瓌

❶「乙丑」，案：此段文字採自《玉海》卷九六。據《玉海》，當作「己丑」。

又奏：「欲謹擇有學術方正大臣，與禮官精議是非，釐正紬繹，❶然後成書。」時修爲參政，又命之提舉。治平二年九月辛酉，書成，凡百卷。有序一篇，目録一卷，以《開寶通禮》爲之主而記其變，以類相從，其無所沿于《通禮》者，謂之《新禮》。《通禮》所有而建隆以來不復舉者，謂之《廢禮》。凡立廟，有議論，謂之《廟議》。餘即用《通禮》條目。修與判寺李柬之等上之，詔賜名曰《太常因革禮》，自建隆迄嘉祐。藏之秘閣。異于舊者，十三四焉。

【《國史志》】開寶以後，三輯禮書，推其要歸，嘉祐尤悉。然繁簡失中，訛缺不備，豈有所拘而不得騁乎？

【李燾《長編》】寶元二年，詳定閤門、客省、四方館儀制，所上《新編儀制》十三卷。治平元年，詔閤門一月一次進班簿。

【《合璧事類》】慶曆四年，上《新修太常禮》四十三卷，《慶曆祀儀》六十三卷。

【《神宗本紀》】熙寧七年八月癸巳，集賢院學士宋敏求上《編修閤門儀制》。

【《禮志》】熙寧十年，禮院取慶曆以後奉祀制度，别定《祀儀》，❷其一留中，其二付有司。知諫院黄履言：「郊祀禮樂，未合古制，請命有司考正羣祀。」詔履與禮官講求以聞。元豐元年，始命太常寺寘局，以樞密直學士陳襄等爲詳定官，太常博士楊完等爲檢討官。襄等言：「國朝大率皆循唐故，至于壇壝神位，法駕輿輦，仗衛儀物，亦兼用歷代之制。其間情文訛舛，多戾于古。蓋有規摹苟略，因仍既久，而重于改作者；

❶「紬」，原作「細」，據庫本改。
❷「祀」，原作「禮」，據《宋史·禮志》改。

有出于一時之儀，而不足以爲法者。請先條奏，候訓敕以爲禮式。」未幾，又命龍圖直學士宋敏求同御史臺、閤門、禮院詳定《朝會儀注》，總四十六卷：曰《閤門儀》，曰《朝會禮文》，曰《儀注》，曰《徽號寶册儀》。《祭祀》總百九十一卷：曰《祀儀》，曰《南郊式》，曰《大禮式》，曰《郊廟奉祀禮文》，曰《明堂祫享令式》，曰《天興殿儀》，曰《四孟朝獻儀》，曰《景靈宮供奉敕令格式》，曰《儀禮敕令格式》。《祈禳》總四十卷：曰《祀賽式》，曰《齊醮式》，曰《金籙儀》。《蕃國》總七十一卷：曰《大遼令式》，曰《高麗入貢儀》，曰《女真排辦儀》，曰《諸蕃進貢令式》。《喪葬》總百六十三卷：曰《葬式》，曰《宗室外臣葬敕令格式》，曰《孝贈式》。其損益之制，視前多矣。 元豐七年，❶尚書禮部言：「歐陽修等修《因革禮》，始于建隆，迄于嘉祐，爲百卷。嘉祐以後，缺而不録。熙寧以來，禮文制作，足以垂萬世法。宜下太常，委博士接續修纂，以備討閲。」從之。九月，詔禮官續編，訖于元祐初。

知太常禮院蘇頌《請重修纂五禮疏》曰：「六經在《禮》，有三種之別。《周官》著有司典領之事，《儀禮》載升降隆殺之節，《戴記》敘古今因革之文，雖聖賢作述之不同，而語其歸趣，實相爲表裏也。後世言禮者，皆不出此三體。漢晉洎隋，雖代有作者，而苟簡一時，法制無取。唐明皇命學士等因《貞觀》、《顯慶》所修五禮，討論刪改，集成一百五十卷，是爲《大唐開元禮》，行于累朝，設于科舉。傳其學者，

❶「元豐七年」至「訖于元祐初」，《宋史·禮志》無，爲《玉海》卷六九之文。

則有《義鑑》、《義羅》之類，比于近代之書，最爲詳悉，故今世漢晉洎隋皆無傳，而《開元禮》獨不廢者，以其法制存焉故也。太祖皇帝特詔儒臣劉温叟、盧多遜、扈蒙等祖述其書，傅以今事，仍以增損，足成二百卷，是爲《開寶通禮》。又有《義纂》一百卷，以發明其旨要。仍依《開元禮》，設科取士。逮今官司遵用，斯爲不刊。況之六經，《儀禮》之別也。然此特一經也，在于有司典領之事，古今沿革之文，猶缺而不立，故舉行之際，尚或未備。自開寶以後，百年之間，累聖躬行，聲明浸盛，非有繼述，後世何觀？嘉祐初，太常歐陽修奏請編撰，彼時臣任博士，職預纂修，常以《恭謝》一門，分爲三目，其一自降御札公卿百司奉行辦備之事，謂之《有司》；其二自前期陳設至祼獻禮畢，謂之《儀注》；其三采古今曲臺論議更創之制，謂之《沿革》。以此一門爲例，他悉倣之。修已議定具草，會臣罷官領他職，復奏姚闢、蘇洵繼掌其事。闢、洵離析舊文，更立新體，撰成一百卷，是爲《太常因革禮》。雖號簡要，幾同鈔節，姑可以備有司之檢閱，誠未足以發揚聖朝制作之盛也。陛下留意典章，修舉廢墜，前歲詔命近臣詳定禮文，自郊廟至于羣臣朝會，與夫燕享器服之名數，舞樂之音容，考古揆今，審求至當，皆三代之所放失，漢唐之所闕遺，斷自清衷，舉行殆徧，固當著于訓典，與六經並行，爲萬世矜式也。望再命諸儒討論國朝以來自《開寶通禮》至近歲詳定禮文，以及有司儀注沿革，依《三禮》隨類分門，著爲《大宋元豐新禮》，付之太常，頒于學官，使博士弟子講習大義，或施于科舉，則數歲之後，必有詳練疏通之人，上副拔擢，可以爲朝廷講議之官，庶幾天下尚風，皆知禮教，❶謙恭撙節，不學而能，於變時雍，可跂而待也。」

【《中興書目》】《皇朝儀物志》三卷，記皇朝見行禮儀及名物制度，訖于神宗朝。紹聖後，累詔續編，起治平，訖政和，凡五十一年，爲書三百卷，今皆不傳。

【《歷代名臣奏議》】哲宗元祐元年，右司諫朱光廷上奏曰：「爲治之道，無先于禮。蓋人情之檢柙，王政之綱維，莫不由此。夫禮廢而不講久矣，今天下之人，自丱角已衣成人之服，則是何嘗有冠禮也。鄙俗雜亂，不識親迎人倫之重，則是何嘗有婚禮也。火焚水溺，陰陽拘忌，歲月無限，死者不葬，葬者無法，五服之制，不明輕重，則是何嘗有喪禮也。春秋不知當祭之時，祭日不知早晚之節，器皿今古之或異，牲牢生熟之不同，則是何嘗有祭禮也。冠婚喪祭，禮之大者，莫知所當行之法。朝廷之上，未嘗講修，但沿襲故事而已，曾未盡聖人之蘊。公卿士大夫之間，亦未曾講修，但各守家法而已，何以爲天下之法？車輿、服食、器用、玩好，法禁不立，僭侈尤甚，富室擬于王公，皂隸等于卿士，風俗如此，一出于無禮而然也。臣今欲乞陛下，詔執政大臣，各舉明禮官參議五禮，上自朝廷所行之制度，下至民庶所守之規矩，纖悉講明，究極先聖人之蘊，以古參今，酌人情之所安、天下可通行以爲法者，著爲一代之大典，垂諸象

❶「知」，原作「如」，據蘇頌《蘇魏公文集》卷一八《請重修纂國朝所行五禮》改。

魏，頒諸四海，以正人倫，以變禮俗，此則三王之舉也。」

【給事中范祖禹《乞看詳陳祥道禮書劄子》】臣竊以國家之用，典禮爲急。典禮之學，制度尤難。太祖皇帝時，命國子司業兼太常博士聶崇義考正《禮圖》，采唐張鎰等舊圖凡六本，撰成《三禮圖》二十卷奏之，太祖下詔嘉奬，令太子詹事尹拙等集儒學三五人更同參議，又下工部尚書竇儀裁定，其《三禮圖》畫于國子監講堂。臣伏見太常博士陳祥道專意禮樂二十餘年，近世儒者未見其比，著《禮書》一百五十卷，詳究先儒義説，比之聶崇義《圖》，尤爲精當該洽。昨臣僚上言，乞朝廷給紙札，差書吏畫工，付祥道録進。今聞已奏御降付三省。臣愚欲乞送學士院及兩制或經筵看詳，如可施行，即乞付太常寺，與聶崇義《三禮圖》相參行用，必有補朝廷制作。

【《宋史·徽宗本紀》】大觀元年，置議禮局於尚書省。❶　二年，詔：「禮緣人情，以義而起，因時之宜，御今之俗。善法古者，不法其法，法其所以爲法之意而已。」

【《禮志》】大觀初，置議禮局，命詳議、檢討官具禮制本末，議定請旨。三年，書成，爲《吉禮》二百三十一卷，《祭服制度》十六卷，頒焉。議禮局請分秩五禮，詔依《開寶通禮》之序。政和元年，續修成四百七十七卷，且命倣是修定儀注。三年，《五禮新儀》成，凡二百二十卷。增置禮直官，許士庶就問《新儀》，而詔開封尹王革編類通行者，刊本給天下，使悉知禮意，其不奉行者論罪。

❶「議」，原作「儀」，據庫本改。

宣和初，有言其煩擾者，遂罷之。初，議禮局之置也，詔求天下古器，更制尊、爵、鼎、彝之屬。其後，又置禮制局于編類御筆所。于是，郊廟禋祀之器，多更其舊。既有詔討論冠服，遂廢鞾用履，其他無所改議，而禮制局亦罷。大抵累朝典禮，講論最詳。祀禮修于元豐，❶而成于元祐，至崇寧，復有所增損。其存于有司者，唯《元豐郊廟禮文》及《政和五禮新儀》而已。乃若圜丘之罷合祭天地，明堂專以英宗配帝，悉罷從祀羣神，❷大蜡分四郊，壽星改祀老人，禧祖已祧而復，遂爲始祖；即景靈宮建諸神御殿，以四孟薦享；虛禘祭，去牙槃食，却尊號，罷入閤儀并常朝及正衙横行。此熙寧、元豐變禮之最大者也。元祐册后，政和冠皇子，元符創景靈西宮，崇寧親祀方澤，作明堂，立九廟，鑄九鼎，祀熒惑，大觀受八寶、大祀，皆前期十日而戒。凡此，蓋治平以前所未嘗行者。

【《職官志》】政和三年，《五禮儀注》成，罷儀禮局。

【《中興書目》】《政和五禮新儀》二百四十卷：鄭居中等撰二百二十卷，御製序一卷，御筆指揮九卷，御製《冠禮》十卷，合二百四十卷。又目録六卷在外。

【《玉海》】政和三年，頒行《五禮新儀》。先是，大觀元年，詔講求典禮，尚書省置議禮局。二年，《御製冠禮沿革》十一卷付議禮局，餘五禮令視此編次。四年，修成《大觀新編禮書吉禮》二百三十一卷，《祭服制度》十六卷，《祭服圖》一册，詔行

❶「祀」，原作「記」，據《宋史·禮志》改。

❷「神」，原作「臣」，據《宋史·禮志》改。

之。政和元年，續編成《賓》、《軍》等四禮四百九十七卷，詔頒行。于是，鄭居中等奏編成《政和五禮新儀》并《序例》總二百二十二卷，目録六卷。三年，御製序曰：「循古之意而勿泥于古，適今之宜而勿牽于今。」議禮局請刻石太常寺。❶七月，詔：「比裒集三代鼎彝、簠簋、盤匜、爵豆之類五百餘器，載于圖，詔有司改造祭器，置禮制局，討論古今沿革，以成一代之典。」《政和續因革禮》：四年，葛勝仲爲太常少卿，自建隆至治平初，所行典禮，嘗爲書百篇，勝仲續其書，自治平迄政和四年，部居條目，皆視歐陽修之舊，《總例》凡五十三卷，《吉禮》九十四卷，《賓禮》十三卷，《軍禮》四卷，《嘉禮》三十三卷，《凶禮》七十七卷，《廟議》二十七卷，合三百卷，目録三卷，與前書并藏奉常。又編纂《太常祠祀儀制格目》，每歲大祠凡九十有六，中祠凡二十有九，小祠凡一十有四。每祀爲一卷。歲再祠，或四時祠，或月祠，若祭名異而祠儀相類，則合一卷。凡四十八卷，標録二卷。政和六年閏正月，太府丞王鼎言：「《新儀》藏在有司，民未通曉，望依《新樂》頒行，令州縣召禮生肄業，使之推行民間，并以《新儀》從事。」

朱子曰：「祭器經政和改制，盡取古器物之存于今者以爲法，今郊廟所用，則其制也。而州縣專取聶氏《三禮》制度，非復古制。」

【《葛勝仲傳》】勝仲遷太常卿，宋自建隆、治平所行典禮，歐陽修嘗裒集爲書，凡百

❶「議」，原作「儀」，據庫本改。

篇，號《太常因革禮》。詔勝仲續之，增爲三百卷。

【《退朝録》】嘉祐初，兗國公主降李瑋，時少師歐陽公掌禮臺，與諸博士折衷昏禮，頗倣古制。治平中，邵不疑以知制誥權知諫院，請選官撰本朝冠昏喪祭之禮，乃詔禮院詳定，遂奏請置局于本院，不許，因循寢之。

【《職官志》】宣和三年，令太常寺《因革禮》五年一檢舉，接續編修。

【《四朝志》】天子鋭意稽古，禮文之事，招延羣英，折衷同異，元豐有詳定禮文所，大觀有議禮局，政和有禮制局。

【《禮志》】欽宗即位，嘗詔春秋釋奠改從《元豐儀》，罷《新儀》不用，而未暇也。靖康之厄，蕩析無餘。

【《高宗本紀》】紹興元年十一月，續編《紹興太常因革禮》。九年十二月，命續編《紹興因革禮》。

【《玉海》】紹興元年，太常少卿趙子晝言：「政和、宣和續編《因革禮》，渡江皆散失，欲自渡江以後，修纂成書，目爲《紹興續編太常因革禮》。」詔可。其後，太常以《總例》及《吉》、《凶》、《嘉》、《新》四禮，凡八十六篇，二十七卷，或云三十卷。❶始于建炎，至紹興二年。編類粗成，未以進御。九年，太常丞梁仲敏言：「紹聖三年以後，修纂尚缺，請委官編類。」詔本寺續修，不克成書。六年，成忠郎李沇，以高祖國子博士文易《新編皇宋大典》三卷來上，詔送秘府，沇遷秩。其書以皇朝所定班序、圖次、禮容、儀式、衮冕、車輅、旗

❶「或云三十卷」，原爲大字，據《玉海》卷六九改。

章、册命之制，與夫民兵、吏禄、祠祭、户口之數，凡四十門，釐爲三卷。

【《宋史·禮志》】孝宗繼志，典章文物，有可稱述。治平日久，經學大明。諸儒如王普、董弅等，多以禮名家。當時嘗續編《太常因革禮》矣，淳熙復有編輯之旨。其後，朱熹講明詳備，嘗欲取《儀禮》、《周官》、二《戴記》爲本，編次朝廷、公卿大夫、士民之禮，盡取漢晉而下，及唐諸儒之説，考訂辨正，以爲當代之典，未及成書而没。

【朱子《家禮序略》】凡禮，有本有文，自其施於家者言之，則名分之守，愛敬之實，其本也；冠昏喪祭，儀章度數者，其末也。❶ 三代之禮，其宫廬器服出入起居之制節，皆已不宜于世。世之君子，有志于禮，或違其本而務其末，緩其實而急于文，苦其難而不能舉其要也。其困于窶貧者，尤患其終不能及于禮。熹之愚，蓋兩病焉。是以嘗獨究觀古今之禮，少加損益，爲一家之書，誠得與同志之士熟講而施行之，古修身齊家之道，慎終追遠之心，庶猶可得復見，而國家崇化導民之意，或有小補云。

徐氏乾學曰：「宋世，韓、杜、程、張、司馬諸大儒，皆有《書儀》等著。始各緣天性人情之不可易者，本三代遺意，依時世爲節文，往往行之家。至朱子居母憂，自始死以至祥禫，參酌盡變，因成喪、葬、祭禮，又推之冠、昏而成編，曰《家禮》。冠禮則多取司馬氏，昏禮則參司馬氏、程氏，喪禮本司馬氏，後又以禮部侍郎高閌抑崇之書爲最精，多采用焉。書成，一侍子竊之亡去，而未及修改。比疾革，門人請後事，曰：『用温公禮乎？』曰：『疏。』『《書儀》乎？』曰：『未。』問《儀禮》，亦摇首。『然則以《儀禮》、《書儀》參用之乎？』乃頷之。則知《士喪

❶「末」，朱熹《家禮序》作「文」。

禮》古經，固萬世不能易也。蓋朱子没而《家禮》書復出，而近世尊其學，多遵用之。惜其《儀禮經傳》在經筵時，欲請于朝寘局編次而不果，使不克究其大全，可勝歎哉！今所傳《儀禮經傳通解》及《通解續編》，乃其門人黄榦所修，及榦門人楊復續編，幸存于世，學者其盡心焉。」

【《玉海》】太常少卿余端禮請編類書，久不上。淳熙七年，禮部郎范仲藝言：「太祖立經陳紀，爲萬世規，首命大臣，約唐禮書，著爲《通禮》。列聖相承，有《禮閣新編》、《太常新禮》、《因革禮》，五禮分門，各以類舉。自時厥後，繼纂續編。中興以來，久缺不録。望命太常編次，大臣兼領其事，以著一代彌文，考百世損益。」詔趣成書。初，紹興間，太常少卿趙子晝爲《續因革禮》三十卷，❶其後禮官踵爲之，書成，未得進御。淳熙十二年三月，權禮部侍郎史彌大言：「太上再造，講明典禮。陛下紹統，如内禪、慶壽之類，亘古所無，宜宣取以進，略經一覽，❷付之有司，俾常遵守。不必備儀衛，施爵賞。」詔禮部太常寺繳進。四月十七日上之，凡三百卷，賜名《中興禮書》，總三百八十門。光宗紹熙二年八月，黄灝請掇取冠、昏、喪、祭儀，摹刻頒郡縣。奏可。

【《宋史・寧宗本紀》】嘉泰元年秋九月甲戌，令禮官纂集孝宗一朝典禮。

【《玉海》】嘉泰二年八月，禮部尚書費士寅等言：「禮寺以孝宗一朝典禮，續纂《中興禮書》八十卷。」詔令繳進。

【《宋史・寧宗本紀》】嘉定五年九月己酉，

❶「晝」，原作「書」，據上文及《玉海》卷六九改。

❷「一」，《玉海》卷六九作「乙」，是。

有司上《續編中興禮書》。❶

【《玉海》】嘉定六年，秘書少監李𡌴纂公侯守宰士庶爲《通禮》三十卷，取《開寶》、《政和》凡通行者，分别五禮，類爲一編。　嘉定十一年三月，禮部員外郎李琪奏請令太常將慶元元年以後典禮編纂成書。

【《禮志》】理宗四十年間，屢有意乎禮文之事。咸淳以降，無足言者。

【《遼史·禮志》】遼本朝鮮故壤，箕子八條之教，流風遺俗，猶有存者。自其上世，緣情制宜，隱然有尚質之風。遥輦胡剌可汗制祭山儀，蘇可汗制琴瑟儀，阻干可汗制柴册、再生儀，其情朴，其用儉。敬天恤灾，施惠本孝，出于悃忱，殆有得于膠瑟聚訟之表者。太宗克晉，稍用漢禮。今國史院有金陳大任《遼禮儀志》，皆其國俗之故，又有《遼朝雜禮》，漢儀爲多。别得宣仁閣所藏耶律儼《志》，視大任爲加詳。

【《金史·禮志》】金人之入汴也，金人既悉收其圖籍，載其車輅、法物、儀仗而北。既而即會寧建宗社，庶事草創。皇統間，熙宗巡幸析津，始乘金輅，導儀衛，陳鼓吹，而宗社朝會之禮亦次第舉行。繼以海陵命官修汴故宫，繕宗廟社稷，悉載宋故禮器以還。世宗既興，復收鄉所遷宋故禮器，命官參校唐、宋故典沿革，開詳定所以議禮，設詳校所以審樂，統以宰相通學術者。于一事之宜適，一物之節文，既上聞而始彙次，至明昌初書成，凡四百餘卷，名曰《金纂修雜録》。凡事物名數，支分派引，珠貫棊布，井然有序，炳然如丹。又圖吉凶二儀：鹵簿

❶「編」，原作「修」，據《宋史·寧宗本紀》改。

十三節以備大葬，小鹵簿九節以備郊廟。而命尚書左右司、春官、兵曹、太常寺各掌一本。宣宗南播，疆宇日蹙，圖籍散逸，既莫可尋，而其宰相韓企先等之所論列，禮官張瑋與其子行簡所私著《自公記》，亦亡其傳。故書之存，僅《集禮》若干卷，其藏史館，又殘缺弗完。姑掇其郊社宗廟諸神祀、朝覲、會同等儀而爲書，若夫凶禮，則略焉。

【《金史·章宗本紀》】章宗明昌五年，春正月己巳，初用唐、宋典禮。

【《元史·禮樂志》】宋因唐禮，作《太常因革禮》，而所製《大晟樂》，號爲古雅。靖康之變，禮文樂器，埽蕩無遺。元之有國，肇興朔漠，朝會燕享之禮，多從本俗。太祖元年，大會諸侯王於阿難河，即皇帝位，始建九斿白旗。世祖至元八年，命劉秉忠、許衡始制朝儀。自是，皇帝即位、元正、天壽節，及諸王、外國來朝，册立皇后、皇太子，羣臣上尊號，進太皇太后、皇太后册寶，暨郊廟禮成、羣臣朝賀，皆如朝會之儀。而大饗宗親，錫宴大臣，猶用本俗之禮爲多。而其於祭祀，率用雅樂，朝會饗燕，則用燕樂。元之禮樂，揆之於古，固有可議。然自朝儀既起，規模嚴廣，而人知九重大君之尊，至其樂聲雄偉而宏大，又足以見一代興王之象，其在當時，亦云盛矣。

【王圻《續文獻通考》】元作《禮典》上中下篇：一曰《朝會》，二曰《燕享》，三曰《行幸》，四曰《符寶》，五曰《輿服》，六曰《樂》，七曰《曆》，八曰《進講》，九曰《御書》，十曰《學校》，十有一曰《藝文》，十有二曰《貢舉》，十有三曰《舉遺逸》，十有四曰《求言》，十有五曰《進書》，十有六曰《遣使》，十有七曰《朝貢》，十有八曰《瑞異》，爲《禮典》上篇。一曰《郊祀》，二曰《宗廟》，三曰《社稷》，四曰《嶽鎮海瀆》，五曰《三皇》，六曰《先農》，七曰《宣聖廟》，八曰《諸神祀典》，九曰《功臣祀廟》，十曰《謚》，十有一曰《賜碑》，十有二曰《旌表》，爲《禮典》中篇。一曰《釋》，二曰《道》，爲《禮典》下篇。蓋朝會，以尊君治人之道也。郊廟，以禋祀事神之道也。佛氏爲教，超乎神人之表，所以輯福于國家民庶者也，故各爲一篇之首。

【《元典章》】至元十六年，詔太常寺講究州郡社稷制度，禮官折衷前代，參酌《儀禮》，定祭祀儀式及壇壝祭器圖，寫成，書名曰《至元州縣社稷通禮》。

【《李好文傳》】泰定四年，除太常博士。會盜竊太廟神主，好文言：「在禮，神主當以木爲之，金玉祭器，宜貯之别室。」又言：「祖宗建國以來七八十年，每遇大禮，皆臨時取具，博士不過循故事應答而已。往年有詔爲《集禮》，而乃令各省及各州郡縣置局纂修，宜其久不成也。禮樂自朝廷出，郡縣何有哉！」白長院者，選僚屬數人，仍請出架閣文牘，以資採録。三年書成，凡五十卷，名曰《太常集禮》。

【李好文《太常集禮稾序》】《太常集禮稾》，爲編秩者，郊祀九，社稷三，宗廟二十有一，輿服二，樂七，諸神祀三，諸臣請謚及官制因革典籍録六，合五十一卷。事覈文直，彙雜出而易見，蓋太常之實録。太宗皇帝，中原甫定，則已命孔子之孫元措訪求前代禮樂。憲宗皇帝時，則有日月之祀。世祖皇帝，中統之初，建宗廟，立太常。成宗皇帝，肇立郊丘。武宗皇帝，躬行祼享。英宗皇帝，廣太室，定昭穆，御衮冕鹵簿，修四時之祀。列聖相承，歲增月輯，典章文物，焕然畢備矣。泰定丁卯秋，好文備員博士，既而僉太常禮儀院事，遂暨一二同志，蒐羅比校，書成，名之曰《大元太常集禮稾》。

【《明史·禮志》】明太祖初定天下，他務未遑，首開禮、樂二局，廣徵耆儒，分曹究討。洪武元年，命中書省暨翰林院、太常司，定擬祀典。乃歷敘沿革之由，酌定郊社宗廟議以進。禮官及諸儒臣，又編集郊廟、山川等儀，❶及古帝王祭祀感格可垂鑒戒者，名曰《存心録》。二年，詔諸儒臣修禮書。明年，告成，賜名《大明集禮》。其書準五禮而益以冠服、車輅、儀仗、鹵簿、字學、音樂，凡升降儀節，制度名數，纖悉畢具。又屢敕議禮臣李善長、傅瓛、宋濂、詹同、陶安、劉基、魏觀、崔亮、牛諒、陶凱、朱升、樂韶鳳、李原名等，編輯成集。且詔郡縣舉高潔博雅之士徐一夔、梁寅、周子諒、胡行簡、劉宗弼、董彝、蔡深、滕公琰至京，同修禮書。在位三十餘年，所著書可攷見者，曰《孝慈録》，曰《洪武禮制》，曰《禮儀定式》，曰《諸司職掌》，曰《稽古定制》，曰《國朝制作》，曰《大禮要議》，曰《皇朝禮制》，曰《大明禮制》，曰《洪武禮法》，曰《禮制集要》，曰《禮制節文》，曰《太常集禮》，曰《禮書》。若夫釐正祀典，凡天皇、太乙、六天、五帝之類，皆爲革除。而諸神封號，悉改從本稱。一洗矯誣陋習，其度越漢、唐遠矣。又詔定國恤，父母並斬衰，長子降爲期年，正服、旁服以遞而殺，斟酌古今，蓋得其中。永樂中，頒

❶「儀」，原作「議」，據庫本及《明史·禮志》改。

文公《家禮》于天下，又定巡狩、監國及經筵日講之制。後宮罷殉，始于英宗。陵廟嫡庶之分，正於孝宗。暨乎世宗，以制禮作樂自任，其更定之大者，如分祀天地，復朝日夕月于東西郊，罷二祖並配，以及祈穀大雩，享先蠶，祭聖師，易至聖先師號，皆能折衷于古。獨其排衆議，祔睿宗太廟躋武宗上，徇本生而違大統，以明察始而以豐昵終矣。當時將順之臣，各爲之説。今其存者，若《明倫大典》，則御製序文以行之；《禮儀成典》，❶則李時等奉敕而修；《郊祀攷議》，則張孚敬所進者也。至《大明會典》，自孝宗朝集纂，其于禮制尤詳。世宗、神宗時，數有增益，一代成憲，略具是焉。

【《名山藏》】洪武三年九月，《大明集禮》成。

【《聖學格物通》】明洪武五年三月，上命禮部重定官民相見禮。

【《名山藏》】洪武十七年十二月，定官民居室器用之制。二十四年六月，詔羣臣參考歷代禮制，更定冠服、居室、器用制度。

【《大政紀》】永樂三年十月，禮部進冕服、鹵簿、儀仗并《洪武禮制》、《禮儀定式》、《禮制集要》、《稽古定制》等書，上以祖宗成憲，不可改更，即命頒之有司，永爲儀式。　宣德四年二月，諭禮部尚書胡濙，揭榜申明內外官員服飾、儀從、序立及尊卑稱呼定制，使無僭越。　憲宗成化三年九月，侍讀尹直請萃成聖朝儀文法制，集爲禮書，上是之。

【《名山藏》】弘治十年，詔儒臣編纂《大明集

❶ 「禮」，《明史·禮志》作「祀」。

禮》、《孝慈録》書成，上命名曰《大明會典》，親製序。正德中，又續修之。嘉靖八年，命霍韜等重修《會典》。神宗十五年，又命大學士申時行等重修。

【《大學衍義補》】丘氏濬曰：「成周盛時，以禮持世，凡其所以建國而辨方正位、體國經野，設官分職，以爲民極者，皆謂之禮焉，不徒以祭祀、燕享、冠婚、賓射以爲禮也。太宰掌建邦之六典，以治典爲先，而禮典僅居其一，然其書不謂之治，而謂之禮，其意可見矣。三代以前，以禮爲治天下之大綱；三代以後，以禮爲治天下之一事，古今治效所以異者以此。」

五禮通考卷首第四

博野尹嘉銓校字

五禮通考卷第一

内廷供奉禮部右侍郎金匱秦蕙田編輯
太子太保總督直隸右都御史桐城方觀承同訂
國子監司業金匱吴鼎
直隸按察司副使元和宋宗元　參校

吉禮一

圜丘祀天

蕙田案：禮莫重於祭，祭莫大於天。天爲百神之君，天子爲百姓之主，故惟天子歲一祭天。《周禮》：「冬日至，祀昊天上帝於圜丘。」冬至，取陽生；南郊，取陽位；圜丘，取象天；燔柴，取達氣。其玉幣、牲牢、尊俎、樂舞、車旗之屬，各以象類。雖一名一物之微，莫不有精意存於其間。故曰：「郊所以明天道。」又曰：「明乎其義，治國其如示諸掌乎！」自《禮經》不明，章句之儒，羣言淆亂，朝堂之上，議論紛拏。六天始於康成，合祭起於新莽。排擊者不遺餘力，然行之數千百載而未已，大都沿注疏者失之愚，因前代者失之陋，樂簡便者失之怠，皆非所以交於旦明之義也。茲輯祀天門，以經爲斷，以史爲案，經傳爲之綱領，疏解爲之條貫，正其紕繆，一其異同，而歷代典禮之得失，廷臣建議之是非，洞若觀火，議禮家可考覽焉。

【《易·益卦》】六二，王用享于帝，吉。【疏】帝，天也。此時以享祭享于帝，明靈降福。【朱子《本義》】以其居下而受上之益，故爲卜郊之吉占。

【《渙卦·象下傳》】風行水上，渙；先王以享于帝立廟。【疏】先王以渙然無難之時，享于上帝，以告太平，建立宗廟，以祭祖考。

【《鼎卦·彖下傳》】聖人亨，以享上帝。【疏】亨帝尚質，特牲而已，故直言亨。

【《書經·召誥》】用牲于郊，牛二。【蔡《傳》】郊，祭天地也，故用二牛。

【《周禮》】春官：大宗伯之職，掌建邦天神之禮。【注】建，立也。

【《禮記·曲禮》】天子祭天地。【疏】天地有覆載大功，天子主有四海，故得總祭天地，以報其功。

【《王制》】天子祭天地。

《集說》《講義》謂祭天神于南郊，祭地祇于北郊。

【《禮運》】祭帝于郊，所以定天位也。【疏】天子至尊，而猶祭于郊，以行臣禮而事天，是欲使嚴上之禮達于下。天高在上，故云定天位也。

禮行于郊，而百神受職焉。【注】百神，列宿也。【疏】百神，天之羣神也。王者郊天備禮，則星辰不忒，故云受職。

【《禮器》】有以下爲貴者，至敬不壇，埽地而祭。爲高必因丘陵，爲下必因川澤。

因天事天，因地事地。因吉土以饗帝于郊。饗帝于郊，而風雨節，寒暑時。祀帝于郊，敬之至也。

【《郊特牲》】兆于南郊，就陽位也。

于郊，故謂之郊。

陸氏佃曰：「言天無所不在，以我祭于郊也，故謂之郊而已。于國則已褻，于野則已疏，祭之郊，節矣。」

郊，所以明天道也。【注】明，謂則之以示人。

郊之祭也，大報本反始也。【疏】謝其恩，謂之報；歸其初，謂之反。

【《祭義》】惟聖人爲能享帝。【注】謂祭之能使之享也。帝，天也。

【《仲尼燕居》】郊社之義，所以仁鬼神也。【注】仁，猶存也。郊有后稷。【疏】仁，謂仁恩相存念也。鬼神，謂人之鬼神。

【《中庸》】郊社之禮，所以事上帝也。

【朱子《章句》】郊祀天，社祭地，不言后土者，省文也。

蕙田案：南郊、北郊分祀天、地。此汎言郊，似不專主乎天也。以其對社而言，故朱子以爲祭天耳。然社亦非地之正祭也。詳見後説。

【《詩·周頌·昊天有成命》】序曰：郊祀天地也。【疏】郊祀天地之樂歌也。祭之于南郊，祭之于北郊，雖南北有異，祭俱在郊，故總言郊祀也。經不言地，序知其因此二祭而作，故具言之。

《漢書·郊祀志》云：丞相衡、御史大夫譚奏言：「帝王承天之序，莫重于郊祀，故聖王盡心極慮以建其制。祭天于南郊，就陽之義也；瘞地于北郊，即陰之象也。天之於天子也，因其所都而各饗焉。」○右將軍王商、博士師丹、議郎翟方進等五十人以爲《禮記》曰「燔柴于太壇，祭天也；瘞埋于泰折，祭地也」，兆于南郊，所以定天位也。祭地于泰折，在北郊，就陰位也。郊處各在聖王所都之南北。《書》曰：「越三日丁巳，用牲于郊，牛二。」周公加牲，告徙新邑，定郊禮于洛。明王聖主，事天明，事地察。天地明察，神明章矣。天地以王者爲主，故聖王制祭天地之禮，必於國郊。

朱子曰：「古時，天地定不是合祭，日月、山川、百神，亦無共一時祭享之禮。豈有祭天，便將下許多百神一齊排作一堆都祭。《周禮》有圜丘、方澤之説，後來人却只説地便是后土，見於《書傳》，言郊社多矣。某看來不要如此，也還有方澤之祭。」○又曰：「古昔聖王，制爲祭祀之禮，必以象類。故祀天于南，祭地于北，而其壇壝、樂器、幣之屬，亦各不同。若曰合祭天地于圜丘，則古者未嘗有此瀆亂龐雜之禮。」

【《禮經會元》】《大司樂》冬日至，地上圜丘之制，則曰禮天神；夏日至，澤中方丘之制，則曰禮地祇。圜丘禮天，方丘禮地，則天地分祭明矣。蓋冬至陽生，天屬陽，故冬至于圜丘陽位以禮天神。夏至陰生，地屬陰，故夏至於方丘陰位以祭地祇。此天神、地祇之祭，必求諸陰陽之義。亦如禮東方則以立春禮青帝於東郊，禮南方則以立夏禮赤帝于南郊，禮西方則以立秋禮白帝于西郊，禮北方則以立冬禮黑帝于北郊。此則有分祭之禮也。先儒以爲合祭者，徒見所言《昊天有成命》「郊祀天地也」，則曰郊祀無天地之分，不知詩人但見郊祀天地皆歌此詩，何嘗言其合祭也。況《周禮·掌次》「王大旅上帝，則張氈案，設皇邸」，《司裘》「爲大裘，以共王祀天之服」，皆言天而不及地。《宗伯》六器，則以蒼璧禮天，黃琮禮地，是天地之禮玉有别也。《典瑞》則以四圭祀天，兩圭祀地，是天地之祀玉不同也。《小宗伯》言五帝且兆於四郊，而不言與昊天上帝同郊祀，況可與后土地祇合祭乎？愚故謂郊丘分合之説，當以《周禮》爲定。

【陳氏《禮書》】祀天于南郊而地上之圜丘者，南郊之丘也，丘圓而高，所以象天，此所謂「爲高必因丘陵」也。祭地于北郊而澤中之方丘者，北郊之丘也，丘方而下，所以象地，此所謂「爲下必因川澤」也。泰壇，南郊之壇也，以之燔柴。泰折，北郊之坎也，以之瘞埋。言壇，則知泰折之爲坎；言折，則知泰壇之爲圓。言泰，則大之至也；言壇折，則人爲之也。祭祀必於自然之丘，所以致敬；燎瘞必於人爲之壇折，所以盡文。宗廟之禮，瘞埋于兩階之間，則壇必設于圜丘之南，坎必設于方丘之北矣。燔柴以升煙，瘞埋以達氣，則燔必于樂六變之前，瘞必于樂八變之前矣。先王燔瘞于郊丘，其牲角繭栗，其牲體全脅，其羹太羹，其器犧尊、疏布冪、樿杓、豆登、鼎俎、簠簋、匏陶之類，其藉蒲越、藁秸，其歌樂黃鐘、太簇，奏太呂、應鐘，其舞《雲門》、《咸池》，其鼓雷鼓、靈鼓，其車玉路、素車，其旂太常，其服大裘、衮冕，其搢執大圭、鎮圭，其位則神南面，王北面，示北面，王南面，而日月從祀，則日居東，月居西。古者郊祀，大略如此而已。

【羅泌《路史》】子曰：「事父孝，故事天明；事母孝，故事地察。」人君之事天地，正如人子之事父母。故知事父母，則知所以事天地矣。天明地察，厥類惟章，孰有南北郊祀之不明者乎！《昊天有成命》「郊祀天地」者，謂用是以郊天，亦以之而祀地，言郊祀天地，皆用此詩章耳。《般》之祀四嶽、河、海，豈謂其合祭哉！合祭天地，此王莽之妄，武后之失也，而顧用之，果爲得耶？夫聖人之爲祭，必求其類以爲之數，是必合其情而後神可交也。燔柴于太壇，瘞埋于太折。太壇，南郊之壇；太折，北方之坎。壇于圜丘南，坎于方澤北，是故圜丘貴祀，方澤貴祭，因天事天，因地事地，輕重高下，陰陽清濁，圜方南北，判然其不同矣。父天圜丘，母地方澤，此則事不同也。南郊就陽，北郊就陰，此則地不同也。祭日南郊，祭月北郊，此則配不同也。圜丘以南至郊，方澤以北至祀，此則時不同也。郊遠而尊，故以郊言；祀近而親，故以時紀，此則名不同也。郊以騂犢，祀以黝牲，則牲不同矣。壇圜中規，折方中矩，燔柴于太壇，瘞埋于太折，則制不同矣。璧琮而禮，蓋軫而祀，則禮不同矣。圜鐘爲宮，冬日至，于地上圜丘奏之；函鐘爲宮，夏日至，于澤中方丘奏之，則樂不同矣。神南面，君北面，示北面，君南面，則位不同矣。夫不同者顧若此，而且謂其必合祭，豈盡敬之道哉！祭帝于郊，所以定天位也；祀社于國，所以列地利也。郊社者，所以尊天而親地也。故明乎郊社之禮，禘嘗之義者，治國其如示諸掌。《中庸》所言郊社之禮，所以事上帝。若郊社可合，則禘嘗亦可合矣。圜鐘以禮天神，函鐘以禮地示，黄鐘以禮人鬼。若天地可合，則人鬼亦可合矣。其不達乃如此。

朱氏鶴齡曰：「《周禮》冬至祀昊天于圜丘，夏至祀地祇于方澤。《禮記》：『燔柴于太壇，祭天也；瘞埋于泰折，祭地也。』天地分祭，禮有明文，後世人主，每不克兼行，蓋禮儀繁重則憚勞，賞賚優渥則憚費，故多主合祀南郊之説。宋元祐間，蘇子瞻引《昊天有成命》詩序，以爲合祀天地之證，是不然。夫《昊天有成命》乃成王即政，郊見上帝之詩，序言天而并及地，猶言父者并及母，經典多然。《禮記》：『兆于南郊，就陽位也。器用陶匏，象天地之性也。』亦兼地言之。若如子瞻説，則周人本無合祀之禮，安得有合祀之詩乎？祀天，而詩不詳言天者，以天無聲臭，非形容之可既也。周郊配以后稷，而詩不及稷者，以獻稷自有《思文》。又受命配天始于文、武，則專稱二后，其宜也。昊天不可形容，故『成王不敢康』以下，推本文、武受命，對越上天之小心以形容之。頌文武即以頌昊天也。」

蕙田案：南郊、北郊，天地分合祭，千古聚訟。考分祭見于《周禮》之圜丘、方澤，《禮記》之泰壇、泰折，厥有明文，合祭則無之也，而後人以北郊不見經傳爲疑。案《漢書・志》載匡衡、張譚議，有「祭天于南郊，瘞地于北郊」，及翟方進等引《禮記》「南郊定天位，北郊就陰位」之語，去古未遠，其言必有所本，固不特注疏爲然，是不得謂之無據也。合祭自王莽始，後之君臣，圖宴安，憚勞費，于是曲爲附會，往往以《召誥》「用牲于郊，牛二」謂經文無北郊，及《昊天有成命》詩歌天不歌地爲辭。夫《周禮》稱圜丘、方澤，亦未嘗有南郊之名，《郊特牲》之變圜丘爲南郊，亦猶《祭法》之言泰壇，同實而異名耳。且言南，正以别于北，而經之汎言郊者，皆統天地可知，何必以無北郊之文爲疑也。至宋蘇軾，以《詩序》「郊祀天地」謂《詩》終篇言天而不及地，未有歌其所不祭，祭其所不歌者。今祭地于北郊，獨歌天而不歌地，豈有此理。是不知圜丘、方澤，正須兩用，故言天地。若合爲一祭，則但云郊祀足矣，不必標舉天地也。孔疏云：「經不言地，《序》知其因此二祭而作，故具言之。」其意甚明。若謂歌天而不歌地，考詩詞《昊天有成命》「二后受之」，意謂我周受命而爲天子，當主天地之祭，此猶言「其命維新」、「天作高山」云爾，非專指天之功德而歌頌之也，是終篇雖未嘗歌地，并亦何嘗歌天？蘇氏廼指一「天」字以爲歌天不歌地，過矣。夫此詩唯不稱所祭之功德，而「成王不敢康」以下，但言主祭之「基命宥密」，則用之祀天可，用之祭地亦可，固不得據爲合祭之證也。考天地之祭，漢時或分或合，後唯魏文帝之太和、周武帝之建德、隋高祖之開皇、唐玄宗之開元、宋神宗之元豐、元文宗之至順、明世宗之嘉靖，特主分祭，餘皆主合祭。其間廷臣建議，惟宋紹聖中黄復言：「南郊合祭，自古無有，止因王莽諂事元后，遂躋地位，合席同牢。逮乎先帝，始釐正之。陛下初郊，大臣以宣仁同政，復用王莽私意，合而配之，瀆亂典禮。」此言深悉合祭病根。明嘉靖時，夏言疏駁霍韜「《周禮》，莽賊僞書，不足據」，曰：「合祭，以后配地，實自莽始。莽果僞爲是書，何不削去圜丘方澤之制、天地神祇之祭，而自爲一説耶？」此言足明分祭之確據，兩議可爲萬世定論矣。夫自漢以來，盈庭集議，主合祭者往往不能奪分祭之理，可見人心之不可泯；而主分祭者往往不能屈合祭之勢，可見人欲之不易克。觀明世宗南北郊之制甫定，神宗萬曆三年，閣臣張居正進郊禮圖册，仍以孟春合祭爲說，其言曰：「冬至極寒，而裸獻於星露之下；夏至盛暑，而駿奔於炎歊之中，時義爲戾。」夫身爲大臣，不以敬天勤民相儆勗，而以便安逸豫爲逢迎，隱微深痼，前後一轍，良可慨也。我朝定南北郊之祭，天子歲必親行，破累代之陋規，遵古經之正禮，三代之盛，奚以加焉。

右郊名義。

蕙田案：鄭氏注禮，祭天之失，曰天有六；曰歲九祭；曰郊丘異，丘則天皇大帝，郊則感生帝；曰丘配嚳，郊配稷；曰郊丘即禘；曰禘郊祖宗皆配天。疏家發明，皆依鄭氏爲說。凡祭天禮物、樂舞，皆分圜丘、郊爲二處，分天皇大帝、感生帝爲二禮。諸儒痛辨極論，附載後方各條。

【《周禮·春官·大宗伯》】以禋祀祀昊天上帝。

陳氏汲曰：「祀昊天上帝，總言祭天耳。昊天，猶言蒼天也。」

王氏昭禹曰：「昊天之有上帝，猶國之有君。五精之君，則猶四方之諸侯。諸侯有君道，故皆謂之君。五精之君，有帝之道，故皆謂之帝。天者，帝之體；帝者，天之用。體嫌于不能降，用嫌于不能辨，故言其降而與物接，則以昊言天；言其升而與物辨，則以上言帝。」

鄭氏鍔曰：「《周禮》有言天，有言昊天上帝，有言上帝，有言五帝。言天，則百神皆預，《大司樂》所謂『天神皆降』之類是也。言五帝，則無預乎昊天上帝，《司服》所謂『祀昊天上帝，祀五帝亦如之』之類是也。言上帝，則無預乎五帝，《掌次》所謂『旅上帝，張氈案。五帝則張大次』之類是也。言天，言帝，神各不同。至于昊天上帝，則兼舉其統天言之。以其氣之浩浩，故曰昊天；以主位乎上，故曰上帝。位爲最尊，物無以稱其德，唯致其精意可以享之，故以禋祀祀昊天上帝，《國語》所謂『精意以享謂之禋』是也。」

方氏苞曰：「冢宰、司徒所涖祀事皆首五帝者，舉五帝，則昊天上帝不必言矣。此不及五帝者，舉昊天上帝，則五帝可知也。《司寇職》『禋祀五帝則戒日』，舉昊天上帝而不言方澤何也？天地之德，無物可以稱者，實柴槱燎，不過以氣求諸陽，血祭瘞埋，不過以魄歸之于陰。而聖人所以昭格于皇天、后土者，惟在于精意。故實柴槱燎，乃祀天所同，而以屬日月、星辰以下；陳血瘞埋，乃祭地之所同，而以屬社稷、五祀以下。又不言方澤，以示與昊天上帝同也。《周官》之文，彼此互見。昊天上帝，別見于《司服》、《司裘》，以未見禋祀，故于《大宗伯職》揭之。五帝，同用禋祀，❶別見于《大司寇》，故《宗伯職》略焉。冬至圜丘，夏至方澤，別見于《大司樂》，四圭祀天，兩圭祀地，別見于《典瑞》。《宗伯職》不舉方澤，義別有在，而羣儒乃謂古無方澤之祭，誤矣。」

【附諸儒辨鄭氏六天、天帝不同】

【《郊特牲》孔疏】先儒說郊，其義有二。按《聖證論》以天神無二，郊即圜丘，圜丘即郊。鄭氏以爲天有六天，丘、郊各異。今具載鄭義，兼以王氏難鄭氏。爲天有六天，天爲至極之尊，其體秖應是一，而鄭氏以爲六者，指其尊極清虛之體，其實是一，論其五時生育之功，其別有五，以五配一，故《說文》云：「天，顛也。」因其生育之功謂之帝，帝爲德稱也。故《毛詩傳》云：「審諦如帝。」故《周禮·司服》云：「王祀昊天上帝則大裘而冕，祀五帝亦如之。」五帝若非天，何爲同服大裘？又《小宗伯》云：「兆五帝于四郊。」《禮器》云：「享帝于郊，而風雨寒暑時。」帝若非天，焉能令風雨寒暑時？又《春秋緯》：「紫微宮爲天帝。」又云：「北極耀魄寶。」又云：「太微宮有五帝坐星，青帝曰靈威仰，赤帝曰赤熛怒，白帝曰白招拒，黑帝曰汁光紀，黃帝曰含樞紐。」是五帝與天帝六也。又五帝亦稱上帝，故《孝經》曰：「嚴父莫大于配天，則周公其人也。」下即云「宗祀文王于明堂以配上帝」。帝若非天，何得云「嚴父配天」也？而賈逵、馬融、王肅之等，以五帝非天，惟用《家語》之文，謂太皞、炎帝、黃帝五人帝之屬，其義非也。又先儒以《家語》之

❶「同」，庫本作「周」。

文，王肅私定，非孔子正旨。【「禋祀祀昊天上帝」鄭注】鄭司農云：昊天，天也。上帝，玄天也。玄謂：昊天上帝，冬至於圜丘所祀天皇大帝。【賈疏】案《春秋緯運斗樞》云「太微宫有五帝座星」，即《春秋緯文耀鉤》云：「春起青受制，其名靈威仰；夏起赤受制，其名赤熛怒；秋起白受制，其名白招拒；冬起黑受制，其名汁光紀；季夏六月土受制，其名含樞紐。」又《元命包》云：「太微爲天庭，五帝以合時。」此等是五帝之號也。又案《元命包》云：「紫微宫爲大帝。」又云：「天生大列爲中宫大極星，星其一明者，大一帝居，傍兩星巨辰子位，故謂北辰，以起節度。亦爲紫微宫，紫之言此，宫之言中。天神圖法，陰陽開閉，皆在此中。」又《文耀鉤》云：「中宫大帝，其北極星下一明者，爲大一之先，含元氣，以布斗常。」是天皇大帝之號也。又案《爾雅》云：「北極謂之北辰。」鄭注云：「天皇北辰耀魄寶。」又云：「皇天上帝，又名大一帝君。以其尊大，故有數名也。」其紫微宫中皇天上帝，亦名昊天上帝，得連「上帝」而言。至于單名皇天，單名上帝，亦得。故《尚書·君奭》云：「公曰：君奭，我聞在昔，成湯既受命，時則有若伊尹，格于皇天。」鄭注云：「皇天，北極大帝。」又《掌次》云：「張氈案，設皇邸，以旅上帝。」上帝，即大帝。《堯典》曰：「欽若昊天。」皆是上帝單名之事。《月令》更無祭五帝之文，故季夏云「以供皇天上帝」，鄭分之「皇天，北辰耀魄寶；上帝，大微五帝」，❶亦是大帝單號之事。若然，大帝得單稱，與五帝同；五帝不得兼稱皇天、昊天也。【《天官·掌次》「王大旅上帝」鄭注】大旅上帝，祭天于圜丘。【賈疏】知者，見下文别云「祀五帝」，則知此是昊天上帝。【《春官·大宗伯》「國有大故，則旅上帝」鄭注】「上帝，五帝也。」《春官·典瑞》「旅上帝」，《秋官·職金》「旅于上帝」，注並同。【《王制》「天子將出，類乎上帝」鄭注】帝，謂五德之帝，所祭于南郊者。【《郊特牲》「天子適四方，先柴」鄭注】所到必先燔柴，有事于上帝也。【孔疏】此祭上帝，謂當方帝。皇氏云謂感生帝，義非也。【《春官·典瑞》賈疏】《易緯》云：「三王之郊，一用夏正，各郊所感帝。」若周之靈威仰，即是五帝。而殊言天，是尊異之，以其祖感之而生也。【《喪服小記》鄭注】始祖感天神靈而生。【《大傳》鄭注】王者之先祖，皆感太微五帝之精以生：

❶「微」，原作「帝」，據《周禮·大宗伯》賈疏改。

蒼則靈威仰，赤則赤熛怒，黃則含樞紐，白則白招拒，黑則汁光紀。【孔疏】案師説引《河圖》云：「慶都感赤龍而生堯。」又云：「堯赤精，舜黃，禹白，湯黑，文王蒼。」又《元命包》云：「夏，白帝之子；殷，黑帝之子；周，蒼帝之子。」是其王者，皆感太微五帝之精而生。【《禮器》「饗帝於郊」孔疏】王者各祭感生之帝于南郊。【「大旅具矣，不足以饗帝」鄭注】大旅，祭五帝。饗帝，祭天。【孔疏】祭天，謂郊祭天。鄭直云祭天，則感生之帝與圜丘俱包之也。

【《禮器》「魯人將有事于上帝」鄭注】上帝，周所郊祀之帝，謂蒼帝靈威仰也。《雜記》「可以有事于上帝」注，《魯頌》「皇皇后帝」疏並同。

【《月令》孟春之月「祈穀于上帝」鄭注】上帝，大微之帝。【孔疏】云「上帝，大微之帝」者，《春秋緯》文。紫微宮爲大帝，大微爲天庭，中有五帝座，是即靈威仰、赤熛怒、白招拒、汁光紀、含樞紐。祈穀郊天之時，各祭所感之帝。殷人則祭汁光紀，周人則祭靈威仰，以其不定，故總云大微之帝。若迎春之時，前帝後王，皆祭靈威仰。

【季夏之月「以共皇天上帝」鄭注】皇天，北辰耀魄寶，冬至所祭于圜丘也。上帝，大微五帝也。【孔疏】「上帝，太微五帝」者，案《周禮·司服》云「昊天上帝」，鄭以爲昊天上帝祇是一神，北極耀魄寶也，知此「皇天上帝」不是耀魄寶，上帝爲大微者，以《周禮·司服》云：「祀昊天上帝，大裘而冕。祀五帝亦如之。」既別云五帝，故知昊天上帝亦唯一神。此《月令》「皇天上帝」之下，更無「五帝」之文，故分爲二。又曰：皇天，天皇大帝也。上帝者，靈威仰五帝也。

【《詩·商頌·長發》「帝立子生商」鄭箋】帝，黑帝也。【孔疏】商是水德，黑帝之精，故云黑帝，謂汁光紀也。

蕙田案：鄭氏注經文天帝，名目錯出。一天帝也，曰北辰耀魄寶、天皇大帝、皇天上帝、昊天上帝，一天而數名。又謂「皇天，北辰耀魄寶；上帝，太微五帝」，一號而二神。一五帝也，曰五德帝、當方帝、感生帝；一感生帝也，曰靈威仰、赤熛怒、含樞紐、白招拒、汁光紀，隨時代而變。其病總在謂天有六，而天帝爲二。

王氏肅曰：「天惟一而已，安得有六？

五行分主四時，化育萬物，其神謂之五帝，是上帝之佐也。猶三公輔王，三公可得稱王輔，不得稱天王；五帝可得稱天佐，不得稱上天。鄭以五帝爲靈威仰之屬，非也。」

又曰：「《易》：『帝出乎震。』震，東方，生萬物之初，故王者定制之初，以木德王天下，非謂木精之所生。五帝皆黄帝之子孫，各改號代變而以五行爲次焉，何太微之精所生乎？」

程子曰：「六天之説，起於讖書。鄭玄之徒，從而廣之，甚可笑也。帝者，氣之主也，豈有上帝而别有五帝之理？此因《周禮》言『祀昊天上帝』而後又言『祀五帝亦如之』，故諸儒附會此説，正與今人説六子，乾、坤之外，甚底是六子？譬如人之四肢，只是一體耳，學者大惑也。」

朱子《語録》：問：「而今郊祀也都祀許多帝？」曰：「《周禮》説上帝是總説帝，説五帝是五方帝，説昊天上帝只是説天。鄭氏以昊天上帝爲北極，看得不是恁地。北極星只是言天之象。且如太微是帝之庭，紫微是帝之居，紫微便有太子、后妃許多星，帝庭便有宰相、執法許多星，又有天市，亦有帝座處，便有權衡秤斗星。」又問：「今郊祀也祀太一。」曰：「而今都重了。漢時太一便是帝，而今添了帝，多都成十帝，如一國三公尚不可，況天而有十帝？」

楊氏復曰：「天、帝一也，以一字言，則祀天、享帝之類；以二字言，則格於皇天、殷薦上帝之類；以四字言，則惟皇上帝、昊天上帝、皇天上帝之類；以氣之所主言，則隨時隨方而立名，如青帝、赤帝、黄帝、白帝、黑帝之類，其實則一天也。前乎鄭康成，如鄭衆，如孔安國注《書》，並無六天之説。鄭康成後出，分爲六天，又皆以星象名之：謂昊天上帝者，北辰也；謂五帝者，太微宫五帝座星也。夫在天成象，在地成形，草木非地，則星象非天，天固不可以象求也。以象求天，是何異于知人之有形色貌象而不知有心君之尊也。况又附以緯書，如北辰曰耀魄寶之類，尤爲不經。且鄭注《周禮》『祀昊天上帝』，謂即皇天上帝，已知其爲一矣。及《月令》季夏、季冬兩處有『皇天上帝』之文，鄭氏又析而爲二，以皇天爲北辰耀魄寶，以上帝爲大微五帝，隨意曲説，前後乖違。是以王肅羣儒，引經傳以排之。然以五人帝爲五帝則非也。夫有天地，則有五行四時；有五行四時，則有五帝。帝者，氣之主也，《易》所謂『帝出乎震』是也。果以五人帝爲五帝，則五人帝之前，其無司四時者乎？鄭則失矣，王亦未爲得也。夫祀天、祀五帝，皆聖人制禮之條目，非分而爲六也。天猶性也，帝猶心也，五帝猶仁、義、禮、智、信之心隨感而應者也，其實則一天也。」

又曰：「注疏正月郊謂祭感生帝，孫奭正月郊謂祈穀，二説不同，何也？祭感生帝，出於緯書。正月祈穀，經有明証，學者以聖經爲信可也。」

陳氏《禮書》：「《周禮》有言祀天，有言祀昊天上帝，有言上帝，有言五帝。言天則百神皆預，言昊天上帝則統乎天者，言五帝則無預乎昊天上帝，言上帝則五帝兼存焉。《周官·司裘》『掌爲大裘，以共王祀天之服』，《典瑞》『四圭有邸以祀天』，

《大司樂》『若樂六變，天神皆降』，『凡以神祀者，以冬日至，致天神』，此總天之百神言之也。《大宗伯》『以禋祀祀昊天上帝』，《司服》『大裘而冕，以祀昊天上帝』，此指統乎天者言之也。《司服》言『祀昊天上帝，祀五帝亦如之』，則五帝異乎昊天上帝也。《大宰》『祀五帝，掌百官之誓戒，祀大神示亦如之』，則五帝異乎大神也。《肆師》『類造上帝，封於大神』，則上帝又異乎大神也。《掌次》『大旅上帝，張氈案，設皇邸。祀五帝，張大次、小次』，則上帝異乎五帝也。《典瑞》『四圭有邸，以祀天、旅上帝』，則上帝異乎天也。上帝之文，既不主於天與昊天上帝，又不主於五帝，而《典瑞》『旅上帝』對『旅四望』言之，旅者，會而祭之之名，則上帝非一帝也。上帝非一帝，而《周禮》所稱帝者，昊天上帝與五帝而已，則上帝爲昊天上帝及五帝明矣。」

又曰：「五帝與昊天同稱帝，不與昊天同稱天，猶諸侯與天子同稱君，不與天子同稱王。《周官》祀五帝之禮，有與天同，以極其隆；有與天異，以致其辨。故皆禋祀，皆服大裘，此其所同也；祀帝于圜丘，兆五帝于四郊，此其所異也。」

馬氏端臨曰：「五帝爲五行之主而在天，猶五嶽爲五行之鎮而在地也。五帝不出於天之外，而謂五帝即昊天則不可。五嶽不出於地之外，而謂五嶽即后土亦不可。」

李氏迂仲曰：「上帝即天也。以其體而言之，則謂之天；以其主宰而言之，則謂之帝。帝之與天，果其有異乎？孔氏以郊爲祭所感生之帝，雩爲總祭五帝，是皆惑於六天之説者也。」

觀承案：天即帝也，帝即天也，天一而已，何得有六？ 然帝既有五，天亦何嘗不可有六？ 此如心君然，心一而已，本無兩心，然分而言之，有惻隱、羞惡、辭讓、是非之不同，豈可以惻隱、羞惡、辭讓、是非之心不爲心哉！ 康成天神之解所以不可據者，以其溺於緯書，既附會星垣，又强立耀魄寶及靈威仰、赤熛怒、含樞紐、白招拒、汁光紀等名目。其大病尤在混禘於郊，瀆祖宗於明堂，所以王肅諸儒力辨其非耳。若謂五帝不爲帝，六天不爲天，則分爲四時，何不可曰春天、夏天、秋天、冬天？ 列於五方，何不可曰東天、西天、南天、北天也哉？ 然是就一時一方言之，雖同曰帝，同曰天，而不得謂之統體之天也，即如程子謂「乾、坤外，甚的是六子」。誠哉！ 六子即統於乾、坤也。然須知八卦成列，乾、坤外原有六子，但既同體而異形，則不得仍謂之乾、坤矣。故統觀諸儒之説，自當以冬至、元日、孟夏、季秋四祭爲祀天之正，而五帝之祀，第爲四時迎氣，而不混於祭天之中，斯可廓清歷來之聚訟也已。

【《大司樂》】冬日至，於地上之圜丘奏之。

鄭氏鍔曰：「樂用圜鐘，鼓取天聲，管取陽聲，琴瑟取雲和，舞取《雲門》，而丘之體又象天之圜，祭之日用冬至一陽始生之日，以類求類，所謂天神之屬乎陽者，安得不降！ 此所以可得而祀。」

凡以神仕者，以冬日至致天神。【疏】十一月，一陽生之月，當陽氣升而祭之也。言冬日至，此則《大司樂》

云「冬日至，于地上之圜丘奏之，若樂六變，天神皆降」是也。

【《禮記・郊特牲》】郊之祭也，迎長日之至也。

王氏肅曰：「『郊之祭，迎長日之至』，謂周之郊祭，於建子之月而迎此冬至長日之至也。」

張子曰：「自秦漢而下，多因怪異，然後立郊，如鄜畤之類，大抵不明于禮，非正也。周之始郊，日以至。日至，陽氣之始也。四時迎氣之小者，日至而郊，迎氣之大者。於此可以見郊之大意。『郊之祭，迎長日之至』，此之謂也。」

方氏慤曰：「日爲陽，夜爲陰，故陽生則日浸長而夜短，陰生則夜浸長而日短。郊之祭在建子之月，而陽生於子，故曰『迎長日之至也』。至，猶來也。與《月令》仲夏『日長至』異矣，故言迎焉。祭天必迎長日之至者，當是時，陽始事矣，天以始事爲功也。」

陳氏澔曰：「郊祭者，報天之大事，而主于迎長日之至。」

郝氏敬曰：「每歲祀天非一，如祈年、大雩、明堂之類皆是，唯冬至爲重。」

【附諸儒辨鄭氏長日至爲建卯月】

《郊特牲》：「迎長日之至也。」鄭注：「《易説》曰：『三王之郊，一用夏正。夏正，建寅之月也。』此言迎長日者，建卯而晝夜分，分而日長也。」孔疏：「郊祭用夏正建寅之月，意以二月建卯春分後日長。今正月建寅郊祭，通而迎此長日之將至。案《書傳》云：『迎日，謂春分迎日也。』即引『寅賓出日』，皆謂春分。知此迎長日非春分者，此云『兆於南郊，就陽位』，若是春分朝日，當在東郊，故知非也。」○馬昭曰：「《易緯》云：『三王之郊，一用夏正。』則周天子不用日至郊也。夏正月陽氣始升，日者，陽氣之主，日長而陽氣盛，故祭其始升而迎其盛月，今天子正月迎春是也。若冬至祭天，陰氣始盛，祭陰迎陽，豈爲理乎？」

馬氏晞孟曰：「郊必於冬至之日，所以迎長日之將至，言其迎之有漸也。説者謂建卯晝夜分而日長，非矣。」

蕙田案：郊正祭之日，見於《周禮》者二，皆不言用辛，用辛則魯之禮也。魯有祈穀郊，無圜丘正郊。凡《春秋》、《戴記》言魯郊處，皆入祈穀門，兹不載。

【《祭法》】有虞氏禘黄帝而郊嚳，夏后氏亦禘黄帝而郊鯀，殷人禘嚳而郊冥，周人禘嚳而郊稷。

【陳氏澔《集説》】配天必以始祖。

【附論注疏諸家九祭八祭七祭四祭二祭】

【《曲禮》「天子祭天地」孔疏】天神有六，祭之一歲有九：昊天上帝，冬至祭之，一也；蒼帝靈威仰，立春之日祭之於東郊，二也；赤帝赤熛怒，立夏之日祭之於南郊，三也；黄帝含樞紐，季夏六月土王之日亦祭於南郊，四也；白帝白招拒，立秋之日祭之於西郊，五也；黑帝汁光紀，立冬之日祭之於北郊，六也；王者各稟五帝之精氣而王天下，於夏正之月祭於南郊，七也；四月龍星見而雩，總祭五帝於南郊，八也；季秋大享五帝於明堂，九也。○皇氏侃曰：「天有六，天歲有八祭：冬至圜丘，一也；夏正郊天，二也；五時迎氣，五也，通前爲七也；九月大享，八也。雩與郊禖爲祈祭，不入數。」○王氏肅曰：「祭天歲二，冬至祭天，春祈農事而已。」○【《五經析疑》】王者一歲七祭天，仲春后妃郊禖，禖亦祭天也。○程子曰：「古者一年之間，祭天甚多，春則因民播種而祈穀，夏則恐旱暵而大雩，以至秋則明堂，冬則圜丘，皆人君爲民之心也。凡人子不可一日不見父母，人君不可一歲不祭天。」○楊氏復曰：「注疏言周禮一歲九祭天，孫奭亦言歲有九祭，但注疏正月郊謂祭感生帝，孫奭正月郊謂祈穀，二説不同，何也？注疏主祭感生帝，出於緯書；孫奭言正月祈穀，經有明証，學者以聖經爲信可也。又注疏言季秋明堂及孟夏大雩爲合祭五帝，以經考之，《孝經》曰：『郊祀后稷以配天，宗祀文王於明堂以配上帝。』上帝即天也，未聞有合祭五帝之説也。故程子以秋明堂、冬圜丘、春祈穀、夏大雩四者皆祭天，斯言不可易矣。注疏以正月郊爲祭感生帝，以季秋明堂、孟夏大雩爲合祭五帝，九祭之中，已失其三矣。惟冬至圜丘祭昊天上帝，立春祭蒼帝，立夏祭赤帝，季夏祭黄帝，立秋祭白帝，立冬祭黑帝，而耀魄寶、靈威仰等名，又汩之以讖緯之説，則六者又胥失之矣。」○馬氏端臨曰：「古者一歲郊祀凡再，正月郊爲祈穀，十一月郊爲報本。」

蕙田案：古者，天子一歲祭天有四，而冬至爲正祭。《春官・大司樂》：「冬日至，于地上之圜丘奏之。凡以神仕者，以冬日至致天神。」《郊特牲》：「郊之祭，迎長日之至。」此冬至郊天，一也。《月令》：「孟春以元日祈穀于上帝。」《左傳》：「郊祀后稷，以祈農事，是故啓蟄而郊，郊而後耕。」此春祈穀，二也。二者皆以郊名，而配以后稷。《月令》：「仲夏大雩帝，用盛樂，以祈穀實。」《左傳》：「龍見而雩。」此夏大雩，三也。《春秋》書「郊」，又書「雩」，則雩不得名郊。如有配，或亦以后稷。《月令》：「季秋大饗帝。」此秋享帝于明堂，四也。明堂以文王配，《孝經》所謂「宗祀文王于明堂，以配上帝」，《樂記》所謂「祀乎明堂而民知孝也」。四祭皆專祀昊天上帝，而冬至陽生爲正祭，此不易之説也。乃疏謂天神有六，祭之一歲有九。夫祈穀、雩祀、大饗所祀者上帝，非五帝也。五時迎氣祭五帝，非祭上帝也。既誤以祭上帝爲祭五帝，而五帝之祭有八，上帝之祭止一。又誤以祭五帝爲祭上帝，而上帝之祭一歲有九。況《小宗伯》明言「兆五帝于四郊」，何得以五帝之祭混于祭天？皇氏又謂天有六天，歲有八祭，其謬與注疏同，而又牽入郊禖，更屬支離。王氏肅曰：「祭天歲二，冬至祭天，春祈農事。」馬端臨從之。然除去大雩、大饗，亦似未安。惟程子謂歲之祭天有四，冬至、祈穀、大雩、明堂，較爲有據。然祈穀、大雩，祈祭也。季秋明堂，報祭也。禮皆殺于冬至，而郊天正祭，止冬至圜丘一祭而已。

右四代郊正祭。

【《虞書》】肆類于上帝。【蔡《傳》】肆，遂也。類，祭名。《周禮·肆師》：「類造于上帝。」注云：「郊祀者，祭昊天之常祭。非常祀而祭告于天，其禮依郊祀爲之，故曰類，如《泰誓》武王伐商、《王制》言天子將出，皆云『類于上帝』是也。」

【《五經異義》】《尚書》夏侯、歐陽說：「類，祭天名也。以事類祭之奈何，天位在南方，就南郊祭之是也。」

朱子曰：「類只是祭天之名，與所謂旅上帝同，皆不可曉，然決非是常祭。」

朱氏祖義曰：「以物之類天者祀上天，而告以陟位之事，如天之色蒼，則祀以蒼璧，天之體圜，則祀以圜丘。」

蕙田案：此一條，陟位告也。後世新天子即位告祭之禮，蓋本諸此。類之名義，《五經異義》之說頗新，餘諸解皆不若鄭注之確，故朱子《書集傳》取之以授蔡氏也。

歲二月，東巡狩，至于岱宗，柴。【疏】燔柴，爲祭天告至也。

【《詩·周頌·時邁》序曰】巡守告祭，柴望也。【箋】巡守告祭者，天子巡行邦國，至于方嶽之下而封禪也。

【《禮記·郊特牲》】天子適四方，先柴。【注】所到必先燔柴，有事乎上帝也。

【《禮器》】因名山升中于天。【注】名，猶大也。升，上也。中，猶成也。謂巡守至于方嶽，燔柴祭天，告以諸侯之成功也。

方氏慤曰：「名山，與《王制》所言同義。告天謂之升中，與《周官》『登中于天府』同義。中，謂事實也。事之名在外，其實在中，故謂之中。天府謂之治中，亦此意。」

蕙田案：以上四條巡狩告祭。

【《商書・湯誥》】敢用玄牡，敢昭告于上天神后。【蔡《傳》】神后，后土也。

【《論語・堯曰》】予小子履，敢用玄牡，敢昭告于皇皇后帝：有罪不敢赦，帝臣不蔽，簡在帝心。

【朱子《集注》】簡，閱也。言桀有罪，己不敢赦。而天下賢人，皆上帝之臣，己不敢蔽。簡在帝心，惟帝所命。此述其初請命而伐桀之辭也。

【《詩・大雅・皇矣》】是類是禡。【傳】于內曰類，于野曰禡，祭也。【疏】《春官・肆師》注云：「類，禮依郊祀而爲之。」

【朱子《集傳》】類，將出師，祭上帝也。

孔氏穎達曰：《王制》言「類于上帝」，則類祭，祭天也。祭天而謂之類者，《尚書》夏侯、歐陽說：以事類祭之，天位在南方，就南郊祭之也。

【《周書・泰誓》】受命文考，類于上帝。【傳】以事類告天。

【《武成》】告于皇天后土，所過名山大川，曰：「惟有道曾孫周王發，將有大正于商。」【疏】欲將伐紂，告天乃發。《周禮・太祝》注：「用祭事告行。」稱曾孫者，《曲禮》說諸侯自稱之辭云：「臨祭祀，內事曰孝子某侯某，外事曰曾孫某侯某。」

【《春官・肆師》】凡師，類造上帝。【注】造，猶即也。爲兆，以類禮即祭上帝也。類禮，依郊祀而爲之者。【疏】此以類、造同云于上帝，則造與類同屬于上帝。若依國四郊，則是有尋常兆域。今戰訖而祭，故須新爲壇兆。此直是告祭非常，非是禱祈之所祭，故知依正禮郊祀而爲之。

鄭氏鍔曰：「上帝至尊，不可以瀆，因其事類，然後告祭，故名曰類。類者，上帝之祭。造者，祖廟之祭。此曰『類造上帝』何也？蓋王者出征，所至以事類告天，故兼言之。」

天子將出征，❶類乎上帝。【疏】《釋天》云：「是類是禡，師祭也。」《爾雅》多爲釋《詩》，然類不皆爲師祭，但以事類告天，若以攝位事類告天謂之類，以巡守事類告天亦謂之類。古《尚書》說：非時祭天謂之類。

蕙田案：以上七條，出師告祭。

【《周書・武成》】越三日庚戌，柴。【傳】燔柴郊天，先祖後郊，自近始。【疏】告天説武功成之事也。庚戌，周四月二十二日也。《召誥》云「越三日」者，皆從前至今爲三日。此從丁未數之，則爲四日，蓋史官立文不同。

陳氏祥道曰：「《大傳》、《武成》，或先柴祈，然後率諸侯以享廟；或先率諸侯以享廟，然後柴。蓋既事而退，柴帝祈社，商郊之祭也，故在享廟之前；柴望大告武成，豐邑之祭也，故在享廟之後。」

【《禮記・大傳》】牧之野，武王之大事也。既事而退，柴于上帝。

陳氏祥道曰：「武王之出師，受命文考，類于上帝，宜于冢土，所以告其伐也。既事而退，柴于上帝，所以告其成也。出師而告其伐，既事而告其成，以明所以伐者，天與神之命，其所以成者，天與神之功而已。」

蕙田案：以上二條，武成告祭。

【《周書・召誥》】丁巳，用牲于郊。【傳】用牲告立郊位于天。

蕙田案：此一條，建都告祭。

【《禮記・王制》】天子將出，類于上帝。【注】謂五帝之帝所祭于南郊者。【疏】類乎上帝，祭告天也。

陳氏祥道曰：「天子豈特將出而有是哉，于其所至未嘗不類帝，《書》曰『至于岱宗，類于上帝』是也。」

蕙田案：此一條，將出告祭。

【《周禮・春官・大宗伯》】國有大故，則旅上帝。【注】故謂凶烖也。旅，陳也，陳其祭事以祈焉，禮不如祀之備也。上帝，五帝也。【疏】旅，是祈禱之名。

鄭氏鍔曰：「旅，非常祭也，如《禹貢》言『荊、岐既旅』、『蔡、蒙旅平』、『九江刊旅』之類，皆因水灾之後而合祭。旅不如常時之祭，以事出于一時之變，故不能如禮也。」

---

❶「天子將出征，類乎上帝」，此出《禮記・王制》，依本書體例，上當有「禮記王制」四字。

方氏苞曰：「上帝而曰旅者，偏用事于四郊，所祭非一帝也。《春秋傳》鄭子産禳火，祈于四鄘，蓋其遺制。」

蕙田案：注疏説旅義甚精，訓上帝爲五帝則非是，下同。

【《天官・掌次》】王大旅上帝，則張氊案，設皇邸。【注】大旅上帝，祭天于圜丘。國有大故而祭，亦曰旅。

【《春官・司尊彝》】大喪，存奠彝，大旅亦如之。【注】旅者，國有大故之祭也，亦存其奠彝，則陳之，不即徹。

【《典瑞》】四圭有邸，以祀天、旅上帝。

蕙田案：祀天，正祭也。旅上帝，有故而祭也。天與上帝，則一而已。

大祭祀、大旅，共其玉器而奉之。

【《眡瞭》】大喪，廞樂器，大旅亦如之。【注】旅，非常祭，乃興造其樂器。

【《笙師》】大喪，廞其樂器；大旅，則陳之。

【《秋官・職金》】旅于上帝，則供其金版。

【《禮記・禮器》】一獻之禮，不足以大旅；大旅具矣，不足以享帝。

【《爾雅》】旅，陳也。

【陳氏《禮書》】旅非常祭也，國有大故，然後旅其羣神而祭之，則「荆、岐既旅」、「蔡、蒙旅平」、「九山刊旅」者，以水災耳。推此，則所遭大故，皆凶災之類也。考之于禮，天子所次之位，則張氊案，設皇邸；所奠之圭，則四圭有邸；所用之版，則金版。至于《司尊彝》之「存奠彝」，《笙師》之「陳樂器」，《眡瞭》之「廞樂器」，皆如大喪之禮。言奠，則非純乎祭也；言存，則非即徹之也。陳樂而不懸，廞樂而不鼓，則旅非以其凶災耶！《周官》或言大旅，或言旅，蓋故有大小，而旅亦隨異也。然大旅之禮，不若祀天之爲至也。

故《記》曰：「大旅具矣，不足以饗帝。」若夫旅四望山川，則所次不以氈案、皇邸，所用不以金版，而所奠之圭則兩圭有邸而已。先儒以旅之廞樂器爲明器，以皇邸爲後版，恐不然也。其言旅上帝于圜丘，其義或然。

蕙田案：以上十條，凶裁告祭。

【陳氏《禮書》】《書》曰：「類于上帝。」《詩》曰：「是類是禡。」《周禮·小宗伯》：「兆五帝于四郊，四望、四類亦如之。凡天地之大裁，類社稷宗廟，則爲位。」《肆師》：「類造上帝，則爲位。」《大祝》：「六祈，一曰類，二曰造。類上帝。大會同，造于廟。」《詛祝》：「掌類、造之祝號。」《禮記》曰：「天子將出，類于上帝，造于廟。」則類者，類其神而祭之也。造者，即而祭之也。類之所施，或於上帝，或於日月星辰，或於社稷，或於宗廟。類之所因，或以巡守，或以大師，或以大裁。造則或于上帝，或於祖廟。凡此，皆有所祈也，不若大旅之有所告而已。故《大祝》六祈，有類、造而無旅焉。鄭康成以《宗伯》之四類爲日、月、星、辰，蓋以四類在四郊、四望之下而知之也。《爾雅》以《詩》之「是類是禡」爲師祭，蓋以《大祝》「大師，類上帝」而知之也。社稷、宗廟，非大裁則無類祭。上帝，非巡守之所至則無造祭。《書》云：「至於岱宗，柴。」《詩》言：「巡守告祭，柴望。」此蓋造上帝之禮也。巡守，于其將出，則類上帝；于其所至，則造上帝。大師，于其將出，亦類上帝；于其所至，特禡于所征之地而已。昔武王伐紂，既事而退，柴于上帝。成王營洛，位成之後，用牲于郊，牛二。

此蓋類禮也。何則？《書》于舜之既受命，則「類于上帝」，于湯之既受命，則「告于上天」，是既事則必祭，祭必以類禮也。于舜之既受命言類，則湯之既受命而類可知。既受命而類，則師之既事，邑之既成，又可知也。類、造之禮，其詳不可得而知，要之，劣于正祭與旅也。觀祀天、旅上帝，大宗伯掌之；類、造上帝，小宗伯、肆師掌之，則禮之隆殺著矣。四類日、月、星、辰于四郊，則類上帝蓋南郊乎？

楊氏復曰：「古者祭天地，有正祭，有告祭，禮雖不同，義各有當。❶冬至一陽生，此天道之始也。陽一嘘而萬物生，此又天道生物之始也。故《周官・大司樂》以圜鐘爲宫，冬日至，于地上之圜丘奏之，六變以祀天神，所以順天道之始而報天也。祭天必於南郊，順陽位也。夏至一陰生，此地道之始也。陰一噏而萬物成，又地道成物之始也。故《大司樂》以函鐘爲宫，夏日至，于澤中之方丘奏之，八變以祀地示，所以順地道之始而報地也。祭地必於北郊，順陰位也。此所謂正祭也。舜之嗣堯位也，類于上帝，望于山川，歲二月，東巡守，則柴于岱宗，望秩于山川。武王之伐商也，底商之罪，告于皇天后土，又柴望並舉，大告武成。成王之營洛也，丁巳用牲于郊，翌日戊午，乃社于新邑。凡因事並告天地，有同日而舉，有繼日而舉者，此所謂告祭也。然祀上帝則曰類。類者，謂倣郊祀之禮而爲之，則非正祭天也。告地而舉望祭之禮，或

❶ 「義」，原作「議」，據庫本改。

社祭之禮，則非正祭地矣。蓋特祭天地，乃報本之正祭也，故其禮一而專。並祭天地，因事而告祭也，不必拘其時，不必擇其位，雖舉望祀社，可以該地示，故其禮要而簡。所謂禮雖不同，義各有當者，此也。或曰正祭、告祭之禮不同，而人主父事天，母事地，其心則一也。告祭不拘其時，不擇其位，而可以對越天地，則正祭不拘其時，不擇其位，奚爲不可以對越天地乎？曰：因天道之始而祀天，因地道之始而祀地，以類求類，此報本之祭也。當天道之始而祀地，於義何居？周公制禮，冬至祀天，夏至祀地，其義不可易矣，周公豈欺我哉！」

蕙田案：《詩》、《書》、《周禮》、《禮記》言類祭者不一，然不外陟位、行師、巡守諸大事。蓋王者事天如事父，子之于父也，出必告，反必面，王者無一息不與天合漠，則無一舉動不與天昭鑒。故聖人制禮，俾王者有事將出，必正其義類而告之于天。陟位，承天子民之始也；出師，恭行天伐也；巡守，大明黜陟也，皆義類之正大而不可以已者。然則類之爲名，或亦正其義類而告之之謂乎？造祭之禮，見于《肆師》、《大祝》、《詛祝》，皆以類、造並言。竊以造者，至也，《傳》言「公行告廟，反行飲至」，《曾子問》亦云「諸侯出門，反，必親告祖廟」，以是推之，則天子將出而類，即出必告之義；既反，必造上帝，兼造于廟，猶反面之義。《肆師》等職所云，兼行與反而言。然則造之爲名，即以爲述其既至而告之，似與類更有别也。《大宗伯》：「國有大故，則旅上帝。」陳氏《禮書》謂大故，皆凶災之類。《爾雅》曰：「旅，陳也。」或即陳其情事而告以祈之之義乎？如此，則三者皆爲告祭，而命名取義，稍爲親切。若注疏以類爲依倣郊祀，則旅亦未嘗非依倣爲之也，以旅爲陳其禮物，豈正祭、類祭、大饗不陳禮物乎？又訓造爲即，而以新爲壇兆解之，又曰造猶即也，爲造以類禮即祭上帝也，造與類更無分别。今臚載諸家之説而略推廣其義，以俟後之論禮者。

右四代告祭。

【羅氏《路史》】太昊伏羲氏，爰興神鼎，制郊禪。炎帝神農氏，爰崇郊祀。帝顓頊高陽氏，作《五基》、《六莖》之樂，以調陰陽，享上帝，命曰《承雲》。帝嚳高辛氏，以日至設丘兆于南郊，以祀上帝，絜其祭服，備其帷帳，陳之圭幣，薦之黑繒，命咸黑典樂，爲聲歌，作《九招》，制《六列》、《五韺》，享上帝以《中韺》。帝堯陶唐氏，制《咸池》之舞，而爲《經首》之詩，以享上帝，命之曰《大咸》。

蕙田案：删《書》斷自唐、虞，今所載皆據六經爲首。唐、虞以上，事蹟見于諸子百家者，附録于條末，不敢信，亦不敢棄也。後同。

五禮通考卷第一

淮陰吴玉搢校字

五禮通考卷第二

内廷供奉禮部右侍郎金匱秦蕙田編輯
太子太保總督直隸右都御史桐城方觀承同訂
國子監司業金匱吳鼎
直隸按察司副使元和宋宗元　參校

吉禮二

圜丘祀天

【《周禮·春官·大司樂》】冬日至，于地上之圜丘奏之。【疏】言圜丘者，按《爾雅》「土之高者曰丘」，取自然之丘圜者象天，圜既取丘之自然，則未必要在郊，無問東西與南北方皆可。

蕙田案：賈分丘與郊爲二，故云「未必要在郊，無問東西南北方皆可」，斯謬甚矣。

【《禮記·祭法》】燔柴于泰壇，祭天也。【注】壇，封土爲祭處。壇之言坦也，坦明貌也。【疏】此祭感生之帝于南郊。按《禮器》云「至敬不壇」，此云「燔柴于泰壇」者，謂燔柴在壇，設饌在地。

【《郊特牲》】兆於南郊，就陽位也。

方氏慤曰：「兆則爲之分域，如龜兆之可別也。既曰兆于南郊矣，又曰埽地而祭者，蓋築壇謂之兆，若兆五帝于四郊是矣。埽地亦謂之兆，若此所言是矣。」

【《禮器》】因吉土以饗帝于郊。

馬氏晞孟曰：「天者，高之極者也，故爲高必因丘陵，因高而事之，所謂因天事天也。因吉土以享帝于郊，因天之事也。」

陸氏佃曰：「因天事天，因地事地，燔柴瘞埋，于此蓋有奧旨存焉，而昧者不知也。」

至敬不壇，埽地而祭。【注】❶燔柴訖，於壇下埽地而設正祭，此周法也。

【《郊特牲》】祭天埽地而祭焉，于其質而已矣。

【《逸周書・作雒》】乃設兆於南郊，祀以上帝。

【《爾雅》】非人爲謂之丘。

【《廣雅》】圜丘，太壇，祭天也。

【《禮記外傳》】王者冬至之日祭昊天上帝于圜丘，諸侯不祭天。

【《通典》】壇名，泰壇在國南五十里。《司馬法》：百里爲遠郊，近郊五十里。

【陳氏《禮書》】祀天于南郊地上之圜丘，祭地于北郊澤中之方丘。泰壇，自然之丘；泰折，人爲之坎。壇設于圜丘之南，坎設于方丘之北，古者郊祀如此，更秦則興鄜、密、上、下之四畤，以祀五帝。至漢則增之以北畤，以祠五帝。秦之祀天不於圜丘，謂天好陰而兆於高山之下；其祠地不於方丘，謂地貴陽而兆於澤中之圜丘。漢之祠天，不於南郊而於甘泉；其祀地，不於北郊而於汾陰河東，以至壇有八觚，席有六采，樂有玉女，車有鸞路、騂駒、龍馬，一切侈靡，而匡衡、劉向之徒，邪正異同之論蠭起一時。元始之間，繆戾尤甚，春秋則天地同牢于南郊，冬夏則天地分祭于南郊，先王之禮，隳廢殆盡，良可悼也。

【附諸儒辨鄭氏郊丘不同】

【《周禮・春官・大宗伯》「以禋祀祀昊天上帝」鄭注】冬至於圜丘，所祀天皇大帝。【《禮記・大傳》「不王不禘」鄭注】大祭其先祖所由生，謂郊祀天也。王者之先

❶「注」，案引文乃孔疏文字。

祖皆感大微五帝之精以生，皆用正歲之正月郊祭之。【《祭法》「有虞氏禘黄帝」鄭注】此禘謂祭昊天於圜丘也。祭上帝於南郊曰郊。【「燔柴於泰壇」孔疏】此祭感生之帝於南郊。【《大司樂》賈疏】禮天神必於冬至者，以天是陽，冬至一陽生，還於陽生之日祭之也。至於郊天必於建寅者，以其郊所感帝以祈穀實，取三陽爻生之日，萬物出地之時。【《郊特牲》孔疏】其祭天之處，冬至則祭于圜丘。圜丘所在，雖無正文，應從陽位，當在國南。故魏氏之有天下，營委粟山爲圜丘，在洛陽南二十里。然則周家亦在國南，但不知遠近者。其五時迎氣，則在四郊，故《小宗伯》云：「兆五帝于四郊。」鄭云：「春迎青帝于東郊，夏迎赤帝于南郊，季夏迎黄帝亦于南郊，秋迎白帝于西郊，冬迎黑帝于北郊。」《司馬法》：「百里遠郊。」鄭注《書序》云：「近郊，半遠郊，去國五十里。」謂今河南、洛陽相去則然，是天之郊去國皆五十里也。其夏正祭感生之帝亦于南郊，知者，《孝經緯》云「祭帝于南郊，就陽位」是也。其雩祭五天帝，亦于國城南。故鄭注《論語》云「沂水在魯城南，雩壇在其上」是也。其九月大享五帝，則在明堂。鄭駁《異義》云：「明堂在國之南丙巳之地，三里之外，七里之内。」其圜丘之祭，崔氏云：「其初先燔柴及牲玉于丘，訖，次乃埽丘下，而設正祭。」若夏正及五郊，初則燔柴及牲玉于壇，故《祭法》云：「燔柴于泰壇，祭天也。」次則于壇下埽地而設正祭，故《禮器》云「至敬不壇，埽地而祭」是也。○王肅以郊丘是一，而鄭氏以爲二者，案《大宗伯》云：「蒼璧禮天。」《典瑞》又云：「四圭有邸，以祀天。」是玉不同。《宗伯》又云：「牲幣各放其器之色。」則牲用蒼也。《祭法》又云：「燔柴于大壇，用騂犢。」是牲不同也。又《大司樂》云：「凡樂，圜鐘爲宫，黄鐘爲角，太簇爲徵，姑洗爲羽，冬日至，于地上之圜丘奏之。若樂六變，則天神皆降。」上文云：「乃奏黄鐘，歌大吕，舞《雲門》以祀天神。」是樂不同也。故鄭以云蒼璧、蒼犢、圜鐘之等爲祭圜丘所用，以四圭有邸，騂犢及奏黄鐘之等以爲祭五帝及郊天所用。

王氏肅曰：「郊即圜丘，圜丘即郊。所在言之則謂之郊，所祭言之則謂之圜丘。於郊築泰壇象圜丘之形，以丘言之，本諸天地之性，故《祭法》云『燔柴於泰壇』，則圜丘也。《郊特牲》云『周之始郊日以至』，《周禮》云冬至祭天於圜丘，知圜丘與郊是一也。」又曰：「郊與圜丘是一，郊即圜丘也，猶王城與京師異名而同處。」

馬氏晞孟曰：「郊者，圜丘之地；而圜丘者，郊之壇。康成以圜丘祭天而郊祭感生帝，非也。」

【陳氏《禮書》】鄭氏之徒謂四圭之玉、黄鐘大吕之樂，夏至以祀感帝於南郊；蒼璧之玉、六變之樂，冬至日禮天皇大帝在北極者于圜丘，天皇大帝耀魄寶也。五帝，大微之帝也，分郊與丘以異祀，别四帝與感帝以異其禮，王肅嘗攻之矣。

蕙田案：郊丘非二，地無二祭。王肅謂郊即圜丘，圜丘即郊。馬氏謂「郊者圜丘之地，圜丘者郊之壇」，蓋王者于國之南郊，因吉土以築壇。郭璞曰地有吉氣，土隨而起，《禮器》云「因吉土以享帝于郊」是也。《爾雅》「非人爲謂之丘」，吉土必高，故曰丘；築壇象天之圜，故曰圜丘，亦曰泰壇。泰壇即圜丘，圜丘即吉土，故曰至敬不壇。蓋以自然之丘爲壇，爲高必因丘陵，而非謂祭天無壇也。《記》曰「于郊故謂之郊」，則舉一郊而圜丘泰壇統之，是無二地矣。《周禮》：「冬日至，祭天于圜丘。」《郊特牲》「周之始郊，日以至」，則非二祭矣。乃注疏于《大宗伯》、《大傳》、《祭法》、《郊特牲》、《大司樂》誤以郊丘爲二地、二祭，于是所祀之帝則有天皇大帝及感生帝之異，豈知天一而已，無二天，安有二帝？至感生帝之説，尤屬不經，王肅已非之。所配之帝遂有帝嚳、后稷分配之異。夫《大傳》所云禘也，宗廟之大祭，非祭天也。乃鄭氏誤以禘爲郊天，于是遂有帝嚳配天之説，不知郊是祭天，配者稷也，非嚳也。然鄭氏所以分郊丘爲二地、二祭者，孔疏：「《大宗伯》云『蒼璧禮天』，《典瑞》云『四圭有邸以祀天』。」是玉不同。考蒼璧四圭，非兩玉也。蒼言其色，璧言其質，四圭言其製，四圭四面各一圭，蒼以象天之色，璧以象天之圓，四圭以象天之四時，尺有二寸以象天之十有二月，圭之本著于一璧，亦以象乾元統天也，本不必分爲二玉，又何緣爲兩祭之證耶？又徐邈曰：「璧以禮神，圭以自執，故曰植璧秉圭，非圜丘與郊各有所執。」楊信齋曰：「於蒼璧言禮，於四圭有邸言祀，説者謂禮神在求神之初，祀神在薦獻之初，蓋一祭而兩用。」即如是説，則亦足以破鄭氏兩祀之謬矣。孔疏又云：「《大宗伯》『牲幣各放其器之色』，則牲用蒼。《祭法》云『用騂犢』，是牲不同。」楊信齋曰：「天道渾全，陰陽五行具備，不比五方偏主一色，遠望則其色蒼，純陽則其色赤，故《説卦》曰：『乾爲大赤。』周爲赤色，用騂犢，又何以蒼璧爲疑。」夫玉以禮天，至敬也，故取象天之色，牲則各從所尚，如玄牡、白牡之類。若玉必用赤，則且混于赤璋之色矣，何玉與牲必同色耶？孔疏又云：「冬日至，圜鐘爲宫，祀天神，乃奏黄鐘，歌大吕，是樂不同。」陸佃曰：「圜鐘，降神之樂也，故曰：『凡樂，圜鐘爲宫，冬日至于圜丘奏之，天神皆降。』黄鐘，祀神之樂也，故曰：『乃奏黄鐘以祀天神。』所用之樂雖不同，不害其爲同祭。」斯亦理之可信者。據此，則鄭注之所拘泥者可以盡破，而帝天之殊號，配祭之異帝，尤爲惑于讖緯而不足辨者矣。

右郊壇。

【《易·豫卦·象上傳》】雷出地奮，豫。先王以作樂崇德，殷薦之上帝，以配祖考。

【《禮記·祭法》】有虞氏禘黄帝而郊嚳，祖顓頊而宗堯。夏后亦禘黄帝而郊鯀，祖顓頊而宗禹。殷人禘嚳而郊冥，祖契而宗湯。周人禘嚳而郊稷，祖文王而宗武王。

【陳氏《禮書》】禘非祀天，而文在郊上者，以其祖之尤遠故也。祖宗非皆祀明堂，而文在郊下者，以其祖有功，宗有德，而廟不遷故也。虞夏商以質而親親，故郊其近而祖其遠；周以文而尊尊，故郊其遠而祖其近。鄭康成謂虞夏宜郊顓頊，商宜郊契，其説非也。

【《國語·魯語》】展禽曰：「有虞氏禘黄帝而祖顓頊，郊堯而宗舜；夏后氏禘黄帝而祖顓頊，郊鯀而宗禹；商人禘舜而祖契，郊冥而宗湯；周人禘嚳而郊稷，祖文王而宗武王。」

【陳氏《禮書》】言虞氏郊宗，異于《祭法》者，賈氏曰虞氏之後在夏商爲二王後，有郊禘祖宗之禮，是也。由是推之，《國語》言商人禘舜，亦異于《祭法》者，蓋宋禮與？

【附辨注疏諸家禘郊祖宗皆配天，嚳稷分

配圜丘郊，圜丘郊名禘祭】

【《禮記·祭法》「有虞氏禘黄帝」鄭注】禘、郊、祖、宗，謂祭祀以配食也，此禘謂祭昊天於圜丘也。祭上帝於南郊曰郊。祭五帝、五神於明堂曰祖、宗，祖、宗通言爾。下有禘、郊、祖、宗，《孝經》曰：「宗祀文王於明堂以配上帝。」《明堂月令》春曰其帝太昊，其神勾芒；夏曰其帝炎帝，其神祝融；中央曰其帝黄帝，其神后土；秋曰其帝少昊，其神蓐收；冬曰其帝顓頊，其神玄冥。有虞氏以上尚德，禘、郊、祖、宗配用有德者而已。自夏以下，稍用其姓代之。先後之次，有虞氏、夏后氏宜郊顓頊，殷宜郊契。【孔疏】此一經論有虞氏以下四代禘、郊、宗、祖所配之人。經傳之文，稱禘非一，其義各殊。《論語》云「禘自既灌」及《春秋》「禘於太廟」，謂宗廟之祭也。《喪服小記》云「王者禘其祖之所自出」，《大傳》云「禮，不王不禘」，謂祭感生帝於南郊也。此禘，鄭謂祭昊天於圜丘者，以文在於郊祭之上，郊前之祭惟圜丘爾。《爾雅·釋天》云：「禘大祭。」比餘處爲大祭，故總得稱禘也。按《聖證論》以此禘黄帝，是宗廟五年祭之名。虞氏之祖出自黄帝，顓頊是虞帝七世祖，以顓頊配黄帝而祭，是禘其祖之所自出，以其祖配之，非鄭義也。鄭云「祭五帝、五神於明堂曰祖、宗」者，以《明堂月令》「五時皆有帝及神」，又《月令》「季秋大享帝」，故知明堂之祭有五人帝及五天帝也。《孝經》云「宗祀文王於明堂，以配上帝」，故知於明堂也。《孝經》云「宗祀文王」，此云「祖文王宗武王」，故知祖、宗通言也。此祖、宗祭五帝，《郊特牲》祭一帝，而在祖、宗上者，以其感生之帝，特尊之。虞氏禘、郊、祖、宗之人，皆非虞氏之親，是尚德也。夏之郊用鯀，是稍用其姓代之，但不盡用己姓，故云稍也。云「先後之次，虞夏宜郊顓頊，殷人宜郊契」者，今虞先云郊嚳，後云祖顓頊，夏先云郊鯀，後云祖顓頊，殷先云郊冥，後云祖契，是在前者居後，在後者居前，故云宜也。【《周禮·大司樂》鄭注】《祭法》曰「周人禘嚳而郊稷」，謂此祭天圜丘以嚳配之。【《禮記·大傳》鄭注】「大祭其先祖所由生」，謂郊祀天也。《孝經》曰「郊祀后稷以配天」，配靈威仰也。【《郊特牲》孔疏】王肅以《郊特牲》周之始郊日以至，與圜丘同配以后稷。鄭必以爲異，圜丘又以帝嚳配者，鄭以周郊日以至，自是魯禮，故注《郊特牲》云：「周衰禮廢，儒者見周禮盡在魯。因推魯禮以言周事。」鄭必知是魯禮非周郊者，以「宣三年正月，郊牛之口傷」，是魯郊用日至之月。案周郊祭天，大裘而冕。《郊特牲》云：「王被衮戴冕，璪十有二旒。」故知是魯禮，非周郊也。又知圜丘配以帝嚳者，案《祭法》云：「周人禘嚳而郊稷。」禘嚳在郊稷之上，稷卑於嚳，以明禘大于郊。又《爾雅》云：「禘，大祭也。」大祭莫過於圜丘，故以圜丘爲禘也。圜丘比郊，則圜丘爲大，《祭法》云「禘嚳」是也。若以郊對五時之迎氣，則郊爲大，故《大傳》云：「王者禘其祖之所自出。」故郊亦稱禘。其宗廟五年一祭，比每歲常祭爲大，故亦稱禘也。以《爾雅》惟云禘爲大祭，是文各有所對也。后稷配天，見于《周頌》，故《思文》云：「思文后稷，克配彼天。」周若以嚳配圜丘，《詩·頌》不載者，后稷，周之近祖，王業所基，故配感生之帝，有勤功用，故詩人頌之。嚳是周之遠祖，爲周無功，徒以遠祖之尊，以配遠尊天帝，故《詩》無歌頌。或曰《詩》本亦有也，但後來遺落，故正考甫得商之遺《頌》十二篇，至孔子之時唯五篇而已。以此言之，明《詩》有遺落也。其所配之人，虞夏商周用人各異，文具《祭法》。圜丘之祭，周人則以嚳配之，《祭法》「禘嚳」是也。其感生之帝，則以后稷配之；五時迎氣及雩祭，則以五方人帝配之；九月大享五帝，則以五人帝及文武配之。以文王配五天帝，則謂之祖；以武王配五人帝，則謂之宗。崔氏云皆在明堂之上，祖宗通言。故《祭法》云祖文王，文王稱祖；《孝經》云「宗祀文王于明堂」，是文王稱宗。文王既爾，則武王亦有祖宗之號，故云祖宗通言。

趙氏匡采曰：❶「虞氏禘黄帝，蓋舜祖顓頊出於黄帝，則所謂禘其祖之所自出也。郊嚳者，帝王郊天，當以始祖配天，則舜合以顓頊配天也，爲身繼堯緒，不可捨唐之祖，故推嚳以配天，而舜之世系出自顓頊，故以爲始祖，情禮之至也。舜宗堯，當禹身亦宗舜。凡祖者，創業傳世之所出也。宗者，德高而可尊，其廟不遷也。夏后氏禘黄帝，義同舜也。郊鯀者，禹尊父，且以有水土之功，故以配天。祖顓頊者，禹世系亦出于顓頊也。宗禹者，當禹

❶「趙氏匡采」，案歷來典籍引其説者多作「趙匡」，唯衛湜《禮記集説》作「趙匡來」。

身亦宗舜，子孫乃宗禹也。殷祖契出自嚳，故禘嚳。冥有水功，故郊冥以配天。湯出契後，故祖契。宗湯者，當湯身未有宗也。周禘嚳，義與殷同。稷有播植之功，且爲始祖，故郊稷，當武王身亦未有宗。」

楊氏復曰：「嘗以《大戴禮·帝繫》及司馬《史記》考之，乃知趙伯循之言確乎不可易也。《祭法》有虞氏禘黄帝，夏后氏亦禘黄帝，殷人禘嚳，周人禘嚳者，黄帝生昌意，昌意生帝顓頊，顓頊生窮蟬，窮蟬至瞽瞍皆微，爲庶人。舜嗣帝位，以帝顓頊爲祖廟。黄帝者，帝顓頊之所自出也，故禘黄帝於帝顓頊之廟，而以帝顓頊配之也。昌意生帝顓頊，顓頊生鯀，鯀生禹。禹者，黄帝之玄孫，而帝顓頊之孫也，故夏后氏亦禘黄帝於帝顓頊之廟，而以帝顓頊配之也。殷祖於契，契母曰簡狄，有娀氏之女，爲帝嚳次妃，吞玄鳥而生契。帝嚳者，契之所自出，故殷人禘嚳于契之廟，而以契配之也。周祖於稷，稷之母姜嫄，爲帝嚳元妃，姜嫄出郊，見巨人跡，踐之而生稷。帝嚳者，稷之所自出，故周亦禘嚳于后稷之廟，而以稷配之也。《祭法》有虞氏郊嚳，夏后氏郊鯀，殷人郊冥，周人郊稷者，黄帝生玄囂，玄囂生蟜極，蟜極生高辛，是爲帝嚳。帝嚳生堯，帝嚳即堯之父也，帝顓頊則舜之祖也。有虞氏當以帝顓頊配天，爲身嗣堯位，故推帝嚳以配天，而以帝顓頊爲祖，仁之至，義之盡也。《祭法》曰禹能修鯀之功，夫鯀治水九載，非無功也，但以蔽於自用，而績用弗成。禹能修鯀之功，則前日未成之功，至是成矣。故夏后以鯀配天也。冥者，契六世孫也，冥勤其官而水死，《祭法》推其功烈，至與先聖並稱，故殷人以冥配天也。禮，以祖配天。后稷，周之太祖，克配彼天，此則無可疑也。后有虞氏祖顓頊而宗堯，夏后氏祖顓頊而宗禹，殷人祖契而宗湯，周人祖文王而宗武王者，帝顓頊者，有虞氏異代之祖，以功德而祖之也；有虞氏宗堯，亦以功德而宗之也，《國語》注曰『虞以上尚德』是也。夏后氏之祖顓頊，猶有虞氏也，禹啓夏祚，既以顓頊爲祖，故夏后氏祖顓頊而宗禹，至其後世子孫乃以禹爲受命之祖，《書》曰『明明我祖』是也。湯革夏命，爲殷之祖，然殷之功始於契，故殷人祖契而宗湯，後世子孫乃以湯爲受命之祖，《詩》曰『衎我烈祖』是也。又其後殷有三宗：祖甲曰太宗，太戊曰中宗，武丁曰高宗，亦有德而可宗。周公作《無逸》，舉殷三宗以戒成王，然則三宗亦爲不毁之廟也。武王革殷命，爲周之祖，然武王之功起于后稷，故周以后稷爲太祖，不言周人祖稷者，周人郊稷以祖配天，則祖稷不言可知矣。文王受命作周，故以文王爲受命之祖，所謂文世室是也。文王爲祖，故武王爲宗，當武王之身，亦未有宗，後世始立武王之廟爲宗，所謂武世室是也。凡此皆趙伯循已開其端，特從而推明之爾。」

馬氏晞孟曰：「禘者，三年一祫、五年一禘之禘；郊者，祭天於圜丘之郊；祖者，所以祖有功；宗者，所以宗有德。先王四時之祭，則有常禮，以常禮爲未足以極其追遠之意，而又爲禘以祭，則及其所出之祖。先王宗廟之制，則有常數。以常數爲未足盡祭享之意，而又立廟以尊之，則及於所祖宗之廟。禮，不王不禘，王者禘其祖之所自出。以《傳》攷之，虞夏者，黄帝之所自出也，故虞夏禘黄帝。商周者，嚳之所自出也，故商周禘帝嚳。」

王氏肅曰：「鄭玄以《祭法》禘黄帝及嚳爲配圜丘之祀，《祭法》説禘無圜丘之名，《周官》圜丘不名爲禘，是禘非圜丘之祭也。玄既以《祭法》禘嚳爲圜丘，又《大傳》『王者禘其祖之所自出』，而玄又施之於郊祭后稷，是亂禮之名實也。案《爾雅》云：『禘，大祭也。』『繹，又祭也。』皆祭宗廟之名，則禘是五年大祭先祖，非圜丘及郊也。周立后稷廟，而嚳無廟，故知周人尊嚳，不若后稷之廟重。而玄説圜丘祭天祀大者，仲尼當稱『昔者周公禘祀嚳圜丘以配天』，今無此言，知禘配圜丘非也。又《詩·思文》，后稷配天之頌，無帝嚳配圜丘之文，知郊即圜丘，圜丘即郊。」

趙氏匡采曰：「禘之所及者最遠，故先言之耳，豈關圜丘哉？祖之所自出，鄭云謂感生帝靈威仰也，此何妖妄之甚！」

楊氏復曰：「案天子七廟，左昭右穆，世滿而迭毁，惟禘、郊、祖、宗四條乃宗廟之大祭，世世不絶，不可以宗廟之常禮論也。禘者，禘其祖之所自出，而以其祖配之也。郊者，郊天，以祖配食也。祖者，祖有功；宗者，宗有德，祖宗之廟，世世不毁也。禘禮見於《大傳》、《小記》、《子夏傳》。郊禮見於《孝經》、《大雅》、《周頌》。祖有功、宗有德見於王肅、賈誼、劉歆、韋玄成。蓋禘與祖、宗三條，皆宗廟之祭，無與乎祀天。唯郊一條爲配天之祭，經傳昭然，不可誣也。《祭法》禘在郊上者，謂郊以祖配天，禘上及其祖之所自出，禘遠而祖近，故禘在郊上也。鄭氏見禘在郊上，便謂禘大於郊，遂强分圜丘與郊爲二，以禘爲冬至日祀昊天上帝於圜丘，而以嚳配之；以郊爲祭感生帝於南郊，而以稷配之，既謂禘郊皆爲配天矣，遂倂以祖宗爲祀五帝於明堂，而以祖宗配之。輕肆臆説，附經而行，居之不疑。王肅諸儒，力詆其非，不能勝也，此無他，王肅諸儒之説正矣。又以禘爲五年殷祭之名，其擇猶未精，其義猶未彰也。唐趙伯循生於二千歲之後，獨得其説於《祭法》、《大傳》、《小記》、《子夏傳》之中，於是禘、郊、祖、宗之義焕然而大明，言雖簡約，而義已該備，故朱子深有取焉。」又曰：「《大司樂》冬至圜丘一章，與禘祭絶不相關，而注妄稱圜丘爲禘。《祭法》禘、祖、宗三條，分明説宗廟之祭，惟郊一條，謂郊祀以祖配天爾，而注皆指爲祀天。《大傳》『禮不王不禘』一章，言王者禘其祖之所自出，諸侯只及其太祖，大夫惟有功始祫其高祖，所論宗廟之祭降殺遠近爾，於祀天乎何與？而注妄指爲祀感生帝。竊嘗疑鄭康成博洽大儒，解釋他經最爲有功，及注此三章，則同歸於誤，其病果安在乎？蓋讀《祭法》不熟而失之也。夫《祭法》歷敘四代禘郊祖宗之禮，禘文皆在郊上，蓋謂郊止於稷而禘上及乎嚳，禘之所及者最遠，故先言之耳。鄭氏不察，謂禘又郊之大者，於是以《祭法》之禘爲祀天圜丘，以嚳配之，以《大傳》之禘爲正月祀感生帝於南郊，以稷配之。且《祭法》之禘與《大傳》之禘，其義則一，皆禘其祖之所自出也。鄭氏强析之而爲祀天兩義，遂分圜丘與郊爲兩處，昊天上帝與感生帝爲兩祀，嚳配天與稷配天爲兩事，隨意穿鑿，展轉枝蔓，何其謬耶！」

【《文獻通考》】馬氏曰：「祀天莫大于郊，祀祖莫大于配天。四代之郊，見於《祭法》，經文簡略，後之學者，莫不求之鄭注。而注之叢雜牴牾如此，先儒謂其讀《祭法》不熟，見序禘于郊之上，於是意禘之所祀者亦天也，故盡以爲祀天。然康成漢人也，西漢之所謂郊祀，蓋襲秦之制而雜以方士之説，曰太一，曰五帝，叢雜而祀之，皆謂之郊天。太史公作《封禪書》所序者，秦漢間不經之祠，而必以舜類上帝，三代郊祀之禮先之，至班孟堅則直名其書曰《郊祀志》，蓋漢世以三代之所謂郊祀者祀太一、五帝，於是以天爲有六，以祀六帝爲郊。自遷、固以來，議論相襲而然矣。康成注二《禮》，凡祀天處必指以爲所祀者某帝，其所謂天者非一帝，故其所謂配天者亦非一祖。于是釋禘、郊、祖、宗以爲或祀一帝，或祀五帝，各配以一祖。其病蓋在于取讖緯之書解經，以秦漢之事爲三代之事。然六天之祀，漢人崇之；六天之説，遷、固志之，則其謬亦非始于康成也。」

蔡氏德晉曰：「禘與祖、宗非祭天之名，帝嚳及武王，于周未嘗有配天之事，不得謂冬至圜丘爲禘，以嚳配；季秋明堂爲祖宗，以文、武並配也。《祭法》之禘與《大傳》、《小記》之禘，其義則一，不得以《祭法》之禘爲祀天圜丘，以《大傳》、《小記》之禘爲正月祀感生帝于郊也。大雩、大享並非祀五帝，不得配以五人帝徧及五人臣，又不得于大享時抗五神于五帝之列，而以文、武並配也。」

蕙田案：祭有郊有宗廟。《周禮·大宗伯》：「禋祀昊天上帝于圜丘。」《月令》：「天子元日祈穀于上帝。」《左傳》：「郊祀后稷，以祈農事。」《月令》：「大雩帝。」《左傳》：「龍見而雩。」圜丘以冬至，祈穀以孟春，雩以仲夏，三者皆郊祭天也。禘以祭始祖所自出之帝，祫以合祭毁廟未毁廟之主，祠禴嘗烝謂之時享，皆宗廟之祭也。二者固截然矣，乃鄭康成注《大司樂》「冬日至，圜丘奏之」，曰「此禘大祭也」，是以圜丘爲禘也。注《祭法》「有虞氏禘黄帝」，曰「此禘謂祭昊天于圜丘」，是以禘爲圜丘也。注《大傳》「禘其祖之所自出」，曰「謂郊祀天也」，《孝經》曰「郊祀后稷以配天」，配靈威仰也，是又以郊爲禘也。既分郊丘爲二祭，又合郊丘爲禘祭，惑誤滋甚。王肅發其端，趙氏、楊氏詳其辨，諸家從而引伸之，可謂廓如矣。

【《孝經》】昔者，周公郊祀后稷以配天，宗祀文王于明堂以配上帝。

呂氏大臨曰：「郊者，推其祖之功德可以配天者，祀天於郊，以所配者配之，故曰郊。宗者，以功德可宗祀帝於明堂，則以其宗配之。」

周氏諝曰：「孔子曰：『郊祀后稷以配天，宗祀文王於明堂以配上帝。』今以周人禘、郊、祖、宗之法推之，則有虞氏郊嚳，夏后氏郊鯀，殷人郊冥，皆爲配天於圜丘。而祖顓頊與契之類，疑爲配帝於明堂。然昊天尊於五帝，而后稷先於文王，則后稷配天，文王配帝可也。而顓頊則先於帝嚳與鯀，而契又先於冥，今帝嚳與冥反配天於圜丘，而顓頊與契反配帝於明堂，何也？《記》

曰：『禮雖先王未之有，而可以義起。』蓋明堂之禮，唯見於序《周頌》者之與《孝經》，是明堂之禮，虞舜夏殷之世未之有，而唯起於周公。則由殷而上，所謂祖者，固未嘗配祭於帝也。又虞夏殷之世，其禮猶質，而不若周之文，故所謂祖者即大祖也。而爲大祖者，其廟不毁於萬世，而其祭常行於四時，則尊而且親；所謂郊者，其廟不免於毁，而又止配祭於圜丘而已，則尊而不親。此虞舜夏殷之世，所以用其先而尊者爲祖，後而卑者爲郊；至周，則有祖有宗而復有大祖，故后稷爲大祖而配天於圜丘，文王復爲祖而配帝於明堂，蓋文之極於周也如此。」

陳氏祥道曰：「天之精氣則一，而吾之祖考不可以同配，故或郊之以配於圜丘，或祖宗之以配於明堂。所謂祖宗者，蓋離而貳之，則有祖有宗；合而一之，則皆謂之宗，故此以文王爲祖，而《孝經》又以文王爲宗也。然則《孝經》以明堂始於周公，則虞夏殷之祀祖宗，其亦有明堂乎？蓋明堂之名，雖始於周公，而夏虞之祀祖宗，未必非明堂之類也。」

程子曰：「天與帝一也，天言其體也，帝言其主也。在郊則言天，以其冬至物生之始，故祭於圜丘而配以祖，陶匏藁鞂，埽地而祭。宗祀言上帝，以季秋物成之時，故祭以明堂而配以父，以宗廟之禮享之。」

楊氏復曰：「鄭以祀五帝、五神於明堂，而以文王、武王配之，謂之祖、宗。夫《孝經》所云『宗祀文王於明堂以配上帝』，此嚴父之義也。抗五神於五帝之列，而以文、武並配，於理自不通矣，況祖、宗乃二廟不毁之名，於配食明堂何關焉？」

【《家語·郊問》】定公問曰：「古之帝王必郊祀，其祖以配天何也？」孔子對曰：「萬物本乎天，人本乎祖。郊之祭也，大報本返始也，故以配上帝。」

【《大戴禮·朝事篇》】祀天於南郊，配以先祖，所以教民報德不忘本也。

【《春秋》定三年《公羊傳》】郊則曷爲必祭稷？王者必以其祖配。【注】祖謂后稷。王者則曷爲必以其祖配？自内出者，無匹不行，自外至者，無主不止。【注】匹，合也。無所與會合，則不能行。

【《詩·周頌·思文》序】曰：《思文》，后稷配天也。【疏】后稷配南郊。

右配帝。

【《禮記·郊特牲》】郊之祭也，大報天而主日也。【注】大猶徧也，天之神，日爲尊。【疏】徧報天之一切神，而天之諸神唯日爲尊，故此祭者日爲諸神之主，故云主日也。不用所出之帝爲主而主日者，所出尊，不與諸神爲賓主也。猶如君燕羣臣，使膳宰爲主人，不以君爲主也。

陸氏佃曰：「禮務質略，是之謂大報，若社不美不足爲報也。故曰内之爲尊，外之爲樂，少之爲貴，多之爲美。」

馬氏晞孟曰：「郊者，所以祀天。昊天上帝者，天之貴神也，神不得見，故大報天而以日爲主，祭于壇而列於衆星之上，蓋日者，陽之精也。《祭義》言『大報天而主日，配以月』，而於此不言配以月者，文略也。」

【《祭義》】郊之祭，大報天而主日，配以月。【注】主日者，以其光明，天之神可見者莫著焉。【疏】郊之祭者，謂夏正郊天。大報天者，謂於此郊時大報天之衆星。雖是春祈天，生養之功大，故稱大報天。而主日配以月者，謂天無形體，縣象著明不過日月，故以日爲百神之主，配之以月。自日以下皆祭，特言月者，但月爲重，以對日耳。蓋天帝獨爲壇，其日、月及天神等共爲一壇，故日得爲衆神之主也。

周氏諝曰：「大報天當以昊天爲主，此言主日，誤矣。」

楊氏復曰：「禮家或謂郊祀上帝則百神從祀，然乎？曰：郊之祭也，大報天而主日，配以月，傳記屢言之。竊意垂象著明，莫大乎日月，日月之明即天之明也，故祭天而主日，配以月，非必百神悉從祀也。《月令》仲夏大雩帝，大雩之後，乃命百縣雩祀百辟卿士；季秋大饗帝，大饗之後，乃使有司嘗羣神，告備於天子，先後輕重固有節文矣。以此類推之，祀天之後乃祭百神，蓋可知也。莫尊於天，莫重於郊祀，精一以饗，唯恐誠意之不至，豈容溷以百神之祀乎？舜之嗣位也，肆類於上帝，而後禋於六宗，望於山川，徧於羣神，非類於上帝之時合祀六宗百神也。告祭之禮簡矣，猶有先後之序，況郊祀大禮乎？《大司樂》言樂六變則天神皆降者，至和感召，融液貫通，上帝降鑒而百神皆降，猶鑾輿順動而千官景從者，理也。禋祀則專主乎昊天上帝，不容溷也。案：《三正記》曰：『郊後必有望。』又：『凡以神仕者，以冬至日祭天神、人鬼。』注云：『致人鬼於祖廟，蓋用祭天之明日。』恐百神亦然也。後之言禮者，失於講明。後漢建武元年，采用前漢元始中合祭天地六宗，羣神從祀。二年正月，制郊兆於雒陽城南七里，泰壇之上，至一千五百一十四神，不亦褻乎！晉賀循已疑其非古人埽地而祭之意，此固君子之所不取也。」

蔡氏德晉曰：「魯無朝日夕月之壇，故即於郊之日附祭日月於壇上。」

蕙田案：《周禮·大宗伯》「以實柴祀日月」，《掌次》「朝日則張大次、小次」，《典瑞》「圭璧以祀日月」，《祭法》「王宮祭日，夜明祭月。祭日於壇，祭月於坎。祭日於東，祭月於西」，則日月固有正祭矣。而《禮》又云「大報天而主日，配以月」，何也？孔疏：「徧報天之一切神，而天之諸神唯日爲尊，故日爲諸神之主，猶如君燕羣臣以膳宰爲主人也。配之以月，自月以下皆祭，蓋天帝獨爲壇，日月及天神等共爲一壇。」楊信齋謂：「祭天而主日配月，非必百神從祀也。莫尊于天，莫重于郊祀，豈容溷以百神之祀乎？《三正記》曰『郊後必有望』，蓋用祭天之明日，恐百神亦然。」蔡德晉從之，又曰：「魯無朝日夕月之壇，故即于郊之日附祭于壇上。」數説不同。今案：上帝爲祭主，日月爲從祀，于義無傷。乃曰偏報天之一切神，夫冬至郊天，本屬正祭，亦可稱報祭，然所報者天也，天至尊，故曰大，非以報一切神爲大也。今乃云自日以下皆祭，至另爲一壇。夫圜丘泰壇，止一壇耳，安得別有一壇耶？楊信齋謂非必百神從祀，似爲近之，但據《三正記》云「郊後必有望」，而謂郊之明日祭之，恐亦未必然，何也？望祭專主山川，不得兼日月也。《春官・宗伯》：「兆五帝于四郊，四望、四類亦如之。」乃概言諸祭，而非指郊後之祭言。即《書》稱「禋六宗，望山川，偏羣神」，亦是各爲一祭，而非專指類上帝之明日，則其説亦未的。蔡氏云「魯無朝日夕月之壇，故即于郊之日附祭日月于壇上」，則此條專就魯郊而言，似爲有理，然尚須詳考。

右日月從祀。

五禮通考卷第二

淮陰吳玉搢校字

五禮通考卷第三

内廷供奉禮部右侍郎金匱秦蕙田編輯
太子太保總督直隸右都御史桐城方觀承同訂
國子監司業金匱吴鼎
直隸按察司副使元和宋宗元 參校

吉禮三

圜丘祀天

【《周禮·春官·大宗伯》】以蒼璧禮天。

【注】禮，謂始告神時，薦于神坐。《書》曰「周公植璧秉圭」是也。禮神者必象其類。璧圓象天。【疏】案《爾雅》云：「肉倍好謂之璧，好倍肉謂之瑗，肉好若一謂之環。」是璧圓也。

鄭氏鍔曰：「天圓而運乎上，故璧圓以象其體。天之蒼蒼，其正色也，故璧蒼以象其色。」

【聶氏《三禮圖》】案《玉人》云璧好三寸，賈釋云古人造璧應圓，圓徑九寸。其注又引《爾雅》云「肉倍好謂之璧」，郭璞云：「肉，邊也；好，孔也。」然則兩邊肉各三寸，與此三寸之好共九寸也。阮、鄭二《圖》皆云蒼璧九寸，厚寸，是據此而言也。又《玉人》「璧好三寸」之下云「璧九寸，諸侯以享天子」，以此而言，是有九寸之璧也。案崔靈恩《三禮義宗》云昊天及五精之帝，圭璧皆長尺二寸。今檢《周禮》、《爾雅》皆九寸，長尺二寸之璧，未知崔氏據何文以爲説。

方氏苞曰：「《典瑞職》『四圭有邸』，疑即蒼璧也。」

【《典瑞》】四圭有邸以祀天。【注】鄭司農云：「于中央爲璧，圭著其四面，一玉俱成。《爾雅》曰：『邸，本也。』圭本著於璧，故四圭有邸，圭末四出故也。或説四圭有邸，有四角也。邸讀爲抵欺之抵。」【疏】司農云「于中央爲璧，圭著其四面，一玉俱成」者，云于中央爲璧，謂用一大玉琢出中央爲璧形，亦肉倍好，爲之四面各琢出一圭。璧之大小，圭之長短，無文。天子以十二爲節，蓋四面圭各尺二寸，與鎮圭同。其璧爲邸，蓋徑六寸，總三尺，與大圭長三尺又等，故云「一玉俱成」也。云「或説四圭有邸，有四角也」者，此説四角，角即邸矣。以無正文，故兩釋之也。云「邸讀爲抵欺之抵」，音讀之也。

鄭氏鍔曰：「邸，本也。朝宿之邑謂之邸，旅者所宿亦謂之邸，邸有托宿之義。四圭有邸者，以璧爲邸，四面各琢出一圭，托于是也。璧以爲邸，以象天之體；四圭托于璧，以象天由體以致用。必用四圭者，象天道運行周徧四方，神無不在之意。」

【考工記】玉人：四圭尺有二寸以祀天。【注】郊天，所以禮其神也。《典瑞職》曰：「四圭有邸以祀天，旅上帝。」【疏】此圭，《典瑞》直言所用禮神，不言尺寸，故此言之。此直言尺二寸，案《典瑞》注先鄭云：「中央爲璧，圭著其四面，一玉俱成。」又云：「圭末四出。」若然，此尺二寸者，未知璧在中央，通兩畔總計爲尺二寸；未知除璧之外，兩畔之圭各有一尺二寸。據下「裸圭尺有二寸」而言，則此四圭，圭別尺有二寸，仍未審以璧爲邸，邸徑幾許。今既無文，不可强説也。

王氏與之曰：「鄭氏以《大宗伯》有蒼璧、黄琮之文，《典瑞》無之，而云『四圭有邸以祀天，兩圭有邸以祀地』，遂以蒼璧所禮者冬至圜丘之祭，四圭所禮者夏至郊天之祭，黄琮所禮者崑崙之神，兩圭所禮者神州之神。其説甚誕。」

【《江都集禮》】徐乾議曰：《周禮·典瑞》：「四圭有邸以祀天。」又云：「蒼璧禮天。」兩玉不同，而並云祀天，是有二天可知也。徐邈曰：「璧以禮神，圭以自執，故曰植璧秉圭，非圜丘與郊各有所施。」

鄭氏鍔曰：「説者謂天地之玉用蒼與黄，《典瑞》又有四圭、兩圭之異，何也？余以爲《大宗伯》之用蒼黄者，禮神之玉，所謂『植璧』也。《典瑞》所云祀神之玉，所謂『秉圭』也。」

趙氏溥曰：「案《典瑞》注疏，則四圭是就璧平出，不是植立起者。邸則於璧中琢成寓穴然，邸言宿邸歸著處也。此圭乃植在神前，欲天神降而依憑託宿於其中，如人有旅邸相似，此是禮神之玉，非事神所執之玉，《書》云『植璧秉圭』是也。夫鋭首曰圭，凡物鋭則利用，故鋭圭以象其用之利。必四圭者，象天德之覆無乎不周。必尺二寸者，又以象天之成數。」

【王應電《周禮傳》】《典瑞》言四圭、兩圭爲祀天地之玉，而《大宗伯》復有蒼璧、玄璜等玉以禮天地四方，何也？《書・金縢》曰：「植璧秉圭。」蓋周之禮有所以祀神者，植于所祀之處，若其主然。《書》所謂「植璧」，即《典瑞》之四圭、兩圭也。有所以禮神者執之以致禮，若其所享然。《書》所謂「秉圭」，即此之六器也。

楊氏復曰：「徐邈植璧秉圭之言，若足以破注疏二天之説。或者又謂璧圓色蒼所以象天，天有四時，四圭有邸亦所以象天，非王所執之圭也。伏睹《國朝會要》，禮制局言：『以蒼璧禮天，四圭有邸以祀天。蓋蒼璧以象體，四圭有邸以象用，故於蒼璧言禮，于四圭有邸言祀。説者謂禮神在求神之初，祀神在薦獻之時，蓋一祭而兩用也。』此義與徐邈不同，姑兩存之。」

【陳氏《禮書》】或曰：「《大司樂》言樂六變、八變然後神示可得而禮，又言歌黄鐘、太簇之類以祀天神地示，則禮之固在降神之後，祀之又在禮之之後。璧、琮禮天地，四圭、兩圭祀天地，蓋皆一祭兼用之也。」是不然，何則？青圭禮東方，赤璋禮南方，白琥禮西方，玄璜禮北方，則四方有禮玉無祀玉。圭璧以祀日月、星辰，璋邸射以祀山川，則日月、星辰、山川有祀玉無禮玉。《周官》之書雖或簡略，不應如是之缺也。

陳氏汲曰：「《宗伯》所謂蒼璧、黄琮，《典瑞》所謂四圭、兩圭也，蒼璧、黄琮言其色，四圭、兩圭言其形。以此推之，凡夏正祈穀，孟夏大雩，季秋大享，若祀天則冬至圜丘用四圭之蒼璧，祭地則夏至方澤用兩圭之黄琮。祭天地之處則止於圜丘、方澤，安有天地之別，❶崑崙、神州之

❶「天地」，庫本作「郊丘」。

異哉？蓋自後漢光武好讖，當時士大夫相承傳之，康成最爲精於緯書，其曰『三王之郊，一用夏正』，是《月令》『孟春，天子以元日祈穀於上帝』者，非郊天也。」

蕙田案：郊天圭、璧分見于《大宗伯》、《典瑞》之文，于是諸儒異説紛起，今合而考之。康成指爲二天，緯書妄説，固不足信。楊説蓋猶主之，然玉無烟臭，本無燔燎降神之理，則《顯慶禮》所言亦未可據也。《禮書》引或説而駁之，其言當矣，惜其所自爲説者，乃云四圭有邸非必冬至之祭，則又騎墻而入于鄭氏之誤也。徐邈、鄭鍔以爲植璧秉圭一祭兼用，其説似爲最密，然亦有不可信者。六瑞、六器並掌宗伯，何獨無四圭、兩圭？《典瑞》、《玉人》所職尤詳，何獨無蒼璧、黄琮？且《典瑞》下文言圭璧以祀日月星辰，璋邸射以祀山川，若以爲所奠之玉，不應一節之中，頓爾異義。如盡以爲執玉，則日月、星辰、山川俱無奠玉，況朝日既云執鎮圭矣，何又重言祀日乎？求之經文，反覆背戾，以此知陳及之之説爲至確而不可易也。至于趙氏、王氏，推衍徐邈之説而泥于「邸」字，反成「植圭秉璧」，其爲紕繆，抑又甚矣。

又案：依陳及之説，則祀天執玉竟無明文。然王氏《詳説》、王氏《周禮傳》並于「朝日」之下注云「言朝日則郊天可知」。《大宗伯》「王執鎮圭」，疏云「此王祭祀時所執」，則同執鎮圭，理自無害，不必强分四圭、兩圭以當之也。

【《詩·大雅·雲漢》】圭璧既卒。【箋】禮神之玉又已盡矣。【疏】《春官·大宗伯》《典瑞》禮神之圭器自有多名，言圭璧爲其總稱。以三牲用不可盡，故言無愛；圭璧少而易竭，故言既盡。❶

葛氏象烈曰：「某神合用某璧，某璧合祀某神，盡如典禮用之，無有餘者，如是謂之『既卒』也。」

【《春官·大宗伯》】皆有牲幣，各放其器之色。【注】幣以從爵，若人飲酒有酬幣。

【《通典》】幣用繒，長丈八尺。鄭玄注《曾子問》云：「制幣長丈八。」鄭約《逸巡狩禮》文也。王用幣長短皆准此。

右玉幣。

【《祭統》】天子親耕于南郊，以供粢盛。

【《祭義》】天子爲藉千畝，冕而朱紘，躬秉耒以事天地，以爲醴酪齊盛。【注】藉，藉田也。

【《周禮·天官·甸師》】掌帥其屬而耕耨王藉，以時入之，以供粢盛。

蔡氏德晉曰：「藉，藉田也。王以孟春躬耕藉田，天子三推，三公五推，卿、諸侯九推，甸師帥其胥徒耕耨以終之。《傳》所謂『王耕一墢，班三之，庶人終于千畝』。庶人即此甸師之胥徒也。時入，若來麥夏熟，禾黍秋熟，既熟，即領之送入地官神倉也。」

【《禮記·月令》】季秋，乃命冢宰，農事備收，舉五穀之要，藏帝藉之收于神倉，祇敬必飭。【注】帝藉，所耕千畝也。藏祭祀之穀爲神倉，重粢盛之委也。【疏】帝藉者，供上帝之藉田也。藉，借也，借民力所治之田也。《祭義》云：「天子爲藉千畝。」以其供神之物，故曰神倉。

【《國語·周語》】廩於藉之東南，鍾而藏之。

【陳氏《禮書》】天子藉于南方，正陽之位也；廩于藉東南，長生之地也。

【《周禮·地官·舂人》】祭祀共其齍盛之米。【注】齍盛，謂黍稷稻粱之屬，可盛以爲簠簋實。

❶「既」，庫本作「其」。

【《國語·楚語》】天子親舂禘郊之盛。天子禘郊之事，王后必自舂其粢。

【《晉語》】日入監九御，使潔奉郊禘之粢盛。

【《春秋》桓二年《左傳》】粢食不鑿，昭其儉也。

【陳氏《禮書》】祭祀之禮，貴于出力以致養，故王耕藉，后獻穜，夫人親桑，夫婦相成，以盡志力，而後可以交於鬼神，則春盛固所以自盡也。然王耕藉不過三推，夫人繅絲不過三盆，則舂盛之禮蓋亦如此，然後舂人卒其事以供之也。黍稷曰粢，在器曰盛。《周禮》或言齍，或言盛，或言粢盛。《大宗伯》「奉玉粢」，《小宗伯》「辨六齍，逆齍」，《大祝》「齍號」之類，此言齍而不及盛也。《閭師》「不耕者無盛」，《廩人》「共接盛」，《饎人》「共盛」之類，此言盛而不及齍也。《甸師》「共齍盛」，《舂人》「共粢盛之米」，《小宗伯》「表粢盛」，此兼言粢盛也。其言各有所當，非苟異耳。齍盛，共之以甸師，舂之以舂人，饎之以饎人，實之以舍人，奉之以大宗伯，逆之以宗伯，然後立之以表，鄭氏曰：「表爲徽識。」蓋各書其號以辨異之也。《九嬪》贊玉齍者，玉敦也。《大宗伯》奉玉齍者，玉與齍也。廩人之接盛，施於大祭祀而已，接猶《曾子問》「接祭」之「接」也。鄭氏改以爲「扱」，非是。又曰：黍稷別而言之，則稷曰粢，《曲禮》「稷曰明粢」是也。合而言之皆曰粢，禮凡言「粢盛」是也。

【《禮記·表記》】天子親耕，粢盛秬鬯，以事上帝。【疏】按《小宰》注云：「天地大神至尊，不祼。」此祭上帝有秬鬯者，凡鬯有二，若和之以鬱謂之鬱鬯，鬱人所掌是也，祭宗廟而灌也；若不和鬱謂之秬鬯，鬯人所掌是也，謂五齊之酒，以秬黍爲之，芬芳調暢，故言秬鬯，故得以事上帝。

王氏應電曰：「舊説祭天無鬯。觀《大宗伯》祀神鬼示之下總云涖玉鬯，《司尊彝職》云大旅存奠彝，《表記》云『天子親耕，粢盛秬鬯，以事上帝』，則事天有鬯明矣。但《鬯人》鬯器不及祭天何也？蓋祭天用陶匏，貴其自然，若因此而遂謂祭天無鬯，則《司尊彝》但言宗廟而不及地祇，豈祭地無酒乎？」

【陳氏《禮書》】《生民》詩「維秬維秠」，毛曰：「秬，黑黍。秠，一稃二米。」正義曰：「皆《爾雅》文。惟彼『穈』作『虋』，音同耳。李巡曰：黑黍一名秬。郭璞曰：秠亦黑黍，但中米異耳。漢和帝時任城生黑黍，或三四實，實二米，得黍三斛八㪷，則秬是黑黍之大名，秠是黑黍中之有二米者，則别名之爲秠，故此經異其文，而《爾雅》釋之，若言秬、秠皆黑黍矣。而《春官·鬯人》注云『釀秬爲酒，秬如黑黍，一秠二米』，言『如』者，以黑黍一米者多，秬爲正稱。二米則秬中之異，故言『如』，以明秬有二等也。秬有二等，則一米亦可爲酒。《鬯人》之注必言二米者，二米嘉異之物，鬯酒宜當用之，故以二米解鬯，其實秬是大名，故云釀秬爲酒耳。《爾雅》云『秠，一稃二米』，《鬯人》注云『一秠二米』，文不同者，《鄭志》答張逸云秠即皮，其稃亦即皮也。《爾雅》重言以曉人，然則秠稃古今語之異，故鄭引《爾雅》得以稃爲秠。」《詩·江漢》「秬鬯一卣」，注：「秬，黑黍也。鬯，香草也，築煮合而鬱之曰鬯。」箋云：「秬鬯，黑黍酒也。謂之鬯者，芬香條鬯也。」正義曰：「禮有鬱者，築鬱金之草而煮之，以和秬黍之酒，使之芬香條暢，故謂之鬱鬯。鬯非草名，而此傳言鬯草者，以其可和秬鬯，謂之鬯草。毛言鬯草，蓋亦然也。言『築煮合而鬱之』，謂築此鬱草，久煮之，乃與秬鬯之酒合和而鬱積之，使氣味相入，乃名爲鬯。言合而鬱積之，非草名。如毛此意，言鬯者必和鬱乃名鬯，未和不爲鬯，與鄭異也。箋以毛解鬯，其言不明，似必和鬱乃名爲鬯，故辨之，明黑黍之酒自明爲鬯，不待和鬱也。《春官·鬯人》注云『秬鬯，不和鬱者』，是黑黍之酒即名鬯也。和者以鬯人掌秬鬯，鬱人掌和鬱鬯，明鬯人所掌未和鬱也，故孫毓云：『鬱是草名，今之鬱金煮以和酒者也，鬯是酒名，以黑黍秬一秠二米作之，芬香條鬯，故名之曰鬯。』鬯非草名，古今書傳，香草無稱鬱者，用箋説爲長。」又《周禮·鬱人》「和鬱鬯」注：「築鬱金煮之，以和鬯酒。鄭司農云：鬱，草名，十葉爲貫，百二十貫爲築，以煮之鑊中，停于祭前。鬱爲草，若蘭。」正義曰：「司農云『十葉爲貫，百二十貫爲築』者，未知出何文。云『以煮之鑊中停于祭前』者，此似直煮鬱停之，無鬯酒者，文略，其實和鬯酒也。云『鬱爲草若蘭』，則蘭芝，以其俱是香草，故此類言之。案《王度記》云：『天子以鬯，諸侯以薰，大夫以蘭芝，士以蕭，庶人以艾。』此等皆以和酒。諸侯以薰，謂未得圭瓚之賜，得賜則以鬱耳。《王度》云『天子以鬯』，及《禮緯》云『鬯草生庭』，皆是鬱金之草，以其鬯酒，因號爲鬯草也。」又《魏略》曰大秦多蘇合、薰陸、鬱金、芸膠十二種香。許慎《説文》曰：「鬯，以秬釀鬱草，芬芳攸服以降神也，中象米，匕所以扱之。《易》曰：不喪匕鬯。凡鬯之屬皆從鬯。」「鬱，芳草也。十葉爲貫，百二十貫爲築，以煮之。一曰鬱鬯，百草之華，遠人鬱人所貢，芳草合釀之，以降神。鬱，今鬱林郡也。」《開寶本草・木部中品》：「鬱香，味苦，温無毒。」陳藏器云其香十二葉，爲百草之英。案《魏略》云：「生大秦國，二月、六月有花，狀如紅蘭，四月、五月採花，即香也。」嘉祐《本草圖經》云：「鬱金，《本經》不載所出州土，蘇恭云生蜀地及西戎，胡人謂之馬茱，今廣南、江西州郡亦有之。然不及蜀中者佳，四月初生，苗似薑黄，花白質紅，末秋出莖，心無實，根黄赤。」《木部中品》有鬱金香，云生大秦國，二月、三月、十月有花狀如紅藍，其花即香也。陳氏云爲百草之英，乃是草類，又與此同名，而在木部，非也。今人不復用，亦無辨之者，故但附于此耳。李氏時珍曰：「酒和鬱鬯，昔人言是大秦國所産鬱金花香，惟鄭樵《通志》言即是此鬱金。其大秦，三代時未通中國，安得有此草。羅願《爾雅翼》亦云是此根，和酒令黄如金，故謂之黄流，其説並通。」〇又曰：「鬱金有二。鬱金香是用花，此是用根者，其苗如薑，其根大小如指頭，長者寸許，體圓有横紋，如蟬腹狀，外黄内赤。」

【陳氏《禮書》】《禮》或言秬鬯，或言鬱鬯，蓋秬一稃二米，土地至和之氣所生，謂之鬯，以言和氣之條鬯也。謂之鬱鬯，以其鬻鬱草和之也。鄭司農曰鬱十葉爲貫、百二十貫爲築，以煮之，其言蓋有所受也。

蕙田案：秬鬯即鬱鬯。秬，黑黍。

親耕以供鬱鬯之用，鬯人釀之，鬱人築煮和之。先儒因《周禮》分鬯人、鬱人二職，遂以鬱鬯爲和鬱者，秬鬯爲不和鬱者。考《鬱人》和鬱鬯，實彝而陳之，是鬱合鬯也。宗廟重祼，鬱人專掌祼事，故實之陳之皆鬱人。大宗伯祭大神涖玉鬯，玉鬯即盛鬱鬯之器。天地大神至尊，不祼，故不用鬱人，即令鬯人供之也。蓋秬黍所以爲酒，必和鬱而後爲鬯，不得謂鬱人和鬯，而鬯人之秬鬯不和鬱也。有鬱無鬯固不成酒，有鬯無鬱則與五齊同，何以謂之秬鬯乎？先王謹于祭祀，又以釀黍、築鬻事各不同，故分二職以掌之耳。正義于《鬱人》注云：「無鬯酒者，文略，其實和鬯酒也。」《詩》「秬鬯一卣」，正義云：「禮有鬱者，築鬱金之草而煮之，以和秬黍之酒，使之芬芳條鬯，故謂之鬱鬯。」今考鬱字從鬯，則鬱以秬鬯得名，而秬酒謂之鬯，又以鬱之香得名。何玄子曰：「主秬言則謂之秬鬯，主鬱言則謂之鬱鬯。」是也。蔡德晉曰：「《肆師職》大祭祀及祼築鬻，大賓客築鬻，大喪大渳以鬯則築鬻。」則凡祭祀、賓客、喪浴無不和鬱明矣。注疏謂鬱鬯唯用之于宗廟之祼，其餘天地、社稷等祀止用秬鬯者，非。又有以鬱爲鬯草及合和而鬱積之等，說亦非。

右親耕粢盛秬鬯。

【《周禮・天官・酒正》】辨五齊之名，一曰泛齊，二曰醴齊，三曰盎齊，四曰緹齊，五曰沈齊。【注】泛者，成而滓浮泛泛然，如今宜成醪矣。醴猶體也，成而汁滓相將，如今恬酒矣。盎猶翁也，成而翁翁然，蔥白色，如今酇白矣。緹者，成而紅赤，如今下酒矣。沈者，成而滓沈，如今造清矣。自醴以上尤濁，縮酌者，盎以下差清，其象類則然。古之法式，未可盡聞。杜子春讀齊皆爲粢。又《禮器》曰：「緹酒之用，玄酒之尚。」玄謂齊者，每有祭祀以度量節作之。【疏】言「辨五齊之名」者，酒正不自造酒，使酒人爲之，酒正直辨五齊之名，知其清濁而已。云「一曰泛齊」者，泛讀如泛泛楊舟之泛，言泛者，謂此齊熟時，滓浮在上，泛泛然。「二曰醴齊」者，醴，體也，此齊熟時，上下一體，汁滓相將，故名醴酒。又此醴齊作時恬于餘齊，與酒味稍殊，故亦入于六飲。❶「三曰盎齊」已下，其類可知。

鄭氏鍔曰：「太古有明水以爲醴，其後乃有玄酒，玄酒之後又有五齊，五齊之後乃有三酒。至于酒，則其味厚矣。味之厚者先于薄，味之薄者生于玄，去古益遠，則禮文益變。然五齊雖生于玄酒，而五者之中亦自有厚薄之齊，自泛之醴，自醴之盎，自盎之緹，自緹之沈，非惟色不同也，味亦不同，非唯厚薄不同，清濁又不同，其齊不同則其名不同，其名不同則不可以不辨，故使酒正辨之。蓋玄一變始有泛齊，成而泛泛然，而滓則浮而上。泛齊一變始有醴齊，成而汁滓相將，其體則厚而甜。醴齊一變始有盎齊，成而滃滃然，其味得中。過此以往然後有緹齊，其色紅赤，味已是酒，故名曰緹，緹言其是酒也。禮之近人情者，非其至也，此泛所以處五齊之先，而沈所以處五齊之下。凡此皆用以事神。《記》曰：『玄酒在室，醴醆在户，粢醍在堂，澄酒在下，是謂承天之祜。』又曰：『醴齊在室，醍酒在堂，澄酒在下，示民不淫也。』醆則盎爾，澄則沈爾，酒正辨其三酒、四漿之物，因名然後有實也。」

辨三酒之物，一曰事酒，二曰昔酒，三曰清酒。【注】鄭司農云：「事酒，有事而飲也。昔酒，無事而飲也。清酒，祭祀之酒。」玄謂：事酒，酌有事者之酒，其酒則今之醳酒也。昔酒，今之酋久白酒，所謂舊醳者也。清酒，今中山冬釀接夏而成。【疏】「一曰事酒」者，酌有事人飲之，故以事上名酒也。「二曰昔酒」者，久釀乃熟，故以昔酒爲名。「三曰清酒」者，此酒更久于昔，故以清爲

❶「六」，原作「大」，據《周禮·天官·酒正》賈疏改。

號，祭祀用之。此昔酒、清酒，皆以酒上爲名也。事酒，冬釀春成，以漢之醳酒況之，酋亦遠久之義，故以漢之酋久白酒況之。但昔酒對事酒爲清者，若對清酒則爲白，故曰酋久白酒也。故《晉語》云「味厚實昔毒」，酒久則毒也。云「所謂舊醳」者，按《禮記·郊特牲》云：「猶明清與醆酒于舊醳之酒也。」❶彼上注云「明酌者，事酒之上也」。醆酒，盎齊，泲于舊醳之酒，三酒除事酒、清酒則云舊醳，是昔酒可知也。對事酒爲新醳，昔酒爲舊醳，清酒不得醳名，中山，郡名，故《魏都賦》云：「醇酎中山，沈面千日。」

鄭氏鍔曰：「昔之爲言，宿昔之意，謂日久而漸清之酒也。記禮曰昔，猶明清與醆酒于舊醳之酒，所謂舊醳之酒者，昔酒也。唯其涚而久，故謂之舊醳。逮其後也，遂有清酒，其色益清，明記禮所謂醆酒涚于清是也。醆酒，盎齊也。盎齊差清，又以清酒涚之，則知清酒之爲大清矣。」

史氏浩曰：「事者，方有事于糟漉。昔者，熟之而可久。清者，澄之而可飲。」

郝氏敬曰：「辨者，酒正不自造，掌其法以辨之而已。齊劑同，水米麯相劑和也。米將化浮漲曰泛，既變成糟曰醴，糟發上溢曰盎，糟久凝結如緹帛曰緹，糟粃盡化其下清汁曰沈，此五齊皆糟米。泲者，泲其糟成酒。事酒，有事新造者，如《少牢禮》『卜吉，宰乃命爲酒』是也。昔酒，昔所久造者。清酒，造久澄清者。」

王氏應電曰：「事酒，因事而釀，釀畢即漉，所謂濁醪也。昔酒，久釀乃熟，其味最厚，所謂舊醳也。清酒者，熟而停久，其色清，其味醇，即《詩》所謂『祭以清酒』也。」

【陳氏《禮書》】濁莫如五齊，清莫如三酒。祭祀有五齊，以神事之也；三酒，以人養之也。《酒正》言：凡祭祀，則天地、宗廟、社稷諸神之祭，皆有五齊、三酒。

【《禮記·郊特牲》】酒醴之美，玄酒明水之尚，貴五味之本也。【注】明水，司烜以陰鑑所取于月之水也。

祭齊加明水，報陰也。【注】齊，五齊也。五齊加明

❶「清」，原作「酒」，據庫本、下文及《周禮·天官·酒正》賈疏改。

水，則三酒加玄酒也。

明水涚齊，貴新也。【注】涚猶清也。五齊濁，泲之使清，謂之涚齊，及取明水，皆貴新也。

其謂之明水也，由主人之絜著此水也。【注】著猶成也。言主人齊絜，此水乃成。

右酒醴。

【《商書·湯誥》】敢用玄牡。【《集注》】夏尚黑，未變其禮也。

【《周書·召誥》】用牲于郊，牛二。

蕙田案：牛二，説各不同，詳見後《特牲》及享牛、求牛條下。

【《禮記·郊特牲》】。【疏】郊所以用特牲者，天帝至尊，無物可稱，故用特牲。郊與配坐皆特牲，故下文云養牲必養二，帝牛不吉，以爲稷牛。又《召誥》云「用牲于郊，牛二」是也。

蕙田案：《召誥》：「用牲于郊，牛二。社于新邑，牛一，羊一，豕一。」《特牲》疏云：「天神尊貴，故止一特。」愚謂天神對地祇、人鬼，特牲當對羊、豕，蓋不兼羊、豕謂之特，非必不可有二謂之特也。注疏諸家拘泥止用一牛，而圜丘祀天燔柴實牲體，郊事有全脀，用之燔則無以祀，用之祀則無以燔，于是有分牲體供二處所用之説，祭畢燔牲體之説，帝牛、稷牛之説，皆牽鑿也。不知雖有二牛，一燔一祀，不害其爲正祭之特也。南北郊各用特，不害其爲更有燔牛、瘞牛、稷牛也。如此，則郊祀用牲之説可通矣。

【《禮器》】祭天特牲。【疏】特，一也。天神尊貴，故止一特也。

【《周禮·地官·牧人》】凡陽祀，用騂牲，毛之。【注】陽祀，祭天于南郊也。毛之，取純毛也。【疏】昊天牲用蒼，唯郊天不見牲色，在此陽祀之中可知。

《郊特牲》曰：「郊之祭也，牲用騂。」是南郊用騂也。

鄭氏鍔曰：「祭祀用物，必有其由，其一以禮神，其一以祀神。祀神之物從其類，故陽騂而陰黝；禮神之物象其功，故天蒼而地黄。《大宗伯》言其禮神者，故以禮言；《牧人》言其祀神者，故以祀言。禮經之文，本無牴牾也。」

【《禮記·祭法》】燔柴于泰壇，用騂犢。【注】陰祀用黝牲，與天俱用犢連言爾。【疏】按《牧人》云：「陰祀用黝牲，毛之。」鄭注云：「陰祀，祭地北郊及社稷也。」又《郊特牲》云：「郊之用犢，貴誠也。」彼文雖主南郊，其北郊與天相對，故知俱用犢也。

陳氏澔曰：「《周禮》陽祀用騂牲，陰祀用黝牲，此并言騂犢者，以周人尚赤，而所謂陰祀者，或是他祀與？」

【《郊特牲》】牲用騂，尚赤也。用犢，貴誠也。【注】尚赤者，周也。犢者，誠慤，未有牝牡之情，是以小爲貴也。

楊氏復曰：「鄭氏謂以蒼璧禮天，牲幣各放其方之色，則當用蒼犢。《祭法》乃云用騂犢，其色不同，故以蒼璧、蒼犢爲祀昊天圜丘所用，以騂犢爲祀感生帝南郊所用。鄭玄、王肅兩家問難，備見《郊特牲》疏。愚竊以理推之，天道渾全，陰陽五行俱備，不比五方各偏主一色，遠望則其色蒼，純陽則其色赤，故《説卦》曰乾爲大赤，故周爲赤色，用騂犢。❶又如夏用玄牡，殷用白牡，亦是天道渾全，不偏主一色，又何以蒼璧爲疑？」

【陳氏《禮書》】《大宗伯》「牲幣各放其器之色」，則天牲以蒼而不以騂，地牲以黄而不以黝者，蓋騂者，陽之盛色，陽祀以騂爲主，而不必皆騂；黝者，陰之盛色，陰祀以黝爲主，而不必皆黝。則《牧人》所言，亦其大率而已。《郊特牲》之騂犢，《閟宮》之騂犧，此祀天之用騂者也。《旱

❶「騂」，原作「牲」，據庫本改。

麓》、《信南山》之騂牡，❶《閟宫》之騂剛，《洛誥》之騂牛，此宗廟之用騂者也。《爾雅》曰：「黄牛黑脣曰犉。」《詩》曰：「殺時犉牡。」此社稷之用黝者也。《詩》曰：「來方禋祀，以其騂黑。」則四方有用騂黑者矣。孔子曰：「犁牛之子騂且角，山川其舍諸？」則山川亦有用騂者矣。

牲孕弗食也，祭帝弗用也。【注】孕，任子也。

陸氏佃曰：「據此『牲孕弗食也，祭帝弗用也』，祭天容或乏少用牝犢也。蓋今用犢甚少，尚患難得，其殺時不令母見，始能割愛，不爾不復食草，鳴唤至死乃已。《傳》所謂『猶懷老牛舐犢之愛』，豈虚言哉？經曰天地之牛角繭栗，其所謂繭栗與牡，正也。《公羊傳》曰：『魯祭周公，何以爲牲？周公用白牡，魯公用騂剛，羣公不毛。』羣公不毛，雖曰少貶，亦用其騂，有不能給。由是觀之，雖周宗廟亦有通法存焉。蓋聖人有以見天下之動而觀其會通，以行其典禮宜如此。」

【羅氏泌《路史》】或曰孟春之月，山川林澤犧牲無用牝。❷則非孟春，非山澤，牲用牝矣。《郊特牲》云：「天子，牲孕弗食也，祭帝弗用也。」鄭謂：「任子曰孕。」祭帝之牲必孕然後弗用，則不孕之牝若可以祭帝矣。曰：否。天地、宗廟、社稷牲唯牡也。「敢用玄牡」，此天地之牲也。「從以騂牡」，則宗廟之牲。而「奉時犉牡」者，社稷之牲也。孕者，牝牡之爲通，非特爲任子也，奔騰之時，牲雖牡通，孕則非犢矣，故弗食于天子，弗用于帝，蓋取所謂貴誠者非用牝。

【《王制》】祭天地之牛角繭栗。

陸氏佃曰：「言繭，又言栗者，言雖如栗亦可。」

徐氏師曾曰：「如繭如栗也。」

【《國語·楚語》】郊禘不過繭栗。

【《周禮·地官·牛人》】凡祭祀供其享牛、求牛，以授職人而芻之。【注】鄭司農云：「享牛，前祭一日之牛也。求牛，禱于鬼神所求福之牛也。」共，謂享獻也。獻神之牛，謂所以祭者。求，終也，終事之牛，謂

❶「牡」，原作「牲」，據庫本改。
❷「牝」，原作「牲」，據庫本改。

所以繹者也。

【劉氏《小傳》】凡求讀如逑，逑，配也，配神者之牛。以郊禮言之，享牛所謂帝牛，求牛所謂稷牛，《周書・召誥》：「用牲于郊，牛二。」

【羅氏泌《路史》】享牛者，祀神之牛。求牛者，降神之牛也。

【陳氏《禮書》】牛有卜而後用者，有用而不必卜者。享牛卜而後用，求牛用而不必卜。職人，充人、司門之類是也。然則稷牛惟具，而先王之牛必卜，何也？稷祀于郊，則屈而不伸，故用求牛，而與帝牛異。先王享于廟，則伸而無屈，故用享牛，而與帝牛同。

高氏愈曰：「享牛，饗先王之牛，所謂宗廟之牛角握者。求、捄通，角小貌，即所謂祭天地之牛角繭栗者。」

蕙田案：享牛、求牛，鄭注專指宗廟之祭。疏及劉氏以求牛爲郊祀配神之牛，即《傳》所云稷牛。《路史》以爲燔柴求神之牛。高氏又以享牛爲宗廟之牛，求牛謂祭天之牛。今考經文云「凡祭祀」，夫祭祀言凡，則天地、宗廟皆有。如鄭氏説，則專主宗廟，劉氏又專指郊祀，似俱未妥。唯陳氏《禮書》謂享牛卜而後用，求牛用而不卜，全不拘泥何祭所用，似爲得之。蓋祭祀惟享帝、享先王正祭之牛卜而後用，餘皆臨時求取，《公羊傳》云「唯具是視」是也。況享牛雖既卜吉，亦有時而更換，注所云遭灾是也。他如禮天之燔牛，配帝之稷牛，祭地之瘞牛，終事之繹牛，牛人不得不多爲儲畜以備求取，則均謂之求牛可也。至羅氏專以爲燔牛，亦太泥。而高氏則求牛仍是享牛，更爲臆説。

又按：《召誥》「用牲于郊，牛二」，疏及劉氏謂帝牛、稷牛。《路史》謂求神、祀神二牛。蔡《傳》謂郊祭天地，故用二牛。按二牛即特牲也。陳用之謂祀天祭地謂之郊同，其用特牲亦同，說是，餘恐附會。

【《牧人》】凡祭祀，共其犧牲，以授充人繫之。【疏】牧人養牲，臨祭前三月，授與充人繫養之。

【《春官・肆師》】大祭祀，展犧牲，繫于牢，頒于職人。【注】職人，謂充人。

王氏昭禹曰：「牛人、牧人，共牲者也。共牲然後肆師從而展，則職人非牛人。《牧人》：『凡散祭祀，繫于國門。』則職人非門人矣。職人，其充人之謂。充人而曰職人，以職其事故也。」

【《地官・充人》】掌繫祭祀之牷牲，繫于牢，芻之三月。【注】牢，閑也。必有閑者，防禽獸觸齧。養牛羊曰芻。三月，一時節氣成。【疏】總養天地、宗廟之牲。

王氏昭禹曰：「《記》曰三月繫，又曰帝牲必在滌三月，《傳》曰芻豢遠不過三月，近不過浹旬。在滌三月，繫于牢之時也。」

【《禮記・郊特牲》】帝牛不吉，以爲稷牛。帝牛必在滌三月，稷牛惟具，所以別事天神與人鬼也。【注】養牲必養二也。滌，牢中所搜除處也。惟具，遭時又選可用也。【疏】遭時，謂帝牲遭災之時，既用稷牲，其祀稷牲，臨時選其可用者。凡帝牲、稷牲，初時皆卜，取其牲繫于牢芻之三月，若臨時有故乃變之也。

【《春秋》宣三年《公羊傳》】養牲養二。卜帝牲不吉，則扳稷牲而卜之。帝牲在于滌三月，于稷者唯具是視。【注】滌，宮名，養帝牲三牢之處也。謂之滌者，取其蕩滌潔清。三牢者，各主一月，取三月一時足以充其天性。于稷者，視其身體具無災害而已，不特養于滌宮，所以降稷尊帝。

【《國語・楚語》】楚昭王問于觀射父曰：

「芻豢幾何？」對曰：「遠不過三月，近不過浹日。」

【《禮記·月令》】季夏之月，命四監大合百縣之秩芻，以養犧牲。令民無不咸出其力，以共皇天上帝之神。【注】四監，主山林川澤之官。百縣，鄉遂之屬。

馬氏晞孟曰：「令民無不咸出其力，則所謂祭祀者非獨恭也，謂民力之普存也，以供皇天上帝之神，以爲民祈福，則爲民神之主也。故帝王先成民而後致力于神。」

仲秋之月，乃命宰祝循行犧牲，視全具，案芻豢，瞻肥瘠，察物色，必比類，量大小，視長短，皆中度，五者備當，上帝其饗。【注】于鳥獸充肥之時宜省羣牲也。五者，謂所視、所案、所瞻、所察、所量也。此皆得其正，則上帝饗之。【疏】視全具，亦宰祝所視也。純色曰犧。體完曰全。食草曰芻。食穀曰豢。物色，騂黝之別也。已行故事曰比，品物相隨曰類。大，謂牛、羊、豕成牲者。小，謂羔豚之屬。長短者，謂角繭栗、角握之屬。上帝，天也。

季冬之月，乃命太史次諸侯之列，賦之犧牲，以供皇天上帝之饗。【注】此所與諸侯共者也。列國有大小，賦之犧牲，大者出多，小者出少。饗，獻也。【疏】列，次也。來歲祭祀所須犧牲出諸侯之國，諸侯同王南面，專王之土，故命之出牲，以與王共事天地也。

【《祭義》】古者天子、諸侯必有養獸之官。及歲時，齊戒沐浴而躬朝之。犧牷祭牲必于是取之，敬之至也。君召牛，納而視之，擇其毛，而卜之，吉然後養之。君皮弁素積，朔月、月半君巡牲，所以致力，孝之至也。【注】歲時齊戒沐浴而躬朝之，謂將祭祀卜牲。君朔月、月半巡視之，君召牛納而視之，更本擇牲意。

方氏慤曰：「自『養獸之官』而下所云，即《牧人》阜蕃其物之時也。自『君召牛』而下所云，即《充人》繫于牢之時也。『君召牛納而視之』，所謂展牲是也。『擇其毛』，所謂騂牲、黝牲是也。『卜之吉然後養之』，所謂『帝牛不吉，以爲稷牛』是也。未卜止謂之牛，既卜乃謂之牲；召之則未卜，故曰牛；巡之則卜之矣，故曰牲。上言祭牲者，蓋取之將以爲祭牲故也。」

【陳氏《禮書》】純謂之牷，完謂之犧，故《禮記》言毛以告全，《左傳》言雄雞自斷其尾，憚其爲犧，則牷之純在色，犧之完在體也。然牷者亦必完，犧者亦必純。禮凡言牷物，其爲犧可知也；凡言犧牲，其爲純可知也。湯之告天地以玄牡，用夏禮也。揚子雲曰「玄牛騂白，其升于廟乎」，兼三代之禮言之也。先王之于牲，以牡爲貴而賤其牝，以小爲貴而賤其大，以純爲貴而賤其龐，以充美爲貴而去其疾，故《書》曰：「敢用玄牡。」《詩》曰：「白牡騂剛，從以騂牡。」❶又曰：「殺時犉牡。」此以牡爲貴也。《楚語》曰：「郊禘不過繭栗。」《記》曰：「祭天地之牛角繭栗。」此以小爲貴者也。

右犧牲。

【《周禮・天官・籩人》】掌四籩之實，其實麷、蕡、白、黑、形鹽、膴、鮑魚、鱐、棗、栗、桃、乾䕩、榛實、菱、芡、栗、脯、糗餌、粉餈。

【注】籩，其容實皆四升。蕡，枲實也。鄭司農云：「麥曰麷。麻曰蕡。稻曰白，黍曰黑。築鹽以爲虎形，故《春秋傳》曰：『鹽虎形。』」玄謂：形鹽，鹽之似虎者。膴，牒生魚爲大臠。鮑者，于楅室中糗乾之。鱐者，析乾之。王者備物，近者腥之，遠者乾之，因其宜也。乾䕩，乾梅也。有桃諸、梅諸，是其乾者。榛似栗而小。菱，芰也。芡，雞頭也。故書餈作茨。鄭司農云：「糗，熬大豆與米也。粉，豆屑也。茨，字或作餈。謂乾餌餅之也。」玄謂此二物皆粉稻米、黍米所爲也。合蒸曰餌，餅之曰餈。糗者，擣粉熬大豆爲餌，餈之黏著，以粉之耳。餌言糗，餈言粉，互相足。

蔡氏德晉曰：「天子日四飯，有四籩、四豆，祭祀一切陳之。麷，熬麥也。蕡，熬麻子也。白，熬稻也。黑，熬黍也。鮑魚，魚之火焙而乾者。魚鱐，魚之自暴而乾者。

❶「騂」，原作「牲」，據庫本改。

餌，餅也，熬之故曰糗。餈，糕也，磨米成粉而合蒸之，因以粉言也。」

【《醢人》】掌四豆之實，其實韭菹、醓醢，昌本、麋臡，菁菹、鹿臡，茆菹、麋臡，葵菹、蠃醢。脾析、蠯醢。蜃、蚳醢，豚拍、魚醢。芹菹、兔醢，深蒲、醓醢，箈菹、雁醢，筍菹、魚醢，酏食、糝食。【注】醢，肉汁也。昌本，昌蒲根，切之四寸爲菹。三臡亦醢也。作醢及臡者，必先膊乾其肉，乃後莝之，雜以粱麴及鹽，漬以美酒，塗置瓶中，百日則成矣。鄭司農云：「麋臡，麋肝髓醢。❶或曰醬也。有骨爲臡，無骨爲醢。菁菹，韭菹。」鄭大夫讀茆爲茅。茅菹，茅初生，或曰茆，❷水草。杜子春讀茆爲卯。玄謂菁，蔓菁也。茆，鳧葵也。❸凡菹醢皆以氣味相成，其狀未聞。蠃，螔蝓。蜃，大蛤。蚳，蛾子。鄭司農云：「脾析，牛百葉也。蠯，蛤也。」鄭大夫、杜子春皆以拍爲膊，謂脅也。或曰豚拍，肩也。芹，楚葵也。鄭司農云：「深蒲，蒲蒻入水深，故曰深蒲。或曰深蒲，桑耳。醓醢，肉醬也。箈，水中魚衣。故書雁或爲鶉。」杜子春云當爲雁。玄謂深蒲，蒲始生水中子。箈，箭萌。筍，竹萌。酏，餈也。《內則》曰：「取稻米，舉糔溲之，小切狼臅膏，以與稻米爲餈。」又曰：「糝，取牛羊豕之肉三如一，小切之，稻米二、肉一，合以爲餌，煎之。」

蔡氏德晉曰：「菹有菜有肉。全物若牒爲菹，其細切者爲齏。此節不言菹者，皆齏也。醓醢，醢之多汁者。茆，鳧葵，即蓴菜也。麋，獐也。凡菹醢皆以水草獸物氣味相成者爲之，如韭菹則宜醓醢，昌本則宜麋臡也。醓醢、魚醢獨重見者，以醢魚之屬非一故也。酏，餈也。以狼膏合稻米煎之爲酏，牛羊豕肉合稻米煎之爲糝，二者內羞也。」

【《禮記·郊特牲》】籩豆之實，水土之品也，不敢用褻味而貴多品，所以交于旦明之義也。【注】水土之品，言非人常所食。旦當爲神。

醓醢之美而煎鹽之尚，貴天産也。【疏】「貴天産也」者，餘物皆人功和合爲之，鹽則天産自然，故云貴天

❶「肝」，據《周禮·天官·醢人》當作「骭」。

❷「茆」，原作「茅」，據庫本改。

❸「鳧」，原作「蒲」，據庫本改。

産也。言「煎」者，煎此自然之鹽練治之也。言「煎鹽之尚」者，皇氏云：「設之於醯醢之上，故云尚。」熊云：「煎鹽，祭天所用，故云尚。」義俱通。

蕙田案：籩豆之實，郊祭無明證，而《周禮·籩人》《醢人》有供凡祭祀之文，則郊祭未必不統之。鄭注專謂四時禘祫，拘矣。《地官·舍人職》：「凡祭祀，共簠簋。」賈疏：「祭祀言凡，則天地、宗廟皆有，故云凡以廣之。」則賈已異于鄭矣。《郊特牲》「醯醢煎鹽之尚」貫于祭天條下，明確可證。夫祭必備物，《記》云：「一獻之禮不足以大饗，大饗之禮不足以大旅，大旅具矣，不足以饗帝。」詎云饗帝之物反不如常祭乎？

右籩豆之實。

【《禮記·禮器》】越席。【疏】越席，蒲席也。

【《郊特牲》】蒲越、稾鞂之尚，明之也。【注】蒲越、稾鞂，藉神席也。明之者，神明之也。【疏】凡常居，下莞上簟。祭天，則蒲越、稾鞂之尚也。「明之也」者，釋所以祭天用蒲越、稾鞂之意。今禮及隋禮稾鞂爲祭天席，❶蒲越爲配帝席，俱藉神也。

【陳氏《禮書》】德産之致精微，盡天下之物無以稱其德，故特報以内心之誠而已，則藉用稾鞂、越席，稾鞂本于天然，越席出于人爲，人爲者不若自然之尤質，故大路用焉，則越不施于天神可知。

蕙田案：埽地而祭，故以稾鞂藉神也。

器用陶匏，以象天地之性也。【疏】陶，謂瓦器，謂酒尊及豆簋之屬。故《周禮》旊人爲簋匏酒爵。○【「郊特牲而社稷太牢」疏】曰：祭天之器則用陶匏。陶，瓦器，以薦菹醢之屬。故《詩·生民》述后稷郊天云「于豆于

❶「席」，原作「帝」，據庫本改。

登」，注云：「木曰豆，瓦曰登。」是用薦物也。匏酌獻酒，故《詩·大雅》美公劉云「酌之用匏」，注云：「儉以質，祭天尚質，故酌亦用匏爲罇。」

方氏愨曰：「此主祭天，而器之所象乃並言地者，蓋地道無成而代有終，象地之性，亦所以歸功于天也。」

【《通典》】罇及薦菹醢器，並以瓦爵，以匏片爲之。

【《禮器》】犧尊，疏布鼏，樿杓。【注】鼏或作冪。樿，木白理也。【疏】祭天既用陶匏，蓋以瓦爲尊，畫犧羽于其上。或謂用犧爲尊，是夏殷禮也。疏，粗也。鼏，覆也，謂郊天時以麤布爲巾以覆尊。天地之神尚質也。樿，白理木也。鄭注《周禮》亦云祭天爵不用玉也。

陸氏佃曰：「《冪人》祭祀以疏布巾冪八尊，以畫布巾冪六彝。不尊于郊也，所謂越席，蓋亦以此。凡木不飾爲樿，樿櫛、樿勺是也。蓋若龍勺、疏勺、蒲勺則于杓加飾矣。」

【陳氏《禮書》】《冪人》：「疏布巾冪八尊，畫布巾冪六彝。」《禮》曰：「犧尊，疏布冪，樿勺，以素爲貴。」又曰：「器用陶匏。」孔穎達謂祭天以瓦爲尊，畫犧于上。或曰夏商禮，然《明堂位》曰：「犧象，周尊也。」非夏商尊。其以瓦爲之，畫犧其上，理或然也。

又曰：「八尊以獻及于天地，故巾疏而不畫。六彝以祼施于宗廟，故巾畫而不疏。《冪人》言疏布巾，則畫用精者可知。言畫布巾，則疏之不畫可知。巾以覆爲用，象天之體。」

又曰：「尊巾以疏布，而勺無飾，以素爲貴也。樿，白理木，與喪士素勺異矣。勺以挹齊酒、明水，故其飾如此。《考工記》：『梓人爲飲器，勺一升，爵一升。』《儀禮》：『加勺于尊，皆南枋。』則勺者北面也。每尊皆加勺，則尊不共勺也。」

【《郊特牲》】疏布之尚，反女功之始也。【疏】

《禮器》云犧尊疏布冪，是疏布之尚也。

方氏慤曰：「布之精者升多而密，粗者升少而疏。女功之作始于粗，而後至于精，以疏布之尚，故曰反女功之始也。」

鼎俎奇而籩豆偶，陰陽之義也。【注】牲，陽也。庶物，陰也。【疏】按《宗伯》云「以天産作陰德」，注云：「天産者，動物，謂六牲之屬。」動物，故爲陽也。庶物雖出于牲體，雜以植物相和，非復牲之全體，故爲陰也。

【附辨鄭氏獻讀犧犧讀沙】

【《春官·司尊彝》「其朝踐用兩獻尊」鄭司農云】獻讀爲犧。犧尊，飾以翡翠。【疏】翡赤翠青爲飾。【《魯頌》「犧尊將將」毛傳】犧尊，有沙飾。【疏】沙，羽飾，與司農飾以翡翠意同。

蕙田案：此以獻尊爲犧尊，而飾以翡翠。

【《明堂位》「尊用犧象」鄭注】犧尊以沙爲畫飾。【疏】犧讀如沙。沙，鳳凰也。刻畫鳳凰之象於尊，其形娑娑然。或作獻字，齊人之聲誤耳。陸元朗曰：「刻鳳凰於尊，其形娑娑然。」

蕙田案：此以犧尊爲沙尊，而畫以鳳凰。

【《魯頌》疏】阮諶《禮圖》云：犧尊飾以牛，象尊飾以象，於尊腹之上畫爲牛、象之形。

蕙田案：此以犧尊爲羲尊，而畫爲牛形。

王氏肅曰：「太和中，魯郡於地中得齊大夫子尾送女器，有犧尊，以犧牛爲尊，然則象尊，尊爲象形也。」○孔穎達曰：「王肅此言以二尊形如牛、象，而背上負尊，皆讀犧爲羲，與毛、鄭異義。」

蕙田案：此以犧尊爲羲尊，形如牛而背上負尊。

鄭氏鍔曰：「『獻』字本『戲』字，誤轉爲『獻』。《毛詩傳》謂之犧尊。犧與戲字同音，奈何康成讀犧爲素何切，鑿爲之説曰『畫爲牛形，娑娑然』，甚無理。春而耕，耕必資牛，故春之尊爲犧牛之形。」

楊氏簡曰：「犧尊有沙牛之象，嘗官楚

東，知彼俗以牛之大者爲沙。牛之爲物，重遲而順者也。人之所以去道遠者，以其輕肆放逸，故多違也。睹犧之象，必不萌輕肆之心，心不輕肆，則道未嘗不在我。而陸德明輒更之曰沙尊，蓋曰《毛詩傳》犧尊有沙飾。孔疏不知牛之爲沙，謂爲羽飾，故讀沙爲娑。陸承其誤，又并改犧爲沙，差之又差，妄謂本之毛、鄭，受毛、鄭誤甚矣。太和中，魯郡於地中得齊大夫子尾送女器，有犧尊，爲牛形，厥驗明著。禮經之曰犧尊者不勝其多，何得每更曰娑，殊滋後人之惑。《周禮・司尊彝》朝踐用兩獻尊，鄭司農又讀獻爲犧。《明堂位》曰『犧尊，周尊也』，爲一代之所尚，獻必首用之，故亦曰獻尊，何以改讀爲？」

何氏楷曰：「犧尊之制未詳。《明堂位》云：『犧象，周尊也。』阮諶《禮圖》、王肅二説，未知孰是。乃《周禮》既以犧爲獻，而漢儒又讀犧爲娑，故《毛傳》解犧尊云有沙飾也。陸元朗亦云刻鳳凰於尊，其羽形婆娑然。而鄭司農則謂犧尊飾以翡翠，象尊以象鳳凰。或曰以象骨飾尊。愚按如此解犧，去之更遠。顧起元云古者犧通爲戲，以其字音之相同，戲或爲獻，以其字文之相近。婆娑同音，犧之爲娑，亦如皮之爲婆，儀之爲莪，『犧尊將將』之上文『享以騂犧』叶『降福孔多』，一詩之中具有顯證，騂犧尚且音娑，則犧尊之犧非緣酒尊而異其音也。知犧尊所以音娑，則尊當爲牛，而鳳羽、婆娑之説非也。又可知象尊爲象，而象骨飾尊之説非也。蔡絛云徽宗崇尚古器，遂盡見三代典禮文章，而讀先儒解説，殆有可哂者。其犧、象二尊正如王肅所言，全作牛、象形。康成、阮諶之説盡臆度耳。」

蕙田案：注疏獻讀爲犧，以爲聲誤；義讀爲沙，以爲羽飾。阮諶以爲畫爲牛形，王肅以爲直作牛形，後儒鄭鍔、楊簡、何楷皆從王肅。據此則犧當如字，固不必讀爲沙也。《明堂位》以犧爲周尊，是周之獻以犧爲首，故直曰獻尊。獻亦當如字，不必讀爲犧也。鄭、何雖正婆娑之非，而猶從誤轉之説，唯慈湖精核不可易。

右器用。

五禮通考卷第三

淮陰吴玉搢校字

五禮通考卷第四

内廷供奉禮部右侍郎金匱秦蕙田編輯
太子太保總督直隸右都御史桐城方觀承同訂
國子監司業金匱吴鼎
直隸按察司副使元和宋宗元　參校

吉禮四

圜丘祀天

【《禮記·王制》】有虞氏皇而祭，陸德明《釋文》作「翌」，音皇。本又作皇。夏后氏收而祭，殷人冔而祭，周人冕而祭。【注】皇，冕屬也，畫羽飾也。凡冕屬，其服皆玄上纁下。【疏】皇與下冕相對，故爲冕屬。案《周禮》有「設皇邸」，又云有皇舞，皆爲鳳凰之字，鳳羽五采，故云畫羽飾之。

【《周禮·天官·内宰》】中春，詔后帥外内命婦始蠶於北郊，以爲祭服。【注】蠶於北郊，婦人以純陰爲尊。郊必有公桑蠶室焉。【疏】仲春二月，告后帥領外命婦諸臣之妻，内命婦三夫人已下，始蠶北郊。蠶事既畢，遂朱緑之，玄黄之，以爲祭服也。案《月令》三月后妃親東鄉躬桑，此二月始蠶者，亦謂浴種至三月臨生蠶之時。又浴種乃生之，故設文有異也。

【《禮記·祭統》】王后蠶於北郊以供純服。【注】純服，亦冕服也。互言之爾。純以見繒色，冕以著祭服。【疏】天子云純，諸侯云冕，冕，祭服，故知純亦是祭服。天子有衣色，諸侯亦有衣色，是其互也。鄭氏之意，凡言純者，其義有二：一絲傍才是古之緇字，一絲傍屯是純字。但書文相亂，雖是緇字，並皆作純。

【《月令》】季春之月，后妃齊戒，親東鄉躬桑，禁婦女毋觀，省婦使，以勸蠶事。蠶事既登，分繭稱絲效功，以共郊廟之服。無有敢惰。【注】后妃親採桑，示率先天下也。東鄉者，鄉時氣也。

孟夏之月，蠶事畢，后妃獻繭，乃收繭税，以桑爲均，貴賤長幼如一，以給郊廟之服。【注】后妃獻繭者，内命婦獻繭于后妃。收繭税者，收于外命婦。

季夏之月，令婦官染采，黼黻文章，必以法故，無或差貸，以給郊廟祭祀之服。【注】婦官，染人也。【疏】染五色之采，白與黑謂之黼，黑與青謂之黻，青與赤謂之文，赤與白謂之章。然必有舊法故事，無得有參差貸變。

【《周禮·天官·典絲》】凡祭祀，共黼畫組就之物。【注】以給衣服冕旒及依盥巾之屬。白與黑謂之黼，采色一成曰就。【疏】言「凡祭祀」，天地、宗廟、社稷、山川之等，故言「凡」以廣之。云「共黼畫」者，凡祭服皆畫衣繡裳，但裳繡須絲，衣畫不須絲，而言共絲者，大夫以上裳皆先染絲，則玄衣亦須絲爲之乃畫，故兼衣畫而言之也。「組就」者，謂以組爲冕旒之就，故組就連言之。云「之物」者，謂絲之物色共之。

【《夏官·弁師》】掌王之五冕，皆玄冕朱裏延紐，五采繅十有二就。皆五采玉十有二，玉笄，朱紘。【注】冕服有六而言五冕者，大裘之冕蓋無旒，不聯數也。

蕙田案：《郊特牲》：「王被衮以象天，戴冕璪十有二旒。」是大裘之冕即五冕之衮冕，非别有一冕也。鄭氏誤謂大裘不被衮，又泥于大裘而冕之文，不得已爲有冕無旒之説，不知有冕無旒，玄冕也。玄冕，祭羣小祀之服，今乃服以祀天，不亦悖乎！

【《禮記·玉藻》】天子玉藻，十有二旒，前後邃延，龍卷以祭。【注】祭先王之服也。

馬氏晞孟曰：「冕之爲物，後方而前圓，後仰而前俛，有延在上，有旒在下。視之則延長，察之則深邃。冕止于五，則大裘而冕與衮冕一矣。蓋祀昊天則大裘而加冕，享先王則服衮而已。《周官》于祀昊天不言衮，則用衮可知也。《記》于龍衮言以祭，不言所祭，則昊天、先王可知也。」

蕙田案：馬氏謂龍卷以祭兼昊天、先王，極是，可正鄭氏之謬。

【《周禮·天官·司裘》】掌爲大裘，以共王祀天之服。【注】鄭司農云：「大裘，黑羔裘，服以祀天，示質。」【疏】言大者，以其祭天地之服，故以大言之，非謂裘體侈大，則義同于大射也。先鄭知大裘黑羔裘者，祭服皆玄上纁下，明此裘亦羔裘之黑者，故知大裘黑羔裘。又云「服以祀天，示質」者，以其衮已下皆有采章，爲此大裘更無采章，故云質。案《鄭志》大裘之上又有玄衣，與裘同色，亦是無文采。

鄭氏鍔曰：「掌爲大裘以祀天，與《特牲》之文不協。然記禮之言衣裘，皆爲有衣以爲裼，裼，覆也，爲其褻，故必覆之。其説以爲表裘不入公門，入公門尚不敢，况敢表裘以祀天乎？冬至之祀以寒，故服裘，于裘之上則被衮。衣裘被衮，則同一冕，故司服掌王之服六而冕有五。然則《特牲》言被裘，《周禮》言大裘，雖若不協，其實一也。記禮者有不敢服裘而被冕之義，則大裘不裼之文，又有大裘冕無旒之論，皆不足據也。」

方氏苞曰：「他職曰祀五帝旅上帝，獨此云祀天者，明此服本共圜丘之祭，非四郊所通用也。夏秋迎氣無服裘之理，况方澤乎？自公彦引《孝經緯鉤命訣》謂祭地亦服大裘，歷代難之，議禮者莫能辨，不知此公彦之臆説耳，《孝經緯鉤命訣》亦無是也。彼稱祭地之禮與天同，謂其尊同，牲玉之數、拜獻之節不異耳。玉幣以陰陽異色，則裘服亦以寒暑異施可知矣。且舍大裘，其餘冕服皆同，亦不害其爲衣服之同也。《屨人職》凡四時之祭祀以宜服之，况裘冕乎？」

蕙田案：《中庸》：「齊明盛服以承祭祀。」盛服謂冕服也。《春官·司服》掌五冕，自衮以下，公侯至卿大夫以次服之，寧有助祭者服衮冕，而主祭之天子服玄冕乎？大裘而冕者，祭莫大于昊天、先王，而宗廟時享在四仲之月，禘以孟夏，祫以孟冬，大饗在季秋，祈在春夏，祭地在夏至，祀五帝以迎氣，時皆非嚴寒，不必用裘。惟圜丘祀昊天上帝在冬至之日，《詩》所稱「一之日觱發」者也。周之都在西北，圜丘之壇在南郊，祭之時在平旦，其霜風凛冽，較之祭于屋下爲更甚，故司裘特制大裘以爲祀天之服，蓋專爲冬至南郊設，而他祭不用也。云大裘而冕，見雖服大裘而必戴冕，冕與衮相稱，王之冕以衮爲盛，戴冕則被衮可知，禮意甚明，若冕而不衮，成何體制？豈所謂盛服者耶？康成拘泥裘冕、衮冕句法，遂創爲有冕無旒，裘上有玄衣之説。後世難以信從，異説紛起，踵訛襲繆，至有盛暑服裘必不可行而廢親祀者。惟宋陸農師謂「禮不盛，服不充」，故大裘襲可知，王被衮以象天，則大裘襲衮可知，大裘襲衮則戴冕，繅十有二旒可知，説最直截。而鄭剛中、陳用之闡發詳盡，可以正注疏之謬，而爲千萬世之準繩也。又案：鄭氏謂大裘之上有玄衣。夫玄衣乃無旒玄冕之衣。康成誤看大裘而冕，似裘之外更無衣而但有冕，遂用無旒之玄冕以附會于尚質之説。今有因無旒之冕即是玄冕，遂併玄衣而附會之，以加于大裘之上，不知其已同于卿大夫助祭之服也。夫裘之外有衣，則《郊特牲》之説信矣。既知裘之外必有衣，則奚爲不被衮戴冕，而憑臆穿鑿至是耶！

【《春官・司服》】祀昊天上帝則服大裘而冕。【注】鄭司農云：大裘，羔裘也。六服同冕者，首飾尊也。【疏】冕名雖同，其旒數則亦有異。

蕙田案：疏「冕名雖同，旒數有異」，其説甚詳，見後。

鄭氏鍔曰：「羔裘無經緯之文而有純一之質，無繡繪之巧而有自然之體。謂之大者，惟天體爲甚大，故以名。祀天之裘，惟大裘之上襲之以衮，故《記》衮謂之被，言被之于其上。祀天宜尚質，反被以衮者，蓋陶匏、稾秸、圜丘、埽地，雖主乎質，鎮圭之繅以藉，龍旗之日月，四圭之邸，六變之樂，又主乎文。内盡質，外盡文，以盡事天之道。凡冕之制，版廣八寸，長倍之，前圓後方，後仰前俛，飾之布，上玄下朱，圓其前而俛之向明，與物交之義；方其後而仰之向晦，與物藏之義。上玄以象天道之升，下纁以象地道之降。名之曰冕，言當俛以致敬之義。」

蔡氏德晉曰：「冕，冠也。古者衣冠相配，故衣與冕同稱也。大裘而冕者，服大裘衮衣，襲而不裼，而首則戴冕，繅十有二旒也。十二章者，《虞書》：日一，月二，星辰三，山四，龍五，華虫六，皆繪于衣；宗彝七，藻八，火九，粉米十，黼十一，黻十二，皆繡于裳。祀天于冬至，服大裘。其祀五帝惟立春爲然，餘則但服大裘，外之衮衣而已。至夏秋則其衣亦當以紗爲之，但仍備十二章之制也。」

【《禮記·郊特牲》】王被衮以象天。【注】謂有日月星辰之章，此魯禮也。周禮，昊天上帝則大裘而冕。戴冕，璪十有二旒，則天數也。天之大數，不過十二。

【《家語·郊問》】天子大裘以黼之，被裘象天，服衮，戴冕，璪十有二旒，則天數也。【注】大裘爲黼文也。言被之，大裘有象天之文，故被之道路，至太壇而脱之。

【陳氏《禮書》】《周官·司裘》：「掌爲大裘，以共王祀天之服。」《司服》：「祀昊天上帝，則服大裘而冕。」《禮記》曰：「郊之祭，王被衮以象天。」然則合《周官》、《禮記》而言之，王之祀天，内服大裘，外被龍衮，龍衮所以襲大裘也。《記》曰「裘之裼也，見美也；服之襲也，充美也。禮不盛，服不充，故大裘不裼」，則襲衮可知也。議者以《司裘》言大裘祀天而不及衮，《司服》言大裘而冕祀昊天上帝，在衮冕之上，又《節服氏》「衮冕六人，維王之大常。裘冕二人，執戈送逆尸」，是衮冕與裘冕不同。謂之大裘而冕則不加衮，是不知先王祀天以冬至之日爲正，而裘又服之本也，故取大裘以名之，猶之朝服緇衣羔裘，而《詩》獨稱「羔裘如濡」、「羔裘豹袪」、「羔裘逍遥」；燕服玄端，蜡服黄衣，皆狐裘，而《詩》獨稱「狐裘以朝」、「狐裘蒙茸」、「狐裘黄黄」，則裘之上未嘗無衣也。裘之上未嘗無衣，而衣之下有不用裘，故《屨人》曰：「凡四時之祭祀，以宜服之。」則凡春夏秋之祀，不必服裘，所以適時之宜而已。由是觀之，衮冕以維太常者，不必有裘；裘冕以送逆尸者，必有衣也。《記》曰「尸襲而不裼，送逆尸者象之」，則裘冕加衮又可知也。古者犬羊之裘不裼，必襲之也；表裘不入公門，必裼之也，是裘有裼之而不襲，有襲之而不裼，未有表之而不裼襲者，則徒服大裘而無襲，非禮意也。《鄭志》謂大裘之上又有玄衣，此尤無據也。夫先王祀天，有文以示外心之勤，有質以示内心之敬，故因丘埽地，陶匏、槀鞂、疏幂、樿杓、素杓、素車之類，此因其自然，以示内心之敬者也。執鎮圭，繅藉五采五就，旂龍章而設日月，四圭有邸，八變之音，黄鐘大吕之鈞，此致其文飾，以示外心之勤者也。然則内服大裘，以因其自然，外被龍衮戴冕璪，以致其文飾，不以内心廢外心，不以自然廢文飾，然後事天之禮盡矣。

楊氏復曰：「《司服》：『王祀昊天上帝，則大裘而冕。』

先鄭、後鄭注皆云大裘之上又有玄衣，何也？《玉藻》曰：『君衣狐白裘，錦衣以裼之。君子羔裘豹褎，緇衣以裼之。狐裘，黄衣以裼之。』《論語》曰：『緇衣羔裘，素衣麑裘，黄衣狐裘。』裘之上未嘗無衣，裘而無衣則近于褻矣。凡衣必象裘色，凡冕服皆玄上纁下。大裘者，黑羊裘也。玄衣之下用黑羊裘，取其同色也。凡冕服皆玄上纁下，何也？《易》曰：『黄帝、堯、舜垂衣裳而天下治，蓋取諸乾坤。』乾爲天，其色玄；坤爲地，其色黄。但土旺于季夏，南方屬火，其色赤。黄而兼赤爲纁，故裳用纁也。《玉藻》曰：『衣正色，裳間色。』鄭注云『謂冕服玄上纁下』是也。自黄帝始備衣裳之制，舜觀古人之象，繪日、月、星辰、山、龍、華蟲于衣，繡宗彝、藻、火、粉米、黼、黻于裳，❶凡十二章，歷代皆然。至周而又備繅旒之數。《郊特牲》曰：『祭之日，王被衮以象天，戴冕繅十有二旒，則天數也。』自衮冕而下，享先公則鷩冕者，不敢以天子之服臨先公也。祀四望山川則毳冕，祭社稷五祀則絺冕，不敢以至尊之服施于所卑也。」

【《周禮·春官·司服》】公之服，自衮冕而下如王之服；侯伯之服，自鷩冕而下如公之服；子男之服，自毳冕而下如侯伯之服；孤之服，自絺冕而下如子男之服；卿大夫之服，自玄冕而下如孤之服。凡大祭祀，共其衣服而奉之。【注】自公之衮冕至卿大夫之玄冕，皆其朝聘天子及助祭之服。《雜記》云：「大夫冕而祭于公。」

鄭氏鍔曰：「上公九命，服衮，其章九。王亦被衮，何爲公與王同？余謂：學經者當因經文求先王之制，不當信傳注以害先王之制。日月星辰登於旂旗，王與公同服九章之衮者，其説出於鄭康成，六經無見也，自後諸儒莫能辨正。今以此經文質之，其理自明。且子男之服，自三章之毳冕而下如侯伯，則上不服鷩冕可

❶「黼黻」，原脱，據庫本補。

知。侯伯之服自五章之鷩冕而下如公，則上不服衮服可知。公之服自衮冕而下如王，則其上不服日月星辰可知。經文謂自衮冕而下如王之服，則衮服而上之章，非日月星辰而何？有日月星辰，則王服十二章明矣。若夫同服九章，非唯君臣無別，又且與經文之言不合。」

【聶氏《三禮圖》】大裘冕無旒，冕廣八寸，長一尺六寸，上玄下纁，以綖覆飾之，其板側則不用金飾，有紐，玉簪導，以組爲纓，色如綬。《衣服令》云：大裘以黑羔皮爲之，玄領、褾緣、朱裳，白紗中單，皂領、青褾、襈、裾，革帶，玉鉤鞢，大帶，韍，鹿盧玉具劍，火珠鏢首，白玉雙珮，玄組雙大綬。六采，玄、黄、赤、白、縹、緑，純玄質，長二丈四尺五寸，首廣一尺，朱襪，赤舄，祀天神、地祇則服之。

【陳氏《禮書》】梁五經博士陸緯等：大裘之制宜以黑繒爲之，其制或如裘，其裳以纁，皆無文繡，冕則無旒。隋始詔虞世基等憲章古制，定輿乘服，合八等。案《周禮》大裘之冕無旒，其服羔裘也。準禮圖以羔正黑者爲之，取同色繒以爲領袖，其裳用纁而無章飾，絳襪赤舄，祀圜丘、感帝、封禪、五郊、明堂、雩祀皆服之。今文大裘冕無旒，冕廣八寸，長一尺六寸，深青表纁裏，金飾玉簪導，以組爲纓，色如其綬，裘以黑羔皮爲之，黑領，褾緣，朱裳。

蕙田案：自梁及隋唐後，皆服黑羔裘無衣，玄冕無旒，仍注疏之謬也。至宋神宗，從陸佃之議，服裘被衮，而後先王之制度復明。甚矣，議禮之難，而儒者考訂之功，不可忽也。

【附辨鄭氏王服九章】

【《周禮·春官·司服》鄭注】古天子冕服十二章。至周，而以日、月、星辰畫於旌旗，所謂「三辰旂旗，昭其明也」。而冕服九章，衮五章，裳四章，凡九。鷩衣三章，裳四章，凡七。毳衣三章，裳二章，凡五。希衣一章，裳二章，凡三。玄衣無文裳，刺黻而已。【《禮記·王制》「有虞氏皇而祭」注】有虞氏十二章，周九章，夏殷未聞。

【「三公一命卷」注】虞夏之制，天子服有日、月、星辰。《周禮》曰：「諸公之服，自衮冕而下如王之服。」楊氏復曰：「先儒謂大裘之上有玄衣，玄衣之上有十二章，周止九章。其説皆非是。愚即《司服》經文熟讀而詳玩之，則知有虞氏十二章，周亦十二章，昭然甚明。公之服自衮冕而下，侯伯之服自鷩冕而下，夫衮冕九章，鷩冕七章，公之服自衮冕而下推而上之，則天子之服有日、月、星辰之章可知。公之服九章，則天子之服十二章可知。此不待旁引别證，而知鄭説之非矣。舜曰：『余欲觀古人之象。』蓋十二章，自日、月、星辰而下，從古而然矣。孰謂禮樂大備於周，而獨不然乎？郊所以明天道，取象非一端也。冬至圜丘，大裘而冕，則天之時也；席用稾秸，器用陶匏，則天之質也；服有日、月、星辰之章，則天之明也；璪有十二旒，則天之數也。鄭氏乃謂有虞十二章，至周而以日、月、星辰畫於旌旗，冕服唯有九章。然公自衮冕而下，王又自衮冕而下，君臣同冕，略無區别，必無是理。賈公彦疏云鄭氏九章，此無正文，並鄭以意解之，則疏家已知其非而不信之矣。唯其並以意解，故後世遵用其説，始有悟其上下之亡等，尊卑之失次者。魏明帝以公卿衮衣黼黻之制疑於至尊，遂制天子服繡衣，公卿服織文矣。唐長孫無忌以帝祭社稷服絺冕四旒，三章；祭日月服玄冕三旒，衣無章；而三公亞獻，服衮；孤卿服毳鷩，貴賤無分，而天子遂止於服衮，他冕盡廢者矣。先王制禮，必本天理人情之公。自上古至於周天子，仰則天數，路十二就，常十二斿，馬十二閑，圭尺二寸，繅十二旒，而冕服之章莫不皆然。

鄭氏謂『周以日月星辰畫於旌旗，故冕止九章』，不知龍登於旂，山登於俎，黼登於扆，九章亦可損乎？ 前乎康成，如漢明帝用歐陽説義，天子備十二章，三公諸侯用山、龍九章，九卿以下用華蟲七章，其説猶用周制也。 自鄭氏以意解經，九章之説於是乎始，故行之後世，卒有不厭於人心，并與古制而去之者，可勝歎哉！」

林氏之奇曰：「夫子於四代禮樂，特曰『服周之冕』，取其文之備，尊卑之有辨也。 何得至周反去三辰之飾，蓋不過據《左氏》『三辰旂旗』之文。《左氏》謂旗有三辰，何嘗謂衣無三辰耶？ 又謂上公九章而王亦九章，將何所別？ 周公制禮，防亂萬世，乃至於無別與？《郊特牲》云：『祭之日，王被袞以象天。』則十二章備。 鄭氏謂有日、月、星辰之章，此魯禮也。 夫被袞以象天，周制固然也，何魯之足云？ 豈有周制止九章，魯乃加以十二之理乎？」

劉氏執中曰：「《書》稱舜曰：『予欲觀古人之象，日、月、星辰、山、龍、華蟲，作繪；宗彝、藻、火、粉米、黼、黻，絺繡，以五采彰施于五色，作服，汝明。』舜而欲觀乎古，則衣裳之章十有二，其來遠矣，周之禮樂因于虞夏者衆矣。 鄭康成見《司常之職》云『日月爲常』，則謂周人以日、月、星辰畫于旌旗，而冕服九章，登龍于山，登火于宗彝，非也。 且交龍爲旂，周之衣不去其龍矣；熊虎爲旗，周之裳不去其虎蜼矣，何獨日月爲常，而去衣章日月星辰乎？ 案《周禮·典命之職》：『上公九命爲伯，其國家、宮室、車旗、衣服、禮儀皆以九爲節。』則其衣裳九章。 推而上之，天子衮冕十有二章明矣。」

蕙田案：諸家破鄭氏周衮九章之説，當矣。衮既十二章，差次以降，則鷩當九章，毳當七章，絺當五章，玄當三章。其諸侯于天子降殺以兩，上公雖與天子同衮冕，而服止九章，冕止九旒。以此推之，則侯伯鷩冕者，服七章，冕七旒；子男毳冕者，服五章，冕五旒；孤絺冕者，服三章，冕三旒；卿大夫玄冕者，服一章，冕無旒，即《弁師》所謂「諸侯及孤卿大夫之冕，各以其等爲之」是也。

【附辨注疏諸家冕旒玉數】

【《夏官・弁師》鄭注】冕服有六而言五冕者，大裘之冕蓋無旒，不聯數也。

鄭氏鍔曰：「王之吉服六，服每一冕，則宜六冕，今止五冕者，《禮圖》以大裘之冕無旒。陸佃云：『大裘襲衮，則戴冕繅十有二旒，大裘與衮同一冕，故服六而冕五。』此説得之。」

馬氏晞孟曰：「《記》言龍衮以祭，不言所祭，則昊天、先王可知也。先儒有云大裘無衮而其冕無旒，不知何據。」

陸氏佃曰：「諸侯九斿，則上公十二斿可知。」

【《弁師》賈疏】經云九就，當上公以九爲節，故知是公。

蕙田案：《弁師》「諸侯之繅斿九就」，注云「侯當爲公」。緣下文別見諸侯，故此當爲公。山陰乃因諸侯九斿之文，謂上公應十二斿，誤矣。上公亦人臣，何得與天子無區別耶？

鄭氏鍔曰：「凡冕，天子皆十二旒，諸侯皆九旒，故《記》

曰：『天子十有二旒，諸侯九。』而《弁師》云諸侯九就，諸侯蓋通稱。」

蕙田案：如鄭剛中説，則五冕同旒，毫無分別，實止一冕耳。《周禮》何以稱五冕耶？此不足信。

【《弁師》鄭注】孤繅四就，用玉三十二。三命之卿繅三就，用玉十八。再命之大夫繅再就，用玉八。　王昭明《冕旒命數圖》曰：「王五冕，並十二旒。二王後、王朝三公加爲二伯，九命，袞冕九旒；侯伯加爲九州牧、王朝三公，八命，山八旒；侯伯，七命，鷩冕七旒；王朝之卿，六命，火六旒；子男，五命，毳冕五旒；附庸、王朝大夫及大國之孤，四命，藻四旒；王朝上士、大國次國之卿，三命，希冕三旒；王朝中士、大國次國大夫，再命，玄冕二旒。」○又曰：「舊説：鷩冕九旒，毳冕七旒，絺冕五旒，玄冕三旒。非也。」

蔡氏德晉曰：「案諸侯之服，其章數皆依命數。而侯國諸臣之服不隨命數爲章數，故孤四命而希冕三章，卿大夫有三命、再命之異而玄冕，無服則同服也。再命乃受服，子男之大夫一命，其士不命，公侯伯之士皆一命，俱未受冕服而服皮弁，其色如爵，所謂爵弁也。然則王朝諸臣之服，經雖不見，以義推之，其出封皆加一等，以四命之服而服三章之希冕例推之，則王之三公八命必服七章之鷩冕，卿六命服五章之毳冕，大夫四命服三章之希冕，士之三命、再命同服無章之玄冕可知也。一命之士未受服，則但服爵弁矣。而鄭康成、王昭明乃爲八旒、六旒、四旒、二旒諸服之説，不亦鑿乎！」

蕙田案：禮數降殺皆以兩，則章數、旒數依先儒陽數之説爲是。王昭明非之，誤矣。且如《圖》説，有所謂山八旒、火六旒、藻四旒者，則通大裘之冕共爲九冕，而《周禮》五冕之説亦不行矣。敬齋駁之甚當，其説不可易。

王氏應電曰：「經文『五采繅十有二就』，是五冕之繅，其數無不同也。又云『皆五采玉十有二』，是五冕之玉皆一百四十四枚矣。『諸公之繅斿九就，瑉玉三采』，所異者此耳。繼之云『其餘如王之事』，則每旒玉十二，並無九玉之説。蓋冠之長尺，玉之間十有二，玉爲尺有二寸，故能垂之以蔽目，少短則不足以蔽目矣。此正如樂舞之數，以其每佾八人，故佾之字從八。乃謂每佾人數如其佾數，士之四人，豈足以成樂舞乎？故侯伯之繅斿七就，其餘如公之事，亦每旒玉十有二，子男繅斿五就，其餘如侯之事；孤繅斿四就，卿三就，大夫再就，小國之卿再就，其每旒亦皆十有二旒，爲目而設，止有前旒，惟延則有前後。《玉藻》之文可見。」

蕙田案：天子五冕，旒數減而玉數不減。諸侯五冕，旒數減而玉數亦減。天子雖有九旒、七旒、五旒、三旒之别，而每旒之玉皆十二。諸侯以下之冕，則九旒者九玉，七旒者七玉，五旒者五玉，而玉又用瑉也。王昭明「旒必十二玉」之説，非是。又據《玉藻》之文而謂旒有前無後，亦拘而鑿。陳用之曰：漢制，天子繅旒前長後短，諸臣繅旒有前無後，非古也。

右服冕。

【《周禮·春官·巾車》】一曰玉路，鍚，樊纓十有再就，建大常，十有二斿，以祀。【注】王在焉曰路。以玉飾諸末。鍚，馬面當盧，刻金爲之，所謂鏤鍚。樊讀如鞶帶之鞶，謂今馬大帶也。鄭司農云：「纓謂當胸，《士喪禮》下篇曰『馬纓三就』。禮家説曰：纓，當胷，以削革爲之；三就，三重，三匝也。」玄謂：纓，今馬鞅。玉路之樊及纓，皆以五采罽飾之十二就。就，成也。大常，九旗之畫日月者，正幅爲縿，斿則屬焉。【疏】云「以祀」者，以下諸路皆非祭祀之事，外内大小祭祀皆用此一路而已。

鄭氏鍔曰：「玉者，陽精之純，可以交三靈，故以玉飾路。所駕之馬，鍚以昭其聲；樊纓十有再就，以昭其文。所建者太常，象天之明。斿十有二，合天之大數。祀天則乘，所以極其尊也。」

【陳氏《禮書》】《司常》：「日月爲常。」《覲禮》：「天子乘龍，載大旗，象日月、升龍、降龍。」《郊特牲》：「旂十有二旒，龍章而設日月。」《左傳》曰：「三辰旂旗，昭其明也。」然則常有三辰、升龍、降龍，設崇牙，備弧矢，飾之以旄，垂之以鈴，人臣有功，則書于其上。《左傳》曰：「鍚鸞和鈴。」《爾雅》曰：「有鈴曰旂。」《書》曰：「厥有成績，紀于太常。」觀此則太常之制可知矣。

方氏苞曰：「此職及《司常》、《大司馬》皆曰『王建太常』，則諸侯以下不得建明矣。而《大行人》九斿、七斿、五斿皆曰建常，何也？旗、常者，徽幟之通稱也，故司常掌九旗之物名而統之曰常。《春秋傳》『三辰旂旗，昭其明也』，太常而外無畫三辰者，而統之曰旗，則知旗、常可互稱，而太常則唯天子建之矣。」

蕙田案：五路所建旂，亦以大概差等言之，其實天子五路皆得建太常也，觀治兵、大閱，王乘戎路而建太常可見。

又案：《禮記》載魯君祀帝于郊有日月之章，蓋僭禮也。三辰惟畫于太常，又唯天子得用之耳。天子五路，雖俱得建太常，而以祀事爲重，故秦以下掌祭祀者曰太常卿，亦以見掌天子祀事之意。

【《禮記·禮器》】大路繁纓一就。【注】殷祭天之車也。【疏】殷猶質，以木爲車，無別雕飾，乘以祭天，謂之大路也。繁，謂馬腹帶也。纓，鞅也。染絲而織之曰罽，五色一帀曰就。就，成也，言五色帀一成。車既樸素，故馬亦少飾，止一就也。

大路素。【注】《明堂位》曰：「大路，殷路也。」

【《郊特牲》】乘素車，貴其質也。旂十有二旒，龍章而設日月，以象天也。【注】設日月，畫于旂上。素車，殷路也。【疏】旂十有二旒，象天數十二也。龍爲陽氣變化。日月以光照下，皆是象天也。

卷冕、路車，可陳也，而不可好也。【疏】❶袞冕、路車尊嚴，不可尋常乘服以爲榮好也。

丹漆雕幾之美，素車之乘，尊其樸也。【疏】❷雕爲刻鏤。幾謂沂鄂。言尋常車以丹漆雕飾之以爲沂鄂，而祭天以素車之乘者，尊其樸素。

周氏諝曰：「乘素車者，言殷之郊禮也。先儒以爲魯公之郊用殷禮，則非也。」

方氏慤曰：「此與《周禮》不同者，容泛記前代之禮耳。」

楊氏復曰：「案《巾車》『一曰玉輅以祀』，《郊特牲》曰『乘素車』，《禮器》曰『大路素而越席』，二説不同。夫子答顔淵曰『乘殷之輅』。蓋素車者，殷輅也；飾以金玉者，周制。《郊特牲》《禮器》疏以素車爲殷輅，其言蓋有所據。使周亦乘素車，則孔子不曰『乘殷之輅矣』。」

陸氏佃曰：「《周禮》祭天王乘玉輅建太常，《郊特牲》祭天王乘素車建大旂，則祭天之禮有兩旂兩車也。蓋乘玉輅建太常者，即道之車也，祭之日，馭以適郊；乘素車建大旂者，即事之車也，祭之時，馭以赴壇。何以知其然也？曰：《巾車》王之玉輅，『錫，樊纓十有再就，建太常，十有二斿，以祀』，則凡王之祭祀無所不乘矣。祭天者，禮之至也，而乘汎祭之玉輅以祭之，以物則非文，以志則非敬，非禮意，故知乘素車建大旂以祀之；而玉輅者，乘之以適郊，固有兩車也。雖然，車旂之有兩，非特祭天也。四時之田，王乘戎路建太常，而《巾車之職》曰『木路，前樊鵠纓，建大麾以田』，則田之車旂亦以兩。蓋乘木路建大麾者，即道之車也，與王乘玉路建太常同意；乘戎路建太常者，即事之車也，與王乘素車建大旂同

❶「疏」，原作「注」，案引文乃孔疏，據改。
❷「疏」，原作「注」，案引文乃孔疏，據改。

意。《郊特牲》言乘素車在被衮之後，則所謂乘素車建大旂以即壇明矣。凡此，皆周制也。」

【陳氏《禮書》】《禮》言玉路以祀，又言素車之乘，蓋王之祀天，自國至大次則乘玉路，自大次以升壇則乘素車，猶之聽祭報以皮弁，及祭則服大裘冕也。

蕙田案：諸家論祭天車旂不同，當以陸氏、陳氏之説爲是。周氏、楊氏以爲殷禮，則《郊特牲》上文明以周貫下，何緣此處忽入殷禮云？使周亦乘素車，則孔子不曰乘殷之輅。夫三正通於民間，則周亦有夏時。子在齊聞《韶》，則周亦有《韶舞》，特未廣於天下耳。周有殷輅，似不足疑，況祭天尚質，素車安知非陶匏、稾秸之意乎？至鄭氏以爲魯禮，則魯無稱王之事，孔氏乃謂魯用王禮，亦得稱王，斯益悖矣。

右車旗。

【《禮記・郊特牲》】卜郊，受命于祖廟，作龜于禰宫，尊祖親考之義也。【注】受命，謂告之，退而卜。【疏】郊祀既尊，不敢專輒，故先告祖後乃卜郊，如受命也，故《禮器》云「魯人將有事于上帝，必先有事于頖宫」是也。作，灼也。禰宫，禰廟也。先告祖受命，又至禰廟卜之也。

方氏慤曰：「卜郊，蓋指用辛之郊耳，以其有上辛、中辛、下辛故。周郊以日至，而《大宰》于祀大神示言卜日者，崔氏謂卜日以至爲主，不吉乃用他日，理或然也。」

蕙田案：郊用冬至，無庸卜日。此所言，亦魯禮耳。然告廟擇士，天子亦當有之，姑存其説。至《周禮》所云卜日，皆兼他祭爲文，原不專指郊天言。

【《周禮・春官・肆師》】凡祭祀之卜日宿爲

期，詔相其禮。【注】宿，先卜祭之夕。【疏】言「凡祭祀之卜日」，謂天地、宗廟之等，將祭前有散齊七日、致齊三日十日矣。若然，卜日吉則齊。今云「祭祀之卜日宿爲期」，則是卜前之夕，與卜者及諸執事者以明旦爲期也。云「詔相其禮」者，謂肆師詔告相助其卜之威儀及齊戒之禮。

【《天官・大宰》】前期十日，帥執事而卜日。【注】執事，宗伯、大卜之屬。【疏】大宰率宗伯、大卜之屬執事之人而卜日，四時迎氣、冬至夏至郊天等，雖有常時常日，猶須審慎，仍卜日。故《表記》云：「不犯日月，不違卜筮。」注：「日月，謂冬夏至、正月及四時也。所不違者，日與牲、尸也。」假令不吉，改卜後日，故《箴膏肓》云「天子郊以夏正上旬之日，魯之卜三正下旬之日」，是雖有常時常日，猶卜日也。

【《春官・大宗伯》】凡祀大神，率執事而卜日。【疏】祭前十日，❶大宗伯先帥執事有事于祭者共卜，取吉日乃齊。

【《大史》】大祭祀，與執事卜日。【注】執事，大卜之屬。與之者，當視墨。

【《大卜》】大祭祀，則眡高、命龜。【注】命龜，告龜以所卜之事。

【《龜人》】祭祀先卜。【注】祭祀先卜者，卜其日與其牲。玄謂先卜，始用卜筮者，言祭言祀，尊焉，天地之也。【疏】天稱禋祀，地稱血祭，是天地稱祭祀。

【《禮記・表記》】昔三代明王，皆事天地之神明，無非卜筮之用，不敢以其私褻事上帝。是故不犯日月，不違卜筮。【注】日月，謂冬夏至、正月及四時也。所不違者，日與牲、尸也。

右告廟卜。

【《周禮・天官・冢宰》】祀五帝，則掌百官之誓戒與其具修。前期十日，帥執事而卜日，遂戒。祀大神示亦如之。【注】既卜，又戒百官以始齊。大神示，謂天地。【疏】遂戒者，謂祭前十日遂戒百官使散齊、致齊。祀大神，謂冬至祭天于圜丘，此天謂大天，對五帝爲小天也。

❶「十」，原作「卜」，據庫本改。

劉氏迎曰：「誓戒者，誓其所當戒者也。具修者，特具之所當修，使無闕事也。如所謂視滌濯、贊牲事、贊玉幣爵之事，皆百官所當修具。」

方氏苞曰：「冢宰、司徒所涖祀事皆首五帝者，四時迎氣之祀且涖，則昊天上帝不必言矣。知然者，《宗伯》以吉禮祀邦國之鬼神示，首曰『以禋祀祀昊天上帝』，《小宗伯》『兆五帝於四郊』，《司服職》『祀昊天上帝則服大裘而冕，祀五帝亦如之』，參互其文，則其義顯然矣。」

蕙田案：經文明言「大神示亦如之」，大神示即圜丘、方澤也。

【《秋官·大司寇》】若禋祀，則戒之日，涖誓百官，戒于百族。【疏】云「戒之日」者，謂前期十日，卜吉，即戒之使散齊。云「涖誓百官」者，謂餘官誓百官之時，大司寇則臨之。云「戒于百族」者，大司寇親自戒之。其百官所戒者，當太宰爲之，是以《太宰》云：「祀五帝前期十日，帥執事而卜日，遂戒。」故知太宰戒百官也。若然，《太宰》云：「祀五帝，則掌百官之誓戒。」《太宰》雖云掌百官誓戒，戒則親爲之，誓則掌之而不親誓。何者？此司寇卑於太宰，此云涖誓百官，豈司寇得臨太宰乎？故知太宰掌之，餘小官誓之，司寇臨之也。

【《地官·遂師》】凡國祭祀，審其戒誓。

【《春官·太史》】戒及宿之日，與羣執事讀禮書而協事。

【《秋官·條狼氏》】凡誓，執鞭以趨于前，且命之。

【《禮記·明堂位》】各揚其職。百官廢職，服大刑。

【《周禮·夏官·司士》】❶凡祭祀，掌士之戒令，詔相其法事。

【《禮記·射義》】天子將祭，必先習射于澤。澤者，所以擇士也。已射于澤，而後射于射宮，射中者得與于祭，不中者不得與于祭。不得與于祭者有讓，削以地；得與于祭者有慶，益以地。進爵、絀地是也。古者天

❶「夏」，原作「秋」，據庫本改。

子，諸侯歲獻，貢士于天子，天子試之于射宮。其容體比于禮，其節比于樂，而中多者，得與于祭。其容體不比于禮，其節不比于樂，而中少者，不得與于祭。

【《通典》】祭前期十日，王親戒百官及族人。太宰又總戒羣官。乃習射于澤宮，選可與祭者。

【《禮器》】舉賢而置之，聚衆而誓之。

【《郊特牲》】卜之日，王立于澤，親聽誓命，受教諫之義也。【注】澤，澤宮也，所以擇賢之宮也。既卜必到澤宮，擇可與祭祀者，因誓敕之以禮也。❶《禮器》曰「舉賢而置之，聚衆而誓之」是也。【疏】澤，澤宮也。王在于澤宮中，于其宮以射擇士，故因呼爲澤宮也。王卜已吉，又至澤宮射，以擇賢者爲助祭之人，故云「王立于澤」也，《禮器》云「舉賢而置之」是也。然王者獵在囿，而主皮射亦在澤，故鄭注《鄉射·記》引《尚書傳》主皮射「陳于澤，然後卿大夫相與射也」。又云：「嚮之取也于囿中，勇力之取也。今之取也于澤宮，揖讓之取也。」澤，習禮之處，親聽誓命者，因于澤宮中，又使有司誓敕舊章齊戒之禮，王又親聽受命，故《禮器》云「聚衆而誓之」是也。

蕙田案：澤宮，陸農師以爲學宮，是也。此王立於澤宮，親聽誓命，正《禮器》「魯人將有事於上帝，必先有事於頖宮」之謂也。

獻命庫門之内，戒百官也。太廟之命，戒百姓也。【注】王自澤宮而還，以誓命重相申敕也。庫門在雉門之外，入庫門則至廟門外矣。太廟，祖廟也。百官，公卿以下也。百姓，王之親也。入廟，戒親親也，王自此還齊路寢之室。庫或爲廐。【疏】王自澤宮而還至欲致齊之時，有司獻王所以命百官之事，王乃于庫門之内戒百官，太廟之内戒百姓。百官疏，故在公朝重戒之。百姓，王之親屬，故在太廟而重戒之。又曰：以上有百官之文，故以百姓爲王之親也。王親謂之百姓也者，皇氏云：「姓者，生也，並是王之先祖所生。」云「王自此還齊路寢之室」

❶「因」，原作「同」，據《禮記·郊特牲》注改。

者，卜法必在祭前十日。《祭義》云「散齊七日，致齊三日」，又云「七日戒，三日齊」，鄭既云王自此還齊路寢之堂，則此經戒百官百姓，則祭前三日欲致齊之時，以誓命重相申敕也。

【陳氏《禮書》】戒者，敕以事。誓者，告以言。《士師》五戒而誓居其一，則戒之中有誓，而誓則明其戒而已。《周禮》百族，《郊特牲》百姓，《儀禮》所謂子姓兄弟之類是也。澤，郊學也。誓于澤，即其所擇而誓也。庫門，象法之所在，戒百官于此，所以謹之也。太廟，先祖之所在，戒百姓于此，所以親之也。掌之以太宰，重其事也。協之以太史，正其禮也。涖之以司寇，肅其職也。然古者用刑之法常恕以寬，誓人之詞常嚴以峻，故軍旅之誓曰「孥戮汝」、「無餘刑」，祭祀之誓曰「服大刑」。《明堂位》之所言者，誓百官之詞也。《條狼氏》所謂「殺轘鞭墨」者，誓其屬之辭也。凡欲齊莊謹肅而已，孰謂其法太苛哉？考之《月令》教習田獵，「整設于屏外，司徒搢扑，北面誓之」，《聘禮》「誓于其境，賓南面，上介西面，衆介北面，史讀書，司馬執策立于其後」，鄭氏曰：「史于衆介之前，北面讀誓，以敕告士衆。」然則祭祀之誓亦應如此。古之讀誓者，史官耳，《太史》「戒及宿之日，讀禮書而協事」是也。唐制，太尉讀誓，非古也，今猶襲之。

右誓戒擇士。

【《周禮・天官・膳夫》】王齊日三舉。【疏】齊，謂散齊、致齊。齊必變食，故加牲體至三太牢。

史氏浩曰：「當不飲酒、不茹葷之時，懼其日力之不足，則不能勝祭事，故三舉以助之，非謂盛殺而供也。」

王氏應電曰：「齊之日宜冲淡，以養其精誠，故不飲酒，不茹葷，不聽樂。舉則酒侑食，故齊則不舉，與下文類相從。」

姜氏兆錫曰：「王齊則不舉，但不殺牲盛饌用樂耳，非必斷膳素食，如後世之爲也。」

蕙田案：疏謂日用三太牢，侈靡，非齊所宜。王昭明、姜上均移改經文，終覺未安。史氏之説近是。

【《玉府》】王齊，則供食玉。【注】玉是陽精之純者，食之以禦水氣。鄭司農云：「王齊當食玉屑。」

【《春官·鬯人》】凡王齊，共其秬鬯。【注】給洗浴。【疏】鄭知王齊以鬯爲洗浴，以其鬯酒非如三酒可飲之物，明此亦給王洗浴，使之香美也。

【《禮記·祭統》】及時將祭，君子乃齊。齊之爲言齊也，齊不齊以致齊者也。是故君子非有大事也，非有恭敬也，則不齊。不齊則于物無防也，耆欲無止也。及其將齊也，防其邪物，訖其耆欲耳。不聽樂，故《記》曰「齊者不樂」，言不敢散其志也。心不苟慮，必依於道；手足不苟動，必依於禮，是故君子之齊也，專致其精明之德也，故散齊七日以定之，致齊三日以齊之。定之之謂齊。齊者，精明之至也，然後可以交於神明也。

【《春秋》成十七年《穀梁傳》】宫室不設，不可以祭。【疏】宫室，謂郊之齊宫。

【《荀子》】端衣玄裳，絻而乘路，志不在于食葷。

【陳氏《禮書》】《周官·司服》其齊服有玄端，《記》曰：「齊之玄也，以陰幽思也。」又曰：「玄冕齊戒，鬼神陰陽也。」又曰：「太古冠布，齊則緇之。」蓋太古之齊冠以緇，後世齊冠以玄，天子齊則玄冕玄端，所謂「端衣玄裳，絻而乘路」是也。

右齊。

【《周禮·春官·太史》】大祭祀，戒及宿之日，與羣執事讀禮書而協事。【注】協，合也。合謂習録所當共之事也。【疏】戒，謂散齊七日。宿，謂致齊三日。當此二日之時，與羣執事預祭之官讀禮書而協事，恐事有失錯，物有不供故也。

【《天官・小宰》】以法掌祭祀之戒具。【注】法，謂其禮法也。戒具，戒官有事者所當供。

【《宰夫》】以式法掌祭祀之戒具。【疏】言式法者，祭祀大小皆有舊法式，依而戒飭，使共具之。

【《掌次》】掌王次之法，以待張事。王大旅上帝，則張氊案，設皇邸。【注】法，大小丈尺。大旅上帝，祭天于圜丘，國有故而祭亦曰旅。此以旅見祀也。張氊案，以氊爲牀于幄中。鄭司農云：「皇，羽覆上。邸，後版也。」玄謂：後版，屏風與？染羽象鳳皇羽色以爲之。

【陳氏《禮書》】案，所據之案。邸，所宿之邸次。氊與皇羽者，皇德之象，德不稱此，不足以格上帝也。

魏氏校曰：「經文百職多互舉，言有故祭，則常祭可知也。」

【《通典》】掌次于丘東門外道北，設大次小次。次謂帷幄，初往所止居。小幄，接祭退俟之處。

《祭義》曰：「周人祭日，以朝及闇。」雖有强力，孰能支之？是以有退俟，與諸臣代有事焉。

【《幕人》】凡祭事，共其帷、幕、幄、帟綬。【注】皆以布爲之，四合象宫室曰幄。王所居之帳，皆以繒爲之。凡四物者，以綬連繫焉。共之者掌次，當以張。【疏】帷在傍施之，象土壁也。幕則帳上張之，象屋舍也。幄則帷幕之内設之，帟者在幄之内，承塵。綬，條也。

【《掌次》】凡祭祀，張其旅幕，張尸次。【注】旅，衆也。公卿以下即位所祭祀之門外以待事，爲之張大幕。尸則有幄。鄭司農云：「尸次，祭祀之尸所居更衣帳。」【疏】祭祀言凡者，天地、宗廟外内祭祀皆有羣臣助祭，其臣既多，不可人人獨設，故張旅幕。旅，衆也，謂衆人共幕。諸祭皆有尸，尸尊，故别張尸次。鄭云「即位所祭祀之門外以待事」者，若宗廟自有廟門之外，若外神于郊，則亦有壝宫之門，門外並有立位。司農云「更衣帳」者，未祭則常服至祭所，乃更去常服，服祭服也，故言更衣。

【《春官・大司樂》】大祭祀，宿縣。【疏】舉大祭祀而言，其實中祭祀亦宿縣也。宿縣者，皆于前宿預縣之。遂以聲展之。【注】叩聽其聲，以知完不。

【《大胥》】凡祭祀之用樂者，以鼓徵學士。【疏】祭祀言凡者，則天地、宗廟之祀用樂舞之處，以鼓召學士，選之，當舞者往舞焉。

【《地官・封人》】凡祭祀，飾其牛牲，設其楅衡，置其絼，共其水槀。【注】飾謂刷治潔清之也。鄭司農云：「楅衡，所以楅持牛也。絼，著牛鼻繩，所以牽牛者。今時謂之雉，與古者名同，❶皆謂夕牲時也。」杜子春云：「楅衡所以持牛，令不得抵觸人。」玄謂：楅設于角，衡設于鼻，如椵狀也。水槀，給殺時洗薦牲也。【疏】言凡祭祀，謂王之天地、宗廟，先大次小之祭祀非一，故云凡以廣之。云「飾其牛牲」者，祭祀尚潔净，故飾治使净也。「設其楅衡」者，恐抵觸人，故須設楅于角，牽時須易制，故設衡。于鼻置絼，當牽行，故亦置之于鼻也。須洗薦牲體，故共其水槀也。

【陳氏《禮書》】封人「飾牛牲」，小子「凡沈辜侯禳，飾其牲」，羊人「凡祭祀飾羔」，校人「飾幣馬。凡將事于四海山川，飾黃駒」，《曲禮》曰「飾羔雁者以繢」，莊周曰「犧牛衣以文繡」，《漢儀》夕牲被以絳，然則羊人「飾羔」，《曲禮》所謂「飾以繢」也；校人「飾黃駒」，猶《傳》所謂「文馬」也，則凡牲無不飾矣。鄭氏以飾爲「刷治潔清之」，然則「刷治潔清之」非所謂飾。封人非掌牛而飾牛者，牛，土畜也，使飾土畜，因其類也。

又曰：《詩》曰：「秋而載嘗，夏而楅衡。」毛氏曰：「楅，持牛也。絼，著牛鼻以牽者。」鄭康成曰：「楅設于角，衡設于鼻。」又曰：「楅衡其牛角，爲其觸觝人也。」蓋

❶「古」，原脱，據《周禮・地官・封人》鄭注補。

楅衡以木爲之，横設於角則楅幅其角，猶射以楅幅其矢也。絼則《少儀》、《祭統》所謂「紖」也。康成于《詩》合楅、衡以爲一，于《禮》離楅、衡以爲二，是自惑也。

【《牛人》】凡祭祀，共其牛牲之互，與其盆、簝，以待事。【注】盆、簝，皆器名。盆所以盛血，簝，受肉籠也。互，若今屠家懸肉格。【疏】始殺解體未薦之時，且懸于互，待解訖，乃薦之，故得有互以懸肉也。

【陳氏《禮書》】鄭司農謂互，楅衡之屬。鄭康成謂互，若今懸肉格。《楚茨》詩曰：「或剥或亨，或肆或將。」毛氏曰：「或陳于牙，或齊于肉。」蓋互、牙古字通用。掌舍設梐枑，條閭氏掌比國中宿互者，互，行馬也。肉格謂之互，蓋其制類此。鄭司農以爲楅衡之屬，非是。

右戒具陳設。

【《周禮・天官・太宰》】及執事眡滌濯。【注】執事，初爲祭事前祭日之夕。滌濯，謂溉祭器及甑甗之屬。【疏】及猶至也，謂致祭前日，太宰眡滌濯。案《小宗伯》「大祭祀眡滌濯」，《大宗伯》亦云「宿眡滌濯」，彼二官親眡滌濯，大宰尊，親往涖之。

蕙田案：及猶與也，謂祭前一夕與執事之人視滌濯耳。執事，指宗伯、宰夫等言。

【《宰夫》】從大宰而眡滌濯。

【《春官・大宗伯》】凡祀大神，宿眡滌濯，涖玉鬯，詔大號，治其大禮，詔相王之大禮。【注】滌濯，溉祭器也。玉，禮神之玉也。大號，六號之大者，以詔大祝，以爲祝辭。治猶簡習也。預簡習大禮，至祭，當以詔相王。【疏】云「宿眡滌濯」者，謂祭前一宿，視所滌濯祭器，看潔清與否。「詔大號」者，謂大宗伯告大祝出祝辭也。云「治其大禮」者，謂天地人之鬼神祭禮，王親行之，爲大禮，對下小宗伯治小禮爲小也。「詔相王之大禮」者，謂未至之時，詔告之，及其行事則又相之。云「滌濯，溉祭器也」者，此滌濯，是蕩滌，以《少牢》有溉祭器，故據而言之。溉即拭也。云「玉，禮神之玉也」者，即蒼璧、黄琮、青圭、赤璋之等，及四圭、兩圭之類，皆是禮神，置于神坐也。案《九嬪職》云「贊玉齍」，注云「玉齍，玉敦，盛黍稷」，與此注玉爲禮神之玉齍，即非玉敦所飾，注不同者，彼九嬪所贊，贊后設之，據宗廟。宗廟無禮神玉，則玉齍不得别解，故爲玉敦。此據天地爲主，有禮神玉，故與齍别釋也。涖，臨視也，直視看而已。下云奉，據手執授王，故云祭又奉之。云「大號，六號之大」者，謂若《大祝》云「辨六號：一曰神號，二曰示號，三曰鬼號，四曰牲號，五曰齍號，六曰幣號」之等，是六號之大者也。云「以詔大祝以爲祝辭」者，經云詔大號，大祝是事神之人，又辨六號，故知所詔是詔大祝爲祝辭。祝辭則祝版之辭是也。

【《小宗伯》】大祭祀，省牲眂滌濯。【疏】與《大宗伯》文同，謂佐大宗伯省牲者，察其不如法。

【《地官・充人》】展牲則告牷。【注】鄭司農云：「展，具也，具牲，若今時選牲也。」玄謂：展牲，若今夕牲也。【疏】宗人視牲告充，亦謂祭前之夕。

【《春官・肆師》】凡祭祀之卜日，宿爲期，詔相其禮，眂滌濯亦如之。【疏】「眂滌濯亦如之」者，謂祭前之夕，視滌濯祭器，亦詔相其禮，故云亦如之。

右省眂。

五禮通考卷第四

淮陰吴玉搢校字

五禮通考卷第五

内廷供奉禮部右侍郎金匱秦蕙田編輯
太子太保總督直隸右都御史桐城方觀承同訂
國子監司業金匱吴鼎
直隸按察司副使元和宋宗元　參校

吉禮五

圜丘祀天

【《周禮·春官·雞人》】大祭祀，夜呼旦，以嘂百官。【注】呼旦，以警起百官，使夙興。

【《巾車》】大祭祀，鳴鈴以應雞人。【注】雞人主呼旦，鳴鈴以和之，聲且警衆。

【《秋官·銜枚氏》】大祭祀，令禁無囂。【疏】國之大祭祀，謂天地、宗廟。令主祭祀之官使禁止，無得讙囂，讙囂則不敬鬼神故也。

右呼旦警戒。

【《蜡氏》】凡國之大祭祀，令州里除不蠲，禁刑者、任人及凶服者，以及郊野。【注】蠲讀如「吉圭唯饎」之圭。圭，潔也。刑者，黥劓之屬。任人，司圜所收教罷民也。凶服，服衰絰也。此所禁除者，皆爲不欲見人所薉惡也。【疏】大祭祀，謂郊祭天地。

【《禮記·郊特牲》】喪者不哭，不敢凶服，汜埽反道，鄉爲田燭。弗命而民聽上。【注】謂郊道之民爲之也。反道，剗令新土在上也。田燭，田首爲燭也。【疏】郊祭之日，人之喪者不哭，又不敢凶服而出，以干王之吉祭也。汜埽反道者，汜埽，廣埽也；反道，剗路之土反之，令新土在上也。郊道之民家，家各當界，廣埽新道也。鄉爲田燭者，鄉謂郊内六鄉也，六鄉之民各于田首設燭照路，恐王嚮郊之早。弗命而民聽上者，合結喪者不哭以下至此，並非王命，而民化，王嚴上故也。然《周禮·蜡氏》云：「凡國之大祭祀，令州里除不蠲，禁刑者、任人及凶服者，以及郊野。」而此云不命者，《蜡氏》所云，有司常事，至郊祭之時，王不施命，故云不命。且作記之人盛美民之聽上之義，未必實然也。《蜡氏》云除不蠲及刑者、任人等，此不言者，文不備也。

【《祭義》】郊之祭也，喪者不敢哭，凶服者不敢入國門，敬之至也。【疏】此一節論郊祀之禮，以是吉禮大事，故喪與凶服皆辟去。

右除道警蹕。

【《春官・太史》】祭之日，執事以次位常。

【疏】執行祭祀之禮，若今儀注。

【《地官・饎人》】掌凡祭祀共盛。【注】炊而共之。

【《舍人》】凡祭祀共簠簋，實之，陳之。【注】方曰簠，圓曰簋，盛黍稷稻粱器。【疏】祭祀言凡，則天地、宗廟大祭小祭皆有。黍稷于簠簋實之陳之，故云凡以廣之也。

【《春官・鬯人》】掌供秬鬯而飾之。【注】秬鬯，不和鬱者。飾之，謂設巾。鬯，釀秬爲酒，芬香條暢於上下。秬如黑黍，一稃二米。【疏】此直供秬黍之酒，無鬱也。

【《天官・酒人》】掌爲五齊三酒，祭祀則供奉之。

凡祭祀，以法供五齊三酒，以實八尊。大祭三貳。【注】大祭者，王服裘冕所祭也。三貳者，謂就三酒之尊而益之也。祭祀必用五齊者，至敬不尚味而貴多品。【疏】五齊五尊，三酒三尊，故云以實八尊。此除明水、玄酒，若五齊加明水，三酒加玄酒，八尊爲十六尊，不言之者，舉其正尊而言也。

【陳氏《禮書》】《酒正》「共五齊三酒，以實八尊」，皆陳而弗酌，所以致事養之義也。非此八尊所實，而皆有貳者，大祭所酌，度用一尊，則以三尊貳之，皆酌而獻，所以致事養之用也。

【《秋官・司烜氏》】掌以夫遂取明火於日，以鑒取明水於月，以共祭祀之明齍、明燭，共明水。【注】夫遂，陽遂也。鑒，鏡屬，取水者，世謂之方諸。取日之火、月之水，欲得陰陽之潔氣也。明燭以照饌陳，明水以爲玄酒。鄭司農云：「明齍，謂以明水修滌粢盛黍稷。」

【《天官·冪人》】祭祀以疏布巾冪八尊。【注】祭天無灌，唯有五齊三酒實于八尊。疏布者，大功布爲冪，覆此八尊，此據正尊而言。若五齊加明水，三酒加玄酒，則十六尊，皆以疏布冪之也。

【《春官·典瑞》】大祭祀，共其玉器而奉之。

【《天官·亨人》】掌共鼎鑊。【注】鑊，所以煮肉及魚腊之器。既熟乃脀于鼎。

【《籩人》】凡祭祀，共其籩薦修之實。

【《醢人》】凡祭祀，共薦修之豆實。

【《春官·大宗伯》】凡祀大神，涖玉鬯，省牲鑊，❶奉玉齍。【注】玉，禮神之玉也。始涖之，祭又奉之。鑊，烹牲器也。【疏】「涖玉鬯」者，天地有禮神之玉。《曲禮》「玉曰嘉玉」，《郊特牲》云「用玉氣」是也。「奉玉齍」者，此玉還是上文所涖者。齍，謂黍稷。天地當盛以瓦簋。齍與上鬯，互見爲義，皆始時臨之，祭又奉之。

蕙田案：禮神之玉，灌地之鬯，雖典瑞、鬯人之事，而必親臨之；牲之肥瘠，鑊水之多寡，雖充人、亨人之事，而必親省之。奉玉齍，六宮所供，宗伯親奉之也。

【《小宗伯》】省鑊。

【《肆師》】表齍盛，告絜，展器陳，告備。【疏】當祭之日，具其黍稷等，盛于簠簋，又以徽識表其名，又告潔淨。云「展器陳告備」者，謂祭日陳祭器，實之。既訖，則又展省視之而告備具，故云「展器陳告備」也。

方氏苞曰：「眡滌濯，涖玉鬯，省牲鑊，皆大宗伯親之。莫重于齍盛，而第使肆師表告，何也？滌濯、實鬯、納亨，皆有司之事也，故親臨眡。若齍盛，則帥宮女而爲之者，天官世婦也。帥而共之者，春官之世婦也。外臣安得而眡之，涖之，省之？故待其既共，然後使肆師以潔告，加徽識，而宗伯親奉以揭虔焉。」

右祭日陳設省眡。

❶「牲」，原脱，據庫本補。

【《禮記·祭義》】郊之祭，夏后氏祭其闇，殷人祭其陽，周人祭日以朝及闇。【注】闇，昏時也。陽讀爲「曰雨曰暘」之暘，謂日中時也。朝，日出時也。夏后氏大事以昏，殷人大事以日中，周人大事以日出，亦謂此郊祭也。以朝及闇，謂終日有事。【疏】此經止明郊祭之禮。

方氏慤曰：「闇者，日既没而黑。夏后尚黑，故祭其闇。陽者，日方中而白。殷人尚白，故祭其陽。朝者，日初出而赤。周人尚赤，故以朝及闇焉。言闇，則知陽之爲明；言陽，則知闇之爲陰；言朝，則知闇之爲夕。以朝及闇，則有陰有陽，陰陽雜而成文，又以見其尚文歟？祭日，謂祭之日也。必于周言日者，以一日之間以朝及闇也。」

劉清江曰：「周人祭日以朝及闇，此言周人尚赤，大事用日出，先日欲出之初猶逮及闇，則可行祭事矣。稍後則晝，晝則與殷人日中相亂，故季氏祭，仲由爲宰，晏朝而退，仲尼謂之知禮也。若曰周人之祭自朝及暮，則孔子無爲多仲由，仲由爲不知禮。」

馬氏晞孟曰：「《周官·掌次》注云，大次，始往所止居；小次，既接祭退俟之所，是與諸臣代有事也。唯其與諸臣代有事，故雖以朝及闇，而不繼之以倦也。」

周氏諝曰：「以朝及闇者，猶言以朝與闇，蓋或以朝，或以闇。」

蕙田案：以朝及闇，三説不同。細案之，周氏之説固無定見，劉氏云「日出之初，猶逮及闇，不及晝」，恐儀節不能如是之促也。當以注疏及方氏之説爲正。馬氏亦足相發。

右祭時。

【《禮記·郊特牲》】祭之日，王皮弁以聽祭報。【注】報猶白也。夙興朝服以待白祭事者，乃後服祭服而行事也。《周禮》「祭之日，小宗伯逆粢省鑊，告時于王，告備于王」也。【疏】祭之日，王皮弁以聽祭報者，報，白也。郊日之朝，天子早起，皮弁以聽之。小宗伯告日時早晚，及牲事之備具也。未郊，故未服大裘，而且服日視朝之服也。引《周禮》者，證小宗伯既有告事，王皮弁聽之是也。

【《周禮・小宗伯》】祭之日，告時于王，告備于王。【注】時，薦陳之晚早。備，謂饌具。【疏】陳備即告，告王祭時已至，當行事也。

右聽祭報。

【《禮祀・郊特牲》】祭之日，王被衮以象天，戴冕璪十有二旒。【注】衮象天，謂有日月星辰之章，此魯禮也。周禮，王祀昊天上帝則服大裘而冕，祀五帝亦如之。魯侯之服，自衮冕而下。【疏】魯用王禮，作記之人既以魯禮而爲周郊，遂以魯侯稱王也。

蕙田案：服裘被衮，周天子祀天之服，非魯禮也。注誤，詳見上服衮條下。

【《家語・郊問》】天子大裘以黼之，被裘象天。【王注】大裘爲黼文也。言被之大裘，其有象天之文，故被之道路，至泰壇而脱之。

【陳氏《禮書》】《禮記》：「惟君黼裘以誓省，大裘非古也。」則戒誓省眡用黼裘，而後世大裘焉，故記者譏之。《家語》謂大裘黼文以象天，王至泰壇脱裘服衮。張融又易之，以爲王至泰壇脱衮服裘。蓋王肅託孔子以信其説，張融疑王肅以變其論。然《記》曰：「郊之日，王皮弁以聽祭報。」則前祭未嘗服大裘也。又大裘無文，與黼不同，二者之説誤矣。

蕙田案：黼裘服以誓省，不聞服以祀天。祀天服大裘，取其質也，安用黼爲？此蓋王肅僞造之詞，陳氏非之，是矣。

【《周禮・春官・典路》】大祭祀則出路，贊駕説。【注】出路，王當乘之。贊駕説，贊僕與促馬也。

【《通典》】王將出，大司樂令奏《王夏》。王所過處之人，各於田首設燭，以照于路。

【《夏官・大馭》】掌馭玉路以祀。及犯軷，王自左馭，馭下祝，登，受轡，犯軷，遂驅之。

【注】行山曰軷。犯之者，封土爲山象，以菩芻棘栢爲神主，既祭之，以車轢之而去，喻無險難也。《春秋傳》曰：「跋履山川。」自，由也。王由左馭，禁止馬，使不得行也。軷讀爲別異之別，謂祖道、轢軷、磔犬也。《詩》云：「載謀載惟，取蕭祭脂，取羝以軷。」詩家説曰：「將出祖道，犯軷之祭也。」《聘禮》曰：「乃舍軷，飲酒于其側。」禮家説亦謂道祭。【疏】此據祭天之時，故有犯軷之事。祭天在近郊，雖無險難，審慎故也。

及祭，酌僕，僕左執轡，右祭兩軹，祭軌，乃飲。【注】軹，謂兩轊也。軌當作軓，車前軾也。【疏】此云「及祭，酌僕」者，即上文將犯軷之時，當祭左右轂末及軾前，乃犯軷而去。酌僕者，使人酌酒與僕。僕即大馭也。大馭則左執轡，右手祭兩軹，并祭軌與軾前三處，訖，乃飲，飲者，若祭末飲福酒，乃始轢軷而去。

【《大僕》】王出入則自左馭而前驅。

【《齊右》】掌祭祀前齊車。

【《虎賁氏》】掌先後王而趨以卒伍。

【《秋官・條狼氏》】掌執鞭以趨辟，王出入，則八人夾道。

【《夏官・節服氏》】六人維王之太常。【注】維，維之以縷。王旌十二旒，兩兩以縷綴連，旁三人持之。禮，天子旌曳地。鄭司農云：「維，持之。」【疏】《巾車》云：「王路建大常，十有二旒。」經云六人維之，明一畔有三人，三人維六旒，故知兩兩以縷連，旁三人持之。

右王出郊。

【《家語・郊問》】既至泰壇，王脱裘矣，服衮以臨燔柴，戴冕璪十有二旒。

蕙田案：云脱裘服衮者，蓋見《郊特牲》之文與《周禮・司服》不符，故造此説以牽合之。不知服裘而被衮，固不害其爲同也。後世祀天之服皆因是而淆焉。特其于祭日之次節有合，故辨而存之。

【《周禮・大宗伯》】以禋祀祀昊天上帝。【注】禋之言煙。周人尚臭。煙，氣之臭聞者。積柴實牲體焉，或有玉帛，燔燎而升煙，所以報陽也。【疏】案《郊特牲》云：「升首于室，以報陽。」彼論宗廟之祭以首報陽，今天神是陽，煙氣上聞，亦是以陽報陽。

張子曰：「鄭注禋祀，則變禋爲煙，取其尚臭。據《洛誥》曰『明禋』，又《國語》曰『精意以享曰禋』。徧觀書傳，皆言禋是精潔致祭之名。凡祀天、日、月、星辰、風師、雨師，皆取煙燎，不言可知。今祀天言禋，祀日月言實柴，祭天禮重，故取禋敬之名以別之。鄭不明此意，改禋爲煙，謬哉。《書》曰『禋于文王、武王』，又曰『禋于六宗』。」

鄭氏鍔曰：「謂之禋祀，明在乎致其心齊精明誠一爲主而已。」

蕙田案：禋祀，注疏與張子、鄭氏不同，然升煙達氣，正所以達其精意也，當兩存之。

【《儀禮·覲禮》】祭天燔柴。

敖氏繼公曰：「燔柴者，謂置牲幣之屬於積柴之上而燔之。」

【《禮記·祭法》】燔柴于泰壇。【疏】謂積薪于壇上，而取玉及牲置柴上燔之，使氣達于天也。

【《爾雅》】祭天曰燔柴。【郭注】既祭，積薪燒之。

【邢疏】祭天之禮，積柴以實牲體而燔之。

【《韓詩外傳》】天子奉玉升柴，加于牲上而燔之。

【《郊特牲》孔疏】祭天初有燔柴，後有正祭，皆須有牲，故《大宗伯》云「實柴祀日月星辰」，鄭司農云「實牛柴上」也，鄭康成云「實牲體焉」。郊唯特牲，得供燔燎、正祭二處所用者，熊氏、皇氏等以爲分牲體供二處所用，其實一特牲也。

【羅泌《路史》】祭天燔燎，祀地瘞埋，蓋牲幣爾。先儒以爲俱有玉者，謂以降神出示。學者承襲，遂以爲燔瘞皆有玉，莫之察者。夫古郊祀，蒼璧禮天，黄琮禮地，四圭有邸以祀天，而兩圭有邸以祀地，未聞燔瘞之玉也。天之常祭歲九，則玉之燔者爲九；地之常祀歲二，則玉之瘞者爲二。其所以用之常祀之外者，又不勝計矣，燔瘞之玉何其多耶？以皆燔耶，則玉不受火；以皆瘞耶，而泰壇之下，泰折之側，耕斸旦旦，未見獲一玉者。案六經緣祭祀而言玉者多矣，無所謂燔瘞之玉也。唯韓嬰《詩傳》始有「天子奉玉升柴，加之於牲」之説，而崔靈恩遂引《詩》之「圭璧既卒」以實之爲燔玉，且謂《肆師》「立大祀用玉帛牲牷」爲論燎玉之差降。而鄭注《大宗伯職》亦遂以爲或有玉帛燔燎而升煙。夫以祀而言燔瘞之玉，於百氏書曾不之見。大祀玉帛，若圭璧既卒兩説，此世以爲見之經者，尤不近情。《韓詩》、鄭注，端未足據。詳考《肆師》所用玉帛，特禮神之用，而非論燎玉之差降。《雲漢》所言，亦禮神之玉爾。其説以謂宣王承厲之後，遇灾知懼，禱祠供給，靡所不至，而遂至於圭玉罄盡，蓋所以美之也。鄭氏以爲禮神之玉又已盡者，斯得之矣，何自而指爲燔且瘞哉？《禮運》云：「祭祀瘞繒。」是祭地不瘞玉而瘞繒，然則燔於泰壇，瘞於泰折，無玉明矣。若古輯瑞，三帛二生一死贄則受，而五玉之器則卒而復，知此則祀大神無燔玉，祭大示瘞繒而不瘞玉，又可知矣，曷至膠膠曲臺儀省之間哉！　又曰：天地之祭牲各二：降神之牲，祀神之牲也。燔柴於泰壇，瘞埋于泰折，或曰實牲體焉，所以降之也；埽地而祭，羞牲體焉，所以祀之也。故《牛人》：「凡祭祀，共其享牛、求牛。」享牛者，祀神之牛；求牛者，降神之牛也。降神之牛於天騂犢，於地黝牲，從其類也。《牧人》：「凡陽祀，用騂牲，毛之。陰祀，用黝牲，毛之。」鄭以陽祀祭天，陰祀祭地。祀神之牲，於天用蒼，於地用黄，象其功也。《大宗伯》：「以蒼璧禮天，黄琮禮地。」而牲幣各從其器之色，本其類也。天地之祭，俱有兩牲，其來久矣。《召誥》云：「用牲于郊，牛二。」而《禮器》乃云：「祭天特牲，有以少爲貴者。」此特謂享牛爾。享牛主於祭，若求牛則主在降神，非所言者，是故《禮器》言祭，《召誥》言郊，皆有所不及。彼熊氏等乃以爲郊唯一牲，而祭有兩處，分牲體以供之，失所依矣。切稽《楚語》，禘郊之祭則有全烝，若分牲體，豈得謂全烝哉？方唐顯慶，長孫無忌等議，始以蒼璧、黄牲燔於泰壇，加以騂犢而實之以俎，四圭有邸則奠之於坐。其後，張説又以祭後方燔。攷之經，乃不合，蓋不知郊祀天地，有禮神之玉，又有祀神之玉，有求神之牛，而又有享神之牛也。

【陳氏《禮書》】燔柴以升煙，瘞埋以達氣，則燔必於樂六變之前，瘞必於樂八變之前。又曰祭天曰燔柴，祭地曰瘞埋，又周人尚臭，而升煙瘞埋乃臭氣也，則天地之燔瘞在行事之前矣。周魏之間，燔柴皆於祭末。郭璞云：「祭天，既祭積柴燒之。祭地，既祭瘞埋藏之。」恐先王之時，祭祀既畢亦有燔瘞之禮，其詳不可考也。

蕙田案：祭必先求神，祀天之禮，燔柴爲重，然其制不詳。鄭氏、《韓詩外傳》謂燔瘞有玉，熊氏謂分牲體供二處所用，陳氏《禮書》亦謂燔用牲首，《路史》非之，蓋玉無煙臭，固無燔燎之理。而特牲即是全脅，烏得分爲二耶？先儒拘泥《特牲》之文，故爲此説，不知雖有燔牲，何害全脅之一特也。詳見前犧牲條下。

又案：陳氏《禮書》謂燎必於樂六變之先，其義與求神合。郭璞《爾雅》注曰：「既祭，積薪燒之。」二説不同，豈先燔柴降神，既祭復以牲幣燔之耶？《禮書》亦謂不可考，存疑可也。

右燔柴。

【《易·豫卦·大象傳》】雷出地奮，豫。先王以作樂崇德，殷薦之上帝，以配祖考。

【《本義》】雷出地奮，和之至也。先王作樂，既象其聲，又取其義。

【《春官·大司樂》】凡樂，圜鐘爲宫，黄鐘爲角，大簇爲徵，姑洗爲羽，靁鼓靁鼗，孤竹之管，雲和之琴瑟，《雲門》之舞，冬日至，於地上之圜丘奏之，若樂六變，則天神皆降，可得而禮矣。【注】先奏是樂以致其神，禮之以玉而祼焉，乃後合樂而祭之。圜鐘，夾鐘也。夾鐘生於房、心之氣，房、心爲大辰，天帝之明堂。天宫夾鐘，陰聲，其相生從陽數，其陽無射。無射上生中吕，中吕與地宫同位，不用也。中吕上生黄鐘，黄鐘下生林鐘，林鐘地宫又不用。林鐘上生太簇，大簇下生南吕，南吕與無射同位，又不用。南吕上生姑洗。鄭司農云：「雷鼓、雷鼗，皆謂六面有革可擊者也。雲和，地名也。」玄謂雷鼓、雷鼗八面。孤竹，竹特生者。雲和，山名。【疏】云「先奏是樂以致其神」者，致神則下神也。周之禮，凡祭祀皆先作樂下神，乃薦獻，薦獻訖乃合樂也。云「禮之以玉而祼焉，乃後合樂而祭之」者，云禮之以玉據天地，而祼焉據宗廟。以《小宰》注「天地大神至尊不祼」，又《玉人》、《典瑞》、《宗伯》等不見有宗廟禮神之玉，是以知禮之以玉據天地，則蒼璧禮天、黄琮禮地是也；而祼焉據宗廟，肆獻祼是也。云「圜鐘，夾鐘也」者，即上文夾鐘也。云「夾鐘生於房心之氣」至「明堂」者，案《春秋緯文耀鉤》及石氏《星經》天官之注云：「房心爲天帝之明堂，布政之所出。」又昭十七年，「冬，有星孛于大辰」，《公羊傳》云：「大辰者何？大火也。大火爲大辰，北辰亦大辰。」夾鐘房心之氣爲大辰，天之出日之處爲明堂，故以圜鐘爲天之宫。云「天宫夾鐘陰聲，其相生從陽數」者，其夾鐘與無射配合之物。夾鐘是吕，陰也；無射是律，陽也。天是陽，故宫後曆八相生，還從陽數也。云「無射上生中吕，中吕與地宫同位，不用也」者，地宫是林鐘，林鐘自與蕤賓合，但中吕與林鐘同在南方位，故云同位。以天尊地卑，故嫌其同位而不用之也。「中吕上生黄鐘」，黄鐘爲角也。「黄鐘下生林鐘，林鐘地宫又不用」，亦嫌不用也。「林鐘上生太簇」，太簇爲徵也。「太簇下生南吕，與無射同位，又不用。南吕上生姑洗」，姑洗爲羽，祭天四聲足矣。

陸氏佃曰：「黄鐘，降神之樂也，故曰天神皆降。」

王氏安石曰：「此祀天下神之樂。」

薛氏衡曰：「周制大祭有三：一曰祭天圜丘，二曰祭地方澤，三曰禘祫宗廟。三祭既殊，其樂亦異，然此是致神之樂。」

【陳氏《禮書》】古者祀天之禮衆矣，而莫盛於冬至，莫大於圜丘。以其祀及於昊天上帝而百神舉矣，故其降神之樂，宜主以帝所出之方。及其格也，大合六代之樂，文之以五聲，播之以八音，而配以祖焉。在《易·豫》，所謂「先王作樂崇德，殷薦之上帝，以配祖考」是也。

王氏安石曰：「圜鐘，正東方之律。帝與萬物相見，于是出焉。天無不覆，求天神而禮之，則其樂之宫宜以帝所出之方，故致圜鐘。」

薛氏衡曰：「天道著乎東，而本統起于北。《易》曰『帝出乎震，東方也』，故祭天神用寅、卯、辰之律，曰太簇、圜鐘、姑洗是也。然不可違其本統也，黄鐘爲天統，故兼取北方之律，而以黄鐘爲角。」

【王氏《詳説》】宫角徵羽，以清濁爲先後之序。且如圜鐘爲宫，宫數八十一；黄鐘爲羽，羽數六十四；太簇爲徵，徵數五十四；姑洗爲羽，羽數四十八。函鐘爲宫，太簇爲角，姑洗爲徵，南吕爲羽；黄鐘爲宫，大吕爲角，太簇爲徵，應鐘爲羽，亦如其數。此所謂宫、角、徵、羽者，以清濁爲先後之序也。《律曆志》所謂「宫生徵，徵生商，商生羽，羽生角」，以相生爲先後之序也。

鄭氏鍔曰：「不曰夾鐘曰圜鐘者，以天體言也。十二律旋相爲宫，先王用樂，各以其類，取聲而用之。天功始于子，故用黄鐘爲角，角言功之始。天功成于寅，故用太簇爲徵，徵言功之成。天功終于辰，故用姑洗爲羽，羽言功之終也。○管用特生之竹，取陽數之奇。雲和，先儒以爲山名，于此取材爲琴瑟，將以召乎至和，故有取也。六代之樂，《雲門》爲首，天神最尊，故用之。○

樂用圜鐘，鼓取天聲，管取陽聲，琴瑟取雲和，舞取《雲門》，而丘之體又象天之圓，祭之日用冬至，一陽始生之日，以類求類，所謂天神之屬乎陽者，安得而不降，此所以可得而禮。」

【《朱子語類》】問：「宫角徵羽與七聲不合，如何？」朱子曰：「此是降神之樂。如黄鐘爲宫，大吕爲角，太簇爲徵，應鐘爲羽，自是四樂，各舉其一而言之。大吕爲角則南吕爲宫，太簇爲徵則林鐘爲宫，應鐘爲羽則太簇爲宫，以七聲推之合如此。」又曰：「所謂黄鐘宫、大吕角便是調，如頭一聲是宫聲，尾後一聲亦是宫聲，便是宫調。但其中五音依舊都有，不是全用宫。」

蔡氏德晉曰：「圜鐘即夾鐘，屬卯，其位爲震，帝出乎震，故致天神。以爲宫不曰夾，而曰圜，與《易》乾爲圜同意。黄鐘、太簇、姑洗，律之相次者也。相次者，天之序，故祀天神取之。圜鐘爲宫，無射爲之合；黄鐘爲角，大吕爲之合；太簇爲徵，應鐘爲之合；姑洗爲羽，南吕爲之合。宫之旋而在天者，其合别而爲四也。鼓以君樂而鼗佐之。其以雷名，雷爲天之聲也。管者，中氣之所由出。孤竹，竹特生而堅剛者，其音清越，于祀天神宜也。琴瑟者，歌聲之所由叶。雲和，山名。言管，而堂下之樂見矣；言琴瑟，而堂上之樂見矣。樂六變者，《雲門》之樂六變而終也。天神皆降，至和感召，融洽貫通，上帝降鑒，而百神景從，猶鑾輿動而千官隨也。」

【附辨注疏天地人三宫不用之律】

【《周禮·大司樂》鄭注】圜鐘，夾鐘也。夾鐘生于房、心之氣，房、心爲大辰，天帝之明堂。函鐘，林鐘也。林鐘生於未之氣，未，坤之位。或曰天社在東井輿鬼之外，天社，地神也。黄鐘生於虚、危之氣，虚、危爲宗廟。以此三者爲宫，用聲類求之。天宫夾鐘，陰聲，其相生從陽數，其陽無射。無射生中吕，中吕與地宫同位，不用也。中吕上生黄鐘，黄鐘下生林鐘，林鐘地宫，又不用。林鐘上生太簇，太簇下生南吕，南吕與無射同位，又不用。南吕上生姑洗。地宫林鐘，林鐘上生太簇，太簇下生南吕，南吕上生姑洗。人宫黄鐘，黄鐘下生林鐘，林鐘地宫，又避之。林鐘上生太簇，太簇下生南吕，南吕與天宫之陽同位，又避之。南吕上生姑洗，姑洗南吕之合，又避之。姑洗下生應鐘，應鐘上生蕤賓，蕤賓地宫，林鐘之陽也，又避之。蕤賓上生大吕。凡五聲，宫之所生，濁者爲角，清者爲徵、羽。此樂無商者，祭尚柔，商堅剛也。

【陳氏《禮書》】《大司樂》所以序圜鐘爲宮，黄鐘爲角，太簇爲徵，姑洗爲羽，此律之相次者也；函鐘爲宮，太簇爲角，姑洗爲徵，南吕爲羽，此律之相生者也；黄鐘爲宮，大吕爲角，太簇爲徵，應鐘爲羽，此律之相合者也。先儒謂：「夾鐘生於房、心之氣，房、心，天帝之明堂，故爲天宮；林鐘生於未之氣，未，坤之位，故爲地宮；黄鐘生於虚、危之氣，虚、危爲宗廟，故爲人宮。」此説是也。蓋天帝之明堂，東南方也，帝與萬物相見，于是出焉；坤之位，西南方也，物於是致養焉；宗廟，北方也，物于是藏焉。其爲三宮宜矣。然言天宮不用中吕、林鐘、南吕、無射，人宮避林鐘、南吕、姑洗、蕤賓。不用者，卑之也；避之者，尊之也。以爲天宮不用地宮之律，人宮避天宮之律，然則人宮用黄鐘，孰謂避天宮之律耶？

楊氏復曰：「陳氏《禮書》所謂天宮取律之相次者，圜鐘爲宮，圜鐘爲陰聲之第五，陰將極而陽生矣，故取黄鐘爲角，黄鐘，陽聲之首也；太簇爲徵，太簇，陽聲之第二也；姑洗爲羽，姑洗，陽聲之第三也。此律之相次也。地宮取律之相生者，函鐘爲宮，函鐘上生太簇，則太簇爲角；大蔟下生南吕，南吕上生姑洗，故南吕爲徵，姑洗爲羽，此律之相生也。人宮取律之相合者，黄鐘子，大吕丑，故黄鐘爲宮，大吕爲角，子與丑合也。太簇寅，應鐘亥，故大簇爲徵，應鐘爲羽，寅與亥合也。此律之相合也。天道有自然之秩序，故取律之相次者以爲音；地道資生而不窮，故取律之相生者以爲音；人道相合而相親，故取律之相合者以爲義。以此觀之，則鄭氏謂天宮不用中吕、林鐘、南吕、無射，人宮避林鐘、南吕、姑洗、蕤賓，其説鑿矣。」

李氏光地曰：「黄鐘、圜鐘兩字錯互，諸儒相承，遂不復正。原其所以，蓋以黄鐘一律宮角兩用，或者疑其重複而以意易之。致誤之根，當緣于此。」

蕙田案：《前漢志》黄鐘統天，林鐘統地，太簇統人，謂之三統，又爲三始。此《大司樂》天地人三宮，唯地宮林鐘無異。其天宮夾鐘、人宮黄鐘不同者，《漢志》言作樂之原，《周禮》言祭祀之樂之用。《易》：「帝出乎震。」震位夾鐘，故祀天神以爲宮。《易》以坎爲北方幽陰之卦，凡言祭祀，言宗廟，多取坎象。豫、晉、困、震、渙、既濟。❶ 坎位黄鐘，故享人鬼以爲宮，與三統三始之義兼通無礙也。《禮運》：「五聲六律十二管，旋相爲宮。」先儒説旋宮者有六十聲、六十調，以聲言則夾鐘爲宮者，林鐘爲角，無射爲徵，黄變半爲羽；林鐘爲宮者，應鐘爲角，太半爲徵，姑半爲羽；黄鐘爲宮者，姑洗爲角，林鐘爲徵，南吕爲羽，此以律管之長短高下别五聲，而共爲六十聲也。以調言則夾鐘爲宮者，應鐘爲角，夷則爲徵，蕤賓爲羽；林鐘爲宮者，夾鐘爲角，黄鐘爲徵，無射爲羽；黄鐘爲宮者，夷則爲角，中吕爲徵，夾鐘爲羽，此以律均之起聲、收聲分五調，而共爲六十調也。此《大司樂》天宮夾鐘

❶「濟」，原脱，據庫本補。

爲宮，黄鐘爲角，太簇爲徵，姑洗爲羽；地宮林鐘爲宮，太簇爲角，姑洗爲徵，南吕爲羽；人宮黄鐘爲宮，大吕爲角，太簇爲徵，應鐘爲羽，此非以本管相生之五聲言，而以律自爲均之五調言。天宮四調皆以夾鐘起調，夾鐘畢曲。地宮四調皆以林鐘起調，林鐘畢曲。人宮四調皆以黄鐘起調，黄鐘畢曲。鄭氏拘於損益相生之成法，有不合者則以爲卑之而不用，尊之而避之，豈其然乎？商音不用，亦謂不用其調耳。如使每宮之中五缺其一，何以使高下清濁咸得其宜哉？

觀承案：古樂既亡，而《周禮》天神、地示、人鬼之樂各分四律者，人多疑之，此拘於三統而不得其解也。《漢志》三統乃據制律之本言，非用律之法也。況人統乃太簇寅，非夾鐘即圜鐘。卯也。地統本大吕丑，而林鐘即函鐘。未居其衝，亦非本位也，則何用執之以生疑哉？李氏《古樂經説》直以圜鐘、黄鐘爲錯文，欲彼此互更以遷就其意，此未當也。《唐書》載祖孝孫之十二和，其一曰《豫和》，以降天神，皆以圜鐘爲宮，三奏，黄鐘爲角，太簇爲徵，姑洗爲羽，各一奏，文舞六成。二曰《順和》，以降地祇，皆以函鐘爲宮，太簇爲角，姑洗爲徵，南吕爲羽，各二奏，文舞八成。三曰《永和》，以降人鬼，皆以黄鐘爲宮，三奏，大吕爲角，太簇爲徵，應鐘爲羽，各二奏，文武舞九成。此能全用《周禮》而各依其律者也，則何必互易之乎？其所以分布三宫者，康成謂夾鐘生於房、心之氣，林鐘生於未之氣，未，坤之位，黄鐘生於虚、危之氣。其附會天星，雖亦讖緯餘習，而以林鐘爲坤位，則恰是後天卦象，可知夾鐘卯爲震位，黄鐘子爲坎位矣。夫帝出乎震，坎主祭祀，後人因此而悟夾鐘之宜祀天，黄鐘之宜祀先，正康成之解有以啓之也。惟每宫四律而於五音去商，合爲十二律，而於陽律去三，陰律去一，則未明。故案律相生而倡爲尊之故避、卑之不用之説，則太鑿矣。不知律有聲，亦有調。聲者，逐字配以宫商；調者，每曲統以宫商。歌，聲則五音不可缺一，調則商聲有殺氣，鬼神忌之，故祭祀不用商調，而只有四調。夾鐘爲宫者，用夾鐘宫調，蓋以夾鐘起調，夾鐘畢曲。下文黄鐘角調，太簇徵調，姑洗羽調，亦必以起調畢曲者名其律耳。推之地宫林鐘四律，人宫黄鐘四律，亦然。此正是六十調旋相爲宫之法也。其不用仲、蕤、夷、無四律者，仲吕乃上生之窮，蕤賓亦正均之變，夷則實西方之音，無射又窮秋之律，故只用八律爲調也。其天地人各得四調者，陳氏以天宫四律爲律之相次，地宫四律爲律之相生，人宫四律爲律之相合，似爲明切。然惟人宫之相合爲自然，而天宫之相次，則夾鐘一律已錯其序，地宫之相生，則南姑二律亦互其文，終非天然不易之法也。以理言之，天陽在上，故夾鐘四律俱用子、寅、卯、辰之陽位；地平在下，故林鐘四律分布東、西、南、北之四方；人在天地之中，故黄、太、大合天、地、人三才之統。而應鐘亥又應陽氣而生，可以終則有始而循環不窮矣。況合辰之説乃上文分樂而序之法，是歌奏迭用，而只以一律爲調，與此之每宫四調者不同，亦不必牽入於此條人宫内也。

【附辨陳暘旋宫不過三】

【陳氏《樂書》】《周官》凡樂，圜鐘爲宫，黄鐘爲角，太簇爲徵，姑洗爲羽。凡樂，函鐘爲宫，大簇爲角，姑洗爲徵，南吕爲羽。凡樂，黄鐘爲宫，大吕爲角，大簇爲徵，應鐘爲羽。蓋天五地六，天地之中合也。故律不過六，而聲亦不過五。其旋相爲宫，又不過三，以備中聲而已。樂以中聲爲本，而倡和清濁，迭相爲經，故以仲春之管爲天宫，仲冬之管爲人宫，中央長夏之管爲地宫。《國語》有四宫之説，不亦妄乎？今夫旋宫之樂，十二律以主之，五聲以文之，故圜鐘爲宫而無射爲之合，黄鐘爲角而大吕爲之合，太簇爲徵而應鐘爲之合，姑洗爲羽而南吕爲之合。凡此，宫之旋而在天者也。函鐘爲宫，大簇爲角，姑洗爲徵，南吕爲羽，而交相合焉。凡此，宫之旋而在地者也，故其合降而爲三。黄鐘爲宫，大吕爲角，大簇爲徵，應鐘爲羽，而兩兩合焉。凡此，宫之旋而在人者也，故其合又降而爲二。在《易》，上經言天地之道，下經言人道，而元亨利貞之德，乾别有四，坤降爲二，咸又降爲一，亦此意也。蓋一陰一陽之謂道。天法道，其數參而奇，雖主乎一陽，未嘗不以一陰成之，故其律先陰而後陽。地法天，其數兩而偶，雖主乎二陰，未嘗不以二陽配之，故其律或上同于天，而以陰先陽，或下同于人，而以陽先陰。人法地，則以同而異，此其律所以一于陽，先乎陰歟？大抵旋宫之制，與蓍卦六爻之數常相爲表裏。蓍之數分而爲二以象兩儀，掛一以象三才，揲之以四以象四時，歸奇于扐以象閏，而六爻之用，抑又分陰分陽，迭用柔剛。則知陰陽之律分而爲二，亦象兩儀之意也；其宫則三，亦象三才之意也；其聲則四，亦象四時之意也；餘律歸奇，亦象閏之意也。分樂之序則奏律歌吕，亦分陰分陽之意也。三宫之用，則三才迭旋，亦迭用柔剛之意也。十有二律之管，禮天神以圜鍾爲首，禮地示以函鍾爲首，禮人鬼以黄鍾爲首，三者旋相爲宫，而商角徵羽之管亦隨而運焉。則尊卑有常而不亂，猶十二辰之位取三統三正之義，亦不過子丑寅而止耳。《禮運》曰：「五聲六律十二管，旋相爲宫。」如此而已。先儒以十有二律均旋爲宫，又附益之以變宫、變徵，而爲六十律之準，不亦失聖人取中聲寓尊卑之意耶！

蕙田案：《禮運》：「五聲六律十二管，旋相爲宫。」十二管，每管之均，均具五聲，爲六十聲；十二律自爲其宫，宫各五調，爲六十調，所謂旋相爲宫也。若如《樂書》之論，旋宫不過三，則此三宫者，執而不變，滯而不通，無可旋轉。且止是三管爲宫耳，未可云十二管旋相爲宫也。三管之外既不爲宫，即不成調，何以上文奏黄鍾，歌大吕，至奏無射，歌夾鍾，乃十二律並用耶？合辰之説，于理固然。至所云四降而三，三降而二，則非有意義存其間。擬之以易，合之以蓍，恐皆附會。晋之泥《大司樂》三宫當旋宫，而不信《禮運》十二律均旋爲宫之義，失之遠矣。

右作樂降神。

【《春官·太祝》】凡大禋祀，逆尸，令鍾鼓，相尸禮。【注】延其出入，詔其坐作。

【《小祝》】大祭祀，逆尸，沃尸盥。

【《夏官·節服氏》】郊祀，裘冕二人執戈，逆尸從車。【注】裘冕者，亦從尸服也。裘，大裘也。

王氏應電曰：「舊説於經文以『衮冕六人、裘冕二人』爲句，遂謂六人衮冕爲服王之服，二人裘冕爲從尸服。夫衮冕，王之盛服，乃衣之以維太常；裘冕至尊，雖祀先王猶不得服，乃衣之以執戈盾，何其褻瀆之甚至此耶！

夫所謂節者，掌其服而有品節之云耳。」

蕙田案：《記》曰尸襲而不裼，送逆尸者象之，故鄭氏有從尸服之説。但大裘乃王祀天之服，未必即尸服也。尸服既於經無見，而斷以節服氏之裘爲大裘，鑿矣。陳用之又據爲裘冕加衮之證。夫裘之外雖必有衣，但未必即是衮也。先儒以裘冕爲如王之服，故王昭明以爲褻瀆之甚。愚謂：裘冕二人，蓋言尸服裘，故送逆尸者亦裘；尸冕，故送逆尸者亦冕，所謂裘與冕者，豈必如王之大裘衮冕耶？或各如其等之服冕而加裘焉耳。如此，則裘冕爲無可疑，而王氏之説可以不論。

【《通典》】次乃埽於丘壇上而祭，尸服裘而升丘。王及牲、尸入時，樂章奏《王夏》、《肆夏》、《昭夏》。《大司樂》云：「王出入奏《王夏》，尸出入奏《肆夏》，牲出入奏《昭夏》。」但用夾鐘爲宫耳。

【附諸儒論傳記祭天尸】

【《尚書大傳》】維十有三祀，帝乃稱王而入唐郊，猶以丹朱爲尸。

【《國語·晉語》】晉祀夏郊，董伯爲尸。

【《禮記·曲禮》孔疏】天子祭天地、社稷、山川、四方百物及七祖之屬，皆有尸也。《公羊》説，祭天無尸。《左氏》説，晉祀夏郊，以董伯爲尸。《虞夏傳》云：「舜入唐郊，以丹朱爲尸。」是祭天有尸。許慎引魯郊祀曰祝延帝尸，從《左氏》之説也。

張子曰：「《節服氏》言郊祀『送逆尸從車』，則祀天有尸也。天地、山川之類，非人鬼者，恐皆難有尸。《節服氏》言郊祀有尸，不害后稷配天而有尸也。」

楊氏復曰：「愚案宗廟祭享，有尸有主者，聖人原始返終，而知死生之説，故設主立尸爲之廟貌，所以萃聚祖考之精神，而致其來格也。若天地、山川之類，形氣常運而不息，有形氣則有神靈，祭祀感通，其應如響，又焉用立尸爲哉？《周官·大宰》：『及祀之日，贊玉幣爵之事。』謂玉幣所以禮神，王親自執玉幣，奠於神座，又親酌以獻神，如是而已。《曲禮》疏有説祀天無尸，古人蓋知祀天之不必有尸矣。經傳所説宗廟有尸者多矣，未有言祭天之尸者。惟《尚書大傳》有帝入唐郊，丹朱爲尸之説。《左氏傳》述晉祀夏郊之事始末爲詳，初無董伯爲尸之説，而《國語》乃言之，其言不經，難以遽信。」

觀承案：祭祀之禮，無主則不依，而無尸亦不享。杜氏謂立尸乃上古樸陋之禮者，非也。古人立尸，自有深意。祭如在，祭神如神在。雖仗精心，亦憑尸象，方能從無形影中感召出來耳。然祭則立之，畢則罷之，則又人鬼不瀆，而民無惑志也，是以祭必有尸。内祭祀惟婦人不立尸，以立男則不類，用女則非體也。外祭祀惟天地無尸，天大無外，地廣無垠，而不可爲尸也。此郊祀之有尸，乃配者之尸耳。張子説甚是，然兼山川言，恐未爲確。《儀禮》周公祭太山，以召公爲尸。《周禮》墓人爲尸。朱子亦謂惟天地不敢爲尸。如祀竈則膳夫爲尸，門、行則閽人爲尸，山川以虞衡爲尸，蓋鬼神各因依其職守所在而憑之也，則山川豈可無尸乎？唐《開元禮》亦尚有尸，自後尸法亡而像設盛，於是梵宮道院，野廟淫祠，無非土木衣冠，神鬼變相，既立不罷，終日儼然，煽惑愚民，無有限極。以至玉帝天妃，亦冕旒環珮而户祝之，則侮天瀆神之至矣。乃知古人立尸之意，固甚深遠也。

右迎尸。

【《春官·大祝》】大禋祀，逆牲。

【《地官·封人》】歌舞牲。【注】謂君牽牲入時，隨歌舞之，言其肥香以歆神也。

【《天官·太宰》】贊王牲事。【注】凡大祭祀，君親牽，大夫贊之。

【《通典》】王親牽牲而殺之。

【《夏官·司弓矢》】凡祭祀，共射牲之弓矢。【注】射牲，示親殺也。殺牲非尊者所親，唯射爲可。

【《國語·周語》】禘郊之事，天子必自射其牲。

【《夏官·射人》】祭祀則贊射牲。【注】烝嘗之禮，有射豕者。《國語》曰：「禘郊之事，天子必自射其牲。」今立秋有貙劉云。【疏】漢時苑中有貙劉，即《爾雅》「貙似貍」，「劉，殺也」。

右迎牲殺牲。

【《夏官·小臣》】大祭祀，沃王盥。【疏】大祭祀，天地、宗廟皆是。王將獻之，先盥手，洗爵，乃酌獻，故小臣爲王沃水盥手也。

【《文獻通考》】太宗皇帝至道二年，禮儀使白言：「請先詣罍洗，後奠玉幣。」從之。

右盥。

【《御僕》】大祭祀，相盥。【注】謂奉盤授巾。

【《周禮·春官·大宗伯》】奉玉。

【《天官·太宰》】贊玉幣之事。【注】玉帛，所以禮神。

【《小宰》】贊玉幣之事。【注】謂小宰執以授太宰，太宰執以授王。

右薦玉帛。

【《周禮・天官・籩人》】供其籩薦羞之實。❶

【《醢人》】共薦羞之豆實。

右薦豆籩。

【《禮記・禮器》】郊血。【注】至敬不享味而貴氣臭也。【疏】血，氣也。夫肉食有味，味者爲人道，人道卑近而天神尊貴，事宜極敬，極敬不褻近，故用血也。用血是貴氣，而不重味，故云貴氣臭也。

【《郊特牲》】郊血。【疏】謂正祭之時，薦于尸坐之前也。

【《春官・大祝》】隋釁。【注】謂薦血也。凡血祭曰釁。【疏】天地薦血于座前。❷宗廟即血以告殺，凡祭祀之法，先逆牲，後隋釁。

右薦血腥。

【《通典》】就坐時，尸前置蒼璧。又薦籩豆及血腥等，爲重古之薦。鄭注《大司樂》云：「先作樂致神，然後禮之以玉而祀之。」❸

【《春官・小祝》】贊奠。【注】奠爵也。

【《天官・太宰》】贊玉幣爵之事。【注】爵所以獻齊酒。不用玉爵，尚質也。執以從王而授之。

【《小宰》】贊玉幣爵之事。

【《春官・鬯人》】共秬鬯。

【《通典》】七獻者，薦血腥後，王以匏爵酌泛齊以獻尸，所謂朝踐是也。此爲一獻。次大宗伯攝王后之事，亦以匏爵酌醴齊亞獻，亦爲朝踐。是二獻。每獻，奏樂一成。

蕙田案：祀天獻酒之禮，經無明文。《通典》據注疏補之，今仍其說，以俟考。

右朝踐，王一獻，宗伯二獻。

【《秋官・大司寇》】奉其明水火。

鄭氏鍔曰：「明者，潔也，言主人明潔，故成此水火也。刑官以清而察獄訟之辭，必明而燭蔽欺之情，故使奉

---

❶「羞」，原作「修」，據《周禮》改。下一「羞」字同。

❷「地」，原作「子」，據《周禮疏》改。

❸此條，依文義，似當在「右薦血腥」之前。

之，以明其義。」

【《春官・太祝》】掌六祝之辭，以事鬼神示。【注】六辭皆是祈禱之事，皆有辭。祝以告神。【《明集禮》】祝用于祭祀，所以交于神祇者，當有其辭也。如《武成》曰：「敢昭告于皇天后土，唯有道曾孫周王發，將有大正于商。」

辨六號，一曰神號。【注】號，謂尊其名，更爲美稱焉。神號，若云皇天上帝。

凡大禋祀，則執明水火而號祝。【注】明水火，司烜所共日月之氣，以給烝享。執之，如以六號祝，明此圭潔也。禋祀，祭天神也。

鄭氏鍔曰：「大祀執之以號祝，既爲之美名，又從而告之，蓋言主人之明潔若此水者也。」

【《大戴禮・公符篇》】古祝辭：皇皇上天，昭臨下土。集地之靈，降甘風雨。庶物羣生，各得其所。靡今靡古，維予一人某，敬拜皇天之祐，❶維某年某月上日。

【《通考》】古祝詞則云「嗣王某」，或曰「一人某」，王者親告之辭也。年，謂大歲所在。月，正月也。

【《明集禮》】成王在洛邑祭歲，王命作册，史逸祝册，此祝册之見于周者。

右祝號。

【《易・鼎卦・彖傳》】聖人亨，以享上帝。

【《周禮・天官・太宰》】及納亨，贊王牲事。【注】納亨，納牲將告殺。謂鄉祭之晨，既殺以授亨人。

【《亨人》】掌供鼎鑊給水火之齊。

右亨牲。

【《地官・大司徒》】奉牛。【注】奉猶進也。【疏】案《國語》「郊之事有全脀」，若然，則郊祀先全脀，後豚解之。

【《國語・周語》】郊事則有全脀。【注】脀，升也。全其牲體而升之。

❶「祐」，庫本作「祜」。

蕙田案：《禮器》：「一獻熟。」疏云：「《周語》：❶『禘郊則有全脀。』是祭天有熟也。皇氏曰：『郊天與大享、三獻並有血腥爓熟。雖以郊爲主，其祭天皆然也。』」此爲祭天薦熟之確證。

【《天官・亨人》】共太羹、鉶羹。【注】大羹，肉湆。鄭司農云：「大羹，不致五味也。鉶羹，加鹽菜矣。」

【《禮記・禮器》】大羹不和。【疏】大羹，肉汁也。不和，無鹽梅也。大古初變腥，但煮肉而飲其汁，未知調和，後人祭既重古，故但盛肉汁，謂之太羹不和。

【《郊特牲》】大羹不和，貴其質也。

方氏慤曰：「味之美者莫如淡，太羹則以淡爲貴而已。」

【《詩・大雅・生民》】卬盛于豆，于豆于登，其香始升。上帝居歆，胡臭亶時？【毛傳】木曰豆，瓦曰登。于豆，薦菹醢也。于登，薦大羹也。【鄭箋】❷其馨香上行，上帝則安而歆之。何芳臭之誠得其時乎？祀天用瓦豆，陶器質也。

【《文獻通考》】陳氏曰：「《爾雅》：『木豆謂之豆，瓦豆謂之登。』先儒謂宗廟之籩豆用木，天地之籩豆用瓦。然《詩》述祀天之禮，言『于豆于登』，則祀天有木豆矣。」

右薦熟。

【《通典》】次薦熟於神前。薦畢，王乃以匏爵酌盎齊以獻尸，大宗伯以匏爵酌醍齊以亞獻，所謂饋獻也。通前凡四。

右饋獻，王三獻，宗伯四獻。

【《周禮・春官・小宗伯》】逆齍。【注】逆齍，受饎人之盛以入。

【《小祝》】逆齍盛。

【《大宗伯》】奉玉齍。【疏】齍謂黍稷。天地當盛以瓦簋。

右薦黍稷。

【《通典》】尸乃食。食訖，王更酌朝踐之

❶「周」，原作「楚」，據《禮記疏》、《國語・周語中》改。

❷「鄭箋」二字，原無，案下引文乃鄭箋之文，據補。

泛齊以酳尸，所謂朝獻。大宗伯更酌饋獻之緹齊以亞酳，所謂再獻。通前凡六。又有諸臣爲賓長之一獻。凡七。其尸酢諸臣之酒，皆用三酒。其法如祫祭之禮。畢獻之後，天子舞六代之樂。

【《禮記・郊特牲》疏】皇氏曰：「置蒼璧于神座，次則以豆薦血腥。祭天無祼，故鄭注《小宰》云：『唯人道宗廟有祼。天地大神至尊不祼。莫稱云。』然則祭天唯七獻也。故鄭注《周禮》云：『大事于太廟，備五齊三酒。』則圜丘之祭，與宗廟祫同。朝踐，王酌泛齊以獻，是一獻也。后無祭天之事。大宗伯次酌醴齊以獻，是爲二獻也。王進爵之時皆奏樂，但不皆六變。次薦熟，王酌盎齊以獻，是爲三獻也。宗伯次酌緹齊以獻，是爲四獻也。次尸食之訖，王酌朝踐之泛齊以獻，是爲五獻也。又次宗伯酌饋食之醍齊以獻，是爲六獻也。次諸臣爲賓長酌泛齊以獻，是爲七獻也。以外皆加爵，非正獻之數。其尸酢王以清酒，酢宗伯以昔酒，酢諸臣以事酒。」從上至此，皆皇氏所説。皇氏以圜丘之祭，賓長終獻，不取沈齊而取泛者，以《禮運》約之，沈齊皆在堂丘下，不可用之，故更上取泛齊。案《禮運》沈齊在廟堂之下，尚得酌之升堂以獻，何爲圜丘沈齊獨不可用乎？若以圜丘高遠，不可下取沈齊，凡齊，泛、醴爲尊，盎、緹爲卑，賓長終獻，衹可以次用緹，亦何得反用泛齊乎？今謂圜丘賓長之獻用沈齊也，以其賓長是臣助祭終獻，遠下于君，故從丘下酌沈齊。

右饋食，王五獻，宗伯六獻，諸臣七獻。

【《春官・大司樂》】乃奏黄鐘，歌大呂，舞《雲門》，以祀天神。【注】以黄鐘之鐘、大呂之聲爲均者，黄鐘，陽聲之首，大呂爲之合奏之，以祀天神，尊之也。【疏】「以黄鐘之鐘、大呂之聲」者，以經云奏，奏者，奏擊以出聲，故據鐘而言。大呂，經云歌，歌者，發聲出音，故據聲而説，亦互相通也。言均者，欲作樂，先擊此二者之鐘以均諸樂，是以《鐘師》云：「以鐘鼓奏《九夏》。」鄭云：「先擊鐘，次擊鼓。」《論語》亦云：「始作，翕如也。」鄭云：「始作，謂金奏。」是凡樂皆先奏鐘，以均諸樂也。

鄭氏鍔曰：「黄鐘者，建子之律，一陽所起，六律之根本。大呂雖非六呂之首，然其位在丑，子與丑相合之辰也，故奏黄鐘必歌大呂之調，取其合也。」

易氏祓曰：「雲以象天之施。黄帝之樂，黄帝德與天合，故《雲門》之樂起于黄鐘之子，應以大吕之丑，是黄鐘爲六律之首，大吕爲六同之首，《雲門》爲六舞之首，以祀天神，類也。」

蔡氏德晉曰：「奏者，播之于器；歌者，詠之于聲；舞者，動之于容。三者，作樂之大綱也。黄鐘屬子，陽聲之首；大吕屬丑，陰聲之首。爲之合，蓋取子與丑相合之辰也。《雲門》，六樂之首。以斯三者求天神而祀之，尊之也，此祭祀薦神之樂。凡祭祀，始作降神，次則薦神。」

【《大師》】大祭祀，帥瞽登歌，令奏擊拊。下管播樂器，令奏鼓朄。大饗亦如之。【注】登歌，歌者在堂也。拊，形如鼓，以韋爲之，著之以糠。擊拊，瞽乃歌也。下管，吹管者在堂下也。朄，小鼓。鼓朄猶言擊朄。鼓朄，管乃作也。

【陳氏《樂書》】瞽矇：「掌九德、六詩之歌，以役大師。」❶小師：「大祭祀登歌，擊拊。下管，擊應鼓。徹，歌。大饗亦如之。」由是推之，大祭祀登歌，奏擊拊，堂上之樂也；下管播樂器，奏鼓朄，堂下之樂也。于歌言登，則知管之爲降；于管言下，則知歌之爲上。堂上之樂衆矣，其所待以作者，在乎奏擊拊；堂下之樂衆矣，其所待以作者，在乎奏鼓朄。舜之作樂，言拊詠于上，言鼗鼓于下。《樂記》亦曰「會守拊鼓」而已。蓋拊爲衆器之父，鼓朄爲衆聲之君，以拊爲父，凡樂待此而作者，有子道焉；以鼓朄爲君，凡樂待此而作者，有臣道焉。《記》曰：「聲，樂之象也；金石絲竹，樂之器也。」象形而上，器形而下。于下管言播樂器，則登歌以詠其聲，得不爲樂之象乎？凡此雖瞽矇、小師之職，其帥而歌之者，大師而已。

❶「役」，原作「後」，據陳暘《樂書》卷四六及《周禮》經文改。

非特大祭祀爲然，大饗亦如之。《文王世子》曰：「登歌《清廟》，下管《象》舞。達有神，興有德。」此祭祀之樂也。

高氏愈曰：「登歌，謂升歌堂上，貴人聲也。拊，以韋爲之，擊之以爲奏樂之節。下，堂下。管，如篪，六空。播，謂播揚其聲。小鼓曰朄，鼓之亦所以節樂。蓋太師帥瞽登歌于堂上，令衆工奏樂以和之，復令擊拊以節之。堂上之歌既畢，則堂下以管聲相繼，遂乃播動其樂器，令工大奏衆樂，而復鼓朄以節之。與虞廷所謂『搏拊琴瑟以詠，下管鼗鼓』者，亦略相似也。」

易氏祓曰：「奏擊拊以道歌，而後瞽者歌焉。奏鼓朄以道管，而後樂器播焉。樂之與歌，必有所道而後從，必有所令而後奏，此節奏之序。」

華氏泉曰：「鄭仲師以擊拊爲樂，或當擊，或當拊，蓋以拊爲《虞書》『擊石拊石』之拊。然玩《少師職》『登歌擊拊』與『下管擊應鼓』對，而《樂記》亦云『弦匏笙簧，會守拊鼓』，則拊爲樂器，而作樂先擊拊鼓可知。」

蕙田案：堂上堂下雖指明堂、宗廟言，而郊壇奏樂亦必有上下可知。

【《小師》】大祭祀登歌，擊拊。下管，擊應鼓。

【《地官・鼓人》】以靁鼓鼓神祀。【注】靁鼓，八面鼓也。

【《春官・大司樂》】六變而致象物及天神。【注】變猶更。樂成則更奏也。象物，有象在天，所謂四靈者。天地之神，四靈之知，非德至和則不至。《禮運》曰：「麟、鳳、龜、龍，謂之四靈。」

【《詩・周頌》】昊天有成命，二后受之。成王不敢康，夙夜基命宥密。於緝熙，單厥心，肆其靖之。【疏】郊祀天地之樂歌也。

思文后稷，克配彼天。立我烝民，莫匪爾極。貽我來牟，帝命率育。無此疆爾界，陳常于時夏。【疏】后稷配天之樂歌也。

右祀神之樂。

【《周禮・春官・鬱人》】大祭祀，與量人受舉斝之卒爵而飲之。【注】斝，受福之嘏，聲之誤也。王酳尸，尸嘏王，此其卒爵也。《少牢饋食禮》：「主人受嘏，詩懷之，卒爵，執爵以興，出。宰夫以籩受嗇黍，主人嘗之，乃還獻祝。」此鬱人受王之卒爵，亦王出房時也。必與量人者，鬱人贊祼尸，量人制從獻之脯燔，事相成。

【《禮記·禮運》】祝嘏莫敢易其常古，是謂大假。【注】假亦大也。不敢改其常古之法度，是謂大也。

【《郊特牲》】嘏，長也，大也。【注】主人受祭福曰嘏。此訓也。【疏】尸嘏主人，欲使長久廣大也。富也者，福也。【注】人君嘏辭有富，此訓之也。或曰：「福也者，備也。」【疏】《少牢》云：「皇尸命工祝，承致多福無疆于女孝孫。使女受祿于天，宜稼于田，眉壽萬年，勿替引之。」此是大夫嘏辭也。人君則福慶之辭更多，故《詩·楚茨》云：「永錫爾極，時萬時億。卜爾百福，如幾如式。」是也。

右嘏。

【《周禮·春官·小祝》】送尸。【疏】始祭迎尸而入，祭末送尸而出。《祭義》云「樂以迎來，哀以送往」是也。

【《夏官·節服氏》】郊祀送尸從車。

右送尸。

【《周禮·春官·大祝》】既祭令徹。【疏】祭訖，太祝命徹祭器。

楊氏復曰：「《周禮》以徹祭爲重，觀宗廟歌《雍》以徹可見矣。況敬天之誠純亦不已，令徹于終，其禮尤嚴，所以防人心之懈怠也。」

【《小祝》】贊徹。

【《小師》】徹歌。

右徹。

【《周禮·春官·肆師》】凡祭祀，禮成則告事畢。

右告事畢。

【《周禮·春官·大宗伯》】若王不與祭祀，則攝位。【注】王有故，代行其祭事。【疏】攝訓爲代。有故者，謂王有疾，及哀慘皆是也。《量人》云：「凡宰祭，與鬱人受斝歷而皆飲之。」注云：「言宰祭者，冢宰佐王祭，亦容攝祭。」此宗伯又攝者，冢宰貳王治事，宗伯主祭，事容二官俱攝，故兩言之。

黄氏度曰：「王者有三年之喪，百官總己以聽于冢宰。至祭祀，則宗伯攝，其意爲可知矣。」

【《夏官·量人》】凡宰祭，與鬱人受斝歷而皆飲之。【注】言宰祭者，冢宰佐王祭，亦容攝祭。鄭司農云：「斝讀如嫁娶之嫁。斝，器名。《明堂位》曰：『爵，夏后氏以琖，殷人以斝，周人以爵。』」玄謂：斝讀嘏尸之嘏。宰，冢宰。　【疏】「凡宰祭」者，冢宰攝祭非一，故云凡也。鄭云「冢宰佐王祭，亦容攝祭」者，義得兩含。案《大宗伯》云：「若王不與祭祀則攝位。」注云：「王有故，代行其祭事。」重掌者，此據宗伯亦有故，則冢宰攝之。

【王氏《詳説》曰】祭天，大事也，見于《天官·大宰》，又見于《春官·宗伯》，是以二卿皆得以攝行其事。若王不與祭祀則攝位，此《宗伯》之明文。大宰攝祭，不見于常職，而見于《量人》。《量人》云「宰祭」，是大宰攝祭之事。

【《周書·召誥》】❶乙卯，周公朝至于洛，則達觀于新邑營。越三日丁巳，用牲于郊。

【《彙纂》】王氏充耘曰：「郊社，大事也。周召以人臣行之可乎？　蓋因事祭告，奉王册命以行事，非常祭之比也。」

右代祭。

【《禮記·王制》】喪三年不祭，惟祭天地社稷，爲越紼而行事。【注】越紼行事，不敢以卑廢尊。越猶躐也。紼，輴車索也。　【疏】私喪者是其卑，天地社稷是其尊，今雖遭私喪，既殯以後，若有天地社稷之祭，則行之。故鄭云「不敢以卑廢尊」也。越是踐躐之義。未葬之前屬紼于輴，以備火災。今既祭天地社稷，須越躐此紼而往祭所，故云越紼。六宗、山川之神則否。其宫中五祀，在喪内，則亦祭之，故《曾子問》曰：「君薨，五祀之祭不行。既葬而祭之。」但祭時不須越紼，蓋五祀，宫中之神，喪時朝夕出入所祭，不爲越紼也。

【《春秋繁露》】《春秋》之義，國有大喪者，止宗廟之祭而不止郊祭。不止郊祭者，不敢

❶「召」，原作「洛」，案下引文實出《召誥》篇，據改。

以父母之喪廢祀天之禮也。

右喪不廢祭。

蕙田案：天子祀天正祭，冬日至以禋祀祀昊天上帝於圜丘。董仲舒曰：「王者歲一祭天於郊。」蓋天者，百神之君；天子，萬國之主父。事天而享上帝，所以大報本返始也。其天帝之稱，有該以一字者，則祀天享帝之類；二字者，則上帝、皇天、昊天之類；四字者，則皇天上帝、昊天上帝、維皇上帝之類。天與帝一也，以體言之則曰天，以主宰言之則曰帝而已。其祀享之所曰南郊，曰圜丘，曰泰壇，曰吉土，蓋郊内有壇，壇高曰丘，圜丘即泰壇也。以形象天曰圜，以天尊壇曰泰，即南郊之吉土爾。其正祭之日以冬日至，蓋天

體輕清，上覆而屬陽，冬至一陽生，爲天道之始。乾元統天，又爲生物之始，《易》所云「見天地之心」者也。天子繼天立極，體天之心而報祭焉，所以明天道，定天位，事上帝而仁鬼神也。其所配之帝，《祭法》：「有虞氏郊嚳，夏后氏郊鯀，殷人郊冥，周人郊稷。」《家語》孔子曰：「萬物本乎天，人本乎祖。郊之祭，大報本返始也。故以配上帝。」是也。其從祀之神，大報天而主日，配以月。楊信齋謂：「非必百神從祀。」理或然也。其祀有正祭，有告祭。冬日至，正祭也。其曰類，曰旅，曰造，曰昭告，曰柴，曰升中，皆告祭也。告祭之禮皆殺于正祭，而旅又稍隆焉。其常祀之數，每歲有四，而圜丘居其三：冬

日至，一也；祈穀，二也；雩，三也；明堂，四也。冬至之日不用卜，而辛日用卜。雩爲百穀祈膏雨，與啓蟄之郊同。《孝經》：「宗祀文王于明堂，以配上帝。」明堂亦南郊，但不祭于圜丘，其祀天，一也。其祀之禮曰禋祀。禋，精意以享也。鄭注以禋爲烟，與燔柴合。然日月星辰皆用煙，而唯昊天稱禋祀，則張子之説不可廢。其粢盛、秬鬯，天子親耕，甸師以時入之，后親舂。其酒醴曰五齊、三酒、秬鬯、明水。其玉幣四圭，尺有二寸，蒼璧爲邸，璧與玉非二物也。幣用繒，色蒼，放其器之色。《通典》云：「長丈八尺。」據《曾子問》鄭注，制幣長丈八，准之。其牲用特，殷玄牡，周騂犢。其籩豆，《天官》籩人、醢人掌之。郊祭籩豆，經無明文。然祭必備物，《記》云：「大旅具矣，不足以饗帝。」詎饗帝而不如常祭乎？其器用，有越席，有犧尊，以疏布爲巾覆之。樿杓，白理木。器用陶匏。陶，瓦器。匏，酒爵。蓋祭天尚質也。其服冕，内服大裘，外被衮衣，戴冕璪十有二旒。大裘，黑羔裘。衮十二章以襲裘。惟冬至南郊則服裘，餘皆衮冕。蓋適四時之宜，而非謂祀天必用大裘，亦非裘冕而不披衮也。《周禮》「大裘而冕」與《郊特牲》「被衮以象天」互相發爾。其車旗，一曰玉路，一曰大路。玉路，即道之車；素車，即事之車。《郊特牲》言乘素車，在被衮之後，則即壇明矣。其祭祀始終之序，先三月滌牲。滌者，繫牲之所，取滌蕩潔清之義。帝牛即特牲也。前期十日，太宰率執事而卜日。方性夫謂卜郊指用辛之郊言，蓋郊用冬至，無庸卜日。《周禮》所云卜日，皆兼他祭爲文，原不專謂郊天也。遂誓戒，散齊七日，致齊三日。玉府共食玉，鬯人共秬鬯以浴。遂戒具。小宰持其法，宰夫詳其式，與太史相聯事。前期一日，遂陳設。掌次張氊案，設皇邸。次謂幄。大幄，初往所止居。小幄，既接祭退俟之處。重帟，謂于幄中設承塵。幄在幕中，帷在旁。幕上張幄，在帷幕之內，帟在幄之内也。蓋祭臣多，故張旅幕。諸祭皆有尸。尸尊，故别張尸次，蓋公卿以下即位于壝宫之門，未祭則常服，及祭則更祭服于幕次。尸次，亦更衣所也。封人飾牛牲，設楅衡，置紖，共水槀，皆以待夕牲也。牛人共牛牲之互，與其盆、簝，所以待殺牲也。大司樂宿縣，大胥以鼓徵學士。凡禮物器用咸設焉，遂省視，蓋祭器甑甗皆須濯溉，卑者親眡之，尊者往涖之，所以致敬致潔。而禮神之玉、祀神之牲，尤其重者也。祭之日，雞人呼旦，巾車鳴鈴，銜枚氏禁無囂，蜡氏除不蠲，禁刑者及凶服者，喪者不哭，不敢凶服。氾埽反道，鄉爲田燭。太史執事以次位常，𩞁人供盛，舍人供簠簋，鬯人供秬鬯，酒人共五齊三酒，司烜氏取明火、明水，冪人以疏布巾冪八尊，典瑞供玉器，亨人供鼎鑊，籩人、醢人共籩豆之實。大宗伯涖玉鬯，省牲鑊。肆師表粢盛，展器陳。王皮弁以聽祭報，蓋郊日之朝，天子早起，皮弁以聽告日時早晚，未郊，故未服大裘衮冕而服日視朝之服也。小宗伯告時，告備。典路出路，贊駕説。王出宫，大裘衮冕，乘玉路，建太常。大馭馭玉路，犯軷，太僕自左馭而前驅，虎賁氏先後王，條狼氏執鞭以趨辟，節服氏維王之太常。王至郊，御大次。小宗伯告備，告時。乘大路以赴壇，遂臨燔柴，作樂以降神，乃迎尸。太祝相尸禮，小祝沃尸盥。遂迎牲，太祝掌之，太宰贊之。君親牽牲，封人歌舞之。天子自射其牲，乃埽地而祭，遂盥。小臣沃王盥，御僕相盥。乃薦玉幣，薦血腥。凡血祭曰釁。血，氣也。肉食有味，味爲人道，人道卑近而天神尊貴，事宜極敬不褻近，故用血。天子親薦于神座前也。乃獻尊。小宰贊爵，授太宰，太宰授王。小祝贊奠。鬯人供秬鬯，大司寇奉明水。五齊加明水，三酒加玄酒。杜佑《通典》：「祭天七獻，薦血腥後，王以匏爵酌泛齊獻尸。大宗伯亦以匏爵酌醴齊亞獻，所謂朝踐也。是爲二獻。每獻，奏樂一成。」乃祝。大祝執明水火而號祝。《洛誥》：「王命作册逸祝册。」此祝册之見于周者，則祝固必有册爾。祝畢，王退俟小次。乃亨牲。大宰納亨，贊王牲事。亨人供鼎鑊，給水火之齊。遂薦熟。大司徒奉牛，亨人供太羹、鉶羹。太羹，肉汁，不和，無鹽梅也。鉶羹，加鹽菜矣。蓋太古初變腥，但煮肉而飲其汁。後人祭既重古，故薦之。《通典》：「薦熟于神前。薦畢，王乃以匏爵酌盎齊以獻尸，大宗伯以匏爵酌緹齊以亞獻，所謂饋獻也。通前凡四。」遂薦黍稷。小宗伯、小祝逆齍盛，大宗伯奉玉齍。「薦畢，尸乃食。食訖，王更酌朝踐之泛齊以酳尸，所謂朝獻。大宗伯更酌饋獻之緹齊以亞酳，所謂再獻。通前凡六。又有諸臣爲賓長之一獻，凡七。」皇氏謂以外皆加爵，非正獻之數。其尸酢王以清酒，酢宗伯以昔酒，酢諸臣以事酒。每獻舉樂。《詩·周頌》，郊祀天地之樂，歌「昊天有成命」；后稷配天之樂，歌「思文后稷」是也。獻畢，天子舞六代之樂，遂嘏。王酳尸，尸嘏王，此其卒爵也。遂送尸。肆師禮成則告事畢。蓋其制度儀文，與行事始終之序，大略如此。馬端臨《文獻通考》嘗言：「其散見于百官之職掌，錯見于禮經之總論，披紛散佚，未有能會通而次第之者。惟杜氏《通典》頗有條理，然禮經簡略，多以注疏之意補之，乖異多端。惟信齋楊氏《祭禮》，一本經文，不復以注疏攙補，然闊略不接續，又不如《通典》之通暢。」今考《通典》，以注疏補經，惟七獻之說，義可通用。至其附和六天之謬，則以圜丘爲禘上帝，祈穀爲祀感生帝；其惑於九祭之說，則以五時迎氣爲祀天，故祭祀之所則分南郊與圜丘爲二地。蒼璧禮天，四圭有邸以祀天，爲二物。圜鐘爲宫，與乃奏黄鐘爲兩處之樂，訛舛錯雜，本無義理。而信齋《祭禮》首著古郊祀，次禮物樂舞，次祀禮始終之序，次祝辭樂章，實爲疏脱，既不足以貫串經文之旨，而想見聖人著作之精意，又不可措之儀節，而見諸施行，則古者祀天之禮無徵久矣。爲詳繹聖經，折衷衆説，舉其大綱，詳其節目，其必不可考者，略取注疏之純正者以補之，然後聖人制作之意可以顯白，稍爲損益潤色，則一一可見之施行。即後代制作之善，如唐之《開元禮》、宋之《政和禮》所定儀注，皆有以統其全規而立之準則，庶不謬于觀會通以行其典禮之意云。

【《文獻志・王炎〈郊祀議〉》】❶郊祀，國之重事也。先王之禮，猶可以考之于經，而諸儒異論者，經之所著不同也。蓋其不同者有四：郊丘之制也，天帝之號也，天地分合之異也，春冬時日之差也。郊丘之不同者有三：《周官》謂之圜丘，《戴記》謂之南郊，又謂之泰壇。鄭康成之説曰祀昊天于圜丘謂之禘，祀五帝于南郊謂之郊，而泰壇無説。康成之言非也。兆于南以就陽，位于郊故謂之郊，夫子嘗有是言矣。王肅曰築丘以象天體，是謂圜丘。圜丘，人所造也，是謂泰壇，兆于國南，是謂南郊。然則南郊也，圜丘也，泰壇也，其名有三，其實一也。天帝之異有三：曰昊天上帝，曰五帝，天涓五帝爲上帝，孔安國之説也。天爲昊天，玄天爲上帝，五方之帝爲五帝，鄭司農之説也。孔、鄭之説，質之于經，固已不合。而鄭康成則又曰，昊天上帝者，天皇大帝也；五帝者，始于青帝靈威仰，終于黑帝汁光紀也。以緯亂經，雖不辯，可以知其無稽矣。於徧覆無外，故以天名；主宰造化，故以帝名。在《書》言「類于上帝」，而又言「告于皇天」；在《周官》以爲「禋祀昊天上帝」，知

❶「議」，原作「儀」，據《新安文獻志》卷二六改。

昊天上帝一而已矣。是故《詩》、《書》所載，有「皇矣上帝」之言，有「昊天上帝」之言，而《周官》始有五帝之名。夫上帝至尊無二，而有五帝何也？上帝，天帝也；五帝，五人帝也。何以知之？以《周禮》而知之。掌次：「大旅上帝則張氈案，朝日、祀五帝則張次。」上帝在朝日之先，五帝在朝日之下，則五帝非天帝，其證一也。宗伯：「兆五帝于四郊，四類、四望亦如之。」郊兆于四類之先，則五帝非天帝，其證二也。司服：「祀昊天上帝則大裘而冕，祀五帝亦如之。」既言上帝，又言五帝，則五帝非天帝，其證三也。吕不韋之《月令》嘗言五帝矣，春則太皞，夏則炎帝，秋則少昊，冬則顓帝，夏秋之交則黄帝，不以五帝爲天也。魏相之奏亦詳言五帝矣，太皞乘震，炎帝乘離，黄帝乘坤，少昊乘兑，顓帝乘坎，亦不以五帝爲天也。秦漢間言五帝者，皆五人帝而已，其説必有所從受也。古之祭天者主于上帝，其配以祖。周公既成洛邑，用牲于郊，牛二，其一帝牛，其一稷牛。夫禮簡則嚴，嚴則敬，是故祀天所以報本，尊祖故以配天，嚴敬之義也。合上帝與五帝而謂之六天，則近于誣矣。天地分合之異，先儒考于經者未審也。《春秋傳》曰：「天子祭天，諸侯祭土。」尊天而親地，隆殺固有辨焉。猶之宗子祭父，支子不得祭父，而可以祭母，父尊故也。天子祭天，諸侯不得祭天，而可以祭土，天尊故也。古之祭地者有社，則必有大社。大社謂之冢土，未有北郊方丘之名也。社祭土，主陰氣也。祭帝于郊，以定天位；祀社于國，以列地利。而子思曰：「郊社之禮以祀上帝。」明地不可與天相並，尊天之義也。《周官》論國之神位，左祖右社，此王社也。澤中方丘，此冢土也，此古人所謂大社者也。《書》謂冢土，《禮》謂之方丘，而《戴記》謂之泰折，折則方矣。其名有三，其實亦一也。至漢匡衡，乃有南北郊之説，則失先王尊天親地之意矣。新莽始有天地合祭，祖妣並配之説，則失先王之意益甚矣。雖然，莽之失，因《周頌》之言而失之也。《周官》：「夏日至，祀地于方丘。冬日至，祀天于圜丘。」則曰此天地分祀之證也。夫春夏祈穀，其詩爲《噫嘻》，祈有二祭，而所歌者《噫嘻》一詩也。秋冬報，其詩爲《豐年》，報有二祭，而所歌者《豐年》一詩也。《昊天有成命》之詩可歌以祭天，豈不可歌以祭地乎？以先王之行事，質之武王東伐，告于皇天后土矣，告于皇天則類于上帝是也，告于后土則宜于冢土是也，是天地未嘗合祭者，一也。周公之祭于洛邑，丁巳用牲于郊，戊午社于新邑，是天地未嘗合祭者，二也。以武王、周公之行事，而求其制禮之意，則天地未嘗合祭無疑矣。冬春時日之異，則《戴記》之言失之也。其言曰：「郊之祭也，以迎長日之至。」又曰：「郊之用辛也，周之始郊，日以至。」而繼之以卜郊。夫日至而郊，周禮也；卜日用辛，魯禮也。雜周、魯之禮兼祀之，而郊之時日紊矣。蓋周人之郊有二，皆無所用卜。日至而郊，報本之郊也，故其禮行于一陽之初復。啓蟄而郊，祈穀之郊也，故其禮行于農事之將興。制禮之意，坦然明易。《戴記》言周之始郊，正月以日至，其日用上辛，吾是以知其合周、魯之郊而紊其時日也。諸儒異論，爲禮經之蠹者多矣。去其異論之蠹，而究其禮經之正，經雖殘缺，禮意則固可知也已。

蕙田案：王氏郊丘之説甚是。至以五帝爲人帝，以冢土爲方丘，俱誤。論春冬時日得之，詳見前及方丘、社稷門。

【《文衡》趙汸《論〈周禮〉六天書》】鄭康成三禘五帝六天，緯書之説，豈特足下疑之，自王肅以來，莫不疑之。而近代如陳、陸、葉諸公，其攻擊亦不遺餘力矣。竊嘗究觀諸名家論著，於經旨似猶有未盡者，於禮意似猶有弗類者。經曰祀天，曰祀天神，曰祀昊天，曰祀昊天上帝，曰禋祀昊天上帝，曰旅上帝，曰大旅上帝，曰享上帝，曰類上帝，曰類造上帝，曰祀五帝，曰禋祀五帝，皆因官屬職掌、器物司存言之。然其間尊卑遠近、親疏隆殺，異同分合，有序有倫，聖經簡奥，無費辭，非後世文字比也。蓋《典瑞》言祀天旅上帝，祀地旅四望。旅四望別言既非祀地，則旅上帝別言非祀天明矣。大宗伯「國有大故，則旅上帝及四望。」亦以上帝對四望言。而小宗伯，「兆五帝于四郊，四望、四類亦如之。」始以五帝對四望言，五帝即上帝明矣。旅者，會而祭之之名。上帝非一帝也，猶四望非一方矣。大宗伯「禮天地四方皆有牲幣，各放其器之色」，而《詩》曰：「來方禋祀，以其騂黑。」❶四方之神即五帝也，故曰禋祀，而得與天地通稱六帝，日月、星辰、四望不與焉。大宗伯以禋祀、實柴、槱燎祀神之在天者，以血祭、貍沈、疈辜祭神之在地者。禋者，升烟以祭之名。三祀皆積柴實牲體玉帛，燎

❶「黑」，原作「牲」，據庫本改。

而升煙，以報陽也，自非天神之尊者，不得言禋祀明矣。《大司樂》祀四望、祭山川各有樂，而五帝樂無文，以其皆天神，同變之樂也，又豈但與昊天上帝同禋祀同祭服而已哉？雖然，五帝之非人帝可無疑矣。其總言上帝，與專言祀天者豈無別乎？其祭曰旅，曰享，曰類，曰類造；其事曰天子將出，曰帥甸，❶曰國有大故，以及曰祈穀，與大司樂「冬至日，祀天神于圜丘；夏至日，祭地示于方澤」，孔子謂之大郊者，其于尊卑遠近、親疏隆殺之節，亦辨而詳矣。若來書所謂天與帝爲一，惟兼言、分言有異，則經中神號、祭名、禮物，徒異同而已矣。先王制爲一代大典，豈爲是辭費，以來後世之紛紛乎？大宗伯禮四方，主作六玉言；小宗伯兆五帝，主建神位言。足下謂大小各從其類，决五帝爲人帝，非經旨也。夫五行之神爲五帝，而太皞之屬配焉，亦云帝，此孔子問諸老聃，而告季康子者也。公羊子曰：「自內出者，無匹不行；自外至者，無主不止。」此郊之所以尚配也。今將迎氣于郊而廢其所配者，主其配者大皞以降，雖有功德，亦人鬼也，人鬼豈能司天時而布五氣者乎？陳祥道、楊復齋之言曰天有五行四時，則有五帝，帝者，氣之主也。果以五人帝爲五帝，則人帝之前其無司四時者乎？朱子又謂：「凡說上帝者，總昊天上帝與五帝言之。」意與陳氏同。諸公雖不主康成，至此亦不能異也。足下豈弗考乎？《王制》：「祭天地之牛角繭栗，宗廟之牛角握。」此天神、人鬼之別也。《國語》曰：「郊禘祭之牛角繭栗。」謂郊爲禘而牲無異，此所謂禘非人鬼之祭矣。又曰：「凡禘、郊、祖、宗、報五者，國之祀典也，加之以社稷、山川、三辰、五行。」而不別言祭天地，則韋昭注禘爲圜丘，不誣也。《祭法》以禘、郊、祖、宗對舉言之，與《國語》同，則四者皆大祭，而事體相似可知。其四代配食之帝，一以先後爲次，則四大祭者，輕重必有差矣。王氏謂：「禘者，宗廟之殷祭，而郊爲圜丘祀天。」以其序言則先廟而後郊，廟言人鬼而郊不及天神；以其實言，是重祖以配天，而輕所自出之帝，唯廟享也。又謂：「祖、宗乃二廟不遷之名。」是禘、郊以祭言，祖、宗以廟言也。太廟之不遷，又非世室比。顓頊之于商，其廟視周文武世室，亦可同倫乎？二世室，一曰祖，一曰宗，可乎？此無論禮意如何，古人制言有序，名物以類，必不如是之舛駁弗倫也。六天之神，陰

❶「帥甸」，據《周禮·大宗伯》，疑當作「師甸」。

主化育，著爲星象，下應人事，北辰中居御極，而五帝隨天運轉，以散精布氣于四時。與開闢之初，五天之精，感爲帝王之祖，皆非有得于化原，有見于古初者。信不足以及之，然中垣太微昭布森列，不可誣也。況周人立閟宮以祭姜嫄，《大司樂》享先妣序于先祖之上，則南郊祀感生帝何必異乎？緯書焚于隋，河圖、洛書至宋始大顯，使無陳、邵二公，亦妖妄之類耳。學者初不見全書，往往望風詆排。黄先生嘗謂恐有如圖書蓍策之數在其中，可謂惡而知其善者矣。孫仲然遠矣，安得起陳、林諸君子而質之。

蕙田案：趙氏論六天，是矣。乃從鄭氏，以禘爲郊祭南郊祀感生帝，不知讖緯之當絶，而反引伸其説，何歟？存此二條，以見郊祀異説之惑人可畏。至其説之所以謬，已詳見前辨中矣。

五禮通考卷第五

淮陰吴玉搢校字

五禮通考卷第六

内廷供奉禮部右侍郎金匱秦蕙田編輯
太子太保總督直隸右都御史桐城方觀承同訂
直隸按察司副使元和宋宗元
貢士吴江顧我鈞 參校

吉禮六

圜丘祀天

【《史記·封禪書》】三年一郊。秦以冬十月爲歲首，故常以十月上宿郊見。李奇曰：「宿猶齋戒也。」通權火，張晏曰：「權火，逢火也，狀若井桔槔，其法類稱，故謂之權。」欲令光明遠照通祀所也。《索隱》曰：權一作爟，《周禮》有司爟。拜於咸陽之旁，而衣上白，其用如經祠云。服虔曰：「經，常也。」

蕙田案：《封禪書》于四時稱雍，而此云咸陽之旁。四時有春泮凍、秋涸凍、冬賽祠、五月嘗駒及四仲之月祠，而此但云十月，然則秦雖廢禮，固未嘗即以四時爲郊天也。太史公作此《書》，意在廣陳淫祀，以彰武帝之失，而於三代常禮幸存一線於吕政者，反從其略，故通篇所言，惟此一條爲正郊也。高祖入關，既立黑帝，後雖有詔祀上帝及梁巫祠天地之文，所言天帝皆是泛稱，並無正祭。武帝既立泰畤以後，與五時間歲祠祭，是漢人固亦知有天與五帝之分，特以泰一爲天，而非《周禮》所郊之昊天也。

右秦郊禮。

【《漢書・高祖本紀》】二年六月，令祠官祀天地、四方、上帝、山川，以時祠之。

【《郊祀志》】後四歲，天下已定，詔御史令長安置祠祀官、女巫，其梁巫祀天地，晉巫祀五帝，九天巫祀九天。

蕙田案：梁巫祀天地，晉巫祀五帝，則天與五帝明有不同矣。乃復有九天之祀，何其謬耶！

【《文帝本紀》】十四年，詔曰：「朕獲執犧牲珪幣以事上帝宗廟，十四年於今，歷日彌長，以不敏不明而久撫臨天下，朕甚自媿。其廣增諸祀壇場珪幣。昔先王遠施不求其報，望祀不祈其福，右賢左戚，先民後己，至明之極也。今吾聞祀官祝釐，如淳曰：「釐，福也。《賈誼傳》『受釐坐宣室』是也。」師古曰：「釐，本字作禧，假借用耳，同音僖。」皆歸福朕躬，不爲百姓，朕甚媿之。夫以朕不德，而躬享獨美其福，百姓不與焉，是重吾不德。其令祠官致敬，毋有所祈。」

【《史記・封禪書》】今上武帝。初至雍，郊見五時。後常三歲一郊。《索隱》曰：「《漢舊儀》云：『元年祭天，二年祭地，三年祭五時，三歲一徧，皇帝自行也。』」亳人謬忌奏祠泰一方，曰：「天神貴者泰一，泰一佐曰五帝。古者天子以春秋祭泰一東南郊，用太牢，七日，《漢書》作「日一太牢七日」。爲壇開八通之鬼道。」於是天子令太祝立其祠長安東南郊，常奉祠如忌方。其後，人上書言：「古者天子三年一用太牢祠三一：天一、地一、泰一。」天子許之，令太祝領祠之於忌泰一壇上，如其方。

蕙田案：《高帝紀》祠天地、四方、上帝、山川，則祭天與祭上帝有別也。

《封禪書》文帝郊見五畤，《索隱》注祭天、祭五畤亦各不同，是祭天之壇場、時日、儀文、珪幣，雖無可考，不足以爲郊祀之典要，然祭天之禮，固未嘗竟廢。自謬忌創爲泰一之説，立祠于長安東南郊，則儼然彷彿圓丘之意矣。復增三一之祠，又別泰一于天一、地一之上，後遂專郊拜泰一，立泰畤壇，不經甚矣。

其秋，元鼎元年。上幸雍，且郊。或曰：「五帝，泰一之佐也。宜立泰一而上親郊之。」上疑未定。齊人公孫卿言：「黄帝采首山銅，鑄鼎于荆山下。鼎既成，有龍下迎黄帝上天。」於是天子曰：「嗟乎！吾誠得如黄帝，吾視去妻子如脱屣耳。」乃拜卿爲郎，東使候神於太室。上遂郊雍，至隴西，登空同，幸甘泉。令祠官寬舒等具泰一祠壇，祠壇放亳忌泰一壇，三垓。五帝壇環居其下，各如其方。黄帝西南，除八通鬼道。泰一所用，如雍一畤物，而加醴棗脯之屬，殺一犛牛以爲俎豆牢具。而五帝獨有俎豆醴進。其下四方地，爲餟，食羣神從者及北斗云。已祠，胙餘皆燎之。其牛色白，鹿居其中，彘在鹿中，水而洎之。徐廣曰：「洎一作酒，灌水于釜中曰洎。」師古曰：「言以白鹿内牛中，以彘内鹿中，又以水及酒合内鹿中。」祭日以牛，祭月以羊、彘、特。太一祝宰則衣紫及繡，五帝各如其色，日赤，月白。十一月辛巳朔旦冬至，昧爽，天子始郊拜泰一。朝朝日，夕夕月，則揖；而見太一如雍郊禮。其贊饗曰：「天始以寶鼎神策授皇帝，朔而又朔，終而復始，皇帝敬拜見焉。」而衣尚黄。其祠列火滿壇，壇旁烹炊具。有司云「祠上有光焉」。公卿言：「皇帝始郊見泰一雲陽，有司奉瑄玉孟康曰：「璧大六寸謂之瑄。」嘉牲薦饗，是夜有美光，及晝，黄氣上屬天。」太史公、《漢書》作「太史令談」。祠官寬舒等曰：「神靈之休，祐福兆祥，宜因此地光域立泰畤壇以明應。令太祝領，秋及臘間祠。三歲天子一郊見。」

【《漢書·郊祀志》】夏六月，汾陰巫錦爲民祠魏脽后土營旁，見地如鈎狀，掊視得鼎。鼎大異于衆鼎，文鏤無款識，怪之，言吏。吏告河東太守勝，勝以聞。天子使驗問巫得鼎無奸詐，廼以禮祠，迎鼎至甘泉，從上行，薦之。至中山，宴温，有黄雲焉。有鹿過，上自射之，因之以祭云。至長安，公卿大夫皆議尊寶鼎。天子曰：「間者河溢，歲數不登，故巡祭后土，祈爲百姓育穀。今年豐穊未報，鼎曷爲出哉？」有司皆言：「聞昔泰帝興神鼎一，一者一統，天地萬物所繫象也。黄帝作寶鼎三，象天、地、人。禹收九牧之金，鑄九鼎，象九州。皆嘗鬺亨上帝鬼神。其空足曰鬲，以象三德，饗承天祜。夏德衰，鼎遷於殷；殷德衰，鼎遷於周；周德衰，鼎遷於秦；秦德衰，宋之社亡，鼎廼淪伏而不見。《周頌》曰『自堂徂基，自羊徂牛，鼐鼎及鼒』，『不吴不敖，胡考之休』。今鼎至甘泉，以光潤龍變，承休無疆。合茲中山，有黄白雲降，蓋若獸爲符，路弓乘矢，集獲壇下，報祠大享。唯受命而帝者心知其意而合德焉。鼎宜視宗禰廟，臧於帝廷，以合明應。」制曰：「可。」其秋，上雍，且郊。或曰：「五帝，泰一之佐也。宜立泰一而上親郊之。」上疑未定。齊人公孫卿曰：「今年得寶鼎，其冬辛巳朔旦冬至，與黄帝時等。」卿有札書曰：「黄帝得寶鼎冕候，問於鬼臾區，鬼臾區對曰：『黄帝得寶鼎神策，是歲己酉朔旦冬至，得天之紀，終而復始。』

於是黃帝迎日推策，後率二十歲復朔旦冬至，凡二十推，三百八十年，黃帝仙登於天。」卿因所忠欲奏之。所忠視其書不經，疑其妄言，謝曰：「寶鼎事已決矣。尚何以爲？」卿因嬖人奏之。上大悦，迺召問卿。對曰：「受此書申公，申公已死。」上曰：「申公何人也？」卿曰：「齊人，與安期生通，受黃帝言，無書，獨有此鼎書。曰：『漢興復當黃帝之時。』曰：『漢之聖者，在高祖之孫且曾孫也。寶鼎出而與神通，封禪。封禪七十二王，唯黃帝得上泰山封。』申公曰：『漢帝亦當上封禪，封禪則能仙登天矣。黃帝萬諸侯，而神靈之封君七千。天下名山八，而三在蠻夷，五在中國。中國華山、首山、太室山、泰山、東萊山，此五山黃帝之所常游，與神會。黃帝且戰且學仙，患百姓非其道，乃斷斬非鬼神者。百餘歲然後得與神通。黃帝郊雍上帝，宿三月。鬼臾區號大鴻，死葬雍，故鴻冢是也。其後黃帝接萬靈明庭。明庭者，甘泉也。所謂寒門者，谷口也。黃帝採首山銅，鑄鼎於荆山下。鼎既成，有龍垂胡髯下迎黃帝。黃帝上騎，羣臣後宮從上龍七十餘人，龍乃上去。餘小臣不得上，迺悉持龍髯，龍髯拔，墮，墮黃帝之弓。百姓仰望黃帝既上天，乃抱其弓與龍髯號，故後世因名其處曰鼎湖，其弓曰烏號。』」於是天子曰：「嗟乎！誠得如黃帝，吾視去妻子如脱屣耳。」拜卿爲郎，使東候神於太室。上遂郊雍，至隴西，登崆峒，幸甘泉。今祠官寬舒等具泰一祠壇，祠壇放亳忌泰一壇，三陔。五帝壇環居其下，各如其方。黃帝西南，除八通鬼道。泰一所用，如雍一畤物，而加醴棗脯之屬，殺一犛牛以爲俎豆牢具。而五帝獨有俎豆醴進。其下四方地，爲腏，食羣神從者及北斗云。已祠，胙餘皆燎之。其牛色白，白鹿居其中，彘在鹿中，鹿中水而酒之。祭日以牛，祭月以羊、彘，特。太一祝宰則衣紫及繡，五帝各如其色，日赤，月白。十一月辛巳朔旦冬至，昒爽，天子始郊拜太一。朝朝日，夕夕月，則揖；而見太一如雍郊禮。其贊饗曰：「天始以寶鼎神策授皇帝，朔而又朔，終而復始，皇帝敬拜見焉。」而衣上黄。其祠列火滿壇，壇傍亨炊具。有司云「祠上有光」。公卿言：「皇帝始郊見太一雲陽，有司奉瑄玉嘉牲薦享，是夜有美光，及晝，黄氣上屬天。」太史令談、祠官寬舒等曰：「神靈之休，祐福兆祥，宜因此地光域立太畤壇以明應。」令太祝領，秋及臘間祠。三歲天子一郊見。」其秋，爲伐南越，告禱太一，以牡荆畫幡日、月、北斗、登龍，以象太一三星，爲太一鋒旗，命曰「靈旗」。爲兵禱，則太史奉以指所伐國。

蕙田案：三代以上郊天儀節，散見於經傳。秦漢之人無所攷正，疏略久矣。其壇制、祭日、從祀、牲牢、俎豆、衣服、祝詞，大概稍見於此。

【《武帝本紀》】元鼎五年十一月辛巳朔旦，冬至，立泰畤于甘泉。天子親郊見，朝日夕月。詔曰：「朕以眇身託于王侯之上，德未能綏民，民或饑寒，故巡祭后土以祈豐年。冀州脽壤乃顯文鼎，獲薦于廟。渥洼水出馬，朕其御焉。戰戰兢兢，懼不克任，思昭天地，内惟自新。《詩》云：『四牡翼翼，以征不服。』親省邊垂，用事所極。望見泰一，修天文襢。辛卯夜，若景光十有二明。《易》曰：『先甲三日，後甲三日。』朕甚念年歲未咸登，飭躬齋戒，丁酉，拜況于郊。」

蕙田案：泰一天神固不足以當昊天，然班《史》諸紀每幸雍曰祠五畤，幸甘泉曰郊泰畤。蓋以泰畤之設，其尊在五畤之上，而五帝僅爲之佐，則漢直以當圜丘之祭矣。若更黜爲非郊，必謂建始以上全不祀天，殊亦乖其本意。今於諸帝郊泰畤者悉入郊天，而五畤悉入五帝，庶無彼此紛亂之患，而讀者亦易考焉。

【《郊祀志》】天子封泰山，禪泰山下阯東北肅然山。還坐明堂，羣臣更上壽，下詔改元。其秋，有星孛于東井。後十餘日，有星孛于三能。望氣王朔言：「後獨見填星如瓜，食頃復入。」有司皆曰：「陛下建漢家封禪，天其報德星云。」其來年冬，郊雍五帝。還，拜祝祠太乙。

【《史記·封禪書》】元封二年冬，郊雍五帝，還，拜祝祠太乙。贊饗曰：「德星昭衍，厥維休祥。壽星仍出，淵耀光明。信星昭見，皇帝敬拜泰祝之享。」

蕙田案：此年贊饗之詞，與元鼎元年絶不同。

【《漢書·武帝本紀》】五年冬，南巡狩，至于盛唐。春三月，還至泰山，增封。夏四月，還，幸甘泉，郊泰畤。

天漢元年春正月，行幸甘泉，郊泰畤。

後元元年春正月，行幸甘泉，郊泰畤。二月，詔曰：「朕郊見上帝，巡于北邊，見羣鶴留止，以不羅罔，靡所獲獻。薦于泰畤，光景並見。其赦天下。」

【《禮樂志》】武帝定郊祀之禮，祠泰一甘泉，就乾位也；祭后土于汾陰，澤中方丘也。乃立樂府，采詩夜誦，有趙、代、秦、楚之謳。以李延年爲協律都尉，多舉司馬相如等數十人造爲詩賦，略論律吕，以合八音之調，作十九章之歌。以正月上辛用事甘泉圜丘，使童男女七十人俱歌，昏祠至明。夜常有神光如流星止集于祠壇，天子自竹宫望拜，百官侍祠者數百人皆肅然動心焉。

【郊祀歌】《練時日》一　練時日，候有望，焫膋蕭，延四方。以蕭焫脂合馨香。四方，四方之神也。焫，人説反。九重開，靈之斿，垂惠恩，鴻祜休。靈之車，結玄雲，駕飛龍，羽旄紛。靈之下，若風馬，左倉龍，右白虎。靈之來，神哉沛，先以雨，般裔裔。靈之至，慶陰陰，相放怫，震澹心。放怫，猶髣髴也，音昉弗。澹，動也。靈已坐，五音飭，虞至旦，承靈億。牲繭栗，粢盛香，尊桂酒，賓八鄉。八鄉，八方之神。靈安留，吟青黄，青黄，謂四時之樂。徧觀此，眺瑶堂。衆嫭並，綽奇麗，嫭音互，好也，謂女樂並好麗也。顔如荼，兆逐靡。兆民逐觀而猗靡也。靡，武義反。被華文，厠霧縠，曳阿錫，佩珠玉。俠嘉夜，俠與挾同。嘉夜，芳草也。茝蘭芳，澹容與，獻嘉觴。

《帝臨》二　帝臨中壇，四方承宇，繩繩意變，備得其所。青和六合，制數以五。此后土之歌也。土數五。海内安寧，興文匽武。后土富媪，媪，老母稱也。坤爲母，故稱媪。昭明三光。穆穆優游，嘉服上黄。土色上黄也。

《青陽》三鄒子樂。　青陽開動，春爲青陽。根荄以遂，膏潤並愛，跂行畢逮。霆聲發榮，壧處頃聽，壧與巖同。頃讀曰傾。枯槀復産，廼成厥命。衆庶熙熙，施及夭胎，羣生啿啿，唯春之祺。啿啿，豐厚之貌，音徒感反。

《朱明》四鄒子樂。　朱明盛長，旉與萬物。夏爲朱明。旉，古敷字。桐生茂豫，桐讀爲通，言草木皆通達而生。靡有所詘。敷華就實，既皇既昌，登成甫田，百鬼迪嘗。廣大建祀，肅雍不忘，神若宥之，傳世無疆。

《西顥》五鄒子樂。　西顥沆碭，西方少昊也。沆，胡浪反。碭音蕩，白氣之貌也。　秋氣肅殺，含秀垂穎，續舊不廢。廢合韻，音發。　姦僞不萌，祅孽伏息，隅辟越遠，四貉咸服。既畏茲威，惟慕純德，附而不驕，正心翊翊。

《玄冥》六鄒子樂。　玄冥陵陰，玄冥，北方之神也。　蟄虫蓋臧，屮木零落，屮，古草字。　抵冬降霜。易亂除邪，革正異俗，兆民反本，抱素懷樸。條理信義，望禮五嶽。籍斂之時，掩收嘉穀。

《惟泰元》七　惟泰元尊，媼神蕃釐，泰元，天也。媼神，地也。言天神至尊而地神多福也。釐讀曰僖。　經緯天地，作成四時。精建日月，星辰度理，陰陽五行，周而復始。雲風靁電，降甘露雨，百姓蕃滋，咸循厥緒。繼統共勤，順皇之德，鸞路龍鱗，罔不肸飾。嘉籩列陳，庶幾宴享，滅除凶灾，列騰八荒。鐘鼓竽笙，雲舞翔翔，招搖靈旗，九夷賓將。　建始元年，丞相匡衡奏罷「鸞路龍鱗」，更定詩曰「涓選休成」。涓，除也，除惡。選，取美成者也。

《天地》八　天地並況，況，賜也。　惟予有慕，爰熙紫壇，思求厥路。恭承禋祀，緼豫爲紛，黼繡周張，承神至尊。千童羅舞成八溢，溢與佾同。　合好效歡虞泰一。九歌畢奏斐然殊，鳴琴竽瑟會軒朱。軒朱即朱軒也。　璆磬金鼓，靈其有喜，百官濟濟，各敬厥事。盛牲實俎進聞膏，神奄留，臨須搖。須搖，須臾也。　長麗前掞光耀明，長麗，靈鳥也。舊説云鸞也。　寒暑不忒況皇章。展詩應律鋗玉鳴，函宮吐角激徵清。發梁揚羽申以商，造茲新音永久長。聲氣遠條鳳鳥鴹，鴹，古翔字。神夕奄虞蓋孔享。丞相匡衡奏罷「黼繡周張」，更定詩曰「肅若舊典」。

蕙田案：《郊祀志》：衡言「甘泉泰畤紫壇有文章、采鏤、黼黻之飾，及玉女樂，石壇、僊人祠，瘞鸞路、騂駒、寓龍馬，不能得其象於古，宜皆勿修」，故改去詩中「鸞路龍鱗」句爲「涓選休成」，又改去「黼繡周張」句爲「肅若舊典」。舊本誤置下章之首，見館閣校本，雖正其失，而以爲衡詩祇記其首句，則亦考之未詳也。

《日出入》九　日出入安窮？時世不與人同。日月無窮而人命有終，世長而壽短。故春非我春，夏非我夏，秋非我秋，冬非我冬。泊如四海之池，偏觀是邪謂何？吾知所樂，獨樂六龍，六龍之調，使我心若。訾黄其何不徠下？應劭曰：「訾黄，一名乘黄，龍翼而馬身，黄帝乘之而仙。武帝意欲得之，曰何不來耶。」師古曰：「訾，嗟歎之詞。黄，乘黄也。」

《天馬》十　太乙況，天馬下，言此天馬乃太乙所賜，故來下也。霑赤汗，沫流赭。霑，濡也。流汗如赭。志俶儻，精權奇，籋浮雲，籋音躡，言天馬上躡浮雲也。晻上馳。體容與，迣萬里，迣音逝。超，逾也。今安匹，龍爲友。元狩三年馬生渥洼水中作。天馬徠，從西極，涉流沙，九夷服。天馬徠，出泉水，虎脊兩，馬毛色如虎脊者有兩也。化若鬼。變化若鬼神。天馬徠，歷無草，徑千里，循東道。天馬徠，執徐時，言歲在辰也。將摇舉，誰與期？天馬徠，開遠門，竦予身，逝昆侖。天馬徠，龍之媒，游閶闔，觀玉臺。太初四年誅宛王獲宛馬作。

《天門》十一　天門開，詄蕩蕩，穆並騁，

以臨饗。光夜燭，德信著，靈寖平而鴻，長生豫。大朱涂廣，涂，道路也，言通神之路飾以朱丹，又甚廣大。夷石爲堂。飾玉梢以舞歌，體招搖若永望。星留俞，塞隕光。俞，答也，言衆星留神，答我饗薦，降其光耀，四面充塞也。照紫幄，珠熉黃。紫幄，饗神之幄，言光照紫幄，故珠色熉然而黃也。熉音云。幡比翄回集，貳雙飛常羊。舞者骨騰肉飛，如鳥之回翄而雙集也。月穆穆以金波，日華燿以宣明。假清風軋忽，激長至重觴。重觴，謂累獻也。神裵回若流放，殣冀親以肆章。言神靈裵回，留而不去，故我得覲見，冀以親附而陳誠意，遂章明之。函蒙祉福常若期，寂漻上天知厥時。泛泛滇滇從高斿，滇音「振旅闐闐」。殷勤此路臚所求。佻正嘉吉宏以昌，佻讀曰肇，始也。休嘉砰隱溢四方。專精厲意逝九閡，閡亦陔也。謂九天之上也，合韻音改。紛云六幕浮大海。

《景星》十二　景星顯見，信星彪列，象載昭庭，象，謂縣象也。載，事也。日親以察。參侔開闔，爰推本紀，汾脽出鼎，皇祜元始。五音六律，依韋饗昭，依韋，諧和也。雜變並會，雅聲遠姚。姚，僄姚，言飛揚也。空桑琴瑟結信成，四興遞代八風生。殷殷鐘石羽籥鳴，河龍供鯉醇犧牲。百末旨酒布蘭生，泰尊柘漿析朝酲。取甘柘汁以爲飲，可以解朝酲也。微感心攸通修名，周流常羊思所并。穰穰復正直往寧，穰穰，多也。復，歸也。直，當也。寧，願也，言獲福既多，歸于正道，克當往日所願也。馮蠵切和疏寫平。馮夷，河伯。蠵，觜蠵，龜屬。言馮夷命靈蠵，使切厲諧和水神，令之疏導川潦，寫散平均，無灾害也。上天布施后土成，穰穰豐年四時榮。元鼎五年得鼎汾陰作。

《齊房》十三　齊房產草，九莖連葉，宮童

效異，宮之童豎致此異瑞也。披圖案諜。玄氣之精，回復此都，蔓蔓日茂，芝成靈華。元封二年，芝生甘泉齊房作。

《后皇》十四　后皇嘉壇，立玄黄服，物發冀州，兆蒙祉福。沇沇四塞，假狄合處，沇沇，流行之貌。假狄，遠夷也。合處，内附也。假即遐字，從彳。經營萬億，咸寧厥宇。

《華爗爗》十五　華爗爗，固靈根。神之斿，過天門，車千乘，敦昆侖。敦讀曰屯。神之出，排玉房，周流雜，拔蘭堂。拔，舍止也。神之行，旌容容，騎沓沓，般從從。從從，衆也，才公反。神之徠，泛翊翊，甘露降，慶雲集。神之揄，臨壇宇，九疑賓，夔龍舞。神安坐，鴹吉時，共翊翊，合所思。神嘉虞，申貳觴，貳觴猶重觴也。福滂洋，邁延長。沛施祐，汾之阿，揚金光，横泰河，莽若雲，增陽波。徧臚驩，騰天歌。

《五神》十六　五神相，包四鄰，五帝爲太乙相。包，含也。四鄰，四方也。土地廣，揚浮雲。扢嘉壇，椒蘭芳，扢，摩也。摩拭其壇，加以椒蘭之芳。璧玉精，禮神之璧。垂華光。益億年，美始興，交於神，若有承。廣宣延，咸畢觴，言徧延諸神，畢盡觴爵也。靈輿位，偃蹇驤。卉汩臚，析奚遺？卉汩，疾意也。臚，陳也。析，分也。奚，何也。言速自陳列分散而歸，無所留也。淫渌澤，淫然歸。淫，久也。渌澤，澤名。言我饗神之後，久在渌澤，乃淫然而歸也。

《朝隴首》十七　朝隴首，覽西垠，靁電尞，獲白麟。爰五止，顯黄德，時白麟足有五蹏。圖匈虐，熏鬻殛。闢流離，抑不詳，流離不得所者，爲開道路，使之安集。違道不詳善者，則抑黜之。賓百僚，山河饗。掩回轅，鬗長馳，鬗鬗，長貌，音武元反。騰雨師，灑路陂。流星隕，感惟風，籋歸雲，撫懷心。元狩元年，行幸雍獲白麟作。

《象載瑜》十八　象載瑜，白集西，象載，象輿也。瑜，美貌。西，合韻音先。食甘露，飲榮泉。赤鴈集，六紛員，六，所獲鴈數。紛員，多貌。殊翁雜，五采文。翁，鴈頸，文彩殊異也。神所見，施祉福，登蓬萊，結無極。太始三年，行幸東海獲赤鴈作。

《赤蛟》十九　赤蛟綏，黃華蓋，綏綏，赤蛟貌，上有黃氣，狀若蓋也。露夜零，晝晻濭。百君禮，六龍位，勺椒漿，靈已醉。靈既享，錫吉祥，芒芒極，降嘉觴。靈殷殷，爛揚光，延壽命，永未央。杳冥冥，塞六合，澤汪濊，輯萬國。靈禗禗，象輿轙，禗音近枲。不安欲去也。轙，僕人嚴駕待發之意，音儀。票然逝，票，匹遥反。旗逶蛇。禮樂成，靈將歸，託玄德，長無衰。

蕙田案：武帝祠太乙于甘泉，祭后土於汾陰，雖非古南北郊之制，而其意略同。孟堅作《志》，總一代樂章而繫之其下，故其用樂禮節及前後增易，不復詳述。今由本文繹之，縱不能確有所指，然其先後節次之大略，有可彷彿擬議者。一章曰：「練時日，候有望，焫膋蕭，延四方。」是神未降而延之也。曰：「九重開，靈之斿。」是神之起而將降也。繼曰「靈之車」，「靈之下」，「靈之來」，「靈之至」，「靈已坐」，「靈安留」，則神行而下至登位也，是爲燔燎迎神之章，如《周禮·大司樂》「圜鐘爲宮，黃鐘爲角，太簇爲徵，姑洗爲羽，樂六變，則天神皆降可得而禮者也」。二章《帝臨》，三章《青陽》，四章《朱明》，五章《西顥》，六章《玄冥》，則爲祀五帝之樂章，《封禪書》所云「泰一壇三垓，五帝壇環居其下」者也。七章曰：「惟泰元尊，媼神蕃釐，經緯天地，作成四時。」是言泰一之尊，兼統天地，蓋獻泰一之詞也。八章曰「天地並況」，曰「合好效歡虞泰一」，則獻天一、地一也。九章《日出入》，其詞皆求仙人慕黃帝之意，《封禪書》所云「吾誠得如黃帝，視去妻子如脱屣」者也，意或於朝日夕月而用之歟？十一章《天門》曰：「假清風軋忽，激長至重觴。」十五章《華爗爗》曰：「神嘉虞，申貳觴。」則再獻、三獻之樂章也。十六章《五神》曰：「廣宣延，咸畢觴。」曰：「淫渌澤，淫然歸。」十九章《赤蛟》曰：「靈既享，錫吉祥，芒芒極，降嘉觴，延壽命，永未央。」是飲福致嘏之事也。曰：「靈禗禗，象輿轙。」曰：「禮樂成，靈將歸。」是言神返而去也，此皆獻畢受福送神之詞。其前後次第，略可想見，但或用之甘泉，或兼用之汾陰雍畤，則不可考矣。此外十章《天馬》，十二章《景星》，十三章《齊房》，十七章《朝隴首》，十八章《象載瑜》，或志休祥，或記功烈，則隨時增用，故元狩元年之《朝隴首》，三年之《天馬》，並作于立甘泉祠之前。惟元鼎五年之《景星》，則適在其年。若元封二年之《齊房》，則在立甘泉之後四年矣。太初四年之《天馬》，則又後之八年矣。太始三年之《象載瑜》，則又後之七年矣。是皆隨事增入，其奏之節次不可知，或即以《天馬》厠九章之下，《景星》厠十一章之下，以爲序次，而班《史》因之歟？惟十四章《后皇》則决係汾陰后土祀神之樂，而其迎神、送神，當即在前十三章之内，今不復可别矣。然則此十九章者，始于元狩元年之獲麟，終太始三年之獲赤鴈，歷二十九年而始備。至匡衡更定，則又後之六十二年矣。今以班《志》相傳既久，且又有甲乙次第，若更區分割裂，恐無片段，故統載于此，而略申其説，以俟考定者。

【《宣帝本紀》】神爵元年春正月，行幸甘泉，郊泰畤。三月，詔曰：「朕承宗廟，戰戰慄慄，惟萬事統，未燭厥理。迺元康四年嘉穀、玄稷降于郡國，神爵仍集，金芝九莖産于函德殿銅池中，九真獻奇獸，南郡獲白虎、威鳳爲寶。朕之不明，震于珍物，飭躬齋精，祈爲百姓。東濟大河，天氣清静，神魚舞河。幸萬歲宫，神爵翔集。朕之不德，懼不能任。其以五年爲神爵元年。」

【《郊祀志》】大將軍霍光輔政，上共己正南面，非宗廟之祀不出。十二年，乃下詔曰：「蓋聞天子尊事天地，修祀山川，古今通禮也。間者，上帝之祠闕而不親十有餘年，朕甚懼焉。朕親飭躬齋戒，親奉祠，爲百姓蒙嘉氣、獲豐年焉。」明年正月，上始幸甘泉，郊見泰畤，數有美祥。修武帝故事，盛車服，敬齊祠之禮，頗作詩歌。

【《宣帝本紀》】神爵四年春二月，詔曰：「迺者鳳凰、甘露降集京師，嘉瑞並見。修興泰一、五帝、后土之祠，祈爲百姓蒙祉福。鸞鳳萬舉，蜚覽翺翔，集止於旁。齊戒之暮，神光顯著。薦鬯之夕，神光交錯。或降於天，或登於地，或從四方來集於壇。上帝嘉饗，海内承福。其赦天下，賜民爵一級，女子百户牛、酒，鰥、寡、孤、獨、高年帛。」

蕙田案：武帝後元元年，郊泰畤，見羣鶴，赦天下。此年復賜爵及牛酒、高年帛，自後因之，相沿既久，至赦賚繁費，如宋代幾致以郊祀爲難行，則漢已階之厲矣。况誇瑞應而惑神鬼，豈敬而遠之之道耶！

五鳳元年春正月，行幸甘泉，郊泰畤。

甘露元年春正月，行幸甘泉，郊泰畤。

【《郊祀志》】改元甘露。正月，上幸甘泉，郊泰畤。其夏，黄龍見新豐。建章、未央、長樂宫鐘虡銅人皆生毛，長一寸所，時以爲美祥。

【《宣帝本紀》】二年春正月，行幸甘泉，郊泰畤。黄龍元年春正月，行幸甘泉，郊泰畤。

【《元帝本紀》】初元二年春正月，行幸甘泉，郊泰畤，賜雲陽民爵一級。五年春正月，行幸甘泉，郊泰畤。

永光元年春正月，行幸甘泉，❶郊泰畤，赦雲陽徒，賜民爵一級，女子百户牛酒，高年帛。

五年春正月，行幸甘泉，郊泰畤。

建昭二年春正月，行幸甘泉，郊泰畤。

【《郊祀志》】元帝即位，遵舊儀，間歲正月，一幸甘泉郊泰畤，又東至河東祠后土，西至雍祠五畤。凡五奉泰畤、后土之祠。亦施恩澤，時所過毋出田租，賜百户牛酒，或賜爵，赦罪人。

蕙田案：自漢初至此，南北郊未立。其制凡四變：天地五畤三歲一徧祭，一也；立泰一祠于長安東南郊，

❶「行幸」，原乙，據庫本改。

二也；增三一祠于亳忌泰一壇上，三也；甘泉立泰畤，四也。其時天子所親行者，泰一、五帝、后土其最著云。

【《成帝本紀》】建始元年十二月，作長安南北郊，罷甘泉、汾陰祠。是日，大風拔甘泉畤中大木十圍以上。

【《郊祀志》】帝初即位，丞相匡衡、御史大夫張譚奏言：「帝王之事莫大乎承天之序，承天之序莫重於郊祀，故聖王盡心極慮以建其制。祭天於南郊，就陽之義也；瘞地於北郊，即陰之象也。天之於天子也，因其所都而各饗焉。往者，孝武皇帝居甘泉宮，即於雲陽立泰畤，祭於宮南。今行常幸長安，郊見皇天，反北之泰陰，祠后土，反東之少陽，事與古制殊。又至雲陽，行谿谷中，阨陝且百里，汾陰則度大川，有風波舟楫之危，皆非聖主所宜數乘。郡縣治道共張，吏民困苦，百官煩費。勞所保之民，行危險之地，難以奉神靈而祈福祐，殆未合於承天子民之意。昔者周文、武郊於豐、鄗，成王郊於雒邑。由此觀之，天隨王者所居而饗之，可見也。甘泉泰畤、河東后土之祠宜可徙置長安，合於古帝王。願與羣臣議定。」奏可。大司馬車騎將軍許嘉等八人以爲：所從來久遠，宜如故。右將軍王商、博士師丹、議郎翟方進等五十人以爲：《禮記》曰：「燔柴於太壇，祭天也；瘞薶於太折，祭地也。」兆於南郊，所以定天位也。祭地於太折，在北郊，就陰位也。郊處各在聖王所都之南、北。《書》曰：「越三日丁巳，用牲於郊，牛二。」周公加牲，告徙新邑，定郊禮於雒。明王聖主，事天明，事地察。天地明察，神明章矣。天地以王者爲主，故聖王制祭天地之禮必於國郊。長安，聖主之居，皇天所觀視也。甘泉、河東之祠非神靈所享，宜徙就正陽、太陰之處。違俗復古，循聖制，定天位，如禮便。　衡、譚又奏議曰：「陛下聖德，聰明上通，承天之大，典覽羣下，使各悉心盡慮，議郊祀之處，天下幸甚。臣聞廣謀從衆，則合於天心，故《洪範》曰『三人占，則從二人之言』，言少從多之義也。論當往古，宜於萬民，則依而從之；違道寡與，則廢而不行。今議者五十八人，其五十人言當徙之義，皆著于經傳，同於上世，便於吏民；八人不案經藝考古制，而以爲不宜，無法之議，難以定吉凶。《太誓》曰：『正稽古建功立事，可以永年，丕天之大律。』《詩》曰『毋曰高高在上，陟降厥士，日監在兹』，言天之日監王者之處也。又曰『廼眷西顧，此維予宅』，言天以文王之都爲居也。宜於長安定南、北郊，爲萬世基。」天子從之。　既定，衡言：「甘泉泰畤紫壇，八觚宣通象八方。五帝壇周環其下，又有羣神之壇。以《尚書》禋六宗、望山川、徧羣神之義，紫壇有文章、采鏤、黼黻之飾，及玉女樂，石壇、仙人祠，瘞鸞路、騂駒、寓龍馬，不能得其象於古。臣聞郊柴饗帝之義，埽地而祭，尚質也。歌大呂舞《雲門》以竢天神，歌太簇舞《咸池》以竢地祇，其牲用犢，其席藁稭，稭音戛。其器陶匏，皆因天地之性，貴誠尚質，不敢修其文也。以爲神祇功德至大，雖修精微而備庶物，猶不足以報功，唯至誠爲可，故尚質不飾，以章天德。紫壇僞飾女樂、鸞路、騂駒、龍馬、石壇之屬，宜皆勿修。」衡又言：「王者各以其禮制事天地，非因異世所立而繼之。今雍、鄜、密、上下畤，本秦侯各以其意所立，非禮之所載術也。漢興之初，儀制未及定，即且因秦故祠，復立北畤。今既稽古，建定天地之大禮，郊見上帝，青、赤、白、黄、黑五方之帝皆畢陳，各有位饌，祭祀備具。諸侯所妄造，王者不當長遵。及北畤，未定時所立，不宜復修。」天子皆從焉。及陳寶祠，由是皆罷。

蕙田案：匡衡之議，可謂精矣，蓋由是復覩古先之制焉。漢時經術之效，至是乃見。北郊之文，于經無有，而此俱稱《禮記》，必有明據，非臆説也，特爲二戴删定而逸之耳，惜哉！

【《三輔黄圖》】圜丘在昆明故渠南，有漢故圜丘，今按高二丈，周圍百二十步。

【《成帝本紀》】建始二年春正月辛巳，上始郊祀長安南郊。詔曰：「迺者徙泰畤、后土于南郊、北郊，朕親飭躬，郊祀上帝。皇天報應，神光並見。三輔長無共張繇役之勞，赦奉郊縣長安、長陵天郊在長安城南，地郊在長安城北長陵界中。二縣有奉郊之勤，故一切並赦之。及中都官耐罪徒。減天下賦錢，算四十。」

蕙田案：此西漢南北郊之始，然正月上辛乃古祈穀之祭，非圜丘正祭。匡衡蓋亦誤認魯禮爲周禮耳。甘泉泰畤用十一月朔旦冬至，其地則非，其時則近古也。

永始三年冬十月，皇太后詔：「復甘泉泰畤。」四年春正月，行幸甘泉，郊泰畤，神光降集紫殿，大赦天下，賜雲陽吏民爵，女子百户牛酒，高年帛。

【《郊祀志》】後成都侯王商爲大司馬輔政，杜鄴説商曰：「『東鄰殺牛，不如西鄰之禴祭。』言奉天之道，貴以誠質大得民心也。

行禨祀豐，猶不蒙祐；德修薦薄，吉必大來。古者壇場有常處，燎禋有常用，贊見有常禮，犧牲玉帛雖備而財不匱，車輿臣役雖動而用不勞。是故每舉其禮，助者歡説，大路所歷，黎元不知。今甘泉、河東天地郊祀，咸失方位，違陰陽之宜。及雍五畤皆曠遠，奉尊之役，休而復起，繕治共張，無解已時，皇天著象，殆可略知。前上甘泉，先敺失道；禮月之夕，奉引復迷。祠后土還，臨河當渡，疾風起波，船不可御。又雍大雨，壞平陽宫垣。廼三月甲子，震電灾林光宫門。祥瑞未著，咎徵仍臻。迹三郡所奏，皆有變故。不答不饗，何以甚此！《詩》曰『率由舊章』。舊章，❶先王法度，文王以之，交神於祀，子孫千億。宜如異時公卿之議，復還長安南北郊。」

【《成帝本紀》】元延二年春正月，行幸甘泉，郊泰畤。

【《揚雄傳》】上方郊祠甘泉泰畤、汾陰后土，以求繼嗣。召雄待詔承明之庭。正月，從上甘泉，還，奏《甘泉賦》以風。

四年春正月，行幸甘泉，郊泰畤。

綏和二年春正月，行幸甘泉，郊泰畤。丙戌，帝崩於未央宫。皇太后詔有司復長安南北郊。

【《郊祀志》】帝崩，皇太后詔有司曰：「皇帝即位，思順天心，遵經義，定郊禮，天下説憙。懼未有皇孫，故復甘泉泰畤、汾陰后土，庶幾獲福。皇帝恨難之，卒未得其祐。其復南北郊長安如故，以順皇帝之意也。」

蕙田案：此西漢再復南北郊，然其忽罷忽復，復而仍罷者，或以未得皇

❶「舊章」二字，原脱，據庫本補。

孫，或以久疾不瘳，蓋方士禍福之説中入骨髓，其所謂敬恭明神者，但知有祈禱之私，而不知有典禮之正。區區一匡衡正之，猶捧土以塞孟津，欲障而迴之也，難矣！

【《哀帝本紀》】建平三年十一月，復甘泉泰畤、汾陰后土祠，罷南北郊。

【《郊祀志》】哀帝寢疾。太皇太后詔有司曰：「皇帝孝順，奉承聖業，靡有懈怠，而久疾未瘳。夙夜維思，殆繼體之君不宜改作。其復甘泉泰畤、汾陰后土祠如故。」上亦不能親至，遣有司行事而禮祠焉。

【《平帝本紀》】元始四年春正月，郊祀高祖以配天。

【《郊祀志》】五年，大司馬王莽奏言：「王者父事天，故爵稱天子。孔子曰：人之行莫大於孝，孝莫大於嚴父，嚴父莫大於配天。王者尊其考，欲以配天，緣考之意，欲尊祖，推而上之，遂及始祖。是以周公郊祀后稷以配天，宗祀文王於明堂以配上帝。《禮記》：天子祭天地及山川，歲徧。《春秋穀梁傳》以十二月下辛卜，正月上辛郊。高皇帝受命，因雍四畤起北畤，而備五帝，未共天地之祀。孝文十六年用新垣平初起渭陽五帝廟，祭泰一、地祇，以太祖高皇帝配。日冬至祠泰一，夏至祠地祇，皆并祠五帝，而共一牲，上親郊拜。後平伏誅，乃不復自親，而使有司行事。孝武皇帝祠雍，曰：『今上帝朕親郊，而后土無祠，則禮不答也。』於是元鼎四年十一月甲子始立后土祠於汾陰。或曰，五帝，泰一之佐，宜立泰一。五年十一月癸未始立泰一祠於甘泉，三歲一郊，與雍更祠，亦以高祖配，不歲事天，皆未應古制。建始元年，徙甘泉泰畤、河東后土於長安南北郊。永始元年三月，以未有皇孫，復甘泉、河東祠。綏和二年，以卒不獲祐，復長安南北郊。建平三年，懼孝哀皇帝之疾未瘳，復甘泉、汾陰祠，竟復無福。臣謹與太師孔光、長樂少府平晏、大司農左咸、中壘校尉劉歆、太中大夫朱陽、博士薛順、議郎國由等六十七人議，皆曰宜如建始時丞相衡等議，復長安南北郊如故。」莽又頗改其祭禮，曰：「《周官》天墬之祀，「墬」，古「地」字也。樂有別有合。其合樂曰『以六律、六鐘、五聲、八音、六舞大合樂』，祀天神，祭墬祇，祀四望，祭山川，享先妣先祖。凡六樂，奏六歌，而天墬神祇之物皆至。四望，蓋謂日、月、星、海也。三光高而不可得親，海廣大無限界，故其樂同。祀天則天文從，祭墬則地理從。三光，天文也；山川，地理也。天地合祭，先祖配天，先妣配地，其誼一也。天地合精，夫婦判合。祭天南郊，則以地配，一體之誼也。天地位皆南鄉，同席，地在東，共牢而食。高帝、高后配於壇上，西鄉，后在北，亦同席共牢。牲用繭栗，玄酒陶匏。《禮記》曰天子籍田千晦以事天地，繇是言之，宜有黍稷。天地用牲一，燔燎、瘞薶用牲一，高帝、高后用牲一。天用牲左，及黍稷燔燎南郊；地用牲右，及黍稷瘞於北郊。其旦，東鄉再拜朝日；其夕，西鄉再拜夕月。然後孝弟之道備，而神祇嘉享，萬福降輯。此天地合祀，以祖妣配者也。其別樂曰：『冬日至，於地上之圜丘奏樂六變，則天神皆降；夏日至，於澤中之方丘奏樂八變，則地祇皆出。』天地有常位，不得常合，此其各特祀者也。陰陽之別於日冬、夏至，其會也，以孟春正月上辛若丁，天子親合祀天地於南郊，以高帝、高后配。陰陽有離合，《易》曰：『分陰分陽，迭用柔剛。』以日冬至使有司奉祠南郊，高帝配而望羣陽；日夏至使有司奉祭北郊，高后配而望羣陰，皆以助致微氣，通道幽弱。當此之時，后不省方，故天子不親而遣有司，所以正承天順地，復聖王之制，顯太祖之功也。渭陽祠勿復修。羣望未悉定，定復奏。」奏可。三十餘年間，天地之祠五徙焉。莽又奏：「天子父事天，母事地。今稱天神曰皇天上帝，泰一兆曰泰畤。」

蕙田案：此西漢三復南北郊，然改爲合祭以妣配地，魏晉以下，皆率行之，不知其皆莽禮也。又案：莽雖復南北郊，僅於冬夏至使有司行事，而天子則以孟春親合祀天地于南郊，是南北郊制雖似合古，而祭祀之禮失矣。又立泰一兆曰泰畤，后祇曰廣畤，則是仍不廢舊畤，但移之于國都耳。

【《漢舊儀》】元年祭天，二年祭地，三年祭五帝於五畤。三歲一辯。皇帝自行，羣臣從，齋皆百日，他祠不出。祭天紫壇幄帷。高皇帝配天，居堂下，西向，紺席。祭天用六綵綺席，六重，長一丈，一副，四周緣之。祭天用玉几、玉飾器，凡器七千，百物飾具。祭天，養牛五歲，至三千斤。皇帝祭天，居雲陽宮，齋百日，上甘泉通天臺，高二十丈，以候天神之下，見如流火。舞女童三百人，皆年八歲。天神下壇所，舉烽火。皇帝就竹宮，去壇三里，望對壇竹宮中，不至壇所。甘泉臺去長安三百里，望見長安城。黃帝以來，所祭天之圜丘也。皇帝祭天地、宗廟，駕四馬，羽蓋華宴。出則乘馬遠行，在左纛，黃屋，乘六馬。纛，左排馬頭上髦也。

【《文獻通考》】馬氏曰：「西京之事，班《史》于祭祀儀文所述簡略。衛敬仲撰《漢舊儀》，頗有正史所未見者，然其詞多率，而敘述亦無甚倫序。如西漢未嘗舉高祖配天之祀，惟武帝作汶上明堂，祠泰一、五帝于明堂上坐，合高皇帝祠坐對之，而三歲郊見于雍畤、甘泉，則未嘗有配天之祖也。今此謂高皇帝配天，而又言居堂下，則未有配神作主而坐堂下者也。其義難曉，姑録以廣異聞。」

蕙田案：漢《郊祀志》載元始五年，大司馬王莽奏稱：「孝文十六年祭泰一地祇，以太祖高皇帝配。日冬至祠泰一，夏至祠地祇，皆并祠五帝而共一牲，上親郊拜。」據此，則高皇帝之配泰畤自文帝始，特史失載耳。《舊儀》之言，固有所本。馬氏以爲其義難曉，豈偶忽之耶！

【《三輔黄圖》】甘泉宫，一曰雲陽宫，秦所造，在今池陽縣西故甘泉山，宫以山爲名。漢武帝建元中增廣之，周十九里。去長安三百里，望見長安城，黄帝以來圜丘祭天處。《遁甲開山圖》云：「雲陽先生之墟也。」成帝永始四年行幸甘泉，郊泰畤，神光降於紫殿。今案甘泉谷北岸有槐樹，今謂玉樹，根幹盤峙，二三百年木也。楊震《關輔古語》云：「耆老相傳，咸以謂此樹即揚雄《甘泉賦》所謂玉樹青葱也。」竹宫，甘泉宫也，以竹爲宫，天子居中。

【《酉陽雜俎》】漢竹宫，用紫泥爲壇，天神下，若流火。玉飾器七千枚，舞女三百人。一曰漢祭天神，用萬二千杯，養牛五歲，重三千觔。

【《文獻通考》】馬氏曰：「王者祭天而以祖配之，古今之通義，祀典之首也。舜攝政之初，類於上帝，禋於六宗，望於山川，徧於羣神。湯代夏之初，用玄牡告於上帝神后。武王代殷之初，告於皇天、后土、所過名山大川。然則其所祀者，天與六宗，地與山川而已，初無祀五帝之文。《周頌》三十有一篇，曰郊，曰明堂，曰柴望，曰祈穀，曰報祭，曰類禡，所以告神明之事備矣，亦無祀五帝之樂章。而祀五帝之説，始於《周禮》，先儒各以其意爲之訓詁，以爲五天帝者，曰靈威仰、赤熛怒、白招拒、汁光紀、含樞紐也；以爲五人帝者，曰太皥、炎帝、黄帝、少皥、顓頊也。姑以五天帝言之，則此五帝皆天神之貴，主五方之事者，意其在祀典當與日月六宗並，而亞於祀天者也。秦襄公攻戎救周，列爲諸侯而居西，自以爲主少皥之神，作西畤，祠白帝。太史公讀《秦記》，以爲『秦雜戎翟之俗』，『作西畤，用事上帝，僭端見矣』，『位在藩臣而臚於郊祀，君子懼焉』。然以愚攷之，襄公以其有國於西也，而祀少昊白帝，是猶宋人之祀閼伯，晉人之祀實沈耳，非郊天也，太史公誤矣。自漢人既以祭畤爲郊天，太史公習見當時之事，而追尤秦襄之僭，其實非也。繼而諸畤並興，或由夢蛇而爲鄜畤，或因獲石聞雉而爲陳寶，或由雨金而爲畦畤，又繼而有青帝、黄帝、炎帝之祠，俱以時名之。蓋少昊白帝，西方之神，秦祠之，宜也；而并及青帝、黄帝、炎帝，則非所祭而祭者也。至於鄜畤、陳寶之屬，則皆秦中小神之爲淫厲而驚動禍福者，秦人無知，亦爲立畤，而同於諸帝之祠。漢人不攷，復指四畤以爲郊天之事。至高祖立黑帝祠，以備五畤，而五帝俱祠矣。然命有司進祠，上不親往。嗚呼！安有郊見上帝，而人主不親其事者乎？往往見其所祠者，叢雜冗泛，是以姑諉之祠官修故事耳。至孝文用新垣平之言，而立渭陽五帝之廟；孝武採謬忌之説，而建泰一、天皇之壇，始親祠矣，而皆謂之郊見。夫郊，事天之禮也。諸方士言天神貴者泰一，泰一佐者五帝，則泰一、五帝俱天上之神爾。以神爲帝，以祀神爲郊，而昊天上帝之祭固未嘗舉行也。秦及漢初，以郊祀事天之禮奉五帝。至武帝時，方士謬忌言泰一貴于五帝者也，遂復以郊禮事泰一，而五帝壇環居其下，然終不聞舉祀天之禮。至鄭康成遂創爲六天之説，以爲泰一、五帝并昊天而六也，蓋異名而同體也。然其説終難通，蓋方士之説至爲誕謾，然猶言天神貴者泰一，泰一佐者五帝，終不敢言泰一、五帝即天也。康成儒者，乃創六天之説，何哉？竊意泰一、五帝之在天，猶五嶽、四瀆之在地也。謂嶽瀆非地固不可，而以方澤祠后土之禮事嶽瀆亦不可，謂已祭嶽瀆，而遂廢后土方澤之祠尤不可。

蓋秦襄所祠少皞白帝耳，然秦俗信鬼好祠，至其子孫，遂并青、黄、赤帝而祠之。至漢高帝立黑帝祠，而以爲事天之事畢矣。蓋其祠本不經，而諸畤之怪妄尤甚。高祖明達者也，故雖有重祠敬祭之詔，而卒不親享，其亦有見於此矣。漢初，陋儒既不能有所建論，乃若賈生賢而知禮者也，親承宣室鬼神之問，亦不能引經援古，定郊社、明堂、祀天配祖之儀，以革秦世之淫祠，惜哉！自是而後，郊畤祠禮之豐殺，每與方士之際遇相爲盛衰。渭陽五帝之親祠也，以新垣平，平誅而帝怠於渭陽之祠，而昊天上帝反不得比所謂泰一、五帝者得享郊祀之祭。高祖，創業之太祖，亦終西都之世，不得享配天之祀，豈不謬哉？案《郊祀志》：天子封泰山，欲治明堂奉高旁，未曉其制。濟南人公玉帶上黄帝時《明堂圖》，於是上令奉高作明堂汶上，如帶圖。及是歲修封，則祀泰一、五帝于明堂上坐，合高皇帝祠坐對之。服虔注曰：「漢是時未以高祖配天，故言對。光武以來乃配之。」蓋漢時泰一、五帝之祠不一，其在甘泉者曰郊時，三歲一親祠，未嘗以祖配；其在汶上者曰明堂，武帝封泰山時所建，方有高帝並祠，每修封則祀之，終帝之世五修封，而昭、宣之後無幸泰山修封之事，則廢其祭矣。然高皇帝之所並祠者泰一、五帝，不過天神之貴者，則非配天也。

至成帝時，匡衡請徙甘泉祠於長安，定南北郊。又言：『王者各以其禮制事天地，非因異世所立而繼之。今郊雍、鄜、密、上下時，本秦侯各以其意所立，非禮所載。漢興之初，儀制未定，即且因秦故祠，復立北時。今既稽古，建定天地之大禮，郊見上帝，青、赤、白、黃、黑五方之帝皆畢陳，各有位饌，祭祀備具。諸侯所妄造，王者不當長遵，及北時未定時所立，不宜復修。』天子皆從焉。及陳寶祠因是皆罷，並毀不應禮之祠四百七十五所，然後祀禮稍正。然終不能建議盡復三代以來郊祀明堂、嚴父配天之禮。而哀、平之間，怵於禍福之説，南北郊與甘泉五時互爲罷復，卒無定制。至王莽秉政，請復長安南北郊祭天，而以高祖配，善矣，然復以高后配地祇而共祭，則臆説不經爲甚。蓋莽將篡漢，故爲是崇陰教以媚元后，而遂其盜權竊位之謀耳。或曰：『匡衡之論正矣，然史載初罷甘泉泰時作南郊日，大風壞甘泉竹宫，折拔時中樹木十圍以上百餘。天子異之，以問劉向，而向以爲不當革，上卒無繼嗣，哀、平短祚，漢以中衰。議者惑焉，何也？』對曰：『千金之家，其祖父奉淫昏之鬼以求福，而爲之子孫者欲矯而正之，則所舉者未必蒙福，而所廢者祇以掇禍。如諸畤之神雖不正，然漢代秦而興，不能以禮革之，方且信方士之言，愈加尊奉，侔於事天，其祭之也，且歷七世百五十餘年，則其靈響暴著也久矣，固未易遽絶也。漢之中衰，諸儒劉向、谷永固嘗預言之。向以人事，永以天運，然則固非廢淫祠之咎也。逮世祖中興，建武郊天，即採用元始故事，而不復襲漢初之迹。甘泉諸畤，未嘗領之祠官，加以尊奉，而亦不聞其能驚動禍福，以來紛紛之議，則以其絶之有素也。故曰：『君子以作事謀始。』」

蕙田案：《漢書·王莽傳》載其居攝元年祀帝南郊，迎春東郊；始建國元年郊祀黄帝以配天，黄后配地，又宗祀虞舜于明堂；六年，獻新樂於明堂。莽之僭亂好爲粉飾如此，人而不仁，如禮樂何！今盡削之，不足復污簡牘也。

右西漢郊禮。

五禮通考卷第六

淮陰吴玉搢校字

五禮通考卷第七

内廷供奉禮部右侍郎金匱秦蕙田編輯
太子太保總督直隸右都御史桐城方觀承同訂
直隸按察司副使元和宋宗元
貢士吴江顧我鈞 參校

吉禮七

圜丘祀天

【《後漢書·世祖本紀》】建武二年，立郊兆于城南，始正火德，色尚赤。

【《祭祀志》】建武二年正月，初制郊兆於雒陽城南七里，依鄗。采元始中故事。爲圓壇八陛，中又爲重壇，天地位其上，皆南向，西上。其外壇上爲五帝位。青帝位在甲寅之地，赤帝位在丙巳之地，黄帝位在丁未之地，白帝位在庚申之地，黑帝位在壬亥之地。其外爲壝，重營皆紫，以象紫宫，有四通道以爲門。日月在中營内南道，日在東，月在西，北斗在北道之西，皆别位，不在羣神列中。八陛，陛五十八醊，合四百六十四醊。五帝陛郭，帝七十二醊，合三百六十醊。中營四門，門五十四神，合二百一十六神。外營四門，門百八神，合四百三十二神。皆背營内鄉。中營四門，門封神四，外營四門，門封神四，合三十二神。凡千五百一十四神。營即壝也。封，封土築也。背中營神，五星也，及中宫宿五官神及五嶽之屬也。背外營神，二十八宿外宫星，雷公、先農、風伯、雨師、四海、四瀆、名山、大川之屬也。醊，竹芮切，祭酹也。

【注】《黄圖》載元始儀：上帝壇圓八觚，徑五丈，高九尺。茅營去壇十步，竹宫徑三百步，土營徑五百步。神靈壇各於其方，面三丈，去茅營二十步，廣坐十五步。合祀神靈以璧琮，用辟神道四通，廣各三十步。竹宫内道廣三丈，有闕，各九十一步。壇方三丈，拜位壇亦如之。　爲周道郊營之外，廣九步。營六甘泉北辰於南門之外，日、月、海東門之外，河北門之外，岱宗西門之外。　爲周道前望之外，廣九步。列望遂乃近前望道外，徑六十二步。壇方二丈五尺，高三尺五寸。　爲周道列望之外，徑九步。卿望亞列望外，徑四十步。壇廣三丈，高二尺。　爲周道卿望之外，徑九步。大夫望亞卿望道外，徑二十步。壇廣一丈五尺，高一尺五寸。　爲周道大夫望之外，徑九步。士望亞大夫望道外，徑十五步。壇廣一丈，高一尺。　爲周道士望之外，徑九步。庶望亞士望道外，徑九步。壇廣五尺，高五寸。　爲周道庶望之外，徑九步。凡天宗上帝宫壇營，徑三里，周九里。營三重，通八方。　常以歲之孟春正月上辛若丁，親郊祭天南郊，以地配，望秩山川，徧于羣神。天地位皆南鄉，同席，地差在東，共牢而食。太祖高皇帝、高后配於壇上，西鄉，后在北，亦同席，共牢而食。日冬至，使有司奉祭天神於南郊，高皇帝配，而望羣陽。夏至，使有司奉祭地祇於北郊，高皇后配，而望羣陰。天地用牲二，燔燎、瘞埋用牲一，先祖、先妣用牲一。天以牲左，地以牲右，皆用黍稷及樂。

蕙田案：此東漢郊壇從祀之位，魏以降從祀星辰漸以繁多矣。

【《東觀漢紀》】上都洛陽，制兆於南城七里，北郊四里，行夏之時，時以平旦，服色、犧牲尚黑，名火德之運，常服徽幟，尚赤，四時隨色，季夏黄色。

【《大學衍義補》】丘氏濬曰：「西漢所謂郊祀天地者，乃是祀五畤及甘泉、泰一、汾陰之類，皆出于方士祈福之説，而非古人報本反始之意。高、惠不親祠，文帝一再行，武、宣以求仙，成帝以祈嗣，三君者親郊頗多，而其他則領之祠官，修故事而已。古人所謂郊天配祖之意，蓋漠如也。光武置郊丘于雒陽以高帝配祀，始稍復古人祀天之制。」

【《後漢書・祭祀志》】建武七年五月，詔三公曰：「漢當郊堯。其與卿大夫、博士議。」時侍御史杜林上疏，以爲「漢起不因緣堯，與殷、周異宜。而舊制以高帝配。方軍師在外，且可如元年郊祀故事」。上從之。

【《杜林傳》】建武七年，大議郊祀制，多以爲周郊后稷，漢當祀堯。詔復下公卿議。林獨以爲周室之興，祚由后稷；漢業特起，功不緣堯。祖宗故事，所宜因循。定從林議。

【《東觀漢紀》】杜林疏：「臣聞營河、洛以爲民，刻肌膚以爲刑，封疆畫界以建諸侯，井田什一，以供民用，三代之所同。及至漢興，因時宜，趨世務，省繁苛，取實事，不苟貪高亢之論。是以去土中之京師，就關内之遠都，除肉刑之重律，用髡鉗之輕法。郡縣不置世禄之家，農人三十而取一。政卑易行，禮簡易從。民無智愚，思仰漢德，樂承漢祀。基業特起，不因緣堯。堯遠于漢，民不曉信，言提其耳，終不悦諭。后稷近于周，民户知之，世據以興，基由其祚，本與漢異。郊祀高帝，誠從民望，得萬國之歡心，天下福應，莫大乎此。民奉種祀，且猶世主，不失先俗。羣臣僉薦鯀，考績不成，九載乃殛。宗廟至重，衆心難違，❶不可卒改。《詩》云：『不愆不忘，率由舊章。』明當尊用祖宗之故文章也。宜如舊制，以解天下之惑，合于《易》之所謂『先天而天不違，後天而奉天時』義。方軍師在外，祭可且如元年郊祭故事。」

【《後漢書·祭祀志》】隴、蜀平後，乃增廣郊祀，高帝配食，位在中壇上，西面北上。天、地、高帝、黄帝各用犢一頭，青帝、赤帝共用犢一頭，白帝、黑帝共用犢一頭，凡用犢六頭。日、月、北斗共用牛一頭，四營羣神共用牛四頭，凡用牛五頭。凡樂奏《青陽》、《朱明》、《西皓》、《玄冥》，及《雲翹》、《育命舞》。中營四門，門用席十八枚，外營四門，門用席三十六枚，凡用席二百一十六枚，皆莞簟，率一席三神。日、月、北斗無陛郭醊。既送神，燔俎實於壇南巳地。

蕙田案：建武中興，制郊兆于洛陽城南，其地得矣。乃内外壇壝門營，從祀之神至一千五百一十四，何其溷也，然此猶曰西京故事也。而天地共席，帝后同牢，則王莽瀆亂不經之舉。當撥邪反正之初，倘稽考典章，洗除穢惡，後嗣知所遵循，詎不美歟！乃帝既不深考，而在廷諸臣，亦無有引伸匡衡之議而救正之者，良由棄經信讖，因陋蹈訛，遂使陳陳沿襲。洎迄後代，竟以合祭爲便安逸豫之身圖，錮蔽執持，牢不可

❶「違」，原作「達」，據《後漢書·祭祀志》注引杜林疏改。

破，不特禮制就隳，而人主敬天之意荒矣。莽不足責，東京創制之君臣能不任其咎耶！有天下者，當以經術爲重矣。

【《漢舊儀》】祭天紫壇幄帷。高皇帝配天，居堂下，西向。紺帷帳，紺席。《鈎命決》曰：「自外至者，無主不止；自内出者，無匹不行。祭天養牛五歲，至三千觔。」案《記》曰「天地之牛角繭栗」，而此云五歲，本《志》用犢是也。

【《鄭興傳》】帝嘗問興郊祀事，曰：「吾欲以讖斷之，何如？」興對曰：「臣不爲讖。」帝怒曰：「卿之不爲讖，非之耶。」興惶恐曰：「臣于書有所未學而無所非也。」帝意乃解。

【《樊鯈傳》】永平元年，拜長水校尉，與公卿定郊祀禮儀，以讖記正五經異説。

【《蔡邕傳》】初平二年六月，地震。董卓以問邕。邕對曰：「地動者，陰盛侵陽、臣下逾制之所致也。前春郊天，公奉引車駕，乘金華青蓋，爪畫兩轓，遠近以爲非宜。」卓於是改乘皂蓋車。

【《後漢書·獻帝本紀》】建安元年正月癸酉，郊祀上帝于安邑，大赦天下，改元建安。七月丁丑，車駕至洛陽，郊祀上帝，大赦天下。

【《禮儀志》】正月上丁祠南郊，禮畢，次北郊、明堂、高廟、世祖廟，謂之五供。凡齋天地七日。大喪惟天郊越紼而齋。正月，天郊，夕牲。晝漏未盡十八刻初納，夜漏未盡八刻初納，干寶《周官注》曰：「納，亨納，牲將告殺，謂向祭之晨也。」進熟獻，太祝送，旋，皆就燎位，宰祝舉火燔柴，火然，天子再拜，興，有司告事畢。

【蔡邕《禮樂志》】漢樂四品：一曰《大予樂》，典郊廟、上陵殿中諸食舉之樂。郊樂，《易》所謂「先王以作樂崇德，殷薦之上帝」，《周官》「若樂六變，則天神皆降，可得而禮也」。

【《文獻通考》】馬氏曰：「西都所謂郊祀，若雍五畤，甘泉泰一，皆出于方士祈福之説，而非有古人報本之意。唯武、宣以求仙，成帝以求嗣，故三君親郊頗多，而其清心無求者，則領之祠官，修故事而已。世祖置郊丘於洛陽，以高祖配祀，始稍復古人祀天之制。但范《史》紀、志不載親郊之歲月，《禮儀志》云：『正月上丁祠南郊，禮畢，次北郊、明堂、高廟、世祖廟，謂之五供。』豈每歲行之耶？《祭祀志》言二年初制郊，采元始中故事。按元始之制，嘗以歲孟春正月上辛若丁親郊，祀天南郊，以地配；冬至則使有司祭天神於南郊，以高帝配；夏至使有司祭地祇於北郊，以高后配。然則天地之祭每歲親祠者一，命有司祭者二，豈歲以爲常，故不復紀述乎？」

蕙田案：東漢依元始故事，歲凡三祭，合祀天地者一，分祀天地者各一，王莽所謂有合有別也。當時雖行合祭，而分祭之禮固未嘗廢。後之主合祭者，乃悍然以爲不必分祭，是宗王莽而又失之矣。

右後漢郊禮。

【《蜀志·先主傳》】章武二年十月，詔丞相諸葛亮營南北郊於成都。

右蜀漢郊禮。

【《魏志·文帝本紀》】黄初二年春正月，郊祀天地、明堂。

【《宋書·禮志》】黄初二年正月，郊祀天地、明堂。是時魏都洛京，而神祇兆域、明堂、靈臺，皆因漢舊事。

明帝太和元年正月丁未，郊祀武皇帝以配天，宗祀文皇帝于明堂以配上帝。是時二漢郊禋之制具存，魏所損益可知也。

【《魏志・明帝本紀》】景初元年冬十月乙卯，營洛陽南委粟山爲圜丘。十二月壬子冬至，始祀。詔曰：「昔漢氏之初，承秦滅學之後，採摭殘缺，以備郊祀。自甘泉后土，雍宫五畤，神祇兆位，多不經見，並以興廢無常，一彼一此，四百餘年，廢無禘禮，古代之所更立者，遂有闕焉。曹氏繫世，出自有虞氏。今祀圜丘，以始祖帝舜配，號圜丘曰皇皇帝天。方丘所祭曰皇皇后地，以舜妃伊氏配。天郊所祭曰皇天之神，以太祖武皇帝配。地郊所祭曰皇地之祇，以武宣皇后配。宗祀皇考高祖文皇帝於明堂，以配上帝。」十二月壬子冬至，始祀皇皇帝天于圜丘，以有虞帝舜配。

【《文獻通考》】馬氏曰：「此以郊與圜丘爲二處，用鄭玄之説，其時康成所注二《禮》方行，王子雍雖著論以攻之，而人未宗其説。然魏晉而後，有天下者多起自匹夫，其祖父未有可以配天之功德，非如虞夏四代之比。而康成之所謂配天者，以爲周祀天於圜丘，以嚳配，謂之禘；祀五帝於郊，以稷配，謂之郊；又祀五帝及五人帝於明堂，以文王配，謂之祖；祀五神於明堂，以武王配，謂之宗。此三祭者必皆有祖考可配，而後可以舉事，是以魏文帝之時，有郊祀而未有祖配，直至明帝時，復遠取舜以配圜丘，然後以武帝配郊，以文帝配明堂，蓋拘於康成支離之説。是以配天之祀，必俟奕世之後，又復上取之遥遥華胄以足之，然後可以行禮耳。」

蕙田案：鄭氏所立天之名號非一，然並無皇皇帝天、皇皇后地之號。魏氏用鄭玄之説，爲二天二地，而所立名字又不經若此，異哉！

【《魏志·蔣濟傳》】初，侍中高堂隆論郊祀事，以魏爲舜後，推舜配天。濟以爲舜本姓嬀，其後曰田，非曹之先，以追詰隆。

【注】濟立郊議，稱《曹騰碑文》云「曹氏族出自邾」，魏武作家傳，自云曹叔振鐸之後。故陳思王作武帝誄曰：「於穆武王，冑稷允周。」魏非舜後而横祀非族，降黜太祖，不配正天，皆爲謬妄。又難：鄭玄注《祭法》云：「有虞以上尚德，自夏以下稍用其姓氏。」濟曰：「夫虯龍神於獺，獺自祭其先，不祭虯龍也。麒麟、白虎仁於豺，豺自祭其先，不祭麒、虎也。如玄之説，有虞以上，豺、獺之不若耶！」

蕙田案：邾出陸終，是爲曹姓，曹叔振鐸則爲姬姓，《碑文》、《家傳》自相背謬。況騰本常侍，嵩爲養子，《曹瞞傳》言夏侯氏子，雖無明證，要之本非曹姓，又何足辨乎！

【《通典》】高堂隆表云：「案古典，可以武帝配天。」魚豢議：「昔后稷以功配天，漢出自堯，不以堯配天，明不紹也。且舜已越數代，武皇肇創洪業，宜以配天。」

蕙田案：《通典》言高堂隆表與《蔣濟傳》不合，不知何據。豈「武帝」二字本作「虞舜」，而刻本誤歟？魚豢議亦不見正史，豢作《魏略》，恐是著撰私議，非當官議禮之詞也。

【《宋書·禮志》】自正始以後，終魏代，不復郊祀。

右魏郊禮。

【《宋書·禮志》】孫權始都武昌及建業，不立郊兆。至末年太元元年十一月，祭南郊，其地今秣陵縣南十餘里郊中是也。

【《三國志・吴主傳》注】《江表傳》曰：「羣臣以權未郊祀，奏議曰：『頃者嘉瑞屢徵，遠國慕義，天意人事，前後備集，宜修郊祀，以承天意。』權曰：『郊祀當於土中，今非其所，於何施此？』重奏曰：『普天之下，莫非王土，王者以天下爲家。昔周文、武郊於酆鎬，非必土中。』權曰：『武王伐紂，即阼於鎬京而郊其所也。文王未爲天子，立郊於酆，見何經典？』復奏曰：『伏見《漢書・郊祀志》，匡衡奏徙甘泉河東，郊於酆。』權曰：『文王性謙讓，處諸侯之位，明未郊也。經傳無明文，匡衡俗儒意説，非典籍正義，不可用也。』」

【《志林》曰】吴主糾駮郊祀之奏，追貶匡衡，謂之俗儒。凡在見者，莫不慨然，以爲統盡物理，達于事宜。至于稽之典籍，乃更不通。毛氏之説云，堯見天因邰而生后稷，故國之於邰，命便事天，❶故《詩》曰：后稷肇祀，庶無罪悔，以迄于今。言自后稷以來，皆得祭天，猶魯人郊祀也。是以《棫樸》之作，有積燎之薪；文王郊酆，經有明文，匡衡豈俗而枉之哉！文王雖未爲天子，然三分天下而有二，伐崇，戡黎，祖伊奔告。天既棄殷，乃眷西顧，太伯三讓，以有天下。文王爲王，於義何疑？然則匡衡之奏，有所未盡。按世宗立甘泉、汾陰之祠，皆出方士之言，非據經典者也。方士以甘泉、汾陰黄帝祭天地之處，故孝武因之，遂立二畤。漢治長安，而甘泉在北，謂就乾位，而衡云「武帝居甘泉，祭于南宫」，此既誤矣。祭汾陰，在水之脽，呼爲澤中，而衡云「東之少陽」，失其本意。此自吴事，於傳無非，恨無辨正之辭，故矯之云。

蕙田案：《志林》之言過矣。后稷肇祀，何必郊壇之祀？薪之槱之，何關燔燎之薪？皆經無明文而强爲牽合者也。且權果自比文王，則猶漢之方伯，何以告天即位？既云曆

❶ 「便」，《三國志・吴主傳》注作「使」。

數在躬，則猶周之鎬京，何以必擇土中？其説本爲紕繆，但山陽未崩，而黄龍改號，權之僭妄，内懷不安，郊祀不舉，猶可謂一隙之明，奈何反以相訾議乎！

【《宋書·禮志》】何承天曰：「案權建號繼天，而郊享有闕，固非也。末年雖一南郊，而遂無北郊之禮。環氏《吴紀》：『權思崇嚴父配天之義，追上父堅尊號爲吴始祖。』如此説，則權末年所郊，堅配天也。權卒後，三嗣主終吴世不郊祀，則權不享配帝之禮矣。」

右吴郊禮。

【《晉書·武帝本紀》】泰始二年春二月丁丑，郊祀，宣皇帝以配天。冬十一月，并圜丘、方丘于南北郊，二至之祀合于二郊。

【《宋書·禮志》】晉武帝泰始二年，詔定郊祀。羣臣議：「五帝，即天也。王氣時異，故殊其號。雖名有五，其實一神。明堂南郊，宜除五帝之坐。」從之。二月丁丑，郊祀，宣皇帝以配天。十一月，有司又議奏：「古者丘郊不異，宜并圜丘、方澤於南北郊，更修立壇兆。其二至之祀，合於二郊。」帝又從之，一如宣帝所用王肅議也。是月冬至，帝親祠圜丘於南郊。自後，圜丘、方澤不別立。

【《文獻通考》】按以圜丘即郊，五帝同一天，王肅之説。武帝，肅外孫也，故祀禮從其説。

蕙田案：王、鄭説郊不同，斷以王氏之説爲是。泰始所行，後世所可法也。

【《圖書集成》】案《晉起居注》曰：「武帝太始元年十二月，太常諸葛緒上言：知士祭酒劉喜等議，帝王各尊其祖所自出。大晉禮：天郊，當以宣皇帝配；地郊，宣皇后配；明堂，以景皇帝、文皇帝配。博士宣兆議，禮，王者郊天，以其祖配。周公以后稷配天于南郊，以文王配五精上帝于明堂。經典無配地文。魏以先后配，不合禮制。周配祭不及武王，禮制有斷。今晉郊天宜以宣皇帝配，明堂宜以文皇帝配。有司奏：大晉初建，庶事未定，且如魏詔，郊天大事，速議爲定。」

【《晉書・樂志》】泰始二年，詔郊祀明堂禮樂權用魏儀，遵周室肇稱殷禮之義，但改樂章而已，使傅玄爲之詞。

祀天地五郊夕牲歌　天命有晉，穆穆明明。我其夙夜，祗事上靈。常于時假，迄用其成。於薦玄牡，進夕其牲。崇德作樂，神祇是聽。

祀天地五郊迎送神歌　宣文烝哉，日靖四方。永言保之，夙夜匪康。光天之命，上帝是皇。嘉樂殷薦，靈祚景祥。神祇降假，享福無疆。

饗天地五郊歌　天祚有晉，其命惟新。受終于魏，奄有黎民。燕及皇天，懷和百神。丕顯遺烈，之德之純。享其玄牡，式用肇禋。神祇來格，福禄是臻。時邁其猶，昊天子之。祐享有晉，兆庶戴之。畏天之威，敬授人時。不顯不承，於猶繹思。皇極斯建，庶績咸熙。庶幾夙夜，惟晉之祺。宣文惟后，克配彼天。撫寧四海，保有康年。於乎緝熙，肆用靖民。爰立典制，爰修禮紀。作民之極，莫匪資始。克昌厥後，永言保之。

天郊饗神歌　整泰壇，禮皇神。精氣感，百靈賓。藴朱火，燎芳薪。紫烟遊，冠青雲。神之體，靡象形。曠無方，幽以清。

神之來，光景昭。聽無聞，視無兆。神之至，舉歆歆。靈爽協，動余心。神之坐，同歡娛。澤雲翔，化風舒。嘉樂奏，文中聲。八音諧，神是聽。咸絜齊，並芬芳。烹牷牲，享玉觴。神悅饗，歆禋祀。祐大晉，降繁祉。作京邑，廣四海。保天年，窮地紀。

【《宋書·禮志》】太康三年正月，帝親郊祀。皇太子、皇弟、皇子悉侍祠，非前典也。十年十月，詔曰：「《孝經》：『郊祀后稷以配天，宗祀文王於明堂以配上帝。』而《周官》云『祀天旅上帝』，又曰『祀地旅四望』。望非地，則明堂上帝不得爲天。往者衆議除明堂上帝，攷之禮文正經不通，且《詩序》曰『文武之功，起於后稷，故推以配天』。宣帝以神武創業，既已配天，復以先帝配天，於義亦不安。其復明堂及南郊五帝坐。」摯虞議見明堂門。

【《摯虞傳》】虞爲光祿勳太常卿，時懷帝親郊。自元康以來，不親郊祀，禮儀弛廢，虞考正舊典，法物燦然。

【《宋書·禮志》】愍帝都長安，未及立郊廟而敗。

【《晉書·禮志》】元帝渡江，太興二年，始議立郊祀儀。尚書令刁協、國子祭酒杜夷議，宜須旋都洛邑乃修之。司徒荀組據漢獻帝都許即便立郊，自宜於此修奉。驃騎王導、僕射荀崧、太常華恒、中書侍郎庾亮皆同組議，事遂施行，立南郊於巳地。其制度皆太常賀循所定，多依漢及晉初之儀。三月辛卯，帝親郊祀，享配之禮一依武帝始郊故事。是時尚未立北壇，地祇衆神共在天郊。

【《明帝本紀》】太寧三年秋七月，詔曰：「郊祀天地，帝王之重事。自中興以來，惟南郊，未曾北郊，四時五郊之禮都不復設。五嶽、四瀆、名山、大川載在祀典應望秩者，悉廢而未舉，主者其依舊詳處。」

【《禮志》】成帝咸和八年正月，制：天郊則五帝之佐、日月、五星、二十八宿、文昌、北斗、三台、司命、軒轅、后土、泰一、天一、太微、鈎陳、北極、雨師、雷電、司空、風伯、老人，凡六十二神從祀。

康帝建元元年正月辛未，南郊，帝親奉。

【《顧和傳》】康帝即位，將祀南北郊。和議以爲車駕宜親行，帝從之。

【《通典》】祝文稱「嗣天子臣某」。

【《晉書・王彪之傳》】時當南郊，簡文帝爲撫軍，執政，訪彪之應有赦不。答曰：「中興以來，郊祀往往有赦，愚意常謂非宜，何者？黎庶不達其意，將謂郊祀必赦，凶愚之輩復生心于僥倖矣。」遂從之。

蕙田案：彪之論郊不宜赦，誠爲正當。

【《禮志》】安帝元興三年，劉裕討桓玄，走之。己卯，告義功於南郊。是年，帝蒙塵江陵未反。其明年應郊，朝議以爲宜依周禮，宗伯攝三公行事。尚書左丞王納之獨曰：「郊天極尊，非天子不祀，無使皇輿不得親奉。」從之。

【《宋書・禮志》】孝武帝太元十二年，詔議郊祀。祠部郎徐邈議：「圜丘郊祀，經典無二。宣皇帝嘗辨斯義。而檢以聖典，爰及中興，備加研極，以定南北二郊，誠非異學所可輕改也。謂仍舊爲安。」

【《晉書・禮志》】郊廟牲幣璧玉之色，雖有成文，秦世多以騮駒，漢則但云犢，未辨其色。江左南北郊同用玄牲。

蕙田案：《晉書》載記中，于劉曜，記

其冒頓配天，元海配上帝；于石勒，記其南郊有白氣自壇屬天；于苻堅，記其起明堂，繕南北郊，以其祖洪配天，伯健配上帝；于慕容超，記其南郊將登壇，有獸如馬狀類鼠，色赤，集于圜丘之側，須臾大風，天地晝昏，行宮羽儀皆振裂；于赫連勃勃，記其刻石頌功德，有云廣五郊之義，尊七廟之制，僭制紛然，並登簡册。其尤甚者，列傳末卷，桓玄篡位，詳録燎祭告天之文；張昌畔逆，亦存郊廟服色之制。蓋史以紀事，雖逆節猶宜備書；若禮以行義，非正典不容濫及。今並從削黜。其明堂、宗廟、社稷倣此。

右晉郊禮。

【《宋書·武帝本紀》】永初二年春正月辛酉，祠南郊，大赦天下。

【《少帝紀》】永初三年五月癸亥，即皇帝位。秋九月丁未，有司奏武皇帝配南郊，武敬皇后配北郊。明年正月己亥，改元景平，辛巳，祀南郊。

【《禮志》】永初三年九月，司空羨之、尚書令亮等奏曰：「臣聞崇德明祀，百王之令典；憲章天人，自昔之所同。雖因革殊時，質文異世，所以本情篤教，其揆一也。伏惟高祖武皇帝，允協靈祇，有命自天，弘日靖之勤，立蒸民之極，帝遷明德，光宅八表，太和宣被，元化遐通。陛下以聖哲嗣徽，道孚萬國。祭禮久廢，思光鴻烈，享帝嚴親，今實宜之。高祖武皇帝宜配天郊。至於地祇之配，雖禮無明文，先代舊章，每所因循，魏晉故典，足爲前式。謂武敬皇后宜配北郊。蓋述懷以追孝，躋聖敬於無窮，對越兩儀，允洽幽顯者也。明年孟春，有事於二郊，請詳依舊典。」詔可。

【《文帝本紀》】元嘉二年正月丙寅，車駕祠南郊，大赦。　四年正月辛巳，車駕親祠南郊。　六年正月辛丑，車駕親祠南郊。　十二年正月辛未，車駕親祠南郊。　十四年正月辛卯，車駕親祠南郊，大赦。

【《樂志》】元嘉二十二年，南郊始設登歌。詔御史中丞顔延之造歌詩。

天地郊夕牲歌　夤威寶命，嚴恭帝祖。表海炳岱，系唐胄楚。靈鑑濬文，民屬叡武。奄受敷錫，宅中拓宇。亘地稱皇，罄天作主。月竁來賓，日際奉土。開元首正，禮交樂舉。六典聯事，九官列序。有牷在滌，有潔在俎。以薦王衷，以答神祐。

天地郊迎送神歌　維聖饗帝，維孝饗親。皇乎備矣，有事上春。禮行宗祀，敬達郊禋。金枝中樹，廣樂四陳。陟配在京，降德在民。奔精照夜，高燎煬晨。陰明浮爍，沈禜深淪。告成大報，受釐元神。月御按節，星驅扶輪。遥興遠駕，燿燿振振。

天地饗神歌　營泰時，定天衷。思心叡，謀筮從。建表蕝，設郊宫。田燭置，權火通。曆元旬，律首吉。飾紫壇，坎列室。中星兆，六宗秩。乾宇宴，地區謐。大孝昭，祭禮供。牲日展，盛自躬。具陳器，備禮容。形舞綴，被歌鐘。望帝閽，聳神蹕。靈之來，辰光溢。潔粢酌，娱太一。明煇夜，華晳日。祼既始，獻又終。煙薌毖，報清穹。饗宋德，胙王功。休命永，福履充。

【《文帝本紀》】二十六年正月辛巳，車駕親祠南郊。

【《孝武帝本紀》】孝建元年正月己亥朔，車駕親祠南郊，改元，大赦。

【《禮志》】孝建二年正月庚寅，有司奏：「今月十五日南郊。尋舊儀，廟祠至尊親奉，以太尉亞獻；南郊親奉，以太常亞獻。又廟祠行事之始，以酒灌地；送神則不灌。而郊初灌，同之於廟，送神又灌，議儀不同，於事有疑。輒下禮官詳正。」太學博士王祀之議：「案《周禮》，大宗伯『以吉禮事鬼神祇，禋祀昊天』，則今太常是也。以郊天，太常亞獻。又《周禮·外宗》云：『王后不與，則贊宗伯。』鄭玄云：『后不與祭，宗伯攝其事。』又説云：『君執圭瓚祼尸，大宗伯執璋瓚亞獻。』中代以來，后不廟祭，則應依禮大宗伯攝亞獻也。而今以太尉亞獻。鄭注《禮·月令》云：『三王有司馬，無太尉。太尉，秦官也。』蓋世代彌久，宗廟崇敬，攝后事重，故以上公亞獻。」又議：「履時之思，情深於霜露；室户之感，有懷於容聲。不知神之所在，求之不以一處。鄭注《儀禮·有司》云，天子、諸侯祭於祊而繹。繹，又祭也。今廟祠闕送神之祼，將移祭於祊繹，明在於留神，未得而殺。禮郊廟祭殊，故灌送有異。」太常丞朱膺之議：「案《周禮》，大宗伯使掌典禮，以事神爲上，職總祭祀，而昊天爲首。今太常即宗伯也。又袁山松《漢·百官志》云：『郊祀之事，太尉掌亞獻，光禄掌三獻。太常每祭祀，先奏其禮儀及行事，掌贊天子。』無掌獻事。又賀循制太尉由東南道升壇，明此官必預郊祭。古禮雖由宗伯，然世有因革，上司亞獻，漢儀所行。愚謂郊祀禮重，宜同宗廟。且太常既掌贊天子，事不容兼。又尋灌事，《禮記》曰：『祭求諸陰陽之義也。殷人先求諸陽。』『樂三闋然後迎牲。』則殷人後灌也。

『周人先求諸陰』，『灌用鬯，達於淵泉，既灌，然後迎牲』。則周人先灌也。此謂廟祭，非謂郊祠。案《周禮·天官》：『凡祭祀贊王祼將之事。』鄭注云：『祼者，灌也。唯人道宗廟有灌，天地大神，至尊不灌。』淵儒注義，炳然明審。謂今之有灌，相承爲失，則宜無灌。」詔可。

【《孝武帝本紀》】孝建三年正月辛丑，車駕親祀南郊。

大明二年正月辛亥，車駕祠南郊。

【《禮志》】大明二年正月丙午朔，有司奏：「今月六日南郊，輿駕親奉，至時或雨。魏世值雨，高堂隆謂應更用後辛。晉代顧和亦云更擇吉日。徐禪云：『晉武之世，或用丙，或用己，或用庚。』使禮官議正并詳。若得遷日，應更告廟與不？」博士王燮之議稱：「遇雨遷郊，則先代成議。《禮》傳所記，辛日有徵。《郊特牲》曰：『郊之用辛也，周之始郊日以至。』鄭玄注曰：『三王之郊，一用夏正。用辛者，取其齋戒自新也。』注又《月令》曰：『乃擇元辰，祈穀於上帝。』注曰：『元日，謂上辛。郊祭天也。』又《春秋》載郊有二，成十七年九月辛丑，郊。《公羊》曰：『曷用郊？用正月上辛。』哀元年四月辛巳，郊。《穀梁》曰：『自正月至於三月，郊之時也。以十二月下辛卜正月上辛，如不從，以正月下辛卜二月上辛；如不從，以二月下辛卜三月上辛。』以斯明之，則郊祭之禮，未有不用辛日者也。晉代或丙、或己、或庚，並別有義。武帝以十二月丙寅南郊受禪，斯則不得用辛也。又泰始二年十一月己卯，始并圜丘、方澤二至之祀合于二郊。三年十一月庚寅冬至祠天，郊於圜丘。是猶用圜丘之禮，非專祈穀之祭，故又不得用辛也。今之郊享，既行夏時，雖得遷郊，謂宜猶必用辛也。徐禪所據，或爲未宜。又案《郊特牲》曰：『受命於祖廟，作龜於禰宫。』鄭玄注曰：『受命，謂告之退而卜也。』則告義在郊，非爲告日。今日雖有遷，而郊禮不異，愚謂不宜重告。」曹郎朱膺之議：「案先儒論郊，其議不一。《周禮》有冬至日圜丘之祭。《月令》孟春有祈穀於上帝。鄭氏説，圜丘祀昊天上帝，以帝嚳配，所謂禘也。祈穀祀五精之帝，以后稷配，所謂郊也。二祭異時，其神不同。諸儒云圜丘之祭，以后稷配。取其所在，名之曰郊；以形體言之，謂之圜丘。名雖有二，其實一祭。晉武捨鄭而從諸儒，是以郊用冬至日。既以至日，理無常辛。然則晉代中原不用辛日郊，如徐禪議也。江左以來，皆用正月，當以《傳》云三王之郊，各以其正，❶晉不改正朔，行夏之時，因以首歲，不以冬日，皆用上辛，近代成典也。夫祭之禮，過時不舉。今在孟春，郊時未過，值雨遷日，於禮無違。既已告日，而行事不從，禋祀重敬，謂宜更告。」高堂隆云：「九日南郊，十日北郊。是爲北郊可不以辛也。」尚書何偃議：「鄭玄注《禮記》，引《易説》三王之郊，一用夏正。《周禮》，凡國大事，多用正歲。《左傳》又啓蟄而郊。則鄭之此説，誠有據矣。衆家異議，或云三王各用其正郊天，此蓋曲學之辨，於禮無取。固知《穀梁》三春皆可郊之月，真所謂膚淺也。然用辛之説，莫不必同。晉郊庚己，參差未見前徵。愚謂宜從晉遷郊依禮用辛。」右丞徐爰議以爲：「郊禮用辛，有疑遷日，禮官祠曹，攷詳已備。

❶「其」，原作「夏」，據《宋書・禮志》改。

何傴據禮，不應重告，愚情所同。尋告郊尅辰，於今宜改，告事而已。次辛十日，居然展齋，養牲在滌，無緣三月。謂毛血告牷之後，雖有事礙，便應有司行事，不容遷郊。」參議：「宜依經，遇雨遷用後辛，不重告。若殺牲薦血之後值雨，則有司行事。」詔可。

蕙田案：遇雨遷郊，于禮無徵，因遷重告，尤爲煩瀆。不遷不告，自是正誼。郊以至日，理無常辛，語尤破的。又案：參觀紀、志所載，是年正月丙午朔，辛亥正六日也，蓋是日實不值雨，故得親奉成禮。徐爰議云遇雨遷用後辛，若殺牲薦血之後值雨，則有司行事，明是懸擬之詞，並非事實。杜氏撮此二語，直云遂遷日有司行事。以本日親奉之祭指爲遷日而又不親奉，誤矣。

大明三年九月，尚書右丞徐爰議：「郊祀之位，遠古蔑聞。《禮記》：『燔柴於大壇，祭天也。』『兆於南郊，就陽位也。』漢初甘泉河東禋埋易位，終亦徙於長安南北。光武紹祚，定二郊洛陽南北。晉代過江，悉在北。及郊兆之議，紛然不一。又南出道狹，未議開闡，遂於東南巳地創立丘壇。皇宋受命，因而弗改，且居民之中，非邑外之謂。今聖圖重造，舊章畢新，南驛開塗，陽路脩遠。謂宜移郊正午，以定天位。」博士司馬興之、傅郁、太常丞陸澄並同爰議。乃移郊兆於秣陵牛頭山西，正在宮之午地。

【《孝武帝本紀》】大明四年正月辛未，車駕祀南郊。　六年正月辛卯，車駕親祀南郊。

【《禮志》】明帝泰始二年十一月辛酉，詔曰：「朕載新寶命，仍離多難，戎車遄駕，經略務殷，禋告雖備，弗獲親祀。今九服既康，百祀咸秩，宜聿遵前典，郊謁上帝。」有司奏檢，未有先准。黄門侍郎徐爰議：「虞稱肆類，殷述昭告。蓋以創世成功，德盛業遠，開統肇基，必享上帝。漢、魏以來，聿遵斯典。謹尋晉武郊以二月，晉元禋以三月。有非常之慶，必有非常之典，不得拘以常祀，限以正月上辛。愚謂宜下史官，考擇十一月嘉吉，車駕親郊，奉謁昊天上帝，高祖武皇帝配饗。其餘祔食，不關今祭。」詔可。

【《明帝本紀》】泰始四年正月己未，車駕親祠南郊，大赦。

六年正月乙亥，初制：間二年一祭南郊，間一年一祭明堂。

【《禮志》】世祖崩，前廢帝即位，以郊舊地爲吉祥，移還本處。

【《後廢帝紀》】元徽三年正月辛巳，車駕親祠南郊明堂。

【《禮志》】南郊，皇帝散齋七日，致齋三日。官掌清者亦如之。致齋之朝，御太極殿幄坐。著絳紗襮，黑介幘，通天金博山冠。先郊日未晡五刻，夕牲。公卿京兆尹衆官悉壇東就位，太祝吏牽牲入。到榜，廪犧令跪白：「請省牲。」舉手曰：「腯。」太史令繞牲，舉手曰：「充。」太祝令牽牲詣庖。以二陶豆酌毛血，其一奠皇天神座前，其一奠太祖神座前。郊之日未明八刻，太祝令進饌，郎施饌。牲用繭栗二頭，羣神用牛一頭。醴用秬鬯，藉用白茅，玄酒一器，器用匏陶，以瓦樽盛酒，瓦圩斟酒。璧用蒼玉。蒯席各二，不設茵蓐。古者席藁，晉江左用蒯。車駕出，百官應齋及從駕填街先置者，各隨申攝從事。上水一刻，御服龍衮，平天冠，升金根車，到壇東門外。博士、太常引入到黑攢。太祝令跪執匏陶，酒以灌地。皇帝再拜，興。羣臣皆再拜伏。治禮曰：「興。」博士、太常引皇帝至南階，脱舄升壇，詣罍盥。黄門侍郎洗爵，跪授皇帝。執樽郎授爵，酌秬鬯授皇帝。跪奠皇天神座前，再拜，興。次詣太祖配天神座前，執爵跪奠，如皇天之禮。南面北向，一拜伏。太祝令各酌福酒，合置一爵中，跪進皇帝，再拜伏。飲福酒訖，博士太常引帝從東階下，還南階。謁者引太常升壇，亞獻。謁者又引光禄升壇，終獻。訖，各降階還本位。太祝送神，跪執匏陶，酒以灌地。興。直南行出壇門，治禮舉手白，羣臣皆再拜伏。皇帝盤，治禮曰：「興。」博士跪曰：「祠事畢，就燎。」博士、太常引皇帝就燎位，當壇東階，皇帝南向立。太祝令以案奉玉璧、牲體、爵酒、黍飯諸饌物，登柴壇施設之。治禮舉手曰：「可燎。」三人持火炬上。火發。太祝令等各下壇。壇東西各二十人，以炬投壇，火半柴傾。博士仰白：「事畢。」皇帝出便坐。解嚴。天子有故，則三公行事，而太尉初獻，其亞獻，猶終獻。太常，光禄勳也。自魏以來，多使三公行事，乘輿罕出矣。魏及晉初，儀注雖不具存，所損益漢制可知也。江左以後，官有其注。

蕙田案：此篇所云，蓋東晉至宋初舊禮。至孝建中，則亞獻改用太尉，而非太常矣，降神不以秬鬯灌矣。以其無年次可編，故《宋志》總載于後，非謂終宋代如此也。讀者詳之。

右宋郊禮。

五禮通考卷第七

淮陰吴玉搢校字

五禮通考卷第八

内廷供奉禮部右侍郎金匱秦蕙田編輯
太子太保總督直隸右都御史桐城方觀承同訂
按察司副使元和宋宗元
貢士吴江顧我鈞
參校

吉禮八

圜丘祀天

【《齊書·禮志》】高帝建元元年七月，有司奏：「郊殷之禮，未詳郊在何年？復以何祖配郊？殷復在何時？未郊得先殷與不？」議曹郎中裴昭明、儀曹郎中孔逷議：「今年七月宜殷祠，來年正月宜南郊。」殿中郎司馬憲議：「南郊無配，饗祠如舊。」右僕射王儉議：「案《禮記·王制》，天子先祫後時祭，諸侯先時祭後祫。《春秋》魯僖二年祫，明年春禘，自此以後，五年再殷。《禮緯稽命徵》曰：『三年一祫，五年一禘。』經記所論禘祫與時祭，其言詳矣，初不以先殷後郊爲嫌。至於郊配之重，事由王迹，是故杜林議云『漢業特起，不因緣堯，宜以高祖配天』。魏高堂隆議以舜配天。蔣濟云：『漢時奏議，謂堯已禪舜，不得爲漢祖，舜亦已禪禹，不得爲魏之祖。今宜以武皇帝配天。』晉、宋因循，即爲前式。」

蕙田案：殷祭與郊自是兩事，何先後之可議？裴、孔得之。王儉則仍讖緯之習，詞稍支矣，其郊配之議則不可易。

儉議又云：「郊日及牲色，異議紛然。《郊特牲》云：『郊之用辛，周之始郊也。』盧植云：『辛之爲言自新絜也。』鄭玄云：『用辛日者，爲人君當齋戒自新絜也。』漢魏以來，或丁或己，而用辛常多。考之典據，辛日爲允。《郊特牲》又云，郊牲幣宜以正色。繆襲據《祭法》，云天地騂犢，周家所尚；魏以建丑爲正，牲宜尚白。《白虎通》曰，三王祭天，一用夏正，所以然者，夏正得天之數也。魏用異朔，故牲色不同。今大齊受命，建寅創曆，郊廟用牲，一依晉、宋。犧牲之色，率由舊章。」

蕙田案：郊日用辛，較之或丁或己，固有據矣。但不知其爲祀天祈穀之日，而非古人冬至南郊之正也。齊併二郊爲一祭，用辛日于建寅之月，所謂義在報天，事兼祈穀，兩失之矣。

建元二年春正月辛丑，車駕親祀南郊。

【《樂志》】建元二年，有司奏，郊廟雅樂歌辭舊使學士博士撰，搜簡採用，請敕外，凡肄學者普令製立。參議：「太廟登歌宜用司徒褚淵，餘悉用黄門郎謝超宗辭。」超宗所撰，多删顔延之、謝莊辭以爲新曲，備改樂名。永明二年，太子步兵校尉伏曼容上表，宜集英儒，删纂雅樂。詔付外詳，竟不行。

羣臣出入，奏《肅咸》之樂　夤承寶命，嚴恭帝緒。奄受敷錫，升中拓宇。亘地稱皇，罄天作主。月域來賓，日際奉土。開元首正，禮交樂舉。六典聯事，九官列序。此下除四句。皆顔辭。

牲出入，奏《引牲》之樂　皇乎敬矣，恭事上靈。昭教國祀，肅肅明明。有牲在滌，有潔在俎。以薦王衷，以答神祐。此上四句，顔辭。陟配在京，降德在民。奔精望夜，高燎佇晨。

薦豆呈毛血，奏《嘉薦》之樂　我恭我享，唯孟之春。以孝以敬，立我蒸民。青壇奄靄，翠幕端凝。嘉俎重薦，兼籍再升。設業設簴，展容玉庭。肇禋配祀，克對上靈。此一篇增損謝辭。

迎神，奏《昭夏》之樂　惟聖饗帝，唯孝饗親。此下除四句。禮行宗祀，敬達郊禋。金枝中樹，廣樂四陳。此下除。月御案節，星驅扶輪。遥興遠駕，曜曜振振。告成大報，受釐元神。

皇帝入壇東門，奏《永至》之樂　紫壇望靈，翠幙佇神。率天奉贄，罄地來賓。神貺並介，泯祇合祉。恭昭鑒享，肅光孝祀。威藹四靈，洞曜三光。皇德全備，大禮流昌。

皇帝升壇，奏《登歌辭》　報唯事天，祭實尊靈。史正嘉兆，神宅崇禎。五時昭鬯，六宗彝序。介丘望塵，皇軒肅舉。

皇帝初獻，奏《文德宣烈》之樂　營太畤，定天衷。思心緒，謀筮從。此下除二句。田燭置，爟火通。大孝昭，國禮融。此一句改，餘皆顔辭，此下又除二十二句。

次奏《武德宣烈》之樂　功燭上宙，德耀中天。風移九域，禮飾八埏。四靈晨炳，五緯宵明。膺曆締運，道茂前聲。

太祖高皇帝配饗，奏《高德宣烈》之樂此章永明二年造奏。尚書令王儉辭。　饗帝嚴親，則天光大。舄奕前古，榮鏡無外。日月宣華，卿雲流靄。五漢同休，六幽咸泰。

皇帝飲福酒，奏《嘉胙》之樂　鬯嘉禮，承休錫。盛德符景緯，昌華應帝策。聖藹耀昌基，融祉暉世曆。聲正涵月軌，書文騰日迹。寶瑞昭神圖，靈貺流瑞液。我皇崇暉祚，重芬冠往籍。

送神，奏《昭夏》之樂　薦饗洽，禮樂該。神娛展，辰旆回。洞雲路，拂琁階。柴雰藹，青霄開。睠皇都，顧玉臺。留昌德，結聖懷。

皇帝就燎位，奏《昭遠》之樂　天以德降，帝以禮報。牲鑮俯陳，柴幣仰燎。事展司采，敬達瑄薌。煙贄青昊，震颺紫場。陳馨示策，肅志宗禋。禮非物備，福唯誠陳。

皇帝還便殿，奏《休成》之樂。重奏。昭事上祀，饗薦具陳。回鑾轉翠，拂景翔宸。綴縣敷暢，鍾石昭融。羽炫深晷，籥曀行風。肆序輟度，肅禮停文。四金聳衛，六馭齊輪。

【《禮志》】建元四年，世祖即位。其秋，有司奏：「前代嗣位，或因前郊年，或別始，晉、宋以來，未有畫一。今年正月已郊，未審明年應郊與否？」尚書令王儉議：「檢晉明帝太寧五年南郊，❶其年九月崩，成帝即位，明年改元即郊；簡文咸安二年南郊，其年七月崩，孝武即位，明年改元亦郊；宋文帝元嘉三十年正月南郊，其年二月崩，孝武嗣位，明年改元亦郊。此二代明例，差可依倣。」祭酒張緒等並同。詔可。

【《武帝本紀》】永明元年春正月辛亥，車駕祀南郊，大赦，改元。

【《禮志》】永明元年當南郊，而立春在郊後，世祖欲遷郊。尚書令王儉啓：「案王肅曰：『周以冬至祭天於圜丘，以正月又祭天以祈穀。』《祭法》稱『燔柴太壇』，則圜丘也。《春秋傳》云『啓蟄而郊』，則祈穀也。中朝省二

❶「五」，當爲「三」，晉明帝實以太寧三年崩。

丘以并二郊，即今之郊禮，義在報天，事兼祈穀，既不全以祈農，何必俟夫啓蟄？史官唯見《傳》義，未達《禮》旨。又尋景平元年正月三日辛丑南郊，其月十一日立春；元嘉十六年正月六日辛未南郊，其月八日立春。此復是近世明例，不以先郊後春爲嫌。若或以元日合朔爲礙者，則晉成帝咸康五年正月一日加元服，二日親祠南郊。元服之重，百僚備列，雖在致齋，行之不疑。今齋內合朔，此即前准。竊謂無煩遷日。」從之。

蕙田案：王儉所云，所謂調停之論也。既不全以祈農，則非《月令》元日之義，何必俟夫啓蟄？又非冬至報天之正，意在遷就先郊後春，不知適以彰其失也。

永明二年，祠部郎中蔡履議：「郊與明堂，本宜異日。漢東京《禮儀志》：南郊禮畢，次北郊、明堂、高廟、世祖廟，謂之五供。蔡邕所據亦然。近世存省，故郊、堂共日。來年郊祭，宜有定準。」太學博士王祐議：「來年正月上辛，宜祭南郊，次辛有事明堂，後辛饗祀北郊。」兼博士劉蔓議：「漢元鼎五年，以辛巳行事，自後郊日，略無違異。元封元年四月癸卯，登封泰山，坐明堂。五年甲子，以高祖配。漢家郊祀，非盡天子之縣，故祠祭之月，事有不同。後漢永平以來，明堂兆於國南，而郊以上丁，故供修三祀，得并在初月。雖郊有常日，明堂猶無定辰。何則？郊丁社甲，有説則從，經禮無文，難以意造，是以必算良辰，而不祭寅丑。且禮之奠祭，無同共者，唯漢以朝日合於報天爾。若依《漢書》五供，便應先祭北郊，然後明堂。則是地先天食，所未可也。」兼太常丞蔡仲熊議：「《鄭志》云：『正月上辛，祀后稷於南郊，還於明堂，以文王配。』故宋氏創立明堂，郊還即祭，是用《鄭志》之説也。蓋爲《志》者失，非玄意也。玄之言曰：『未審周明堂以何月，於《月令》則以季秋。』案玄注《月令》『季秋大饗帝』云『大饗，徧祭五帝』。又云『大饗於明堂，以文武配』。其時秋也，去啓蟄遠矣。又《周禮·大司樂》『凡大祭祀，宿縣』。尋宿縣之旨，以日出行事故也；若日闇而後行事，則無假預縣。果日出行事，何得方俟郊還？東京《禮儀志》不記祭之時日，而《志》云：『天郊夕牲之夜，夜漏未盡八刻進熟；明堂夕牲之夜，夜漏未盡七刻進熟。』尋明堂之在郊前一刻，而進獻奏樂，方待郊還。魏高堂隆表：『九日南郊，十日北郊，十一日明堂，十二日宗廟。』案隆此言，是審於時定制，是則《周禮》、二漢及魏，皆不共日矣。《禮》以辛郊，《書》以丁祀，辛丁皆合，宜臨時詳擇。」太尉從事中郎顧憲之議：「《春秋傳》以正月上辛郊祀，《禮記》亦云郊之用辛，《尚書》獨云丁巳用牲于郊。先儒以爲先甲三日辛，後甲三日丁，可以接事天神之日。後漢永平二年正月辛未，宗祀光武皇帝於明堂。辛既是常郊之日，郊又在明堂之前，無容不郊而堂，則理應郊堂。」司徒西閤祭酒梁王議：「《孝經》鄭玄注云『上帝亦天别名』。如鄭旨，帝與天亦言不殊。近代同辰，良亦有據。魏泰和元年正月丁未，郊祀武皇帝以配天，宗祀文皇帝於明堂以配上帝，此則已行之前準。」驍騎將軍江淹議：「郊旅上天，堂祀五帝，非謂一日再黷之謂，無俟釐革。」尚書陸澄議：「遺文餘事，存乎舊書，郊宗地近，勢可共日。不共者，義在必異也。元始五年正月六日辛未，郊高皇帝以配天，二十二日丁亥，宗祀孝文於明堂配上帝。永平二年正月辛未，宗祀五帝於明堂，光武皇帝配。章帝元和二年，巡狩岱宗，柴祭，翌日，祠五帝於明堂。柴山祀帝，尚不共日，郊、堂宜異，於例益明。陳忠《奏事》云『延光三年正月十三日南郊，十四日北郊，十五日明堂，十六日宗廟，十七日世祖廟』。仲遠五祀，紹統五供，與忠此奏，皆爲相符。高堂隆表，二郊及明堂宗廟各一日，摯虞《新禮》議明堂南郊間三兆，禋天享帝共日之證也。又上帝非天，昔人言之已詳。今明堂用日，宜依古在北郊後。漢唯南郊備大駕，自北郊以下，車駕十省其二。今祀明堂，不應大駕。」尚書令王儉議：「前漢各日，後漢亦不共辰，魏、晉故事，不辨同異，宋立明堂，唯據自郊徂宮之義，未達祀天旅帝之旨。何者？郊壇旅天，甫自詰朝，還祀明堂，便在日昃，雖致祭有由，而煩黷斯甚，異日之議，於理爲弘。《春秋感精符》云『王者父天母地』，則北郊之祀，應在明堂之先。漢、魏北郊，亦皆親奉，晉泰寧有詔，未及遵遂。咸和八年，甫得營繕，太常顧和秉議親奉。康皇之世，已經遵用。宋氏因循，未遑釐革。今宜親祠北郊，明年正月上辛祀昊天，次辛瘞后土，後辛祀明堂，御並親奉。車服之儀，率遵漢制。南郊大駕，北郊、明堂降爲法駕。衮冕之服，諸祀咸用。」詔可。

蕙田案：祀天以冬至，祈穀以孟春，北郊以仲夏，明堂以季秋，禮有定期，未有并于一時而兼及宗廟者。漢時本無兩郊，及明堂宗廟之禮而謬爲五供之舉，豈可據爲典要而援議哉？永明諸臣不求諸古，而尋之非禮，宜其聚訟紛紜，毫無準則，徒見嗤於後世爾！

【顧我鈞《地天先食辨》】冬至祀天，夏至祀地，《周禮》之明文也。解之者曰：冬至，一陽始生；夏至，一陰始生，各迎其始而祀之，此理之至當，而無可疑者也。後世不明禮意，其改爲合祭者，失固不待言矣。亦有分爲南北郊者，則又改冬至爲孟春，遂使昊天之祭有祈穀而無大報，何歟？其説以爲地先天食，理所不可，而又援周正、夏正之別以傅會之。一若周人，固有先後，而後世之先後必不可以從周者，甚矣其惑也。夫冬至之日，微陽始復，積之丑月、寅月而陽盛焉，又進之卯、辰、巳三月而陽極焉，則此微陽者，固即來年之春夏，所以生萬物長萬物者也。至來年之夏至，而一陰生焉，是乃秋冬之所以遂萬物而成萬物也，唯必迎其始以爲敬，故祭之乃在建寅正歲之前，是則先之至也，何反以爲後乎？一歲之有十二月也，猶一日之有十二時也。今將舉行大典則子夜而興，昧爽而畢事，論者不以爲昨日之晚，而皆知其爲次日之早也，何獨于冬至之爲來歲始而疑之？若夫三統之建子爲天正，丑爲地正，寅爲人正，固皆可以爲歲首。至于二十四氣之運行，則無可改也。周人建子，豈不知夏之在前，冬之在後耶？孔子言行夏之時，但言歲首，當從人正耳。天開于子之義，千古所同。行夏正者，不得改之爲寅也。不原制作之所以然，而妄以一年之前後爲次，于是正月圜丘、五月方澤，迎陰氣者乘其始生，迎陽氣者俟其大盛，是爲尊地而慢天也，而反以先天爲敬，豈不悖哉！

【《武帝本紀》】三年正月辛卯，車駕祠南郊，大赦。七年正月辛亥，車駕祠南郊，大赦。九年正月辛丑，車駕祠南郊，詔：「京師見囚繫，詳量原遣。」

【《鬱林王本紀》】隆昌元年正月辛亥，車駕祠南郊。

【《禮志》】建武二年，通直散騎常侍庾曇隆啓：「伏見南郊壇員兆外内，永明中起瓦屋，形製宏壯。檢案經史，無所准據。尋《周禮》，祭天於圜丘，取其因高之義。秦漢以來，雖郊祀參差，而壇域中間，並無更立宫室。宋元嘉南郊，至時權作小陳帳以爲退息，太始薄加修廣，永明初彌漸高麗，往年工匠遂啓立瓦屋。前代帝皇，豈于上天之祀而昧營搆，所不爲者，深有情意。『至敬無文』，『以素爲貴』。竊謂郊事宜擬休偃，不俟高大，以明謙恭肅敬之旨。」太學博士賀瑒議：「《周禮》：『王旅上帝，張氈案，設皇邸。』國有故而祭，亦曰旅。氈案，以氈爲牀於幄中，不聞郊所置宫宇。」兼左丞王摛議，埽地而祭於郊，謂無築室之議。並同曇隆。驍騎將軍虞炎議，以爲「誠慤所施，止在一壇。漢之郊祀，饗帝甘泉，天子自竹宫望拜，息殿去壇場既遠，郊奉禮畢，旋幸於此。瓦殿之與帷宫，謂無簡格」。祠部郎李撝議：「《周禮》：『凡祭祀張其旅幕，張尸次。』尸則有幄。仲師云：『尸次，祭祀之尸所居更衣帳也。』凡祭之文，既不止於郊祀，立尸之言，理應關於宗廟。古則張幕，今也房省。宗廟旅幕，可變爲棟宇；郊祀氈案，何爲不轉製檐甍？」曇隆議不行。祠部郎何佟之奏曰：「案《周禮·大宗伯》『以蒼璧禮天，黄琮禮地』，鄭玄又云『皆有牲幣，各倣其器之色』。知禮天圜丘用玄犢，❶禮地方澤用黄牲矣。《牧人》云：『凡陽祀用騂牲，陰祀用黝牲。』鄭玄云：『騂，赤；黝，黑也。陽祀，祭天南郊及宗廟。陰祀，祭地北郊及社稷。』《祭法》云：『燔柴於泰壇，祭天也。瘞埋於泰折，祭地也。用騂犢。』鄭云：『地，陰祀，用黝牲，與天俱用犢，故連言之耳。』知此祭天地即南北郊矣。今南北兩郊同用玄牡，又明堂、宗廟、社稷俱用赤，

❶「知」，原作「如」，據《南齊書·禮志》改。

有違昔典。又鄭玄云：『祭五帝於明堂，勾芒等配食。』自晉以來，并圜丘於南郊，是以郊壇列五帝、勾芒等。今明堂祀五精，更闕五神之位，北郊祭地祇，而設重黎之坐，二三乖舛，懼虧盛則。」前軍長史劉繪議：「《語》云：『犂牛之子騂且角，雖欲勿用，山川其舍諸？』未詳山川合爲陰祀不？若在陰祀，則與黝乖矣。」佟之又議：「《周禮》以天地爲大祀，四望爲次祀，山川爲小祀。周人尚赤，自四望以上牲色各依其方者，以其祀大，宜從本也。山川以下，牲色不見者，以其小，從所尚也。則《論》、《禮》二說，豈不合符。」參議爲允，從之。

【《明帝本紀》】簡于出入，竟不南郊。

【《東昏侯本紀》】永元元年正月辛卯，車駕祠南郊。　三年正月辛亥，車駕祠南郊，大赦。

【《和帝本紀》】永元三年二月己巳，羣臣上尊號，立宗廟及南北郊。

【《蕭穎胄傳》】梁王屢表勸和帝即尊號，穎胄使別駕宗史撰定禮儀于江陵，立宗廟、南北郊，悉依建康。

右齊郊禮。

【《隋書·禮儀志》】梁南郊，爲圜壇，在國之南。高二丈七尺，上徑十一丈，下徑十八丈。其外再壝，四門。常與北郊間歲。正月上辛行事，用一特牛，祀天皇大帝於其上，以皇考太祖文帝配。禮以蒼璧，制幣。五方上帝、五官之神、太一、天一、日、月、五星、二十八宿、太微、軒轅、文昌、北斗、三台、老人、風伯、司空、雷電、雨師，皆從祀。其五帝、二十八宿及風雨師等座有坎，五帝亦如之，餘皆平地。器以陶匏，席用藁秸。太史設燎壇於景地。皇帝齋於萬壽殿，乘玉輅，駕以行禮。禮畢，變服通天冠而還。

【《樂志》】梁氏之初，樂緣齊舊。武帝素善鐘律，詳悉舊事，遂自制定禮樂。國樂以「雅」爲稱，取《詩序》云：「言天下之事，形四方之風，謂之雅。雅者，正也。」止乎十二，則天數也。乃去階步之樂，增撤食之雅焉。衆官出入，宋元徽三年《儀注》奏《肅咸樂》，齊及梁初亦同。至是改爲《俊雅》，取《禮記》「司徒論選士之秀者而升之學，曰俊士」也。二郊、太廟、明堂，三朝同用焉。皇帝出入，宋孝建二年秋《起居注》奏《永至》，齊及梁初亦同。至是改爲《皇雅》，取《詩》「皇矣上帝，臨下有赫」也。二郊、太廟同用。牲出入，宋元徽二年《儀注》奏《引牲》，齊及梁初亦同。至是改爲《滌雅》，取《禮記》「帝牛必在滌三月」也。薦毛血，宋元徽三年《儀注》奏《嘉薦》，齊及梁初亦同。至是改爲《牷雅》，取《春秋左氏傳》「牲牷肥腯」也。北郊、明堂、太廟並同用。降神及迎送，宋元徽三年《儀注》奏《昭夏》，齊及梁初亦同。至是改爲《諴雅》，取《尚書》「至諴感神」也。皇帝飲福酒，宋元徽三年《儀注》奏《嘉祚》，至齊不改，梁初改爲《永祚》。至是改爲《獻雅》，取《禮記·祭統》「尸飲五，洗玉爵獻卿」。古之福酒，亦古獻之義也。北郊、明堂、太廟同用。就燎位，宋元徽三年《儀注》奏《昭遠》，齊及梁不改。就埋位，齊永明六年《儀注》奏《隸幽》。至是燎埋俱奏《禋雅》，取《周禮·大宗伯》「以禋祀祀昊天上帝」也。其辭並沈約所製。

《俊雅》，歌詩三曲，四言　設官分職，髦俊攸俟。髦俊伊何？貴德尚齒。唐乂咸事，周寧多士。區區衛國，猶賴君子。漢之得人，帝猷乃理。　開我八襲，闢我九重。珩佩流響，纓紱有容。袞衣前邁，列辟雲從。義兼東序，事美西雍。分階等肅，異列齊恭。　重列北上，分庭異陛。百司揚職，九賓相禮。齊宋舅甥，魯衛兄弟。思皇藹藹，羣龍濟濟。我有嘉賓，實唯愷悌。

《皇雅》，三曲，五言　帝德實廣運，車書靡不賓。執瑁朝羣后，垂旒御百神。八荒重譯至，萬國婉來親。　華蓋拂紫微，勾陳統太一。容裔被緹組，參差羅罕畢。星回照以爛，天行徐且謐。　清蹕朝萬宇，端冕臨正陽。青絇黃金繶，衮衣文繡裳。既散華蟲采，復流日月光。

《滌雅》，一曲，四言　將修盛禮，其儀孔熾。有腯斯牲，國門是置。不黎不痻，❶靡僁靡忌。呈肌獻體，永言昭事。俯休皇德，仰綏靈志。百福具膺，嘉祥允洎。駿奔伊在，慶覃遐嗣。

《牷雅》，❷一曲，四言　反本興敬，復古昭誠。禮容宿設，祀事孔明。華俎待獻，崇碑麗牲。充哉繭握，肅矣簪纓。其膋既啓，我豆既盈。庖丁遊刃，葛盧驗聲。多祉攸集，景福來并。

《諴雅》，一曲，三言南郊降神用。　懷忽慌，瞻浩蕩。盡誠潔，致虔想。出杳冥，降無象。皇情肅，具僚仰。人禮盛，神途敞。僾明靈，申敬饗。感蒼極，洞玄壤。

《諴雅》，一曲，四言南北郊、明堂、太廟送神同用。　我有明德，馨非稷黍。牲玉孔備，嘉薦唯旅。金懸宿設，和樂具舉。禮達幽明，敬行罇俎。鼓鐘云送，遐福是與。

《獻雅》，一曲，四言　神宮肅肅，天儀穆

❶ 「痻」，原作「瘠」，據《隋書·樂志》改。
❷ 「雅」，原作「牲」，據庫本改。

穆。禮獻既同，膺此釐福。我有馨明，無愧史祝。

《禋雅》，一曲，四言就燎。　紫宮昭煥，太一微玄。降臨下土，尊高上天。載陳珪璧，式備牲牷。雲孤清引，栒虡高懸。俯昭象物，仰致高煙。肅彼靈祉，咸達皇虔。

普通中，薦蔬之後，改諸雅歌，敕蕭子雲製詞。既無牲牢，遂省《滌雅》、《牷雅》云。

【《歷代名臣奏議》】天監元年，時議又以爲《周禮》云：「若樂六變，天神皆降。」神居上玄，去還怳忽，降則自至，迎則無所。可改迎爲降，而送依前式。又《周禮》云「若樂八變，則地祇皆出，可得而禮」，地宜依舊名逆神。並從之。　初宋、齊代，祀天地，祭宗廟，准漢祠太一、后土，盡用宮懸。又太常任昉亦據王肅議云：「《周官》：『以六律、五聲、八音、六舞大合樂，以致鬼神，以和邦國，以諧兆庶，以安賓客，以悅遠人。』是謂六同，一時皆作。今六代舞，獨分用之，不厭人心。」遂依肅議，祀祭郊廟，備六代樂。

【《梁書・劉勰傳》】時七廟饗薦已用蔬果，而二郊農社猶有犧牲，勰乃表言二郊宜與七廟同改，詔付尚書議，依勰所陳。

蕙田案：郊廟大典至無血食，此不經之事，有梁君臣，其亦運會使然歟？

【《禮儀志》】天監三年，左丞吴操之啓稱：「《傳》云『啓蟄而郊』，郊應立春之後。」尚書左丞何佟之議：「今之郊祭，是報昔歲之功，而祈今年之福。故取歲首上辛，不拘立春之先後。周冬至於圜丘，大報天也。夏正又郊，以祈農事，故有啓蟄之說。自晉太始二年，並圜丘、方澤同於二郊。是知今之郊禋，禮兼祈報，不得限以一途也。」帝曰：「圜丘自是祭天，先農即是祈穀。但就陽之位，故在郊也。冬至之夜，陽氣起於甲子，既祭昊天，宜在冬至。祈穀時可依古，必須啓蟄。在一郊壇，分爲二祭。」自是冬至謂之祀天，啓蟄名爲祈穀。

　蕙田案：武帝此言乃得周禮之正，然卒未嘗至日郊祭，真所謂知之非艱者歟！

何佟之又啓：「案鬯者盛以六彝，覆以畫冪，備其飾，施之宗廟。今南北二郊，儀注有祼，既乖尚質，謂宜革變。」博士明山賓議，以爲：「《表記》『天子親耕，粢盛秬鬯，以事上帝』，蓋明堂之祼耳。郊不應祼。」帝從之。又有司以爲祀竟，器席相承還庫，請依典燒埋之。佟之等議：「案《禮》『祭器敝則埋之』。今一用便埋，費而乖典。」帝曰：「薦藉輕物，陶匏賤器，方還付庫，容復穢惡。但敝則埋之，蓋謂四時祭器耳。」自是從有司議，燒埋之。

　蕙田案：祼地所以求神于陰，天神在上，故無祼。秬鬯乃八尊所用，不必祼也，何議是。明山賓謂秬鬯事上帝爲明堂之祼，則謬矣。上帝即天，郊既不祼，明堂安得有祼，其病正坐以天與上帝爲二，仍注家之弊也。

四年，佟之云：「《周禮》『天曰神』，今天不稱神，天攢題宜曰皇天座。又南郊明堂用沉香，取本天之質，陽所宜也。」帝從之。

【《梁書·武帝紀》】四年正月戊申，詔曰：「夫禋郊饗帝，至敬攸在，致誠盡愨，猶懼有違。而往代多令宮人縱觀茲禮，幃宮廣設，輜軿耀路，非所以仰虔蒼昊，昭感上靈。屬車之間，見讖前世，便可自今停止。」辛亥，輿駕親祠南郊，赦天下。

【《隋書·禮儀志》】五年，武帝。明山賓稱：「伏尋制旨，周以建子祀天，五月祭地。殷以建丑祀天，六月祭地。夏以建寅祀天，七月祭地。自頃代以來，南北二郊，同用夏正。」詔更詳議。山賓以爲：「二儀並尊，三朝慶始，同以此日二郊爲允。并請迎五帝於郊，皆以始祖配饗。❶及郊廟受福，唯皇帝再拜，明上靈降祚，臣下不敢同也。」詔並依議。

七年，帝以一獻爲質，三獻則文，事天之道，理不應然，詔下詳議。博士陸瑋、明山賓、禮官司馬褧以爲「宗祧三獻，義兼臣下，上天之禮，主在帝王，約理申義，一獻爲允」。自是天地之祭皆一獻，始省太尉亞獻，光禄終獻。❷又太常丞王僧崇稱：「五祀位在北郊，圜丘不宜重設。」帝曰：「五行之氣，天地俱有，故宜兩從。」崇又曰：「風伯、雨師，即箕、畢星矣。而今郊祀箕、畢二星，復祭風伯、雨師，恐繁祀典。」帝曰：「箕、畢自是二十八宿之名，風伯、雨師自是箕、畢星下隸。兩祭非嫌。」

【《梁書·許懋傳》】宋、齊舊儀，郊天祀帝皆用衮冕。至天監七年，懋始請造大裘。

【《何允傳》】高祖遣領軍司馬王果宣旨諭意。允因謂果曰：「圜丘國郊，舊典不同。南郊祠五帝靈威仰之類，圜丘祠天皇大帝、北極大星是也。往代合之郊丘，先儒之巨失。今梁德告始，不宜遂因前謬。卿宜詣闕陳之。」

❶「始」，原作「世」，據庫本改。

❷「終」，原作「中」，據庫本、《隋書·禮儀志》改。

蕙田案：何允棲身巖穴，而因使獻言，其真篤守鄭學者也。然終梁之世，郊丘不分，後且并南郊從祀而去之，則武帝亦知允言之非矣。

【《梁書·武帝本紀》】天監八年正月辛巳，輿駕親祠南郊，赦天下。内外文武各賜勞一年。

十年正月辛丑，輿駕親祠南郊，大赦天下，居局治事賜勞二月。

【《隋書·禮儀志》】十一年，太祝牒，北郊止有一海，及二郊相承用染俎盛牲，素案承玉。又制南北二郊壇下衆神之座，悉以白茅，詔下詳議。八座奏：「《禮》云『觀天下之物，無可以稱其德』，則知郊祭爲俎，理不應染。又藉用白茅，禮無所出。皇天大帝坐既用俎，則知郊有俎義。」於是改用素俎，并北郊置四海座。五帝以下，悉用蒲席藁薦，並以素俎。又帝曰：「《禮》『祭月於坎』，良由月是陰義。今五帝天神，而更居坎。又《禮》云『祭日於壇，祭月於坎』，並是別祭，不關在郊，故得各從陰陽而立壇坎。兆於南郊，就陽之義，居於北郊，就陰之義。既云就陽，義與陰異。星月與祭，理不爲坎。」八座奏曰：「五帝之義，不應居坎。良由齊代圜丘小而且峻，邊無安神之所。今丘形既大，易可取安。請五帝座悉於壇上，外域二十八宿及雨師等座，悉停爲坎。」自是南北二郊，悉無坎位矣。

【《梁書·武帝本紀》】十二年正月辛卯，輿駕親祠南郊，赦大辟以下。

天監十四年春正月辛亥，輿駕親祠南郊，詔曰：「朕恭祇明祀，昭事上靈，臨竹宮而登泰壇，服裘冕而奉蒼璧，柴望既升，誠敬克展，思所以對越乾元，弘宣德教；而缺於治道，政法多昧，實佇羣才，用康庶績。可班下遠近，博採英異。若有確然鄉黨，獨行州閭，肥遯丘園，不求聞達，藏器待時，未加收採；或賢良、方正、孝悌、力田，並即騰奏，具以名上。當擢彼周行，試以邦邑，庶百司咸事，兆民無隱。又世輕世重，隨時約法，前以劓墨，用代重辟，猶念改悔，其路已壅，並可省除。」十六年春正月辛未，輿駕親祠南郊。

【《隋書·禮儀志》】十七年，帝以威仰、魄寶俱是天帝，于壇則尊，于下則卑。且南郊所祭天皇，其五帝別有明堂之祀，不煩重設。又郊祀二十八宿而無十二辰，於義闕然。于是南郊始除五帝祀，加十二辰座，與二十八宿各於其方而爲壇。

【《梁書·武帝紀》】天監十八年春正月辛卯，輿駕親祠南郊，孝悌力田，賜爵一級。

普通二年春正月辛巳，輿駕親祠南郊。詔曰：「凡民有單老孤稚不能自存，主者郡縣咸加收養，贍給衣食，每令周足，以終其身。又于京師置孤獨園，孤幼有歸，華髮不匱，若終年命，厚加料理，尤窮之家，勿收租賦。」夏四月乙卯，改作南北郊。三年八月，作二郊及藉田，畢，班賜工匠，各有差。四年春正月辛卯，輿駕親祀南郊，大赦天下。應諸窮疾，咸加賑恤，并班下四方，時理獄訟。六年正月辛亥，輿駕親祀南郊，大赦天下。

大通元年春正月辛未，輿駕親祀南郊，詔曰：「奉時昭事，虔薦蒼璧，思承天德，惠此下民。凡因事去土，流移他境者，並聽復宅業，蠲役五年。尤貧之家，勿收三調。孝悌力田，賜爵一級。」

中大通元年正月辛酉，輿駕親祠南郊，大赦

天下，孝悌力田，賜爵一級。　三年正月辛巳，輿駕親祠南郊，大赦天下，孝悌力田，賜爵一級。　五年春正月辛卯，輿駕親祠南郊，大赦天下，孝悌力田，賜爵一級。大同二年六月，詔曰：「南郊、明堂、陵廟等令，與朝請同班，于事爲輕，可改視散騎侍郎。」　三年正月辛丑，輿駕親祠南郊，大赦天下，孝悌力田，賜爵一級。　五年春正月丁巳，❶御史中丞參禮儀事賀琛奏：「今南北二郊及藉田往還並宜御輦，不復乘輅。二郊請用素輦，藉田往還乘常輦，皆以侍中陪乘，停大將軍及太僕。」詔付尚書博議施行。改素輦名大同輦。辛未，車駕親祠南郊，詔孝悌力田及州閭鄉黨稱爲善人者，各賜爵一級。　七年正月辛巳，車駕親祠南郊，赦天下，其有流移及失桑梓者，各還田宅，蠲課五年。

太清元年春正月辛酉，輿駕親祠南郊，詔曰：「天行彌綸，覆幬之功博；乾道變化，資始之德成。朕沐浴齋宫，虔恭上帝，祇事槱燎，高熛太一，大禮克遂，感慶兼懷，思與億兆，同其福惠。可大赦天下，尤窮者無出即年租調；清議禁錮，並皆宥釋；所討逋叛，巧籍隱年，闇丁匿口，開恩百日，各令自首，不問往罪；流移他鄉，聽復宅業，蠲課五年；孝悌力田，賜爵一級；居局治事，賞勞二年。可班下遠近，博採英異，或德茂州閭，道行鄉邑，或獨行特立，不求聞達，咸使言上，以時招聘。」

右梁郊禮。

【《隋書・禮儀志》】陳制，亦以間歲。正月上辛，用特牛一，祀天地於南北二郊。永定

❶「年」，原作「月」，據庫本改。

元年，武帝受禪，修南郊，圜壇高二丈二尺五寸，上廣十丈，柴燎告天。明年正月上辛，有事南郊，以皇考德皇帝配，其餘準梁之舊。

【《陳書・高祖本紀》】永定二年春正月辛丑，輿駕親祠南郊，詔曰：「朕受命君臨，初移星琯，孟陬嘉月，備禮泰壇，景候昭華，人祇允慶，思令億兆，咸與惟新。且往代祆氛，于今猶梗，軍機未息，徵賦咸繁，事不獲已，久知下弊，言念黔黎，無忘寢食。夫罪無輕重，已發覺、未發覺，在今昧爽以前，皆赦除之。西寇自王琳以下，並許返迷，一無所問。近所募義軍，本擬西寇，並宜解遣，留家附業。輓訂軍資未送者並停，元年軍糧逋餘者原其半。州郡縣軍戍並不得輒遣使民間，務存優養。若有侵擾，嚴爲法制。」

【《隋書・禮儀志》】永定二年正月上辛，有事南郊，除十二辰座，加五帝位。

【《文帝本紀》】天嘉元年春正月辛酉，輿駕親祠南郊，詔曰：「朕式饗上玄，虔奉牲玉，高禋禮畢，誠敬兼弘。且陰霾浹辰，褰霽在日，雲物韶朗，風景清和，慶動人祇，忭流庶俗，思俾黎元，同此多祜，可賜民爵一級。」天嘉三年春正月庚戌，設帷宮於南郊，幣告胡公以配天。辛亥，輿駕親祠南郊。詔曰：「朕負荷寶圖，函回星琯，兢兢業業，庶幾治定，而德化不孚，俗弊滋甚，永言念之，無忘日夜。陽和布氣，昭事上帝，躬奉牲玉，誠兼享敬，思與黎元，被斯寬惠，可普賜民爵一級，其孝悌力田，別加一等。」

【《隋書・禮儀志》】文帝天嘉中，南郊改以高祖配。

太常卿許亨奏曰：「昔梁武帝云：天數五，地數五，五行之氣，天地俱有。故南北郊內，並祭五祀。臣案《周禮》以血祭社稷、五祀，鄭玄云：『陰祀自血起，貴氣臭也。』五祀，五官之神也。五神主五行，隸于地，故與埋沈、疈辜同爲陰祀。既非煙柴，無關陽祭。故何休云：周爵五等者，法地有五行也。五神位在北郊，圜丘不宜重設。」制曰：可。　又奏曰：「梁武帝議，箕、畢自是二十八宿之名，風師、雨師自是箕、畢下隸，非即星也。故郊雩之所，皆兩祭之。臣案《周禮・大宗伯之職》云：槱燎祀司中、司命、風師、雨師。鄭衆云：『風師，箕也；雨師，畢也。』《詩》云：『月離于畢，俾滂沱矣。』如此則風伯、雨師即箕、畢星矣。而今南郊祀箕、畢二星，復祭風伯、雨師，恐乖祀典。」制曰：若郊設星位，任即除之。　亨又奏曰：「《梁儀注》曰：『一獻爲質，三獻爲文，事天之事，故不三獻。』臣案《周禮・司樽》所言，三獻施於宗祧，而鄭注一獻施於羣小祀。今用小祀之禮施於天神大帝，梁武此義爲不通矣。且樽俎之物，依於質文；拜獻之禮，主於虔敬。今請凡郊丘祀事，準於宗祧，三獻爲允。」制曰：「依議。」

【《廢帝紀》】光大元年正月辛卯，輿駕親祠南郊。

【《隋書・禮儀志》】宣帝即位，以南北二郊卑下，更議增廣。久而不決。至太建十一年，尚書祠部郎王元規議曰：「案前漢《黄圖》，上帝壇徑五丈，高九尺；后土壇方五丈，高六尺。梁南郊壇上徑十一丈，下徑十八丈，高二丈七尺；北郊壇上方十丈，下方十二丈，高一丈。即日南郊壇廣十丈，高二丈二尺五寸；北郊壇廣九丈三尺，高一丈五寸。今議增南郊壇上徑十二丈，則天大數，下徑十八丈，取於三分益一，高二丈七尺，取三倍九尺之堂。北郊壇上方十丈，以則地義，下方十五丈，亦取二分益一，高一丈二尺，亦取二倍漢家之數。《禮記》云：『爲高必因丘陵，爲下必因川澤。因名山升中于天，因吉土饗帝于郊。』《周官》云：『冬日至，祀天於地上之圜丘。夏日至，祭地於澤中之方丘。』《祭法》云：『燔柴於泰壇，祭天也。瘞埋於泰折，祭地也。』《記》云：『至敬不壇，埽地而祭。』於其質也，以報覆燾持載之功。《爾雅》亦云：『丘，言非人所造爲。』古圓方兩丘，並因見有而祭，本無高廣之數。後世隨事遷都，而建立郊禮。或有地吉而未必有丘，或有見丘而不必廣絜。故有築建之法，而制丈尺之儀。愚謂郊祀事重，圓方二丘，高下廣狹，既無明文，但五帝不相沿，三王不相襲。今謹述漢、梁并即日三代壇不同，及更增修丈尺如前。聽旨。」詔遂依用。

【《陳書・姚察傳》】遷尚書祠部侍郎，此曹職司郊廟。昔魏王肅奏祀天地，設宮縣之樂，八佾之舞，爾後因循不革。梁武帝以爲事人禮縟，事神禮簡，古無宮縣之文。陳初承用，莫有損益。高宗欲設備樂，立義，以梁武帝爲非。時朝端在位，咸希上旨。察乃博引經籍，獨違羣議，據梁樂爲是，當時莫不慙服。

【《隋書・音樂志》】陳初並梁樂。

【《陳書・宣帝紀》】大建三年正月辛酉，輿駕親祠南郊。五年正月辛巳，輿駕親祠南郊。七年正月辛未，輿駕親祠南郊。

【《隋書・禮儀志》】後主嗣立，無意典禮之事，加舊儒碩學，漸以凋喪，至於朝亡，竟無改作。

右陳郊禮。

【《魏書・樂志》】天興元年冬，詔尚書吏部郎鄧淵定律吕，協音樂。孟秋，祀天西郊，兆内壇西，備列金石，樂具，皇帝入兆内行禮，咸奏舞《八佾》之舞。

【《太祖本紀》】天興二年春正月甲子，初祠上帝于南郊，以始祖神元皇帝配。降壇視燎，成禮而反。

【《禮志》】爲壇通四陛，爲壝埒三重。天位在其上，南面，神元西面。五精帝在壇内，壝内四帝，各於其方，一帝在未。日月、五星、二十八宿、天一、太一、北斗、司中、司命、司禄、司民在中壝内，各於其方。其餘從食者合一千餘神，餟在外壝内。藉用藁秸，玉用四珪，幣用束帛，牲用黝犢，器用陶匏。上帝、神元用犢各一，五方帝共用犢一，日月等共用牛一。祭畢，燎牲體左于壇南巳地，從陽之義。明年正月辛酉，郊天。其後，冬至祭上帝于圜丘，夏至祭地于方澤，用牲幣之屬，與二郊同。

【《樂志》】太祖初，冬至祭天于南郊圜丘，樂用《皇矣》，奏《雲和》之舞，事訖，奏《維皇》，將燎。

初，侍中崔光、臨淮王彧並爲郊廟歌辭，而迄不施用，樂人傳習舊曲，加以訛失，了無章句。後太樂令崔九龍條記上之。樂署今見傳習，其中復有所遺，至于古雅，尤多亡矣。

【《太祖本紀》】天賜二年夏四月，車駕有事于西郊，車旗盡黑。

【《禮志》】天賜二年夏四月，復祀天于西郊，爲方壇一，置木主七于上。東爲二陛，無等；周垣四門，門各依其方色爲名。牲用白犢、黄駒、白羊各一。祭之日，帝御大駕，百官及賓國諸部大人畢從至郊所。帝立青門内近南壇西，内朝臣皆位于帝北，外朝臣及大人咸位于青門之外，后率六宮從黑門入，列於青門内近北，並西面。廪犧令掌牲，陳于壇前。女巫執鼓，立於陛之東，西面。選帝之十族子弟七人執酒，在巫南，西面北上。女巫升壇，摇鼓。帝拜，后肅拜，百官内外盡拜。祀訖，復拜。拜訖，乃殺牲。執酒七人西向，以酒灑天神主，復拜，如此者七。禮畢而返。自是之後，歲一祭。

蕙田案：歷代郊祀，雖變更非一，而帝后同拜，則未之聞也。然非禮之禮，其來有自，既可神祇共席，夫婦同牢，則内外躬親，奚而不可？故岷江始以濫觴，豫章生乎兩葉，引而伸之，觸類而長之，斯亦猶合祭並配之旨已。

延興二年六月，顯祖以西郊舊事，歲增木主七，易代則更兆，其事無益于神明。乃革前儀，定置主七，立碑於郊所。

【《高祖本紀》】太和十年四月甲子，帝初以法服御輦祀于西郊。冬十月癸酉，有司議依故事配始祖于南郊。十二年閏月甲子，帝觀築圜丘于南郊。十三年正月辛亥，車駕有事于圜丘，于是始備大駕。十五年八月壬辰，議肆類于上帝、禋于六宗之禮，帝親臨決。

【《禮志》】高閭請依先別處六宗之兆，總爲一祀而祭之。帝曰：「詳定朝令，祀爲事首，朕躬覽《尚書》之文，稱『肆類于上帝，禋于六宗』，文相連屬，理似一事。上帝稱肆而無禋，六宗言禋而不別其名。以此推之，上帝、六宗當是一時之祀，非別祭之名。肆類非獨祭之目，❶焚煙非他祀之用。六宗

❶「目」，原作「月」，據《魏書·禮志》改。

者，必是天皇大帝及五帝之神明矣。禋是祭帝之事，故稱禋以關其他，故稱六以證之。然則肆類上帝，禋于六宗，一祭也，互舉以成之。今祭圜丘，五帝在焉，其牲幣俱禋，故稱『肆類上帝，禋于六宗』。一祀而六祀備焉。六祭既備，無煩復別立六宗之位。便可依此附令，永爲定法。」

蕙田案：以六宗爲祀天，亦是創見。

【《高祖本紀》】太和十六年正月辛酉，始以太祖配南郊。　三月辛酉，省西郊郊天雜事。　十八年三月，罷西郊祭天。

【《禮志》】太和十九年十一月庚午，帝幸委粟山，議定圜丘。己卯，帝在合温室，引咸陽王禧，司空公穆亮，吏部尚書、任城王澄及議禮之官。詔曰：「朝集公卿，欲論圜丘之禮。今短晷斯極，長日方至。案《周官》祀昊天上帝于圜丘，禮之大者。兩漢禮有參差，❶魏晉猶亦未一。我魏氏雖上參三皇，下考叔世近代都祭圜丘之禮，復未考《周官》，爲不刊之法令。以此祭圜丘之禮示卿等，欲與諸賢考之厥衷。」帝曰：「夕牲之禮，無可依準，近在代都，已立其議。殺牲裸神，誠是一日之事，終無夕而殺牲，待明而祭。」員外散騎常侍劉芳對曰：「臣謹案《周官·牧人職》，正有夕展牲之禮，實無殺牲之事。」祕書令李彪曰：「夕不殺牲，誠如聖旨。未審告廟以不？臣聞魯人將有事于上帝，必先有事于泮宮，注曰『先人』。以此推之，應有告廟。」帝曰：「卿言有理，但朕先以郊配，意欲廢告，而卿引證有據，當從卿議。」帝又曰：「圜丘之牲，色無常準，覽推古事，乖互不一。周家用騂，解言

❶「兩」，原作「而」，據《魏書·禮志》改。

是尚。晉代靡知所據。舜之命禹，悉用堯辭，復言玄牡告于后帝。今我國家，時用夏正，至于牲色，未知何準？」祕書令李彪曰：「觀古用玄，是取天玄之義，臣謂宜用玄。至于五帝，各象其方色，亦有其義。」帝曰：「天何時不玄，地何時不黄，意欲從玄。」又曰：「我國家常聲鼓以集衆。《易》稱二至之日，商旅不行，后不省方，以助微陽、微陰。今若依舊鳴鼓，得無闕寢鼓之義。」員外郎崔逸曰：「臣案《周禮》，當祭之日，靁鼓靁鼗，八面而作，猶不妨陽。臣竊謂以鼓集衆，無妨古義。」癸未，詔三公衮冕八章，太常鷩冕六章，用以陪薦。甲申長至，祀昊天于委粟山。

【《高祖本紀》】甲申，有事于圜丘。丙戌，大赦天下。

【《崔元伯傳》】元伯同郡董謐，入朝拜儀曹郎，撰郊廟社稷之儀。

【《李業興傳》】衍散騎常侍朱异問業興曰：「魏洛中委粟山是南郊邪？」業興曰：「委粟是圜丘，非南郊。」异曰：「比聞郊、丘異所，是用鄭義。我此中用王義。」業興曰：「然。洛京郊丘之處，專用鄭解。」异曰：「若然，女子逆降傍親，亦從鄭以不？」業興曰：「此之一事，亦不專從。若卿此間用王義，除禫應用二十五月，何以王儉喪禮，禫用二十七月也？」异遂不答。

蕙田案：郊丘分合，南北不同，故業興、朱异各是其是，斯乃使命之體，非關議禮之準也。然南宗王肅，因仍晉代；中原之士，堅守鄭學，向非晉武爲肅外孫，則郊丘合一之説，且不傳于後世矣。

【《禮志》】世宗景明二年十一月壬寅，改築圜丘于伊水之陽。乙卯，仍有事焉。

【《恩倖傳》】每適郊廟，趙修常驂陪。

蕙田案：郊廟車駕，乃以嬖人驂陪，志亦荒矣。

【《肅宗本紀》】正光三年十一月乙巳，車駕有事于圜丘，大赦天下。　五年春正月辛丑，車駕有事于南郊。

【《出帝紀》】永熙元年十一月丁酉，日南至，車駕有事于圜丘。

【《樂志》】二至郊天地，四節祠五帝，或公卿行事，唯四月郊天，帝常親行，樂加鐘懸，以爲迎送之節。

【《齊書・魏虜傳》】城西有祠天壇，立四十九木人，長丈許，白幘，練裙，馬尾被，立壇上。常以四月四日殺牛馬祭祀。

右北魏郊禮。

【《北齊書・文宣帝本紀》】天保二年正月辛亥，有事于圜丘，以神武皇帝配。

【《隋書・禮儀志》】後齊制，圜丘、方澤，並三年一祭，謂之禘祀。圜丘在國南郊。丘下廣輪二百七十尺，上廣輪四十六尺，高四十五尺。三成，成高十五尺，上中二級，四面各一陛，下級方維八陛。周以三壝，去丘五十步。中壝去内壝，外壝去中壝，各二十五步。皆通八門。又爲大營於壝之外，廣輪三百七十步。其營塹廣一十二尺，深一丈，四面各通一門。又爲燎壇於中壝之外，當丘之丙地。❶廣輪三十六尺，高三尺，四面各有陛。圜丘則以蒼璧束帛，正月上辛，祀昊天上帝于其上，以高祖神武皇帝配。五精之帝，從祀于其中丘。面皆内向。日

❶「丙」，原避唐諱作「景」，今改回。

月、五星、北斗、二十八宿、司中、司命、司民、❶司禄、風師、雨師、靈星于下立，爲衆星之位，遷于内壝之中。合用蒼牲九。夕牲之旦，太尉告廟，陳幣于神武廟訖，埋于兩楹間焉。皇帝初獻，太尉亞獻，光禄終獻。❷司徒獻五帝，司空獻日月、五星、二十八宿，太常丞已下薦衆星。其後諸儒定禮，圜丘改以冬至云。

【《北齊書・文宣帝本紀》】八年八月，詔：「丘郊、禘祫、時祀，皆市取少牢，不得剖割，有司監視，必令豐備。」

【《孝昭帝本紀》】皇建二年正月辛亥，祀圜丘。

【《隋書・音樂志》】齊神武霸跡肇創，遷都于鄴，猶曰人臣，故咸遵魏典。及文宣初禪，尚未改舊章。武成之時，始定四郊、宗廟、三朝之樂。羣臣入出，奏《肆夏》。牲入出，薦毛血，並奏《昭夏》。迎送神及皇帝初獻、禮五方上帝，並奏《高明》之樂，爲《覆燾》之舞。皇帝入壇門及升壇飲福酒，就燎位，還便殿，並奏《皇夏》。以高祖配饗，奏《武德》之樂，爲《昭烈》之舞。今列其辭云。

大禘圜丘及北郊歌辭：

夕牲羣臣入門，奏《肆夏》樂辭　肇應靈序，奄字黎人。乃朝萬國，爰徵百神。祇展方望，幽顯咸臻。禮崇聲協，贊列珪陳。翼差鱗次，端笏垂紳。來趨動色，式贊天人。

迎神，奏《高明》樂辭登歌辭同。　唯神監矣，皇靈肅止。圓璧展事，成文即始。士備八能，樂合六變。風湊伊雅，光華襲

❶「民」，原避唐諱作「人」，今改回。下同。不一一出校。

❷「終」，原作「中」，據庫本改。

薦。宸衛騰景，靈駕霏煙。嚴壇生白，綺席凝玄。

牲出入，奏《昭夏》辭　剛柔設位，唯皇配之。言肅其禮，念暢在兹。飾牲舉獸，載歌且舞。既捨伊腯，致精靈府。物色唯典，齋沐加恭。宗族咸暨，罔不率從。

薦毛血，奏《昭夏》辭羣臣出，奏《肆夏》，進熟，羣臣入，奏《肆夏》，辭同初入。　展禮上月，肅事應時。藺栗爲用，交暢有期。弓矢斯發，瓮簝將事。圓神致祀，率由先志。和以鑾刀，臭以血膋。至哉敬矣，厥義孔高。

進熟，皇帝入門，奏《皇夏》辭　帝敬昭宣，皇誠肅致。玉帛齊軌，屏攝咸次。三垓上列，四陛旁升。龍陳萬騎，鳳動千乘。神儀天藹，睟容離曜。金根停軫，奉光先導。

皇帝升丘，奏《皇夏》辭壇上登歌辭同。　紫壇雲暧，紺幄霞褰。我其陟止，載致其虔。百靈竦聽，萬邦咸仰。人神咫尺，玄應肸蠁。

皇帝初獻，奏《高明》樂辭　上下眷，旁午從。爵以質，獻以恭。咸斯暢，樂唯雍。孝敬闡，臨萬邦。

皇帝奠爵訖，奏《高明》樂、《覆燾》之舞辭

自天子之，會昌神道。丘陵肅事，克光天保。九關洞開，百靈環列。八樽呈備，五聲投節。

皇帝獻太祖配饗神座，奏《武德》之樂、《昭烈》之舞辭　皇帝小退，當昊天上帝神座前，奏《皇夏》，辭同上《皇夏》。　配神登聖，主極尊靈。敬宣昭燭，咸達窅冥。禮弘化定，樂奏功成。穰穰介福，下被羣生。

皇帝飲福酒，奏《皇夏》之樂　皇帝詣東陛，還便座，又奏《皇夏》，辭同初入門。　皇心緬且

感，吉蠲奉至誠。赫哉光盛德，乾巛詔百靈。報福歸昌運，承祐播休明。風雲馳九域，龍蛟躍四溟。浮幕呈光氣，儷象燭華精。《護》《武》方知恥，《韶》《夏》僅同聲。

送神，降丘南陛，奏《高明》樂辭 皇帝之望燎位，又奏《皇夏》，辭同上《皇夏》。 獻享畢，懸佾周。神之駕，將上遊，超北極，絕河流。懷萬國，寧九州。欣帝道，心顧留。帀上下，荷皇休。

紫壇既燎，奏《昭夏》樂辭 皇帝自望燎還本位，奏《皇夏》，辭同上《皇夏》。 玄黃覆載，元首照臨。合德致禮，有契其心。敬申事閟，潔誠云報。玉帛載升，棫樸斯燎。寥廓幽曖，播以馨香。皇靈唯監，降福無疆。

皇帝還便殿，奏《皇夏》辭 羣臣出，奏《肆夏》，辭同上《肆夏》。祠感帝用圜丘辭。 天大親嚴，匪敬伊孝。永言肆饗，宸明增耀。陽丘既暢，大典逾光。乃安斯息，欽若舊章。天迴地旋，鳴鑾引警。且萬且億，皇曆惟永。

【《陸卬傳》】齊之郊廟諸歌，多卬所制。

【《後主紀》】天統三年正月辛卯，祀圜丘。

蕙田案：齊承魏制，分立郊丘。圜丘三年一祭，謂之禘祀，初以正月上辛祀昊天上帝，後改以冬至。南郊則歲一祀，以正月上辛祀所感帝，大抵從鄭康成禮注之謬，而圜丘祀昊天以上辛，則并與鄭氏不同矣。考終齊之世，祀圜丘者三，祀南郊者一，皆以春正月，而冬至之祭卒未嘗行，則失禮之中，又失禮焉。

右北齊郊禮。

【《周書·孝閔帝本紀》】元年春正月壬寅，

祠圜丘，詔曰：「予本自神農，其于二丘，宜作厥主。始祖獻侯，啓土遼海，肇有國基，配南北郊。文考德符五運，受天明命，祖于明堂，以配上帝。」

【《明帝本紀》】元年九月，即天王位。冬十月乙酉，祠圜丘。十一月丁未，祀圜丘。

蕙田案：孟冬、仲冬連舉二祭，史家亦不言其故。或十月爲即位告祭，十一月爲正祭歟？

【《武帝本紀》】保定元年春正月庚戌，祀圜丘。天和二年春正月丁亥，初立郊丘壇壝制度。

【《宣帝本紀》】宣政元年，即位，七月丙午，祀圜丘。

【《隋書·禮儀志》】後周憲章姬周，祭祀之式，多依《儀禮》。司量掌爲壇之制，圜丘三成，成崇一丈二尺，深二丈。上徑六丈，十有二階，每等十有二節。在國陽七里之郊。圜壝徑三百步，内壝半之。方一成，下崇一丈，徑六丈八尺，上崇五尺，方四丈，八方，方一階，階十級，級一尺。其祭圜丘及南郊，並正月上辛。圜丘則以其先炎帝神農氏配昊天上帝于其上。五方上帝、日月、内官、中官、外官、衆星並從祀。皇帝乘蒼輅，載玄冕，備大駕而行。預祭者皆蒼服。

【《音樂志》】周太祖迎魏武入關，樂聲皆闕。恭帝元年，平荆州，大獲梁氏樂器，以屬有司。制其歌舞，竟未之行也。天和元年，武帝初造《山雲》舞，以備六代。南北郊、雩壇、太廟、禘祫，俱用六舞。南郊則《大夏》降神，《大護》獻熟，次作《大武》、《正德》、《武德》、《山雲》之舞。宣帝嗣位，郊廟皆循用之，無所改作。今採其辭云。

圜丘歌辭：

降神，奏《昭夏》　重陽禋祀大報天，景午封壇肅且圜。孤竹之管雲和弦，神光未下風肅然。王城七里通天臺，紫微斜照影徘徊。連珠合璧重光來，天策暫轉鉤陳開。

皇帝將入門，奏《皇夏》　旌迴外壝，蹕静郊門。千乘按轡，萬騎雲屯。藉茅無咎，埽地唯尊。揖讓展禮，衡璜節步。星漢就列，風雲相顧。取法于天，降其永祚。

俎入，奏《昭夏》　日至大禮，豐犧上辰。牲牢修牧，繭栗毛純。俎豆斯立，陶匏以陳。大報反命，居陽兆日。六變鼓鐘，三和琴瑟。俎奇豆偶，唯誠唯質。

奠玉帛，奏《昭夏》　員玉已奠，蒼幣斯陳。瑞形成象，璧氣含春。禮從天數，知總員神。爲祈爲祀，至敬咸遵。

皇帝升壇，奏《皇夏》　七星是仰，八陛有憑。就陽之位，如日之升。思虔肅肅，施敬繩繩。祝史陳信，玄象斯格。唯類之典，唯靈之澤。幽顯對揚，人神咫尺。

皇帝初獻，作《雲門》之舞　獻以誠，鬱以清。山罍舉，沈齊傾。唯尚饗，洽皇情。降景福，通神明。

皇帝初獻配帝，作《雲門》之舞　長丘遠歷，大電遥源。弓藏高隴，鼎没寒門。人生于祖，物本于天。尊神配德，迄用康年。

皇帝初獻及獻配帝畢，奏《登歌》　歲之祥，國之陽。蒼靈敬，翠雲長。象爲飾，龍爲章。乘長日，坯蟄户。列雲漢，迎風雨，六吕歌，雲門舞。省滌濯，奠牲牷。鬱金酒，鳳凰樽。迴天睠，顧中原。

皇帝飲福酒，奏《皇夏》　國命在禮，君命在天。陳誠唯肅，飲福唯虔。洽斯百禮，福以千年。鈎陳掩映，天駟徘徊。凋禾飾罼，翠羽承罍。受斯茂祉，從天之來。撤奠，奏《雍夏》禮將畢，樂將闌。迴日轡，動天關。翠鳳摇，和鑾響。五雲飛，三步上。風爲馭，雷爲車。無轍迹，有煙霞。暢皇情，休靈命。雨留甘，雲餘慶。帝就望燎位，奏《皇夏》六曲聯事，九司咸則。率由舊章，於焉允塞。掌禮儀次，燔柴在焉。煙升玉帛，氣歛牲牷。休氣馨香，膋芳昭晰。翼翼虔心，明明上徹。帝還便座，奏《皇夏》玉帛禮畢，人神事分。嚴承乃睠，仰瞻迴雲。輦路千門，王城九軌。式道移候，司方迴指。得一惟清，於萬斯寧。受兹景命，于天告成。

蕙田案：北周郊丘之祭，大率與齊同，而郊壇之制各異。史載祀圜丘者四：明帝元年十月，宣帝元年七月，告祭也；明帝元年十一月，武帝元年春正月，似乎正祭。然一以冬至，一以孟春，其典禮之無定，可知矣。

右周郊禮。

【《隋書·禮儀志》】高祖受命，欲新制度。乃命國子祭酒辛彦之議定祀典。爲圜丘于國之南，太陽門外道東二里。其丘四成，各高八尺一寸。下成廣二十丈，再成廣十五丈，三成廣十丈，四成廣五丈。再歲冬至之日，祀昊天上帝于其上，以太祖武元皇帝配。五方上帝、日月、五星、内官四十二座、次官一百三十六座、外官一百一十一座、衆星三百六十座，並皆從祀。上帝、日月在丘之第二等，北斗、五星、十二辰、河漢、内官在丘第三等，二十八宿、中官在丘第四等，外官在内壝之内，衆星在内壝之外。其牲，上帝、配帝用蒼犢二，五帝、日月用方色犢各一，五星已下用羊、豕各九。　六月癸未，詔：「以五德相生，赤爲火色，其郊及社廟服冕如朝會之服，旗幟、犧牲皆尚赤。」凡大祀，齋官皆于其晨集尚書省，受誓戒。散齋四日，致齋三日。祭前一日，晝漏上水五刻，到祀所，沐浴，著明衣，咸不得聞見衰絰哭泣。昊天上帝、五方上帝、日月、皇地祇，神州、社稷、宗廟等爲大祀，星辰、五祀、四望等爲中祀，司中、司命、風師、雨師及諸星、諸山川等爲小祀。大祀養牲，在滌九旬，中祀三旬，小祀一旬。其牲方色難備者，聽以純色代。告祈之牲者不養。祭祀犧牲，不得捶扑。其死則埋之。

【《音樂志》】隋去六代之樂，又無四望、先妣之祭，今既與古祭法有别，乃以神祇位次分樂配焉。奏黄鐘，歌大吕，以祀圜丘。其祠圜丘，皇帝入至版位定，奏《昭夏》之樂以降天神。升壇奏《皇夏》之樂。受玉帛，登歌，奏《昭夏》之樂。皇帝降南陛，詣罍洗，洗爵，訖，升壇，並奏《皇夏》。初升壇，俎入，奏《昭夏》之樂。皇帝初獻，奏《諴夏》之樂。皇帝既獻，作文舞之舞，皇帝飲福酒，作《需夏》之樂。皇帝反爵于坫，還本位，奏《皇夏》之樂。武舞出，作《肆夏》之樂。送神，作《昭夏》之樂。就燎位，還大次，並奏《皇夏》。

圜丘，降神，奏《昭夏》辭　肅祭典，協良辰。具嘉薦，俟皇臻。禮方成，樂已變。感靈心，迴天睠。闢華闕，下乾宫。乘精氣，御祥風。望爟火，通田燭。膺介圭，受瑄玉。神之臨，慶陰陰。煙衢洞，宸路深。善既福，德斯輔。流鴻祚，徧區寓。

皇帝升壇，奏《皇夏》辭　於穆我君，昭明

有融。道濟區域，功格玄穹。百神警衛，萬國承風。仁深德厚，信洽義豐。明發思政，勤憂在躬。鴻基唯永，福祚長隆。

登歌辭　德深禮大，道高饗穆。就陽斯恭，陟配唯肅。血膋升氣，冕裘標服。誠感清玄，信陳史祝。祗承靈貺，載膺多福。

皇帝初獻，奏《誠夏》辭　肇禋崇祀，大報尊靈。因高盡敬，埽地推誠。六宗隨兆，五緯陪營。雲和發韻，孤竹揚清。我粢既挈，我酌唯明。玄神是鑒，百祿來成。

皇帝既獻，奏《文舞》辭　皇矣上帝，受命自天。睿圖作極，文教遐宣。四方監觀，萬品陶甄。有苗斯格，無得稱焉。天地之經，和樂具舉。休徵咸萃，要荒式序。正位履端，秋霜春雨。

皇帝飲福酒，奏《需夏》辭　禮以恭事，薦以饗時。載清玄酒，備挈薌萁。迴旒分爵，思媚軒墀。惠均撤俎，祥降受釐。十倫以具，百福斯滋。克昌厥德，永祚鴻基。

《武舞》辭　御曆膺期，乘乾表則。成功戡亂，順時經國。兵暢五材，武弘七德。憬彼遐裔，化行充塞。三道備舉，二儀交泰。情發自中，義均莫大。祀敬恭肅，鐘鼓繁會。萬國斯歡，兆人斯賴。享兹介福，康哉元首。惠我無疆，天長地久。

送神，奏《昭夏》辭　享序洽，祀禮施。神之駕，嚴將馳。奔精驅，長離耀。牲煙達，潔誠照。騰日馭，鼓電鞭。辭下土，升上玄。瞻寥廓，杳無際。澹羣心，留餘惠。

皇帝就燎，還大次，並奏《皇夏》，辭同上。

【《高祖本紀》】開皇十年冬十一月辛丑，有事于南郊。　十二年冬十一月辛亥，有事于南郊。　十八年冬十一月癸未，有事于南郊。

蕙田案：《隋・高祖本紀》書有事于南郊者四，書親祀感生帝者一。感生帝自係南郊，則所云南郊者，其爲圜丘無疑也。史家不明郊丘之辨，故以南郊爲圜丘，而南郊之祭不得不異其文以別之。而正月之祭既用辛日，當入祈穀，此不列。

【《禮儀志》】初，帝既受周禪，恐黎元未愜，多説符瑞以耀之。其或造作而進者，不可勝計。仁壽元年冬至祠南郊，置昊天上帝及五方天位並于壇上，如封禪禮。板曰：「維仁壽元年，歲次作噩，嗣天子臣堅，敢昭告于昊天上帝。璇璣運行，大明南至。臣蒙上天恩造，羣靈降福，撫臨率土，安養兆人。顧唯虚薄，德化未暢，夙夜憂懼，不敢荒怠。天地靈祇，降錫休瑞，鏡發區宇，昭彰耳目。爰始登極，蒙授龜圖，遷都定鼎，醴泉出地，平陳之歲，龍引舟師。省俗巡方，展禮東岳，盲者得視，瘖者得言，復有躄人，忽然能步。自開皇以來，日近北極，行于上道，晷度延長。天啓太平，獸見一角，改元仁壽，楊樹生松。石魚彰合符之徵，玉龜顯永昌之慶。山圖石瑞，前後繼出，皆載臣姓名，褒紀國祚。經典諸緯，爰及玉龜，文字義理，遞相符會。宫城之内，及在山谷，石變爲玉，不可勝數。桃區一嶺，盡是琉璃，黄銀出于神山，碧玉生于瑞巘。多楊山響，三稱國興，連雲山聲，萬年臨國。野鵝降天，仍注池沼，神鹿入苑，頻賜引導。騶虞見質，遊驎在野，鹿角生于楊樹，龍湫出于荆谷。慶雲發彩，壽星垂耀。宫殿樓闕，咸出靈芝，山澤川原，多生寶物。威香散馥，零露凝甘。敦煌烏山，黑石變白，弘禄巖嶺，石華遠照。玄狐玄豹，白兔白狼，赤雀蒼烏，野蠶天豆，嘉禾合穗，珍木連理。神瑞休徵，洪恩景福，降賜無疆，不可具紀。此皆昊天上帝，爰降明靈，矜愍蒼生，寧静海内，故錫兹嘉慶，咸使安樂，豈臣微誠所能上感。虔心奉謝，敬薦玉帛犧齊，粢盛庶品，燔祀于昊天上帝。皇考太祖武元皇帝，配神作主。」

大業十年，冬至祀圜丘，帝不齋于次。詰朝，備法駕，至便行禮。是日大風，帝獨獻上帝，三公分獻五帝。禮畢，御馬疾驅而歸。

蕙田案：隋唐之交，割據紛起，然皆草竊無文。唯蕭銑自稱梁王，築壇柴上帝，又梁師都僭皇帝位，祭天城南坎地，瘞玉得印，各見本傳，今不列入。

右隋郊禮。

五禮通考卷第八

淮陰吳玉搢校字

五禮通考卷第九

内廷供奉禮部右侍郎金匱秦蕙田編輯
太子太保總督直隸右都御史桐城方觀承同訂
按察司副使元和宋宗元
貢士吴江顧我鈞　參校

吉禮九

圜丘祀天

【《唐書·高祖本紀》】武德四年，十一月甲申，有事于南郊。

蕙田案：此郊，《舊書》不載，疑刻本之脱。

【《舊唐書·禮儀志》】武德初，定令：每歲冬至，祀昊天上帝於圜丘，以景帝配。其壇在京城明德門外道東二里。壇制四成，各高八尺一寸，下成廣二十丈，再成廣十五丈，三成廣十丈，四成廣五丈。每祀則昊天上帝及配帝設位于平座，藉用藁秸，器用陶匏。五方上帝、日月、内官、中官、外官及衆星，並皆從祀。其五方帝及日、月七座，在壇之第二等；内官五星以下五十五座，在壇之第三等；二十八宿以下百三十五座，在壇之第四等；外官百一十二座，在壇下外壝之内；衆星三百六十座，在外壝之外。其牲，上帝及配帝用蒼犢二，五方帝及日月用方色犢各一，内官以下加羊、豕各九。

【《唐書·禮樂志》】圜丘壇，北辰、北斗、天一、太一、紫微五帝座，並差在行位前。餘内官諸座及五星、十二辰、河漢四十九座，在第二等十有二陛之間。中官市垣：帝座、七公、日星、帝座、大角、攝提、太微五帝、太子、明堂、軒轅、三台、五車、諸王、月星、織女、建星、天紀十七座；及二十八宿，差在前列。其餘中官一百四十二座皆在第三等十二陛之間。外官一百五在內壝之內，衆星三百六十在內壝之外。五星、三辰，以象尊實醍齊；七宿，以壺尊實沈齊，皆二。五星、十二辰、二十八宿，籩、豆各二，簠、簋、俎各一。四時祭風師、雨師、靈星、司中、司命、司民、司禄，籩八、豆八、簋一、簠一、俎一。牲皆少牢，席皆以莞。

蕙田案：冬至祀圜丘之禮，至武德乃得其正，開國規模，邈然遠矣。

【《唐書・太宗本紀》】貞觀二年十一月辛酉，有事于南郊。

【《裴寂傳》】貞觀二年，太宗祠南郊，命寂與長孫無忌同昇金輅。寂辭讓。太宗曰：「以公有佐命之勳，無忌亦宣力於朕，同載參乘，非公而誰？」遂同乘而歸。

【《劉黑闥傳》】初，秦王建天策府，其弧矢制倍于常，後餘大弓一，長矢五，藏之武庫。每郊丘重禮，必陳于儀物之首，以識武功云。

五年十一月丙子，有事于南郊。

【《禮樂志》】自周衰，禮樂壞於戰國而廢絶於秦。漢興，六經在者，皆錯亂、散亡、雜僞，而諸儒方共補緝，以意解詁，未得其真，而讖緯之書出以亂經矣。自鄭玄之徒，號稱大儒，皆主其說，學者由此牽惑没溺，而時君不能斷决，以爲有其舉之，莫可廢也。由是郊丘、明堂之論，至于紛然而莫知所止。《禮》曰：「以禋祀祀昊天上帝。」此天也，玄以爲天皇大帝者，北辰耀魄寶也。又曰：「兆五帝於四郊。」此五行精氣之神也，玄以爲青帝靈威仰、赤帝赤熛怒、黄帝含樞紐、白帝白招拒、黑帝汁光紀者，五天也。由是有六天之説，後世莫能廢焉。唐初《貞觀禮》：冬至祀昊天上帝于圜丘，正月辛日祀感生帝靈威仰於南郊以祈穀，而孟夏雩于南郊，季秋大享于明堂。皆祀五天帝。其配神之主，貞觀初圜丘、明堂、北郊以高祖配，而玄帝唯配感帝。

蕙田案：郊丘之論，自漢以後紛然矣。此《志》敘述原委，簡括詳明，至是人始知六天之謬。而《貞觀禮》所定冬至圜丘、孟春祈穀、孟夏雩祀、季秋明堂，卓然與經典合，儒者之效，遂開有唐一代制作。厥後《開元禮》成，而五典燦然明備矣。後代禮樂之得其正，實賴《貞觀禮》爲之權輿。太宗之治，所以焕然不同也。然南郊祀靈威仰，圜丘雩祀，明堂皆祀五天帝，尚未能革，鄭氏信讖之流弊深哉！

【《舊唐書·音樂志》】冬至祀昊天於圜丘樂章八首：貞觀二年，祖孝孫定雅樂。貞觀六年，褚亮、虞世南、魏徵等作此詞，今行用。

降神，用《豫和》　上靈睠命兮膺會昌，盛德殷薦叶辰良。景福降兮聖德遠，玄化穆兮天曆長。

皇帝行，用《太和》　穆穆我后，道應千齡。登三處大，得一居貞。禮惟崇德，樂以和聲。百神仰止，天下文明。

登歌奠玉帛，用《肅和》　闓陽播氣，甄耀垂明。有赫圓宰，深仁曲成。日嚴蒼璧，煙開紫營。聿遵虔享，式降鴻禎。

迎俎入，用《雍和》　欽惟大帝，載仰皇

穹。始命田燭，爰啓郊宮。《雲門》駭聽，雷鼓鳴空。神其介祀，景祚斯融。

酌獻飲福，用《壽和》 八音斯奏，三獻畢陳。寶祚惟永，煇光日新。

送文舞出，迎武舞入，用《舒和》 疊璧凝影皇壇路，編珠流彩帝郊前。已奏黄鐘歌大吕，還符寶曆祚昌年。

武舞，用《凱安》 昔在炎運終，中華亂無象。酅郊赤烏見，邛山黑雲上。大賚下周軍，禁暴開殷網。幽明何叶贊，鼎祚齊天壤。

送神，用《豫和》 歌奏畢兮禮獻終，六龍馭兮神將昇。明德感兮非黍稷，降福簡兮祚休徵。

又郊天樂章一首：太樂舊有此辭，名不詳所起。

送神，用《豫和》 蘋繁禮著，黍稷誠微。音盈鳳管，彩駐龍旂。洪歆式就，介福攸歸。送樂有闋，靈馭遄飛。

【《唐書·太宗本紀》】貞觀十四年冬十一月甲子朔，日南至，有事于圜丘。 十七年十一月己卯，有事于南郊。

蕙田案：此二郊，新、舊《書》並載。馬氏《通考》以十七年爲八月四日，而脱去十四年，但云「一闕年月」，皆採輯之誤。

【《册府元龜》】貞觀十七年十月甲寅，詔曰：「朕聞上靈之應，疾於影響；茂祉之興，積於年代。朕嗣膺寶曆，君臨區宇，憑宗社之介福，賴文武之同心，時無風塵之警，野有京坻之積。厚地降祉，貞石來祥，營翠色而流光，❶發素質而成字，前紀厥功之德，次陳卜年之永，後述儲貳之美，並名字昭然，

❶「色」，原作「邑」，據庫本改。

楷則相次，曠代之所未聞，故老之所未覩。自天之祐，豈惟一人？無疆之福，方覃九土，自非大報泰壇，稽首上帝，則靡申奉天之志，寧副臨下之心。今年冬至，有事南郊，所司率由舊典。」十一月己卯，有事於南郊。太宗升壇，皇太子從奠。於時累日陰雪。是旦，猶雲霧晦冥。及太宗升壇，烟氛四散，風景清朗，文物昭映。禮畢，祝官讀謝天祝文曰：「嗣天子臣世民，敢昭告于昊天上帝：世民纂成鴻基，君臨宇縣，夙興旰食，無忘于政道，導德齊禮，良愧于前聖，爰有成命，表貞瑞石，文字昭然，曆數惟永，既旌高廟之業，又錫眇身之祚，逮于皇太子某，亦降禎符，並具紀姓氏，兼列名字，仰瞻雲漢，實銘大造。俯惟寡薄，彌增寅懼。敢因大禮，重薦玉帛，上謝明靈之貺，以申祇慄之誠。皇太子亦恭至泰壇，虔拜于蒼昊，庶因眷祐之德，永膺無疆之休。」初，十六年，太宗遣刻受命元玉璽，白玉爲螭首，其文云「皇天景命，有德者昌」。並神筆隸書，然後鐫勒，是日侍中負之以從。

【《唐書·高宗本紀》】永徽二年冬十一月辛酉，有事于南郊。

【《禮樂志》】高宗永徽二年，以太宗配祀明堂，而有司乃以高祖配五天帝，太宗配五人帝。太尉長孫無忌等與禮官議，以謂：「自三代以來，歷漢、魏、晉、宋，無父子同配於明堂者。《祭法》曰：『周人禘嚳而郊稷，祖文王而宗武王。』鄭玄以祖宗合爲一祭，謂祭五帝、五神于明堂，以文、武共配。而王肅駁曰：『古者祖功宗德，自是不毁之名，非謂配食于明堂。』《春秋傳》曰：『禘、郊、祖、宗、報，五者，國之典祀也。』以此知祖、宗非一祭。」于是以高祖配于圜丘，太宗配于明堂。

蕙田案：自晉宋以後，諸人議配帝，唯此爲的當，駁鄭氏極是。

【《通典》】永徽二年，太尉長孫無忌等奏議曰：「據《祠令》及新禮，並用鄭玄六天之義，圜丘祀昊天上帝，南郊祀太微感帝，明堂祭太微五天帝。臣等謹案：鄭玄此義，唯據緯書，所説六天皆爲星象，而昊天上帝不屬穹蒼。故注《月令》及《周官》，皆謂圜丘所祭昊天上帝爲北辰星曜魄寶。又説《孝經》『郊祀后稷以配天』，明堂嚴父配天，皆爲太微五帝。考其所説，舛謬特深。按《易》云：『日月麗乎天，百穀草木麗乎土。』又云：『在天成象，在地成形。』足以明辰象非天，草木非地。《毛詩傳》云：『元氣昊大，則稱昊天。遠視蒼蒼，則稱蒼天。』此則天以蒼昊爲體，不入星辰之例。且天地各一，是爲兩儀。天尚無二，焉得有六？是以王肅羣儒咸駁此義。又檢太史圜丘圖，昊天上帝座外，別有北辰座，與鄭義不同。得太史令李淳風等狀，稱昊天上帝圖位自在壇上，北辰自在第二等，與北斗並列，爲星官内座之首，不同鄭玄據緯之説。此乃羲和所掌，觀象制圖，推步有恒，相緣不謬。又案《史記·天官書》等，太微宫有五帝者，自是五精之神，五星所奉。以其是人主之象，故况之曰帝，亦如房心爲天王之象，豈是天乎！《周禮》云『兆五帝於四郊』，又云『祀五帝則掌百官之誓戒』。唯稱五帝，皆不言天。此自太微之神，本非穹昊之祭。又《孝經》唯云『郊祀后稷』，別無圜丘之文，王肅等以爲郊即圜丘，圜丘即郊，猶王城、京師，異名同實。符合經典，其義甚明。而今從鄭之説，分爲兩祭，圜丘之外，別有南郊，違棄正經，理深未允。且檢吏部式，唯有南郊陪位，更不別載圜丘。式文既遵王肅，祀令仍行鄭義，令式相乖，理宜改革。又《孝經》云『嚴父莫大於配天』，下文即云『周公宗祀文王於明堂，以配上帝』，則是明堂所祀，正在配天，而以爲但祭星官，反違明義。」詔從無忌等議，存祀太微五帝于南郊，廢鄭玄六天之義。

蕙田案：五帝非天，郊丘非二。所議真如撥雲霧也。《舊唐書·志》以此列顯慶二年，上議之人亦作許敬宗等，未知孰是。然祁公去高宗時較近，今姑從杜。

禮部尚書許敬宗等又奏稱：「於新禮，祭畢，收取玉帛牲體，置於柴上，然後燔柴，燔壇又在神壇之左。臣等謹案，祭祀之禮，必先降神。周人尚臭，祭天則燔柴，祭地則瘞血，祭宗廟則焫蕭灌鬯，皆貴氣臭，用以降神。禮經明白，義釋甚詳。燔柴在祭初，禮無所惑。是以《三禮義宗》等並云：『祭天以燔柴爲始，然後行正祭。祭地以瘞血爲先，然後行正祭。』又《禮説》晉太常賀循上言：『積柴舊在壇南，燎祭天之牲，用犢左胖，漢儀用頭，今郊天用脇之九介。太宰令奉牲脅，太祝令奉珪瓚，俱奠燔薪之上。』即晉代故事，亦無祭末之文。唯周、魏以降，妄爲損益。約告廟之幣，事畢瘞埋，因改燔柴，將爲祭末。事無典實，禮闕降神。又燔柴、正祭，牲玉皆別。蒼璧、蒼犢之流，柴之所用；四珪、騂犢之屬，祝之所須。故郊天之有四珪，猶廟之有珪瓚。是以《周官·典瑞》，文義相因，並事畢收藏，不在燔柴之例。今新禮引同蒼璧，不顧珪瓚，遂亦俱燔，義既有乖，理難因襲。」詔從之。

蕙田案：祭畢燔柴，牲玉同燎，非禮違經，至是乃革。

【《舊唐書・禮儀志》】敬宗等又議籩、豆之數曰：「案今光禄式，祭天地、日月、岳鎮、海瀆、先蠶等，籩、豆各四。祭宗廟，籩、豆各十二。祭社稷、先農等，籩、豆各九。祭風師、雨師，籩、豆各二。尋此式文，事深乖謬。社稷多於天地，似不貴多。風雨少於日月，又不貴少。且先農、先蠶，俱爲中祭，或六或四，理不可通。又先農之神，尊於釋奠，籩、豆之數，先農乃少，理既差舛，難以因循。謹案《禮記・郊特牲》云：『籩、豆之薦，水土之品，不敢用褻味而貴多品，所以交於神明之義也。』此即祭祀籩、豆，以多爲貴。宗廟之數，不可逾郊。今請大祀同爲十二，中祀同爲十，小祀同爲八，釋奠準中祀。自餘從座，並請依舊式。」詔並可之，遂附于《禮令》。

【《唐書・高宗本紀》】總章元年十二月丁卯，有事于南郊。

蕙田案：此郊，《舊書》不載，疑刻本脱。〇又案：《通考》作「十一月」，疑誤。

【《舊唐書・高宗本紀》】咸亨四年十一月丙寅，上製樂章，有《上元》、《二儀》、《三才》、《四時》、《五行》、《六律》、《七政》、《八風》、《九宫》、《十洲》、《得一》、《慶雲》之曲，詔有司諸大祠享即奏之。

上元三年十一月丁卯，敕新造《上元舞》，圜丘、方澤、享太廟用之，餘祭則停。

【《唐書・韋萬石傳》】上元中，遷太常少卿，當時郊廟燕會樂曲，皆萬石與太史令姚元辯增損之。

【《舊唐書・禮儀志》】乾封初，高宗東封迴，又詔依舊祀感帝及神州。司禮少常伯郝處俊等奏曰：「顯慶新禮，廢感帝之祀，改爲祈穀。昊天上帝，以高祖太武皇帝配。檢舊禮，感帝以世祖元皇帝配。今既奉敕依舊復祈穀爲感帝，以高祖太武皇帝配神州，又高祖依新禮見配圜丘昊天上帝及方丘皇地祇，若更配感帝神州，便恐有乖古禮。案《禮記·祭法》云：『有虞氏禘黄帝而郊嚳，夏后氏亦禘黄帝而郊鯀，殷人禘嚳而郊冥，周人禘嚳而郊稷。』鄭玄注云：『禘謂祭上帝於南郊。』又案《三禮義宗》云『夏正郊天者，王者各祭所出帝於南郊』，即《大傳》所謂『王者禘其祖之所自出，以其祖配之』是也。此則禘須遠祖，郊須始祖。今若禘、郊同用一祖，恐於典禮無據。」

乾封二年十二月，詔曰：「昔周京道喪，秦室政乖，禮樂淪亡，經典殘滅。遂使漢朝博士，空説六宗之文；晉代鴻儒，争成七祀之議。或同昊天於五帝，或分感帝於五行。其後遞相祖述，❶禮儀紛雜。自今以後，祭圜丘、五方、明堂、感帝、神州，高祖太武皇帝、太宗文武皇帝配，仍總祭昊天上帝及五帝於明堂。」

【《唐書·禮樂志》】則天垂拱元年，詔有司議，卒用元萬頃、范履冰之説，郊丘諸祠以高祖、太宗、高宗並配。

【《沈伯儀傳》】垂拱元年，成均助教孔玄義奏：「嚴父莫大配天，天於萬物爲最大，推父偶天，孝之大，尊之極也。《易》稱『先王作樂崇德，殷薦之上帝，以配祖考』。上帝，天也。昊天之祭，宜祖、考並配，請以太宗、

❶「其後」至「紛雜」，庫本作「自兹遞相祖述紛紜莫定」。此段或實引自《通典》。

高宗配上帝於圜丘，神堯皇帝配感帝南郊。《祭法》：『祖文王，宗武王。』祖，始也；宗，尊也。一名而有二義。《經》稱『宗祀文王』，文王當祖而云宗，包武王以言也。知明堂以祖、考配，與二經合。」伯儀曰：「有虞氏禘黄帝而郊嚳，祖顓頊而宗堯；夏后氏禘黄帝而郊鯀，祖顓頊而宗禹；殷人禘嚳而郊冥，祖契而宗湯；周人禘嚳而郊稷，祖文王而宗武王。鄭玄曰：『禘、郊、祖、宗，皆配食也。祭昊天圜丘曰禘，祭上帝南郊曰郊，祭五帝、五神明堂曰祖、宗。』此爲最詳。虞夏退顓頊郊嚳，殷捨契郊冥，去取違舛，唯周得禮之序，至明堂始兩配焉。文王上配五帝，武王下配五神，别父子也。《經》曰：『嚴父莫大於配天。』又曰：『宗祀文王於明堂，以配上帝。』不言嚴武王以配天，則武王雖在明堂，未齊於配，雖同祭而終爲一主也。《緯》曰：『后稷爲天地主，文王爲五帝宗。』若一神而兩祭之，則薦獻數瀆，此神無二主也。貞觀、永徽禮實專配，由顯慶後始兼尊焉。今請以高祖配圜丘、方澤，太宗配南北郊，高宗配五天帝。」鳳閣舍人元萬頃、范履冰等議：「今禮昊天上帝等五祀，咸奉高祖、太宗兼配，以申孝也。《詩·昊天》章『二后受之』，《易》『薦上帝，配祖、考』，有兼配義。高祖、太宗既先配五祀，當如舊。請奉高宗歷配焉。」自是郊、丘，三帝並配云。

【《文獻通考》】馬氏曰：「並配之制始於唐。自鄭康成有六天之説，魏、晉以來，多遵用之。以爲曜魄寶亦天也，感生帝亦天也，均之爲天，則配天之祖，其尊一也。至唐人始以爲曜魄寶、五帝皆星象之屬，當從祀南郊，而不當以事天之禮事之，善矣。然感帝之祠，既罷旋復，雖復其祠，而以爲有天帝之分、尊卑之别，遂於郊與明堂所配之祖，不無厚薄之疑，乃至每祭並配，而後得爲嚴父之禮。然則周公亦豈厚於后稷而薄於文王乎？則曷若一遵初議，若郊、若明堂皆專祀昊天，各以一祖配之，於禮意人情爲兩得乎？」

【《通典》】永昌元年九月，敕：「天無二稱，帝是通名。承前諸儒，互生同異，乃以五方之帝，亦謂爲天。假有經傳互文，終是名實未當。稱號不别，尊卑相渾。自今郊祀之禮，唯昊天上帝稱天，自餘五帝皆稱帝。」

【《舊唐書·則天皇后本紀》】證聖元年九月，親祀南郊，加尊號，改元天册萬歲。

【《禮儀志》】則天革命，天册萬歲元年，加號爲天册金輪大聖皇帝，親享南郊，合祭天地，以武氏始祖周文王追尊爲始祖文皇帝，后父應國公爲無上孝明高皇帝，以二祖同配，如乾封之禮。

【《唐書·禮樂志》】古者祭天于圜丘，在國之南；祭地于澤中之方丘，在國之北，所以順陰陽，因高下而事天地，以其類也。其方位既别，而其燎壇瘞坎、樂舞變數亦皆不同，而後世有合祭之文。則天天册萬歲元年，親享南郊，始合祭天地。

【《舊唐書·則天皇后本紀》】長安二年十一月戊子，親享南郊，大赦天下。

【《通典》】長安二年九月，敕祠明堂、圜丘神座，並令著牀，便爲恒式。

【《舊唐書·音樂志》】則天大聖皇后大享昊天樂章十二首御撰。

太陰凝至化，貞耀藴軒儀。德邁娥臺敞，仁高姒幄披。捫天遂啓極，夢日乃昇曦。

瞻紫極，望玄穹。翹至懇，罄深衷。聽雖遠，誠必通。垂厚澤，降雲宫。

乾儀混成冲邃，天道下濟高明。闓陽晨披紫闕，太一曉降黄庭。圜壇敢申昭報，方璧冀展虔情。丹襟式敷衷懇，玄鑒庶察微誠。

巍巍叡業廣，赫赫聖基隆。菲德承先顧，禎符萃眇躬。銘開武巖側，圖薦洛川中。微誠詎幽感，景物忽昭融。有懷慙紫極，無以謝玄穹。

朝壇霧卷，曙嶺烟沈。爰設筐幣，式表誠心。筵輝麗璧，樂暢和音。仰唯靈鑒，俯察翹襟。

昭昭上帝，穆穆下臨。禮崇備物，樂奏鏘金。蘭羞委薦，桂醑盈斟。敢希明德，聿馨莊心。

鐏浮九醖，禮備三周。陳誠菲奠，契福神猷。

奠璧郊壇昭大禮，鏘金拊石表虔誠。始奏《承雲》娱帝賞，復歌《調露》暢《韶音》。

荷恩承顧託，執契恭臨撫。廟略静邊荒，天兵曜神武。有截資先化，無爲遵舊矩。禎符降昊穹，大業光寰宇。

肅肅祀典，邕邕禮秩。三獻已周，九成斯畢。爰撤其俎，載遷其實。或昇或降，唯誠唯質。

禮終肆類，樂闋九成。仰唯明德，敢薦非馨。顧慙菲奠，久駐雲軿。瞻荷靈澤，悚戀兼盈。

式乾路，闢天扉。迴日馭，動雲衣。登金闕，入紫微。望仙駕，仰恩徽。

【《中宗本紀》】景龍三年十一月乙丑，親祀南郊。皇后登壇，亞獻。左僕射舒國公韋巨源爲終獻。

【《蘇瓌傳》】將拜南郊，國子祭酒祝欽明希庶人旨，建議請皇后爲亞獻，安樂公主爲終獻。瓌深非其議，嘗于御前面折欽明。帝雖悟，竟從欽明所奏。

【《褚无量傳》】中宗將親祀南郊，詔禮官學士修定儀注。國子祭酒祝欽明、司業郭山惲皆希旨，請以皇后爲亞獻，无量獨與太常博士唐紹、蔣欽緒固争，以爲不可。无量建議曰：「夫郊祀者，明皇之盛事，國家之大禮。行其禮者，不可以臆斷，不可以情求，皆上順天心，下符人事，欽若稽古，率由舊章，然後可以交神明，可以膺福祐。然禮文雖衆，莫如《周禮》。《周禮》者，周公致太平之書，先聖極由衷之典，法天地而行教化，辯方位而敘人倫。其義可以幽贊神明，其文可以經緯邦國，備物致用，其可忽乎！至如冬至圜丘，祭中最大，皇后内主，禮位甚尊。若合郊天助祭，則當具著禮典。今編檢《周官》，無此儀制。蓋由祭天南郊，不以地配，唯以始祖爲主，不以祖妣配天，故唯皇帝親行其禮，皇后不合預也。謹案《大宗伯職》云：『若王不祭祀，則攝位。』注云：『王有故，代行其祭事。』❶下文云：『凡大祭祀，王后不與，則攝而薦豆籩，徹。』若皇后合助祭，承此下文，即當云『若不祭祀，則攝而薦豆籩』。今於文上更起凡，則是别生餘事。夫事與上異，則别起凡。凡者，生上起下之名，不專繫於本職。《周禮》一部之内，此例極多，備在文中，不可具録。又王后助祭，親薦豆籩而不徹。案《九嬪職》云：『凡祭，贊后

❶「事」，庫本作「祀」。

薦，徹豆籩。』注云：『后進之而不徹。』則知中徹者，爲宗伯生文。若宗伯攝祭，則宗伯親徹，不別使人。又案『外宗掌宗廟之祀，王后不與，則贊宗伯』。此一文，與上相證。何以明之？案外宗唯掌宗廟祭祀，不掌郊天，足明此文是宗廟祭也。案王后行事，總在《内宰職》中。檢其職文，唯云：『大祭祀，后祼獻則贊，瑶爵亦如之。』鄭注云：『謂祭宗廟也。』注所以知者，以文云『祼獻』，祭天無祼，以此得知。又祭天之器，則用陶匏，亦無瑶爵，注以此得知是宗廟也。又内司服掌王后六服，無祭天之服；而巾車職掌王后之五輅，亦無后祭天之輅；祭天七獻，無后亞獻。以此諸文參之，故知后不合助祭天也。唯《漢書·郊祀志》則有天地合祭，皇后預享之事，此則西漢末代，强臣擅朝，悖亂彝倫，黷神諂祭，不經之典，事涉誣神。故《易傳》曰：『誣神者，殃及三代。』《太誓》曰：『正稽古立功立事，可以永年，承天之大律。』斯史策之良誡，豈可不知？今南郊禮儀，事不稽古，忝守經術，不敢默然。請旁詢碩儒，俯摭舊典，採曲臺之故事，行圓丘之正儀，使聖朝叶昭曠之塗，天下知文物之盛，豈不幸甚。」時左僕射韋巨源等阿旨，叶同欽明之議，竟不從无量所奏。

【《蔣欽緒傳》】中宗始親郊，國子祭酒祝欽明建言皇后應亞獻，欲以媚韋氏。天子疑之，詔禮官議。衆曲意阿狥，欽緒獨抗言不可，諸儒壯其節。

【《祝欽明傳》】入爲國子祭酒。景龍三年，中宗將親祀南郊，欽明與國子司業郭山惲二人奏言皇后亦合助祭，遂建議曰：「謹案《周禮》，天神曰祀，地祇曰祭，宗廟曰享。《大宗伯職》曰：『祀大神，祭大祇，享大鬼，理其大禮。若王有故不預，則攝位。凡大祭祀，王后不預，則攝而薦豆籩，徹。』又《追師職》：『掌王后之首服，以待祭祀。』又《内司服職》：『掌王后之六服。凡祭祀，供后之衣服。』又《九嬪職》：『大祭祀，后裸獻則贊，瑶爵亦如之。』據此諸文，即皇后合助皇帝祀天神、祭地祇，明矣。故鄭玄注《内司服》云：『闕狄，皇后助王祭羣小祀之服。』然則小祀尚助王祭，中、大推理可知。闕狄之上，猶有兩服：第一褘衣，第二揺狄，第三闕狄。此三狄，皆助祭之服。闕狄即助祭小祀，即知揺狄助祭中祀，褘衣助祭大祀。鄭舉一隅，故不委説。唯祭宗廟，《周禮》王有兩服，先王衮冕，先公鷩冕。鄭玄因此以后助祭宗廟，亦分兩服，云：『褘衣助祭先王，揺狄助祭先公。』不言助祭天地、社稷，自宜三隅而反。且《周禮》正文：『凡祭，王后不預。』既不專言宗廟，即知兼祀天地，故云『凡』也。又《春秋外傳》云：『禘郊之事，天子親射其牲，王后親舂其粢。』故《代婦職》但云『詔王后之禮事』，不主言宗廟也。若專主宗廟者，則《内宗》、《外宗職》皆言『掌宗廟之祭祀』。此皆禮文分明，不合疑惑。舊説以天子父天、母地、兄日、姊月，所以祀天于南郊，祭地于北郊，朝日于東門之外，以昭事神訓人事，君必躬親，以禮文『有故然後使攝』，此其義也。《禮記·祭統》曰：『夫祭也者，必夫婦親之，所以備内外之官也。官備則具備。』又，『哀公問於孔子曰：「冕而親迎，不已重乎？」孔子愀然作色而對曰：「合二姓之好，以繼先聖之後，以爲天地、宗廟、社稷之主，君何謂已重焉！」』又《漢書・郊祀志》云：『天地合祭，先祖配天，先妣配地。天地合精，夫婦判合。祭天南郊，則以地配，一體之義也。』據此諸文，即知皇后合助祭，望請別修助祭儀注同進。」帝頗以爲疑，召禮官親問之。太常博士唐紹、蔣欽緒對曰：「皇后南郊助祭，於禮不合。但欽明所執，是祭宗廟禮，非祭天地禮。謹案魏、晉、宋及齊、梁、周、隋等歷代史籍，至於郊天祀地，並無皇后助祭之事。」帝令宰相取兩家狀對定。欽緒與唐紹及太常博士彭景直又奏議曰：「《周禮》凡言祭、祀、享三者，皆祭之互名，本無定義。何以明之？案《周禮・典瑞職》云：『兩珪有邸，以祀地。』則祭地亦稱祀也。又《司筵》云：『設祀先王之胙席。』則祭宗廟亦稱祀也。又《內宗職》云：『掌宗廟之祭祀。』此又非獨天稱祀，地稱祭也。又案《禮記》云：『唯聖爲能享帝。』此即祀天帝亦言享也。又案《孝經》云：『春秋祭祀，以時思之。』此即宗廟亦言祭祀也。經典此文，不可備數。據此則欽明所執天曰祀，地曰祭，廟曰享，未得爲定，明矣！又《周禮》凡言大祭祀者，祭天地、宗廟之總名，不獨天地爲大祭也。何以明之？案《鬱人職》云：『大祭祀，與量人授舉斝之卒爵。』尸與斝，皆宗廟之事，則宗廟亦稱大祭祀。又欽明狀引《九嬪職》：『大祭祀，后祼獻則贊瑤爵。』據祭天無祼，亦無瑤爵，此乃宗廟稱大祭祀之明文。欽明所執大祭祀即爲祭天地，未得爲定，明矣！又《周禮・大宗伯職》

云：『凡大祭祀，王后有故不預，則攝而薦豆籩，徹。』欽明唯執此文，以爲王后有祭天地之禮。欽緒等據此，乃是王后薦宗廟之禮，非祭天地之事。何以明之？案此文：『凡祀大神，祭大祇，享大鬼，帥執事而卜日，宿，視滌濯，涖玉鬯，省牲鑊，奉玉齍，制大號，理其大禮，制相王之大禮。若王不與祭祀，則攝位。』此已上一『凡』，直是王兼祭天地、宗廟之事，故通言大神、大祇、大鬼之祭也。已下文云：『凡大祭祀，王后不與，則攝而薦豆籩，徹。』此一『凡』，直是王后祭廟之事，故唯言大祭祀也。若云王后助祭天地，不應重起『凡大祭祀』之文也。爲嫌王后有祭天地之疑，故重起後『凡』以別之耳。王后祭廟，自是大祭祀，何故取上『凡』相王之禮，以混下『凡』王后祭宗廟之文？此是本經科段明白。又案《周禮》：『外宗掌宗廟之祭祀，佐王后薦玉豆。凡后之獻，亦如之。王后有故不預，則宗伯攝而薦豆籩。』外宗無佐祭天地之禮。但天地尚質，宗廟尚文。玉豆，宗廟之器，初非祭天所設。請問欽明，若王后助祭天地，在《周禮》，使何人贊佐？若宗伯攝后薦豆祭天，又合何人贊佐？並請明徵禮文，即知攝薦是宗廟之禮明矣。案《周禮・司服》云：『王祀昊天上帝，則服大裘而冕。享先王，則衮冕。』《內司服》，『掌王后祭服』，無王后祭天之服。案《三禮義宗》明王后六服，謂褘衣、摇翟、闕翟、鞠衣、展衣、褖衣，『褘衣從王祭先王則服之，摇翟祭先公及饗諸侯則服之，鞠衣以採桑則服之，展衣以禮見王及見賓客則服之，褖衣燕居服之』。王后無助祭於天地之服，但自先王以下。又《三禮義宗》明二夫人之服云：❶『后不助祭天地五岳，故無助天地四望之服。』案此，則王后無祭天之服明矣。《三禮義宗》明王后五輅，謂重翟、厭翟、安車、翟車、輦車也。『重翟者，后從王祭先王、先公所乘也；厭翟者，后從王饗諸侯所乘也；安車者，后宮中朝夕見於王所乘也；翟車者，后求桑所乘也；輦車者，后遊宴所乘也。』案此，則王后無祭天之車明矣。又《禮記・郊特牲》義贊云：『祭天無裸。鄭玄注云：「唯人道宗廟有裸。天地大神，至尊不裸。」圜丘之祭，與宗廟不同。朝踐，王酌泛齊以獻，是一獻。后無祭天之事。大宗伯次酌醴齊以獻，是爲二獻。』案此，則祭圜丘，大宗伯次王爲獻，非攝王后之事。欽明等所執王后有故不預，則宗伯攝薦豆籩，更明攝王后宗廟之薦，非攝天地之祀明矣。欽明建議引《禮記・祭統》曰：『夫祭也者，必夫婦親之。』案此，是王與后祭宗廟之禮，非關祀天地之義。案漢、魏、晉、宋、後魏、齊、梁、周、陳、隋等歷代史籍，興王令主，郊天祀地，代有其禮，史不闕書，並不見往代皇后助祭之事。又高祖神堯皇帝、太宗文武聖皇帝南郊祀天，無皇后助祭處。高宗天皇大帝永徽二年十一月辛酉，親有事于南郊，又總章元年十二月丁卯，親拜南郊，亦並無皇后助祭處。又案《大唐禮》，亦無皇后助祭南郊之禮。欽緒等幸忝禮官，親承聖問，竭盡聞見，不敢依隨。伏以主上稽古，志遵舊典，所議助祭，實無明文。」

❶ 「二」，《舊唐書・儒學下・祝欽明傳》作「后」。

時尚書左僕射韋巨源又希旨，協同欽明之議。上納其言，竟以后爲亞獻，仍補大臣李嶠等女爲齋娘，以執籩豆。及禮畢，特詔齋娘有夫壻者，咸爲改官。景雲初，侍御史倪若水劾奏欽明及郭山惲曰：「欽明等本是腐儒，素無操行，崇班列爵，實爲叨忝。而涓塵莫效，諂佞爲能。遂使曲臺之禮，圜丘之制，百王故事，一朝墜失。所謂亂常改作，希旨病君，人之不才，遂至於此。今聖朝馭曆，賢良入用，唯兹小人，猶在朝列。臣請並從黜放，以肅周行。」於是左授欽明饒州刺史。

【《唐書·祝欽明傳》】欽明與國子司業郭山惲陰迎韋后意，謬立議。帝雖不睿，猶疑之，召禮官質問。時左僕射韋巨源助后掎掣帝，奪政事，即傅欽明議，帝果用其言，以皇后爲亞獻。

【《通典》】欽明又請以安樂公主爲終獻，唐紹、蔣欽緒固争，乃止。

蕙田案：皇后助祭南郊，固非典禮，然其端起于合祭也。天地既已同牢，夫婦何妨並薦，殉葬之禍由于作俑，信然。唐紹、蔣欽緒奮然争之，考證確實，辨駁明暢，洵爲快矣。然卒不行，邪見之難黜如是。欽明諂媚，究歸黜放，宜哉！

【《舊唐書·音樂志》】景龍三年中宗親祀昊天上帝樂章十首：

降神用《豫和》　天之曆數歸睿唐，顧唯菲德欽昊蒼。選吉日兮表殷薦，冀神鑒兮降閶陽。

皇帝行用《太和》圜鐘宫。　恭臨寶位，肅奉瑶圖。恒思解網，每軫泣辜。德慙巢燧，化劣唐虞。期我良弼，式贊嘉謨。

告謝圜鐘宮。 得一流玄澤，通三御紫宸。遠叶千齡運，遐銷九域塵。 絶瑞駢闐集，殊祥絡繹臻。 年登慶西畝，稔歲賀盈囷。

登歌用《肅和》無射均之林鐘羽。 悠哉廣覆，大矣曲成。 九玄著象，七曜甄明。 珪璧是奠，醖酎斯盈。 作樂崇德，爰暢《咸英》。

迎俎用《雍和》圜鐘均之黄鐘羽。 郊壇展敬，嚴配因心。 孤竹簫管，空桑瑟琴。 肅穆大禮，鏗鏘八音。 恭惟上帝，希降靈歆。

酌獻用《福和》圜鐘宮。 九成爰奏，三獻式陳。 欽承景福，恭託明禋。

中宫助祭昇壇用函鐘宮。 坤元光至德，柔訓闡皇風。 《芣苡》芳聲遠，《螽斯》美化隆。 叡範超千載，嘉猷備六宫。 肅恭陪盛典，欽若薦禋宗。

亞獻用函鐘宮。 三靈降饗，三后配神。虔敷藻奠，敬展郊禋。

送文舞出，迎武舞入，用《舒和》圜鐘均之中吕商。 已陳粢盛敷嚴祀，更奏笙鏞協雅聲。 琁圖寶曆欣寧謐，宴俗淳風樂太平。

武舞作用《凱安》圜鐘均之無射徵。 堂堂聖祖興，赫赫昌基泰。 戎車盟津偃，玉帛塗山會。 舜日啓祥輝，堯雲卷征旆。 風猷被有截，聲教覃無外。

【《通典》】景雲元年十一月十三日乙丑冬至，祀圜丘。 時陰陽人盧雅、侯藝等奏請促冬至就十二日甲子以爲吉會。 右臺侍御史唐紹奏曰：「禮所以冬至祭圜丘于南郊，夏至祭方澤于北郊者，以其日行躔次極於南北之際也。 日北極當晷度循半，日南極當晷度環周。 是日一陽爻生，爲天地交際之始。 故《易》曰：『復其見天地之心乎！』即冬至卦象也。一歲之内，吉莫大焉。甲子但爲六旬之首，一年之内，隔月常遇，既非大會，晷運未周，唯總六甲之辰，助四時而成歲。今欲避圜丘以取甲子，是背大吉而就小吉也。」竟依紹議。

蕙田案：此郊，新、舊《唐書·本紀》俱不載。馬氏《通考》亦不數。考《舊書·志》即敘景龍三年之下，而十二甲子，十三乙丑與《通典》合，是則當爲杜氏之誤。然杜述本朝事，何至析一爲二，姑存之而闕其疑。

【《唐書·睿宗本紀》】先天元年正月辛巳，有事于南郊。己丑，大赦，改元曰太極。《舊書》作景雲三年。

【《通典》】太極元年正月，初將有事于南郊。時有司議，唯祭昊天上帝而不設皇地祇位。諫議大夫賈曾上表：「謹案《禮·祭法》曰『有虞氏禘黄帝而郊嚳』，《大傳》曰『大祭曰禘』。然則郊之與廟，俱有禘名。禘廟，則祖宗之主俱合於太祖之廟；禘郊，則地祇羣望俱合於圜丘，以始祖配享。皆有事而大祭，異於常祀之義。《三輔故事》：『漢祭圜丘儀：上帝位正南面，后土位亦南面而少東。』又《東觀漢記》云：『光武於洛陽城南爲圜壇，天地位其上，皆南面，西上。』案兩漢時自有后土及北郊祀，而此已於圜丘設地位，明是禘祭之儀。今之南郊，正當禘禮，固宜合配天地，咸秩百神。請備設皇地祇并從祀等座，則禮得稽古，義合緣情。」時又將親享北郊，竟寢曾表。

蕙田案：此條新、舊《唐書》詳略懸殊，唯《通典》爲適中，故存此去彼。

【《唐書·賈曾傳》】天子親郊，有司議不設皇地祇位。曾請合享天地如古制，并從祀等座。睿宗詔宰相、禮官議，皆如曾請。

蕙田案：是年正月南郊，改元太極。五月北郊，又改元延和。《舊書》作景雲三年，《新書》又作先天元年。一年四號，自古無之。又案：《通典》言寢曾表，是不合祭也。《新書》此傳言「如曾請」，又似改爲合祭矣。然此年五月戊寅有事北郊，《新書·禮樂志》又云是時睿宗將祭地于北郊，故曾之議寢，據此是《賈傳》誤也。

五禮通考卷第九

淮陰吴玉搢校字

五禮通考卷第十

内廷供奉禮部右侍郎金匱秦蕙田編輯
太子太保總督直隸右都御史桐城方觀承同訂
按察司副使元和宋宗元
貢士吴江顧我鈞 參校

吉禮十

圜丘祀天

【《唐書·張九齡傳》】玄宗即位，未郊見，九齡建言：「天，百神之君，王者所由受命也。自古繼統之主，必有郊配，蓋敬天命，報所受也。不以德澤未洽，年穀未登，而闕其禮。昔者周公郊祀后稷以配天，謂成王幼沖，周公居攝，猶用其禮，明不可廢也。漢丞相匡衡曰：帝王之事，莫重乎郊祀。董仲舒亦言：不郊而祭山川，失祭之序，逆於禮，故《春秋》非之。臣謂衡、仲舒古之知禮，皆以郊之祭所宜先也。陛下紹休聖緒，于今五載，而未行大報，考之于經，義或未通。今百穀嘉生，鳥獸咸若，夷狄内附，兵革用弭，乃怠于事天，恐不可以訓。願以迎日之至，升紫壇，陳采席，定天位，則聖典無遺矣。」

蕙田案：本文明云「紹休聖緒，于今五載」，是非五年，即四年。《通考》作「三年」，或是「五」字之誤。

【《册府元龜》】開元十一年九月癸未，制：宜以迎日之至，允備郊天之禮，所司詳擇舊典以聞。

【《唐書·玄宗本紀》】開元十一年十一月戊

寅，有事于南郊，大赦。

【《通典》】開元十一年十一月，親享圜丘。中書令張説爲禮儀使，衛尉少卿韋縚爲副。説建請以高祖配祭，始罷三祖同配之禮。

【《舊唐書·音樂志》】開元十一年玄宗祀昊天于圜丘樂章十一首：一恐當作四。

降神用《豫和》圜鐘宫三成，黄鐘角一成，太簇徵一成，姑洗羽一成，已上六變詞同。　至矣丕搆，蒸哉太平。授犧膺籙，復禹繼明。草木仁化，《鳧鷖》頌聲。祀宗陳德，無媿斯誠。

迎神用《歆和》　崇禋已備，粢盛聿修。潔誠斯展，鐘石方逌。

皇祖光皇帝室酌獻用《長發》黄鐘宫。詞同貞觀《長發》。　太祖景皇帝室酌獻用《大基》太簇宫。詞同貞觀《大基》。　代祖元皇帝室酌獻用《大成》姑洗宫。詞同貞觀《大成》。　高祖神堯皇帝室酌獻用《大明》蕤賓宫。詞同貞觀《大明》。　太宗文武聖皇帝室酌獻用《崇德》❶夷則宫。詞同貞觀《崇德》。　高宗天皇大帝室酌獻用《鈞天》黄鐘宫。詞同光宅鈞天。　懿宗孝敬皇帝室酌獻用《承和》黄鐘宫。　金相載穆，玉裕重暉。養德清禁，承光紫微。乾宫候色，震象增威。監國方永，賓天不歸。孝友自衷，温文性與。龍樓正啓，鶴駕斯舉。丹扆流念，鴻名式序。中興考室，永陳彝俎。

皇帝飲福用《延和》黄鐘宫。　巍巍累聖，穆穆重光。奄有區夏，祚啓隆唐。百蠻飲澤，萬國來王。本枝億載，鼎祚逾長。

皇帝行用《大和》　郊壇齊帝，禮樂祀天。丹青寰宇，宫徵山川。神祇畢降，行止重

❶「宗」，原作「祖」，據《舊唐書·音樂志》改。

旋。融融穆穆，納祉洪延。

登歌奠玉用《肅和》　止奏潛聆，登儀宿轉。大玉躬奉，參鐘首奠。簠簋聿昇，犧牲遞薦。昭事顒若，存存以俔。

迎俎入，用《雍和》　爛雲普洽，律風無外。千品其凝，九賓斯會。禋樽晉燭，純犧滌汰。玄覆攸廣，鴻休汪濊。

皇帝酌獻天神用《壽和》　六變爰闋，八階載虔。祐我皇祚，于萬斯年。

酌獻配座，用《壽和》　於赫聖祖，龍飛晉陽。底定萬國，奄有四方。功格上下，道冠農黃。郊天配享，德合無疆。

飲福酒，用《壽和》　崇崇太畤，肅肅嚴禋。粢盛既潔，金石畢陳。上帝來享，介福爰臻。受釐合福，寶祚惟新。

送文舞出迎武舞入，用《舒和》　祝史正辭，人神慶叶。福以德昭，享以誠接。六藝云備，百禮斯浹。祀事孔明，祚流萬葉。

武舞用《凱安》　馨香惟后德，明命光天保。肅和崇聖靈，陳信表黃道。玉鏚初蹈厲，金匏既靜好。

禮畢送神，用《豫和》　大號成命，《思文》配天。神光肸蠁，龍駕言旋。眇眇閶闔，昭昭上玄。俾昌而大，于萬斯年。

皇帝還大次，用《太和》　六成既闋，三薦云終。神心具醉，聖敬愈崇。受釐皇邸，迴蹕帷宮。穰穰之福，永永無窮。

【《舊唐書·玄宗本紀》】開元二十年九月乙巳，中書令蕭嵩等奏上《開元新禮》。

【《禮儀志》】開元二十年，蕭嵩爲中書令，改撰新禮。祀天一歲有四。冬至，祀昊天上帝于圜丘，高祖神堯皇帝配，中官加爲一百五十九座，外官減爲一百四座。其昊天上帝及配帝二座，每座籩、豆十二，簠、簋、甑、俎各一。上帝則太樽、著樽、犧樽、象樽、壺樽各二，山罍六。配帝則不設太樽及壺樽，減山罍之四，餘同上帝。五方帝座則籩、豆各十，簠、簋、甑、俎各一，太樽二。大明、夜明，籩、豆各八，餘同五方帝。內官每座籩、豆二，簠、俎各一。內官以上設樽于十二階之間。內官每道間著樽二，中官犧樽二，外官著樽二，衆星壺樽二。　正月上辛，祈穀，祀昊天上帝于圜丘，以高祖配。　孟夏，雩祀昊天上帝于圜丘，以太宗配。　季秋，大享于明堂，祀昊天上帝，以睿宗配。案祈穀、雩祀、明堂見本條下。

蕙田案：《唐書·禮樂志》稱蕭嵩等撰定《開元禮》，雖未能合古，而天神之位別矣。至二十年，蕭嵩等定禮而祖宗之配定矣，豈不信哉！自漢以後千餘年間，爲注家所惑，郊丘天帝配位乖舛互異，至不可究詰。即貞觀定禮以後，而乾封之祀感帝，垂拱之三帝並祀，不旋踵而襲謬。至開元禮成，而大典秩如矣。後世雖時有損益，然大綱率不外此，是古今五禮一大關鍵也。

【《通典·開元禮纂類》】凡祀昊天上帝及配座，用蒼犢各一，五方上帝、五人帝各用方色犢一，大明青犢一，夜明白犢一。若冬至祀圜丘，加羊九、豕九。凡肉皆實俎，其牲皆升右胖，體十一。前節三：肩、臂、臑。後節二：肫、胳。正脊一，脡脊一，橫脊一，長脅一，短脅一，代脅一，皆二骨以並。脊從首爲正，脅旁中爲正。凡供別祭用太牢者，犢一，羊一，豬一，酒二斗，脯一段，醢四合。若供少牢，去犢，減酒一斗。郊廟罇罍，五齊三酒，並見本儀中。○凡用籩、豆各十二。籩實以石鹽、乾魚、乾棗、栗黃、榛子人、菱人、芡人、鹿脯、白餅、黑餅、糗餌、粉餈。豆實以韭菹、醓醢、菁菹、鹿醢、芹菹、兔醢、筍菹、魚醢、脾析葅、豚胉、飴食、糝食。用簠簋各二，簠實黍稷飯，簋實稻粱飯。〇甑實大羹。鉶實肉羹。

皇帝冬日至祀圜丘儀正月上辛祈穀，孟夏雩祀，及攝事並附。

卜日于太廟南門之外

將卜前一日，以右校埽除太廟南門之外。守宮設太常卿以下次于門外之東，皆西向。其日平明，太卜令、卜正、占者俱就次，各服公服。守宮布卜席于闑西閾外，西向。謁者告事具。謁者引太常卿升立于門東，西面；贊引引太卜令、卜正、占者門西，東面。卜正先抱龜奠于席上，西首，灼龜之具奠于龜北。執龜立于席東，北面。太卜令進受龜，詣太常卿前示高。太常卿受視訖，太卜令受龜，少退俟。太常卿曰：「皇帝來日某，祇祀于某，尚饗。」太卜令曰：「諾。」遂述命。還即席，西面坐，命龜曰：「假爾太龜，有常。」興，授卜正龜，負東扉。卜正坐，作龜訖，興。太卜令進受龜，示太常卿。卿受示，反之。太卜令退復位，東面，與衆占之訖，不釋龜，進告于太常卿：「占曰某日從。」授卜正龜。謁者進太常卿之左，白：「禮畢。」謁者引太常卿以下還次。卜者徹龜，守宮徹席以進。若上旬不吉卜中旬，中旬不吉卜下旬，皆如初禮。若卜吉日及非大事，皆太卜令涖卜，卜正、占者視高、命龜、作龜。

齋戒

前祀七日，皇帝散齋四日于別殿；致齋三日，其二日于太極殿，一日于行宮。前致齋一日，尚舍奉御設御幄于太極殿西序及室內，俱東向；尚舍直長張帷于前楹下。致齋之日，質明，諸衛勒所部屯門列仗。晝漏上水一刻，侍中板奏：「請中嚴。」諸衛之屬各督其隊，入陳于殿庭如常儀。通事舍人引文武五品以上，袴褶陪位如式。諸侍衛之官各服其器服，諸侍臣並結珮，凡齋者則結珮。俱詣閤奉迎。上水二刻，侍中板奏：「外辦。」上水三刻，皇帝服衮冕，上辛服通天冠、絳紗袍。結珮，乘輿出自西房，曲直、華蓋、警蹕、侍衛如常儀。皇帝即御座，東向坐，侍臣夾侍如常。一刻頃，侍中前跪，奏稱：「侍中臣某言，請降就齋室。」俛伏，興，還侍位。皇帝降座，入室。文武侍臣各還本司，直衛者如常，通事舍人分引陪位者以次出。凡應祀之官，散齋四日，致齋三日。散齋皆于正寢。致齋二日于本司，一日于祀所。其無本司者，皆于祀所焉。近侍之官應從升者及從祀羣官、諸方客使，各于本司、館，清齋一宿。無本司，各于家正寢。諸祀官致齋之日，給酒食及明衣布，各習禮于齋所。攝事，無皇帝齋儀。上辛、雩祠同。光禄卿監取明水火。太官令取水于陰鑑，取火于陽燧。火以供爨，水以實罇焉。前祀二日，太尉告高祖神堯皇帝廟，如常告之儀。告以配神作主雩祀侑。孟夏，告太宗文武皇帝廟。前祀一日，諸衛令其屬未後一刻各以其器服守壝，每門二人，每隅一人。與大樂工人俱清齋一宿焉。

凡大祀，齋官皆前七日集尚書省，太尉誓曰：「某月日祀昊天上帝于圜丘，其誓各隨祭享祀事言之。各揚其職，不供其事，國有常刑。」散齋，理事如舊，夜宿止于家正寢，唯不弔喪問疾，不作樂，不判署刑殺文書，不行刑罰，不經穢惡。致齋，唯祀事得行，其餘悉斷。凡大祀之官，散齋四日，中祀三日，小祀二日。致齋，大祀三日，中祀二日，小祀一日。其致齋日，三公于都省安置，所司鋪設。其餘官，皇城内有本司者于本司，無者于太常社郊太廟齋坊安置。皆日未出前到齋所。至祠前一日，各從齋所晝漏上水三刻向祀所。仍令平明清所行之路，道次不得見諸凶穢衰絰，經過訖任行。其哭泣之聲聞于祭所者，權斷訖事。非應散齋者，惟清齋一宿于本司及祀所。凡大祀、中祀，接神齋官祀前一日皆沐浴。九品以上，皆官給明衣。齋郎升壇行事，亦權給潔服。應齋官所習禮臨時闕者，通攝行事。致齋之日，先不食公糧及無本司者，大官准品給食。祈告一日清齋者，設食亦如之。凡散齋有大功已上喪，致齋有周已上喪，並聽赴。即居緦麻已上喪者，不得行宗廟之祭。其在齋坊病者，聽還。死于齋所，同房不得行事也。

陳設

前祀三日，尚舍直長施大次于外壝東門之內道北，南面。攝事，守官設祀官、公卿等次于東壝之外道南，北向西上焉。尚舍奉御座。衛尉設文武侍臣次上辛、雩祀，守宫設文武侍臣次焉。于大次之前，文官在左，武官在右，俱相向。上辛、雩祀，于大次之後，俱南向。設諸祀官次于東壝之外道南，從祀文官九品以上于祀官之東，東方、南方朝集使于文官之東，東方、南方蕃客又于其東，俱重行，每等異位，北向西上。介公、酅公于西壝之外道南，武官九品以上于介、酅公之西，西方、北方朝集使于武官之西，西方、北方蕃客又于其西，俱重行，每等異位，北向東上。其褒聖侯若在朝位，于文官三品之下。攝事無大次、褒聖等儀。上辛、雩祀同。設陳饌幔于內壝東門西門之外道北，南向；北門之外道東，西向。壇上及東方、南方午陛之東，饌陳于東門外；西方及南方午陛之西，饌陳于西門外；北方之饌陳于北門外。上辛、雩祀但有壝東方之外饌焉。前祀二日，大樂令設宮懸之樂于壇南內壝之外。東方西方磬簴起北，鐘簴次之；南方北方磬簴起西，鐘簴次之。設十二鎛鐘于編懸之間，各依辰位。樹雷鼓于北懸之內，道之左右。植建鼓于四隅。置柷、敔于懸內。柷在左，敔在右。設歌鐘、歌磬于壇上近南，北向，磬簴在西，鐘簴在東。其匏竹者立于壇下，重行，北向，相對爲首。凡懸皆展而編之。諸工人各位于懸後，東方、西方以北爲上，南方、北方以西爲上。右校埽除壇之内外。郊社令積柴于燎壇，其壇于神壇之景地，内壝之外。方一丈，高丈二尺，開上南出户，方六尺。前祀一日，奉禮設御位于壇之東南，西向。設望燎位于柴壇之北，南向。設祀官、公卿位于内壝東門之外，上辛、雩祀則東門内，攝事亦然。道南，分獻之官于公卿之南，上辛、雩祀無分獻位，以下皆然。執事者位于其後，每等異位，俱重行，西向北上。設御史位于壇下，一位于東南，西向；一位于西南，東向。設奉禮位于樂懸東北，贊者二人在南，差退，俱西向。又設奉禮、贊者位于燎壇東北，西向。皆北上。設協律郎位于壇上南陛之西，東向。設太樂令位于北懸之間，當壇北向。設從祀文官九品以上位于執事之南，東方、南方朝集使于文官之南，東方、南方蕃客又于其南，俱每等異位，重行，西向北上。介公、酅公位于中壝上辛、雩祀内壝。西門之内道南，武官九品以上位于介公、酅公之南，西方、北方朝集使于武官之南，西方、北方蕃客又于其南，俱每等異位，重行，東向北上。其褒聖侯，于文官三品之下。諸州使人各分方位于朝集使之後。攝事無褒聖已上至從祀位。又設祀官及從祀羣官等門外位于東西壝門之外，如設次之式。設牲牓于東壝之外，當門西向。蒼牲一，又青牲一在北，少退，南上。次赤牲一、黄牲一、白牲一、玄牲一，雩祀五方色牲各二。又赤牲一、白牲一上辛、雩祀無日月牲。在南，皆少退，以北爲上。又設廪犧令位于牲西南，史陪其後，俱北面。設諸太祝位于牲東，各當牲後，祝史陪其後，俱西向。設太常卿省牲位于牲前，近北，又設御史位于太常卿之西，俱南向。設酒罇之位，上帝太罇二，犧罇二，山罍二，在壇上東南隅，北向。象罇二，壺罇二，山罍四，在壇下南陛之東，北向，俱西上。設配帝著罇二，犧罇二，象罇二，山罍二，在壇上于上帝酒罇之東，北向西上。五帝、日月各大罇二，在第一等。上辛則五帝各太罇一、著罇二、犧罇二、罍二，在第一等，神座之左而右向，無日月以下諸座，攝事亦然也。內官每陛間各象罇二，在第二等。中官每陛間各壺罇二，在第三等。外官每階間各概罇二，在壇下。衆星每道間各散罇二，于內壝之外。凡罇各設于神座之左而右向。罇皆加勺、羃。五帝、日月以上，皆有坫以置爵。雩祀無日月以下罇，其五帝太罇、犧罇各二，罍一，在第一等；五人帝犧罇各二，在第二等；五官象罇各二，在壇下。設御洗于午陛東南，亞獻、終獻同洗于卯陛之南，俱北向。攝儀但設洗午陛東南，北面。雩祀設亞獻之洗于御東南，五官洗于罇。設分獻罍洗。罍水在洗東，篚在洗西，南肆。篚實以巾、爵。篚羃者，各于其方陛道之左，俱內向。執罇罍篚羃者，各于罇罍篚羃之後。設玉幣之篚于壇上下罇坫之所。祀前一日晡後，上辛、雩祀皆祀日未明五刻焉。太史令、郊社令各常服，帥其屬升，設昊天上帝神座于壇上北方，南向，席以藁秸。設高祖神堯皇帝神座雩祀則設太宗文武聖皇帝神座焉。于東方，西向，席以莞。設五方帝、日月神座于壇第一等，青帝于東陛之北，赤帝于南陛之東，黄帝于南陛之西，白帝于西陛之南，黑帝于北陛之西，雩祀又設五人帝座于第二等，如五方之陛位。又設五官座于壇下東南，西向北上。無日月以下諸星位。大明于東陛之南，上辛並無大明以下位矣。夜明于西陛之北，席皆以藁秸。又設五星、十二辰、河漢及內官五十五座于第二等十有二陛之間，各依方面，凡座皆內向。其內官有北辰座于東陛之北，曜魄寶于北陛之西，北斗于南陛之東，天一、太一皆在北斗之東，五帝內座于曜魄寶之東，並差在行位前。又設二十八宿及中官百五十九座于第三等，其二十八宿及帝座、七公、日星、帝座、大角、攝提、太微、太子、明堂、軒轅、三台、五車、諸王、月星、織女、建星、天紀等十七座，並差在行位前。又設外官百五座于內壝之內，又設衆星三百六十座于內壝之外，各依方次十有二道之間，席皆以莞。設神位各于座首。所司陳異寶及嘉瑞等于樂懸之北東西廂。昊天上帝及配帝、五方帝、五星、日月之座設訖却收，至祀日未明五刻，郊社令、太史令各服其服，升壇重設之。其內官、中官、外官衆星等諸座，一設定不收也。

省牲器

省牲之日，午後十刻，去壇二百步所，享明堂則于明堂所，廟享則于廟所，皆二百步所焉。諸衛之屬禁斷行人。廟享則太令整拂神幄焉。❶ 晡後二刻，郊社令丞帥府史三人、諸儀二人享廟則太廟令帥府史也。及齋郎，以罇、坫、篚、冪入設于位。廟享則籩豆簠簋鉶皆設位，加以巾蓋。諸器物皆濯而陳之。升壇者各由其陛，升廟堂者升自東陛焉。晡後三刻，謁者、贊引各引祀官、公卿以下俱就東壝門外位，廟享則無壝外公卿位焉。諸太祝與廩犧令以牲就牓位。謁者引司空，諸儀並引太常卿也。贊引引御史入詣壇東陛，升，行埽除于上，降，行樂懸于下，訖，出還本位。初，司空將升，又謁者引太常卿，贊引引御史入詣壇東陛，升，視滌濯，于視濯，執罇者皆舉冪告潔。廟享升東階。訖，引降就省牲位，南向立。

❶「太」下，《唐會要》卷九、《文獻通考》卷七〇有「廟」字。

廩犧令少前，曰：「請省牲。」退復位。太常卿省牲。廩犧令又前，舉手曰：「腯。」還本位。諸太祝各循牲一帀，四向，疑當做西向。舉手曰：「充。」俱還本位。諸太祝與廩犧令以次牽牲詣厨，授太官。謁者引光禄卿詣厨，省鼎鑊，申視濯溉。謁者、贊引各引祝官、御史廟享但引御史。省眎饌具。俱還齋所。享廟則進饌者入徹籩豆簠簋鈃甑以出而已。祀日，未明五刻，大官令率宰人以鸞刀割牲，祝史以豆取毛血，各置于饌所，遂烹牲。廟享毛血每座共實一豆。祝史洗肝于鬱鬯。又取膟膋，每座各實一豆。俱置饌所。膟膋，腸間脂也。

鑾駕出宮

前出宮三日，本司宣攝内外，各供其職。尚舍設行宮于壇東，南向，隨地之宜。守宮設從祀官五品以上次于承天門外東西朝堂，如常儀。前二日，太樂令設宮懸之樂于殿庭，如常儀。駕出，懸而不作。其日晝漏上水五刻，鑾駕發引。發引前七刻，搥一鼓，爲一嚴。三嚴時節，前一日侍中奏裁也。侍中奏開宮殿門及城門。未明五刻，搥二鼓，爲再嚴。侍中版奏：「請中嚴。」奉禮郎設從祀羣官五品以上位，文官于東朝堂之前，西向，武官于西朝堂之前，東向，俱重行北上。從祀羣官五品以上依時刻俱集朝堂次，各服其服。其六品以下及介公、酅公、褒聖侯、朝集使、諸方客使等，並駕出之日便赴祀所。所司陳大駕鹵簿于朝堂。發前二刻，搥三鼓，爲三嚴。諸衛之屬各督其隊與鈒戟，以次入陳于殿庭。通事舍人引從祀羣官各就朝堂前位。諸侍衛之官各服其器服。侍中、中書令已下，俱詣西階奉迎。侍中負寶如式。乘黄令進玉輅于太極殿西階之前，南向。千牛將軍一人執長刀立于輅前，北向。黄門侍郎一人在侍臣之前，贊者二人在黄門之前。侍中版奏：「外辦。」太僕卿攝衣而升，正立執轡。皇帝服衮冕，上辛服通天冠絳紗袍也。乘輿以出，降自西階，稱警蹕如常。千牛將軍執轡，皇帝升輅，太僕卿立授綏，侍中、中書令已下夾侍如常。黄門侍郎進，當鑾駕前跪，奏稱：「黄門侍郎臣某言，請鑾駕進發。」俛伏，興，退還位。凡黄門侍郎奏請，皆進鑾駕前，跪，奏稱「具官臣某言」，訖，俛伏，興。鑾駕動，又稱警蹕，黄門侍郎與贊者夾引以出，千牛將軍夾路而趨。駕出承天門，至侍臣上馬所，黄門侍郎退稱：「侍臣上馬。」贊者承傳，文武侍臣皆上馬。諸侍衛之官各督其屬，左右翊駕，在黄麾内。符寶郎奉六寶與殿中監後部從，在黄鉞内。侍中、中書令以下夾侍于輅前，贊者在供奉官人内。侍臣上馬畢，黄門侍郎奏稱：「請敕車右升。」侍中前承制，退稱：「制曰可。」黄門侍郎退復位。千牛將軍升訖，黄門侍郎奏稱：「請鑾駕進發。」退復位。鑾駕動，稱警蹕，鼓傳音如常。不鳴鼓吹，不得諠譁。其從祀之官，在玄武隊後如常儀。駕將至，諸祀官俱朝服結佩，謁者引立于次前，重行，北向西上。駕至行宫南門外，迴輅南向。將軍降，立于輅右。侍中進，當鑾駕前跪，奏稱：「侍中臣某言，請降輅。」俛伏，興，還侍位。皇帝降輅，乘轝入行宫，繖扇、華蓋、侍衛警蹕如常儀，宿衛如式。謁者、贊引各引祀官，通事舍人分引文武羣官，集行宫朝堂，文左武右，舍人承旨敕羣官等各還次。

奠玉帛

祀日，未明三刻，諸祀官及從祀之官各服其服。郊社令、良醖令各帥其屬入實罇罍、玉幣。凡六罇之次，太罇爲上，實以汎齊；著罇次之，實以醴齊；犧罇次之，實以盎齊；象罇次之，實以醍齊；壺罇次之，實以沈齊；山罍爲下，實以清酒。配帝著罇爲上，實以汎齊；犧罇次之，實以醴齊；象罇次之，實以盎齊；山罍爲下，實以清酒。五帝、日月俱以大罇實以汎齊，其内官之象罇實以醍齊，中官之壺罇實以沈齊，外官之概罇實以清酒，衆星之散罇實以昔酒。齊皆加明水，酒皆加玄酒，各實于上罇。玉，上帝以蒼璧，青帝以青珪，赤帝以赤璋，白帝以騶虞，黑帝以玄璜，黄帝以黄琮，日月以珪璧。昊天上帝及配帝之幣以蒼，天帝、日月、内官以下，各從方色。各長丈八尺。上辛，則五方帝各大罇爲上，實以汎齊；著罇次之，實以醴齊；犧罇次之，實以盎齊。其用玉，昊天上帝以四珪有邸，餘同。無日月以下罇。雩祀同圜丘，又有五人帝之幣，亦放其方也。太祝以玉幣置于篚。太官令帥進饌者實諸籩豆簠簋等，各設于饌幔内。未明二刻，奉禮帥贊者先入就位。贊引引御史、博士、諸太祝及令史與執罇罍篚冪者，入自東壝門，當壇南重行，北面上。凡引導者，每曲一逡巡也。立定，奉禮曰：「再拜。」贊者承傳，凡奉禮有詞，贊者皆承傳。御史以下皆再拜。訖，執罇罍篚冪者各就位。贊引引御史、諸太祝詣壇東陛，御史一人、太祝二人升，行埽除于上，及第一等；御史一人、太祝七人升，行埽除于下。上辛、雩祀，贊引引御史、諸太祝埽除于上，令史、祝史埽除于下。訖，各引就位。未明一刻，謁者、贊引各引祀官及從祀羣官、客使等俱就門外位。攝儀無從祀羣官、客使，上辛、雩祀同。太樂令帥工人、二舞次入就位，文舞入陳于懸内，武舞立于懸南道西。其升壇者皆脱履于下，降納如常焉。謁者引司空入就位。立定，奉禮曰：「再拜。」司空再拜，訖，謁者引司空詣壇東陛，升，行埽除于上，降，行樂懸于下，訖，引復位。謁者、贊者各引祀官及從祀羣官、客使等，次入就位。初，未明三刻，諸衛列大駕仗衛，陳設如式。侍中版奏：「請中嚴。」

乘黃令進玉輅于行宮南門外，迴輅南向。若行宮去壇稍遠，嚴警如式焉。未明一刻，侍中版奏：「外辦。」皇帝服衮冕，乘輿以出，繖扇華蓋侍衛如常儀。侍中負寶，陪從如式。皇帝升輅如初。黃門侍郎奏：「請鑾駕進發。」還侍立。鑾駕動，稱警蹕如常，千牛將軍夾路而趍。若行宮去壇稍遠，奏升輅如式。駕至大次門外，迴輅南向。若將軍升輅，即降立于輅右焉。侍中進，當鑾駕前，奏稱：「侍中臣某言，請降輅。」俛伏，興，還侍立。皇帝降輅，乘輿之大次，繖扇華蓋侍衛如常儀。郊社令以祝版進，御署訖，近臣奉出，郊社令各受，奠于坫。皇帝停大次半刻頃，通事舍人各引從祀文武羣官、介公、酅公、諸方客使，皆先入就位。太常博士引太常卿立于大次門外，當門北向。侍中版奏：「外辦。」質明，皇帝改服大裘而冕，上辛、雩祀蓋服衮冕。出次，華蓋侍衛如常儀。侍中負寶，陪從如式。博士引太常卿，太常引皇帝，凡太常卿前導，皆博士先引焉。至中壝門外。上辛、雩祀内壝。殿中監進大珪，尚衣奉御又以鎮圭授殿中監，殿中監授，進。皇帝搢大珪，執鎮圭，華蓋仗衛停于門外，禮部尚書與近侍者陪從如常儀。大珪如搢不便，請立定，近侍承奉焉。皇帝至版位，西向立。每立定，太常卿與博士退立于左。太常卿前奏稱：「請再拜。」退復位。皇帝再拜。攝事無「未明三刻」下至此「再拜」儀。上辛、雩祀同。奉禮曰：「衆官再拜。」衆官在位者皆再拜。其先拜者不拜。大常卿前奏：攝則謁者進太尉之左白，上辛、雩祀同焉。「有司謹具，請行事。」退復位。協律郎跪，俛伏，舉麾，凡取物者皆跪，俛伏而取以興；奠物則跪奠訖，俛伏而後興。他放此。鼓柷，奏《元國諱改焉。和》之樂，乃以圜鐘爲宮，黃鐘爲角，太簇爲徵，姑洗爲羽，作文武之舞樂，舞六成。

圜鐘三奏，黄鐘、太簇、姑洗各一奏也。偃麾，戛敔，樂止。凡樂，皆協律郎舉麾，工鼓柷而後作，偃麾、戛敔而後止焉。太常卿前奏稱：「再拜。」退復位。皇帝再拜。攝事無太常卿至皇帝拜。上辛、雩祀同也。奉禮曰：「衆官再拜。」衆官在位者皆再拜。正座配座太祝跪取玉幣于篚，各立于罇所；諸太祝俱取玉及幣，亦各立于罇所。太常卿引皇帝，《太和》之樂作，皇帝每行，皆作《太和》之樂。攝則謁者引太尉，已下皆謁者引太尉。《太和》樂，上辛、雩祀同。皇帝詣壇，升自南陛，侍中、中書令以下及左右侍衛量人從升。以下皆如之。皇帝升壇，北向立，攝則太尉升南陛，北向立。樂止。正座太祝加玉于幣以授侍中，侍中奉玉幣東向進，皇帝搢鎮珪，受玉幣。凡受物，皆搢鎮珪，跪奠訖，執珪，俛伏，興。太尉則搢笏。登歌，作《肅和》之樂，以大吕之均。太常卿引皇帝進，北向跪奠于昊天上帝神座，俛伏，興，太常卿引皇帝立于西方，東向。配座太祝以幣授侍中，侍中奉幣北向進。攝則太祝授太尉，太尉奉玉幣進奠。皇帝受幣。太常卿引進高祖神堯皇帝神座，雩祀則太宗座。俛伏，興，太常卿引皇帝少退，東向再拜訖，登歌止。太常卿引皇帝，樂作，皇帝降自南陛，還版位，西向立，樂止。攝則太尉行，還立無樂也。初皇帝將奠配帝之幣，謁者七人各分引獻官奉玉幣俱進，跪奠于第一等神座。上辛，則謁者五人，各分引獻官，奉玉幣奠五方帝座。攝事同。雩祀，五人帝、五官相次而畢。餘星座之幣，謁者、贊引各引獻官進奠于首座，餘皆祝史齋郎助奠。訖，引還復位。攝則太尉奠配座，諸太祝及諸獻官各奉玉幣進于神座，訖，還罇所。上辛無星以下座也。初，衆官拜訖，祝史各奉毛血之豆，立于門外。登歌止，祝史奉毛血入，各由其陛升，諸太祝迎取于壇上，俱進奠于神座，諸太祝與祝史退立于罇所。

進熟

皇帝既升，攝則太尉升，上辛、雩祀同。奠玉幣，太官令出，帥進饌者奉饌，各陳于壝門外。謁者引司徒出詣饌所，司徒奉昊天上帝之俎。初，皇帝既至位，樂止，太官令引饌入。攝事則于太祝奠毛血，其太官引饌入。上辛、雩祀同。俎初入門，奏《雍和》之樂，以黃鐘之均。自後接神之樂，皆奏黃鐘。饌各至其陛，樂止。祝史俱進，徹毛血之豆，降自東陛以出。上帝之饌升自午陛，配帝之饌升自卯陛，青帝之饌升自寅陛，赤帝之饌升自巳陛，黃帝之饌升自未陛，白帝之饌升自酉陛，黑帝之饌升自子陛，大明之饌升自辰陛，夜明之饌升自戌陛，其內官中官諸饌，各隨便而升。上辛無大明以下饌，攝事同。雩祀五人帝饌，各由其陛升。諸太祝迎引于壇上，各設于神座前。籩豆蓋冪，先徹乃升。簠簋既奠，却其蓋于下也。設訖，謁者引司徒、太官令帥進饌者，俱降自東陛以出，司徒復位，諸太祝各還罇所。又進設外官、衆星之饌，相次而畢。上辛無外官以下饌，雩祀又進設五官饌，並無衆星饌也。初，壇上設饌訖，太常卿引皇帝詣罍洗，攝則謁者引太尉詣罍洗，上辛、雩祀同也。樂作；皇帝至罍洗，樂止。侍中跪取匜，興，沃水；又侍中跪取盤，興，承水；皇帝盥手。黃門侍郎跪取巾于篚，興，進，皇帝帨手訖，黃門侍郎受巾，跪奠于篚。黃門侍郎又取匏爵于篚，興，進，皇帝受爵。侍中酌罍水，又侍中奉盤，皇帝洗爵，黃門侍郎又授巾皆如初。皇帝拭爵訖，侍中奠盤匜，黃門侍郎受巾奠于篚，皆如常。太常卿引皇帝，樂作；皇帝詣壇，升自南陛，訖，樂止。攝則太尉洗拭匏爵，無樂作以下儀。謁者引司徒，升自東陛，立于罇所，齋郎奉俎從其後。太常卿引皇帝詣上帝罇所，執罇者舉冪，侍中贊酌汎齊訖，《壽和》之樂作。皇帝每酌獻及飲福，皆作《壽和》之樂。攝則謁者引太尉，升自南陛，詣上帝罇所，執事者舉冪，太尉酌汎齊訖，樂作。太常卿引皇帝，進昊天上帝神座前，北向跪奠爵，興，太常卿引皇帝少退，北向立，樂止。攝儀皆謁者引太尉。太祝持版進于神座之右，東向跪，讀祝文：「維某年歲次月朔日，子嗣天子臣某，敢昭告于昊天上帝：攝則云「天子某，謹遣太尉封某臣名，敢昭告于昊天上帝」。上辛、雩祀同。大明南至，長晷初升，萬物權輿，六氣資始，式遵彝典，慎修禮物，上辛云：「維神化育羣生，財成庶品，雲雨作施，普博無私，爰因啓蟄，式遵農事。」雩祀云：「爰茲孟夏，龍見紀辰，方資長育，式遵常禮，敬以玉帛犧牲，粢盛庶品，恭致燔祀，表其寅肅。」敬以玉帛犧齊，粢盛庶品，備茲禋燎，祗薦潔誠，高祖神堯皇帝配神作主。」凡攝事祀版，應御署訖，皇帝北向再拜，侍臣奉板，郊社令受，遂奉出。皇帝再拜。攝則太尉再拜。初讀祝文訖，樂作；太祝進，跪奠版于神座，興，還罇所，皇帝拜訖，樂止。太常卿引皇帝詣配帝酒罇所，執罇者舉冪，侍中取爵于坫，進，皇帝受爵，侍中贊酌汎齊訖，樂作，太常卿引皇帝，進高祖神堯皇帝神座，雩祀太宗。東向跪，奠爵，俛伏，興，太常卿引皇帝少退，東向立，樂止。上辛又謁者五人，各引五方上帝太祝，皆取爵于坫，酌汎齊，各進奠于神座訖，還罇所。雩祀同。太祝持版進于神座之左，北向跪讀祝文曰：「維某年歲次月朔日，子孝曾孫開元神武皇帝臣某，攝則云「皇帝臣某謹遣太尉封臣某」。敢昭告于高祖神堯皇帝：履長伊始，肅事郊禋，用致燔祀于昊天上帝。伏惟慶流長發，德冠思文，對越昭升，永言配命，上辛云：「時惟孟春，敬祈嘉穀，用致禋祀昊天上帝。伏惟高祖，睿哲徇齊，欽明昭格，祭祀之禮，肅奉舊章。」雩祀云：「時惟正陽，式遵恒典，伏惟道叶乾元，德施品物，永言配命，對越昭升。」謹以致幣犧齊，粢盛庶品，式陳明薦，侑神作主，尚饗。」訖，興。皇帝再拜。初讀祝文訖，樂作；太祝進，跪奠版于神座，興，還罇所，皇帝再拜訖，樂止。太常卿引皇帝，進昊天上帝神座前，北向立，樂作。太祝各以爵酌上罇福酒，合置一爵，太祝持爵授侍中，侍中受爵西向進，皇帝再拜，受爵，跪，祭酒，啐酒，奠爵，俛伏，興。太祝各率齋郎進俎。太祝減神前胙肉皆取前脚第二骨也。加于俎，以胙肉共置一俎上，太祝持俎以授司徒，司徒奉俎西向進，攝則言授。皇帝受以授左右，攝則太尉以授齋郎。謁者引司徒降復位。皇帝跪，取爵，遂飲，卒爵。侍中進受爵以授太祝，太祝受爵，復于坫。皇帝俛伏，興，再拜，樂止。太常卿引皇帝，樂作，皇帝降自南階，還版位，西向立，樂止。文舞退，鼓柷，作《舒和》之樂，退訖，戛敔，樂止。武舞入，鼓柷，作《舒和》之樂，立定，戛敔，樂止。自此已上，凡攝皆太尉爲初獻，其儀依皇帝行事，贊佐皆謁者、太祝、齋郎。皇帝將復位，謁者引太尉攝則太常卿爲亞獻，自下並改太尉爲太常卿。詣罍洗，盥手，洗拭匏爵。訖，謁者引太尉自階升壇，詣昊天上帝著罇所，執罇者舉冪，太尉酌醴齊。訖，武舞作，謁者引太尉，進昊天上帝神座前，北向跪，奠爵，興，謁者引太尉少退，北向拜。訖，謁者引太尉詣配帝犧罇所，取爵于坫，執罇者舉冪，太尉酌醴齊。訖，謁者引太尉進高祖神堯皇帝座前，雩祀太宗。東向跪，奠爵，興，謁者引太尉少退，東向再拜。上辛五方祝各取爵酌醴齊，供尊訖，還罇所。雩祀同。訖，謁者引太尉進昊天上帝神座前，北向立。諸太祝各以爵酌罍福酒，合置一爵，太祝持爵進太尉之右，西向立。太尉再拜受爵，跪，祭酒，遂飲，卒爵。太祝進受虛爵，復于坫。太尉興，再拜，訖，謁者引太尉却復位。初，太尉獻將畢，謁者引光禄卿攝則同以光禄卿爲終獻。詣罍洗，盥手，洗拭匏爵，升，酌盎齊，獻正座、配座。雩祀并獻五方帝也。終獻如亞獻之儀。上辛五帝祀亦各配獻之。訖，謁者引光禄卿降復位。初，太尉將升獻，攝則大常卿將升獻。謁者七人分引五方帝及大明、夜明等獻官，詣罍洗，盥手，洗拭匏爵，訖，各由其陛升，雩祀太尉將升獻，贊引引五帝獻官酌醴齊，奠太昊氏，餘座齋郎助奠。五帝將畢，五官獻官酌醍齊，奠勾芒氏，餘座祝史助奠。詣第一等，俱酌汎齊訖，各進跪奠于神座前，興，各還引降，還本位。初，第一等獻官將升，謁者五人次引獻官各詣罍洗，訖，引各由其陛升壇，詣第二等内官酒罇所，俱酌醍齊，各進跪奠爵于内官座首，興，餘座皆祝史、齋郎助奠，相次而畢，謁者各引獻官還本位。初，第二等獻官將升，謁者四人次引獻官俱詣罍洗盥手，各由其陛升壇，詣第三等中官酒罇所，俱酌清酒沈齊攝儀盎齊。以獻。贊引四人次引獻官詣罍洗，盥洗訖，詣外官酒罇所，俱酌清酒攝儀醍齊。以獻。贊引四人次引獻官詣罍洗，盥洗訖，詣衆星酒罇所，酌昔酒攝儀沈齊。以獻。其祝史、齋郎酌酒助奠，皆如内官之儀。訖，謁者、贊引各引獻官還本位。上辛、雩祀無日月以下獻儀也。諸獻俱畢，武舞止。上下諸祝各進，跪徹豆，興，還罇所。徹者，籩豆各一少移于故處也。奉禮曰：「賜胙。」贊者唱：「衆官再拜。」衆官在位者皆再拜。已飲福者不拜。《元和》之樂作，太常卿前奏稱：「請再拜。」退復位。皇帝再拜。樂作一成，止。攝事則奉禮曰「衆官再拜」，衆官在位者皆再拜。太常卿前奏：「請就望燎位。」攝則謁者進太尉之左，曰「請就望燎位」也。太常卿引皇帝，樂作，皇帝就望燎位，南向立，樂止。攝則謁者引太尉也。于羣官將拜，上下諸祝各執篚，進神座前，取玉幣、祝版，日月已上齋郎以俎載牲體、黍稷飯及爵酒，各由其陛降壇，南行，經柴壇西，過壇東行，自南陛登柴壇，以玉幣、祝版、饌物置于柴上。户内諸祝史又以内官已下之禮幣皆從燎。上辛無日月已下牲幣，雩祀有五帝幣。奉禮曰：「可燎。」東西面各六人，以炬燎火。半柴，太常卿前奏：「禮畢。」攝則謁者前曰「禮畢」，則太尉出。太常卿引皇帝還大次，樂作，皇帝出中壝門，上辛、雩祀並内壝。殿中監前受鎮珪，以授尚衣奉御，殿中監又前受大珪，華蓋侍衛如常儀，皇帝入次，樂止。謁者、贊引各引祀官，通事舍人分引從祀羣官、諸方客使以次出。贊引引御史、太祝已下俱復執事位，立定，奉禮曰：「再拜。」御史以下皆再拜，贊引引出。工人、二舞以次出。

鑾駕還宫上辛、雩祀並同。

皇帝既還大次，侍中版奏：「請解嚴。」將士不得輒離部位。皇帝停大次一刻頃，槌一鼓，爲一嚴，轉仗衛于還塗，如來儀。三刻頃，槌二鼓，爲再嚴，將士布隊仗。侍中版奏：「請中嚴。」皇帝服通天冠、絳紗袍，諸祀官服朝服。乘馬者服袴褶。五刻頃，槌三鼓，爲三嚴，通事舍人分引羣官、客使等序立于大次之前，近南。文武侍臣詣大次奉迎。乘黄令進金輅于大次門外，南向。千牛將軍立于輅左。侍中版奏：「外辦。」太僕卿升，執轡。皇帝乘輿出次，繖扇、侍衛警蹕如常儀。皇帝升輅，太僕卿立授綏。黄門侍郎奏稱：『請鑾駕進發。』退復位。鑾駕動，稱警蹕如常儀。黄門侍郎、贊者夾引，千牛將軍夾輅而趍。至侍臣上馬所，黄門侍郎奏稱：「請鑾駕權停，敕侍臣上馬。」侍中前承制，退稱：「制曰可。」黄門侍郎退稱：「侍臣上馬。」贊者承傳，文武侍臣皆上馬畢，黄門侍郎奏稱：「請敕車右升。」侍中前承制，退稱：「制曰可。」黄門侍郎退復位。千牛將軍升訖，黄門侍郎奏稱：「請鑾駕進發。」退復位。鼓傳音，鑾駕動，鼓吹振作而還。文武羣臣導從如來儀。諸方客使便還館。駕至承天門外侍臣下馬所，鑾駕權停，文武侍臣皆下馬，千牛將軍降立于輅右。訖，鑾駕動，千牛將軍夾輅而趍。駕入嘉德門，太樂令令撞蕤賓之鐘，左右鐘皆應，鼓柷，奏《采茨》之樂，至太極門，戛敔，樂止。入太極門，鼓柷，奏《太和》之樂，駕至横街北，當東上閤，迴輅南向。侍中進鑾駕前跪，奏稱：「侍中臣某言，請降輅。」俛伏，興，還侍位。皇帝降輅，乘輿以入，繖扇、侍衛警蹕如常儀，侍臣從。至閤，戛敔，樂止。初，文武羣官至承天門外，通事舍人承旨敕羣官並還。皇帝既入，侍中版奏：「請解嚴。」扣鉦，將士各還其所。

【《舊唐書・玄宗紀》】天寶元年二月丁亥，加上尊號。辛卯，親享玄元皇帝于新廟。甲午，親享太廟。丙申，合祭天地于南郊。

【《大學衍義補》】丘氏濬曰：「有事于郊，必先告祖以配天享侑之意，蓋行祭告之禮，非大享也。自唐人有事上帝，必先親享玄元皇帝于太清宫，親享太廟，然後郊祀。宋人因之，乃先郊三日奉謚册寶于太廟，次日享玉清昭應宫、景靈宫，宿太廟，既享赴青城。嗚呼！郊祀之禮見于經者，自《虞書》類上帝始，而尤詳載于《周禮》、《禮記》，此則唐虞三代報本反始之大事也。未事之先詣祖廟告祭以配享之故，而致齋以致其精明之德，然後行事，此正禮也。與道家者流無涉。唐宋之世，乃用青詞，設素饌，親享太清宮、玉清昭應宮，然後詣郊壇行禮，此何謂哉？」

蕙田案：唐人謂享太清宮、享太廟、合祭天地爲三大禮，宋人因之，而郊祀之先必先親享太廟、玉清昭應等宮，非禮之禮，可謂謬矣。丘氏議之良是，但謂未郊之先詣祖廟告祭，斯又何禮耶？古禮郊祭自郊祭，廟祭自廟祭，十日戒，七日齋，未聞祭天而先祭廟也。宿于齋宮，未聞宿于廟也。祇因明代相沿宋制，雖不如唐宋之親享，而尚有告廟之文，故爲是調停之論耳。兹因天寶元年之事爲宋明作俑，故載史文而辨之如此。後宋代各條並從刪削，因其無與于郊之大典也。閲者詳之。

又案：丘氏《大學衍義補》作于明代未行分祭之時，故其論郊祀全主合祭之説，不過回護私心，非有獨見也，不足置辨，故並黜之，附識于此。

【《唐書・禮樂志》】玄宗既已定《開元禮》，天寶元年，遂合祭天地于南郊。其後遂以爲故事。終唐之世，莫能改也。

【《册府元龜》】天寶元年二月丙戌，詔曰：「凡所祭享，必在躬親。朕不親祭，禮將有闕。其皇地祇宜就南郊合祭。」三月丙申，合祭天地于南郊。

【《文獻通考》】天寶元年二月二十日，合祭天地于南郊。自後有事圜丘，皆天地合祭。若册命大事，告圜丘，有司行事亦如之。

蕙田案：郊祀，國之大典，玄宗甫定開元分祭之禮，儀節度數稍稍合于經典，乃改元之後，不謀于衆，輕爲更改，其侈心肆志之萌，于是可見。天寶之治所以大異于開元也歟？

【《通典》】天寶五載，詔曰：「皇王之典，聿修于百代；郊祭之義，允屬于三靈。聖人既因時以制宜，王者亦緣情以革禮。且尊莫大于天地，禮莫崇乎祖宗，嚴配昭升，豈宜異數。今蒸嘗之獻，既著于恒式；南北之郊，未展于時享。自今以後，每載四時孟月，先擇吉日，祭昊天上帝，其以皇地祇合祭，以次日祭九宫壇。皆令宰臣行禮。奠祭務崇蠲潔，稱朕意焉。」

蕙田案：天地大神祇，從無時享之禮。四孟所祭，但當有迎氣祀五方帝耳。今乃四時合祭，可謂煩數不敬，蓋因辨六天者有天安得五之説，遂以分祀五帝之禮移之于天，又合之以地，是矯康成而又失之者也。

【《册府元龜》】天寶五載十二月辛酉，詔曰：「祈穀上帝，春祀先王，永惟因心，敢忘如在？頃以詳諸舊典，創以新儀，清廟陳牲，加特于嘗饋；昊天冬祭，重增以時享。況履兹霜露，載感惟深，瞻彼郊壇，有懷昭事。宜以來歲正月朕親謁太廟，便于南郊合祭。仍令中書門下，即與禮官詳定儀注。」六載正月戊子，親祀南郊，遂祀皇地祇。

蕙田案：天寶元年，改分祭爲合祭，詔謂祭必躬親，意蓋知天地之必當親祭，而以分祭爲勞，殺其數也。又改冬夏至而用二月，則無寒暑之苦矣。五年又定南北郊，時享于謁太廟之後，從其便也。至十年郊後遂專委之攝祭，而心有不安，以親受祝版爲禮，怠心滋矣。自此以後，遂不親郊，而十三載之亂作焉。

【《舊唐書·玄宗紀》】天寶九載十一月，制：自今告獻太清宫及太廟改爲朝獻，以告者臨下之義故也。十載正月壬辰，朝獻太清宫。癸巳，朝饗太廟。甲午，有事于南郊，合祭天地，禮畢，大赦天下。

【《禮儀志》】天寶十載五月已前，郊祭天地以高祖神堯皇帝配座，故將祭郊廟，告神堯皇帝室。

【《册府元龜》】天寶十載正月，制曰：自今已後，攝祭南郊，薦獻太清宫，薦享太廟，其太尉行事前一日于致齋所具羽儀、鹵簿、公服引入，朕親受祝版，乃赴清齋，以展誠敬。

蕙田案：《舊唐書》于天寶十三載書二月癸酉朝獻太清宫，甲戌饗太廟。《新書》作壬申、癸酉，下皆書受尊號大赦，而未嘗言郊。《通考》數玄宗爲五郊而有十三載二月八日，未知何據。

五禮通考卷十

淮陰吴玉搢校字

五禮通考卷第十一

內廷供奉禮部右侍郎金匱秦蕙田編輯
太子太保總督直隸右都御史桐城方觀承同訂
按察司副使元和宋宗元
貢士吳江顧我鈞
參校

吉禮十一

圜丘祀天

【《舊唐書·肅宗本紀》】乾元元年四月甲寅，上親享九廟，遂有事於圜丘。翌日，御丹鳳門，大赦天下。　六月己酉，初置太乙神壇于圜丘，是日，命宰相王璵攝行祠事。

【《唐書·肅宗本紀》】上元二年九月，去上元號，稱元年，以十一月爲歲首，月以斗所建辰爲名。元年建丑月辛亥，有事于南郊。

【《册府元龜》】元年建子月，詔曰：「皇王符瑞，應協于靈祇。典禮廢興，式存于禋告。頃以三代正朔，所尚不同。百王徽號，無聞異稱。顧兹薄德，思創常規。爰因行慶之日，將務惟新之典。而建元立制，册命曆符。受于天地祖宗，申于百辟卿士。今既循諸古法，讓彼虛名，革故之宜，已宣于臣下。昭報之旨，未展于郊廟。因時備禮，擇日陳誠，宜取來月一日，祭圜丘及太乙壇。」建丑月辛亥朔，拜南郊，祭太乙壇，禮畢還宮。

【《唐書·代宗本紀》】廣德二年二月乙亥，有事于南郊。

【《圖書集成》】代宗廣德二年，有事南郊，從獨孤及議，卒以太祖配天。

【《舊唐書・禮儀志》】天寶十載五月已前，郊祭天地，以高祖神堯皇帝配座。寶應元年，杜鴻漸爲太常卿禮儀使，員外郎薛頎、歸崇敬等議：「以神堯爲受命之主，非始封之君，不得爲太祖以配天地。太祖景皇帝始受封于唐，即殷之契，周之后稷也。請以太祖景皇帝郊祀配天地，告請宗廟，亦太祖景皇帝酌獻。」諫議大夫黎幹議，以太祖景皇帝非受命之君，不合配享天地。二年五月，幹進議狀爲十詰十難，曰：「歸崇敬、薛頎等稱：禘謂冬至祭天于圜丘，周人則以遠祖帝嚳配。臣幹詰曰：《國語》曰有虞氏、夏后氏俱禘黄帝，商人禘舜，周人禘嚳。俱不言祭昊天于圜丘，一也。《詩・商頌》曰：『《長發》，大禘也。』又不言祭昊天于圜丘，二也。《詩・周頌》曰：『《雍》，禘太祖也。』又不言祭昊天于圜丘，三也。《禮記・祭法》曰有虞氏、夏后氏俱禘黄帝，殷人、周人俱禘嚳。又不言祭昊天于圜丘，四也。《禮記・大傳》曰：『不王不禘。王者禘其祖之所自出，以其祖配之。』又不言祭昊天于圜丘，五也。《爾雅・釋天》曰：❶『禘，大祭也。』又不言祭昊天于圜丘，六也。《家語》云：『凡四代帝王之所郊，皆以配天也。其所謂禘者，皆五年大祭也。』又不言祭昊天于圜丘，七也。盧植云：『禘，祭名。禘者帝也，事尊明禘，故曰禘。』又不言祭昊天于圜丘，八也。王肅云：『禘謂于五年大祭之時。』又不言祭昊天于圜丘，九也。郭璞云：『禘，五年之大祭。』又不言祭昊天于圜丘，十也。臣幹謂禘是五年宗廟之大祭，

❶「天」，原作「文」，據《舊唐書・禮儀志》、《爾雅》改。

《詩》、《禮》經傳，文義昭然。臣見《禮記·祭法》及《禮記·大傳》、《商頌·長發》等三處鄭玄注，或稱祭昊天，或云祭靈威仰。臣精詳典籍，更無以禘爲祭昊天於圜丘及郊祭天者。審如禘是祭之最大，則孔子説《孝經》爲萬代百王法，稱周公大孝，何不言禘祀帝嚳於圜丘以配天，而反言『郊祀后稷以配天』？是以五經俱無其説，聖人所以不言。輕議大典，亦何容易。猶恐不悟，今更作十難。其一難曰：《周頌》：『《雍》，禘太祖也。』鄭玄箋云：『禘，大祭。太祖，文王也。』《商頌》云：『《長發》，大禘也。』玄又箋云：『大禘，祭天也。』夫商、周之《頌》，其文互説。或云禘太祖，或云大禘，俱是五年宗廟之大祭，詳覽典籍，更無異同。惟鄭玄箋《長發》，乃稱是郊祭天。詳玄之意，因此《商頌》禘如《大傳》云大祭，如《春秋》『大事于太廟』，《爾雅》『禘大祭』，雖云大祭，亦是宗廟之祭，可得便稱祭天乎？若如所説，大禘即云郊祭天，稱禘即是祭宗廟。又《祭法》説虞、夏、商、周禘黄帝與嚳，《大傳》『不王不禘』，禘上俱無大字，玄何因復稱祭天乎？又《長發》文亦不歌嚳與感生帝，故知《長發》之禘，而非禘嚳及郊祭天明矣。殷、周五帝之大祭，羣經衆史及鴻儒碩學，自古立言著論，序之詳矣，俱無以禘爲祭天。何棄周、孔之法言，獨取康成之小注，便欲違經非聖，誣亂祀典，謬哉！其二難曰：《大傳》稱『禮，不王不禘，王者禘其祖之所自出，以其祖配之，諸侯及其太祖』者，此説王者則當禘。其謂《祭法》虞夏殷周禘黄帝及嚳，『不王則不禘，所當禘其祖之所自出』，謂虞夏出黄帝，殷周出帝嚳，以近祖配而祭之。自出之祖，既無宗廟，即是自外至者，故同之天地神祇，以祖配而祀之。自出之説，非但於父，在母亦然。《左傳》子産云『陳則我周之自出』。此可得稱出於太微五帝乎？故曰『不王不禘，王者禘其祖之所自出，以其祖配之』謂也。及諸侯之禘，則降於王者，不得祭自出之祖，只及太祖而已。故曰『諸侯及其太祖』，此之謂也。鄭玄錯亂，分禘爲三：注《祭法》云『禘謂祭昊天於圜丘』，一也。注《大傳》稱『郊祭天，❶以后稷配靈威仰』，箋《商頌》又稱『郊祭天』，二也。注《周頌》云『禘大祭，大於四時之祭，而小於祫，太祖謂文王』，三也。禘是一祭，玄析之爲三，顛倒錯亂，皆率胸臆，曾無典據，何足可憑。其三難曰：虞、夏、殷、周已前，禘祖之所自出，其義昭然。自漢、魏，晉已還千餘歲，其禮遂闕。又鄭玄所説，其言不經，先儒棄之，未曾行用。愚以爲錯亂之義，廢棄之注，不足以正大典。其四難曰：所稱今《三禮》行於代者，皆是鄭玄之學，請據鄭學以明之。曰雖云據鄭學，今欲以景皇帝爲始祖之廟以配天，復與鄭議相乖。何者？《王制》云天子七廟，玄云此周禮也。七廟者，太祖及文、武之祧與親廟四也。殷則六廟，契及湯與二昭二穆也。據鄭學，夏不以鯀及顓頊、昌意爲始祖，昭然可知也。而欲引稷、契爲例，其義又異是。爰稽邃古洎今，無以人臣爲始祖者，惟殷以契，周以稷。夫稷、契者，皆天子元妃之子，感神而生。昔帝嚳次妃簡狄，有娀氏之女，吞玄鳥之卵因生契。契長而佐禹治水，有大功。舜乃命契作司徒，百姓既和，

❶「大傳」，原作「左傳」，案「郊祭天，以后稷配靈威仰」乃鄭玄注《禮記・大傳》之文，據改。

遂封於商。故《詩》曰：『天命玄鳥，降而生商，宅殷土芒芒。』此之謂也。后稷者，其母有邰氏之女曰姜嫄，爲帝嚳妃，出野履巨跡，歆然有孕，生稷。稷長而勤於稼穡，堯聞，舉爲農師，天下得其利，有大功，舜封於邰，號曰后稷。唐虞夏之際，皆有令德。『履帝武敏歆，居然生子，即有邰家室』，此之謂也。舜、禹有天下，稷、契在其間，量功比德，抑其次也。舜授職，則播百穀，敷五教。禹讓功，則平水土，宅百揆。故《國語》曰：『聖人之制祀也，功施於人則祀之，以死勤事則祀之。』契爲司徒而人輯睦，稷勤百穀而死，皆居前代祀典，子孫有天下，得不尊而祖之乎？其五難曰：既尊鄭說，小德配寡，遂以后稷只配一帝，尚不得全配五帝。今以景皇帝特配昊天，於鄭義可乎？其六難曰：衆難臣云：『上帝與五帝，一也。』所引《春官》：祀天旅上帝，祀天旅四望。旅訓衆，則上帝是五帝。臣曰不然。旅雖訓衆，出於《爾雅》，及爲祭名，《春官》訓陳，注有明文。若如所言，旅上帝便成五帝，則季氏旅於泰山，可得便是四鎮耶？其七難曰：所云據鄭學，則景皇帝親盡，廟主合祧，却欲配祭天地，錯亂祖宗。夫始祖者，經綸草昧，體大則天，所以正元氣廣大，萬物之宗尊，以長至陽氣萌動之始日，俱祀於南郊也。夫萬物之始，天也。人之始，祖也。日之始，至也。埽地而祭，質也。器用陶匏，性也。牲用犢，誠也。兆於南郊，就陽位也。至尊至質，不敢同於先祖，禮也。故《白虎通》曰：『祭天歲一者何？天至尊至質，事之不敢褻黷，故因歲之陽氣始達而祭之。』今國家一歲四祭之，黷莫大焉。上帝、五帝，其祀遂闕，怠亦甚矣。黷與怠，皆禮之失，不可不知。夫親有限，祖有常，聖人制禮，君子不以情變易。國家重光累聖，歷祀百數，豈不知景皇帝始封于唐。當時通儒議功度德，尊神堯克配彼天，崇太宗以配上帝。神有定主，爲日已久。今欲黜神堯配含樞紐，以太宗配上帝，則紫微五精，上帝佐也，以子先父，豈禮意乎！非止神祇錯位，亦以祖宗乖序，何以上稱皇天祖宗之意哉！若夫神堯之功，太宗之德，格于皇天上帝，臣以爲郊祀宗祀，無以加焉。其八難曰：欲以景皇帝爲始祖，既非造我區宇，經綸草昧之主，故非夏始祖禹、殷始祖契、周始祖稷、漢始祖高帝、魏始祖武皇帝、晉始祖宣帝、國家始祖神堯皇帝同功比德，而忽昇于宗祀圜丘之上，爲昊天匹，曾謂圜丘不如林放乎？其九難曰：昨所言魏文帝丕以武帝操爲始祖，晉武帝炎以宣帝懿爲始祖者。夫孟德、仲達者，皆人傑也。擁天下之强兵，挾漢、魏之微主，專制海内，令行草偃，服衮冕，陳軒懸，天子决事於私第，公卿列拜於道左，名雖爲臣，勢實凌君。後主因之而業帝，前王由之而禪代，子孫尊而祖之，不亦可乎？其十難曰：所引商、周、魏、晉既不當矣，則景皇帝不爲始祖明矣。我神堯拔出羣雄之中，廓清隋室，拯生人于塗炭，則夏虞之勳不足多；成帝業於數年之間，則漢祖之功不足比。夏以大禹爲始祖，漢以高帝爲始祖，則我唐以神堯爲始祖，法夏則漢，於義何嫌？今欲革皇天之祀，易太祖之廟，事之大者，莫大於斯，曾無按據，一何寡陋，不愧于心，不畏于天乎！以前奉詔，令諸司各據禮經定議者。臣幹忝竊朝列，官以諫爲名，以直見知，以學見達，不敢不罄竭以裨萬一。昨十四日，具以議狀呈宰相，宰相令朝臣與臣論難。所難臣者，以臣所見獨異，莫不騰辭飛辯，競欲碎臣理，鉗臣口。剖析毫釐，分別異同，序墳典之凝滯，指子傳之乖謬，事皆歸根，觸物不礙。但臣言有宗爾，豈辯者之流也。又歸崇敬、薛頎等援引鄭學，欲蕪祀典，臣爲明辯，迷而不復。臣輒作十詰十難，援據墳籍，昭然可知。庶郊禘事得其真，嚴配不失其序，皇靈降祉，天下蒙賴。臣亦何顧不蹈鼎鑊？謹敢聞達，伏增悚越。」議奏，不報。

蕙田案：黎幹議非受命之君不得爲太祖，自是三代以後可行之禮。其辯禘非祭天，援引發揮，極爲明確。至答第六難，旅上帝是祭五帝云，若如所言，季氏旅于泰山，可便得是四鎮耶；答第七難云歲一祭天，尤見千古卓識，惜時不用。

觀承案：禮，諸侯不得祖天子，故商、周俱以契、稷爲太祖，而不祖帝嚳。則始祖不必其爲受命之王也。黎幹謂景皇非受命之君，不得爲太祖者，於理未安。韓子曰：國朝九廟之制，法周之文，太祖景皇帝始爲唐公，肇基天命，義同周之后稷，而以高祖擬文王，太宗擬武王，此定論也。況重以高祖已有定制乎？禘郊宗祖，雖兼論功德，然實重水源木本之義。商、周之契、稷爲始祖，固是功德兼隆，亦以其爲始封之君也。禮以時爲大，三代而下，始祖不必皆如契、稷之賢聖。然天下豈有無根之木，無源之水，而謂創業之君可自爲始祖，此上不必有太祖乎？朱子曰：祖一名而有二廟，稷爲太祖，始封之祖也，文王亦爲祖，受命之祖也。唐人正當準此，而以景皇爲始封之祖，高祖爲受命之祖耳。幹之餘議頗明辨，此條則不可據。其謂以高祖配郊，以太宗配明堂，則禮以義起，尚似可通。蓋商人禘嚳，固以始祖契配，及郊則又配冥而不以契，與周之禘郊皆配稷者不同。此則三王不相襲禮，而法周亦不妨監殷者夫。

二年春夏旱。言事者云：「太祖景皇帝追封於唐，高祖實受命之祖，百神受職，合依高祖。今不得配享天地，所以神不降福，以致愆陽。」代宗疑之，詔百寮會議。太常博士獨孤及獻議曰：「禮，王者禘其祖之所自出，以其祖配之。凡受命始封之君，皆爲太祖。繼太祖已下六廟，則以親盡迭毁。而太祖之廟，雖百代不遷。此五帝、三王所以尊祖敬宗也。故受命于神宗，禹也，而夏后氏祖顓頊而郊鯀。纘禹黜夏，湯也，而殷人郊冥而祖契。革命作周，武王也，而周人郊稷而祖文王。則明自古必以首封之君配昊天上帝。唯漢氏崛起豐沛，豐公太公，無位無功，不可以爲祖宗，故漢以高皇帝爲太祖，其先細微也，非足爲後代法。伏惟太祖景皇帝以柱國之任，翼周弼魏，肇啓王業，建封于唐。高祖因之，以爲有天下之號，天所命也。亦如契之封商，后稷之封邰。禘郊祖宗之位，宜在百代不遷之典。郊祀太祖，宗祀高祖，猶周之祖文王而宗武王也。今若以高祖創業，當躋其祀，是棄三代之令典，尊漢氏之末制，黜景皇帝之大業，同豐公太公之不祀，反古違道，失孰大焉？夫追尊景皇，廟號太祖，高祖、太宗所以崇尊之禮也。若配天之位既異，則太祖之號宜廢，祀之不修，廟亦當毁。尊祖報本之道，其墜於地乎！漢制，擅議宗廟，以大不敬論。今武德、貞觀憲章未改，國家方將敬祀事，和神人，禘郊之間，恐非所宜。臣謹稽禮文，參諸往制，請仍舊典。」竟依歸崇敬等議，以太祖配享天地。

【《代宗紀》】廣德二年二月癸酉，上親薦獻太清宫。乙亥，祀昊天上帝于圜丘，即日還宫。

【《禮儀志》】廣德二年正月十六日，禮儀使杜鴻漸奏：「郊、太廟，大禮，其祝文自今已後，請依唐禮，板上墨書。其玉簡金字者，一切停廢。如允臣所奏，望編爲常式。」敕曰：「宜行用竹簡。」

【《通典》】永泰二年，禮儀使、太常卿杜鴻漸奏：「冬至祀昊天上帝，夏至祀皇地祇，請以太祖景皇帝配饗。孟春祈穀祀昊天上帝，孟冬祀神州，請以高祖配饗。孟夏雩祀昊天上帝，請以太宗配饗。季秋大享明堂祀昊天上帝，請以肅宗配饗。臣與禮官學士，憑據經文，事皆明著，德音詳定，久未施行。」敕旨依。

【《册府元龜》】大曆五年冬十一月庚寅，日長至，命有司祀昊天上帝于南郊。七年冬十一月辛卯，日長至，命有司祀昊天上帝于南郊，不視朝。八年冬十一月辛丑，日長至，不視朝，命有司祀昊天上帝于南郊。

十一年冬十一月丙辰，日長至，命有司祀昊天上帝于南郊，不受朝賀。十三年冬十一月丁卯，日長至，命有司祀昊天上帝于南郊，不視朝。

【《舊唐書·代宗本紀》】大曆十三年十一月

丁卯，日長至，有司祀昊天上帝于南郊，上不視朝故也。

蕙田案：自廣德二年至此，中隔十三年，❶不舉郊祭。《册府元龜》紀有司行事者五，而《舊書》但載此年，蓋以明其有疾不視之故。祀既不親，故毋庸贖載也。

【《德宗本紀》】貞元元年十一月癸卯，上親祀昊天上帝于圜丘。時河中渾瑊、澤潞李抱真、山南嚴震、同華駱元光、邠寧韓遊瓌、鄜坊唐朝臣、奉誠康日知等大將侍祠。郊壇畢，還宫，御丹鳳樓，大赦天下。

【《崔縱傳》】貞元元年，天子郊見，爲大禮使。歲旱用屈，縱撙裁文物，儉而不陋。

【《禮儀志》】貞元元年十一月十一日，德宗親祀南郊。有司進圖，敕付禮官詳酌。博士柳冕奏曰：「開元定禮，垂之不刊。天寶改作，起自權制，此皆方士謬妄之説，非禮典之文，請一准《開元禮》。」從之。

蕙田案：五禮條目儀節，至唐《貞觀禮》漸復于古。逮《開元禮》成，郊祀之典尤善。乃不久而天寶自爲壞之，柳冕之奏，允愜人心矣。

【《德宗本紀》】六年九月己卯，詔：「十一月八日，有事于南郊太廟，行從官吏將士等，一切並令自備食物。其諸司先無公厨者，以本司闕職物充。其王府官，度支量給廩物。其儀仗禮物，並仰御史撙節處分。」十月己亥，文武百寮、京城道俗抗表請上徽號，上曰：「朕以春夏亢旱，粟麥不登，朕精誠祈禱，獲降甘雨，既致豐穰，告謝郊廟。朕倘因禋祀而受徽號，是有爲爲之。勿煩

❶「十三」，原作「三十」，據庫本改。

固請也。」十一月庚午，日南至，上親祀昊天上帝于郊丘。禮畢還宫，御丹鳳樓宣赦，見禁囚徒減罪一等，立仗將士及諸軍兵，賜十八萬段匹。

【《禮儀志》】貞元六年十一月八日，有事于南郊。詔以皇太子爲亞獻，親王爲終獻。上問禮官：「亞獻、終獻合受誓戒否？」吏部郎中柳冕曰：「準《開元禮》，獻官前七日於内受誓戒。辭云：各揚其職，不供其事，國有常刑。今以皇太子爲亞獻，請改舊辭，云：各揚其職，肅奉常儀。」從之。

【《唐書·德宗本紀》】貞元九年十一月乙酉，有事于南郊，大赦。

【《册府元龜》】貞元九年十一月癸未，帝朝獻太清宫，畢事，宿齋于太廟行宫。甲申，朝于太廟。畢事，齋于南郊行宫。乙酉，日南至，帝郊祀。初，帝以是歲有年，蠻夷朝貢，思親告郊廟，于祀事尤重慎。及將散齋，謂宰臣曰：「在祀散齋歸正寢，攝心奉祀，不可聞外事。其常務勿奏。」乃齋于别殿。及命皇太子、諸王行祭者皆受誓一日。命妃媵辭于别所。故事，祈壇宫廟内及殿庭帝步武所及，皆設黄道褥壇十一位，又施赤黄褥。將有事，皆命徹之。又故事，設御史版位于郊廟，咸藉以褥。及是虔禋，拜首于地，有司奉祠者，莫不惕勵。

【《通典》】貞元十三年敕：「郊壇時祭，燔柴瘞埋，並依天寶十三年制。自今以後，攝祭南郊，太尉行事。前一日，于致齋所具羽儀鹵簿，公服引入，親受祝版，乃赴親齋所。」

【《唐書·韋武傳》】是時，帝以反正告郊廟，大兵後，典章苟完，執事者時時咨武。

武酌宜約用，得禮之衷，羣司奉焉。

【《李紓傳》】奉詔爲郊廟樂章，論譔甚多。

蕙田案：傳文在德宗時，而《樂志》絶無其辭。意《志》中云「不知所起」者，或製于開元以下歟？

【《文獻通考》】長慶三年，太常禮院奏：「郊壇祠祀遇大雨雪廢祭，其禮物條件如後：御署祝版，既未行祭禮，無焚毁之文，請于太常寺敕庫收貯。而其小祀，雖非御署，准此。玉幣、燎柴、神酒、燎幣、醴齊，並榛、栗、脯醢及應行事燭等，請令郊社署各牒，充次祭支用，牲牛，參牲既未行祭禮，無進胙、賜胙之文，請比附《禮記》及《祠令》牲死則埋之例，委監祭使及禮官于祠所瘗埋。其小祀不全用牢牲，舊例用猪羊肉，亦准此。粢盛、瓜菹、笋菹應已造成饌物，請隨牲瘗埋。行事官明衣絹布等，准式既祭前給訖，合充潔服，既已經用，請便收破，公卿已下明房油、暖幕、炭，應齊宿日所破用物請收破。」旨依，永爲定式。

【《舊唐書・敬宗本紀》】寶曆元年正月乙巳朔，辛亥，親祀昊天上帝于南郊。禮畢，御丹鳳樓，大赦，改元。

【《唐書・文宗本紀》】太和三年十一月甲午，有事南郊，大赦。

【《崔寧傳》】子黯，開成初爲監察御史，奏郊廟祭事不虔。文宗語宰相曰：「郊廟之禮，朕當親之。但千乘萬騎，國用不給，故使有司侍祠，然是日朕正衣冠坐以俟旦。今聞主者不虔，祭器㪙惡，豈朕事神蠲潔意耶？公宜敕有司道朕斯意。」黯乃具條以聞。

【《舊唐書・王播傳》】弟起，太和九年判

太常卿，充禮儀詳定使，創造禮神九玉，奏議曰：「邦國之禮，祀爲大事；珪璧之議，經有前規。謹按《周禮》：『以蒼璧禮天，黄琮禮地，青珪禮東方，赤璋禮南方，白琥禮西方，黑璜禮北方。』又云『四圭有邸以祀天』，『兩圭有邸以祀地』，『圭璧以祀日月星辰』。凡此九器，皆祀神之玉也。又云：『以禋祀祀昊天上帝。』鄭玄云：『禋，烟也，爲玉幣，祭訖燔之，而升煙以報陽也。』今與《開元禮》義同，此則焚玉之驗也。又《周禮》：『掌國之玉鎮大寶器，若大祭，既事而藏之。』此則收玉之證也。梁代崔靈恩撰《三禮義宗》云：『凡祭天神，各有二玉：一以禮神，一則燔之。禮神者，訖事却收；祀神者，與牲俱燎。』則靈恩之義，合于《禮經》。今國家郊天祀地，祀神之玉常用；守經據古，禮神之玉則無。臣等請下有司，精求良玉，創造蒼璧、黄琮等九器，祭訖則藏之。其燎玉即依常制。」從之。

【《武宗本紀》】會昌元年正月辛巳，有事于郊廟，禮畢，御丹鳳樓，大赦，改元。五年正月辛亥，有事于郊廟，禮畢，御承天門，大赦天下。

【《舊唐書·武宗本紀》】會昌四年十二月，敕：「郊禮日近，獄囚數多，案款已成，多有翻覆。其兩京天下州府見繫獄囚，已結正及兩度翻案伏款者，並令先事結斷訖申。」

【《唐書·宣宗本紀》】大中元年正月甲寅，皇帝有事于郊廟，禮畢，御丹鳳門，大赦，改元。

蕙田案：《新書》作甲寅，《舊書》作戊申。據《舊書》云，此月戊戌朔，則十一爲戊申。《通考》作十七日，與甲寅合。不知孰是。

【《舊唐書·宣宗本紀》】大中五年，敕兩京天下州府，起大中五年正月一日已後，三年内不得殺牛，如郊廟享祀合用者，即與諸畜代。

蕙田案：牛本不應妄殺，而獨此三年何耶？計此三年中，亦未嘗一舉郊廟之祭，則代牛之制，亦不知其以何畜也。

【《舊唐書·懿宗本紀》】咸通元年十一月丁未，上有事于郊廟。禮畢，御丹鳳門，大赦，改元。　四年正月庚午，上有事于圜丘，禮畢，御丹鳳樓，大赦。

【《唐書·昭宗本紀》】龍紀元年十一月丁未，朝獻于太清宫。戊申，朝享于太廟。己酉，有事于南郊，大赦。

【《舊唐書·昭宗本紀》】龍紀元年十一月己丑朔，將有事于圜丘。辛亥，上宿齋于武德殿，宰相百寮朝服于位。時兩軍中尉楊復恭及兩樞密皆朝服侍上，太常博士錢珝、李綽等奏論之曰：「皇帝赴齋宫，内臣皆服朝服。臣檢國朝故事及近代禮令，並無内官朝服助祭之文。伏惟皇帝陛下承天御曆，聖祚中興，祗見宗祧，克承大禮。皆稟高祖、太宗之成制，必循虞、夏、商、周之舊經，軒冕服章，式遵彝憲。禮院先准大禮使牒稱得内侍省牒，要知内臣朝服品秩，禮院已准禮令報訖。今參詳近朝事例，若内官及諸衛將軍必須製冠服，即各依所兼正官，隨資品依令式服本官之服。事存傳聽，且可俯從，然亦不分明著在禮令。乞聖慈允臣所奏。」狀入，至晚不報。錢珝又進狀曰：「臣今日巳時進狀，論内官冠服制度，未奉聖旨。伏以陛下虔事郊禋，式遵彝範，凡關典禮，必守憲章。今陛下行先王之大禮，而內臣遂服先王之法服。來日朝獻大聖祖，臣贊導皇帝行事，若侍臣服章有違制度，是爲非禮，上瀆祖宗，臣期不奉敕。臣謬當聖代，叨備禮官，獲正朝儀，死且不朽，脂膏泥滓，是所甘心。」狀入，降朱書御札曰：「卿等所論至當，事可從權。勿以小瑕，遂妨大禮。」于是內四臣遂以法服侍祠。甲寅，圜丘禮畢，御承天門，大赦。

【《唐書·殷侑傳》】孫盈孫爲太常博士。龍紀元年，昭宗郊祀，兩中尉及樞密皆以宰相服侍上。盈孫奏言：「先代令典，無內官朝服侍祠。必欲之，當隨所攝資品。雖無援據，猶免僭逼。」詔可。

【《舊唐書·孔緯傳》】十一月，昭宗謁郊廟。兩中尉、內樞密請朝服。緯奏曰：「中貴不衣朝服助祭，國典也。陛下欲以權道寵內臣，則請依所兼之官而爲之服。」天子召諫官謂之曰：「大禮日近，無宜立異，爲朕容之。」于是內官以朝服助祭。

【《唐書·哀帝本紀》】天祐二年七月，卜郊。九月乙酉，改卜郊。十一月庚午，三卜郊。

【《舊唐書·哀帝本紀》】天祐二年五月庚午，敕：「所司定今年十月九日有事郊丘，其修製禮衣祭服宜令宰臣柳璨判，祭器宜令張文蔚、楊涉分判，儀仗車輅宜令太常卿張廷範判。」六月辛卯，太微宮使柳璨奏：「前使裴樞充宮使日，權奏請玄元觀爲太清宮，又別奏在京弘道觀爲太清宮，至今未有制置。伏以今年十月九日陛下親事南禋，先謁聖祖廟，弘道觀既未修葺，玄元觀又在北山，若車駕出城，禮非便穩。今欲只留北山上老君廟一所，其玄元觀請拆入都城，于清化坊内建置太微宫，以備車駕行事。」從之。　丙午，全忠奏：「得宰相柳璨記事，欲拆北邙山下玄元觀移入都内，于清化坊取舊昭明寺基，建置太微宫，准備十月九日南郊行事。緣延資庫鹽鐵並無物力，令臣商量者。臣已牒判六軍諸衛張全義指揮工作訖。」優詔嘉之。　九月乙酉，敕：「先擇十月九日有事郊丘，備物之間有所未辦，宜改用十一月十九日。」　十一月丙辰，全忠自正陽渡淮而北，至汝陰。全忠深悔此行無益。丁卯，至大梁。時哀帝以此月十九日親祠圜丘，中外百司禮儀法物已備。戊辰，宰相已下于南郊壇習儀，而裴迪自大梁迴，言全忠怒蔣玄暉、張廷範、柳璨等謀延唐祚，而欲郊天改元。玄暉、柳璨大懼。庚午，敕曰：「先定此月十九日親禮南郊，雖定吉辰，改卜亦有故事。宜改取來年正月上辛。」付所司。　十二月庚戌，敕：「朕以謬荷丕圖，禮合親謁郊廟，先定來年正月上辛用事。今以宫闈内亂，播于醜聲，難以慙恧之容入于祖宗之廟。其明年上辛親謁郊廟宜停。」

【《五代史·梁本紀》】天子卜祀天于南郊，王怒，以爲蔣玄暉等欲祈天以延唐。天子懼，改卜郊。十二月，王遣人告樞密使蔣玄暉與何太后私通，殺玄暉而焚之，遂弑太后于積善宫。天子下詔，以太后故停郊。

【《孔循傳》】循與蔣玄暉有隙。哀帝即位，將有事于南郊，循與王殷即蔣殷，冒王氏。譖于太祖曰：「玄暉私侍何太后，與張廷範等奉天子郊天，冀延唐祚。」太祖大怒，時梁兵攻壽春敗歸，帝遣裴迪勞軍。太祖見迪，怒甚，迪還，哀帝不敢郊。

【《蔣殷傳》】哀帝方卜郊，殷與蔣玄暉有隙，因譖之太祖，言玄暉等教天子卜郊祈天，且待諸侯助祭者以謀興復。太祖大怒，哀帝爲改卜郊。

蕙田案：讀《舊唐書》、《五代史》所載，則《新唐書》罷郊之原委，曲折瞭然矣。

右唐郊禮。

【《五代史·梁本紀》】太祖開平二年正月己亥，卜郊于西都。

【《文獻通考》】梁太祖開平二年十一月，自東京赴洛都，行郊天禮，自石橋備儀仗至郊壇。

【《册府元龜》】二年正月，宰臣上表，請郊天謁廟。命有司擇日備儀，因先布告岳牧方伯。于是太常禮院選用四月二十四日有事于南郊。壬寅，應郊祀大禮儀仗、車輅、鹵簿、法物、祭器、樂懸，各令所司修飾。以河南尹張宗奭充都點集諸司法物使。三月，帝以魏博、真定助修西都，宮内工役方興，禮容未備，其郊天謁廟，宜于秋冬别選良日。七月，詔曰：「祀典之禮，有國之大事也。如聞官吏，慢于展敬，禮容牲饌，有異精虔，宜令御史，疏其條件，以聞詳定。」禮儀使奏：「得太常禮院狀，選用今年十一月己丑冬至，有事于南郊。」敕令于來年正月内選日。禮院奏：「選來年正月二十四日辛卯，親祭南郊。」可之。詔以左千牛衛上將軍胡規充南郊儀仗使，金吾衛將軍趙麓充車輅法物使。是月冬至，命宰臣祀昊天上帝于圜丘。

蕙田案：史但言卜，而不言郊。據

《通考》，則似十一月郊，而總數梁郊處，此又不列。蓋是十一月赴洛，而明年正月始郊也。《通考》下文云以張宗奭爲大禮使，故事皆以宰相爲之，則本是攝祭，而非親奉。觀《元龜》紀事，始曉然矣。

【《五代史·梁本紀》】三年正月辛卯，有事于南郊，大赦。

【《文獻通考》】三年正月，以河南尹張宗奭爲南郊大禮使。故事皆以宰相爲之，今用河南尹充，非常例也。

【《册府元龜》】開平三年正月乙酉，詔曰：「初宅雒都，將行郊祀，應嶽瀆名山大川，及諸州有靈迹，封崇聖祠，各宜差官吏精虔祭告。」是月，禮儀使奏請皇帝宿齋三日。庚寅，親饗太祖。辛卯，親祀昊天上帝于圜丘。是日，降雪盈尺，及升壇而止。

【《册府元龜》】開平四年九月丁亥朔，車駕幸陝府，命宰臣于兢赴西都，祀昊天上帝于圜丘。

【《五代史·梁本紀》】末帝貞明三年冬十二月己巳，如西都，卜郊。四年正月，不克郊。己卯，至自西都。

【《梁家人傳》】將册妃張氏爲后妃，請待帝郊天，而帝卒不得郊。

【《趙犨傳》】是時，梁將劉鄩等與莊宗相拒澶、魏間，兵數敗。巖犨子。曰：「古之王者必郊祀天地，陛下即位，猶未郊天，議者以爲朝廷無異藩鎮，如此何以威重天下？今河北雖失，天下幸安，願陛下力行之。」敬翔以爲不可，曰：「今府庫虛竭，箕斂供軍，若行郊禋，則必賞賚，是取虛名而受實弊也。」末帝不聽，乃備法駕幸西京，而莊宗取楊劉，或傳：「晉兵入東都矣。」或曰：「扼汜水矣。」或曰：「下鄆、濮矣。」京師大風拔木，末帝大懼，從官相顧而泣，乃還東都，遂不果郊。

蕙田案：《趙犨傳》文詳述不郊之故，與《本紀》互相足也。朱温忌昭宣之郊而脅之使罷。及其闇奸大位，僅周一紀而卜郊不果，恰相對照。天道好還，可畏哉！

【《唐本紀》】莊宗同光二年二月己巳朔，有事于南郊，大赦。

【《張全義傳》】初，梁末帝幸洛陽，將祀天于南郊而不果。其儀仗法物猶在，全義因請幸洛陽，曰南郊儀物已具。莊宗大悦，加拜太師、尚書令。明年十一月，幸洛陽，而禮物不具，因改用來年二月，然不以前語責全義。

【《張憲傳》】莊宗幸東都，定州王都來朝。莊宗命憲治鞠場，與都擊鞠。初，莊宗建號東都，以鞠場爲即位壇，于是憲言：「即位壇，王者所以興也。漢鄗南、魏繁陽，至今尚在，不可毁。」乃别治鞠場，未成，莊宗怒，命兩虞候亟毁壇以爲場。憲歎曰：「此不祥之兆也！」

蕙田案：《五代史》文未有言告天即位者，然憲以鄗南、繁陽爲比，則知亦有告天，史文略耳。

【《唐本紀》】明宗長興元年二月乙卯，有事于南郊，大赦，改元。

【《李愚傳》】明宗祀天南郊，愚爲宰相馮道、趙鳳草加恩制，道鄙其詞，罷爲太常卿。

蕙田案：五代衰亂如此，而一舉郊祀，必推恩賚，此宋世所以憚行，而歸于合祭，或終于廢祭。蓋相承舊習，所從來遠，而不知其適爲敗禮之根原也。

【《遼史·太宗本紀》】會同三年七月，晉遣使請行南郊禮，許之。　四年三月，晉以許祀南郊，遣使來謝，進黄金十鎰。

蕙田案：敬瑭之立，在天顯十一年，至是當爲六年，請之未行，至明年而殂矣，故《晉紀》無郊天事。

【《册府元龜》】周太祖廣順三年十月戊申，内出御札曰：「王者應運開基，子民育物，罔不承天事地，尊祖敬宗，燔柴于泰壇，用昭乾德；瘞玉于方澤，以答坤靈。朕受命上元，宅心下土。時已歷于三載，漸至小康；禮未展于二儀，深虧大典。宜叶蓍龜，式陳籩豆，庶展吉蠲之禮，用傾昭事之忱。朕以來年正月一日，於東京有事于南郊，宜令所司各備儀注，務從省約，無致煩勞。凡有供需，並用官物，府縣不得因便差配。諸道州府，不得以進奉南郊爲名，輒有率斂。庶裨嚴靜，以奉郊禋，中外臣僚，當體予意。」

【《文獻通考》】廣順三年九月，太常禮院奏：「准敕定郊廟制度，洛陽郊壇在城南七里丙巳之地，圜丘四成，各高八尺一寸，下廣二十丈，再成廣十五丈，三成廣十丈，四成廣五丈。十有二陛，每節十二等。燎壇在泰壇之丙地，方一丈，高一丈二尺，開上南出户，方六尺。請下所司修奉。」從之。時周太祖將拜南郊，故修奉之。

【《五代史·周本紀》】太祖顯德元年正月丙子朔，有事于南郊，大赦，改元。

【《吴楊行密世家》】隆演卒，乃立溥。明年二月，改元順義，赦境内。冬十一月，祀天于南郊。

【《南唐徐知誥世家》】昪元三年四月，昪郊祀上帝于圜丘。

【《宋史·南唐世家》】昪立七年卒，景襲位，改元保大，郊祀天地。

【《五代史·前蜀王建世家》】武成元年正月，祀天南郊，大赦，改元。

【《宋史·西蜀世家》】漢祖起并門，中土蝗旱連歲，昶益自大行郊祀禮。

【《五代史·南漢劉隱世家》】大寶二年，鋹祀天南郊。

【《宋史·南漢世家》】劉隱卒，弟陟襲位，僭帝號，國稱大漢，改元乾亨，行郊祀禮。

蕙田案：五代十國，瓜剖豆分，誰當正統，要以郊祀重鉅，真人未出，則餘分閏位，不容盡廢，故總附唐末，不復加區别云。

右五代郊禮。

五禮通考卷第十一

淮陰吴玉搢校字

五禮通考卷第十二

内廷供奉禮部右侍郎金匱秦蕙田編輯
太子太保總督直隸右都御史桐城方觀承同訂
按察司副使元和宋宗元
貢士吴江顧我鈞 參校

吉禮十二

圜丘祀天

【《宋史·太祖本紀》】乾德元年十一月甲子，有事南郊，大赦，改元，百官奉玉册，上尊號。

【《禮志》】乾德元年，始有事於南郊。自五代以來，喪亂相繼，典章制度，多所散逸。至是，詔有司講求遺逸，遵行典故，以副寅恭之意。是歲十一月十六日，合祭天地于圜丘。初，有司議配享，請以禧祖升配，張昭獻議曰：「隋、唐以前，雖追立四廟或六七廟，而無徧加帝號之文。梁、陳南郊，祀天皇，配以皇考；北齊圜丘，祀昊天，以神武升配；隋祀昊天於圜丘，以皇考配；唐貞觀初，以高祖配圜丘；梁太祖郊天，以皇考烈祖配。恭惟宣祖皇帝，積累勳伐，肇基王業，伏請奉以配享。」從之。

南郊壇制。梁及後唐郊壇皆在洛陽。宋初始作壇於東都南薰門外，四成，十二陛，三壝。設燎壇於内壝之外丙地，高一丈二尺。設皇帝更衣大次於東壝東門之内道北，南向。

乾德元年八月，禮儀使陶穀言：「饗廟、郊

天，兩日行禮，從祀官前七日皆合於尚書省受誓戒，自來一日之内受兩處誓戒，有虧虔潔。今擬十一月十六日行郊禮，望依禮文於八日先受從享太廟誓戒，九日别受郊天誓戒，其日請放朝參。」從之。自後百官受誓戒於朝堂，宗室受於太廟。祭之日，均用丑時，秋夏以一刻，春冬以七刻。前二日，遣官奏告配帝之室，儀鸞司設大次、小次及文武侍臣、蕃客之次，太常設樂位、神位、版位等事。前一日，司尊彝帥其屬以法陳祭器於堂東，僕射、禮部尚書視滌濯告潔，禮部尚書、侍郎省牲，光禄卿奉牲，告充、告備，禮部尚書視鼎鑊，禮部侍郎視腥熟之節。祭之旦，光禄卿率其屬取籩、豆、簠、簋實之。及薦腥，禮部尚書率其屬薦籩、豆、簠、簋，户部、兵部、工部尚書薦三牲之腥熟俎。禮畢，各徹，而有司受之以出。晡後，郊社令帥其屬埽除，御史按視之。奏中嚴、外辦以禮部侍郎，請解嚴以禮部郎中。贊者設亞、終獻位於小次之南，宗室位於其後；設公卿位於亞、終獻之南，分獻官位於公卿之後，執事者又在其後，俱重行，西向北上。其致福也，太牢以牛左肩、臂、臑折九箇，少牢以羊左肩七箇，犆豕以左肩五箇。有司攝事，進胙皆如禮。太尉展視以授使者，再拜稽首。既享，大宴，號曰飲福，自宰臣而下至應執事及樂工、馭車馬人等，並均給有差，以爲定式。是歲十一月日至，皇帝服衮冕，執圭，合祭天地于圜丘，還御明德門樓，肆赦。

凡郊壇，值雨雪，即齋宫門望祭殿望拜，祭日不設登歌，祀官以公服行事，中祀以上皆給明衣。

凡常祀，天地、宗廟，皆内降御封香，仍製漆匱，付光禄、司農寺。每祠祭，命判寺官緘署禮料送祀所。凡祈告，亦内出香。遂爲定制。

【《聶崇義傳》】吏部尚書張昭等奏議曰：案崇義稱：祭天蒼璧九寸圓好，祭地黄琮八寸無好，圭、璋、琥並長九寸。自言周顯德三年與田敏等案《周官·玉人之職》及阮諶、鄭玄舊圖，載其制度。臣等案：《周禮·玉人之職》，只有「璧琮九寸」、「瑑琮八寸」及「璧羨度尺、好三寸以爲度」之文，即無蒼璧、黄琮之制。兼引注有《爾雅》「肉倍好」之説，此即是注「璧羨度」之文，又非蒼璧之制。又詳鄭玄自注《周禮》，不載尺寸，豈復别作畫圖，違經立異？又配合「羨度」、「肉好」之言，彊爲尺寸，古今大禮，順非改作，於理未通。又據尹拙所述禮神之六玉，稱取梁桂州刺史崔靈恩所撰《三禮義宗》内「昊天及五精帝圭、璧、琮、璜皆長尺二寸，以法十二時；祭地之琮長十寸，以傚地之數」，又引《白虎通》云：「方中圓外曰璧，圓中方外曰琮。」崇義非之，以爲靈恩非周公之才，無周公之位，一朝撰述，便補六玉闕文，尤不合禮。臣等以靈恩所撰之書，聿稽古訓，祭玉以十二爲數者，蓋天有十二次，地有十二辰，日有十二時，封山之玉牒十二寸，圜丘之籩豆十二列，天子以鎮圭外守，宗后以大琮内守，皆長尺有二寸。又裸圭尺二寸，王者以祀宗廟。若人君親行之郊祭，登壇酌獻，服大裘，搢大圭，行稽奠，而手秉尺二之圭，神獻九寸之璧，不及禮宗廟裸圭之數，父天母地，情亦奚安？則靈恩議論，理未爲失。

【《文獻通考》】先是，詔以冬至有事南郊，有司言：「冬至乃十一月晦前一日，皇帝始郊，不應近晦。」乃改用十六日甲子。十三日，上宿齋于崇元殿。翌日，服通天冠、絳紗袍，執鎮圭，乘玉輅，由明德門出，羣臣夾侍，鹵簿前導，赴太廟。五鼓，朝享禮畢。質明，乘輅赴南郊，齊於帷宮。上初詣太廟，乘玉輅，左諫議大夫崔頌攝太僕，上問儀仗名物甚悉，頌應對詳敏，上大悦。十六日，服衮冕，執圭，合祭天地於圜丘，以皇弟開封尹爲亞獻，興元尹光美爲終獻。將升壇，有司具黄褥爲道，上曰：「朕潔誠事天，不必如此。」命徹之。還宫，將駕金輅，顧左右曰：「于典故可乘輦否？」對以無害，乃乘輦。壬申，以南郊禮成，大宴廣政殿，號曰「飲福」。自是爲例。

五代以來，宰相爲大禮使，太常卿爲禮儀使，御史中丞爲儀仗使，兵部尚書爲鹵簿使，京府尹爲橋道頓遞使。宋制，大禮、頓遞如舊，而大禮使或以親王爲之，又耑以翰林學士爲禮儀使，其儀仗、鹵簿使或以他官充。是年，司徒兼侍中范質爲南郊大禮使，翰林學士承旨、禮部尚書陶穀禮儀使，刑部尚書張昭鹵簿使，御史中丞劉温叟儀仗使，皇弟開封尹光義橋道頓遞使。太平興國元年，始鑄五使印。

石林葉氏曰：「南郊五使，唐制甚詳。考於《會要》，纔見長慶後有以太常卿爲禮儀使，御史中丞爲大禮使者，不知禮儀、大禮何以爲别也？其以宰相爲大禮使，兵部尚書爲禮儀使，御史中丞爲儀仗使，兵部尚書爲鹵簿使，開封尹爲橋道使者，蓋後唐之制，故本朝用之，但改太常卿爲禮儀使爾。太常卿既不常置，而中丞、兵部官或缺，則例以學士及他曹尚書、侍郎代之。大禮掌贊相，鹵簿掌儀衛，橋道掌頓遞，禮儀掌禮物儀仗，無正所治事，但督察百司不如禮者而已。真宗東封西郊，嘗耑用輔臣，天禧後罷。至元符初，始詔並用執政，遂著爲令。」

【《宋史・樂志》】建隆郊祀八曲：

降神，《高安》 在國南方，時維就陽。以祈帝祉，式致民康。豆籩鼎俎，金石絲簧。禮行樂奏，皇祚無疆。

皇帝升降，《隆安》 步武舒遲，陞壇肅祗。其容允若，于禮攸宜。

奠玉幣，《嘉安》 嘉玉制幣，以通神明。神不享物，享于克誠。

奉俎，《豐安》 笙鏞備樂，繭栗陳牲。乃迎芳俎，以薦高明。

酌獻，《禧安》 丹雲之爵，金龍之杓。挹于尊罍，是曰清酌。

飲福，《禧安》 潔兹五齊，酌彼六尊。致誠斯至，率禮彌敦。以介景福，永隆後昆。重熙累洽，帝道攸尊。

亞獻、終獻，《正安》 謂天蓋高，其聽孔卑。聞樂歆德，介以福禧。

送神，《高安》 倏兮而來，忽兮而迴。雲馭杳邈，天門洞開。

蕙田案：親郊始于乾德，而樂章製自建隆，故史仍其舊。且三年之中，或自有遣官之祭，亦須奏樂也。

又案：《宋志》鼓吹樂中別有《南郊導引十二時奉禋歌》諸樂，皆祭事前後所奏，然語同詞曲，音節靡曼，禮無取焉，故不備録。

【《和峴傳》】乾德元年十一月甲子，有事于南郊。丁丑冬至，有司復請祀昊天上帝。詔峴議其禮。峴以《祭義》戒於煩數，請罷之。四年南郊，峴建議望燎位通爟火。

【《太祖本紀》】開寶元年十一月癸卯，日南至，有事南郊，改元，大赦，十惡、殺人、官吏受贓者不原。十二月甲子，行慶，自開封興元尹、宰相、樞密使及諸道蕃侯，並加勳爵有差。

【《禮志》】開寶元年十一月郊，以燎壇稍遠，不聞告燎之聲，始用爟火，令光明遠照，通于祀所。

【《梁周翰傳》】開寶二年，將郊祀，因上疏曰：「陛下再郊上帝，必覃赦宥。臣以天下至大，其中有慶澤所未及、節文所未該者，所宜推而廣之。方今賦税所入至多，加以科變之物，名品非一，調發供輸，不無重困。且西蜀、淮南、荆、潭、廣、桂之地，皆以爲王土。陛下誠能以三方所得之利，減諸道租賦之入，則庶乎均德澤而寬民力矣。」

蕙田案：二年不郊，當爲元年或四年之誤。

四年十月甲申，詔十月後犯强竊盗者，郊赦不原。十一月己未，日南至，有事南郊，大赦。十二月癸亥朔，賜南郊官器幣有差。丁卯，行慶，開封尹光義、興元尹光美、貴州防禦使德昭、宰相趙普並益食邑。己巳，内外文武官遞進勳爵。

【《玉海》】開寶四年七月甲子朔，詔冬至郊祀。十一月戊午，親享太廟，始用繡衣鹵簿。己未，合祭圜丘。

【《宋史·太祖本紀》】開寶九年春正月庚辰，詔郊西京。三月庚寅，大雨。夏四月己亥，雨霽。庚子，有事於圜丘，迴御五鳳樓，大赦。

【《長編通攷》】曰：恭考太祖南郊凡四，自後宿齋、朝享、儀禮、降赦率如初，唯開寶四年，始用繡衣鹵簿。先是，大駕鹵簿衣服、旗幟止以五綵繪畫。至是，盡易以繡。九年，以江表底定，方内大同，用申報謝，乃幸西京，以四月有事於南郊。先時，霖雨彌旬。及赴齋宫之日，雲物晴霽，觀者如堵，咸相謂曰：「我輩少逢亂離，不圖今日復睹太平天子儀衛。」皆相對感泣。

又考鹵簿凡四等：大駕、法駕、鑾駕、黄麾仗。大駕，郊祀、籍田、薦獻玉清昭應、景靈宫用之。

【《文獻通考》】梁太祖始建都於汴，然郊壇則在洛都。開平二年十一月南郊，帝自東京至洛都行禮，自石橋備儀仗至郊壇。三年正月，以河南尹張宗奭爲南郊大禮使。後唐莊宗同光二年，帝祀南郊。初，梁均王將郊祀于洛陽，聞楊劉陷而止，其儀物具在。至是，張全義請上亟幸洛陽，謁廟畢，即祀南郊。從之。然則梁、唐行郊祀皆在洛陽。國初，始作郊壇于國城南薰門外。開寶九年，詔曰：「定鼎洛邑，我之西都；燔柴太壇，國之大事。今江表底定，方内大同，祗遹景靈，用申報謝，乃眷西顧，郊兆存焉。將飭駕以時巡，躬展誠於陽位。朕今幸西京，以四月有事于南郊，宜令有司各揚所職。」以是觀之，藝祖親郊凡四，獨是歲行之于洛陽。然凡郊必以陽至之月，獨是歲以四月，乃是行大雩之禮，蓋本非彝典。帝以洛都元有郊兆，是年又有欲徙都于洛之意，故因西幸而特行其禮云。

【《太宗本紀》】太平興國三年十一月丙申，祀天地于圜丘，大赦，御乾元殿受尊號。丙午，以郊祀中外文武加恩。

【《禮志》】自國初以來，南郊四祭及感生帝、皇地祇、神州凡七祭，並以四祖迭配。太祖親郊者四，並以宣祖配。太宗即位，其七祭但以宣祖、太祖更配。是歲親享天地，始奉太祖升侑。

【《太宗本紀》】六年十一月辛亥，祀天地于圜丘，大赦，受尊號，内外文武加恩。

雍熙元年十一月丁巳，祀天地于圜丘，大赦，改元，中外文武官進秩有差。

【《禮志》】雍熙元年冬至親郊，從禮儀使扈蒙之議，復以宣祖配。

【《扈蒙傳》】初，太祖受周禪，追尊四廟，親郊，以宣祖配天。及太宗即位，禮官以爲舜郊嚳，商郊冥，周郊后稷，王業所因也。若漢高之太公，光武之南頓君，雖有帝父之尊，而無預配天之祭。故自太平興國三年六年再郊，❶並以太祖配，於禮爲允。太宗將東封，蒙定議曰：「嚴父莫大於配天，請以宣祖配天。」自雍熙元年罷封禪爲郊祀，遂行其禮，識者非之。

雍熙四年正月，禮儀使蘇易簡言：「親祀圜丘，以宣祖配，此則符聖人大孝之道，成嚴父配天之儀。太祖皇帝光啓丕圖，恭臨大寶，以聖授聖，傳於無窮。案唐永徽中，以高祖、太宗同配上帝。欲望將來親祀郊丘，奉宣祖、太祖同配；其常祀祈穀、神州、明堂，以宣祖崇配；圜丘、北郊、雩祀，以太祖崇配。」奏可。　淳化三年，將以冬至郊，前十日，皇子許王薨，有司言：「王薨在未受誓戒之前，準禮，天地、社稷之祀不廢。」詔下尚書省議。吏部尚書宋琪等奏：「以許王薨謝，去郊禮裁十日，又詔輟十一日以後

❶「六年」，原作「六月」，據《宋史·扈蒙傳》改。

五日朝參，且至尊成服，百僚皆當入慰。有司又以十二、十三日受誓戒，案令式，受誓戒後不得弔喪問疾。今若皇帝既輟朝而未成服，則爽禮文；百僚既受誓而入奉慰，又違令式。況許王地居藩戚，望著親賢，於昆仲爲大宗，於朝廷爲冢嗣，遽玆薨逝，朝野同哀，伏想聖情，豈勝追念。當愁慘之際，行對越之儀，臣等實慮上帝之弗歆，下民之斯惑。況祭天之禮，歲有四焉，載於《禮經》，非有差降。請以來年正月上辛合祭天地。」從之。

【《文獻通考》】淳化三年，禮儀使言：「皇帝親郊，故事，在京并去圜丘十里内神祠及所過橋道，並差官致祭，而獨遺太社、太稷、文宣、武成王等廟。今請自出宫前一日，遣官致祭。」從之。

【《宋史·太宗本紀》】淳化四年正月辛卯，祀天地于圜丘，以宣祖、太祖配，大赦。

【《太宗本紀》】❶至道二年正月辛亥，祀天地于圜丘，大赦，中外文武加恩。

【《禮志》】真宗至道三年十一月，有司言：「冬至圜丘，孟夏雩祀，夏至方丘，請奉太宗配；上辛祈穀，季秋明堂，奉太祖配；上辛祀感生帝，孟冬祭神州地祇，奉宣祖配；其親郊，奉太祖、太宗並配。」詔可。

【《真宗本紀》】咸平二年十一月丙戌，祀天地于圜丘，以太祖、太宗配，大赦，受尊號。

五年十一月壬寅，祀天地于圜丘，大赦。

景德二年十一月丁巳，祀天地于圜丘，大赦。

【《樂志》】咸平親郊八首：

降神，《高安》 圜丘何方？在國之陽。

❶「太」，原作「真」，下文出自《宋史·太宗本紀》，據改。

禮神合祭，運啓無疆。祖考來格，籩豆成行。其儀肅肅，降福穰穰。

皇帝升降，《隆安》　禮備樂成，乾健天行。帝容有穆，佩玉鏘鳴。

奠玉幣，《嘉安》　定位毖祀，告于神明。嘉玉量幣，享于克誠。

奉俎，《豐安》　有牲斯純，有俎斯陳。進于上帝，昭報深仁。

酌獻，《嘉安》❶　大報于帝，盛德升聞。醴齊良潔，粢盛苾芬。

飲福，《禧安》　祀帝圜丘，九州獻力。禮行于郊，百神受職。靈祇格思，享我明德。天監孔章，元祉昭錫。

亞獻、終獻，《正安》　羽籥云罷，干戚載揚。接神有恪，錫羡無疆。

送神，《高安》　神駕來思，風舉雲飛。神馭歸止，天空露晞。

【《禮志》】景德三年，鹵簿使王欽若言：「漢以五帝爲天神之佐，今在第一龕；天皇大帝在第二龕，與六甲、岳瀆之類接席；帝座，天市之尊，今與二十八宿、積薪、騰蛇、杵臼之類同在第三龕。卑主尊臣，甚未便也。若以北極、帝座本非天帝，蓋是天帝所居，則北極在第二，帝座在第三，亦高下未等。又太微之次少左右執法，子星之次少孫星，望令司天監參驗。」乃詔禮儀使、太常禮院、司天監檢定之。禮儀使趙安仁言：「案《開寶通禮》，元氣廣大則稱昊天，據遠視之蒼然，則稱蒼天。人之所尊，莫過於帝，託之於天，故稱上帝。天皇大帝即北辰耀魄寶也，自是星中之尊。《易》曰：『日月麗乎天，百穀草木麗乎土。』又曰：『在天成

❶「嘉」，《宋史·樂志》作「禧」。

象，在地成形。』蓋明辰象非天，草木非地，是則天以蒼昊爲體，不入星辰之列。又《郊祀録》：『壇第二等祀天皇大帝、北斗、天一、太一、紫微五帝坐，差在行位前，餘内官諸位及五星、十二辰、河漢，都四十九坐齊列，俱在十二陛之間。』唐建中間，司天冬官正郭獻之奏：『天皇、北極、天一、太一，準《天寶敕》並合升第一等。』貞元二年親郊，以太常議，詔復從《開元禮》，仍爲定制。《郊祀録》又云：『壇第三等有中宫、天市垣帝坐等十七坐，並在前。』《開元禮義羅》云：『帝有五坐，一在紫微宫，一在大角，一在太微宫，一在心，一在天市垣。』即帝坐者非直指天帝也。又得判司天監史序狀：『天皇大帝一星在紫微勾陳中，其神曰耀魄寶，即天皇是星，五帝乃天帝也。北極五星在紫微垣内，居中一星曰北辰，第一主月爲太子，第二主日爲帝王，第三爲庶子，第四爲嫡子，第五星爲天之樞，蓋北辰所主非一，又非帝座之比。太微垣十星有左右執法、上將、次將之名，不可備陳，故總名太微垣。《星經》舊載孫星，而《壇圖》止有子星，辯其尊卑，不可同位。』竊惟《壇圖》舊制，悉有明據，天神定位，難以躋升，望依《星經》悉以舊禮爲定。」欽若復言：「舊史《天文志》並云：北極，北辰最尊者。又勾陳口中一星曰天皇大帝，鄭玄注《周禮》謂：『禮天者，冬至祭天皇於北極也。』後魏孝文禋六宗，亦升天皇五帝上。案晉《天文志》：『帝坐光而潤，則天子吉，威令行。』既名帝坐，則爲天子所占，列于下位，未見其可。又安仁議，以子、孫二星不可同位。陛下方洽高禖之慶，以廣維城之基，苟因前代闕文，便爲得禮，實恐聖朝茂典，尤未適中。」詔天皇、北極特升第一龕，又設孫星于子星位次，帝坐如故。欽若又言：「帝坐止三，紫微、太微者已列第二等，唯天市一坐在第三等。案《晉志》，大角及心中星但云天王坐，實與帝坐不類。」詔特升第二龕。舊郊丘，神位板皆有司題署，命欽若改造之。至是，欽若奉板便殿，壇上四位，塗以朱漆金字，餘皆黑漆，第一等金字，第二等黄字，第三等以降朱字，悉貯漆匣，覆以黄縑帊。帝降階觀之，即付有司。又以新定《壇圖》，五帝、五岳、中鎮、河漢合在第三等。

四年，職方員外郎判太常禮院孫奭言：「準禮，冬至祀圜丘，有司攝事，以天神六百九十位從祀。今唯有五方上帝及五人神十七位，天皇大帝以下並不設位。且太昊、勾芒，唯孟夏雩祀、季秋大享及之，今乃祀於冬至，恐未叶宜。」翰林學士晁迥等言：「案《開寶通禮》，圜丘，有司攝事，祀昊天、配帝、五方帝、日月、五星、中外官、衆星總六百八十七位；雩祀、大享，昊天、配帝、五天帝、五人帝、五官總十七位；方丘，祭皇地示、配帝、神州、岳鎮、海瀆七十一位。今司天監所設圜丘、雩祀、明堂、方丘並十七位，即是方丘有岳、瀆從祀，圜丘無星辰，而反以人帝從祀。望如奭請，以《通禮》神位爲定，其有增益者如後敕。」奏可。

【《真宗本紀》】大中祥符七年二月丙寅，詔天地壇非執事輒臨者斬。壬申，恭謝天地。天禧元年正月辛丑朔，改元。詣玉清昭應宮薦獻，上玉皇大天帝寶册、衮服。辛亥，謝天地於南郊，大赦，御天安殿受册號。三年十一月辛未，祀天地于圜丘，大赦天下。

【《禮志》】乾興元年，真宗崩，詔禮官定遷郊祀配帝，乃請：「祈穀及祭神州地祇，以太祖配；雩祀及昊天上帝及皇地祇，以太宗配；感生帝，以宣祖配；明堂，以真宗配；親祀郊丘，以太祖、太宗配。」奏可。

又乾興元年九月，太常丞同制禮院謝絳言：「伏覩本院與崇文院檢討官詳定，以宣祖配感生帝。竊尋宣祖非受命開統，義或未安。唐武德初，圜丘、方丘、雩祀並以景帝配，祈穀、大享並以元帝配。太宗初，奉高祖配圜丘、明堂、北郊，元帝配感生帝。高宗永徽二年，祀高祖於圜丘，祀太宗於明堂，兼感生帝作主。又以景帝、元帝稱祖，萬代不遷，停配以符古義。臣以爲景帝厥初受封爲唐始祖，蓋與宣帝不侔，宣祖於唐，是爲元帝之比。唐有天下，裁越三世，而景、元二祖已停配典。有宋受命，既自太祖，於今四聖，而宣祖侑祀未停，恐非往典之意。請依永徽故事，停宣祖配，仍用太宗故事，宗祀真宗於明堂，兼感生帝作主。若據鄭氏説，則曰五帝迭王，王者因所感别祭，尊於南郊，以祖配之。今若不用武德、永徽故事，請以太祖兼配，正符鄭説。詳鄭之意，非受命始封之祖不得配，故引周后稷配靈威仰之義爲證。唯太祖始造基業，躬受符命，配侑感帝，處理甚明。如恐祠日相妨，當以太宗配祈穀，太祖配雩祀，亦不失尊嚴之旨。臣以爲宣廟非唯不遷，而迭用配帝，於古爲疑。《禮》：『祖有功，宗有德。』但非受命之祖，親盡必毁，况配享乎？」翰林承旨李維等議：「案《禮・祭法》正義曰：『郊，爲夏正建寅之月，祭感生帝於南郊。』此則崇祀之文也。竊唯感帝比祈穀，禮秩差輕；宣祖比太祖，功業有異。今以太祖配祈穀，宣祖配感帝，稱情立文，於禮斯協。」詔從所定。其祀儀：皇帝散齋七日，致齋三日。太史設帝位於壇上，北方南向，席以稾秸。配帝位於壇上，東方西向，席以蒲越。配位，奠幣作《皇安》之樂，酌獻作《肅安》之樂，餘如祈穀祀上帝儀。

蕙田案：鄭注以南郊祀感帝，後世因之，孟春上辛祭感帝以祈穀。唐既祀感帝，又祈穀于圜丘，以祈穀與祀感帝爲二祭，故附于圜丘條內，不入祈穀。

【《仁宗本紀》】天聖二年十一月丁酉，祀天地于圜丘，大赦，上尊號，賜百官諸軍加等。

【《禮志》】仁宗天聖二年，詔加真宗謚。上謂輔臣曰：「郊祀重事，朕欲就禁中習儀，其令禮官草具以聞。」先郊三日，奉謚册寶于太廟。次日，薦享玉清昭應、景靈宮，宿太廟。既享，赴青城，至大次，就更衣壇改服袞冕行事。

【《文獻通考》】故事，三歲一親郊，不郊輒代以他禮，慶賞與郊同，而五使皆輔臣，不以官之高下。天聖二年，翰林學士領儀仗，御史中丞領鹵簿，始用官次。

【《仁宗本紀》】天聖五年十一月癸丑，祀天地于圜丘，大赦，賀皇太后于會慶殿。丁巳，恭謝玉清昭應宮。十二月辛未，加恩百官。甲戌，詔輔臣南郊恩例外，更改一子官。

【《禮志》】謝玉清昭應宮，禮畢，賀皇太后，比籍田勞酒儀，略如元會。其恭謝云：「臣某虔遵舊典，郊祀禮成，中外協心，不勝懽忭。」宣答曰：「皇帝德備孝恭，禮成嚴配，萬國稱頌，懽豫增深。」帝再拜還內。樞密使以下稱賀，閤門使宣答，樞密副使升殿侍立，百官稱賀。酒三行，還內殿，受命婦賀，司賓自殿側幕次引内命婦於殿庭，北向立。尚儀奏：「請皇太后即御坐。」司賓贊：「再拜。」引班首升自西階，稱封號妾某氏等言：「郊祀再舉，福祚咸均，凡在照臨，不勝忻忭。」降，再拜。尚宫承旨，降自東階，稱「皇太后聖旨」，又再拜。司賓宣答曰：「已成鉅禮，歡豫良深。」皆再拜。次外命婦賀，如内命婦儀，退，皆赴别殿賀皇帝，惟不致詞，不宣答。

【《文獻通考》】天聖五年十一月癸丑，郊，以翰林學士宋綬攝太僕，陪玉輅。上問儀物典故，綬占對辯給，因使綬集羣官撰集《天聖鹵簿圖記》上之。禮儀使請郊後詣玉清昭應、景靈宫。詔郊前享景靈，近臣奏告，玉清昭應擇日恭謝。大禮使王曾請節廟樂，帝曰：「三年一享，不敢憚勞也。」三獻終，增禮生七人，各引本實，太祝升殿徹豆。三日，又齋長春殿，謝玉清昭應宫。

【沈氏《筆談》】上親郊廟册文，皆曰「恭薦歲事」。先景靈宫，謂之朝獻；次太廟，謂之朝享；末乃事於南郊。予集《郊式》時，曾預討論，常疑其次序。若先爲尊，則郊不應在廟後；若後爲尊，則景靈宫不應在太廟之先。求其所從來，蓋有所因。案唐故事：凡有事於上帝，則百神皆預遣使祭告，唯太清宫、太廟則皇帝親行，其册祝皆曰：「取某月某日，有事於某所，不敢不告。」宫廟謂之奏告，餘皆謂之祭告，惟有事于南郊，方爲正祠。至天寶九載，乃下詔曰：「告者，上告下之詞。今後太清宫宜稱朝獻，太廟稱朝饗。」自此遂失奏告之名，册文皆爲正祠。

蕙田案：《書·湯誥》云「敢昭告于上天神后」，《武成》云「告于皇天后土」。天寶詔以告爲上告下之稱，遂易去奏告之名，抑惑矣。○又案：《筆談》此條，可補正史之闕。

楊氏復曰：「愚案：『卜郊受命于祖廟，作龜於禰宮』，疏引《禮器》『魯人將有事於上帝，必先有事於頖宮』爲證。《禮器》注云『魯以周公之故，得郊于上帝，先有事於頖宮，告后稷也』，夫『有事』謂告祭也。郊事至重，又尊祖以配天，故先告于祖而受命焉，乃卜日于禰宮。自此以後，散齋七日，致齋三日，齋戒以神明其德，將以對越上帝，此則古禮然也。太祖皇帝乾德六年十一月，初行郊祀。先是十三日宿齋于崇元殿，翌日赴太廟，五鼓朝享禮畢，質明乘玉輅赴南郊，齋於帷宮。十六日，行郊祀禮。夫五鼓朝享于太廟，質明乘輅赴南郊，齋于帷宮，又二日而郊祀，此則不拘古禮，以義起之，深得古人告祭于太廟之意，而又不失乎致齋之嚴也。其後，有司建明，或失其中。仁宗天聖二年八月，太常禮院言：『南郊合行薦告之禮，望降所用日。』詔：『將來玉清昭應宮、景靈宮、太廟同日行禮。』後五年，禮儀使劉筠奏曰：『天聖二年南郊制度，皇帝自大安殿，一日之内，數次展禮，萬乘之陟降爲勞，百執之駿奔不暇，欲乞將來南郊禮畢，別定日詣玉清昭應宮、景靈宮行恭謝之禮。』夫劉筠之請，蓋欲避一日頻併之勞也。然薦告者，郊前之禮也；恭謝者，郊後之禮也。劉筠欲易郊前薦告之禮爲郊後恭謝之禮，蓋亦以玉清昭應宮、景靈宮非禮之正，不欲指言其事，故爲是婉辭以達意也。景祐五年十月，侍講賈昌朝言：『朝廟之禮，本告以配天享侑之意，合於舊典，所宜奉行。其景靈宫朝謁，蓋沿唐世太清宫故事，有違經訓，固可改革。欲望將來朝廟前未行此禮，候郊禮畢，詣景靈宫謝成，如下元朝謁之儀。所冀尊祖事天，禮簡誠至。』夫賈昌朝之説，即劉筠之説也。然劉筠之議婉而明，不若賈昌朝之言嚴而正。」

【岳氏《愧郯録》】珂前辯南北郊，妄意以禮之大者與常禮異，折衷古今，以俟博識。及考元豐六年十月庚辰太常丞吕升卿所奏，則先廟後郊，當時亦嘗有議之者，反覆其論，可謂至當，而迄不見于用，則蓋有弗便乎？今雖欲力行，不可得也，珂故因是而發其餘論焉。升卿之言曰：「近以郊祀致齋之内，不當詣景靈宫及太廟朝享，遂具奏：伏聞止罷景靈宫諸處朝謁，而天興殿及太廟朝享如故。臣伏以郊丘之祀，國之大事，有天下者，莫重乎享帝。臣歷考載籍，不聞爲祀天致齋乃於其間先享宗廟者也。獨有唐天寶之後，用田同秀之言，立老子廟，號曰太清宫。是歲，將行郊祀，以二月辛卯先躬享焉。祠用青詞，饋用素饌。甲午，又親享于太廟；丙申，乃有事于南郊。終唐之世，奉而行之，莫知其非。雖論者以爲失禮，然考其初，致齋之日，乃辛卯享于太清宫，至丙申殆且五日，乃得雍容休息，以見上帝也。今陛下致齋三日，其一日於大慶殿，而用其二日三行禮焉。古之大祀，未有不齋三日而敢與神明交者，故經曰：齋三日，一日用之，猶恐不敬，二日伐鼓，何居？蓋先王之於祭祀之齋，如此其謹也。今陛下行禮於天興殿，纔齋一日爾，其之太廟與郊宫也，前祀之一日皆嘗用之矣，謂之一日之齋，尚非全也。夫用一日之齋以修大祀，未見其可，況非全日乎？於以奉宗廟，則齋之日不足；於以事上帝，則齋之儀不專。陛下恭嚴寅畏，三歲一修大禮，將以受無疆之休，其爲致齋者乃如此，殆未稱昭事之意也。今太廟歲有五大享，皆如古矣，又于郊祀復修徧享之禮，此爲何名乎？論者曰：宗廟之禮，未嘗親行，故因郊祀恭展薦獻。臣曰不然。唐太宗時，馬周言曰：『陛下自踐位，宗廟之享，未嘗親事。竊唯聖情以乘輿一出，所費無藝，故忍孝思以便百姓，遂俾《唐史》不書皇帝入廟，何以示來葉？』良謂此也。且人主于宗廟之享，自當歲時躬修其事，其不親享者，蓋後世之失禮也。今日必因郊禮以行之，則義尤不可矣。夫因者，不致專之謂也。七世聖神儼在清廟，朝廷不特講歲時親行之禮，而因以享之，此非臣之所聞也。臣愚以謂今郊禮宜如故事，致齋於大慶殿，二日，徑赴行宮。其宮廟親享，並乞寢罷。或車駕必欲至太廟，即乞止告太祖一室，以侑神作主之意；撤去樂舞，以盡尊天致齋之義。其天興朝享，乞更不行，請如新降朝旨，俟禮畢而恭謝。伏請繼今日已往，別修太廟躬祀之制，歲五大享，乘輿親臨其一焉。仍望自今歲臘享爲首，於明年行春祠之禮，禴與烝嘗，自次年以敘終之；每遇行廟享之時，則罷景靈宮一孟朝謁之禮；廟享致齋，乞於内殿出入如常儀。如此，則祀天享親兩得其當矣。」珂案：先廟後郊，蘇文忠軾嘗引《書·武成》證爲周禮，而珂固疑其即變禮以爲常矣。升卿謂古之大祀，未有不齋三日而敢與神交者。考之《武成》，厥四月丁未，祀于周廟，越三日庚戌，柴望，大告武成。雖禮之變，猶必歷三日而後柴望，則升卿之言，豈非明據？然珂謂升卿之論廟享，歲五大享而臨其一，乃殺禮也，非備禮也。行廟享之時，則罷景靈宮一孟朝謁之禮，廟享既與景靈宮迭用，且致齋内殿，出入如常儀，乃常禮也，非大禮也。夫天地，大祭也；祖宗，大祭也。隆禮備物，不可偏廢。其勢必如仁宗祫享之制，始合於禮之宜。夫嘉祐之行祫也，以代三年之郊也。輅而齋，冕而事，門而肆眚，皆郊制也。前乎元年，恭謝乎大慶；後乎七年，大享于明堂。則四年之祫，適三年之中也。如升卿言，是以常禮享祖宗，而以大禮祀天地也。若每歲而入廟，又三歲而出郊，禮有隆而殺，知其必不能也。知乎此，又益知乎南北郊之不可以兼舉也。分郊而祭，舍升卿之説，則太廟、原廟之享，不知其存乎否也？苟存也，則先南郊祀之，先北郊則祀之，❶祖宗之祭二，而天地之祭一，祖宗三歲而徧，天地六歲而徧，以卑逾尊，不可也。苟廢也，則原廟恭謝之制，就可如升卿之説，而太廟則不可以乏享也，享不可以殺禮也，是又於何時增此一郊耶？其疏其數，將於此乎益無統矣。

馬氏曰：「三歲親郊，而所祭者凡三：一日祀原廟，二日祀太廟，三日詣圜丘行禮。此禮始于唐而宋因之。楊氏所引劉筠、賈昌朝之説，則以爲前二日之享廟，

❶「則」，《愧郯録》卷四作「亦」。

告祭也；岳氏所引吕升卿之説，則以爲前二日之享廟，正祭也。然以愚觀之，以爲告祭，則其禮太過；以爲正祭，則其禮無名。蓋登極、立太子、册后、上祖宗徽號之類，皆典禮之重大而希罕者，若三歲一郊，則事天之常禮耳。今登極等告祭未嘗親行，而獨于三歲郊祀則親舉告禮，此所謂太過也。春禴、夏禘、秋嘗、冬烝，三歲一祫，❶五歲一禘，皆歷代相承宗廟之大祭。今此諸祭未嘗親行，而獨于三歲郊祀之前，特創一祭，此所謂無名也。蓋近代以來，天子親祀，其禮文繁，其儀衛盛，其賞賚厚，故必三歲始能行之。而郊祀所及者，天地百神與所配之祖而已，於宗廟無預，故必假告祭之説，就行親祀宗廟之禮焉。于事則簡便矣，謂之合禮則未也。」

蕙田案：賈昌朝之言簡而該，楊氏稱之甚當。吕升卿之説尤爲詳核。岳氏餘論未見明快，唯謂廟享五而臨其一，乃殺禮非隆禮，則所據正大，而可補吕氏之闕矣。馬氏之説，最爲透闢。

【《宋史·禮志》】天聖六年，始築外壝，周以短垣，置靈星門，親郊則立表於青城，表三壝。

【《仁宗本紀》】天聖八年十一月戊辰，祀天地于圜丘，大赦，賀皇太后于會慶殿。十二月癸未，加恩百官。

【《澠水燕談録》】國初，南郊青城，久占民土，妨其耕稼。又其中暖殿，止是構木結綵，至尊所御，非所以備不虞。天聖中，魏餘慶上言：「乞優價給值，收買民田，

❶「一祫」二字，原脱，據庫本補。

除放租税，爲瓦殿七間。」依奏。

景祐元年冬十月乙亥，作郊廟《景安》、《興安》、《祐安》之曲。

景祐二年五月庚子，議南郊升侑上帝，以太祖定配，二宗迭配。十一月乙未，祀天地于圜丘，大赦。

【《禮志》】景祐二年郊，詔以太祖、太宗、真宗三廟萬世不遷。南郊以太祖定配，二宗迭配，親祀皆侑。常祀圜丘、皇地祇配以太祖，祈穀、雩祀、神州配以太宗，感生帝、明堂以宣祖、真宗配如舊。

【《文獻通考》】景祐二年十一月乙未，郊，三聖並侑。先是，上親製郊廟樂章二十一曲，財成頌體，告于神明，詔宰臣吕夷簡等分造樂章，參施羣祀。

禮院言：「《周官》朝日、祀五帝，則張大次、小次。説者以爲祀昊天上帝亦然。大次在壇壝外，猶更衣幄；小次在壇側，今所未行。案魏武帝《祠廟令》：『降神訖，下階就幕而立，須奏樂畢，似若不愆烈祖，遲祭不速訖也。故吾坐俟樂闋送神乃起耳。』然則武帝坐俟，容須别設近次，與《周官》義符。請設小次於皇帝版位少東，每獻畢，降壇若殿，就小次，俟終獻徹豆，復就版位。」其後有司又言：「郊廟罇罍數皆準古，而不實三酒、五齊、明水、明酒，有司相承，名爲『看器』。郊天地配位，唯有祠祭酒，分大、中祠位二升，小祠位一升，止一罇酌獻，一罇飲福。宜詔酒官依法制齊、酒，分實罍，有司取明水對明酒，實於上罇。』禮官以爲鄭氏注《周禮》五齊、三酒，唯引漢時酒名擬之，而無制造法。乃仍舊用祠祭酒，一等壇殿上下罇罍，有司毋設空器；並如唐制，以井水代明水、明酒。正配位酌獻、飲福，舊用酒二升者，各增二升。從祀神位，用舊升數，實諸罇罍。」

岳氏《愧郯録》：「珂之仕中朝，屢攝官涖祠祭，每見罇彝之設五齊，有其名而實無之，唯將事則取具天府，蓋止一色公醞耳。聞之容臺吏，罇冪之下率多空，唯一罇僅實杯勺以共祭。他日，又攝光禄丞，得先祭贊閲視酒饌；又攝太官令，躬酌酒實爵，得窺其中，蓋皆如言。則其初點饌之際，執事者徒再倡酒齊之目而已，於以驗其名殊而實一也。嘗讀《周禮正義》，頗疑醞法不明，古制難復。考之《通鑑長編》，元豐六年十月甲申，光禄卿吕嘉問言：『光禄掌酒醴祠祭，罇罍相承，用法酒庫三色法酒，以代《周禮》所謂五齊、三酒，恐不足以上稱陛下崇祀之意。近於法酒庫、内酒坊，以醞酒法式考之《禮經》五齊、三酒。今醅酒，其齊冬以二十五日，❶春秋十五日，夏十日，撥醅瓮而浮蟻湧於面，今謂之撥醅，豈其所謂泛齊耶？接取撥醅，其下齊汁與滓相將，今謂之醅芽，豈其所謂醴齊耶？既取醅芽，置篘其中，其齊蔥白色入焉，今謂之帶醅酒，豈其所謂盎齊耶？冬一月，春秋二十日，夏十日，醅色變而微赤，豈其所謂醍齊耶？冬三十五日，春秋二十五日，夏十五日，外撥開醅面觀之，上清下沈，豈其所謂沈齊耶？今朝廷因事而醞造者，蓋事酒也；今逾歲成熟烝醞者，蓋昔酒也；同天節上壽照所供臘醅酒者，皆冬醅夏成，蓋清酒也。此皆酒，非所謂

❶「其」，原作「共」，據《文獻通考》卷七一改。

齊也。是知齊者，因自然之齊故稱，名酒者，成就而人功爲多。故享神以齊，養人以酒。竊恐典禮如此。又《司罇彝》曰醖齊縮酌，盎齊涚酌。依經傳，則泛齊、醴齊以事酒和之，用茅縮酌；其盎齊、醍齊、沈齊則以清酒和之，不用茅縮酌。如此，則所用五齊不多，而供具亦甚易。蓋醖酒料次不一，此五種者成而皆自然。伏望聖斷，以今之所造酒，與典禮相詳審，或不至差謬。乞自今年郊廟共奉。」上批：『嘉問論證，似有理趣。今宗廟所實罇彝，酒、齊未備就，且如其説用之，於理無害。』然則當時蓋嘗施用，而又前乎慶曆，後乎大觀，皆經講明，具珂後記。彌文褥容，交舉並修，要必不廢。特建炎南渡之後，有司失其職耳，非故事也。祖宗毖祀存古之意，最爲嚴重，是説其有稽焉。」又曰：「慶曆元年十月十五日，同判太常寺吕公綽言：『案《開元禮·崇祀録》：昊天上帝、皇地祇六罇：太罇爲上，實以汎齊；著罇次之，實以醴齊；犧罇次之，實以醍齊；壺罇次之，實以沈齊；山罍爲下，實以三酒。配帝，著罇爲上，實以汎齊；犧罇次之，實以醴齊；象罇次之，實以盎齊；山罍爲下，實以清酒。皆加明水、明酒，實於上罇。五方、北極、天皇大帝、神州地祇、大明、夜明，太罇實以汎齊。五星、十二辰、河漢，象罇實以醍齊。中官，壺罇，五方山林、川澤，蜃罇，並實以沈齊。外官，概罇，五方丘陵、墳衍、原隰，散罇，並實以清酒。衆星，散罇實以旨酒。皆用明酒，各實於上罇。宗廟，每室設斝彝、黄彝，著罇之上罇皆實以明水，黄彝實鬱鬯，著罇實以醴齊。又

《司烜氏》：以鑑取明水於月。鄭康成云：鑑類取水者，世謂之方諸，取月之水，欲得陰陽之潔氣也。臣謹以古制考五齊、三酒，即非難得之物，將來郊廟祭享，宜詔酒官依法制齊、酒，分實罇罍，仍命有司取明水對明酒，實於上罇。或陰鑒、方諸之類未能猝辦，請如唐制，以井水代之。』下博士議而奏曰：『比郊廟祠祀，壇殿上下所設罇罍，唯酌獻、飲福二罇實以祠祭酒，餘皆徒設器而不實以五齊、三酒、明水、明酒，誠於禮爲缺。然五齊、三酒，鄭康成注《周禮》，唯引漢時酒名擬之，而無制造之法。今欲仍舊用祠祭酒一等，其壇殿上下罇罍，有司不得更設空器。其明水、明酒，並以井水代之。其正配逐位酌獻、飲福，舊用酒二升者，各增二升；從祀神位並用舊升數，實諸罍罇，配以明水、明酒。』從之。既曰從其請，則自慶曆以來，雖欲用之而不能詳其法矣。此元豐呂嘉問之請所以有爲而發也。還考元豐元年七月二日，詳定郊廟奉祀禮文所言：『古之祭祀，以五齊薦諸神，以三酒酌諸臣，其用不同。今罇雖具，均以法酒實之，而無清濁厚薄之異，是名物徒存，而亡其實也。再詳五齊，鄭氏以爲醴味與酒味異，其餘四齊，味皆似酒。祭祀必用五齊者，至恭不尚味而貴多品也。若三酒，則人所飲也。事酒爲有事而新作者，即今卒造之酒；昔酒久醞乃熟，故名以昔，二者色皆白；清酒久於昔酒，故色清而味厚。欲令法酒庫、内酒坊以見造到逐色酒實之。』從之。則三酒當時尚未備，五齊固可從而知。不知公弼之奏已後，復曾講明否？禮文之所言，❶乃在嘉問奏論五年之先，則遐想中間酒齊醞法之不講，亦云久矣。珂前記空罇似出有司之吝，考之宣和三年七月二十二日尚書省言：『潭州奏，春秋上下釋奠并祭社稷、風雨師等，合用罇齊酒醴。政和中，儀曹曹洪考《三禮圖》罇受五斗之制，遂每罇用其數。以一歲計之，至用酒六百六十八石，委是虚費。今在京釋奠，正、配位每罇設酒二升，從祀每位五合，乞下諸路州軍依此。』從之。則在承平時，罇已不盈矣。慶曆公弼之言，有司相承，名爲『看器』，則雖盡空其罇，固無怪云。宣和之有司，猶有取於節，今祠祭迺不然，罇固皆有酒可實，特先期緘缾缶以均奉祠者，臺皁無遺焉。是上不以費靳，而下迺以私取，不可之大者也。」

蕙田案：岳氏論酒醴，甚確，勝于康成多矣。

【《宋史·樂志》】景祐親郊，三聖並侑二首：

奠幣，《廣安》　千齡啓運，二后在天。嘉壇並侑，億萬斯年。

酌獻，《彰安》　皇基締構，帝祚靈長。躬薦鬱鬯，子孫保昌。

常祀二首

太祖配位奠幣，《定安》　翕受駿命，震疊羣方。侑祀上帝，德厚流光。

酌獻，《英安》　誕受靈符，肇基丕業。配享潔尊，永隆萬葉。

【《仁宗本紀》】寶元元年九月戊申，詔：「應祀事已受誓戒而失虔恭者，毋以赦原。」十

❶「之所言」，原作「所之言」，據庫本、《文獻通考》卷七一改。

一月戊申，朝享景靈宫。己酉，享太廟及奉慈廟。庚戌，祀天地於圜丘，大赦。

寶元二年秋，七月丁巳，詔宗室遇南郊，及乾元節恩許官一子餘五歲授官。

慶曆元年十一月甲子，朝享景靈宫。乙丑，享太廟、奉慈廟。丙寅，祀天地於圜丘，大赦，改元。十二月丙子，加恩百官。

【《禮志》】慶曆元年，判太常寺吕公綽言：「歷代郊祀，配位無側向，真宗示輔臣《封禪圖》曰：『嘗見郊祀昊天上帝，不以正坐，蓋皇地祇次之。今修登封，上帝宜當子位，太祖、太宗配位，宜比郊祀而斜置之。』其後，有司不諭先帝以告成報功、酌宜從變之意，每郊儀範，既引祥符側置之文，又載西向北上之禮，臨時擇一，未嘗考定。」乃詔南郊祖宗之配，並以東方西向爲定。

【《吕公綽傳》】判太常寺兼提舉修祭器。公綽以郊廟祭器未完，制度多違禮，請悉更造。又以歲大、中、小祠凡六十一，禘祫二，祼獻興俯，玉帛尊彝，菁茆醯醢，鍾石歌奏，集爲《郊祀總儀》上之。言：「古者，天地、宗廟、日月、五方、百神之祀，咸有尊罍，五齊三酒，分實其中，加明水、明酒，以達陰陽之氣。今有司徒設尊罍，而酌用一尊，非禮神之意。宜案《周禮》實齊酒，取火於日，取水於月，因天地之潔氣。」又言：「祖宗配郊，當正位，今側鄉之，非所以示尊嚴也。」

【《禮志》】慶曆三年，禮官余靖言：「祈穀、祀感生帝同日，其禮當異，不可皆用四圭有邸，色尚赤。」乃定祈穀、明堂蒼璧尺二寸，感生帝四圭有邸，朝日日圭，夕月月圭皆五寸，從祀神州無玉，報社稷兩圭有邸，祈不用玉。

【《仁宗本紀》】慶曆四年春正月辛卯，太常禮儀院上新修禮書及《慶曆祀儀》。十一月壬午冬至，祀天地于圜丘，大赦。　七年十一月戊戌冬至，祀天地于圜丘，大赦。皇祐五年八月壬戌，詔南郊，以太祖、太宗、真宗並配。十一月己巳，祀天地于圜丘，大赦。

【《王洙傳》】皇祐五年，有事于南郊，勸上用新樂，既而議者多非之，卒不復用。

【《胡宿傳》】皇祐五年正月，會靈宫灾，是歲冬至，郊以二帝並配。明年大旱，宿言：「五行，火，禮也。去歲火而今又旱，其應在禮，此殆郊丘並配之失也。」即建言並配非古，宜用迭配如初。

嘉祐七年春，正月乙亥，詔南郊以太祖配爲定制。

【《禮志》】嘉祐六年，諫官楊畋論水灾繇郊廟未順。禮院亦言：「對越天地，神無二主。唐始用三祖同配，後遂罷之。皇祐初，三聖並侑，後復迭配，未幾復並侑，以爲定制。雖出孝思，然頗違經典，當時有司失於講求。」下兩制議，翰林學士王珪等曰：「推尊以享帝，義之至也。然尊尊不可以瀆，故郊無二主。今三后並侑，欲以致孝也，而適所以瀆乎享帝，非所以寧神也，請如禮官議。」七年正月，詔南郊以太祖定配。

【《王珪傳》】先是三聖並侑南郊，珪言：「三后並配，所以致孝，而瀆乎饗帝。」于是專以太祖侑于郊。

五禮通考卷第十二

淮陰吴玉搢校字

五禮通考卷第十三

內廷供奉禮部右侍郎金匱秦蕙田編輯
太子太保總督直隸右都御史桐城方觀承同訂
按察司副使元和宋宗元
貢士吴江顧我鈞　參校

吉禮十三

圜丘祀天

【《宋史·英宗本紀》】治平二年十一月壬申，有事南郊，大赦。辛巳，加恩百官。

【《宗室傳》】治平將郊而雨，或議改祫享，英宗訪諸宗晟，對曰：「陛下初郊見上帝，盛禮也，豈敢改卜。至誠感神，在陛下精意而已。」帝嘉納。及郊，雨霽。

【《文獻通考》】英宗治平二年，合祭天地於南郊，以太祖配。故事，皇帝將就版位，祠官回班向皇帝，須就位乃復。侍臣跪讀册至御名，則興。至是，詔以尊奉祠勿回班及興。時吕公著攝太僕卿，參乘，爲上言：「仁宗親祠，撤黄道以登，虛小次不入。」上皆循用之。

正月上辛祈穀，慶曆用犢一、羊二、豕二；其日祀感生帝，羊二，豕二；正配簠、簋、俎各增爲二。前一日，太祝讀祝，視祭玉，餘如冬至。攝事三獻終，禮生引司天監罍洗，升詣四方帝神位上香，奠幣、爵，并行一獻再拜，復。治平二年，禮院言：「準閤門儀制，祀天地致齋，皇帝不遊幸作樂。緣壽聖節在致齋內，若用慶曆元年、嘉祐七年元會例，更用中辛，當在十六日。又十四日例詣慈孝等寺、集禧觀行禮觀燈作樂，若遣官攝事，無不聽樂。元日朝會、壽聖節，多與上辛相近，常改用中辛，非尊事天神之意。嘉會合禮，又不宜徹樂。」因詔遇元正御殿，聖節上壽，雖在上辛，祠官致齋日亦用樂，大宴移日或就賜。

【《宋史·神宗本紀》】熙寧元年十一月丙戌，朝享太廟，遂齋於郊宮，廢青城後苑。丁亥，祀天地於圜丘，大赦。羣臣進秩有差。

【《文獻通考》】神宗熙寧元年，詔：「令兩制以上至臺諫官，與太常禮院同詳定今年冬至當與未當親行郊禮。」

翰林學士承旨王珪上議曰：「案《王制》：『喪三年不祭，唯祭天地、社稷，爲越紼而行事。』傳謂：『不敢以卑廢尊。』是則居喪而可得見天地也。《春秋》僖公三十三年傳：『凡君薨，卒哭而祔，祔而作主，特祀於主，烝嘗禘於廟。』杜預以謂：『新主既特祀於寢，則宗廟四時常祀自當如舊。』是則居喪而可得見宗廟也。周公稱商高宗諒闇，三年不言，子張疑之，以問仲尼，仲尼答云：『何必高宗，古之人皆然。』高宗不云服喪三年，而云諒闇三年者，杜預又謂：『古者，天子諸侯三年之喪，既葬而服除，諒闇以居心喪，不與士庶同禮也。』然則服除之後，郊廟之祭，可勿舉乎？南齊以前，人君嗣位，或仍前郊之年。或别自爲郊，下有司議，而王儉乃援晉、宋以來皆改元即郊，而不用前郊之年。自漢文以來，皆即位而謁廟，至唐德宗以後，亦踰年而行郊。況本朝景德二年，真宗居明德皇太后之喪，既易月而服除，明年遂享太廟，而合祀天地於圜丘。伏請皇帝將來冬至躬行郊廟之禮，其服冕、車輅、儀物、音樂緣神事者，皆不可廢。」詔恭依典禮，其車服、儀物，除神事外，令太常禮院詳定以聞。禮院看詳：「欲乞除郊廟及景靈宮禮神用樂外，所有鹵簿鼓吹及樓前宮架、諸軍音樂，皆備而不作。其逐處警場，止鳴金鉦、鼓角。」從之。

十一月，帝齊於郊宮，罷臨觀闕，不幸苑囿。故事，車駕至青城少休，即召從臣幸後苑閱水嬉，復登端門觀太常警嚴。至是，帝精意奉祀，悉罷遊觀，遂減徹門闕、亭苑，省草木禽獸千七百餘事。至十年，又罷去寢殿後至寶華門花磚砌道，著爲定制。

【《司馬光傳》】執政以河朔旱傷，國用不足，乞南郊勿賜金帛。詔學士議，光與王珪、王安石同見，光曰：「救災節用，宜自貴近始，可聽也。」安石曰：「常衮辭堂饌，時以爲衮自知不能，當辭位不當辭祿。且國用不足，非當世急務，所以不足者，以未得善理財者故也。」争議不已。帝曰：「朕意與光同，然姑以不允答之。」

【《宋史·禮志》】熙寧四年，參知政事王珪言：「南郊，乘輿所過，必勘箭然後出入，此師行之法，不可施於郊祀。」禮院亦言。於是，凡車駕出入門皆罷之。六年，以詳定所請，又罷太廟及宣德、朱雀、南薰諸門勘契。又皇帝自大次至版位，内臣二人執翟羽前導，號曰「拂翟」，失禮尤甚，請除之。

【《神宗本紀》】熙寧六年春正月辛亥，復僖祖爲太廟始祖，以配感生帝。

【《宋喬年傳》】喬年父充國，知太常禮院。英宗祔廟，議者欲祧僖祖藏夾室，充國請配感生帝爲宋始祖，從之。

七年十一月己未，祀天地于圜丘，赦天下。

十二月丁卯，文武官加恩。

【《禮志》】熙寧七年，詔中書、門下參定青城殿宇門名。先是，每郊撰進，至是始定名，前門曰泰禋，東偏門曰迎禧，正東門曰祥曦，正西門曰景曜，後三門曰拱極，内東側門曰夤明，西側門曰肅成，殿曰端誠，殿前東、西門曰左右嘉德，便殿曰熙成，後園門曰寶華，著爲定式。

【《沈括傳》】括爲館閣校勘，删定三司條例。故事，三歲郊丘之制，有司案籍而行，藏其副，吏沿以干利。壇下張幔。距城數里爲園囿，植采木、刻鳥獸綿絡其間。將事之夕，法駕臨觀，御端門陳仗衛以閱嚴警，遊幸登賞，類非齋祠所宜。乘輿一器，而百工侍役者六七十輩。括考禮沿革，爲書曰《南郊式》。即照令點檢事務，執新式從事，所省萬計，神宗稱善。

【《文獻通考》】楊氏曰：「愚案注疏云：齋於路寢之室。唐禮，散齋於别殿，致齋二日於太極殿，又一日於行宮。國朝冬祀天禮，唯太祖皇帝乾德六年十一月之禮，可爲後世不易之法。其後有司建明非一，大概宿齋三日，内一日於大慶殿，一日於太廟，一日於青城。高宗中興之後，檢會熙寧在京青城内殿宇門名，如曰泰禋，曰承和之類，悉遵舊式，其制可謂周備矣。然令儀鸞司預先體倣青城制度絞縛，其行事、執事、陪祠官宿齋幕次，亦隨宜絞縛，又何其簡略也？元豐四年十月八日，禮官言：『古之王者，行則嚴輿衛，處則厚宮闕，所以示威重，備非常也。故《周禮》，王會同則爲壝宮，食息則設帷宫。漢祀甘泉，則有行宫。至於江左，亦有瓦殿。本朝沿唐舊制，親祀南郊，行宫獨設青城幔殿，宿者有風雨之憂，而又無望祭之位。且青城之費，歲以萬數。臣等欲乞倣青城之制，創立齋宫，一勞而省重費，或遇風雨，可以行望祭之禮。』詔送太常禮院，候脩尚書省了日取旨。是神宗皇帝有意乎立齋宫矣，但以修尚書省未畢，而猶有所待也。其後，哲宗皇帝既建齋宫，謂臣下曰：『三歲一郊，青城之費，縑帛三十餘萬，工又倍之。易以屋室，一勞永逸，所省多矣。』又徽宗皇帝修建南北郊齋宿宫殿，南郊曰齋宫，北郊曰帷宫。有司請曰：『事體如一，而名稱不同，宜並稱齋宫。』從之。祖宗典故，粲然可考。今青城制度，尚沿襲舊例而未革，盍亦推廣祖宗之意，立爲齋宫？無事則嚴其扃鐍，以待乘輿致齋之日而居焉，暫勞而永逸，一也。宿者無風雨之憂，或遇風雨，則可以行望祭之禮，二也。事有關係甚重，循習甚久，斷然在所當革而無疑者，其此之謂乎！」

馬氏曰：「《會要》載中書門下奏定南郊青城内殿宇門名，其事在熙寧七年。然楊氏所云元豐四年禮官請創立齋宫，詔候修尚書省了日取旨，則知齋宫元豐時尚未建，而熙寧七年所奏定殿宇之名，乃幔殿也。然神宗即位初郊，齋於郊宫，罷臨觀闕，不幸他苑，遂減徹亭苑，省草木禽獸千七百餘事。以是觀之，則知青城行宫苑囿遊觀之所畢備，而獨未建齋殿，誠爲缺典。」

【《神宗本紀》】熙寧十年十一月甲戌，祀天地於圜丘，赦天下。十二月甲申，文武官加恩。

元豐元年春正月戊午，命詳定郊廟禮儀。

九月，詔祀天地及配帝並用特牲。

【《禮志》】元豐元年二月，詔内壝之外衆星位，周環每二步植一杙，繚以青繩，以爲限域。既而詳定奉祀禮文所言：「《周官》外祀皆有兆域，蓋設一位而已，後世因之，稍增其制。」

【《文獻通考》】東漢壇位天神從祀者甚衆，至一千五百一十四神，故外設重營，以爲等限。日、月在中營内南道，而北斗在北之西，至於五星、中官宿之屬，則其位皆中營，二十八宿外官星之屬，則其位皆外營。然則爲重營者，所以等神位也。唐因齊、隋之制，設爲三壝，天神列位不出内壝，而御位特設於壇下之東南。若夫公卿分獻，文武從祀，與夫樂架、饌幔，則皆在中壝之内。而大次之設乃在外壝者，所以序祀事也。蓋古者神位寡，祀事簡，故兆守有域，以爲遮列厲禁而已。後世神位既衆，祀事亦繁，故爲三壝，以嚴内外之限。國朝郊祀壇域，率循唐制，雖儀注具載圜丘三壝，每壝三十五步，而有司乃以青繩代内壝，誠不足以等神位、序祀事、嚴内外之限也。伏請除去青繩，如儀注爲三壝。從之。

【《宋史·神宗本紀》】元豐二年秋七月丁亥，詳定郊廟禮儀。四年夏四月己巳，詔罷南郊合祭天地。九月，詳定郊廟奉祀禮儀。

【《歷代名臣奏議》】元豐四年，詳定郊廟奉祀禮文，陸佃上議曰：「冕服有六，而《周官·弁師》云『掌王之五冕』，則大裘與衮同冕矣。故《禮記》曰：『郊之日，王被衮以象天；戴冕璪十有二旒，則天數也。』又曰：『服之襲也，充美也』，『禮不盛，服不充，故大裘不裼』。此明王服大裘，以衮衣襲之也。先儒或謂周祀天地皆服大裘，而大裘之冕無旒，非是矣。蓋古者裘不徒服，則其上必皆有衣，故曰『緇衣羔裘』，『黄衣狐裘』，『素衣麑裘』。如郊祀徒服大裘，則是表裘以見天地。表裘不入公門，而乃欲以見天地，可乎？且先王之服，冬裘夏葛以適寒暑，蓋未有能易之者也。郊祀天地，有裘無衮，則夏祀赤帝與夏至日郊祭地示，亦將被裘乎？然則王者冬祀昊天上帝，中裘而表衮，明矣。至於夏祀天神地示，則去裘服衮，以順時序。《周官》曰『凡四時之祭祀，以宜服之』，明夏必不衣裘也。或曰王被衮以象天，此魯禮。臣以爲《記》曰『周之始郊，日以至，王被衮以象天』，則豈得以爲魯哉！或曰，祭天尚質，故徒服大裘，王被衮則非所以尚質。臣以爲謂之尚質者，明有所尚而已，不皆用質也。如蒼璧以禮天，黄琮以禮地，旂有十二旒，龍章設日月，此豈用質也哉！故曰：『祭天埽地而祭焉，於其質而已矣。』牲用騂，尚赤也；用犢，貴誠也；王被衮以象天，戴冕璪十有二旒，則天數也；旂十有二旒，龍章而設日月，以象天也。夫理豈一端而已，亦各有所當也。今欲冬至禋祀昊天上帝，服裘被衮，其餘祀天及祠地示，並請服衮去裘，各以其宜服之。」

【《石林燕語》】故事，南郊，車駕服通天冠、絳紗袍赴青城，祀日服靴袍。至大次臨祭，始更服衮冕。元豐中，詔定奉祀儀。有司建言：《周官》祀昊天上帝，則服大裘而冕。《禮記》郊祭之日，王被衮以象天。王肅援《家語》，臨燔祭脱衮冕。蓋先衮而後裘，因請更製大裘。以衮用於祀日，大裘用於臨祭。議者頗疑《家語》不可據，黜之，則《周官》、《禮記》所載相牴牾。時陸右丞佃知禮院，請服大裘，被以衮。遂爲定制。大裘，黑羔皮爲之，而緣以黑繒，乃唐制也。

蕙田案：大裘衮冕之説，至農師乃定不可易也。

【《宋史·神宗本紀》】元豐六年十一月癸卯，加上仁宗、英宗謚。丙午，祀昊天上帝於圜丘，赦天下。

【《禮志》】元豐六年十一月四日，齋於南郊之青城。五日冬至，祀昊天上帝於圜丘，以太祖配。是日，帝服鞾袍，乘輦至大次。有司請行禮。服大裘，被衮冕以出，至壇中壝門外，殿中監進大圭，帝執以入，宮架樂作，至午階下版位，西向立，樂止。禮儀使贊曰：「有司謹具，請行事。」宮架奏《景安》之樂，文舞作，六成止，帝再拜，詣罍洗，宮架樂作，至洗南，北向，樂止。帝搢圭，盥帨訖，樂作，至壇下，樂止。升午階，登歌樂作，至壇上，樂止。殿中監進鎮圭，《嘉安》樂作，詣上帝神坐前，北向跪，奠鎮圭於繅藉，執大圭，俛伏，興，搢圭跪，三上香，奠玉幣，執圭，俛伏，興，再拜。内侍舉鎮圭授殿中監，樂止。《廣安》樂作，詣太祖神坐前，東向，奠圭幣如上帝儀。登歌樂作，帝降壇，樂止。宮架樂作，還位，西向立，樂止。禮部尚書、户部尚書以下奉饌俎，宮架《豐安》樂作，奉奠訖，樂止。再詣罍洗，帝搢大圭，盥帨，洗爵、拭爵訖，執大圭，宮架樂作，至壇下，樂止。升自午階，登歌樂作，至壇上，樂止。登歌《禧安》樂作，詣上帝神坐前，搢圭跪，執爵祭酒，三奠訖，執圭，俛伏，興，樂止。大祝讀册，帝再拜訖，樂作。次詣太祖神坐前，如前儀。登歌樂作，帝降自午階，樂止。宫架樂作，還位，西向立，樂止。文舞退，武舞進，宫架《正安》之樂作，樂止。亞獻盥帨訖，《正安》樂作，禮畢，樂止。終獻行禮並如上儀，獻畢，宫架樂作，帝升自午階，樂止。登歌樂作，至飲福位，樂止。《禧安》樂作，帝再拜，搢圭跪，受爵，祭酒三，啐酒，奠爵，受俎，奠俎，受摶黍豆，再受爵，飲福訖，奠爵，執圭，俯伏，興，再拜，樂作。帝降，還位如前儀。禮部、户部尚書徹俎豆，禮直官曰：「賜胙行事。」陪祀官再拜，宫架《宴安》樂作，一成，止。宫架樂作，帝詣望燎位，南向立，樂止。禮直官曰：「可燎。」俟火燎半柴，禮儀使跪奏「禮畢」。宫架樂作，帝出中壝門，殿中監受大圭，歸大次，樂止。有司奏：「解嚴。」帝乘輿還青城，百官稱賀於端誠殿。有司轉仗衛，奏中嚴、外辦。帝服通天冠、絳紗袍，乘輿以出。至玉輅所，侍中跪請降輿升輅。帝升輅，門下侍郎奏請進行，又奏請少駐，宣侍臣乘馬，將至宣德門，奏《采齊》一曲，入門，樂止。侍中請降輅赴幄次，有司奏「解嚴」。帝常服，乘輿御宣德門，肆赦，羣臣稱賀如常儀。

禮部、太常寺上親祀儀並如南郊。其攝事惟改舞名及不備官，其籩豆、樂架、玉幣之數，盡如親祀。是歲十一月甲辰冬至，祀昊天上帝，以太祖配，始罷合祭，不設皇地祇位。

【《文獻通考》】元豐六年冬至，郊祀昊天上帝，以太祖配。始罷合祭，不設皇地祇位。先是，樞密院陳襄等詳定郊廟禮文，上言曰：「伏承聖意，以天地合祭於圜丘爲非典禮之正，詔令更定。臣謹案《周禮·大司樂》：以圜鐘爲宫，冬日至，於地上之圜丘奏之，六變以祀天神；以函鐘爲宫，夏日至，於澤中之方丘奏之，八變以祭地示。夫祀必以冬日至者，以其陽氣來復於上天之始也，故宫用夾鐘於震之宫，以其帝出乎震也，而謂之圜鐘者，取其形以象天也。三一之變，圜鐘爲宫，三變。黄鐘爲角，太簇爲徵，姑洗爲羽，各一變。合陽奇之數也。祭必以夏日至者，以其陰氣潛萌於下地之始也，故宫用林鐘於坤之宫，以其萬物致養於坤也，而謂之函鐘者，取其容以象地也。四二之變，函鐘爲宫，太簇爲角，姑洗爲徵，南吕爲羽，各二變。合陰偶之數也。又《大宗伯》以禋祀、實柴、槱燎，祀其在天者，而以蒼璧禮之；以血祭、沈貍、疈辜，祭其在地者，而以黄琮禮之，皆所以順其陰陽，辨其時位，倣其形色。此二禮之不得不異也。故求諸天而天神降，求諸地而地示出，得以通精誠而逆福釐，以生蒸民，以阜萬物，此百王不易之禮也。去周既遠，先王之法不行。漢元始中，姦臣妄議，不原經意，附會《周官》大合樂之説，謂當合祭。平帝從而用之，故天地共犢，禮之失自此始矣。由漢歷唐千有餘年之間，而以五月親祠北郊者，惟四帝而已。如魏文帝之太和，周武帝之建德，隋高祖之開皇，唐睿宗之先天，皆希闊一時之舉也。然而隨得隨失，卒無所定，垂之本朝，未遑釐正。恭唯陛下恢五聖之述作，舉百王之廢墜，臣以爲已罷合祭，則南北二郊自當别祀。伏望陛下每遇親祠之歲，先以夏日至祭地示於方丘，然後以冬日至祀昊天於圜丘，此所謂大者正也。然議者或謂：『先王之禮，其廢已久，不可復行。古者齋居近，古者致齋路寢。儀衛省，用度約，賜予寡，故雖一歲徧祀，而國不費，人不勞。今也齋居遠，儀衛繁，用度廣，賜予多，故雖三歲一郊，而猶或憚之，况一歲而二郊乎？必不獲已，則三年而迭祭。或如後漢以正月上丁祠南郊，禮畢，次北郊；或如南齊以上辛祀昊天，而次辛瘞后土，不亦可乎？』臣竊謂不然。《記》曰：『祭不欲疏，疏則怠。』夫三年迭祭，則是昊天大神六年始一親祀，無已怠乎？《記》曰：『大事必順天時。』二至之郊，周公之制也，捨是而從後王之失，可謂禮與？彼議者徒知苟簡之便，而不睹尊奉之嚴也。伏惟陛下鑒先王已行之明效，舉曠世不講之大儀，約諸司儀衛而幸祠宫，均南郊之賜予以給衛士，蠲青城不急之務，損大農無名之費。使臣得以講求故事，參究禮經，取太常儀注之文，以正其訛謬，稽大駕鹵簿之式，以裁其繁冗，唯以至恭之意，對越大祇，以迎至和，格純嘏，庶成一代之典，以示萬世。」

又曰：「臣某等恭唯本朝冬至祀天南郊，夏至祭地北郊，每歲行之，皆合於古。猶以有司攝事爲未足以盡志，於是三年一郊而親行之。夫三年一郊而親行之，蓋所謂因時制宜者也。施之於今，誠不可易。唯合祭之禮，在所當正。《禮》曰：『魯人將有事於上帝，必先有事於泮宫。』所以然者，告祖爲配之謂也。又曰：『晉人將有事於河，必先有事於惡池；齊人將有事於太山，必先有事於配林。』所以然者，先卑後尊之謂也。臣等推古以知今，推諸侯以知天子，欲乞每遇親郊七日戒之後、三日宿之時，宿太廟以告，宿北郊以祭，宿南郊以祀。所以先太廟者，告祖爲配也；所以先北郊者，先卑後尊也。雖然，自北郊至南郊相去爲遠，則中道不可以無舍，請爲帷宫，止而後進。如允所奏，乞下有司施行。」禮，後漢因祠南郊，即祠北郊、明堂、世祖廟及太廟，謂之五供。唐因祀南郊，即祀太清宫及太廟，謂之三大禮。本朝三歲郊祀，必先景靈宫及太廟，蓋因前制。然每歲夏至於北郊，自有常祠祀，兼常歲有司攝事於南郊，亦不合祭天地。其合祭之意，止緣親祀欲徧及爾。若以親祀欲徧及之，則因南郊同時告祭北郊，自因舊儀，亦不背違禮意，近於可行。伏乞更賜參酌施行。於是詔禮官講求。翰林學士張璪以爲：「冬至祀天，夏至祀地，不易之理。今祀地欲改用他月，無所據依。必不得已，宜於郊祀之歲，夏至之日，盛禮容，興樂舞，一如南郊之儀，命宰攝事。」而王存、曾肇言：「今北郊常差中書門下官，乃冢宰之任；樂舞之類，亦《開元》、《開寶舊禮》所載，特近世廢缺。二者皆有司攝事常行之典，未足以代親祀之重，恐於父天母地之文，有所未順。」判太常寺陳薦言：「議者以天地合祭，始於王莽，故欲罷之。臣案《周頌》：『昊天有成命。郊祀天地也。』漢《郊祀歌》曰：『唯泰元尊，媪神蕃釐。』泰元，天也；媪神，地也。又曰：『涓選休成，天地並況。』此天地同祀，可以概見，恐非是王莽始也。議者又謂方丘之祀，盛夏不躬行，宜選冢宰攝祀，亦恐未必合古，然終不若天地合祭也。乞且循舊制。」知禮院曾肇言：「今冬至若罷合祭，而夏至又使有司行事，則於父母天地之義若有隆殺。願陛下遇親祀南郊之歲，以夏至日躬款北郊，以合先王之制。」遂詔罷南郊合祭，親祀北郊，並依南郊儀；如不親祀，上公攝事。

蕙田案：此元豐一議也。陳襄之言，據經考正，精確詳明，千古定論。神宗罷南郊合祭，親祀北郊，亦曠代卓識，惜終未之行耳。又案：陳薦主合祭之議，乃引漢《郊祀歌》「泰元、媪神」之詞爲天地同祀之證，夫漢南北郊之禮雖未正，然甘泉泰畤、汾陰后土尚存分祭之意，固未嘗合也。至於泰元、媪神，乃方士亳忌天一、地一、泰一荒誕不經之舉，班《志》所載即祀三一之樂章，與祭天地何涉？援以爲證，不亦異乎！

自元豐元年，上命樞密直學士陳襄等詳定郊廟奉祀禮文，大正歷代典禮之失。至是，歲親祀圜丘，始用新儀。國朝親郊，止服衮冕，至是稽古，始加服大裘，而被以衮冕。

詳定禮文所議：「《禮記》曰：『郊特牲而社稷太牢。』又曰：『祭天地之牛，角繭栗。』配位亦特牲。《書》曰『用牲於郊，牛二』是也。宋朝儀注，昊天上帝、皇地祇、太祖皇帝之位，各設三牲俎，非尚質貴誠之義。請親祀圜丘、方澤，正配位皆用犢，不設羊豕俎及鼎匕，有司攝事亦如之。郊之祭也，器用陶匏，以象天地之性；樿因白木，以素爲質。今郊祀簠、簋、罇、豆皆非陶，又用龍杓，未合禮意。請圜丘、方澤正配位所設簠、簋、罇、豆，改用陶器，仍以樿爲杓。祀天之有禋、柴，猶祭地之有瘞血，❶享廟之有祼鬯，皆歆神之始，非謂於祭之末燔燒胙餘也。至後世之燔瘞牲幣於祭末，而不知致神於其始，則是備於後而缺於先也。請南北郊先行升煙瘞血之禮，至薦奠禮畢，即如舊儀，於壇坎燔瘞牲幣。北郊祭皇地祇及神州地祇，當爲坎瘞埋，今乃建壇燔燎祝版。攷先儒所說，地祇即無槱燎之

❶「猶」，原作「槱」，據《文獻通考》卷七一改。

文。請祭皇地祇祝版、牲、幣並瘞於埳，不設燎壇。熙寧祀儀，唯昊天上帝、皇地祇、高禖燔燎犢首，自感生帝、神州地祇而下，皆不燔瘞牲體，殊不應禮。又案《周禮·羊人》，祭祀割羊牲，登其首。《禮記》曰：『升首，報陽也。』首爲陽，則脅與髀爲陰可知矣。報陽宜以陽，報陰宜以陰，各從其類也。請自今昊天上帝、感生帝皆燔牲首以報陽；皇地祇、神州地祇、太社、太稷，凡地祇之祭，皆瘞牲之左髀以報陰；凡薦享太廟，皆升首於室。」

又言：「臣等見親祀南郊儀注，並云祀前三日，儀鑾司鋪御座黄道褥。謹案唐故事：郊壇、宫廟内壝及殿庭天子步武所及，皆設黄道褥，壇上立位又施赤黄褥，將有事，命撤之。武德、貞觀之制用紫，❶至德以來用黄。《開元禮》、《開寶通禮》，郊廟並不設黄道褥。《太常因革禮》曰：『舊制，皇帝升壇，以褥藉地，象天黄道。太祖命撤之，設拜於地。和峴乞宣付史館。』天聖二年，儀注又增設郊壇壝門道北御座黄道褥。康定初，有司建議，謂配帝褥用緋，以示損於天地；而自小次之前至壇上諸位，其道褥以黄，蓋非典禮。是歲，有詔自小次至壇下撤黄道。臣等伏詳《禮記》，郊祭之日，氾埽反道。鄭氏注謂剗令新土在上也。其藉神席，天地尚質，則用蒲越、藁鞂；宗廟尚文，則設莞筵紛純，加繅席畫純，加次席黼純而已。天子受胙乃有席，《周禮·司几筵》所謂『胙席』是也。今來郊壇黄道褥欲更

❶「貞」，原避宋諱作「正」，今改回。

不設。」

【《宋史・禮志》】詳定禮文所言：「古者祭祀用牲，有豚解，有體解，薦腥則解爲七體，❶薦熟爲十一體。今親祠南郊，正配位之俎，不殊左右胖，不分貴賤，無豚解、體解之别。請郊廟薦腥，解其牲兩髀、❷兩肩、兩脅并脊爲七體，左右胖俱用。其載于俎，以兩髀在端，❸兩肩、兩脅次之，脊居中，皆進末。至薦熟，沉肉於湯，止用右胖，髀不升俎。前體肱骨離爲三，❹曰肩、臂、臑。後體股骨去體離爲二，❺曰肫、胳。前脊謂之正脊，次直謂之脡脊，闊於脡脊謂之横脊，皆二骨。脅骨最後二爲短脅，旁中二爲正脅，最前二爲代脅。若升俎，則肩、臂、臑在上端，膊、胳在下端，脊、脅在中央。其左之序，則肩、臂、臑、正脊、脡脊、代脅、短脅、膊、胳凡十一體，而骨體升俎，進神坐前如少牢禮，皆進下。其牲體各預以半爲腥俎，半爲熟俎，腸、胃、膚俎亦然。」又請：「親祠飲福酒訖，倣《儀禮》『佐食摶黍』之說，命太官令取黍于簋，摶以授祝，祝受以豆，以嘏乎皇帝而無嘏辭。又本朝親祠南郊，習儀於壇所，明堂習儀于大慶殿，皆近於瀆。伏請南郊習儀於青城，明堂習儀于尚書省，以遠神爲恭。又賜胙：三師，三公，侍中，中書令，門下、中書侍郎，尚書左右丞，知樞密、同知院事，禮儀、儀仗、鹵簿、頓遞使，牛羊豕肩、臂、臑各五；太子三師、三

❶「七體薦熟爲」五字，原脱，據《宋會要・禮》二六之一一、《長編》卷三〇五補。

❷「髀」，原作「體」，據《宋會要・禮》二六之一二改。下一「髀」同。

❸「在」，原作「左」，據《宋會要・禮》二六之一二改。

❹「體」，原作「後」，據《宋會要・禮》二六之一二改。

❺上「體」字，原作「髀」，據《宋會要・禮》二六之一二改。

少，特進，觀文大學士、學士，御史大夫，六尚書，金紫、銀青光禄大夫，節度使，資政殿大學士，觀文翰林資政端明龍圖天章寶文承旨，侍講、侍讀、學士，左右散騎常侍，尚書列曹侍郎，龍圖、天章、寶文直學士，光禄、正議、通議大夫，御史中丞，太子賓客、詹事，給事中，中書舍人，節度觀察留後，左右諫議，龍圖、天章、寶文待制，太中、中大夫，秘書、殿中丞，太常、宗正卿，牛豕肩、臂、臑各三；入内内侍省押班，副都知，光禄卿，監禮官，博士，牛羊脊、脇各三；太祝，奉禮，司尊彝，郊社、太廟、宫闈令，監牲牢、供應祠事内官，羊髀、膊、胳三；應執事、職掌、樂工、門幹、宰手、馭馬、馭車人，並均給髀、肫、觳及腸、胃、膚之類。」❶

蕙田案：《禮志》此條即《神宗紀》元年九月詔用特牲之事，而年月互異，必有一誤，今姑依次編入。

【《輿服志》】元祐元年，禮部言：「元豐所造大裘，雖用黑羊皮，乃作短袍樣，襲於衮衣之下，仍與衮服同冕，未合典禮。」下禮部、太常寺共議。上官均、吴安詩、常安民、劉唐老、龔原、姚勔請依元豐新禮，丁騭請循祖宗故事，王愈請倣唐制，朱光庭、周秩請以玄衣襲裘。獨禮部員外郎何洵直在元豐中嘗預詳定，以陸佃所議有可疑者八：「案《周禮·節服氏》『掌祭祀朝覲，衮冕六人，維王之太常』，『郊祀，裘冕二人』。既云衮冕，又云裘冕，是衮與裘各有冕。乃云裘與衮同冕，當以衮襲之。裘既無冕，又襲於衮，中裘而表衮，何以示裘、衮之别哉？古

❶「髀」，原作「脾」，據《宋會要·禮》一四改。

人雖質，不應以裘爲夏服，蓋冬用大裘，當暑則以同色繒爲之。《記》曰：『郊祭之日，王被衮以象天。』若謂裘上被衮，以被爲襲，則《家語》亦有『被裘象天』之文。諸儒或言『臨燔柴，脱冕，著大裘』，或云『脱裘服衮』，蓋裘衮無同冕兼服之理。今乃以二服合爲一，可乎？且大裘，天子吉服之最上，若大圭、大路之比，是裘之在表者。《記》曰：『大裘不裼。』説者曰，無别衣以裼之，蓋他服之裘褻，故表裘不入公門。事天以報本復始，故露質見素，不爲表襮，而冕亦無旒，何必假他衣以藩飾之乎？凡裘上有衣謂之裼，裼上有衣謂之襲，襲者，裘上重二衣也。大裘本不裼，《鄭志》乃云：『裘上有玄衣，與裘同色。』蓋趙商之徒，附會爲説，不與經合。襲之爲義，本出於重沓，非一衣也。古者齋祭異冠，齋服降祭服一等。祀昊天上帝、五帝，以裘冕祭，則衮冕齋。故鄭氏云：『王齋服衮冕。』是衮冕者，祀天之齋服也。唐《開元》及《開寶禮》始以衮冕爲齋服，裘冕爲祭服，兼與張融『臨燔柴脱衮服裘』之義合。請從唐制，兼改製大裘，以黑繒爲之。」佃復破其説曰：「夫大裘而冕，謂之裘冕，非大裘而冕，謂之衮冕。則裘冕必服衮，衮冕不必服裘。今特言裘冕者，主冬至言之。《周禮·司裘》：『掌爲大裘，以供王祀天之服。』則祀地不服大裘，以夏日至不可服裘故也。今謂大裘當暑，以同色繒爲之，尤不經見。兼裼襲，一衣而已，初無重沓之義。被裘而覆之則曰襲，袒而露裘之美則曰裼。所謂『大裘不裼』，則非衮而何？《玉藻》曰：『禮不盛，服不充，故大裘不裼。』則明不裼而襲也，充美也。鄭氏謂大裘之上有玄衣，雖不知覆裘以衮，然尚知大裘不可徒服，必有玄衣以覆之。《玉藻》有尸襲之義。《周禮》『裘冕』注云：『裘冕者，從尸服也。』夫尸服大裘而襲，則王服大裘而襲可知。且裘不可以徒服，故被以衮，豈借衮以爲飾哉？今謂祭天用衮冕爲齋服，裘冕爲祭服，此乃襲先儒之謬誤。後漢顯宗初服日、月、星辰十二章，以祀天地。自魏以來，皆用衮服。則漢、魏祭天，嘗服衮矣，雖無大裘，未能盡合于禮，固未嘗有表裘而祭者也。且裘，内服也，與袍同。袍褻矣，而欲禪以祭天，以明示質，是欲衩衣以見上帝也。洵直復欲爲大裘之裳，纁色而無章飾。夫裘安得有裳哉？請從先帝所志。」其後詔如洵直議，去黑羊皮而以黑繒製焉。

蕙田案：陸農師論大裘而冕及大裘不裼，可稱千古定論，何洵直不能再置一辭矣。惜當日竟從何議，遂使元豐盛事不久而變，惜哉！

五禮通考卷第十三

淮陰吴玉搢校字

五禮通考卷第十四

内廷供奉禮部右侍郎金匱秦蕙田編輯
太子太保總督直隸右都御史桐城方觀承同訂
按察司副使元和宋宗元
貢士吴江顧我鈞　參校

吉禮十四

圜丘祀天

【《宋史·哲宗本紀》】元祐七年九月戊戌，詔：「冬至日南郊，宜依故事設皇地祇，禮畢，别議方澤之儀以聞。」十一月庚寅，帝齋大慶殿。辛卯，朝獻景靈宫。壬辰，饗太廟。癸巳，祀天地于圜丘，赦天下，中外羣臣加恩。

【《文獻通考》】先時，元祐五年五月夏至，祭皇地祇，命尚書右丞許將攝事。將言：「王者父天母地，三歲冬至，天子親祠，徧享宗廟，祀天圜丘，而夏至方澤之祭，乃止遣上公，則皇地祇遂永不在親祠之典，此大闕禮。望博詔儒臣，講求典故，明正祀典，爲萬世法。」詔禮部、太常寺及兩省侍從官集議以聞。于是翰林學士兼侍讀顧臨等八人，請合祭天地如祖宗故事，俟將來親行北郊之禮，則合祭可罷。臨與祖禹又言：「天地特祭，經有明文，然自漢以來，千有餘年，不能行之矣。宋興，一祖六宗皆合祭天地，其不合祭者，唯元豐六年一郊耳。去所易而就所難，虚地祇之大祭，失今不定，後必悔之。」吏部侍郎范純禮、彭汝礪、户部侍郎范子奇、禮部侍郎曾肇、刑部侍郎王覿、豐稷、權知開封府韓宗道、樞密都承旨劉安世、中書舍人孔武仲、陳軒、太常少卿盛陶、宇文昌齡、侍御史王畏、監察御史董敦逸、黄慶基、左司諫虞策、禮部郎中孫路、員外郎歐陽棐、太常丞韓治、博士朱彦、宋景年、閻本等二十二人，皆主北郊之議，而武仲又請以孟冬純陰之月，詣北郊親祠，如神州地祇之祭。杜純議請南郊之歲，設望祠位於苑中，置爟火，夏至命上公攝事，每獻舉爟火。詔依王欽臣議，宜如祖宗故事，並祭天地一次。汝礪、肇復上疏論合祭非是，文多不載。九月，三省上顧臨等議，太皇太后曰：「宜依仁宗皇帝故事。」吕大防言：「國朝以來，大率三歲一親郊，並祭天地、宗廟，因行赦宥，頒賞軍士，遂以爲常。今諸儒獻議，欲南郊不設皇地祇位，唯祭昊天上帝，于祖宗之制未見其可。」蘇轍曰：「自熙寧十年，神宗皇帝親祠南郊，合祭天地，今十五年矣。皇帝即位又已八年，未嘗親見地祇，乃朝廷缺典，不可不正。」范百禄言：「圜丘無祭地之禮，《記》曰：『有其廢之，莫可舉也。』先帝所廢，稽古據經，未可輕改。」大防又言：「先帝因禮文所建議，遂令諸儒議定北郊祀地之禮，然未經親行。今皇帝臨御之始，當親見天地，而地祇之位獨不設，恐亦未安。况本朝祖宗以恩霈四方，慶賚將士，非三歲一行，則國力有限。今日宜爲國事勉行權制，俟異時議定北郊制度及太廟享禮，行之未晚。」太皇太后以吕大防之言爲是。蘇頌、鄭雍皆以古者人君嗣位之初，必郊見天地，今皇帝初郊而不祀地，恐未合古。乃下詔曰：「國家郊廟特祀，祖宗以來，命官攝事，則三歲一親郊，則先享清廟，冬至合祭天地於圜丘。元豐間，有司援周制，以合祭不應古義，先帝乃詔定親祠北郊之儀，未之及行。是歲，郊祀不設皇地祇之位，而宗廟之享率如權制。朕方修郊見天地之始，其冬至日南郊，宜依熙寧十年故事，設皇地祇位，以嚴並況之報。厥後躬行方澤之祀，則修元豐六年五月之制，俟郊禮畢，集官詳議典禮以聞。」

【《歷代名臣奏議》】劉安世上議略：「臣等昨奉詔旨，講議大典，皆祖周制。而或者欲于當郊之歲，以十月神州地祇之祭易夏至方澤之祀，可以免盛暑舉事之勞。夫神州地祇，乃天子建都之所一方之神爾，非皇地祇之比也。或者又欲于夏至之日，上不親郊，止設燔火，天子望祀于禁中，如西漢行宮故事。此皆出于臆説，違經害義，不可施行。臣等更不復議，内有蘇軾一狀，最爲强辯。案軾以爲合祭圜丘，于禮爲得，不可復有改更。臣等謹案周禮，天子親祀上帝，一歲凡九。國朝因前代之制，三歲方一郊天，仍于其間，或用他禮，比之周室，固以疏闊，苟更因循謬誤，不加考正，則何以副聖上嚴禋之意哉！夫祭祀之禮，莫大于天地。《孝經》曰：『昔者明王事父孝，故事天明；事母孝，故事地察。』二儀敵體，禮宜均一，豈可親祠乃有隆殺？古者謂求神以類，《繫辭》曰『乾爲天，陽物也』，故祭之于冬至一陽生之日，就國之南圜丘以行禮，牲牢、器幣、樂舞皆尚陽數；『坤爲地，陰物也』，故祭之于夏至一陰生之日，就國之北方澤以行禮，牲牢、器幣、樂舞皆尚陰數，此所謂求神以類者也。今議者猥用王莽不經之説，至引夫婦同牢，私媟之語，黷亂天地。臣等雖譾陋，決不可從非禮之禮。秦漢而下，去聖寖遠，禮崩樂壞，無能改革。神宗詔有司稽考，未遑改制。陛下繼志述事，講究墜典，此正方今之先務也。議者乃引《周頌・昊天有成命》，以爲合祭之證。竊詳《詩》曰：『昊天有成命，二后受之。成王不敢康，夙夜基命宥密。於緝熙，單厥心，肆其靖之！』終篇未嘗有合祭之文，所謂郊祀天地，乃後儒敘詩者之辭耳，非經語也。蓋成周之世，圜丘祭天，歌此詩以爲樂章；方澤祀地，亦歌此詩以爲樂章而已，非謂易北郊之祀，使就享于南郊也。借如其説，臣等不敢別引他經，止就《周頌》中舉詩以難之。《潛》詩之序曰：『潛，季冬獻魚，春薦鮪也。』不識謂一祭耶，抑二祭耶？又《豐年》詩之序曰：『豐年，秋冬報也。』《噫嘻》詩之序曰：『春夏祈穀于上帝也。』如此之類，未審止是一祭，復爲二祭。三詩即互用于異時，則《昊天有成命》雖歌于圜丘，豈不可用于方澤乎？」

彭如礪上南北郊分祭議略：「臣聞禮者，體也，體不備，君子謂之不成人。設之不當，猶不備也，故先王之交于神明也，既祭之以禮，又求之以類，其時日、牲幣、器服、聲音、顔色，無或非其類者。或非其類，謂之非禮，非禮之祭，鬼神不享。臣謹以一事明之。春爲陽，故以正月迎于東郊；秋爲陰，故以七月迎于西郊。使迎春則在西郊，而用秋之時；迎秋則在東郊，而用春之時，樵野猶怪，而况于鬼神乎！夫天之與人非有異也，今應祭方澤也，而命于圜丘；應用夏至也，而用冬至，蓋何以異此？先皇帝欽若稽古，是正太常，今何疑何恤而欲紛更之也？家人小祀，尚慎廢舉；天地重大，豈容輕議？臣聞之，神無常享，享于至誠；天無私親，親于有德。朝廷誠能富民阜財，明道崇義，致帝者之用，成天地之化，使粒食之民宴也，粲也，則上帝是祐，而諸福之物皆可畢致。務改祀命，實非所願。惟朝廷慎之，重之，反覆之，務求至當，以稱先帝所以尊奉聖靈之意焉。」又曰：「合祭之議，臣等謂不可者二十二人，謂可者八人。楊子曰：『人各是其所是，非其所非，將誰使正之？曰：萬物紛錯而占諸天，衆言淆亂則折諸聖，在則人，亡則書。』《周禮》，聖人之言也。合祭肇于漢末時。其言甚不經。朝廷制度考文，方告之宗廟，行之天地，布之天下，以憲萬世。或委聖言而從不經，不可也。或曰：『合祭歷世行之，莫之改也。夫莫之改者，猶行之，不可也。先帝既改之善矣，欲變之，不可也。』或曰：『親祀未能，且從合祭可乎？』曰：親祠非不可行，以有事而攝焉，亦禮也。合祭，非禮也。舍禮不用而從非禮，不可也。夫規矩誠設，不可欺以方圓；繩墨誠陳，不可欺以曲直。今議祭祀而不從禮，議禮而不從經，則是非並起，終無所歸，是猶舍規矩而察方圓，舍繩墨而觀曲直，不可也。」

七年，禮部侍郎曾肇上奏乞分祭略曰：「伏以天地合祭，非先王禮，學士大夫所共知之，不待臣言而信也。然使合祭于承事神祇無不順之理，雖非先王之禮，何爲而不可行？蓋以聖人之于祭，求之于茫昧不可知之中，故必因其方，順其時，而用其類以致之，是以因高以事天，因下以事地，兆五帝于四郊，朝日于東，夕月于西，兆司中、司命于南，風師、雨師于北，兆山川、丘陵、墳衍各因其方，而春夏秋冬，各順陰陽之性。其于祭事，或燔，或瘞，或埋，或沈，以至圭璧、幣牲、坎壇、樂舞各從其類。先王非苟爲之，以謂求之如此之盡，然後庶幾神之來享也。苟爲反是，則其于格神也難矣。今論者以罷合祭，則天子未有親見地祇之時。夏至親祀北郊，則以五月行禮爲難。欲因南郊并舉地祭，此施于人事以求自便，則可矣，以此爲親見地祇之實，則未也，何則？事之非其方，致之非其類，又違其時，施于羣小祀，且猶不可，況地祇之尊乎？以此事地，地祇未必來享，而便謂此爲親見地祇之實，此臣所未諭也。且屈己從神，與屈神以從己，二者孰安？今以五月行禮爲難，而引地祇以就冬祭，苟從人事之便，恐失陛下恭事地祇之意。此又臣所未諭也。臣謂合祭不可復，親祀不可廢，但當斟酌時宜，省去繁文末節，則親祀之禮，無不可爲，已于前狀論之矣。」

肇又奏曰：「南郊非祭地之處，冬至非見地之時。樂以圜鐘爲宫，其變以六，非致地祇之音。燔柴升烟，非祭地祇之禮。不問神之享與不享，姑欲便于人事，不近于怠乎？今世之人，家有尊長，所居異宫，子弟致敬，必即其處，尚不敢屈致一堂。況天子事地，可不如家人之禮哉？前日以合祭爲非而罷之，今日復行，異日復罷，謂神無象，廢置自由，不近于瀆乎？陛下即位八年，兩行明堂大享之禮。今兹有事南郊，凡與天神舉皆從祀，次第行之，則將來郊祀之歲，親祀北郊并及諸神，固未爲晚，何遽爲此舉，以涉非禮之議哉？况五月祭地，前世之所常行，本朝開寶中，亦曾四月行雩祀之禮。古人尚以六月出師，孰謂夏至有不可行禮者哉？」

【《宇文昌齡傳》】昌齡遷太常少卿，詔議郊祀合祭，論者不一。昌齡曰：「天地之數，以高卑則異位，以禮制則異宜，以樂舞則異數，至于衣服之章，器用之具，日至之時，皆有辨而不亂。夫祀者，自有以感于無，自實以通于虛，必以類應類，以氣合氣，然後可以得而親，可以冀其格。今祭地于圜丘，以氣則非所合，以類則非所應，而求高厚之來享，不亦難乎！」後竟用其議。

蕙田案：元祐再議，主分祭者二十二人，今可考其文者，劉安世、彭汝礪、曾肇、宇文昌齡四人，其言皆質實典重，俱有發明，惜其餘之不盡見也。

【《文獻通考》】南郊鹵簿使、兵部尚書蘇軾奏：「臣謹案：漢成帝郊祀甘泉泰畤、汾陰后土，而趙昭儀常從在屬車間。時揚雄待詔承明，奏賦以諷，其略曰：『想西王母忻然而上壽兮，屏玉女而却虙妃。』言婦女不當與齋祀之間也。臣今備位夏官，職在鹵簿。準故事，郊祀既成，乘輿還齋宫，改服通天冠、絳紗袍，教坊鈞容作樂還内，然後后妃之屬中道迎謁，已非典禮，而况方當祀事未畢，而中宫掖庭得在勾陳豹尾之間乎？竊見二聖崇奉大祀，嚴恭寅畏，度越古今，四方來觀，莫不悦服。今車駕方宿齋太廟，而內中車子不避仗衛，争道亂行，臣愚竊恐于觀望有損，不敢不奏。乞賜約束，仍乞取問隨行合干勾當人施行。取進止。」時軾爲鹵簿使導駕，内中朱紅車子十餘輛，有張紅蓋者，争道亂行于乾明寺前，❶軾于車中草此奏。奏入，上在太廟，馳遣人以疏白太皇太后。明日，中使傳命申敕有司，嚴整仗衛，自皇后以下皆不復迎謁中道。

【《宋史·蘇軾傳》】是歲，南郊，軾爲鹵簿使，導駕入太廟。有赭繖犢車并青蓋犢車十餘争道，不避儀仗。軾使御營巡檢使問之，乃皇太后及大長公主。時御史中丞李之純爲儀仗使，軾曰：「中丞職當肅政，不可不以聞。」之純不敢言，軾于車中奏之。哲宗遣使齎疏馳白太皇太后，明日，詔整肅儀衛，自皇后而下皆毋得迎謁。

【《哲宗本紀》】元祐八年四月丁巳，詔：「南郊合祭天地，罷禮部集官詳議。」

【《禮志》】元祐八年，禮部尚書蘇軾復陳合祭六議，令禮官集議以聞。已而下詔依元祐七年故事，合祭天地于南郊，仍罷集議。

【《文獻通考》】禮部尚書蘇軾言：「恭睹陛下近者至日親祀郊廟神祇，享答實蒙休應，然則圜丘合祭，允當天地之心，不宜復有更改。竊惟議者欲變祖宗之舊，圜丘祀天而不祀地，不過以謂：『冬至祀天于南郊，陽時陽位也；夏至祀地于北郊，陰時陰位也。以類求神，則陽時陽位不可以求陰也。』是大不然。冬至南郊既祀上帝，則天地百神莫不從祀。古者，秋分夕月于西郊，亦可謂陰時陰位矣，至于從祀上帝，則冬至而祀月于南

❶「明」，原作「時」，據庫本改。

郊，議者不以爲疑。今皇地祇亦從上帝而合祭于圜丘，獨以爲不可，則過矣。《書》曰：『肆類于上帝，禋于六宗，望于山川，徧于羣神。』舜之受禪也，自上帝、六宗、山川、羣神，莫不畢告，而獨不告地祇，豈有此理哉？武王克商，庚戌，柴、望。柴，祭上帝；望，祭山川也。一日之間，自上帝而及山川，必無南北郊之别也，而獨略地祇，豈有此理哉？臣以此知古者祀上帝，并祀地祇矣。何以明之？《詩》之序曰：『《昊天有成命》，郊祀天地也。』此乃合祭天地，經之明文，而説者乃以比之《豐年》秋冬報也，曰：『秋冬各報，而皆歌《豐年》，則天地各祭，而皆歌《昊天有成命》也。』是大不然。《豐年》之詩曰：『豐年多黍多稌，亦有高廩，萬億及秭，爲酒爲醴，烝畀祖妣，以洽百禮，降福孔嘉。』歌于秋可也，歌于冬亦可也。《昊天成命》之詩曰：『昊天有成命，二后受之，成王不敢康，夙夜基命宥密，於緝熙，單厥心，肆其靖之。』終篇言天而不及地。頌以告神明也，未有歌其所不祭，祭其所不歌也。今祭地于北郊，獨歌天而不歌地，豈有此理哉？臣以知周之世祀上帝，則地祇在焉。歌天而不歌地，所以尊上帝，故其序曰『郊祀天地也』。議者乃謂合祭天地，始于王莽，以爲不足法。臣竊謂禮當論其是非，不當以人廢。光武皇帝，親誅莽者也，嘗采用元始合祭故事。謹案《後漢書·郊祀志》：建武二年，初制郊兆于洛陽，爲圜丘八陛，中又爲重壇，天地位其上，皆南鄉，西上。此則漢世合祭天地之明驗也。又案《水經注》，伊水東北至洛陽縣圜丘東，大魏郊天之所，準漢故事，爲圜丘壇八階，中又爲重壇，天地位其上。此則魏世合祭天地之明驗也。唐睿宗將有事于南郊，賈曾議曰：『有虞氏禘黄帝而郊嚳，夏后氏禘黄帝而郊鯀。郊之與廟，皆有禘也。禘于廟，則祖宗合食于太祖；禘于郊，則地祇羣望皆合食于圜丘，以始祖配享。蓋有事之大祭，非常祀也。』《三輔故事》：『祭于圜丘，上帝、后土位皆南面。』則漢嘗合祭矣。時褚無量、郭山惲等皆以曾言爲然。明皇天寶元年二月，敕曰：『凡所祠享，必在躬親，朕不親祭，禮將有缺。其皇地示宜就南郊合祭。』是月二十日，合祭天地于南郊，自後有事于圜丘皆合祭。此則唐世合祭天地之明驗也。今議者欲冬至祀天，夏至祀地，蓋以爲用周禮也。臣請言周禮與今禮之别。古者，一歲祀天者三，❶明堂享帝者

❶「三」，原作「二」，據《文獻通考》卷七一改。

一，四時迎氣者五，祭地者二，享宗廟者四，此十五者，皆天子親祭也。而又朝日、夕月、四望、山川、社稷、五祀及羣小祀之類，亦皆親祭，此周禮也。太祖皇帝受天眷命，肇造宋室，建隆初郊，先享宗廟，乃祀天地。自真宗以來，三歲一郊，必先有事景靈宫享太廟，乃祀天地，此國朝之禮也。夫周之禮親祭如彼其多，而歲歲行之，不以爲難；今之禮親祭如此其少，而三歲一行，不以爲易，其故何也？古者，天子出入，儀物不繁，兵衛甚簡，用財有節，而宗廟在大門之内，朝諸侯，出爵賞，必于太廟，不止時祭而已。天子所治不過王畿千里，唯以齋祭禮樂爲政事，能守此則天下服矣。是故歲歲行之，率以爲常。至于後世，海内爲一，四方萬里，皆聽命于上，機務之繁，億萬倍于古，日力有不能給。自秦漢以來，天子儀物，日以滋多，有加無損，以至于今，非復如古之簡易也。今之所行，皆非周禮。三年一郊，非周禮也；先郊二日而告原廟，一日而祭太廟，非周禮也；郊而肆赦，非周禮也；優賞諸軍，非周禮也；自后妃以下至文武官皆得蔭補親屬，非周禮也；自宰相、宗室以下至百官皆有賜賚，非周禮也。此皆不改，而獨于地示，則曰『周禮不當祭于圜丘』，此何義也哉？議者必又曰：『夏至不能行禮，則遣官攝祭，亦有故事。』此非臣之所知也。《周禮·大宗伯》：『若王不與祭祀，則攝位。』鄭氏注曰：『王有故，則代行其祭事。』賈公彦疏曰：『有故，謂王有疾及哀慘皆是也。』然則攝事非安吉之禮。後世人主不能歲歲親祭，故命有司行事，其所從來久矣。若親郊之歲，遣官攝事，是無故而用有故之禮也。議者必又曰：『省去繁文末節，則一歲可以再郊。』臣將應之曰：『古者，以親郊爲常禮，故無繁文；今世以親郊爲大禮，則繁文有不能省也。若帷城、幔屋，盛夏則有風雨之虞。陛下自宫入廟，自廟出郊，冠通天，乘大輅，日中而舍，百官衛兵暴露于道，鎧甲具裝，人馬喘汗，皆非夏至所能堪也。王者父事天，母事地，不可偏異。事天則備，事地則簡，是于父母有隆殺也，豈得以爲繁文末節而一切欲省去乎？國家養兵，異于前世。自唐之時，未有軍賞，猶不能歲歲親祠，天子出郊，兵衛不可簡省，大輅一動，必有賞給。今三年一郊，傾竭帑藏，猶恐不足，郊賚之外，豈有復加。若一年再賞，國力將何以給？分而與之，人情豈不失望？』議者必又曰：『三年一祀天，又三年一祭地。』此又非臣之所知也。三年一郊，已爲疏闊，若獨祭地而不祭天，是因事地而愈疏于事天。自古未有六年一祀天者。如此，則典禮愈壞，欲復古而背古益遠，神示必不顧享，非所以爲禮也。議者必又曰：『當郊之歲，以十月神州之祭易夏至方澤之祀，則可以免方暑舉事之患。』此又非臣之所知也。夫所以議此者，爲欲舉從周禮也。今以十月易夏至，以神州代方澤，不知此周禮之經耶，變禮之權耶？若變禮從權而可，則合祭圜丘何獨不可乎？十月親祀地，十一月親祀天，先地後天，古無是禮。而一歲再郊，軍國勞費之患，尚未免也。議者必又曰：『當郊之歲，以夏至祀地示于方澤，上不親郊，而通爟火，天子于禁中望祀。』此又非臣之所知也。《書》之望秩，《周禮》之四望，《春秋》之三望，皆謂山川在四郊者，故遠望而祭也。今所在之處，俛則見地，而云望祭，是爲京師不見地乎？此六議者，合祭可否之決也。夫漢之郊禮，尤與古戾，唐亦不能如古。本朝祖宗欽崇祭祀，儒臣禮官講求損益，非不知圜丘、方澤皆親祭之爲是也，蓋以時不可行，是故參酌古今，上合典禮，下合時宜，較其所得，已多于漢唐矣。天地、宗廟之祭，皆當歲徧。今不得歲徧，是故徧于三年當郊之歲，又不能于一歲之中再舉大禮，是故徧于三日。此皆因時制宜，雖聖人復起，不能易也。今並祀不失親祭，而北郊則必不能親往，二者孰爲重乎？若一年再郊，而遣官攝事，是長不親事地也。三年間郊，當祀地之歲，而暑雨不可親行，遣官攝事，則是天地皆不親祭也。夫分祀天地，決非今世之所能行，願陛下謹守太祖建隆、神宗熙寧之禮，無更改易郊祀廟享，以敉寧上下神示。❶仍乞下臣此章，付有司集議，如有異論，即須畫一解破臣所陳六議，使皆屈伏，上合周禮，下不爲當今軍國之患，不可但執周禮，更不論今可與不可施行，所貴嚴祀大典，以時決定。取進止。」貼黃稱：「唐制，將有事于南郊，則先朝獻太清宮，朝享太廟，亦如今禮先二日告原廟，先一日享太廟。然議者或亦以爲非三代之禮。臣謹案：武王克商，丁未祀周廟，庚戌柴望，相去三日，則先廟後郊，亦三代之禮也。」

初，詔議北郊典禮，蘇軾主合祭之説，從之者五人；劉安世主分祭之説，從之者四十人；又有三人，欲于十月以神州地

❶「敉」，原作「億」，據《文獻通考》卷七一改。

示之祭易夏至方丘之祀；又有一人，欲上不親祠，而通爟火，天子于禁中望拜。既而朝廷復送下三狀，再令詳定。安世復議，略云：「蘇軾謂合祭圜丘，于禮爲得，不可復改。臣等謹案《周禮》，天子親祀上帝凡九，國朝三歲一郊，固已疏闊，豈可因循謬誤，不加攷正？古者求神以類。天，陽物也；地，陰物也。歲、月、日、時、方位、牲器、樂舞，皆從其類。今議者于聖人成法則棄而不行，猥用王莽不經之説，至引夫婦同牢私褻之語，黷亂天地，又引《昊天有成命》之詩以爲證。臣等切詳此詩，終篇未嘗有合祭之文，序乃後儒之辭，亦謂成周之世，圜丘、方澤各歌此詩，以爲樂章耳。如《潛》之序曰：『季冬獻魚，春薦鮪也。』《豐年》之序曰：『《豐年》，秋冬報也。』《噫嘻》之詩曰：『春夏祈穀于上帝也。』如此之類，不知爲一祭耶，抑二祭耶？若郊祀賜予，乃五代姑息之弊法，聖朝寬仁，不欲遽罷，若分而爲二，何所不可？議者乃欲因此造爲險語，以動上聽；又引禍福殃咎之説，劫持朝廷，必欲從己，甚無謂也。大抵臣等所守，乃先王之正禮，而蘇軾之議，皆後世之便宜，權之與正，決不可合。伏望聖慈詳審其當，上以體神考之志，下以正千載之惑，不勝幸甚！」方送同議官簽書，其徒馳告軾曰：「若劉承旨議上，決恐難答。」時蘇轍爲門下侍郎，遂白令請降旨罷議，安世議竟不得上。

蕙田案：此元祐再議也。蘇軾所發六議辨矣，然衷而論之，有十二失焉。古者祭天特牲，後世乃有從祀百神。若果百神從祀，則《虞書》類上帝之下，不應又禋六宗、望山川、徧羣神矣。軾乃以百神從祀之故，謂皇地示亦宜從上帝，而合祭于圜丘，其失一也。謂古者秋分夕月于西郊，亦可謂陰時陰位矣，至于從祀上帝則冬至而禮月于南郊，以破陽時陽位不可求陰之説，夫既不以配月從祀之故而廢秋分之夕月，何得以地示從祀之故而廢夏至之方澤耶？其失二也。告祭不及地示，或經偶遺之。《昊天有成命》不足爲郊祀天地之證，劉安世之駁甚明。軾引此爲證，其失三也。謂光武親誅莽，亦采用元始合祭故事，不當以莽爲不足法，然沛公親滅秦而所用皆秦法，非秦法果足尚也。武王受命，未遑制作，必有待於周公。今以光武襲莽故事，遂謂不當以人廢，其失四也。漢魏及唐，誰則能復古禮者，不以三代聖人爲法，而以漢魏唐一切苟簡之世爲法，其失五也。又陳周禮、今禮之別，大意謂周禮必不可行，今禮決不可改，而不辨周禮之是與今禮之非，其失六也。謂今所行皆非周禮，獨於祭地示欲從周禮爲非義，則是孔子應以魯季世之禮爲禮，而餼羊決不可復存，其失七也。謂古天子王畿不過千里，故周禮可行。後世四海爲一，機務之煩億萬倍于古，則周禮不可行。然古之帝王，或盤于遊畋，或不遑暇食，或總攬大綱而有餘，或親決庶務而不足，俱在人主之自爲，而禮之可行不可行，曾不在是，軾之所言，是不爲也，非不能也，其失八也。天子儀物，日以滋多，此後世君日尊，臣日卑之陋習也，不改陋習而欲改古禮，其失九也。郊天祭地，天子歲必親行。三年一郊，非禮之正。今以是爲國朝之禮，非子孫所可輕易者，何其陋耶？其失十也。又謂盛夏出郊，官兵暴露，人馬喘汗，皆非夏至所能堪。是盛夏之日，君若臣俱當棲遲偃仰，而謂敬不足行，謂祭無益也，其失十一也。又郊有肆赦，有優賞諸軍，有蔭補親屬，有百官賜賚，既知其非禮矣，而曰一年再賞，力將不給，分而與之，人情豈不失望。軾之意，難于失人情而不難于改古禮，抑亦異矣，其失十二也。至于六年一祭之議，十月祭地之議，禁中望祀之議，説本悠謬，原不足辯。劉安世曰：「臣等所守，乃先王之正禮。蘇軾之議，皆後世之便宜。」可謂得其情矣。

【明艾南英《論宋天地合祭》】嗚呼！始爲天地合祭之説者誰歟？何其鄙誕而不經也。天地之形雖分，而同屬于陰陽之氣，則合陰陽之氣，天與地皆在其中，其分陰分陽者，一氣而已。天地之氣往而伸則爲陽，閉而息則爲陰，非天專有陽，地專有陰也。譬之人身，一呼吸之間而已，非以呼者專屬之精魂，以其吸者專屬之骨骸也。冬日至，祀天于南郊之圜丘，所以迎陽氣之始也，非祀天之形也。一氣漸萌于黃鐘之宫，地之陽氣與天俱升矣。《易》曰：「復其見天地之心乎。」夏日至祀地于北郊之方澤，所以迎陰氣之始也，非祀地之形也。霜露冰雪，以漸而至，天之陰氣，亦自是始升矣。天地可以形分，而陰陽之氣不可以分屬天地。南北郊之祭蓋分陰陽之氣而迎之，非分天地而祀之也。議者徒見《孝經》有父事天、母事地之文，遂有天地合祭若夫婦同牢之義，而以人神禮之。如是則所謂地者，殆將姑嫗其貌，勢必至如道家之妄，于山川、后土之神，一切冠以天妃、聖母、碧霞元君之像而後已。嗚呼，何其鄙誕而不經歟！《中庸》曰：「郊社之禮，所以事上帝也。」並舉郊社，非大社也，蓋指皇地祇而言，以其爲覆物載物之始，故皆稱上帝。然則南北郊之祭，雖謂之皆祀天可也，豈待後世紛更而配合之哉！况器用陶匏，牲用犢，異于明堂之祭者，不以人道事之而已，而又爲之合祭以類其配偶，是以人道事天地也。嗚呼，何其誕歟！至其最陋而不通，于是南郊之壇，其位次遍及于周天之宿；北郊之壇及于嶽鎮、海瀆、丘陵、墳衍，是真以南北郊之祭，爲分祀天地之形，無怪其亟亟然欲合之也！有南郊而無北郊，迎陽而不迎陰，然則獨陽不生，乾坤之策幾乎毁矣。其何以配天立極，爲天下神明之主乎？若夫萬乘之尊不可以暴暑，推恩太繁，六軍望倖，大裘不宜于仲夏之月，以其小不便，而廢先王對越天地之禮者，其議乃出于宋之名臣，嗚呼！又何足怪也！

觀承案：父天母地乃實理，亦實事，六經言之甚詳，不但《孝經》也。至王莽援之，而謂夫婦同牢，父母可以合食，因以爲合祭天地之徵，則非耳，前人論此已明。東坡圜丘六議，亦屬曲説而違經，不足論也。艾氏説力主分祭，極是。其謂冬至迎陽氣之始，夏至迎陰氣之始，非祀天地之形，則是迎氣之祭，而非所謂大報本反始矣。兩郊之禮，固非祀天地之形，然天高地下，昭然在目，不比他鬼神之有氣無形，則雖不以形祀，亦豈徒以氣求者。且謂分陰陽之氣而迎之，非分天地而祀之，不適爲合祭者之藉口乎？王者父天母地，無時無處而不然。然猶虛而無迹，惟郊祀之時，乃盡其父事母事之實。説者欲破合食之論，當曰一陽始生，事天於南郊，以就陽位，乃所謂父事天也；一陰始生，祭地於北郊，以就陰位，乃所謂母事地也。若合食於南郊，則亂其陰陽之位，是父天而亦父地矣。且廢其北郊之祭，是有父而已，無母矣，而謂父天母地也，可乎？是即以父天母地之義折之，而合祭之非禮已立判矣，又何待別爲之説哉？

宗元案：兩郊之宜分不宜合，禮經既有明文，前儒又有定論，其是非得失，本可一言而定。漢唐以下，尚紛然聚訟者，是未窺夫聖人制禮之精義，而徒分争於儀文器數之末，牽引於箋疏紀志之文，且但就兩郊分合論之，而不知總郊社禘嘗而思之耳。《虞書》「秩宗典朕三禮」，三禮者，天神、地示、人鬼，三才之禮也。聖人制禮，先洞徹乎三才一貫之大源，而後定爲報本反始之三大祭。欲合幽明上下而一之，必先辨幽明上下而分之。蓋人鬼則自親及尊，由衆而萃於一；天神地示則自尊及親，由一而涣於衆，故夫宗廟之禮，以三爲五，以五爲九，進羣廟祧廟而合之太廟，又進太廟而追所自出之一人，則惟配以太祖一位而不及其餘，此之謂自親以及尊而衆萃於一也。於是達之天地，而冬至祭天於南郊，即以其太祖一人配，而後分爲五帝、六宗、百神之羣祀，則漸近於人矣；夏至祭地於北郊，亦以其太祖一人配，而後分爲山川、社稷、百族之羣祀，則漸近於人矣，此之謂自尊及親而一涣於衆也。而皆配以太祖之一人，則三才一貫矣。夫配惟一人而自出、昊天、后土爲三大祭之主者，其反容有二乎？ 蓋禘與兩郊所以立三禮之大宗，惟截然各爲一祭而不相混，乃爲專志一心而格上下、達幽明，此聖人報本反始三大祭之精義也。若兩郊可合，則三禮已缺其一矣，何以爲三才立極，而成位於天地之中也哉？ 因前人論郊祀分合者皆未及此義，故略推言之。

【《哲宗本紀》】紹聖元年五月甲寅，右正言張商英言：「先帝謂天地合祭非古。」詔禮部、太常詳議以聞。

【《禮志》】紹聖元年，以右正言張商英言：「先帝制詳定禮文所，謂合祭非古，據經而正之。元祐之臣，乃復行合祭，請再下禮官議。」御史中丞黄履謂：「南郊合祭，因王莽諂事元后，遂躋地位，合席同牢。迨先帝親郊，大臣以宣仁同政，復用莽意合祀，瀆亂典禮。」帝以詢輔臣，章惇曰：「北郊止可謂之社。」黄履曰：「郊者，交於神明之義，所以天地皆稱郊。社者，土之神爾，豈有祭大祇亦可謂之社乎？」乃以履奏送禮部、太常寺。權禮部侍郎盛陶、太常丞王誼等言：「宜用先帝北郊儀注，以時躬行，罷合祭禮。」已而三省言：「合祭既非禮典，但盛夏祭地祇，必難親行。」詔令兩省、臺諫、禮官同議，可親祀北郊，然後罷合祭之禮。曾布、錢勰、范純禮、韓宗師、王古、井亮采、常安民、李琮、虞策、劉定、傅楫、黄裳、豐稷、葉祖洽等言，互有是否。蔡京、林希、蔡卞、黄履、吴安持、晁端彦、翟思、郭知章、劉拯、黄慶基、董敦逸等請罷合祭。詔從之。然北郊親祀，終帝之世未克舉云。

【《文獻通考》】紹聖元年，詔：「罷合祭天地，自今因大禮之歲夏至之日，躬祭地于北郊。應緣祀事儀物及壇壝、道路、帷宮等，宜令有司參酌詳具以聞。」蓋用蔡京等議。然北郊親祠，終帝世未克舉云。

【《宋會要》】紹聖元年五月，右正言張商英言：「神宗以歷代典禮訛謬，謂合天地非古也，據經而正之。元祐之臣，乃率其私意，剗蕩前美，既獲權且合祭指揮于前，蘇軾又發六議于後。」太常博士陳祥道又以《昊天有成命》，郊祀天地之詩，爲合不可破之論。或折祥道曰：「審如子言，則春夏祈穀于上帝，豈以夏祈而合春乎？《般》巡守而祀四岳、河、海也，《詩》曰：『允猶翕河。』豈以海岳之祀而合于河乎？」祥道屈無以對。御史中丞黃履言：「《昊天有成命》，郊祀天地。詩之終篇雖不言地，而用可通，是以序兼言之，亦猶《天作》祀先王先公，《般》巡守祀四岳河海，詩不言，其指皆同。由是推之，天地不可合祀亦昭然矣。」後黃履、林希等議請罷合祭天地。自後，間因大禮歲，以夏至之日親祠北郊，其親祠北郊歲，更不親祠南郊。

蕙田案：此紹聖三議也。張商英、黃履之言甚正，然人主以親祠爲難，古禮亦無復可說。

【《哲宗本紀》】元符元年十一月甲子，祀昊天上帝于圜丘，赦天下。

【《禮志》】元符元年，左司員外郎曾旼言：「周人以氣臭事神，近世易之以香。按何佟之議，以爲南郊、明堂用沉香，本天之質，陽所宜也；北郊用上和香，以地于人親，宜加雜馥。今令文北極天皇而下皆用濕香，至于衆星之位，香不復設，恐於義未盡。」于是每陛各設香。又言：「先儒以爲實柴所祀者無玉，槱燎所祀者無幣。今太常令式，衆星皆不用幣，蓋出于此。然考《典瑞》、《玉人》之官，皆曰『圭璧以祀日月星辰』，則實柴所祀非無玉矣。槱燎無幣，恐或未然。」至是遂命衆星隨其方色用幣。

【《樂志》】元符親郊五首：餘同咸平，凡闕者皆用舊詞。

降神，《景安》六變辭同。　無爲靡遠，深厚廣圻。祭神恭在，弁冕袞衣。粢盛豐美，明德馨輝。以祥以佑，非眇專祈。

升降，《乾安》罍洗、飲福並奏。　神靈擁衛，景從雲隨。玉色溫粹，天步舒遲。周旋陟降，皇心肅祇。千靈是保，百福攸宜。

退文舞、迎武舞，《正安》　左手執籥，右手秉翟。進旅退旅，萬舞有奕。

徹豆，《熙安》　陟彼郊丘，大祀是承。其豆孔庶，其香始升。上帝時歆，以我齊明。卒事而徹，福禄來成。

送神，《景安》　馨遺八尊，器空二簋。至祀至虔，穹祇既祉。

【《徽宗本紀》】建中靖國元年十一月辛未，出御製南郊親祀樂章。庚辰，祀天地于圜丘，赦天下。

【《范百禄傳》】是歲郊祀，議合祭天地，禮官以《昊天有成命》爲言。百禄曰：「此三代之禮，奈何復欲合祭乎？《成命》之頌，祀天祭地，均歌此詩，亦如春夏祈穀而歌《噫嘻》，亦豈爲一祭哉？」争久不決，質于帝前。宰相曰：「百禄之言，禮經也；今日之用，權制也。陛下始郊見，宜以並事天地爲恭。」于是合祭。

【《文獻通考》】建中靖國元年，詔：「初祀南郊，權合祭天地于圜丘。」起居郎周常等以合祭爲非禮，曾布主其説，乃詔罷合祭。

是歲，帝初郊。十一月戊寅，玉輅至景靈宮行禮畢，赴太廟，大雪，上遣内臣問二相：「若大風雪不止，何以出郊？」右相曾布奏云：「郊禮尚在後日，雪勢暴，必不久，況乘輿順動，理無不晴，若更大雪，亦須出郊。必不可升壇，則須於端誠殿望祭，此不易之理。」已降御札，頒告天下，何可中輟？」左相韓忠彦欲于大慶殿望祭，布不可，以爲：「若還就大慶，是日却晴霽，奈何？」議遂定。中夜雪果止，五更上朝，享九室，已見月色。己卯黎明，自太廟齊殿步出廟門，升玉輅，景色已開霽，時見日色。巳午間至青城，晚遂晴；五使巡仗至玉津園，夕陽滿野。庚辰四鼓，赴郊壇行禮，天色晴明，星斗粲然。五鼓，二府稱賀于端誠殿，黎明，升輦還内。

【《盛陶傳》】召爲太常少卿。議合祭天地，請從先帝北郊之旨。既而合祭，陶即奉行，亦不復辯執也。

【《宋史・樂志》】政和親郊三首：

皇帝升降，《乾安》　因山爲高，爰陟其首。玉趾躩如，在帝左右。帝謂我王，予懷仁厚。眷言顧之，永綏九有。

配位酌獻，《大寧》　於穆文祖，妙道九德。默契靈心，肇基王迹。啓佑後人，垂裕罔極。合食昭薦，孝思維則。

於皇順祖，積德累祥。發源深厚，不耀其光。基天明命，厥厚克昌。是孝是享，申錫無疆。

蕙田案：建中靖國元年所製，即此樂章，以政和紀年稍長，遂書政和耳。

【《徽宗本紀》】崇寧三年十一月丙申，祀

昊天上帝于圜丘。

大觀四年十一月丁卯，祀昊天上帝于圜丘，赦天下，改明年元。

政和三年十一月癸未，祀昊天上帝于圜丘，大赦天下。

【《禮志》】政和三年，詔有司討論壇壝之制。十月，禮制局言：「壇舊制四成，一成二十丈，再成十五丈，三成十丈，四成五丈，成高八尺一寸；十有二陛，陛十有二級；三壝，二十五步。古所謂地上圜丘、澤中方丘，皆因地形之自然。王者建國，或無自然之丘，則于郊擇吉土以兆壇位。爲壇之制，當用陽數，今定爲壇三成，一成用九九之數，廣八十一丈，再成用六九之數，廣五十四丈，三成用三九之數，廣二十七丈。每成高二十七尺，三成總二百七十有六，《乾》之策也。爲三壝，壝三十六步，亦《乾》之策也。成與壝俱三，參天地之數也。」詔行之。

蕙田案：乾策二百一十六，「七」爲誤字顯然。「每成高二十七尺」，三下，當有脱文。蓋每成二十七尺，三成則八十一尺，合九九之數。其合乾策者，乃陛級之數也，以是年所定方壇制度參考可見。

政和三年，議禮局上《五禮新儀》：皇帝祀昊天上帝，太史設神位版，昊天上帝位于壇上北方南向，席以稾秸；太祖位于壇上東方南向，席以蒲越；天皇大帝、五方帝、❶大明、夜明、北極九位于第一龕；北斗、太一、

❶「方」，原脱，據《五禮新儀》卷二《序例》及卷二五《皇帝祀昊天上帝儀》補。

天一、❶帝坐、五帝内坐、五星、十二辰、河漢等内官神位五十有四于第二龕；二十八宿等中官神位百五十有九于第三龕；外官神位一百有六于内壝之内；衆星三百有六十于内壝之外。第一龕，席以稾秸，餘以莞，席皆内向。其位版之制：上帝位版長三尺，取參天之數；厚九寸，取乾元用九之數；廣尺二寸，取天之備數；書徽號以蒼色，取蒼璧之義。

【《文獻通考》】政和三年冬十一月癸未，郊。上搢大圭，執玄圭，以道士百人執儀衛前導，蔡攸爲執綏官。玉輅出南熏門至玉津園，上忽曰：「玉津園東若有樓殿重複，是何處也？」攸即奏：「見雲間樓殿、臺閣，隱隱數重，既而審視，皆去地數十丈。」頃之，上又曰：「見人物否？」攸即奏：「若有道流童子持幡節蓋，相繼而出雲間，衣服眉目，歷歷可識。」攸請付史館，宰相蔡京率百僚稱賀。

【《宋史・徽宗本紀》】政和六年九月辛卯朔，詣玉清和陽宫，上太上開天執符御曆含真體道昊天玉皇上帝徽號寶册。丙申，赦天下。十一月丁酉，朝獻景靈宫。戊戌，享太廟。己亥，祀昊天上帝于圜丘，赦天下。

宣和元年十一月乙卯，祀昊天上帝于圜丘，赦天下。

四年十一月庚午，祀昊天上帝于圜丘，赦天下。

七年十一月丙戌，祀昊天上帝于圜丘，赦天下。

❶「天一」二字，原脱，據《五禮新儀》卷二《序例》及卷二五《皇帝祀昊天上帝儀》補。案上文引《郊祀録》：「壇第二等祀天皇大帝、北斗、天一、太一。」「北斗」下即有「天一」二字。

【《輿服志》】政和議禮局上：大裘，青衣纁裏，黑羔皮爲領、褾、襈，朱裳，被以衮服。冬至祀昊天上帝服之，立冬祀黑帝，立冬後祭神州地祇亦如之。

【《陸佃傳》】佃拜尚書右丞。徽宗祀南郊，有司欲飾大裘匣，度用黄金多。佃請易以銀。徽宗曰：「匣必用飾耶？」對曰：「大裘尚質，後世加飾焉，非禮也。」徽宗曰：「然則罷之可乎？」數日來，豐稷屢言之矣。」佃因贊曰：「陛下及此，盛德之舉也。」

五禮通考卷第十四

淮陰吴玉搢校字

五禮通考卷第十五

内廷供奉禮部右侍郎金匱秦蕙田編輯
太子太保總督直隸右都御史桐城方觀承同訂
按察司副使元和宋宗元
貢士吴江顧我鈞　參校

吉禮十五

圜丘祀天

【《宋史·高宗本紀》】建炎二年冬十一月壬寅，冬至，祀昊天上帝於圜丘，以太祖配，大赦。

【《禮志》】建炎二年，高宗至揚州，庶事草創，築壇於州南門内江都縣之東南。詔東京所屬官吏奉祭器、大樂、儀仗、法物赴行在所。是歲冬至，祀昊天上帝，以太祖配。

【《文獻通考》】高宗建炎二年，詔行郊祀之禮。冬至日，合祭天地。上自常朝殿用細仗千三百有五人，詣壇行禮。

蕙田案：《建炎以來朝野雜記》明云是年獨祭上帝，《通考》既採之於後，而此處反言合祭，蓋徒見十三年以後俱合祭，而不知是年實不合也。當以《宋史》紀志爲正。

【《樂志》】高宗建炎初，國步尚難，乃詔有司，天帝、地祇及他大祀，先以時舉。太常尋奏，近已增募樂工，干羽簨簴亦備，始循舊禮，用登歌樂舞。其祀昊天上帝：

降神，用《景安》，圜鐘爲宮，一奏　蒐講上儀，式修毖祀。日吉辰良，禮成樂備。

風馭雲旗，聿來歆止。嘉我馨德，介茲繁祉。

黄鐘爲角，一奏　我將我享，涓選休成。執事有恪，惟寅惟清。樂既六變，肅雍和鳴。高高在上，庶幾是聽。

太簇爲徵，一奏　禮崇禋祀，備物薦誠。昭格穹昊，明德惟馨。風馬雲車，肸蠁居歆。申錫無疆，賚我思成。

姑洗爲羽，一奏　惟天爲大，物始攸資。恭承禋祀，以報以祈。神不可度，日監在茲。有馨明德，庶其格思。

皇帝盥洗，《正安》　靈承上帝，厲意專精。設洗於阼，罍水以清。盥以致潔，感通神明。無遠弗届，其饗茲誠。

升壇，《正安》　皇矣上帝，神格無方。一陽肇復，典祀有常。豆登豐潔，薦德馨香。棐忱居歆，降福穰穰。

上帝位，奠玉幣，《嘉安》　治極發聞，不瑕有芬。嘉玉陳幣，神届欣欣。誠心昭著，欽恭無文。以妥以侑，薦祜何垠。

太祖位奠幣，《定安》　茫茫蒼穹，孰知其紀！精意潛通，雖遠而邇。量幣薦誠，有實斯篚。睠然顧之，永錫繁祉。

皇帝還位，《正安》　典祀有常，昭事上帝。奉以告虔，逮迄奠幣。鐘鼓既設，禮儀既備。神之格思，恭承貺賜。

捧俎，《豐安》　祀事孔明，禮文惟楙。爰潔犧牲，載登俎豆。或肆或將，無聲無臭。精祲潛通，永綏我后。

上帝酌獻，《嘉安》　氣萌黄鐘，萬物資始。欽若高穹，吉蠲時祀。神筴泰元，增授無已。羣生熙熙，亟蒙繁祉。

太祖位酌獻，《英安》　赫赫翼祖，受命于天。德邁三代，威加八埏。陟配上帝，明禋告虔。流光垂裕，于萬斯年。

文舞退，武舞進，《正安》　大德曰生，陰陽寒暑。樂舞形容，干戚籥羽。一弛一張，退旅進旅。神安樂之，祉錫綿宇。

亞終獻，《文安》　惟聖普臨，順皇之德。典禮有彝，享祀不忒。籩豆静嘉，降登肹飭。神具醉止，景貺咸集。

徹豆，《肅安》　内心齊誠，外物蠲潔。神來迪嘗，俎豆既徹。燕及羣生，靡或夭閼。降福穰穰，時萬時億。

送神，《景安》　於赫上帝，乘龍御天。惟聖克事，明饗斯虔。薦豆云徹，靈猋且旋。載錫休祉，其惟有年。

望燎，《正安》　靈承上帝，精意感通。馨香旁達，粢盛既豐。登降有儀，祀備樂終。神之聽之，福禄來崇。

【《高宗本紀》】紹興五年冬十一月戊寅，郊。

【《禮志》】紹興十二年，臣僚言：「自南巡以來，三歲之祀，獨於明堂，而郊天之禮未舉。來歲乞行大禮。」詔建圜壇於臨安府行宫東城之外，自是凡六郊焉。

【《高宗本紀》】紹興十三年春二月甲子，製郊廟祭器。三月丙午，築圜丘。十一月庚申，日南至，合祀天地于圜丘，太祖、太宗並配，大赦。

【《禮志》】紹興十三年，太常寺言：「國朝圜壇在國之東南，壇側建青城齋宫，以備郊宿。今宜於臨安府行宫東南修建。」於是，遂詔臨安府及殿前司修建圓壇，第一成縱廣七丈，第二成縱廣一十二丈，第三成縱廣一十七丈，第四成縱廣二十二丈。一十二陛，每陛七十二級，每成一十二綴。三壝，第一壝去壇二十五步，中壝去内壝、外壝去中壝各半之。燎壇方一丈，高一丈二尺，開上南出户，方六尺，三出陛，在壇南二十步丙地。其青城及望祭殿與行事陪祀官宿齋幕次，並令絞縛，更不修蓋。先是，張杓爲京兆尹，議築齋宫，可一勞永逸，宇文价曰：「陛下方經略河南，今築青城，是無中原也。」遂罷役。

【《輿服志》】中興後，以事天尚質，屢詔郊壇不得建齋宫，惟設幕屋而已。其制，架木而以葦爲障，上下四旁周以幄帟，以象宫室，謂之幕殿。及行事，又于壇所設大小次。大小次之外，又有望祭殿，遇雨則行事于中。東都時爲瓦屋五間，周圍重廊。中興後，惟設葦屋，蓋倣清廟茅屋之制也。紹興十三年，禮部侍郎王賞等言：「郊祀大禮，合依《禮經》，皇帝服大裘被衮行禮。據元豐詳定郊廟禮文，何洵直議以黑繒創作大裘如衮，惟領袖用黑羔。乞如洵直議。」詔有司如祖宗舊制，以羔製之。禮部又言：「關西羊羔，係天生黑色。今有司湼白羔爲之，不中禮制，不如權以繒代。又元祐中，有司欲爲大裘，度用百羔。哲宗以爲害物，遂用黑繒。請依太常所言。」從之。遂以衮襲裘，冕亦十二旒焉。

蕙田案：中興草創，尚知議禮，以衮襲裘，可謂合先王之法服矣。

【《文獻通考》】詔：「將來郊祀大禮排設大駕鹵簿仗内六引，並郊廟合用祭器，令禮兵部、太常寺討論名件數目。」

據討論：國初，大駕儀仗總一萬一千二百二十二人。今已有黄麾半仗二千四百八十三人，玉輅，腰、小輿，大輦，逍遥子下一千九人外，其金、象、革、木輅，芳亭、鳳輦，屬車，寶輿一千二百七十三人，天武、捧日、奉宸隊六千四百五十七人，仗内六引鼓吹前後部一千五百人。其法物、儀仗合用文繡，以纈充代。并郊祀天地、宗廟從祀共七百七十一位，用祭器籩、豆、簠、簋、罇、罍、樿杓、鐙、鉶鼎、牛鼎、羊鼎、摶黍豆、毛血盤、幣、篚、匏爵坫、盤、匜、罍、洗、爵、盞坫、飲福俎、燭臺俎共九千二百五件。太廟共五百九十六件，内用銅、玉者，權以陶、木代之。至十六年，始製造如政和之制。

太常寺言：「大禮依儀：前三日，皇帝詣大慶殿宿齋。前二日，皇帝服通天冠、絳紗袍，乘玉輅，詣景靈宮聖祖天尊大帝前行禮，差侍從官分詣玄天大聖后并諸殿神御前行禮畢，皇帝服通天冠、絳紗袍，乘玉輅，詣太廟宿齋。前一日，皇帝詣太廟諸室前行禮畢，皇帝服通天冠、絳紗袍，乘玉輅，詣青城宿齋。冬至日，皇帝詣圜壇行禮。禮畢，擇日恭謝景靈宮，徧詣諸殿行禮。」從之。既而禮部侍郎王賞言，以行在街道與在京不同，其詣景靈、太廟權依四孟朝獻禮例，服履袍乘輦。其後並同此制。

禮部、太常寺言修立郊祀大禮儀注：

前祀十日，質明，誓戒有司，設行事、執事及陪祀文武官位于尚書省，左僕射、刑部尚書在北，南向，左僕射在左，刑部尚書在右；刑部尚書稍却。行事，左僕射在南，吏部、户部、禮部、刑部尚書，吏部、禮部、刑部侍郎，押樂太常卿、光禄卿，押樂太常丞、光禄丞、功臣、獻官在其南。凡設光禄丞以下位，皆稍却。次分獻官，次執事官，又于其南，俱北向，西上。監察御史位二，在西，東向北上。讀册、舉册官，奉禮協律郎，太祝、郊社、太官令在東，西向北上。奉禮郎以下位，皆稍却。設陪祀文武百官位于行事官之南，又設行事、執事及陪祀親王、宗室位于太廟齋坊。右僕射、刑部侍郎在北，南向，右僕射在左，刑部侍郎在右。刑部侍郎稍却。亞、終獻在南，北向西上。親王及行事、執事、陪祠宗室在東，西向北上。閤門、御史臺、太常寺自下分引羣官各就位。凡將引行事、執事、陪祠文武官立班，即御史臺引殿中侍御史一員先入就位。左僕射讀誓于尚書省，刑部尚書涖之；右僕射讀誓于太廟齋坊，刑部侍郎涖之。誓文曰：「今年十一月某日，冬日至，皇帝謁款于南郊，合祭天地。前二日，朝獻景靈宮；前一日，朝享太廟。各揚其職，其或不恭，國有常刑。」讀訖。內執事官奉禮郎以下，文官宣教郎以下，武官從義郎以下，先退。餘官並對拜訖退。

致齋

皇帝散齋七日于別殿，致齋三日。一日于大慶殿，一日于太廟，一日于青城。凡散齋，不弔喪、問疾、作樂，有司不奏刑殺文書。致齋日，前後殿不視事，唯行祀事。前致齋一日，儀鑾司帥其屬鋪御座于大慶殿當中，南向；設東西房于御座之左右，稍北；又設西閤及齋室于殿後之左右，殿上前楹施簾。致齋之日，質明，有司陳平輦于垂拱殿庭，文武百官俱就次，各服其服。閤門奏請皇帝未後詣齋室，宣贊舍人等自下分引知樞密院事以下詣垂拱殿庭，立以俟。閤門附內侍進班齊牌，垂拱殿簾降。皇帝乘輦出，至殿上少駐。輦官迎駕，自贊常起居。宣輦官上殿，簾捲，鳴鞭，行門禁衛諸班親從迎駕，自贊常起居，次舍人先贊知內侍省官以下常起居，次樞密以下通班常起居，贊祇候引駕。樞密、知客省事以下至簽書、閤門官分左右立，應奉官祇應，通侍大夫以下，武功大夫以下，並先退。次管軍臣僚宣名常起居，贊祇候引駕，並分左右前導。輦降東階垂拱殿門外，禁衛諸班親從自贊常起居，次行宮御營巡檢一班常起居。如通侍大夫以下，知客省事以下，武功大夫以下，知内侍兩省帶御器械官、充行宮使，御營巡檢，各歸本班。至大慶殿後閤如步至大慶殿後閤，臨時聽旨。降輦，入西閤，大慶殿簾降，前導官並就次易朝服，詣御榻前分左右侍立。知樞密院事、簽書樞密院事在東，西向北上；同知樞密院事在西，東向；侍中一員在知樞密院事之北，贊引閤門官一員又在其北，並西向；知客省事以下在簽書樞密院事之南，稍東，西向北上；簽書知客省事以下又在其南，稍却。宣贊舍人等分引行事、執事、陪祠文武官，各綪結佩，入詣大慶殿庭立班，禮直官、舍人引禮部侍郎奏「請中嚴」，少頃，又奏「外辦」。符寶郎奉寶陳于御榻之左右，皇帝服通天冠、絳紗袍，綪結佩，出西閤乘輿，稱警蹕，侍衛如常儀。由西房至御榻西降輿，皇帝即御座南向，侍臣夾侍，贊拜閤門官于榻前贊樞密以下拜，殿之上下應在位官皆再拜。閤門官贊拜訖，轉身北向隨拜訖，面西，贊：「各祗候。」次禮直官引侍中詣御座前，俛伏，跪奏稱：「侍中臣某言，請皇帝降座就齋室。」奏訖，俛伏，興，還侍立。凡侍中奏請准此。皇帝降座乘輿，由東房入齋室，侍臣各還所司，直衛者如常儀。宣贊舍人分引行事、執事、陪祠文武官以次出。三省、親王、樞密、宗室起居問聖體，並如閤門儀。應行事、執事、陪祠官及從升者並散齋七日，宿于正寢；致齋三日，各宿于其次。凡散齋，治事如故，唯不弔喪、問疾、作樂、判書刑殺文書、決罰罪人及與穢惡。致齋之日，官給酒饌。唯祀事得行，其餘悉禁。與祀之官已齋而缺者，通攝行事。

奏告

前祀二日，奏告太祖皇帝、太宗皇帝室，如常告之儀。

陳設

前祀三日，儀鸞司帥其屬設大次于外壝東門之内道北，南向；小次于午階之東，西向。又設文武侍臣次于大次之前，隨地之宜；行事、陪祠官、宗室及有司次于外壝東門之外；設東方、南方客使次于文官之後，西方、北方客使次于武官之後。設饌幔于内壝東門之外，隨地之宜。前祀二日，郊社令帥其屬埽除壇之上下，積柴于燎壇。光禄牽牲詣祠所，太常設登歌之樂于壇上稍南，北向；及設宮架于壇南内壝之外，立舞表于酇綴之間。前祀一日，太常設神位席，太史設神位版。昊天上帝位、皇地祇位于壇上北方，南向西上，席以藁秸；太祖皇帝位、太宗皇帝位于壇上東方，西向北上，席以蒲越；天皇大帝、五方帝、大明、夜明、北極、神州地祇十位于第一龕；北斗、天一、太一、帝座、五星、十二辰、河漢等内官、五行、五岳神位六十有九于第二龕；二十八宿等中官、五鎮、四海、四瀆神位百七十有二于第三龕；外官、山林、川澤、丘陵、墳衍、原隰神位百五十有六于内壝之内；衆星神位三百有六十于内壝之外。第一龕，席以藁秸，餘以莞，而席皆内向，如太史之制。昊天上帝、皇地祇、配帝、天皇大帝、五方帝、大明、夜明、北極、神州地示之座，及禮神之玉，俟告潔訖權徹。其内官、中官、外官、衆星等位皆設定。奉禮郎、禮直官設皇帝位版于壇下小次前，西向；飲福位于壇上午階之西，北向；望燎位于柴壇之北，南向；望瘞位于瘞坎之南，北向。設爟火二，一于望燎位之東南，一于望瘞位之西北。東西各二人。贊者設亞獻、終獻位于小次之南稍東，西向；大禮使、左僕射又于其南，行事吏部、户部、禮部、刑部尚書，吏部、刑部侍郎，光禄卿，讀册、舉册官，光禄丞位于大禮使之東，光禄丞稍却。奉禮郎、太祝、郊社、太官令位于小次之東北，俱西向北上。監察御史位二，一于壇下午階之西南，一于子階西北。協律郎二，一于壇上樂虡西北，一于宫架西北，俱東向。押樂太常丞于登歌樂虡北，押樂太常卿于宫架北，良醞令于酌罇所，俱北向。又設陪祠文武官位于執事官之南，諸方客使在文官之南，隨其方國。光禄陳牲于東壝門外西向，祝史各位于牲後，太常設省牲位于牲西。大禮使、左僕射在南，北向西上，分獻官位于其後；行事吏部、户部、禮部、刑部尚書，吏部、禮部、刑部、侍郎，押樂太常卿、光禄卿，讀册、舉册官，押樂太常丞、光禄丞，奉禮、協律郎，太祝、郊社、太官令在北，南向西上；凡設太常丞以下位，皆稍却。監察御史在吏部尚書之西，異位稍却。光禄陳禮饌于東壝門外道北，南向；太常設省饌位版于禮饌之南。大禮使、左僕射在南，北向西上，分獻官位于其後；監察御史二，俱在西，東向北上；行事吏部、户部、禮部、刑部尚書，吏部、禮部、刑部侍郎，押樂太常卿、光禄卿，讀册、舉册官，押樂太常丞、光禄丞，奉禮、協律郎，太祝、郊社、太官令在東，西向北上。禮部帥其屬設祝册案于神位之右，司尊彝帥其屬設玉、幣篚于酌尊所。次設籩、豆、簠、簋之位：正、配位皆左二十有五籩，右二十有五豆，俱爲四行，俎二在籩前，登一在籩、豆間，簠七、簋七在籩、豆外二俎間，簠在左，簋在右。又設尊罍之位：每位皆著尊

二、壺尊二，皆有罍，加勺、冪，爲酌尊；太尊二、山尊二、犧尊二、象尊二，皆有罍，加冪，設而不酌，並在壇上稍南，北向西上。配位設于正位酒尊之東，每位皆有爵坫。又設從祀諸神籩、豆、簠、簋之位：第一龕每位皆左十籩，右十豆，俱爲三行，俎二在籩、豆前，登一在籩、豆間，簠一、簋一在二俎間，簠在左，簋在右，爵一在俎前，加坫；內神州地祇加盤一，在登之前。其餘神位，每位皆左二籩，右二豆，俎一在籩、豆前，簠一、簋一在俎前，簠在左，簋在右，爵一次之，登一在籩、豆間。內五行、五官、五岳，每位加盤一，在登之前。并內壝外衆星位，皆不設登。又設從祀尊坫之位：第一龕，每龕太尊二、著尊二，太尊在上；第二龕，每龕犧尊二、象尊二；第三龕，每龕象尊二、壺尊二，象尊在上。內壝之內，每階概尊二；內壝之外，每階散尊二。皆加勺、冪，在神位之左。又設正配位籩、豆、簠、簋、盤、俎各一于饌幔內，設進盤、匜于壇下午階東南，北向。設進盤、匜、帨巾，內侍立于皇帝版位之後，分左右：奉盤者北向，奉匜及執巾者南向。又設亞終獻盥洗、爵洗于其位之南，盥洗在東，爵洗在西。罍在洗東，加勺，篚在洗西南，執罍、篚者位于其後，分獻官盥洗各于其方。陛道之左，罍、篚各設于左右，皆內向，執罍、篚者位其後。祀日丑前五刻，郊社令與太史官屬各服其服升壇，設昊天上帝、皇地祇、太祖皇帝、太宗皇帝神位版于壇上，又設天皇大帝、五方帝、大明、夜明、北極、神州地祇十位于第一龕。太府卿帥其屬入陳幣于篚，少府監陳玉，各置于神位前。昊天上帝以蒼璧，皇地祇以黃琮，青帝以青珪，赤帝以赤璋，黃帝以黃琮，白帝以白琥，黑帝以黝璜，神州地祇以兩圭有邸，日月以璧，五岳以兩圭有邸，皆盛于匣。昊天上帝、配帝幣皆以蒼，皇地示以黄，日月内官以下各從其方色。光禄卿帥其屬入實正配位籩、豆、簠、簋。籩四行，以右爲上。第一行糗餌在前，粉餈次之；第二行麷在前，❶蕡、白、黑、形鹽、膴、鮑魚、鱐次之；第三行乾棗在前，濕棗、栗、濕桃、乾桃、濕梅、乾橑、榛實又次之；第四行菱在前，芡、栗、鹿脯又次之；豆四行，以左爲上。第一行酏食在前，糝食次之；第二行韭菹在前，醓醢、昌本、麋臡、菁菹、鹿臡、茆菹、麇臡又次之；第三行葵菹在前，蠃醢、脾析、蠯醢、蜃蚳醢、豚拍、魚醢又次之；第四行芹菹在前，兔醢、深蒲、醓醢、箈菹、雁醢、筍菹、魚醢又次之；簠實以稻粱，粱在稻前；簋實以黍稷，稷在黍前。登實以大羹。太官令帥其屬入實俎。籩前之俎實以牛腥七體，兩髀、兩肩、兩脅并脊，兩髀在兩端，兩肩、兩脅次之，脊在中。豆右之俎二，爲二重，以北爲上。第一重實以牛腥，腸、胃、肺，離肺一在上端，寸肺三次之，腸三、胃三又次之。第二重實以牛熟，腸、胃、肺，其載如腥。若配位，即以東爲上。良醖令帥其屬入實尊罍。著罇二，一實玄酒，一實醴齊，皇帝酌之；壺罇二，一實玄酒，一實盎齊，亞終獻酌之。太罇二，一實泛齊，一實醴齊。山罇二，一實盎齊，一實醍齊。犧罇二，一實沈齊，一實事酒。象罇二，一實昔酒，一實清酒，並設而不酌。凡罍之實，各視其罇。又實從祀神位之饌。第一龕，每位籩三行，以右爲上。第一行乾橑在前，乾棗、形鹽、魚鱐次之；第二行鹿脯在前，榛實、乾桃次之；第三行菱在前，芡、栗次之。豆三行，以左爲上。第一行芹菹在前，筍菹、葵菹、菁菹次之；第二行韭菹在前，魚醢、兔醢次之；第三行豚拍在前，鹿臡、醓醢次之。簠實以稻粱，粱在稻前。簋實以黍稷，稷在黍前。籩前之俎，實以羊腥，髀一。豆前之俎，實以豕腥，髀一。登實以太羹，爵實以酒。其餘諸神位，每位左二籩，栗在前，鹿脯次之；右二豆，菁菹在前，鹿臡次之。簠實以稷，簋實以黍。俎實以羊豕腥肉，登實以太羹。爵實以酒，神州地祇、五行、五官、五岳又實盤以毛血。又實從祀神位之罇。太罇實以泛齊，犧罇實以醴齊，壺罇實以沈齊，各以一罇實明水，概罇實以清酒，散罇實以昔酒，各以一罇實玄酒，著罇、象罇俱實明水。上帝、配

❶「麷」，原作「醴」，據庫本改。

帝之饌升卯階，其餘神位各由其階升。太常設燭于神位前，又設大禮使以下行事、執事官揖位于卯階之東內壝外，如省牲位。

車駕詣青城

前祀一日，皇帝于太廟朝享畢，既還大次，禮部郎中奏「解嚴」訖，請皇帝入齋殿，所司轉仗衛鹵簿。陪祀文武官先赴圓壇、青城齋宮，導駕官以下就次，各服其服。有司進輿于齋殿，乘黃令進玉輅于太廟櫺星門外，東向，千牛將軍一員執長刀立于輅前，西向，參知政事一員立于侍中之前，贊者二人又立于其前。少頃，御史臺、太常寺、閤門分引侍中、參知政事、太僕卿、乘黃令詣大次門外立班，北向東上，乘黃令位其後，次引導駕官以下在其後，分東西相向立，以俟奉迎前導，次管軍臣僚又在其後。禮直官、宣贊舍人引禮部侍郎奏「中嚴」，凡侍中、參知政事、禮部侍郎奏請，皆禮直官、宣贊舍人引。少頃，又奏：「外辦。」皇帝服通天冠、絳紗袍，自齋殿詣大次。行門禁衛、諸班親從等諸司人員以下各自贊常起居；次知客省事以下，樞密都承旨以下，知內侍省事以下，帶御器械官、應奉、祗應、通侍大夫以下，武功大夫以下及幹辦庫務文臣一班常起居。俟皇帝乘輿以出，宣贊舍人贊侍中以下常起居，次導駕官常起居，已起居者止奏聖躬萬福。次管軍臣僚並常起居，該宣名者即宣名。若得旨免起居，更不起居。皇帝乘輿以出，稱警蹕，侍衛如常儀。太僕卿出詣玉輅所，攝衣而升，正立執轡，導駕官步導皇帝至廟門外玉輅所，侍中進當輿前，俛伏，跪奏：「侍中臣某言，請皇帝降輿升輅。」奏訖，俛伏，興，退復位。凡侍中奏請准此。千牛將軍前跪執轡，乘黃令稍前進玉輅，皇帝降輿升輅，太僕卿立授綏，導駕官分左右步導，參知政事進當輅前，俛伏，跪奏：「參知政事臣某言，請車駕進發。」奏訖，俛伏，興，退復位，凡參知政事奏請准此。車駕動，稱警蹕。侍中先詣侍臣上馬所以俟，參知政事及贊者夾侍以出，千牛將軍夾輅而趨。車駕將至侍臣上馬所，參知政事奏「請車駕少駐，敕侍臣上馬」，侍中前承旨，退稱曰：「制可。」參知政事傳制稱：「侍臣上馬。」贊者承傳，敕侍臣上馬，諸侍衛之官各督其屬左右翊駕，在黃麾内。符寶郎奉八寶前導，殿中監後部從，導駕官夾侍于前，贊者在侍中、參知政事之前。侍臣上馬畢，參知政事奏「請車駕進發」，車駕動，❶稱警蹕，不鳴鼓吹，大駕鹵簿前導詣青城。車駕將至青城，閤門、御史分引陪祠文武官、宗室、客使，禮直官、贊者引行事、執事官俱詣泰禋門外立班，再拜奉迎訖，退。内有已起居者，止奏聖躬萬福。車駕及門少駐，文武侍臣皆下馬，導駕官步導入門。車駕動，千牛將軍夾輅而趨，至端誠殿前迴輅南向，千牛將軍立于輅右。侍中奏「請皇帝降輅乘輿」，有司進輿于輅後，皇帝降輅乘輿入齋殿，侍衛如常儀。導駕步導至殿前，皇帝降輿，歸殿後閤，簾降，宣贊舍人承旨，敕羣官各還次。學士院以祝册授通進司，進御書訖，付尚書禮部。

省牲器

是日午後七刻，去壇三百步禁行者。未後二刻，郊社令帥其屬埽除壇之上下，司罇彝帥府史及執事者以祭器入設于位。凡祭器皆藉以席。籩豆又加巾蓋。太府卿、少府監陳玉幣于篚。告潔畢，權徹。未後三刻，禮直官、贊者

❶「動」字，原脱，據《文獻通考》卷七二補。

分引大禮使以下詣東壝門外省牲位立定，光禄卿、丞與執事者牽牲就位。禮直官贊揖，贊者引押樂太常卿入行樂架，（凡亞、終獻行事皆禮直官、太常博士引，大禮使、左僕射行事皆禮直官引。餘官皆贊者引。）次引禮部尚書升自卯階，視滌濯；（凡行事、執事官升降皆自卯階，內應奉官并執事應奉人各隨應奉官階升降。）次引左僕射申眡滌濯，執事者皆舉冪曰「潔」，俱復位。禮直官稍前曰「告潔畢，請省牲」。次引禮部尚書、侍郎稍前省牲訖，退復位；次引光禄卿出班，循牲一匝，西向躬曰「充」，曰「備」；次引光禄丞出班循牲一匝，西向躬曰「腯」，俱復位。禮直官稍前曰：「省牲畢，請就省饌位。」贊揖訖，引大禮使以下就位立定，禮直官贊揖所司省饌具畢，禮直官贊「省饌畢」，揖訖，俱還齋所。光禄卿、丞及執事者以次牽牲詣厨，授太官令；次引禮部尚書詣厨，省鼎鑊，視濯溉。協律郎展視樂器，乃還齋所。晡後一刻，太官令帥宰人以鸞刀割牲，祝史各取毛血實于盤，俱置饌所，遂烹牲。郊社令帥其屬埽除壇之上下。

奠玉幣

其日丑前五刻，（行事用丑時七刻。）諸祀官及陪祠之官各服其服，郊社令帥其屬入設神位席，太史令帥其屬入設神位版，禮部帥其屬奠册于案，太府卿、少府監入陳玉幣，光禄卿入實籩、豆、簠、簋，大官令入實俎，良醖令入實罇，樂正帥工人、二舞以次入，與執罇罍篚冪者各就位。次引分獻官、執事官各位于龕陛上下，並外向；次御史臺、太常寺及閤門、宣贊舍人分引陪祀文武官及宗室、客使各入就位；次禮直官、贊者分引大禮使以下行事、執事官就卯階內壝門外揖位立定，禮直官贊揖訖，次引監察御史案視壇之上下，糾察不如儀者，降階就位；次引大禮使以下各入就位。

皇帝行事

自青城齋殿服通天冠、絳紗袍乘輿以出，撞景鐘；近侍及扈從之官導從至大次外，皇帝降輿入次，景鐘止，簾降。禮儀使、樞密院官、太常卿、閤門官、太常博士、禮直官分立于大次外之左右。次引禮部侍郎詣大次前奏「請中嚴」，少頃，又奏「外辦」。符寶郎奉寶陳于宮架之側，隨地之宜。禮儀使當次俛伏，跪奏：「禮儀使具官臣某言，請皇帝行事。」奏訖，俛伏，興，還侍立。禮儀使奏「禮畢」准此。簾捲，皇帝服大裘、衮冕以出，侍衛如常儀。禮儀使以下前導至中壝門外，殿中監跪進大圭，禮儀使奏「請執大圭」，前導皇帝入自正門。侍衛不應入者，止于門外。協律郎跪，俛伏，舉麾，興，工鼓柷，宮架《乾安》之樂作；皇帝升降、行止，皆奏《乾安》之樂。至午階版位西向立，偃麾，戛敔，樂止。凡樂，皆協律郎跪，俛伏，舉麾興，鼓柷而後作，偃麾戛敔而後止。禮儀使以下分左右侍立。凡行禮，皆禮儀使、樞密院官、太常卿、閤門官、太常博士、禮直官前導，至位則分立于左右。禮儀使前奏：「有司謹具，請行事。」宮架作《景安》之樂、《文德》之舞，俟樂作三成止。先引左僕射、吏部尚書、侍郎升詣昊天上帝神位前立，左僕射、吏部尚書俱西向北上，侍郎東向，樂作六成止。郊社令升煙，燔牲首，瘞血。禮儀使奏「請再拜」，皇帝再拜，贊者曰「拜」，在位官皆再拜。内侍取玉幣于篚，立于鐏所。應龕陛上下及壝内諸位太祝取玉、幣，亦各于鐏所。又内侍各執盤匜帨巾以進，宮架樂作。禮儀使奏「請皇帝搢大圭，盥手」，内侍進盤匜沃水，皇帝沃水。又奏「請帨手」，内侍進巾，皇帝帨手訖，又奏「請皇帝執大圭」，樂止，禮儀使前導。

皇帝升壇

大禮使從。皇帝升降，大禮使皆從，左右侍衛量人數升。宮架樂作，至壇下，樂止。升自午階，登歌樂作，至壇上，樂止。登歌《嘉安》之樂作，殿中監跪進鎮圭，禮儀使奏「搢大圭，執鎮圭」，前導皇帝詣昊天上帝神位前，北向立。内侍先設繅藉于地。禮儀使奏「請跪」，奠鎮圭于繅藉，執大圭，俛伏，興；又奏「請搢大圭」，跪。内侍加玉于幣，以授吏部尚書，吏部尚書以授左僕射，左僕射西向跪以進。禮儀使奏「請受玉幣」，皇帝受奠訖，吏部侍郎東向跪受以興，進于昊天上帝神位前。左僕射、吏部尚書、侍郎俱詣皇地祇神位前以俟。禮儀使奏「請執大圭」，俛伏，興。内侍取鎮圭授殿中監。内侍又以繅藉詣皇地祇神位前，先設繅藉于地。禮儀使奏：❶「請再拜。」皇帝再拜訖，樂止。禮儀使前導，皇帝詣皇地祇、太祖皇帝、太宗皇帝神位前，奠鎮圭、玉、幣，並如上儀。皇地示位作《嘉安》之樂，太祖皇帝位作《廣安》之樂，太宗皇帝位作《化安》之樂。配位唯不奠玉。皇帝東向受幣，左僕射北向進幣，吏部侍郎南向受幣。左僕射、吏部侍郎權于壇上稍西，東向立。吏部尚書降階復位。禮儀使前導皇帝還版位，登歌樂作，内侍舉鎮圭、繅藉，以鎮圭授殿中監，以授有司，皇帝降階，樂止。宮架樂作，至版位西向立，樂止。初，皇帝將奠配位之幣，贊者引分獻官俱詣盥洗位，搢笏，盥手，帨手，執笏，各由其階升，詣諸從祀神位前，各搢笏，跪奠幣，執笏，俛伏，興，再

---

❶ 「使」字，原脱，據《文獻通考》卷七二補。

拜。祝史、執事官各助奠訖，退復位。祝史奉毛血盤立于壝門外，由其階升，太祝迎于壇上，俱進奠于神位前，太祝與執事者退立于罇所。

進熟

祀日，有司陳鼎四于神厨，各在鑊右。太常令帥進饌者詣厨，以匕升牛于鑊，實于一鼎。肩、臂、臑、肫、胳、正脊一，横脊一，長脇一，短脇一，代脇一，皆二骨以上。正配位各一鼎。皆設扃冪，祝史對舉，陳于饌幔内，重行西向，以南爲上。光禄實籩、豆、簠、簋于饌幔内。籩實以粉餈，豆實以糝食，簠實以粱，簋實以稷。次引禮部侍郎詣饌所，視腥熟之節。俟皇帝升奠玉幣訖，復位樂止，引禮部尚書詣饌所，執籩、豆、簠、簋以入；户部尚書詣饌所，奉俎以入，舉鼎，太官令引入正門，宫架《豐安》之樂作，設于卯階之下，北向西上，奉牲者在東，祝史抽扃，委于鼎右，除冪。初，鼎序入，有司執匕畢及俎以從，至卯階下，各設俎于鼎西，匕、畢加于鼎。太官令以匕升牛，載于一俎。肩、臂、臑在上端，肫、胳在下端，脊、脇在中。正、配位各一俎。鼎先退。祝史進徹毛血盤，以次出。次引禮部尚書搢笏執籩、豆、簠、簋，户部尚書搢笏，奉俎以升，執事者各迎于壇上。禮部尚書奉籩、豆、簠、簋詣昊天上帝神位前，北向跪奠訖，執笏，俛伏，興。有司設籩于糗餌前，豆于飽食前，簠于稻前，簋于黍前。次引户部尚書奉俎詣昊天上帝神位前，北向跪奠訖，執笏，俛伏，興，有司設于豆前；次詣皇地祇、太祖皇帝、太宗皇帝神位前，配位並東向。跪奠並如上儀，樂止，俱降復位。太祝取菹擩于醢，祭于豆間三，又取黍、稷、肺祭如初，皆藉以茅，各還罇所。次引左僕射、吏部侍郎升，詣昊天上帝神位前，左僕射西向，吏部侍郎東向；又引吏部侍郎詣皇帝版位前，奉爵北向立。內侍各執盤匜、帨巾以進，宮架樂作，禮儀使奏「請皇帝搢大圭，盥手」，內侍進盤匜沃水，皇帝盥手；又奏請帨手，內侍進巾，皇帝帨手訖；又奏「請皇帝洗爵」，吏部侍郎進爵，內侍沃水，皇帝洗爵；又奏「請拭爵」，內侍進巾，皇帝拭爵訖，樂止。又奏「請執大圭」，吏部侍郎受爵，奉爵，升自午階，禮儀使奏「請執大圭」，前導皇帝升壇，宮架樂作，至午階，樂止。升自午階，登歌樂作，至壇上，樂止。登歌《禧安》之樂作，吏部侍郎奉爵詣昊天上帝酌鐏所，西向立，執鐏者舉冪，良醞令酌著鐏之醴齊訖，先詣皇地祇鐏所，北向立。禮儀使前導皇帝詣昊天上帝神位前，北向立，禮儀使奏「請搢大圭」，跪，吏部侍郎以爵授左僕射，左僕射西向跪以進。禮儀使奏「請執爵」，皇帝執爵，祭酒，三祭于茅苴，奠爵，吏部侍郎以爵復于坫。禮儀使奏「請執大圭」，俛伏，興，又奏「請皇帝少立」，樂止。左僕射、吏部侍郎先詣皇地祇神位前，西向立。舉冊官搢笏跪，舉祝冊；讀冊官搢笏東向跪，讀冊文訖，奠冊，各執笏興，先詣皇地祇神位前，東向立。禮儀使奏「請再拜」，皇帝再拜訖，禮儀使前導皇帝詣皇地祇、太祖皇帝、太宗皇帝神位前酌獻，並如上儀。皇地祇位作《光安》之樂，太祖皇帝位作《彰安》之樂，太宗皇帝位作《韶安》之樂。配位酌獻，前導皇帝，東向受爵，左僕射北向進爵，吏部侍郎南向受爵，復于坫。讀冊官南向讀冊文。左僕射以下俱復位。禮儀使前導皇帝還版位，登歌樂作；降階，樂止。宮架樂作，至版位西向立，樂止。禮儀使奏「請還小次」，宮架樂作；將至小次，禮儀使奏「請釋大圭」，殿中監跪受大圭，皇帝入小次，簾降，樂止。文舞退，武舞進，宮架《正安》之樂作，舞者立定，樂止。

亞終獻

禮直官、太常博士引亞獻詣盥洗位，北向立，搢笏，盥手，帨手，執笏，詣爵洗位北向立；搢笏，洗爵，拭爵，以授執事者，執笏升，詣昊天上帝酌罇所西向立。宮架作《正安》之樂、《武功》之舞，執事者以爵授亞獻，亞獻搢笏，跪，執爵，執罇者舉冪，太官令酌壺罇之盎齊訖，先詣皇地示酌罇所，北向立。亞獻以爵授執事者，執笏興，詣昊天上帝神位前，北向搢笏，跪。執事者以爵授亞獻，亞獻執爵祭酒，三祭于茅苴，奠爵，執笏，俛伏，興，少退，北向再拜。次詣皇地祇、太祖皇帝、太宗皇帝神位前，酌獻並如上儀。樂止，降復位。初，亞獻行禮將畢，次禮直官、太常博士引終獻官詣洗及升壇酌獻，並如亞獻之儀，降復位。初，亞獻將升，次分引分獻官俱詣盥洗位，搢笏，盥手，帨手，執笏，各由其階升，詣從祀諸神位前，俱搢笏，跪，執爵，三祭酒，奠爵，執笏，俛伏，興，再拜，降復位。

皇帝飲福

皇帝既奠玉幣，有司以牛左臂一骨及長脇、短脇，俱二骨以並，載于胙俎，設于壇上酌罇所。俟終獻。既升獻，次引户、禮部尚書搏黍，太祝、太官令升詣飲福位，東向立，奉俎豆及爵酒者各立于其後。禮儀使奏「請詣飲福位」，簾捲出次，宮架樂作，殿中監跪進大圭，禮儀使奏「請執大圭」，前導皇帝詣飲福位，升壇至午階，樂止。升自午階，登歌樂作；將至位，樂止。登歌《禧安》之樂作，皇帝至飲福位，北向立，尚醖奉御執罇詣酌鐏所，良醖令酌上鐏福酒合置一鐏，尚醖奉御奉鐏詣飲福位，殿中監奉爵，尚醖奉御酌福酒，殿中監西向捧以立。禮儀使奏「請再拜」，皇帝再拜，殿中監跪以爵酒進。禮儀使奏「請搢大圭」。跪受爵，祭酒，三祭于地。啐酒，奠爵，殿中監跪受爵以興。大祝帥執事者持胙俎進，減神位前正脊二骨、横脊二骨，加于俎上。内侍受俎以授户部尚書，西向跪以進，皇帝受俎奠之，户部尚書乃受以興，權退于壇上稍西，東向立。太官令取黍于篚，摶以授太祝，太祝受以豆，東向跪進，皇帝受豆奠之，太祝乃受以興，降復位。次殿中監再跪以爵酒進，禮儀使奏「請再受爵」，飲福酒，奠爵，殿中監受虚爵興，以授尚醖奉御，執事者俱降復位。禮儀使奏「請執大圭」，俛伏，興，又奏「請再拜」，皇帝再拜，樂止。禮儀使前導皇帝還版位，登歌樂作；降階，樂止。宮架樂作，至版位西向立，樂止。次引禮部尚書詣神位前徹籩、豆，次户部尚書徹俎，籩、豆、俎各一，俱少移故處，登歌《熙安》之樂作，卒徹，樂止。禮部、户部尚書降復位。禮直官曰：「賜胙。」行事。陪祠官拜，贊者承傳曰：「賜胙，再拜。」在位官皆再拜。送神，宮架《景安》之樂作，一成止。

望燎望瘞

《景安》之樂畢，禮儀使奏「請詣望燎位」。前導皇帝詣望燎位，宮架樂作；至位，南向立，樂止。初，賜胙再拜訖，郊社令以黍、稷、肺祭藉以白茅束之，吏部侍郎帥太祝執篚進詣神位前，取幣、祝册藉以茅。大明、夜明以上，執事官並以俎載牲體、黍稷飯、爵酒，各由其階降壇，南行詣柴壇，自南陛升，以幣、祝册、饌物置于燎柴，諸太祝又以諸位幣帛從燎。禮直官曰：「可燎。」舉爟火，東西各以炬燎。半柴，禮儀使奏「請詣望瘞位」。前導皇帝詣望瘞位，宮架樂作；至位，北向立，樂止。吏部侍郎帥太祝執篚，取幣、祝册藉以茅，五官以上執事官以俎載黍稷飯、爵酒各從其階詣瘞坎，置于坎，祝史以諸位幣帛從瘞。禮直官曰：「可瘞。」舉爟火，寘土半坎。

皇帝還大次

禮儀使奏「禮畢」，前導皇帝還大次，宮架樂作。出中壝門外，禮儀使奏「請釋大圭」，殿中監跪受大圭，以授有司，侍衛如常儀。皇帝至大次，樂止。禮部郎中奏：「解嚴。」次引大禮使以下詣卯階之東内壝外，揖位立，禮直官贊：「禮畢。」揖訖，退；次引陪祠文武官及宗室、客使以次出。將士不得輒離部伍。

端誠殿受賀

皇帝既還大次，奏「解嚴」訖，皇帝常服乘輿，撞景鐘，還青城，侍衛如常儀，鼓吹振作，至殿前，降輦還齋殿，景鐘止。閤門、御史臺分引文武百官、宗室並常服詣殿前立班稱賀。閤門附内侍進班齊牌，皇帝常服出升御座，鳴鞭，禁衛奏「聖躬萬福」。次舍人揖管軍臣僚等并行門躬，贊「再拜」，管軍臣僚以下皆再拜，班首奏「聖躬萬福」。次舍人引班首出班，俛伏，跪，致詞訖，俛伏，興，退復位，舍人揖躬，贊「再拜」，管軍臣僚以下皆再拜，三稱「萬歲」。内侍詣御座前承旨，退降階，西向宣答訖，舍人贊「再拜」，管軍臣僚以下皆再拜，三稱「萬歲」。舍人贊「各祗候」，管軍臣僚詣殿下侍立，行門分左右立。次太史局官詣當殿北向立，舍人揖躬，贊「再拜」，太史局官再拜，奏「聖躬萬福」，出班躬身奏祥瑞訖，退復位。舍人揖躬，贊「再拜」。太史官再拜，贊「祗候」，太史局官東出。次舍人揖樞密以下躬，舍人當殿通某官姓名以下起居稱賀，轉身于班前西向立。舍人贊「再拜」，樞密以下皆再拜，搢笏舞蹈，三稱「萬歲」，又再拜；班首不離位，奏「聖躬萬福」，又再拜，舍人引班首出班，俛伏，跪，致詞訖，俛伏，興，退復位。舍人揖躬，贊「再拜」，樞密以下皆再拜，搢笏舞蹈，三稱「萬歲」，又再拜。閤門官當殿北向承旨，退，西向稱「有制」，樞密以下皆再拜，搢笏舞蹈，三稱「萬歲」，又再拜，樞密直學士升殿侍立，並升西階。知客省事以下下殿庭東侍立，餘官分班出。舍人、禮直官揖宰臣以下躬，舍人當殿通文武百官宰臣姓名以下起居稱賀，三公通某官。舍人揖班首以下横行北向立，學士、待制、兩省官、將軍仍舊相向立。稱賀一如上儀。唯典儀再拜，樞密詣御座前承旨，退詣折横東，稱「有旨宣答」。賀訖，宰臣執政官升殿，東西相向立，宰相、執政官升東階，參知政事升西階。樞密直學士下殿，餘官以次退。皇帝降座，鳴鞭，殿上侍立官以次退。

車駕還内

前期，儀鸞司設御幄于大慶殿門外，南向；太常設宫架于行宫南門外稍南。其日，端誠殿受賀禮畢，所司轉仗衛鹵簿于還途，如來儀。文武百官、宗室、客使先詣行宫南門外就次以俟，立班奉迎。乘黄令進金輅于端誠殿門外，南向，千牛將軍一員執長刀立于輅前。有司進輿于齋殿，導駕官俱詣齋殿奉迎。禮部侍郎奏「請中嚴」，少頃，又奏「外辦」。簾捲，皇帝服通天冠、絳紗袍乘輿以出，應導駕官等並迎駕，奏「聖躬萬福」，內祗應官贊謝再拜。太僕卿出詣金輅所，攝衣而升，正立執轡。皇帝乘輿降自西階，至金輅所，侍中奏「請皇帝降輿升輅」，有司仍具大輦。若乘輦，即奏云「降輿乘輦」。太僕卿立授綏，千牛將軍馭駕如來儀。參知政事奏「請車駕進發」，車駕動，稱警蹕，侍衛如儀。至侍臣上馬所，參知政事奏「請車駕少駐，敕侍臣上馬」。侍中前承旨，退，稱曰：「制可。」參知政事傳制稱侍臣上馬，贊者承旨傳敕侍臣上馬。參知政事奏「請車駕進發」，車駕動，稱警蹕，鼓吹及諸軍樂振作。車駕將至行宮南門外，文武百官、宗室、客使並立班再拜奉迎。次大內留守見，再拜訖，退。車駕至行宮南門外少駐，文武侍臣皆下馬步道，千牛將軍立于輅右。車駕動，千牛將軍夾輅而趍，樂正令奏《采茨》之樂，入門，樂止。車駕至御幄前，侍中奏「請皇帝降輅乘輿」，若乘輦，即奏云「降輦乘輿」。皇帝降輅乘輿以入。禮部郎中奏「解嚴」，通事舍人承旨敕羣官各還次，將士各還其所。景靈宮、太廟儀注各見本門。其後南郊行禮並如儀。

麗正門肆赦右前件郊祀儀注，自誓戒至車駕還內，見《國朝會要》，獨缺肆赦一條，故取《中興禮志》所述補之。然此乃臨安行都所行，非京師承平時舊制也。

前期，儀鸞司帥其屬張設麗正門之內外，又設御座于前楹當中，南面，又設御幄於後閤門，設赦書、儀物于御座之東，設制案等于門下東壁，又設雞竿于御街之東，稍北，太常設征鼓一于宮架之西，稍北，東向。刑部、大理寺、臨安府以囚徒集于仗後。質明，文德殿內侍催班，閤門引知閤門官以下、御帶環衛官以下，并諸管大內公事行宮使、御營巡檢及諸司祗應武功大夫以下一班，面殿立；次引管軍殿下東壁面西立。閤門進班齊牌，皇帝出宫，行門禁衛等迎駕，自奏「聖躬萬福」。皇帝坐，知閤門官以下、御帶環衛官以下、主管大内公事、行宫使、御營巡檢以下一班鬭班，奏「聖躬萬福」。次引管軍一班面殿，奏「聖躬萬福」訖，並出殿以俟導駕。御史臺、閤門、太常寺先引宰臣以下百僚赴麗正門外分東西相向立。班定，閤門提點引百僚赴麗正門外東壁立。班定，皇帝自殿上乘輦出，樂人作樂，導引至南宫門外，俟皇帝升麗正門，樂止。引樞密使、中書令升門，于御座東，面西侍立；翰林學士升門，于御座西，面東侍立；主管大内公事、御帶環衛官門上西壁面東侍立，知閤門官以下、管軍行宫使、御營巡檢門下東壁面西侍立。至御幄，降輦，歸御幄。簾降，降，出赦書，閤門承接，繫于仙鶴童子上。門下進中嚴牌，次進外辦牌，並以紅絲引升門上，知閤門官跪授禮部侍郎，簾前進訖，歸位。簾捲，大樂正令撞黄鐘之鐘，右五鐘皆應，《乾安》之樂作。内侍索扇，扇合，皇帝臨軒坐，門下鳴鞭，樂作；簾内侍贊扇開，樂止。舍人、閤門提點等分引百僚以下横行北向立，兩省官、宗室、遥郡以下依舊相向立，典儀贊拜，兩省分班，東西相向立。門下舍人詣樓前北向立，門下中書令詣御前承旨，並太常寺祇應臨軒稍東，西向立，宣：「奉敕立金雞。」舍人應喏，趍至班南，北向，稍南至班東，稱：「奉敕立金雞。」宣付所司退歸位。金雞初立，太常擊鼓，每擊鼓投一杖，囚集，鼓聲止。初，宣立金雞即擊鼓，立金雞訖即止，更不投杖。門下降赦書，門下閤門承接置案上，承受二人對捧于稍東，舍人搢笏接捧案立，知閤門官于案南北向，虚揖，直身立。舍人捧案至樓前班心，知閤門官北向虚揖，直身立，稱：「宣付門下省。」轉身稍西，東向立。引參知政事于案南，北向搢笏，跪。閤門提點承受于案上捧制書授參知政事，權與禮直官出笏，俛伏，興。舍人捧案置于近東，歸本班侍立，知閤門官退歸侍立位。參知政事捧制書北向俛伏，跪，奏請付外施行，伏，興，且躬身。門下引中書令詣御前承旨訖，西向宣曰：「制可。」門下參知政事直身立，稱：「宣付三省。」退，少西，東向立。引三省班首出班相向立，各俛伏，跪，搢笏。參知政事捧制書以授三省班首，受訖，並出笏，俛伏，興，歸位，付舍人。舍人搢笏跪接訖，直身立，轉與閤門提點承受開拆訖，却授舍人。舍人行至班心，近南，面西，折方訖，北向立。知閤門官并捧制書舍人于左省班後詣宣制位，起居郎或起居舍人一員指摘句讀，候旨，讀訖，却歸本班。舍人宣「有制」，典儀贊拜，百僚以下皆再拜。舍人宣至「咸赦除之」，獄吏奏脱枷訖，應喏，三呼「萬歲」，奏「聖躬萬福」訖，以罪人過宣制書訖，門上舍人贊樞密使、中書令、翰林學士並賀兩拜，門上閤門官不拜。知閤門官并捧赦書舍人歸侍立位，宣制舍人捧制書于三省班首前，東向立，搢笏，跪，以制書授三省班首。三省班首接訖，舍人出笏，退歸侍立位。禮直官引刑部尚書于三省班首前，東向，搢笏，三省班首以制書授刑部尚書。刑部尚書受訖，各出笏，刑部尚書興，以制書加于笏上，轉與刑房録事訖，歸本班。舍人、閤門提點等分引百僚以下横行北向立定，典儀贊拜，百僚以下皆再拜訖，舍人引百僚出班，俛伏，跪致詞訖，伏，興，歸位立。典儀再拜，百僚以下皆再拜，搢笏舞蹈，三呼「萬歲」，又再拜。知閤門官于門下面北躬承旨退，稍東，西向立，稱「有制」，典儀贊拜，百僚以下皆再拜，起，躬身。知閤門官宣答訖，歸侍立位。典儀贊拜，百僚以下皆再拜，搢笏舞蹈，三呼「萬歲」，又再拜。舍人、閤門提點等分引百僚以下分東西相向立定，❶門上禮直官引中書令詣御座前奏「禮畢」，歸位。內侍索扇，扇合，大樂正令撞蕤賓之鐘，左五鐘皆應，《乾安》之樂作。簾降，皇帝起還幄，樂止。門下鳴鞭，舍人北向躬承旨，四色官應喏，舍人稱「奉敕放仗」，百僚以下再拜退。舍人宣勞將士訖，退。皇帝乘輦降門，作樂，導引至文德殿，至殿上降輦，樂止。

【《建炎以來朝野雜記》】自元豐分南北郊，至政和乃克行之。建炎二年，上祀圜丘，獨祭上帝而配以太祖，用元豐禮也。紹興十三年郊祀，始設大神、大示及太祖、太宗配位，自天地至從祀百神凡七百七十有一，蓋元祐禮云。

【《宋史·高宗本紀》】紹興十六年十一月丙子，合祀天地于圜丘，大赦。十九年十一月壬辰，合祀天地于圜丘，大赦。二十二年十一月戊申，合祀天地于圜丘，大赦。二十五年十一月癸亥，合祀天地于圜丘，大赦。二十八年十一月己卯，合祀天地于圜丘，大赦。

【《樂志》】紹興十三年，初舉郊祀，命學士院製宮廟朝獻及圜壇行禮、登門肆赦樂章，凡五十有八。至二十八年，以臣僚有請改定，于是御製樂章十有三及徽宗元御製仁宗廟

❶「立」，原作「並」，據《文獻通考》卷七二改。

樂章一，共十有四篇，餘則分命大臣與兩制儒館之士，一新撰述，并懿節別廟樂曲凡七十有四，俱彙見焉。其祀圜丘：

皇帝入中壝，《乾安》 帝出于震，巽惟齊明。律曰姑洗，以示潔清。我交于神，蠲意必精，既盥而往，祈鑒斯誠。

降神，《景安》 陽動黄宫，日旋南極。天門蕩蕩，百神受職。爰熙紫壇，熉黄殊色。神哉沛來，蓋親有德。

盥洗，《乾安》 帝顧明德，監于克誠。齋戒滌濯，式示潔清。郊丘合祛，享意必精。既盥而薦，熙事備成。

升壇，《乾安》 帝臨崇壇，媪神其從。稽古合祛，並侑神宗。升階奠玉，誠意感通。貺施鼎來，受福無窮。

昊天上帝位奠玉幣，《嘉安》御製。 上穹昊天，日星垂曜。照臨下土，王國是保。維玉與帛，寅恭昭報。永左右之，欽若至道。

皇地祇位奠玉幣，《嘉安》。御製。 至哉坤厚，隤然止靜。柔載動植，資始成性。玉光幣色，燦若其映。式恭禋祀，有邦之慶。

太祖皇帝位奠玉幣，《廣安》御製。 明明翼祖，並侑泰壇。肇造綿宇，王業孔艱。表正封略，上際下蟠。躬以大報，亦止于燔。

太宗皇帝位奠玉幣，《化安》御製。 赫赫巍巍，及時純熙。昊天成命，后則受之。登邁邃古，光被聲詩。有幣陟配，孫謀所貽。

降壇，《乾安》 躬展盛儀，天步逡巡。樂備禮交，嘉玉既陳。神方安坐，薦祉紛綸。陟降有容，皇心載勤。

還位，《乾安》　克昭王業，命成昊天。泰時禋燎，八陛惟圓。肅然威儀，登降周旋。是謂精享，神監吉蠲。

奉俎，《豐安》　至大惟天，云何稱德！展誠致薦，牲用博碩。誠以牲寓，帝緜誠格。居歆降祥，時萬時億。

再詣盥洗，《乾安》　帝出乎震，巽惟絜齊。神明其德，廼稱禋柴。惟茲吉蠲，昭事聿懷。重盥而祀，敷錫孔皆。

再升壇與初升同，惟易奠玉作奠酌。

昊天上帝位酌獻，《禧安》御製。　謁款壇陛，祇祀泰禋。丘圓自然，可格至神。桂尊登酌，嘉薦方新。靡福菲眇，敷佑下民。

皇地祇位酌獻，《光安》御製。　厚德光大，承元之明。茲潛孳吹，升于昭清。冰天桂海，咸資化成。恭酌彝醪，報本惟精。

太祖皇帝位酌獻，《彰安》御製。　於赫皇祖，創業立極。肅肅靈命，蕩蕩休德。嘉觴精潔，雅奏金石。丕顯神謨，惟後之則。

太宗皇帝位酌獻，《韶安》御製。　丕鑠帝宗，復受天命。羣陰猶黷，一戎大定。奠鬯斯馨，功歌在詠。佑啓後人，文軌蚤正。

還位，《乾安》　肆類上帝，懷柔百神。稟秸既設，珪幣既陳。精誠潛交，已事而竣。佑我億載，基圖日新。

入小次，《乾安》　恭展美報，聿修上儀。禮樂和節，登降適宜。德焉斯親，神靡不娭。海內承福，式固邦基。

文舞退、武舞進，《正安》　泰元尊臨，富媼繁祉。於皇祖宗，既昭格止。奏舞象功，靈其有喜。永言孝思，盡善盡美。

亞獻，《正安》 陽丘其高，神祇並位。即奠厥玉，既奉厥醴。亦有嘉德，克相毖祀。旨酒載酌，以成熙事終獻同上，❶易「再酌」爲「三酌」。

出小次位，《乾安》 爰熙紫壇，天地並貺。來燕來寧，畢陳鬱鬯。承神至尊，精意所鄉。告靈饗矣，祉福其暢。

詣飲福位，《乾安》 帝臨崇壇，媼神其從。祖宗並歆，福禄攸同。兵寢刑措，時和歲豐。其膺受之，將施無窮。降壇同，止易「將」作「以」。

飲福，《禧安》 八音克諧，降神出祇。風馬雲車，陟降在兹。錫我純嘏，我應受之。一人有慶，燕及羣黎。

還位，《乾安》 帝出于震，孝奏上儀。燔燎壇瘞，神徠燕娭。肅若舊典，罔或不祇。既右饗之，翕受蕃釐。

徹豆，《熙安》 燎瘞既升，焫膋以潔。于豆于登，焄蒿有飶。紫幄熉黄，神其安悦。將以慶成，薄言盍徹。

送神，《景安》 九霄眇邈，神不可求。何以降之？監德之修。三獻備成，神不可留。何以送之？保天之休。

望燎，《乾安》 謂天蓋高，陽噓而生。日月列宿，皆天之神。肆求厥類，與陽俱升。視燎于壇，以終其勤。

望瘞，《乾安》 謂地蓋厚，陰翕而成。社稷羣望，皆地之靈。肆求厥類，與陰俱凝。視瘞于坎，以終其勤。

還大次，《乾安》 舞具八佾，樂備六成。大矣孝熙，厲意專精。已事而竣，回軫還

❶「上」，原作「止」，據庫本改。

衡。我應受之，以莫不增。還内，《采茨》五輅鳴鑾，八神警蹕。天官景從，莫不祗栗。祲威盛容，昭哉祖述。祚我無疆，❶叶氣充溢。

蕙田案：三十一年當郊，以金人渝盟而闕。

五禮通考卷第十五

淮陰吴玉搢校字

❶「祚」，原作「神」，據庫本改。

五禮通考卷第十六

內廷供奉禮部右侍郎金匱秦蕙田編輯
太子太保總督直隸右都御史桐城方觀承同訂
按察司副使元和宋宗元
貢士吳江顧我鈞 參校

吉禮十六

圜丘祀天

【《宋史·孝宗本紀》】隆興二年二月丙子，詔減文武官及百司吏郊賜之半。七月庚子，詔內外文武官年七十不請致仕者，遇郊毋得蔭補。十一月戊子，以金人侵擾，詔郊祀改用明年。十二月戊子，詔郊祀大禮遵至道典故，改用來年正月一日上辛。

【《文獻通考》】孝宗隆興二年，詔：「今歲冬至日當郊見上帝，可令有司除事神儀物、諸軍賞給依舊制外，其乘輿服御及中外之費，並從省約。」

太常少卿洪适言：「陛下盛德重華，度越古昔，初講郊禋之禮，宜進胙慈闈，並受帝祉。乞下有司草具儀注進呈。」從之。

禮部、太常寺具上儀注 郊祀獻禮畢，皇帝將詣飲福位次，贊者引光祿卿詣南壝門外幕次，易常服；次帥執事者入詣進胙幄內，以所進胙設于腰輿匣內。胙以牛腥體肩三、臂二、臑二。次輦官擎腰輿進行，光祿卿從至端誠殿上，以腰輿隨地之宜置定，輦官權于殿下立。光祿卿以胙授進胙官，進胙官受訖，光祿卿以下先退。次進胙官帥捧擎人擎腰輿入詣齋殿前，以腰輿望德壽宫設定，執事内侍鋪設褥位于其後以俟。皇帝還齋殿，服履袍訖，内侍官前導，詣褥位。執事内侍啓匣蓋，内侍官奏請皇帝稍前躬視訖，復位。執事内侍封鏁匣訖，奏「請拜」，皇帝再拜訖，掌表内侍以表授進胙官，進胙官受表訖，皇帝還齋殿。次進胙官帥捧擎人擎腰輿以出，至端誠殿上權置定，輦官升殿，捧擎降殿進行，親從官援衛至奉禋門外，進胙官騎從至德壽宫門外，進胙官下馬後，從以入，至殿下置定，以表并胙授德壽宫提舉官供進訖，進胙官以下乃退。自後遇郊，並如上儀。

【《建炎以來朝野雜記》】隆興二年，孝宗初行大禮，時湯慶公思退爲左相，上問：「郊與明堂之費如何？」户部尚書韓仲通曰：「郊之費倍於明堂。」侍郎錢靖禮言：「不過增二十萬。若從祖宗故事，一切從儉，自宜大有減省。」上以爲然，乃詔除賞軍、事神外，並從省約。其秋，金虜入寇，遂以明年正月辛亥朔旦行之。上自宫徂郊，乘玉輅，用鹵簿之半，禮畢，乘平輦而歸。乾道三年再郊，始復備五輅，歸用大安輦焉。

【《宋史·孝宗本紀》】乾道元年春正月辛亥朔，合祀天地于圜丘，大赦，改元。

【《禮志》】孝宗隆興二年，詔曰：「朕恭覽國史，太祖乾德詔書有云：『務從省約，無至勞煩。』仰見事天之誠，愛民之仁，所以垂萬世之統者在是。今歲郊見，可令有司，除禮物、軍賞，其餘並從省約。」初降詔以十一月行事，以冬至適在晦日，以至道典故，改用獻歲上辛，遂改來年元爲乾道。乃以正月一日有事南郊，禮成，進胙于德壽宮，以牛腥體肩三、臂二、臑二。導駕官自端誠殿簪花從駕至德壽宮上壽，飲福稱賀，陳設儀注，並同上壽禮。皇帝致詞曰：「皇帝臣某言：亨帝合宮，受天純嘏，臣某與百僚不勝大慶，謹上千萬歲壽。」自後郊祀、明堂進胙飲福，並如上儀。

【《宗室傳》】令詪隆興初，除同知大宗正事，奏減郊祀賞給，以助軍興。詔褒之。

【《孝宗本紀》】乾道三年十一月丙寅，合祀天地于圜丘，大赦。

【《李燾傳》】會慶節上壽，在郊禮散齋內，議權作樂，燾言：「漢唐祀天地，散齋四日，致齋三日，建隆初郊亦然。自崇寧、大觀法《周禮》祭天地，故前十日受誓戒。今既合祭，宜復漢唐及建隆舊制，庶幾兩得。」

六年十一月壬午，合祀天地于圜丘，大赦。

蕙田案：宋世例三年一郊，此蓋以元年、四年兩祭，各後一年，故此復先一年以正其期也。

九年十一月戊戌，合祀天地于圜丘，大赦，改明年爲淳熙元年。

淳熙三年十一月癸丑，合祀天地于圜丘，大赦。十二年十一月辛丑，合祀天地于圜丘，大赦。

蕙田案：此祭之前缺二祭。

【《林栗傳》】冬至，有事南郊，前期十日，百執事聽誓戒；會慶節，有旨上壽不用樂，迨宴金使，乃有權用樂之命。栗以爲不可，致書宰相，不聽，乃乞免充舉册官，以狀申朝廷曰：「若聽樂則廢齋，廢齋則不敢以祭。祖宗二百年事天之禮，今因一介行人而廢之。天之可畏，過於外夷遠矣。」不聽。

【《趙雄傳》】金使入辭，故事當用樂，雄奏：「卜郊有日，天子方齋，樂不可用。」上難之，遣中使諭雄，雄奏：「金使必不敢不順，即有他，臣得引與就館。」上大喜。

蕙田案：二傳文不知的在何年，總是孝宗時事，故列于此，意即一事而兩人各言之耳。

【《光宗本紀》】紹熙二年十一月壬申，合祭天地于圜丘，以太祖、太宗配。大風雨，不成禮而罷。

【《禮志》】紹熙二年十一月，郊，以值雨，行禮於望祭殿。

【《寧宗本紀》】紹熙五年七月，即位。九月辛未，合祭天地于圜丘，大赦。

慶元三年十一月甲辰，祀天地于圜丘，大赦。

嘉泰三年九月，詔南郊加祀感生帝、太子、庶子星、宋星。十一月乙亥，祀天地于圜丘，大赦。

四年九月，得四圭有邸玉一，詔藏于太常。

【《文獻通考》】寧宗嘉泰三年，祕書省言：「看詳福州進士張容圖繳進《南郊辨駁册》内太子、庶子之星，以謂皇儲未慶，理宜加祀；并宋星乃國朝受命之符，興王之地，及感生帝，本朝係火德，尤宜尊崇，乞並特加祀于圜丘。容圖所陳數事，實關國體，辭理可採，乞下禮、寺施行。」從之。

五年，臣僚言：「伏睹郊禋在即，陛下祗奉神示，其純誠固有以昭格矣，而躬行盛德，又自足以上當天心，不唯致敬於練日告虔之時也。然臣以爲一人致其精一於上，必百官有司駿奔無射而不匱於下，斯可以咸助聖德，而潛通於晦冥，自然神示降格而福禄之來下也。《周頌》有曰：

『濟濟多士，秉文之德，對越在天。』《春秋傳》曰：『有司一人不備其職，不可以祭。祭者，薦其敬也，薦其美也。』臣請得而詳陳之。『商人尚聲，臭味未成，滌蕩其聲，樂三闋然後出迎牲。聲音之號，所以詔告於天地之間也』，此祭宗廟之文也。而周家祀天祭地，奏黃鐘，歌大吕，奏太簇、歌應鐘，其爲詔告於天地之間則一也。樂工、瞽師，蓋聲音之所自出。今登歌之樂列於壇上，簉于上龕，蓋上帝、地祇、太祖、太宗並侑之側也；而宮架之樂，列于午階之下，則百神之所同聽也。夫樂莫尚於和平，以平時羣祀言之，絲竹管弦，類有斷闋，未知今復何似戛擊搏拊？鼓吹、佾舞之工蓋數百人，寠人賤工安能蠲潔？而無請繫名之人，亦與其間，垢穢擾雜，殆不可辨，此不可不嚴者一也。

『周人尚臭，灌用鬱鬯，臭陰達于淵泉，灌以圭璋，用玉氣也，既灌然後迎牲；蕭合黍稷，臭陽達于墻屋，故既奠然後焫蕭合羶薌』，此祭宗廟之文也。而《大雅》所言『卬盛于豆，于豆于登，其香始升，上帝居歆，胡臭亶時』，毛氏曰：『木曰豆，瓦曰登。豆薦菹醢也，登，大羹也。』其求乎神之義則一也。今自圜壇之上暨于層龕之相承，位列甚衆，所謂籩、豆、簠、簋、登、鉶、罇、俎之實，内唯牲牢至期宰擊，餘如膴、鮑魚、鱐與夫兔、雁、蠯蚳之醢，麋鹿之臡，其類甚不一也，皆各司之所預造也。餌、餈、酏、糝、黍稷、稻粱之食，芹筍之菹，亦不一也，則皆神厨至期之所造也。竊聞預造者先後遲速，或不能指揩日分，至有色惡、臭惡之慮，而先期呈饌之時，或兩辰浹，無乃太早，而所供之物或不可用，如醯醬之屬，覆之瓦甌，無復再察。其可改换者，未見倉卒，而無復可察者，不可得而措手矣。蓋呈饌出于一時頃刻之間，而預造之司吏卒習于鹵莽之表，而有司掌之者，不過一巡視之而已。百司狃于文具，至於事神，亦復無忌，以至酒齊之設，凡有數等，京尹之司不過委之右選趨走之人，其爲醇醨既不可品嘗，其不中度者甚多也。氣臭之不嚴如此，豈復有馨香之上達也哉？矧又有最甚者，名爲供官，殆百餘人。祭之日，凡籩、豆、簠、簋、登、鉶、罇、俎之屬，滌濯者此曹也；籩、豆、簠、簋、登、鉶、罇、俎之實，鋪設者亦此曹也。滌濯固已鹵莽，而夜半設實於器，皆其手所敷頓，豈但蕡、藔乾物之類，而醯醬、餌飽、腥熟、酒齊之屬亦皆出于其手之所置。竊聞此曹繫籍奉常，平時所給微甚，籃縷垢穢，殆不可近，而況執事之夕，又復無所止宿，半夜而興，頮面濯手皆所不及也。僅有漫漶之服，以蒙其外，而可使之供祭實乎？至若贊引之人亦百餘輩，進退于神位、儀物之間，上焉則切近于至尊，次焉則隨逐於禮官，平時亦皆供官之類耳。以垢汙之人，而蒙之以漫漶之服，是皆不可進退于神位、儀物之間者也。此不可不嚴者二也。昔魯人之祭也，日不足，繼之以燭，雖有强力之容，肅敬之心，皆倦怠矣。有司跛倚，則爲不敬之大。今圜丘一龕之位，通二龕、三龕至壝埒之內外，❶爲位者八百。分獻之官，贊禮之人，不能審候壇上疾徐之節，但欲速于竣事。

❶「埒」，原作「埓」，據《文獻通考》卷七二改。

獻官既多，而禮生率常抽差六部寺、監、帥、漕之貼吏爲之，既不閑習于禮，而贊引、捷給、獻官、跪拜、俛興、酌奠皆不及于禮，端行無有，而并行如奔，其爲怠慢甚矣。此不可不嚴者三也。夫三説如此，正合汲汲求所以整齊之。臣愚以爲天下之事，一則治，散則偷，久則專，暫則忽。今郊禋大禮，其百司所供之物、所造之物，各有攸司，固不可不分任之也，而提綱總要，當出于一。不然，則禁之徒峻，察之徒苛，而下之便文逃責，終不可得而究也。奉常爲九卿之長，蓋統攝齊一之所自出，況今郊禋大禮，實又奉常之所掌乎！臣前所陳登歌、宮架之工，奉常固自有籍矣，其有請者若干人而尚不足用，則未免以無請寄名者足之。今名爲色長者，當攷見絲竹管弦有無斷闕，速行修補，仍必拘集羣工，洗沐澣濯，存其衣裝之可者，其有不整之人，責限令其措辦可也。❶今雖有澣濯之令，而莫之遵奉也。若其供官、贊引之人，垢弊已甚，又非樂工之比。乞從御史臺行下奉常，于一行人點名之外，更加逐一檢察，合用若干人，除其間稍可備數之人，自餘垢弊已甚，必不可責其自辦者，令奉常具申朝廷，行下外祇備庫，將先來檢計退下漫漶舊弊之物，置造衲衣，一褐一褲，先期發下。奉常見名責領，色長至期盡去其垢弊之衣，而外襲之以法服，表裏咸潔，可以執事于籩、豆、簠、簋、登、鉶、罇、俎之間，而親近于崇嚴清肅之地矣。若夫一行合干等人，名數猥衆，乞下臨安府，令

❶「辦」，原作「辨」，據庫本改。

于便近慈雲等處關報居民，灑埽爲備；先期一夕，令執色之人，分就民居止宿，夜半而興，各靧面濯手，整束衣服，以趨祭所。仍周環壇下，約每十數步爲置一盥帨，俾供官、禮生等人必先盥帨而後升壇。所是半夜鋪設，亦乞于分獻官差劄内就令分頭躬親，同供官逐位鋪設，務令極其嚴潔，一一如法。所設神厨，雖已差官監造，亦必奉常譏察之。仍乞下臨安府大禮酒庫，專差文官監造，而預造之厨從，所司亟撥人員，徑過奉常躬親監造可也。雖然，今奉常之官，朝廷分遣專一周旋檢察，如升歌、宫架之工，預造、近造之厨，府屬所造之齊，供官贊引之役，察之必周，令之必嚴，皆歸于奉常，而不至於散漫苟且而無及于事也。彼分獻、贊引之人，必令詳緩如禮，亦從御史臺行下約束。夫以郊禋大禮，竊聞鉅費至數百萬，而四方之犒費不與焉，皆非切於事神也，而聲音氣臭之用，莫嚴於圜丘一處耳。若夫先二日之朝獻，先一日之朝享，其聲音氣臭之用，則同出乎此也。臣前所陳，弊害非一，此而不嚴，則鉅費數百萬，皆所謂『不揣其本，而齊其末』也。臣觀士庶之家，或延緇黄設禱祠，主人齋戒於家，而僮僕莫不知懼於下，庖厨者屏氣不息，守護者呵禁甚虔。仰唯萬乘之尊，郊禋大禮，赫臨在下，陛下嚴恭寅畏，無一息之少間，而又臨之以五使之重，兢兢謹飭，而百官有司顧循習舊弊，不能凜然上承九重之意，其可不亟正之，以對越天地、祖宗之威靈！」從之。

【《宋史·寧宗本紀》】嘉定五年十一月壬戌，祀天地于圜丘，大赦。

【《樂志》】寧宗郊祀二十九首：

皇帝入中壝，《乾安》　合祀丘澤，登侑祖宗。顧諟惟精，靈承惟恭。有嚴皇儀，有莊帝容。監于克誠，肅肅雍雍。

降神，《景安》，圜鐘爲宫　天門蕩蕩，雲車陰陰。百神咸秩，三靈顧歆。神哉來娭，神哉溥臨。饗時宋德，翼翼小心。

黄鐘爲角　華蓋既動，紫微洞開。星樞周旋，日車徘徊。靈兮顧佐，靈兮沛來。載燕載娭，式時壇垓。

太簇爲徵　泰尊媪鼇，祖功宗德。辰躔陪營，嶽瀆受職。神哉來下，神哉來格。饗德惟馨，留虞嘉席。

姑洗爲羽　金石宣昭，羽旄紛綸。潔火夕昭，明水夜陳。娭哉惟靈，娭哉惟神。風馬招摇，惟德之親。

皇帝盥洗，《乾安》　皇帝儉勤，盥用陶瓦。禮神頌祇，奠幣獻斝。月鑑陰肅，醴液融冶。挹彼注兹，禮無違者。

升壇，《乾安》　崇臺穹窿，高靈下墮。慶陰彷彿，從坐嶫峨。宵昇于丘，時通權火。維天之命，百禄是荷。

降壇　帝饗于郊，一精二純。紫觚陟降，嘉玉妥陳。神方留娭，瑞貺紛綸。申錫無疆，螽斯振振。

還位　肅肅禮度，鋗鋗宫奏。天行徐謐，皇儀昭懋。光連重璧，物備籩豆。於皇以饗，無聲無臭。

尚書奉俎　列俎孔陳，嘉籩維實。鼎煁陽燧，玉流星液。我牲既碩，❶我薦既苾。神監下昭，安坐翔吉。

再詣盥洗　帝登初觴，禮嚴再盥。精明

❶「牲」，原作「柱」，據《宋史・樂志》改。

顯昭，齊顒洞貫。靈娭留俞，神光炳焕。秋宗受福，永壽於萬。

再升壇　紫壇嶽立，神光夜燭。有儼旒采，有鸞佩玉。霄垠顧佑，祖宗熙穆。對越不忘，俾爾戩穀。

降壇，《乾安》　天容澄謐，景氣宴和。贊斚薦醇，銷璆叶歌。帝降庭止，夜其如何？　神助之休，宜爾衆多。

還位，《乾安》　甘露流英，卿雲舒采。靈俞有喜，神光晻曖。穆穆來蒞，洋洋如在。帝用居歆，澤及四海。

入小次，《乾安》　聽惟饗德，監惟棐忱。顧諟思明，靈承思欽。永言端蒞，肅對下臨。上帝是皇，毋貳爾心。

文舞退、武舞進，《正安》　羽籥陳容，干戚按節。德閑而泰，功勞而決。虞我神祇，揚我謨烈。盡美盡善，福流有截。

亞獻，《正安》　帝臨中壇，神從八陛。華玉展瑞，明馨薦醴。亦有嘉德，克相盛禮。獻兹重觴，降福瀰瀰。

終獻，《正安》　敬事天地，升侑祖宗。陳盌于三，介觴之重。秉德翼翼，有來雍雍。相于祀事，福嘏日溶。

出小次，《乾安》　孝奏展成，熙儀畢薦。光流桂俎，祥衍椒奠。風管晨凝，雲容天轉。拜貺于郊，右序詒燕。

詣飲福位，《乾安》　所饗惟清，所欽惟馨。靈喜留俞，天景窈冥。福禄來成，福禄來寧。皇用時歆，壽我慈庭。

飲福，《禧安》　瓚斚觩⿰角翏，觥罍氤氳。有醴惟香，有酒惟欣。肹蠁豐融，懿懿芬芬。我龍受之，如川如雲。

降壇，《乾安》　天錫多祉，皇受五福。言瞻瑶壇，迄奉瑄玉。昭星炳燿，元氣回復。帝儀載旋，有嘉穆穆。

還位，《乾安》　璇圖天深，鼎文日輝。慶流皇家，象炳紫微。乾回冕旒，雲焕衮衣。何千萬年，式于九圍。

尚書徹豆，《熙安》　藺豆既升，簠簋既登。禮備俎實，饗貴牲烝。時乃告徹，器用畢興。祚我皇基，介福是膺。

送神，《景安》　神輔有德，來燕來娭。禮薦熙成，三靈逆釐。神饗有道，言旋言歸。福祉咸蒙，百世本支。

詣望燎位，《乾安》　莫神乎天，陽噓而生。日月星辰，皆乾之精。肆求厥類，與陽俱升。眡燎于壇，展也大成。

詣望瘞位，《乾安》　地載萬物，陰翕而成。山嶽河瀆，皆坤之靈。克肖其象，與陰俱凝。眡瘞于坎，思求厥成。

還大次，《乾安》　福方流胙，祈方欽柴。鹵簿載肅，球架允諧。帝祉具臨，皇靈允懷。端御于次，降福孔皆。

還内，《乾安》　八神呵蹕，千官景從。回軫還衡，寢威盛容。妥飾芝鳳，御朝雲龍。歸壽慈闈，敷時民雍。

【《理宗本紀》】寶慶三年十一月辛巳，日南至，郊，大赦，改明年爲紹定元年。

【王圻《續通考》】理宗寶慶三年，詔：「今歲郊祀大禮，令有司除事神儀物、諸軍賞給依舊制外，其乘輿服御及中外支費皆從省約。」是年十一月辛巳，日南至，祀天地于圜丘。

【《宋史·禮志》】理宗四十一年，一郊而已。

【《度宗本紀》】咸淳二年秋七月壬辰，詔以來年正月一日郊。

【《禮志》】度宗咸淳二年，權工部尚書趙汝暨等奏：「今歲大禮，正在先帝大祥之後，臣等竊惟帝王受命，郊見天地，不可緩也。古者有改元即郊，不用前郊三年爲計。況今適在當郊之歲，既逾大祥之期，圜丘之祀，豈容不舉？」於是降札，以十一月十七日款謁南郊，適太史院言：「十六日太陰交蝕。」遂改來年正月一日南郊行禮。太常寺言：「皇帝既已從吉，請依儀用樂。其十二月二十九日朝獻景靈宮，三十日朝享太廟，尚在禫制之内，所有迎神、奠幣、酌獻、送神作樂外，其盥洗升降行步等樂，備而不作。」度宗咸淳二年，將舉郊祀，時復議以高宗參配。吏部侍郎兼中書門下省檢正洪燾等議，以爲：「物無二本，事無二初，舜之郊嚳，商之郊契，周郊后稷，皆所以推原其始也。禮者，所以別等差，視儀則，遠而尊者配於郊，近而親者配於明堂，明有等也。臣等謂宜如紹興故事，奉太宗配，將來明堂遵用先皇帝彝典，以高宗參侑，庶於報本之禮、奉先之孝，爲兩盡其至。」詔恭依。

【《度宗本紀》】咸淳三年正月己丑朔，郊，大赦。

【王圻《續通考》】六年孟夏，祀上帝于圜丘。

蕙田案：本紀不載此祭，王氏當别有所考。

【周密《南渡宮禁典儀》】三歲一郊。預於元日降詔，以冬至有事于南郊，或用次年元日行事。先於五六月内擇日命漕帥及修内司修飾郊壇，及絞縛青城齋殿等屋，凡數百間，悉覆以葦席，護以青布，并差官兵修築泥路，自太廟至太禋門，又自嘉會門至麗正門，計九里三百二十步，皆以潮沙填築，其平如席，以便五輅之往來。每隊各有「歌頭」，以綵旗爲號，唱和《杵歌》等曲以相。兩街居民各以綵段錢酒爲犒。又命象院教象前導朱旗，以二金三鼓爲節，各有幞頭紫衣蠻奴乘之，手執短钁，旋轉跪起，悉如人意。又以車五乘，壓之以鐵，多至萬觔，與輅輕重適等，以觀疾徐傾側之勢。至前一月進呈，謂之「閃試」。及駕出前一日，縛大綵屋於太廟前，置輅其中，許都人觀瞻。先是自前一月以來，次第按試習儀，殆無虚日。郊前十日，執事陪祀等官，並受誓戒於尚書省。前三日，百官奏請皇帝致齋於大慶殿。是日，上服通天冠、絳紗袍，靖結佩，升高座，侍中奏請降座，就齋室。次日車駕詣景靈宫，服衮冕行禮，禮畢駕回，就赴太廟齋殿宿。是夕四鼓，上服衮冕，詣祖宗諸室行朝饗之禮。是夜，鹵簿、儀仗、軍兵於御路兩傍分列，間以粔籹蕡燭，自太廟直至郊壇泰禋門，輝映如晝。宰執親王，貴家巨室，列幕櫛比，皆不遠千里，不憚重費，預定於數月之前，而至期猶有爲有力所奪者。珠翠錦繡，絢爛於二十里間，歌舞遊遨，工藝百物，輻輳爭售，通宵駢闐，至五更則穰稍先驅，所至皆滅燈火，蓋清道袚除之義。黎明，上御玉輅，從以四輅，導以馴象，千官百司，法駕儀仗，錦繡雜還，蓋十倍孟饗之數，聲容文物，不可盡述。次第出嘉會門，至青城宿齋。四壁皆三衙諸軍，周廬坐甲，軍幕旌旗，布列前後，傳呼唱號，列燭互巡，往來如織。行宫至暮則嚴更警惕，鼓角轟振。又有衛士十餘隊，每隊十餘人，互相唱探。至三鼓，執事陪祀官並入，就黄壇排立，萬燈輝耀，粲若列星。凡齪燈皆自爲誌號，如捧俎官則畫一人爲捧俎之狀。用丑時一刻行事，至期，上服通天冠、絳紗袍，乘輦，至大次，禮部侍郎奏「中嚴、外辦」，禮儀使奏請皇帝行事。上服衮冕，步至小次，升自午階。天步所臨，皆藉以黄羅，謂之「黄道」。中貴一人，以大合貯片腦迎前撒之。禮儀使前導，殿中監進大圭。至版位，禮直官奏：「有司謹具，請行事。」時壝壇内外，凡數萬衆，皆肅然無譁。天風時送佩環，《韶》《濩》之音，真如九天吹下也。太社令升煙燔牲首。上詣昊天位，次皇地祇，次祖宗位，奠玉，祭酒，讀册，文武二舞，次亞終獻，行禮畢。上詣飲福位，爵飲福酒，禮直官唱「賜胙」，次「送神」，次「望燎」。訖，禮儀使奏「禮畢」。上還大次，更衣，乘輦還齋宫，百僚追班，賀禮成於端誠殿。黎明，上乘大安輦，從以五輅進發。教坊排立，奏致語口號訖，樂作，諸軍隊伍，亦次第鼓吹振作，千乘萬騎，迤邐入麗正門。教坊排立，再奏致語口號，舞畢，降輦小憩，以俟辦嚴，登門肆赦。弁陽老人有詩云：「黄道官羅瑞腦香，衮龍升降佩鏘鏘。大安輦奏乾安曲，萬點明星簇紫皇。」又曰：「萬騎雲從簇錦圍，内官排立馬如飛。九重閶闔開清曉，太母登樓望駕歸。」李鶴田詩云：「嚴更頻報夜何其，萬甲聲傳遠近隨。梔子燈前紅炯炯，大安輦上赴壇時。」　郊壇，天盤至地高三丈二尺四寸，通七十二級，分四成，上廣七丈，共十二階，分三十六龕，午階闊一丈，主上升降由此階，其餘各闊五尺。圜丘之上，止設昊天上帝、皇地祇二神位，及太祖、太宗配天十六龕。共祀五帝、太一、感生、北極、北斗，及分祀衆星三百六十位。儀仗用六千八百八十九人，自太廟排列至青城。玉輅下祇應人共三百二十一人：呵喝人員二人，教馬官二人，挾捧輪將軍四人，推輪車子官健八人，駕士班直二百三十二人，千牛衛將軍二員，抱太常龍旗官六員，職掌五人，專知官一名，手分一名，庫子八人，裝掛匠二人，諸作工匠十五人。蓋覆儀鑾司十一人，監官三員，金、象、革、木輅，每輅下一百五十六人。玉輅青飾，金輅黃飾，象輅紅飾，革輅淺色飾，木輅黑飾，輅下有人冠服，並依輅色。玉輅前儀仗騎導：騎導官、左壁文臣、右壁武臣。六軍儀仗宫兵二千二百三十二人，左右諸將軍十三員，中道五員，左右八員。金吾街仗司：執穲稍八十人，攝將軍八員，仗下監門二十六員。鼓吹五百八十三人，導駕樂人三百三十人。大禮後，擇日行恭謝禮。第一日駕出，如四孟儀，詣景靈宫天興殿聖祖前行恭謝禮，次詣中殿祖宗神御前行禮，還齋殿進膳訖，引宰臣以下賜茶，茶畢還内。第二日，上乘輦，自後殿門出，教坊都管已下於祥曦殿南迎駕起居，參軍色念致語，雜劇色念口號，樂作《駕後樂》，東西班則于和寧門外排列後從作樂。將至太一宫，道士率衆執威儀于萬壽觀前，入圍子内迎駕起居作法事，前導入太一宫門降輦，候班齊，詣靈休殿參神，次詣五福、十神太一，次詣申佑殿、本命北辰殿、通真殿、佑聖順福殿、太后本命延壽殿、南極火德殿，禮畢，宣宰臣已下合赴坐官並簪花，對御賜宴。上服幞頭，紅上蓋，玉束帶，不簪花。教坊樂作。前三盞用盤盞，後二盞屈卮。御筵畢，百官侍衛吏卒等並賜簪花從駕，縷翠滴金，各競華麗，望之如錦繡。衙前樂都管已下三百人，自新椿橋西中道排立迎駕，念致語口號如前。樂動《滿路花》，至殿門起《壽同天》曲破，舞畢退。姜白石有詩云：「六軍文武浩如雲，花簇頭冠樣樣新。惟有至尊渾不戴，盡將春色賜羣臣。」「萬數簪花滿御街，聖人先自景靈回。不知後面花多少，但見紅雲冉冉來。」

蕙田案：郊天大祀，君若臣惟有嚴

恭寅畏，肅清將事，以交神明。且歲歲行之，乃有國之常典，無他奇也。自後世不復常行，郊禮遂有赦賚之舉，相沿既久，繁費滋多，至使郊禮難行，其失已大矣。乃更務爲紛華，珠玉錦繡，絢爛數十里，士女遊遨，夜以繼日，非特慢神褻神，弗克致享，勢已偏安，驕汰至是，國事遂不可爲矣。備附于此，以爲後世鑒。

右宋郊禮。

五禮通考卷第十六

淮陰吴玉搢校字

五禮通考卷第十七

内廷供奉禮部右侍郎金匱秦蕙田編輯
太子太保總督直隸右都御史桐城方觀承同訂
按察司副使元和宋宗元
貢士吴江顧我鈞參校

吉禮十七

圜丘祀天

【《遼史·太祖本紀》】七年五月丙寅，至庫里，以青牛、白馬祭天地。十一月，祠木葉山。還次昭烏山，定吉凶儀。十二月戊子，燔柴于蓮花濼。天贊四年閏十二月壬辰，祠木葉山。

【《太宗本紀》】天顯四年九月戊寅，祠木葉山。　六年五月乙丑，祠木葉山。　七年正月戊申，祠木葉山。　九年二月壬申，祠木葉山。　十二年十二月甲申，祠木葉山。　會同八年十月辛未，祠木葉山。

【《穆宗本紀》】應曆十二年六月甲午，祠木葉山及潢河。

【《景宗本紀》】保寧元年十一月甲辰朔，祠木葉山。　三年四月己卯，祠木葉山。　七年正月壬寅，望祠木葉山。四月己酉，祠木葉山。　九年十一月癸卯，祠木葉山。

【《聖宗本紀》】統和二年五月乙卯，祠木葉山。　三年四月乙亥朔，祠木葉山。　七年三月壬午朔，遣使祭木葉山。　十六年五月丁卯，祠木葉山。　二十六年四月辛卯朔，祠木葉山。

開泰元年正月丙戌，望祠木葉山。　六年五月乙卯，祠木葉山。

【《興宗本紀》】重熙十四年十月甲子，望祠木葉山。　十六年十一月戊寅，祠木葉山。

【《道宗本紀》】咸雍十年九月癸亥，祠木葉山。

太康元年九月壬寅，祠木葉山。

大安七年十一月甲子，望祠木葉山。

壽隆元年九月甲寅，祠木葉山。　六年九月癸未，望祠木葉山。

【《天祚本紀》】乾統六年十一月甲辰，祠木葉山。　九年十月癸酉，望祠木葉山。

【《禮志》】祭山儀：設天神、地祇位于木葉山，東向；中立君樹，前植羣樹，以像朝班；又偶植二樹，以爲神門。皇帝、皇后至夷离畢，❶具禮儀。牲用赭白馬、玄牛、赤白羊，皆牡。僕臣曰旗鼓拽剌，殺牲，體割，懸之君樹。太巫以酒酹牲。禮官曰敵烈麻都，❷奏「儀辦」。皇帝服金文金冠，白綾袍，絳帶，懸魚，三山絳垂，飾犀玉刀錯，絡縫烏靴。皇后御絳帓，絡縫紅袍，懸玉佩，雙結帕，絡縫烏靴。皇帝、皇后御鞍馬。羣臣在南，命婦在北，服從各部旗幟之色以從。皇帝、皇后至君樹前下馬，升南壇御榻坐。羣臣、命婦分班，以次入就位；合班，拜訖，復位。皇帝、皇后詣天神、地祇位，致奠；閤門使讀祝訖，復位坐。北府宰相及惕隱以次致奠於君樹，徧及羣樹。樂作。羣臣、命婦退。皇帝率孟父、仲父、季父之族，三匝神門樹；餘族七匝。皇帝、皇后再拜，在位者皆再拜。上香，再拜如初。皇帝、皇后升

❶「夷离畢」，庫本作「額爾奇木」。
❷「敵烈麻都」，庫本作「多囉倫穆騰」。

壇，御龍文方茵坐。再聲警，詣祭東所，羣臣、命婦從，班列如初。巫衣白衣，惕隱以素巾拜而冠之。巫三致辭。每致辭，皇帝、皇后一拜，在位者皆一拜。皇帝、皇后各舉酒二爵，肉二器，再奠。大臣、命婦右持酒，左持肉各一器，少後立，一奠。命惕隱東向擲之。皇帝、皇后六拜，在位者皆六拜。皇帝、皇后復位，坐。命中丞奉茶果，餅餌各二器，奠于天神、地祇位。執事郎君二十人持福酒、胙肉，詣皇帝、皇后前。太巫奠酹訖，皇帝、皇后再拜，在位者皆再拜。皇帝、皇后一拜，飲福，受胙，復位，坐。在位者以次飲。皇帝、皇后率羣臣復班位，再拜。聲蹕，一拜。退。　太祖幸幽州大悲閣，遷白衣觀音像，建廟木葉山，尊爲家神。于拜山儀過樹之後，增「詣菩薩堂儀」一節，然後拜神，非胡剌可汗之故也。❶　興宗先有事于菩薩堂及木葉山、遼河神，然後行拜山儀，冠服、節文多所變更，後因以爲常。神主樹木，懸牲告辦，班位奠祝，致嘏飲福，往往暗合于禮。天理人情，放諸四海而準，信矣夫。興宗更制，不能正以經術，無大過於昔，故不載。

【《儀衛志》】終遼之世，郊丘不建，大裘冕服不書。

【王圻《續通考》】遼祠木葉山，本所以祀天地，然外又有獨祭天者，有兼祭天地者，雖非可擬于郊社之禮，然神主樹木、懸牲、告辦、班位、奠祝、致嘏、飲福，于禮暗合。

蕙田案：拜天祭山，固不足以當郊禮，要其以木葉山爲常祭之處，則猶在國之陽，自然之丘之意也。惜乎

❶「胡剌可汗」，庫本作「和掄罕」。

習于本俗，不能文之以禮，于是帝、后同拜，命婦偕從，繞樹拜巫，惕隱擲奠，種種儀節，難爲典要，姑從史文録而存之，以備考鑒。

右遼祭山禮。

【《金史·太祖本紀》】收國元年夏五月庚午朔，避暑于近郊。甲戌，拜天射柳。故事，五月五日、七月十五日、九月九日，拜天射柳，歲以爲常。

【《禮志》】拜天：金因遼舊俗，以重五、中元、重九日行拜天之禮。重五于鞠場，中元于内殿，重九于都城外。其制，刳木爲盤，如舟狀，赤爲質，畫雲鶴文。爲架高五六尺，置盤其上，薦食物其中，聚宗族拜之。若至尊則于常武殿築臺爲拜天所。重五日質明，陳設畢，百官班俟于毬場樂亭南。皇帝靴袍乘輦，宣徽使前導，自毬場南門入，至拜天臺，降輦至褥位。皇太子以下百官皆詣褥位，宣徽贊「拜」。皇帝再拜。上香，又再拜。排食抛盞畢，又再拜。飲福酒，跪飲畢，又再拜。百官陪拜，引皇太子以下先出，皆如前導引。皇帝回輦至幄次，更衣，行射柳、擊毬之戲。

金之郊祀，本于其俗有拜天之禮。其後，太宗即位，乃告祀天地，蓋設位而祭。天德以後，始有南北郊之制，大定、明昌，其禮寖備。❶南郊壇在豐宜門外，當闕之巳地。圜壇三成，成十二陛，各案辰位。壝墻三匝，四面各三門。齋宫東北，厨庫在南。壇、壝皆以赤土圬之。冬至日，合祀昊天上帝、皇地祇于圜丘。

【《翟永固傳》】考試貞元元年進士，出《尊

❶「寖」，原作「寢」，據庫本改。

祖配天賦》題，海陵以爲猜度己意，召永固問曰：「賦題不稱朕意。我祖在位時祭天拜乎？」對曰：「拜。」海陵曰：「豈有生則致拜，死而同體配食者乎？」對曰：「古有之，載在典禮。」海陵曰：「若桀、紂曾行，亦欲我行之乎？」于是永固、張景仁皆杖二十。而進士張汝霖賦第八韻有曰：「方今將行郊祀。」海陵詰之曰：「汝安知我郊祀乎？」亦杖之三十。

蕙田案：據此則大定以前其無郊禮可知，而《禮志》云天德以後已有其制，豈射柳之外，別有祀天之禮而不立配帝歟？

【《世宗本紀》】大定十一年十一月丁亥，有事于圜丘，大赦。

【《禮志》】大定十一年始郊，命宰臣議配享之禮。左丞石琚言：「案《禮記》：『萬物本乎天，人本乎祖，此所以祖配上帝也。』蓋配之者，侑神作主也。自外至者，無主不止，故推祖考配天，尊之也。兩漢、魏、晉以來，皆配以一祖。至唐高宗，始以高祖、太宗崇配。垂拱初，又加以高宗，遂有三祖同配之禮。至宋，亦嘗以三帝配，後禮院上議，以爲對越天地，神無二主，由是止以太祖配。臣謂冬至親郊宜從古禮。」帝曰：「唐、宋以私親，不合古，不足爲法。今止當以太祖配。」又謂宰臣曰：「本國拜天之禮甚重。今汝等言依古制築壇，亦宜。我國家絀遼宋主，據天下之正，郊祀之禮豈可不行？」乃以八月詔曰：「國莫大于祀，祀莫大于天，振古所行，舊章咸在。仰唯太祖之基命，紹我本朝之燕謀，奄有萬邦，于今五紀。因時制作，雖增飾于國容，推本奉承，猶未遑于郊見。況天庥滋至而年穀屢豐，敢不敷繹曠文，明昭大報。取陽升之至日，將親饗乎圜壇，嘉與臣工，共圖熙事。以今年十一月十七日有事于南郊，咨爾有司，各揚乃職，相予祀事，罔或不欽。」乃于郊見前一日，徧見祖宗，告以郊祀之事。其日，備法駕鹵簿，躬詣郊壇行禮。

【《紇石烈良弼傳》】時有事南郊，良弼爲大禮使，自收國以來未嘗講行是禮，歷代典故又多不同，良弼討論損益，各合其宜，人服其能。

【《魏子平傳》】上問宰臣曰：「祭宗廟用牛，牛盡力稼穡，有功于人，殺之何如？」子平對曰：「唯天地、宗廟用之，所以異大祀之禮也。」

【《章宗本紀》】明昌元年五月戊午，拜天于西苑，射柳，擊毬，縱百姓觀。　四年九月庚午，如山陵，次奉先縣。辛未，拜天于縣西。　五年夏六月丙午，拜天曲，赦西北路。　承安元年八月甲子，以郊祀日期詔中外。　十一月戊戌，有事于南郊，大赦，改元。

【《禮志》】承安元年，將郊，禮官言：「禮神之玉當用真玉，燔玉當用次玉。昔大定十一年，天地之玉皆以次玉代之，臣等疑其未盡。禮貴有恒，不能繼者不敢以獻。若燔真玉，常祀用之，恐有時或缺，反失禮制。若從近代之典及本朝儀禮，真玉禮神，次玉燔瘞，於禮爲當。近代郊，自第二等升天皇大帝、北極于第一等，前八位舊各有禮玉、燔玉，而此二位尚無之。案《周禮・典瑞》云：『以圭璧祀日月星辰。』近代禮九宮貴神、大火星位，猶用《周禮》之說。其天皇大帝、北極二位，固宜用禮神之玉及燔玉也。」帝命俱用真玉。省臣又言：「前時郊，天、地、配位各用一犢，五方帝、日、月、神州、天皇大帝、北極十位皆大祀，亦當用犢，當時止以羊代。第二等以下從祀神位則分封羊、豕以獻。竊意天地之祀，籩豆尚多者，以備陰陽之物，鼎俎尚少者，以人之烹薦。無可以稱其德，則貴質而已。故天地、日月、星辰之位皆用一俎，前時第一等神位偏用二俎，似爲不倫。今第一等神位亦當各用犢一，餘位以羊、豕分獻。」從之。

【《張暐傳》】承安元年八月，上召暐至内殿，問曰：「南郊大祀，今用度不給，俟來年可乎？」暐曰：「陛下即位，于今八年，大禮未舉，宜亟行之。」上曰：「北方未寧，致齋之際，有不測奏報何如？」對曰：「豈可逆度而妨大禮？ 今河平歲豐，正其時也。」是歲，郊見上帝。

【《内族襄傳》】契丹之亂，廷臣議罷郊祀，又欲改用正月上辛，上遣使問之，對曰：「郊爲重禮，且先期詔天下，又藩國已報賀表，今若中罷，何以副四方傾望之意？若改用正月上辛，乃祈穀之禮，非郊見上帝之本意也。大禮不可輕廢，請决行之，臣乞于祀前滅賊。」既而破賊，果如所料。

【王圻《續通考》】《党懷英傳》曰：「明昌六年，懷英以翰林學士權攝中書侍郎讀祝册。上曰：『讀册至朕名，聲微下，雖曰尊君，然在郊廟，禮非所宜，當平讀之。』」似承安以前，章宗已南郊矣。及觀張暐「陛下即位八年，大禮未舉」之語，則明昌間又不應有郊事。細詳《党傳》所載，即承安元年事，時因郊改元，史臣仍沿明昌之號，誤書紀年耳。

　蕙田案：明昌實有六年，其承安元年未改元以前，當稱七年，不當云六年。且章宗以大定二十九年正月即位，明年改元明昌，連而數之，正合張暐八年之説。疑史文本作七年，後人見明昌止于六年，遂誤改之耳。

【《章宗本紀》】二年十一月甲辰，有事于南郊。

【《禮志》】儀注：齋戒用唐制，大祀，散齋四日，致齋三日。中祀，散齋二日，致齋一日。天子親祀，皆前期七日，攝太尉誓亞終獻官、親王、陪祀皇族于宮省。皇族十五以上，官雖不及七品者亦助祭受誓。又誓百官于尚書省。攝太尉南向，司徒北向，監祭《史》作「察」，誤。御史在西，監禮博士在東，皆相向。太常卿、光禄卿在司徒後，重行北向。司天監、光禄丞、太廟令丞、大樂令丞、太官令丞、良醖令、廩犧令、郊社丞、司尊、太祝、奉禮郎、協律郎、諸執事官皆重行西上北向。禮直官以誓文授攝太尉，乃誓曰：「維某年歲次某甲，某月，某日，某甲，皇帝有事于南郊，各揚其職，其或不恭，國有常刑。」禮直官贊曰：「七品以下官皆退。」餘皆再拜，退。誓於宮省之儀皆同。于是，皇帝散齋于別殿。前致齋一日，尚舍設御座于大安殿，當中南向。設東西房于御座之側，設御幄于室內，施簾于楹下。享前三日，陳設小次。享前一日，設拜褥及皇帝版位、皇帝飲福位，及黃道褥，自玉輅下至升輿所。及致齋之日，通事舍人引文武五品以上官，陪位如式。諸侍衛之官，各服其器服，並結珮，俱詣閤奉迎。上水《志》作「丑」，誤。一刻，侍中版奏「外辦」。皇帝服衮冕，結珮，乘輿出，警蹕、侍衛如常儀。皇帝即御座，東向坐。通事舍人承傳，殿上下俱拜，訖，西面，贊「各祗候」。一刻頃，侍中跪奏：「臣某言，請降就齋。」俛伏，興，還侍位。皇帝降座，入室，羣官皆退。諸執事官皆宿于正寢，治事如故，不弔喪問疾，不判署刑殺文字，不決罰罪人，不與穢惡事。致齋日，唯祀事則行，餘悉禁。已齋而闕者，通攝行事。

陳設：前祀五日，儀鸞、尚舍陳設齋宮。有司設扈從侍衛次于宮東西。又設陪祀親王次于宮東稍南，西向北上，宗室子孫位于其後。又設司徒、亞終獻、行事執事官次于壇南外壝門之西，東向北上，重行異位。又設天名房，在壇南外壝門之東，西向。大禮使次于其後，皆西向。又設席大屋于壇外西北，駐車輅以備風雪。祀前三日，尚舍設大次于東壝外門内道北，南向。又設小次于壇下卯陛之北，南向。有司設饌幔于東壝中門之北，南向。設兵衛，各服其器服，守衛壝門，每門二人。郊社令率其屬，埽除壇之上下及壝之内外。乃爲燎位，在南中壝東門之東，壇之巳位。又爲瘞坎，在中壝内戌位。祀前二日，大樂令帥其屬，設登歌之樂於壇上稍南，北向。玉磬在午陛之西，金鐘在午陛之東，柷一在鐘前稍北，敔一在磬前稍北，東西相向，歌工之次，餘工各立于縣後。琴瑟在前，匏竹在後，于壇下第一等上，皆重行異位，北向。又設宮縣樂南壝外門之外，八佾二舞表于樂前。又設《采茨》樂于應天門前。祀前一日，奉禮郎升設皇帝版位于壇上辰巳之間，北向。又設皇帝飲福位于其左稍却，北向。又帥禮直官設亞終獻位于卯陛之東北，西向北上。司徒位于卯陛之東道南，西向。禮部尚書、太常卿、光禄卿、禮部侍郎位各次之，太常丞、光禄丞又次之。又設大禮使位于小次之左稍却，西向。又設分獻官、司天監、讀册中書侍郎位于中壝門道北，西向。郊社令、廪犧令、大官令、良醖令位于其後。又設郊社丞、太祝、奉禮郎以下諸執事官位于其後，皆西向，重行異位。又設從祀文武羣官一品至五品位于中壝門内道南，西向，皆重行立。又設助奠、祝史、齋郎位于東壝門外道北，西向。又設陪祀皇族位于道南，西向。六品至九品從祀羣官，又于其南，皆西向，重行異位，各依其品。又設監祭御史二員，一員在午陛之西南，一員在子陛之西北，皆東向。又設監禮博士二員，一員在午陛之東南，一員在子陛之東北，皆西向。又設大樂令位于樂簴之間稍東，西向。協律郎位于樂簴之西，東向。又設奉禮郎位于壇南稍東，西向。贊者次之。司尊位于酌尊所，俱北向。又設牲牓于外壝東門之外，西向。饌牓于其北稍西，南向。牲牓之東，牲位。太史、太祝各位于牲後，俱西向。又設禮部尚書、太常卿、光禄卿位于牲牓南稍北，西向。太常丞、光禄丞、太官令位于其後。監祭御史、監禮博士于禮部尚書位之西稍却，北向。廪犧令位在牲位西南，北向。又陳禮饌于饌牓之前案上。未後三刻，陳饌之時，又設禮部尚書、太常卿、光禄卿位于案前稍東，北上，西向。太常丞、光禄丞、太官令位于其後，西向。又設監祭御史、監禮博士位于案前稍西，北上，東向。又設異寶嘉瑞位于宫縣西北，太府少監位于寶後。諸州歲貢位于宫縣東北，户部郎中位于其後。天子八寶位于宫縣西南，符寶郎八員各位于寶後。伐國毀寶位于宫縣東南，少府少監位于其後。又設大樂令位于宫縣之北稍東，協律郎二在大樂令南，東西相向。司天監，未後二刻，同郊社令升設昊天上帝、皇地祇神座于壇上北方南向，地祇位在東稍却，席皆以藁秸。太祖配位座于東方西向，席以蒲越。五方帝、日、月、神州地祇、天皇大帝、北極神座于壇上第一等，席皆藁秸。内官五十四座，五神、五官、嶽鎮海瀆二十九座于壇第二等，中官一百五十有八座，崑崙、山林川澤二十一座于壇上第三等，外官一百六座，丘陵、墳衍、原隰三十座于内壝之内，衆星三百六十座在内壝之外，席皆以莞。神座版各設于座首。又設禮神玉。俟告潔畢，權徹去壇上及第一等神位，祀日前五刻重設。奉禮郎同司尊及執事者設天、地，配位各左十有一籩，右十有一豆，俱爲三行。登三在籩豆間。簠一簋一于登前，簠在左，簋在右。各于神座前，藉以席。又設天、地位太尊各二，著尊各二，犧尊各二，山罍各二，壇上東南隅配位著尊二，犧尊二，象尊二，在天、地位酒尊之東，俱北向西上，皆有坫，加勺、冪，左以明水，右以玄酒，爲酌尊所。又天、地位象尊各二，壺尊各二，山罍各四，在壇下午陛之南，北向西上。配位壺尊二、山罍四在酉陛之北，東向北上，皆有坫，設而不酌，亦左以明水，右以玄酒。又設五方帝、日、月、神州地祇、天皇大帝、北極，第一等皆左八籩、右八豆，登在籩豆間，簠一簋一在登前，爵坫一在神座前。第二等内官五十四座，五神、五官，岳鎮海瀆二十九座，每座籩二、豆二、簠一、簋一、俎一、爵坫一。第三等中官一百五十八座，崑崙、山林川澤二十一座，及内壝内外官一百六十座，丘陵、墳衍、原隰三十座，内壝外衆星三百六十座，每位籩二、豆二、簠一、簋一、俎一、爵一。又設第一等每位太尊二、著尊二，皆有坫加勺。第二等每位山尊二，第三等每位犧尊二，内壝内外每辰概尊二，皆加勺。自第二等以下皆用匏爵，先洗拭訖，置于尊所，其尊所皆在神位之左。凡祭器皆藉以席，籩豆各加巾蓋。又設天、地及配位籩一、豆一、簠一、簋一、俎四及毛血豆各一，并第一等神位每位俎二，於饌幔内。又設皇帝洗位於卯陛下道北，南向。盥洗在東，爵洗在西。匜在東，巾在西。篚南肆，實玉爵坫。又設亞終獻洗位在小次之東，南向。盥洗在東，爵洗在西，加勺。篚在西，南肆，加巾。又設第一等分獻官盥洗爵洗位，及第二等分獻官盥洗爵洗位，各于其辰陛道之左，罍在洗左，篚在洗右，俱内向，執罍篚者位于其後。太府監、少府監祀前一日未後二刻，帥其屬升壇陳玉幣。昊天上帝以蒼璧、蒼幣，皇地祇以黄琮、黄幣，配位以蒼幣，黄帝以黄琮，青帝以青珪，赤帝以赤璋，大明以青珪璧，白帝以白琥，黑帝以玄璜，北極以青珪璧，天皇大帝以玄珪璧，神州地祇以玄色兩珪有邸，皆置于匣。五帝之幣各從其方色。凡幣皆陳于篚。設訖，俟告潔訖權徹去，祀日重設。祀日丑前五刻，禮部設祝册于神座右，皆藉以案。太常卿明燈燎。户部郎中設諸州歲貢于宫縣東北，金爲前列，玉帛次之，餘爲從列，皆藉以席，立于歲貢之後，北向。太府監、少府監設異寶嘉瑞于宫縣西，北上，瑞居前，中下次之，皆藉以席，立于寶後，北向。少府少監設伐國毀寶于宫縣東南，皆藉以席，立于寶後，北向。符寶郎設八寶于宫縣西南，各分立于寶南，皆北向。司天監、太府監、少府監、郊社令、奉禮郎升設昊天上帝、皇地祇、配位及壇上第一等神位，又設玉幣，各于其位。太祝取瘞玉加于幣，以禮神之玉各置于神座前，乃退。光禄卿率其屬入實祭器。昊天上帝、皇地祇、配位每位籩三行，以右爲上，形鹽在前，魚鱐、糗餌次之，第二行榛實在前，乾桃、乾橑、乾棗次之，第三行乾菱在前，乾芡、乾栗、鹿脯次之。豆三行，以左爲上，芹菹在前，筍菹、葵菹次之，第二行韭菹在前，菁菹、魚醢、兔醢次之，第三行豚胉在前，醓醢、酏食、鹿臡次之。簠黍，簋稷，登皆太羹。第一等壇上一十位，每位皆實籩三行，以右爲上，形鹽在前，魚鱐次之，第二行乾橑在前，桃、棗次之，第三行乾芡在前，榛實、鹿脯次之。豆三行以左爲上，芹菹在前，筍菹次之，第二行菁菹在前，韭菹、魚醢次之，第三行豚胉在前，醓醢、鹿臡次之。簠黍，簋稷，登太羹。第二、第三等每位籩二，鹿脯、乾棗。豆二，鹿臡、菁菹。俎，羊一體。内壝内、内壝外每位籩鹿脯，豆鹿臡，俎羊一體。良醞令帥其屬入實尊罍，昊天上帝、皇地祇太尊爲上，實以汎齊；著尊次之，實以醴齊；犧尊次之，實以盎齊；象尊次之，實以醍齊；壺尊次之，實以沈齊；山罍爲下，實以三酒。配位著尊爲上，實以汎齊；犧尊次之，實以醴齊；象尊次之，實以盎齊；壺尊次之，實以醍齊；山罍爲下，實以三酒。第一等每位太尊實以汎齊，著尊實以醴齊。第二等山尊實以醍齊。第三等及内壝内，蜃尊實以沉齊。内壝外及衆星，概尊實以三酒。

省牲器：祀前一日午後八刻，去壇二百步禁止行人。未後二刻，郊社令丞率其屬埽除壇之上下，司尊、奉禮郎帥執事者以祭器入設于位。司天監設神位，太府監、少府監陳玉幣于篚。未後三刻，禮直官引廪犧令與諸太祝、祝史以牲就位。又禮直官、贊者分引禮部尚書、太常卿、光禄卿、禮部侍郎、太常丞、監祭御史、監禮博士、廪犧令、太官令、大官丞詣内壝東門外省牲位。立定，乃引禮部尚書、侍郎、太常丞及監祭御史、監禮博士升自卯陛，視滌濯，執事者皆舉冪告潔，俱畢，降復位。禮直官稍前曰：「告潔畢，請省牲。」禮部尚書、侍郎、太常卿丞稍前，省牲訖，退復位。次引光禄卿丞巡牲一匝，光禄卿退，光禄丞西向折身曰「備」訖，乃復位。次令廪犧令巡牲一匝，西向躬身曰「充」。又引諸祝史巡牲一匝，首一員西向躬身曰「腯」。畢，俱復位。禮直官稍前曰：「請省饌。」乃引禮部尚書以下各就位，立定，省饌，訖，禮直官引禮部尚書侍郎、太常卿丞各還齊所，餘官、廪犧令與諸太祝、祝史以次牽牲詣厨，授大官令丞。次引光禄卿丞、監祭、監禮詣厨，省鼎鑊，視滌濯畢，乃還齋所。晡後一刻，大官令帥宰人以鸞刀割牲，祝史各取毛血實以豆，置于饌幔，遂烹牲，祝史乃取瘞血貯于盤。

奠玉幣：祀日丑前五刻，亞終獻司徒以下，應行事陪從羣官，各服其服就次。司天監復設壇上及第一等神位。太府監、少府監陳玉幣。太常卿、郊社令丞明燭燎。光禄卿丞實籩豆簠簋尊罍，俟監祭、監禮案視訖，徹去巾蓋。大樂令帥工人布于宫縣之内，文舞八佾立于縣前表後，武舞八佾各爲四佾立于宫縣左右，引舞執纛等在前，又引登歌樂工由卯陛而升，各就其位。歌、擊、彈者坐，吹者立。奉禮郎、贊者先入就位，餘禮直官、贊者分引分獻官、監祭御史、監禮博士、諸執事及太祝、祝史、齋郎、助奠、執尊罍、舉冪等官，入自中壝東門，當壇南重行西上、北向立定。奉禮郎贊：「拜。」分獻官以下皆再拜，訖，奉禮贊曰：「各就位。」贊者、禮直官分引監祭御史、監禮博士，按視壇之上下，糾察不如儀者，退復位。禮直官引司徒入就位，西向立。禮直官引博士，博士引亞獻，自東壝偏門入就位，西向立。又禮直官引終獻，次于其位。祀日未明一刻，通事舍人引侍中詣齋殿，跪奏請中嚴。俛伏，興。又少頃，乃跪奏外辦。俟上輦進輿，乃跪奏稱：「具官臣某，請皇帝降座升輿。」皇帝至大次，乃跪奏稱：「具官臣某，請皇帝降輿。」皇帝入次，即位于大次外。質明，詣次前跪奏請中嚴。少頃，又奏「外辦」。訖，太常卿乃當次前跪稱：「具官臣某，請皇帝行事。」俛伏，興。凡跪奏，准此。皇帝出次，乃前導至中壝門，殿中監進大圭，太常卿奏：「請執大圭。」入自正門，皇帝入小次位，西向立，太常卿乃與博士分左右立定，乃奏：「有司謹具，請行事。」降神，六成，樂止。太常卿別一員，乃升煙、瘞血，訖，乃奏：「拜。」拜訖，俟侍中升壇，詣盥洗位。至位，奏：「請搢大圭，盥手。」皇帝盥手訖，奏：「請帨手。」皇帝帨手，訖，奏：「請執大圭。」乃引至壇上，殿中監進鎮圭，乃奏：「請搢大圭，執鎮圭。」皇帝執鎮圭，詣昊天上帝神座前，奏：「請跪，奠鎮圭。」皇帝奠，訖，執大圭，俛伏，興。侍中進玉幣，乃奏：「請搢大圭，跪奠玉幣。」訖，乃奏：「請執大圭。」俛伏，興。少退，又奏：「請再拜。」詣皇地祇及配位，奠鎮圭玉幣，並如儀。配位唯奏請奠鎮圭及幣。奠玉幣畢，皇帝還版位，乃奏：「請還小次，釋大圭。」皇帝入小次，乃立于小次之南稍東，以俟。皇帝將奠配位之幣也，贊者分引第一等分獻官詣盥洗位，搢笏，盥手，帨手，執笏，各由其陛升，唯不由午陛。詣神前，搢笏跪，太祝以玉幣授之，奠訖，俛伏，興。再拜，訖，各由本陛降，復位。初，分獻將降，禮直官引諸祝史、齋郎、應助奠者再拜訖，祝史各奉毛血之豆入，各由其陛升，諸太祝迎取于壇上，奠訖，退立于尊所。

進熟：奠玉幣訖，降還小次。有司先陳牛鼎三、羊鼎三、豕鼎三、魚鼎三，各在鑊右。大官令丞帥進饌者詣厨，以匕升牛、羊、豕、魚自鑊，各實于鼎。牛、羊、豕皆肩、臂、臑、肫、胳、正脊各一，長脅二，短脅二，代脅二，凡十一體。牛、豕皆三十觔，羊十五觔，魚十五頭一十五觔，實訖，羃之。祝、史二人以扃對舉一鼎，牛鼎在前，羊、豕次之，魚又次之，有司執匕以從，各陳于每位饌幔位。從祀壇上第一等五方帝、大明、夜明、天皇大帝、神州地祇、北極，皆羊、豕之體並同。光禄卿帥祝史、齋郎、太官令丞各以匕升牛、羊、豕、魚于俎，肩、臂、臑在上端，肫、胳在下端，脊、脅在中，魚即横置，頭在尊位，設去鼎羃。光禄卿丞同太官令丞實籩豆簠簋，籩實以粉餈，豆實以糝食，簠實稻，簋實粱。俟皇帝還小次，樂止。禮直官引司徒出詣饌幔所，與薦籩豆簠簋俎齋郎，各奉天、地、配位之饌。司徒率大官令以序入内壝正門，樂作，至壇下俟。祝史進徹毛血豆，降自卯陛，以次出，訖，司徒與薦籩豆簠簋俎齋郎奉昊天上帝、皇地祇之饌，升自午陛。大官令丞與薦籩豆簠簋俎齋郎奉配位及第一等神位之饌，升自卯陛。各位太祝迎于壇陛之道間。于昊天上帝位，司徒搢笏北向跪奉，粉餈籩在糗餌之前，糝食豆在醓醢之前，簠左簋右，皆在登前，牛俎在豆前，羊豕魚俎次之，以右爲上。司徒俛伏，興。奉饌者奉訖，皆出笏就位，一拜。司徒次詣皇地祇奉奠，並如上儀。配位亦同。司徒及奉天地配位饌者以次降。大官令帥奉第一等神位之饌，各于其位，並如前儀。俱畢，樂止。司徒、大官令以下皆就位，訖，侍中升自卯陛，立于昊天上帝酌尊所以俟。太常卿乃當次前俛伏，跪奏：「請皇帝詣盥洗位。」俛伏，興。皇帝出次，殿中監進大圭，乃奏：「請執大圭。」至盥洗位，奏：「請搢大圭，盥手。」皇帝盥手，訖，奏：「請帨手。」皇帝帨手，訖，奏：「請執大圭。」乃詣爵洗位。至位，奏：「請搢大圭，受爵。」又奏：「請洗爵。」皇帝洗爵，訖，奏：「請拭爵。」皇帝拭爵，訖，奏：「請執大圭。」以爵授奉爵官。皇帝詣昊天上帝酌尊所。奏請搢大圭，執爵，良醖令舉冪，侍中跪酌大尊之汎齊，酌訖，奏請執大圭，皇帝以爵授侍中。皇帝乃詣昊天上帝神座前，侍中進爵，乃奏請搢大圭，跪執爵，三祭酒。訖，奏：「請奠爵。」奠爵訖，奏請執大圭。俛伏，興。又奏請少退，立俟。中書侍郎讀册文，訖，乃奏：「請再拜。」詣皇地祇位及配位，並如上儀。獻畢，皇帝還版位。乃奏：「請還小次，釋大圭。」皇帝還小次，太常卿立于小次東南。禮直官引博士，博士引亞獻，詣盥洗位，搢笏，盥手，帨手，訖，詣爵洗位，搢笏，洗爵，拭爵，訖，以爵授執事者，執笏升自卯陛，詣昊天上帝酌尊所，西向立。執事者以爵授之，乃搢笏執爵。執尊者舉冪，良醖令跪酌著尊之醴齊，酌訖，復以爵授執事者，執笏詣昊天上帝神座前。初，亞獻詣盥洗位，文舞退，武舞進，樂作。亞獻詣昊天上帝神座前，搢笏跪，執事者以爵授之，乃執爵三祭酒，奠爵，執笏，俛伏，興，少退，再拜。次詣皇地祇及配位，並如上儀。獻畢，降復位。禮直官引博士，博士引終獻，詣盥洗位，盥手，洗爵，升壇奠獻，並如上儀。初，終獻將升壇，禮直官分引第一等分獻官詣盥洗位，搢笏，盥手，帨手。執笏，各由其陛，唯不由午陛，詣神位酌尊所，執事者以爵授之，乃酌汎齊，訖，以爵授執事者，共詣神座前，搢笏跪，執事者以爵授之，乃執爵三祭酒，奠爵，執笏，俛伏，興，少退，再拜，訖，各引還本位。初，第一等分獻官將升，贊引引第二等、第三等、内壝内外衆星位分獻各詣盥洗位，搢笏、盥手、帨手、酌酒、奠拜，並同上儀。祝史、齋郎以次助奠，訖，各還本位。諸太祝各進徹籩、豆各一，少移故處，樂作。卒徹，樂止。初，終獻禮畢，降復位，太常卿乃當次前俛伏，跪奏：「請皇帝詣飲福位。」皇帝出次。殿中監進大圭。乃奏：「請執爵，三祭酒。」又奏：「請啐酒。」皇帝啐酒，訖，以爵授侍中，乃奏：「請受胙。」侍中再以爵進酒，乃奏：「請受爵飲福。」皇帝飲福訖，奏：「請執大圭。」俛伏，興。又奏：「請再拜。」訖，乃導還版位，西向立，俟送神，樂止，乃奏：「請詣望燎位。」至位，南向立，俟火燎半柴，乃跪奏：「具官臣某言禮畢。」皇帝還大次，出中壝門外，奏：「請釋大圭。」皇帝入大次。初，終獻禮畢，司徒、侍中、太祝各升自卯陛，太祝持胙俎進，減天、地、配位前胙肉加于俎，皆取前脚第二節，又以黍稷飯共置一籩，奉詣司徒侍中後，北向立。俟皇帝至飲福位，太常卿奏：「請皇帝搢大圭啐酒。」訖，司徒乃進胙俎，皇帝受福，訖，奉禮郎贊曰：「賜胙。」贊者唱曰：「再拜。」在位者皆再拜，送神，樂一成止。皇帝既入大次，更通天冠、絳紗袍，升輿，至齋宮，升金輅。通事舍人引門下侍郎當輅前跪奏，稱：「具官臣某請車駕進發。」至侍臣上馬所，乃跪奏：「具官臣某請車駕少駐，敕侍臣上馬。」侍中稱：「制可。」乃退，傳制稱：「侍臣上馬。」侍臣上馬畢，乃跪奏，稱：「具官臣某請敕車右升。」千牛將軍升訖，跪奏稱：「具官臣某請車駕進發。」車駕動，前中後三部鼓吹凡十二隊齊作。應行禮陪從祀官先詣應天門奉迎，再拜。太樂令先詣應天門外，准備奏樂如儀。訖，擇日稱賀。

【《樂志》】郊祀樂歌：

皇帝入中壝，宮縣黃鐘宮《昌寧之曲》，凡步武同。　衮服穆穆，臨于中壝。瞻言圜壇，皇皇后帝。禋祀肇稱，馨香維德。爰暨百神，於昭受職。

降神，宮縣《乾寧之曲》、《仁豐道治之舞》圜鐘爲宮，黃鐘爲角，太簇爲徵，姑洗爲羽。圜鐘三奏，黃鐘、太簇、姑洗皆一奏，詞並同。　我金之興，皇天錫羨。唯神之休，爰兹郊見。有玉其禮，有牲其薦。將受厥明，來寧來燕。

皇帝盥洗，宮縣黃鐘宮《昌寧之曲》　因天事天，惇宗將禮。爰飭攸司，奉時罍洗。挹彼注兹，迺陞壇陛。先事而虔，神勞豈弟。

皇帝升壇，登歌大呂宮《昌寧之曲》　相在國南，崇崇其趾。烝哉皇王，維時涖止。至誠通神，克禋克祀。于萬斯年，昊天其子。

昊天上帝，奠玉幣，登歌大呂宮《洪寧之曲》　穆穆君王，有嚴有翼。珮環鏘然，圜壇是陟。嘉德升聞，馨非黍稷。高明降監，百神受職。

皇地祇，《神寧之曲》 肅敬明祇，躬行奠贄。其贄維何？ 黄琮制幣。從祀羣靈，咸秩厥位。維皇能饗，允集熙事。

配位太祖皇帝，《永寧之曲》 肇舉明禋，皇天后土。皇祖武元，爰作神主。功昭耆定，歌以大吕。綏我思成，有秩斯祜。

司徒迎俎，宫縣黄鐘宫《豐寧之曲》 穆穆皇皇，天子躬祀。羣臣相之，罔不敬止。俎豆畢陳，物其嘉矣。馨香始升，明神燕喜。

昊天上帝，酌獻，登歌大吕宫《嘉寧之曲》

郊禋展敬，昭事上靈。太尊在席，有酌斯馨。酌言獻之，靈其醉止。福禄來宜，以答明祀。

皇地祇，《泰寧之曲》 衮服穆穆，臨彼泰折。於昭神功，埋幣瘞血。爰稱匏爵，斟言薦潔。方輿常安，扶我帝業。

配位太祖皇帝，《燕寧之曲》 烝哉高厚，肇迪丕基。功與天合，配天以推。薦時清旨，孔肅其儀。來寧來燕，福禄綏之。

文舞退，武舞進，宫縣黄鐘宫《咸寧之曲》

奉祀郊丘，《雲門》變舞。進秉朱干，停揮翟羽。於昭睿文，復肖聖武。無疆維烈，天子受祜。

亞終獻，宫縣黄鐘宫，《咸寧之曲》、《功成治定之舞》 埽地南郊，天神以娭。於皇君在，克禋克祀。交于神明，玄酒陶器。誠心靖純，非貴食味。

皇帝飲福，登歌大吕宫《福寧之曲》 所以承天，無過乎質。天其祐之，維精維一。泰尊爰挹，馨香薦德。惠我無疆，子孫千億。

徹豆，登歌大吕宫《豐寧之曲》 大禮爰

陳，爲豆孔碩。肅肅其容，於顯百辟。皇靈降鑒，馨聞在德。明禋斯成，孚休罔極。
送神，宮縣圜鐘宮《乾寧之曲》　赫赫上帝，臨監禋祀。居然來歆，昭答祖配。圜壇四成，神安其位。升歌贊送，天神悦喜。
【《章宗本紀》】承安五年五月戊午，敕來日重五拜天，服公裳者拜禮仍舊，諸便服者並用女直拜。
【《禮志》】金之拜制，先袖手微俯身，稍復却，跪左膝，左右摇肘，若舞蹈狀。凡跪，摇袖，下拂膝，上則至左右肩者，凡四。如此者四跪，復以手按右膝，單跪左膝而成禮。國言摇手而拜謂之「撒速」。承安五年五月，上諭旨有司曰：「女直、漢人拜數可以相從者，酌中議之。」禮官奏曰：「《周官》九拜，一曰稽首，拜中至重，臣拜君之禮也。乞自今，凡公服則用漢拜，若便服則各用本俗之拜。」主事陳松曰：「本朝拜禮，其來久矣，乃便服之拜也。可令公服則朝拜，便服則從本朝拜。」平章政事張萬公謂拜禮各便所習，不須改也。司空完顔襄曰：「今諸人袵髮皆從本朝之制，宜從本朝拜禮，松言是也。」上乃命公裳則朝拜，諸色人便服則皆用本朝拜。
【《章宗本紀》】泰和三年五月壬午，以重五拜天射柳，上三發三中。四品以上官，侍宴魚藻殿。以天氣方暑，命兵士甲者釋之。
右金郊禮。
【《元史·祭祀志》】元興朔漠，代有拜天之禮，衣冠尚質，祭器尚純，帝后親之，宗戚助祭。其意幽深玄遠，報本反始，出於自然，而非强爲之也。憲宗即位之二年秋八月八日，始以冕服拜天於日月山。其十二月，又用孔氏子孫元措言，合祭昊天后土，始大合樂，作牌位，以太祖、睿宗配享。歲甲寅，會諸王于顆顆腦兒之西。❶丁巳秋，駐蹕于軍腦兒，❷皆祭天于其地。

【《世祖本紀》】至元二十七年正月乙卯，造祀天幄殿。

【《成宗本紀》】大德六年三月甲寅，合祭昊天上帝、皇地祇于南郊。遣中書左丞相答剌罕哈剌哈孫攝事。

【《祭祀志》】大德六年春三月庚戌，合祭昊天上帝、皇地祇、五方帝于南郊，遣左丞相哈剌哈孫攝事，爲攝祀天地之始。

【《輿服志》】大德六年春三月，祭天于麗正門外丙地，命獻官以下諸執事各具公服行禮。是時，大都未有郊壇，大禮用公服自此始。

【《哈剌哈孫傳》】大德二年，集羣議，建南郊，爲一代定制。

【《袁桷傳》】大德初，爲翰林國史院檢閱官。時初建南郊，桷進十議曰：「天無二日，天既不得有二，五帝不得謂之天，作《昊天五帝議》。祭天歲或爲九，或爲二，作《祭天名數議》。圜丘不見于五經，郊不見于《周官》，作《圜丘非郊議》。后土，社也，作《后土即社議》。三歲一郊，非古也，作《祭天無間歲議》。燔柴見于古經，《周官》以禋祀爲大，其義各有旨，作《燔柴泰壇議》。祭天之牛角繭栗，用牲于郊，牛二，合配而言之，增羣祀而合祠，非周公之制矣，作《郊不當立從祀議》。郊，

❶「顆顆腦兒」，庫本作「庫庫諾爾」。
❷「軍腦兒」，庫本作「罕諾爾」。

質而尊之義也，明堂，文而親之義也，作《郊明堂禮儀異制議》。郊用辛，魯禮也，卜不得常爲辛，作《郊非辛日議》。北郊見于《三禮》，尊地而遵北郊，鄭玄之説也，作《北郊議》。」禮官推其博，多采用之。

【《樂志》】大德六年，合祭天地五方帝樂章：

降神，奏《乾寧之曲》，六成，圜鐘宮三成

唯皇上帝，監德昭明。祖考承天，治底隆平。孝思維則，禋祀薦誠。神其降格，萬福來并。　黄鐘角一成。　太簇徵一成。　姑洗羽一成。詞並同用。

初獻盥洗，奏《肅寧之曲》，黄鐘宮　明水在上，鐘鼓既奏。有孚顒若，陟降左右。辟公處止，多士祼將。吉蠲以祭，上帝其饗。

初獻升降，奏《肅寧之曲》，大吕宮　禋祀孔肅，盥薦初升。攝齊恭敬，以薦唯馨。肅雝多士，來格百靈。降福受釐，萬世其承。

奠玉幣，奏大吕宮　宗祀配饗，肇舉明禋。嘉玉既設，量幣斯陳。唯德格天，唯誠感神。于萬斯年，休命用申。

迎俎，奏《豐寧之曲》，黄鐘宮　有碩斯俎，有滌斯牲。鑾刀屢奏，血膋載升。禮崇藾栗，氣達上腥。上帝臨止，享于克誠。

酌獻，奏《嘉寧之曲》，大吕宮　崇崇泰時，穆穆昊穹。神之格思，肸蠁斯通。犧尊載列，黄流在中。酒既和止，萬福攸同。

亞獻，奏《咸寧之曲》，黄鐘宮　六成既闋，二獻云終。神其醉止，穆穆雍雍。和風慶雲，賁我郊宫。受兹祉福，億載無窮。

終獻詞同前。

徹籩豆，奏《豐寧之曲》，大吕宫　禋禮既備，神具宴娭。籩豆有楚，廢徹不遲。多士駿奔，樂且有儀。乃錫純嘏，永佐丕基。

送神，奏圜鐘宫　殷祀既畢，靈馭載旋。禮洽和應，降福自天。動植咸若，陰陽不愆。明明天子，億萬斯年。

望燎，奏黄鐘宫　享申百禮，慶洽百靈。奠玉高壇，燔柴廣庭。祥光達曙，粲若景星。神之降福，萬國咸寧。

【《成宗本紀》】大德九年二月庚子，命中書議行郊祀禮。四月壬辰，中書省臣言：「前代郊祀，以祖宗配享。臣等議：今始行郊禮，專祀昊天爲宜。」詔依所議行之。

【《祭祀志》】九年二月二十四日，右丞相哈剌哈孫等言：「去年地震星變，雨澤愆期，歲比不登。祈天保民之事，有天子親祀者三：曰天，曰祖宗，曰社稷。今宗廟、社稷，歲時攝官行事。祭天，國之大事也，陛下雖未及親祀，宜如宗廟、社稷，遣官攝祭，歲用冬至，儀物有司預備，日期至則以聞。」制若曰：「卿言是也，其預備儀物以待事。」于是翰林、集賢、太常禮官皆會中書集議。博士疏曰：「冬至，圜丘唯祀昊天上帝，至西漢元始間，始合祭天地。歷東漢至宋千有餘年，分祭合祭，迄無定論。」集議曰：「《周禮》，冬至圜丘禮天，夏至方丘禮地，時既不同，禮樂亦異。王莽之制，何可法也。今當循唐、虞、三代之典，唯祀昊天上帝。其方丘祭地之禮，續議以聞。」案《周禮》，壇三成，近代增外四成，以廣天文從祀之位。集議曰：「依《周禮》三成之制。然《周禮》疏云每成一尺，不見縱廣之度。恐壇上陿隘，器物難容，擬四成制内減去一成，以合陽奇之數。每成高八尺一寸，以合乾之九九。上成縱廣五丈，中成十丈，下成十五丈。四陛，陛十有二級。外設二壝，内壝去壇二十五步，外壝去内壝五十四步，壝各四門。壇設于丙巳之地，以就陽位。」案古者，親祀冕無旒，服大裘而加衮。臣下從祀，冠服歷代所尚，其制不同。集議曰：「依宗廟見用冠服制度。」案《周禮·大司樂》云：「凡樂，圜鐘爲宫，黄鐘爲角，太簇爲徵，姑洗爲羽，雷鼓雷鼗，孤竹之管，雲和之琴瑟，《雲門》之舞，冬日至于地上之圜丘奏之。若樂六變，則天神皆降，可得而禮矣。」集議曰：「樂者所以動天地，感鬼神，必訪求深知音律之人，❶審五聲八音，以司肆樂。」夏四月壬辰，中書復集議。博士言：「舊制神位版用木。」中書議，改用蒼玉金字，白玉爲座。博士曰：「郊祀尚質，合依舊制。」遂用木主，長二尺五寸，闊一尺二寸，上圓下方，丹漆金字，木用松柏，貯以紅漆匣，黄羅帕覆之。造畢，有司議所以藏。議者復謂，神主廟則有之，今祀于壇，對越在上，非若他神無所見也。所製神主遂不用。七月九日，博士又言：「古者祀天，器用陶匏，席用藁秸。自漢甘泉雍畤之祀，以迄後漢、晉、魏、南北二朝、隋、唐，其壇壝、玉帛、禮器、儀仗，日益繁縟，浸失古者尚質之意。宋、金多循唐制，其壇壝禮器，考之于經，固未能全合，其儀法具在。當時名儒輩出，亦未嘗不援經而定也，酌古今以行禮，亦宜焉。今檢討

❶「必」，原作「爲」，據《元史·祭祀志》改。

唐、宋、金親祀、攝行儀注，并雅樂節次，合從集議。」太常議曰：「郊祀之事，聖朝自平定金、宋以來，未暇舉行，今欲修嚴，不能一舉而大備。然始議之際，亦須酌古今之儀，垂則後來。請從中書會翰林、集賢、禮官及明禮之士，講明去取以聞。」中書集議曰：「合行禮儀，非草創所能備。唐、宋皆有攝行之禮，除從祀受胙外，一切儀注，悉依唐制修之。」八月十二日，太常寺言：「尊祖配天，其禮儀樂章别有常典，若俟至日議之，恐匆遽有誤。」于是中書省臣奏曰：「自古漢人有天下，其祖宗皆配天享祭，臣等與平章何榮祖議，宗廟已依時祭享，今郊祀止祭天。」制曰「可」。是歲南郊，配位遂省。

【《成宗本紀》】大德九年七月辛亥，築郊壇于麗正、文明門之南丙位，設郊祀署，令、丞各一員，太祝三員，奉禮郎二員，協律郎一員，法物庫官二員。十一月庚午，祀昊天上帝于南郊，牲用馬一，蒼犢一，羊、豕、鹿各九。其文舞曰《崇德之舞》，武舞曰《定功之舞》，以攝太尉、右丞相哈剌哈孫，左丞相阿忽台，御史大夫鐵古迭而爲三獻官。

【《何伯祥傳》】子瑋，大德七年授御史中丞。九年冬，將有事于南郊，議配享。瑋曰：「嚴父配天，萬世不易。」不果行。

【《齊履謙傳》】大德九年冬，始立南郊，祀昊天上帝，履謙攝司天臺官。舊制，享祀，司天雖掌時刻，無鐘鼓更漏，往往至旦始行事。履謙白宰執，請用鐘鼓更漏，俾早晏有節，從之。

【《樂志》】大德九年以後，定擬親祀樂章：

皇帝入中壝，黄鐘宫　赫赫有臨，洋洋在上。克配皇祖，於穆來饗。肇此大禋，乾文弘朗。被衮圜丘，巍巍玄象。

皇帝盥洗，黄鐘宫　翼翼孝思，明德洽禮。功格玄穹，有光帝始。著我精誠，潔兹薦洗。幣玉攸奠，永集嘉祉。

皇帝升壇，降同。大吕宫　天行唯健，盛德御天。日月龍章，筍簴宫縣。藁鞂尚明，禮璧蒼圜。神之格思，香升燔煙。

降神，奏《天成之曲》　圜鐘宫三成　烝哉皇元，丕承帝眷。報本貴誠，于郊殷薦。藁鞂載陳，雲門六變。神之格思，來處來燕。　黄鐘角一成。　太簇徵一成。　姑洗羽一成詞並同前。

初獻盥洗，奏《隆成之曲》，黄鐘宫　肇禋南郊，百神受職。齊潔唯先，匪馨于稷。廼沃廼盥，祠壇是陟。上帝監觀，其儀不忒。

初獻升壇，降同。奏《隆成之曲》　大吕宫　於穆圜壇，陽郊奠位。孔惠孔時，吉蠲爲饎。降登祇若，百禮既至。顧言居歆，允集熙事。

奠玉幣，正配位同。奏《欽成之曲》，黄鐘宫　謂天蓋高，至誠則格。克祀克禋，駿奔百辟。制幣斯陳，植以蒼璧。神其降康，俾我來益。

司徒捧俎，奏《寧成之曲》，黄鐘宫　我牲既潔，我俎斯實。笙鏞克諧，籩豆有飶。神來宴娭，歆兹明德。永錫繁禧，如幾如式。

昊天上帝位酌獻，奏《明成之曲》，黄鐘宫　於昭昊天，臨下有赫。陶匏薦誠，聲聞在德。酌言獻之，上靈是格。降福孔偕，時萬時億。

皇地祇位酌獻，大吕宫　至哉坤元，與天同德。函育羣生，玄功莫測。合饗圜壇，舊典時式。申錫無疆，聿寧皇國。

太祖位酌獻，黄鐘宫　禮大報本，郊定天位。皇皇神祖，反始克配。至德難名，玄功宏濟。帝典式敷，率育攸暨。

皇帝飲福，大吕宫　特牲享誠，備物循質。上帝居歆，百神受職。皇武昭宣，孝祀芬苾。萬福攸同，下民陰隲。

皇帝出入小次，黄鐘宫　唯天唯大，唯帝饗帝。以配祖考，肅贊靈祉。定極崇功，永我昭事。升中于天，象物畢至。

文舞退，武舞進，奏《和成之曲》，黄鐘宫　羽籥既竣，載揚玉戚。一弛一張，匪舒匪棘。八音克諧，萬舞有奕。永觀厥成，純嘏是錫。

亞終獻，奏《和成之曲》，黄鐘宫　有嚴郊禋，恭陳幣玉。大糦是承，載祇載肅。上帝居歆，馨香既飫。惠我無疆，介以景福。

徹籩豆，奏《寧成之曲》，大吕宫　三獻攸終，六樂斯徧。既右享之，徹其有踐。洋洋在上，默默靈眷。明禋告成，於皇錫羡。

送神，奏《天成之曲》，圜鐘宫　神之來歆，如在左右。神保聿歸，靈斿先後。恢恢上圓，無聲無臭。日監孔昭，思皇多祐。

望燎，奏《隆成之曲》，黄鐘宫　熙事備成，禮文郁郁。紫煙聿升，靈光下燭。神人樂康，永膺戩穀。祚我丕平，景命有僕。

皇帝出中壝，黄鐘宫　泰壇承光，寥廓玄曖。暢我揚明，饗儀唯大。九服敬宣，聲教無外。皇拜天祐，照臨斯届。

【《武宗本紀》】至大二年十一月乙酉，尚書省及太常禮儀院言：「郊祀，國之大禮。今南郊之禮已行而未備，北郊之禮尚未舉行，今年冬至祀天南郊，請以太祖皇帝配；明年夏至祀地北郊，請以世祖皇帝配。」制可。

蕙田案：《本紀》是年十一月庚辰朔，越六日爲乙酉，《祭祀志》作十月乙酉，誤。《續通考》引《志》作十二月，亦誤。

【《祭祀志》】至大二年十二月甲辰朔，尚書太尉右丞相、太保左丞相、田司徒、郝參政等復奏曰：「南郊祭天于圜丘，大禮已舉。其北郊祭皇地祇于方澤，并神州地祇、五嶽、四瀆、山林、川澤及朝日夕月，此有國家所當崇祀者也。當聖明御極而弗舉行，恐遂廢弛。」制若曰：「卿議甚是，其即行焉。」

【《武宗本紀》】三年十月丙午，三寶奴及司徒田忠良等言：「曩奉旨舉行南郊配位從祀，北郊方丘，朝日夕月典禮。臣等議，欲祀北郊，必先南郊。今歲冬至，祀圜丘，尊太祖皇帝配享，來歲夏至，祀方丘，尊世祖皇帝配享，春秋朝日夕月，宜合祀典。」有旨：「所用儀物，其令有司速備之。」十一月丙申，有事于南郊，尊太祖皇帝配享昊天上帝。

【《祭祀志》】五方帝、日月、星辰從祀。

【《張養浩傳》】時武宗將親祀南郊，不豫，遣大臣代祀。風忽大起，人多凍死，養浩于祀所揚言曰：「代祀非人，故天示之變。」大違時相意。

蕙田案：此郊不知何年，若即至大三年，則又不云攝祭，《紀》、《志》俱有脱略矣。

【《祭祀志》】英宗至治二年九月，有旨議南郊祀事。中書平章買閭，❶御史中丞曹立，

❶「買閭」，庫本作「瑪魯」。

禮部尚書張埜，學士蔡文淵、袁桷、鄧文原，太常禮儀院使王緯、田天澤，博士劉致等會都堂議：一曰年分。案前代多三年一祀，天子即位已及三年，當有旨欽依。　二曰神位。《周禮·大宗伯》：「以禋祀祀昊天上帝。」注謂：「昊天上帝，冬至圜丘所祀天皇大帝也。」又曰：「蒼璧禮天。」注云：「此禮天以冬至，謂天皇大帝也。在北極，謂之北辰。」又曰：「北辰天皇耀魄寶也，又名昊天上帝，又名太乙帝君，以其尊大，故有數名。」今案《晉書·天文志·中宮》：「勾陳口中一星曰天皇大帝，其神耀魄寶。」《周禮》所祀天神，正言昊天上帝。鄭氏以《星經》推之，乃謂即天皇大帝。然漢、魏以來，名號亦復不一。漢初曰上帝，曰太乙，曰皇天上帝。魏曰皇皇帝天。梁曰天皇大帝。唯西晉曰昊天上帝，與《周禮》合。唐、宋以來，壇上既設昊天上帝，第一等復有天皇大帝，其五天帝與太一、天一等，皆不經見。本朝大德九年，中書圓議，止依《周禮》，祀昊天上帝。至大三年圓議，五帝從享，依前代通祭。　三曰配位。《孝經》曰：「孝莫大于嚴父，嚴父莫大于配天。」又曰：「郊祀后稷以配天。」此郊之所以有配也。漢、唐以下，莫不皆然。至大三年冬十月三日，奉旨十一月冬至合祭南郊，太祖皇帝配，圓議取旨。　四曰告配。《禮器》曰：「魯人將有事于上帝，必先有事于頖宮。」注：「告后稷也，告之者，將以配天也。」告用牛一。《宋會要》于致齋二日，宿廟告配，凡遣官犧尊豆籩，行一獻禮。至大三年十一月二十一日，質明行事。初獻攝太尉同太常禮儀院官赴太廟奏告，圓議取旨。　五曰大裘冕。《周禮》司裘「掌爲大裘，以共王祀天之服」，鄭司農云：「黑羊裘，服以祀天，示質也。」弁師「掌王之五冕」，注：「冕服有六，而言五者，大裘之冕蓋無旒，不聯數也。」《禮記·郊特牲》曰：「郊之祭也，迎長日之至也。祭之日，王被衮以象天，戴冕璪十有二旒，則天數也。」陸佃曰：「禮不盛，服不充，蓋服大裘以衮襲之也。」謂冬祀服大裘，被之以衮。開元及開寶《通禮》，鑾駕出宮，服衮冕至大次，質明改服大裘冕而出次。《宋會要》紹興十三年，車駕自廟赴青城，服通天冠、絳紗袍，祀日服大裘衮冕。圜議用衮冕。

六曰匏爵。《郊特牲》曰：「郊之祭也，器用陶匏，以象天地之性也。」注謂：「陶，瓦器。匏，用酌獻酒。」《開元禮》、《開寶禮》皆有匏爵。大德九年，正配位用匏爵有坫。圜議正位用匏，配位飲福用玉爵。

七曰戒誓。唐《通典》引《禮經》，祭前期十日親戒百官及族人，太宰總戒羣官。唐前祀七日，《宋會要》十日。《纂要》大尉南向，司徒、亞終獻、一品、二品從祀北向，行事官以次北向，禮直官以誓文授之太尉讀。今天子親行大禮，止令禮直局管勾讀誓文。圜議令勾管代太尉讀誓，刑部尚書涖之。

八曰散齋、致齋。《禮經》前期十日，唐、宋、金皆七日：散齋四日，于別殿；致齋三日，于大明殿。圜議依前七日。

九曰藉神席。《郊特牲》曰：「莞簟之安，而蒲越、槀鞂之尚。」注：「蒲越、槀鞂，藉神席也。」《漢舊儀》高帝配天紺席，祭天用六綵綺席六重。成帝即位，丞相衡、御史大夫譚以爲天地尚質，宜皆勿修，詔從焉。唐麟德二年，詔曰：「自處以厚，奉天以薄，改用裀褥。上帝以蒼，其餘各視其方色。」宋以褥加席上，禮官以爲非禮。元豐元年，奉旨不設。國朝大德九年，正位藁鞂，配位蒲越，冒以青繒。至大三年，加青綾褥，青錦方座。圓議合依至大三年于席上設褥，各依方位。　十曰犧牲。《郊特牲》曰：「郊特牲而社稷太牢。」又曰：「天地之牛角繭栗。」秦用騮駒。漢文帝五帝共一牲，武帝三年一祀，用太牢。光武採元始故事，天地共犢。隋上帝、配帝，蒼犢二。唐開元用牛。宋正位用蒼犢一，配位太牢一。國朝大德九年，蒼犢二，羊、豕各九。至大三年，馬純色肥腯一，牲正副一，鹿一十八，野猪一十八，羊一十八。圓議依舊儀。神位、配位用犢外，仍用馬，其餘並依舊日已行典禮。　十一曰香鼎。大祭有三，始煙爲歆神，始宗廟則焫蕭祼鬯，所謂「臭陽達于牆屋」者也。後世焚香，蓋本乎此，而非《禮經》之正。至大三年，用陶瓦香鼎五十，神座香鼎、香合案各一。圓議依舊儀。　十二曰割牲。《周禮·司士》「凡祭祀，率其屬而割牲，羞俎豆」。又《諸子》，「大祭祀正六牲之體」。《禮運》云：「腥其俎，熟其殽，體其犬、豕、牛、羊。」注云：「腥其俎，謂豚解而腥之，爲七體也。熟其殽，謂體解而爓之，爲二十一體也。體其犬豕牛羊，謂分別骨肉之貴賤，以爲衆俎也。」七體，謂脊、兩肩、兩拍、兩髀。二十一體，謂肩、臂、臑、膊、胳、正脊、脡脊、横脊、正脅、短脅、代脅并腸三、胃三、抍肺一、❶祭肺三也。宋元豐三年，詳定禮文所言，古者祭祀用牲，有豚解，有體解。豚解則爲七，以薦腥；體解則爲二十一，以薦熟。蓋犬、豕、牛、羊，分別骨肉貴賤，其解之爲體，則均也。皇朝馬牛

❶「抍」，原作「拒」，據《元史·祭祀志》改。

羊豕鹿，並依至大三年割牲用國禮。圓議依舊儀。　十三曰大次、小次。《周禮・掌次》：「王旅上帝，張氈案，設皇邸。」唐《通典》前祀三日，尚舍直長施大次于外壝東門之内道北，南向。《宋會要》前祀三日，儀鸞司率其屬，設大次于外壝東門之内道北，南向；小次于午階之東，西向。《曲禮》曰：「踐阼，臨祭祀。」正義曰：「阼，主階也。天子祭祀履主階行事，故云踐阼。」宋元豐詳定禮文所言，《周禮》宗廟無設小次之文。古者人君臨位于阼階。蓋阼階者，東階也。唯人主得位主階行事。今國朝太廟儀注，大次、小次皆在西，蓋國家尚右，以西爲尊也。圓議依祀廟儀注。

續具末議：一曰禮神玉。《周禮・大宗伯》：「以禋祀祀昊天上帝。」注：「禋之言煙也。周人尚臭，煙氣之臭聞者。積柴實牲體焉，或有玉帛。」《正義》曰：「或有玉帛，或不用玉帛，皆不定之詞也。」崔氏云，天子自奉玉帛牲體于柴上，引《詩》「圭璧既卒」，是燔牲玉也。蓋卒者，終也。謂禮神既終，當藏之也。正經即無燔玉明証。漢武帝祠太一，胙餘皆燔之，無玉。晉燔牲幣，無玉。唐、宋乃有之。顯慶中，許敬宗等修舊禮，乃云郊天之有四圭，猶宗廟之有圭瓚也，並事畢收藏，不在燔列。宋政和禮制局言：「古者祭祀無不用玉，《周官》典瑞掌玉器之藏，蓋事已則藏焉，有事則出而復用，未嘗有燔瘞之文。今後大祀，禮神之玉時出而用，無得燔柴。」從之。蓋燔者取其煙氣之臭聞。玉既無煙，又且無氣，祭之日但當奠于神座，既卒事，則收藏之。　二曰飲福。《特牲饋食禮》曰，尸九飯，親嘏主人。《少牢饋食禮》曰尸十一飯，尸嘏主人。嘏，長也，大也。行禮至此，神明已享，盛禮俱成，故膺受長大之福于祭之末也。自漢以來，人君一獻纔畢而受嘏。唐《開元禮》太尉未升堂，而皇帝飲福。宋元豐三年，改從亞終獻既行禮，皇帝飲福受胙。國朝至治三年親祀廟儀注，亦用一獻畢飲福。 三曰升禋。禋之言煙也，升煙所以報陽也。祀天之有煙柴，猶祭地之瘞血，宗廟之祼鬯。歷代以來，或先燔而後祭，或先祭而後燔，皆爲未允。祭之日，樂六變而燔牲首，牲首亦陽也。祭終，以爵酒饌物及牲體燎于壇。天子望燎，柴用柏。 四曰儀注。《禮經》出于秦火之後，殘缺脱漏，所存無幾。至漢，諸儒各執所見。後人所宗，唯鄭康成、王子雝，而二家自相矛盾。唐《開元禮》、杜祐《通典》，五禮略完。至宋《開寶禮》并《會要》與郊廟奉祀禮文，中間講明始備。 金國大率依唐、宋制度。聖朝四海一家，禮樂之興，正在今日。况天子親行大禮，所用儀注，必合講求。大德九年，中書集議，合行禮儀依唐制。至治元年已有廟祀儀注，宜取大德九年、至大三年并今次新儀，與唐制參酌增損修之。侍儀司編排鹵簿，太祝院俱報星位，分獻官員數及行禮并諸執事官，合依至大三年儀制亞終獻官，取旨。是歲，太皇太后崩，有旨冬至南郊祀事，可權止。

【《英宗本紀》】至治二年九月庚申，敕停今年冬祀南郊。

【王圻《續通考》】英宗至治二年九月，有旨議南郊祀事。中書平章羅仝等會都堂議：唐宋以來，壇上既設昊天上帝第一等，復有天皇大帝，其五天帝與太一、天一等皆不經見。本朝大德九年，中書圓議止依《周禮》祀昊天上帝。至大三年，圓議五帝從享，依前代通祭。

從祀圜壇第一等，青帝位寅，赤帝位巳，黄帝位未，白帝位申，黑帝位亥，主皆用柏，素質玄書，神籍皆以藁秸；黄帝黄琮一，青帝青圭一，赤帝赤璋一，白帝白琥一，黑帝玄璜一，幣皆如其方色。太尊一，著尊二，尊各設于神座之左而右向，皆有坫，有勺，加冪，冪之繒以雲。籩豆皆簠一、簋一、登一、俎一、匏爵一，有坫；沙池一，幣篚一，太尊實泛齊，著尊實醍齊，皆有上尊。香鼎、香合、香案，綾拜褥，各隨其方之色。

【《泰定帝紀》】三年十二月，御史趙師魯請親祀郊廟，帝嘉納之。

【《趙師魯傳》】泰定中，拜監察御史。時大禮未舉，師魯言：「天子親祀郊廟，所以通精誠，逆福釐，生烝民，阜萬物，百王不易之禮也。宜鑒成憲，講求故事，對越以格純嘏。」帝嘉納焉。

【《祭祀志》】泰定四年春正月，御史臺臣言：「自世祖迄英宗，咸未親郊，唯武宗、英宗親享太廟，陛下宜躬禮郊廟。」制曰：「朕當遵世祖舊典，其命大臣攝行祀事。」閏九月甲戌，郊祀天地，致祭五嶽、四瀆、名山大川。

五禮通考卷第十七

淮陰吳玉搢校字

五禮通考卷第十八

内廷供奉禮部右侍郎金匱秦蕙田編輯
太子太保總督直隸右都御史桐城方觀承同訂
按察司副使元和宋宗元
貢士吴江顧我鈞 參校

吉禮十八

圜丘祀天

【《元史·文宗本紀》】至順元年九月，敕有司繕治南郊齋宫。

【《祭祀志》】至順元年，將親郊。十月辛亥，太常博士言：「親祀儀注已具，事有未盡者，案前代典禮，親郊前七日，百官習儀于郊壇。今既與受戒誓相妨，合于致齋前一日，告示與祭執事者，各具公服赴南郊習儀。親祀太廟雖有防禁，然郊外尤宜嚴戒，往來貴乎清肅。凡與祭執事齋郎樂工，舊不設盥洗之位，殊非涓潔之道。今合于饌殿齋班廳前及齋宿之所，隨宜設置盥洗數處，俱用鍋釜温水，置盆、杓、巾、帨，❶令人掌管省諭，必盥洗然後行事，違者治之。祭日，太常院分官提調神厨，監視割烹。上下燈燭籸燎，已前雖有剪燭提調籸盆等官，率皆虚應故事；或減刻物料，燈燭不明。又嘗見奉禮贊賜胙之後，獻官方退，所司便服徹俎，壇下燈燭一時俱滅，因而雜人登壇攘奪，不能禁止，甚爲褻慢。今宜禁約，省牲

❶「置」，原作「買」，據《元史·祭祀志》改。

之前，凡入壝門之人，皆服窄紫，有官者公服。禁治四壝紅門，宜令所司添造關木鎖鑰，祭畢即令關閉，毋使雜人得入。其藁鞂、匏爵，事畢合依大德九年例焚之。」壬子，御史臺臣言：「祭日，宜敕股肱近臣及諸執事人毋飲酒。」制曰：「卿言甚善，其移文中書禁之。」

【《文宗本紀》】十月戊午，致齋于大明殿。己未，遣亞獻官中書右丞相燕鐵木兒、終獻官帖木爾補化率諸執事告廟，❶請以太祖皇帝配享南郊。庚申，出次郊宮。辛酉，帝服大裘、衮冕，祀昊天上帝于南郊，以太祖皇帝配。　十二月戊午，以郊祀禮成，御大明殿，受朝賀，大赦天下。

【《孛术魯翀傳》】文宗親祀天地、社稷、宗廟，翀爲禮儀使，詳記行禮節文于笏，遇至尊不敢直書，必識以兩圈，帝偶取笏視，曰：「此爲皇帝字乎？」因大笑，以笏還翀。竣事，上《天曆大慶詩》三章，帝命藏之奎章閣。

【《馬祖常傳》】陞參議中書省事，參定親郊禮儀，充讀册祝官。

蕙田案：傳文在天曆元年，然《紀》、《志》都無天曆郊天之事，恐即至順元年之誤，姑附于此。

【《祭祀志》】自世祖混一六合，至文宗凡七世，而南郊親祀之禮始克舉焉，蓋器物、儀注至是益加詳慎矣。

一，壇壝：在麗正門外丙位，凡三百八畝有奇。壇三成，每成高八尺一寸，上成縱横五丈，中成十丈，下成十五丈。四陛午貫地子

❶ 「燕鐵木兒」、「帖木爾補化」，庫本作「雅克特穆爾」、「特穆爾布哈」。

午卯酉四位陛十有二級。外設二壝。内壝去壇二十五步，外壝去内壝五十四步。壝各四門，外垣南櫺星門三，東西櫺星門各一。圓壇周圍上下俱護以甓，内外壝各高五尺，壝四面各有門三，俱塗以赤。至大三年冬至，以三成不足以容從祀版位，以青繩代一成。繩二百，各長二十五尺，以足四成之制。燎壇在外壝内丙巳之位，高一丈二尺，四方各一丈，周圍亦護以甓，東西南三出陛，開上南出户，上方六尺，深可容柴。香殿三間，在外壝南門之外，少西，南向。饌幕殿五間，在外壝南門之外，少東，南向。省饌殿一間，在外壝東門之外，少北，南向。外壝之東南爲别院。内神厨五間，南向；祠祭局三間，北向；酒庫三間，西向。獻官齋房二十間，在神厨南垣之外，西向。外壝南門之外，爲中神門五間，諸執事齋房六十間以翼之，皆北向。兩翼端皆有垣，以抵東西周垣，各爲門，以便出入。齊班廳五間，在諸獻官齋房之前，西向。儀鑾局三間，法物庫三間，都監庫五間，在外垣内之西北隅，皆西向。雅樂庫十間，在外垣西門之内，少南，東向。演樂堂七間，在外垣内之西南隅，東向。獻官厨三間，在外垣内之東南隅，西向。滌養犧牲所，在外垣南門之外，少東，西向。内犧牲房三間，南向。

一，神位：昊天上帝位天壇之中，少北，皇地祇位次東，少却，皆南向。神席皆緣以繒，綾褥素座，昊天上帝色皆用青，皇地祇色皆用黄，藉皆以藁秸。配位居東，西向。其神席綾褥錦方座，色皆用青，藉以蒲越。其從祀圓壇，第一等九位。青帝位寅，赤帝位巳，黄帝位未，白帝位申，黑帝位亥，主皆用柏，素質玄書；大明位卯，夜明位丑，天皇大帝位戌，用神位版，丹質黄書。神席綾褥座各隨其方色，藉皆以藁秸。第二等内官位五十有四。鉤星、天柱、玄枵、天厨、柱史位于子，其數五；女史、星紀、御女位于丑，其數三；自子及丑，神位皆西上。帝座、歲星、大理、河漢、析木、尚書位于寅，帝座居前行，其數六，南上。陰德、大火、天搶、玄戈、天牀位于卯，其數五，北上。太陽守、相星、壽星、輔星、三師位于辰，其數五，南上。天一、太一、内厨、熒惑、鶉尾、勢星、天理位于巳，天一、太一居前行，其數七，西上。北斗、天牢、三公、鶉火、文昌、内階位于午，北斗居前行，其數六；填星、鶉首、四輔位于未，其數三；自午至未，皆東上。太白、實沈位于申，其數二，北上。八穀、大梁、扛星、華蓋位于酉，其數四；五帝内座、降婁、六甲、傳舍位于戌，五帝内座居前行，其數四；自酉至戌，皆南上。紫微垣、辰星、啝訾、勾陳位于亥，其數四，東上。神席皆藉以莞席，内壝外諸神位皆同。第三等中官百五十八位。虚宿、女宿、牛宿、織女、人星、司命、司非、司危、司禄、天津、離珠、羅堰、天桴、奚仲、左旗、河鼓、右旗位于子，虚宿、女宿、牛宿、織女居前行，其數十有七；月星、建星、斗宿、箕宿、天雞、輦道、漸臺、敗瓜、扶筐、匏瓜、天弁、天棓、帛度、屠肆、宗星、宗人、宗正位于丑，月星、建星、斗宿、箕宿居前行，其數十有七；自子至丑，皆西上。日星、心宿、天紀、尾宿、罰星、東咸、列肆、天市垣、斛星、斗星、車肆、天江、宦星、市樓、候星、女牀、天籥位于寅，日星、心宿、天紀、尾星居前行，其數十有七，南上。房宿、七公、氐宿、帝席、大角、亢宿、貫索、鍵閉、鉤鈐、西咸、天乳、招摇、梗河、亢池、周鼎位于卯，房宿、七公、氐宿、帝席、大角、亢宿居前行，其數十有五，北上。太子星、太微垣、軫宿、角宿、攝提、常陳、幸臣、謁者、三公、九卿、五内諸侯、郎位、郎將、進賢、平道、天田位于辰，太子星、太微垣、軫宿、角宿、攝提居前行，其數十有六，南上。張宿、翼宿、明堂、四帝座、黄帝座、長垣、少微、靈臺、虎賁、從官、内屏位于巳，張宿、翼宿、明堂居前行，其數十有一，西上。軒轅、七星、三台、柳宿、内屏、太尊、積薪、積水、北河位于午，軒轅、七星、三台、柳宿居前行，其數九；鬼宿、井宿、參宿、天尊、五諸侯、鉞星、座旗、司怪、天關位于未，鬼宿、井宿、參宿居前行，其數九；自午至未，皆東上。畢宿、五車、諸王、觜宿、天船、天街、礪石、天高、三柱、天潢、咸池位于申，畢宿、五車、諸王、觜宿居前行，其數十有一，北上。月宿、昴宿、胃宿、積水、天讒、卷舌、天河、積尸、大陵、左更、天大將軍、南門位于酉，月宿、昴宿、胃宿居前行，其數十有二；婁宿、奎宿、壁宿、右更、附路、閣道、王良、策星、天廄、土公、雲雨、霹靂位于戌，婁宿、壁宿居前行，其數十有二；自酉至戌，皆南上。危宿、室宿、車府、墳墓、虚梁、蓋屋、臼星、杵星、土公吏、造父、離宫、雷電、騰蛇位于亥，危宿、室宿居前行，其數十有三，東上。内壝内外官一百六位。天壘城、離瑜、代星、齊星、周星、晉星、韓星、秦星、魏星、燕星、楚星、鄭星位于子，其數十有二；越星、趙星、九坎、天田、狗國、天淵、狗星、鱉星、農丈人、杵星、糠星位于丑，其數十有一；自子至丑，皆西上。車騎將軍、天福、從官、積卒、神宫、傅説、龜星、魚星位于寅，其數八，南上。陣車、車騎、騎官、頡頏、折威、陽門、五柱、天門、衡星、庫樓位于卯，其數十，北上。土司空、長沙、青丘、南門、平星位于辰，其數五，南上。酒旗、天廟、東甌、器府、軍門、左右轄位于巳，其數六，西上。天相、天稷、爟星、天紀、外厨、天狗、南河位于午，其數七；天社、矢星、水位、闕丘、狼星、弧星、老人星、四瀆、野雞、軍市、水府、孫星、子星位于未，其數十有三；自午至未，皆東上。天節、九州殊口、附耳、參旗、九斿、玉井、軍井、屏星、伐星、天厠、天矢、丈人位于申，其數十有二，北上。天園、天陰、天廩、天苑、天囷、芻藁、天庾、天倉、鈇鑕、天溷位于酉，其數十；外屏、大司空、八魁、羽林位于戌，其數四；自酉至戌，皆南上。哭星、泣星、天錢、天綱、北落師門、敗臼、斧鉞、壘壁陣位于亥，其數八，東上。內壝外衆星三百六十位，每辰神位三十，自第二等以下，神位版皆丹質黃書。內官、中官、外官則各題其星名；內壝外三百六十位，唯題曰衆星。凡從祀位皆內向，十二次微左旋，子居子陛東，午居午陛西，卯居卯陛南，酉居酉陛北。

器物之等，其目有八。一曰圭幣。昊天上帝蒼璧一，有繅藉，青幣一，❶燎玉一。皇地祇黃琮一，有繅藉，黃幣一。配帝青幣一，黃帝黃琮一，青帝青圭一，赤帝赤璋一，白帝白琥一，黑帝玄璜一，幣皆如其方色。大明青圭有邸，夜明白圭有邸，天皇大帝青圭有邸，北極玄圭有邸，幣皆如其玉色。內官以下皆青幣。二曰尊罍。上帝太尊、著尊、犧尊、山罍各二，在壇上東南隅，皆北向，西上；設而不酌者，象尊、壺尊各二，山

❶「一」，原無，據《元史·祭祀志》補。

罍四，在壇下午陛之東，皆北向，西上。皇地祇亦如之，在上帝酒尊之東，皆北向，西上。配帝著尊、犧尊、象尊各二，在地祇酒尊之東，皆北向，西上。設而不酌者，犧尊、壺尊各二，山罍四，在壇下酉陛之北，東向，北上。五帝、日月、北極、天皇，皆太尊一，著尊二。内官十二次，各象尊二。中官十二次，各壺尊二。外官十二次，各概尊二。衆星十二次，各散尊二。凡尊，各設于神座之左而右向，皆有坫，有勺，加冪，冪之繪以雲，唯設而不酌者無勺。

三曰籩豆登俎。昊天上帝、皇地祇及配帝，籩豆皆十二，登三，簠二，簋二，俎八，皆有匕筯，玉幣篚二，匏爵一，有坫，沙池一，青甃牲盤一。從祀九位，籩豆皆八，簠一，簋一，登一，俎一，匏爵一，有坫，沙池一，玉幣篚一。内官位五十四，籩豆皆二，簠一，簋一，登一，俎一，匏爵一，有坫，沙池，幣篚，十二次各一。中官百五十八，皆籩一，豆一，簠一，簋一，俎一，匏爵一，有坫，沙池，幣篚，十二次各一。外官位一百六，皆籩一，豆一，簠一，簋一，俎一，匏爵一，有坫，沙池，幣篚，十二次各一。衆星位三百六十，皆籩一，豆一，簠一，簋一，俎一，匏爵，沙池，幣篚，十二次各一。此籩、豆、簠、簋、登、爵、篚之數也。凡籩之設，居神位左，豆居右，登、簠、簋居中，俎居後，籩皆有巾，巾之繪以斧。

四曰酒齊。以太尊實泛齊，著尊實醴齊，犧尊實盎齊，山罍實三酒，皆有上尊。馬湩設于尊罍之前，注于器而冪之。設而不酌者，以象尊實醴齊，壺尊實沈齊，山罍二實三酒，❶皆有上尊，以祀昊天上帝。皇地祇亦如之。以著

❶「二實三酒」，《元史·祭祀志》作「三實清酒」。

尊實泛齊，犧尊實醴齊，象尊實盎齊，山罍實清酒，皆有上尊。馬湩如前設之。設而不酌者，以犧尊實醍齊，壺尊實沈齊，山罍三實清酒，皆有上尊，以祀配帝。以太尊實泛齊，以著尊實醍齊，皆有上尊，九位同，以祀五帝、日月、北極、天皇大帝。以象尊實醴齊，有上尊，十二次同，以祀內官。以壺尊實沈齊，有上尊，十二次同，以祀中官。以概尊實清酒，有上尊，十二次同，以祀外官。以散尊實昔酒，有上尊，十二次同，以祀衆星。凡五齊之上尊，必皆實明水；山罍之上尊，必皆實玄酒；散尊之上尊，亦實明水。　五曰牲牷庶品。昊天上帝蒼犢，皇地祇黃犢，配帝蒼犢，大明青犢，夜明白犢，天皇大帝蒼犢，北極玄犢，皆一，馬純色一，鹿十有八，羊十有八，野豕十有八，兔十有二，蓋參以國禮。　割牲爲七體：左肩、臂、臑兼代脅，長脅爲一體，右肩、臂、臑、代脅、長脅爲一體，左髀、肫、胳爲一體，右髀、肫、胳爲一體，脊連背膚、短脅爲一體，膺骨臍腹爲一體，項脊爲一體。馬首，報陽升煙則用之。　毛血盛以豆，或青甆盤，饌未入置俎上，饌入徹去之。　籩之實，魚鱐、糗餌、粉餈、棗、乾橑、形鹽、鹿脯、榛、桃、菱、芡、栗。豆之實，芹菹、韭菹、菁菹、筍菹、脾析、兔醢、酏食、魚醢、豚拍、鹿臡、醓醢、糝食。凡籩之用八者，無糗餌、粉餈、菱、栗。　豆之用八者，無脾析菹、酏食、兔醢、糝食。　用皆二者，籩以鹿脯、乾棗，豆以鹿臡、菁菹。　用皆一者，籩以鹿脯，豆以鹿臡。　凡簠、簋用皆二者，簋以黍、稷，簠以稻、粱；用皆一者，簋以稷，簠以黍。　實登以太羹。　六曰香祝。　洗位、正位香鼎一，香合一，香案一，祝案一，皆有衣，拜褥一，盥爵洗位一，罍一，洗一，白羅巾一，親祀匜二，盤二。地祇配位咸如之。香用龍腦沈香。祝版長各二尺四寸，闊一尺二寸，厚三分，木用楸栢。從祀九位，香鼎、香合、香案、綾拜褥皆九，褥各隨其方之色。盥爵洗位二，罍二，洗二，巾二。第二等，盥爵洗位二，罍二，洗二，巾二。第三等亦如之。内壝内，盥爵位一，罍一，洗一，巾一。内壝外亦如之。凡巾，皆有篚。從祀而下，香用沉檀降真，鼎用陶瓦。第二等十二次而下，皆紫綾拜褥十有二。親祀御版位一，飲福位及大小次盥洗爵洗版位各一，皆青質金書。亞獻、終獻飲福版位二，黑質黄書。御拜褥八，亞獻、終獻拜褥一，黄道裀褥寶案二，黄羅銷金案衣，水火鑑。七曰燭燎。天壇椽燭四，皆銷金絳紗籠。自天壇至内壝外及樂縣南北通道，絳燭三百五十，素燭四百四十，皆絳紗籠。御位椽燭六，銷金絳紗籠。獻官椽燭四，雜用燭八百，糲盆二百二十，有架。黄桑條去膚一車，束之置燎壇，以焚牲首。

八曰獻攝執事。亞獻官一，終獻官一，攝司徒一，助奠官二，大禮使一，侍中二，門下侍郎二，禮儀使二，殿中監二，尚輦官二，太僕卿二，控馬官六，近侍官八，導駕官二十有四，典寶官四，侍儀官五，太常卿丞八，光禄卿丞二，刑部尚書二，禮部尚書二，奉玉幣官一，定撰祝文官一，書讀祝册官二，舉祝册官二，太史令一，御奉爵官一，奉匜盤官一，御爵洗官二，執巾官二，割牲官二，温酒官一，大官令一，大官丞一，良醖令丞二，廪犧令丞二，糾儀御史四，大常博士二，郊祀令丞二，大樂令一，大樂丞一，司尊罍二，亞終獻盥洗官二，爵洗官二，巾篚官二，奉爵官二，祝史四，太祝十有五，奉禮郎四，協律郎二，剪燭官四，禮直管勾一，禮部點視儀衛官二，兵部清道官二，拱衛使二，大都兵馬使二，齋郎百，司天生二，看守粄盆軍官一百二十。

儀注之節，其目有十。一曰齋戒。祀前七日，皇帝散齋四日于别殿，致齋三日，其二日于大明殿，一日于大次，有司停奏刑罰文字。致齋前一日，尚舍監設御幄于大明殿西序，東向。致齋之日質明，諸衛勒所部屯門列仗。晝漏上水一刻，通事舍人引侍享執事文武四品以上官，俱公服詣别殿奉迎。晝漏上水二刻，侍中版奏「請中嚴」，皇帝服通天冠、絳紗袍。晝漏上水三刻，侍中版奏「外辦」，皇帝結佩出别殿，乘輿、華蓋、繖扇、侍衛如常儀，奉引至大明殿御幄，東向坐，侍臣夾侍如常。一刻頃，侍中前跪奏「臣某言，請降就齋」，俛伏，興。皇帝降座入室，解嚴。侍享執事官各還本司，宿衛者如常。凡侍祠官受誓戒于中書省，散齋四日，致齋三日。守壝門兵衛與大樂工人，俱清齋一宿。光禄卿以陽燧取明火供爨，以方諸取明水實尊。

二曰告配。祀前二日，攝太尉與太常禮儀院官恭詣太廟，以一獻禮奏告太祖法天啓運聖武皇帝之室。寅刻，太尉以下公服自南神門東偏門入，至横街南，北向立定。奉禮郎贊曰：「拜。」禮直官承傳曰：「鞠躬，拜，興，拜，興，平立。」又贊曰：「各就位。」禮直官詣太尉前曰「請詣盥洗位」，引太尉至盥洗位，曰「盥手，帨手，詣爵洗位」，曰「滌爵，拭爵」，曰「請詣酒尊所」，曰「酌酒」，曰「請詣神座前」，曰「北向立」，曰「稍前」，曰「搢笏」，曰「跪」，曰「上香，再上香，三上香」，曰「授幣，奠幣」，曰：「執爵，祭酒，再祭酒，三祭酒。」祭酒于沙池訖，曰：「讀祝。」舉祝官搢笏，跪對舉祝版。讀祝官跪讀畢，舉祝官奠祝版于案，執笏興，讀祝官俛伏，興。禮直官贊曰：「出笏，俛伏，興，拜，興，拜，興，平立，復位。」司尊彝、良醞令從降復位，北向立。奉禮郎贊曰「拜」，禮直官承傳，再拜畢，太祝捧祝幣降自中階，詣望瘞位。太尉以下俱詣坎位焚瘞訖，自南神門東偏門以次出。　三曰車駕出宮。祀前一日，所司備儀從内外仗，侍祠官兩行序立崇天門外，太僕卿控御馬立于大明門外，諸侍臣及導駕官二十有四人，俱于齋殿前左右分班立俟。通事舍人引侍中奏「請中嚴」，俛伏，興。皇帝服通天冠、絳紗袍。少頃，侍中版奏「外辦」，皇帝出齋室，即御座。羣臣起居訖，尚輦進輿，侍中奏「請皇帝升輿」，華蓋、繖扇、侍衛如常儀。導駕官導至大明門外，侍中進當輿前，跪奏「請降輿乘馬」，導駕官分左右步導。門下侍郎跪奏「請進發」，俛伏，興，前稱警蹕。至崇天門外，門下侍郎跪奏「請權停，敕衆官上馬」，侍中承旨稱「制可」，門下侍郎傳制稱「衆官上馬」，贊者承傳：「衆官出欞星門外上馬。」門下侍郎奏「請進發」，前稱警蹕。華蓋、繖扇、儀仗與衆官分左右前引，教坊樂鼓吹不作。至郊壇南欞星門外，侍中傳制「衆官下馬」，贊者承傳，衆官下馬。訖，自卑而尊，與儀仗倒卷而北，兩行駐立。駕至欞星門，侍中奏「請皇帝降馬」，步入欞星門，由西偏門稍西。侍中奏：「請升輿。」尚輦奉輿，華蓋、繖扇如常儀。導駕官前導皇帝乘輿至大次前，侍中奏：「請降輿。」皇帝降輿，入就次，簾降，侍衛如式。通事舍人承旨，敕衆官各還齋次。尚食進膳訖，禮儀使以祝册奏請御署訖，奉出，郊祀令受之，各奠于坫。　四曰陳設。　祀前三日，尚舍監陳大次于外壝西門之道北，南向。設小次于内壝西門之道南，東向。　設黄道裀褥，自大次至于小次，版位及壇上皆設之。所司設兵衛，各具器服，守衛壝門，每門兵官二員。　外垣東西南櫺星門外，設蹕街清路諸軍，諸軍旗服各隨其方之色。❶　去壇二百步，禁止行人。　祀前一日，郊祀令率其屬埽除壇之上下。　大樂令率其屬設登歌樂于壇上，稍南，北向；設宫縣二舞位于壇南内壝南門之外如式。　奉禮郎設御版位于小次之前，東向；　設御飲福位于壇上，午陛之西，亞終獻飲福位于午陛之東，皆北向。　又設亞終獻、助奠、門下侍郎以下版位于壇下御版位之後，稍南東向，異位重行，以北爲上。　又設司徒、太常卿以下位于其東，相對北上，皆如常儀。　又分設糾儀御史位于其東西二壝門之外，相向而立。　又設御盥洗、爵洗位于内壝南門之内道西，北向。　又設亞終獻、盥洗、爵洗位于内壝南門之外道西，北向。　又設省牲饌等位，如常儀。　未後二刻，郊祀令同太史令俱公服，升設昊天上帝位于壇上北方，南向，席以藁秸，加神席褥座。　又設配位于壇上西方，東向，席以蒲越，加神席褥座。　禮神蒼璧置于繅藉，素幣設于篚，正位之幣加燎玉，置尊所。　俟告潔畢，權徹，至祀日丑前重設。　執事者實柴于燎壇，及設籩豆、簠簋、尊罍、匏爵、俎坫等事，如常儀。　五曰省牲器。　祀前一日未後二刻，郊祀令率其屬各埽除壇之上下，司尊罍、奉禮郎率祠祭局以祭器入設于位。郊祀令率執事者以禮神之玉，置于神位前。

❶「諸軍」二字，原不重文，據《元史·祭祀志》補。

未後三刻，廪犧令與諸太祝、祝史以牲就位，禮直官分引太常、光禄卿丞、監祭、監禮官、大官令丞等詣省牲位，立定。禮直官引太常卿、監祭、監禮由東壝北偏門入，自卯陛升壇，視滌濯。司尊罍跪舉冪曰：「潔。」告潔畢，俱復位。禮直官稍前曰：「請省牲。」太常卿稍前，省牲畢，退復位。次引廪犧令巡牲一匝，西向折身曰：「充。」告充畢，復位。諸太祝俱巡牲一匝，復位。上一員出班，西向折身曰：「腯。」告腯畢，復位。禮直官引太常、光禄卿丞、大官令丞、監祭、監禮詣省饌位，東西相向立。禮直官請太常卿省饌畢，退還齋所。廪犧令與諸太祝、祝史以次牽牲詣厨，授大官令。次引光禄卿、監祭、監禮等詣厨，省鼎鑊，視滌溉畢，還齋所。晡後一刻，大官令率宰人以鸞刀割牲，祝史各取血及左耳毛實于豆，仍取牲首貯于盤，用馬首。俱置于饌殿，遂烹牲。刑部尚書涖之，監實水納烹之事。六曰習儀。祀前一日未後三刻，獻官諸執事各服其服，習儀于外壝西南隙地。其陳設、樂架、禮器等物，並如行事之儀。七曰奠玉幣。祀日丑前五刻，太常卿設燭于神座，太史令、郊祀令各服其服，升設昊天上帝及配位神座，執事者陳玉幣于篚，置尊所。禮部尚書設祝册于案。光禄卿率其屬，入實籩、豆、簠、簋、尊、罍如式。祝史以牲首盤設于壇。大樂令率工人、二舞入就位。禮直官分引監祭禮、郊祀令及諸執事官、齋郎入就位。禮直官引監祭禮案視壇之上下，退復位。奉禮贊：「再拜。」禮直官承傳，監祭禮以下皆再拜訖，又贊：「各就位。」大官令率齋郎出詣饌殿，俟于門外；禮直官分引攝太尉及司徒等官入就位；符寶郎奉寶陳于宫縣之側，隨地之宜。太尉將入，禮直官引博士，博士引禮儀使，對立于大次前。寺中版奏「請中嚴」，皇帝服大裘衮冕。侍中奏「外辦」，禮儀使跪奏「禮儀使臣某，請皇帝行禮」，俯伏，興。凡奏，二人皆跪，一人贊之。簾捲出次，禮儀使前導，華蓋、繖扇如常儀。至西壝門外，殿中監進大圭，禮儀使奏「請執大圭」，皇帝執圭。華蓋、繖扇停于門外。近侍官與大禮使皆後從皇帝入門，宫縣樂作。請就小次，釋圭，樂止。禮儀使以下分立左右。少頃，禮儀使奏：「有司謹具，請行事。」降神樂作，《天成》之曲六成。太常卿率祝史捧馬首，詣燎壇升煙訖，復位。禮儀使跪奏「請就版位」，俛伏，興。皇帝出次，請執大圭，至位東向立，再拜。皇帝再拜，奉禮贊：「衆官皆再拜。」訖，奉玉幣官跪取玉幣于篚，立于尊所。禮儀使奏「請行事。」遂前導，宫縣樂作，由南壝西偏門入，詣盥洗位，北向立，樂止。搢大圭，盥手。奉匜官奉匜沃水，奉盤官奉盤承水，執巾官奉巾以進。盥帨手訖，執大圭，樂作，至午陛，樂止。升階，登歌樂作，至壇上，樂止。宫縣《欽成》之樂作，殿中監進鎮圭，殿中監二員，一員執大圭，一員執鎮圭。禮儀使奏「請搢大圭，執鎮圭」，「請詣昊天上帝神位前」，北向立。內侍先設繅席于地，禮儀使奏：「請跪奠鎮圭于繅席。」奉玉幣官加玉于幣以授侍中，侍中西向跪進，禮儀使奏：「請奠玉幣。」皇帝受奠訖，禮儀使奏「請執大圭」，俛伏，興，少退再拜。皇帝再拜，興，平立。內侍取鎮圭授殿中監，又取繅藉置配位前。禮儀使前導，請詣太祖皇帝神位前，西向立，奠鎮圭及幣，並如上儀，樂止。禮儀使前導，請還版位。登歌樂作，降階，樂止。宫縣樂作，殿中監取鎮圭、繅藉以授有司。皇帝至版位，東向立，樂止。請還小次，釋大圭。祝史奉毛血豆，升自午陛，以進正位，升自卯陛，以進配位。太祝各迎奠于神座前，俱退立于尊所。八曰進饌。皇帝奠玉幣還位，祝史取毛血豆以降，禮直官引司徒、大官令率齋郎奉饌入自正門，升殿如常儀。禮儀使跪奏「請行禮」，俛伏，興。皇帝出次，宫縣樂作。請執大圭，前導由正門西偏門入，詣盥洗位，北向立，樂止。搢圭盥手如前儀。執圭，詣爵洗位，北向立，搢圭。奉爵官跪取匏爵于篚，以授侍中，侍中以進皇帝。受爵。執罍官酌水洗爵，執巾官授巾拭爵訖，侍中受之，以授捧爵官。執圭，樂作，至午陛，樂止；升階，登歌樂作，至壇上，樂止。詣正位酒尊所，東向立，搢圭。捧爵官進爵，皇帝受爵。司尊者舉冪，侍中贊酌太尊之汎齊。以爵授捧爵官，執圭。宫縣樂作，奏《明成》之曲。請詣昊天上帝神座前北向立，❶搢圭，跪，三上香。侍中以爵跪進皇帝。執爵，三祭酒，以爵授侍中。大官丞注馬湩于爵，以授侍中，侍中跪進皇帝。執爵，亦三祭之，今有蒲萄酒與尚醞、馬湩各祭一爵，爲三爵。以爵授侍中，執圭，俛伏，興，少退立。讀祝，舉祝官搢笏跪舉祝册，讀祝官西向跪讀祝文訖，俛伏，興。舉祝官奠祝于案，奏：「請再拜。」皇帝再拜，興，平立。請詣配位酒尊所，西向立。司尊者舉冪，侍中贊酌著尊之汎齊。以爵授捧爵官，執圭。請詣太祖皇帝神位前西向立。宫縣樂作。侍中贊搢圭跪，三上香，三祭酒及馬湩訖，贊執圭，俛伏，興，少退立。舉祝官舉祝，讀

❶「立」，原脱，據《元史·祭祀志》改。

祝官北向跪讀祝文訖，俛伏，興。奠祝版訖，奏：「請再拜。」皇帝再拜，興，平立。樂止。請詣飲福位北向立，登歌樂作。太祝各以爵酌上尊福酒，合置一爵以授侍中，侍中西向以進。禮儀使奏「請再拜」，皇帝再拜興。奏：「請搢圭。」跪受爵，祭酒，啐酒，以爵授侍中，侍中再以温酒跪進。禮儀使奏：「請受爵。」皇帝飲福酒訖，侍中受虚爵，興，以授太祝。太祝又減神前胙肉加于俎，以授司徒。司徒以俎西向跪進，皇帝受以授左右。奏「請執圭」，俛伏，興，平立，少退。奏「請再拜」，皇帝再拜，訖，樂止。禮儀使前導，還版位。登歌樂作，降自午陛，樂止。宮縣樂作，至位，東向立，樂止。請還小次，至次釋圭。文舞退，武舞進，宮縣樂作，奏《和成》之曲，樂止。禮直官引亞終獻官升自卯陛，行禮如常儀，唯不讀祝，皆飲福而無胙俎。降自卯陛，復位。禮直官贊太祝徹籩豆。登歌樂作，奏《寧成》之曲，卒徹，樂止。奉禮贊賜胙，衆官再拜，在位者皆再拜。禮儀使奏「請詣版位」，出次執圭，至位東向立，再拜。皇帝再拜。奉禮贊曰「再拜」，贊者承傳，在位者皆再拜。送神樂作，《天成》之曲一成，止。禮儀使奏「禮畢」，遂前導皇帝還大次。宮縣樂作，出門樂止，至大次釋圭。

九曰望燎。皇帝既還大次，禮直官引攝太尉以下、監祭禮詣望燎位，太祝各捧篚詣神位前，進取燔玉、祝幣，牲俎并黍稷、飯籩、爵酒，各由其陛降詣燎壇，以祝幣、饌物置柴上，禮直官贊「可燎」，半柴，又贊「禮畢」，攝太尉以下皆出。禮直官引監祭禮、祝史、太祝以下從壇南，北向立定，奉禮贊曰「再拜」，監祭禮以下皆再拜訖，遂出。

十曰車駕還宮。皇帝既

還大次，侍中奏：「請解嚴。」皇帝釋袞冕，停大次。五刻頃，所司備法駕，序立于櫺星門外，以北爲上。侍中版奏「請中嚴」，皇帝改服通天冠、絳紗袍。少頃，侍中版奏「外辦」，皇帝出次升輿，導駕官前導，華蓋、繖扇如常儀。至櫺星門外，太僕卿進御馬如式。侍中前奏「請皇帝降輿乘馬」訖，太僕卿執御，門下侍郎奏「請車駕進發」，俛伏，興，退。車駕動，稱警蹕。至櫺星門外，門下侍郎跪奏曰：「請權停，敕衆官上馬。」侍中承旨曰「制可」，門下侍郎傳制，贊者承傳。衆官上馬畢，導駕官及華蓋、繖扇分左右前導。門下侍郎跪「請車駕進發」，俛伏，興。車駕動，稱警蹕。教坊樂鼓吹振作。駕至崇天門櫺星門外，門下侍郎跪奏曰「請權停，敕衆官下馬」，侍中承旨曰「制可」，門下侍郎俛伏，興，退傳制，贊者承傳。衆官下馬畢，左右前引入内，與儀仗倒卷而北，兩行駐立。駕入崇天門至大明門外，降馬升輿以入。駕既入，通事舍人承旨敕衆官皆退，宿衛官率衛士宿衛如式。

南郊之禮，其始爲告祭，繼而有大禮，皆攝事也，故攝祀之儀特詳。其目有九：一曰齋戒。祀前五日質明，奉禮郎率儀鸞局，設獻官諸執事版位于中書省。獻官諸執事位俱藉以席，仍加紫綾褥。初獻攝太尉設位于前堂階上，稍西，東南向。監察御史二位，一位在甬道上西，稍北，東向；一位在甬道上東，稍北，西向。監禮博士二位，各次御史，以北爲上。次亞獻官、終獻官、攝司徒位于其南。次助奠官，次太常太卿、太常卿、光禄卿，次太史令、禮部尚書、刑部尚書，次奉璧官、奉幣官、讀祝官、太常少卿、拱衛直都指揮使，次太常丞、光禄丞、太官令、良醞令、司尊罍，次廩犧令、舉祝官、奉爵官，次大官丞、盥洗官、爵洗官、巾篚官，次剪燭官，次與祭官。其禮直官分直于左右，東西相向。西設版位四列，皆北向，以東爲上：郊祀令、大樂令、太祝、祝史，次齋郎。東設版位四列，皆北向，以西爲上：郊祀丞、大樂丞、協律郎、奉禮郎，次齋郎、司天生。禮直官引獻官諸執事各就位。獻官諸執事俱公服，五品以上就服其服，六品以下皆借紫服。禮直局管勾進立于太尉之右，宣讀誓文曰：「某年某月某日，祀昊天上帝于圜丘，各揚其職，其或不敬，國有常刑。」散齋三日宿于正寢，致齋二日于祀所。散齋日治事如故，不弔喪問疾，不作樂，不判署刑殺文字，不決罰罪人，不與穢惡事。致齋日惟祀事得行，其餘悉禁。凡與祀之官已齋而闕者，通攝行事。讀畢，稍前唱曰「七品以下官先退」，復贊曰「對拜」，太尉與餘官皆再拜，乃退。凡與祭者，致齋之宿，官給酒饌。守壝門兵衛及太樂工人，皆清齋一宿。二曰告配。祀前二日，初獻官與太常禮儀院官恭詣太廟，奏告太祖皇帝本室，即還齋次。三曰迎香祝。祀前二日，翰林學士赴禮部書寫祝文，太常禮儀院官亦會焉。書畢，于公廨嚴潔安置。祀前一日質明，獻官以下諸執事皆公服，禮部尚書率其屬捧祝版，同太常禮儀院官俱詣闕廷，以祝版授太尉，進請御署訖，同香酒迎出崇天門外。香置于輿，祝置香案，御酒置輦樓，俱用金複覆之。太尉以下官比上馬，清道官率京官行于儀衛之先，兵馬司巡兵執矛幟夾道次之，金鼓又次之，京尹儀從左右成列前導，諸執事官東西二班行于儀仗之外，次儀鳳司奏樂，禮部官點視成列，太常禮儀院官導于香輿之前，然後控鶴舁輿案行，太尉等官從行至祀所。輿案由南櫺星門入，諸執事官由左右偏門入，奉安御香、祝版于香殿。　四曰陳設。祀前三日，樞密院設兵衛各具器服守衛壝門，每門兵官二員，及外垣東西南櫺星門外，設蹕街清路諸軍，諸軍旗服各隨其方色。去壇二百步，禁止行人。祀前一日，郊祀令率其屬埽除壇上下。大樂令率其屬設登歌樂于壇上，稍南，北向。編磬一簴在西，編鐘一簴在東。擊鐘磬者，皆有坐杌。大樂令位在鐘簴東，西向。協律郎位在鐘簴西，東向。執麾者立于後。柷一，在鐘簴北，稍東。敔一，在磬簴北，稍西。搏拊二，一在柷北，一在敔北。歌工八人，分列于午陛左右，東西相向坐，以北爲上，凡坐者皆藉以席加氊。琴一弦、三弦、五弦、七弦、九弦者各二，瑟四，籥二，篪二，笛二，簫二，巢笙四，和笙四，閏餘匏一，九曜匏一，七星匏一，塤二，各分立于午陛東西樂榻上。琴瑟者分列于北，皆北向坐；匏竹者分列于琴瑟之後，爲二列重行，皆北向相對爲首。又設圜宮縣樂于壇南，内壝南門之外。東方西方，編磬起北，編鐘次之。南方北方，編磬起西，編鐘次之。又設十二鎛鐘于編縣之間，各依辰位。每辰編磬在左，編鐘在右，謂之一肆。每面三辰，共九架，四面三十六架。設晉鼓于懸内通街之東，稍南，北向。置雷鼓、單鼗、雙鼗各二柄于北懸之内，通街之左右，植四楹雷鼓于四隅，皆左鼙右應。北縣之内，歌工四列。内二列在通街之東，二列于通街之西。每列八人，共三十二人，東西相向坐，以北爲上。柷一在東，敔一在西，皆在歌工之南。大樂丞位在北縣之外，通街之東，西向。協律郎位于通街之西，東向。執麾者立于後，舉節樂正立于東，副正立于西，並在歌工之北。樂師二員，對立于歌工之南。運譜二人，對立于樂師之南。照燭二人，對立于運譜之南，祀日分立于壇之上下，掌樂作樂止之標準。琴二十七，設于東西縣内：一弦者三，東一，西二，俱爲第一列；三弦、五弦、七弦、九弦者各六，東西各四列，每列三人，皆北向坐。瑟十二，東西各六，共爲列，在琴之後坐。巢笙十、簫十、閏餘匏一在東，七星匏一、九曜匏一，皆在竽笙之側。竽笙十、籥十、篪十、塤八、笛十，每色爲一列，各分立于通街之東西，皆北向，又設文舞位于北縣之前，植四表于通街之東，舞位行綴之間。導文舞執衙仗舞師二員，執旌二人，分立于舞者行綴之外。舞者八佾，每佾八人，共六十四人，左手執籥，右手秉翟，各分四佾，立于通街之東西，皆北向。又設武舞俟立位于東西縣外。導武舞執衙仗舞師二員，執纛二人，執器二十人，内單鼗二、單鐸二、雙鐸二、金鐃二、鉦二、金錞二，執扃者四人，扶錞二，相鼓二、雅鼓二，分立于東西縣外。舞者如文舞之數，左手執干，右手執戚，各分四佾，立于執器之外。俟文舞自外退，則武舞自内進，就立文舞之位，惟執器者分立于舞人之外。文舞亦退于武舞俟立之位。太史令、郊祀令各公服，率其屬升設昊天上帝神座于壇上，北方，南向；席以稾秸，加褥座，置璧于繅藉，設幣于篚，置酌尊所。皇地祇神座，壇上稍東，北方，南向；席以稾秸，加褥座，置玉于繅藉，設幣于篚，置酌尊所。配位神座，壇上東方，西向；席以蒲越，加褥座，置璧于繅藉，設幣于篚，置酌尊所。設五方五帝、日、月、天皇大帝、北極等九位，在壇之第一等；席以莞，各設玉幣于神座前。設内官五十四位于圜壇第二等，設中官一百五十九位于圜壇第三等，設外官一百六位于内壝内，設衆星三百六十位于内壝外，席皆以莞，各設青幣于神座之首，皆内向。候告潔畢，權徹第一等玉幣，至祀日丑前重設。執事者實柴于燎壇，仍設葦炬于東西。執炬者東西各二人，皆紫服。奉禮郎率儀鸞局，設獻官以下及諸執事官版位，設三獻官版位于内壝西門之外道南，東向，以北爲上。次助奠位稍却，次第一等至第三等分獻官，第四等、第五等分奠官，次郊祀令、大官令、良醖令、廩犧令、司尊罍，次郊祀丞、讀祝官、舉祝官、奉璧官、奉幣官、奉爵官、太祝、盥洗官、爵洗官、巾篚官、祝史，次齋郎，位于其後。每等異位重行，俱東向，北上。攝司徒位于内壝東門之外道南，與亞獻相對。次太常禮儀使、光禄卿、同知太常禮儀院事、太史令、分獻分奠官、僉太常禮儀院事、拱衛直都指揮使、太常禮儀院同僉、院判、光禄丞，位于其南，皆西向，北上。監祭御史二位，一位在内壝西門之外道北，東向；一位在内壝東門之外道北，西向。博士二位，各次御史，以北爲上。設奉禮郎位于壇上稍南，午陛之東，西向；司尊罍位于尊所，北向。又設望燎位于燎壇之北，南向。設牲牓于外壝東門之外，稍南，西向；太祝、祝史位于牲後，俱西向。設省牲位于牲北，太常禮儀使、光禄卿、大官令、光禄丞、大官丞位于其北，大官令以下位皆少却。監祭、監禮位在太常禮儀使之西，稍却，南向。廩犧令位于牲西南，北向。又設省饌位于牲位之北，饌殿之南。太常禮儀使、光禄卿丞、大官令丞位在東，西向；監祭、監禮位在西，東向；俱北上。祠祭局設正配三位，各左十有二籩，右十有二豆，俱爲四行。登三，鉶三，簠、簋各二，在籩豆間。登居神前，鉶又居前，簠左，簋右，居鉶前，皆藉以席。設牲首俎一，居中；牛羊豕俎七，次之。香案一，沙池、爵坫各一，居俎前。祝案一，設于神座之右。又設天地二位各太尊二、著尊二、山罍二于壇上東南，俱北向，西上。又設配位著尊一、犧尊二、象尊二、山罍二，在二尊所之東，皆有坫，加勺、冪，惟玄酒有冪無勺，以北爲上。馬湩三器，各設于尊所之首，加冪、勺。又設玉幣篚二于尊所西，以北爲上。又設正位象尊二、壺尊二、山罍四于壇下午陛之西。又設地祇尊罍，與正位同，于午陛之東，皆北向，西上。又設配位犧尊二、壺尊二、山罍四在酉陛之北，東向，北上，皆有坫、冪，不加勺，設而不酌。又設第一等九位各左八籩，右八豆，登一，在籩豆間，簠、簋各一，在登前，俎一，爵、坫各一，在簠、簋前。每位太尊二、著尊二，于神之左，皆有坫，加勺、冪，沙池、玉幣篚各一。又設第二等諸神每位籩二，豆二，簠、簋各一，登一，俎一，于神座前。每陛間象尊二，爵、坫、沙池、幣篚各一，于神中央之座首。又設第三等諸神，每位籩、豆、簠、簋各一，俎一，于神座前。每陛間設壺尊一，爵尊二，爵、坫、沙池、幣篚各一，于神中央之座首。又設内壝内諸神，每位籩、豆各一，簠、簋各一，于神座前。每道間概尊二，爵、坫、沙池、幣篚各一，于神中央之座首。又設内壝外衆星三百六十位，每位籩、豆、簠、簋、俎各一，于神座前。每道間散尊二，爵、坫、沙池、幣篚各一，于神中央之座前。自第一等以下，皆用匏爵，先滌訖，置于坫上。又設正配位各籩一，豆一，簠一，簋一，俎四，及毛血豆各一，牲首盤一。并第一等神位，每位俎二，于饌殿内。又設盥洗、爵洗于壇下，卯陛之東，北向，罍在洗東加勺，篚在洗西南肆，實以巾，爵洗之篚實以匏，爵加坫。又設第一等分獻官盥洗、爵洗位，第二等以下分獻官盥洗位，各于陛道之左，罍在洗左，篚在洗右，俱内向。凡司尊罍篚位，各于其後。　五曰省牲器，見親祀儀。　六曰習儀，見親祀儀。　七曰奠玉幣。祀日丑前五刻，太常卿率其屬，設椽燭于神座四隅，仍明壇上下燭、内外粈燎。太史令、郊祀令各服其服升，設昊天上帝神座，藁秸、席褥如前。執事者陳玉幣于篚，置于尊所。禮部尚書設祝版于案。光禄卿率其屬入實籩、豆、簠、簋。籩四行，以右爲上。第一行魚鱐在前，糗餌、粉餈次之；第二行乾棗在前，乾藤、形鹽次之；第三行鹿脯在前，榛實、乾桃次之；第四行菱在前，芡、栗次之。豆四行，以左爲上。第一行芹菹在前，筍菹、葵菹次之；第二行菁菹在前，韭菹、飽食次之；第三行魚醢在前，兔醢、豚拍次之；第四行鹿臡在前，醓醢、糝食次之。簠實以稻、粱，簋實以黍、稷，登實以太羹。良醞令率其屬入實尊、罍。太尊實以泛齊，著尊醴齊，犧尊盎齊，象尊醍齊，壺尊沈齊；山罍爲下尊，實以玄酒；其酒、齊皆以尚醞酒代之。大官丞設革囊馬湩于尊所。祠祭局以銀盒貯香，同瓦鼎設于案。司香官一員立于壇上。祝史以牲首盤設于壇上。獻官以下執事官，各服其服，就次所，會于齊班幕。拱衛直都指揮使率控鶴，各服其服，擎執儀仗，分立于外壝内東西，諸執事位之後；拱衛使亦就位。大樂令率工人、二舞，自南壝東偏門以次入，就壇上下位。奉禮郎先入就位。禮直官分引監祭御史、監禮博士、郊祀令、大官令、良醖令、廩犧令、司尊罍、大官丞、讀祝官、舉祝官、奉玉幣官、太祝、祝史、奉爵官、盥爵洗官、巾篚官、齋郎，自南壝東偏門入就位。禮直官引監祭、監禮，案視壇之上下祭器，糾察不如儀者。及其案視也，太祝先徹去蓋冪，案視訖，禮直官引監祭、監禮退復位。奉禮郎贊「再拜」，禮直官承傳監祭禮以下皆再拜。奉禮郎贊曰「各就位」，大官令率齋郎以次出詣饌殿，俟立于南壝門外。禮直官分引三獻官，司徒、助奠官、太常禮儀院使、光禄卿、太史令、太常禮儀院同知、僉院、同僉、院判、光禄丞，自南壝東偏門，經樂縣内入就位。禮直官進太尉之左，贊曰「有司謹具，請行事」，退復位。宫縣樂作，降神，《天成》之曲六成，内圜鐘宫三成，黄鐘角、太簇徵、姑洗羽各一成。文舞《崇德》之舞。初，樂作，協律郎跪，俛伏，舉麾興，工鼓柷，偃麾戛敔而樂止。凡樂作、樂止，皆倣此。禮直官引太常禮儀院使率祝史，自卯陛升壇，奉牲首降自午陛，由南壝正門經宫縣内，詣燎壇北，南向立。祝史奉牲首升自南陛，置于户内柴上。東西執炬者以火燎柴，升煙燔牲首訖，禮直官引太常禮儀院使，祝史捧盤血，詣坎位瘞之。禮直官引太常禮儀院使、祝史各復位。奉禮郎贊「再拜」，禮直官承傳，太尉以下皆再拜訖，其先拜者不拜。執事者取玉幣于篚，立于尊所。禮直官引太尉詣盥洗位，宫縣樂奏黄鐘宫《隆成》之曲，至位，北向立，樂止。搢笏、盥手、帨手訖，執笏詣壇，升自午陛，登歌樂作大吕宫《隆成》之曲，至壇上，樂止。詣正位神座前，北向立，宫縣樂奏黄鐘宫《欽成》之曲，搢笏跪，三上香。執事者加璧于幣，西向跪，以授太尉，太尉受玉幣，奠于正位神座前，執笏，俛伏，興，少退立，再拜訖，樂止。次詣皇地祇位，奠獻如上儀。次詣配位神主前，奠幣如上儀。降自午陛，登歌樂作如升壇之曲，至位，樂止。祝史奉毛血豆，入自南壝門詣壇，升自午陛。諸太祝迎取于壇上，俱跪奠于神座前，執笏，俛伏，興，退立于尊所。

至大三年大祀，奠玉幣儀與前少異，今存之，以備互考。祀日丑前五刻，設壇上及第一等神位，陳其玉幣及明燭，實籩、豆、尊、罍。樂工各入就位畢，奉禮郎先入就位。禮直官分引分獻官、監祭御史、監禮博士、諸執事、太祝、祝史、齋郎，入自中壝東偏門，當壇南重行西上，北向立定。奉禮郎贊曰：「再拜」，分獻官以下皆再拜訖，奉禮郎贊曰：「各就位。」禮直官引子、丑、寅、卯、辰、巳陛道分獻官，詣版位，西向立，北上；午、未、申、酉、戌、亥陛道分獻官，詣版位，東向立，北上。禮直官分引監祭禮點視陳設，案視壇之上下，糾察不如儀者，退復位。太史令率齋郎出俟。禮直官引三獻官並助奠等官入就位，東向立，司徒西向立。禮直官贊曰「有司謹具，請行事」，降神六成樂止。太常禮儀使率祝史二員，捧馬首詣燎壇，升煙訖，復位。奉禮郎贊曰「再拜，三獻」，司徒等皆再拜訖，奉禮郎贊曰「諸執事者各就位」，立定。禮直官請初獻官詣盥洗位，樂作，至位，樂止。盥畢詣壇，樂作，升自卯陛，至壇，樂止。詣正位神座前，北向立，樂作，搢笏跪，太祝加玉于幣，西向跪以授初獻，初獻受玉幣奠訖，執笏，俛伏，興，再拜訖，樂止。次詣配位神座前立，樂作，奠玉幣如上儀，樂止。降自卯陛，樂作，復位，樂止。初獻將奠正位之幣，禮直官分引第一等分獻官詣盥洗位，盥畢，執笏各由其陛升，詣各神位前，搢笏跪，太祝以玉幣授分獻官，奠訖，俛伏，興，再拜訖，還位。初，第一等分獻官將升，禮直官分引第二等內壝內、內壝外分獻官盥畢，盥洗官俱從至酌尊所立定，各由其陛道詣各神首位前奠，並如上儀。退立酌尊所，伺候終獻酌奠，詣各神首位前酌奠。祝史奉正位毛血豆由午陛升，配位毛血豆由卯陛升，太祝迎于壇上，進奠于正配位神座前，太祝與祝史俱退于尊所。　八曰進熟。太尉既升奠玉幣，大官令丞率進饌齋郎詣厨，以牲體設于盤，馬牛羊豕鹿各五盤，宰割體段，並用國禮。各對舉以行至饌殿，俟光禄卿出實籩、豆、簠、簋。籩以粉餈，豆以糝食，簠以粱，簋以稷。齋郎上四員奉籩、豆、簠、簋者前行，舉盤者次之。各奉正祀位之饌，以序立于南壝門之外，俟禮直官引司徒出詣饌殿，齋郎各奉以序從司徒入自南壝正門。配位之饌，入自偏門。宮縣樂奏黄鐘宫《寧成》之曲，至壇下，俟祝史進徹毛血豆訖，降自卯陛以出。司徒引齋郎奉正位饌詣壇，升自午陛，大官令丞率齋郎奉配位及第一等之饌，升自卯陛，立定。奉禮贊諸太祝迎饌，諸太祝迎于壇陛之間，齋郎各跪奠于神座前。設籩于糗餌之前，豆于醓醢之前，簠于稻前，簋于黍前。又奠牲體盤于俎上，齋郎出笏，俛伏，興，退立定，樂止。禮直官引司徒降自卯陛，大官令率齋郎從司徒，亦降自卯陛，各復位。其第二等至內壝外之饌，有司陳設。禮直官贊，太祝搢笏，立茅苴于沙池，出笏，俛伏，興，退立于本位。禮直官引太尉詣盥洗位，宮縣樂作，奏黃鐘宮《隆成》之曲，至位北向立，樂止。搢笏，盥手，帨手訖，出笏詣爵洗位，北向立。搢笏，執事者奉匏爵以授太尉，太尉洗爵、拭爵訖，以爵授執事者。太尉出笏，詣壇，升自午陛，一作卯陛。登歌樂作，奏黃鐘宮《明成》之曲，至壇上，樂止。詣酌尊所，西向立，搢笏，執事者以爵授太尉，太尉執爵，司尊罍舉冪，良醞令酌太尊之泛齊，凡舉冪、酌酒，皆跪。以爵授執事者。太尉出笏，詣正位神座前，北向立，宮縣樂作，奏黃鐘宮《明成》之曲，文舞《崇德》之舞。太尉搢笏跪，三上香。執事者以爵授太尉，太尉執爵三祭酒于茅苴，以爵授執事者，執事者奉爵退，詣尊所。大官丞傾馬湩于爵，跪授太尉，亦三祭于茅苴，復以爵授執事者，執事者受虛爵以興。太尉出笏，俛伏，興，少退，北向立，樂止。舉祝官搢笏跪，對舉祝版，讀祝官搢笏，跪讀祝文。讀訖，舉祝官奠版于案，出笏興，讀祝官出笏，俛伏，興，宮縣樂奏如前曲。舉祝、讀祝官俱先詣皇地祇位前，北向立。太尉再拜訖，樂止。次詣皇地祇位，並如上儀，惟樂奏大呂宮。次詣配位，並如上儀，惟樂奏黃鐘宮。降自午陛，一作卯陛。登歌樂作如前降神之曲，至位，樂止。讀祝、舉祝官降自卯陛，復位。文舞退，武舞進，宮縣樂作，奏黃鐘宮《和成》之曲，立定，樂止。禮直官引亞獻官詣盥洗位，北向立。搢笏，盥手，帨手訖，出笏詣爵洗位，北向立。搢笏，執爵，洗爵，拭爵，以爵授執事者。出笏詣壇，升自卯陛，至壇上酌尊所，東向一作西向。立。搢笏，授爵，執爵，司尊罍舉冪，良醞令酌著尊之醴齊，以爵授執事者。出笏，詣正位神座前，北向立。宮縣樂作，奏黄鐘宮《熙成》之曲，武舞《定功》之舞。搢笏跪，三上香，授爵，執爵，三祭酒于茅苴，復祭馬湩如前儀，以爵授執事者。出笏，俛伏，興，少退立，再拜訖，次詣皇地祇位、配位，並如上儀訖，樂止，降自卯陛，復位。禮直官引終獻官詣盥洗位，盥手、帨手訖，詣爵洗位，授爵，執爵，洗爵，拭爵，以爵授執事者。出笏，升自卯陛，至酌尊所，搢笏，授爵，執爵，良醖令酌犧尊之盎齊，以爵授執事者。出笏，詣正位神座前，北向立。宮縣樂作，奏黄鐘宮《熙成》之曲，武舞《定功》之舞。上香、祭酒、馬湩，並如亞獻之儀，降自卯陛。初，終獻將升壇時，禮直官分引第一等分獻官詣盥洗位，搢笏、盥手、帨手、滌爵、拭爵訖，以爵授執事者。出笏，各由其陛詣酌尊所，搢笏，執事者以爵授分獻官，執爵，酌太尊之泛齊，以爵授執事者。各詣諸神位前，搢笏跪，三上香、三祭酒訖，出笏，俛伏，興，少退，再拜興，降復位。第一等分獻官將升壇時，禮直官引第二等、第三等、内壝内、内壝外衆星位分獻官，各詣盥洗位，搢笏、盥手、帨手，酌奠如上儀訖，禮直官各引獻官復位，諸執事者皆退復位。禮直官贊太祝徹籩豆。登歌樂作大吕宮《寧成》之曲，太祝跪，以籩豆各一少移故處，卒徹，出笏，俛伏，興，樂止。奉禮郎贊曰：「賜胙。」衆官再拜，禮直官承傳曰：「拜。」在位者皆再拜，平立定。送神宮縣樂作，奏圜鐘宮《天成》之曲一成止。九曰望燎。禮直官引太尉，亞獻助奠一員，太常禮儀院使，監祭、監禮各一員等，詣望燎位。又引司徒，終獻助奠、監祭、監禮各一員，及太常禮儀院使等官，詣望瘞位。樂作，奏黄鐘宫《隆成》之曲，至位，南向立，樂止。上下諸執事各執篚進神座前，取燔玉及幣、祝版。日月已上，齋郎以俎載牲體、黍稷，各由其陛降，南行，經宫縣樂出，東詣燎壇，升自南陛，以玉幣、祝版、饌食致于柴上户内。諸執事又以内官以下之禮幣，皆從燎。禮直官贊曰：「可燎。」東西執炬者以炬燎火半柴。執事者亦以地祇之玉幣、祝版、牲體、黍稷詣瘞坎。焚瘞畢，禮直官引太尉以下官以次由南壝東偏門出，禮直官引監祭、監禮、奉玉幣官、太祝、祝史、齋郎俱復壇南，北向立。奉禮郎贊曰：「再拜。」禮直官承傳曰：「拜。」監祭、監禮以下皆再拜訖，各退出。大樂令率工人、二舞以次出。禮直官引太尉以下諸執事官至齊班幕前立，禮直官贊曰：「禮畢。」衆官圓揖畢，各退于次。太尉等官、太常禮儀院使、監祭、監禮展視胙肉酒醴，奉進闕廷，餘官各退。

【《朶爾直班傳》】元統元年，擢監察御史，陳時政五事。二曰「親祀郊廟」。

【《鐵木兒塔識傳》】至元二年，郊，鐵木兒塔識言大祀竣事，❶必有實惠及民，以當天心，乃賜民明年田租之半。

蕙田案：至元二年《紀》、《志》都無郊事，或即至正三年之誤，姑附于此。

【《順帝本紀》】至正三年十月己酉，帝親祀上帝于南郊，以太祖配。己未，以郊祀禮成，大赦天下。

【《祭祀志》】至正三年十月十七日，親祀昊天上帝于圜丘，以太祖皇帝配享，如舊行儀

❶「鐵木兒塔識」，庫本作「特穆爾達實」。

制。右丞相脱脱爲亞獻官，太尉樞密知院阿魯禿爲終獻官，御史大夫伯撒里爲攝司徒，樞密知院汪家奴爲大禮使，中書平章也先帖木兒、帖木兒達識二人爲侍中，御史大夫也先帖木兒、中書右丞太平二人爲門下侍郎，宣徽使達世帖睦爾、太常同知李好文二人爲禮儀使，宣徽院使也先帖木兒執劈正斧，其餘侍祀官依等第定擬。前期八月初七日，太常禮儀院移關禮部，具呈都省，會集翰林、集賢、禮部等官，講究典禮。九月，内承奉班都知孫玉鉉具録《親祀南郊儀注》云：致齋日停奏刑殺文字，應享執事官員涖誓于中書省。享前一日質明，所司備法駕儀仗暨侍享官，分左右敘立于崇天門外，太僕卿控御馬立于大明門外，侍儀官、導駕官各具公服，備擎執，立于致齋殿前。通事舍人二員引門下侍郎、侍中入殿相向立。侍中跪奏「請皇帝中嚴」，就拜興，退出。少頃，引侍中跪奏「外辦」，就拜興。皇帝出致齋殿，侍中跪奏「請皇帝升輿」，侍儀官、導駕官引擎執前導，巡輦路至大明殿西陛下。侍中跪奏「請皇帝降輿升殿」，就拜興。皇帝入殿，即御座。舍人引執事等官，敘于殿午陛下，相向立。通班舍人贊「起居」，引贊：「鞠躬平身。」舍人引門下侍郎、侍中入殿至御座前，門下侍郎、侍中相向立。侍中跪奏「請皇帝降殿升輿」，就拜興。侍儀官前導，至大明殿門外，侍中跪奏「請皇帝升輿」，就拜興。至大明門外，侍中跪奏「請皇帝降輿乘馬」，門下侍郎跪奏「請車駕進發」，就拜興，動稱警蹕。至崇天門外，門下侍郎跪奏「請車駕少駐，敕衆官上馬」，就拜興。侍中承旨，退稱曰「制可」，門下侍郎退傳制，敕衆官上馬，贊者承傳，敕衆官于櫺星門外上馬。少頃，門下侍郎跪奏「請車駕進發」，就拜興，動稱警蹕。華蓋、繖扇、儀仗、百官左右前導，教坊樂鼓吹不作。至郊壇南櫺星門外，門下侍郎跪奏：「請皇帝權停，敕衆官下馬。」侍中傳制，敕衆官下馬，自卑而尊與儀仗倒捲而左右駐立。駕至内櫺星門，侍中跪奏「請皇帝降馬」，步入櫺星門，由右偏門入。稍西，侍中跪奏「請皇帝升輿」，就拜興。侍儀官暨導駕官引擎執前導，至大次殿門前，侍中跪奏「請皇帝降輿」，入就大次殿，就拜興。皇帝入就大次，簾降，宿衛如式。侍中入跪奏「敕衆官各退齋次」，就拜興。通事舍人承旨：「敕衆官各還齋次。」尚食進膳訖，禮儀使以祝册奏御署訖，奉出，郊祀令受而奠于坫。其享日丑時二刻，侍儀官備擎執，同導駕官列于大次殿前。通事舍人引侍中、門下侍郎入大次殿。侍中跪奏「請皇帝中嚴，服衮冕」，就拜興，退。少頃，舍人再拜，引侍中跪版奏「外辦」，就拜興，退出。禮儀使入跪奏「請皇帝行禮」，就拜興。簾捲出大次，侍儀官備擎執，同導駕官前導。皇帝至西壝門，侍儀官、導駕官擎執止于壝門外，近侍官、代禮官皆後從入。殿中監跪進大圭，禮儀使跪「請皇帝執大圭」，皇帝入行禮，禮節一如舊制。行禮畢，侍儀官備擎執，同導駕官前導，皇帝還至大次。通事舍人引侍中入跪奏：「請皇帝解嚴，釋衮冕。」停五刻頃，尚食進膳如儀。所司備法駕儀仗，同侍享等官分左右，敘立于郊南櫺星門外，以北爲上。舍人引侍中入跪奏「請皇帝中嚴」，就拜興，退。少頃，再引侍中跪版奏「外辦」，就拜興。皇帝出大次，侍中跪奏「請皇帝升輿」，侍儀官備擎執，同導駕官前導，至櫺星門外，太僕卿進御馬，侍中跪奏「請皇帝降輿乘馬」，就拜興。門下侍郎跪奏「請車駕進發」，就拜興，動稱警蹕。至櫺星門外，門下侍郎跪「請皇帝少駐，敕衆官上馬」，就拜興。侍中承旨退稱曰「制可」，門下侍郎傳制，敕衆官上馬，贊者承傳，敕衆官上馬。少頃，門下侍郎跪奏「請車駕進發」，就拜興。侍儀官備擎執，同導駕官前導，動稱警蹕，華蓋、儀仗、繖扇，衆官左右前導，教坊樂鼓吹皆作。至麗正門裏石橋北，引門下侍郎下馬，跪奏「請皇帝權停，敕衆官下馬」，贊者承傳，敕衆官下馬，舍人引衆官分左右，先入紅門内，倒捲而北駐立。依引甲馬軍士于麗正門内石橋大北駐立，依次倒捲至櫺星門外，左右相向立。仗立于櫺星門内，倒捲亦如之。門下侍郎跪奏「請車駕進發」，侍儀官備擎執，導駕官導由崇天門入，至大明門外。引侍中跪奏「請皇帝降馬升輿」，就拜興。至大明殿，引衆官相向立于殿陛下。俟皇帝入殿升座，侍中跪奏「請皇帝解嚴，敕衆官皆退」，通事舍人承旨敕衆官皆退，郊祀禮成。

【《月魯不花傳》】拜監察御史，首上疏言：「郊廟禮甚缺，天子宜躬祀南郊，殷祭太室。」

【《順帝本紀》】至正十五年冬十月甲子，帝謂右丞相定住等曰：「敬天地，尊祖宗，重事也。近年以來，闕于舉行，當選吉日，朕將親祀郊廟，務盡誠敬，不必繁文，卿等其議典禮，從其簡者行之。」遂命右丞斡欒、左丞吕思誠領其事。癸酉，哈麻奏言：「郊祀之禮，以太祖配。皇帝出宫，至郊祀所，便服乘馬，不設内外儀仗、教坊隊子，齋戒七日，内散齋四日于别殿，致齋三日，二日于大明殿西幄殿，一日在南郊祀所。」丙子，以郊祀命皇太子愛猷識理達臘祭告太廟。十一月壬辰，親祀上帝于南郊，以皇太子愛猷識理達臘爲亞獻，攝太尉、右丞相定住爲終獻。

【《明史·危素傳》】至正二十年，上都宫殿火，素請親祀南郊，築北郊，以斥合祭之失。

【《春明夢餘録》】元初，用其國俗拜天于日月山。成宗大德六年，建壇于燕京，合祭天地五方帝。九年，始立南郊，專祀昊天上帝。泰定中，又合祭，然皆不親郊。文宗至順以後，親祀者凡四，惟祀昊天上帝。其郊壇三成，以合陽奇之數，每成高八尺一寸，以合乾之九九，上成縱廣五丈，中成十丈，下成十五丈，四陛，陛十有二級。外設二壝，内壝去壇二十五步，外壝去内壝五十四步，各四門。壇設于丙巳之地，以就陽位。外垣南櫺星門三，東西櫺星門各一，中築圜壇，周圍上下俱護以甓。内壝、外壝各高五尺，壝四面各有門三，塗以赤。祭時冕無旒，服大裘而加衮，搢大圭，執鎮圭，皇太子侍祠，服衮冕而執圭。諸臣奉祀，三獻官、司徒、大禮使七梁冠加籠巾貂蟬，助奠以下諸執事官冠制加貂蟬，無籠巾而有六梁、四梁、三梁、二梁之異。御史冠二梁，加獬廌，俱青。羅服裳紱綬環並同，笏以木。

右元郊禮。

五禮通考卷第十八

淮陰吴玉搢校字

五禮通考卷第十九

内廷供奉禮部右侍郎金匱秦蕙田編輯
太子太保總督直隸右都御史桐城方觀承同訂
按察司副使元和宋宗元
貢士吳江顧我鈞
參校

吉禮十九

圜丘祀天

【《明史·太祖本紀》】吳元年八月癸丑，圜丘成。

【王圻《續文獻通考》】先是，丙午十二月，定議以明年丁未爲吳元年。羣臣建言，國之所重，莫先于宗廟、社稷，即于是日命有司立圜丘于鍾山之陽，以冬至祀昊天上帝。

【《禮志》】洪武元年，中書省臣李善長等奉敕撰進《郊祀議》，略言：「王者事天明，事地察，故冬至報天，夏至報地，所以順陰陽之義也。祭天于南郊之圜丘，祭地于北郊之方澤，所以順陰陽之位也。《周禮·大司樂》：『冬日至，禮天神，夏日至，禮地祇。』《禮》曰：『享帝于郊，祀社于國。』又曰：『郊所以明天道，社所以明地道。』自秦立四時，以祀白、青、黄、赤四帝。漢高祖復增北時，兼祀黑帝。至武帝有雍五時，及渭陽五帝、甘泉太乙之祠，而昊天上帝之祭則未嘗舉行，魏、晉以後，宗鄭玄者，以爲天有六名，歲凡九祭。宗王肅者，以爲天體唯一，安得有六？一歲二祭，安得有九？雖因革不同，大抵多參二家之説。元始間，王莽奏罷甘泉泰畤，復長安南北郊。以正月上辛若丁，天子親合祀天地于南郊。由漢歷唐，千餘年間，皆因之合祭。宋元豐中，議罷合祭。紹聖、政和間，或分或合。高宗南渡以後，唯用合祭之禮。元成宗始合祭天地五方帝，已而立南郊，專祀天。泰定中，又合祭。文宗至順以後，唯祀昊天上帝。今當遵古制，分祭天地于南北郊。冬至則祀昊天上帝于圜丘，以大明、夜明、星辰、太歲從祀。」太祖從其議，建圜丘于鍾山之陽。

【《太祖本紀》】洪武元年二月，定郊社宗廟禮，歲必親祀，以爲常。

【《禮志》】壇壝之制：明初建圜丘于正陽門外，鍾山之陽。壇二成。上成廣七丈，高八尺一寸，四出陛，各九級，正南廣九尺五寸，東、西、北廣八尺一寸。下成周圍壇面，縱横皆廣五丈，高視上成，陛皆九級，正南廣一丈二尺五寸，東、西、北殺五寸五分。甃甎闌楯皆以琉璃爲之。壝去壇十五丈，高八尺一寸，四面靈星門，南三門，東、西、北各一。外垣去壝十五丈，門制同。天下神祇壇在東門外。神庫五楹，在外垣北，南向。厨房五楹，在外壇東北，西向。庫房五楹，南向。宰牲房三楹，天池一，又在外庫房之北。執事齋舍，在壇外垣之東南。坊二，在外門外横甬道之東西，燎壇在内壝外東南丙地，高九尺，廣七尺，開上南出户。

神位：洪武元年冬至，正壇第一成，昊天上帝南向。第二成，東大明，星辰次之，西夜明，太歲次之。神版長二尺，厚一寸，❶趺高五寸，以栗木爲之。正位題曰「昊天上帝」。

【《太祖本紀》】元年十一月庚子，始祀上帝于圜丘。

【《禮志》】郊祀儀注。洪武元年冬至，祀昊天上帝于圜丘。先期，皇帝散齋四日，致齋三日。前祀二日，皇帝服通天冠、絳紗袍省牲器。次日，有司陳設。祭之日清晨，車駕至大次，太常卿奏中嚴。皇帝服衮冕。奏外辦。皇帝入就位，贊禮唱：「迎神。」協律郎舉麾，奏《中和》之曲。贊禮唱：「燔柴。」郊社令升烟，燔全犢于燎壇。贊禮唱：「請行禮。」太常卿奏：「有司謹具，請行事。」皇帝再拜，皇太子及在位官皆再拜。贊禮唱：「奠玉帛。」皇帝詣盥洗位。太常卿贊曰：「前期齋戒，今晨奉祭，加其清潔，以對神明。」皇帝搢圭，盥手，帨手。出圭，升壇。太常卿贊曰：❷「神明在上，整肅威儀。」升自午陛。協律郎舉麾，奏《肅和》之曲。皇帝詣昊天上帝神位前，跪搢圭，三上香，奠玉帛，出圭，再拜復位。贊禮唱：「進俎。」協律郎舉麾，奏《凝和》之曲。皇帝詣神位前，搢圭奠俎，出圭，復位。贊禮唱：「行初獻禮。」皇帝詣爵洗位，搢圭，滌爵，拭爵，以爵授執事者，出圭。詣酒尊所，搢圭，執爵，受汎齊，以爵授執事者，出圭。協律郎舉麾，奏《壽和》之曲、《武功》之舞。皇帝詣神位前，跪搢圭，上香，祭酒，奠爵，出圭。讀祝官捧祝跪讀訖，皇帝俛伏，興，再拜，復位。亞獻，酌醴齊，樂奏《豫和》之曲、《文

❶「厚一寸趺高」五字，原脱，據庫本、《明史·禮志》補。

❷「卿」，原脱，據《明史·禮志》補。

德》之舞。終獻，酌盎齊，樂奏《熙和》之曲、《文德》之舞。儀並同初獻，但不用祝。贊禮唱：「飲福受胙。」皇帝升壇，至飲福位，再拜，跪搢圭。奉爵官酌福酒跪進，太常卿贊曰：「唯此酒肴，神之所與，賜以福慶，億兆同霑。」皇帝受爵，祭酒，飲福酒，以爵置于坫。奉胙官奉胙跪進，皇帝受胙，以授執事者，出圭，俛伏，興，再拜，復位。皇太子以下在位官皆再拜。贊禮唱：「徹豆。」協律郎舉麾，奏《雍和》之曲，掌祭官徹豆。贊禮唱「送神」，協律郎舉麾，奏《安和》之曲。皇帝再拜，皇太子以下在位官皆再拜。贊禮唱：「讀祝官奉祝，奉幣官奉幣，掌祭官取饌及爵酒，各詣燎所。」唱：「望燎。」皇帝至望燎位。半燎，太常卿奏：「禮畢。」皇帝還大次，解嚴。

【《明集禮》】洪武元年十一月三日，冬至，皇帝親祀圜丘。祝文曰：「臣荷眷佑，戡定區宇，爲億兆主。今當長至，六氣資始，禮典爰舉，敬以玉帛、犧齊、粢盛、庶品，備兹禋燎，用伸昭告。尚享！」其祝版依唐制，長一尺一分，廣八寸厚二分，用楸梓木爲之。

【《明史·樂志》】武元年圜丘樂章：

迎神，《中和》之曲　昊天蒼兮穹窿，廣覆燾兮龐洪。建圜丘兮國之陽，合衆神兮來臨之同。念螻蟻兮微衷，莫自期兮感通。思神來兮金玉其容，馭龍鸞兮乘雲駕風。顧南郊兮昭格，望至尊兮崇崇。

奠玉帛，《肅和》之曲　聖靈皇皇，敬瞻威光。玉帛以登，承筐是將。穆穆崇嚴，神妙難量。謹兹禮物，功徵是皇。

進俎，《凝和》之曲　祀儀祗陳，物不于大。敢用純犢，告于覆載。唯兹菲薦，恐未周完。神其容之，以享以觀。

初獻，《壽和》之曲　眇眇微躬，何敢請于九重，以煩帝聽。帝心矜憐，有感而通。既俯臨于几筵，神繽紛而景從。臣雖愚蒙，鼓舞歡容，乃子孫之親祖宗。酌清酒兮在鐘，仰至德兮玄功。

亞獻，《豫和》之曲　荷天之寵，睠駐紫壇。中情彌喜，臣庶均歡。趨蹌奉承，我心則寬。再獻御前，式燕且安。

終獻，《熙和》之曲　小子于兹，唯父天之恩，唯恃天之慈，内外殷勤。何以將之？奠有芳齊，設有明粢。喜極而抃，奉神燕娭。禮雖止于三獻，情悠長兮遠而。

徹饌，《雍和》之曲　烹飪既陳，薦獻斯就。神之在位，既歆既右。羣臣駿奔，徹兹俎豆。物倘未充，尚幸神宥。

送神，《安和》之曲　神之去兮難延，想遐袂兮翩翩。萬靈從兮後先，衛神駕兮回旋。稽首兮瞻天，雲之衢兮渺然。

望燎，《時和》之曲　焚燎于壇，粲爛晶熒。幣帛牲黍，冀徹帝京。奉神于陽，昭祀有成。肅然望之，玉宇光明。

【《太祖實録》】上觀圜丘，顧謂起居注熊鼎等曰：「此與古制合否？」對曰：「小異。」上曰：「古人于郊，埽地而祭，器用陶匏，以示儉朴。周有明堂，其禮始備。今予創立斯壇，雖不必盡合古制，然一念事天之誠，不敢頃刻怠矣。」

【《明史·禮志》】洪武元年，始有事于南郊。有司議配祀。太祖謙讓不許，親爲文告太廟曰：「歷代有天下者，皆以祖配天。臣獨不敢者，以臣功業有未就，政治有缺失。去年上天垂戒，有聲東南，雷火焚舟擊殿吻，早暮兢惕，恐無以承上天好生之德，故不敢輒奉以配。唯祖神與天通，上帝有問，願以臣所行奏帝前，善惡無隱。候南郊竣事，臣當率百司恭詣廟庭，告成大禮，以共享上帝之錫福。」

【《大政記》】上曰：「以玉飾車，考之古禮，唯祀天用之。若常乘之車，只宜用孔子所謂『殷輅』。然祀天之際，玉輅或未備，木輅亦未爲不可。」參政張昶對曰：「木輅，戎輅也，不可以祀天。」上曰：「孔子，萬世帝王之師，其斟酌四代禮樂，實爲萬世之法，乘木輅何損于祭祀？况祀事在誠敬，不在儀文也。」昶頓首謝。

【《太祖實録》】二年八月，建望祭殿。

【《大政記》】二年八月甲申，命圜丘、方丘南皆建殿九間，爲望祭之所，風雨則于此望祭。

【《春明夢餘録》】禮部尚書崔亮奏：「宋祥符九年，議南郊壇祀天，或值雨雪，則就太尉齋所望祭。元《經世大典》載：『社稷壇壝外垣之内、北垣之下，亦嘗建屋七間，南望二壇，以備風雨，曰望祀堂。』請依此制。」上從之。

【《明史·禮志》】二年，翰林學士朱升等奉敕撰齋戒文曰：「戒者，禁止其外；齋者，整齊其内。沐浴更衣，出宿外舍，不飲酒，不茹葷，不問疾，不弔喪，不聽樂，不理刑名，此則戒也；專一其心，嚴畏謹慎，苟有所思，即思所祭之神，如在其上，如在其左右，精白一誠，無須臾間，此則齋也。大祀七日，前四日戒，後三日齋。」太祖曰：「凡祭祀天地、社稷、宗廟、山川等神，爲天下祈福，宜下令百官齋戒。若自有所禱，不關民事者，不下令。」又曰：「致齋以七日五日，爲期太久，人心易怠。止臨祭，齋戒三日，務致精專，庶可格神明。」遂著爲令。是年從禮部尚書崔亮奏，大祀前七日，陪祀官詣中書省受誓戒。各揚其職，不共其事，國有常刑。

【王圻《續通考》】二年，禮部尚書崔亮奏：「凡遇大祀，前期七日，陪祀官詣中書受誓戒，曰：『某月某日，皇帝有事于某神，百官其聽誓戒。』祀必先戒，然後可以感神明。」至是始定諸祭致齋之常期云。

觀承案：應天以實不以文。郊丘大典，惟以誠敬爲之本，而後可以舉其文。明祖開基，即分祭天地，禮文固已克正，而其定制垂訓，則祭必躬親，極其誠敬，尤爲有本。觀元年自作《郊天告廟文》，一片真朴恭畏之意，上帝能不顧享乎。惜十二年後，仍循用合祀之舊，然其敬恭之心，要未嘗稍怠，則文雖失而本自在也。厥後，世宗釐定祀典，郊丘改爲分祭，足正曆來沿襲之訛矣。然崇所生而亂所統，蔑公義而狥私恩，則其本已亡。禮云禮云，豈文具之云乎！

【《明史·太祖本紀》】洪武二年十一月乙巳，祀上帝于圜丘，以仁祖配。

【《禮志》】二年夏至，將祀方丘，羣臣復請配典。太祖執不允。固請，乃曰俟慶陽平議之。八月，慶陽平。十一月冬至，羣臣復固請，乃奉皇考仁祖淳皇帝配天于圜丘位第一成，西向。

【《崔亮傳》】洪武二年，亮言：「《禮運》曰『禮行于郊，則百神受職』。今宜增天下神祇壇于圜丘之東，方澤之西。」又言：「《郊特牲》『器用陶匏』，《周禮疏》『外祀用瓦』。今祭祀用瓷，與古意合。而盤盂之屬，與古尚異，宜皆易以瓷，惟籩用竹。」皆允行。帝嘗謂亮：「先賢有言：『見其生不忍見其死，聞其聲不忍食其肉。』今祭祀省牲于神壇甚邇，心殊未安。」亮乃奏：「考古省牲之儀，遠神壇二百步。」帝大喜。時仁祖已配南北郊，而郊祀禮成後，復詣太廟恭謝。亮言宜罷，惟先祭三日，詣太廟以配享告。詔可。帝以日中有黑子，疑祭天不順所致，欲增郊壇從祀之神。亮執奏：漢、唐煩瀆，不宜取法。乃止。帝一日問亮曰：「朕郊祀天地，拜位正中，而百官朝參則班列東西，何也？」亮對曰：「天子祭天，升自午陛，北向，答陽之義也；祭社，升自子陛，南向，答陰之義也。若羣臣朝參，當避君上之尊，故升降皆由卯陛，朝班分列東西，以避馳道，其義不同。」亮倉卒占對，必傅經義，多此類。自郊廟祭祀外，朝賀山呼，百司箋奏，上下冠服，殿上坐墩諸儀及大射軍禮，皆亮所酌定。惟言「大祀帝親省牲，中祀、小祀之牲當遣官代」，帝命「皆親省」。

【《明集禮》】神位：上帝位，題曰「昊天上帝」。配帝題曰「仁祖淳皇帝」。位版並黃質金字。從祀，題曰「風伯之神」、「雲師之神」、「雷師之神」、「雨師之神」，並赤質金字。神席：上帝用龍椅龍案，上施錦座褥。配位同。從祀位，置于案，不設席。

祭器：設上帝太尊二、著尊一、犧尊一、山罍一于壇上，皆有勺、有冪。設太尊一、山罍二于壇下，有冪。配帝位同。其從祀則設大明、星辰著尊二、犧尊二于左；設夜明、太歲著尊二、犧尊二于右。上帝及配帝，籩、豆各十有二，簠、簋各二，登、盤、篚各一，牲案各一，爵坫各三，沙池、香案各一；其從祀，則籩、豆各十，簠、簋各一，牲案各一，爵坫、沙池、香案各一。　禮神之玉：冬至，祀昊天上帝用蒼璧。　幣：正配位用蒼，大明以紅，夜明、星辰、太歲皆用白。　牲：上帝及配帝各用蒼犢一，從祀大明、夜明、星辰、太歲各純色犢一。　滌牲，立神牲所，設官二人，牧養神牲，祀前三月付廩犧令，滌治如法。其中祀滌三十日，小祀滌十日者，亦如之。　酒齊：正配位，太尊實泛齊，醴齊，著尊實盎齊，犧尊實醍齊，山罍實昔酒，在壇上；太尊實沈齊，山罍實事酒、清酒，在壇下；從祀，著尊實醴齊、盎齊，犧尊實事酒。　籩豆之實：正配位用籩豆各十二，其籩實以鹽、藁魚、棗、栗、榛、菱、芡、鹿脯、黑餅、白餅、糗餌、粉餈。豆實以韭葅、醓醢、菁葅、鹿醢、芹葅、兔醢、筍葅、魚醢、脾析葅、豚拍、飽實、糝食。從祀籩豆各十者，籩減糗餌、粉餈，豆減飽食、糝食。　祭服，奉祀侍祠官正從一品，七梁冠。國公、丞相貂蟬二品，六梁冠。三品，五梁。四品，四梁。五品，三梁。六品、七品，二梁。八品、九品，一梁，臺官加獬廌，梁數各如其品，通服青羅衣，其壽環革帶則有差。笏以象及木。　褥位：拜褥用緋，不用黃道褥。　版位：皇帝位方一尺二寸，厚三寸，紅質金字；皇太子位方九寸，厚二寸，紅質金字；陪祀官位，並黑字白質。　陪祀執事員數：設皇帝大次、皇太子幕次官二人，埽除壇上下官一人，御史監埽除二人，灑埽齋舍、神厨官二人，設饌幔官二人，設昊天上帝仁祖淳皇帝龍椅龍案、從祀神案官一人，設御位、皇太子位官二人，設燔柴官二人，設分獻及文武官諸執事官、版位官二人，設儀仗官二人，設庭燎、蕡燭官二人，設牲榜省牲位及割牲官二人，牽牲十五人，掌鼎鑊、視滌濯官二人，協律郎一人，舞士一人，樂生一人，舞生一人，撰祝、書祝官各一人，讀祝兼捧祝官一人，導駕奏禮官六人，導引皇太子官四人，分獻官執事八人，引陪祭官執事四人，糾儀御史四人，奉爵官六人，奉幣官六人，司香官六人，掌祭官十二人，舉飲福案官二人，進福酒官一人，進俎官二人，授胙執事官一人，司御洗捧匜一人，進巾一人，司分獻罍洗各酌水二人，進巾二人，司御盥洗酌水一人，進巾一人，司分獻盥洗位酌水一人，進巾一人，司御酒尊所官一人，司分獻酒尊所各二人，進正配位饌官六人，舉案齋郎十二人，舉從祀饌案四十八人。　陳設：祭前二日，有司埽除壇上下，積柴于柴壇，灑埽齋舍、饌室、神厨，設皇帝大次于外壝之東，設皇太子次于大次之右。　祭前一日，設省牲位于内壝東門外，設樂縣于壇下之南，設正位于壇第一層之北正中，配位于壇上之東，設大明、夜明、星辰、太歲位于壇第二層，大明、星辰位在東，夜明、太歲位在西。　設正配位酌尊于壇上，設尊于壇下，玉幣篚位次之。又設大明、星辰酒尊于神座之左，幣篚位次之。　設夜明、太歲酒尊于神座之右，幣篚位次之。　設正配位籩十二于神位之左，豆十二于神位之右，簠、簋各二，登一在籩豆之間，俎一在簠簋之前，香燭案在俎之前，爵在香案之前。　設大明、夜明、星辰、太歲籩十在左，豆十在右，簠簋各二，登一在籩豆之間，俎一在簠簋之前，香燭案在俎之前，爵在香燭案之前。　又設御盥洗位于壇前之南，設皇太子褥位于御座之右，設分獻官于御位之南，文武陪祭官于分獻官之南，讀祝官于神之右，司尊、司洗、捧幣、捧爵各于其前。設望燎位于壇東南。　告天下神示，爲壇于圜丘之東。至郊祀散齋之第五日，皇帝備法駕出宫，百官具服前導，躬至壇所設天下神示位于壇中，西向，以酒脯祭告曰：「皇帝致祭于天下神示，兹以某年某月某日冬至，將有事于圜丘，咨爾百神，相予祀事。」祝畢，鑾駕復還齋所，如來儀。　至郊祀日，以籩豆各四，簠、簋、登、爵各一，羊六，豕六，俟分獻從祀。將畢，就壇以祭。

蕙田案：有明典禮，以《集禮》爲始，成于洪武二年，國初之所定也；以《明史・禮志》爲終，易代之後，本朝之所修也。金聲玉振，當以二書爲之首尾。其中遷變沿革，則散見于《明史》、《實録》、《會典》、《大政記》及王圻《續文獻通考》、《新修續文獻通考》、《春明夢餘録》諸書。考禮者，皆不可不加採集，但其事其文彼此互見者多，若每書皆備録之，則繁蕪複沓。今凡《集禮》中有，别見他處無月可次者，各于本年下係之。其祭祀儀注不如《禮志》之簡質，故去此存彼，一皆不載。獨此數條，無議論行事可稽，亦無年次可譜，故删存以附洪武二年之下。其分年列入者，不復全載。

【《太祖實録》】三年二月，命郊祀日陳户口、錢穀籍于壇下。時太常少卿陳昧言：「案《周禮・天府》：『孟冬祀司民、司禄，而獻民數、穀數，則受而藏之。』蓋民食皆命于天，故民數有拜受之禮。今圜丘郊祀，宜以户口、錢糧之籍陳于臺下，禮畢，藏之内府，以見拜受民數、穀數于天之義。亦聖朝一代之制也。」從之。

【《明集禮》】三年二月，詔立神幣局，設官二員，專掌製神幣，其織文曰「禮神制幣」，色各隨其方。

【《太祖實録》】三年五月，建齋宫于圜丘之西、方丘之東，前後皆爲殿，左右各小殿，爲庖湢之所，繚以都垣。垣内外爲將士宿衛之所，外環以渠。前爲靈星門，爲橋三，左右及後門各一橋。

【《春明夢餘録》】二年，詔築齋宫于圜丘側。又齋宫東西懸太和鐘。每郊祀，候駕起則鐘聲作，登壇則止，禮畢升駕又聲之。齋宫在圜丘之西。皇帝親祀，散齋四日，致齋三日于齋宫。駕至南郊昭亨門降輿，至内壝恭視壇位，又入神庫視籩豆，至神厨視牲畢，出昭亨門，至齋宫。各官早朝、午朝俱賜飯。

【《太祖實録》】帝以郊祭之牲與羣祀牲同牢芻牧，不足以别祀天之敬，乃因其舊地改作而加繪飾，中三間以養郊祀牲，左三間以養后土牲，右三間以養太廟、社稷牲，餘屋以養山川百神之牲。凡大祀犧牲，前一月，帝躬視滌養，繼命羣臣更日往視，歲以爲常。

【《春明夢餘録》】犧牲所建于神樂觀之南，初爲神所，設千户並軍人專管牧養其牲。正房十一間，中五間爲大祀牲房，即正牛房，左三間爲太廟牲房，右三間爲社稷牲房。前爲儀門，又前爲大門，門西向。遇視牲之日，設小次。大門東連房十二間，西連房十二間，前爲晾牲亭三間。東西有角門。東角門北爲北羊房五間，山羊房五間，又北爲暖屋，滌牲房五間，倉五間，大庫一間。

西角門北爲北羊房五間，山羊房五間，穀倉二間，看牲房一間，黄豆倉一間，官廳三間。正牛房之北爲官廨十二間，東爲兔房三間，又東爲鹿房七間，鹿房前亦爲曬晾亭三間，又前爲石栅欄。官廨西爲便門，門西又爲官廨四間，又西爲小倉三間。東羊房後爲新牛房、後牛房十間，餧中祀、小祀牛。正北爲神祠。西羊房後正南房五間爲大祀猪圈，西房十間爲中祀、小祀猪圈，北有井。又草廠東北爲司牲祠。又神牲所設官二人牧養神牲，祀前三月，付廩犧令滌治如法，其中祀滌三十日，小祀滌十日者亦如之。

【《明史·太祖本紀》】三年十一月庚戌，有事于圜丘。

【《禮志》】三年，增祀風、雲、雷、雨于圜丘。

三年，諭禮部尚書陶凱曰：「人心操舍無常，必有所警而後無所放。」乃命禮部鑄銅人一，高尺有五寸，手執牙簡，大祀則書「致齋三日」，中祀則書「致齋二日」。太常司進寘于齋所。

【《太祖本紀》】四年正月，建郊壇于中都。

【《雙槐歲抄》】先是，三月，改臨濠府爲中立府，定爲中都，築新城門十有二，立圜丘于洪武門外，方丘于左甲第門外。

【《大政記》】洪武四年正月，詔定親祀圜丘、方丘服衮冕，陪祭官各服本品梁冠祭服。

【王圻《續通考》】時學士陶安奏：「古者，天子五冕祭天地、社稷諸神，各有所用，請製之。」上以五冕禮太繁，令祭天地、宗廟則服衮冕，社稷等祀則服通天冠、絳紗袍，餘不用。

【《明史·禮志》】四年三月，改築圜丘。上成面廣四丈五尺，高二尺五寸。下成每面廣一丈六尺五寸，高四尺九寸。上下二成通徑七丈八尺。壇至内壝墻，四面各九丈八尺五寸。内壝墻至外壝墻，南十三丈九尺四寸，北十一丈，東、西各十一丈七尺。

四年，定天子親祀，齋五日；遣官代祀，齋三日；降香，齋一日。

【《太祖本紀》】四年十一月丙辰，有事于圜丘。

【《禮志》】凡陪祀，洪武四年，太常寺引《周禮》及唐制，擬用武官四品、文官五品以上，其老疾、瘡疥、刑餘、喪過、體氣者不與。從之。後定郊祀，六科都給事中皆與陪祀，餘祭不與。又定凡南北郊，先期賜陪祀執事官明衣布，樂舞生各給新衣。制陪祀官入壇牙牌，凡天子親祀，則佩以入。其制有二，圜者與祭官佩之，方者執事人佩之。俱藏内府，遇祭則給，無者不得入壇。

五年，命諸司各置木牌，刻文其上曰「國有常憲，神有鑒焉」，祭祀則設之。又從陶凱奏，凡親祀，皇太子宫中居守，親王戎服侍從。皇太子、親王雖不陪祀，一體齋戒。

【《太祖本紀》】五年十一月辛酉，有事于圜丘。六年十一月丙寅，冬至，帝不豫，改卜郊。閏月壬午，有事于圜丘。

【《禮志》】六年，復定齋戒禮儀。凡祭天地，正祭前五日午後，沐浴更衣，處外室，次早，百官于奉天門觀誓戒牌。次日，告仁祖廟，退處齋宫，致齋三日。

【《明會典》】六年，奏准郊廟犧牲已在滌者，或有傷則出之，死則埋之。

【《春明夢餘録》】六年，上以祭祀還宫宜用樂舞生導，命翰林儒臣撰樂章，以致鑒戒之意。于是，承旨撰《神降祥》、《神貺惠》、《酣酒》、《色荒》、《禽荒》諸曲，凡三十九章，曰《迴鑾樂歌》，其詞皆存規戒，其舞分爲四隊，隊皆八人。禮部圖其制以上，命樂工肄習之。

【《明史·太祖本紀》】七年十一月辛未，有事于圜丘。

【《禮志》】七年更定，内壝之内，東西各三壇。星辰二壇，分設于東西。其次東則太歲、五岳，西則風雲雷雨、五鎮。内壝之外，東西各二壇，東四海、西四瀆，次天下神祇壇，東西分設。❶　定制：凡大祀前期四日，太常卿至天下神祇壇奠告，中書丞相詣京師城隍廟發咨。次日，皇帝詣仁祖廟請配享。　祭祀日期：欽天監選擇，太常寺預于十二月朔至奉天殿具奏。蓋古卜法不存，而擇干支之吉以代卜也。洪武七年，命太常卿議祭祀日期，書之于版，依時以祭，著爲式。其祭日，遣官監祭，不敬失儀者罪之。

【《太祖實録》】洪武七年，定大祀拜禮，始迎神四拜，飲福、受胙四拜，送神四拜，共十二拜而畢。又以舊儀太常司奏中嚴、外辦及盥洗、升壇、飲福、受胙，各致贊詞，又凡祀，俱設爵洗位，滌爵拭爵，初升壇，再拜，祭酒，唱賜福胙之類，俱爲煩瀆，悉去之。又以古人祭用香燭，所以導達陰陽，以接神明，無上香之禮，命凡祭祀罷上香。

【《桂彦良傳》】洪武七年冬至，詞臣撰南郊祝文，用「予」、「我」字。帝以爲不敬。彦良曰：「成湯祭上帝曰『予小子履』，武王祀文王之詩曰『我將我享』。古有此言。」帝色霽曰：「正字言是也。」

【《明史·禮志》】凡分獻官，太常寺豫請旨。洪武七年，太祖謂學士詹同曰：「大祀，終

❶「東西」至「祇壇」，凡廿二字，原無，據庫本補。

獻方行分獻禮，未當。」同乃與學士宋濂議以上，初獻奠玉帛將畢，分獻官即行初獻禮。亞獻、終獻皆如之。

【《太祖本紀》】八年十一月丁丑，有事于圜丘。

【《太祖實録》】八年，定登壇脱舄之禮。郊祀廟亭前期一日，有司以席藉地，設御幕于壇東南門外，及設執事官脱履之次于壇門外西階側。祭日，大駕臨壇入幕次，脱舄升壇。其升壇，執事、導駕、贊禮、讀祝並分獻陪祀官，皆脱舄于外，以次升壇供事。協律郎、樂舞生依前跣襪就位。祭畢，降壇納舄。從翰林學士樂韶鳳之奏也。

【《明史·樂志》】洪武八年御製圜丘樂章：

迎神　仰惟兮昊穹，臣率百職兮迓迎。幸來臨兮壇中，上下護衛兮景從。旌幢繚繞兮四維，重悦聖心兮民獲年豐。

奠玉帛　民依時兮用工，感帝德兮大化成功。臣將兮以奠，望納兮微衷。

進俎　庖人兮列鼎，殽羞兮以成。方俎兮再獻，願享兮以歆。

初獻　聖靈兮皇皇，穆嚴兮金牀。臣令樂舞兮景張，酒行初獻兮捧觴。

亞獻　載斟兮再將，百辟陪祀兮具張。感聖情兮無已，拜手稽首兮願享。

終獻　三獻兮樂舞揚，殽羞具納兮氣藹而芳。光朗朗兮上方，況日吉兮時良。

徹饌　粗陳菲薦兮神喜將，感聖心兮何以忘。民福留兮佳氣昂，臣拜手兮謝恩光。

送神　旌幢燁燁兮雲衢長，龍車鳳輦兮駕飛揚。遥瞻冉冉兮去上方，可見烝民兮永康。

望燎　進羅列兮詣燎方，炬焰發兮煌煌。

神變化兮物全于上，感至恩兮無量。

【《明會典》】洪武九年，議郊祀大禮，雖有三年喪，不廢。

【王圻《續通考》】洪武丙辰，定郊祀大事，國有三年喪不廢。

【《明史·太祖本紀》】九年十一月壬午，有事于圜丘。

【《禮志》】十年秋，太祖感齋居陰雨，覽京房灾異之説，謂分祭天地，情有未安，命作大祀殿于南郊。是歲冬至，以殿工未成，乃合祀于奉天殿，而親製祝文，意謂人君事天地猶父母，不宜異處。遂定每歲合祀于孟春，爲永制。

【《太祖本紀》】十年八月，改建大祀殿于南郊。

【《禮志》】十年，改定合祀。即圜丘舊制，而以屋覆之，名曰大祀殿，凡十二楹。中石臺設上帝、皇地祇座。每歲正月中旬擇日合祭。帝具冕服行禮，奉仁祖配。享殿、中殿東西廣三十二楹。正南大祀門六楹，接以步廊，與殿廡通。殿後天庫六楹。瓦皆黄琉璃。厨庫在殿東北，宰牲亭井在厨東北，皆以步廊通殿兩廡，後繚以圍墻。南石門三洞以達大祀門，謂之内壇。外周垣九里三十步，石門三洞南爲甬道三，中神道，左御道，右黄道。道兩傍稍低，爲從官之道。齋宫在外垣内西南，東向。其後殿瓦易青琉璃。十一年十月甲子，大祀殿成。

【《春明夢餘録》】大祀殿成。祀昊天上帝、皇地祇，位南向。仁祖配享。從祀丹墀四壇：曰大明，曰夜明，曰星辰，又曰星辰。内壝外二十壇：曰五嶽壇五，中嶽壇以鍾山附，曰五鎮壇五，曰四海壇四，曰四瀆壇，曰風雲雷雨，曰山川，曰太歲，曰天下神祇，曰歷代帝王，各一壇，凡二十四壇，大臣分獻。因命太常每歲祭天地于首春三陽交泰之時。

【王圻《續通考》】敕太常曰：「近命三公率工部役梓人于京城之南創大祀殿，以合祀皇天后土。冬十月，告工已成，特命禮部云前代之祭期以歲止一祀。古人祀天于南郊，蓋以義起耳。故曰：南郊祀天，以其陽生之月；北郊祭地，以其陰生之月。至陰祭之于陽月，于理可疑。且埽地而祭，其來甚遠，蓋言祀地，尚實而不尚華。後世執古而不變，遂使天地之享反不如人之享。若使人之享，亦執古而不變，則當汙尊而抔飲，茹毛而飲血，巢居而穴處也。以今言之，世果可行乎？斯必不然也。今命太常每歲合祭天地于春首正三陽交泰之時，人事之始也。」其後大祀殿復易以青琉璃瓦云。

蕙田案：敕太常即御製大祀文。

【于慎行《筆麈》】唐時明堂制度，其宇上圜，覆以清陽玉葉。清陽，色也。玉葉，亦瓦之類。今大享殿及圜丘闌干皆用回青瓦，亦清陽玉葉之類。

【《明史·太祖本紀》】十二年正月己卯，始合祀天地于南郊。

【《禮志》】合祀于大祀殿。太祖親作大祀文并歌九章。

【《明會典》】南郊合祀儀：洪武十年定。齋戒：前期二日，太常司官今太常寺。宿于本司。次日，具本奏聞。致齋三日。次日進銅人，傳制諭文武官齋戒。不飲酒，不食葱韭薤蒜，不問病，不弔喪，不聽樂，不理刑名。當日，禮部官同太常司官于城隍廟發咨。仍于各廟焚香三日。告廟：正祭前二日，用祝文、酒果奉先殿告仁祖配上帝皇祇。省牲：用牛二十八、羊三十三、豕三十四、鹿二、兔十二。正祭前二日，太常司官奏聞。明日，與光禄司官省牲。次日，省牲畢，復命。就奏定分獻官二十四員。陳設：共二十七壇。正殿三壇，上帝：南向。犢一，登一，實以太羹；籩十二，實以形鹽、藁魚、棗、栗、榛、菱、芡、鹿脯、白餅、黑餅、糗餌、粉餈；豆十二，實以韭菹、菁菹、芹菹、筍菹、醓醢、鹿醢、兔醢、魚醢、脾析、豚拍、酏食、糁食；簠、簋各二，實以黍、稷、稻、粱。玉用蒼璧一。帛一。蒼色織成「郊祀制帛」四字。皇祇：南向。犢一，登一，籩十二，豆十二，簠、簋各二，玉用黄琮一，帛一。黄色郊祀制帛。仁祖配位：在東西向。犢一，登一，籩十二，豆十二，簠、簋各二，玉用蒼璧一，帛一。蒼色郊祀制帛。共設酒尊六，爵九，篚三，于東南西向，祝文案一，于殿西。

洪熙以後，改奉太祖、太宗並祀。正殿增一壇，加犢一，酒尊二，爵三，帛篚一。丹墀四壇，大明在東，西向。犢一，登一，籩十，無糗餌、粉餈，下同。豆十。無酏食、糁食，下同。簠、簋各二，帛一。紅色，禮神，制帛下同。酒尊三，爵三，篚一，夜明。在東，西向。犢一，登一，籩十，豆十，簠、簋各二，帛一，白色。酒尊三，爵三，篚一。星辰一壇。在東，西向。犢一，羊三，豕三，登一，鉶二，盛和羹；籩、豆各十，簠、簋各二，酒盞三十，帛一，白色。酒尊三，爵三，篚一。星辰二壇。在西，東向。陳設同。東十壇，北嶽壇，犢一，羊一，豕一，登一，鉶二，籩、豆各十，簠、簋各二，酒盞十，帛一，黑色。酒尊三，爵三，篚一。永樂以後，北岳壇增附天壽山，加酒盞十，帛一。北鎮壇陳設同東岳壇，陳設同帛一，青色。東鎮壇、東海壇陳設並同太歲壇，陳設同帛一，白色。帝王壇陳設同帛十六，白色。酒盞三十。山川壇陳設同帛二，白色。酒盞三，爵三，篚一。四瀆壇陳設與北嶽同，帛四，黑色。酒盞三十。西十壇、北海壇陳設與北嶽同，西嶽壇陳設同帛一，白色。西鎮壇、西海壇陳設並同中嶽壇，鍾山附。陳設同帛二，黄色。酒盞二十。中鎮壇陳設同帛一，黄色。酒盞十。風雲雷雨壇陳設同帛四，白色。酒盞三十。南嶽壇陳設同帛一，紅色。酒盞十。南鎮壇、南海壇陳設並同。正祭：典儀唱：「樂舞生就位，執事官各司其事。」陪祀官、分獻官各就位。導引官導引皇帝至御位。内贊奏：「就位。」典儀唱：「燔柴，瘞毛血，迎神。」協律郎舉麾，奏樂，樂止。内贊奏：「四拜。」百官同。典儀唱：「奠玉帛。」奏樂。内贊奏：「升壇。」皇帝至上帝前。奏：「搢圭。」執事官以玉帛跪進于皇帝右。奠訖，奏：「出圭。」至皇祇前，奏：「搢圭。」執事官以玉帛跪進于皇帝左。奠訖，奏：「出圭。」至仁祖前，奏：「搢圭。」執事官以玉帛跪進于皇帝右，奠訖，奏：「出圭。」復位，樂止。典儀唱：「進俎。」奏樂。齋郎舁饌至。内贊奏：「升壇。」至上帝前，奏：「搢圭，進俎，出圭。」至皇祇前，奏：「搢圭，進俎，出圭。」至仁祖前，奏：「搢圭，進俎，出圭。」奏：「復位。」樂止。典儀唱：「行初獻禮。」奏樂，内贊奏：「升壇。」至上帝前，奏：「搢圭。」執事官以爵跪進于皇帝右，奏：「獻爵，出圭。」至皇祇前，奏：「搢圭。」執事官以爵跪進于皇帝左，奏：「獻爵，出圭。」詣讀祝位，跪讀祝，樂止。讀祝官取祝，跪于皇帝右，讀祝。樂作，奏：「俯伏，興，平身。」百官同。至仁祖前，奏：「搢圭。」執事官以爵跪進于皇帝右，奏：「獻爵，出圭。」復位，樂止。典儀唱：「行亞獻禮。」奏樂，儀同初獻，惟不讀祝。樂止。典儀唱：「行終獻禮。」奏樂，儀同亞獻。樂止。太常卿進立殿西，東向，唱：「賜福胙。」内贊奏：「詣飲福位，跪，搢圭。」光禄司官以福酒跪進。奏飲福酒。光禄司官以胙跪進，奏：「受胙，出圭，俯伏，興，平身。」復位，奏：「四拜。」百官同。典儀唱：「徹饌。」奏樂，執事官各壇徹饌，樂止。典儀唱：「送神。」奏樂，内贊奏：「四拜。」百官同。樂止。典儀唱：「讀祝官捧祝，進帛官捧帛，掌祭官捧饌，各詣燎位。」奏樂，執事官各執祝帛饌出，内贊奏：「禮畢。」

【王圻《續通考》】命魏國公徐達及公侯等分獻日月星辰、嶽鎮海瀆、山川諸神。凡一十七壇，正殿三壇，昊天上帝、皇地祇壇俱南向，仁祖配位壇西向。丹陛之東爲壇曰大明，西向，其西爲壇曰夜明，東向。兩廡爲壇各六，星辰之壇設于東西，星辰之次東則太歲，次五嶽，次四海，西則風雲雷雨，次五鎮，次四瀆，天下山川神祇爲壇二，分設于海瀆之次。各壇陳設仍舊儀，但仁祖配位玉用蒼璧，太歲、風雲雷雨酒盞各十，東西廡各共設酒尊三，爵一十八于壇之南。前期，皇帝致齋五日。前祭二日，太常司同光禄司官詣壇省牲。至日，奠玉帛，進俎，三獻酒，俱先詣上帝神位前，次詣皇地祇位前，次詣仁祖淳皇帝前，餘悉仍舊儀。其祝文云：「嗣天子臣御名，敢昭告于昊天上帝、后土皇地祇：時維孟春，三陽交泰，敬率臣僚以玉帛犧牲，粢盛庶品，恭祀于大祀殿，備兹燎瘞，皇考仁祖淳皇帝配。」禮畢，詰旦，駕還御奉天殿，百官行慶成禮，宴羣臣于奉天殿前。是祀也，自齋戒百官至將祭之夕，天宇澄霽，升壇，星緯昭煥，祥飈慶雲，光彩燁煜。上心甚悦，禮成，敕中書省臣胡惟庸等曰：「立綱陳紀，治世馭民，始由上古之君，至今相承而法則焉，凡有國者，必以祀事爲先，祀事之禮，起于古先聖王，其周旋上下、進退奠獻，莫不有儀。然儀必貴誠，而人心難測，至誠者少，不誠者多，暫誠者或有之，若措禮設儀，文飾太過，使禮煩人倦而神厭弗享，非禮也。故孔子曰：禘自既灌而往者，吾不欲觀之矣。朕周旋祀禮十有一年，見其儀太煩，乃以義起，更其儀式，合祀社稷。既祀，神乃歡洽。今十二年春，始合天地大祀而上下胥悦，若有肸蠁答于朕心爾。中書下翰林，令儒臣紀其事，以彰上帝皇祇之昭格而錫黔黎之福。朕與卿等，尚夙夜無怠，以答聖明之休祐焉。」

【《明史・樂志》】洪武十二年合祀天地樂章：

迎神，《中和之曲》 荷蒙天地兮君主華夷，欽承踴躍兮備筵而祭，誠惶無已兮寸衷微，仰瞻俯首兮惟願來期。想龍翔鳳舞兮慶雲飛，必昭昭穆穆兮降壇壝。

奠玉帛，《肅和之曲》 天垂風露兮雨澤霑，黃壤氤氲兮氣化全。民勤畎畝兮束帛鮮，臣當設宴兮奉來前。

進俎以後，咸同八年圜丘詞。

丘氏濬曰：「漢儒六天之説，既有昊天上帝，又有天皇大帝，又有太乙感生帝之類，皆非正禮也。若天無二日，民無二王，國無二帝之禮，況五六哉。本朝惟于大祀殿祀昊天上帝，凡所謂天皇、太乙、五大帝之類，一切革去。三代祀典之正，所僅見也。」又曰：「我聖祖合祀天地于南郊之一壇而加屋焉，則是泰壇、明堂爲一制也。列聖相承，皆以太祖、太宗配，是郊祀、宗祀爲一體也。其亦義起之者與！」

蕙田案：先儒謂爲壇而祭，冬至圜丘之祭也。祭于屋下而以宗廟之禮事之，季秋明堂之享也。祭天有此二禮。明太祖以齋居陰雨改分祭爲合祭，止是省煩勞，趨便安耳。創立大祀殿，屋而不壇，此古明堂報享之祭，何足以當冬至圜丘之祭乎？邱瓊山謂泰壇、明堂爲一制，郊祀、宗祀爲一體，蓋深知其爲非禮之禮，而不敢斥言之，曰以義起，意亦婉而章矣。

【《太祖實録》】又建神樂觀于郊壇之西，以處樂舞生。觀有太和殿，祭則先期演樂于此。帝親爲文勒石焉。

【《春明夢餘録》】神樂觀在天壇内之西，設提點知觀，教習樂舞生。洪武初，御製圜丘、方澤分祀樂章，後定合祀，更撰合祀樂章，禮成歌九章。已病音樂之未復古也，詔尚書詹同、陶凱與協律郎冷謙定雅樂，而學士宋濂爲樂章。著令凡祀有樂，樂四等：曰九奏，曰八奏，曰七奏，曰六奏。樂有歌有舞，歌堂上，舞堂下，舞皆八佾，有文有武。郊廟皆奏《中和韶樂》，太常領之，協律郎司樂考協之。凡樂，淫聲、過聲、凶聲、慢聲若舞失節者，皆有糾禁。十二年十二月，諭神樂觀云：「開基守業，必勤政爲先；趨事赴公，非信誠必責。《傳》不云乎：『國之大事，在祀與戎。』曩古哲王，謹斯二事。而上帝皇祇悦，賜天下安和，生民康泰。朕起寒微而君宇内，法古之道，依時以奉上下神祇，其于祀神之道，若或不潔，則非爲生民以祈福而保己命也。昔劉康公、成肅公會晉侯伐秦，祭于社稷之神，然後興師。當祭之時，畢則有受胙之禮，其受之時，必思洋洋乎其在上，而穆穆然或左而或右，委心慎敬，而受之則祥。故敬勝怠者吉，怠勝敬者滅，所以成肅公受胙之時，起慢神不恭之貌，因伐秦而卒。是以知敬慎必有動作禮義威儀之則，以定命也。于斯事神之道，『能者養之以福，不能者敗之以禍。是故君子勤禮，小人盡力，勤禮莫如致敬，盡力莫如敦篤。敬在養神，篤在守業』。朕觀古人之敬神也，若是其驗，禍福亦若是，斯可謂無神而不信乎？可謂佞神而祈福乎？二者皆不可，唯敬之以禮而已。朕設神樂觀，備樂以享上下神祇，所以撥錢糧若干以供樂舞生，非傚前代帝王求長生之法而施之。然長生之道世有之，不過修心清淨，脱離幻化，速疾去來，使無艱阻，是其機也。嗚呼！昔殷周之父老何存，漢唐之耆宿安在？果長生之道乎？朕設神樂觀以備樂，碑之于觀，以示後世。其觀主不潔，樂生不精，贍生不足，以此觀之，不但君不勤于祀事，其朝臣觀主必也亦然。若君勤于祀事，朝臣觀主無一體之敬，則國有常憲。故兹勒石，想宜知悉。」

【《明會典》】凡帛五等，曰郊祀制帛。十一年議定：在京大祀、中祀用制帛。在外王國及府州縣，亦用帛。小祀，止用牲醴。

【《明史·太祖本紀》】十三年正月癸卯，大祀天地于南郊。十四年正月乙未，大祀天地于南郊。十五年正月乙未，大祀天地于南郊。十六年正月乙卯，大祀天地于南郊。十七年正月丁未，大祀天地于南郊。

南郊。　十八年正月辛未，大祀天地于南郊。　十九年正月甲子，大祀天地于南郊。　二十年正月甲子，大祀天地于南郊。　禮成，天氣清明。　侍臣進曰：「此陛下敬天之誠所致。」帝曰：「所謂敬天者，不獨嚴而有禮，當有其實。　天以子民之任付于君，爲君者欲求事天，必先恤民。　恤民者，事天之實也。　即如國家命人任守令之事，若不能福民，則是棄君之命，不敬孰大焉。」又曰：「爲人君者，父天母地子民，皆職分之所當盡，祀天地，非祈福于己，實爲天下蒼生也。」　二十一年正月辛卯，大祀天地于南郊。

【《太祖實録》】二十一年三月，增修南郊壇位于大祀殿丹墀内，疊石爲臺四，東西相向，以爲日、月、星、辰四壇。　又于内壝之外亦東西相向，疊石爲臺，凡二十，各高三尺有奇。　周以石欄，陟降爲磴道，臺之上琢石爲山形，鑿龕以置神位，以爲嶽鎮、海瀆、風雲、雷雨、山川、太歲、天下諸神及列代帝王之壇，壇後樹以松栢。　外壝東南鑿池，凡二十區，冬月藏冰，以供夏秋祭祀之用。

【《明史·禮志》】二十一年定制，齋戒前二日，太常司官宿于本司。　次日，奏請致齋。　又次日，進銅人，傳制諭文武百官齋戒。　是日，禮部太常司官檄城隍神，徧請天下當祀神祇，仍于各廟焚香三日。

【《太祖本紀》】二十二年正月丁亥，大祀天地于南郊。　二十三年正月己卯，大祀天地于南郊。　二十四年正月癸卯，大祀天地于南郊。　二十五年正月乙未，大祀天地于南郊。

【王圻《續通考》】壬申夏五月，上以皇太子新薨，欲停祭祀，而時享在邇，乃令禮部右侍郎張智、翰林學士劉三吾以郊廟合行典禮，參考古制，定議以聞。于是智等奏曰：「《宋會要》：《王制》：『三年不祭，唯祭天地社稷。』蓋不敢以卑廢尊也。真宗居喪，既易月而服除，明年遂享太廟，合祀天地于圜丘。時衮冕、車輅、宫駕、登歌、鼓吹並陳如常儀。已而宰臣畢士安請聽樂，真宗批答云：『郊天之事，資禮樂以相成，須用樂外，所有鹵簿、鼓吹及樓前宫架、諸軍音樂皆備而不作。其各處壇場止鳴鉦、鼓角。』今議天地、社稷、先師、太歲、風雲雷雨、嶽鎮、海瀆諸神皆係祀典神祇，歷代帝王乃是紹承統系，宜如宋制。唯太廟乃祖先神靈所在，國既有喪而時享仍用樂，恐神不聽，宜亦備而不作。」詔從之。

【《太祖本紀》】二十六年正月辛酉，大祀天地于南郊。

【《禮志》】二十六年，定傳制誓戒儀。凡大祀前三日，百官詣闕，如大朝儀，傳制官宣制云：「某年月日，祀于某所，爾文武百官，自某日爲始，致齋三日，當敬慎之。」傳制訖，四拜，奏：「禮畢。」

【《太祖本紀》】二十七年正月乙卯，大祀天地于南郊。　二十八年正月丁未，大祀天地于南郊。　二十九年正月壬申，大祀天地于南郊。　三十年正月丙寅，大祀天地于南郊。　三十一年正月壬戌，大祀天地于南郊。

【王圻《續通考》】明太祖初定天下，他務未遑，首崇禮樂，詔儒臣修禮書。在位三十餘年，每遇祭祀，齋戒、省牲，必誠必敬。其祖訓有曰：「凡祀天地，祭社稷，享宗廟，精誠則感格，怠慢則禍生。故祭祀之時，皆當極其精誠，不可少有怠慢。其風雲雷雨師、山川等神，亦必敬慎自祭，勿遣官代祀，以垂訓子孫。」雖南郊合祀，覆屋于壇，以孟春行禮，有乖古義，然亦必審度，十餘年而後，改制以行。其心之所安，不可謂非精虔之至也。若夫釐正祀典，凡天皇、太乙、六天、五帝之類，皆爲革除。而諸神封號，悉改從本稱，一洗矯誣陋習，其度越漢唐宋諸君遠矣。

五禮通考卷第十九

淮陰吴玉搢校字

五禮通考卷第二十

內廷供奉禮部右侍郎金匱秦蕙田編輯
太子太保總督直隸右都御史桐城方觀承同訂
兩淮都轉運使德水盧見曾
貢士吳江顧我鈞　參校

吉禮二十

圜丘祀天

【《明史·恭閔帝本紀》】建文元年正月庚辰，大祀天地于南郊，奉太祖配。

【《革朝志》】帝始郊見上帝，如歲祀之禮。歲前十二月，躬省牲于南郊；是月戊寅，御奉天殿，誓戒百官；是夕，宿于文華殿齋宮；己卯，出舍皇邸，尚膳進素食；庚辰，子夜，合祀天地，配以太祖，罷仁祖配位。

　蕙田案：《明史》于二年無郊，《續文獻通考》總數惠帝郊三，有二年正月辛未，不知何據。

建文三年正月辛未，大祀天地于南郊。

【《成祖本紀》】建文四年七月壬午朔，大祀天地于南郊。　永樂元年正月辛卯，大祀天地于南郊。　二年正月乙卯，大祀天地于南郊。　三年正月庚戌，大祀天地于南郊。　四年正月丁未，大祀天地于南郊。　五年正月丁卯，大祀天地于南郊。　六年正月辛酉，大祀天地于南郊。　七年正月乙卯，大祀天地于南郊。　八年正月己卯，皇太子攝祀天地于南郊。　九年正月甲戌，大祀天地于南郊。十年正月丁酉，大祀天地于南郊。十一年正月辛卯，大祀天地于南郊。十五年正月丁酉，大祀天地于南郊。十八年十二月，北京郊廟宫殿成。

【《禮志》】成祖遷都北京，如洪武制。

【王圻《續通考》】建于正陽門南之左，繚以周垣。周九里三十步，規制禮儀悉如南京，惟增祀天壽山于北岳壇。十九年正月甲子，命皇太子詣壇奉安昊天上帝、后土皇地祇神主。

【《春明夢餘録》】天壇在正陽門外，永樂十八年建。初遵洪武合祀天地之制，稱爲天地壇。後既分祀，乃始專稱天壇。又京師大祀殿成，規制如南京，行禮如前儀。

【王圻《續通考》】成祖屢幸北平，遇郊祀，先期自行在遣官賫書諭太子，令代祭。略曰：「永樂某年正月某日，大祀天地于南郊，命爾行禮，其潔精致齋，恪恭乃事。」禮畢，太子亦遣官復命，率以爲常。至是建都北平，始罷南京郊祀。國有大事，則遣官告祭云。

十九年正月甲戌，大祀天地于南郊。二十年正月辛未，大祀天地于南郊。二十一年正月乙未，大祀天地于南郊。二十二年正月戊子，大祀天地于南郊。

【《仁宗本紀》】洪熙元年正月丙戌，大祀天地于南郊，以太祖、太宗配。

【王圻《續通考》】敕曰：「太祖受命上天，肇興皇業。太宗中興宗社，再奠寰區。聖德神功，咸配天地。《易》曰：『殷薦上帝，以配祖考。』朕崇敬祖考，永惟一心。今年正月十五日，大祀天地神祇，奉皇祖、皇考配神。仍著典章，垂範萬世。」

【《宣宗本紀》】宣德元年正月丁未，大祀天地于南郊。　二年正月庚子，大祀天地于南郊。　三年正月甲午，大祀天地于南郊。　四年正月己未，大祀天地于南郊。　五年正月癸丑，大祀天地于南郊。　六年正月丁丑，大祀天地于南郊。　七年正月癸酉，大祀天地于南郊。

【《禮志》】宣德七年，大祀南郊，帝御齋宮，命內官、內使飲酒食葷入壇唾地者，皆罪之，司禮監縱容者同罪。齋之日，御史檢視各官于齋次，仍行南京，一體齋戒。

八年正月丁卯，大祀天地于南郊。

【《宣宗實録》】八年正月，詣齋宮，罷早朝。故事：先一日詣郊壇，皆朝百官後乃行。帝諭禮官明旦早行不視朝。既至南郊，躬詣神厨，徧閲諸祭品。至暮，旗手衛請放烟火。不許，謂侍臣曰：「朕早來不視朝之故，蓋一心對越，無暇他及。今又暇觀烟火乎？」

【《春明夢餘録》】舊制：歲以十二月朔旦駕親臨閲牲。以後每夕輪一大臣繼視。自五府五部、通政翰林堂上官不司刑者皆與焉。凡兔房、鹿檻、羊棧、牛枋、猪圈，周行歷視，出入皆騎卒、火甲人等護衛。每夕鐘定人静乃出，至中宵始回，城門啓鑰以入，次早復命。用騎卒自宣德年始。

【《明史·宣宗本紀》】九年正月辛卯，大祀天地于南郊。

【《英宗前紀》】正統五年正月己未，大祀天地于南郊。　六年正月庚戌，大祀天地于南郊。　七年正月甲戌，大祀天地于南郊。

八年正月丁卯，大祀天地于南郊。　九年正月辛酉，大祀天地于南郊。　十年正月丙戌，大祀天地于南郊。　十一年正月己卯，大祀天地于南郊。　十二年正月癸酉，大祀天地于南郊。　十三年正月丁酉，大祀天地于南郊。　十四年正月甲子，大祀天地于南郊。

【《景帝本紀》】景泰元年正月丙戌，大祀天地于南郊。　二年正月庚戌，大祀天地于南郊。　三年正月丙午，大祀天地于南郊。　四年正月辛未，大祀天地于南郊。　五年正月甲子，大祀天地于南郊。　六年正月戊午，大祀天地于南郊。　七年正月壬午，大祀天地于南郊。

【《英宗後紀》】天順二年正月甲戌，大祀天地于南郊。　三年正月乙未，大祀天地于南郊。　四年正月丁亥，大祀天地于南郊。　五年正月庚戌，大祀天地于南郊。　六年正月丁未，大祀天地于南郊。　七年正月丙午，大祀天地于南郊。

【《憲宗本紀》】成化元年正月己未，大祀天地于南郊。　二年正月乙卯，大祀天地于南郊。

蕙田案：《續文獻通考》數此作「戊申」，誤。

三年正月己卯，大祀天地于南郊。　四年正月甲戌，大祀天地于南郊。　五年正月乙丑，大祀天地于南郊。　六年正月己丑，大祀天地于南郊。　七年正月丙戌，大祀天地于南郊。　八年正月庚戌，大祀天地于南郊。　九年正月丁未，大祀天地于南郊。　十年正月丁酉，大祀天地于南郊。　十一年正月癸亥，大祀天地于南郊。　十二年正月戊午，大祀天地于南郊。

十三年正月庚戌，大祀天地于南郊。　十四年正月甲戌，大祀天地于南郊。　十五年正月丁卯，大祀天地于南郊。　十六年正月甲午，大祀天地于南郊。　十七年正月丙戌，大祀天地于南郊。　十八年正月壬午，大祀天地于南郊。　十九年正月丙午，大祀天地于南郊。　二十年正月丁酉，大祀天地于南郊。　二十一年正月乙未，大祀天地于南郊。　二十二年正月己未，大祀天地于南郊。　二十三年正月庚戌，大祀天地于南郊。

【《孝宗本紀》】弘治元年正月丙午，大祀天地于南郊。　二年正月辛未，大祀天地于南郊。　三年正月甲子，大祀天地于南郊。　四年正月己丑，大祀天地于南郊，停慶成宴。　五年正月壬午，大祀天地于南郊。　六年正月己卯，大祀天地于南郊。　七年正月丁酉，大祀天地于南郊。　八年正月乙未，大祀天地于南郊，以太皇太后不豫，停慶成宴。　九年正月壬辰，大祀天地于南郊。　十年正月庚戌，大祀天地于南郊。　十一年正月丁未，大祀天地于南郊。　十二年正月辛未，大祀天地于南郊。　十三年正月乙丑，大祀天地于南郊。　十四年正月己未，大祀天地于南郊。　十五年正月丙戌，大祀天地于南郊。　十六年二月戊申，大祀天地于南郊。

蕙田案：時帝有疾，故改卜。

十七年正月甲戌，大祀天地于南郊。　十八年正月乙未，大祀天地于南郊。

【《武宗本紀》】正德元年正月己丑，大祀天地于南郊。　六月辛酉，大風雨，壞郊壇獸瓦。　二年正月乙酉，大祀天地于南郊。　三年正月丁未，大祀天地于南郊。　四年正月丙午，大祀天地于南郊。　五年正月丁卯，大祀天地于南郊。　六年正月甲子，大祀天地于南郊。　七年正月己未，大祀天地于南郊。　八年正月壬午，大祀天地于南郊。　九年正月丁丑，大祀天地于南郊。　十年正月戊辰，薄暮，祀天地于南郊。

【《武宗實録》】是夜漏下二鼓，帝始還宮。

十一年正月乙未，大祀天地于南郊。　十二年正月己丑，大祀天地于南郊，遂獵于南海子。夜中還，御奉天殿受朝賀。

【《武宗實録》】十二年，將郊。先期，降諭：「郊祀畢，幸南海子，觀獵。」諸臣咸上疏，諫不聽。至日，祀禮甫畢，遂幸南海子，縱獵。夜半，始入御奉天殿，行慶成禮。

十三年正月丁未，罷南郊致齋。庚戌，大祀天地于南郊，遂獵于南海子，辛亥還宮。

十四年正月甲辰，改卜郊。二月丁丑，大祀天地于南郊，遂獵于南海子。是日，京師地震。

【王圻《續通考》】先是，太常寺奏定正月十二日郊祀。帝幸太原未回，請改卜日。内批改次日。既而又命改卜。禮科給事中邢寰等疏言：「祖宗以來，郊祀必于正月上旬，所以重一歲之首務，而昭莫大之敬也。今改而又改，日復一日，疑且未定。不惟墮祖宗相循之制，且非祗畏天地之道。伏望皇上如期回鑾，以成大禮。」御史牛天麟等亦以爲言，俱不報。二月，始祀天地于南郊，祀畢幸海子，大獵。

十五年正月癸巳，改卜郊。十二月丁酉，大祀天地于南郊。初獻，疾作，不克成禮。

【王圻《續通考》】十五年，以征宸濠，如南京。十二月，還京師，始郊。

十六年正月癸亥，改卜郊。

【《世宗本紀》】嘉靖元年正月己未，大祀天地于南郊。　二年正月乙卯，大祀天地于南郊。

【《毛玉傳》】二年冬，帝以灾異頻仍，欲罷明年郊祀慶成宴。裴紹宗言：「祭祀之禮，莫重於郊丘。君臣之情，必通于宴享。往以國戚廢大禮，今且從吉，宜即舉行，豈可以灾傷復免。」修撰唐皐亦言之，竟得如禮。

三年正月丁丑，大祀天地于南郊。　四年正月辛未，大祀天地于南郊。　五年正月乙未，大祀天地于南郊。　六年正月己丑，大祀天地于南郊。

【《世宗實録》】六年正月，大祀。先期，禮官以宴請。帝曰：「郊祀慶成，次日設宴，乃祖宗朝故典。蓋以上帝監歆，君臣歡會，其禮不可廢也。今四方灾異非常，方欲上下同加修省，恐多費勞民，可暫免一年，以見朕奉天恤民之意。惟四夷使臣賜宴如故。」

七年正月丙戌，大祀天地于南郊。　八年正月庚戌，大祀天地于南郊。　九年正月丁酉，大祀天地于南郊。　五月己亥，更建四郊。

【《禮志》】嘉靖九年，世宗既定《明倫大典》，益覃思制作之事，郊廟百神，咸欲斟酌古法，釐正舊章。乃問大學士張璁：「《書》稱燔柴祭天，又曰『類于上帝』，《孝經》曰『郊祀后稷以配天，宗祀文王于明堂以配上帝』，以形體主宰之異言也。朱子謂，祭之于壇謂之天，祭之屋下謂之帝。今大祀有殿，是屋下之祭帝耳，未見有祭天之禮也。況上帝、皇地祇合祭一處，亦非專祭上帝。」璁言：「國初遵古禮，分祭天地，後又合祀。説者謂大祀殿下壇上屋，屋即明堂，壇即圜丘，列聖相承，亦孔子從周之意。」帝復諭璁：「二至分祀，萬代不易之理。今大祀殿擬周明堂或近矣，以爲即圜丘，實無謂也。」璁乃備述《周禮》及宋陳襄、蘇軾、劉安世、程頤所議分合異同以對。且言祖制已定，無敢輕議。帝鋭欲定郊制，卜之奉先殿太祖前，不吉。乃問大學士翟鑾，鑾具述因革以對。復問禮部尚書李時，時請少需日月，博選儒臣，議復古制。帝復卜之太祖，不吉，議且寢。會給事中夏言請舉親蠶禮。帝以古者天子親耕南郊，皇后親蠶北郊，適與所議郊祀相表裏，因令璁諭言陳郊議。言乃上疏言：「國家合祀天地，及太祖、太宗之並配，諸壇之從祀，舉行不于長至而于孟春，俱不應古典。宜令羣臣博考《詩》、《書》、《禮經》所載郊祀之文，及漢、宋諸儒匡衡、劉安世、朱熹等之定論，以及太祖國初分祀之舊制，陛下稱制而裁定之。此中興大業也。」禮科給事中王汝梅等詆言非是，帝切責之。乃敕禮部令羣臣各陳所見。且言：「汝梅等舉《召誥》中郊用二牛，謂明言合祭天地。夫用二牛者，一帝一配位，非天地各一牛也。又或謂天地合祀，乃人子事父母之道，擬之夫婦同牢。此等言論，褻慢已甚。又或謂郊爲祀天，社稷爲祭地。古無北郊，夫社乃祭五土之祇，猶言五方帝耳，非皇地祇也。社之名不同，自天子以下，皆得隨所在而祭之。故《禮》有『親地』之説，非謂祭社即方澤祭地也。」璁因録上《郊祀考議》一册。時詹事霍韜深非郊議，且言分祀之説唯見《周禮》，莽賊僞書，不足引據，于是言復上疏言：「《周禮》一書，于祭祀爲詳。《大宗伯》以祀天神，則有禋祀、實柴、槱燎之禮，以祀地祇，則有血祭、貍沈、疈辜之禮。《大司樂》冬至日地上圜丘之制，則曰禮天神，夏至日澤中方丘之制，則曰禮地祇。天地分祀，從來久矣。故宋儒葉時之言曰：『郊丘分合之説，當以《周禮》爲定。』今議者既以大社爲祭地，則南郊自不當祭皇地祇，何又以分祭爲不可也？合祭之説，實自莽始，漢之前皆主分祭，而漢之後亦間有之。宋元豐一議，元祐再議，紹興三議，皆主合祭，而卒不可移者，以郊賚之費，每傾府藏，故省約安簡便耳，亦未嘗以分祭爲非禮也。今之議者，往往以太祖之制爲嫌爲懼。然知合祭乃太祖之定制，爲不可改，而不知分祭固太祖之初制，爲可復。知《大祀文》乃太祖之明訓，爲不可背，而不知《存心録》固太祖之著典，爲可遵。且皆太祖之制也，從其禮之是者而已。敬天法祖，無二道也。《周禮》一書，朱子以爲周公輔導成王，垂法後世，用意最深切，何可誣以莽之僞爲耶？且合祭以后配地，實自莽始。莽既僞爲是書，何不削去圜丘、方丘之制，天神、地祇之祭，而自爲一説耶？」于是禮部集上羣臣所議郊禮，奏曰：「主分祭者，都御史汪鋐等八十二人；主分祭而以慎重成憲及時未可爲言者，大學士張璁等八十四人；主分祭而以山川壇爲方丘者，尚書李瓚等二十六人；主合祭而不以分祭爲非者，尚書方獻夫等二百六人；無可否者，英國公張崙等一百九十八人。臣等祗奉敕諭，折衷衆論。分祀之義，合于古禮，但壇壝一建，工役浩繁。《禮》，屋祭曰帝，夫既稱昊天上帝，則當屋祭。宜仍于大祀殿專祀上帝，改山川壇爲地壇，以專祀皇地祇。既無創建之勞，行禮亦便。」帝復諭當遵皇祖舊制，露祭于壇，分南北郊，以二至日行事。言乃奏曰：「南郊合祀，循襲已久，朱子所謂千五六百年無人整理。而陛下獨破千古之謬，一旦舉行，誠可謂建諸天地而不悖者也。」已而命户、禮、工三部偕言等詣南郊相擇。南天門外有自然之丘，僉謂舊丘地位偏東，不宜襲用。禮臣欲于具服殿少南爲圜丘。言復奏曰：「圜丘祀天，宜即高敞，以展對越之敬。大祀殿享帝，宜即清閟，以盡昭事之誠。二祭時義不同，則壇殿相去，亦宜有所區别。乞于具服殿稍南爲大祀殿，而圜丘更移于前，體勢峻極，可與大祀殿等。」制曰：「可。」于是作圜丘，是年十月工成。明年夏，北郊及東、西郊亦以次告成，而分祀之制遂定。

【《嘉靖祀典》】禮臣言：「圜丘之制：《大明集禮》壇上成闊五丈，《存心録》則第一層壇闊七丈；《集禮》二成闊七丈，《存心録》則第二層壇面周圍俱闊二丈五尺。蓋《集禮》之二成即《存心録》之一層，《存心録》之二層即《集禮》之一成矣。臣等無所適從，惟皇上裁定。」奉旨，圜丘第一層徑闊五丈九尺，高九尺，二層徑十丈五尺，三層徑二十二丈，俱高八尺一寸。地面四方，漸墊起五尺。

【《春明夢餘録》】嘉靖九年，從給事中夏言之議，遂于大祀殿之南建圜丘，❶爲制三成。祭時上帝南向，太祖西向，俱一成上。其從祀四壇：東一壇大明，西一壇夜明，東二壇

❶「殿」，原脱，據《春明夢餘録》補。

二十八宿，西二壇風雲雷雨，俱二成上。壇制，一成面徑五丈九尺，高九尺。二成面徑九丈，高八尺一寸。三成面徑十二丈，高八尺一寸。各成面塼用一九七五陽數，及周圍欄板柱子皆青色琉璃，四出陛，陛各九級，白石爲之，内壝圓墻九十七丈七尺五寸，高八尺一寸，厚二尺七寸五分。欞星石門五寸，正南三，東西北各一。外壝方墻二百四丈八尺五寸，高七尺一寸，厚二尺七寸。欞星門如前。又外圍方墻爲門四：南曰昭亨，東曰泰元，西曰廣利，北曰成貞。内欞星門南門外左設具服臺，東門外建神庫、神厨、祭器庫、宰牲亭。北門外正北建泰神殿，後改爲皇穹宇，藏上帝、太祖之神版，翼以兩廡，藏從祀之神牌。又西爲鑾駕庫，又西爲犧牲所，少北爲神樂觀，北曰成貞門，外爲齋宫，迤西爲壇門。

【《明史·禮志》】給事中夏言疏言：「太祖、太宗並配，父子同列，稽之經旨，未能無疑。臣謂周人郊祀后稷以配天，太祖足當之；宗祀文王于明堂以配上帝，太宗足當之。」禮臣集議，以爲二祖配享，百有餘年，不宜一旦輕改。帝降敕諭，欲於二至日奉太祖配南北郊，歲首奉太宗配上帝於大祀殿。大學士張璁、翟鑾等言，二祖分配，於義未協，且録仁宗所撰敕諭並告廟文以進。帝復命集議于東閣，皆以爲：「太廟之祀，列聖昭穆相向，無嫌並列。況太祖、太宗，功德並隆，圜丘、大祀殿所祀，均之爲天，則配天之祖，不宜闕一。臣等竊議南北郊及大祀殿，每祭皆宜二祖並配。」帝終以並配非禮，諭閣臣講求。璁等言：「古者郊與明堂異地，故可分配。今圜丘、大祀殿同兆南郊，冬至禮行于報而太宗不與，孟春禮行于祈而太祖不與，心實有所不安。」帝復報曰：「萬物本乎天，人本乎祖。天惟一天，祖亦惟一祖。故大報天之祀，止當以高皇帝配。文皇帝功德，豈不可配天？但開天立極，本高皇帝肇之耳。如周之王業，武王實成之，而配天止以后稷，配上帝止以文王，當時未聞爭辨功德也。」因命寢其議。已而夏言復疏言：「虞、夏、殷、周之郊，惟配一祖。後儒穿鑿，分郊丘爲二，及誤解《大易》配考，《孝經》嚴父之義。以致唐宋變古，乃有二祖並侑，三帝並配之事。望斷自宸衷，依前敕旨。」帝報曰：「禮臣前引太廟不嫌一堂。夫配帝與享先不同，此說無當。」仍命申議。

【《世宗實録》】大學士張璁乃言：「郊祀之議，聖見已決。獨臣不忍無言，皇上信以分配之説盡古禮乎？大祀殿非明堂之位，孟春祈穀又非季秋大享之禮，則未免有失于古也。皇上信以並配之説非今宜乎？太祖百有餘年之神座，豈忍言撤？文皇百有餘年配天之報，豈忍言廢？則又未免有失于今也。竊以天地分祀宜從古禮，彰我皇上善繼善述之孝；祖宗並配宜從今制，彰我皇上不忍不忘之心。」疏入，帝乃責璁前後變志，非忠愛之道。於是禮臣復上議：「南北郊雖曰祖制，實今日新創。請如聖諭，俱奉太祖獨配至大祀殿，則太祖所創，今乃不得侑享於中，竊恐太宗之心有所未安。宜仍奉二祖並配，則既復古禮，又存祖制，禮意人情，兩不爲失。」疏入，復諭璁曰：「二至祀典自今日始，當奉太祖獨配。孟春特名祈穀，實存祖制，當如仁宗之舊，可委曲依朕意行之。」璁對：「皇上議郊祀大典，本乎至當可行之道。今議者以圜丘、方澤皆以太祖配，以爲皇上新制。以大祀殿祀上帝以二祖配，以爲祖宗舊制，皆一時遷就之説，非至當不易之論。夫冬至報天之禮重，孟春祈穀之禮輕，天與帝一也。大祀殿既可以二聖並配，圜丘何獨不可？新制舊制之説，臣之所不解也。臣竊惟斯禮之議，本因天地不可並祭，嫌於龐雜，若祖宗並配，原無可議，既有大祀殿，又建圜丘同兆南郊，益非禮制。夫禮，時爲大，古今異宜，非可一律。蓋古圜丘因丘陵爲之，非積土而壇；方澤因方澤爲之，非掘地而坎。今儀文大備，屋而祀之，埽地之儀，安可復用？或謂屋祭爲帝，壇祭爲天。臣觀《思文》之詩，祭后稷配天而歌者也，一詩之中，天帝並稱；《我將》之詩，祭文王配帝而歌者也，一詩之中，止稱天而不稱帝，則天之與帝，原自無異。臣惟今日郊祀之義，有簡易可行之道，足可繼承者。因南郊大祀殿以祀昊天上帝，配以二祖。冬至大報天可也，孟春祈穀可也。萬一雨雪，届期亦可備而成禮。北郊建壇以祀皇地祇，亦以二祖配之，明夏方有事北郊，工役可徐圖耳。夫天地者，古今之天地，分而祀之，三代之彝典也，不可龐雜，故臣將順皇上爲之。祖宗者，一代之祖宗，功德俱隆，並配天地，當代之定制也，孝子慈孫不可輕有議擬，故臣不敢將順皇上爲之，蓋宜于古而古，宜于今而今，惟求心之安而已。」帝意終不可奪，乃下禮部申議。疏且責之曰：「祖宗並配，在禮爲瀆。但朕所定祈穀，原因曲全祖制，與明堂舉事不同。依擬奉二祖並侑。二至之祀，奉皇祖獨配。禮儀俱從儉。詳擬以聞。」

【《明史·張璁傳》】帝自排廷議定「大

禮」，遂以制作禮樂自任。而夏言始用事，乃議皇后親蠶，議勾龍、棄配社稷，議分祭天地，議罷太宗配祀，議朝日夕月别建東西二郊，議祀高禖，議文廟設主更從祀諸儒，議祧德祖正太祖南向，議祈穀，議大禘，議帝社帝稷，奏必下璁議。顧帝取獨斷，璁言亦不盡入。其諫罷太宗配天，三四往復，卒弗能止也。

【《夏言傳》】當是時，帝鋭意禮文事。以天地合祀非禮，欲分建二郊，並日月而四。大學士張孚敬不敢決，帝卜之太祖亦不吉，議且寢。會言上疏請帝親耕南郊，后親蠶北郊，爲天下倡。帝以南北郊之説，與分建二郊合，令孚敬諭旨，言乃請分祀天地。廷臣持不可，孚敬亦難之，詹事霍韜詆尤力。帝大怒，下韜獄。降璽書奬言，賜四品服俸，卒從其請。又贊成二郊配饗議，語詳《禮志》。言自是大蒙帝眷。

【王圻《續通考》】修撰姚淶議略云：「古之祭日于壇，謂春分也；祭月于坎，謂秋分也。其陰陽先後之序義則得之，從之可也。若冬至夏至之祭，臣于此竊有疑焉。周人以建子之月爲歲首，故冬至祭天，夏至祭地，陰陽之義，先後之倫，各有攸宜，斯制禮之本意也。今所用者，夏正也。如以一歲之月序之，則夏至前而冬至後，苟夏至祭地，冬至祭天，是先地而後天。雖曰陽先陰後，于義無嫌，然實非一歲之事，尊天之義，豈其若此？行周之禮，不可以用今之時；用今之時，不可以行周之禮，是其大者已碍而不通矣！」

【《春明夢餘録》】國之大在祀，而祀之大在郊。自古禮殘缺，後儒穿鑿，而五帝六天合祀之説，迄無定論，則以不深考于經，折衷于聖以準之也。《書》曰：「肆類于上帝，禋于六宗，望于山川，徧于羣神。」又曰：「柴望秩于山川。」又曰：「柴望大告武成。」曰類曰柴，皆祀天之祀也。然必及于六宗山川羣神而不及后土，則郊必兼社之謂也。《易》曰：「先王作樂崇德，殷薦之上帝，以配祖考。」又曰：「聖人亨，以享上帝。」《周禮》：「以禋祀祀昊天上帝。」《記》曰：「郊社之禮，所以事上帝也。」皆舉郊以見社也。《家語》孔子曰：天子卜郊則受命于祖廟，作龜于禰宮，尊祖親考之義也。郊之必卜，而不及社，兼社也。此唐虞三代之制也。儒者但見《周禮》有冬至祭圜丘，夏至祭方澤之文，遂主分祀之説。不知《周禮》一歲之間祭天凡幾，正月祈穀，孟夏大雩，季秋明堂，至日圜丘，此外有四時之祭，則固合祭者矣。惟是周朔建子，冬至圜丘，適當獻歲，不妨迎陽報天而後命及于地，故其禮比合祭稍加崇重。此惟行周禮之時則可耳，乃其合祀之禮則未嘗廢，散見諸經及孔子之言可據也。使祭而必冬至也，則何用卜之爲？故曰至敬不壇，埽地而祭，則又不必于圜丘、方澤也。以是而知周之未嘗不合祭也。由漢歷唐千餘年，分祀者惟魏文帝之大和，周武帝之建德，隋高祖之開皇，唐玄宗之開元，四祭而已。至宋郊祀皆合祭，其不合祭者惟元豐六年一郊。元祐詔議北郊，彼時羣臣方議合祀之非，哲宗以問輔臣，章惇曰：北郊止可謂之社。君子當不以人廢言。夫國之大祀，莫過于郊。明太祖以開天之聖，改分祀爲合祀，此千古卓見，故行之百五十餘年，風雨調順，民物康阜，至嘉靖一改而明遂衰。建議者夏言也，卒死于法。抑太祖之靈弗歆也！

【吴鼎《辨姚淶、孫承澤天地社合一祭》】天地分合祭，聚訟久矣，從未有建子宜分，建寅宜合，如姚氏、孫氏者也。祭社祭地之異同，聚訟久矣，從未有既合地于天，又合社于地，如孫氏者也。《周禮》圜丘、方澤分祭甚明。朱子曰：「古聖王制爲祭祀之禮，必以象類，故祀天于南，祭地于北，而其壇壝、樂舞、器幣之屬，亦各不同。若曰合祭于圜丘，則古者未嘗有此瀆亂尨雜之禮。」朱子之言，洵禮家之折衷，可以俟後聖而不惑矣。自王莽諂事元后，肇爲合祭之禮，後人樂便安、憚勞費，遂因仍不易。宋元豐、元祐、紹聖間，凡三議禮。明嘉靖間，又議禮，主分主合，紛拏喧豗。然主分者皆援据正經，主合者多苟且從欲。如眉山所云，官兵暴露，人馬喘汗，非夏至所能堪；江陵所云，冬至極寒而裸獻于星露之下，夏至盛暑而駿奔于炎歊之中，其説概可睹。乃姚氏淶變爲建子宜分，建寅宜合之説，後人疑其有當，是不可不辨。夫冬至圜丘，迎陽氣之始；夏至方澤，迎陰氣之先。此天地陰陽之大分，報本反始之精義，固不因建子而創此禮，亦不可因建寅而廢此禮。況

《周禮》又用夏正之書也。自古三正遞建，周雖建子，《逸周書》云敬授民時、巡狩祭享猶自夏焉。《周禮》，授時祭享之書，故純用夏正。圜丘、方澤正用夏正之事，于建子何與耶？姚氏之言曰：「以一歲之月序之，則夏至前而冬至後。苟夏至祭地，是先地而後天。尊天之義，豈其若此？」此尤説之不可通者也。先王之制祭祀，因時而舉，初不以先後爲尊卑。宗廟時享，春夏薄而秋冬盛，不聞以薄祭爲尊，盛祭爲卑也。宗廟殷祭，禘祫尤大于時享，而禘以夏，祫以秋，禴乃在春，不聞以禴祭爲尊，禘祫爲卑也。五祀之祭，春祀户，秋祀門，不聞以户爲尊，以門爲卑也。且即以夏正一歲而論，元日祈穀有祭，龍見大雩又祭，又何嘗不先天後地？特義之所起，仍不在先後之序耳。又其説曰：「行周之禮，不可以用今之時。用今之時，不可以行周之禮。」則是周禮與夏正斷斷背而馳，孔子何以自云吾從周，而又告顏子以行夏之時，不自相剌謬耶！孫氏承澤申姚氏之説曰：「周朔建子，冬至圜丘適當獻歲，不妨迎陽報天，而後命及于地，故其禮比合祭稍加崇重，此惟行周禮之時則可耳。」案孫氏之意，止欲合天地而祭之，而其爲説直欲舉圜丘一祭而廢之。周朔建子，不妨迎陽報天，明夏朔建寅則有妨也。周朔建子可行圜丘崇重之禮，明夏朔建寅則不可行圜丘崇重之禮也。惑亦甚矣！

又曰：「使祭而必冬至也，何用卜之爲？」夫冬至之郊，圜丘之郊也，日不須卜。用辛之郊，祈穀之郊也，日乃用卜。圜丘之郊，惟天子得行之。祈穀之郊，魯亦得行之。兩郊牽連而舉，則祈穀爲次郊，而圜丘爲始郊，故《郊特牲》既言郊用辛，而又曰周之始郊日以至，義各有指。孫氏混而一之，以祈穀之郊礙圜丘之郊，是祈祭可存，正祭決不可存；魯郊可從，周郊決不可從。斯何義耶？　又曰：「至敬不壇，埽地而祭，則又不必于方澤也。」案圜丘即泰壇，方澤即泰折，一見于《周禮》，一見于《祭法》。則《禮器》所謂不壇者非無壇也。方圜高下，因其自然之形，而非人力所爲，故曰不壇。今誤以不壇爲無壇，而欲廢方澤之祭，抑又惑矣！　又曰：「嘉靖一改而明遂衰，建議者夏言也，卒死于法。」夫嘉靖以後之衰，豈緣郊祀之更？夏言之死于法，豈由分祭之説？孫氏牽合株連，以証己堅僻之説，不亦誣耶！　至于祭地、祭社，尤確然不可合者。《王制》言天子祭天地，諸侯祭社稷，祭地、祭社截然不同。胡五峯始爲社與方澤無兩祭之説，朱子以爲看來自有方澤之祭。《書傳彙纂》曰「社于新邑，謂此所以祀地者」，非也。若以此社爲祭地，則《王制》所云祭天地社稷，地與社豈重累而舉之乎？斯可謂一言破的矣。　周世樟曰：「考之諸書，地與社鑿然不同。地爲大祀，社爲中祀。祭地用騂犢，祭社用太牢。祭地七獻，祭社三獻。祭地服衮衣，祭社服希衣。祭地以后稷配，祭社以句龍配。」斯尤援引確據，無復可疑。夫言郊可以兼天地。《詩序》：「昊天有成命，郊祀天地也。」南郊北郊皆郊也。言郊不得兼社，《召誥》：「用牲于郊，牛二，越翌日戊午，乃社于新邑。」社又在南北郊之外也。而孫氏乃云郊必兼社，又曰舉郊以見社，斯何説耶？至其所引肆類柴望之文，則皆告祭之郊，而非正郊。所引受命作龜之文，則又祈穀之郊，而非正郊。俱不足爲兼社之證。所引《中庸》郊社之禮，郊社對舉猶之禘嘗對舉，實皆錯舉成文，亦不足爲社即方澤之證。總之，孫氏之説，既欲合地與天爲一祭，將燔柴、瘞埋、血祭混一合和，都無分別，非朱子所訶瀆亂龐雜之尤甚者耶！我朝折衷古制，冬至祀天圜丘，夏至祭地方澤，祈穀之後祭社稷，壇有分祭而無合祭，斯誠萬世可行之典也夫！

【顧我鈞《嘉靖分祀論》】明世宗尊崇興獻，狥私蔑禮，固天下萬世之所不韙也。至于南北兩郊，力主分祀，則爲天下萬世之所不可易。古人云是亦多言矣，豈必不獲？雖不可據此一事，以爲世宗之賢，而就此一事，其言固不可以人廢矣。即行之未久，張居正進郊祀圖册，復以合祭爲言。而終明之世，亦卒不行。若乃當時之有姚淶，後代之有孫承澤，顧深以分祀爲非，而力詆之，何歟？或以世宗偏私豐昵，人所不服，故并其合禮者而疑之。然議禮但論其是非，固不當以他事相牽涉，況如學校從祀，舉前代傳經之儒，苛求而黜罷之，此甚非祭于瞽宗之意，後人曾莫爲改正而反于分祀詆之，不可解也。或謂世宗既定分祀而親奉甚疏，率以遣官行事，是何足與言禮？曰：是則誠非矣。然而有初鮮終，亦人所有，但當咎其後之不終，不得議其始之不善也。總之，明自嘉靖以下，經學日衰，士人素不深求其義，而又以太祖父母異處之言，垂爲大訓，沉溺錮蔽，牢不可開，雖有聖君賢相百倍于世宗與夏言、張璁者，亦不能破除流俗而使之共信也。蓋嘗論之，古今主合祭者多矣，然其由來不同，不可一概論也。夫王莽，天下之奸雄也，彼必合天地而祭之，然後可合祖妣而配之，欺誑女主，以爲篡竊之計，是固明知其不然，而强行之者也。蘇子瞻，天下之辯才也，彼度宋之君臣必不足以行禮，宋之財力必不足以盡禮，而身爲儒臣，又不肯自安簡陋，而必獵取載籍以附會之，是亦明知其不然，而謬言之者也。張居正，天下剛愎自用之人也，彼以嚴寒盛暑駿奔壇折，人主所憚而諸臣亦無利焉，于是直揭其情而不復爲之掩蓋，是又明知其不然，而故犯之者也。此三人者，固非真以爲當合也。若乃經典之不考，義理之不明，上惑于太祖之臆言，下怵于夏言之被禍，遂以合祭之制果爲至當，隱微痞痲，誠一不二者，古今以來，未有如姚淶、孫承澤者矣，此則可謂妄庸也夫！

蕙田案：國之大事在祀，祀之至大者，莫如兩郊分合之議。自漢迄唐宋，雖屢更而未定。至明世宗始斷然行之，其言曰：大祀有殿，是屋下之祭帝，未見有祭天之禮合祭一處，亦非專祭上帝。又曰：二至分祀，萬代不易之禮。天地合祀擬之夫婦同牢，褻慢已甚。又曰：社乃祭五土之祇，非皇地祇，非祭社即方澤祭地。斯言也，所謂考之三王而不謬，建之天地而不悖，質之鬼神而無疑，百世以俟聖人而不惑者矣。在昔，主合祭者皆有私意，如王莽之媚元后，蘇軾之憚勞費，即後來張居正之溺宴安，皆有所爲，從未有直以分祭爲非者。乃姚淶創爲堅僻之新説，承澤從而附和之，意何所爲？豈真以合祭爲是，分祭爲非耶！其亦疏于學術矣。吴氏、顧氏辨之極詳，並載于後，考禮者幸無爲所惑也。

【顧我鈞《嘉靖議郊配論》】人非聖賢，不能無私。然其本心之明，雖至私之人必有所發見，而未嘗盡没者，惟不能引伸而擴充之，是以卒蔽于私而不當理也。方明世宗之追尊興獻也，舉朝争之，呼天搶地而其心悍然，敢犯天下萬世之不韙而不顧，此其不明極矣。然觀其議定郊祀則鰓鰓焉。以太宗並配爲非禮，人以爲此「放飯流歠，而問無齒決」者也。或曰此欲推太宗而遠之，以爲興獻配明堂地也。此二言者固皆近是，然以余觀之，是固其本心之明，而不可遽謂之過也。夫明祖崛起，與漢同符。漢代郊堂俱配高祖，後儒亦有言其不合禮者，此不知通變之論也。太公執嘉秦之黔首，溯其先世，誰當爲后稷者，雖使周公處漢，亦必以高祖兼配爲正也。當明祖立國之始，羣臣請以考配天。太祖謙讓再三，至于告廟而不配，豈徒以宇内未平哉！以匹夫徒步之人無一毫功德于天下，徒以子爲天子，忽躋之以配天，死猶有知，亦必有愧赧跼蹐而不敢當者。配天與宗廟，事理固有不同，是謂是非之公，天子所不能私其父也。至太祖既崩，則配天專屬太祖，百世不可易也。彼太宗殺父嫡孫，竊其神器，是乃高煦、宸濠之倖成者耳。而以爲比隆太祖乎！此仁宗之私，不足以協萬世之公。世宗蓋隱見及此，故不禁其執之堅、言之屢也。蓋興獻之爲分親，親則私之者甚，而其識昏，其氣悍，雖萬夫爭之而不回；太宗之爲祖遠，遠則私之者輕，而其心平，其見清，一人静思之，而天下之公是公非悠然出矣。使其能引而伸之，思天下事之不當乎理者，雖子孫觀之，而是非之不可昧如此。然則己之有天下也，孰與漢高與太祖？而今之尊崇其父者，乃欲過于漢高與太祖之父，後世子孫得毋有擬議其失者乎！知此而大禮之議，宜有悔心之萌。當私欲錮蔽之中，猶有一隙之可望者，轉關全在乎此矣。彼夏言、張璁者，不務導之于公正，而徒勸之以因仍，于是太宗之配不祧而興獻配明堂之失，愈無覺悟之路矣。璁不足道也，言獨惡能無罪哉！

【《明史·世宗本紀》】十一月己酉，祀昊天上帝于南郊。禮成，大赦。

【王圻《續通考》】將郊祀，帝諭夏言：「欲親行奉安禮。」乃擬儀注以聞。先期，擇捧立執事官十一員，分獻配殿大臣二員，撰祝文，備脯醢、酒果、制帛、香燭。前一日，行告廟禮，設神輿、香案於奉天殿，神案二於泰神殿，神案二於東西配殿，香案一於丹墀正中。設大次于圜丘左門外。是日質明，帝常服詣奉天殿，行一拜三叩頭禮。執事官先後捧昊天上帝、太祖高皇帝及從祀神主，各奉安輿中。至泰神殿門外，帝乘輅至昭享門，禮官導至泰和殿丹墀，執事官就輿，捧神主升石座，奉安于龕中。帝詣香案前，行三獻禮如儀。禮畢，出至大次，升座。百官行一拜三叩頭禮。畢還宮。

凡祭祀，先期三日及二日，百官習儀于朝天宮。嘉靖九年，更定郊祀冬至習儀于前期之七日及六日。

嘉靖九年，四郊工成。帝諭太常寺曰：「大祀分獻官預定，方可習儀。」乃用大學士張璁等于大明、夜明、星辰、風雲雷雨四壇。舊制，分獻用文武大臣及近侍官共二十四人。今定四人，法司官仍舊例不與。

【《明會典》】圜丘大祀儀：嘉靖九年定。前期十日，太常寺題請視牲，次請命大臣三員看牲，四員分獻。前期五日，錦衣衛備隨朝駕。皇帝詣犧牲所視牲。視牲前一日，皇帝常服告廟。至日視牲畢，命大臣輪視如常儀。前期四日，皇帝御奉天殿。太常寺奉祭祀進銅人如常儀。博士捧告請太祖祝版于文華殿。候皇帝親填御名訖，捧出。前期三日，皇帝具祭服，以脯醢、酒果詣太廟，請太祖配神。訖，易服，御華蓋殿。太常寺卿同光禄寺卿面奏：「省牲。」訖，皇帝御奉天殿。百官具朝服，聽受誓戒傳制。前期二日，太常卿同光禄卿奏：「省牲。」如常儀。牛九，牝羊三，豕三，鹿一，兔六。是日，錦衣衛具神輿香亭。太常官具玉帛匣及香盒，各設于奉天殿。次日，皇帝至奉天殿，親填祝版，版以青楮硃書。置玉帛于匣。太常卿捧安輿内。皇帝三上香，行一拜三叩頭禮，畢。錦衣衛官校舁至天壇。太常卿奉安于神庫。前期一日，免朝。錦衣衛備法駕，設版輿于奉天門下正中。皇帝吉服，告于廟。出乘輿，詣南郊。由西天門入，至昭享門外降輿。禮部太常官導皇帝由左門入至内壝。太常卿導皇帝至圜丘恭視壇位次，至神庫視籩豆，至神厨視牲，畢，仍由左門出，升輿。至齋宫，分獻陪祀官叩頭如常儀。壇上陳設。上帝：南向。犢一，蒼玉一，郊祀制帛十二，俱青色。登一，簠、簋各二，籩十二，豆十二，蒼玉爵三，酒尊三，青漆團龍篚一，祝案一。配帝：西向。犢一，奉先制帛一，白色。登一，簠、簋各二，籩十二，豆十二，蒼玉爵三，酒尊三，雲龍篚一。從祀四壇，俱在壇之二成。大明：在東，西向。犢一，登一，禮神制帛一，赤色。簠、簋各二，籩十，豆十，酒盞二十，青瓷爵三，酒尊三，篚一。夜明在西，東向。陳設同，禮神制帛一。白色。星辰：在東，西向，北上，曰五星，曰二十八宿，曰周天星辰。犢一，羊一，豕一，登一，鉶一，實以和羹。簠、簋各二，籩十，豆十，酒盞三十，帛十，青色一，赤色一，黄色一，白色六，黑色一。青瓷爵三，酒尊三，篚一。雲雨風雷在西，東向，北上。陳設同，帛四。青色一，白色一，黄色一，黑色一。前期一日，太常寺設香案于皇穹宇丹墀正中。將事之夕，三更一點，禮部太常寺堂上官恭詣香案前。尚書上香，率各官行一拜三叩頭禮，畢，太常寺官九員分詣東西配殿，各請從位神牌出龕。先雷師，次風伯，次雨師，次雲師，次周天星辰，次二十八宿，次五星，次夜明，次大明，捧至丹墀，東西向立。太常寺官一員詣殿中，請太祖主出龕。太常寺少卿一員，恭捧，西向立。太常寺官二員，請上帝神版出龕，太常寺卿恭捧，南向立。禮部侍郎二員，導引出殿，先上帝，次太祖，次大明，次夜明，次五星，次二十八宿，次周天星辰，次雲雨風雷，由圜丘北門入，轉至午陛，升壇，先上帝，次太祖，次從位，各依原序，先後奉安于神座。候皇帝至大次，尚書率各官致詞，復命叩頭出。祭畢，太常官如前捧請。禮部侍郎導引入殿，以次納于龕中。奉安訖，各官仍行一拜三叩頭禮，出。

正祭：是日三鼓，皇帝自齋宮乘輿，至外壝神路之西降輿。導引官導皇帝至神路東大次。上香官同導引官、捧神位官復命訖，退。百官排班于神路之東西以俟。皇帝具祭服，出。導引官導皇帝由左櫺星門入。內贊、對引官導皇帝行至內壝。典儀唱：「樂舞生就位，執事官各司其事。」皇帝至御拜位。內贊奏：「就位。」皇帝就位。典儀唱：「燔柴。」唱：「迎帝神。」樂作。內贊奏：「升壇。」導皇帝至上帝金爐前。奏：「跪。」奏：「搢圭。」司香官捧香，跪進于皇帝左。內贊奏：「上香。」皇帝三上香，訖。奏：「出圭。」導至太祖金爐前，儀同。奏：「復位。」皇帝復位。樂止。內贊奏：「四拜。」傳贊百官同。典儀唱：「奠玉帛。」樂作。內贊奏：「詣神御前。」導皇帝至神御前。奏：「搢圭。」捧玉帛官以玉帛跪進于皇帝右，皇帝受玉帛。內贊奏：「獻玉帛。」皇帝奠訖。奏：「出圭。」導至太祖前，奏：「搢圭。」奏：「獻帛。」奏：「出圭。」奏：「復位。」皇帝復位，樂止。典儀唱：「進俎。」樂作。齋郎舁俎安訖。內贊奏：「詣神御前。」導皇帝至神御前。奏：「搢圭。」奏：「進俎。」奏：「出圭。」導至太祖前，儀同。奏：「復位。」皇帝復位。樂止。典儀唱：「行初獻禮。」樂作。

內贊奏：「詣神御前。」導皇帝至神御前。奏：「搢圭。」捧爵官以爵跪進于皇帝右。皇帝受爵。內贊奏：「獻爵。」皇帝獻訖。奏：「出圭。」奏：「詣讀祝位。」導皇帝至讀祝位。奏：「跪。」傳贊衆官皆跪。樂暫止。內贊奏：「讀祝。」讀祝官跪讀祝，畢，樂復作。奏：「俯伏，興，平身。」傳贊百官同。讀祝跪進祝版。皇帝捧至御案篚內，安訖。今讀祝官自安。內贊導至太祖前，奏：「搢圭。」捧爵官以爵跪進于皇帝右。皇帝受爵。奏：「獻爵。」皇帝獻訖，奏：「出圭。」奏：「復位。」皇帝復位。樂止。典儀唱：「行亞獻禮。」樂作。儀同初獻，惟不讀祝。奏：「復位。」樂止。典儀唱：「行終獻禮。」樂作。儀同亞獻。奏：「復位。」樂止。太常卿進立于壇之二成，東向。唱：「賜福胙。」內贊奏：「詣飲福位。」導皇帝至飲福位。光禄卿捧福酒，跪進于皇帝左。內贊奏：「跪。」奏：「搢圭。」奏：「飲福酒。」皇帝飲訖。光禄官捧福胙，跪進于皇帝左。內贊奏：「受胙。」皇帝受訖。奏：「出圭，俯伏，興，平身。」奏：「復位。」皇帝復位。奏：「四拜。」傳贊百官同。典儀唱：「徹饌。」樂作。執事官徹饌，訖，樂止。典儀唱：「送帝位。」樂作。內贊奏：「四拜。」傳贊百官同。樂止。典儀唱：「讀祝官捧祝，進帛官捧帛，掌祭官捧饌，各恭詣泰壇。」皇帝退立于拜位之東。典儀唱：「望燎。」樂作。內贊奏：「詣望燎位。」內贊、對引官導皇帝至望燎位。燎半，內贊奏：「禮畢。」樂止。如遇風雪，有司設毡小次于圜丘下。皇帝恭就小次，對越行禮。其升降、上香、奠獻，俱以太常執事官代。內贊、對引官導皇帝至大次易服。禮部太常官捧神位安于皇穹宇。皇帝還齋宮，少憩，駕還。百官具朝服于承天門外橋南立迎駕。皇帝入詣廟，參拜如視牲還之儀。百官隨至奉天殿，行慶成禮。

附分獻官儀：皇帝行初獻禮，讀祝訖，奏：「俯伏，興，平身。」贊引引分獻官由東西陛詣各神位香案前，贊搢笏、上香、獻帛、獻爵、出笏、復位。亞終獻儀同，惟不上香、獻帛。至典儀唱：「望燎。」各分獻官詣燎爐前，燎半，贊：「禮畢。」

【《明史·樂志》】嘉靖九年，復定分祀圜丘樂章：

迎神，《中和》之曲　仰惟元造兮於皇昊穹，時當肇陽兮大禮欽崇。臣惟蒲柳兮螻蟻之衷，伏承眷命兮職統羣工。深懷愚昧兮恐負洪德，爰遵彝典兮勉竭微衷。遥瞻天闕兮寶輦臨壇，臣當稽首兮祗迓恩隆。百辟陪列兮舞拜于前，萬神翊衛兮而西以東。臣俯伏迎兮敬瞻帝御，願垂歆鑒兮拜德曷窮。

奠玉帛，《肅和》之曲　龍輿既降兮奉禮先，爰有束帛兮暨瑶瑄。臣謹上獻兮進帝前，❶仰祈聽納兮荷蒼乾。

進俎，《凝和》之曲　殽羞珍饌兮薦上玄，庖人列鼎兮致精虔。臣盍祗獻兮馨醴牷，願垂歆享兮民福淵。

初獻，《壽和》之曲　禮嚴初獻兮奉觴，臣將上進兮聖皇。聖皇垂享兮穆穆，臣拜手兮何以忘。

亞獻，《豫和》之曲　禮觴再舉兮薦玉漿，帝顔歆悦兮民福昂。民生賴兮感上蒼，臣惟鞠拜兮荷恩長。

終獻，《熙和》之曲　三獻兮禮告成，一念

❶「兮」，原無，據《明史·樂志》、《明會典》卷八二補。

微衷兮露悃情。景張樂舞兮聲鍠鋐，仰瞻聖容兮俯錫恩泓。

徹饌，《雍和》之曲　祀禮竣兮精意禋，三獻備兮誠已申。敬徹弗遲兮肅恭寅，恐多弗備兮惟賴洪神。

送神，《清和》之曲　禋事訖終兮百辟維張，帝垂歆鑒兮沐澤汪洋。龍車冉冉兮寶駕旋雲，靈風鼓舞兮瑞露清瀼。洪恩浩蕩兮無以爲酬，粗陳菲薦兮已感歆嘗。香氣騰芳兮上徹帝座，仰瞻聖造兮賜羣方。臣同率土兮載懽載感，祇迴寶輦兮鳳嘯龍翔。誠惶誠恐兮仰戀彌切，願福生民兮永錫亨昌。

望燎，《時和》之曲　龍駕寶輦兮昇帝鄉，御羞菲帛兮奉燎方。環珮鏗鏘兮羅壇壝，炬焰特舉兮氣輝煌。生民蒙福兮聖澤霑，臣荷眷佑兮拜謝恩光。

【《世宗本紀》】十年十一月甲寅，祀天于南郊。　十一年十一月庚申，祀天于南郊。

【《禮志》】十一年冬至，尚書言，前此有事南郊，風寒莫備。乃采禮書天子祀天張大次、小次之説，請「作黄氈御幄爲小次。每大祭，所司以隨。值風雪，則設于圜丘下，帝就幄中對越，而陟降奠獻以太常執事官代之」。命著爲令。

【《世宗實録》】嘉靖十二年，定圜丘遣官代祀儀　前期，太常寺具本，請欽定遣官職名。遣官受命、報名、謝恩、齋宿如常儀。先一日，遣官及分獻陪祀官各致齋于祭所。是日，先期，太常寺陳設如圖儀。設遣官拜位于壇下内壝正中，設遣官讀祝位于壇上，避御拜位，近北陛。設典儀、贊引官位于遣官拜位之南。贊引引遣官、分獻、陪祀官各服法服，候于壇壝外，南向立。典儀唱：

「樂舞生就位，執事官各司其事。」贊引引遣官由内壝右靈星門入。内贊贊：「就位。」位在壇下正中。分獻官稍前，遣官就位。典儀唱：「燔柴。」唱：「迎神。」奏樂。内贊贊：「升壇。」遣官由西陛升至神御香案前。贊：「跪，搢笏。」遣官跪搢笏。司香官捧香跪進于遣官左，贊：「上香。」遣官三上香訖。贊：「出笏。」至配帝前，儀同。贊：「復位。」樂止。内贊贊：「四拜。」遣官四拜，平身。傳贊百官同。典儀唱：「奠玉帛。」奏樂。内贊贊：「詣神御前。」遣官升至神御前，贊：「搢笏。」捧玉帛官以玉帛跪進，遣官受玉帛奠訖，贊：「出笏。」導至配帝前，儀同。贊：「復位。」樂止。典儀唱：「進俎。」奏樂。齋郎舁饌至，内贊贊：「詣神御前。」遣官升至神御前。贊：「搢笏。」進俎，出笏，導至配帝前，儀同，贊：「復位。」樂止。典儀唱：「行初獻禮。」奏樂。内贊贊：「詣神御前。」遣官升至神御前。司尊者舉冪酌酒，捧爵官以爵受酒。内贊贊：「搢笏。」捧爵官以爵跪進于遣官右。遣官受爵，贊：「獻爵。」遣官獻訖。贊：「出笏。」贊：「詣讀祝位。」位擬除一成中。贊：「跪。」遣官降至讀祝位，跪。傳贊百官皆跪。樂暫止。内贊贊：「讀祝。」讀祝官跪讀訖，樂復作。内贊贊：「俯伏，興，平身。」傳贊百官同。導至配帝前。贊：「搢笏。」捧爵官以爵跪進于遣官右，遣官受爵。贊：「獻爵。」遣官獻訖。贊「出笏」，贊「復位」，樂止。典儀唱：「行亞獻禮。」奏樂，儀同初獻，惟不讀祝。樂止。典儀唱：「行終獻禮。」奏樂。儀同亞獻。樂止。贊：「復位。」遣官復壇下拜位。内贊贊：「四拜。」遣官四拜，平身。傳贊百官同。典儀唱：

「徹饌。」奏樂。執事官徹饌訖，樂止。典儀唱：「送神。」奏樂。内贊贊：「四拜。」遣官四拜，平身。傳贊百官同。樂止。典儀唱：「讀祝官捧祝，進帛官捧帛，掌祭官捧饌，各詣燎位。」遣官退立拜位之東。典儀唱：「望燎。」奏樂。内贊贊：「詣望燎位。」近御位西，北向立。燎半，内贊贊：「禮畢。」樂止。　十三年二月，詔更圜丘爲天壇，方澤爲地壇。禮部尚書夏言言：「圜丘、方澤本法象定名，未可遽易，第稱圜丘壇省牲，則于名義未協。今後冬至大報、啓蟄祈穀祀天、夏至祭地，祝文宜仍稱圜丘、方澤。其省牲及諸公事，有事壇所稱天壇、地壇。」從之。

【《明史·世宗本紀》】十三年十一月庚午，祀天于南郊。　十四年十一月乙亥，祀天于南郊。　十五年十一月辛巳，祀天于南郊。

【《明會典》】十五年，定進大報等祀日册儀。舊制：每歲十一月上旬，欽天監具明年諸祭祀日，于奏上門奏進。嘉靖九年，令以九月奏諸祀日，自大報始。是年，帝親定進祀日册儀。每歲九月朔，禮部尚書以大報及諸祀日告于皇帝。前期，宿于公署。鴻臚卿請御殿，設案于奉天殿中。至日，百官公服侍班。皇帝服皮弁。禮部尚書具朝服，捧祀日册自午門中道入，立置于案。皇帝就先立定。禮部尚書跪奏：「嘉靖幾年分大報等祀日册，請敬之。」皇帝搢圭，取而恭視訖，序班舉案置于華蓋殿中。皇帝升座，百官叩頭如常禮。

【《明史·世宗本紀》】十七年十一月辛卯，祀天于南郊。詔赦天下。

【《禮志》】十七年，撤大祀殿。又改泰神殿曰皇穹宇。

【《明會典》】嘉靖十七年冬十一月，更上昊天上帝泰號曰皇天上帝，改泰神殿曰皇穹宇。

【《明史·禮志》】十七年，罷脱舄禮。

【《春明夢餘録》】郊壇門外每祀設大次，駕臨壇，入幕次，脱舄升壇。其升壇、執事、導駕、贊禮、讀祝並分獻、陪祭官皆脱舄於外，以次升壇供事。協律郎、樂舞生依前跣韈就位。祭畢降壇納舄。嘉靖中享廟，皇后助祭，遂罷脱舄禮，後不復行。

【《世宗本紀》】十八年十一月丙申，祀天于南郊。

【王圻《續通考》】明初，最嚴郊祀。太祖以後，無不親郊者。成祖北巡，間令太子攝祀。其以疾改卜郊，止太祖洪武六年、孝宗弘治十六年兩郊而已。百餘年中，肅奉明禋，對越罔懈，事天之誠，唐宋諸君，莫之逮也。惟武宗末年，屢以遊豫改卜郊，然亦未敢輒廢。世宗嗣服，鋭意制作，改合祀爲分祀，罷二祖並配，毅然排衆議而爲之，以蕲合于三代之禮，用意可謂勤矣。十三年，南郊，親製大報歌，亦有慎始圖終之語，乃分祀。未幾，遂至遣代大享殿，徒事改作而祈穀仍于内殿行事，且皇天泰號，徒奉虚稱；睿宗配天，貽譏豐昵。雖日禮玄極寶殿，乃溺于方士幻妄之説，非實有昭事上帝之誠也。蓋帝議禮之後，喜事紛更，始有博復古之虚名，而誠意有所不至，繼乃崇尚玄修，惑溺日深，凡所改作，皆廢置不復再舉，而祖宗以來，嚴恭寅畏之心蕩然無存。再傳而至神宗，怠棄益甚，郊廟之祀，數十年不一躬親，不可謂非帝啓之也。《記》曰：「惟聖人爲能享帝，孝子爲能享親。」理固不可易矣。

【《禮志》】二十四年，又即故大祀殿之址建大享殿。

【《穆宗本紀》】隆慶元年十一月癸亥，祀天于圜丘。

【《明會典》】隆慶元年，禮部會議：圜丘、方澤、朝日、夕月歲舉，四郊仍如世宗所更定，而罷祈穀及明堂大享禮。

【王圻《續通考》】穆宗隆慶元年，禮部會議郊祀之禮：國初，建圜丘于鍾山之陽，用冬至祀天，以日月、星辰、太歲從祀。建方丘于鍾山之陰，用夏至祀地，以岳鎮海瀆從祀。俱奉仁祖淳皇帝配。又築朝日壇于城東，夕月壇于城西，用春秋分行事。夕月亦以星辰從祀，俱不奉配。洪武十年，始定合祀之制。每歲正月，擇日行于大祀殿。三十二年，更奉太祖高皇帝配。永樂十八年，北京大祀殿成，行禮如前儀。洪熙元年，增奉成祖文皇帝並配。嘉靖九年，始建圜丘于南郊，冬至祀天，以日月星辰風雲雷雨從祀；建方澤于北郊，夏至祀地，以岳鎮海瀆陵寢諸山從祀。俱奉太祖高皇帝配。又建朝日壇于東郊，以春分祭日，無從位；建夕月壇于西郊，以秋分祭月，亦以星辰從祀，俱不奉配。今分祀已久，似難紛更。宜照例南北二郊，于冬、夏至日，恭請聖駕親詣致祭，仍奉太祖高皇帝配。時禮部言：「郊廟社稷諸祭，太常寺先期具奏行禮，止奏日，不奏時。以故陪祀諸臣失期者衆。請以後並奏日時。」從之。

【《明史·高儀傳》】穆宗即位，世宗遺命，郊社諸禮悉稽祖制更定。儀乃會廷臣議：天地分祀不必改。既而中官李芳復請天地合祀如洪武制。

【《舒化傳》】冬至郊天，聞帝咳聲，推論陰陽姤復之漸，請法天養微陽，詞甚切直。

【《明史·穆宗本紀》】二年十一月戊寅，祀天于圜丘。　三年十一月甲戌，祀天于圜丘。　四年十一月己卯，祀天于圜丘。

【王圻《續通考》】丙子，以大祀圜丘，上御皇極殿誓戒，文武羣臣，致齋三日，命成國公朱希忠告太廟，請太祖高皇帝配。禮畢，上還宮。尚食監設御筵案于御座之傍。光禄寺設酒亭于御座下之西，膳亭于御座下之東，百味于酒亭、膳亭之東西，設羣臣位桌于皇極殿内及中左右門丹墀内之東西，教坊司設九奏樂歌于殿内，設大樂于殿外，立三舞雜隊于殿下。文武百官行慶賀禮畢退。執事官及與宴官各具吉服，執事官先趨入殿内伺候。與宴官序立于丹陛，餘俱序于丹墀東西迎駕、伺駕。過殿内，與宴官隨即趨入，分班序立。上常服乘板輿，由歸極門出，入皇極門，樂作。至殿，上降輿，升座，樂止。鳴鞭。鴻臚官贊：「衆官入班。」内外贊贊：「排班。」内外各贊：「鞠躬。」樂作。四拜，興，平身。樂止。内官進護衣，舉案進花畢，教坊司跪奏《上萬壽》之曲。樂作。

内官斟酒，捧爵至御座前。内外各贊：「跪。」衆官皆跪。教坊司奏：「進酒。」上飲畢，内外各贊：「俯伏，興，平身。」樂止。各就位。衆官到席立定。上諭官人每坐。鴻臚寺官承旨，傳贊官傳訖，衆官方各就位，簪花。教坊司跪奏：「《平定天下》之舞。」舞畢，上諭官人每斟酒，鴻臚寺官承旨，傳贊官傳訖。教坊司跪奏：「二奏《仰天休》之曲。」樂作。内官斟酒，捧爵至御案前。教坊司跪奏：「進酒。」候上舉酒，各官以次舉，飲訖。樂止。殿外導湯，樂作，至殿内迎湯，樂作，各官起立。内官捧湯至御座前，各官復位。樂止。教坊司跪奏：「進湯。」樂作。候上舉筯，各官以次舉訖。鴻臚寺官贊：「饌成。」内官徹湯，樂作。教坊司跪奏：「《黄童白叟鼓腹謳歌承應》舞。」舞畢。復跪奏：「三奏《感大德》之曲。」樂作。進酒如前儀。樂止。教坊司跪奏：「《撫安四夷》之舞。」舞畢，上諭官人每斟滿。着鴻臚寺官承旨，傳贊官傳訖。教坊司跪奏：「四奏《慶洪禧》之曲。」樂作。奉酒湯如前儀。樂止。教坊司跪奏：「《車書混同》之舞。」舞畢。復跪奏：「五奏《荷皇恩》之曲。」樂作。進酒如前儀。樂止。教坊司跪奏：「《呈祥瑞》之舞。」舞畢，上諭官人每飲乾。着鴻臚寺承旨，傳贊官傳訖。教坊司跪奏：「六奏《民樂生》之曲。」樂作，進酒進湯如前儀。樂止。教坊司跪奏：「《讚聖喜》之舞。」舞畢，復跪奏：「七奏《景祚隆》之曲。」樂作，進酒進湯如前儀。樂止，教坊司跪奏：「《來四夷》之舞。」舞畢，復跪奏：「八奏《永皇圖》之曲。」樂作，進酒進湯如前儀。樂止，教坊司跪奏：「《表萬方》之舞。」復跪奏：「九奏《賀太平》之曲。」樂作，進酒進湯如前儀。樂止。内官徹御前爵。殿外導湯膳，樂作。至殿内，迎湯膳。樂作。各官起立。内官捧湯膳至御案前。各官復位。樂止。教坊司跪奏：「進膳。」樂作，鴻臚寺官傳贊：「膳成。」内官徹湯膳。樂止。教坊司跪奏：「《天命有德》之舞。」舞畢，奏：「《纓鞭得勝蠻夷隊》舞。」承應奏，致語畢。鴻臚寺官贊：「徹案。」尚膳監徹御案，訖，贊：「宴成。」衆官出席，俱列班。鴻臚寺官贊：「入班。」外贊贊：「排班。」内外贊：「鞠躬。」樂作，贊：「行四拜禮。」樂止。鴻臚寺官贊：「禮畢。」鳴鞭，駕興，還宫。百官退。内外坐宴官，凡遇傳制時，俱各起立，拱聽。傳畢，復就坐其殿内。與宴朝鮮國陪臣及外夷都督，俱各用通事序班一員引領行禮。

萬曆三年十一月，内閣臣張居正進《郊禮圖

册》曰：「國初，建圜丘于鍾山之陽，以冬至祀天，建方丘于鍾山之陰，以夏至祀地。洪武二年，始奉仁祖淳皇帝西向配享。十年春，始定合祀之制。時以天地壇大祀殿未成，暫于奉天殿行禮。至十二年正月，乃合祀于大祀殿，仍奉仁祖配享。命官分獻日月星辰岳鎮海瀆山川諸神，凡一十四壇。三十二年，更奉太祖高皇帝配享。永樂十八年，北京天地壇成，每歲仍合祀如儀。南京壇，有事則遣官祭告。洪熙元年，奉太祖高皇帝、太宗文皇帝同配享。嘉靖九年初，建圜丘于大祀殿之南，每歲冬至祀天，以大明、夜明、星辰、雲雨、風雷從祀。建方澤于安定門外，每夏至祭地，以五岳、五鎮、四海、四瀆、陵寢諸山從祀。俱止奉太祖一位配享，而罷太宗之配。其大祀殿，則以孟春上辛日行祈穀祭，奉太祖、太宗同配享。十年，又改以啓蟄日行祈穀禮于圜丘，仍止奉太祖一位配享。十七年秋九月，詔舉明堂大享禮于大内之玄極寶殿，奉睿宗獻皇帝配享。玄極殿即舊欽安殿。是冬十一月，上具册寶圜丘上昊天上帝爲皇天上帝尊號。十八年春，行祈穀禮于玄極寶殿，不奉配。二十四年，拆大祀殿，改建大享殿，命禮部歲用季秋奏請卜吉，行大享禮。隨又命仍暫行于玄極寶殿。隆慶元年，詔罷祈穀、大享二祭，復玄極寶殿仍名欽安殿，而天地則分祀如世宗所更定云。謹案天地分祀，至洪武十年，聖祖乃定爲合祀之制。每歲正月上辛日行禮于南郊大祀殿，列聖遵行，百六十餘年。至世宗皇帝，始案《周禮》古文，復分建南北郊，俱壇而不屋。南郊以冬至，北郊以夏至行禮。而二至之外，復有孟春祈穀，季秋大享，歲凡四焉。隆慶改元，詔廷臣議郊祀之禮。時議者並請罷祈穀、大享，復合祀天地于南郊。先帝深維三年無改之義，獨以祈穀、大享在大内，行禮不便，從禮官議罷之，而分祀姑仍其舊，蓋亦有待云爾。夫禮，因時宜，本乎人情者也。高皇帝初制郊禮，分祀十年矣，而竟定于合享者，良以古今異宜，適時爲順，故舉以歲首，人之始也；卜以春初，時之和也；歲惟一出，事之節也；爲屋而祭，行之便也。百六十餘年，列聖相承，莫之或易者，豈非以其至當允協經文而可守乎！今以冬至極寒而祼獻于星露之下，夏至盛暑而駿奔于炎歊之中，一歲之間，六飛再駕，以時以義，斯爲戾矣。且成祖文皇帝再造宇宙，功同開創，配享百餘年，一朝而罷之，于人情亦大有不安者。故世宗雖分建圜、方之制，而中世以後竟不親行，雖肇舉大享之禮，而歲時禋祀止于内殿，是斯禮之在當時，已窒礙而難行矣，況後世乎？臣等愚昧，竊以爲宜遵高皇之定制，率循列聖之攸行，歲惟一舉合祀之禮，而奉二祖並配，斯于時義允協，于人情爲順。顧郊禋禮重，今且未敢輕議，謹稽新舊規制禮儀而略述其概，以俟聖明從容裁斷焉。」上從之。

蕙田案：舊禮者，太祖所定。新禮者，世宗所定也。據居正稱「極寒而祼獻于星露之下，盛暑而駿奔于炎歊之中」，是冬至圜丘、夏至方澤之禮，果不可行也。爲大臣者，不以敬天勤民相儆勗，而第以宴安逸豫導之，其謂之何？

又案：璁、萼、獻夫以議興獻禮，寵擢于前；夏言以議分祀專配，柄用于後，蓋主眷之所厚，即爲權勢之所歸。而其所以得膺主眷者，則常以議論之投契致之。神宗惰窳之習，江陵蓋有以窺之矣，故陽爲議禮以翻嘉靖之案，陰爲順導以悦神宗之心，所以嘗之而擅其權者，作用在此，徒以失禮議之，不足以盡其情也。

【《明史·神宗本紀》】萬曆三年十一月乙巳，祀天于南郊。

【《明會典》】萬曆三年親祀圜丘儀：正祭前六日早，上常服以親詣南郊視牲預告于太廟。前五日，錦衣衛備隨朝駕如常儀。質明，上常服御皇極殿。太常寺官奏請聖駕視牲。百官具吉服，朝參，鳴鞭訖，先趨出午門外，東西序立，候送。上由大明門、正陽門、西天門舊路至犧牲所南門，迤西，上降輦。禮部尚書、侍郎、太常卿、少卿導上至所内幄次。禮部官跪奏：「請視牲。」仍同太常寺官導上至各牲房前，太常卿跪奏：「視大祀牲。」逐一視畢，仍導上至幄次内。上少憩，出。禮部太常寺官仍導上陞輦駕還。百官俱於承天門外序立，候迎。上仍詣太廟參謁。前四日，上御皇極殿。太常寺奏。祭祀前三日，質明，上常服，乘輿詣太廟門西，降輿，至幄次内。具祭服，告請太祖配神，行一獻禮畢，出幄次内。易皮弁服，回御中極殿。太常寺、光禄寺官奏省牲。畢，御皇極殿。傳制誓戒百官。前二日早，上常服，以親詣南郊大祀預告于太廟。是日午後，太常寺官捧蒼玉帛匣、香盒同神輿亭，進于皇極殿内。司禮監官捧帛同案，設于御案之北。前一日質明，上從文華殿出，由皇極殿左門入至御案前立。太常卿捧祝版，由中門進于御案上。上填御名訖，大常卿捧安輿中。司禮監官進帛于上，裝匣内并蒼玉安訖，太常卿捧安輿中。太常卿隨捧香盒於香亭右，跪。上三上香，行一拜三叩頭禮畢，轉於東西向立。錦衣衛官校入擡輿亭，由中門出。太常卿隨詣天壇神庫奉安。上由殿中門出，乘輿詣南郊，至昭亨門西。禮部尚書、侍郎、太常少卿等官行叩頭禮畢，分兩傍候上降輿。尚書等官導上由昭亨左門入至内壝左門。太常卿跪迎，同導上至午陛。尚書等官俱止。太常卿導上至圜丘恭視壇位。尚書等官俱先詣東陛前伺候。上視壇位畢，太常卿導上由東陛下。尚書等官同導上至神庫視籩豆，至神厨視牲。俱太常卿導入。逐一奏畢。禮部太常寺官導上仍由昭亨左門出，陞輿，至齋宫。分獻、陪視官朝參，傳旨賜早飯。各官叩頭謝恩。至午，各官候旨朝參，仍傳旨賜午飯。謝恩如前儀。是日午後，太常寺陳設如常儀。至一更時分，禮部尚書等官詣皇穹宇。尚書上香請神，侍郎二員導引。太常寺官以次捧正位配位神版、從位神牌詣壇奉安訖。候報時。上常服乘輿出，至外壝神路之西，降輿，導駕官導上至神路東大次。禮部同太常官復命畢，上具祭服出，由内壝左櫺星門入，行大祀禮如常儀，畢，上至大次，易常服，至齋宫少憩，駕還。仍詣太廟參謁，畢，具衮冕服，御皇極殿，行慶成禮。

【《明史·神宗本紀》】萬曆六年十一月辛酉，祀天于南郊。　十四年十一月癸卯，祀天于南郊。　三十三年四月庚子，雷擊圜丘望燈高杆。

【《熹宗本紀》】天啓三年十一月丁巳朔，祀天于南郊。

【《莊烈帝紀》】崇禎元年十一月癸未，祀天于南郊。　八年十一月庚申，祀天于南郊。　十二年十一月辛巳，祀天于南郊。　十三年十一月丁亥，祀天于南郊。　十六年十一月壬寅，祀天于南郊。

蕙田案：張居正以神宗三年進新舊禮圖，欲改合祀，然四年、七年五月俱嘗祀地北郊，固未嘗改爲合祀，故神宗、熹宗、烈帝三《紀》始終皆書祀天，特祭地之禮不行耳，孰謂後人果以合祭爲是乎？

右明郊禮。

五禮通考卷第二十

淮陰吴玉搢校字

五禮通考卷第二十一

内廷供奉禮部右侍郎金匱秦蕙田編輯
太子太保總督直隸右都御史桐城方觀承同訂
國子監司業金匱吴鼎參校

吉禮二十一

祈　穀

蕙田案：祈穀之禮，見於《月令》。《春秋傳》郊祀上帝與冬至圜丘禮同，一是正祭，一是祈祭，但圜丘用日至，不卜日，而祈穀則用辛。《郊特牲》、《家語》及《春秋》所書郊日皆有明文，而《春秋》書魯郊者十，皆言卜。先儒謂卜日用辛皆魯禮，魯無冬至圜丘之祭，故啓蟄而郊，以祈農事，在建寅之月，蓋即天子祈穀之禮，其言是也。自鄭氏合日至、用辛爲一，而郊祭之禮及祈穀之禮俱晦，故自漢以後，郊必用辛，而二祭不分矣。梁祈穀祭先農，是以人鬼爲天帝。唐祈穀祀感帝，是以讖緯惑正經。惟《顯慶禮》與《政和禮》，圜丘、祈穀皆祭上帝，始不失古誼。明祈穀禮，自世宗始，後間行之。洪惟聖朝，孟春上辛，祈穀於南郊，每歲天子親行，敬勤之義，斯爲至矣。今輯經傳言祈穀之文，以冠篇首，繼以《春秋》魯郊及諸儒論魯郊者附焉。庶幾先王祀天之正祭，不至淆於漢儒之附會，而後世祈穀之典禮，其本末可具見也。

【《禮記・月令》】孟春之月，天子乃以元日祈穀於上帝。【注】謂以上辛郊祭天也。《春秋傳》曰：「夫郊祀后稷，以祈農事，是故啓蟄而郊，郊而後耕。」【疏】鄭引《春秋傳》，見襄七年《左傳》，彼祈農事，則此祈穀。彼云郊而後耕，此祈穀之後即躬耕帝藉，是祈穀與郊一也。

方氏慤曰：「元日者，善日也，與《王制》習射上功所言同義。《詩》言『三之日于耜』，蓋建寅之月也，故于是月始祈穀焉。《噫嘻》言『春夏祈穀于上帝』，正謂是矣。」

【《春秋》桓公五年《左氏傳》】凡祀，啓蟄而郊。【注】啓蟄，夏正建寅之月，祀天南郊。【疏】禮，諸侯不得祭天。魯以周公之故，得郊祀上帝。《夏小正》曰「正月啓蟄」，其傳曰「言始發蟄也」。故漢氏之始以啓蟄爲正月中。注以此句爲建寅之月。《釋例》云「曆法，正月節立春，啓蟄爲中氣」者，因《傳》有啓蟄之文，故遠取漢初氣名，欲令《傳》與曆合。《釋例》云：❶「孟獻子曰：『啓蟄而郊，郊而後耕。』耕謂春分也，言得啓蟄當卜郊，不應過春分也。」如此，必是建寅之月方始郊天，周之孟春未得郊也。《禮記・明堂位》曰：「魯君孟春乘大路，以祀帝于郊。」又《雜記》云：「孟獻子曰：『正月日至，可以有事于上帝，七月日至，可以有事于祖。』七月而禘，獻子爲之。」如彼《記》文，則魯郊以周之孟春，而《傳》言「啓蟄而郊」者，《禮記》後人所録，其言或中或否，未必所言皆是正禮。襄七年《傳》孟獻子曰「啓蟄而郊」，《禮記》、《左傳》俱稱獻子，而《記》曰「日至」，《傳》言「啓蟄」，一人兩説，必有謬者。若七月而禘，獻子爲之，時應有七月禘矣。烝嘗過則書，禘過亦應書。何以獻子之時不書七月禘？是知獻子本無此言，不得云《禮記》是而《左傳》非也。《明堂位》，後世之書，其末章云魯「君臣未嘗相弑也，禮樂刑法政俗未嘗相變」。春秋之世，三君見弑，髽而弔，士有誄，俗變多矣，尚云無之，此言既誣，則郊亦難信。以此知《記》言孟春非正禮也。鄭玄注書，多用讖緯，言天神有六，地示有二。夏正郊天，祭其所感之帝焉。周人木德，祭靈威仰也，魯無冬至之祭，惟祭靈威仰耳。先儒悉不然，故王肅作《聖證論》引羣書以證之，言郊則圜丘，圜丘即郊，天體

❶「云」，原作「于」，據《春秋左傳正義》卷六改。

惟一，安得有六天也。晉武帝，王肅之外孫也，泰始之初定南北郊祭，一地一天，用王肅之義。杜君身處晉朝，共遵王説，不言有二天。然則杜意天子冬至所祭，魯人啓蟄而郊，猶是一天，但異時祭耳！此注直云祀天南郊，不言靈威仰，明與鄭異也。

蕙田案：啓蟄而郊，見于此《傳》及襄七年孟獻子語，是祈穀孟春實無疑義，即《吕覽·月令》之文所由來也。自《雜記》有孟獻子正月日至之説，鄭氏注《明堂位》孟春爲建子，而日至用辛之論始淆矣。此疏釋建寅之月特爲明確，而辨《雜記》之文爲誣亦最透快，則孟春之説始定，微特杜氏功臣，抑亦爲康成補過也。

【襄公七年《左氏傳》】孟獻子曰：「夫郊祀后稷，以祈農事也，【注】郊祀后稷，周始祖，能播殖者。【疏】后稷，周之始祖，能播殖者，辨知后稷是何人，不爲能播殖，故祀以祈農事，自謂郊天以祈農耳。案《孝經》云：「昔者周公郊祀后稷以配天。」止云配天而祀之，不言祈農也。祭祀者，爲報以往，非求將來之福也。但祭爲明神所享，神以將來致福。將來而獲多福，乃由祭以得之。《禮器》稱君子曰「祭祀不祈」，祭者意雖不祈，其實福以祭降。以祭獲福，即祈之義也。宗廟之祭，緣生事死，盡其孝順之心，非求耕稼之利。少牢饋食者，大夫之祭禮也。其祭之末，尸嘏主人，使女受福于天，宜稼于田。彼豈爲田而祭哉！神以宜田福之耳。郊天之義，亦由是也。神以人爲主，人以穀爲命。人以精意事天，天以宜稼佑人，以此謂之祈農，本意非祈農也。《詩·噫嘻》序曰：「春夏祈穀于上帝。」《禮·月令》孟春之月曰：「是月也，天子乃以元日祈穀于上帝。」即是郊天之祭也。其下即云：「乃擇元辰，天子親載耒耜，躬耕帝藉。」是郊而後耕也。獻子此言，正與《禮》合。是故啓蟄而郊，郊而後耕。」【注】啓蟄，夏正建寅之月。耕謂春分。【疏】啓蟄爲夏正建寅之月中氣也。《月令》祈穀之後，即擇日而耕。初耕亦在正月。據《傳》獻子此言，郊天之禮，必用周之三月。而《雜記》云：「孟獻子曰：正月日至，可以有事于上帝。」此與《禮記》俱稱獻子，二文不同，必有一謬。《禮記》

後人所録，《左傳》當得其真。

【《家語・郊問》】定公問于孔子曰：「寡人聞郊而莫同，何也？」孔子曰：「郊之祭也，迎長日之至也，大報天而主日，配以月，故周之始郊，其月以日至，其日用上辛。至于啓蟄之月，則又祈穀于上帝。此二者，天子之禮也。魯無冬至大郊之事，降殺于天子，是以不同也。」【王注】祈，求也，爲農求穀于上帝。《月令》：「孟春之月，乃以元日祈穀于上帝。」並無仲冬大郊之事。至于祈穀與天子同，故《春秋傳》曰：「夫郊祀后稷，以祈農事也，是故啓蟄而郊，郊而後耕也。」而學者不知推經禮之指歸，皮膚妄説至乃顛倒神祇，變易時日，遷改兆位，良可痛心者也！

蕙田案：《周禮》圜丘之祭以冬日至之日，非月也。《家語》「其月以日至」，正與孟獻子「正月日至，可以有事于上帝」意相同。先儒以此爲王肅僞撰，殆不誣也。在王肅，意欲破鄭氏日至、上辛合一之謬，而不知其有語病耳。

【《周頌・噫嘻》序】曰：春夏祈穀于上帝也。【箋】祈猶禱也，求也。《月令》孟春祈穀于上帝，夏則龍見而雩是與？　【疏】《噫嘻》詩者，春夏祈穀于上帝之樂歌也。謂周公成王之時，春郊夏雩，以禱求膏雨而成其穀實，爲此祭于上帝。詩人述其事，而作此歌焉。經陳播種耕田之事，是重穀爲之祈禱，戒使勸農業，故作者因其禱祭而述其農事。

李氏迂仲曰：「凡祀，啓蟄而郊，龍見而雩。《禮記・月令》：『孟春元日，祈穀於上帝。仲夏之月，大雩帝，用盛樂，祈穀實。』春則因民播種，而以啓蟄之時而郊；夏則恐旱暵爲灾，而于龍星見之時而雩，皆所以祈穀于上帝者也。」

觀承案：祈穀在孟春，祈雨在孟夏，兩祈不同而時亦異。《噫嘻》詩序謂春夏祈穀于上帝，乃騎墻之見，足徵《小序》之陋。若以祈雨即爲穀祈實，欲牽挽爲一，益復支離矣。鄭箋加「是歟」二字以疑之，尚未害。孔疏及李氏乃質言之，非也。此詩當是祈穀後祭社稷之歌，且已在康王世，則成王主在禰宮。祈穀之郊，先作龜于禰宮，故承卜吉于成王廟而言：噫嘻哉，我皇考成王，既昭格于爾大神矣。今惟祈「率時農夫，以播百穀」云云，所以爲祈穀後祭社稷之詩，則亦非祈穀上帝之正祭也。周人祈穀之郊與冬至之郊同歌《思文》而已。子由解則專以爲雩祭之詩，然詩中並未有祈雨之意，詩雖貴含蓄，恐郊廟樂章，必不作此等吸後語也。或又以發端「噫嘻」二字爲雩祭吁嗟之徵，亦曲説耳。《臣工》一篇，凡兩曰「嗟嗟」，亦將謂雩祭，可乎？

【《詩·周頌》】噫嘻成王，既昭格爾，率時農夫，播厥百穀。駿發爾私，終三十里，亦服爾耕，❶十千維耦。

李氏曰：「蘇黄門：『民力盡矣，所不足者，惟雨耳。』此説可謂盡詩人之意也。《噫嘻》之詩，春夏祈穀于上帝之樂歌也。是詩所言者『播厥百穀』，曰『十千維耦』，但言從事于田畝，殊無祈穀之意，以爲人事于此盡矣。若夫百穀順成，非人所能爲，天也，故于此而祈穀焉。詳觀此詩，經有盡而意無窮，可以一唱而三嘆也。」

嚴氏粲曰：「祈穀之後，即躬耕帝藉，故言『率時農夫』以張本也。言『駿發爾私』，不及公田，爲民祈也。」

【何氏楷《世本古義》】卜郊則受命于祖廟，而作龜于禰宮。《郊特牲》疏曰：「作龜于禰宮者，先告祖受命，又至禰廟卜之也。」《明堂位》曰：「孟春乘大路，祀帝于郊，配以后稷。」《左氏》曰：「啓蟄而郊，郊而後耕。」則魯郊固在夏之孟春矣。古者一歲郊祀凡再：冬至之郊，爲報本也；建寅之郊，爲祈穀也。建寅之郊用卜，

❶「服」，原作「復」，據庫本改。

而冬至之郊不用卜。蓋以禮文徵之，《郊特牲》云：「郊之用辛也，周之始郊，日以至。」《家語》亦云：「周之始郊，其月以日至，其日用上辛。」所謂始郊者，對建寅之郊而言。日不取至日，而定用上辛，此以知冬至之郊不用卜也。《月令》云：「孟春之月，天子乃以元日祈穀于上帝，乃擇元辰，天子親載耒耜，躬耕帝藉。」甲乙丙丁等謂之日，子丑寅卯等謂之辰。元之爲言善也。日必須卜，辰必須擇。據《春秋》言卜郊者皆祈穀之郊，此以知唯建寅之郊用卜也。愚所以定《噫嘻》之詩爲咏祈穀卜郊之事者，以篇中專言勸農，而章首有「成王昭假」之語，明此詩作于康王之世，乃主作龜禰宮而言。不然，周自后稷以農事開國，即欲敕農官，何不于始祖之廟，舉始祖爲辭，而顧于成王何取乎？序及蔡邕《獨斷》亦皆云春夏祈穀于上帝之所歌也。此說相傳，必非無本。今觀詩中雖言耕事，而絕無一語及祈穀者，唯章首二語，以爲作龜禰宮，乃與孟春祈穀相涉耳。然孟春、仲夏雖皆有祈穀，而禮各不同。仲夏大雩帝，用盛樂以祈穀實，無作龜禰宮之事，序不應兼夏而言，疑傳説之誤，或「夏」字衍也。

蕙田案：圜丘之祭，但取日至，不必用辛。用辛者，惟祈穀之郊。何氏謂冬至之郊，不取至日而定用上辛，蓋爲《家語》所惑，非是。其謂魯郊在夏之孟春，建寅之郊用卜，冬至之郊不用卜，及《春秋》言卜郊者皆祈穀之郊，皆明確不可易也。

右經傳祈穀郊。

【《春秋》】僖公三十一年：夏四月，四卜郊，不從，乃免牲，猶三望。【注】不從，不吉也。卜郊不吉，故免牲。免猶縱也。【疏】凡祀啓蟄而郊，啓蟄，周之三月也。❶今于夏四月卜郊者，《傳》舉節氣，有前有却，但使春分未過，仍得爲郊，故四月得卜郊也。言四卜郊者，蓋三月每旬一卜，至四月上旬更一卜，乃成爲四卜也。

【《左氏傳》】非禮也。【注】諸侯不得郊天，魯以周公故，得用天子禮樂，故郊爲魯常祀。【疏】《記》言正月，謂周正建子之月，與《傳》「啓蟄而郊」，其月不同。

❶「三」，原作「二」，據庫本改。

《禮記》是後儒所作，不可以難《左傳》。猶三望，亦非禮也。禮不卜常祀，【注】必其時。而卜其牲日。【注】卜牲與日，知吉凶。牛卜日曰牲。【注】既得吉日，則牛改名曰牲。牲成而卜郊，上怠慢也。望，郊之細也。不郊亦無望可也。【《公羊傳》】曷爲或言三卜，或言四卜？三卜，禮也。四卜，非禮也。三卜何以禮？四卜何以非禮？求吉之道三。【疏】三卜禮，謂是魯禮。若天子之郊則不卜，以其常事，但以魯郊非常，是以卜之吉則爲之，凶則已之。禘嘗不卜，郊何以卜？卜郊非禮也。【注】禮，天子不卜郊。卜郊何以非禮？魯郊非禮也。【注】以魯郊非禮故卜爾。魯郊何以非禮？天子祭天，【注】郊者，所以祭天也。天子所祭，莫重于郊。諸侯祭土。【注】土謂社也。諸侯所祭，莫重于社。【疏】欲道魯郊爲非禮之意也。天子有方望之事，無所不通，諸侯山川有不在其封内者，則不祭也。【注】故魯郊非禮。【疏】正以其所主狹，是以不得祭天地也。【《穀梁傳》】夏四月，不時也。【注】郊，春事也。四卜，非禮也。【注】郊，春事。四卜則入夏。

董氏仲舒曰：「魯曷爲郊？周公故也。不於日之至，避王室也。比旬而卜之，遠怠慢也。必更三旬，禮盡于三也。」

啖氏助曰：「天子以冬至祭上帝，又以夏之孟春祈穀于上帝，于郊，故謂之郊。魯以周公之故，特以孟春祈穀于上帝，亦謂之郊。郊皆用辛日，故以二月卜三月上辛，不吉則卜中辛，又不吉則卜下辛，所謂吉事先近日也。卜三旬皆不吉，則不郊。」

趙氏匡采曰：「郊者，所以事上帝也。魯曷爲之？周公故也。不于日至，避王室也。卜用夏正，於農耕之始也。」

葉氏夢得曰：「冬至之日，祭天于地上之

圜丘，此周之正禮，不可得而易者也。孟春建寅之郊，蓋祈穀之祭耳。魯雖得郊，不得同於天子，是以因周郊之日，以上辛。三卜不從，至建寅之月而止，乃不郊。書于《春秋》者甚明，則魯郊殆周祈穀之郊而已，故《左傳》謂啓蟄而郊。」

李氏廉曰：「魯郊之用孟春何也？魯無冬至大郊之事，特以孟春祈穀爲郊，以《家語》及《明堂》、《左氏》論之，則孟春爲是。」

又曰：「郊之用卜何也？古者大事皆決于卜。《公羊》以爲天子之郊常事，則不卜，魯郊非常，是以卜之。《左氏》以爲常禮不卜，止卜牲與日。案周祀五帝，前期太宰帥執事而卜日，則天子亦卜也，但所卜者，不過卜日與牲耳。《春秋》所書，亦卜日與牲也。」

汪氏克寬曰：「《左傳》、《家語》皆云魯以啓蟄而郊，朱子謂夏正之孟春。漢太初以前，以啓蟄爲正月中氣也。然啖氏謂以周之二月卜三月，且辨《穀梁》以周之十二月卜正月非是。今考宣三年、成七年、定十五年、哀元年之改卜牛，皆在正月，蓋成王所賜，止是祈穀之郊，乃夏之孟春。啖氏所言，卜起二月下旬而盡于三旬者，禮之正也。《穀梁》所言，卜起十二月下旬者，禮之末失也。故子服惠伯云『魯將以十月上辛有事于上帝』，孟獻子曰『正月日至，可以有事于上帝』。而《明堂位》注疏以孟春爲周之正月，《郊特牲》疏崔氏、皇氏用王肅之説，又以魯冬至郊天，建寅之月又郊以祈穀，皆因魯郊之非時而誤也。《聖證論》引《穀梁》言魯止一郊，或用子月，或用寅月，蓋魯郊非時，或僭天子日至之期，而失之太早；或逾啓蟄之節，失之後時也。或謂卜自建子之月而始，又謂郊非祈農事，則與程子冬祀圜丘、春祈穀之説異矣。」

【華氏泉《春秋疑義》】天子以冬至祭上帝，又以夏之孟春祈穀于上帝，于郊，故謂之郊。魯以周公之故，特以孟春祈穀于上帝，亦謂之郊。郊皆用辛日，故以二月卜三月上辛，不吉則卜中辛，又不吉則卜下辛。卜三旬皆不吉，則不郊。凡牲必養二：一以祀上帝，一以祀后稷。帝牛有變，則改卜稷牛以代之，而別以他牛爲稷牛，若卜稷牛不吉，及稷牛又死，亦皆不郊。凡不郊皆卜免牲，卜免牲吉則免之，不吉則但不郊而已，不敢免，繫牲待明年庀牲時卜用。未成牲曰牛，牲傷亦曰牛。又曰：此記郊之始。據《家語·郊問》，則成王所賜，伯禽所受，其爲祈穀之郊，在啓蟄之月明矣。魯以諸侯而郊，已爲非禮，其末流之失，抑又甚焉！或僭用日至之郊，宣三年、成七年、定十五年、哀元年之改卜牛，皆在春正月也。或逾啓蟄之節，僖三十一年、襄十一年，及定、哀之改卜，皆以四月、五月。又其甚者，成十七年之書九月辛丑用郊是也。夫魯之郊久矣，隱、桓、莊、閔不書，先儒謂聖人不敢無故斥言君父之過，故因其變異而書，不及時書，過時書，卜郊不從書，五卜、四卜以瀆書，用郊以廢卜書，郊牛傷、鼷鼠食郊牛以紀異書，不郊猶三望以可已不已書，此皆直書而自見者也。若夫宣三年王喪未葬而卜郊，哀元年先公未小祥而郊，忘哀從吉，違禮褻天，莫此爲甚，則比其事而觀之，而惡著矣。

蕙田案：董、趙以下諸儒，論魯孟春郊爲祈穀詳矣，要非始于諸儒也，《左氏》「啓蟄而郊」乃其的據，❶而《公羊》魯郊非禮，及《穀梁》四月不時之説，義正相合，三子之言必有所傳授，勝于《家語》、《戴記》多矣。

又案：魯郊始于僖公，《春秋》雖不敢無故書郊，然有故而書，皆在僖公之後。華氏謂魯之郊已久，皆因無故不敢斥言君父之過，恐未確。詳見後魯僭郊條内。

宣公三年春，王正月，郊牛之口傷，改卜牛，牛死乃不郊，猶三望。【注】牛不稱牲，未卜日。

【《左氏傳》】三年春，不郊而望，皆非禮也。望，郊之屬也，不郊亦無望可也。【注】例在僖三十一年，復發傳者，嫌牛死與卜不從異。

【《公羊傳》】曷爲不復卜？養牲養二，卜帝牲不吉，則扳稷牲而卜之。帝牲在于滌三月，于稷者唯具是視。郊則曷爲必祭稷？王者必以其祖配。王者則曷爲必以其祖配？自内出者，無匹不行；自外至者，無主不止。

【《穀梁傳》】之口，緩辭也。傷自牛作也。改卜牛，牛死乃不郊，事之變也。乃者，亡乎人之辭也。【注】牛自傷口，非備灾之道不至也，故以緩辭言之。牛無故自傷其口，易牛改卜，復死乃廢郊禮，此事之變異，譏宣公不恭致天變。

【胡《傳》】乃不郊者，爲郊牛之口傷，改卜牛而牛又死也。不然，郊矣。禮爲天王服斬衰，周人告喪于魯，史册已書而未葬也。祀帝于郊，夫豈其時？而或謂不以王事廢天事，禮乎？《春秋》備書，其義

❶「郊」，原作「耕」，據庫本改。

自見。

張氏元德曰：「此因事之變，以明魯郊之非禮，蓋僭禮之中，復有忘哀從吉之罪，《春秋》所以特書之。」

家氏鉉翁曰：「此魯宣除喪始郊，而天示之譴也。」

成公七年春，王正月，鼷鼠食郊牛角，改卜牛。鼷鼠又食其角，乃免牛。夏五月，不郊，猶三望。【《穀梁傳》】不言日，急辭也，過有司也。郊牛日展觓角而知傷，展道盡矣，其所以備灾之道不盡也。【注】有司展察牛而即知傷，是展察之道盡，不能防灾禦患，致使牛傷，故不書日，以顯有司之過。觓，球球然角貌。「改卜牛，鼷鼠又食其角。」又，有繼之辭也。其，緩辭也。曰亡乎人矣，非人之所能也，所以免有司之過也。【注】前已食，故曰繼。至此復食，乃知國無賢君，天灾之爾，非有司之過也，故言「其」以赦之。「乃免牛。」乃者，亡乎人之辭也。免牲者，爲之緇衣纁裳，有司玄端，奉送至于南郊。免牛亦然。免牲不曰不郊，免牛亦然。【注】郊者用牲，今言免牲，則不郊顯矣。若言免牛，亦不郊。而經復書「不郊」者，蓋爲三望起耳，言時既不郊而猶三望，明失禮。

劉氏向曰：「鼠，小蟲，性盜竊。鼷，又小者也。牛，大畜，祭天尊物也。角，兵象，在上，君威也。小小鼷鼠食至尊之角，季氏執國命以傷君威象。」

十年夏四月，五卜郊，不從，乃不郊。【注】卜常祀，不郊，皆非禮，故書。【《公羊傳》】其言乃不郊何？不免牲，故言乃不郊也。【《穀梁傳》】夏四月，不時也。【注】郊時于三月。五卜，强也。乃者，亡乎人之辭也。

吳氏澄曰：「二月下旬初卜三月上旬，再卜三月下旬，❶三卜不從則當止而不郊矣。乃于三月下旬四卜，又于四月上旬五卜，五卜不從而後不郊，瀆神甚矣。」

十七年九月辛丑，用郊。【《公羊傳》】用

❶「下」，庫本作「中」。

者何？用者，不宜用也。九月，非所用郊也。郊用正月上辛。或曰用然後郊。【注】周之九月，夏之七月，天氣上升，地氣下降，又非郊時，故加用之。魯郊博卜春三月，言正月者，因見百王正所當用也。三王之郊，一用夏正。言正月者，《春秋》之制也；正月者，歲首；上辛猶始新，皆取其首先之意。日者，明用辛例，不郊則不日。【《穀梁傳》】夏之始可以承春。以秋之末承春之始，蓋不可矣。【注】郊，春事也。僖三十一年「夏，四月，四卜郊，不從」，《傳》曰：「四月，不時。今言可者，方明秋末之不可，故以是爲猶可也。」九月用郊，用者，不宜用也。宮室不設，不可以祭；衣服不修，不可以祭；車馬器械不備，不可以祭；有司一人不備其職，不可以祭。祭者，薦其時也，薦其敬也，薦其美也，非享味也。【疏】徐邈云：「宮室謂郊之齋宮。衣服車馬，亦謂郊之所用，言一事缺則不可祭，何得九月用郊？」

吳氏澄曰：「九月乃夏時孟秋建申之月，豈郊之時乎？不卜日，不卜牲而彊用其禮焉，故曰用，非時之甚，不敬之大也。」

襄公七年夏四月，三卜郊，不從，乃免牲。【注】稱牲，既卜日也，卜郊又非禮也。【疏】牲既成矣而又卜郊，與僖同譏。【《左氏傳》】孟獻子曰：「吾乃今而後知有卜筮。夫郊祀后稷，以祈農事也。是故啓蟄而郊，郊而後耕。今既耕而卜郊，宜其不從也。」【《穀梁傳》】夏四月，不時也。三卜，禮也。乃者，亡乎人之辭也。

汪氏克寬曰：「《公》、《穀》、啖氏皆以三卜爲合禮，朱子亦云四卜、五卜失禮。然《春秋》四書卜郊，惟此年三卜亦書之者，蓋三卜雖得禮，而卜郊止于三月。今書四月而三卜不從，則過時不敬以致龜違，故書以譏非時，而非譏其瀆也。」

十一年夏四月，四卜郊，不從，乃不郊。【疏】此四月四卜，與僖三十一年文同，蓋亦三月三卜，而四月又一卜也。止言不郊，不云免牲、免牛，蓋不以其禮免，直使歸其本牧而已，故不書也。

高氏閌曰：「魯不當郊，郊非禮也。今不郊者，非知其非禮故也，乃卜不從故耳。直書不郊，則不復免牲矣。」

定公十五年春，王正月，鼷鼠食郊牛，牛死，改卜牛。夏五月辛亥，郊。【注】五月，不時也。

【《公羊傳》】曷爲不言其所食，漫也。

【《穀梁傳》】不敬孰大焉。

趙氏匡采曰：「余早年嘗怪鼷鼠食郊牛致死。上元二年，因避兵旅于會稽，時有水旱疫癘之苦，至明年而牛災。有小鼠能噬牛，纔傷其皮膚，乃無有不死者。」

高氏閌曰：「魯郊當在孟春。今以改卜牛，在滌三月，故至五月乃郊。」

汪氏克寬曰：「不書卜郊，徐彦疏云：『言郊，則知卜吉可知。』夫正月改卜牛，若在滌三月，則當以四月郊。今郊以五月，蓋卜以四月郊而不吉，又卜五月，必龜從而後郊也。故但書改卜牛，不書卜郊。經于卜郊不從，則書之以譏瀆卜。卜而從則但書郊之過時，以譏其慢耳。嘗攷《史記》云定公十四年魯郊，不致燔俎于大夫。今《春秋》不書十四年郊，則郊之不見于經者多矣。惟因其失禮之中又失禮者，則書以示貶，而因見魯郊之僭也。」

哀公元年，鼷鼠食郊牛角，改卜牛。夏四月辛巳，郊。【《穀梁傳》】此該郊之變而道之也。于變之中，又有言焉。鼷鼠食郊牛角，改卜牛，志不敬也。郊牛日展觓角而知傷，展道盡矣。郊，自正月至于三月，郊之時也。夏四月郊，不時也。五月郊，不時也。夏之始可以承春，以秋之末承春之始，蓋不可矣。❶九月用郊，用者，不宜用也。郊三卜，禮也。四卜，非禮也。五卜，强也。卜免牲者，吉則免之，不吉則否。牛傷，不言傷之者，傷自牛作也，故其辭緩。全曰牲，傷曰牛，未牲曰牛，其牛一也，其所以爲牛者異。有變而不郊，故卜免牛也。已牛

❶「蓋」，原作「益」，據《春秋穀梁傳》改。

矣，其尚卜免之，何也？禮，與其亡也，寧有。嘗置之上帝矣，故卜而後免之，不敢專也。卜之不吉，則如之何？不免。安置之，繫而待六月上甲始庀牲，然後左右之。【注】庀，具也。待其後牲，然後左右前牛，在我用之，不復須卜，已有新牲故也。《周禮》：「司門掌授管鍵，以啓閉國門」，「而祭祀之牛牲繫焉」。然則未左右時，監門者養之。子之所言者，牲之變也，而曰我一該郊之變而道之，何也？我以六月上甲始庀牲，十月上甲始繫牲，十一月、十二月牲雖有變，不道也。【注】牲有變則改卜牛，以不妨郊事，故不言其變。【疏】上言子者，弟子問穀梁子辭。而曰我者，是弟子述穀梁子自我之意。待正月，然後言牲之變，此乃所以該郊。郊，享道也。貴其時，大其禮。其養牲，雖小不備可也。子不志三月卜郊，何也？郊自正月至於三月，郊之時也。我以十二月下辛卜正月上辛。如不從，則以正月下辛卜二月上辛。如不從，則以二月下辛卜三月上辛。如不從，則不郊矣。【注】意欲郊而卜不吉，故曰不從。郊必用上辛者，取其新潔莫先也。四月則不時矣。

李氏廉曰：「《春秋》書郊止此，故《穀梁》于此備言之。其言有得有失。」

高氏閌曰：「魯不當郊，故天示變以警之。而改卜牛，是違天也，况公斬然在衰絰之中，輒行天子之禮以見上帝，可乎？」

林氏之奇曰：「《春秋》郊望之旨，三《傳》、諸儒之説無得之者。無他，知求小禮而昧于大禮故也。經書郊者九，皆爲有故而書，非因卜不吉而廢郊，則因牲死傷而廢郊。又有不待卜之吉而特郊者，雖牛之死傷而必郊者。因卜不吉而廢郊，則若僖三十一年夏四月、成十年夏四月、襄公七年夏四月、十一年夏四月是也。因牲死傷而廢郊者，則若宣三年正月、成七年正月是也。有不待卜之吉而特郊者，則若成十七年九月辛丑用郊是也。有牛雖死傷而必郊者，則若定十五年正月、哀元年夏四月是也。先儒之説，不過罪其屢卜，與其養牲不謹爾，不知聖人書郊，乃惡其非禮之大者。至屢卜之瀆，養牲之慢，非《春秋》所責也。學者欲究聖人之旨，先當斷魯郊之當否，未暇及其瑣瑣也。夫子傷周之衰，禮樂自諸侯出，其言魯之郊禘，則有周公其衰之嘆。豈有天子郊天，諸侯亦郊？天子望祀山川，諸侯亦望？天子禘祖之所自出，諸侯亦禘？使諸侯亦可行，則聖人不以禮樂自諸侯出爲傷。自夫子没，漢儒不知道者，但見《春秋》書魯祭祀多天子之禮，始妄設周賜禮樂之説。所以諸儒不以魯郊爲非，捨其非禮之大者，求其不合禮之小者。魯人既僭竊禮樂，罪莫重焉。就使無四卜五卜瀆禮之過，則可以郊乎否乎？又使養牲必謹，不至死傷，則亦可郊乎否乎？魯人郊望無時可也，何區區者之足論？然周郊以冬至，而魯用之于啓蟄，天子四望而魯三之，名爲後時、降殺，但竊郊望之名已有罪矣。譬如商賈冠師儒之冠，庶人服卿相之服，望其容飾，已知其非分越制也。予謂《春秋》所書之旨，正以有故而不郊者爲幸，無故而郊者爲大罪也。季氏旅於太山，夫子曰：『曾謂太山不如林放乎？』太山有知，必不享季氏之祭，矧上帝而可諂乎？宜乎至于三卜、四卜、五卜不從，鼷鼠屢食其牛，可見天心之不享也。魯人曾不知得罪于天，雖屢卜不從而猶三望，雖牛死而改卜牛，甚者至于用郊，可知僭擬之心不能自已，下破王制，上拂天心，其罪爲大也。聖人發憤作《春秋》，書其因變故而不郊者僅如此，其餘非卜不從、牛死傷而肆意于僭者，又不知其幾也。深味聖師之旨曰『猶三望』，曰『乃免牲』，其深矣乎，其微矣乎，學者思之。」

右《春秋》書魯祈穀郊。

【《詩·魯頌·閟宮》】乃命魯公，俾侯于東。錫之山川，土田附庸。周公之孫，莊公之子，龍旂承祀，六轡耳耳。春秋匪解，享祀不忒。皇皇后帝，皇祖后稷，享以騂犧，是享是宜，降福既多。周公皇祖，亦其福女。

【毛傳】周公之孫，莊公之子，謂僖公也。【鄭箋】承祀，謂視祭事也。春秋，猶言四時也。忒，變也。皇皇后帝，謂天也。成王以周公功大，命魯郊祭天，亦配之以君祖后稷，其牲用赤牛，純色，與天子同也。天亦享之宜之，多予之福。此皇祖謂伯禽也。

【《詩緝》】曹氏曰：「《司常》言日月爲常，王建之；交龍爲旂，諸侯建之。僖公雖僭郊天之禮，而猶以龍旂承祀，不建大常，猶不敢全僭天子禮也。而《明堂位》乃曰日月之章，則又過矣。」李氏曰：「《禮記》之書，如《禮運》以爲魯不當郊禘，如《明堂》、《祭統》以爲魯當郊禘，其異如此，當從《禮運》之説。伊川嘗謂：説者以周公能爲人臣所不能爲之功，故得用人臣不得用之禮。夫人臣豈有不能爲之功哉？使功業過于周公，亦人臣所當爲之。天下之事，非人臣爲之而誰爲之？以此觀之，則知賜魯之禮樂者，非成王爲之。《春秋》書郊多矣，大抵譏其僭。《春秋》以爲僭，而《詩》乃以爲美，則知所美非美也。《左氏》云皇皇后帝、皇祖后稷，君子曰禮，謂其先帝而後稷也。夫先天而後稷，固足以爲禮，然不知諸侯而用郊禘，果可以爲禮乎？僖公三十一年四月，四卜郊，不從，乃免牲。夫以四月之時而卜郊，足以見非禮也。卜至于四，尤以見其非禮，安在其爲春秋匪解也哉，安在其爲享祀不忒也哉。詩人之言，大抵失之誇也。」

【《禮記·明堂位》】成王以周公爲有勳勞于

天下，命魯公世世祀周公以天子之禮樂。是以魯君孟春乘大輅，載弧韣，旂十有二旒，日月之章，祀帝于郊，配以后稷，天子之禮也。【注】孟春建子之月，魯之始郊，日以至。大輅，殷之祭天車也。弧，旌旗所以張幅也，其衣曰韣。天子之旌旗畫日月。

新安王氏曰：「周天子有日至之郊以報本，有啓蟄之郊以祈穀，其祭天車用玉路，旗用日月之常。魯僭天子禮，亦不敢盡同，是以有祈穀之郊，無日至之郊。祈穀于孟春，郊而後耕，則孟春乃建寅，非建子也。不敢乘天子玉路，又不肯乘同姓金路，故乘殷之大路。常畫日月，天子建之；旂畫交龍，同姓諸侯建之。常十有二旒，旂則九旒而已，今不敢全用天子之旂，故于旂上畫日月之章，綴以十有二旒，此皆用天子禮而不敢盡同。」

【《祭統》】昔者周公旦有勳勞於天下，周公既歿，成王、康王追念周公之所以勳勞者而欲尊魯，故賜之以重祭，外祭則郊、社是也。【疏】諸侯常祭，惟社稷以下。魯之祭，社與郊連文，則備用天子之禮也。

程子曰：「世儒有論魯祀周公以天子之禮樂，以爲周公能爲人臣不能爲之功，則可用人臣不得用之禮樂，是不知人臣之道也。夫居周公位，則爲周公之事。由其位而能爲者，乃所當爲也，子道亦然。惟孟子知此義也。蓋子之身所能爲者，皆所當爲也。」

【《禮器》】魯人將有事於上帝，必先有事於頖宮。【注】魯以周公之故，得郊祀上帝，與周同。先有事于頖宮，告后稷也。告之者，將以配天，先仁也。頖，郊之學也，《詩》所謂「頖宮」也，字或爲「郊宮」。

陳氏曰：「言祭祀之禮有漸次，由卑以達尊者。頖宮，諸侯之學也。魯郊祀以后稷配，先于頖宮告后稷，然後郊也。」

【《郊特牲》】郊之用辛也，周之始郊，日以至。

【附諸儒辨鄭氏冬至郊天爲魯禮】

【《郊特牲》】周之始郊，日以至。【鄭注】郊天之月而日至，魯禮也。三王之郊，一用夏正。魯以無冬至祭天于圜丘之事，是以建子之月郊天，示先有事也。用辛日者，凡爲人君，當齋戒自新耳。周衰禮廢，儒者見周禮盡在魯，因推魯禮以言周事。【疏】知魯禮者，以《明堂位》云「魯君孟春乘大輅，載弧韣，旂十有二旒，日月之章，祀帝于郊」，又《雜記》云「正月日至，可以有事于上帝」，故知冬至郊天，魯禮也。云「三王之郊，一用夏正」者，證明天子之郊，必用夏正。魯既降下天子，不敢郊天與周同月，故用建子之月而郊天，欲示在天子之先而有事也。

王氏肅曰：「《郊特牲》云：『周之始郊，日以至。』《周禮》云冬至祭天於圜丘，知圜丘與郊一也。言始郊者，冬至陽氣初動，天之始也，對啓蟄又將郊祀，故言始。《孔子家語》云定公問孔子郊祀之事，孔子對之，與此《郊特牲》文同，皆以爲天子郊祀之事。鄭玄以爲迎長日，謂夏正也。郊天日以至，玄以爲冬至之日，說其長日至於上，而妄爲之說；又徙其始郊日以至於下，非其義也。玄又云周衰禮廢，儒者見周禮盡在魯，因推魯禮以言周事。若儒者愚人也，則不能記斯禮也；苟其不愚，不得亂於周魯也。」

葉氏夢得曰：「《明堂位》曰：『魯君孟春祀帝于郊，配以后稷。季夏六月，以禘禮祀于太廟。』鄭氏以孟春爲建子之月，季夏爲建巳之月，蓋用周正，非也。《郊特牲》曰：『郊之祭也，迎長至之日也。』又曰：『郊之用辛也，周之始郊，日以至。』

鄭氏謂：『證以《易》説，謂三王之郊，一用夏正，爲建寅之月。迎長日爲建卯之月，晝夜分，分而日長。』以日至爲魯禮，亦非也。《左氏》謂啓蟄而郊，安得孟春爲建子？孟春爲建寅，則所謂季夏六月者，建未之月也。《郊特牲》以郊爲迎長日之至，下言郊之用辛，周之始郊，日以至，正以别魯禮，而鄭氏反之，强以建卯爲日至，甚矣先儒之好誣也！《雜記》曰：『孟獻子曰：「正月日至，可以有事于上帝。七月日至，可以有事于祖。」七月而禘，獻子爲之也。』蓋謂魯不得郊日至，故仲孫蔑欲取建未夏至而禘以配周郊祖，所以記其失，何與六月之禘乎？凡周之政事，大抵皆用夏正。蓋天時有不可亂，故《周官》每以正歲别之。《易》説言三王之郊，一用夏正，爲建寅，亦無據。鄭氏取以爲證，徒以成其説爾。鄭氏本不曉郊禘之辨，故以冬至之祭爲大禘，以祈穀爲正郊，此其言所以紛紛，雖《詩》之《雍》與《長發》，亦豈得其正也？」

蕙田案：周之始郊，日以至。先儒謂周之始郊冬至適以辛日，故後遂用辛。愚謂此正言周以别於魯也。言魯郊之所以用辛者，以周先王創制祀典，其冬至始郊天之日適遇辛日，故魯僭郊，不敢同于日至，而用辛日。此葉石林所謂「正以别魯，而鄭氏反之」者也。

【附辨鄭、王魯一郊二郊不同】

【《郊特牲》孔疏】魯之郊祭，師説不同。崔氏、皇氏用王肅之説，以魯冬至郊天，至建寅之月又郊以祈穀，故《左傳》云「啓蟄而郊」，又云「郊祀后稷，以祈農事」，是二郊也。若依鄭康成之説，則異于此也。魯惟一郊，不與天子郊天同月，轉卜三正。故《穀梁傳》云：「魯以十二月下辛卜正月上辛。若不從，則以正月下辛卜二月上辛。若不從，則以二月下辛卜三月上辛。若不從，則止。」故《聖證論》馬昭以《穀梁傳》以答王肅之難，是魯一郊則止。或用建子之月郊，則此「日以至」及宣三年正月「郊牛之口傷」是也。或用建寅之月，則《春秋左傳》云「郊祀后稷，以祈農事」是也。但《春秋》，魯禮也，無建丑之月耳。若杜預不信《禮記》，不取《公羊》、《穀梁》，魯惟有建寅郊天，及龍見而雩。

蕙田案：魯無冬至之郊，而有祈穀之郊。謂魯止一郊可也，而鄭以爲冬至一郊，則非也。魯有祈穀祭，又有雩祭，謂魯二祭天可也，而王以爲冬至既郊，建寅之月又郊，則非也。

【《雜記》】孟獻子曰：「正月日至，可以有事於上帝。」【注】魯以周公之故，得以正月日至之後郊天，亦以始祖后稷配之。【疏】正月，周正建子之月也。日至，冬至也。有事，謂南郊。周以十一月爲正。

蕙田案：此條與《左傳》獻子之言不合，詳見前《左傳》注疏。

又案：《春秋》止僖八年書七月禘，至宣九年獻子始見經，故云獻子之時不書七月禘。要之，《雜記》所記，乃譏獻子變魯禮之由，或當時暫行之而不恒行，或獻子曾有是言而魯未之行，未可定也，存疑以俟考。

【哀公十三年《左氏傳》】景伯謂太宰曰：「魯將以十月上辛有事于上帝先王，季辛而畢，何世有職焉。」【注】有職于祭事。【疏】七月辛丑盟，囚景伯以還。今景伯稱十月，當謂周之十月。周之十月非祭上帝、先公之時，且祭禮終朝而畢，無上辛盡于季辛之事。景伯以吴信鬼，皆虚言以恐吴耳。

蕙田案：十月非郊帝之時，上辛、季辛兼先王言之，亦未是。注疏已非之，固不可爲典要也。

【《禮記·禮運》】孔子曰：「我觀周道，幽厲傷之。魯之郊禘，非禮也，周公其衰矣。杞之郊也，禹也；宋之郊也，契也，是天子之事守也。」【注】非猶失也。周公道衰，言魯子孫不能奉行興之也。天子之事守，言先祖法廣，子孫所當守也。【疏】杞郊禹，宋郊契，蓋是夏、殷天子之事，杞、宋是其子孫，當保守。案《祭法》夏郊鯀，殷郊冥，與此異者，以鯀、冥德薄，故更郊禹、契，蓋時王所命也。

蕙田案：夏殷禘、郊、祖、宗之制，詳見《祭法》，後世何自變更？疏云「時王所命」，蓋臆説耳。玩此節文義，蓋謂杞、宋之郊，由禹、契有大功而有天下，二國實承其後，故得修其法守，以見周公雖有大功而不有天下，魯不得援二王之後爲比，非謂杞、宋之郊改用禹、契配也。《左傳》載晉侯祀鯀之事，仍曰夏郊，則郊鯀之制，時王未之有改，斯足證疏説之誤矣。

【《魏書》】房景先《五經疑問》：「問《公羊傳》王者之後郊天。曰：神不謬享，帝無妄尊。介丘偏祀，猶不歆季氏之旅；昊天至重，豈可納廢饗之虔？唐虞已往，事無斯典；三后已降，始見其文。揖讓之胄，禮不上通，昏痡後燼，四圭是主。此便至道相承，乾無二統。純風既詖，玄牡肆尊，禮不虚革，庶昭義問。」

【附諸儒論魯僭郊始末】

程子曰：「説者以爲周公能爲人臣所不能爲之功，故得用人臣不得用之禮。夫人臣豈有不能爲之功哉？使功業過於周公，亦人臣所當爲之。天下之事非人臣爲之，而誰爲之？成王之賜，伯禽之受，皆非也。」

張子曰：「魯用天子之禮樂，必是成王之意，不敢臣周公，即以二王之後待魯。然而非周公本意也。以成王尊德樂道之心則善矣，伯禽不當受，故曰『魯之郊禘，非禮也』。『周公其衰』者，謂周公必不享其祀。」

【羅泌《路史》】❶董子之説曰：「成王之使魯郊，蓋報德之禮也。」然則仲舒亦以爲成王之與之矣。是不然。禮之有天子、諸侯，自伏羲以來，未之改也。成王，周之顯王也，蓋亦謹于禮矣，而且亂之，則成王其惑矣。此劉原父所以謂使魯郊者必非周成王。蓋平王以下，固亦未之悉爾。始魯惠公使宰讓請郊廟之禮于天子，桓王使史角往，惠公止之，其後在魯，于是有墨翟之學。魯之用郊，正亦始于此矣。夫魯惠公止之，則是周不與之矣。不與而魯用郊，自用之也。昔有荆人請大號者，周人不許，荆人稱之。然則魯之郊禘可知矣。兩觀、大輅、萬舞、冕璪，有不自于茲乎。使成王已與魯，則惠公不請矣。

陳氏曰：「諸侯之有郊禘，東遷之僭禮也，故曰：『秦襄王始稱諸侯，作西畤，祀白帝，僭端見矣。位在藩臣而臚于郊祀，君子懼焉。』平王以前，未之有也。記禮者以爲成王賜之以康周公。案衛祝鮀之言曰：『周公相王室以尹天下，于周爲睦，分魯公以大路、大旂、夏后氏之璜、封父之繁弱、殷民六族，以昭周公之德。予之土田陪敦、祝宗卜史、備物典册、官司彝器。』則成王命魯，不過如此。隱公考仲子之宫，問羽數于衆仲。周公閲來聘，饗有昌歜、白、黑、形鹽，周公以爲備物，辭不敢受。衛甯武子來聘，燕之，賦《湛露》及《彤弓》，武子不答賦，曰：『諸侯朝正于王，于是賦《湛露》。諸侯敵王所愾而獻其功，于是乎賜之彤弓。』假如記禮之言，得用郊禘，兼四代服器官，祝鮀不應不及。況魯行天子之禮久矣，隱公何以始問羽數，閲何以辭備物之享，甯武子何以致譏于《湛露》、《彤弓》乎？以見魯僭未久，上自天子之宰，至于兄弟之國之卿，苟有識者，皆疑怪遜謝，而魯人並無一語及于成王之賜以自解。」

【《文獻通考》】蔣氏曰：「魯不得用天子禮樂，是成王過

❶「泌」，原作「必」，據三家校、庫本改。「路」，原作「古」，據庫本改。

賜，而伯禽受之非也。夫以伯禽受之爲非，而成王之時，禮典未壞，固不應有是過賜之事。說者又從而爲之說曰：『賜非成王，是周之末王賜之也。昔者魯惠公使宰請郊廟之禮于天子，天子使史角往，止之。使成王之世而魯已郊，則惠公奚請？惠公之請，殆由平王以下也。』是說然矣。自今言之，聖人觀周道而傷幽、厲，論郊禘而衰周公，則重祭賜魯，豈盛時賢君事？其出于衰世天子、諸侯無疑也。故聖人耻魯之事，而因及杞、宋之郊。杞之郊也，存禹後也；宋之郊也，存商後也，是宜以禹、契而配天。周祀未絶，魯以周公配天，于周公能無愧于后稷、太王、王季、文王乎？」

馬氏端臨曰：「案先儒論魯郊祀之非，其論正矣。然遂以爲非出於成王之命，特漢儒見《春秋》所書魯祭祀多僭天子之禮，始妄設周賜禮樂之説，至蔣氏遂直以爲出於惠公之請，則愚未敢以爲然。蓋春秋之際，雖諸侯不無上僭，然苟非如楚及吴、越之流，介處蠻貊，自放於禮義之外者，則亦不敢奄然以天子之制自居。雖以五伯盛時，晉侯之請隧，楚子之問鼎，如襄王及王孫滿尚能引正義以責之，不聞晉、楚之君遽至於用隧而求鼎也。僭郊之事，大於請隧問鼎矣，惠公當平王之時，王室雖弱，其陵夷不至於後來之甚，魯又素爲秉周禮之國，夫子嘗稱其一變可以至道，孰謂惠公於是時而敢以僭郊爲請？王使史角止之而不從，魯由此而僭郊，則惠公之暴横無君，過於晉文、楚莊矣，决不然也。横渠以爲成王之意不敢臣周公，故以二王之後待魯，而命以禮樂，特伯禽不當受。此説得之。」又曰：「夫所謂祀周公以天子之禮樂者，如樂用宫懸，舞用八佾，以天子所以祭其祖者用之於周公之廟，謂之尊周公可也；

至於郊祀后稷以配天，禘其祖之所自出，而以其始祖配之，則非諸侯之所當僭。且郊禘所祀，未嘗及周公，則何名爲報周公之勳勞而尊之乎？以其祖宗之勳勞，而許其子孫僭天子之禮樂以祭之，已非矣，況所祀者乃天子之太祖，而本非有勳勞之臣乎？不知成王何名而賜之，伯禽又何名而受之？孔子曰：『杞之郊也，禹也；宋之郊也，契也，是天子之事守也。』愚嘗因是而攷論之，禮制之陵夷，非一朝一夕之故，其所由來者漸矣。蓋周之封杞、宋也，以其爲二王之後，俾之修其禮物，作賓於王家，以奉禹、契之祀。而禹、契，天子之祖也，不可以諸侯之太祖祀之，故許其用天子之禮。然特許其用天子之禮祀禹、契之廟，未必許其郊天也。夷王以下，君弱臣强，上陵下僭，杞、宋因其用天子之禮樂於禹、契之廟，而禹、契則配天之祖也，遂併僭行郊祀上帝之禮焉，此夫子所以有『天子之事守』之嘆也。至於魯，則周公本非配天之祖，而稷、嚳之祀，元未嘗廢，無假於魯之郊禘也。乃因其可以用天子之禮樂於周公之廟，而併效杞、宋之尤，則不類甚矣。《明堂位》首言『命魯世世祀周公以天子之禮樂』，又云『季夏六月以禘禮祀周公於太廟，牲用白牡、犧象』云云，即此二言觀之，可見當時止許其用郊禘之禮樂以祀周公，未嘗許其遂行郊禘之祀。後來乃至於禘嚳郊稷，祀天配祖，一一用天子之制，所謂『穿窬不戢，遂至斬關；作俑不止，遂至用人』，亦始謀之未善有以肇之也。《左傳》：『宋公享晉侯於楚丘，請以《桑林》，荀罃辭。荀偃、士匄曰：「諸侯魯、宋，於是觀禮。魯有禘樂，賓祭用之，宋以《桑林》享君，不亦可乎？」』乃知魯、宋不特僭天子之禮樂以祀郊禘，雖燕享賓客亦用之矣。」

楊氏慎曰：「成王命君陳，拳拳以遵周公之猷訓爲言。猷訓之大，無大於上下之分，豈其命伯禽而首廢之哉？且襄王之世，衰亦極矣，猶不許晉文公之請隧，而謂成王不如襄王乎？况伯禽之賢雖不如周公，然賢于晉文公遠矣，豈肯受之哉？《禮》又曰：『成王、康王賜魯重祭。』成王既賜，康王又何加焉？此蓋不能自掩其僞矣。然則魯之僭禮何始也？曰：著在《春秋》與《魯頌》。《春秋》桓公五年書『大雩』，雩之僭始于桓也。閔二年書曰『禘於莊公』，禘之僭始于閔也。僖三十一年書曰『四卜郊』，郊之僭始于僖也。《魯頌·閟宮》三章，首言『乃命魯公，俾侯于東。錫之山川，土田附庸』，無異典也。其下乃言『周公之孫，莊公之子』，以及于『享祀不忒，皇皇后帝，皇祖后稷』，蓋魯自伯禽而下，十有八世，自僖公始有郊祀，而詩人頌之，則其不出于成王之賜益明矣。魯之君臣，恐天下議己，乃借名于成王、伯禽，以掩天下之口。魯之陋儒諂佞，遂作《明堂位》以文其過，甚矣，其無忌憚也。」

【何氏楷《世本古義》】愚案：平王使史角如魯諭止郊廟之禮，事見《竹書》，在平王四十二年，與《吕氏春秋》言魯惠公請郊廟之禮于周，天子使史角往報之者，其事相合。然則在平王之世，魯實未嘗郊。觀夫子作《春秋》，始于隱公，歷桓、莊、閔三君，未有以郊書者。及僖三十一年，始書「夏四月，四卜郊，不從，乃免牲，猶三望」，而《魯頌》亦頌僖之郊，然則郊之自僖始，此大據也。夫自惠、隱而下，皆未敢用郊，而僖何以敢創爲之？蓋嘗思之而得其故。《駉》序云：「僖公能遵伯禽之法，魯人尊之，于是季孫行父請命于周，而史克作是頌。」孔氏但見行父于文六年始見《春秋》，而史克于文十八年始見《左傳》，則以爲皆文公時人，而不知僖、文相去甚近。行父之父季友卒于僖之十六年，行父爲魯世卿，雖幼當即嗣其位，且僖在位三十三年，而卜郊尚在三十一年，意先是行父必曾請命于周，而周天子許之，故僖于是始郊，而史克爲之作頌。序所謂請命作頌者，正指郊而言。而《左傳》偶軼其事，正賴有此序，以補其闕，亦一快也。又案孔穎達著《左傳正義》，于「隱元年春王正月」傳下有云：「魯僖公之時，周王歲二月東巡狩至于岱宗，柴，季孫行父爲之請于周，太史克爲之作頌。」孔之此說，必有所本。今考僖公之時，在周則惠王、襄王，而二王俱未嘗東巡。唯僖公二十八年，襄王有狩于河陽之事，而僖公常朝于王所，正在《春秋》書魯四卜郊之先，乃始恍然悟曰：行父之請，在此時也。以僖公數從伯討，遂爲望國，又謹守臣節，再朝王所，當亦襄王所心嘉者，故攀伯得文請隧之後，因緣惠公前朝之請，且小變其説曰：我不敢求長至之郊，以上擬于天子，但期得行祈穀之郊，略表異于諸國而已。宜襄王之重違其意，而遂曲狥之也。然則謂魯郊始于僖公，信矣。

蕙田案：先儒論魯僭郊，義理之正，無如程子、張子；考訂證據，以羅氏、陳氏、蔣氏、馬氏、楊氏、何氏爲最。今以《禮運》之文繹之，則末世僭擬之説爲近。何玄子直始僖公之論，似更直截。《通考》馬氏尤其斟酌而當于事勢者，何則？成王命魯世世祀周公以天子之禮樂，雖其文出于《戴記》，先儒亦多疑之。然如馬氏所云者，終不敢謂事之必無，蓋報功崇德之意隆，非此不足以自慊，而不知其爲僭端之始基也。自幽、厲傷周道，平王東遷，周室衰而天下諸侯之心動矣，是以惠公因魯素用天子之禮樂，遂有宰讓郊廟之請。然王使史角止之，亦猶不許晉文請隧之意也。蓋是時，王室之勢雖弱，故府典章未移，而諸侯亦無敢有顯然上干王章者，是以王朝列國之賢公卿大夫，如王孫滿拒楚子之問鼎，周公閱辭備物之享，甯武子不答《湛露》、《彤弓》，蓋猶詞嚴義正，其氣足以奪僭奸之魄。況魯號稱秉禮，周公之澤未衰，而謂惠公竟儼然用天子之郊禘，尚有所不敢也。此郊禘非禮，所以孔子有「周公其衰」之嘆。若謂成王之賜，伯禽之受，即及郊禘，尤不然矣。是魯之用郊，馬氏謂杞、宋因天子之後僭用禮樂而遂及于郊祀，魯亦因其用天子之禮樂而併效杞、宋之尤，所謂「穿窬不戢，遂至斬關；作俑不止，遂至用人」，其陵夷蓋非一朝一夕之故，此固事勢所必然者。故桓五年而書雩矣，閔二年而書禘矣，至僖公數從伯討，遂爲望國。行父請命于先，史克作頌于後，至三十一年而卜郊見于《春秋》。《閟宫》頌及皇祖，且爲之微辭曰「周公之孫，莊公之子」，是明著此禮之始于僖公而僭成之一大證據也。不然，何以僖公之後，書郊不絶，而隱、桓、莊、閔及僖三十年以前，無一筆及之耶？若謂魯郊之僭行之已久，視爲常事不書，惟卜之不從、牛之有變及時之大異而後書，豈前此卜必獲吉，而鼷鼠必不傷牛耶？無是理也。是魯之僭郊，其作俑始于成王，其見端由于魯惠，其蔑禮成于僖公，無可疑矣。然猶不敢竟擬天子冬至之祭，而用之于祈穀，故《左氏》有「啓蟄而郊」，《詩》有「春秋匪懈」，《穀梁》有「四月不時」之語，不敢用日至之日，而日必用辛，辛必用卜，所以《穀梁》有轉卜三正，《戴記》、《家語》亦有用辛之文，紛紛附會，《易説》乃云「三王之郊，一用夏正」，而王肅遂謂魯郊有二，鄭氏謂圜丘爲禘祭，孟春爲郊祭，天子郊天之大禮爲魯禮所亂，久在分離膠轕之中矣。今從先儒之説，以魯郊附入祈穀之後，而復申魯僭郊之本末如此。

宗元案：魯用天子禮樂，程子論固嚴正，要以張子之説爲平允。蓋成王之賜，在周公没身而後，則生時未嘗用之也。周公大聖，實百世師表，成王尊師崇聖之心，特加隆於身後，以彰其德，豈不爲善？如孔子布衣，至今得用天子禮樂，咸以爲宜，則成王之賜，不爲非禮，即伯禽遵君命而受之，亦不爲過也。惟後世偏及於羣廟，且魯君亦居然用之，則僭越耳。且所謂天子禮樂者，不過如籩用十二、舞用八佾之類，非許其郊天大禘直齊於天子也。孔子嘆「周公其衰」者，亦專指魯之郊禘言之，可知成王所賜者，尚於周公之典未衰也。或者并謂成王初未嘗賜，乃魯人之矯托而非實事，則未免臆度矣。馬貴與所論，極得情理之安，而楊升庵、何玄子更證以《春秋》及《魯頌》而斷爲魯之郊禘自僖始，尤爲今收昔遁矣乎！

右經傳論魯郊。

【《漢書·成帝本紀》】建始二年正月辛巳，上始郊祀長安南郊。

蕙田案：圜丘正祭，以冬至不以辛。孟春郊天用辛，祈穀禮也。然漢止此一郊祀，並不分圜丘、祈穀。

【《南齊書·武帝本紀》】永明元年春正月辛亥，車駕祀南郊，大赦，改元。

【《禮志》】武帝永明元年，尚書令王儉啓：「案《禮記·郊特牲》云：『郊之祭也，迎長日之至也，大報天而主日也。』《易説》：『三王之郊，一用夏正。』盧植云：夏正在冬至後。《傳》曰『啓蟄而郊』，此之謂也。然則圜丘與郊各自行，不相害也。鄭玄云：『建寅之月，晝夜分而日長矣。』王肅曰：『周以冬祭天于圜丘，于正月又祭天以祈穀。』《祭法》稱『燔柴太壇』，則圜丘也。《春秋傳》云『啓蟄而郊』，則祈穀也。謹尋《禮》、《傳》二文，各有其義，盧、王兩説，有若合符。」

蕙田案：此條論先郊後春，已見圜丘門。今取其論祈穀數語，附見于此。

【《文獻通考》】梁武帝即位，歲正月，皇帝致齋于萬壽殿，上辛行事。

【《隋書·禮儀志》】梁武帝天監三年，左丞吴操之啓稱：❶「《傳》云『啓蟄而郊』，郊應在立春後。」尚書左丞何佟之議：「今之郊祭，是報昔歲之功，而祈今年之福。故取歲首上辛，不拘立春先後。周之冬至圜丘，大報天也。夏正又郊，以祈農事，故有啓蟄之説。自晉太始二年，并圜丘、方澤同于二郊。是知今之郊禋，禮兼祈報，不得限以一途也。」帝曰：「圜丘自是祭天，先農即是祈穀。但就陽之位，故在郊也。冬至之夜，陽氣始于甲子，既祭昊天，宜在冬至。祈穀時可依古，必須啓蟄。在一郊壇，分爲二祭。」自是冬至謂之祀天，啓蟄名爲祈穀。

蕙田案：祈穀之祭，三代以後不行久矣。西漢五時、泰時，天帝莫分，正祭尚未舉行，何有于祈祭？成帝

❶「稱」，原作「補」，據庫本改。

雖作長安南北郊，旋廢旋復，卒改合祭。後漢正月祭南郊，時用孟春，却是正祭。魏氏相沿。晉武帝泰始二年，并圜丘、方丘于南北郊，二至之祀合于二郊。齊王儉所云義在報天，事兼祈穀，既不全以祈農，何必俟夫啓蟄？則究爲祀天之正祭，特以其用正月，故曰事兼祈穀耳，實非祈穀也。梁武帝云：陽氣起于甲子，既祭昊天，宜在冬至。祈穀必須啓蟄，自是分爲二祭，遂爲後世祈穀之始。

【《梁書・武帝本紀》】天監四年春正月辛亥，輿駕親祀南郊，赦天下。

【《隋書・禮儀志》】天監五年，明山賓稱二儀並尊，三朝發始，同以此日二郊爲允。

【《梁書・武帝本紀》】天監八年春正月辛巳，輿駕親祀南郊。十年春正月辛丑，輿駕親祀南郊。十二年春正月辛卯，車駕親祀南郊。十四年春正月辛亥，輿駕親祀南郊。十六年正月辛未，輿駕親祀南郊，詔曰：「朕當扆思治，政道未明，昧旦劬勞，亟移星紀。今太皞御氣，勾芒首節，升中就陽，禋敬克展，務承天休，布兹和澤。尤貧之家，勿收今年三調。其無田業者，所在量宜賦給。若民有産子，即依格優蠲。孤老鰥寡不能自存，咸加賑恤。」普通二年春正月辛巳，輿駕親祀南郊。詔曰：「春司御氣，虔恭報祀，陶匏克誠，蒼璧禮備，思隨乾覆，布兹亭育。」夏四月乙卯，改作南北郊。丙辰，詔曰：「夫欽若昊天，曆象無違。躬執耒耜，盡力致敬，上協星鳥，俯訓民時，平秩東作，義不在南。前代因襲，有乖禮制，可于震方，簡求沃野，具兹千畝，庶允舊章。」

蕙田案：武帝改祈穀于孟春，而《本紀》親郊皆以正月上辛，觀天監十六年、普通二年詔，明以「勾芒首節，平秩東作」爲詞，則其爲祈穀甚明，是當時分冬至、孟春爲二，反以孟春爲重也。

普通四年春正月辛卯，親祀南郊。

大通元年春正月辛未，親祀南郊。

中大通元年春正月辛酉，親祀南郊。　三年春正月辛巳，親祀南郊。　五年春正月辛卯，親祀南郊。

大同三年春正月辛丑，親祀南郊。　五年春正月辛未，親祀南郊。

太清元年春正月辛酉，輿駕祀南郊。

蕙田案：梁武帝上辛親祀南郊，凡十有五，皆祈穀祭，因其別無冬至之祭，故圜丘門兼録之，兹存其略。陳代郊祀同。

【《陳書·高祖本紀》】永定二年春正月辛丑，親祀南郊。

【《文帝本紀》】天嘉元年春正月辛酉，親祀南郊。　三年春正月辛亥，親祀南郊。　五年春正月辛巳，親祀南郊。

【《廢帝本紀》】光大元年春正月辛卯，親祀南郊。

【《宣帝本紀》】太建元年春正月辛丑，親祀南郊。　三年春正月辛酉，親祀南郊。　五年春正月辛巳，親祀南郊。　七年春正月辛未，親祀南郊。

蕙田案：陳因梁制，亦祈穀也。

【《隋書·禮儀志》】後齊南北郊則歲一祀，皆以正月上辛。南郊爲壇于國南，廣輪三十六尺，❶高九尺，四面各一陛。爲三壝，內壝去壇二十五步，中壝、外壝相去如內壝。四面各通一門。又爲大營于外壝之外，廣輪二百七十步。營塹廣一丈，深八尺，四面各一門。又爲燎壇于中壝之外丙地，❷廣輪二十七尺，高一尺八寸，四面各一陛。祀所感帝靈威仰于壇，以高祖神武皇帝配。禮用四圭有邸，幣各如方色。其上帝及配帝，各用騂特牲一，儀燎同圜丘。

【《北齊書·武成帝本紀》】河清元年春正月乙亥，車駕至自晉陽。辛巳，祀南郊。

【《北周·孝閔帝本紀》】元年春正月辛亥，祀南郊。

【《武帝本紀》】保定元年春正月甲寅，祀感生帝于南郊。　天和元年三月丙午，❸祀南郊。　二年春正月，初立郊丘壇壝制度。南郊爲壇于國南五里，其崇一丈二尺，其廣四丈，其壝方一百二十步，內壝半之。其祭南郊用正月上辛，以始祖獻侯莫那配所感帝靈威仰于其上。　三年春正月辛丑，祀南郊。

建德二年辛丑，祀南郊。

【《隋書·禮儀志》】高祖受命，議定祀典。南郊爲壇于國之南，太陽門外道西一里，去宮十里。壇高七尺，廣四丈。❹孟春上辛，祠所感帝赤熛怒于其上，以太祖武元皇帝配。其禮四圭有邸，牲用騂犢二。

【《高祖本紀》】開皇四年春正月辛未，有事于南郊。　十三年春正月壬子，親祀感

❶「六」，原無，據庫本補。

❷「丙」，原作「景」，乃《隋書》避唐諱而改，今依文義回改。

❸「天和」，原作「大和」，據《周書·武帝紀上》改。

❹「丈」，原作「尺」，據《隋書·禮儀志》改。

生帝。

蕙田案：隋制既有圜丘，復有南郊祀所感帝，從鄭氏説也。凡屬孟春親祀者，爲祈穀無疑。

【《禮儀志》】煬帝大業元年孟春，祀感帝，改以高祖文帝配。

【《舊唐書·禮儀志》】高祖武德初，定令：孟春辛日祈穀，祭感帝于南郊，元帝配，用蒼犢二。

【《文獻通考》】高宗顯慶二年，詔南郊祈穀祭昊天上帝，罷感帝祠。

【《唐書·禮樂志》】高宗顯慶二年，禮部尚書許敬宗與禮官等議曰：「六天出于緯書，而南郊、圜丘一也，玄以爲二物；郊及明堂本以祭天，而康成皆以爲祭太微五帝。《傳》曰：『凡祀，啓蟄而郊，郊而後耕。』故『郊祀后稷，以祈農事』。而玄謂周祭蒼帝靈威仰，配以后稷，因而祈穀。皆繆論也。」由是盡黜玄説，而南郊祈穀祭昊天上帝。

【《蕭德言傳》】子子儒，字文舉，議《月令》孟春祈穀上帝，《春秋》「啓蟄而郊，郊而後耕」，故郊后稷以祈農。《詩》「春夏祈穀于上帝」，❶皆祭天也。著之感帝，尤爲不稽。請郊、明堂罷六天説，止祀昊天。詔曰：「可。」

蕙田案：顯慶罷感帝之議，乃出于許敬宗，是以君子不以人廢言也。及閲《列傳》，乃蕭子儒議爾。❷

【《唐書·禮樂志》】乾封元年，詔祈穀，復祀感帝。

❶「詩」，原作「請」，據《新唐書·蕭德言傳》改。

❷「蕭子儒」，當爲「許子儒」，按《新唐書·蕭德言傳》，許叔牙與蕭同傳，「子子儒」，乃謂許叔牙之子許子儒，秦氏誤讀。

【《舊唐書・禮儀志》】乾封初，詔依舊祀感帝。司禮少常伯郝處俊等奏曰：「顯慶新禮，廢感帝之祀，改爲祈穀。❶祀昊天上帝，以高祖太武皇帝配。檢舊禮，感帝以世祖元皇帝配。今既奉敕依舊祭感帝，今改祈穀爲感帝以高祖配者。高祖，依新禮見配圜丘昊天上帝，若更配感帝，便恐有乖古禮。案《禮記》周人禘嚳而郊稷之義，今若禘郊一祖同配，恐無所據。」從之。

蕙田案：顯慶時黜康成説罷感帝祠，善矣。乾封時乃又復之。鄭氏之學，中于人心者如此。

【《唐書・禮樂志》】開元中，起居舍人王仲丘議曰：「案《貞觀禮》祈穀祀感帝，而《顯慶禮》祀昊天上帝。《傳》曰：『郊而後耕。』《詩》曰：『噫嘻，春夏祈穀于上帝。』《禮記》亦曰：『上辛祈穀于上帝。』而鄭玄乃云：『天之五帝迭王，王者之興必感其一，因別祭尊之。故夏正之月，祭其所生之帝于南郊，以其祖配之。故周祭靈威仰，以后稷配，因以祈穀。』然則祈穀非祭之本意，乃因后稷爲配爾，此非祈穀之本義也。夫祈穀，本以祭天也，然五帝者五行之精，所以生九穀也，宜于祈穀祭昊天而兼祭五帝。」

【《王仲丘傳》】開元中，上言：「《貞觀禮》正月上辛祀感帝于南郊，《顯慶禮》祀昊天上帝于圜丘以祈穀。臣謂《詩》『春夏祈穀于上帝』，《禮》『上辛祈穀于上帝』，則上帝當昊天矣。鄭玄曰：『天之五帝遞王，王者必感一以興，故夏正月祭所生于郊，以其祖配之，因以祈穀。』感帝之祀，貞觀用之矣。請因祈穀之壇偏祭五

❶「改」，原作「後」，據《舊唐書・禮儀志》改。

方帝。五帝者，五行之精，九穀之宗也。請二禮皆用。」詔可。

蕙田案：王仲丘二禮皆用之説，非是。

【《册府元龜》】開元八年三月，敕：頃歲未登，水旱不節，今春事方起，農桑是憂，祈于上玄，福茲下土，或展郊禋之禮，以申誠請之心，宜令左常侍元行沖攝侍中祀南郊。

【《舊唐書·禮儀志》】開元二十年，改撰新禮，祀天一歲有四。正月上辛祈穀，祀昊天上帝于圜丘，以高祖配，五方帝從祀。其上帝、配帝籩豆等同冬至之數。五方帝太樽、著樽、犧樽、山罍各一，籩豆等亦同冬至之數。

蕙田案：《開元禮》皇帝正月上辛祈穀儀，附詳圜丘祀天門。

【《舊唐書·玄宗紀》】天寶六載正月戊子，親祀圜丘。禮畢，大赦天下。

【《唐書·德宗本紀》】建中元年春正月辛未，有事于南郊，大赦。

【《憲宗本紀》】元和二年正月辛卯，有事于南郊，大赦。

【《舊唐書·憲宗本紀》】元和二年正月己丑朔，上親獻太清宫、太廟。辛卯，祀昊天上帝于郊丘。是日還宫，御丹鳳樓，大赦天下。先是，將及大禮，陰晦浹旬，宰臣請改日。上曰：「郊廟事重，齋戒有日，不可遽更。」亨獻之辰，景物晴霽，人情欣悦。

【《禮儀志》】元和十五年十二月，將有事于南郊。穆宗問禮官：「南郊卜日否？」禮院奏：「伏準禮令，祠祭皆卜。自天寶已後，凡欲郊祀，必先朝太清宫，次日饗太廟，又次日祀南郊。相循至今，並不卜日。」從之。及明年正月，南郊禮畢，有司不設御榻，上立受羣臣慶賀。及御樓仗退，百寮復不于樓前賀，乃受賀于興慶宫。二者闕禮，有司之過也。

【《唐書·穆宗本紀》】長慶元年正月辛丑，有事于南郊。大赦，改元。

【《舊唐書·穆宗本紀》】長慶元年正月己亥朔，上親薦獻太清宫、太廟。是日，法駕赴南郊。日抱珥，宰臣賀于前。辛丑，祀昊天上帝于圜丘，即日還宫，御丹鳳樓，大赦天下，改元長慶。内外文武及致仕官三品已上賜爵一級，四品已下加一階，陪位白身人賜勳兩轉，應緣大禮移仗宿衛御樓兵仗將士，普恩之外，賜勳階有差。仍准舊例，賜錢物二十萬四千九百六十端匹。禮畢，羣臣于樓前稱賀。仗退，上朝太后于興慶宫。

【《唐書·敬宗本紀》】寶曆元年春正月辛亥，有事于南郊。

【《武宗本紀》】會昌元年春正月辛巳，有事于南郊，大赦，改元。五年正月辛亥，有事于南郊，大赦，作仙臺于南郊。

【《宣宗本紀》】大中元年正月甲寅，有事于南郊，大赦，改元。七年春正月戊申，有事于南郊，大赦。

【《懿宗本紀》】咸通四年春正月庚午，有事于南郊。

【《僖宗本紀》】乾符二年春正月辛卯，有事于南郊。

蕙田案：唐帝親郊，以十一月、正月相間而行。十一月圜丘，正月祈穀也。以前諸帝十一月之祭多于正月，以後諸帝則唯正月爲多，其亦憚寒而畏勞耶？今以正月之祭入祈穀，圜丘門不載。

【《舊唐書·音樂志》】正月上辛祈穀于南

郊，樂章八首。貞觀中褚亮作，今行用。

降神用《豫和》詞同冬至圜丘。　皇帝行用《太和》詞同冬至圜丘。

登歌奠玉帛，用《肅和》《貞觀禮》，祠感帝用此詞，明慶以後，詞同冬至圜丘。　履艮斯繩，居中體正。龍運垂祉，昭符啓聖。式事嚴禋，聿懷嘉慶。惟帝永錫，時皇休命。

迎俎用《雍和》　殷薦乘春，太壇臨曙。八簋盈和，六瑚登御。嘉稷匪歆，德馨斯飫。祝嘏無易，靈心有豫。

皇帝酌獻飲福酒，用《壽和》詞同冬至圜丘。

送文舞出，迎武舞入，用《舒和》　玉帛犧牲申敬享，金絲戚羽盛音容。庶俾億齡禔景福，長欣萬宇洽時邕。　武舞用《凱安》詞同冬至圜丘。　送神用《豫和》。詞同冬至圜丘。

【《五代史・梁本紀》】開平三年春正月辛卯，有事于南郊。

【《册府元龜》】乾化二年正月庚辰，有司以南郊上辛祈穀，命丞相趙光逢攝太尉行事。❶

【《宋史・禮志》】乾德二年正月，有司言：「上辛祀昊天上帝，五方帝從祀。今既奉赤帝爲感生帝，一日之内，兩處俱祀，似爲煩數。況同時並祀，在禮非宜。昊天從祀，請不設赤帝坐。」從之。

雍熙四年，禮儀使蘇易簡言常祀祈穀以宣祖崇配。

至道三年十一月，有司言上辛祈穀，奉太祖配；上辛祀感生帝，奉宣祖配。

蕙田案：此又以祈穀與祭感帝爲二，蓋祈穀亦祀昊天上帝也。

❶「逢」，原作「達」，據庫本改。

淳化、至道，太宗亦以正月躬行祈穀之祀，悉如圜丘之禮。

真宗景德三年，龍圖閣待制陳彭年言：「伏睹畫日，來年正月三日上辛祈穀，至十日始立春。案《月令》『正月元日』注：『爲祈穀，郊祀昊天上帝。《春秋傳》曰：啓蟄而郊，郊而後耕。』蓋春氣初至，農事方興，郊祀昊天，以祈嘉穀，故當在建寅之月，迎春之後。自晉太始二年，始用上辛，不擇立春之先後。齊永明元年，立春前郊，議欲遷日，王儉曰：『宋景平元年、元嘉六年，並立春前郊。』遂不遷日。吴操之云：『應在立春後。』然則《左氏》所記，乃三代彝章；王儉所言，乃後世變禮。來年正月十日立春，三日祈穀，斯則襲王儉之末議，違《左氏》之明文。望以立春後上辛行祈穀禮。」因詔有司詳定諸祠祭祀。

天禧元年十二月，禮儀院言：「準畫日，來年正月十七日祈穀，前二日奏告太祖室，緣歲以正月十五日朝拜玉清昭應宫，景德四年以前，祈穀止用上辛，其後用立春後辛日，蓋當時未有朝拜宫觀禮。王儉啓云：『近代明例，不以先郊後春爲嫌。』又宋武朝有司奏『魏代郊天值雨，更用後辛』，或正月上辛，事有相妨，並許互用，在于禮典，固亦無嫌。」初，祈穀皆親祀上帝。由熙寧迄靖康，惟有司攝事而已。

乾興元年，禮官請：「孟春上辛祈穀，以太祖配。」奏可。

仁宗景祐二年十一月，禮院言祈穀配以太宗。

【《樂志》】景祐上辛祈穀，仁宗御製二首：

太宗配位奠幣，《仁安》 天祚有開，文德來遠。祈穀日辛，侑神禮展。

酌獻，《紹安》 於穆神宗，惟皇永命。❶薦醴六尊，聲歌千詠。❷

【《禮志》】慶曆三年，禮官余靖言：「祈穀、祀感生帝同日，其禮當異，不可皆用四圭有邸，色尚赤。」乃定祈穀蒼璧尺二寸，感生帝四圭有邸。

【《文獻通考》】英宗治平二年正月上辛，祈穀。慶曆用犢一，羊二，豕二，正配簠、簋、俎各增爲二。前一日，太祝讀祝，視祭玉，餘如冬至攝事。三獻終，禮生引司天監罍洗升詣四方帝神位，上香，奠幣爵，并行一獻再拜，復。 元豐中，禮官言：「慶曆大雩、宗祀之儀，皆用犢、羊、豕各一，惟祈穀均祀昊天上帝，止用犢一，請依雩祀、大享明堂牲牢儀，用犢、羊、豕各一。」

【《宋史·禮志》】神宗元豐四年十月，詳定郊廟奉祀禮文所言：「近詔宗祀明堂以配上帝，其餘從祀羣神悉罷。今祈穀猶循舊制，皆羣神從祀，恐與詔旨相戾。請孟春祈穀唯祀上帝，以太宗皇帝配，餘從祀羣神悉罷。」從之。

大觀四年二月，禮局議以立春後上辛祈穀，詔：「以今歲孟春上辛在丑，次辛在亥，遇丑不祈而祈于亥，非禮也。」乃不果行。

【《徽宗本紀》】大觀四年四月，立感生帝壇。

【《政和祈穀儀》】前期降御札，以來年正月上辛祈穀，祀上帝。前祀十日，太宰讀誓于朝堂，刑部尚書涖之；少宰讀誓于太廟齋房，刑部侍郎涖之。皇帝散齋七日，致齋三日。前祀一日，服通天冠、絳紗袍，乘玉輅，詣青城。祀日，自齋殿服通天冠、絳紗袍，

❶「永」，原作「求」，據《宋史·樂志》改。
❷「千」，原作「于」，據《宋史·樂志》改。

乘輿至大次，服衮冕，執圭，入正門，宫架作《儀安》之樂作。禮儀使奏請行事，宫架作《景安》之樂，《帝臨降康》之舞，六成，止。太常升烟，禮儀使奏請再拜。盥洗，升壇上，登歌《嘉安》之樂作。皇帝搢大圭，執鎮圭，詣上帝神位前，北向，奠鎮圭于繅藉，執大圭，俛伏，興。又奏請搢大圭，跪，受玉幣。奠訖，詣太宗神位前，東向，奠幣如上儀，登歌作《仁安》之樂。皇帝降階，有司進熟，禮儀使奏請執大圭，升壇，登歌《歆安》之樂作。皇帝詣上帝神位前酌獻，執爵祭酒，讀册文訖，奏請皇帝再拜。詣太宗神位前酌獻，並如上儀，登歌《紹安》之樂作。皇帝降階，入小次，文舞退，武舞進，宫架《容安》之樂作。亞獻酌獻，宫架作《隆安》之樂，《神保錫羡》之舞。終獻如之。禮儀使奏請皇帝詣飲福位，宫架《禧安》之樂作。皇帝受爵。又請再拜。有司徹俎，登歌《成安》之樂作。送神，宫架《景安》之樂作。皇帝詣望燎位。禮畢，還大次。

【《圖書集成》】紹興十四年，祈穀始具樂舞，用政和儀。

【《宋史·禮志》】南渡以後，以四祀二在南郊圜壇，二在城西惠照院齋宫。紹興十四年始具樂舞，用政和儀，增籩豆之數。宋之祀天者凡四：孟春祈穀，孟夏大雩，皆于圜丘，或别立壇。季秋大享明堂。唯冬至之郊則三歲一舉，合祭天地焉。

【《樂志》】紹興祈穀三首：

降神、盥洗、升壇、還位及上帝奠玉幣、奉俎，並同圜丘。

太宗位奠幣，《宗安》　於穆思文，克配上帝。涓選休成，遵揚嚴衛。祗薦明誠，肅陳量幣。享兹吉蠲，申錫來裔。

上帝位酌獻，《嘉安》 三陽肇新，萬物資始。精誠祈天，其聽斯邇。願均雨暘，田疇之喜。如坻如京，以備百禮。

太宗位酌獻，《德安》 天錫勇智，允惟太宗。功隆德盛，與帝比崇。禮嚴陟配，誠達精衷。尚其錫祉，歲以屢豐。

【《明史·禮志》】祈穀，明初未嘗行。世宗時，更定二祖分配禮。因諸臣固請，乃許于大祀殿祈穀，奉二祖配。嘉靖十年，始以孟春上辛日行祈穀禮于大祀殿。禮畢，帝心終以爲未當，諭張璁曰：「自古唯以祖配天，今二祖並配，决不可法後世。嗣後大報與祈穀，但奉太祖配。」尋親製祝文，更定儀注，改用驚蟄節禮，視大祀少殺。帛減十一，不設從壇，不燔柴，著爲定式。 祈穀壇大享殿即大祀殿也。永樂十八年建，合祀天地于此。其制十二楹，中四楹飾以金，餘施三采。正中作石臺，設上帝、皇地祇神座于其上。殿前爲東西廡三十二楹，正南爲大祀門六楹，接以步廡，與殿廡通。殿後爲庫六楹，以貯神御之物，名曰天庫。皆覆以黄琉璃。其後大祀殿易以青琉璃瓦。壇之後樹以松柏。外壝東南鑿池凡二十區，冬月伐冰，藏凌陰，以供夏秋祭祀之用。悉如太祖舊制。至嘉靖二十一年，撤大祀殿，擬古明堂，名曰大享，每春行祈穀禮。隆慶元年，禮官言：「先農之祭即祈穀遺意，宜罷祈穀，于先農壇行事，大享禮亦宜罷。」詔可。後至崇禎朝復舉行。❶

【王圻《續通考》】嘉靖十年，定祈穀禮。

一，前期五日，上詣犧牲所視牲。先一

❶「禎」，原避清世宗諱作「正」，今改回。下同，不一一出校。

日，告廟及還參拜，俱如大祀之儀。告詞曰：「明日恭視祈穀牲儀。」參辭次日，視牲，還以後命大臣輪視如常儀。

一，前期四日，太常寺奏：「祭祀諭百官，致齋三日。」上親填告請太祖祝版于文華殿。

一，前期三日，上詣太廟，請太祖配神，以脯、醢、酒果，行再拜一獻禮。祝文曰：「維嘉靖某年歲某甲子某月某朔某日，孝元孫嗣皇帝某，敢昭告于皇祖、太祖、高皇帝曰：茲以今月某日，啓蟄之辰，恭祀上帝于圜丘，爲民祈穀。謹請皇帝侑神，伏惟鑒知。」

一，前期二日，太常卿、同光禄卿奏省牲如常儀。

一，前期一日，上親填祝版于文華殿，遂告于廟，告辭曰：「孝元孫嗣皇帝某，明日祗詣南郊，行祈穀禮，謹詣祖宗列聖帝后神位前，恭預告知。」夜二鼓，禮部尚書、侍郎導引太常卿捧請神版奉安于壇位，俱如大祀之儀。

一，陳設。上帝位：犢一，玉用蒼璧一，帛一，青色，登一，簠、簋各二，籩十二，豆十二，蒼玉爵三，酒尊三，篚一，祝案一，配帝位同，唯不用玉。

一，正祭。是日，上常服乘輿至昭亨門右，上降輿，導引官導上至大次具祭服，出，由左門入，至陛上行祭禮，如大祀之儀。惟不燔柴。上還至廟參拜，致辭曰：「孝元孫嗣皇帝某，祗詣南郊，祈穀禮成，躬詣祖宗列聖帝后神位前，謹用參拜。」畢，還宮。

一，祝文：「維嘉靖某年某月某日，嗣天子臣某，祗告于皇天上帝曰：候維啓蟄，農事將舉，爰以兹辰，敬祈洪造。謹率臣僚，以玉幣犧齊，粢盛庶品，備斯明潔，恭祀上帝于圜丘，仰希垂鑒，錫福烝民，俾五穀以皆登，普萬方之咸賴，奉太祖聖神文武欽明啓運峻德成功統天大孝高皇帝侑神，尚享。」

【《明史·樂志》】嘉靖十年定祈穀樂章：

迎神，《中和》之曲　臣惟穹昊兮民物之初，爲民請命兮祀禮昭諸。備筵率職兮祈洪庥，臣衷微渺兮悃懇誠攄。遥瞻駕降兮霽色輝，歡迎鼓舞兮迓龍輿。臣愧菲才兮后斯民，願福斯民兮聖恩渠。

奠玉幣，《肅和》之曲　烝民勤職兮農事顓，蠶工亦慎兮固桑阡。玉帛祇奉兮暨豆籩，仰祈大化兮錫以豐年。

進俎，《咸和》之曲　鼎烹兮氣馨，香羞兮旨醽。帝垂享兮以歆，烝民蒙福兮以寧。

初獻，《壽和》之曲　禮嚴兮初獻行，百職趨蹌兮珮琤鳴。臣謹進兮玉觥，帝心歆鑒兮歲豐亨。

亞獻，《景和》之曲　二觴舉兮致虔，清醴載斟兮奉前。仰音容兮忻穆，臣感聖恩兮實拳拳。

終獻，《永和》之曲　三獻兮一誠微，禋禮告成兮帝鑒是依。烝民沐德兮歲豐穖，臣拜首兮竭誠祈。

徹饌，《凝和》之曲　三獻周兮肅乃儀，俎豆敬徹兮弗敢遲。願留福兮丕而，曰雨曰暘兮若時。

送神，《清和》之曲　祀禮告備兮帝鑒彰，臣情上達兮感昊蒼。雲程肅駕兮返帝鄉，臣荷恩眷兮何以忘。祥風瑞靄兮彌壇壝，烝民率土兮悉獲豐康。

望燎，《太和》之曲　遥睹兮天衢長，邈彼

寥廓兮去上方。束帛薦火兮升聞，悃愊通兮沛澤長。樂終九奏兮神人以和，臣同率土兮感荷恩光。

【《世宗本紀》】嘉靖十一年春正月辛未，祈穀于圜丘，始命武定侯郭勛攝事。

【《禮志》】十一年，驚蟄節，帝疾不能親，乃命武定侯郭勛代。給事中葉洪言：「祈穀、大報，祀名不同，郊天一也。祖宗無不親郊。成化、弘治間，或有故，寧展至三月。蓋以郊祀禮重，不宜攝以人臣，請俟聖躬痊，改卜吉日行禮。」不從。

十七年春正月壬寅，帝祈穀于大祀殿。

十八年，改行于大内之玄極寶殿，不奉配，遂爲定制。

隆慶元年，禮臣言：「先農親祭，遂耕藉田，即祈穀遺意。今二祀並行于春，未免煩數。且玄極寶殿在禁地，百官陪祀，出入非便。宜罷祈穀，止先農壇行事。」從之。

【《莊烈帝本紀》】崇禎十四年春正月辛巳，祈穀于南郊。

【《春明夢餘録》】祈穀用孟春上辛，禮也。明初用二月上戊祭先農，不行祈穀。即嘉靖，亦一再舉而罷。崇禎辛巳年正月初五日上辛復舉行，有旨祈穀，除不散齋、不出宿于郊、齋宮不朝、亥時正三刻止升一燈外，其恭視壇位、籩豆牲隻如圜丘儀，行奏祭，著改于正月初一日。樂章奏舞，命太常寺勤督樂舞生預爲演習。

十五年正月行祈穀禮，上辛即在朔日辛未。禮部以朝賀不便，疏請改十一日辛巳爲中辛，得旨，改中辛日行禮。

崇禎壬午，蔣德璟上《親行祈穀禮記》：

壬午正月初五日，上常服詣太廟，以親詣南郊視牲，預告于太祖及列祖神御前，仍欽遣禮部左侍郎王錫袞、右侍郎蔣德璟、詹事黄景昉充上香導引官。初六日，遣勛臣等恭代視牲。初七日，上御皇極殿，太常寺奏祭祀，初八日爲始，致齋三日。初八日質明，上常服乘輿詣太廟門西，降輿，至廟門幄次内，具祭服，詣太廟告請太祖配神。行禮畢，出至幄次，易皮弁服，回御皇極殿。太常寺、光禄寺官奏省牲。初九日，大雪，上親享太廟。禮畢，臣璟即偕王、黄二公冒雪出南郊，宿太常别院。是日午後，太常官捧蒼玉帛匣、香盒同神輿亭進于皇極殿内。司禮監官捧帛同安設于御案之北。初十日質明，上御皇極殿，太常卿捧祝版，從中左門進安于御案上。上親填御名訖，太常卿捧安于輿中。司禮監官進玉帛，上親裝于各匣内，安訖，太常寺官以次奉安輿中。太常卿隨捧香盒于香亭右跪，上三上香，行一拜三叩頭禮，畢，轉于東西向立，錦衣衛官旗入擡輿亭，從中門出。太常卿隨詣大享殿神庫奉安，上遂詣太廟，以親詣南郊行祈穀禮，預告于太祖及列祖神御前，行禮畢，還宫。是日早，璟偕王、黄二公及太常少卿高倬具吉服，冒雪至大享殿、皇乾殿演禮，即在北天門内候駕。至未時，錦衣衛官備法駕，設板輿于皇極門下正中，上常服御皇極門。太常卿奏：「請聖駕詣南郊行祈穀禮于大享殿。」上陞輿，掌衛官跪奏：「起輿。」從午門、端門、承天門、大明門、正陽門詣南郊壇内西天門，至神路迤西。臣璟偕王、黄二公及高少卿面駕序立，行叩頭禮。畢，分兩旁候。上降輿，臣璟等導上從大享南門左門入。太常卿党崇雅跪迎，同導上至丹陛。太常卿導上至大享殿左門入，恭視神位。臣璟等先詣東陛前候。上視神位畢，太常卿導上從東陛下。臣璟等同導上至神庫視籩豆，至神厨視牲。太常卿逐一奏畢，復同臣璟等導上仍從大享南門出迤西。陞輿，至齋宫，陪祀各官免朝參。是日，雪勢特猛，導引往還，可數千武，而神庫門路甚深滑，上亦徐行俛體，諸臣便步趨也。至一更時，臣璟等三人具祭服，詣皇乾殿，行一拜三叩頭禮。王公上香請神。璟與黄公導引太常官以次捧昊天上帝正位、高皇帝配位神版詣大享殿奉安訖，臣等三人即趨至大次候駕。亥時，一燈起，萬燈齊明，燦如列星。上常服乘輿，冒大雪，從齋宫東門出，至神路之西，降輿，導駕官導上至大次。德璟三人及太常卿復命，上秉圭曰：「朕知道了。」少頃，具祭服出。導駕官導從大享南門左門入，行祈穀禮，用十二拜，如大祀儀。祭畢，上出至大次，易常服，不回齋宫，即從西天門還至太廟參謁如前儀，畢還宫。

孫承澤曰：「案《月令》，孟春，天子以元日祈穀于上帝。注謂以上辛郊祭天。《春秋傳》曰：『啓蟄而郊，郊而後耕。』《郊特牲》曰：『郊用辛。』注：『凡爲人君，當齋戒自新。』盧植、蔡邕曰郊天是陽，故用日；耕耤是陰，故用辰。孔穎達曰：甲乙丙丁等謂之日，子丑寅卯等謂之辰。元者，善也。元日郊用辛，元辰耕用亥。黄道周曰：『春日甲乙，則未知其果上辛也。』明初，以冬至祀天圜丘，夏至祀地方澤，洪武十年罷之，而止以正月上辛合祀天地于大祀殿，并日月、星辰、山川等神俱在焉。其禮甚省，其敬甚專。嘉靖九年罷之，而分爲圜丘、方澤、朝日、夕月四郊。其大祀殿則以孟春上辛祈穀。十年又改啓蟄日祈穀。二十四年，又改大祀殿爲大享殿，然祈穀禮不復行。崇禎十四年復行祈穀禮，用上辛，十五年用中辛云。」

蕙田案：祈穀之禮見于經傳者，惟《月令》、《左氏春秋》。後世祀天祈穀，自梁天監始，卒復與圜丘之祀相混，至宋始分明，嘉靖舉之而未能嘗親行也。莊烈帝奮然行于國勢艱難之日，其亦有不得已于痌瘝者歟！

右歷代祈穀禮。

五禮通考卷第二十一

淮陰吴玉搢校字

五禮通考卷第二十二

內廷供奉禮部右侍郎金匱秦蕙田編輯
太子太保總督直隸右都御史桐城方觀承同訂
按察司副使元和宋宗元參校

吉禮二十二

大雩 附祭水旱、祈雨、祈雪、祈晴及禱雨雜儀

蕙田案：《月令》曰「大雩帝」，《左傳》云「啓蟄而郊，龍見而雩」，即《詩·頌》所謂「春夏祈穀于上帝也」。其禮，天子、諸侯皆有之，然天子所雩者上帝，故曰大；諸侯特雩境內之山川，不名曰大。《春秋》書魯大雩，魯僭禮也。孟夏大雩，雖無水旱，亦行之，禮之常也。若國大旱，則無論夏秋皆得雩，至冬則無雩，故穀梁子曰「冬無爲雩也」。《春秋》大雩二十有一，書雩以記災，書大以志僭。然古聖王遇災而懼，爲民請命，當水旱時，靡神不舉，又不止雩上帝而已。《周禮》以索鬼神爲荒政十有二之一，後世不知恐懼修省，反躬罪己，乃有焚巫徙市之事，抑末矣。漢無雩祀而旱祭非一。至齊、梁乃有雩壇，而所雩有五天帝、五人帝，皆非古義。唐有正雩有旱禱。宋以雩帝爲大祀。明嘉靖時有雩祭，雖不盡古，然亦近焉。

【《春秋》桓公五年《左氏傳》】龍見而雩。

【注】龍見，建巳之月。蒼龍，宿之體，昏見東方。萬物始盛，待雨而大，故祭天，遠爲百穀祈膏雨。【疏】正義曰：《天官》：東方之星盡爲蒼龍之宿。見，謂合昏見也。雩之言遠也，遠爲百穀祈膏雨。遠者，豫爲秋收，言意深遠也。《傳》有言雩而經書大雩者，賈逵云：「言大，别山川之雩。」❶蓋以諸侯雩山川，魯得雩上帝，故稱大。《月令》云：「大雩帝用盛樂。」是雩帝稱大雩也。此龍見而雩，定在建巳之月，而《月令》記于仲夏章者，鄭玄云：「雩之正當以四月。凡周之秋，三月之中而旱，亦修雩祀以求雨。因著正雩于此月，失之矣。」杜君以爲《月令》秦法，非是周典。潁子嚴以龍見即是五月。《釋例》曰：「《月令》之書出自吕不韋，其意欲爲秦制，非古典也。潁氏因之，以爲龍見五月。五月之時，龍星已過于見，此爲强牽天宿以附會不韋之《月令》，非所據而據，既已不安，且又自違。《左氏傳》稱『秋，大雩。書，不時』。此秋即潁氏之五月，而忘其不時之文，而欲以雩祭。」是言《月令》不得與傳合也。鄭玄《禮》注云：「雩之言吁也，言吁嗟哭泣以求雨也。」郊、雩俱是祈穀，何獨雩爲吁嗟？旱而修雩，言吁嗟可矣；四月常雩，于時未旱，何嘗言吁嗟也？賈、服以雩爲遠，故杜從之也。

【《欽定春秋傳説彙纂》】曰：以遠釋雩，本孔疏耳。賈、服皆無此義。杜注謂萬物待雨，又曰遠爲百穀祈膏雨，似以雨釋雩，遠字非其所立義也。《爾雅》謂雩爲號祭，則《穀梁》吁義近之，古今文或從類，或諧聲，雩文從雨而聲近吁，若遠則雩無取焉。

【陳氏《禮書》】《爾雅》曰：「雩，號祭也。」鄭氏曰：「雩，吁嗟求雨之祭也。」《女巫》「凡邦之大烖，歌哭而請。」則《爾雅》、鄭氏之説是也。杜預以雩爲遠誤矣。

蕙田案：杜氏以雩爲遠，《禮書》從鄭氏非之，是也，然必引「女巫歌哭而請」爲証則未的。蓋邦之大烖，必大旱而雩，乃足當之。若四月龍見

❶「雩」，原作「神」，據庫本改。

而雩，其時旱灾未成，未可遽以歌哭釋之。《彙纂》之義發前人所未發矣。

【《詩・周頌・噫嘻》序】曰：春夏祈穀于上帝也。

蕙田案：疏解見祈穀門。

【《禮記・月令》】仲夏之月，命樂師修鞀鞞鼓，均琴瑟管簫，執干戚戈羽，調竽笙篪簧，飭鐘磬柷敔。【注】爲將大雩帝習樂也。命有司爲民祈祀山川百源。大雩帝，用盛樂。乃命百縣雩祀百辟卿士有益于民者，以祈穀實。【注】陽氣盛而常旱，山川百源，能興雲雨者也。衆水始所出爲百源，必先祭其本，乃雩。雩，吁嗟求雨之祭也。雩祭，謂爲壇南郊之旁，雩五精之帝，配以先帝也。自「鞀鞞」至「柷敔」皆作曰盛樂，凡它雩用歌舞而已。百辟卿士，古者上公，若勾龍、后稷之類也。❶《春秋傳》曰：「龍見而雩。」雩之正，當以四月。凡周之秋三月之中而旱，亦修雩禮以求雨，因著正雩，此月失之矣。天子雩上帝，諸侯以下雩上公，周冬及春夏雖旱，禮有禱無雩。【疏】正以將欲雩祭，故先命有司爲民祈祀山川百源，爲將雩之漸，重民之義也，故先爲民。「大雩帝，用盛樂」者，爲民祈穀後，天子乃大雩天帝，用上鞀鞞之等，故云「用盛樂」。「乃命百縣雩祀百辟卿士」者，謂天子既雩之後。百縣謂諸侯也。以四月純陽用事，故云「陽氣盛而恒旱」，故制此月爲雩。縱令雩祭時不旱，亦爲雩祭。

楊氏復曰：「啓蟄而郊，龍見而雩，此《詩・頌》所謂『春夏祈穀于上帝也』。龍見而雩，與《周禮》所掌、《春秋》所書不同。《周禮》司巫『帥巫而舞雩』，爲旱而雩也。《春秋》書雩二十有一，因旱而雩也。龍見而雩乃建巳之月，萬物始盛，待雨而長，聖人爲民之心切，遂爲百穀祈膏雨，與啓蟄之郊其意同，是以樂則必用盛樂，與它祭獨不同。聲音之號所以詔告

❶「龍」，原作「芒」，據《禮記正義》改。

於天地之間，以達神明也。郊非不用樂也，以禮爲主；雩非不用禮也，以樂爲主，各隨其宜也。但注言雩五精之帝，疏言春夏秋冬共成歲功，則不可偏祭一帝，其言似矣。然天一而已矣，因時迭王，則有五帝之名，《易》曰『帝出乎震』是也。祭於四郊則有五帝之位，《小宗伯》『兆五帝於四郊』是也。注疏謂夏雩總祭五帝，是一天而有五祭，祭於南郊乎，抑兼祭於四郊乎，其義何居？自注疏之説行，諸儒莫之能决。有雩祀五方上帝、五人帝、五官於南郊者，如唐《貞觀禮》是也；有雩祀昊天上帝於圜丘者，如唐《顯慶禮》是也。及開元中，起居舍人王仲丘奏：『祀昊天上帝於圜丘，尊天位也。然雩祀五帝既久，請二禮並行，以成大享帝之義。』既祀昊天上帝，又祀五帝，與明堂並祀上帝、五帝之禮同歸於誤，此則學禮者之所深惜，而不可以不辨也。」

【陳氏《禮書》】《春秋》書雩二十有一，皆在七月以後。《左氏》曰：「龍見而雩，過則書。」蓋龍見建巳之月，而建巳乃陽充之時，陰氣所以難達也，故雩祀作焉，過此而後雩，此《春秋》所以譏也。大雩，禮之盛也，猶所謂大旅、大享。趙氏謂雩稱大，國徧雩，誤矣。《詩序》曰：「夏祈穀于上帝。」《月令》曰大雩帝，則雩祀昊天上帝及五帝也。鄭氏謂雩祀五精之帝，然《周禮》稱上帝，與五帝不同，則上帝非止五帝也。《月令》曰令百縣雩祀百辟卿士，則百辟卿士之祭亦曰雩也。鄭氏曰天子雩上帝，諸侯雩上公，然《周禮·小祝》小祭祀，逆時雨，寧風旱，則百辟亦天子所祀也。《祭法》有雩禜之壇，春秋之時魯以南門爲雩門，先儒皆以魯之舞雩在城南。鄭氏曰雩爲壇於南郊之旁，其説蓋有所受也。古者雩斂在稻人，雩樂以皇舞，以女巫，皇與女，陰也，則舞所以達陽中之陰而已。董仲舒祈雨之術，閉南門縱北門，蓋亦古者達陰之意也。然則雩祀上帝必升煙，後世乃謂用火不可以祈水，而爲坎以瘞；就陽不可以求陰，而移壇於東。梁禮。雩必自郊徂宫，後世或祈山川林澤、羣廟、百辟卿士，然後及於上帝。亦梁禮也。北齊及唐皆然。雩樂以舞爲盛，後世或選善謳者歌詩而已，北齊禮。皆非古也。

蕙田案：大雩祭不列於《周禮》，惟大司徒荒政十有一曰索鬼神，其他司巫、女巫、舞師、大祝、小祝等職所載皆旱熯之事，是皆所謂「邦之大烖，歌哭而請」，因旱而雩，非常祭也。惟《左氏傳》龍見而雩及啓蟄之郊並舉，與《詩序》「噫嘻，春夏祈穀于上帝」之意同。《月令》亦云「大雩帝用盛樂」，先儒因有四月常雩祀天之説，後世因之，制爲禮典，是其説固不可廢也。然所雩之地，經無明文。鄭注《祭法》「雩宗」曰水旱壇，注《月令》「雩帝」曰爲壇於南郊之旁。《禮書》謂魯南門爲雩門。《論語》有舞雩，先儒謂魯之舞雩在城南，鄭氏之説蓋有所受。以今考之，若所雩者不止上帝也，五帝、日月星辰、山川百源、百辟卿士鬼神雜揉，共在一壇，褻越已甚；若所雩者而專主上帝也，則何爲捨祀天之壇，而更卑就於其旁，於理皆不可通。

是則天子雩帝當在南郊之圜丘無疑，且《詩》亦曰「自郊徂宫」，尤爲明證，其餘諸祀，則各就其處而祭之可也。至魯人舞雩，或因僭行大雩之禮，而不敢純同於王制，故於城南别爲一壇，名之曰舞雩，猶其僭郊而不敢同用日至之意。乃或者因是而謂天子之雩帝，亦别有壇，是以魯禮言周事，恐不然也。若其常雩之時，《左傳》與《月令》又各不同，鄭注謂雩之正當以四月，杜氏亦以爲《月令》秦法，非是周典。今考《春秋》書雩皆爲旱，非常祭，其中有但書秋而不記其月者，則雖七月亦爲非常而書矣。周之七月當夏五月，五月非常，則常祭在四月可知。《月令》屬之仲夏，蓋吕不韋之誤，固當以《左傳》爲正也。其所雩之帝，鄭注謂五精之帝。夫五帝兆於四郊，祭五帝而不及昊天，固無是理。且四郊各有壇兆，則不在南郊水旱之壇可知，即其説已矛盾而不可信矣。陳氏《禮書》又謂昊天上帝及五帝，夫合上帝、五帝而雩於南郊之旁，則必與百神並舉，則猶鄭注之謬也。若合上帝、五帝而祭於圜丘，則又虚設四郊之兆，而六天並祭，禮所必無。則唯楊氏專祭上帝之説爲簡易明確，而不可混矣。至於雩之稱大，賈逵云言大别山川之神，雩帝故稱大。《禮書》謂禮之盛，與大旅、大享同。其説並通。

右常雩。

【《詩·大雅·雲漢》】靡神不舉，靡愛斯牲，

圭璧既卒，寧莫我聽。【箋】靡、莫，皆無也。言王爲旱之故，求於羣神，無不祭也。無所愛於三牲，禮神之圭璧又已盡矣，曾無聽聆我之精神而興雲雨。【疏】羣神無所不祭，即下經所陳上天下地，從郊至宫之類也。《大司徒》「以荒政十有二，聚萬民。其一有曰索鬼神」。鄭司農云：❶「索鬼神者，求廢祠而修之。」是遭遇天灾，必當廣祭羣神，所祭者廣。天地五帝，當用特牲。其餘諸神，或用太牢，或用少牢。三牲皆用，故言「無所愛於三牲」也。祭神又用玉器，《春官·大宗伯》：「以玉作六器，以禮天地四方。」《典瑞》云：「四圭有邸以祀天，兩圭有邸以祀地，裸圭有瓚以祀先王，圭璧以祀日月星辰，璋邸射以祀山川。」皆是祭神所用，故云「禮神之圭璧已盡矣」。禮神之圭璧，自有多名，言圭璧，爲其總稱。以三牲用不可盡，故言「無愛」。圭璧少而易竭，故言「既盡」。水旱皆是上天之爲，假祭羣神，未必能已。聖王制此禮者，何哉？將以灾旱不熟，必至于死。人君爲之父母，不可忍觀窮厄，固當責躬罪己，求天禱神，罄忠誠之心，爲百姓請命。聖人緣人之情，而作爲此禮，非言祈禱必能止灾也，徒以民情可矜，不得不爲之禱。禱而無雨，不得不訴於神耳。**不殄禋祀，自郊徂宫。上下奠瘞，靡神不宗。**【傳】上祭天，下祭地，奠其禮，瘞其物。宗，尊也。國有凶荒，則索鬼神而祭之。【疏】我勤於請禱，不絶其潔敬之祭。既祀天於郊，又從郊而往至宗廟之宫，以次而祭，未嘗絶已。其祭之禮，則上祭天，下祭地，而天則奠其禮，地則瘞其物。從此以至於百靈，無神而不齋肅尊敬之。以郊爲祭天，即此上也。上既爲天，下與之對，故知是地也。奠謂置之於地，瘞謂埋之於土，飲食牲玉之屬也。國有凶荒，則索鬼神而祭之，即《司徒》荒政索鬼神是也。言此者，解「靡神不宗」之意。祭郊、祭廟，不必同日爲之，而云「自郊徂宫」，爲相因之勢者，明其不絶之意也。

【《周禮·地官·大司徒》】以荒政十有二聚萬民，十有一曰索鬼神。【注】索鬼神，求廢祠而修之。《雲漢》之詩所謂「靡神不舉，靡愛斯牲」者也。

【《春官·大祝》】掌六祈，以同鬼神示，四曰禜。【注】祈，嘄也。謂爲有灾變號呼告於神。禜，日月、

❶「司農」，原作「司徒」，據阮本《毛詩正義》改。

星辰、山川之祭也。《春秋傳》曰：「日月星辰之神，則雪霜風雨之不時，於是乎禜之；山川之神，則水旱癘疫之灾，於是乎禜之。」禜音詠。　噭音叫。　【疏】《祭法》：「雩禜，祭水旱，用少牢。」天灾有幣無牲，得有牲者，灾始見時無牲，及灾成之後則有牲。

國有天烖，彌祀社稷禱祠。【注】天烖，疫癘、水旱也。彌猶徧也。徧祀社稷及諸所禱，既則祠之以報焉。　【疏】禱祀之事，靡神不舉，以彌爲徧。云「既則祠之以報焉」者，以其始爲曰禱，得求曰祠，故以報賽解祠。

【小祝】將事侯禳禱祠之祝號，❶以祈福祥，逆時雨，寧風旱。【注】侯之言候也，候嘉慶，祈福祥之屬。禳，禳却凶咎，寧風旱之屬。　【疏】逆時雨是侯，寧風旱是禳，皆有祝號。

鄭氏鍔曰：「農民之望甘雨，欲以時至，故逆之而來；旱之爲灾，皆人所懼，故寧之使不作。」

劉氏執中曰：「寧風旱謂恒風恒暘，皆反休而爲咎，故祭以寧之。」

蕙田案：四月常雩，似逆時雨；因旱而雩，似寧風旱。

【《周禮・春官・司巫》】若國大旱，則帥巫而舞雩。【注】雩，旱祭也。天子於上帝，諸侯於上公之神。鄭司農云：「魯僖公欲焚巫尪，以其舞雩不得雨。」

王氏安石曰：「帥女巫也。不言女，以女巫見之。」

王氏昭禹曰：「陽亢在上，阻陰而旱。帥巫而舞雩，所以助達陰中之陽。」

【女巫】旱暵則舞雩。【注】使女巫舞旱祭，崇陰也。鄭司農云：「求雨以女巫，故《檀弓》曰：歲旱，繆公召縣子而問焉，曰：吾欲暴巫而奚若？曰：天則不雨，而望之愚婦人，毋乃已疏乎？」【疏】此謂五月已後修雩，故有旱暵之事。旱而言暵者，暵謂熱氣也。

凡邦之大烖，歌哭而請。【注】有歌者，有哭者，冀以悲哀感神靈也。【疏】大烖謂旱暵者。董仲舒曰：「雩，求雨之術，呼嗟之歌。」此云歌者，憂愁之歌，若《雲漢》之詩是也。

丘氏光庭曰：「孟夏之月，萬物昌茂，必資雨澤以膏潤之，然後秋成可望。故三

❶ 「祠」，原無，據《周禮・春官・小祝》補。

代盛時，當龍見之月爲大雩之祭，備盛樂，集羣巫，八音之聲迭奏，歌呼之聲不絶。至旱暵之甚，則或舞而擗踴，或嘘而歎息，蓋以斯民窮苦之狀上達於天，庶其垂憫而降雨澤以蘇之也。後世此禮不傳，往往假異端之術，令方士用符咒，指斥怒罵。噫！上帝之靈不以誠感，而以法術刼制之，可乎？」

宗元案：古禮有不可復行於今者，如旱雩用女巫舞雩是也。古民質朴，而又設之專官，男女必能一心專志，故可和同天人之際，如《國語》所謂「古者民之精爽不攜貳」，又能「齊肅中正」，則神明降之，故男覡女巫相沿已久，先王不能廢也。然女巫所掌，大率王后之事，故弔則與祝前，至邦有大烖，歌哭而請，亦必各有其所，未必雜於郊壇間也。惟旱雩則司巫帥之舞雩，先儒謂是崇陰以致雨。然天則不雨，而望之愚婦人，昔縣子已譏其疏矣，況後世不設此官，而可復用之乎？或謂今用僧道符咒，以代巫覡之歌舞，似差勝於女巫之混瀆，則非也。此輩罪孽多端，即在異氏，亦爲敗類，其能上回帝眷乎？荆川《稗編》乃欲用女冠、比丘尼以代女巫，則更媟嫚不經之甚矣。竊謂是在古人原有已試之成法，而人自忽之，如桑林之禱，雲漢之憂，梁武之先行七事，明祖之露處五日，皆行之而有效者，何不師其意而用之？其他則擇土立壇，依方正位，如董子求雨閉諸陽、縱諸陰，尚得古人以類致類之遺意，而非同厭勝。若《繁露》乃董子贋書，已不可全信，况可以女道尼僧代女巫也哉！

【《地官・舞師》】教皇舞，帥而舞旱暵之事。【注】旱暵之事，謂雩也。鄭司農云：「皇舞，蒙羽舞。書或作翌，或爲義。」玄謂：皇，析五采羽爲之，亦如帗。【疏】「皇舞，❶蒙羽舞」者，先鄭之意，蓋見《王制》有虞氏皇而祭，皇是冕，爲首服，故以此皇爲鳳皇羽，蒙於首，故云蒙羽舞。自古未見蒙羽於首，故後鄭不從。「玄謂析五采羽爲之，亦如帗」者，鍾氏染鳥羽，象翟鳥鳳皇之羽，皆五采。此舞者所執，亦以威儀爲節。言皇是鳳皇之字，明其羽亦五采，其制亦如帗舞，用五色繒，有柄也。

鄭氏鍔曰：「旱暵出於非常，故不言祭祀而言事。偶有是事，則染羽爲鳳皇之形以舞焉。不象鳳者，鳳雄而皇雌，所以召陰而却陽也。」

易氏祓曰：「皇舞用於旱暵之事，則有陰陽相濟之意。」

蔡氏德晉曰：「旱暵，陽氣過甚，故以皇舞，五色咸備，取陰陽之氣不偏也。」

蕙田案：三説皆與後鄭略同，高紫超謂：皇，故書或爲翌。案《字説》黄白曰翌，疑以黄白之繒若羽爲之，蓋旱暵炎赤，欲以秋金白氣勝之。案旱暵炎赤，屬火象，勝之當以水，色黑，金白乃火所勝，豈能反勝火耶？無理不可從。似鄭剛中、蔡宸錫之説爲長。

【稻人】旱暵共其雩斂。【注】稻人共雩斂，稻，急水者也。鄭司農云：「雩事所發斂。」【疏】餘官不言共雩斂，於此官特言共者，以稻是水穀，急須水，故旱時特使共雩之發斂也。

【《禮記・祭法》】雩宗，祭水旱也。【注】宗當爲禜，字之誤。禜之言營也，雩禜，水旱壇也。【疏】雩宗，祭水旱也者，亦壇名也。禜亦營域也，爲營域而祭之，故曰雩禜也。

張子曰：「大雩龍見而雩，當以孟夏爲百穀祈甘雨也。」

❶「舞」，原作「羽」，據前注文及《周禮疏》改。

有水旱則別有雩祭。」

馬氏彥醇曰：「先王之待水旱，人力已至而猶有旱乾水溢，則爲雩禜以祭之，見人力有不勝於天時者也。」

蕙田案：祭水旱者，因水旱而祭，非祭水旱也。宗當如字，蓋雩帝在圜丘，其餘諸神則各就其處祭之，不須別爲一壇，故曰自郊徂宮。以其求雨而尊祭之，故謂之雩宗，疑是雩祭名，非壇名也。《詩》云「靡神不宗」，可以證明「宗」字之義。注疏禜爲營域之説存參。

觀承案：龍見之郊與啓蟄之郊，自宜同在圜丘，蓋孟夏大雩，乃每歲常行之典，即仍其地可也。若因旱而雩，則迫切哀懇，如《周禮》所謂「歌哭以請」者，既無常期，且大變其常度，而必仍在圜丘嚴肅之地行之，恐非所安。且圜丘在南郊，乃正陽之位，就之求雨，亦於事類不合，古壇雖無正文，然《祭法》有雩禜，及魯舞雩之另爲一壇，可知不當與圜丘同所矣。魯壇在城東南，是辰方。梁時在天壇之東曰巳位者，恐非，亦應在辰方耳。蓋辰乃先天兑位，兑澤可以致雨，五行亦辰爲水庫也。更有一説，王明齋謂：「古者雩於北郊，雖未有所考，然南郊祀天者，本先天乾南坤北之常位，若後天則乾反居於西北，今旱雩既非常祀，宜用後天乾位，以通其變。亥爲天門，後天之乾，介於兑澤坎水之間，夏月之雨亦以西北風爲驗，則當於西北亥位立壇，似更合於義類也。」附此以俟考禮者擇焉。

【《爾雅》】舞號雩也。【注】雩之祭，舞者吁嗟而請雨。【疏】孫炎曰：「雩之祭有舞有號。」《左傳》云「龍見而雩」，杜注云：「雩之言遠也，遠爲百穀祈膏雨。」《月令》仲夏云「大雩帝」，鄭注云「雩，吁嗟求雨之祭也」。郭云「雩之祭，舞者吁嗟而請雨」，是同鄭説也。

右因旱而雩。

【《春秋》】桓公五年，大雩。【《左氏傳》】秋，大雩，書不時也。凡祀，啓蟄而郊，龍見而雩，始殺而嘗，閉蟄而烝，過則書。

【《公羊傳》】大雩者何？旱祭也。然則何以不言旱，言雩則旱見，言旱則雩不見。何以書？記灾也。

胡氏安國曰：「大雩者，雩於上帝，用盛樂也。諸侯雩於境内之山川耳。魯諸侯，而大雩，欲悉書於册，則有不勝書者，故雩祭則因旱以書，而特謂之大，因事以書而義自見，此皆國史所不能與，君子以爲性命之文是也。」

程子曰：「成王尊周公，故賜魯重祭，得郊禘大雩。大雩，雩於上帝，用盛樂也。諸侯雩於境内之山川耳。成王之賜，魯公之受，皆失道也，故夫子曰：『魯之郊禘非禮也，周公其衰矣。』大雩，歲之常祀，不能皆書也，故因其非時則書之，遇旱灾則非時而雩，書之，所以見其非禮，且志旱也。」

孫氏復曰：「建巳之月，常祀也，故經無六月雩者，建午、建申之月，非常則書。謂之大者，雩於上帝也。天子雩於上帝，諸侯雩於山川百神。魯雩山川百神，禮也，雩於上帝，非禮也。《春秋》，魯史，孔子不敢斥也，其或灾異、非常、改作、不時者，則從而録之，以著其僭天子之惡。」

吴氏澄曰：「魯之雩祀僭王禮，特書曰

『大雩』，以表其爲天子祀上帝之雩，而非諸侯祭山川之雩也。《左氏》謂：『龍見而雩，過則書。』龍見者，孟夏建巳之月，經無書六月雩者，蓋得禮不書。七月、八月、九月則皆過時故書，書冬則建酉之月，穀已成熟，尤爲非時也。魯有舞雩壇，蓋祀帝於壇如郊焉。而用盛樂，歌舞於壇上，故名其壇爲舞雩。」

李氏廉曰：「經書雩二十一，止書秋者七，此年及成三、襄五、十六、昭八、定七、十二是也。書七月者二，昭二十五是也。書九月者七，僖十三、襄八、十七、昭六、十六、定元、七是也。書冬者一，成七年是也。蓋《左氏》但知龍見而雩爲正，故以爲不時，而不知因旱而雩乃記灾也。《公羊》以大雩爲大旱，趙子以稱大爲徧雩，舊説又以爲大者，禮物有加也。是皆不知大雩之爲僭矣。《穀梁》例曰：『雩月，正也。時，不正也。』其説以爲必待時窮人力盡而請之，此又豈君人之心哉？《穀梁》又以爲請乎應上公，是又不知諸侯雩於山川之義也。一年而二雩者，昭二十五、定七年也，❶皆旱甚而無格天之誠也。」

僖公十一年秋八月，大雩。【《穀梁傳》】雩月，正也。雩，得雨曰雩，不得雨曰旱。

吴氏澄曰：「諸侯旱而雩，禮也，大雩祀及上帝，非禮也。」

十三年秋，九月，大雩。

成公三年秋，大雩。　七年冬，大雩。【《穀梁傳》】雩不月而時，非之也，冬無爲雩也。

劉氏敞曰：「《穀梁》云冬無爲雩也，非也。周之十月，今之八月，若久不雨，可不雩乎？」

襄公五年秋，大雩。【《左氏傳》】旱也。

八年秋九月，大雩。【《左氏傳》】旱也。

十六年秋，大雩。　十七年秋九月，大雩。

二十八年秋八月，大雩。【《左氏傳》】旱也。

❶「二」，原作「三」，據庫本改。

昭公三年八月，大雩。【《左氏傳》】旱也。

六年秋九月，大雩。【《左氏傳》】旱也。

八年秋，大雩。　十六年秋九月，大雩。【《左氏傳》】旱也。　二十四年秋八月，大雩。【《左氏傳》】旱也。　二十五年秋七月上辛，大雩。季辛，又雩。【《左氏傳》】秋，書再雩，旱甚也。【注】季辛，下旬之辛，言又，重上事。

定公元年秋九月，大雩。【《穀梁傳》】雩月，雩之正也。秋大雩，非正也。冬大雩，非正也。秋大雩之爲非正，何也？毛澤未盡，人力未竭，未可以雩也。雩月，雩之正也。月之爲雩之正，何也？其時窮，人力盡，然後雩，雩之正也，何謂其時窮人力盡？是月不雨，則無及矣；是年不艾，則無食矣，是謂其時窮人力盡也。雩之必待其時窮人力盡何也？雩者，爲旱求者也。求者，請也，古之人重請。何重乎請？人之所以爲人者，讓也，請道去讓也，則是舍其所以爲人也，是以重之。焉請哉？請乎應上公。古之神人有應上公者，通乎陰陽，君親帥諸大夫道之而以請焉。夫請者，非可詒託而往也，必親之者也，是以重之。

陸氏淳曰：「《公》、《穀》言月雩正，秋冬大雩，皆非正也，毛澤未盡，人力未竭，未可雩。啖子曰：『雩者，以祈雨也。若待毛澤盡，人力竭，雖雨何救哉？蓋《傳》以日月爲例，故有此分別。』又曰：『古之神人有應上公者，通乎陰陽，君親帥諸大夫而請焉。』趙子曰：『案大雩即山林川澤能興雲雨，而皆祈焉，不必專乎上公也。』」

蕙田案：雩祭所請者，上帝也，山川百源也，百辟卿士有益於民者也。

而《穀梁》獨有請乎應上公之説，注疏不言其所指。儒者或以誕妄訾之，非也。蓋應上公即百辟卿士有益於民者也，即所謂生爲上公，死爲貴神，若勾芒、后稷之類是也。古無上公之稱，傳者以其品秩尊崇，應比周上公之爵，故曰應上公云爾。不言上帝者，侯國無祭天之禮也。不及山川百源者，祈祀在雩之先也。

七年秋，大雩。九月，大雩。

薛氏季宣曰：「一秋而兩大雩，僭瀆之甚也。」

十二年秋，大雩。

蕙田案：《春秋》常事不書，其書雩者，皆爲旱而設也。厥義有三：一則記灾也，一則言大以志其僭也，一則見其時君臣猶有憂旱之心，以別於書大旱、書不雨、書自某月不雨至於某月，而不言雩者之忘民事也。經義宏深，所該者廣，傳者區區較量於月時之間，豈能通其旨哉。

【莊公十年《左氏傳》】公子偃自雩門竊出。❶

【注】魯南城門。

【《論語》】樊遲從遊於舞雩之下。　風乎舞雩。

熊氏過曰：「魯南爲雩門，舞雩在城南，舞以女巫，雩樂以皇，雩祭以舞爲盛，遂名壇爲舞雩。舞雩有二，龍見而雩，設壇祈澤，常雩也；旱而雩，非常也。大雩上帝用盛樂，又非常，僭也，胡氏義備矣。《月令》建午之雩，則秦制耳。」

右魯大雩。

【《禮記·檀弓》】歲旱，穆公召縣子而問然。

❶「出」，原作「去」，據庫本改。

曰：「天久不雨，吾欲暴尫而奚若？」曰：「天則不雨，而暴人之疾子，虐，毋乃不可與？」【注】穆或作繆。尫者，面鄉天，覬天哀而雨之。錮疾，人之所哀，暴之是虐。「然則吾欲暴巫而奚若？」曰：「天則不雨，而望之愚婦人，於以求之，毋乃已疏乎？」【注】巫主接神，亦覬天哀而雨之。《春秋傳》説巫曰：「在女曰巫，在男曰覡。」《周禮》「女巫」：「旱暵則舞雩。」所引《春秋傳》者，《外傳·楚語》昭王問觀射父絶地通天之事。觀射父對云：「民之精爽不攜貳者，明神降之，在男曰覡，在女曰巫。」然案《楚語》精爽不攜貳者始得爲巫，此經而云「愚婦人」者，據末世之巫，非復是精爽不攜貳之巫也。「徙市則奚若？」曰：「天子崩，巷市七日，諸侯薨，巷市三日，爲之徙市，不亦可乎？」【注】徙市者，庶人之喪禮。今徙市，是憂戚於旱若喪。【疏】今徙市是憂戚於旱，若居天子、諸侯之喪，必巷市者，以庶人憂戚，無復求覓財利，要有急須之物不得不求，故于邑里之内而爲巷市。

陳氏祥道曰：「先王之於旱也，内則責諸己，外則求諸神。責諸己則有成湯之事、宣王之行，求諸神則巫以女巫，舞以皇舞，祭以雩禮。以牲璧責諸己者，本也；求諸神，則以爲文而已。穆公不能責諸己，又不知求諸神，而欲暴尫與巫，豈不惑哉！市，陰也；雨，陰中之陽也；徙市所以助發陰中之陽，與《周官》皇舞、女巫同意。」

【《春秋》】莊公二十有五年，秋，大水，鼓，用牲於社，於門。【《左氏傳》】亦非常也。凡天災，有幣無牲。【注】天災，日月食、大水也。祈請而已，不用牲也。【疏】傳言「亦非常」，亦上日食也。天之見異，所以譴告人君，欲改過修善，非爲求人飲食。既遇天災，隨時即告，唯當請告而已，是故有幣無牲。若乃亢旱歷時，霖雨不止，然後禱祀羣神，求弭災沴者，設禮以祭，祭必有牲。《詩·雲漢》之篇美宣王爲旱禱請，自郊徂宫，無所不祭，云：「靡神不舉，靡愛斯牲。」是其爲旱禱，祭皆用牲也。《祭法》曰：「埋少牢於泰昭，祭時也；相近於坎壇，祭寒暑也；王宫，祭日也；夜明，祭月也；幽禜，祭星也；雩禜，祭水旱也。」鄭玄云：「凡此以下皆祭用少牢，寒暑不時，則或禳之，或祈之。」是説祈禱之祭皆用牲。

非日月之眚不鼓。【注】眚，猶災也。月侵日爲眚，陰陽逆順之事，賢聖所重，故特鼓之。【疏】《周禮・大僕職》云：「凡軍旅、田役，贊王鼓。救日月亦如之。」是日食、月食皆有鼓也。【《公羊傳》】于社，禮也。于門，非禮也。【注】于門非禮，故略不復舉鼓用牲。不舉非禮爲重者，如去于社，嫌于門禮也。大水與日食同禮者，水亦土地所爲，雲實出於地，而施於上乃雨，歸功於天，猶臣歸美於君。❶　【疏】同禮，謂同鼓同牲矣。

【《穀梁傳》】高下有水災曰大水。既戒鼓而駭衆，用牲可以已矣，救日以鼓兵，救水以鼓衆。【疏】「既戒鼓駭衆」者，謂既警戒擊鼓而駭動衆人，則用牲可以已矣。知不合用牲者，用者不宜用，故知不合也。又云「救日以鼓兵」者，謂伐鼓以責陰，陳兵示禦侮。「救水以鼓衆」者，謂擊鼓聚衆也，皆所以發陽也。

孔氏穎達曰：「國門，謂城門也。鼓與牲二事皆失，故譏之。」

劉氏敞曰：「凡天災，有幣無牲，非日月之眚不鼓，幣請之也，鼓攻之也，牲享之也。鼓，用牲于社、于門，非禮也。」○又曰：「《公羊》曰『于社禮也，于門非禮也』，非也。若于社爲得禮，《春秋》亦當不書矣。」

孫氏覺曰：「日食必鼓者，爲陰侵陽，其爲驗甚，而爲災未見；大水則災及於物，其驗已明，其災已著。災未見則伐鼓以救陽，驗已著則無取乎鼓也。《穀梁》曰救水以鼓衆，非也。」

高氏閌曰：「古人遇水旱雖有雩禜祈禳之理，《詩》『靡神不舉，靡愛斯牲』，宣王必以側身修行爲之本，況于社于門，非所以致水災者也。自古豈有伐鼓用牲救水災之禮乎？」

胡氏銓曰：「未聞大水而用牲者，況伐鼓于門乎？書者，惡其不務修政事以消患弭災，而爲是區區淫巫瞽史之見也。」

【《春秋》僖公十九年《左氏傳》】衛大旱，卜有事於山川，不吉。甯莊子曰：「昔周饑，克殷而年豐。今邢方無道，諸侯無伯，天其或者欲使衛討邢乎？」從之，師興而雨。

❶「歸」，原脱，據四庫本補。

【注】有事，祭也。伯，長也。

【二十一年《左氏傳》】夏，大旱，公欲焚巫尫。臧文仲曰：「非旱備也。修城郭，貶食省用，務穡勸分，此其務也。巫尫何爲？天欲殺之，則如勿生。若能爲旱，焚之滋甚。」公從之。是歲也，饑而不害。【注】巫尫，女巫也，主祈禱請雨者。或以爲尫非巫也，瘠病之人，其面上向，俗謂天哀其病，恐雨入其鼻，故爲之旱，是以公欲焚之。穡，儉也。勸分，有無相濟。

【昭公十六年《左氏傳》】鄭大旱，使屠擊、祝款、豎柎有事於桑山。斬其木，不雨。子產曰：「有事於山，蓺山林也。而斬其木，其罪大矣。」奪之官邑。【注】三子，鄭大夫。有事，祭也。蓺，養護令繁。

【十九年《左氏傳》】鄭大水，龍鬬於時門之外洧淵。國人請爲禜焉，子產弗許，曰：「我鬬，龍不我覿也。龍鬬，我獨何覿焉？禳之，則彼其室也。吾無求於龍，龍亦無求於我。」乃止也。【注】時門，鄭城門也。有水出滎陽密縣，東南至潁川長平入潁。覿，見也。淵，龍之室。《傳》言子產之知。

【《說苑·君道篇》】湯之時，大旱七年，雒坼川竭，煎沙爛石，於是使人持三足鼎祝山川，教之祝曰：「政不節耶？使人疾耶？苞苴行耶？讒夫昌耶？宮室營耶？女謁盛耶？何不雨之極也？」蓋言未已而天大雨，故天之應人，如影之隨形，響之效聲者也。《詩》云：「上下奠瘞，靡神不宗。」言疾旱也。【注】東漢《鍾離意傳》注云：「《帝王紀》曰：成湯大旱七年，齊戒，剪髮斷爪，以己爲犧牲，禱於桑林，以六事自責。」

【《辨物篇》】齊大旱之時，景公召羣臣問曰：「天不雨久矣，民且有饑色，吾使人卜之，祟在高山廣水，寡人欲少賦斂以祠靈山可乎？」羣臣莫對。晏子進曰：「不可，祠此無益也。夫靈山固以石爲身，以草木爲髮。天久不雨，髮將焦，身將熱，彼獨不欲雨乎？祠之無益。」景公曰：「不然，吾欲祠河伯可乎？」晏子曰：「不可，祠此無益也。夫河伯以水爲國，以魚鱉爲民。天久不雨，水泉將下，百川竭，國將亡，日將滅矣，彼獨不用雨乎？祠之何益？」景公曰：「今爲之奈何？」晏子曰：「君誠避宮殿暴露，與靈山、河伯共憂，其幸而雨乎！」於是景公出野，暴露三日，天果大雨，民盡得種樹。景公曰：「善哉！晏子之言可無用乎？其唯有德也！」

齊景公之時，天大旱三年，卜之，曰：「必以人祠，乃雨。」景公下堂頓首曰：「凡吾所以求雨者，爲吾民也。今必使吾以人祠乃且雨，寡人將自當之。」言未卒，而天大雨。

【《春秋繁露》】春旱求雨。令縣邑以水日令民禱社稷，家人祠户，毋伐名木，毋斬山林，暴巫聚蛇八日，於邑東門之外爲四通之壇，方八尺，植蒼繒八，其神共工，祭之以生魚八，玄酒，具清酒、膊脯，擇巫之潔清辨言利辭者以爲祝。祝齋三日，服蒼衣，先再拜，乃跪陳，陳已，復再拜，乃起。祝曰：「昊天生五穀以養人，今五穀病旱，恐不成，敬進清酒、膊脯，再拜請雨。雨幸大澍，奉牲禱。」以甲乙日爲大青龍一，長八丈，居中央，爲小龍七，各長四丈，於東方，皆東鄉，其間相去八尺。小僮八人，皆齋三日，服青衣而舞之。田嗇夫亦齋三日，服青衣而立之，諸里社通之於閭外之溝，取五蝦蟇，錯置社之中。

池方八尺，深一尺，置水蝦蟇焉。具清酒、膊脯，祝齋三日，服蒼衣，拜跪陳祝如初，取三歲雄雞與三歲豭豬，皆燔之於四通神宇，令民闔邑里南門，置水其外，開里北門，具老豭豬一，置之里北門之外，市中亦置一豭豬，聞鼓聲，皆燒豬尾。取死人骨埋之，開山淵，積薪而焚之，決通橋道之壅塞不行者，決潰之。幸而得雨，報以豚一，酒、鹽、黍財足，以茅爲席，毋斷。夏求雨，令縣邑以水日，家人祀竈，毋舉土功，更大浚井，暴釜於壇，杵臼於術七日。爲四通之壇於邑南門之外，方七尺，植赤繒七。其神蚩尤，祭之以赤雄雞七，玄酒，具清酒、膊脯。祝齋一日，服赤衣，拜跪陳祝如春。以丙丁日爲大赤龍一，長七丈，居中央，又爲小龍六，長三丈五尺，於南方，皆南鄉，其間相去七尺。壯者七人，皆齋三日，服赤衣而舞之。司空嗇夫亦齋三日，服赤衣而立之。鑿社而通之閭外之溝，取五蝦蟇，錯置里社之中。池方七尺，深一尺。酒脯，祝齋，衣赤衣，拜跪陳祝如初，取三歲雄雞、豭豬，燔之四通神宇，開陰閉陽如春也。季夏禱山陵以助之，令縣邑一徙市於邑南門之外，五日禁男子無得行入市。家人祠中霤，毋興土功，聚巫市旁，爲之結蓋，爲四通之壇於中央，植黄繒五，其神后稷，祭之以母䭲五，母音模，《禮》謂之淳母。䭲音移，《周禮》曰䭲食。玄酒，具清酒、膊脯，令各爲祝齋三日，衣黄衣，皆如春祠。以戊己日爲大黄龍一，長五丈，居中央，又爲小龍四，各長二丈五尺，於南方，皆南鄉，其間相去五尺。丈夫五人，皆齋三日，服黄衣而舞之，老者亦齋三日，衣黄衣而立之。

亦通社中於閭外溝，蝦蟇池方五尺，深一尺，他皆如前。秋暴巫尪至九日，毋舉火事，煎金器，家人祠門，爲四通之壇於邑西門之外，方九尺，植白繒九。其神太昊，祭之桐木魚九，玄酒，具清酒、膊脯，衣白衣，他如春。以庚辛日爲大白龍一，長九丈，居中央，爲小龍八，各長四丈五尺，於西方，皆西鄉，其間相去九尺。鰥者九人，皆齋三日，服白衣而舞之，司馬亦齋三日，衣白衣而立之。蝦蟇池方九尺，深一尺，他皆如前。冬舞龍六日，禱於名山以助之。家人祠井，毋壅水，爲四通之壇於邑北門之外，方六尺，植黑繒六。其神玄冥，祭之以黑狗子六，玄酒，具清酒、膊脯，祝齋三日，衣玄衣，祝禮如春。以壬癸日爲大黑龍一，長六丈，居中央，又爲小龍五，各長三丈，於北方，皆北鄉，其間相去六尺。老者六人，皆齋三日，衣黑衣而舞之。尉亦齋三日，服黑衣而立之。蝦蟇池，皆如春。四時皆以水日，爲龍必取潔土爲之，潔蓋，❶龍成而發之。四時皆以庚子日，令吏民夫婦皆偶處。凡求雨之大體，丈夫欲藏而居，女子欲和而樂。《神書》又曰：開神山神淵，積薪，夜擊鼓譟而燔之，爲其卑也。雨太多，令縣邑以土日，塞水瀆，絶道，蓋井，婦人不得行入市，令縣鄉里皆埽社下，縣邑若丞令吏嗇夫三人以上，祝一人，鄉嗇夫若吏三人以上，祝一人，里正父老三人以上，祝一人，皆齋。以下文闕。

蕙田案：董子，大儒，所稱求雨止雨法，類於方術小數，或其遺書殘闕，

❶「潔」，《春秋繁露·求雨》作「結」。

後人所附益也。

右水旱雜禳。

【《通典》】漢承秦滅學，正雩禮廢。旱，太常禱天地、宗廟。

【《文獻通考》】武帝元封六年，旱。女子及巫、丈夫不入市。

【《漢書·昭帝本紀》】始元六年夏，旱，大雩，不得舉火。臣瓚曰：「不得舉火，抑陽助陰也。」

【《漢舊儀》】成帝二年六月，始命諸官止雨，朱繩反縈社，繫鼓攻之。❶是後水旱常不和。干寶曰：「朱絲縈社。社，太陰也。朱，火色也。絲，維屬。天子伐鼓于社，責羣陰也；諸侯用幣于社，請上公也。伐鼓于朝，退自責也，此聖人厭勝之法也。」孟夏，龍見而始雩，壇在城東南，引龜山爲沂水，至壇西南行，曰雲水曲中，壇上舞雩。舊制，求雨，太常禱天地、宗廟、社稷、山川以賽，各如具常祭牢禮。❷四月立夏後旱，乃求雨，禱之七月畢，賽之。秋、冬、春三時，不求雨。

【《文獻通考》】馬氏曰：「漢世未嘗舉雩祀。《通典》謂『漢承秦滅學，正雩禮廢』，而《漢舊儀》以爲有雩壇，且指龜山、沂水以言其所，即《論語》言曾點、樊遲所遊之地。蓋魯國祀天之所，去漢都甚遠，非國城南郊之外也。然漢人舉祀事，大概多即前代舊祀之地，如雍五畤祀上帝，則因秦所建，其他如作明堂奉高旁，祀后土汾陰之類，皆以爲古者嘗於其地祠祭。然則豈魯沂水之雩壇舊址尚存，漢曾就其地立壇舉雩祀耶？」

❶「繫」，《後漢書·禮儀志》注文作「擊」。
❷「具」，《後漢書·禮儀志》注文作「其」。

【《後漢書・禮儀志》】自立春至立夏盡立秋，郡國上雨澤。若少，府郡縣各埽除社稷。其旱也，公卿官長以次行雩禮求雨。何休《公羊傳注》曰：「君親之南郊，以六事謝過自責，使童男女各八人舞而呼雩，故謂雩也。」《春秋繁露》曰：「大旱雩祭而請雨，大水鳴鼓而攻社，天地之所爲，陰陽之所起也。或請焉，或怒焉，何如也？曰：大旱，陽滅陰也。陽滅陰者，尊厭卑也。固其義也，雖大甚拜請之而已，無敢有加也。大水者，陰滅陽也，陰滅陽者，卑勝尊，賤凌貴，逆節也。故鳴鼓而攻之，朱絲而脅之，爲其不義。此亦《春秋》之不畏彊禦也。」又董仲舒奏江都王云：「求雨之方，損陽益陰。願大王無收廣陵女子爲人祝者一月租，賜諸巫者。諸巫無大小，皆相聚於郭門，爲小壇，以脯酒祭。女獨擇寬大便處移市，❶市使無內丈夫，丈夫無得相從飲食。令吏妻各往視其夫，皆到即起，雨注而已。」閉諸陽，衣皂，興土龍，《山海經》曰：「大荒東北隅有山，名曰凶犂土丘。應龍處南極，殺蚩尤與夸父，不得復上，故下數旱。旱而爲應龍之狀，乃得大雨。」郭璞曰：「今之土龍本此，氣應自然冥感，非人所能爲也。」應龍有翼。《法言》曰：「象龍之致雨，艱矣哉，龍乎！龍乎！」《新論》曰：「劉歆致雨，具作土龍，吹律及諸方術，無不備設。譚問：『求雨所以爲土龍，何也？』曰：『龍見者，輒有風雨興起，以迎送之，故緣其象類而爲之。』」立土人舞僮二佾，七日一變如故事。反拘朱索社，伐朱鼓。禱賽以少牢如禮。

【《漢書・董仲舒傳》】仲舒治國，以《春秋》灾異之變推陰陽所以錯行，故求雨，閉諸陽，縱諸陰，其止雨反是。

【《後漢書・鍾離意傳》】永平三年夏旱，而大起北宮，意詣闕免冠上疏。帝策詔報曰：「湯引六事，咎在一人。其冠履，勿謝。比上天降旱，密雲數會，朕戚然慙懼，思獲嘉應，故分布禱請，窺候風雲，北祈明堂，南設雩場。今又敕大匠止作諸

❶「女」，原作「文」，據《後漢書・禮儀志》注文改。

宮，減省不急，庶消灾譴。」詔因謝公卿百寮，遂應時澍雨焉。

【《明帝本紀》】永平十八年夏四月己未，詔曰：「自春以來，時雨不降，宿麥傷旱，秋種未下，政失厥中，憂懼而已。其賜天下男子爵，人二級，及流民無名數欲占者人一級；鰥、寡、孤、獨、篤癃、貧不能自存者粟，人三斛。理冤獄，録輕繫。二千石分禱五嶽四瀆。郡界有名山大川能興雲致雨者，長吏各絜齊禱請，冀蒙嘉澍。」

蕙田案：後世祈雨之法不一，類皆巫覡方士之術。永平之詔以恤鰥寡、理冤獄爲先，可謂知要者矣。

【《安帝本紀》】永初七年五月庚子，京師大雩。

【《順帝本紀》】陽嘉元年春二月，京師旱。庚申，敕郡國二千石各禱名山岳瀆，遣大夫、謁者詣嵩高、首陽山，并祠河、洛，請雨。戊辰，雩。以冀部比年水潦，民食不贍，詔案行禀貸，勸農功，賑乏絶。甲戌，詔曰：「政失厥和，陰陽隔并，冬鮮宿雪，春無澍雨。分禱祈請，靡神不禁。政恐在所慢違『如在』之義。今遣侍中王輔等，持節分詣岱山、東海、滎陽、河、洛，盡心祈焉。」濟水，四瀆之一，至河南溢爲滎澤，故于滎陽祠焉。

【《質帝本紀》】永嘉元年，帝即位，夏四月壬申，雩。五月甲午，詔曰：「朕以不德，託母天下，布政不明，每失厥中。自春涉夏，大旱炎赫，憂心京京，故得禱祈明祀，冀蒙潤澤。前雖得雨，而宿麥頗傷；比日陰雲，還復開霽。寤寐永歎，重懷慘結。將二千石、令、長不崇寬和，暴刻之爲乎？其令中都官繫囚罪非殊死考未竟者，一切任出，以須立秋。郡國有名山大澤能興雲雨者，二千石長吏各潔齊請禱，謁誠盡禮。」

【《桓帝本紀》】延熹元年六月，大雩。

【《靈帝本紀》】熹平五年夏四月，復崇高山名爲嵩高山，大雩。

【《東觀記》】使中郎將堂谿典請雨，因上言改之。

【《論衡·明雩篇》】變復之家，以久雨爲湛，久暘爲旱。旱應亢陽，湛應沈溺。或難曰：「夫一歲之中，十日者一雨，五日者一風。雨頗留，湛之兆也。暘頗久，旱之漸也。湛之時，人君未必沈溺也；旱之時，未必亢陽也。人君爲政，前後若一。然而一湛一旱，時氣也。」范蠡、計然曰：「太歲在子水，毀；金，穰；木，饑；火，旱。」夫如是，水旱饑穰，有歲運也。歲直其運，氣當其世，變復之家，指而名之。人君用其言，求過自改。暘久自雨，雨久自暘，變復之家，遂名其功。人君然之，遂信其術。試使人君恬居安處不求己過，天猶自雨，雨猶自暘。暘濟雨濟之時，人君無事，變復之家，猶名其術。是則陰陽之氣，以人爲主，不説於天也。夫人不能以行感天，天亦不隨行而應人。《春秋》，魯大雩，旱求雨之祭也。旱久不雨，禱祭求福，若人之疾病祭神解禍矣。此變復也。《詩》云：「月離于畢，俾滂沱矣。」《書》曰：「月之從星，則以風雨。」然則風雨隨月所離從也。房星四表三道，日月之行，出入三道。出北則湛，出南則旱。或言出北則旱，南則湛。案月爲天下占，房爲九州候。月之南北，非獨爲魯也。孔子出，使子路齎雨具。有頃，天果大雨。子路問其故，孔子曰：「昨暮月離于畢。」後日，月復離畢。孔子出，子路請齋雨具，孔子不聽，出果無雨。子路問其故，孔子曰：「昔日，月離其陰，故雨。昨暮，月離其陽，故不雨。」夫如是，魯雨自以月離，豈以政哉？如審以政令，月離于畢爲雨占，天下共之。魯雨，天下亦宜皆雨。六國之時，政治不同，人君所行賞罰異時，必以雨爲應政令，月離六七畢星，然後足也？魯繆公之時，歲旱。繆公問縣子：「天旱不雨，寡人欲暴巫，奚如？」縣子不聽。「欲徙市，奚如？」對曰：「天子崩，巷市七日；諸公薨，巷市五日。爲之徙市，不亦可乎？」案縣子之言，徙市得雨也。案《詩》、《書》之文，月離星得雨。日月之行，有常節度，肯爲徙市故，離畢之陰乎？夫月畢，天下占。徙魯之市，安耐移？月之行天，三十日而周。一月之中，一過畢星，離陽則陽。假令徙市之感，能令月離畢陽，其時徙市而得雨乎？夫如縣子之言，未可用也。董仲舒求雨，申《春秋》之義，設虚立祀，父不食於支庶，天不食於下地。諸侯雩禮所祀，未知何神。如天神也，唯王者天乃歆，諸侯及今長吏，天不享也。神不歆享，安耐得神？如雲雨者氣也，雲雨之氣，何用歆享？觸石而出，膚寸而合，不崇朝而徧雨天下，泰山也。泰山雨天下，小山雨國邑。然則大雩所祭，豈祭山乎？假令審然，而不得也。何以效之？水異川而居，相高分寸，不決不流，不鑿不合。誠令人君禱祭水傍，能令高分寸之水流而合乎？見在之水，相差無幾，人君請之，終不耐行。況雨無形兆，深藏高山，人君雩祭，安耐得之？夫雨水在天地之間，猶夫泣涕在人形之中也。或齎酒食請於惠人之前，求出其泣，惠人終不爲之隕涕。夫泣不可請而出，雨安可求而得？雍門子悲哭，孟嘗爲之流涕。蘇秦、張儀悲説坑中，鬼谷先生泣下沾襟。或者儻可爲雍門之聲，出蘇、張之説以感天乎？天又耳目高遠，音氣不通。杞梁之妻又已悲哭，天不雨而城反崩。夫如是，竟當何以致雨？雩祭之家，何用感天？案月出北道，離畢之陰，希有不雨。由此言之，北道，畢星之所在也，北道星肯爲雩祭之故下其雨乎？孔子出，使子路齎雨具之時，魯未必雩祭也。不祭，沛然自雨；不求，曠然自暘。夫如是，天之暘雨自有時也。一歲之中，暘雨連屬，當其雨也，誰求之者？當其暘也，誰止之者？人君聽請，以安民施恩，必非賢也。天至賢矣，時未當雨，僞請求之，故妄下其雨，人君聽請之類也。變復之家，不推類驗之，空張法術惑人君。或未當雨，而賢君求之而不得；或適當自雨，惡君求之，遭遇其時。是使賢君受空責，而惡君蒙虚名也。世稱聖人純而賢者駮，純則行操無非，無非則政治無失。然而世之聖君，莫有如堯、湯。堯遭洪水，湯遭大旱。如謂政治所致，堯、湯惡君也；如非政治，是運氣也。運氣有時，安可請求？世之論者，猶謂堯、湯水旱。水旱者，時也，其小旱湛，皆政也。假令審然，何用致湛？審以政治之不修所以失之，而從請求，安耐復之？世審稱堯、湯水旱，天之運氣，非政所致。夫天之運氣，時當自然，雖雩祭請求，終無補益。而世又稱湯以五過禱於桑林，時立得雨。夫言運氣，則桑林之説絀；稱桑林，則運氣之論消。世之説稱者，竟當何由？救水旱之術，審當何用？夫灾變大抵有二：有政治之灾，有無妄之變。政治之灾，須耐求之，求之雖不耐得，而惠愍惻隱之思，不得已之意也。慈父之於子，孝子之於親，知病不祀神，疾痛不和藥，又知病之必不可治，治之無益，然終不肯安坐待絶，猶卜筮求祟、召醫和藥者，惻痛慇懃，冀有驗也。既死氣絶，不可如何，升屋之危，以衣招復，悲恨思慕，冀其悟也。雩祭者之用心，慈父孝子之用意也。無妄之灾，百民不知，必歸於主。爲政治者慰民之望，故亦必雩。問：「政治之灾，無妄之變，何以別之？」曰：德豐政得，灾猶至者，無妄也；德衰政失，變應來者，政治也。夫政治則外雩而內改，以復其虧；無妄則內守舊政，外修雩禮，以慰民心。故夫無妄之氣，歷世時至，當固自一，不宜改政。何以驗之？周公爲成王陳立政之言曰：「時則勿有間之。自一話一言，我則末維成德之彦，以乂我受民。」周公立政，可謂得矣。知非常之物，不賑不至，故敕成王自一話一言，政事無非，毋敢變易。然則非常之變，無妄之氣，間而至也。水氣間堯，旱氣間湯。周宣以賢，遭遇久旱。建初孟季，北州連旱，牛死民乏，放流就賤。聖主寬明於上，百官共職於下，太平之明時也。政無細非，旱猶有，氣之間也。聖主知之，不改政行，轉穀賑贍，損豐濟耗。斯見之審明，所以救赴之者得宜也。魯僖公間，❶歲大旱，臧文仲曰：「修城郭，貶食省用，

❶「僖」，原作「文」，據庫本改。

務嗇勸分。」文仲知非政，故徒修備，不改政治。變復之家，見變輒歸於政，不揆政之無非，見異懼惑，變易操行，以不宜改而變，祇取灾焉！何以言必當雩也？曰《春秋》大雩，傳家在宣，《公羊》、《穀梁》無譏之文，當雩明矣。夫雩，古而有之，故《禮》曰：「雩祭，祭水旱也。」故有雩禮，故孔子不譏，而仲舒申之。夫如是，雩祭，祀禮也。雩祭得禮，則大水鼓，用牲於社，亦古禮也。得禮無非，當雩一也。禮：祭也社，報生萬物之功。土地廣遠，難得辨祭，故立社爲位，主心事之。爲水旱者，陰陽之氣也。滿六合難得盡祀，故修壇設位，敬恭祈求，效事社之義，復灾變之道也。推生事死，推人事鬼。陰陽精氣，倘如生人能飲食乎？故共馨香，奉進旨嘉，區區惓惓，冀見答享。推祭社言之，當雩二也。歲氣調和，灾害不生，尚猶而雩。今有靈星，古昔之禮也。況歲氣有變，水旱不時，人君之懼，必痛甚矣。雖有靈星之祀，猶復雩，恐前不備，肜繹之義也。冀復灾變之虧，獲豐穰之報，三也。禮之心悃愊，樂之意歡忻。悃愊以玉帛效心，歡忻以鐘鼓驗意。雩祭請祈，人君精誠也。精誠在内，無以效外，故雩祀盡己惶懼，關納精心於雩祀之前，玉帛鐘鼓之義，四也。臣得罪於君，子獲過於父，比自改更，且當謝罪，惶懼於旱，如政治所致，臣子得罪獲過之類也。默改政治，潛易操行，不彰於外，天怒不釋。故必雩祭，惶懼之義，五也。漢立博士之官，師弟子相訶難，欲極道之深，形是非之理也。不出横難，不得從說；不發苦詰，不聞甘對。導才低仰，欲求禋也；砥石劘厲，欲求銛也。推《春秋》之義，求雩祭之説，實孔子之心，考仲舒之意，孔子既殁，仲舒已死，世之論者，孰當復問？ 唯若孔子之徒，仲舒之黨，爲能説之。

【《晉書·武帝本紀》】咸寧二年夏五月庚午，大雩。

【《禮志》】武帝咸寧二年春分，久旱。四月丁巳，詔曰：「諸旱處廣加祈請。」五月庚午，始祈雨於社稷、山川。六月戊子，獲澍雨。

太康三年四月，大雩。十年二月，大雩。其雨多則禜祭，赤幘朱衣，閉諸陰，朱索禜社，伐朱鼓焉。

【《元帝本紀》】太興元年六月旱，帝親雩。

【《穆帝本紀》】永和八年秋七月，大雩。

【《通典》】穆帝永和時，議制雩壇於國南郊之旁，依郊壇近遠，阮諶云「壇在巳地」。案得衛宏《漢儀》稱「魯人爲雩壇在城東南」。諸儒所説皆云壇，而今作墠。《論語》樊遲從遊于舞雩之下，魯城東南有舊跡存。祈上帝百辟。旱則祈雨，大雩社稷、山林，川澤。舞僮八佾，凡六十四人，皆玄服持羽翳而歌《雲漢》之詩。戴邈議云：「周冬春夏旱，禮有禱無雩。夫旱日淺則災微，日久則災甚。微則祈小神社稷之屬，甚乃大雩帝耳。案《春秋左傳》之義，春夏無雨未成災，雩而得雨則書雩，不得雨則書旱，明災成也。然則始雩未得便告饑饉之甚，爲歌哭之請。」博士議：「《雲漢》之詩，宣王承厲王，撥亂遇災而懼，故作是歌。今晉中興，奕葉重光，豈比周人秏斁之辭乎！漢魏之代，别造新詩，晉室太平，不必因故。」司徒蔡謨議曰：「聖人迭興，禮樂之制，或因或革。《雲漢》之詩，興於宣王，今歌之者，取其修德禳災，以和陰陽之義，故因而用之。」

【《南齊書・禮志》】明帝建武二年旱，有司議雩祭依明堂。祠部郎何佟之議曰：「《周禮・司巫》云：『若國大旱，則帥巫而舞雩。』鄭玄云：『雩，旱祭也。天子於上帝，諸侯以下於上公之神。』又《女巫》云：『旱暵則舞雩。』鄭玄云：『使女巫舞旱祭，崇陰也。』鄭衆云：『求雨以女巫。』《禮記・月令》云：『命有司爲民祈祀山川百源，大雩帝，用盛樂。乃命百縣雩祀百辟卿士有益於民者，以祈穀實。』鄭玄云：『陽氣盛而恒旱。山川百源，能興雲致雨者也。衆水所出爲百源，必先祭其本。雩，吁嗟求雨之祭也。雩帝，謂爲壇南郊之旁，祭五精之帝，配以先帝也。自鞉鞞至柷敔爲盛樂，他雩用歌舞而已。百辟卿士，古者上公以下，謂勾龍、后稷之類也。《春秋傳》曰「龍見而雩」，止當以四月。』王肅云：『大雩，求雨之祭也。《傳》曰龍見而雩，謂四月也。若五月、六月大旱，亦用雩，《禮》於五月著雩義也。』晉永和中，中丞啓，雩制在國之南爲壇，祈上帝百辟，舞僮八列六十四人，歌《雲漢》詩，皆以孟夏，得雨報太牢。於時博士議，舊有壇，漢、魏各自討尋。《月令》云『命有司祈祀山川百源，乃大雩』，又云『乃命百縣雩祀百辟卿士』，則大雩所祭，唯應祭五精之帝而已。勾芒等五神，既是五帝之佐，依鄭玄說，宜配食于庭也。鄭玄云『雩壇在南郊壇之旁』，而不辨東西。尋地道尊右，❶雩壇方郊壇爲輕，理應在左。宜於郊壇之東，營域之外築壇。既祭五帝，謂壇宜圓。

❶「尊」，原作「遵」，據庫本改。

尋雩壇高廣，《禮》《傳》無明文，案《覲禮》設方明之祀，爲壇高四尺，用珪璋等六玉，禮天地四方之神，王者帥諸侯親禮焉，所以教尊尊也。雩祭五帝，粗可依放。謂今築壇宜崇四尺，其廣輪仍以四爲度，徑四丈，周圓十二丈而四階也。設五帝之位，各依其方，如在明堂之儀。皇齊以世祖配五精帝於明堂，今亦宜配享于雩壇矣。古者，孟春郊祀祈嘉穀，孟夏雩禜祈甘雨，二祭雖殊，而所爲者一。禮惟有冬至報天，初無得雨賽帝。今雖缺冬至之祭，而南郊兼祈報之禮，理不容別有賽答之事也。《禮》祀帝於郊，❶則所尚省費，周祭靈威仰若后稷，各用一牲；今祀五帝、世祖，亦宜各用一犢，斯外悉如南郊之禮也。武皇遏密未終，自可不奏盛樂。至於旱祭舞雩，蓋是吁嗟之義，既非存歡樂，謂此不涉嫌。其餘祝史稱辭，仰祈靈澤而已。禮舞雩乃使無缺，今之女巫，並不習歌舞，方就教試，恐不應速。依晉朝之議，使童子，或時取舍之宜也。司馬彪《禮儀志》云雩祀著皂衣，蓋是崇陰之義。今祭服皆緇，差無所革。其所歌之詩，及諸供須，輒勒當是「敕」字之誤。主者申攝備辦。」

從之。

【齊謝朓雩祭歌】清明暢，禮樂新。候龍景，練貞辰。陽律亢，陰晷伏。秏下土，薦穜稑。宸儀警，王度乾。嗟雲漢，望昊天。張盛樂，奏雩儛。集五精，延帝祖。雩有諷，禜有秩。膋鬯芬，圭瓚瑟。靈之來，帝閽開。車煜燿，吹徘徊。停龍轙，偏觀此。凍雨飛，祥雲靡。壇可臨，奠可歆。對甿社，鑒皇心。

❶「祀」，原作「記祭」，據《南齊書·禮志》改。

歌世祖武皇帝依廟歌四言。❶　濬哲維祖，長發其武。帝出自震，重光御宇。七德攸宣，九疇咸敘。靜難荊舒，凝威蠡浦。昧旦丕承，夕惕刑政。化壹車書，德馨粢盛。昭星夜景，非雲曉慶。衢室成陰，璧水如鏡。禮充玉帛，樂被筦弦。於鑠在詠，陟配于天。自宮徂兆，靡愛牲牷。我將我享，永祚豐年。

歌青帝木生數三。　營翼日，鳥殷宵。凝冰泮，元蟄昭。景陽陽，風習習。女夷歌，東皇集。奠春酒，秉青珪。命田祖，渥羣黎。

歌赤帝火成數七。　惟此夏德德恢台，❷雨龍既御炎精來。火景方中南譌秩，靡草云黄含桃實。族雲蓊鬱溫風煽，興雲祁祁黍苗徧。

歌黄帝土成數五。　稟火自高明，毓金挺剛克。涼燠資成化，羣方載厚德。陽季勾萌達，炎徂溽暑融。商暮百工止，歲極凌陰沖。皇流疏已清，原隰甸已平。咸言祚惟億，敦民保齊京。

歌白帝金成數九。　帝悦于兑，執矩固司藏。百川收潦，精景應徂商。嘉樹離披，榆關命賓鳥。夜月如霜，金風方嫋嫋。商陰肅殺，萬寶咸亦遒。勞哉望歲，場功冀可收。

歌黑帝水成數六。　白日短，玄夜深。招摇轉，移太陰。霜鐘鳴，冥陵起。星回天，月窮紀。聽嚴風，來不息。望玄雲，黝無色。曾冰冽，積羽幽。飛雲至，天山側。關梁閉，方不巡。合國吹，饗蜡賓。

❶「廟」，原作「廣」，據《南齊書·禮志》改。
❷「恢」，原作「忲」，據庫本改。

充微陽，究終始。百禮洽，萬祚臻。

送神歌辭　敬如在，禮將周。神之駕，不少留。躡龍鑣，轉金蓋。紛上馳，雲之外。警七曜，詔八神。排閶闔，渡天津。有渰興，膚寸積。雨冥冥，又終夕。俾栖糧，惟萬箱。皇情暢，景命昌。

【《隋書·禮儀志》】《春秋》「龍見而雩」，梁制不爲恒祀。四月後旱，則祈雨，行七事：一，理冤獄及失職者；二，賑鰥寡孤獨者；三，省徭輕賦；四，舉進賢良；五，黜退貪邪；六，命會男女，恤怨曠；七，撤膳羞，弛樂懸而不作。天子又降法服。七日，乃祈社稷；七日，乃祈山林川澤常興雲雨者；七日，乃祈羣廟之主於太廟；七日，乃祈古來百辟卿士有益於人者；七日，乃大雩，祈上帝，徧祈所有事者。大雩禮，立圓壇於南郊之左，高及輪廣四丈，周十二丈，四陛。牲用黃牯牛一。祈五天帝及五人帝於其上，各依其方，以太祖配，位於青帝之南，五官配食於下。七日乃去樂。又徧祈社稷山林川澤，就故地處大雩。國南除地爲墠，舞僮六十四人。祈百辟卿士於雩壇之左，除地爲墠，舞僮六十四人，皆袨服，爲八列，各執羽翳。每列歌《雲漢》詩一章而畢。旱而祈澍，則報以太牢，皆有司行事。唯雩則不報。若郡國縣旱請雨，則五事同時並行：一，理冤獄失職；二，賑鰥寡孤獨；三，省徭役；四，進賢良；五，退貪邪。守令皆潔齋三日，乃祈社稷。七日不雨，更齋祈如初。三變仍不雨，復齋祈其界内山林川澤常興雲雨者。祈而澍，亦各有報。

【《通志》】梁武帝天監元年，有事雩壇。

【《隋書·禮儀志》】梁武帝天監九年，有事雩壇。帝以爲雨既類陰，而求之正陽，其謬已甚。東方既非盛陽，而爲生養之始，則雩壇應在東方，祈晴亦宜此地。於是遂移於東郊。

【《文獻通考》】十年，帝又以雩祭燔柴，以火祈水，於理爲乖，於是停用燔柴，從坎瘗典。

【《梁書·許懋傳》】天監十年，轉太子家令。降敕問：「凡求陰陽，應各從其類，今雩祭燔柴，以火祈水，意以爲疑。」懋答曰：「雩祭燔柴，經無其文，良由先儒不思故也。案周宣《雲漢》之詩曰：『上下奠瘞，靡神不宗。』毛注云：『上祭天，下祭地，奠其幣，瘞其物。』以此而言，爲旱而祭天地，並有瘞埋之文，不見有燔柴之説。若以祭五帝必以燔柴者，今明堂之禮，又無其事。且《禮》又云『埋少牢以祭時』，時之功是五帝，此又是不用柴之證矣。昔雩壇在南方正陽位，有乖求神而已；移於東，實柴之禮猶未革。請停用柴，其牲牢等物，悉從坎瘞，以符周宣《雲漢》之説。」詔並從之。

【《文獻通考》】時議曹郎朱异議曰：「案周宣《雲漢》之詩，毛注有瘞埋之文，不見燎柴之説，若以五帝必柴，則明堂又無其事。」

【《隋書·禮儀志》】天監十二年，揚州主簿顧協議：「《禮》『仲夏大雩』，《春秋》『龍見而雩』，則雩常祭也，水旱且又禱之，謂宜式備斯典。」從之。

大同五年，又築雩壇於籍田兆内。有祈禜，則齋官寄籍田省云。

陳氏亦因梁制，祈而澍則報以少牢。武帝時，以德皇帝配。文帝時，以武帝配。廢帝即位，以文帝配青帝。牲用黄牯牛，而以清酒四升洗其首。其壇墠配享歌舞，皆如梁禮。天子不親奉，則太宰、太常、光禄行三獻禮。其法皆採齊建武二年事也。

【《文獻通考》】魏文成帝和平元年四月旱，詔州郡於其界内，神無大小悉灑埽，薦以酒脯。年登之後，各隨本秩，祭以牲牢。

【《北魏書·孝文帝本紀》】太和十五年四月，自正月不雨，至於癸酉，有司奏祈百神。詔曰：「昔成湯遇旱，齊景逢灾，並不由祈山川而致雨，皆至誠發中，澍潤千里。萬方有罪，在予一人。今普天喪恃，幽顯同哀，神若有靈，猶應未忍安享，何宜四氣未周，便欲祀事？唯當考躬責己，以待天譴。」

【《孝明帝本紀》】神龜二年二月壬寅，詔曰：「農要之月，時澤弗應，嘉穀未納，三麥枯悴。德之無感，歎懼兼懷。可敕内外，依舊雩祈，率從祀典。」

正光三年六月己巳，詔曰：「朕以沖昧，夙纂寶曆，不能祇奉上靈，感延和氣，致令炎旱頻歲，嘉雨弗洽，百稼燋萎，晚種未下，將成灾年，秋稔莫覬。在予之責，憂懼震懷。今可依舊分遣有司，馳祈岳瀆及諸山川百神能興雲雨者，盡其虔肅，必令感降，玉帛牲牢，隨應薦享。」

【《隋書·禮儀志》】後齊以孟夏龍見而雩，祭太微五精帝於夏郊之東。爲圓壇，廣四十五尺，高九尺，四面各一陛。爲三壝外營，相去深淺，并燎壇，一如南郊。於其上祈穀實，以顯宗文宣帝配。青帝在甲寅之地，赤帝在丙巳之地，黄帝在己未之地，❶白帝在庚申之地，黑帝在壬亥之地。面皆内向，藉以藁秸。配帝在青帝之南，少退，藉以莞席，牲以騂。其儀同南郊。又祈禱者

❶ 「己」，原作「乙」，據庫本改。

有九焉：一曰雩，二曰南郊，三曰堯廟，四曰孔、顏廟，五曰社稷，六曰五岳，七曰四瀆，八曰滏口，九曰豹祠。水旱厲疫，皆有事焉。無牲，皆以酒脯棗栗之饌。若建午、建未、建申之月不雨，則使三公祈五帝於雩壇。禮用玉幣，有燎，不設金石之樂，選伎工端潔善謳詠者，使歌《雲漢》詩於壇南。自餘同正雩。南郊則使三公祈五天帝於郊壇，有燎，座位如雩。五人帝各在天帝之左。其儀如郊禮。堯廟，則遣使祈於平陽。孔、顏廟，則遣使祈於國學，如堯廟。社稷如正祭。五岳，遣使祈於岳所。四瀆如祈五岳，滏口如祈堯廟，豹祠如祈滏口。

【《北齊書·高阿那肱傳》】令録尚書事。尚書郎中源師嘗諮肱：「龍見，當雩。」問師云：「何處龍見？何物顏色？」師云：「此是龍星見，須雩祭，非是真龍見。」肱云：「漢兒强知星宿！」其墻面如此。

【《隋書·源師傳》】遷尚書左外兵郎中，又攝祠部。後屬孟夏，以龍見請雩，時高阿那肱爲相，謂真龍出見，大驚喜，問龍所在。師整容報曰：「此是龍星初見，依禮當雩祭郊壇，非謂真龍別有所降。」阿那肱忿然作色曰：「何乃干知星宿！」祭竟不行。師出而竊歎曰：「國家大事，在祀與戎。禮既廢也，何能久乎？齊亡無日矣。」

右漢至南北朝雩禮。

五禮通考卷第二十二

淮陰吴玉搢校字

五禮通考卷第二十三

內廷供奉禮部右侍郎金匱秦蕙田編輯
太子太保總督直隸右都御史桐城方觀承同訂
貢士吴江顧我鈞參校

吉禮二十三

大雩

【《隋書·高祖本紀》】開皇三年四月，旱。甲申，上親祈雨于國城之西南。癸巳，上親雩。

【《禮儀志》】隋雩壇，國南十三里啓夏門外道左。高一丈，周百二十尺。孟夏之月，龍星見，則雩五方上帝，配以五人帝于上，以太祖武元帝配享，五官從配于下。牲用犢十，各依方色。京師孟夏後旱，則祈雨，理冤獄失職，存鰥寡孤獨，賑困乏，掩骼埋胔，省徭役，進賢良，舉直言，退佞諂，黜貪殘，命有司會男女，恤怨曠。七日，乃祈岳鎮海瀆及諸山川能興雲雨者；又七日，乃祈社稷及古來百辟卿士有益于人者；又七日，乃祈宗廟及古帝王有神祠者；又七日，乃修雩，祈神州；又七日，仍不雨，復從岳瀆已下祈如初典。秋分已後不雩，但禱而已。皆用酒脯。初請後二旬不雨者，即徙市、禁屠。皇帝御素服，避正殿，減膳撤樂，或露坐聽政。百官斷傘扇。令人家造土龍。雨澍，則命有司報。州郡尉祈雨，則理冤獄，存鰥寡孤獨，掩骼埋胔，潔齋祈于社。七日，乃祈界内山川能興雨者，徙市、斷屠如京師。祈而澍，亦各有報。零雨則禜京城諸門，三禜不止，則祈山川、岳鎮、海瀆、社稷。又不止，則祈宗廟、神州。報以太牢。州郡縣苦雨，亦各禜其城門，不止則祈界内山川。及祈報，用羊、豕。

【《樂志》】雩祭奏《諴夏》辭：迎送神、登歌，與圜丘同。

朱明啓候時載陽，肅若舊典從五方。嘉薦以陳盛樂奏，氣序和平資靈祐。公田既雨私亦濡，人殷俗富政化敷。

【《舊唐書·禮儀志》】孟夏之月，龍星見，雩五方上帝于雩壇，五帝配于上，五官從祀于下。牲用方色，犢十，籩豆已下，如郊祭之數。唐武德初定令：每歲孟夏之月雩祀昊天上帝于圜丘，景帝配，牲用蒼犢二，五方上帝、五人帝、五官並從祀，用方色犢十。

【《音樂志》】孟夏雩祀上帝于南郊樂章八首：貞觀中褚亮等作，今行用。

降神，用《豫和》。詞同冬至圜丘。　皇帝行，用《大和》。詞同冬至圜丘。

登歌奠玉帛，用《肅和》。　朱鳥開辰，蒼龍啓映。大帝昭享，羣生展敬。禮備懷柔，功宣舞詠。旬液應序，年祥叶慶。

迎俎，用《雍和》。　紺筵分彩，瑶圖吐絢。風管晨凝，雲歌曉囀。肅事蘋藻，虔中桂奠。百穀斯登，萬箱攸薦。

皇帝酌獻，飲福酒，用《壽和》。詞同冬至圜丘。　送文舞出，迎武舞入，用《舒和》。

鳳曲登歌調令序，龍雩集舞泛祥風。綵襚雲迴昭睿德，朱干電發表神功。　送神，用

武舞，用《凱安》。詞同冬至圜丘。　送神，用《豫和》。詞同冬至圜丘。

【《唐六典》】凡京師，孟夏以後旱，則先祈岳鎮、瀆海，及諸山川能興雲雨者，皆于北郊

望祭。又祈社稷，又祈宗廟。每七日一祈，不雨還從岳瀆如初。旱甚則修雩。

【《舊唐書・玄宗本紀》】開元四年二月，以關中旱遣使祈雨于驪山，應時澍雨，令以少牢致祭，仍禁斷樵採。

【《文獻通考》】開元十一年初，孟夏後旱，則祈雨，審理冤獄，賑恤窮乏，掩骼埋胔。先祈岳、鎮、海、瀆及諸山川能興雲致雨者。一祈不雨，還從岳瀆如初。旱甚，則大雩。秋分後不雩。初祈後一旬不雨即徙市，禁屠殺，斷扇，造大土龍。雨足，則報祀。所用酒脯醢，報準常祀，皆有司行事。已齊未祈及經祈者，皆報祀。

【《舊唐書・禮儀志》】起居舍人王仲丘既掌知修撰，乃建議曰：「案《貞觀禮》，孟夏雩祀五方上帝、五人帝、五官於南郊，《顯慶禮》則雩祀昊天上帝於圜丘。且雩祀上帝，蓋爲百穀祈甘雨，故《月令》云：『命有司大雩帝，用盛樂，以祈穀實。』鄭玄云：『雩上帝者，天之別號，允屬昊天，祀於圜丘，尊天位也。』然雩祀五帝既久，亦請二禮並行，以成大雩帝之義。」

【《開元禮》】孟夏，雩祀昊天上帝於圜丘，以太宗文武聖皇帝配。籩、豆等如冬至儀，都十七座。又祀五帝於壇第一等，五人帝於壇第二等，籩、豆各四，簠、簋各一也。又祀五官於內壝之外，每座籩、豆各二，餘各一。其儀並如冬至圜丘。

蕙田案：開元雩祀圜丘，儀同冬至，已見「祀天門」，不重出。

時旱祈太廟　將祈，有司卜日如別儀。前二日，守宮設祈官以下次各于常所。右校埽除內外。又爲瘞埳于北門之內道西，方深取足容物。前一日，諸祈官清齋於廟所，諸衛令其屬晡後一刻各以其方器服守衛廟門。奉禮設版位於内外，並如常儀。設望瘞位於堂之東北，當瘞埳西南；又設奉禮位於瘞埳東北，南向，贊者二人在西，少退。太廟令拂拭神幄，又帥其屬以罇坫罍洗篚冪制幣篚入設，皆如常儀。執罇罍篚冪者各位於罇罍篚冪之後，太官令先饌酒、脯醢。告日，未明三刻，諸告官以下各服其服，太廟令、良醞令之屬入實罇罍及幣。每室，春夏用兩犧罇，秋冬用兩著罇，一實明水爲上，一實醍齊次之。山罍二：一實玄酒爲上，一實清酒次之。幣以白，各長一丈八尺。未明二刻，奉禮帥贊者先入就位。贊引引御史、博士、太廟令、宮闈令、太祝以下入，當階間北面西上，立定。奉禮曰：「再拜。」贊者承傳，凡奉禮有詞，贊者皆承傳。御史以下皆再拜訖，升，行埽除於上。太廟令以下升自東階，入開埳室，奉出獻祖以下九室神主，各置於座如常儀。訖，各引就位。

質明，謁者引祈官以下俱就門外位。謁者引祈官，贊引引執事者次入就位。立定，奉禮曰：「再拜。」祈官以下皆再拜。謁者進祈官之左，白：「有司謹具，請行事。」退復位。太官令出，帥進饌陳於東門之外。初，太官令出，諸太祝俱取幣于篚，各立於罇所。謁者引祈官升自東階，詣獻祖廟室户前，北向立，❶太祝以幣東向授，祈官受幣進，❷北向跪奠於獻祖神座，俛伏，興，出户，北向再拜。訖，謁者引祈官次進幣於懿祖以下諸室，皆如上儀。訖，謁者引還本位，諸太祝各還罇所。太官令引饌入自正門，升自大階，諸太祝迎引於階上，各設神座前。訖，太官令以下降復位，諸太祝各還罇

❶「立」，原脱，據《大唐開元禮》卷六五補。
❷「幣進」，原作「進幣」，據《大唐開元禮》卷六五乙正。

所。謁者引祈官詣罍洗，盥手，洗爵。訖，升自東階，詣獻祖酒罇所，執罇者舉冪，祈官酌醴齊訖，謁者引祈官入詣獻祖神座前，北向跪奠爵，俛伏，興，出户北向立。太祝持版進於户外之右，東向跪讀祝文。其文爲水旱、厲疾、蝗蟲及征伐四夷，各臨時制之。訖，興，祈官再拜。太祝進，跪奠版於神座前，俛伏，興，還罇所。謁者引祈官次詣懿祖以下諸室，如獻祖之儀。唯不盥洗。訖，謁者引祈官詣東序，西向立。諸太祝以爵酌罍福酒，合置一爵，一太祝持爵進祈官之左，北向立。祈官再拜受爵，跪祭酒，遂飲卒爵。太祝進受爵，復於坫。祈官俛伏，興，再拜訖，謁者引祈官降復位。諸太祝各入室，跪撤豆如式，興，還罇所。奉禮曰：「再拜。」在位者皆再拜。已飲福者不拜。奉禮曰：「再拜。」祈官以下皆再拜，訖，謁者進祈官之左，白：「請就望瘞位。」贊者轉就瘞埳東北位，謁者引祈官就望瘞位，西向立。於祈官將拜，諸太祝各執篚進神座前，跪取幣，興，降自太階，詣瘞埳，以制幣置於埳訖，奉禮曰：「可瘞。」東西面各四人寘土，半埳，謁者進祈官之左，白：「禮畢。」奉禮、贊者還本位，御史、太祝以下俱復執事位，立定。奉禮曰：「再拜。」御史以下俱再拜，贊引引出。太廟令、太祝、宫闈令納神主如常儀。其祝版燔於齋坊。若得所祈，報祠用太牢，受胙與將祈同，餘與告禮同。祭文臨時制撰。

時旱祈於太社　將祈，有司卜日如别儀，行事、薦獻與巡狩告社稷禮並同。太社祝文曰：「維某年歲次月朔日，子嗣天子某，謹遣具位姓名，敢昭告于太社：爰以農功，久闕時雨，唯神哀此蒼生，敷降靈液。謹以清酒、脯醢，明薦于太社，以后土勾龍氏，配神作主。尚享。」太稷祝文同。后土氏祝文曰：「嗣皇帝某，謹遣具位姓名，敢昭告於后土氏。」餘同社。后稷文同。得雨報用太牢，瘞幣血、飲福、受胙與正祭同，餘與告禮同。太社祝文曰：「往以久缺時雨，敢陳情誠，惟神昭祐，降茲靈液，率土霑洽，蒼生咸賴。謹以玉帛、清酒，醴齊、粢盛、庶品，明薦于太社，以后土勾龍氏，配神作主，尚享。」太稷、后土氏、后稷祝文並同。每配祝無「玉帛」字。

時旱祈嶽鎮以下於北郊報祀同。將祈，有司筮日如別儀。就祈及祭同。前二日，守宮設祈官以下次於東壝之外道南，北向，以西爲上；設陳饌幔於內壝東門外道北，南向。右校埽除壇之內外，又爲瘞埳於壇之壬地，方深取足容物。前一日，諸祈官清齋於祈所。諸衛令其屬晡後一刻各以其方器服守衛壝門，俱清齋一宿。奉禮設祈官位於內壝東門之內道北，執事位于道南，每等異位，俱重行西面，以北爲上；設御史位于壇下西南，東向，令史陪其後；設奉禮位於祈官西南，贊者二人次之，少退，俱西向北上；設望瘞位于壇之東北，西向；又設祈官門外之位於東壝之外道南，每等異位，重行北向，以西爲上。郊社令以酒罇入設於位：嶽鎮海瀆各山罇二，山川各蜃罇二，每方皆於神座之左，俱右向；皆有坫以置爵。設罍、洗、篚、冪各於其方，皆道之左，俱內向，執罇罍篚冪者位於罇、篚之後。其日未明二刻，太史令、郊社令各服其服，設嶽、鎮、海、瀆及諸山川神座，各於其方，俱內向，席皆以莞；設神位各於座首。未明一刻，諸祈官以下各服其服，郊社與良醞令之屬入實罇罍。山罇實以醴齊，蜃罇實以汎齊，其明水各實于上罇。太祝以幣置於篚，設於饌所。嶽、鎮、海、瀆皆有幣，各依方色，俱丈八尺。太官令帥進饌者實籩豆，入設於内壝東門之外饌幔内。奉禮帥贊者先入就位。贊引引御史、太祝以下與執罇罍篚冪者入，詣南方山川之西南，當門，重行北向，以西爲上，立定。奉禮曰：「再拜。」贊者承傳，御史以下皆再拜。執罇罍篚冪者各就位，贊引引御史以下行埽除如常。訖，出還齋所，奉禮以下次還齋所。質明，謁者引獻官以下俱就門外位。奉禮帥贊者先入就位。贊引引御史以下入就位。謁者引獻官，贊引引執事者次入就位，立定。奉禮曰：「再拜。」獻官以下皆再拜。謁者進獻官之左，白：「有司謹具，請行事。」退復位。奉禮曰：「再拜。」在位者皆再拜。太祝各取幣于篚，以授獻官，獻官受幣，詣東嶽座，諸太祝各奠幣于諸嶽、鎮、海、瀆之座。謁者引獻官再拜訖，降還本位。於獻官初授幣，❶太官令帥進饌者奉饌陳于東門之外，獻官奠幣再拜訖，太官令引饌入，諸太祝迎引於座首，各奠於神位前。施設訖，太官令以下還本位，諸祝各還罇所。謁者引獻官詣罍洗，盥手、洗爵。詣東嶽酒罇所。執罇者舉冪，獻官酌酒；謁者引獻官進東嶽神座前，東向跪，奠爵，興，少退，東向立。初獻官進奠，祝史以爵酌酒，助奠東鎮以下，還罇所。太祝持版進於神座之右，南面跪讀祝文曰：「敢昭告於東方嶽、鎮、海、瀆：久闕時雨，黎元恟懼，惟神哀救蒼生，敷降嘉液。謹以制幣、清酌、脯醢，明薦於東方嶽、鎮、海、瀆。尚享。」太祝興，獻官再拜；太祝進，跪奠版于神座，興，還罇所，獻官再拜。謁者引獻官以次獻諸方嶽、鎮、海、瀆，如東方之儀。諸方祝文並同。

❶「初」，庫本作「右」。

訖，贊引引獻官還本位。初獻東嶽，贊引次引獻官就罍洗盥手、洗爵。訖，詣東方山川酒罇所，執罇者舉冪，獻官酌酒。訖，贊引引獻官進詣東方山川首座前，跪奠爵，興，少退，東向立。初，獻官奠酒，齋郎酌酒助奠，訖，還罇所。祝史持版進於神座之右，西向跪讀祝，文同嶽祭。興，獻官再拜；跪奠版於神座，興，還罇所。獻官再拜訖，贊引引獻官以次獻諸方山川，如東方之儀。諸方祝文皆同。訖，贊引引獻官還本位，諸祝各進，跪撤豆如式，興，還罇所。奉禮曰：「再拜。」獻官以下皆再拜。謁者進獻官之左，白：「請就望瘞位。」謁者引獻官就望瘞位，西向立。於在位者將拜，諸太祝各進神座前，跪取幣置於埳。奉禮曰：「可瘞。」東西廂各二人寘土。半埳，謁者進初獻之左，白：『禮畢。』遂引獻官出，贊引引執事者以次出。御史、太祝以下俱復執事位，立定。奉禮曰：「再拜。」御史以下皆再拜，贊引引出。祝版燔於齋所。報祀用牲幣，飲福、受胙于東方嶽、鎮、山川首座之前。其山川，唯飲福而不受胙。埋毛血與正祭同，餘與祈禮同。祝文與報社同。

時旱就祈嶽鎮海瀆　前一日，諸祈官皆於祈所清齋一宿。所司清埽内外，又爲埋埳於壇南如常。奉禮設祈官位於壇東南，執事者位於祈官東南，奉禮位於執事西南，贊者二人在南，差退，俱西向北上。又設太祝奉幣位於瘞埳之南，北向。海瀆南設奉幣位向光所。又設祈官以下門外位於南門之外道東，重行，西面北上。設罇坫罍篚各於常所，❶執罇罍篚者各位於罇罍篚之後。❷其日未

❶「常」，原作「當」，據《大唐開元禮》卷六七改。
❷下「篚」字，原脱，據《大唐開元禮》卷六七補。

明，祈官以下各服其服，所司帥其屬入設神座及實罇罍如常儀，太祝以幣置於篚，幣各本方色，長丈八尺。掌饌者實籩豆。籩一，實脯。豆一，實醢。奉禮帥贊者先入就位。贊引引太祝及執罇罍篚者入，當壇南重行北面，以西爲上。立定，奉禮曰：「再拜。」贊者承傳，太祝以下皆再拜。執罇罍者各就位。贊引引太祝升自東陛，行埽除於上。訖，降，行埽除於下，皆就位。質明，謁者引祈官，贊引引執事者俱入就位，立定，奉禮曰：「再拜。」祈官以下皆再拜。其先拜者不拜。謁者進祈官之左，白：「有司謹具，請行事。」退復位。奉禮曰：「再拜。」在位者皆再拜。初白「請行事」，掌饌者帥進饌者奉饌陳於東門外。祈官拜訖，太祝跪取幣於篚以授祈官，祈官奉幣置於神座，祈官拜訖，降復位。掌饌者引饌入，升自南陛，太祝迎引於壇上，進設於座前。設訖，掌饌者以下降復執事位。謁者引祈官詣罍洗盥手洗爵，升自南陛，詣酒罇所，執罇者舉冪，祈官酌酒，謁者引祈官進，北面跪奠於神座前，俛伏，興，少退，北向立。太祝持版進於神座之右，東面跪讀祝。文與祈社同。嶽鎮海瀆各隨其稱。祝興，祈官再拜，祝進跪奠版於神座，興，還罇所。祈官拜訖，謁者引祈官降復位。太祝進跪撤豆如式，還罇所。奉禮曰：「再拜。」在位者皆再拜。謁者進祈官之左，白：「請就望瘞位。」謁者引祈官就望瘞位，西向立。於在位者將拜，太祝進神座前跪取幣，置於埳。東西面各二人寘土，半埳。海瀆則以幣沈之。奉禮曰：「再拜。」祈官以下皆再拜。謁者進祈官之左，白：「禮畢。」遂引祈官出，贊引引執事者以次出。太祝以下俱復執事位，立定，奉禮曰：「再拜。」太祝以下皆再拜以出，奉禮、贊者以次出。其祝版燔於齋所。得雨報祠以特牲。其沈瘞幣血及飲福、受胙皆與正祭同，餘與祈禮同，祝文與北郊報祠同。

久雨禜祭國門　將祭，有司筮日如别儀。前一日，諸祭官清齋於祭所，右校埽除祭所，太官丞先饌酒脯醢。罇以瓢齊。其日質明，郊社丞帥其屬設神座，皆内向。設酒罇各於神座之左，設罍洗及篚於酒罇之左，俱内向，並實以中爵。執罇罍洗篚者各位於罇罍洗篚之後。奉禮設獻官位於罍洗之左而右向，執事者於其後，皆以近神爲上。郊社丞與良醖之屬實罇罍。獻官以下俱就位，立定，謁者贊拜，獻官以下皆再拜。祝與執罇罍洗篚者各就位。❶太官丞出詣饌所。謁者進獻官之左，白：「有司謹具，請行事。」退復位。太官丞引饌入，太祝跪迎設於神座前。訖，太官丞以下還本位，祝還罇所。謁者引獻官詣罍洗盥手洗爵，詣罇所，執罇者舉冪，獻官酌酒，進神座前跪奠爵，俛伏，興，少退，向座立。太祝持版進於神座之右，跪讀祝文曰：「維某年歲次月朔日，子嗣天子遣某官姓名昭告於國門：霖雨淹久，害於百穀，唯靈降福，應時開霽。謹以清酌嘉薦，明告於神，尚享。」祝興，獻官再拜，太祝跪奠版於神座，俛伏，興，還罇所。獻官再拜訖，謁者引還本位。祝進跪撤豆，俛伏，興，還罇所。祝與執罇罍篚者俱復執事位。謁者贊拜，獻官以下皆再拜。謁者進獻官之左，白：「禮畢。」遂引獻官以下出。每祭皆如之。祝版皆燔於齋所。若雨止，報祠用少牢，飲福與祈同。祝文曰：「前日以霖雨，式陳誠禱，唯神降祉，應時開霽。謹以清酌、少牢、粢盛、庶

❶「洗」，原脱，據《大唐開元禮》卷六七補。

品，明薦于神，尚享。」

諸州縣祈社稷　　前二日，本司埽除壇之内外，又爲瘞埳於壇北如常。設上佐以下次於社壇西門之外道北，隨地之宜。前一日，諸祈官皆於祭所清齋一日。掌事者饌酒脯醢。設上佐位於稷壇西北，掌事以下位於西門之内道北，俱重行東向，以南爲上。設贊唱者位於上佐東北，東面南上。設望瘞位於埋埳北如常。設上佐以下門外位於西門之外道南，俱重行北面，以東爲上。其日夙興，本司帥其屬守社壇四門，去壝九十步所，禁斷行人。掌事者入設神席罇坫罍洗篚冪如常祭之儀。每座各一籩豆，篚實巾二、爵二。配座皆爵一，❶置於坫。質明，上佐以下各服其服，本司帥掌事者入實罇罍洗，以祝版各置於坫，又以幣各置於篚，設於饌所。其幣各長一丈八尺。贊禮者引上佐以下俱就門外位。贊唱者先入就位。祝與執罇罍篚者入，當社壇北，重行南向，以東爲上。立定，贊唱者曰：「再拜。」祝以下皆再拜。執罇者各升自西階，立於罇所，執罍篚者各就位。❷諸祝詣社壇，升自西階，行埽除訖，降，入詣稷壇，升，行埽除訖，諸祝出，奉幣篚入，就瘞埳北位。贊禮者引上佐以下入就位，立定，贊唱者曰：「再拜。」上佐以下皆再拜。贊禮者進上佐之左，白：「請行事。」還本位。贊唱者曰：「再拜。」上佐以下皆再拜。初白「請行事」，掌饌者帥執饌者奉饌陳於西門之外。祝以幣授上佐，贊者引上佐升壇北陛，南向跪奠於社神座前訖，興，少退再拜訖，復位。

❶「配」，原作「酌」，據《大唐開元禮》卷七〇改。

❷「篚」，原脱，據《大唐開元禮》七〇補。

又祝以幣授上佐，上佐奉幣，升稷壇跪奠如社壇之儀。訖，掌饌者引饌入，社稷之饌升自北階，配座之饌升自西階，諸祝迎引於壇上，各設於神座前。訖，掌饌者降自西階，復位，諸祝各還罇所。贊禮者引上佐詣罍洗，盥手洗爵，自社壇北階升，詣社神酒罇所，執饌者舉冪，上佐酌酒，進詣神座前，南向跪奠爵，興，少退，南向立。祝持版進於神座之右，西面跪讀祝文曰：「歲月日，子刺史姓名謹遣具位姓名敢昭告於社神，自社稷以下祝文並與國祈同。尚饗！」訖，興，上佐再拜，祝進跪奠版於神座，興，還罇所。上佐再拜訖，贊禮者引上佐詣配座酒罇所，取爵於坫，執罇者舉冪，上佐酌酒，進詣后土氏神座前，西向跪讀祝文「尚饗」訖，興，上佐再拜，祝進跪奠版於神座，興，還罇所。上佐再拜訖，贊禮者引上佐降自北階，詣罍洗盥手洗爵，詣稷壇之北階，升獻如社壇之儀。獻訖，贊禮者引上佐降復位。諸祝各進神座前，跪徹豆，興，還罇所。贊唱者曰：「再拜。」上佐以下皆再拜。贊禮者進上佐之左，白：「請就望瘞位。」贊者引上佐就望瘞位，南向立。祝以篚進於神前，取幣及血、黍稷飯，皆寘於埳。贊唱者曰：「可瘞。」埳東西各二人寘土，半埳，贊者進上佐之左，白：「禮畢。」遂引出，諸執事者以次出。諸祝與執罇罍篚者降復執事位，贊唱者曰：「再拜。」祝以下俱再拜以出。其祝版燔於齋所。得雨報祠以羊、豕，其祭器之數及飲福、受胙、瘞幣血皆與正祭同，餘與祈禮同。祝文自社稷及后土、后稷等並與國祈報同。

諸州縣祈諸神　前一日，本司設上佐以下次於祈所，隨地之宜。又爲瘞埳於神座之南，方取深足容物。諸祈官皆於祈所清齋一日。掌事饌酒脯醢。每座籩豆各一。祈日質明，去祭所七十步，禁止行人。上佐以下各服其服。祝帥掌事者奉席入設神座於北廂，南向。若更有諸座，則以西爲上。贊禮者帥執罇者設罇於神座之左，北向；設洗於酒罇東，北向；罍水在洗東，篚在洗西，南肆；篚實以巾爵。執罇罍篚者各位於罇罍篚後。設上佐以下位於神座東南，重行西面，以北爲上。設贊唱者位於上佐西南，西向。設望瘞位於瘞埳之南，北向西上。設門外位於東門之外道南，北向西上。掌事者入實罇罍洗。以祝版置於坫，又以幣置於篚，設於饌所，其幣各長一丈八尺。贊禮者引上佐以下俱就門外位。贊唱者先入就位。祝與執罇罍篚者入當神座前，❶重行，北面西上，立定，贊唱者曰：「再拜。」祝以下皆再拜。執罇罍篚者各就位。祝進神座前行埽除訖，贊唱者曰：「再拜。」上佐以下皆再拜。贊禮者進上佐之左，白：「請行事。」還本位。贊唱者曰：「再拜。」上佐以下皆再拜。初白「請行事」，掌饌者帥執饌者奉饌陳於西門之外。祝以幣授上佐，上佐受幣，跪奠於神座前訖，興，少退再拜訖，復位。掌饌者引饌入，祝迎引於座首，各設於神座前訖，執饌者退復位，祝還罇所。贊禮者引上佐詣罍洗，盥手洗爵，詣酒罇所，執罇者舉冪，上佐酌酒，贊禮者引上佐詣神座前，北向跪奠爵，興，少退，北向立。祝持版進於神座之右，東向跪讀祝文訖，興，上佐再拜，祝進跪奠版於神座，興，還罇所，若更有諸座，祝官酌獻，皆如其儀，唯不盥手，奠、祝文與上同。贊禮者引上佐還本位。祝進神座前跪

❶「篚」，原脱，據《大唐開元禮》七〇補。

徹豆，興，還罇所。贊唱者曰：「再拜。」上佐以下皆再拜。贊禮者進上佐之左，白：「請就望瘞位。」上佐就望瘞位，北面立。祝以幣寘於埳，埳東西各二人寘土。半埳，贊者進上佐之左，白：「禮畢。」遂引上佐以下出。訖，祝與執罇罍篚者俱復執事位。❶贊唱者曰：「再拜。」祝以下皆再拜。其祝版燔於齋所。若祈海瀆等，其幣沈之。設奉幣位，各向所祈之水。沈之時節，一與瘞同。若祈先代帝王，其瘞幣如正祭之禮。得雨報祠，牢饌、飲福、受胙、瘞幣血皆同祭社之禮。若非嶽鎮海瀆、先代帝王，唯飲福，不受胙。其瘞埳之位，仍依祈禮。若海瀆等沈幣，又并沈血，其奉幣血位及沈之儀節，❷准祈沈之禮。若報祠先代帝王，埋幣與祈同。

蕙田案：馬氏《通考》採《開元禮》，脱此二段，但載諸州縣禜城門一段，故起句「若霖雨不止」，於上文全不承接，中云「餘與祈祝同」而祈祝不知何指，蓋其採輯疏略，致有此病，今照《圖書集成》補入。

諸州縣禜城門　若霖雨不止，禜祭城門。設神座，皆内向；設瓢齊之罇，各於神座之左；設罍洗及篚於酒罇之左，俱内向。設司功縣則縣尉。位於罍洗之左而右向，執事者位於其後，皆以近神爲上。贊禮者贊拜。無幣，不爲瘞埳，餘與祈祝同。祝文曰：「維某年歲次月朔日，子刺史姓名縣則縣令姓名。遣具位姓名，昭告於城門：霖雨淹久，害於百穀，唯靈降福，應時開霽。謹以清酌嘉薦，明告於城門。尚享。」若雨止，報祠用

❶「興」，原作「輿」，據《通典》卷一二〇、《通考》卷七七改。

❷「其奉幣血」四字，原脱，據《大唐開元禮》卷七〇補。「儀」，原作「時」，亦據改。

特牲，飲福，餕與禜同。祝曰：「前以霖雨，式陳誠禱，唯靈降祉，應時開霽。」餘同上。

【《圖書集成》】肅宗實録：乾元二年四月癸亥，以久旱，徙東西二市。祭風伯、雨師，修雩祀壇，爲泥土龍，望祭名山大川而祈雨。

【《唐書・馬璘傳》】永泰初，檢校工部尚書，北庭行營、邠寧節度使。天大旱，里巷爲土龍聚巫以禱，璘曰：「旱由政不修。」即命撤之。明日雨，是歲大穰。

【《舊唐書・代宗本紀》】大曆九年七月，久旱。京兆尹黎幹歷禱諸祠，未雨。又請禱文宣廟，上曰：「丘之禱久矣。」十二年六月癸巳，時小旱，上齋居祈禱，聖體不康，是日不視朝。

【《德宗本紀》】貞元元年五月癸卯，分命朝臣禱羣神以祈雨。　十五年四月丁丑，以久旱令陰陽人法術祈雨。　十九年五月甲辰，自正月至是未雨，分命祈禱山川。七月甲戌，始雨。

【《宋史・太祖本紀》】建隆元年八月甲戌，命宰相禱雨。二年六月壬子，祈雨。

【《文獻通考》】建隆二年夏，旱。翰林學士王著請令近臣案舊禮告天地、宗廟、社稷，及望告嶽、鎮、海、瀆於北郊，以祈甘澤。詔用其禮，惟不設配坐及名山大川。雨足報賽如禮。

【《宋史・太祖本紀》】三年三月癸亥，禱雨。五月甲子，幸相國寺，禱雨。齊、博、德、相、霸五州自春不雨，以旱減膳、徹樂。

乾德元年夏四月，旱。甲申，徧禱京城祠廟，夕雨。五月壬子朔，禱雨京城。甲寅，遣使禱雨嶽瀆。七月丁丑，分命近臣禱雨。　十二月甲寅，命近臣祈雪。　二年三月丁酉，遣使祈雨於五嶽。

開寶三年四月丁亥，幸寺觀，禱雨。辛卯雨。　五年五月乙丑，命近臣祈晴。　十二月乙酉朔，祈雪。　六年十二月壬午，命近臣祈雪。　七年二月癸卯，命近臣祈雨。十二月辛亥，命近臣祈雪。　八年二月己丑，命祈雨。五月辛巳，禱晴。　九年三月庚寅，大雨，命近臣詣諸祠廟祈晴。四月己亥雨霽，庚子有事圜丘。七月丙戌，命近臣禱晴。

【《禮志》】開寶中，大祖幸西京，以四月有事南郊，躬行大雩之禮。

【《太宗本紀》】太平興國三年正月辛亥，命羣臣禱雨。癸丑，京畿雨足。　五年五月辛酉，命宰相祈晴。　六年四月辛未，幸太平興國寺，祈雨。　七年三月乙巳，以旱分遣中黄門徧禱方嶽。

雍熙三年八月丁未，大雨，遣使禱嶽瀆，至夕雨止。十二月，幸建隆觀、相國寺祈雪。

【《禮志》】雍熙四年正月，禮儀使蘇易簡言：「太祖皇帝光啓丕圖，恭臨大寶，以聖授聖，傳於無窮。欲望將來雩祀以太祖崇配。」奏可。

【《太宗本紀》】淳化二年閏二月戊寅，禱雨。三月己巳，以歲蝗旱禱雨，弗應。手詔宰相吕蒙正等：「朕將自焚，以答天譴。」翼日而雨。蝗盡死。　三年九月丙申，遣官祈晴京城諸寺觀。

至道二年五月丙寅，以京師旱，遣中使禱雨。戊辰，命宰臣祀郊、廟、社稷禱雨。

【《禮志》】至道三年十一月，有司言「孟夏雩祀，請奉太宗配」。詔可。

【《真宗本紀》】咸平元年五月甲子，幸大相國寺祈雨。升殿而雨。

【《文獻通考》】咸平元年，以旱遣使禱衛州百門廟、白鹿山。百門廟以祈禱有應，賜名靈源廟。

【《真宗本紀》】咸平二年閏三月丁亥，以久不雨，戊子幸太一宫、天清寺祈雨。

【《禮志》】祈報。《周官》：「太祝掌六祝之辭，以事鬼神示，祈福祥。」於是歷代皆有禬禜之事。宋因之，有祈有報。祈，用酒、脯、醢，郊廟、社稷，或用少牢；其報，如常祀。或親禱諸寺觀，或再幸，或徹樂、減膳、進蔬饌，或分遣官告天地、太廟、社稷、嶽鎮、海瀆，或望祭於南北郊，或五龍堂、城隍廟、九龍堂、浚溝廟諸祠，如子張、子夏、信陵君、段干木、扁鵲、張儀、吴起、單雄信等廟，亦祀之。或啓建道場於諸寺觀，或遣内臣分詣州郡，如河中之后土廟、太寧宫，亳之太清、明道宫，兖之會真景靈宫、太極觀，鳳翔之太平宫，舒州之靈仙觀，江州之太平觀，泗州之延祥觀，皆函香奉祝，驛往禱之。凡旱、蝗、水潦、無雪，皆禜禱焉。咸平二年旱，詔有司祠雷師、雨師。内出李邕《祈雨法》：以甲乙日擇東方地作壇，取土造青龍，長吏齋三日，詣龍所，汲流水，設香案、茗果、餈餌，率羣吏、鄉老日再至祝酹，不得用音樂、巫覡。雨足，送龍水中。餘四方皆如之，飾以方色。大凡日干及建壇取土之里數，器之大小及龍之修廣，皆以五行成數焉。詔頒諸路。

【《真宗本紀》】四年二月丁未，祈雨。五年六月，都城大雨。七月戊戌，幸啓聖院、太平興國寺、上清宫，致禱雨霽。

【《文獻通考》】景德三年，詔有司詳定諸祠祭事。有司言：「今年四月五日，雩祀昊天上帝；十三日，立夏，祀赤帝。案《月令》：『立夏之日，天子迎夏於南郊。』注云：『迎夏爲祀赤帝於南郊。』又云：『是月也，大雩。』注云：『《春秋傳》曰龍見而雩。』謂建巳之月，陽氣盛而常旱，萬物待雨而長，故祭天以祈雨。龍星謂角、亢也。立夏後，昏見於東方。又案《五禮精義》云：『自周以來，歲星差度，今之龍見，或在五月。以祈甘雨，於時已晚，但四月上旬卜日。』❶今則唯用改朔，不待時節，祭於立夏之前，違茲舊禮之意。苟或龍見於仲夏之時，雩祀於季春之節，相去遼闊，於理未周。欲請自今並於立夏後卜日，如立夏在三月，則待改朔，庶節氣協於純陽，典禮符於舊史。又案《月令》云：『季秋之月，乃命冢宰，農事備收，藏帝籍之收於神倉。是月也，大饗帝。』則季秋之月，農事之終，大享明堂，報茲嘉穀。苟或猶未得節，尚當建酉，因而卜日，有屬先時。欲望自今並過寒露，然後卜日；或寒露在八月，則至九月乃卜。自餘諸祠祭皆叶禮令，無所改易。」奏可。

【《禮志》】景德三年五月旱，又以《畫龍祈雨法》付有司刊行。其法：擇潭洞或湫濼林木深邃之所，以庚、辛、壬、癸日，刺史、守令帥耆老齋潔，先以酒脯告社令訖，築方壇三級，高二尺，❷闊一丈三尺，壇外二十步，界以白繩。壇上植竹枝，張畫龍。其圖以縑素，上畫黑魚左顧，環以天黿十星；❸中爲白龍，吐雲黑色；下畫水波，有龜左顧，吐黑氣如綫，和金銀朱丹飾龍形。又設皂旛，刎鵝頸，血置槃中，柳枝洒水龍上，俟雨足三日，祭以一豭豕，取畫龍投水中。

【《真宗本紀》】大中祥符二年二月乙巳，幸

❶「卜」，原作「十」，據庫本改。
❷「尺」，原作「丈」，據《宋史・禮志》改。
❸「天」，原作「元」，據《宋史・禮志》改。

大相國等寺、上清宮祈雨。戊申，遣使祀太一，祀玄冥。己酉，雨。四月己未，河北旱，遣使祠北嶽。

【《禮志》】大中祥符二年旱，遣司天少監史序祀玄冥、五星於北郊，除地爲壇，望告。已而雨足，遣官報謝及社稷。初，學士院不設配位，及是問禮官，言：「祭必有配，報如常祀。當設配坐。」又諸神祠、天齊、五龍用牛，祀奧、祀城隍用羊一，八籩，八豆。舊制，不祈四海。帝曰：「百谷之長，潤澤及物，安可闕禮？」特命祭之。

【《真宗本紀》】四年九月戊子，幸太乙宮祈晴。　八年二月癸酉，祈雨。

天禧元年三月辛丑，以不雨禱于四海。

【《仁宗本紀》】明道二年三月丁亥，祈雨于會靈觀、上清宮、景治開寶寺。

慶曆三年四月丙辰，以春夏不雨遣使禱祠嶽瀆。五月庚辰，祈雨于相國寺、會靈觀。

五年二月辛亥，祈雨于相國天清寺、會靈祥源觀。乙卯，謝雨。　七年三月辛丑，祈雨于西太一宮，及還遂雨。四月丁未，謝雨。　八年五月壬辰，以久雨齋禱。

【《禮志》】仁宗慶曆大雩宗祀之儀，皆用犢、羊、豕各一。

【《樂志》】孟夏雩祀，仁宗御製二首：

太祖配坐奠幣，《獻安》　昊天蓋高，祀事爲大。嚴配皇靈，億福來介。

酌獻，《感安》　龍見而雩，神之來格。犧象精良，威靈赫奕。

【《仁宗本紀》】嘉祐七年三月乙丑，祈雨于西太一宮。庚午，謝雨。

【《英宗本紀》】治平元年四月甲午，祈雨于相國天清寺、醴泉觀。　二年九月乙酉，以久雨遣使祈于嶽瀆名山大川。

【《神宗本紀》】治平四年時未改元。十一月戊子，分命宰臣祈雪。熙寧元年春正月，以旱減天下囚罪一等，杖以下釋之。壬辰，幸寺觀祈雨。夏四月戊申，命宰臣禱雨。

【《禮志》】熙寧元年正月，帝親幸寺觀祈雨，仍令在京差官分禱，各就本司先致齋三日，然後行事。諸路擇端誠修潔之士，分禱海鎮、嶽瀆、名山、大川，潔齋行事，毋得出謁、宴飲、賈販及諸煩擾，令監司察訪以聞。諸路神祠、靈跡、寺觀，雖不係典祀，祈求有應者，並委州縣差官潔齋致禱。已而雨足，復幸西太一宫報謝。

【《神宗本紀》】元年十一月癸未，命宰臣禱雪。十二月己亥朔，命宰臣禱雪。癸丑，禱雪于郊廟、社稷。壬戌，雪。　二年三月丙戌，命宰臣禱雨。

熙寧五年七月己酉，始建雩壇，祀上帝，以太宗配。　六年五月戊申，禱雨。九月戊辰，詔禱雨，决獄。　七年四月，以旱罷方田，是日雨。　十年七月甲寅，禱雨。

【《禮志》】熙寧十年四月，以夏旱，内出《蜥蜴祈雨法》：捕蜥蜴數十納甕中，漬之以雜木葉，擇童男十二歲下、十歲上者二十八人，❶分兩番，衣青衣，以青飾面及手足，人持柳枝霑水洒散，晝夜環繞，誦咒曰：「蜥蜴蜥蜴，興雲吐霧，雨令滂沱，放汝歸去！」雨足。

【《神宗本紀》】元豐三年二月丁巳，命輔臣禱雨。　四年九月甲辰，詳定郊廟奉祀禮儀。

【《禮志》】詳定郊廟奉祀禮文所言：「近詔宗祀明堂配以上帝，其餘從祀羣神悉罷。

❶「十二」，《宋史・禮志》作「十三」。

今大雩猶循舊制，皆羣神從祀，恐與詔旨相戾。請孟夏大雩，唯祀上帝，以太宗皇帝配，餘從祀羣神悉罷。」又請改築雩壇於國南門，以嚴祀事，祈用少牢。並從之。

【《神宗本紀》】元豐五年秋七月己酉，始建雩壇祀上帝，以太宗配。

【《禮志》】禮部言：「雩壇當立於圜丘之左巳地，其高一丈，廣輪四丈，周十二丈，四出陛，爲三壝，各二十五步，周垣四門，一如郊壇之制。」從之。

【《哲宗本紀》】元祐元年正月丙辰，久旱，幸相國寺祈雨。　五年正月癸卯，禱雨嶽瀆。　八年八月丁未，久雨，禱山川。紹聖元年十二月，命諸路祈雪。

【《高宗本紀》】紹興五年五月癸丑，以久旱減膳，祈禱。　七年七月癸酉，以旱禱于天地、宗廟、社稷。

【《文獻通考》】紹興八年，以時雨愆候，令臨安府差官迎請天竺觀音，赴法慧寺建置道場，如法祈求。候到，宰執率侍從前詣燒香。其後每祈水旱，則迎天竺觀音入城，或就明慶寺建道場，或差官就天竺寺祈禱。

紹興後，孟夏雩祀上帝，在城西惠照院望祭齋宮行禮。其後又於圜壇行禮。

【《宋史·樂志》】紹興雩祀一首：

上帝位酌獻，《嘉安》　蒼蒼昊穹，覆臨下土。欽惟歲事，民所依怙。爰竭精虔，禮典斯舉。甘澤以時，介我稷黍。

【《孝宗本紀》】淳熙十年七月甲戌，分命羣臣禱雨于天地、宗廟、社稷、山川。　十四年六月戊寅，以久旱，頒《畫龍祈雨法》。甲申，幸太一宮、明慶寺禱雨。

【《樂志》】孝宗時因雨澤愆期，分禱天地、宗廟，精修雩祀。案禮，大雩帝用盛樂。而唐開元祈雨雩壇，謂之特祀，乃不以樂薦。於是太常朱時敏言：「《通典》載雩禮用舞僮歌《雲漢》，晉蔡謨議謂：『《雲漢》之詩，興于宣王，歌之者取其修德禳灾，以和陰陽之義。』乞用舞僮六十四人，衣玄衣，歌《雲漢》之詩。」詔亟從之。

【《文獻通考》】淳熙十四年七月，太常寺言：「亢陽爲沴，檢點國朝典禮，凡京都旱，則祈嶽鎮海瀆及諸山川能興雲雨者，於北郊望告，又祈宗廟、社稷及雩祀上帝、皇地祇。」詔命宰臣以下分詣告祭。　八月三日，獲感應，復命報謝。　宰執進呈太常寺乞謝雨，王淮等奏初疑後時，而禮官謂有祈必有報。　上曰：「既是天地、宗廟、社稷，宫觀亦不容已。」淮等奏：「報謝只是酒脯。」上曰：「如何無牲牢？」淮等奏：「國朝典禮，祈用酒脯，謝如常祀。　但紹興以來，並只是酒脯，唯雩祀用牲，然雩無報謝之理。」上問：「前日雩祭禮儀，及歌《雲漢》之詩，樂工能之否？」淮等奏：「三獻並用，宰執一篇之詩，工人兩日習歌，亦如法。」

【《寧宗本紀》】慶元二年五月辛巳，以旱禱于天地、宗廟、社稷。　三年四月壬子，以旱禱于天地、宗廟、社稷。

嘉泰元年五月戊午，以旱禱于天地、宗廟、社稷。七月丁巳，以旱復禱于天地、宗廟、社稷。　二年七月庚午，以旱禱于天地、宗廟、社稷。

開禧三年二月辛未，以旱禱于天地、宗廟、社稷。五月己丑，以旱禱于天地、宗廟、社稷。

嘉定元年四月辛卯，以旱禱于天地、宗廟、社稷。六月乙酉，以蝗禱于天地、宗廟、社稷。　二年五月庚申，以旱禱于天地、宗廟、社稷。六月乙酉，復禱雨于天地、宗廟、社稷。　七年六月，以旱命諸路州軍禱雨。

八年五月，命有司禱雨。

【王圻《續通考》】八年，幸太乙宫、明慶寺，禱雨于天地、宗廟、社稷。　十七年，時理宗已即位。以久雨命從臣日一人禱于天竺山。

蕙田案：天竺山，亦在境内山川能興雲雨之列，本當秩祀。但宋自高宗紹興八年已後，凡遇水旱則迎天竺觀音入城，或差官就禱，遂成典故。《續通考》所載，命從臣禱于天竺山者，蓋即指此。考其事，自嘉定十七年至景定五年，四十年之間凡十五見。

理宗寶慶二年三月，命從臣日一人禱晴于天竺山。八月、十月，復如之。　三年，以久雨命臨安守臣禱于天竺山，一月凡二舉。

紹定元年，命臨安府禱雨于天竺山。　二年，以久雨命從臣日一人禱于天竺山。

四年，以久雨命臨安守臣禱于天竺山，四月復如之。

端平三年，以霖雨害稼命近臣禱于天地、宗廟、社稷及宫觀、嶽瀆等處。

【《宋史·理宗本紀》】端平三年七月丁巳，祈晴。

【王圻《續通考》】嘉熙二年，以久雨、烈風禱于天地、宗廟、社稷。

【《宋史·理宗本紀》】嘉熙三年四月壬寅，祈雨。　四年六月乙未，祈雨。

【王圻《續通考》】四年，命近臣禱雨于天地、宗廟、社稷、宫觀。

【《宋史·理宗本紀》】淳祐四年七月己亥朔，祈雨。　五年六月甲申，祈雨。　七月甲辰，祈雨。

【王圻《續通考》】淳祐五年，以闕雨命臨安府守臣禱于天竺山。七月復如之。是年，以祈雪詔釋罪囚。

【《宋史·理宗本紀》】淳祐六年六月丙午，祈雨。

【王圻《續通考》】六年，命從臣日一人禱雨于天竺山。七年，禱雨于天地、宗廟、社稷。

八年九月辛未，以秋霖雨命從臣日一人禱于天竺，監郎官禱于霍山。十一年，命侍從卿監一人禱雨于天竺山。寶祐四年，以雨，命從臣禱于天竺山。

【《宋史·理宗本紀》】寶祐五年六月丁酉，祈雨。七月丙辰，祈雨。六年三月辛亥朔，祈雨。

【王圻《續通考》】六年，命臨安府守臣禱雨于天竺山、霍山，又命侍從卿監日一人禱于天竺山，郎官詣霍山。是年十一月，分委朝臣遍詣羣祠祈雪。

開慶元年，都省言：「兩浙雨多。」詔漕司行下諸郡縣守倅令佐，親詣寺觀、神祠，精加祈禱。

景定元年，命從臣卿監日一人禱雨于天竺山，郎官詣霍山。二年，以雨命侍從卿監日一人禱于天竺山，郎官詣霍山。五年，命從臣卿監日一人禱雨于天竺山，郎官詣霍山。

【《宋史·度宗本紀》】咸淳二年七月壬辰，祈雨。五年九月丙子，祈晴。

【《遼史·禮志》】若旱，擇日行瑟瑟儀以祈雨。前期，置百柱天棚。及期，皇帝致奠于先帝御容，乃射柳。皇帝再射，親王、宰執以次各一射。中柳者質誌柳者冠服，不中者以冠服質之。不勝者進飲於勝者，然後各歸其冠服。又翼日，植柳天棚之東南，巫以酒醴、黍稷薦植柳，祝之。皇帝、皇后祭東方畢，子弟射柳。皇族、國舅、羣臣與禮者，賜物有差。既三日雨，則賜敵烈麻都馬四疋、衣四襲；否則以水沃之。

【《國語解》】瑟瑟禮，祈雨射柳之儀，遥輦蘇可汗制。

蕙田案：瑟瑟儀，契丹俗禮也。《儀禮·鄉射禮》《大射儀》皆飲不勝者以示罰，而此反進飲于勝者。古者唯宗廟之祭，夫婦親之，后無與外事之禮，惟此祈雨之祭皇后與焉。誌猶記也。誌柳者，謂植柳爲記之人，蓋擇親王、宰執中一人爲之。質讀如交質之質。中柳者取誌柳者之冠服爲質，不中者以冠服與誌柳者爲質，既飲而後，各還之也。

【《遼史·太祖本紀》】神册四年十月丙午，次烏古部，天大風雪，兵不能進，上禱於天，俄頃而霽。

【《太宗本紀》】天顯三年六月己卯，行瑟瑟禮。　四年五月癸巳，行瑟瑟禮。

【《穆宗本紀》】應曆十二年五月庚午，以旱命左右以水相沃，頃之，果雨。　十六年五月甲申，以旱泛舟于池禱雨，不雨。捨舟立水中而禱，俄頃乃雨。　十七年四月丙子，祈雨，復以水沃羣臣。

【《景宗本紀》】保寧元年六月丙申朔，射柳祈雨。　七年四月辛亥，射柳祈雨。　乾亨十年四月庚辰，祈雨。

【《聖宗本紀》】統和十六年四月己酉，祈雨。

【《興宗本紀》】重熙九年六月，射柳祈雨。

【《禮志》】道宗清寧元年，皇帝射柳訖，詣風師壇再拜。

【《道宗本紀》】太康六年五月庚寅，以旱命左右以水相沃，俄而雨降。

【《天祚本紀》】乾統八年六月丙申，射柳祈雨。

【《金史·世宗本紀》】大定四年五月乙未，詔禮部尚書王競禱雨于北嶽。己酉，命參知政事石琚等于北郊望祭禱雨。六月甲子，以雨足命有司祭謝嶽、鎮、海、瀆于北郊。

【《禮志》】世宗大定四年五月，命禮部尚書王競祈雨北嶽，以定州長貳官充亞、終獻。又卜日於都門北郊，望祀嶽、鎮、海、瀆，有司行事，用酒、脯醢，後七日不雨，祈大社、大稷。又七日祈宗廟不雨，仍從嶽、鎮、海、瀆如初祈。其設神座實尊罍如常儀，其尊罍用瓢齊，擇甘瓠去蒂以爲尊。❶ 祝版惟五嶽、宗廟、社稷御署，餘則否。後十日不雨乃徙市，禁屠殺，斷繖扇，造土龍以祈雨，足報祀，送龍水中。

【《世宗本紀》】十二年四月癸亥，以久旱命禱祠山川。　十六年五月，遣使禱雨于靜寧山神，有頃而雨。　十七年夏六月，京畿久雨，遵祈雨儀祈晴，命諸寺觀啓道場祈禱。

【《章宗本紀》】明昌元年五月，不雨。乙卯，祈于北郊及太廟。壬戌，祈雨于社稷。己巳，復祈雨于太廟。丙子，以祈雨望祭嶽、鎮、海、瀆于北郊。

三年三月丁酉，命有司祈雨，望祀嶽、鎮、海、瀆、山川于北郊。四月甲辰，祈雨于社稷。丁卯，復以祈雨，望祭嶽、鎮、海、瀆、山川于北郊。五月甲戌，祈雨于社稷。乙酉，以雨足致祭于社稷。六月甲寅，以久雨命

❶「瓠」，原作「瓢」，據庫本改。

有司祈晴。　四年五月癸未，以久雨禜。六月丙辰，以晴祭嶽、鎮、海、瀆。　五年五月戊子，桓、撫二州旱，遣使禱于縉山。

六年六月丙寅，以久雨禜。

承安元年三月丁酉，不雨，遣官望祭嶽、鎮、海、瀆于北郊。甲辰，遣參知政事尼龐古鑑禱雨于社稷。丁未，復遣使就祈于東嶽。四月辛亥，命尚書右丞胥持國祈雨于太廟。乙丑，命御史大夫移剌仲方祈雨于社稷。壬申，命參知政事馬琪祈雨于太廟。戊寅，上以久不雨命禮部尚書張暐祈于北嶽。己卯，遣官望祭嶽、鎮、海、瀆于北郊，庚子雨足。六月壬子，禁京城繖扇。乙酉，以久旱徙市。十一月癸卯，命有司祈雪，仍遣官祈于東嶽。　二年四月丙辰，命有司祈雨，望祭嶽、鎮、海、瀆于北郊。甲子，祈雨于社稷。五月庚辰，以雨足報祭于社稷。甲申，望祭嶽、鎮、海、瀆于北郊。　四年五月壬辰朔，以旱，下詔責躬，求直言，避正殿，減膳，審理冤獄。戊戌，命有司祭嶽瀆禱雨。壬子，祈雨于太廟。六月甲戌，以雨足命有司報謝于太廟。己卯，報祭社稷。辛巳，遣官報祭嶽瀆。七月丙辰，以久雨令大興府祈晴。十月庚戌，命有司祈雪。　五年三月壬戌，命有司禱雨。六月乙巳，遣有司祈晴，望祭嶽瀆。七月乙卯朔，以晴遣官望祭嶽鎮海瀆。

泰和元年六月辛卯，祈雨于北郊。　二年四月癸卯，命有司祈雨。　四年二月，山東、河北旱，詔祈雨東、北二嶽。三月乙酉，祈雨于北郊。壬辰，祈雨于社稷。四月己亥，祈雨于太廟。丙午，以祈雨望祀嶽鎮海瀆于北郊。癸丑，祈雨于社稷。庚申，祈雨于太廟。五月乙丑，祈雨于北郊，有司請雩，詔三禱嶽瀆、社稷、宗廟，不雨乃行之。甲戌，雨，乙酉，謝雨于宗廟。丁亥，報祀社稷。辛卯，報祀嶽鎮海瀆。

泰和三年四月，敕有司祈雨仍頒《土龍法》。

【《宣宗本紀》】興定二年七月甲戌，以旱災詔中外。己卯，遣官望祀嶽鎮海瀆于北郊，享太廟，祭太社、太稷，祭九宫貴神于東郊以禱雨，遣太子太保阿不罕德剛、禮部尚書楊雲翼分道審理冤獄。癸未，大雨。十二月乙巳，命徒單思忠祈雪，已而大雪。四年六月己卯，祈雨。十二月甲戌，祈雪。

五年三月丙戌，上御仁安殿祈雨，仍望祭于北郊。丙午，以旱築壇祀雷雨師。壬子，雨。四月辛酉，禱雨于太廟。

【《哀宗本紀》】正大三年四月辛丑，以旱遣官禱于濟瀆。癸卯，祈于太廟，禁繖扇。

五年八月乙卯，以旱遣使禱于上清宫。

【《元史·成宗本紀》】大德九年五月，大都旱，遣使持香禱雨。十年五月，大都旱，遣使持香禱雨。

【《仁宗本紀》】皇慶二年三月丙辰，以亢旱既久，帝于宫中焚香默禱，遣官分禱諸祠，甘雨大注。

延祐四年四月，帝夜坐，謂侍臣曰：「雨暘不時，奈何？」蕭拜住對曰：「宰相之過也。」帝曰：「卿不在中書耶？」拜住惶愧。帝露香默禱，既而大雨。左右以雨衣進，帝曰：「朕爲民祈雨，何避焉！」

【《泰定帝本紀》】泰定三年三月乙巳朔，帝以不雨自責，命審决重囚，遣使分祀五嶽、四瀆、名山大川及京城寺觀。

【《文宗本紀》】天曆二年三月壬申，以去冬無雪、今春不雨，命中書及百司官分禱山川、羣祀。

【《别兒怯不花傳》】至正二年，拜浙江行省左丞相。或遇淫雨亢旱，輒出禱于神祠所，禱無不應。

【《明太祖實録》】甲午歲七月，禱雨于滁之豐山栢子潭。時滁大旱，帝憂之。滁之西南豐山陽谷栢子潭有龍祠，水旱禱之輒應。既禱，或魚躍，或黿鼉浮，皆雨兆。帝既齋沐，往禱。禱畢，立淵西崖，久之，無所見，乃彎弓注矢，祝曰：「天旱如此，吾爲民致禱。神食兹土，其可不恤民？吾今與神約，三日必雨，不然，神恐不得祠於此也。」祝畢，連發三矢而還。後三日，大雨如注，帝即乘雨往謝。是歲，滁大熟。

【《明史·禮志》】大雩。明初，凡水旱災傷及非常變異，或躬禱，或露告於宫中，或於奉天殿陛，或遣官祭告郊廟、陵寢及社稷、山川，無常儀。

洪武二年，太祖以春久不雨，祈告諸神祇。中設風雲雷雨、嶽鎮海瀆，凡五壇。東設鍾山、兩淮、江西、兩廣、海南北、山東、燕南燕薊山川、旗纛諸神，凡七壇；西設江東、兩浙、福建、湖廣荆襄、河南北、河東、華州山川、京都城隍，凡六壇。中五壇奠帛。初獻，帝親行禮，兩廡命官分獻。

【《太祖實録》】每壇，牲用犢、羊、豕各一。幣，則太歲、風雲雷雨用白，餘各隨其方色。籩豆簠簋視社稷。登一，實以大羹；鉶二，實以和羹。儀同常祀。

【《通鑑綱目三編》】洪武三年五月，旱。六月，帝親禱于山川壇，越五日雨。帝齋於西廡，皇后躬執爨爲農家食，太子、諸王躬饋於齋所。帝素服草屨，徒步詣壇，席藁曝日中，夜卧於地凡三日，詔省獄囚，命有司訪求通經術、深明治道者，越五日大雨。

【《宣宗實録》】洪熙元年七月，宣宗已即位。以久雨遣官祭大小青龍之神。自後每歲旱輒遣官致禱。

宣德三年四月，旱。遣成國公朱勇祭大小青龍之神。

【倪嶽《青谿漫藁》】大小青龍之神。案碑記，昔有僧名盧，自江南來，寓居西山之尸陀林秘魔巖。一日，二童子來拜于前，盧納之，爨薪供奉，寒暑無怠。時久旱不雨，二童子白于盧能限雨期。言訖，即委身龍潭，須臾化青龍，一大一小。至期，果得甘雨。事聞，賜盧師號曰感應禪師，建寺設像，立碑以記其事。又別建祠于潭上，春秋遣官祭青龍神。宣德中，敕建大圓通寺，二青龍出現，禱之有應，加以封號。

【《英宗實録》】正統四年六月，以京畿水灾祭告天地。

【《明史・禮志》】九年三月，雨雪愆期，遣官祭天地、社稷、神祇諸壇。

【《景帝本紀》】景泰六年五月，禱雨于南郊。

【《憲宗本紀》】成化六年二月，禱雨于郊壇。八年四月，京師久旱，運河水涸，遣官禱于郊社山川、淮瀆、東海之神。二十三年五月，旱，遣使分禱天下山川。

【《禮志》】孝宗弘治十七年五月，畿内、山東久旱，遣官祭告天壽山，分命各巡撫祭告北嶽、北鎮、東嶽、東鎮、東海。

【《武宗本紀》】正德五年三月，禱雨。

【《世宗本紀》】嘉靖八年二月，旱，禱于南郊及山川、社稷。

【《禮志》】嘉靖八年春，帝諭禮部：「去冬少雪，今當東作，雨澤不降，當親祭南郊、社稷、山川。」尚書方獻夫等言：「《周禮・大宗伯》：『以荒禮哀凶札。』釋者謂：『君膳不舉，馳道不除，祭事不縣，皆所以示貶損之意。』又曰：『國有大故，則旅上帝及四望。』釋者曰：『故謂凶灾。旅，陳也，陳其祭祀以禱焉，禮不若祀之備也。』今陛下閔勞萬姓，親出祈禱，禮儀務簡約，以答天戒。常朝官並從，同致省愆祈籲之誠。」隨具上儀注。二月，親禱南郊，山川同日，社稷用次日，不除道，冠服淺色，羣臣同。文五品、武四品以上於大祀門外，餘官於南天門外，就班陪祀。是秋，帝欲親祀山川諸神。禮部尚書李時言：「舊例山川等祭，中夜行禮，先一日出郊齋宿。祭畢，清晨回鑾，兩日畢事，禮太重。宜比先農壇例，昧爽行禮。」因具儀以進。制「可」。祭服用皮弁，迎神、送神各兩拜。

【《明會典》】嘉靖八年春，祈雨，冬祈雪，皆御製祝文，躬祀南郊及山川壇。次日，祀社稷壇，冠服淺色，鹵簿不陳，馳道不除，皆不設配，不奏樂。

【《禮志》】嘉靖九年，帝欲于奉天殿丹陛上行大雩禮。夏言言：「案《左傳》『龍見而雩』，蓋巳月萬物始盛，待雨而大，故祭天爲百穀祈膏雨也。《月令》：『雩帝用盛樂，乃命百縣雩祀百辟卿士有益於民者，以祈穀實。』《通典》曰：『巳月雩五方上帝，其壇名雩，禜於南郊之傍。』先臣丘濬亦謂：『天子於郊天之外，別爲壇以祈雨者也。後世此禮不傳，遇有旱暵，輒假異端之人爲祈禱之事，不務以誠意感格，而以法術劫制，誣亦甚矣。』濬意欲於郊傍擇地爲雩壇，孟夏後行禮。臣以爲孟春既祈穀，苟自二月至四月，雨暘時若，則大雩之祭，可遣官攝行。如雨澤愆期，則陛下躬行禱祝。」乃建崇雩壇於圜丘壇外泰元門之東，爲制一成，歲旱則禱，奉太祖配。

【《明會典》】嘉靖十一年，建崇雩壇於圜丘壇外泰元門之東，歲旱則祭上帝以禱雨，亦奉太祖配享。爲制一成，廣五丈，「五」字上下恐有脱字。高七尺五寸，四出陛，各九級。内壝徑二十七丈，高四尺九寸五分，厚二尺五寸，櫺星門六：正南三，東、西、北各一。外圍墻方四十五丈，高八尺一寸，厚二尺七寸，正南三門曰崇雩門，共爲一區。其南郊之西外圍墻東西面闊八十一丈五尺，南北進深五十六丈九尺，高九尺，厚三尺。

【《嘉靖祀典》】雩壇止去地一級，四圍用爐鼎四，壇面用爐鼎二，比圜丘減四分之一。

【《明會典》】大雩儀。前期五日，太常寺奏請大臣視牲如常儀。前期三日，告請太祖配神于太廟，行一獻禮。前期二日，太常卿、光禄卿奏省牲如常儀。正祭，前期，太常寺陳設如常儀。是日早，錦衣衛備法駕，設輿于奉天門正中。皇帝常服乘輿至南郊，由西天門，歷昭亨門，降輿，過門，升輿，至崇雩壇門西，降輿。禮部太常官導皇帝入東左門，由正南櫺星左門入壇，由中陛、左陛至壇，恭視神位畢，出至神庫視籩豆，神厨視牲畢，導駕官導皇帝至幂次，具祭服，出。導駕官導皇帝由左門至内壝櫺星左門入壇。典儀唱：「樂舞生就位，執事官各司其事。」内贊奏：「就位。」皇帝就拜位。典儀唱：「迎神。」奏樂，樂止。内贊奏：「四拜。」皇帝四拜，平身。傳贊百官同。典儀唱：「奠玉帛。」奏樂。内贊奏：「升壇。」皇帝升，至上帝前。奏：「跪，搢圭。」皇帝跪，搢圭。司香官捧香，跪進于皇帝左。奏：「上香。」皇帝三上香訖，捧玉帛官以玉帛跪進于皇帝右。皇帝受玉帛，奠訖。奏：「出圭。」導至太祖前，儀同進香并帛，俱右。奏：「復位。」樂止。典儀唱：「進俎。」奏樂。齋郎舁饌至，内贊奏：「升壇。」皇帝升，至上帝前，搢圭，進俎，出圭，導至太祖前，儀同。奏：「復位。」樂止。典儀唱：「行初獻禮。」奏樂，内贊奏：「升壇。」皇帝升，至上帝前。奏：「搢圭。」捧爵官以爵跪進于皇帝右。皇帝受爵，奉獻爵。皇帝獻訖，奏：「出圭。」奏：「詣讀祝位。」奏：「跪。」皇帝至讀祝位跪。傳贊百官皆跪。樂暫止，内贊贊：「讀祝。」讀祝官跪讀訖，樂復作。内贊奏：「俯伏，興，平身。」傳贊百官同。導上至太祖前，儀同。奏：「復位。」樂止，典儀唱：「行亞獻禮。」奏樂，儀同初獻，惟不讀祝。樂止，典儀唱：「行終獻禮。」奏樂，儀同亞獻。樂止，太常卿進立于壇前，東向立，唱：「賜福胙。」内贊奏：「詣飲福位。」皇帝升至飲福位，奏：「跪。」奏：「搢圭。」光禄卿捧福酒，跪于皇帝左。内贊奏：「飲福酒。」皇帝飲訖，光禄官捧福胙，跪于皇帝左。内贊奏：「受胙。」皇帝受訖，奏：「出圭，俯伏，興，平身。」奏：「復位。」皇帝復位。内贊奏：「四拜。」皇帝四拜，平身。傳贊百官同。典儀唱：「徹饌。」奏樂，執事官徹饌訖，樂止。典儀唱：「送神。」奏樂，内贊奏：「四拜。」皇帝四拜，平身，傳贊百官同。樂止，典儀唱：「讀祝官捧祝，進帛官捧帛，掌祭官捧饌，各詣燎位。」皇帝退立拜位東。典儀唱：「望燎。」奏樂，樂奏《雲門》之曲。内贊奏：「禮畢。」導駕官導皇帝至幕次，易祭服，畢，還宮。壇上猶奏樂舞，九成乃止。

【《明史·樂志》】嘉靖十一年，定雩祀樂章。

十七年罷。

迎神，《中和》之曲　於穆上帝，爰處瑶宮。資爾黎庶，覆憫曷窮。旗幢戾止，委蛇雲龍。霖澤斯溥，萬寶有終。

奠帛，《肅和》之曲　神之格思，奠兹文縹。盛樂斯舉，香氣氤氲。精禋孔熯，徹於紫冥。懇祈膏澤，渥我嘉生。

進俎，《咸和》之曲　百川委潤，名山出雲。慭暘孔熾，膏澤斯屯。祈年於天，載牲於俎。神之格思，報以甘雨。

初獻，《壽和》之曲　有嚴崇祀，日吉辰良。酌彼罍洗，椒馨飶香。元功溥濟，時雨時暘。惟神是聽，綏以多穰。

亞獻，《景和》之曲　皇皇禋祀，孔惠孔明。瞻仰來歆，拜首欽承。有醴維醽，有酒維清，雲韶侑獻，肅雍和鳴。聖靈有赫，鑒享精誠。

終獻，《永和》之曲　靈承無斁，駿奔有容。嘉玉以陳，酌鬯以供。禮三再稱，誠一以從。備物致志，申薦彌恭。神昭景貺，佑我耕農。

徹饌，《凝和》之曲　有赫旱暵，民勞瘁斯。於牲於醴，載舞載詩。禮成三獻，敬徹不遲。神之聽之，雨我公私。

送神，《清和》之曲　爰迪寅清，昭事昊穹。仰祈甘雨，惠我三農。既歆既格，言歸太空。式霑下土，萬方其同。

望燎，《太和》之曲　赤龍旋馭，禮洽樂成。燔燎既舉，昭格精禋。維帝降康，雨施雲行。登我黍稌，溥受厥明。

祭畢，樂舞童羣歌《雲門》之曲　景龍精兮時見，測鶉緯兮宵懸。肆廣樂兮鏗鍧，列皇舞兮蹁躚。祈方社兮不莫，薦圭璧兮孔虔。需密雲兮六漠，霈甘澍兮九玄。

慰我農兮既渥，錫明昭兮有年。

【《禮志》】十二年，夏言等言：「古者大雩之祀，命樂正習盛樂、舞皇舞。蓋假聲容之和，以宣陰陽之氣。請于三獻禮成之後，九奏樂止之時，樂奏《雲門》之舞。仍命儒臣括《雲漢》詩詞，制《雲門》一曲，使文武舞士並舞而合歌之。蓋《雲門》者，帝堯之樂，《周官》以祀天神，取雲出天氣，雨出地氣也。且請增鼓吹數番，教舞童百人，青衣執扇，繞壇歌《雲門》之曲而舞，曲凡九成。」因上其儀，視祈穀禮。又言：「大雩乃祀天禱雨之祭。凡遇亢旱，則禮部于春末請行之。」帝從其議。

【《世宗實録》】十七年四月，大雩，時將躬禱郊壇。帝諭禮部禱雨，乃脩省事，不用全儀，亦不奉祖配，乃定青衣上香進帛，三獻，八拜成禮，百官陪拜，祭用酒果、脯醢，牛一，以熟薦。前一日戌刻，詣郊壇，中夕行禮。

【王圻《續通考》】十七年夏四月甲子，大雩。上躬禱雨，製祝文，爇之，不應，復於宮中嘿禱。己巳，大雨霑足，羣臣表賀。　四十三年夏四月，大雩，祈得雨，表賀。

【《明會典》】神宗十三年，上親禱郊壇，却輦步行。其步禱儀：一，前期一日，上具青服，以躬詣南郊祈禱，預告于奉先殿，行禮如常儀。一，前期一日，太常寺進祝版，上親填御名訖，太常博士捧出安輿亭内，擡至南郊神庫奉安。一，太常寺預設酒果、脯醢、香帛于圜丘。牛一，熟薦。設上拜位于壇壝正中。一，錦衣衛設隨朝駕，不除道。一，正祭。是日免朝。昧爽，上具青服，御皇極門，太常寺官跪奏請聖駕詣圜丘，上起步行，護駕侍衛并導駕、侍班、翰林、科道等官如常儀。百官各青衣角帶，恭候于大明門外。内閣、禮部、太常寺近前，其餘文東武西各照常朝班行序立。駕至，魚貫前導，卑者在前，崇者在後。緣道兩旁離御路稍遠，文武兩班就中，又各自爲對。至昭亨門照前序立候駕，監禮御史等官如常儀。鴻臚寺仍委序班十餘員整肅班行，不許喧譁越次。一，駕至昭亨門，導引官導上至欞星門外幕次少憩。禮部尚書、侍郎、太常寺卿、少卿跪奏詣壇位。内贊、對引官導上行。典儀唱：「執事官各司其事。」内贊奏：「就位。」上至拜位。典儀唱：「迎神。」内贊奏：「陞壇。」導上至香案前。奏：「跪。」奏：「上香」，「上香」，「三上香」。訖，奏：「復位。」奏：「四拜。」傳贊百官同。典儀唱：「奠帛，行初獻禮。」内贊奏：「陞壇。」導上至神御前。奏：「獻帛。」訖，奏：「獻爵。」訖，奏：「詣讀祝位。」奏：「跪。」贊衆皆跪。贊讀祝訖，奏：「俯伏，興，平身。」贊百官同。奏：「復位。」典儀唱：「行亞獻禮。」内贊奏：「陞壇。」導上至神御前。奏：「獻爵。」訖，奏：「復位。」典儀唱：「行終獻禮。」儀同亞獻。典儀唱：「送神。」内贊奏：「四拜。」贊百官同。典儀唱：「讀祝官捧祝，進帛官捧帛，各詣燎位。」内贊奏：「禮畢。」導引官導上出，至幙次少憩，上還，仍詣奉先殿，參謁如常儀。

【《明史·莊烈帝本紀》】崇禎四年五月，步禱于南郊。

蕙田案：明代，凡水旱灾傷，或躬禱，或露告於宫中及奉天殿陛，或遣官祭郊廟、陵寢及社稷、山川，無常儀。至世宗始復古禮，建雩壇，定儀制，製樂章，亦一時之盛也。惜終帝之世，止舉一祭。神宗愍帝復行步禱，❶亦暫焉耳。古人常雩、旱雩之典終未備焉。

【唐順之《稗編》】《祭法》「雩禜祭水旱」，漢儒謂雩者吁嗟，禜者營域，若雩禜兼祭水旱也。又案：司巫「大旱則帥巫而舞雩」，女巫「旱暵則舞雩」，是雩祭旱也。鬯人「禜門用瓢齎」，注引魯莊二十五年秋「大水，鼓用牲於門」，是禜祭水也。自秦變古，雩禜禮廢。漢武帝元封六年旱，女子、巫、丈夫不入市。昭帝始元六年旱，雩，禁舉火。故雩以祈雨用皂衣，禜以祈晴用朱衣；雩則閉陽而求諸陰，禜則閉陰而求諸陽。後漢行雩禮衣皂。晉穆帝采後漢禮，舞童皆皂服，持羽翳，歌《雲漢》之詩。齊、梁至隋皆歌《雲漢》詩。梁武帝以雩壇不當在南郊正陽之方，移之東郊，又謂雩祭燔燎，以火祈水，於理爲乖，改燎爲瘞。議郎朱异謂《雲漢》詩有瘞無燎也。大同五年，又定祈雨七事，一理冤獄及失職者，二賑鰥寡孤獨，三省徭役，四舉賢，五黜貪，六恤怨曠，七減膳。舞童皂服爲八列，各執羽翳，每列歌《雲漢》一章。魏武成帝和平元年，雩旱，選伎工端潔善謳者歌《雲漢》，每列一章。古人救旱之法，自七事外，若徙市，禁屠，斷扇，官府露坐聽政，皆可舉行。近世祈雨，不知以陰求陰，既不反求七事，專以僧道、法師符醮、焫香燒燭，❷燔符燎楮，秖助其熱，不知古人救旱必用女巫，今用僧道法師，若果術行精至，亦亢陽之人，

❶「愍帝」，庫本作「莊烈」。
❷「焫」，原作「炳」，據庫本改。

非所以求雨，後世貴僧道而賤巫，古無僧道法師，今爲人祈禱，是亦巫爾。若郡邑急於救旱，不得女巫，或用女冠、比丘尼，以陰求陰也。若禜門則雨中閉南門，用甘瓠二去蒂，刳其中，一以奉盛，一以奉醴，朱衣伐鼓於門，祭畢開門，屢獲開霽，此亦古禮之有驗而可行於後世者。自舜禋六宗，已有雩禜，古人救水旱者在此，而流俗慢之甚者，科率富民，以爲齋醮，官買香燭，迎送土偶，擾遍坊市，何以救水旱乎？

右隋至明雩禮。

五禮通考卷第二十三

淮陰吴玉搢校字

五禮通考卷第二十四

内廷供奉禮部右侍郎金匱秦蕙田編輯
太子太保總督直隸右都御史桐城方觀承同訂
按察司副使元和宋宗元參校

吉禮二十四

明堂

蕙田案：明堂之制，詳于《考工記》。嚴父配天，見于《孝經》。十二月布政，見于《月令》。負依朝諸侯，見于《明堂位》。然則明堂者，祀天享親之所，而布政事朝諸侯咸在，故《孟子》曰：「明堂者，王者之堂也。」然自漢儒，已莫能明其義。《大戴禮》、《白虎通》、蔡邕所説制度，各不相符，且合太廟、靈臺、辟雍、路寢爲一，以爲與明堂異名同事。後儒雖能辨之，而説猶難定。迨朱子出，而明堂之制度與夫享帝配天之義、布政受朝之事，各有條理，不相淆惑。兹輯明堂門，先敘經傳之文，次詳諸儒之説，以朱子説爲宗，其歷代制度典禮，備載于後。

《考工記》夏后氏世室，堂修二七，廣四修一。【注】世室者，宗廟也。魯廟有世室。夏度以步，令堂修十四步，其廣益以四分修之一，則堂廣十七步半。

【疏】云「夏度以步」者，下文云三四步，明此二七是十四步也。云「令堂脩十四步」者，言假令以此堂云二七約之，知用步無正文，故鄭以假令言之也。知「堂廣十七步半」者，以南北爲修十四步，四分之取十二步，益三步，爲十五步，餘二步益半步，爲二步半，添前十五步，是十七步半也。

五室，三四步，四三尺。【注】堂上爲五室，象五行也。三四步，室方也。四三尺，以益廣也。木室于東北，火室于東南，金室于西南，水室于西北，其方皆三步，其廣益之以三尺。土室于中央，方四步，其廣益之以四尺，此五室居堂，南北六丈，東西七丈。【疏】「五室象五行」者，以其宗廟制如明堂，明堂之中，有五天帝、五人帝、五人神之坐，皆法五行，故知五室象五行也。

王氏安石曰：「夏之世室，堂修二七，爲南北十有四步，廣四修一，爲東西十有七步半，則是一堂修不過八丈四尺，廣不過十丈五尺矣。堂上五室，中央一室，修四步，廣四步四尺；四角四室，修三步，廣三步三尺，則是南北三室不過六丈，東西不過七丈矣。每室之間，修不過丈八，廣不過丈八尺加三，而大室所加不過一尺耳。曾不謂宗廟之室所以安乎神靈，而王之所以爲裸者，即丈八之地而可爲乎？」

蕙田案：堂修二七，堂字對室而言。堂之内爲室，室之外爲堂。堂之修廣不兼室也。自康成注曰「堂上爲五室」，則指堂室之基總名之曰堂，而室在堂之上，非也。王氏蓋亦襲鄭之意，故以爲不可耳。

李氏謐曰：「康成釋五室之位，謂土居中，木火金水各居四維。然四維之室，既乖其正，施令聽朔，各失厥衷，左右之个，棄而不顧，乃反文之以美説，言水木用事交于東北，木火用事交于東南，火土用事交于西南，金水用事交于西北，五行從其用事之交，出何經典？可謂工于異端，言非而博，疑誤後學。」

李氏覯曰：「夫既以五室象五行矣，則木火金水之王當在東南西北之正，何乃置之四角，而云木室兼水，火室兼木？若必如是，則中央之室復何所兼哉？此説誠未可用也。」

蕙田案：二説辨鄭注四室在四隅之注，甚是。如鄭説，則方位不正，而必不可通之《大戴》、《月令》矣。

九階。【注】南面三，三面各二。【疏】案賈、馬諸家皆以爲九等階，鄭不從者，以周殷差之，夏人卑宫室，當一尺之堂爲九等階，于義不可，故爲旁九階也。鄭知南面三階者，見《明堂位》云「三公中階之前北面東上，諸侯之位阼階之東西面北上，諸伯之國西階之西東面北上」，故知南面三階也。知餘三面各二者，《大射禮》云「升自北階」，又《雜記》云「升自側階」，《奔喪》云「升自東階」，以此而言，四面兩階可知。四旁兩夾窻。❶【注】窻，助户爲明。每室四户八窻。【疏】言四旁者，五室室有四户，四户之旁皆有兩夾窻，則五室二十户、四十窻也。白盛。【注】蜃灰也。盛之言成也，以蜃灰堊墻，所以飾成宫室。門堂三之二。【注】門堂，門側之堂。取數于正堂，令堂如上制，則門堂南北九步二尺，東西十一步四尺。《爾雅》曰：「門側之堂謂之塾。」室三之一。【注】兩室與門各居一分。【疏】此室即在門堂之上作之也。言各居一分者，謂兩室與門各居一分。

陳氏祥道曰：「是室也，非三四步、四三尺之室，乃門堂之室也。門堂之修九步二尺，則二室之南北計其修則四步四尺矣。假令堂上南北十四步，門堂三之二，以十四步裂爲三分而得其二，則爲九步二尺。室三之一裂爲三分而得其一，則爲四步四尺矣。門堂之廣十有一步有四尺，則二室之東西，計其廣則五步有五尺也。假令堂上東西十七步半，門堂三之二，以十七步半裂爲三分而得其二，則爲十一步四尺。室三之一，以十四步裂爲三分而得其一，❷則爲四步六尺也。」❸

王氏昭禹曰：「其居有堂，其處有室，升降有階，出入有門，慮其不徹也，夾窻以爲明，慮其不潔也，白盛以爲飾。夏后氏如此，則商周之制亦然矣。」

殷人重屋，堂脩七尋，堂崇三尺，四阿重屋。【注】重屋者，王宫正堂若大寢也。其修七尋五丈六尺，放

❶「兩」，原作「有」，據《周禮・考工記》改。

❷「以」，原作「一」，據庫本改。

❸「四步六尺」，原作「五步五尺」，據庫本改。案今實算當是四步四尺。

夏周則其廣九尋七丈二尺也。五室各二尋。崇，高也。四阿，若今四柱屋。重屋，複笮也。【疏】雖言放夏周，經云堂修七尋，則廣九尋，若周言南北七筵，則東西九筵，是偏放周法。而言放夏者，七九偏據周，夏后氏南北狹，東西長，亦是放之，故得兼言放夏也。「四阿，若今四柱屋也」者，《燕禮》云：「設洗，當東霤。」則此四阿，四霤者也。云「重屋，複笮也」者，若《明堂位》云「復廟重檐」，鄭注云：「重檐，重承壁材也。」則此複笮亦重承壁材，故謂之重屋。

陳氏祥道曰：「阿者，屋之曲。重者，屋之複。四隅之阿四柱，複屋則上員下方可知。《圖説》曰于室之四阿皆爲重屋。」

蕙田案：重屋，謂上下兩層檐霤，若樓之製，其實非樓也，今廟寢皆然。鄭氏謂重承壁材，鄭氏鍔因之曰「重檐以爲深密，似檐之外復接檐」，非是。

周人明堂，度九尺之筵，東西九筵，南北七筵，堂崇一筵。五室，凡室二筵。【注】明堂者，明政教之堂。周度以筵，亦王者相改。周堂高九尺，殷三尺，則夏一尺矣，相參之數。禹卑宮室，謂此一尺之堂與？此三者或舉宗廟，或舉王寢，或舉明堂，互言之，以明其同制。【疏】云「明其同制」者，謂當代三者其制同，非謂三代制同也。

李氏覯曰：「鄭康成注：『此三者或舉宗廟，或舉正寢，互言之，以明其同制。』又注《玉藻》曰：『天子廟及路寢皆如明堂制。』愚竊以爲不然。苟路寢有四時之位，則天子自可坐而聽朔，奚用遠赴明堂？若以尊嚴國正，當假祭天之廟以聽之，則事畢而還復于路寢，居其時之堂何所爲也？宗廟之祭，堂室是一面而足，四方之堂未聞所設施也。既曰明堂將以事上帝，宗廟將以尊先祖，而以己之正寢與之同制，蓋非尊祖事天之意也。鄭之此説，並是冒臆。得非康成見世室有五室，既以五行推之，明堂之文復有五室，求其説而不獲，及重屋之下都無室數，遂乃巧爲之辭，以謂其制皆同乎？」

【陳氏《禮書》】鄭康成謂明堂、太廟、路寢異實同制，其豈然哉！諸侯之廟見于《公食大夫》，有東西房、東西夾而已。天子路寢見于《書》，亦東西房、東西夾，又東序、西序、東堂、西堂而已，則太廟、路寢無五室十二堂矣。

李氏謐曰：「路寢有左右房，見于《顧命》，諸侯左右房見《喪服大記》『婦人髽，帶麻于房中』。鄭注乃論路寢則明其左右，言明堂則闕其左右个。同制之説，還相矛盾，通儒之注，何其然乎！」

蕙田案：鄭注互言以明其同制，非也。蓋廟寢有堂室而無中央之太廟、太室，明堂有左右个而無廟寢之東西夾室，廟寢有南面之堂室而無青陽、總章、玄堂之三面。明堂都宫之内有四門，堂室僅一區，廟寢則都宫之内並無四門，七廟則堂室七區，五廟則堂室五區，其名不同，其制亦絶異。李氏、陳氏駁之，極是。

陳氏祥道曰：「夏謂之世室，殷謂之重屋，周謂之明堂，其名雖殊，其實一也。所謂世室，非廟；所謂重屋，非寢，以其皆有所謂堂者故也。言夏后氏世室矣，而曰堂修七尋，則重屋非明堂乎？明堂者，王者之堂也。有堂斯有室，有室與堂斯有屋矣。曰世室者，以室言之；曰重屋者，以屋言之；曰明堂者，以堂言之。商因于夏禮，周因于殷禮，損益雖不同，制度本無二。自其異者視之，夏度以步，商度以尋，周度以筵；自其同者視之，則五室九階，其下同；四户八窻，其旁同；四阿重屋，其上同。自經之所記而互見者言之，夏周五室，則商可知矣；殷人四阿重屋，則夏周可知矣；夏后氏九階四旁，兩夾窻，有門堂有室，則商周可知矣。四隅之阿四柱，複屋則上圓下方，又從可知矣。以夏后氏之堂修二七，廣益以四分修之一，周人明堂，東西九筵，南北七筵觀之，則知商人重屋，堂修七尋，其廣九尋明矣。或以四增一，或以七加二，所謂不相襲禮也。要之，五室以象五行，四户以象四序，八窻以應八節，上圓下方以法天地之形，此三代明堂之大致也。」

蕙田案：凡書言制度，必詳于近而略于遠。今《記》文獨詳于夏而略于殷周，蓋其大局夏后氏已定，殷人特加重屋，周度以筵耳。加重屋則室已崇，而非如夏之卑也，度以筵則其制數有别耳。陳氏不取注疏而發明三代制同，與蔡邕等説相合，今從之。

唐氏仲友曰：「三代之制雖異，其實皆明堂也。夏堂修二七，則四面之堂皆修七步矣；廣四修一，則東西九步，南北七步矣。東西雖九步而虚其二，❶則四堂之修均矣。四旁兩夾窻者，八窻而四闥，室中之制也。殷謂之重屋，始重屋也。堂崇三尺，❷記其沿于夏也。唐虞至儉，猶土階三尺，夏之堂止崇一尺，其爲康成臆説明矣。四阿所以爲上員也，重屋所以爲

❶ 「而虚」二字，原脱，據《續金華叢書》本唐仲友《悦齋文鈔》卷六補。

❷ 「崇」，原作「重」，據《悦齋文鈔》卷六改。

四阿也。堂各居十二辰之位，而謂堂亦在兩隅，則先儒之失也。東西九筵，南北七筵，舉每堂之修耳。而謂五室十二堂總在九筵、七筵之内，則又先儒之失也。」

蕙田案：唐氏所解及駁正處俱精確。但既曰「東西九筵，南北七筵，舉每堂之修而言」，而夏堂又曰「四面之堂皆修七步」，則又將堂修二七分屬兩面，似屬未安，正不如後一説爲直截。

又案：如鄭、賈説，則世室之堂修八十四尺，廣一百五尺；重屋修五十六尺，其廣當七十二尺；明堂修六十三尺，廣八十一尺。然三代制度，由質而文，何夏后之寬而殷周反狹歟？鄭、賈亦知不得通，故注云「令堂修十四步」，疏云「知用步無正文，故鄭以假令言之」。夫《記》方細述營造而顧爲假設之詞歟？然則後之學者，固難拘注疏之度數，而强求其合矣。

【《禮記・月令》】孟春之月，天子居青陽左个。【注】大寢東堂北偏。【疏】左个是明堂北偏，而鄭注云「大寢」者，欲明明堂與太廟路寢制同，故兼明于明堂聽朔竟，次還太廟，次還路寢也。然鄭云東堂，則知聽朔皆堂，不于五角之室中也。

方氏慤曰：「青陽者，少陽之稱也。春爲少陽，故所居之堂名之。然其堂也，中有太廟，左右个處其兩旁，故孟月居左，仲月居中，季月居右，各從其類焉。謂之太廟，以其大饗于此故也。謂之左个，以其介于左故也。謂之右个，以其介于右故也。推此，則秋與冬夏亦若是而已。」

仲春之月，天子居青陽太廟。【注】東堂當太室。

陸氏佃曰：「《爾雅》曰：『室有東西廂曰廟。』所謂青陽、明堂、總章、玄堂太廟，以其居正有左右廂故也。若太室無左右廂，故曰太廟太室，且著青陽等皆太廟也。」

季春之月，天子居青陽右个。【注】東堂南偏。

孟夏之月，天子居明堂左个。【注】太寢南堂東偏。

仲夏之月，天子居明堂太廟。【注】南堂當太室。

季夏之月，天子居明堂右个。【注】南堂西偏。

中央土，天子居太廟太室。【注】中央室。【疏】周人明堂五室，並皆二筵，無大小也。今中央室稱太室者，以中央是土室，土爲五行之主，尊之，故稱太。以夏之世室，則四旁之室皆南北三步，東西三步三尺，中央土室南北四步，東西四步四尺，則周之明堂亦應土室在中央，大于四角之室也，但文不具耳。

蕙田案：疏以夏世室擬周明堂，曰文不具，則丈尺之制，微特不可考，亦不必拘矣。

孟秋之月，天子居總章左个。【注】大寢西堂南偏。

仲秋之月，天子居總章大廟。【注】西堂當太室。

季秋之月，天子居總章右个。【注】西堂北偏。

孟冬之月，天子居玄堂左个。【注】北堂西偏。

仲冬之月，天子居玄堂大廟。【注】北堂當太室。

季冬之月，天子居玄堂右个。【注】北堂東偏。

方氏慤曰：總章者，陰成之稱也。赤白爲章者，文之成。秋成之時，其章總矣，故所居之堂，其名以此。明者，南之方；玄者，北之色。夏爲明堂則知冬之爲幽，冬爲玄堂則知夏之爲朱。或言方，或言色，互相備也。故夏則居明堂，冬則居玄堂焉。至若太廟，爲左右个之中，太室又爲太廟之中，故中央土居之。古者非特明堂中有太廟也，而太廟亦謂之明堂焉，《左氏傳》所謂「不登于明堂」是也。以其或饗神于此，故謂之廟；以其或聽政于此，故謂之堂。廟堂之名皆得以通稱之，故天子則聽朔于明堂，諸侯則聽朔于太廟，而魯之太廟則比天子明堂之制焉。个即《左氏傳》所謂「置饋于个」是也，釋者謂東西廂。

觀承案：明堂之制古矣。黄帝曰合宫，唐曰衢室，虞曰總章，夏曰世室，商曰陽館，蓋皆爲朝會諸侯、聽朔頒政之所，非天子之常居。及周曰明堂，而即宗祀文王于此以配上帝，則尤嚴父配天、對越森嚴之地，而非可常居也。《月令》天子居青陽，居明堂，居總章，居玄堂云云，分方案月而居者，豈必竟月居之耶？且每室異名，而統名以明堂者，取向明出治之意也。如居必依方，方皆外向，則一歲十二月，惟仲夏一月，人君得正其南面之位。若玄堂，則臣反南面而君反北面，即餘月亦皆不合於向明之義也。夫天子之居，春面東而夏面南，固無礙也。如秋面西而冬面北，則西風蕭條，朔風慘烈，亦豈合於時令之宜乎！儒者固貴考古，而亦不可泥古。竊謂明堂之制，以五室而有九室，以九室而有十二堂者，不過如朱子之説，各隨其時方位以開門，而符于十二月之時令，斯已耳。其實天子總坐明堂以朝會布令也。觀《明堂位》所列之位，五服、羣辟、四夷、九采各有東西南北之定位，其君則惟負斧依而南鄉立，可知《月令》之文尤不可泥也已。

【《玉藻》】天子玄端，聽朔于南門之外，閏月則闔門左扉，立于其中。【注】南門，謂國門也。天子廟及路寢，皆如明堂制。明堂在國之陽，每月就其時之堂而聽朔焉。卒事，反宿于路寢亦如之。閏月，非常月也。聽其朔于明堂門中，還處路寢門，終月。【疏】云「南門謂國門」者，《孝經緯》云：「明堂在國之陽。」又《異義》：「淳于登説明堂在三里之外，七里之內。」故知南門亦謂國城南門也。云「天子廟及路寢皆如明堂制」者，案《考工記》云：「夏后氏世室。」鄭注云：「謂宗廟。」「殷人重屋」，注云：「謂正寢也。」「周人明堂」，鄭云：「三代各舉其一，明其制同也。」又《周書》亦云宗廟、路寢、明堂，其制同。又案《明堂位》：「太廟，天子明堂。」魯之太廟如明堂，則知天子太廟亦如明堂也，然太廟、路寢既如明堂，則路寢之制，上有五室，不得有房。而《顧命》有東房、西房。又鄭注《樂記》云：「文王之廟，爲明堂制。」案《覲禮》朝諸侯在文王廟，而《記》云「几俟于東箱」者，鄭答趙商云：「成王崩，時在西都。文王遷酆鎬，作靈臺、辟廱而已，其餘猶諸侯制度焉，故知此喪禮，設衣物有夾有房也。周公攝政，制禮作樂，乃立明堂于王城。」如鄭此言，是成王崩時，路寢猶如諸侯之制，故有左右房也。《覲禮》在文王之廟，而《記》云「几俟于東箱」者，是記人之説誤耳。或可文王之廟不如明堂制，但有東房、西房，故魯之太廟如文王廟，《明堂位》云「君卷冕立于阼，夫人副褘立于房中」是也。《樂記》注稱「文王之廟如明堂制」，有「制」字者誤也。然西都宮室既如諸侯制，案《詩・斯干》云「西南其户」，箋云：「路寢制如明堂。」是宣王之時在鎬京而云「路寢制如明堂」，則西都宮室如明堂也。故張逸疑而致問，鄭答之云：「周公制于土中，《洛誥》云『王入太室祼』是。《顧命》成王崩于鎬京，承先王宮室耳。宣王承亂，又不能如周公之制。」如鄭此言，則成王崩時，因先王舊宮室。至康王已後，所營依天子制度。至宣王之時，承亂之後，所營宮室，還依天子制度，路寢如明堂也，不復能如周公之時先王之宮室也。若然，宣王之後，路寢制如明堂。案《詩・王風》：「右招我由房。」鄭答張逸云：「路寢房中所用男子。」而路寢又有左右房者，劉氏云：「謂路寢下之燕寢，故有房也。」熊氏云：「平王微弱，路寢不復如明堂也。」《異義》：「明堂制，今《戴禮》説，《禮・盛德記》曰：『明堂自古有之，凡有九室，室有四户八牖，三十六户，七十二牖，以草蓋屋，上員下方，所以朝諸侯，其外水，名曰辟廱。』《明堂月令書説》云：『明堂高三丈，東西九仞，南北七筵，上員下方，四堂十二室。室四户八牖。宮方三百步，在近郊。近郊三十里。』講學大夫淳于登説：『明堂在國之陽，丙巳之地，三里之外，七里之内，而祀之就陽位。上員下方，八窗四闥，布政之宫。周公祀文王于明堂，以配上帝。上帝，五精之帝。太微之庭，中有五帝座星。』其古《周禮》、《孝經》説：『明堂，文王之廟，夏后氏世室，殷人重屋，周人明堂，東西九筵，筵九尺。南北七筵。堂崇一筵。五室。凡室二筵，蓋之以茅。』謹案：今禮、古禮，各以其義説，無明文以知之。」「玄之聞也，《戴禮》所云，雖出《盛德記》，及其下，顯與本章異。九室、三十六户、七十二牖，似秦相吕不韋作《春秋》時説者所益，非古制也。『四堂十二室』，字誤，本書云『九堂十二室』。淳于登之言，取義于《援神契》。《援神契》説『宗祀文王于明堂以配上帝』，曰『明堂者，上員下方，八窗四闥，布政之宫，在國之陽。帝者，諦也，象上可承五精之神。五精之神，實在太微，于辰爲巳』。是以登云然。今説立明堂于丙巳，由此爲也。水木用事，交于東北；木火用事，交于東南；火土用事，交于中央；金土用事，交于西南；金水用事，交于西北。周人明堂五室，帝一室，合于數。」如鄭此言，是明堂用淳于登之説。《禮》戴説云明堂辟廱是一，古《周禮》、《孝經》説以明堂爲文王廟。又僖五年，「公既視朔，遂登觀臺」。服氏云：「人君入太廟視朔、告朔，天子曰靈臺，諸侯曰觀臺，在明堂之中。」又文二年服氏云：「明堂，祖廟。」並與鄭説不同者。案《王制》云：「小學在公宫南之左，大學在郊。」又云：「天子曰辟廱。」辟廱是學也，不得與明堂同爲一物。又天子宗廟在雉門之外，《孝經緯》云「明堂在國之陽」，又此云「聽朔于南門之外」，是明堂與祖廟别處，不得爲一也。《孟子》云：「齊宣王問曰：『人皆謂我毁明堂。』孟子對曰：『夫明堂者，王者之堂也。王欲行王政，則勿毁之矣。』」是王者有明堂，諸侯以下皆有廟，又知明堂非廟也。以此故，鄭皆不用，具于鄭《駁異義》也。云「每月就其時之堂而聽朔焉」者，《月令》「孟春居青陽左个」，「仲春居青陽太廟」，「季春居青陽右个」。以下所居，各有其處，是每月就其時之堂也。云「卒事，反宿路寢亦如之」者，路寢既與明堂同制，故知反居路寢，亦如明堂，每月異所。反居路寢，謂視朔之一日也，其餘日即在燕寢，視朝則恒在路門外也。

蕙田案：鄭注謂太廟、路寢與明堂同制，考之于經多不合，其誤明甚，具見前李氏、陳氏説。此疏臚鄭義頗詳，今繹其説。于《尚書·顧命》

「東房、西房」則曰「成王崩時在鎬京，承先王宫室，猶諸侯制度」。于《覲禮》「東廂」則曰「記人之誤」，或曰「文王之廟不如明堂制」。于《詩》「西南其户」則曰「宣王承亂，所營宫室還依天子制度，路寢如明堂」。于《王風》「右招我由房」則又曰「平王微弱，路寢不復如明堂」。審如是，則路寢如明堂之制，僅一見于宣王，而成康之時、東遷以後皆如諸侯之制矣。夫定禮樂制度者，成王、周公也，豈有成王時因陋就簡，而宫室制度必待後王改作耶？且《詩》所謂「築室百堵，西南其户」者，亦泛言宣王宫室之多，西向、南向者不一，非指言路寢也。如執以爲路寢如明堂之證，則明堂九室亦應有百堵矣。是以辭害志也，可乎哉？種種遷就支離，隨意曲説，皆遁詞耳。唯謂辟雍不與明堂同爲一物，明堂與祖廟別處之説得之。

【葉氏時《禮經會元》】《月令》有春居青陽，夏居明堂，秋居總章，冬居玄堂，中央居太室之文，説者多疑吕氏之説爲妄。及觀《周禮》有閏月詔王居門之文，則知先王每月各有攸居，順時布政皆于此乎出也。周之祭祀，四方圭幣且放其色，五帝郊兆必因其方，豈于居處而獨無所取法耶？蓋明堂有五室，室有三居，青陽、總章、玄堂、太室皆明堂也。王者南面而立，向明而治，故總謂之明堂。

蕙田案：《月令》、《玉藻》爲明堂布令聽朔，及左右个并在南門外之確證。

【《明堂位》】天子負斧依，南鄉而立。【注】負之言背也。斧依，爲斧文屏風于户牖之間，于前立焉。

【疏】户牖之間謂之扆，在明堂中央太室户牖間。三公，中階之前，北面東上。諸侯之位，阼階之東，西面北上。諸伯之國，西階之西，東面北上。諸子之國，門東，北面東上。諸男之國，門西，北面東上。九夷之國，東門之外，西面北上。八蠻之國，南門之外，北面東上。六戎之國，西門之外，東面南上。五狄之國，北門之外，南面東上。九采之國，應門之外，北面東上。四塞，世告至。此周公明堂之位也。【注】九采，九州之牧，典貢職者也。正門謂之應門，二伯帥諸侯而入，牧居外而糾察之也。四塞，謂夷服、鎮服、蕃服，在四方爲蔽塞者。新君即位，則乃朝。《周禮》：「侯服歲一見，甸服二歲一見，男服三歲一見，采服四歲一見，衛服五歲一見，要服六歲一見。九州之外，謂之蕃國，世一見。」【疏】此應門非路門外之應門也。《爾雅·釋宫》云：「正門謂之應門。」李巡云：「宫中南嚮大門，應門也。」應是當也，以當朝正門，故謂之應門。但天子宫内有路寢，故應門之内有路門。明堂既無路寢，故無路門及以外諸門，但有應門耳。

【《逸周書·明堂》】大維商紂暴虐，脯鬼侯以享諸侯，天下患之。四海兆民欣戴文武，是以周公相武王以伐紂，夷定天下。既克紂六年而武王崩，成王嗣，幼弱，未能踐天子之位。周公攝政君天下，弭亂六年而天下大治。乃會方國諸侯于宗周，大朝諸侯明堂之位。天子之位，負斧扆南面立。率公卿士侍于左右。三公之位，中階之前，北面東上。諸侯之位，阼階之東，西面北上。諸伯之位，西階之西，東面北上。諸子之位，門内之東，北面東上。諸男之位，門内之西，北面東上。九夷之國，東門之外，西面北上。八蠻之國，南門之外，北面東上。六戎之國，西門之外，東面南上。五狄之國，北門之外，南面東上。四塞之國，世告至者，應門之外，北面東上。宗周明堂之位也。明堂，明諸侯之尊卑也，故周公建焉，而明諸侯于明堂之位。制禮作樂，頒度量，而天下大服，萬國各致其方賄。七年，致位于成王。

蕙田案：《禮記》、《逸周書》爲明堂朝侯及有四門應門之確證，其朝位詳見賓禮門。

明堂也者，明諸侯之尊卑也。【注】朝于此，所以正儀辨等也。

太廟，天子明堂。【注】廟如天子之制。　【疏】周公太廟制似天子明堂。

李氏覯曰：「鄭以魯行天子之禮，魯之太廟既如明堂，則周之太廟亦如明堂矣。是魯之大廟如周之太廟也，何不曰『太廟，天子太廟』，而云明堂哉？斯蓋魯行天子禮樂，饗帝告朔當放於周，然以人臣不敢立天子政教之堂，故于周公之廟略擬明堂之制，以備其禮，非周之宗廟如明堂也。」

蕙田案：此條乃鄭氏所據以爲太廟、明堂同制之證者，豈知魯本無明堂，特于廟中僭倣其制，非謂魯之廟直如明堂之制，而明堂之制竟同太廟也。李氏之言，可正鄭氏之失。

【《春秋》文公二年《左傳》】《周志》有之，勇則害上，不登于明堂。【杜注】明堂，祖廟也，所以策功序德，故不義之士不得升。

蕙田案：杜氏釋明堂爲祖廟，病同蔡邕。

【《大戴禮·盛德篇》】明堂者，古有之也。凡九室：一室而有四户八牖，三十六户，七十二牖。以茅蓋屋，上圓下方。明堂者，所以明諸侯尊卑。外水曰辟雍。南蠻、東夷、北狄、西戎。明堂月令。赤綴户也，白綴牖也。二九四七五三六一八。堂高三尺，東西九筵，南北七筵，上圓下方。九室十二堂，室四户，户二牖，其宫方三百步。在近郊，近郊三十里。或以爲明堂者，文王之廟也。朱草日生一葉，至十五日生十五葉，十六日一葉落，終而復始也。周時德澤洽和，蒿茂大以爲宫柱，名蒿宫也。此天子之路寢也。不齊不居其屋。待朝在南宫，揖朝出其南門。

【《通考》】《大戴禮》曰：「明堂者，古有之也。」《淮南子》言，神農之世，祀于明堂，明堂有蓋，四方。又漢武帝時，有獻《黄帝明堂圖》者，或始于此。「凡九室，一室有四户八牖，三十六户七十二牖。以茅蓋屋」，茅取其潔質也。「上圓下方。明堂者，所以明諸侯尊卑。外水曰辟雍」，《韓詩》説辟圓如璧，雍似水。不言圓言辟者，取辟有德；不言水言雍，雍，和也。「南蠻、東夷、北狄、西戎」，言四海之君于祭也，各以其方列于水外。「明堂月令」，于明堂之中施十二月之令。「赤綴户也，白綴牖也」，綴，飾也。「二九四七五三六一八」，記用九室，謂龜文。「堂高三尺，東西九筵，南北七筵，上圓下方。九室十二堂，室四户，户二牖。其宫三百步，在近郊，近郊三十里」，淳于登説：明堂在國之陽，三里之外，七里之内，丙巳之地。《韓詩》説，明堂在南方七里之郊。然三十里無所取也。再言方圓及户牖之數亦煩重。「或以爲明堂者，文王之廟也」，明堂與文王之廟不同處，或説謬。「朱草日生一葉，至十五日生十五葉，十六日一葉落，終而復始也」，《孝經援神契》曰：「朱草生，蓂莢孳，嘉禾成，蓮莆生。」蓂莢，堯時夾階而生，以記朔也。朱草可食，王者慈仁則生。其形無記。「周時德澤洽和，蒿茂大以爲宫柱，名爲蒿宫也」，《晏子春秋》曰：「明堂之制，下之潤濕不及也，上之寒暑不入也，木工之鏤，示民知節也。」然或以蒿爲柱，表其儉質也。「此天子之路寢也，不齊不居其室」，路寢亦爲此制。

蕙田案：《通考》引《大戴禮》，傳注相雜，不分大小字。朱子集中論九爲《洛書》云「頃讀《大戴禮》又得一證」。據鄭注《明堂》云象龜文，即指此注而言。然注《大戴》者盧辯，非康成也，朱子亦誤記。

【《五經異義》】淳于登説，明堂在國之陽，丙巳之地，三里之外，七里之内。

【陳氏《禮書》】《大戴禮》、《白虎通》、韓嬰、公玉帶、淳于登、桓譚、鄭康成、蔡邕之徒，其論明堂多矣。特淳于登以爲在國之陽，三里之外，七里之内，其説蓋有所傳然也。何則？聽朔必于明堂，而《玉藻》曰「聽朔于南門之外」，則明堂在國之南可知；成王之朝諸侯，四夷之君咸列四門之外，而朝寢之間有是制乎？則明堂在國之外可知。

蕙田案：《大戴禮》明堂在近郊，近郊三十里。《韓詩》説明堂在南方七里之郊。顔師古曰：「《周書》敘明堂有應門、雉門之制，此知爲王者之常居，且門有臯、庫，謂宜近在宫中。」非也。考天子五門：臯、庫、雉、應、路，惟應門爲治朝之門。《明堂位》所言應門乃明堂宫垣之門，在廟門之外，天子朝覲于此，故取治朝之門名之，非五門之應門也。顔氏乃據爲明堂在宫中之證耶。《大戴禮》謂在近郊三十里，則太遠，每月聽朔出令爲不便。惟淳于登與《韓詩》説相近，陳氏《禮書》謂蓋有所傳，不誣也。

【《逸周書·作雒》】乃位五宫：太廟、宗宫、考宫、路寢、明堂。【注】五宫，宫，府寺也。太廟，后稷。二宫，祖考廟也。路寢，王所居也。明堂，在國南者也。咸有四阿、反坫。重亢、重郎、常累、復格、藻棁、設移、旅楹、舂常，畫。内階玄階，堤唐山廧。【注】咸，皆也。廟四下曰阿。反坫，外向室也。重亢，累棟也。重郎，累屋也。

常累，係也。復格，累之櫺也。井藻梲，畫梁柱也。承屋曰移。旅，别也。惷，謂井藻之節也。言皆畫列柱爲之。❶玄階，以黑石爲間。唐，中庭道。堤，謂爲高之也。廧，謂畫山雲。應門庫臺玄閫。【注】門者皆有臺，于庫門見之，後可知也。又以黑石爲門階也。

【《白虎通》】明堂上圓下方，八窗四闥，布政之宫，在國之陽。上圓法天，下方法地，八窗象八風，❷四闥法四時，九室法九州，十二座法十二月，三十六户法三十六雨，七十二牖法七十二風。

【蔡邕《明堂月令説》】明堂制度，數各有所法。堂方百四十四尺，坤之策也。屋圜，屋徑二百一十六尺，乾之策也。太廟明堂方三十六丈，通天屋徑九丈，陰陽九六之變也。圓蓋方載，六九之道也。八闥以象八卦，九室以象九州，十二宫以應辰。三十六户七十二牖，以四户八牖乘九室之數也。❸户皆外設而不閉，示天下不藏也。通天屋高八十一尺，黄鐘九九之實也。二十八柱列于四方，亦七宿之象也。堂高三尺，以應三統。四鄉五色者，象其行。外廣二十四丈，應一歲二十四氣。四周以水，象四海。王者之大禮也。

【《三輔黄圖》】周明堂，明堂所以正四時，出教化，天子布政之宫也。黄帝曰合宫，堯曰衢室，舜曰總章，夏后氏曰世室，殷人曰陽館，周人曰明堂。先儒舊説，其制不同。或曰，明堂在國之陽。《大戴禮》云：「明堂九室，一室有四户八牖，凡三

❶「柱」，原無，據《逸周書·作雒》補。
❷「風」，原作「方」，據《白虎通》改。
❸「八」，原作「九」，據《四部叢刊》影明活字本《蔡中郎文集》卷一〇《明堂月令論》改。

十六户七十二牖，以茅蓋屋，上圓下方。」《援神契》曰：「明堂上圓下方，八窻四牖。」《考工記》云：「明堂五室。」稱九室者，取象陽數也；八牖者，陰數也，取象八風；三十六户牖，❶取六甲之文，六六三十六也。上圓象天，下方象地。八窻即八牖也，四闥者，象四時四方也，五室者，象五行也。皆無明文，先儒以意釋之耳。《禮記·明堂位》曰「朝諸侯于明堂之位，天子負斧依，南鄉而立」，「明堂也者，明諸侯之尊卑也」，「制禮作樂，頒度量，而天下服」，知明堂是布政之宫也。又《孝經》曰「宗祀文王于明堂，以配上帝」，則周有明堂也明矣。

【《家語》】孔子觀于明堂，觀四門墉有堯、舜、桀、紂之象，各有善惡之狀，廢興之戒。

蕙田案：四門墉，廟垣之門墉也。

【《北史·李孝伯傳》】李謐《明堂之制論》：論明堂之制者雖衆，然校其大略，則二途而已。言五室者，則據《周禮·考工》之記以爲本，是康成之徒所執；言九室者，則案《大戴·盛德》之篇以爲源，是伯喈之倫所持。余採掇二家，參之《月令》，以爲明堂五室，古今通則。其室居中者，謂之太廟太室。太室之東者，謂之青陽；當太室之南者，謂之明堂；太室之西者，謂之總章；當太室之北者，謂之玄堂。四面之室，各有夾房，謂之左右个，三十六户七十二牖矣。室个之形，今之殿前，是其遺像耳。个者，即寢之房也。但明堂與寢，施用既殊，故房个之名亦隨事而遷耳。故檢之五室，則義明于《考

❶「牖」，庫本作「者」。

工》；校之户牖，則數協于《盛德》；考之施用，則事著于《月令》；求之閏也，❶合《周禮》與《玉藻》，既同夏殷，又符周秦，雖乖衆儒，倘或在斯矣。《考工記》曰：「周人明堂，度以九尺之筵，東西九筵，南北七筵，堂崇一筵。五室，凡室二筵。室中度以几，堂上度以筵。」余謂《記》得之于五室，而謬于堂之修廣。《盛德》篇云：「明堂凡九室，三十六户七十二牖，上圓下方，東西九仞，南北十筵，堂高三尺也。」余謂《盛德》篇得之于户牖，失之于九室。

蕙田案：《北史》李永和著《論》凡二千餘言，蓋主《考工記》五室之説，但其位制四室當太室東西南北之中，與康成四角異。又謂四面之室各有夾房，謂之左右个，則又與《月令》、《大戴》合，而講「个」字尤精。至謂「《記》得之于五室而謬于堂之修廣，《盛德》篇得之于户牖，失之于九室」，則大舛矣。其全文載于後，並著辨説，兹摘附于《大戴》諸書之後，以爲五室即九室之義所權輿耳。

【《北史·賈思伯傳》】案《月令》亦無九室之文，原其制置，不乖五室。其青陽右个即明堂左个，明堂右个即總章左个，總章右个即玄堂左个，玄堂右个即青陽左个。如此則室猶是五，而布政十二，五室之理，謂爲可案。

蕙田案：思伯之議最精，可息五室、九室分争之喙，通《考工》、《大戴》異制之郵。朱子説即本于此，全説

❶「閏」，原作「閨」，據庫本改。

見後。

【陳氏《禮書》】夏世室，商重屋，周明堂，則制漸文矣。夏度以步，商度以尋，周度以筵，則堂漸廣矣。夏言堂修廣而不言崇；商言堂修而不言廣，言四阿而不言室；周言堂修廣崇而不言四阿，其言蓋皆互備。《月令》：中央太室，東青陽，南明堂，西總章，北玄堂，皆分左右个，與太廟則五室十二堂矣。《明堂位》：前中階、阼階、賓階，旁四門，而南門之外又有應門，則南三階，東西北各二階，而爲九階矣。《考工記》五室九階。四時之氣，春爲青陽，夏爲朱明，秋爲白藏，冬爲玄英。則青者春之色，春者陽之中，故春堂名之；總者物之聚，章者文之成，故秋堂名之；明者萬物之相見，玄者萬物之復本，故冬夏之堂名之。左右之堂曰个，以其介于四隅故也；中之堂曰太廟，以其大享在焉故也。古者，鬼神所在皆謂之廟，《書》與《士虞》以殯宮爲廟，則大享在焉，謂之太廟可也。

蕙田案：陳氏此條，最爲該備。五室并左右个四室，則亦九室矣。其四面，太廟左右个各有一堂，合之則十二堂矣，正與《大戴》九室十二堂之制相符。

朱子曰：「論明堂之制者非一，某竊意當有九室，如井田之制。東之中爲青陽太廟，東之南爲青陽右个，東之北爲青陽左个；南之中爲明堂太廟，南之東即東之南爲明堂左个，南之西即西之南爲明堂右个；西之中爲總章太廟，西之南即南之西爲總章左个，西之北即北之西爲總章右个；北之中爲玄堂太廟，北之東即東之北爲玄堂右个，北之西即西之北爲玄堂左个；中是太廟太室。凡四方之太廟異方所，其左个、右个，則青陽之右个乃明堂之左个，明堂右个乃總章之左个也，總章之右个乃玄堂之左个，玄堂之右个乃青陽之左个也。但隨其時之方位開門耳。太廟太室則每季十八日，天子居焉。古人制事多用井田遺意，此恐也是。」又曰：「明堂想只是一个三間九架屋子。」

蕙田案：朱子論九室制度，至爲明晰。但後一説云三間九架屋子，正謂九室象洛書之形耳。但言室而不及堂，猶爲未備。必合《禮書》五室十二堂參之，其制乃詳也。

楊氏復曰：「明堂者，謂王者所居，以出政之堂也。夫王者所居，非謂王者之常居也。疏家云『明堂在國之南，丙巳之地』，其制必凛然森嚴，肅然清浄，王者朝諸侯、出教令之時而後居焉，而亦可以事天祖、交神明于此而無愧。説者乃以明堂爲宗廟，又爲大寢，又爲太學，則不待辨説而知其謬矣。惟《考工記》謂明堂五室，《大戴》謂明堂九室，二説不同。前代欲建明堂者，或云五室，或云九室，往往惑于二説，莫知所決而遂止。愚謂五室取五方之義也，九室則五方之外而必備四隅也。九室之制，視五室爲尤備。」

蕙田案：明堂制度，五室九室見《考工記》、《大戴禮》，太室、太廟、左右个見《月令》，四門、應門見《明堂位》，南門之外見《玉藻》。自漢以來，注疏家及歷代諸儒，言如聚訟。今考其制，外爲宮垣，内爲廟垣，中央一室曰太室，當太室之南曰明堂太廟，太室之東曰青陽太廟，太室之西曰總章太廟，太室之北曰玄堂太廟，是爲五室，《考工記》所云「五室」是也。太廟之前有堂，兩旁各有夾室，介于四隅，其形如个，東之北曰青陽左个，東之南曰青陽右个，即南之東曰明堂左个，南之西曰明堂右个，即西之南曰總章左个，西之北曰總章右个，即北之西曰玄堂左个，北之東即東之北曰玄堂右个，左右个四方各二，而室惟四，合太廟及太室五室爲九室，《大戴禮》所云「九室」是也。左右个之前各有堂，與太廟之堂合。《考工記》云：夏堂修二七，廣四修一；殷堂修七尋，崇三尺；周堂高三尺，東西九筵，南北七筵，崇一筵。左右个室一而堂二，合太廟之堂而三。《大戴禮》所云「十二堂」者是也。中一室，享祀于此，故曰太廟。左右个，猶廟寢之東房、西房也。不言房而言个者，四阿之屋，介于四隅，象形以取義也。四隅之堂，皆于室外接四角爲之，經傳曰五室者，舉其正室之居中者言。九室者，合四隅之左右个言。十二室者，由堂以推于室，四面各三也。四堂，舉其堂之合者言也。十二堂，從其室之分者言也，其實一也。堂九階，南面三：曰中階、西階、東階。三面各二，東西曰側階，北曰北階。廟垣之門四：曰南門，明堂門也；東門，青陽門也；西門，總章門也；北門，玄堂門也。南門之外，有宮垣之門曰應門，門皆有堂有室。門側之堂，猶左塾、右塾也。門之内爲庭，庭三堂之深。墻壁以蜃灰堊之爲白盛。堂室之制，上圓下方，四阿重屋，茅茨采椽。上圓者，即九室之屋在上一層，蔡邕所謂「通天屋」者是也。下方者，圓屋下重四阿爲之，角在四隅，即室外十二堂之屋也。室有四户八牖，室外與堂通者，十二户二十四牖；室内與室通者，亦十二户二十四牖。一户牖兼兩室，若分每室各數之，則三十六户七十二牖也。其丈尺之制，夏度以步，商度以尋，周度以筵。夏堂修二七，爲十四步；廣益四分修之一，爲十七步半，室三四步四三尺。據鄭注，四室方一丈八尺，廣二丈一尺；中央室方二丈四尺，廣二丈八尺。殷堂修七尋，爲五丈六尺；廣九尋，爲七丈二尺。周堂東西九筵，爲八丈一尺；南北七筵，爲六丈三尺。室二筵爲一丈八尺，堂崇一筵爲九尺，長短廣狹，各因乎時，其制固不得而詳也。明堂者，王者之堂也。先王每月各有攸居，順時布政，皆于是乎出。室九而居十有二者，朱子曰左个、右个，但隨其時之方位開門。蓋所謂居者，非常居也。且居在室而聽政于堂，室則一而堂有二，春向東，夏向南，秋向西，冬向北，户牖門闥，隨時啓閉，迴乎不同。以九室而行十二月之政于堂，奚不可也？聽朔既各于其月之方，則閏月居門亦當隨四時更易，不專在明堂之門矣。古天子之祭行于廟，大朝覲會同亦行于廟。而季秋饗帝，既不可于廟中行事，諸侯朝會助祭，又當正其儀節，分其等威，故明堂朝位，公侯伯子男五服近者立于門内，蠻夷戎狄列于門外，采服又在其外。《記》曰「所以明諸侯之尊卑」，謂是也。《書》曰：「周公位冢宰，正百官。」《詩序》曰：「周公既成洛邑，朝諸侯，乃率以祀文王。」蓋成王宅憂，周公位冢宰而百官總己以聽焉。及既成洛邑，輔成王以朝諸侯。《詩序》言朝諸侯乃率以祀文王，則朝不在廟而在明堂可知矣。然考其名，夏曰世室，則取義于宗廟；殷曰重屋，則取義于棟宇。意者，夏卑宫室，以茅蓋屋，或其舊制。殷人易以重屋，故名之歟？周曰明堂，蓋兼朝廟之用，聖人南面而聽天下，嚮明而治，《易》曰「離者，明也，南方之卦也」，明堂之義，蓋取諸此。《白虎通》、蔡邕其言雖不無附會，亦可想見聖人制作之精意矣。

又案：上圓即九室，下方即十二堂。或疑其制難于營建。乾隆癸酉，予適陪祀，見少司空長白三公，名和三，精于營造。予問曰：「考古明堂之制應如是可乎？」曰：「可。」並言今大高殿後有一殿，上圓下方，明嘉靖時所建也。古法有之，論乃定。

【附諸儒辨明堂、太廟、靈臺、辟雍、路寢異名同事】

【蔡邕《明堂論》】明堂者，天子太廟，所以崇禮其祖，以配上帝者也。夏后氏曰世室，殷人曰重屋，周人曰明堂。東曰青陽，南曰明堂，西曰總章，北曰玄堂，中央曰太室。《易》曰：「離也者，明也，南方之卦也。聖人南面而聽天下，向明而治。」人君之位，莫正于此焉，故雖有五名而主以明堂也。其正中皆曰太廟。謹承天順時之令，昭令德宗祀之禮，明前功百辟之勞，起養老敬長之義，顯教幼誨穉之學，朝諸侯、選造士于其中，以明制度。生者乘其能而至，死者論其功而祭。故爲大教之宫，而四學具焉，官司備焉。譬如北辰，居其所而衆星拱之，萬象翼之。政教之所由生，變化之所由來，明一統也。故言明堂，事之大，義之深也。取其宗祀之貌，則曰清廟。取其正室之貌，則曰太廟。取其尊崇，則曰太室。取其堂，則曰明堂。取其四門之學，則曰太學。取其四面周水圓如璧，則曰辟廱。異名而同事，其實一也。以周清廟論之，魯太廟皆明堂也。魯禘祀周公于太廟明堂，猶周宗祀文王于清廟明堂也，《禮記·檀弓》曰「王齋禘于清廟明堂」也。《孝經》曰：「宗祀文王于明堂。」《禮記·明堂位》曰：「太廟，天子曰明堂。」又曰：「成王幼弱，周公踐天子之位以治天下，朝諸侯于明堂，制禮作樂，頒度量，而天下大服。成王以周公大有勳勞于天下，命魯公世世禘祀周公于太廟，以天子之禮，升歌《清廟》，下管《象》舞，所以異魯于天下也。」取周《清廟》之歌歌于魯太廟，明魯之太廟猶周清廟也，皆所以昭文王、周公之德，以示子孫也。《禮記·古大明堂之禮》曰：「膳夫是相禮，日中出南闈，見九侯，反問于相。日側出西闈，視五國之事。日入出北闈，視帝節猷。」《爾雅》曰：「宫中之門謂之闈。」《王居明堂之禮》又別陰陽門，東南稱門，西北稱闈，故《周官》有門闈之學。師氏教以三德守王門，保氏教以六藝守王闈。然則師氏居東門、南門，保氏居西門、北門也。知掌教國子，與《易傳》、《保傅》、《王居明堂之禮》參相發明，爲學四焉。《文王世子》篇曰：「凡大合樂，則遂養老。天子至，乃命有司行事，興秩節，祭先師、先聖焉。始之養也，適東序，釋奠于先老，遂設三老五更之位，言教學始之于養老，由東方歲始也。又春夏學干戈，秋冬學羽籥，皆習于東序。凡祭與養老乞言、合語之禮，皆小樂正詔之于東序。」又曰：「大司成論説在東序。」然則詔學皆在東序，東序，東之堂也，學者聚焉，故稱詔太學。仲夏之月，令祀百辟卿士之有德于民者。《禮記·太學志》曰：「禮，士大夫學于聖人、善人，祭于明堂，其無位者祭于太學。」《禮記·昭穆》篇曰：「祀先賢于西學，所以教諸侯之德也。」即所以顯行國禮之處也。太學，明堂之東序也，皆在明堂辟廱之内。《月令》記曰：「明堂者，所以明天氣，統萬物。」明堂上通于天，象日辰，故下十二宫象日辰也。水環四周，言王者動作法天地，德廣及四海，方此水也。《禮記·盛德》篇曰：「明堂九室，以茅蓋屋，上圓下方。此水名曰辟廱。」《王制》曰：「天子出征，執有罪，反釋奠于學，以訊馘告。」《樂記》曰：「武王伐殷，薦俘馘于京太室。」《詩·魯頌》云：「矯矯虎臣，在泮獻馘。」京，鎬京也。太室，辟廱之中明堂太室也。與諸侯泮宫俱獻馘焉，即《王制》所謂「以訊馘告」者也。《禮記》曰：「祀乎明堂，所以教諸侯之孝也。」《孝經》曰：「孝悌之至，通于神明，光于四海，無所不通。《詩》曰：自西自東，自南自北，無思不服。」言行孝者則曰明堂，行悌者則曰太學，故《孝經》合以爲一義，而稱鎬京之詩以明之。凡此皆明堂、太室、辟廱、太學事通文合之義也。

【葉氏時《禮經會元》】《匠人》曰夏世室，殷重屋，周人明堂。鄭氏謂：「世室，宗廟也。重屋，正寢也。三代各舉其一，明其制同也。」案《孝經》：「周公宗祀文王于明堂。」明堂乃宗祀之地，則亦爲宗廟矣。有明堂則有太室。《書》曰：「王入太室祼。」孔安國以太室爲清廟。清廟亦明堂也，則亦爲太室矣。《月令》五室所居之中皆謂之太廟，則亦爲太廟可知矣。古人建國，左立祖廟，乃在雉門之左，此天子七廟之制，而明堂乃在南門之外，有五廟之寢，則明堂非祖廟，即寢廟也。《夏官·隷僕》掌五寢，鄭氏以爲五廟之寢是也。又引天子七廟唯祧無廟，則非矣。先王、先公之廟祧，乃守祧掌之，非隷僕也。明堂有五室，故有五寢。明堂之名不見于《周禮》，而見于《考工記》，意在當時或稱爲寢廟歟？天子十二月既有常居，閏月非常月，則太史詔王居門終月，説者謂聽朔于明堂門中，退處路寢門中。《玉藻》曰：「天子聽朔于南門之外。」是明堂在南門之外，每月則聽朔于此。又曰：「閏月則闔門左扉，立于其中。」彼謂之立，是閏月聽朔則立于明堂門中；此謂之居，是聽朔而退則居于路寢門中。如此則明堂與路寢門相通，故知其爲寢廟矣。世室謂之宗廟，重屋謂之正寢，同此制也。

【袁準《正論》】明堂、宗廟、太學，事義固各有所爲，而代之儒者合爲一體，取

《詩》、《書》放逸之文，經典相似之語，推而致之，考之人情，失之遠矣。宗廟之中，人所致敬，幽隱清净，鬼神所居，而使衆學處焉，饗射于中，人鬼慢黷，死生交錯，囚俘截耳，瘡痍流血，以干鬼神，非其理也。茅茨采椽，至質之物，建日月，乘玉輅以處其中，非其類也。夫宗廟，鬼神之居，祭天而于人鬼之室，非其處也。王者五門，宗廟在一門之内，若在廟而張三侯，又辟廱在内，人物衆多，非宗廟之中所能容也。

【陳氏《禮書》】《大戴》謂：「九室，三十六户七十二牖，上圓下方。」公玉帶謂：「爲一殿，居中，覆之以茅，環之以水，設之以複，通之以樓。」蔡邕謂：「明堂、太廟、辟廱，同實異名。」豈其然哉？ 宗廟居雉門之内，而教學飲射于其中，則莫之容處；學者于鬼神之宫，享天神于人鬼之室，則失之瀆。袁準嘗攻之矣。則謂之明堂、太廟、辟雍同實異名，非也。彼蓋以魯之太廟有天子明堂之飾，晉之明堂有功臣登享之事，乃有同實異名之論。是不知諸侯有太廟無明堂，特魯放其制，晉放其名也。

唐氏仲友曰：「古人以辟雍、太廟、明堂同制而異名，是起于《大戴記》言外水爲辟雍，又言或以爲文王之廟也，又言此天子之路寢也。蔡邕之徒祖其説，皆考之未詳爾。路寢之不在郊，明堂之不可爲學宫，太廟之不可爲明堂之制，不待論而明矣。《大戴》所記，雜有三代之禮，兩存或者之傳，則亦未可以決辭觀也。古之辟雍居中而四學居其四旁。太室上圜則水有辟雍之象。五室謂之太室，而于是祀文王，複廟重檐，茅屋示儉，則有清廟之制。外之四堂與其户牖、路門，則亦合于路寢，常居謂之路寢，猶宗廟之謂之太廟，四堂及五室皆有太廟之名。古人簡質，不嫌同辭，非謂明堂即常居之寢、太祖之廟也。世室、重屋、明堂，同制異名，而鄭氏離之；明堂、辟雍、清廟，制有同者，其實異所，而蔡邕合之。歷代之不爲明堂與其議論之不決，蓋由此。」楊氏復曰：「蔡邕所論，以太廟、靈臺、辟雍、明堂合爲一區，此失之雜者也。」

蕙田案：太廟者，祖廟也，亦曰清廟。《詩》「於穆清廟」，《左傳》「清廟茅屋」，《禮記》「清廟之瑟」，注：「清者，肅然清静之稱。」太室者，廟中之正室，《書》「王入太室祼」是也。皆祖廟也。《周禮・宫人》：「掌王六寢之修。」鄭注：「六寢者，路寢一，小寢五。《玉藻》：『君日出而視朝，退適路寢聽政。』」路寢者，王治事之所也。太學者，教國子之學。《周禮・大司樂》「掌成均之法，合國之子弟教焉」，《王制》「天子曰辟雍」，《詩》「鎬京辟雍」是也。夫太廟在王宫之左，雉門之外，庫門之内，四時祠礿烝嘗及禘祫之所，而非南門之外聽朔、朝覲、大享帝、嚴父配天之明堂也。路寢在路門之内，乃天子之大寢。太學、辟雍在西郊，與明堂何涉？蔡邕乃混而爲一，袁準非之，是也。邕又以魯太廟、天子明堂，及《周禮》師氏守王門，保氏守王闈爲説，不知諸侯有太廟無明堂，魯特僭禮而倣其制耳。師氏、保氏居虎門守王闈，此王宮中之小學，非太學，且非辟雍，何況明堂乎？《大戴禮》或謂文王之廟，夫明堂乃享帝之所，文王爲配，而非文王之廟也。袁氏等辨之，極是。

又案：康成注云：「或舉宗廟，或舉王寢，或舉明堂，互言之，以明其同制。」疏云：「夏舉宗廟，則王寢、明堂亦與宗廟同制。殷舉王寢，則宗廟、明堂亦與王寢同制。周舉明堂，則宗廟、王寢亦與明堂同制。言同制者，謂當代三者制同，非謂三代制同也。」然則鄭、孔之意，本以宗廟、寢廟、明堂分爲三處，其説甚明，與蔡邕牽合爲一處不同。葉氏反摘鄭語爲合一之證，其亦讀之不審矣。

【附先儒辨蔡邕、聶崇義四室之角又爲四室】

李氏覯曰：「《盛德》記九室，蔡伯喈之徒傳之，接四室之角又爲四室，聶崇義誤以爲秦人明堂圖者是也。案秦實無明堂，後儒見《月令》呂不韋所作，有居明堂之文，疑爲秦之明堂爾。然其四室之角復爲四室，未知何所使用。將以象五行饗五帝乎，則五室足以備之矣，安用其餘？將以配十二辰乎，則四隅各兩室，重在一方之上。覈其意義，反復不安，此説未可用。」

【附先儒辨鄭注《月令》之非】

李氏覯曰：「《月令》一太室，四廟，八左右个，凡十三位。鄭注青陽左个則曰大寢東堂北偏。正義以爲云東堂者，則知聽朔皆在堂，不于四角之室中。且夫謂之廟與个者，當須各自一位，豈同在一堂，靡所限隔，而可稱爲廟與个也！ 蓋康成既執明堂爲五室，若于此十三位又爲限隔，則是實數頗多，與己意相違，故曲飾其辭，以爲三位同在一堂，實不害于五室之文爾。 此説不可用。」

蕙田案：鄭氏既以四室居四角矣，于此乃曰「大寢東堂北偏」，所謂大寢者，非太室乎？ 若指太室，則不唯其名不合，而東堂北偏乃木室于東北之正位，何有此北偏之地？ 是康成解《考工》，已知五室之位與《月令》不合，故爲明堂與大寢同制之説，以爲牽合《月令》之地，是以于此直注曰大寢東堂，而不知不可行也。 李氏以三位同在一堂駁之，尚屬似是而非，未深窮其病根所在。

【附辨李泰伯四角置室不能各在其辰之上】

李氏覯曰：「唐李林甫等注《月令》，但知十三室各在其辰之上，而不謀所以建立之處。 且太室既居中央，若其餘室連太室而爲之，則四面各可置一室，四角闕處又各可置室，復不能令各在其辰之上，其餘四室更何所安？ 後魏時李謐作《明堂制度論》，謂太室四面各爲一室，則四角闕處各方二筵，二筵之地乃爲兩便房。 基址既狹，况地形斜角，不知何所置之，復何以能令各在其辰之上。 且四面之室既以二筵爲一辰，左右之个乃以二筵爲兩辰哉！」

蕙田案：李氏欲以一室當一辰，故以四角之室不能各在其辰之上爲疑，豈知九室之左右个，皆以兩面，隨其時之方位開門，于十二辰本無不備耶。 觀朱子之論，則全無室礙矣。

【附先儒辨李泰伯明堂定制】

【李氏覯明堂定制説】曰：「『東西九筵，南北七筵』，是言東西之堂各深四筵半，南北之堂各深三筵半。『五室，凡室二筵』，是言四堂中央有方十筵之地，自東至西可營五室，自南至北可營五室，十筵中央方二筵之地既爲太室矣，欲連太室南作餘屋，則不能令十二位各直其辰，當須于東南西北四面各虛方二筵之地，四角闕處又各虛方二筵之地，周而通之以爲太廟，而太室正居中。所謂『太廟、太室』者，言此太廟之中有太室也。太廟之外當子、午、卯、酉四位上，各畫方二筵地以與太廟相通。所謂『青陽、明堂、總章、玄堂等太廟』者也；當寅、申、巳、亥、辰、戌、丑、未八位上，各畫方一筵地，以爲室。所謂『左个右个』者也，青陽、明堂、總章、玄堂，四太廟前面，各爲一門出于堂上，門旁夾兩窻，所謂八窻四闥也。聶崇義《明堂圖》，其制有十二階，當亦取之。《禮記外傳》曰：『明堂四面，各五門。』南門之外既有應門，則不得不有臯、庫、雉門矣。明堂者，四時所居，四面如一。南面既有五門，則餘三面皆有五門矣。」

唐氏仲友曰：「李泰伯謂南北七筵，東西九筵，各用其半。四堂之修不等，一不可也。用其半則三筵有半，僅三丈一尺而已。祭祀之時，登歌鐘磬，彝尊在堂，自筵之内爲地三丈一尺，何以容之？況王者于此，聽朔祀帝，百官在列，四海來祭，而以修三丈一尺之堂臨之，不亦陋乎？二不可也。營造之法，修廣崇高，略須相稱，以修三丈一尺之堂而崇九尺，不亦太高乎？三不可也。王者會朝諸侯，正在明堂，獨褊其南北，此爲何意？四不可也。窻闥設于堂前之楹，則諸侯之位當于何所容？户牖設于堂之四面二筵之中，尚可酌獻跪起乎？五不可也。九階著于《考工》，必爲十二階，朝止于應門而必虛設臯、庫，不亦衍乎？六不可也。」

蕙田案：唐氏駁李氏之説當矣，而猶有未備者。李説之謬，莫甚于中央方十筵之地，自東至西凡五室，自南至北凡五室，九室四廟共十三位。

自謂本《禮記·月令》，而不知與《考工》、《大戴》之制判然不可合，且並非《月令》本旨，至爲不可也。

【附辨金華唐氏明堂制度】

唐氏仲友曰：「于國之陽畫地，四面方二百四十筵，于中取方二十四筵以爲五室，每室方三筵，虚其十六筵。室之兩旁爲窻，合八窻。子午卯酉所虚二筵開四闥，總謂之太廟，以中央四隅爲五室，縱横數之爲九室，崇于堂，一筵則爲一階，以通明堂太廟室之外。東西虚各四筵，南北虚各二筵，占地修十筵，廣十四筵。南北之堂廣十四筵，修七筵，崇一筵，三在前四在後，以設其户牖，上爲重屋，横六楹，以爲五間。左右个前直三楹如个字之形，每楹間二牖一户，太廟敞其前。凡一堂爲九十八牖，❶東西之堂亦如之。四堂八个，三十六户，七十二牖，一户。❷太廟面各二階，與太室合爲九階。堂之四隅以爲四阿，堂皆有門，門堂各有室，外爲應門，雉門設兩觀。」

蕙田案：唐氏所言横六楹、前直三楹，其規制皆穿鑿不可曉。至云室崇于堂，一筵爲一階以通明堂，一堂爲九十八牖，雉門設兩觀等，皆不待白而知其非也。録此，以見明堂異説之夥。

【附辨明堂有壇墠】

【王炎《文獻志》】明堂之制度，《考工記》固嘗言之矣。夏有世室，宗廟之制也；殷有重屋，路寢之制也。而周有明堂，其制一堂而五室。鄭康成曰：「或舉宗廟，或舉路寢，或舉明堂，互言之，以明其同制。」康成之言固不足證，而《考工》所記，亦未可盡信也。其未可盡信者何也？若有堂室而無壇墠，則嚴父配天當在宮室之中矣。先王之禮，非特禋祀上帝于郊丘也，祀日月星辰，祀四郊，祀方望山川，皆壇而不屋。漢文帝作廟，以祀五帝于渭陽。夫五帝，五人帝也，祀之于廟，人且議其

❶「九」下，《悦齋文鈔》卷六《明堂説》有「户」字。

❷「一户太廟」，《悦齋文鈔》卷六《明堂説》無此四字。

非禮，況祀天帝之尊，乃即宫室行事，而謂周公爲之乎？故曰《考工》所記，未可以盡信也。夫《考工記》，先秦古書也，且難以盡信，則諸家之異説紛紛從可知矣。是故莫若求之于經，二《禮》，周公之經也。《周官·司儀》「將合諸侯，則爲壇三成，宫旁一門」，此明堂之説也。然略而未詳，《儀禮》所載則詳矣。諸侯覲于天子，爲宫四門，爲壇，加方明于其上，而設六玉焉。上圭下璧，祀帝也；圭璋琥璜，祀四方也。于是拜日禮月，祭天燔柴，此則明堂之壇，而祀神以爲盟也。既盟，王設几即席，諸侯之駕，不入王門。奠圭繅上。此則明堂之宫，而明諸侯以爲朝會也。其盟會詔于明神，是故謂之明堂。鄭康成曰：「王巡守至于方嶽，諸侯來會，亦爲此宫以見之。」康成雖知方嶽之爲此宫，而不知此宫之爲明堂。是説也，吾于《孟子》有證焉。齊國于泰山之下者也，宣王之時，明堂尚存。趙岐曰：「泰山下明堂，本周天子東巡守朝諸侯之處也。」是説也，吾于班《史》有證焉。漢武帝之東封也，泰山東北址有古時明堂處，則宫壇不存，而其址猶在也。雖然，鄭康成、趙臺卿知時會殷同之有明堂，而未能明夫所以朝諸侯、祀五帝之義也，周公祀文王于明堂以配上帝，蓋即其壇而祀之，輔成王負扆以朝諸侯，蓋即其宫而朝之。由此言之，明堂制度與其祀典，曉然如指掌矣。

蕙田案：明堂之堂室制度，及泰山之明堂，經固有明據矣。《覲禮》所云，蓋指巡狩方岳未立明堂者而言，故爲壇墠以行禮，所謂爲宫四門者，必係帷宫之門。而王設几，度亦必指氈案。皇邸之大次，猶後世之帳殿也，豈可據爲明堂之制？且謂盟會詔于明神，謂之明堂，抑陋甚矣。至祀上帝壇而不屋，朱子曰「爲壇而祭故謂之天，祭于屋下而以神祇祭之故謂之帝」，則明堂正取不壇爲義。王氏牽合《周禮》爲壇三成，《儀禮》爲宫爲壇者，非也。

右明堂制度。

【《禮記·月令》】季秋之月，大享帝，嘗犧牲，告備于天子。

陸氏佃曰：「大享帝嘗，大飲烝嘗，嘗新穀而已。烝，進衆物焉。故季秋大享明堂嘗新穀，亦謂之嘗。十月，農工畢，天子、諸侯與其羣臣飲酒于太學，進衆物焉，亦謂之烝。言犧牲，則鼎俎告潔，粢盛告豐可知。」

方氏慤曰：「雩所以祈，饗所以報。祈必于仲夏者，以陰生于午而物盛之始也。報必于季秋者，以陽窮于戌而歲功之終也。雩于帝然後爲大雩，饗于帝然後爲大饗。嘗者，宗廟之秋祭，特以秋祭之犧牲，告備于天子，則以物成可嘗之時，尤所重故也。嘗如此，則大饗從可知矣。」

【《孝經》】子曰：「孝莫大于嚴父，嚴父莫大于配天，則周公其人也。昔者周公郊祀后稷以配天，宗祀文王于明堂以配上帝，是以四海之内，各以其職來祭。」【注】言以父配天之禮始于周公。明堂，天子布政之宫。周公因祀五方上帝于明堂，乃尊文王以配之。

【《詩·周頌·我將》】序曰：祀文王于明堂也。我將我享，維羊維牛，維天其右之。儀式刑文王之典，日靖四方。伊嘏文王，既右享之。我其夙夜，畏天之威，于時保之。

程子曰：「萬物本乎天，人本乎祖，故冬至祭天而祖配之。以冬至，氣之始也。萬物成形于帝，而人成形于父，故季秋享帝而以父配之。以季秋，物成之時也。」

問：「郊祀后稷以配天，宗祀文王以配上帝。帝只是天，天只是帝，却分祭何也？」朱子曰：「爲壇而祭，故謂之天；祭于屋下而以神祇祭之，故謂之帝。」

【《吕氏讀詩記》】明堂祀上帝而文王配焉，故此詩雖祀文王之樂歌，必先言祀天而次言祀文王。「我將我享，維羊維牛，維天其右之」，言祀天也。「儀式刑文王之典，日靖四方。伊嘏文王，既右享之」，言祀文王也。

【朱子《詩集傳》】陳氏曰：「古者祭天于

圜丘，埽地而行事，器用陶匏，牲用犢，其禮極簡。聖人之意，以爲未足以報本，故于季秋之月有大享之禮焉。天即帝也。郊而曰天，所以尊之也，故以后稷配焉。后稷遠矣，配稷于郊，亦以尊稷也。明堂而曰帝，所以親之也，故以文王配焉。文王親也，配文王于明堂，亦以親文王也。尊尊而親親，周道備矣。然則郊者古禮，而明堂者周制也，周公以義起之也。」

【王炎《文獻志》】郊以事天，廟以祀祖禰，三代之達禮也。明堂以享帝則非郊，以享親則非廟，夏商所未有也，而周始爲之，故夫子曰：「昔者周公郊祀后稷以配天，宗祀文王于明堂以配上帝。」武王之伐商而歸也，祀明堂以教民知孝，其禮行于朝覲、耕藉、養老之先。而嚴父配天之義，夫子不屬之武王而屬之周公者，蓋明堂之禮，武王主其事而行之；其制度，則周公明其義而爲之也。其在《周頌》，《思文》，后稷配天之樂章也；《我將》，祀文王于明堂之樂章也。萬物本乎天，人本乎祖，尊祖以明有本，此百世所不變者也。而周之王業實成于文王，配天于郊則不可以二太祖之尊；烝嘗于廟則不足以明文王之德，是故宗祀明堂以配上帝，此義之所當然，禮之所從起，而非厚于其禰也。知此，則周公制禮之義明矣。

楊氏復曰：「郊祀配天，明堂配上帝，天與上帝一也。祀上帝禮並如郊祀。然《月令》有『大享』之文，《我將》之詩有『維羊維牛』之語，則明堂之禮爲尤備。故程子曰『其禮必以宗廟之禮享之』，朱子亦曰『祭于屋下而以神祇祭之』，蓋謂此也。」

濮氏一之曰：「文王之祀，既不敢同后稷于郊，又無屈天神于宗廟之理，故特尊其祀于明堂也，斯其爲曲盡矣。」

何氏楷曰：「胡致堂云：『文王已有廟矣，以季秋享帝而奉文王配焉，不可于七廟中獨舉大禮于一廟，故迎主致之明堂，以配帝也。祭帝必于明堂者，帝出震而宰萬物，猶向明而治天下也。武王即位，追王文王，周公制禮，推本王功，故以文王配帝，而祀于明堂，此義類也。』」

【陳氏《禮書》】明堂之祀，于郊爲文，于廟爲質，故郊埽地藁秸而已，明堂則有堂有筵；郊特牲而已，明堂則維羊維牛。然郊有燔燎而明堂固有升煙。漢武帝明堂禮畢，燎于堂下，古之遺制也。由漢及唐，或祀太乙五帝，孝武。或特祀五帝，明帝。或除五帝之坐同稱昊天上帝，晉武帝時，議除明堂五帝之坐，同稱昊天上帝，各設一坐而已，後又復五帝位。或合祭天地，唐武后合祭天地于明堂，中宗仍之。或配以祖，或配以羣祖；漢武帝祠明堂，高皇帝對之；❶章帝祠明堂，以光武配，後又以高祖、太宗、世宗、中宗、世祖、顯祖配，各一太牢。其服也，或以衮冕，東晉武帝。或以大裘；梁禮。其獻也，或以一獻，或以三獻。梁朱异曰：「祀明堂改服大裘，又以貴質不應三獻，請停三獻，止于一獻。」隋于雩壇行三獻禮。抑又明堂之制，變易不常，與《考工》之説不同，皆一時之制然也。

【附先儒辨鄭注禮書明堂祀五帝】

【《月令》「大饗帝」鄭注】言大饗者，徧祭五帝也。《曲禮》曰：「大享不問卜。」謂此。

【陳氏《禮書》】《孝經》嚴父配天矣，又曰祀上帝者，天則昊天上帝也，上帝則五帝與天也。明堂不祀昊天上帝，

❶「對」，庫本作「配」。

不可謂配天；五帝不與，不可謂配上帝。以上帝爲昊天上帝耶？而《周禮》以「旅上帝」對「旅四望」言之，則上帝非一帝也。以明堂特祀昊天上帝耶？而《考工記》明堂有五室，則五室非一位也。

應氏鏞曰：「春祈穀，夏大雩，秋大饗，皆主于爲民。故《噫嘻》之詩以春夏皆爲祈穀于上帝，而秋大饗與冬圜丘則皆致其報。鄭氏獨以祈穀爲天，而大雩、大饗皆爲五帝，豈以祭之頻而近于瀆乎？『昊天曰明，及爾出王。昊天曰旦，及爾游衍。』程子言人子不可一日不見父母，人君不可一時不見天。固非慮其頻且瀆也。」

楊氏復曰：「《我將》之詩言天者再，天即帝也，帝即天也。則知周人明堂祀天，非總享五帝明矣。又孟春大雩，季秋大享，鄭注謂合祭五天帝而以五人帝配之。合祭五帝之說，無所據。」

蕙田案：明堂祭帝止是祭天。程子、朱子之言，深得其旨。五帝之說，始于鄭氏，應氏、楊氏辨之，是也。陳氏《禮書》謂祭五帝與天，仍用鄭氏六天之說，明堂五室而祭六天，亦難强通矣。

【附辨注疏武王配五人神于明堂下】

【《祭法》「祖文王而宗武王」鄭注】祭五帝、五神于明堂。曰祖宗，祖宗通言爾。《孝經》曰：「宗祀文王于明堂，以配上帝。」《月令》春曰其帝太皞，其神勾芒；夏曰其帝炎帝，其神祝融；中央曰其帝黄帝，其神后土；秋曰其帝少昊，其神蓐收；冬曰其帝顓頊，其神玄冥。

【孔疏】云「祭五帝、五神于明堂，曰祖宗，祖宗通言爾」者，以《明堂月令》五時皆有帝及神，又《月令》季秋大饗帝，故知明堂之神有五人神及五天帝也。《孝經》云：「宗祀文王于明堂以配上帝。」故知于明堂也。【《郊特牲》孔疏】五時迎氣及雩祭，則以五方人帝配之。九月大饗五帝，則以五人帝及文、武配之。以文王配五天帝，則謂之祖；以武王配五人神，則謂之宗。崔氏曰：「皆在明堂之上。」祖宗通言，故《祭法》云祖文王，文王稱祖；《孝經》云「宗祀文王于明堂」，是文王稱宗。文王既爾，則武王亦有祖宗之號，故云祖宗通言。

王氏肅曰：「古者祖有功而宗有德，祖宗自是不毀之名，非謂配食于明堂者也。審如鄭言，則經當言祖祀文王于明堂，不得言宗祀也。宗者，尊也。周人既祖其廟，又尊其祀，孰謂祖于明堂者乎？鄭引《孝經》以解《祭法》，而不曉周公本意，殊非仲尼之義旨也。」

【杜氏《通典》】宗祀文王于明堂，以配上帝，謂祀昊天上帝。先儒所釋不同。若以祭五帝，則以天帝皆坐明堂之中，以五人帝及文王配之，五官之神坐于庭中，以武王配之，通名曰祖宗，故云「祖文王而宗武王」。文王爲父，配祭于上；武王爲子，配祭于下。如其所論，非爲通理。但五神皆生爲上公，死爲貴神，生存之日，帝王享會，皆須升堂，今死爲貴神，獨配于下，屈武王之尊，同下坐之義，爲不便。

【陳氏《禮書》】《祭法》曰：「周人禘嚳而郊稷，祖文王而宗武王。」鄭氏曰：「禘郊祖宗，謂祭祀以配食也。」其説以爲坐五帝于堂上，以五人帝及文王配之，坐五神于庭中，以武王配之。然古者祖有功而宗有德，謂祖宗其廟耳，非謂配于明堂也。《月令》之五人帝、五人神，所以配食四郊也。其與享明堂，于經無見，又况降五神于庭中，降武王以配之，豈嚴父之意哉？

唐氏仲友曰：「文王配上帝，周之子孫未之有改。《孝經》謂之嚴父，爲周公言之也。《樂記》謂『祀乎明堂而民知孝』者，爲武王言之也。若成王以降則亦祖而已，德如文王而可以配上帝，文王既配上帝，則武王雖無配可也。康成謂配以文、武，鑿説也。其説謂《祭法》禘郊祖宗皆配天之祭，亦考之未詳耳。禘、祖、宗，宗廟之祭；郊，配天之祭也。鄭氏注《大傳》『祖之所自出』謂祭感生帝，不足信也。虞夏禘黄帝，殷周禘嚳，所以爲祖之所自出也。《長發》，大禘之詩，而敘契至于阿衡，其爲禘昭穆之祭何疑？禘不爲郊，則祖宗不爲明堂審矣。」

蕙田案：諸儒辨注疏明堂之神有五人帝、五人神最爲透快。要之，注疏之病，在于明堂大饗爲祭五帝，所以支離穿鑿，一至于此也。不知《禮書》何以亦有祭五帝之説，亦考之未精耳。

【附辨陳氏成王應宗祀武王】

【陳氏《禮書》】宗祀文王，則成王矣。成王不祀武王，而祀文王者，蓋于是時，成王未畢喪，武王未立廟，故宗祀文王而已。此所以言周公其人也。

司馬氏光曰：「竊以孝子之心，誰不欲尊其父者。聖人制禮，以爲之極，不敢逾也。故祖己訓高宗曰：『典祀無豐于昵。』孔子與孟懿子論孝亦曰『祭之以禮』。然則事親者不以數祭爲孝者，貴于得禮而已。前漢以高祖配天，後漢以光武配明堂。以是觀古之帝王，自非建邦啓土，及造有區夏者，皆無配天之文。故雖周之成、康，漢之文、景、明、章，其德業非不美也，然而子孫不敢推以配天者，避祖宗也。《孝經》曰：『嚴父莫大于配天，則周公其人也。』孔子以周公有聖人之德，成太平之業，制禮作樂，而文王適其父也，故引之以證聖人之德莫大于孝，答曾子之問而已，非謂凡有天下者皆當以父配天，然後爲孝也。近世祀明堂者，皆以其父配五帝，此乃誤識《孝經》之意，而違先王之禮，不可以爲法也。」

或問朱子曰：「《我將》之詩，乃祀文王于明堂之樂章。《詩傳》以爲物成形于帝，人成形于父，故季秋祀帝于明堂，而以父配之，取其成物之時也。此乃周公以義起之，非古制也。不知周公以後，將以文王配耶？以時王之父配耶？」曰：「諸儒正持此二議，至今不決。看來只得以文王配。且周公所制之禮，不知在武王之時，在成王之時。若在成王時，則文王乃其祖也，亦自可見。」又問：「繼周者如何？」曰：「只得以有功之祖配之。」問：「周公郊后稷以配天，宗祀文王于明堂以配上帝，此説如何？」曰：「此是周公創立一箇法如此，將文王配明堂永爲定例，以后稷配郊推之，自可見後來妄將嚴父之説亂了。」

蕙田案：《禮書》謂：「成王未畢喪，武王未立廟，故宗祀文王而已。」然則成王終喪之後，當改以武王配帝耶，康昭而後，亦各以其父配耶？此蓋泥《孝經》嚴父之説而失其旨者也。夫明堂宗祀之禮，雖制于周公，而行之實自武王始。武王身有開創之功，而爲之父者又文王也，故得推尊其父以配上帝。其後王既無武王之功，而其父之德又或不如文王，則烏可援嚴父之例耶？

且嚴父之説，在周亦有不得已者。周之王業成于文王，而配天者則后稷也。不能祀文王于郊以配天，故特祀之于明堂以配帝，此聖人之行權耳。若文王可配圜丘，又何事創制斯禮，以彰嚴父之義哉？後世既無遥遥始祖如后稷之可以配天，而開創之君亦既配于圜丘，則固不必徵引古義，而泥于《孝經》之文矣。

【附辨《禮書》豐年秋冬報爲明堂及郊】

【陳氏《禮書》】《詩序》曰：「《豐年》，秋冬報。」則秋報者，季秋之于明堂也，冬報者，冬至之于郊也。先明堂而後郊者，禮由内以及外也。先嚴父而後祖者，禮由親以及尊也。

蕙田案：秋冬報，鄭箋謂嘗也，烝也。鄭解此與《噫嘻》、《載芟》、《良耜》異者，緣詩明言烝畀祖妣，知是祭于宗廟，非祭外神。《禮書》以爲明堂及郊，非是。至冬至郊天，一歲之正祭，雖亦可謂之大報，而曰「由内及外，由親及疏」，鑿矣。

【《禮記·樂記》】祀乎明堂而民知孝。【注】文王之廟爲明堂制。

【《祭義》】祀乎明堂，所以教諸侯之孝也。

蕙田案：祀乎明堂，即所謂宗祀文王于明堂也。《孝經》以爲創自周公，而此屬之武王，何也？周公制之，武王行之，所以並稱達孝也。注以文王之廟當之，誤矣。

右明堂饗帝宗祀。

【《孟子》】齊宣王問曰：「人皆謂我毁明堂，毁諸？已乎？」孟子對曰：「夫明堂者，王者之堂也。王欲行王政，則勿毁之矣。」【注】明堂，謂泰山下明堂，本周天子東巡狩朝諸侯之處也，齊侵地而得有之。　【疏】案《地理志》云齊南有泰山。《史記・封禪書》云：「舜二月東巡狩，至于岱宗。岱宗，泰山也。遂覲東后。」又云：「此山，黄帝之所常遊，自古受命帝王，未有睹符瑞見而不臻乎泰山也。」云「泰山下明堂，本周天子東巡狩朝諸侯之地」者，案《禮記・明堂位》云：「明堂者，明諸侯之尊卑。昔殷紂亂天下，脯諸侯以享諸侯，是以周公相武王伐紂。武王崩，成王幼弱，周公踐天子之位。六年，朝諸侯于明堂。七年，致政于成王。成王封周公于曲阜，令魯世世祀周公以天子禮樂。」然則泰山下明堂，即周公朝諸侯之處。蓋魯封内有泰山，後嘗爲齊所伐，故齊南有泰山。《文中子》云：「如有用我者，當處于泰山矣。」注云：「泰山，黄帝有合宫在其下，可以立明堂之制焉。」《禮器》云：「魯人將有事于上帝，必先有事于頖宫；齊人將有事于泰山，必先有事于配林。」則泰山在齊明矣。案周制明堂云：「周人明堂，度九尺之筵，東西九筵，南北七筵，堂崇一筵，五室凡室二筵。」賈釋云：「明堂者，明政教之堂，又夏度以步，殷度以尋，周度以筵，是王者明政也。周堂高九尺，殷三尺，以一相參之數而卑宫室，則夏堂高一尺矣。又上注云『堂上爲五室，象五行』，以宗廟制如明堂。明堂中有五天帝、五人神之坐，皆法五行，以五行先起于東方，故東北之堂爲木，其實兼水矣。東南，火室矣，兼木。西南，金室，兼火。西北，水室，兼金。以中央太室有四堂，四角之室亦皆有堂，乃知義然也。」賈釋「太史閏月下」義云「明堂、路寢及宗廟皆有五室、十二堂門」是也。四角之堂皆于太室外接四角爲之，則五室南北止有二筵，東西各二筵有六尺，乃得其度。若聽朔皆于時之堂，不于木火等室居。若閏月則闔門左扉，立其中而聽朔焉。

楊氏復曰：「此又王者巡狩之地，有明堂以朝諸侯、行政教，非在國之明堂也。」

輔氏廣曰：「《漢書・郊祀志》：『武帝元封元年封泰山，泰山東北址古有明堂矣。』」

蕙田案：孫疏明堂亦仍鄭氏五室之謬，辨見前。

右方岳明堂。

【《大戴禮・盛德篇》】凡人民疾，六畜疫，五穀灾者，生于天；天道不順，生于明堂不飾，故有天灾則飾明堂也。

【《素問序》】黄帝坐明堂之上，臨觀八極，考建五常。❶

【《晏子春秋》】明堂之制，土事不文，木事不鏤，示民知節也。

【《荀子·强國篇》】雖爲之築明堂于塞外而朝諸侯，使殆可也。

【《尸子·君治》篇】黄帝曰合宫，有虞氏曰總章，殷人曰陽館，周人曰明堂，皆所以名休其善也。　周公踐東宫，祀明堂，假爲天子。　明堂在左，故謂之東宫。

【《吕氏春秋》】周明堂外户不閉，示天下不藏也。　周明堂，金在其後，有以見先德後武也。　茆茨蒿柱，土階三等，以見節儉。

【《淮南子·主術訓》】昔者神農之治天下也，甘雨時降，五穀蕃殖，春生夏長，秋收冬藏，月省時考，歲終獻功，以時嘗穀，祀于明堂。　明堂之制，有蓋而無四方，風雨不能襲，寒暑不能傷，遷延而入之。　文王周觀得失，徧覽是非，堯舜所以昌，桀紂所以亡者，皆著于明堂。　成康繼文武之業，守明堂之制，觀存亡之迹，見成敗之變。

【《泰族訓》】昔者五帝三王之涖政施教，立明堂之朝，行明堂之令，以調陰陽之氣，以和四時之節，以辟疾病之菑。

【《白虎通》】禮三老于明堂，以教諸侯孝也。　禮五更于太學，以教諸侯弟也。

【《文中子·問易篇議》】其盡天下之心乎，黄帝有合宫之聽，堯有衢室之問，舜有總章之訪，皆議之謂也，并天下之謀，

❶「常」，庫本作「帝」。

兼天下之智。

【《通典》】黄帝拜祀上帝于明堂。或謂之合宫。其堂之制，中有一殿，四面無壁，以茆蓋，通水，水圜宫垣，爲複道，上有樓，從西南入，名曰昆侖，天子從之入，以拜祀。

蕙田案：此即《漢書》公玉帶之事。

唐虞祀五帝于五府。蒼曰靈府，赤曰文祖，黄曰神計，白曰明紀，黑曰玄矩。五府之制，未詳。

蕙田案：此即鄭注之説。

【《路史》】帝堯居于明堂，榱題不枅，❶土階不戚，茆茨不劗，泊如也。　作七廟，立五府，以享先祖，而配五帝。

【《三禮圖》】明堂，布政之宫。周制五室。秦爲九室，十二階，各有所居。

【《玉海》】孔子言宗祀，祀事以之明；孟子言行王政，政事以之明；《記》言朝諸侯，朝事以之明也。先王之祀，酒曰明水，食曰明粢，服曰明衣，皆神之也。在國之陽，天子居其中，行政教，神而明之，故曰明堂。

右明堂附録。

五禮通考卷第二十四

淮陰吴玉搢校字

❶「榱」，底本及聖環本空兩格，據庫本補。

五禮通考卷第二十五

內廷供奉禮部右侍郎金匱秦蕙田編輯
太子太保總督直隸右都御史桐城方觀承同訂
按察司副使元和宋宗元參校

吉禮二十五

明堂

【《漢書·武帝本紀》】建元元年秋七月，議立明堂。遣使者安車蒲輪，束帛加璧，徵魯申公。

【《郊祀志》】武帝初即位，尤敬鬼神之祀。漢興已六十餘歲矣，天下艾安，縉紳之屬皆望天子封禪改正度也，而上鄉儒術，招賢良。趙綰、王臧等以文學爲公卿，欲議古立明堂城南，以朝諸侯，草巡狩、封禪、改曆、服色事，未就。竇太后不好儒術，使人微伺趙綰等姦利事，案綰、臧，綰、臧自殺，諸所興爲皆廢。

【《武帝本紀》】元封元年夏四月癸卯，登封泰山，降，坐明堂。臣瓚曰：「《郊祀志》『初，天子封泰山，泰山東北阯古時有明堂處』，則此所坐者也。明年秋，乃作明堂耳。」

【《兒寬傳》】從東封泰山，還登明堂。寬上壽曰：「臣聞三代改制，屬象相因。間者聖統廢絶，陛下發憤，合指天地，祖立明堂、辟雍，宗祀泰山，六律五聲，幽贊聖意，神樂四合，各有方象，以丞嘉祀，爲萬世則，天下幸甚。將建大元本瑞，登告岱宗，發祉闓門，以候景至。癸亥宗祀，日宣重光；上元甲子，肅邕永享。光輝充塞，天文燦然，見象日昭，報降符應。臣寬奉觴再拜，上千萬歲壽。」制曰：「敬舉君之觴。」

【《史記·封禪書》】初，天子封泰山，泰山東北趾古時有明堂處，處險不敞。師古曰：「言其阻阨不顯敞。」上欲治明堂奉高旁，未曉其制度。濟南人公玉帶上黃帝時明堂圖。公玉，姓。帶，名。明堂圖中有一殿，四面無壁，以茅蓋，通水，圜宮垣，爲複道，上有樓，從南入，命曰昆侖，天子從之入，以拜祀上帝焉。于是上令奉高作明堂汶上，徐廣曰：「在元封二年秋。」如帶圖。及五年修封，則祀太一、五帝于明堂上坐，令高皇帝祠坐對之。祠后土于下房，以二十太牢。天子從昆侖道入，始拜明堂如郊禮。禮畢，燎堂下。

蕙田案：明堂制度見于經傳者明矣，從未有如公玉帶所圖四面無壁，通水圜宮，垣上有樓，而命曰昆侖者也。明堂之室皆有户牖夾窻，無壁則安所施？宮垣之外有諸侯朝位，通水圜之，則朝于何所？明堂四阿重檐，乃室與堂之棟宇，分爲兩層，上圓下方，以合崇效卑法之義，非樓也。方士者流，以黃帝有登仙之説，又有仙人好樓居之説，遂附會穿鑿，造爲此圖，荒誕極矣。後世異議紛紜，違戾經典，皆作俑于此。

【《漢書·武帝紀》】元封二年秋，作明堂于泰山下。

五年冬，行南巡狩。春三月甲子，祠高祖于明堂，以配上帝，因朝諸侯王、列侯受郡國計。

【《三輔舊事》】上自封禪後，夢高祖坐明堂，羣臣亦夢想。于是祀高祖于明堂，以配天。還，作高靈館。

蕙田案：《武帝紀》元封元年夏四月，登封泰山，降坐明堂，即古明堂處。二年秋，作明堂于泰山下，即公玉帶所上圖也。云令高皇帝祠坐對之，謂以高皇配祀，對即配也。服虔謂漢是時未以高祖配，光武以來乃配之，非是。據元始中莽言，孝文祭太一，以高皇帝配，孝武祠太一，亦以高祖配。又太始四年祀高祖于明堂，以配上帝，非至光武始配也。

【《史記·封禪書》】其後二歲，十一月甲子朔旦冬至，祠上帝明堂。其贊饗曰：「天增授皇帝泰元神策，周而復始。皇帝敬拜太一。」

【《漢書·武帝紀》】太初元年冬十月，行幸泰山。十一月甲子朔旦冬至，祀上帝于明堂。

蕙田案：古者明堂大饗行于季秋，是時萬寶告成，備物以祭，所以答天功也。太初之元，乃以冬日至祀明堂，是混郊與明堂爲一矣。後世或于正月行禮，又與祈穀之郊相混，皆漢武開其端也。

天漢三年，行幸泰山，祀明堂，因受計。

太始四年三月，行幸泰山。壬午，祀高祖于明堂，以配上帝，因受計。癸未，祀孝景皇帝于明堂。

蕙田案：漢武以孝景配祀，蓋亦泥《孝經》嚴父之說，而昧其旨者也。兩日之内，連舉大事，而異其配，可謂進退失據，而自陷於弗欽之過矣。

征和四年春三月，幸泰山。庚寅，祀于明堂。

【《平帝紀》】元始四年春正月，宗祀孝文以配上帝。夏，安漢公奏立明堂、辟雍。

蕙田案：《漢書》所載，武帝時止有泰山明堂，王莽始奏立于京師。而《三輔黄圖》則云：「明堂在長安西南七里。《漢書》曰：『武帝初即位，立明堂于城南。』應劭注云：『武帝立明堂，王莽修飾令大。』」是長安舊有明堂也。今《漢書》未見此注，不可攷。

五年春正月，祫祭明堂。諸侯王二十八人、列侯百二十人、宗室子九百餘人徵助祭。禮畢，皆益户，賜爵及金、帛，增秩、補吏，各有差。

蕙田案：祫者，宗廟之大祭。明堂乃饗帝之所。天神人鬼之祀，截然不可紊也。漢平乃混而一之，其斯爲末世之制乎！

右西漢明堂。

【《後漢書·世祖本紀》】中元元年，是歲，初起明堂、靈臺、辟雍及北郊兆域，宣布圖讖于天下。

【《祭祀志》】世祖中元元年，初營明堂、辟雍、靈臺，未用事。

【《明帝本紀》】帝及公卿列侯始服冠冕、衣裳、玉佩、絇屨以行事。禮畢，登靈臺。使尚書令持節詔驃騎將軍、三公曰：「今令月吉日，宗祀光武皇帝于明堂，以配五帝。禮備法物，樂和八音，詠祉福，舞功德，其頒時令，敕羣后。事畢，升靈臺，望元氣，吹時律，觀物變。羣僚藩輔，宗室子孫，衆郡奉計，百蠻貢職，烏桓、濊貊咸來助祭，單于侍子、骨都侯亦皆陪位。斯固聖祖功德之所致也。朕以闇陋，奉承大業，親執圭璧，恭祀天地。仰惟先帝，受命中興，撥亂反正，以寧天下，封泰山，建明堂，立辟雍，起靈臺，恢弘大道，被之八極；而嗣子無成、康之質，羣臣無呂、旦之謀，盥洗進爵，踧踖惟慚。素性頑鄙，臨事益懼，故曰『君子坦蕩蕩，小人長戚戚』。其令天下自殊死以下，皆赦除之。百僚師尹，其勉修厥職，順行時令，敬若昊天，以綏兆人。」

【《祭祀志》】明帝永平二年正月辛未，初祀五帝于明堂，光武帝配。五帝坐位堂上，各處其方。黄帝在未，皆如南郊之位。光武帝位在青陽之南少退，西面。牲各一犢，奏樂如南郊。卒事，遂升靈臺，以望雲物。

【班固《東都賦·明堂詩》】於昭明堂，明堂孔陽。聖皇宗祀，穆穆煌煌。上帝宴享，五位時序。誰其配之，世祖光武。普天率土，各以其職。猗歟緝熙，允懷多福。

【張衡《東京賦》】複廟重屋，八達九房。薛綜注：「八達，謂室有八窻也。堂後有九室，所以異于周制也。」王隆《漢官》篇曰：「是古者清廟茅屋。」胡廣曰：「古之清廟以茅蓋屋，所以示儉也。今之明堂茅蓋之，乃加瓦其上，不忘古也。」

蕙田案：西漢明堂，皆以泰一爲主，五帝爲從。至此，始專祀五帝而光武配之，失之又甚矣。

【《章帝本紀》】建初三年正月己酉，宗祀明堂。禮畢，登靈臺，望雲物，大赦天下。元和二年二月丙辰，東巡狩。壬申，宗祀五帝于汶上明堂。癸酉，告祠二祖四宗，大會外内羣臣。丙子，詔曰：「朕巡狩岱宗，柴望山川，告祠明堂，以章先勳。其二王之後，先聖之裔，東后蕃衛，伯父伯兄，仲叔季弟，幼子童孫，百僚從臣，宗室衆子，要荒四裔，沙漠之北，葱嶺之西，冒耏之類，跋涉懸度，陵踐阻絶，駿奔郊畤，咸來助祭。祖宗功德，延及朕躬。予一人空虚多疚，纂承尊明，盥洗享薦，慚愧祗慄。《詩》不云乎：『君子如祉，亂庶遄已。』曆數既從，靈耀著明，亦欲與士大夫同心自新。其大赦天下。諸犯罪不得赦者，皆除之。復博、奉高、嬴，無出今年田租、芻稾。」

【《祭祀志》】元和二年二月，上東巡狩，至泰山。辛未，柴祭天地羣神如故事。壬申，宗祀五帝于孝武所作汶上明堂，光武帝配，如雒陽明堂祀。癸酉，更告祠高祖、太宗、世宗、中宗、世祖、顯宗于明堂，各一太牢。卒事，遂覲東后，饗賜王侯羣臣。因行郡國。四月，還京師。又爲靈臺十二門作詩，各以其月祀而奏之。

蕙田案：人君將出，必告祭宗廟；其歸，有飲至之禮，出告反面之義也。章帝于巡幸所至，告祀祖宗于明堂，失其意矣。

【《和帝本紀》】永元五年正月乙亥，祀五帝于明堂。遂登靈臺，望雲物，大赦天下。

【《安帝本紀》】延光三年二月壬辰，宗祀五帝于汶上明堂。癸巳，告祀二祖六宗，勞賜郡縣，作樂。

【《順帝本紀》】永和元年正月己巳，宗祀明堂，登靈臺，改元，大赦。

漢安元年正月癸巳，宗祀明堂，大赦，改元。

【《宦者傳》】朱瑀等陰于明堂中禱皇天曰：「竇氏無道，請皇天輔皇帝誅之。令事必成，天下得寧。」既殺武等，詔大官給塞具。塞，報祠也，賽通用。

【《蔡邕傳》】建寧六年七月，邕上封事言：《明堂月令》，天子以四立及季夏之節，迎五帝于郊，所以導致神氣，祈福豐年。清廟祭祀，追往孝敬，養老辟雍，示人禮化，皆帝者之大業，祖宗所祇奉也。而有司數以蕃國疏喪，宮内産生，及吏卒小污，屢生忌故。竊見南郊齋戒，未嘗有廢，至于它祀，輒興異議。豈南郊卑而它祀尊哉？孝元皇帝策書曰：「禮之至敬，莫重于祭，所以竭心親奉，以致肅祇者也。」又元和故事，復申先典。前後制書，推心懇惻。而近者以來，更任太史。忘禮敬之大，任禁忌之書，拘信小故，以虧大典。《禮》，妻妾産者，齋則不入側室之門，無廢祭之文也。謂宮中有卒，三月不祭者，謂士庶人數堵之室，共處其中耳，豈謂皇居之廣，臣妾之衆哉？自今齋制宜如故典，庶答風霆災妖之異。

蕙田案：明堂祀五帝者，季秋大享之從祀也。五郊迎五帝者，四立及季夏迎氣之正祭也。其時其地，迥然不同。伯喈乃以國外五郊亦併入明堂爲説，何哉？亦可知辟雍、清廟、明堂合爲一物之説，其不可信愈明矣。

【《百官志》】明堂丞一人，屬太史。

【《通典》】東漢明堂制，上圓下方，法天地。八窻四闥，法八風四時。九室十二座，法九州十二月。三十六户。

右後漢明堂。

【《魏志·文帝紀》】黄初二年正月，郊祀天地明堂。

蕙田案：魏晉以下，皆以一日之内郊宗並舉，其不成禮可知。

【《宋書·禮志》】是時，魏都洛京，而神祇兆域、明堂、靈臺，皆因漢舊事。

【《魏志·明帝本紀》】太和元年正月，宗祀文皇帝于明堂，以配上帝。

【《晉書・禮志》】魏文帝即位，用漢明堂而未有配。明帝太和元年，始宗祀文帝于明堂，齊王亦行其禮。

【《通典》】太和元年正月丁未，宗祀明堂，祝稱「天子臣某」。

右魏明堂。

【《晉書・禮志》】泰始二年，羣臣議：「五帝即天也，王氣時異，故殊其號，雖名有五，其實一神。明堂南郊宜除五帝之座，五郊改五精之號，皆同稱昊天上帝，各設一座而已。地郊又除先后配祀。」帝悉從之。二月丁丑，郊祀先皇帝以配天，宗祀文皇帝于明堂以配上帝。

蕙田案：西漢，武帝建明堂祀上帝，甚正也。後漢，明帝兼祀五帝，非《孝經》上帝之義矣。武帝初以高祖配，甚正也。未幾，兼以景帝配，平帝又以文帝配，非《孝經》嚴父之義矣。魏承漢制，配以文帝而五帝仍之。迨晉泰始二年始除五帝座，改五精之號，除先后配地，三者皆足以救弊，惜其不久而即更也。

【《樂志》】天地郊明堂夕牲歌：傅元嗣。

皇矣有晉，時邁其德。受終于天，光濟萬國。萬國既光，神定厥祥。虔于郊祀，祗事上皇。祗事上皇，百福是臻。巍巍祖考，克配彼天。嘉牲匪歆，德馨唯饗。受天之祜，神化四方。

天地郊明堂降神歌　於赫大晉，應天景祥。二帝邁德，宣此重光。我皇受命，奄有萬方。郊祀配享，禮樂孔章。神祇嘉享，祖考是皇。克昌厥後，保祚無疆。

明堂饗神歌　經始明堂，享祀匪懈。於

皇烈考，光配上帝。赫赫上帝，既高既崇。聖考是配，明德顯融。率土敬職，萬方來祭。常於時假，保祚永世。

【《禮志》】太康十年十月，詔曰：「《孝經》：『郊祀后稷以配天，宗祀文王于明堂以配上帝。』而《周官》云：『祀天旅上帝。』又曰：『祀地旅四望。』望非地，則明堂上帝不得爲天也。往者衆議除明堂五帝位，考之禮文不正。且《詩序》曰：『文、武之功，起于后稷。』故推以配天焉。宣帝以神武創業，既已配天，復以先帝配天，於義亦所不安。其復明堂及南郊五帝位。」晉初以文帝配，後復以宣帝，尋復還以文帝配，其餘無所變更。是則郊與明堂，同配異配，參差不同矣。摯虞議以爲：「漢魏故事，明堂祀五帝之神。新禮，五帝即上帝，即帝天也。明堂除五帝之位，唯祭上帝。案仲尼稱：『郊祀后稷以配天，宗祀文王于明堂以配上帝。』《周禮》：『祀天旅上帝，祀地旅四望。』望非地，則上帝非天，斷可識矣。郊丘之祀，埽地而祭，牲用繭栗，器用陶匏，事反其始，故配以遠祖。明堂之祭，備物以薦，三牲並陳，籩豆成列，禮同人理，故配以近考。郊堂兆位，居然異體，牲牢品物，質文殊趣。且祖考同配，非爲尊嚴之美，三日再祀，非爲不瀆之義，其非一神，亦足明矣。昔在上古，生爲明王，没則配五行，此五帝者，配天之神，同兆之于四郊，報之于明堂。祀天，大裘而冕，祀五帝亦如之。或以爲五精之帝，佐天育物者也。前代相因，莫之或廢，晉初始從異議。庚午詔書，明堂及南郊除五帝之位，唯祀天神，新禮奉而用之。前太醫令韓楊上書，宜如舊祀五帝。太康十年，詔以施用。宜定新禮，明堂及郊祀五帝如舊儀。」詔從之。江左以後，未遑修建。

蕙田案：帝即天也。《孝經》配天、配上帝，互文見義耳。摯虞惑于六天之説，取其君之善制而變之，誤孰大焉。

【《宋書·禮志》】元帝紹命中興，依漢氏故事，宜享明堂宗祀之禮。江左不立明堂，故闕焉。

孝武帝太元十二年五月壬戌，詔曰：「昔建太廟，每事從儉約，思與率土，致力備禮。又太祖虛位，明堂未建。郊祀，國之大事，而稽古之制闕然。便可詳議。」祠部郎徐邈議：「明堂方圓之制，綱領已舉，不宜闕配帝之祀。周公宗祀文王，漢明配以始祖，自非維新之考，孰配上帝？」又曰：「明堂所祀之神，積疑莫辨。案《易》『殷薦上帝，以配祖考』。祖考同配，則上帝亦爲天，而嚴父之義顯。《周禮》旅上帝者有故，告天與郊祀常禮同用四圭，故並言之。若上帝者五帝，經文何不言祀天旅五帝，祀地旅四望乎？人帝之與天帝，雖天人之通謂，然五方不可言上帝，諸侯不可言大君也。書無全證，而義容彼此，故太始、太康二紀之間，興廢迭用矣。」侍中車胤議同，❶又曰：「明堂之制，既其難詳。且樂主於和，禮主於敬，故質文不同，音器亦殊。既茅茨廣厦，不一其度，何必守其形範，而不知弘本順民乎！九服咸寧，河朔無塵，然後明堂辟雍，可崇而修之。」吏部郎王忱議：「明堂則天象地，儀觀之大，宜俟皇居反舊，然後修之。」驃騎將軍會稽王道子、尚書令謝石意同忱議，于是奉行，一無所改。

❶「同」，原脱，據《宋書·禮志》補。

【《通典》】東晉太元十三年，孝武帝正月後辛祀明堂，車服之儀，率遵漢制。出以法駕，服以衮冕。時孫耆之議：「郊以祀天，故配之以后稷；明堂祀帝，故配之以文王。由斯言之，郊爲皇天之位，明堂即上帝之廟。故徐邈以配之爲言必有神主，郊爲天壇，則明堂非太廟矣。」時議帝親奉，今親祀北郊，明年正月上辛祀昊天，次辛祠后土，後辛祀明堂。

蕙田案：《宋書》所載東晉之無明堂也審矣。《晉書》紀志亦絕無孝武祀明堂事。《通典》此條不知何據，姑存以俟考。

右晉明堂。

【《宋書·禮志》】孝武大明五年四月庚子，詔曰：「昔文德在周，明堂崇祀；高烈唯漢，汶邑斯尊。朕皇考太祖文皇帝，功耀洞元，聖靈昭俗，內穆四門，仁濟羣品，外薄八荒，威憺殊俗，南腦勁越，西髓剛戎。裁禮興稼穡之根，張樂協四氣之紀。匡飾墳序，引無題之外；旌延寶臣，盡盛德之範。訓深劭農，政高刑厝。萬物棣通，百神薦祉。動協天度，下沿地德。故精緯上靈，動殖下瑞，諸侯軌道，河溓海夷。朕仰憑洪烈，入子萬姓，皇天降祐，迄將一紀。思奉揚休德，永播無窮。便可詳考姬典，經始明堂，宗祀先靈，式配上帝，誠敬克展，幽顯咸秩。惟懷永遠，感慕崩心。」有司奏：「伏尋明堂辟雍，制無定文，經記參差，傳說乖舛。名儒通哲，各事所見，或以爲名異實同，或以爲名實皆異。自漢暨晉，莫之能辨。《周書》云，清廟、明堂、路寢同制。鄭玄注《禮》，義生于斯。諸儒又云明堂在國之陽，丙巳之地，三里之內。至于室宇堂个，户牖達向，世代湮緬，難得該詳。晉侍中裴頠，西都碩學，考詳前載，未能制定。以爲尊祖配天，其義明著，廟宇之制，理據未分，直可爲殿，以崇嚴祀。其餘雜碎，一皆除之。參詳鄭玄之注，差有準據；裴頠之奏，竊謂可安。國學之南，地實丙巳，爽塏平暢，足以營建。其墻宇規範，宜擬則太廟，唯十有二間，以應朞數。依漢汶上圖儀，設五帝位，太祖文皇帝對饗。祭皇天上帝，雖爲差降，至于三載恭祀，理不容異。自郊徂宫，亦宜共日。《禮記》郊以特牲，《詩》稱明堂羊牛，吉蠲雖同，質文殊典。且郊有燔柴，堂無禋燎，則鼎俎彝簋，一依廟禮。班行百司，搜材簡工，權置起部尚書、將作大匠，量物商程，尅今秋繕立。」乃依頠議，但作大殿屋雕畫而已，無古三十六户七十二牖之制。

蕙田案：制擬宗廟祀以五帝，屋用雕畫，室無户牖，失其義矣。

九月甲子，有司奏：「南郊祭用三牛。廟四時祠六室用二牛。明堂肇建，祠五帝，太祖文皇帝配，未詳祭用幾牛？」太學博士司馬興之議：「案鄭玄注《禮記·大傳》稱：『《孝經》郊祀后稷以配天，配靈威仰也。宗祀文王于明堂，以配上帝，配五帝也。』夫五帝司方，位殊功一，牲牢之用，理無差降。愚管所見，謂宜用六牛。」博士虞龢議：「祀帝之名雖五，而所生之實常一。五德之帝，迭有休王，各有所司，故有五室。宗祀所主，要隨其王而饗焉。主一配一，合用二牛。」祠部郎顔奂議：「祀之爲義，並五帝以爲言。帝雖云五，牲牢之用，謂不應過郊祭廟祀。宜用二牛。」

【《孝武本紀》】大明六年正月辛卯，車駕親祀南郊。是日，又宗祀明堂，大赦天下。

【《禮志》】六年正月，南郊還，世祖親奉明堂，祠祭五時之帝，以文皇帝配。是用鄭玄議也。官有其注。

【《樂志》】明堂歌：謝莊造。 地紐謐，乾樞回。華蓋動，紫微開。旌蔽日，車若雲。駕六氣，乘絪緼。曄帝京，煇天邑。聖祖降，五靈集。構瑶戺，聳珠簾。漢拂幌，月棲檐。舞綴暘，鐘石融。駐飛景，鬱行風。懋粢盛，潔牲牷。百禮肅，羣司虔。皇德遠，大孝昌。貫九幽，洞三光。神之安，解玉鑾。景福至，萬宇歡。右迎神歌詩。依漢郊祀迎神，三言，四句一轉韻。 雝臺辨朔，澤宮練辰。潔火夕照，明水朝陳。六瑚賁室，八羽華庭。昭事先聖，懷濡上靈。《肆夏》戒敬，升歌發德。永固鴻基，以綏萬國。右登歌詞。舊四言。 維天爲大，維聖祖是則。辰居萬宇，綴瑬下國。內靈八輔，外光四瀛。蒿宫仰蓋，日館希旌。複殿留景，重檐結風。刮楹接緯，達嚮承虹。設業設虡，在王庭。肇禋祀，克配乎靈。我將我享，維孟之春。以孝以敬，以立我烝民。右歌太祖文皇帝詞。依《周頌》體。 參暎夕，駟照晨。靈乘震，司青春。鴈將向，桐始蕤。柔風舞，暄光遲。萌動達，萬品新。潤無際，澤無垠。右歌青帝詞。○三言，依木數。 龍精初見大火中，朱光北至圭景同。帝位在離實司衡，水雨方降木槿榮。庶物長盛咸殷阜，恩覃四冥被九有。右歌赤帝詞。○七言，依火數。 履建宅中宇，司繩御四方。裁化偏寒燠，布政周炎涼。景麗條可結，霜明冰可折。凱風扇朱辰，白雲流素節。分至乘經晷，啓閉集恒度。帝運緝萬有，皇靈澄國步。右歌黃帝詞。○五言，依土數。 百川如鏡，天地爽且明。雲冲氣舉，德盛在素精。木葉初下，洞庭始揚波。夜光徹地，翻霜照懸河。庶類收成，歲功行欲寧。浹地奉渥，罄宇承秋靈。右歌白帝詞。○九言，依金數。

歲月既，❶晏方馳。靈乘坎，德司規。玄雲合，晦鳥路。白雲繁，亘天涯。雷在地，時未光。飭國典，閉關梁。四節徧，萬物殿。福九域，祚八鄉。晨晷促，夕漏延。太陰極，微陽宣。鵲將巢，冰已解。氣濡水，風動泉。右歌黑帝詞。○六言，依水數。

蘊禮容，餘樂度。靈方留，景欲暮。開九重，肅五達。鳳參差，龍已沫。雲既動，河既梁。萬里照，四空香。神之車，歸清都。琁庭寂，玉殿虛。睿化凝，孝風熾。顧靈心，結皇思。右送神歌詞。○漢郊祀送神亦三言。

【《明帝本紀》】泰始六年春正月，初制間一年一祭明堂。

【《禮志》】泰始六年五月，詔曰：「古禮王者每歲郊享，爰及明堂。自晉以來，間年一郊，明堂同日。質文詳略，疏數有分。自今可間二年一郊，間歲一明堂。外可詳議。」有司奏：「前兼曹郎虞愿議：『郊祭宗祀，俱主天神，而同日殷薦，於義爲黷。明詔使圜丘報功，三載一享。明堂配帝，間歲昭薦。詳辰酌衷，實允懋典。』曹郎王延秀重議：『尋自初郊間二載，明堂間一年，第二郊與第三明堂，還復同歲。宜各間二年。以斯相推，長得異歲。』通關八座，同延秀議。」

蕙田案：郊與明堂，天子歲祀天之常，一于冬至，一于季秋，不相妨也。同日則已黷，間年則已疏，二者胥失

❶「歲月既晏方馳」，庫本作「歲既晏月方馳」，《宋書·樂志》作「歲既晏日方馳」。

之矣。

明帝泰始七年十月庚子，有司奏：「來年正月十八日祠明堂。尋舊，南郊與明堂同日，並告太廟，未審今祀明堂復告與不？」祠部郎王延秀議：「案鄭玄：『郊者，祭天之名。上帝者，天之別名也。神無二主，故明堂異處，以避后稷。』謹尋郊宗二祀，既名殊實同，至於應告，不容有異。」守尚書令袁粲等並同延秀議。

後廢帝元徽二年十月丁巳，有司奏郊祀、明堂還復同日，間年一修。

【《後廢帝紀》】元徽三年正月辛巳，車駕親祠南郊、明堂。

右宋明堂。

【《齊書·禮志》】建元元年七月，有司奏：「明堂亦應與郊同年而祭不？若應祭者，復有配與？不祀者，堂殿職僚毀置云何？」議曹郎中裴昭明、儀曹郎中孔逷議：「今年七月宜殷祠，來年正月宜南郊明堂，並祭而無配。」殿中郎司馬憲議：「南郊無配，饗祠如舊；明堂無配，宜應廢祀。」右僕射王儉議：「郊配之重，事由王迹，是故杜林議云：『漢業特起，不因緣堯，宜以高帝配天。』魏高堂隆議以舜配天。蔣濟云：『漢時奏議，謂堯已禪舜，不得爲漢祖，舜亦已禪禹，不得爲魏祖。今宜以武皇帝配天。』晉、宋因循，即爲前式。又案《禮》及《孝經援神契》並云：『明堂有五室。天子每月於其室聽朔布教，祭五帝之神，配以有功德之君。』鄭玄云：『周人明堂五室，帝一室也。』初不聞有文王之寢。袁孝尼云：『明堂法天之宫，本祭天帝，而以文王配，配其父于天位則可，牽天帝而就人鬼，則非義也。』泰元十三年，孫耆之議稱：『郊以祀天，故配之以后稷；明堂以祀帝，故配之以文王。由斯言之，郊爲皇天之位，明堂即上帝之廟。』徐邈謂：『配之爲言，必有神主；郊爲天壇，則堂非文廟。』《史記》云趙綰、王臧欲立明堂，于時亦未有郊配。漢又祀汾陰五時，即是五帝之祭，亦未有郊配。議者或謂南郊之日，已旅上帝，若又以無配而特祀明堂，則一日再祭，于義爲黷。案，古者郊本不共日。蔡邕《獨斷》曰：『祠南郊。祀畢，次北郊，又次明堂、高廟、世祖廟，謂之五供。』馬融云：『郊天之祀，咸以夏正，五氣用事，有休有王，各以其時，兆於方郊，四時合歲，功作相成，亦以此月總旅明堂。』是則南郊、明堂各日之證也。近代從省，故與郊同日，猶無煩黷之疑。何者？其爲祭雖同，所以致祭則異。孔晁云，言五帝佐天化育，故有從祀之禮，旅上帝是也。至于四郊明堂，則是本祀之所，譬猶功臣從饗，豈復廢其私廟？且明堂有配之時，南郊亦旅上帝，此則不疑于共日，今何故致嫌于同辰？又《禮記》『天子祭天地、四方、山川、五祀，歲徧』，《尚書·堯典》『咸秩無文』。《詩》云『昭事上帝，聿懷多福』。據此諸義，則四方、山川，猶必享祀，五帝大神，義不可略。魏文帝黄初二年正月，郊天地明堂，明帝太和元年正月，以武皇帝配天，文皇帝配上帝，然則黄初中南郊、明堂，皆無配也。宜以來年正月上辛，有事南郊。宜以其日，還祭明堂。又用次辛，饗祀北郊。而並無配。犧牲之色，率由舊章。」詔：「明堂可更詳。」有司又奏：「明堂尋禮無明文，唯以《孝經》爲正。竊尋設祀之意，蓋爲文王有配則祭，無配則止。愚謂既配上帝，則以帝爲主。今雖無配，不應闕祀。徐邈近代碩儒，每所折衷，其云『郊爲天壇，則堂非文廟』，此實明據。內外百司立議已定，如更詢訪，終無異説。傍儒依史，竭其管見。既聖旨唯疑，羣下所未敢詳，廢置之宜，仰由天鑒。」詔：「依舊。」建元四年，世祖即位。其秋，有司奏：「尋前代嗣位，或仍前郊年，或別更始，❶晉、宋以來，未有畫一。未審明年應南北二郊祀明堂與不？」依舊通關八座丞郎博士議。尚書令王儉謂明年正月宜饗禮二郊，虞祭明堂，自茲厥後，依舊間歲。尚書領國子祭酒張緒等十七人並同儉議。詔可。

蕙田案：武帝永明二年，准蔡履議，郊與明堂不同日。王儉議後辛祀明堂，詳見圜丘門。

【《樂志》】建武二年，雩祭明堂，謝朓造辭，❷一依謝莊。賓出入，奏《肅咸》樂，歌辭二章　彝承孝典，恭事嚴聖。浹天奉賚，罄壤齊慶。司儀具序，羽容夙章。芬枝揚烈，黼構周張。助寶奠軒，酎珍充庭。璆縣凝會，琄朱竚聲。先期選禮，肅若有承。祇對靈祉，皇慶始膺。　尊事威儀，輝容昭序。迅恭明神，絜盛牲俎。肅肅嚴宮，藹藹崇基。皇靈降止，百祇具司。戒誠望夜，端烈承朝。依微照旦，物色輕宵。

《青帝歌》　參暎夕，駟昭晨。靈乘震，司青春。雁將向，桐始蕤。和風舞，暄光遲。萌動達，萬品新。潤無際，澤無垠。

《赤帝歌》　龍精初見大火中，朱光北至圭景同。帝位在離實司衡，雨水方降木

❶「更」，原脱，據《南齊書·禮志》補。

❷「朓」，原作「眺」，據庫本改。

菫榮。庶物盛長咸殷阜，恩澤四溟被九有。

《黄帝歌》 履艮宅中宇，司繩總四方。裁化偏寒燠，布政司炎凉。此以下除四句。至分乘經晷，閉啓集恒度。帝暉緝萬有，皇靈澄國步。

《白帝歌》 百川若鏡，天地爽且明。雲冲氣舉，盛德在素精。此下除四句。庶類收成，歲功行欲寧。浹地奉渥，罄宇承帝靈。

《黑帝歌》 歲既暮，日方馳。靈乘坎，德司規。玄雲合，晦鳥蹊。白雲繁，亘天涯。此下除四句。晨晷促，夕漏延。大陰極，微陽宣。此下除二句。

皇帝還東壁受福酒，奏《嘉胙樂》歌辭大席同用。 禮薦洽，福祚昌。聖皇膺嘉祐，帝業凝休祥。居極乘景運，宅德瑞中王。澄明臨四奧，精華延八鄉。洞海同聲憓，徹宇麗乾光。靈慶纏世祉，鴻烈永無疆。

送神，奏《昭夏樂》歌辭皆謝莊辭。 藴禮容，餘樂度。靈方留，景欲暮。開九重，肅五達。鳳參差，龍已沫。雲既動，河既梁。萬里照，四空香。神之車，歸清都。琁庭寂，玉殿虚。鴻化凝，孝風熾。顧靈心，結皇思。鴻慶遐鬯，嘉薦令芳。翊帝明德，永祚深光。增四句。

牲出入，奏《引牲樂》歌詩 唯誠絜饗，維孝尊靈。敬芳黍稷，敬滌犧牲。騂繭在豢，載溢載豐。以承宗祀，以肅皇衷。蕭芳四舉，華火周傳。神鑒孔昭，嘉足三牷。

薦豆呈毛血，《嘉薦樂》歌詩二章 肇禋戒祀，禮容咸舉。六典飾文，九司照序。牲柔既昭，犧剛既陳。恭滌惟清，敬事惟神。加籩再御，兼俎兼薦。節動軒越，聲流金縣。奕奕閟幄，亹亹嚴闈。絜誠夕鑒，端服晨暉。聖靈戾止，翊我皇則。上綏四宇，下洋萬國。永言孝饗，孝饗有容。儐僚贊列，肅肅雍雍。

迎神，奏《昭夏樂》歌辭　地紐謐，乾樞回。華蓋動，紫微開。旌蔽日，車若雲。駕六氣，乘烟熅。煒帝景，燿天邑。聖祖降，五靈集。此下除八句。懋粢盛，絜牲牷。百禮肅，羣司虔。皇德遠，大孝昌。貫九幽，洞三光。神之安，解玉鑾。景福至，萬宇歡。皆謝莊辭。

皇帝升明堂，奏登歌辭　雍臺辨朔，澤宮選辰。絜火夕照，明水朝陳。六瑚賁室，八羽華庭。昭事先聖，懷濡上靈。肆夏式敬，升歌發德。永固鴻基，以綏萬國。皆謝莊辭。

初獻，奏《凱容宣烈樂》歌辭太廟同。　醴醴具登，嘉俎咸薦。饗洽誠陳，禮周樂偏。祝辭罷裸，序容輟縣。蹕動端庭，鑾回嚴殿。神儀駐景，華漢高虛。八靈案衛，三祇解途。翠蓋澄耀，罼帟凝晨。玉虡息節，金輅懷音。式誠達孝，底心肅感。追馮皇鑒，思承淵範。神錫懋祉，四緯照明。仰福帝徽，俯齊庶生。

【《鬱林王本紀》】隆昌元年二月辛卯，車駕祀明堂。

【《禮志》】隆昌元年，有司奏，參議明堂，咸以世祖配。國子助教謝曇濟議：「案《祭法》禘郊祖宗，並立嚴祀。鄭玄注義，亦據兼饗。宜祖、宗兩配，文、武雙祀。」助教徐景嵩、光禄大夫王逡之謂宜以世祖文皇帝配。祠部郎何佟之議：「周之文、武，尚推后稷以配天，謂文皇宜推世祖以配帝。雖事施于尊祖，亦義章于嚴父焉。」左僕射王晏議，以爲：「若用鄭玄祖宗通稱，則生有功德，没垂尊稱，歷代配帝，何止于郊？今殷薦上帝，允屬世祖，百代不毁，其文廟乎！」詔可。

東昏侯永元二年，佟之又建議曰：「案《祭法》『有虞氏禘黄帝而郊嚳，祖顓頊而宗堯』，『周人禘嚳而郊稷，祖文王而宗武王』，鄭玄云『禘郊祖宗，謂祭祀以配食也。禘謂祀昊天于圜丘也。祭上帝於南郊曰祭，「祭」當作「郊」。祀五帝五神于明堂曰祖宗』，『郊祭一帝，而明堂祭五帝，小德配寡，大德配衆』。王肅云『祖宗是廟不毁之名』。果如肅言，殷有三祖三宗，並應不毁，何故止稱湯、契？且王者之後存焉，舜寧立堯、頊之廟，傳世祀之乎？漢文以高祖配泰時，至武帝立明堂，復以高祖配食，一人兩配，有乖聖典。自漢明以來，未能反者。故明堂無兼配之祀。竊謂先皇宜列二帝于文祖，尊新廟爲高宗，並世祖而泛配，以申聖主嚴父之義。先皇于武皇，倫則第爲季，義則經爲臣，設配饗之坐，應在世祖之下，並列，俱西向。」國子博士王摛議：「《孝經》：『周公郊祀后稷以配天，宗祀文王于明堂以配上帝。』不云武王。又《周頌·思文》，后稷配天也。《我將》，祀文王于明堂也。武王之文，唯《執競》云『祀武王』。此自周廟祭武王詩，彌知明堂無矣。」佟之又議：「《孝經》是周公居攝時禮，《祭法》是成王反位後所行。故《孝經》以文王爲宗，《祭法》以文王爲祖。又孝莫大于嚴父配天，則周公其人也。尋此旨，寧施成王乎？若《孝經》所説，審是成王所行，則爲嚴祖，何得云嚴父邪？且《思文》是周公祀后稷配天之樂歌，

《我將》是祀文王配明堂之樂歌。若如摛議，則此二篇，皆應在復子明辟之後。請問周公祀后稷、文王，爲何所歌？又《國語》云『周人禘嚳郊稷，祖文王，宗武王』，韋昭云『周公時，以文王爲宗，其後更以文王爲祖，武王爲宗』。尋文王以文治而爲祖，武王以武定而爲宗，欲明文亦有大德，武亦有大功，尋文意，當作「文亦有大功，武亦有大德」，疑監本誤。故鄭注《祭法》云『祖宗通言耳』。是以《詩》云『昊天有成命，二后受之』。注云『二后，文王、武王也』。且明堂之祀，有單有合。故鄭云：『四時迎氣于郊，祭一帝，還于明堂，因祭一帝，則以文王配。』明一賓不容兩主也。『享五帝于明堂，則泛配文、武』。泛之爲言，無的之辭。其禮既盛，故祖宗並配。」參議以佟之爲允。詔可。

蕙田案：佟之謂《孝經》是周公居攝時禮，《祭法》是成王反位後所行。夫周公歷相武、成，其制明堂之禮，實在武王時，故《孝經》以嚴父配天屬之。至于成王宅憂，周公位冢宰，正百工，未嘗行天子禮也。假令周公居攝，致祭亦爲攝事，正在聽於冢宰之内，豈得謂周公主祭而稱爲嚴父乎？

右齊明堂。

【《梁書·武帝本紀》】天監十年正月辛酉，輿駕親祀明堂。

【《隋書·禮儀志》】明堂在國之陽。梁初依宋、齊，其祀之法猶依齊制。禮有不通者，武帝更與學者議之。舊齊儀，郊祀，帝皆以袞冕。至天監七年，始造大裘，而《明堂儀注》猶云袞服。十年，儀曹郎朱异以爲：「《禮》大裘而冕，祭昊天上帝，五帝亦如之。

良由天神高遠，義須誠質，今從汎祭五帝，禮不容文。」于是改服大裘。异又以爲：「齊儀初獻樽彝，明堂貴質，不應三獻。又不應象樽。《禮》云：『朝踐用太樽。』鄭云：『太樽，瓦也。』《記》又云：『有虞氏瓦樽。』此皆在廟所用，猶以質素，况在明堂，禮不容象。今請改用瓦樽，庶合文質之衷。」又曰：「宗廟貴文，故庶羞百品；天義尊遠，則須簡約。今《儀注》所薦，與廟不異，即理徵事，如爲未允。請自今明堂肴膳准二郊。❶但帝之爲名，本主生育，成歲之功，實爲顯著。非如昊天，義絶言象，雖曰同郊，復應微異。若水土之品，蔬果之屬，猶宜以薦，止用梨、棗、橘、栗四種之果，薑、蒲、葵、韭四種之葅，粳、稻、黍、粱四種之米。自此以外，郊所無者，請並從省除。」初，博士明山賓制《儀注》，明堂祀五帝，行禮先自赤帝始。异又以爲：「明堂既汎祭五帝，不容的有先後，東階而升，宜先春帝。請改從青帝始。」又以爲：「明堂籩豆等器，皆以雕飾。尋郊祀貴質，改用陶匏，宗廟貴文，誠宜雕俎。明堂之禮，既方郊爲文，則不容陶匏，比廟爲質，又不應雕俎。斟酌二途，須從厥衷，請改用純漆。」异又以「舊儀，明堂祀五帝，先酌鬱鬯，灌地求神，及初獻清酒，次酃，終醁。禮畢，太祝取俎上黍肉，當御前以授。請依郊儀，止一獻清酒。且五帝天神，不可求之于地，二郊之祭，並無黍肉之禮。並請停灌及授俎法。」又以爲：「舊明堂皆用太牢。案《記》云『郊用特牲』，又云『天地之牛，角繭栗』。五帝既曰天神，理無三牲之祭。而《毛詩·我將》篇云祀文王于

❶「肴」，原作「有」，據《隋書·禮儀志》改。

明堂，有『維羊維牛』之説。良由周監二代，其義貴文，明堂方郊，未爲極質，故特用三牲，止爲一代之制。今斟酌百王，義存通典，蔬果之屬，雖符周禮，而牲牢之用，宜遵夏殷。請自今明堂止用特牛，既合質文之中，又見貴誠之義。」帝並從之。

【《許懋傳》】有事明堂，儀注猶云「服衮冕」。懋駁云：「《禮》云：『大裘而冕，祀昊天上帝亦如之。』良由天神尊遠，須貴誠質。今泛祭五帝，理不容文。」改服大裘，自此始也。

蕙田案：朱异、許懋之言，過矣。大裘祀天，猶須被衮，何乃服以祀上帝乎？《記》云：「大旅具矣，不足以大饗。」郊雖尚質，而大饗則盡文，天與帝不同也。爲壇主尊，明堂主親。改服大裘，用瓦樽，混而同之，非是。

【《通典》】梁祀五帝于明堂，服大裘冕，罇以瓦，俎豆以純漆，牲以特牛，餚膳並准二郊。若水土之品，蔬菜之屬，宜以薦。郊所無者，從省除。所配五帝，行禮自東階升，先春郊帝爲始，止一獻清酒，並停三獻及灌事。

【《梁書·武帝本紀》】天監十二年冬十月，詔：「明堂地勢卑濕，未稱乃心，外可量就埤起，以盡誠敬。」

【《隋書·禮儀志》】先是，帝欲有改作，乃下制旨，而與羣臣切磋其義。制曰：「明堂准《大戴禮》：『九室八牖，三十六户。以茅蓋屋，上圓下方。』鄭玄據《援神契》，亦云『上圓下方』，又云『八窗四闥』。明堂之義，本是祭五帝神，九室之數，未見其理。若五堂而言，雖當五帝之數，向南則背叶光紀，向北則背赤熛怒，東向西向，又亦如此，於事殊未可安。且明堂之祭五帝，則是總義，在郊之祭五帝，則是别義。宗祀所配，復應有室，若專配一室，則是義非配五，若皆配五，則便成五位。以理而言，明堂本無有室。」朱异以爲：「《月令》：『天子居明堂左个、右个。』聽朔之禮，既在明堂，今若無室，則於義成闕。」制曰：「若如鄭玄之義，聽朔必在明堂，於此則人神混淆，莊敬之道有廢。《春秋》云：『介居二大國之間。』此言明堂左右个者，謂所祀五帝堂之南，又有小室，亦號明堂，分爲三處聽朔。既三處，則有左右之義。在營域之内，明堂之外，則有个名，故曰明堂左右个也。以此而言，聽朔之處，自在五帝堂之外，人神有别，差無相干。」其義是非莫定，初尚未改。十二年，太常丞虞爵復引《周禮》明堂九尺之筵，以爲：高下修廣之數，堂崇一筵，故階高九尺。漢家制度，猶遵此禮，故張衡云「度堂以筵」者也。鄭玄以廟寢三制既同，俱應以九尺爲度。制曰：「可。」于是毁宋太極殿，以其材構明堂十二間，基准太廟。以中央六間安六座，悉南向。東來第一青帝，第二赤帝，第三黄帝，第四白帝，第五黑帝。配帝總配享五帝，在阼階東上，西向。大殿後爲小殿五間，以爲五佐室焉。

蕙田案：明堂中一室，爲饗帝宗祀之所，謂太廟太室也。其外八室，天子齊則居之，《大戴禮》云「不齊不居其室」是也。又其外爲十二堂，則居之以聽朔布令。明堂總名也，其中未嘗無内外之分，人神之辨。梁武以一宗而配五室致疑，故發明堂無室之論。不知古之所饗者唯上帝，未嘗有五也。五帝自在四郊之兆，四立日迎氣祭之，本與明堂無涉。又以饗祀聽朔皆在明堂，爲人神混淆，故有堂南又有小室，分爲三處聽朔之論，而不知古之初未嘗混也。

【《音樂志》】明堂徧歌五帝登歌，五曲，四言。

歌青帝辭　帝居在震，龍德司春。開元布澤，含和尚仁。羣居既散，歲云陽止。飭農分地，人粒惟始。雕梁繡栱，丹楹玉墀。靈威以降，百福來綏。

歌赤帝辭　炎光在離，火爲威德。執禮昭訓，持衡受則。靡草既凋，温風以至。嘉薦惟旅，時羞孔備。齊醍在堂，笙鏞在下。匪唯七百，無絶終始。

歌黄帝辭　鬱彼中壇，含靈闡化。迴環氣象，輪無輟駕。布德焉在，四序將收。音宫數五，飯稷驂駵。宅屏居中，旁臨外宇。升爲帝尊，降爲神主。

歌白帝辭　神在秋方，帝居西皓。允兹金德，裁成萬寶。鴻來雀化，參見火邪。幕無玄鳥，菊有黄華。載列笙磬，式陳彝俎。靈罔常懷，惟德是與。

歌黑帝辭　德盛乎水，玄冥紀節。陰降陽騰，氣凝象閉。司智莅坎，駕鐵衣玄。祁寒坼地，晷度迴天。悠悠四海，駿奔奉職。祚我無疆，永隆人極。

【《梁書·武帝本紀》】普通二年二月辛丑，輿駕親祠明堂。　四年正月丙午，輿駕親祠明堂。

中大通元年正月辛巳，輿駕親祠明堂。　三年二月辛丑，輿駕親祠明堂。　五年正月辛亥，輿駕親祠明堂。　大同元年二月辛巳，輿駕親祠明堂。　七年正月辛丑，輿駕親祠明堂。

太清元年正月甲子，輿駕親祠明堂。

右梁明堂。

【《陳書·高祖本紀》】永定二年正月戊午，輿駕親祠明堂。

【《宣帝本紀》】太建三年二月辛巳，輿駕親祠明堂。　五年二月辛丑，輿駕親祠明堂。

六月，治明堂。

【《隋書·禮儀志》】陳制，明堂殿屋十二間。中央六間，依齊制，安六座。四方帝各依其方，黄帝居坤維，而配享坐依梁法。武帝時，以德帝配。文帝時，以武帝配。廢帝已後，以文帝配。牲以太牢，粢盛六飯，鉶羹、果蔬備薦焉。

右陳明堂。

五禮通考卷第二十五

淮陰吴玉搢校字

五禮通考卷第二十六

內廷供奉禮部右侍郎金匱秦蕙田編輯
太子太保總督直隸右都御史桐城方觀承同訂
按察司副使元和宋宗元參校

吉禮二十六

明　堂

【《魏書·高祖本紀》】太和十九年九月辛卯，詔起明堂、辟雍。

【《水經注》】溫水自北苑南出，歷京城內。河干兩湄，太和十年，累石結岸，夾塘之上，雜樹交蔭，郭南結兩石橋，橫水爲梁。又南逕藉田及藥圃西，明堂東。明堂上圓下方，四周十二戶九堂，而不爲重隅也。室外柱內，綺井之下，施機輪，飾縹仰，象天狀，畫北通之宿鳥，蓋天也。《圖書集成》此處錯簡已正，尚有訛誤，當云「畫北辰，列宿象，蓋天也」。每月隨斗所建之辰，轉應天道，此之異古也。加靈臺于其上，下則引水爲辟雍，水側結石爲塘，事準古制，是太和中之所經建也。

【《齊書·魏虜傳》】宏既經古洛，是歲下僞詔尚書思慎曰：「思遵先旨，敕造明堂之樣。卿所制體含六合，事越中古，理圓義備，可軌之千載，信是應世之材。羣臣瞻見，莫不僉然欲速造，朕以寡昧，亦思造盛禮。卿可即于今歲停宮城之作，營建此構。遠成先志，近副朕懷。」

蕙田案：據此，則高祖遷洛之後即

有是詔，但營建未成耳。而魏收書失載，得此足以補之。

十五年四月己卯，經始明堂，十月，明堂成。

【《禮志》】太和十五年十一月癸亥冬至，將祭圜丘，帝衮冕劍舄，侍臣朝服，之圜丘，升祭柴燎，遂祀明堂。

【《高祖本紀》】十六年正月己未，祀顯祖獻文皇帝于明堂，以配上帝。遂升靈臺，以觀雲物。降，居青陽左个，布政事。每朔依以爲常。九月甲寅朔，大序昭穆於明堂。

【《禮志》】十六年九月甲寅朔，大享於明堂。

【《任城王傳》】高祖外示南討，意在謀遷，齋於明堂左个，詔太常卿王諶，令龜卜《易》筮南伐之事，其兆遇《革》。

【《世宗本紀》】延昌三年冬十二月庚寅，詔立明堂。

【《禮志》】熙平二年三月癸未，太常少卿元瑞上言：「謹詳聖朝以太祖道武皇帝配圜丘，道穆皇后劉氏配方澤；太宗明元皇帝配上帝，明密皇后杜氏配地祇；又以顯祖獻文皇帝配雩祀。太宗明元皇帝之廟既毁，上帝地祇，配祭有式。國之大事，唯祀與戎，廟配事重，不敢專決，請召羣官集議以聞。」靈太后令曰：「依請。」于是太師、高陽王雍等議：「竊以尚德尊功，其來自昔，郊稷宗文，周之茂典。仰惟世祖太武皇帝以神武纂業，剋清禍亂，德濟生民，功加四海，宜配南郊。高祖孝文皇帝大聖膺期，惟新魏道，刑措勝殘，功同天地，宜配明堂。」令曰：「依議施行。」初，世宗永平、延昌中，欲建明堂。而議者或云五室，或云九室，至是復議之，詔依五室。及元义執政，遂改營九室。值世亂不成，宗配之禮，迄無所設。

【《李謐傳》】謐覽《考工記》、《大戴禮・盛德篇》，以明堂之制不同，遂著《明堂制度論》曰：「竊不自量，據理尋義，以求其真，乃藉之以《禮》傳，考之以訓注，博採先賢之言，廣搜通儒之説，量其當否，參其同異，棄其所短，收其所長，推義察圖，以折厥衷，豈敢必善，聊亦合其言志矣。凡論明堂之制者雖衆，然校其大略，則二途而已。❶言五室者，則據《周禮・考工》之記以爲本，是康成之徒所執；言九室者，則案《大戴・盛德》之篇以爲源，是伯喈之倫所持。此之二書，雖非聖賢，然是先賢之中博見洽通者也。但各記所聞，未能全正，可謂既盡美矣，未盡善也。而先儒不能考其當否，便各是所習，卒相非毁，豈達士之確論哉？小戴氏傳禮事四十九篇，號曰《禮記》，雖未能全當，然多得其衷，方之前賢，亦無愧矣。而《月令》、《玉藻》、《明堂》三篇，頗有明堂之義，余故採掇二家，參之《月令》，以爲明堂五室，古今通則。其室中者謂之太廟，當太室之東者謂之青陽，當太室之南者謂之明堂，當太室之西者謂之總章，當太室之北者謂之玄堂；四面之室，各有夾房，謂之左右个，三十六户七十二牖矣。室个之形，今之殿前，是其遺像耳。个者，即寢之房也。但明堂與寢，施用既殊，故房、个之名亦隨事而遷耳。今粗書其像，以見鄙意，案圖察義，略可驗矣。故檢之五室，則義明于《考工》；校之户牖，則數協于《盛德》；考之施用，則事著

❶「則」，原脱，據庫本補。

于《月令》；求之閏也，合《周禮》與《玉藻》。既同夏殷，又符周秦，雖乖衆儒，儻或在斯矣。《考工記》曰：『周人明堂，度以九尺之筵，東西九筵，南北七筵，堂崇一筵。五室，凡室二筵。室中度以几，堂上度以筵。』余謂《記》得之于五室，而謬于堂之修廣。何者？當以理推之，令愜古今之情也。夫明堂者，蓋所以告月朔、布時令、宗文王、祀五帝者也。然營構之範，自當因宜創制耳。故五室者，合于五帝各居一室之義。且四時之祀，皆據其方之正。又聽朔布令，咸得其月之辰。求之古義，竊爲當矣。鄭康成，漢末之通儒，後學所宗正，釋五室之位，謂土居中，木火金水各居四維。然四維之室既乖其正，施令聽朔各失厥衷。左右之个，棄而不顧，乃反文之以美說，飾之以巧辭，言水木用事交于東北，木火用事交于東南，火土用事交于西南，金水用事交于西北。既依五行，當從其用事之交，出何經典？可謂攻于異端，言非而博，疑誤後學。《禮記·玉藻》曰天子『聽朔于南門之外，閏月則闔門左扉，立于其中』，鄭玄注曰：『天子之廟及路寢，皆如明堂制。明堂在國之陽，每月就其時之堂而聽朔焉。卒事，反宿路寢亦如之。閏月非常月，聽其朔于明堂門下，還處路寢門終月也。』而《考工記》『周人明堂』，玄注曰：『或舉王寢，或舉明堂，互言之，以明其制同也。』其同制之言皆出鄭注。然則明堂與寢不得異矣。而《尚書·顧命》篇曰：『迎子釗南門之外，延入翼室。』此之翼室，即路寢矣。其下曰『大貝、賁鼓在西房』，『垂之竹矢在東房』，此則路寢有左右房見于經史者也。《禮記·喪大記》曰『君夫人卒于路寢』，小斂，『婦人髽，帶麻于房中』，鄭玄注曰：『此蓋諸侯禮，帶麻于房中，則西房。』天子、諸侯左右房見于注者也。論路寢則明其左右，言明堂則闕其左右个，同制之説還相矛楯，通儒之注，何其然乎？使九室之徒奮筆而争鋒者，豈不由處室之不當哉？《記》云：『東西九筵，南北七筵，五室凡室二筵。』置五室于斯堂，雖使班、倕構思，王爾營度，則不能令三室不居其南北也。然則三室之間，便居六筵之地，而室壁之外裁有四尺五寸之堂焉。豈有天子布政施令之所，宗祀文王以配上帝之堂，周公負扆以朝諸侯之處，而室户之外僅餘四尺而已哉？假在儉約，爲陋過矣。論其堂宇則偏而非制，求之道理則未愜人情，其不然一也。余恐爲鄭學者，苟求必勝，競生異端，以相訾抑。云二筵者，乃室之東西耳，南北則狹焉。余故備論之曰：若東西二筵，則室户之外爲丈三尺五寸矣。南北户外復如此，則三室之中南北裁各丈二尺耳。《記》云：『四房兩夾窗。』若爲三尺之户，二尺之窻，窻户之間，裁盈一尺，繩樞甕牖之室，蓽門圭竇之堂，尚不然矣。假令復欲小廣之，則四面之外，闊狹不齊，東西既深，南北更淺，屋宇之制，不爲通矣。驗之衆塗，略無算焉。且凡室二筵，丈八地耳，然則户牖之間不踰二尺也。《禮記·明堂》：『天子負斧扆南向而立。』鄭玄注曰設斧于户牖之間。而鄭氏《禮圖》説扆制曰：『縱廣八尺，畫斧文于其上，今之屏風也。』以八尺扆置二尺之間，此之叵通，不待智者，較然可見矣。且若二筵之室爲四尺之户，則户之兩頰裁各七尺耳，全以置之，猶自不容，矧復户牖之間哉？其不然二也。又復以世代驗之，即虞夏尚朴，殷周稍文，制造之差，每加崇飾。而夏后世室，堂修二七，周人之制，反更促狹，豈是夏禹卑宫之意，周監郁郁之美哉？以斯察之，其不然三也。又云『堂崇一筵』，便基高九尺，而壁户之外裁四尺五寸，於營制之法自不相稱。其不然四也。又云『室中度以几，堂上度以筵』，而復云『凡室二筵』，而不以几。還自相違，其不然五也。以此驗之，記者之繆，抑可見矣。《盛德》篇云：『明堂凡九室，三十六户，七十二牖，上圓下方，東西九仞，南北七筵，堂高三尺也。』余謂《盛德》篇得之于户牖，失之于九室。何者？五室之制，旁有夾房，面各有户，户有兩牖。此乃因事立則，非拘異術，户牖之數，固自然矣。九室者，論之五帝，事既不合，施之時令，又失其辰。左右之个，重置一隅，兩辰同處，參差出入，斯乃義無所據，未足稱也。且又堂之修廣，裁六十三尺耳。假使四尺五寸爲外之基，其中五十四尺便是五室之地。計其一室之中，僅可一丈，置其户牖，則於何容之哉？若必小而爲之，以容其數，則令帝王側身出入，斯爲怪矣。此匪直不合典制，抑亦可哂之甚也。余謂其九室之言，誠亦有由。然竊以爲戴氏聞三十六户、七十二牖，弗見其制，靡知所置，便爲一室有四户之牕，計其户牖之數，即以爲九室耳。或未之思也。蔡伯喈，漢末之時學士，而見重于當時，即識其修廣之不當，而未必思其九室之爲謬，更修而廣之，假其法象，可謂因僞飾辭，順非而澤，諒可歎矣。余今省彼衆家，委心從善，庶探其衷，不爲苟異，但是古非今，俗間之常情；愛遠惡近，世中之恒事。而千載之下，獨論古制，驚俗之談，固延多誚。脱有深賞君子者，覽而揣之，儻或存焉。」

蕙田案：後世議明堂制度，莫盛于魏，而當時之議，莫過于李謐、賈思伯二人。其説之的當可取者，並載前卷。兹更録其詳，用以昭一代之廷論也。第怪其所考制度，與五室、九室並可融貫。稽之《考工》、《月令》亦恰兩合，而持論皆是五而非九，何歟？意當時主五室者多，而九室又不見於經，故爲是調停之見耶！豈知五室各有夾房，夾房即左右个，而右个即左个，已爲九矣。乃曲避九室之名，偏主五室，至使紛争不定，斯亦泥矣。其辨康成之注，却極明透。

【《賈思伯傳》】于時議建明堂，多有同異。思伯上議曰：「案《周禮・考工記》云夏后氏世室，殷重屋，周明堂，皆五室。鄭注云：『此三者或舉宗廟，或舉王寢，或舉明堂，互言之，以明其制同也。』若然，則夏殷之世已有明堂矣。唐虞以前，其事未聞。戴德《禮記》云明堂凡九室，十二堂。蔡邕云：『明堂者，天子太廟，饗功養老，教學選士，皆于其中，九室十二堂。』案戴德撰《記》，世所不行。且九室十二堂，其于規制，恐難得厥衷。《周禮》營國，左祖右社，明堂在國之陽，則非天子太廟明矣。然則《禮記・月令》四堂及太室皆謂之廟者，當以天子暫配享五帝故耳。又《王制》云：『周人養國老于東膠。』鄭注云：『東膠即辟雍，在王宮之東。』又《詩·大雅》云：『邕邕在宮，肅肅在廟。』鄭注云：『宮，謂辟雍宮也，所以助王。養老則尚和，助祭則尚敬。』又不在明堂之驗矣。案《孟子》云：『齊宣王謂孟子曰：吾欲毀明堂。』若明堂是廟，則不應有毀之問。且蔡邕論明堂之制云：『堂方一百四十四尺，象坤之策；屋圓徑二百一十六尺，象乾之策；方六丈，徑九丈，象陽陰九六之數；九室以象九州；屋高八十一尺，象黃鐘九九之數；二十八柱以象宿；外廣二十四丈以象氣。』案此皆以天地陰陽氣數爲法，而室獨象九州，何也？若立五室以象五行，豈不快也？如此，蔡氏之論非爲通典，九室之言或未可從。竊尋《考工記》雖是補闕之書，相承已久，諸儒注述無言非者，方之後作，不亦優乎？且《孝經援神契》、《五經要義》、《舊禮圖》皆作五室，及徐、劉之論，同《考工》者多矣。朝廷若獨絶今古，自爲一代制作者，則所願也。若猶祖述舊章，規摹前事，不應捨殷周成法，襲近代妄作。且損益之極，極于三王，後來疑議，難可準信。鄭玄云：『周人明堂五室，是帝各有一室也，合于五行之數，《周禮》依數以爲之室，施行于今，雖有不同，時説然耳。』尋鄭此論，非爲無當。案《月令》亦無九室之文，原其制置，不乖五室。其青陽右个即明堂左个，明堂右个即總章左个，總章右个即玄堂左个，玄堂右个即青陽左个。如此，則室猶是五，而布政十二。五室之理，謂爲可案。其方圓高廣，自依時量。戴氏九室之言，蔡子廟學之議，子幹靈臺之説，裴逸一屋之論，及諸家紛紜，並無取焉。」學者善其議。

蕙田案：思伯之説，大約與李謐同，其云九室之制不乖五室，又云右个即左个，可爲特見，發謐之所未及矣。當時議者不一，唯兩議最當，餘不足觀矣。

【《封懿傳》】清河王懌表修明堂、辟雍，詔百寮集議。軌懿之族孫。議曰：「《周官·匠人職》云：夏后氏世室，殷人重屋，周人明堂，其制一也。案周與夏殷，損益不同。至於明堂，因而弗革，明五室之義，得天數矣。是以鄭玄又曰：『五室者，象五行也。』然則九階法九土，四户達四時，八窗通八風，誠不易之大範，有國之恒式。若其上圓下方以則天地，通水環宫以節觀者，茅蓋白盛爲之質飾，赤綴白綴爲之户牖，皆典籍所具載，制度之明義也。在秦之世，焚滅五典，毀黜三代，變更先聖，不依舊憲。故吕氏《月令》見九室之義，❶大戴之《禮》著十二堂之論。漢承秦法，亦未能改，東西二京，俱爲九室。是以《黄圖》、《白虎通》、蔡邕、應劭等咸稱九室以象九州，十二堂以象十二辰。夫室以祭天，堂以布政。依天而祭，故室不過五；依時布政，故堂不逾四。州之與辰，非所可法，九與十二，其用安在？今聖朝欲尊道訓民，備禮化物，宜則五室，以爲永制。至如廟學之嫌，臺沼之雜，袁準之徒，已論正矣。遺論具在，不

❶「之」，原脱，據《魏書·封懿傳》補。

復須載。」尋將經始明堂，廣集儒學，議其制度，九五之論，久而不定，偉伯軌長子。乃搜檢經緯，上《明堂圖說》六卷。

蕙田案：封軌議云「室以祭天，堂以布政」，甚是。但既云「室不過五」，又云「堂不逾四」，夫以四堂而布十二月之政，已包九室在内矣。乃又云「九與十二，其用安在」，不亦窒于事理乎！

【《袁翻傳》】時修明堂、辟雍，翻議曰：「唐虞以上，事難該悉，夏殷已降，校可知之。案《周官·考工》所記，皆記其時事，具論夏殷名制，豈其紕繆？是知明堂五室，三代同焉，配帝象行，義則明矣。及《淮南》、《呂氏》與《月令》同文，雖布政班時，有堂、个之別，然推其體例，則無九室之證。既而正義殘隱，明堂九室，著自《戴禮》，漢氏因之，自欲爲一代之法。故鄭玄云：『周人明堂五室，是帝一室也，合于五行之數。』時說昞然，本制著存，是周五室也；于今不同，是漢異周也。漢爲九室，略可知矣。但就其此制，猶竊有懵焉，何者？張衡《東京賦》云：『乃營三宫，布教班常，複廟重屋，八達九房。』此乃明堂之文也。而薛綜注云：『房，室也，謂堂後有九室。』堂後九室之制，非巨異乎？裴頠又云：『漢氏作四維之个，不能令各據其辰，就使其像可圖，莫能通其居用之體，此爲設虛器也。』甚知漢世徒欲削滅周典，損棄舊章，改物創制，故不復拘於載籍。且鄭玄之詁訓《三禮》，及釋《五經異義》，並盡思窮神，故得之遠矣。覽其明堂圖義，皆有悟人意，察察著明，確乎難奪，諒足以扶微闡幽，不墜周公之舊法也。伯喈損益漢制，章句繁雜，既違古背新，又不能易玄之妙矣。魏、晉書紀，亦有明堂祀五帝之文，而不記其經始之制，又無坦然可準。觀夫今之基址，猶或髣髴，高卑廣狹，頗與《戴禮》不同，何得以意抑心，便謂九室可明？且三雍異所，復乖盧、蔡之義，進退無據，何用經通？晉朝亦以穿鑿難明，故有一屋之論，並非經典正義，皆以意妄作。皇代既乘乾統曆，得一馭宸，自宜稽古則天，憲章文武，追蹤周孔，述而不作。明堂五室，請同周制，郊見三雍，求依故所，庶有會經誥，無失典刑。」

蕙田案：翻專主五室之說，于《月令》之文不能通矣。漢制之謬，在于惑公玉帶之言，不在室之有九也。

【《李業興傳》】業興曰：「我昨見明堂，四柱方屋，都無五九之室，當是裴頠所制。明堂上圓下方，裴唯除屋耳，今此上不圓，何也？」朱异曰：「圓方之説，經典無文，何怪于方。」業興曰：「圓方之言，出處甚明，卿自不見。見卿録梁主《孝經義》亦云上圓下方，卿言豈非自相矛楯？」异曰：「若然，圓方竟出何經？」業興曰：「出《孝經援神契》。」异曰：「緯候之書，何用信也！」業興曰：「卿若不信，靈威仰、叶光紀之類，經典亦無出者，卿復信不？」异不答。

蕙田案：魏自遷鄴以後，遂無明堂，所謂宗祀高祖，蓋亦空言，而未見諸施行者也。特其前後議立之文，散見諸傳，其説頗多。今綜録其有關于制度者，餘並削焉。

【《肅宗本紀》】正光五年九月，詔尚書左僕射、齊王蕭寶寅爲西道行臺大都督，率諸將西討。帝幸明堂，餞寶寅等。

蕙田案：據此，則魏氏明堂當已復建。

右後魏明堂。

【《隋書·禮儀志》】後齊採《周官·考工記》爲五室，周採漢《三輔黄圖》爲九室，各存其制，而竟不立。

【《音樂志》】齊祠五帝於明堂樂歌辭：

先祀一日，夕牲，羣官入自門，奏《肆夏》國陽崇祀，嚴恭有聞。荒華胥暨，樂我大君。冕瑞有列，禽帛恭敘。羣后師師，威儀容與。執禮辨物，司樂考章。率由靡墜，休有烈光。

太祝令迎神，奏《高明樂》、《覆燾舞》辭祖德光，國圖昌。祇上帝，禮四方。闢紫宫，洞華闕。龍獸奮，風雲發。飛朱雀，從玄武。攜日月，帶雷雨。耀宇内，溢區中。眷帝道，感皇風。帝道康，皇風扇。粢盛列，椒糈薦。神且寧，會五精。歸福禄，幸閶亭。

太祖配饗，奏《武德樂》、《昭烈舞》辭五方天帝奏《高明》之樂、《覆燾》之舞，辭同迎氣。　我惟我祖，自天之命。道被歸仁，時屯啓聖。運鐘千祀，授手萬姓。夷凶掩虐，匡頹翼正。載經載營，庶士咸寧。九功以洽，七德兼盈。丹書入告，玄玉來呈。露甘泉白，雲郁河清。聲教咸往，舟車畢會。仁加有形，化洽無外。嚴親惟重，陟配惟大。既祐斯歌，率土攸賴。

牲出入，奏《昭夏樂》辭　孝饗不匱，精潔臨年。滌牢委溢，形色博牷。于以用之，言承歆祀。肅肅威儀，敢不敬止。載飾載省，維牛維羊。明神有察，保兹萬方。

薦血毛，奏《昭夏》辭羣臣出，奏《肆夏》，進熟，羣臣入，奏《肆夏》，同上《肆夏》辭。　我將宗祀，夤獻厥誠。鞠躬如在，側聽無聲。薦色斯純，呈氣斯臭。有滌有濯，唯神其祐。五方來格，一人多祉。明德唯馨，於穆不已。

進熟，皇帝入門，奏《皇夏》辭皇帝升壇，奏《皇夏》，辭同。　象乾上構，儀巛下基。集靈崇祖，永言孝思。室陳簋豆，庭羅懸佾。夙夜畏威，保兹貞吉。舞貴其夜，歌重其升。降斯百禄，唯饗唯應。

皇帝初獻，奏《高明樂》、《覆燾舞》辭　度几筵，闢牖户。禮上帝，感皇祖。酌唯絜，滌以清。薦心款，達神明。

皇帝祼獻，奏《高明樂》、《覆燾舞》辭　帝精來降，應我明德。禮殫義展，流祉邦國。既受多祉，實資孝敬。祀竭其誠，荷天休命。

皇帝飲福酒，奏《皇夏》辭　恭祀洽，盛禮宣。英猷爛層景，廣澤同深泉。上靈鍾百福，羣神歸萬年。月軌咸梯岫，日域盡浮川。瑞鳥飛玄扈，潛鱗躍翠漣。皇家膺寶曆，兩地復參天。

太祝送神，奏《高明樂》、《覆燾舞》辭　青陽奏，發朱明。歌西皓，唱玄冥。大禮罄，廣樂成。神心懌，將遠征。飾龍駕，矯鳳旂。指閶闔，憩層城。出温谷，邁炎庭。跨西汜，過北溟。忽萬億，耀光精。比電騖，與雷行。嗟皇道，懷萬靈。固王業，震天聲。

皇帝還便殿，奏《皇夏》辭　文物備矣，聲明有章。登薦唯肅，禮邈前王。鬯齊云終，折旋告罄。穆穆流冕，蘊誠畢敬。屯衛案部，鑾蹕迴途。暫留紫殿，將及清都。

蕙田案：《禮儀志》既云齊、周俱不立明堂矣，獨于後齊樂章，則郊丘迎氣之外，別有祠明堂樂歌如右，豈製其樂而實未行歟？

右齊周明堂。

【《隋書・禮儀志》】高祖平陳，收羅杞梓，郊丘宗社，典禮粗備，唯明堂未立。開皇十三年，詔命議之。禮部尚書牛弘、國子祭酒辛彦之等定議。後檢校將作大匠事宇文愷，依《月令》文，造明堂木樣，重檐複廟，五房四達，丈尺規矩，皆有準憑，以獻。高祖異之，命有司于郭内安業里爲規兆。方欲崇建，又命詳定，諸儒爭論，莫之能决。弘等又條經史正文重奏。時非議既多，久而不定，又議罷之。

【《牛弘傳》】弘請依古制修立明堂，上議曰：「竊謂明堂者，所以通神靈，感天地，出教化，崇有德。《孝經》曰：『宗祀文王於明堂，以配上帝。』《祭義》云：『祀于明堂，教諸侯孝也。』黃帝曰合宮，堯曰五府，舜曰總章，布政興治，由來尚矣。《周官・考工記》曰：『夏后氏世室，堂修二七，廣四修一。』鄭玄注云：『修十四步，其廣益以四分修之一，則堂廣十七步半也。』『殷人重屋，堂修七尋，四阿重屋。』鄭云：『其修七尋，廣九尋也。』『周人明堂，度九尺之筵，南北七筵，五室，凡室二筵。』鄭云：『此三者，或舉宗廟，或舉王寢，或舉明堂，互言之，明其同制也。』馬融、王肅、干寶所注，與鄭亦異，今不具出。漢司徒馬宮議云：『夏后氏世室，室顯于堂，故命以室。殷人重屋，屋顯于堂，故命以屋。周人明堂，堂大于夏室，故命以堂。夏后氏益其堂之廣百四十四尺，周人明堂，以爲兩序間大夏后氏七十二尺。』若據鄭玄之説，則夏室大于周堂，如依馬宫之言，則周堂大于夏室。後王轉文，周大爲是。但宫之所言，未詳其義。此皆去聖久遠，禮文殘缺，先儒解説，家異人殊。鄭注《玉藻》亦云：『宗廟路寢，與明堂同制。』《王制》曰：『寢不逾廟。』明大小是同。今依鄭玄注，每室及堂，止有一丈八尺，四壁之外，四尺有餘。若以宗廟論之，祫享之時，周人旅酬六尸，并后稷爲七，先公昭穆二尸，先王昭穆二尸，合十一尸，三十六主，❶及君北面行事于二丈之堂，愚不及此。若以正寢論之，便須朝宴。據《燕禮》：『諸侯宴，則賓及卿大夫脱屨升坐。』是知天子宴，則三公九卿並須升堂。《燕義》又云：『席，小卿次上卿。』言皆侍席，止于二筵之間，豈得行禮者？以明堂論之，總享之時，五帝各于其室。設青帝之位，須于太室之内，少北西面。太昊從食，坐于其西，近南北面；祖宗配享者，又于青帝之南，稍退西面。丈八之室，神位有三，加以簠簋籩豆，牛羊之俎，四海九州美物咸設，復須席工升歌，出罇反坫，揖讓升降，亦以隘矣。據兹而説，近是不然。案劉向《别録》及馬宫、蔡邕等所見，當時有《古文明堂禮》、《王居明堂禮》、《明堂圖》、《明堂大圖》、《明堂陰陽》、《泰山通義》、《魏文侯孝經傳》等，並説古明堂之事。其書皆亡，莫得而正。今《明堂月令》者，鄭玄云：『是吕不韋著《春秋十二

❶「主」，原作「王」，據《隋書·牛弘傳》改。

紀》之首章，禮家鈔合爲記。』蔡邕、王肅云周公所作，《周書》内有《月令》第五十三，即此也。各有證明，文多不載。束晳以爲夏時之書。劉瓛云：『不韋鳩集儒者，尋于聖王月令之事而記之。不韋安能獨爲此記？』今案不得全稱《周書》，亦未可即爲秦典，其内雜有虞、夏、殷、周之法，皆聖王仁恕之政也。蔡邕具爲章句，又論之曰：『明堂者，所以宗祀其祖以配上帝也。夏后氏曰世室，殷人曰重屋，周人曰明堂。東曰青陽，南曰明堂，西曰總章，北曰玄堂，内曰太室。聖人南面而聽，向明而治，人君之位莫不正焉。故雖有五名，而主以明堂也。制度之數，各有所依。堂方一百四十四尺，巛之策也。屋圓楣徑二百一十六尺，乾之策也。太廟明堂方六丈，通天屋徑九丈，陰陽六九之變。且圓蓋方覆，九六之道也。八闥以象卦，九室以象州，十二宫以應日辰，三十六户、七十二牖以四户八牖乘九宫之數也。户皆外設而不閉，示天下以不藏也。通天屋高八十一尺，黄鐘九九之實也。二十八柱布四方，四方七宿之象也。堂高三尺，以應三統，四向五色，各象其行。水闊二十四丈，象二十四氣。於外以象四海，王者之大禮也。』觀其模範天地，則象陰陽，必據古文，義不虚出。今若直取《考工》，不參《月令》，青陽、總章之號不得而稱，九月享帝之禮不得而用。漢代二京所建，與此説悉同。建安之後，海内大亂，京邑焚燒，憲章泯絶。魏氏三方未平，無聞興造。晉則侍中裴頠議曰：『尊祖配天，其義明著，而廟宇之制，理據未分。宜可直爲一殿，以崇嚴父之祀，其餘雜碎，一皆除之。』宋、齊已還，咸率茲禮。此乃世乏通儒，時無思術，前王盛事，于是不行。後魏代都所造，出自李沖，三三相重，合爲九室。檐不覆基，房間通街，穿鑿處多，迄無可取。及遷宅洛陽，更加營構，五九紛競，遂至不成，宗配之事，于焉靡託。

今皇猷遐闡，化覃海外，方建大禮，垂之無窮。弘等不以庸虛，謬當議限。今檢明堂必須五室者何？《尚書帝命驗》曰：『帝者承天立五府，赤曰文祖，黄曰神升，白曰顯紀，黑曰玄矩，蒼曰靈府。』鄭玄注曰：『五府與周之明堂同矣。』且三代相沿，多有損益，至于五室，確然不變。夫室以祭天，天實有五，若立九室，四無所用。布政視朔，自依其辰。鄭司農云：『十二月分在青陽等左右之位。』不云居室。鄭玄亦言：『每月于其時之堂而聽政焉。』《禮圖》畫个，皆在堂偏，是以須爲五室。明堂必須上圓下方者何？《孝經援神契》曰：『明堂者，上圓下方，八窻四達，布政之宫。』《禮記·盛德》篇曰：『明堂四户八牖，上圓下方。』《五經異義》稱講學大夫淳于登亦云『上圓下方』，鄭玄同之。是以須爲圓方。明堂必須重屋者何？案《考工記》，夏言『九階，四旁兩夾窻，門堂三之二，室三之一』。殷、周不言者，明一同夏制。殷言『四阿重屋』，周承其後不言屋，制亦盡同可知也。其『殷人重屋』之下，本無五室之文，鄭注云：『五室者，亦據夏以知之。』明周不云重屋，因殷則有，灼然可見。《禮記·明堂位》曰：『太廟，天子明堂。』言魯爲周公之故，得用天子禮樂，魯之太廟與周之明堂同。又曰：『複廟重檐，刮楹達嚮，天子之廟飾。』鄭注：『複廟，重屋也。』據廟既重屋，明堂亦不疑矣。《春秋》文公十三年：『太室屋壞。』《五行志》曰：『前堂曰太廟，中央曰太室，屋其上重者也。』服虔亦云：『太室，太廟太室之上屋也。』《周書·作洛》篇曰：『乃立太廟、宗宫、路寢、明堂，咸有四阿反坫，重亢、重廊。』孔晁注曰：『重亢，累棟。重廊，累屋也。』依《黄圖》所載，漢之宗廟皆爲重屋。此去古猶近，遺法尚在，是以須爲重屋。明堂必須爲辟廱者何？《禮記·盛德》篇云：『明堂者，明諸侯尊卑也。外水曰辟廱。』《明堂陰陽録》曰：『明堂之制，周圜行水，左旋以象天，内有太室以象紫宫。』此明堂有水之明文也。然馬宫、王肅以爲明堂、辟廱、太學同處，蔡邕、盧植亦以爲明堂、靈臺、辟廱、太學同實異名。邕云：『明堂者，取其宗祀之清貌，則謂之清廟，取其正室則曰太室，取其堂則曰明堂，取其四門之學則曰太學，取其周水圜如辟則曰辟廱，其實一也。』其言別者，《五經通義》曰：『靈臺以望氣，明堂以布政，辟廱以養老教學。』三者不同。袁準、鄭玄亦以爲別。歷代所疑，豈能輒定？今據《郊祀志》云：『欲治明堂，未曉其制。濟南人公玉帶上黄帝時《明堂圖》，一殿無壁，蓋之以茅，水圜宫垣，天子從之。』以此而言，其來則久。漢中元二年，起明堂、辟廱、靈臺于洛陽，並別處。然明堂亦有璧水，李尤《明堂銘》云『流水洋洋』是也。以此須有辟廱。夫帝王作事，必師古昔，今造明堂，須以《禮經》爲本。形制依于周法，度數取于《月令》，遺闕之處，參以餘書，庶使該詳沿革之理。其五室九階，上圓下方，四阿重屋，四旁兩門，依《考工記》、《孝經説》。堂方一百四十四尺，屋圓楣徑二百一十六尺，太室方六丈，通天屋徑九丈，八闥二十八柱，堂高三尺，四向五色，依《周書·月令》論。殿垣方在内，水周如外，水内徑三百步，依《泰山盛德記》、《覲禮》經。仰觀俯察，皆有則象，足以盡誠上帝，祇配祖宗，弘風布教，作範于後矣。弘等學不稽古，輒申所見，可否之宜，伏聽裁擇。」上以時事草創，未遑制作，竟寢不行。

蕙田案：弘議稽考古制，最爲詳備。所取五室圓方重屋皆是，蓋以左右个爲堂，故不復言九室。其實未有有堂而無室者，言五則九在其中矣。

至惑于讖緯及公玉帶、蔡邕之説，謂必須辟廱，則謬矣。

大業中，愷又造《明堂議》及樣奏之。煬帝下其議，但令于霍山採木，而建都興役，其制遂寢。終隋代，祀五方上帝，不于明堂，恒以季秋在雩壇上而祀，其用幣各于其方，人帝各在天帝之左。太祖武元皇帝在太昊南，西向。五官在庭，亦各依其方。牲用犢十二。皇帝、太尉、司農行三獻禮于青帝及太祖。自餘有司助奠。祀五官于堂下，行一獻禮。有燎。其省牲進熟，如南郊儀。

【《宇文愷傳》】自永嘉之亂，明堂廢絶，隋有天下，將復古制，議者紛然，皆不能決。博考羣籍，奏《明堂議表》曰：「臣聞在天成象，房心爲布政之宫；在地成形，景午居正陽之位。觀雲告月，順生殺之序；

五室九宫，統人神之際。金口木舌，發令兆民；玉瓚黄琮，式嚴宗祀。何嘗不矜莊扆宁，盡妙思於規摹，凝睟冕旒，致子來于矩矱。伏唯皇帝陛下，提衡握契，御辯乘乾。咸五登三，復上皇之化，流凶去暴，丕下武之緒。用百姓之異心，驅一代以同域，康哉康哉，民無能而名矣。故使天符地寶，吐醴飛甘，造物資生，澄源反朴。九圍清謐，四表削平，襲我衣冠，齊其文軌。芒芒上玄，陳珪璧之敬；肅肅清廟，感霜露之誠。正金奏《九韶》、《六莖》之樂，定石渠五官、三雍之禮。乃卜瀍西，爰謀洛食，辨方面勢，仰禀神謀，敷土濬川，爲民立極。兼聿遵先言，表置明堂，爰詔下臣，占星揆日。于是採崧山之祕簡，披汶水之靈圖，訪通義于殘亡，購《冬官》于散逸。總集衆論，勒成一家。昔張衡渾象，以三分爲一度，裴秀輿地，以二寸爲千里。臣之此圖，用一分爲一尺，推而演之，冀輪奂有序。而經構之旨，議者殊途，或以綺井爲重屋，或以圓楣爲隆棟，各以臆説，事不經見。今録其疑難，爲之通釋，皆出證據，以相發明。議曰：臣愷謹案《淮南子》曰：『昔者神農之治天下也，甘雨以時，五穀蕃殖，春生夏長，秋收冬藏，月省時考，終歲獻貢，以時嘗穀，祀于明堂。明堂之制，有蓋而無四方，風雨不能襲，燥濕不能傷，遷延而入之。』臣愷以爲上古朴略，創立典刑。《尚書帝命驗》曰：『帝者承天立五府，以尊天重象。赤曰文祖，黄曰神斗，白曰顯紀，黑曰玄矩，蒼曰靈府。』注云：『唐、虞之天府，夏之世室，殷之重屋，周之明堂，皆同矣。』《尸子》曰：『有虞氏曰總章。』

《周官・考工記》曰：『夏后氏世室，堂脩二七，博四脩一。』注云：『脩，南北之深也。夏度以步，今堂脩十四步，其博益以四分脩之一，則明堂博十七步半也。』臣愷案，三王之世，夏最爲古，從質尚文，理應漸就寬大，何因夏室乃大殷堂，相形爲論，理恐不爾。《記》云『堂脩七，博四脩』，若夏度以步，則應脩七步。注云『今堂脩十四步』，乃是增益《記》文。殷、周二堂獨無『加』字，便是其義，類例不同。山東《禮》本輒加二七之字，何得殷無加尋之文，周闕增筵之義？研覈其趣，或是不然。讎校古書，並無『二』字，此乃桑間俗儒信情加減。《黃圖議》云：『夏后氏益其堂之大一百四十四尺，周人明堂以爲兩序間。』馬宮之言，止論堂之一面，據此爲準，則三代堂基並方，得爲上圓之制。諸書所説，並云下方，鄭注《周官》，獨爲此義，非直與古違異，亦乃乖背禮文。尋文求理，深恐未愜。《尸子》曰：『殷人陽館。』《考工記》曰：『殷人重屋，堂脩七尋，堂崇三尺，四阿重屋。』注云：『其脩七尋，五丈六尺，放夏周則其博九尋，七丈二尺。』又曰：『周人明堂，度九尺之筵，東西九筵，南北七筵。堂崇一筵。五室，凡二筵。』《禮記・明堂位》曰：『天子之廟，複廟重檐。』鄭注云：『複廟，重屋也。』注《玉藻》云：『天子廟及路寢，皆如明堂制。』《禮圖》云：『于内室之上，起通天之觀，觀八十一尺，得宮之數，其聲濁，君之象也。』《大戴禮》曰：『明堂者，古有之。凡九室，一室有四户八牖。以茅蓋，上圓下方，外水曰璧雝。赤綴户，白綴牖。堂高三尺，東西九仞，南北七筵。其宮方三百步。凡人民疾，六畜疫，五穀灾，生于天道不順。天道不順，生于明堂不飾。故有天灾，則飾明堂。』《周書·明堂》曰：『堂方百一十二尺，高四尺，階博六尺三寸。室居内，方百尺，室内方六十尺。户高八尺，博四尺。』《作洛》曰：『明堂、太廟、露寢，咸有四阿，重亢、重廊。』孔氏注云：『重亢，累棟，重廊，累屋也。』《禮圖》曰：『秦明堂九室十二階，各有所居。』《吕氏春秋》曰：『有十二堂。』與《月令》同，並不論尺丈。臣愷案，十二階雖不與《禮》合，一月一階，非無理思。《黄圖》曰：『堂方百四十四尺，法坤之策也，方象地。屋圓楣徑二百一十六尺，法乾之策也，圓象天室。九宫，法九州。太室方六丈，法陰之變數。十二堂法十二月，三十六户法極陰之變數，七十二牖法五行所行日數。八達象八風，法八卦。通天臺徑九尺，法乾以九覆六。高八十一尺，法黄鐘九九之數。二十八柱象二十八宿。堂高三尺，土階三等，法三統。堂四向五色，法四時五行。殿門去殿七十二步，法五行所行。門堂長四丈，取大室三之二。垣高無蔽目之照，牖六尺，其外倍之。殿垣方，在水内，法地陰也。水四周於外，象四海，圓法陽也。水闊二十四丈，象二十四氣。水内徑三丈，應《覲禮》經。』武帝元封二年，立明堂汶上，無室。其外略依此制。《泰山通議》今亡，不可得而辨也。元始四年八月，起明堂、辟雍長安城南門，制度如儀。一殿，垣四面，門八觀，水外周，堤壤高四尺，和會築作三旬。五年正月六日辛未，始郊太祖高皇帝以配天。二十二日丁亥，宗祀孝文皇帝于明堂以配上帝，及先賢、百辟、卿士有益者，于是秩而祭之。親扶三老五更，袒而割牲，跪而進之。因班時令，宣恩澤。諸侯王、宗室、四夷君長、匈奴、西國侍子，悉奉貢助祭。《禮圖》曰：『建武三十年作明堂，明堂上圓下方，上圓法天，下方法地，十二堂法日辰，九室法九州。室八窻，八九七十二，法一時之王。室有二户，二九十八户，法土王十八日。内堂正壇高三尺，土階三等。』胡伯始注《漢官》云：『古清廟蓋以茅，今蓋以瓦，瓦下藉茅，以存古制。』《東京賦》曰：『乃營三宫，布政頒常。複廟重屋，八達九房。造舟清池，唯水泱泱。』薛綜注云：『複重廇覆，謂屋平覆重棟也。』《續漢書·祭祀志》云：『明帝永平二年，祀五帝于明堂，五帝坐各處其方，黄帝在未，皆如南郊之位。光武位在青帝之南，少退西面，各一犢，奏樂如南郊。』臣愷案《詩》云，《我將》祀文王于明堂，『我將我享，維牛維羊』。據此則備太牢之祭。今云一犢，恐與古殊。自晉以前，未有鴟尾，其圓牆璧水，一依本圖。《晉起居注》裴頠議曰：『尊祖配天，其義明著，廟宇之制，理據未分。直可爲一殿，以崇嚴祀，其餘雜碎，一皆除之。』臣愷案，天垂象，聖人則之。辟雍之星，既有圖狀，晉堂方構，不合天文。既闕重樓，又無璧水，空堂乖五室之義，直殿違九階之文。非古欺天，一何過甚！後魏于北臺城南造圓墻，在璧水外，門在水内迥立，不與墻相連。其堂上九室，三三相重，不依古制，室間通巷，違舛處多。其室皆用墼累，極成褊陋。《後魏·樂志》

曰：『孝昌二年立明堂，議者或言九室，或言五室，詔斷從五室。後元乂執政，復改爲九室，遭亂不成。』《宋起居注》曰：『孝武帝大明五年立明堂，其墻宇規範，擬則太廟，唯十二間，以應朞數。依漢《汶上圖儀》，設五帝位。太祖文皇帝對饗，❶鼎俎簠簋，一依廟禮。』梁武即位之後，移宋時太極殿以爲明堂。無室，十二間。《禮疑議》云：『祭用純漆俎、瓦樽，文于郊，質于廟。止一獻，用清酒。』平陳之後，臣得目觀，遂量步數，記其尺丈。猶見基内有焚燒殘柱，毁斫之餘，入地一丈，儼然如舊。柱下以樟木爲跗，長丈餘，闊四尺許，兩兩相並。瓦安數重。宫城處所，乃在郭内。雖湫隘卑陋，未合規摹，祖宗之靈，得崇嚴祀。周、齊二代，闕而不修，大饗之典，于焉靡託。自古明堂圖唯有二本，一是宗周，劉熙、阮諶、劉昌宗等作，三圖略同。一是後漢建武三十年作，《禮圖》有本，不詳撰人。臣遠尋經傳，旁求子史，研究衆説，總撰今圖。其様以木爲之，下爲方堂，堂有五室，上爲圓觀，觀有四門。」帝可其奏。會遼東之役，事不果行。其年卒官，撰《明堂圖議》二卷、《釋疑》一卷，見行于世。

蕙田案：愷圖不及見。據此，大概與牛弘議同也。

【《舊唐書·禮儀志》】隋文帝開皇中，將作大匠宇文愷依《月令》造明堂木様以獻，帝令有司于京城安業里内規兆其地，方欲崇建，而諸儒争論不定，竟議罷之。煬帝時，愷復獻明堂木様并議狀，屬遷都興役事，又

❶「帝」，原脱，據《隋書·宇文愷傳》補。

不就。終于隋代，季秋大享，恒在雩壇設祀。

【《唐書·禮樂志》】隋無明堂，而季秋大享常寓雩壇。

右隋明堂。

五禮通考卷第二十六

淮陰吴玉搢校字

五禮通考卷第二十七

內廷供奉禮部右侍郎金匱秦蕙田編輯
太子太保總督直隸右都御史桐城方觀承同訂
按察司副使元和宋宗元參校

吉禮二十七

明　堂

【《舊唐書·禮儀志》】武德初，季秋祀五方天上帝於明堂，元帝配，牲用蒼犢二。五人帝、五官並從祀，用方色犢十。

【《唐書·禮樂志》】武德中，季秋祀五方天帝於明堂，以元帝配。　季秋，大享於明堂，天子親祠，不能則有司攝事。五方帝，大享於明堂，太尊實汎齊，著尊實醴齊，犧尊實盎齊，山罍實酒，各二。五人帝從享於明堂，以著尊實醴齊，皆二。祀以四圭有邸，與配帝之幣皆以蒼。五方帝，籩八、豆八、簠一、簋一、甄一、俎一。五人帝，籩四、豆四、簠一、簋一、俎一。

【《舊唐書·禮儀志》】隋代，季秋大享，恒在雩壇設祀。高祖受禪，不遑創儀。太宗平定天下，命儒官議其制。貞觀五年，太子中允孔穎達以諸儒立議違古，上言曰：「臣伏尋前敕，依禮部尚書劉伯莊等議，以爲從崑崙道上層祭天，又尋後敕云：『爲左右閣道，登樓設祭。』臣檢六藝羣書百家諸史，皆名基上曰堂，樓上曰觀，未聞重樓之上而有堂名。《孝經》云：『宗祀文王於明堂。』不云明樓、明觀，其義一也。又明堂法天，聖王示儉，或有翦蒿爲柱，葺茅作蓋。雖復古今異制，不可恒然，猶依大典，惟在朴素。是以席惟稾秸，器尚陶匏，用璽栗以貴誠，服大裘以訓儉。今若飛樓架道，綺閣凌雲，考古之文，實堪疑慮。案《郊祀志》：漢武明堂之制，四面無壁，上覆以茅。祭五帝於上座，祀后土於下防。臣以上座正爲基上，下防惟是基下。既云無四壁，未審伯莊如何上層祭神，下有五室？且漢武所爲，多用方士之説，違經背正，不可師祖。又盧寬等議云：『上層祭天，下堂布政，欲使人神位别，事不相干。』臣以古者敬重大事，與接神相似，以朝覲祭祀，皆在廟堂，豈有樓上祭祖，樓下視朝？閣道昇樓，路便窄隘，乘輦相儀接神不敬，步往則勞曳聖躬。侍衛在旁，百司供奉。求之典誥，全無此理。臣非敢固執愚見，以求己長。伏以國之大典，不可不慎。乞以臣言下羣臣詳議。」侍中魏徵議曰：「稽諸古訓，參以舊圖，其上圓下方，複廟重屋，百慮一致，異軫同歸。洎當塗膺籙，未遑斯禮；典午聿興，無所取則。裴頠以諸儒持論，異端蜂起，是非舛互，靡所適從，遂乃以人廢言，止爲一殿。宋、齊即仍其舊，梁、陳遵而不改。雖嚴配有所，祭享不匱，求之典則，道實未弘。夫孝因心生，禮緣情立。心不可極，故備物以表其誠；情無以盡，故飾宫以廣其敬。宣尼美意，其在兹乎！臣等親奉德音，令參大議，凡聖人有作，義重隨時，萬物斯覩，事資通變。若據蔡邕之説，則至理失於文繁；若依裴頠所爲，則又傷於質略。求之情理，未允厥中。今之所議，非無用捨。請爲五室重屋，上圓下方，既體有則象，又事多故實。下室備布政之居，上堂爲祭天之所，人神不雜，禮亦宜之。其高下廣袤之規，几筵尺丈之制，則並隨時立法，因事制宜。自我而作，何必師古？」議未決。

蕙田案：祭與聽政，有堂室之分，無上下之别。鄭公謂下室布政，上堂祭天，人神不雜，舛矣。至謂高下廣袤、几筵丈尺，自我而作，何必師古？可爲通達之見。❶

十七年五月，秘書監顏師古議曰：「明堂之制，爰自古昔，求之簡牘，全文莫覩。究其指要，實布政之宫也。徒以經禮湮亡，今之所存，傳記雜説，理實蕪昧。然《周書》之敘明堂，紀其四面，則有應門、雉門，據此一塗，固是王者之常居耳。其青陽、總章、玄堂、太廟、左个、右个，與《月令》四時之次相同，則路寢之義，足爲明證。又《文王居明堂》之篇：帶以弓韣，禖于高禖下，九門磔禳以禦疾疫，置梁除道以利農夫，令國有酒以合三族。凡此事等，皆合《月令》之文。觀其所爲，皆在路寢者也。《戴禮》：『昔周公朝諸侯于明堂之位，天子負斧扆南向而立。明堂也者，明諸侯之尊卑也。』《周官》又云：『周人明堂，度九尺之筵，東西九筵，堂一筵。』據其制度，即大寢也。《尸子》亦曰：『黄帝曰合宫，有虞氏曰總章，殷曰陽館，周曰明堂。』斯皆路寢之徵，知非别處。大戴所説，初有近郊之言，復稱文王之廟，進退無據，自爲矛盾。原夫負扆受朝，常居出令，既在皐、庫之内，亦何云於郊野哉？《孝經傳》云在國之陽，又無里數。漢武有懷創造，詢於搢紳，言論紛然，終無定據，乃立於汶水之上而宗祀焉，明其不拘遠近，無

❶「爲」，庫本作「謂」。

擇方面。孝成之代，表行城南，雖有其文，厥功靡立。平帝元始四年，大議營創。孔牢等乃以爲明堂、辟雍、太學其實一也，而有三名。金褒等又稱經傳無文，不能分别同異。中興之後，蔡邕作《論》，復云明堂、太廟，一物二名。鄭玄則曰：『在國之陽，三里之外，七里之内，丙巳之地。』潁容《釋例》亦云明堂太廟凡有八名，其體一也。苟立同異，競爲巧説，並出自胸懷，曾無師祖。審夫功成作樂，理定制禮，草創從宜，質文遞變。旌旗冠冕，古今不同；律度權衡，前後不一，隨時之義，斷可知矣。假如周公舊章，猶當擇其可否；宣尼彝則，尚或補其闕漏。況鄭氏臆説，淳于謏聞，匪異守株，何殊膠柱？愚謂不出墉雉，邇接宫闈，實允事宜，諒無所惑。但當上遵天旨，祇奉德音，作皇代之明堂，永貽範於來葉。區區碎議，皆略而不論。」又上表曰：「明堂之制，陛下已發德音，久令詳議。但以學者專固，人人異言，損益不同，是非莫定。臣愚以爲五帝之後，兩漢已前，高下方圓，皆不相襲。惟在陛下聖情創造，即爲大唐明堂，足以傳於萬代，何必論户牖之多少，疑階廷之廣狹？若恣儒者互説一端，久無斷决，徒稽盛禮，昔漢武欲草封禪儀，博望諸生所説不同，莫知孰是。惟御史大夫倪寬勸上自定制度，遂成登封之禮。臣之愚誠，亦望陛下斟酌繁省，爲其節文，不可謙拒，以淹大典。」尋以有事遼海，未暇營創。

蕙田案：師古號稱博綜，其論明堂，乃背經傳，而乖舛若此，不得其説，請以聖情創造，異哉！

【《唐書・禮樂志》】貞觀初，明堂以高祖配。

【《舊唐書・音樂志》】季秋享上帝于明堂樂

章八首：貞觀中褚亮等作，今行用。

降神，用《豫和》詞同冬至圜丘。

皇帝行，用《大和》詞同冬至圜丘。

登歌奠玉帛，用《肅和》　象天御宇，乘時布政。嚴配申虔，宗禋展敬。罇罍盈列，樹羽交映。玉幣通誠，祚隆皇聖。

迎俎，用《雍和》　八牖晨披，五精朝奠。霧凝璇篚，風清金縣。神滌備全，明粢豐衍。載結彝俎，陳誠以薦。

皇帝酌獻飲福，用《壽和》詞同冬至圜丘。

送文舞出迎武舞入，用《舒和》　御扆合宮承寶曆，席圓重節奉明靈。偃武修文九圍泰，沈烽静柝八荒寧。

武舞用《凱安》詞同冬至圜丘。

送神用《豫和》詞同冬至圜丘。

【《通典》】永徽二年，又奉太宗配祠明堂。有司遂以高祖配五天帝，太宗配五人帝。

【《舊唐書·禮儀志》】永徽二年七月二日，敕曰：「上玄幽贊，處崇高而不言；皇王提象，代神功而理物。是知五精降德，爰應帝者之尊；九室垂文，用紀配天之業。且合宮、靈府，創鴻規於上代；太室、總章，標茂範於中葉。雖質文殊制，奢儉異時，然則立天中，作人極，布政施教，其歸一揆。朕嗣膺下武，丕承上烈，思所以答眷上靈，聿遵孝享，而法宮曠禮，明堂寢構。今國家四表無虞，人和歲稔，作範垂訓，今也其時。宜令所司與禮官、學士等考覈故事，詳議得失，務依典禮，造立明堂。庶曠代闕文，獲申於兹日；因心展敬，永垂於後昆。其明堂制度，令諸曹尚書及左右丞、侍郎、太常、國子秘書官、弘文館學士同共詳議。」於是太常博士柳宣依鄭玄義，以爲明堂之制，當爲五室。內直丞孔志約據《大戴禮》及盧植、蔡邕等義，以爲九室。曹王友趙慈皓、秘書郎薛文思等各造明堂圖。諸儒紛争，互有不同。上初以九室之議爲是，乃令所司詳定形制及辟雍門闕等。

明年六月，内出九室樣，仍更令有司損益之。有司奏言：「内樣：堂基三重，每基階各十二。上基方九雉，八角，高一尺。中基方三百尺，高一筵。下基方三百六十尺，高一丈二尺。上基象黄琮，爲八角，四面安十二階。請從内樣爲定。基高下仍請準周制高九尺，其方共作司約準一百四十八尺。中基、下基，望並不用。又内室各方三筵，開四闥、八牕。屋圓楣徑二百九十一尺。案季秋大饗五帝，各在一室，商量不便，請依兩漢季秋合饗，總於太室。若四時迎氣之祀，則各於其方之室。其安置九室之制，增損明堂故事，三三相重。太室在中央，方六丈。其四隅之室，謂之左右房，各方二丈四尺。當太室四面，青陽、明堂、總章、玄堂等室，各長六丈，以應太室；闊二丈四尺，以應左右房。室間並通巷，各廣一丈八尺。其九室并巷在堂上，總方一百四十四尺，法坤之策。屋圓楣、楯、檐，或爲未允。請據鄭玄、盧植等説，以前梁爲楣，其徑二百一十六尺，法乾之策。圓柱旁出九室四隅，各七尺，法天以七紀。柱外餘基，共作司約準面别各餘一丈一尺。内室别四闥、八牕，檢與古同，請依爲定。其户依古，外設而不閉。内外有柱三十六，每柱十梁，内有七間，柱根以上至梁高三丈，梁以上至屋峻起，計高八十一尺。上圓下方，飛檐應規，請依内樣爲定。其屋蓋形制，仍望據《考工記》改爲四阿，并依禮加重檐，準太廟安鴟尾。堂四向五色，請依《周禮》白盛爲便。

其四向各隨方色。請施四垣及四門。辟雍，案《大戴禮》及前代説，辟雍多無水廣、内徑之數。蔡邕云：『水廣二十四丈，四周於外。』《三輔黄圖》云：『水廣四周。』與蔡邕不異，仍云『水外周堤』。又張衡《東京賦》稱『造舟爲梁』。《禮記·明堂位》、《陰陽録》云：『水左旋以象天。』商量水廣二十四丈，恐傷於闊，今請減爲二十四步，垣外量取周足。仍依故事，造舟爲梁，其外周以圓堤，并取《陰陽》『水行左旋』之制。殿垣，案《三輔黄圖》，殿垣四周方在水内，高不蔽日，殿門去殿七十二步。準今行事陳設，猶恐窄小。其方垣四門去堂步數，請準太廟南門去廟基遠近爲制。仍立四門八觀，依太廟門别各安三門，施玄闖，四角造三重魏闕。」此後羣儒紛競，各執異議。尚書左僕射于志寧等請爲九室，太常博士唐昣「昣」，《通典》作「昕」，未知孰是。等請爲五室。高宗令於觀德殿依兩議張設，親與公卿觀之。帝曰：「明堂之禮，自古有之。議者不同，未果營建。今設兩議，公等以何者爲宜？」工部尚書閻立德對曰：「兩議不同，俱有典故。九室似闇，五室似明。取捨之宜，斷在聖慮。」上以五室爲便，議又不定，由是且止。

蕙田案：此議頗合古，惟房室通巷及辟廱爲謬耳。既别有巷，九室闇矣，宜以五室爲便，而終不定也。

【《舊唐書·禮儀志》】顯慶元年，太尉長孫無忌與禮官等奏議曰：「臣等謹尋方册，歷考前規，宗祀明堂必配五郊，預入明堂，自緣從祀。今以太宗作配，理有未安。伏見永徽二年七月，詔建明堂，伏惟陛下天縱聖德，追奉太宗，已遵嚴配。時高祖先在明堂，禮司致惑，竟未遷祀，率意定儀，遂便著令。乃以太宗皇帝降配五人帝，雖復亦在明堂，不得對越天帝，深乖明詔之意，又與先典不同。謹案《孝經》云：『孝莫大於嚴父，嚴父莫大於配天。昔者周公宗祀文王於明堂，以配上帝。』伏惟詔意，義在於斯。今所司行令，殊爲失旨。又尋漢、魏、晉、宋歷代禮儀，並無父子同配明堂之義。唯《祭法》云：『周人禘嚳而郊稷，祖文王而宗武王。』鄭玄注云：『禘、郊、祖、宗，謂祭祀以配食也。禘謂祭昊天於圜丘，郊謂祭上帝於南郊，祖、宗謂祭五帝、五神於明堂也。』尋鄭此注，乃以祖、宗合爲一祭，又以文、武共在明堂，連衽配祀，良爲謬矣。故王肅駁曰：『古者祖有功而宗有德，祖、宗自是不毁之名，非謂配食於明堂者也。審如鄭義，則《孝經》當言祖祀文王於明堂，不得言宗祀也。凡宗者，尊也。周人既祖祀廟，又尊其祀，孰謂祖於明堂者乎？』鄭引《孝經》以解《祭法》，而不曉周公本意，殊非仲尼之義旨也。又解『宗武王』云：『配勾芒之類，是謂五神，位在堂下。』武王降位，失君敘矣。又案《六韜》曰：『武王伐紂，雪深丈餘，五車二馬，行無轍跡，詣營求謁。武王怪而問焉，太公對曰：「此必五方之神，來受事耳。」遂以其名召入，各以其職命焉。既而克殷，風調雨順。』豈有生來受職，殁則配之，降尊敵卑，理不然矣。故《春秋傳》曰：『禘、郊、祖、宗、報，五者國之祀典也。』《傳》言五者，故知各是一事，非謂祖、宗合祀於明堂也。臣謹上考殷、周，下洎貞觀，並無一代兩帝同配於明堂。南齊蕭氏以武、明昆季並於明堂配食，事乃不經，未足援據。又檢武德時令，以元皇帝配於明堂，兼配感帝。至貞觀初緣情革禮，奉祀高祖配於明堂，奉遷世祖專配感帝。此即聖朝故事，已有遞遷之典，取法宗廟，古之制焉。伏惟太祖景皇帝搆室有周，建絶代之丕業；啓祚汾、晉，創歷聖之洪基。德邁發生，道符立極。又世祖元皇帝潛鱗韞慶，屈道事周，導濬發之靈源，肇光宅之垂裕。稱祖清廟，萬代不遷。請停配祀，以符古義。伏惟高祖太武皇帝躬受天命，奄有神州，創制改物，體元居正，爲國始祖，抑有舊章。昔者炎漢高帝，當塗太祖，皆以受命，例並配天。請遵故實，奉祀高祖於圜丘，以配昊天上帝。伏惟太宗文皇帝，道格上元，功清下黷，拯率土之塗炭，協大造於生靈，請準詔書，宗祀於明堂，以配上帝。又請依武德故事，兼配感帝作主。斯乃二祖德隆，永不遷廟；兩聖功大，各得配天。遠協《孝經》，近申詔意。」

蕙田案：明堂之配，此議爲是。

【《唐書・禮樂志》】顯慶二年，禮部尚書許敬宗與禮官等議曰：「明堂本以祭天，而鄭玄以爲祭太微五帝。皆謬論也。」由是盡黜玄説，明堂大享祭昊天上帝。

乾封二年，詔明堂兼祀昊天上帝及五帝。又詔明堂以高祖、太宗並配。

高宗改元總章，分萬年置明堂縣，示欲必立之。而議者益紛然，或以爲五室，或以爲九室。而高宗依兩議，以帟幕爲之，與公卿臨觀，而議益不一。乃下詔率意班其制度，至取象黄琮，上設鴟尾，其言益不經，而明堂亦不能立。

【《舊唐書・禮儀志》】乾封二年二月，詳宜略定，乃下詔曰：「朕以寡薄，忝承丕緒。奉二聖之遺訓，撫億兆以初臨，馭朽兢懷，推溝在念。而上玄垂祐，宗社降休，歲稔時和，人殷俗阜。車書混一，文軌大同。檢玉泥金，升中告禪，百蠻執贄，萬國來庭，朝野懽娱，華夷胥悦。但爲郊禋嚴配，未安太室，布政施行，猶闕合宫。朕所以日昃忘疲，中宵輟寢，討論墳籍，錯綜羣言，採三代之精微，探九皇之至賾，斟酌前載，製造明堂。棟宇方圓之規，雖兼故實；度筵陳俎之法，獨運財成。宣諸内外，博考詳議，求其長短，冀廣異聞。而鴻生碩儒，俱稱盡善，搢紳士子，並奏該通。創此宏模，自我作古。因心既展，情禮獲伸，永言宗祀，良深感慰。宜命有司，及時起作，務從折中，稱朕意焉。」於是大赦天下，改元爲總章，分萬年置明堂縣。

明年三月，又具規製廣狹，下詔曰：「合宫聽朔，闡皇軒之茂範；靈府通和，敷帝勛之景化。殷人陽館，青珪備禮；姬氏玄堂，彤璋合獻。雖運殊驪翰，時變質文，至於立天中，建皇極，軌物施教，其歸一揆。考圖汶上，僅存公玉之儀；度室圭躔，才紀中元之製。屬炎精墜駕，璇宫毁籥，四海淪於沸鼎，九土陷於塗原。高祖太武皇帝杖鉞唐郊，收鈐雍野，納祥符於蒼水，受靈命於丕山。飛沈泳沫，動植游源。太宗文皇帝盟津光誓，協降火而登壇；豐谷斷蛇，應屯雲而鞠旅。封金岱嶺，昭累聖之鴻勳；勒石九都，成文考之先志。固可以作化明堂，顯庸太室。傍羅八柱，周建四門，木工不琢，土事無文，豐約折衷，經始勿亟，闕文斯備，大禮聿修。其明堂院每面三百六十步，當中置堂。案《周易》乾之策二百一十有六，坤之策一百四十有四，總成三百六十，故方三百六十步。當中置堂，處二儀之中，定三才之本，構兹一宇，臨此萬方。自降院每面三門，同爲一宇，徘徊五間。案《尚書》，一朞有四時，故四面各一所開門；每時有三月，故每一所開三門；一朞十有二月，故周迴總十二門。所以面别一門，應兹四序，既一時而統三月，故於一舍而置三門。又《周易》三爲陽數，二爲陰數，合而爲五，所以每門舍五間。院四隅各置重樓，其四墉各依本方色。案《淮南子》，地有四維，故四樓。又案《月令》，水、火、金、木、土五方各異色，故其墻各依本方之色。基八面，象八方。案《周禮》『黄琮禮地』，鄭玄注：琮者，八方之玉，以象地形，故以祀地。則知地形八方。又案《漢書》，武帝立八觚壇以祀地。登地之壇，形象地，故令爲八方之基，以象地形。基高一丈二尺，徑二百八十尺。案《漢書》，陽爲六律，陰爲六吕。陽與陰合，故高一丈二尺。又案《周易》，三爲陽數，八爲陰數。三八相乘，得二百四十丈。案《漢書》，九會之數有四十，合爲二百八十，所以基徑二百八十尺。故以交通天地之和，錯綜陰陽之數。以明陽不獨運，資陰和以助成；陰不孤行，待陽唱而方應。陰陽兩順，天地咸亨，則百寳斯興，九疇攸序。基每面三階，周迴十二階，每階爲二十五級。案《漢書》，天有三階，故每面三階；地有十二辰，故周迴十二階。又案《文子》，從凡至聖，有二十五等，故每階二十五級。所以應符星而設階，法台耀以疏陛，上擬霄漢之儀，下則地辰之數。又列兹重級，用準聖凡。象皇極之高居，俯庶類而臨耀。基之上爲一堂，其宇上圓。案《道德經》：『天得一以清，地得一以寧，侯王得一以爲天下貞。』又曰：『道生一，一生二，二生三，三生萬物。』又案《漢書》：『太極元氣，函三爲一。』又曰：『天子以四海爲家。』故置一堂以象元氣，并取四海爲家之義。又案《周禮》『蒼璧禮天』，鄭玄注：璧圓以象天。故爲宇上圓。堂每面九間，各廣一丈九尺。案《尚書》，地有九州，故立九間。又案《周易》，陰數十，故間別一丈九尺，所以規模厚地，準則陰陽，法二氣以通基，置九州於一宇。堂周迴十二門，每門高一丈七尺，闊一丈三尺。案《禮記》，一歲有十二月，所以置十二門。又案《周易》，陰數十，陽數七，故高一丈七尺；又曰陽數五，陰數八，故闊一丈三尺。所以調玆玉燭，應彼金輝，叶二氣以循環，逐四序而迎節。堂周迴二十四窻，高一丈三尺，闊一丈一尺，二十三櫺，二十四明。案《史記》，天有二十四氣，故置二十四窻。又案《書》，一年十二月，并象閏，故高一丈三尺。又案《周易》，天數一，地數十，故闊一丈一尺；又天數九，地數十，并四時成二十三，故二十三櫺。又案《周易》，八純卦之本體，合二十四爻，故有二十四明。列牖疏，象風候，氣遠周天地之數，曲準陰陽之和。堂心八柱，各長五十五尺。案《河圖》，八柱承天，故置八柱。又案《周易》，大衍之數五十有五，故長五十五尺。聳玆八柱，承彼九間，數該大衍之規，形符立極之制。且柱爲陰數，天實陽元，柱以陰氣上昇，天以陽和下降，固陰陽之交泰，乃天地之相承。堂心之外，置四柱爲四輔。案《漢書》，天有四輔星，故置四柱以象四星。内以八柱承天，外象四輔明化，上交下泰，表裏相成，叶台耀以分輝，契編珠而拱極。八柱四輔外，第一重二十柱。案《周易》，天數五，地數十，並五形之數合而爲二十，故置二十柱。體二儀而立數，叶五位以裁規，式符立極之功，允應剛柔之道。八柱四輔外，第二重二十八柱。案《史記》，天有二十八宿，故有二十八柱。所以仰則乾圖，上符景宿，考編珠而紀度，觀列宿以迎時。八柱四輔外，第三重三十二柱。案《漢書》，有八節、八政、八風、八音，四八三十二柱。調風御節，萬物資以化成；布政流音，九區仰而貽則。外面周迴三十六柱。案《漢書》，一朞三十六旬，故法之以置三十六柱。所以象歲時而致用，順寒暑以通微，璿璣之度無愆，玉曆之期永契。八柱之外，修短總有三等。案《周易》，天、地、人爲三才，故置柱長短三等，所以擬三才以定位，高下相形；體萬物以資生，長短兼運。八柱之外，都合一百二十柱。案《禮記》，天子置三公、九卿、二十七大夫、八十一元士，合爲一百二十，是以置一百二十柱。分職設官，翊化資於多士；開物成務，構厦藉於羣材，其上檻周迴二百四柱。案《周易》，坤之策一百四十有四，又《漢書》，九會之數有六十，故置二百四柱。所以採坤策之玄妙，法甲乙之精微，環迴契辰象之規，結構準陰陽之數。又基以象地，故叶策於坤元；柱各依方，復規模於甲子。重楣，二百一十六條。案《周易》乾之策二百一十有六，故置二百一十六條。所以規模《易》象，擬法乾元，應大衍之深玄，叶神策之至數。大小節及拱，總六千三百四十五。案《漢書》，會月之數，六千三百四十五，故置六千三百四十五枚。所以遠採三統之文，傍符會月之數，契金儀而調節，偶璇曆以和時。重幹，四百八十九枚。案《漢書》，章月二百三十五，閏月周迴二百五十四，總成四百八十九，故置四百八十九枚。所以法履端之奥義，象舉正之芳猷，規模曆象，發明章、閏。下柳，七十二枚。案《易緯》，有七十二候，故置七十二枚。所以式模芳節，取規貞候，契至和於昌曆，偶神數於休期。上柳，八十四枚。案《漢書》，九會之數有七十。疑脱六字。又案《莊子》：六合之外，聖人存而不論。司馬彪注：天地四方爲六合。總成八十四，故置八十四枚。所以模範二儀，包羅六合，準會陰陽之數，周通氣候之源。枅，六十枚。案《漢書》，推太歲之法有六十，故置六十枚。所以兼該曆數，包括陰陽，採甲乙之深微，窮辰子之玄奥。連栱，三百六十枚。案《周易》，當朞之日，三百有六十，故置三百六十枚。所以叶周天之度，準當期之日，順平分而成歲，應晷運以循環。小梁，六十枚。案《漢書》，有六十甲子，故置六十枚。構此虹梁，遐規鳳曆，傍竦四宇之製，遥符六甲之源。棒，二百二十八枚。案《漢書》，章中二百二十八，故置二百二十八枚。所以應長曆之規，象中月之度，廣綜陰陽之數，傍通寒暑之和。方衡，一十五重。案《尚書》，五行生數一十有五，故置十五重。結棟分間，法五行而演秘；疏楹疊構，叶生數以成規。南北大梁，二根。案《周易》太極生兩儀，故置二大梁。軌範乾坤，模擬天地，象玄黄之合德，表覆載以生成。陽馬，三十六道。案《易緯》，有三十六節，故置三十六道。所以顯兹嘉節，契此貞辰，分六氣以燮陰陽，環四象而調風雨。椽，二千九百九十根。案《漢書》，月法二千三百九十二，通法五百九十八，共成二千九百九十。所以偶推步之規，合通法之數。是知疏椽構宇，則大壯之架斯隆，積月成年，則會曆之規無爽。大梠，兩重，重別三十六條，總七十二。案《淮南子》，太平之時，五日一風，一年有七十二風，故置七十二條。所以通規瑞曆，叶數祥風，遥符淳俗之源，遠則休徵之契。飛檐椽，九百二十九枚。案《漢書》，從子至午，其數九百二十九，所以採辰象之宏模，法周天之至數。且午爲陰本，子實陽源，子午分時，則生成之道自著；陰陽合德，則覆載之義兹隆。堂檐，徑二百八十八尺。案《周易》，乾之策二百一十六，《易緯》云，年有七十二候，合爲二百八十八，故徑二百八十八尺。所以仰叶乾策，遠承貞候，順和氣而調序，擬圓蓋以照臨。堂上棟，去基上面九十尺。案《周易》，天數九，地數十，以九乘十，數當九十，故去基上面九十尺。所以上法圓清，下儀方載，契陰陽之至數，叶交泰之貞符。又以兹天九，乘於地十，象陽唱而陰和，法乾施而坤成。檐，去地五十五尺。案《周易》，大衍之數五十有五，故去地五十五尺。所以擬大《易》之嘉數，通惟神之至賾，道合萬象，理貫三才。上以清陽玉葉覆之。案《淮南子》，清陽爲天，合以清陽之色。」詔下之後，猶羣議未決。終高宗之世，未能創立。

【《唐書・禮樂志》】《孝經》曰：「宗祀文王於明堂，以配上帝。」而三代有其名而無其制度，故自漢以來，諸儒之論不一，至于莫知所從，則一切臨時增損，而不能合古。然推其本旨，要於布政交神于王者尊嚴之居而已，其制作何必與古同！然爲之者至無所據依，乃引天地、四時、風氣、乾坤、五行、數象之類以爲倣像，而衆説亦不克成。

蕙田案：此猶顔師古所謂聖情創造者也。附會愈多，規制愈大，去古愈遠，宜終弗克立矣。

【《舊唐書·禮儀志》】儀鳳二年七月，太常少卿韋萬石奏曰：「明堂大享，惟古禮鄭玄議，祀五天帝，王肅議，祀五行帝。《貞觀禮》依鄭玄議祀五天帝，顯慶以來新修禮祀昊天上帝。奉乾封二年敕祀五帝，又奉制兼祀昊天上帝。復奉上元三年三月敕，五禮俱以貞觀年禮爲定。又奏去年敕，並依周禮行事。今用樂須定所祀之神，未審依古禮及《貞觀禮》，爲復依見行之禮？」時高宗及宰臣並不能斷，依違久而不決。尋又詔尚書省及學士詳議，事仍不定。自此明堂大享，兼用貞觀、顯慶二《禮》。

【《唐書·武后本紀》】垂拱四年正月庚午，毀乾元殿，作明堂。十二月辛亥，改明堂爲萬象神宮。

【《舊唐書·禮儀志》】則天臨朝，儒者屢上言請創明堂。則天以高宗遺意，乃與北門學士議其制，不聽羣言。垂拱三年春，毀東都之乾元殿，就其地創之。四年正月五日，明堂成。凡高二百九十四尺，東西南北各三百尺。有三層：下層象四時，各隨方色；中層法十二辰，圓蓋，蓋上盤九龍捧之；上層法二十四氣，亦圓蓋。亭中有巨木十圍，上下通貫，栭櫨橕棍，藉以爲本，亘之以鐵索。蓋爲鸑鷟，黃金飾之，勢若飛翥。刻木爲瓦，夾紵漆之。明堂之下施鐵渠，以爲辟雍之象。號萬象神宮。因改河南縣爲合宮縣。詔：「來年正月一日，可於明堂宗祀三聖，以配上帝。宜令禮官、博士、學士、內外明禮者詳定儀禮，務從典要，速以奏聞。」

【《唐書·王求禮傳》】武后時，爲左拾遺、監察御史。后方營明堂，瑀飾譎怪，侈而不法，求禮以爲「鐵鸑金龍、丹雘珠玉，乃商瓊臺、夏瑶室之比，非古所謂茅茨採椽者」，不報。

【《武后本紀》】永昌元年正月乙卯，享於萬象神宫，大赦，改元，賜酺七日。戊午，布政於萬象神宫，頒九條以訓百官。

【《舊唐書·禮儀志》】永昌元年正月元日，始親享明堂，大赦，改元。其月四日，御明堂布政，頒九條以訓于百官，文多不載。翌日，又御明堂饗羣臣，賜縑纁有差。自明堂成後，縱東都婦人及諸州父老入觀，兼賜酒食，久之乃止。吐蕃及諸夷以明堂成，亦各遣使來賀。

【《武后本紀》】載初元年春正月，神皇親享明堂，大赦天下。依周制，建子月爲正月，改永昌元年十一月爲載初元年，十二月，爲臘月，改舊正月爲一月。

【《禮儀志》】載初元年冬正月庚辰朔，日南至，復親饗明堂，大赦，改元，用周正。翼日，布政于羣后。其年二月，則天又御明堂，大開三教。内史邢文偉講《孝經》，命侍臣及僧、道士等以次論議，日昃乃罷。

天授二年正月乙酉，日南至，親祀明堂，合祭天地，以周文王及武氏先考、先妣配，百神從祀，並於壇位次第布席以祀之。於是春官郎中韋叔夏奏曰：「明堂正禮，唯祀五帝，配以宗祖及五帝、五官神等，自外餘神，並不合預。伏惟陛下追遠情深，崇禋志切，於明堂享祀，加昊天上帝、皇地祇，重之以先后配享，此乃補前王之闕典，弘嚴配之虔誠。往以神都郊壇未建，乃於明堂之下廣祭衆神，蓋義出權時，非不刊之禮也。謹案禮經：其內官、中官、五岳、四瀆諸神，並合從祀於二至。明堂總奠，事乃不經。然則宗祀配天之親，雜與小神同薦，於嚴敬之道，理有不安。望請每歲元日，惟祀天地大神，配以帝后。其五岳以下，請依禮於冬、夏二至，從方丘、圜丘，庶不煩黷。」從之。

【《則天皇后紀》】天授三年正月，大享明堂。

長壽二年春一月，大享明堂。

【《唐書·則天皇后傳》】長壽二年，享神宮，自制大樂舞，工用九百人，以武承嗣爲亞獻，三思爲終獻。

【《舊唐書·音樂志》】則天大聖皇后享明堂樂章十二首：御撰。

外辨將出　總章陳昔典，衢室禮惟神。宏規則天地，神用叶陶鈞。負扆三春旦，充庭萬宇賓。顧已誠虛薄，空慙馭兆人。

皇帝行，用黃鐘宮　仰膺曆數，俯順謳歌。遠安邇肅，俗阜時和。化光玉鏡，訟息金科。方興典禮，永戢干戈。

皇嗣出入昇降　至人光俗，大孝通神。謙以表性，恭惟立身。洪規載啓，茂典方陳。譽隆三善，祥開萬春。

迎送王公　千官肅事，萬國朝宗。載延百辟，爰集三宮。君臣得合，魚水斯同。睿圖方永，周曆長隆。

登歌大吕均無射羽。　禮崇宗祀，志表嚴禋。笙鏞合奏，文物惟新。敬遵茂典，敢擇良辰。潔誠斯著，奠謁方申。❶

配饗　笙鏞間鳴玉，文物昭清暉。粹影

❶「謁」，原作「竭」，據《舊唐書·音樂志》改。

臨芳奠，休光下太微。孝忠期有感，明潔庶無違。

宫音　履艮苞羣望，居中冠百靈。萬方資廣運，庶品荷裁成。神功諒匪測，盛德實難名。藻奠申誠敬，恭祀表惟馨。

角音　出震位，開平秩。扇條風，乘甲乙。龍德盛，鳥星出。薦珪篚，陳誠實。

徵音　赫赫離精御炎陸，滔滔熾景開隆暑。冀延神鑒俯蘭罇，式表虔襟陳簠俎。

商音　律則夷則，序應收成。功宣建武，儀表惟明。爰申禮奠，庶展翹誠。九秋是式，百穀斯盈。

羽音　葭律肇啓隆冬，蘋藻攸陳饗祭。黄鐘既成玉燭，紅粒方殷稔歲。

【《武后本紀》】三年春一月，大享明堂。

【《唐書·武后本紀》】天册萬歲元年正月，改元證聖。丙申，萬象神宫火。

【《舊唐書·武后本紀》】證聖元年，明堂灾，至明而並從煨燼。庚子，以明堂灾告廟，手詔責躬。

【《禮儀志》】時，則天又於明堂後造天堂，以安佛像，高百餘尺。始起建構，爲大風振倒。俄又重營，其功未畢。證聖元年正月丙申夜，佛堂灾，延燒明堂，至曙，二堂並盡。尋時又無雲而雷起自西北。

【《唐書·武后本紀》】萬歲通天元年臘月甲申，封於神岳，改元曰萬歲登封。三月丁巳，復作明堂，改曰通天宫，大赦，改元，賜酺七日。

神功元年四月，置九鼎于通天宫。

【《舊唐書·禮儀志》】天册萬歲二年三月，重造明堂成，號爲通天宫。四月朔日，又行親享之禮，大赦，改元爲萬歲通天。翼日，則天御通天宫之端扆殿，命有司讀時令，布政于羣后。其年，鑄銅爲九州鼎，既成，置于明堂之庭，各依方位列焉。神都鼎高一丈八尺，受一千八百石。冀州鼎名武興，雍州鼎名長安，兖州名日觀，青州名少陽，徐州名東源，揚州名江都，荆州名江陵，梁州名成都。其八州鼎高一丈四尺，各受一千二百石。司農卿宗晉卿爲九鼎使，都用銅五十六萬七百一十二觔。鼎上圖寫本州山川物産之像，仍令工書人著作郎賈膺福、殿中丞薛昌容、鳳閣主事李元振、司農録事鍾紹京等分題之，❶左尚方署令曹元廓圖畫之。鼎成，自玄武門外曳入，令宰相、諸王、南北衙宿衛兵十餘萬人，并仗内大牛、白象共曳之。則天自爲《曳鼎歌》，令相唱和。其時又造大儀鐘，斂天下三品金，竟不成。九鼎初成，欲以黄金千兩塗之。納言姚璹曰：「鼎者神器，貴於質朴，無假别爲浮飾。臣觀其狀，光有五彩輝煥錯雜其間，豈待金色爲之炫耀？」乃止。其年九月，又大享於通天宫。以契丹破滅，九鼎初成，大赦，改元爲神功。

蕙田案：《本紀》于萬歲通天元年，書四月親享；二年，書正月親享，九月改元神功。今《志》以爲即元年之九月，則《本紀》當稱神功二年，不當直稱二年矣。然考《通鑑》，于萬歲通天元年書更造明堂成，明年神功元年書鑄九鼎成，正與《紀》合，則此併爲一年者，誤也。《通典》云明年九月又享通天宫，與此月同而年異，

❶「京」，原作「宗」，據羅士琳《舊唐書校勘記》所引張宗泰説改。

豈其字當爲「明」字之誤歟？

聖曆元年正月，又親享及受朝賀。尋制：每月一日於明堂行告朔之禮。司禮博士辟閭仁諝奏議曰：❶「謹案經史正文，無天子每月告朔之事。而鄭玄注《玉藻》『聽朔』，以秦制月令有五帝五官之事，遂云：『凡聽朔，必特牲告其時帝及其神，配以文王、武王。』此鄭注之誤也。故漢魏至今莫之用。案《月令》云『其帝太昊，其神勾芒』者，謂宣布時令，告示下人，其令詞云其帝其神耳。所以爲敬授之文，欲使人奉其時而務其業。每月有令，故謂之《月令》，非謂天子月朔日以祖配帝而祭告之。❷其每月告朔者，諸侯之禮也。故《春秋左氏傳》曰：『公既視朔，遂登觀臺。』又鄭注《論語》云：『禮，❸人君每月告朔於廟，有祭謂之朝享。魯自文公始不視朔。』是諸侯之禮明矣。今王者行之，非所聞也。案鄭所謂告其帝者即太昊等五人帝，其神者即重黎等五行官。雖並功施於人，列在祀典，無天子每月拜祭告朔之文。臣等謹檢《禮記》及《三禮義宗》、《江都集禮》、《貞觀禮》、《顯慶禮》及《祠令》，並無天子每月告朔之事。若以爲代無明堂，故無告朔之禮，則《江都集禮》、《貞觀禮》、《顯慶禮》及《祠令》，著祀五方上帝於明堂，即《孝經》『宗祀文王於明堂』也。此則無明堂而著其享祭，何爲告朔獨闕其文？若以君有明堂即合告朔，則周、秦有明堂，而經典正

❶「諝」，原作「諿」，據《舊唐書校勘記》及後文改，下逕改，不再一一出校。
❷「祖」，原無，據《舊唐書·禮儀志》補。
❸「云禮」，原誤乙，據《舊唐書校勘記》改。

文，無天子每月告朔之事。臣等歷觀今古，博考載籍，既無其禮，不可習非。望請停每月一日告朔之祭，以正國經。竊以天子之尊，而用諸侯之禮，非所謂頒告朔、令諸侯、使奉而行之義也。」鳳閣侍郎王方慶又奏議曰：「天子以孟春正月上辛日，於南郊總受十二月之政，還藏於祖廟，月取一政班於明堂。諸侯孟春之月，朝於天子，受十二月之政藏於祖廟，月取一政而行之。人君以其禮告廟，則謂之告朔；聽視此月之政，則謂之視朔，亦曰聽朔。雖有三名，其實一也。今禮官議稱『經史正文無天子每月告朔之事』者。臣謹案《春秋》：『文公六年閏十月，不告朔。』《穀梁傳》曰：『閏，附月餘日，天子不以告朔。』《左氏傳》云：『閏月不告朔，非禮也。閏以正時，時以作事，事以厚生，生人之道，於是乎在矣。不告閏朔，棄時政也。』臣據此文，則天子閏月亦告朔矣。寧有他月而廢其禮者乎？博考經籍，其文甚著。何以明之？《周禮·太史職》云：『頒告朔於邦國。閏月，告王居門終月。』又《禮記·玉藻》云：『閏月則闔門左扉，立于其中。』並是天子閏月而行告朔之事也。禮官又稱：《玉藻》：『天子聽朔於南門之外。』《周禮·天官·太宰》：『正月之吉，布政于邦國都鄙。』干寶注云：『周正建子之月，告朔日也。』此即《玉藻》之聽朔矣。今每歲首元日，通天宫受朝，讀時令，布政事，京官九品以上、諸州朝集使等咸列于庭，此聽朔之禮畢，而合于《周禮》、《玉藻》之文矣。《禮論》及《三禮義宗》、《江都集禮》、《貞觀禮》、《顯慶禮》及《祠令》，無王者告朔之事者。臣謹案《玉藻》云：『玄冕而朝日於東門之外，聽朔於南門之外。』鄭注云：『朝日，春分之時也。東門，皆謂國門也。明堂在國之陽，每月就其時之帝而聽朔焉，卒事，反宿於路寢。凡聽朔，必以特牲告其時帝及其神，配以文王、武王。』臣謂今歲首元日，通天宫受朝，讀時令及布政，自是古禮，孟春上辛，受十二月之政，班於明堂，其義昭然，猶未行也。即如禮官所言，遂闕其事。臣又案《禮記·月令》，天子每月居青陽、明堂、總章、玄堂，即是每月告朔之事。先儒舊説，天子行事，一年十八度入明堂：大享不問卜，一入也；每月告朔，十二入也；四時迎氣，四入也；巡狩之年，一入也。今禮官立議，王惟歲首一入耳，與先儒既異，臣不敢同。鄭玄云：『凡聽朔告其帝。』臣愚以爲告朔之日，則五方上帝之一帝也。春則靈威仰，夏則赤熛怒，秋則白招拒，冬則叶光紀，季月則含樞紐也，並以始祖而配之焉。人帝及神，列在祀典，亦於其月而享祭之。魯自文公始不視朔，子貢見其禮廢，欲去其羊，孔子以羊存猶可識其禮，羊亡其禮遂廢，故云『爾愛其羊，我愛其禮』。漢承秦滅學，庶事草創，明堂、辟雍，其制遂闕。漢武帝封禪，始造明堂於泰山，既不立於京師，所以無告朔之事。至漢平帝元始中，王莽輔政，庶幾復古，乃建明堂、辟雍焉。帝祫祭於明堂，諸侯王、列侯、宗室子弟九百餘人助祭畢，皆益户，賜爵及金帛，增秩、補吏各有差。漢末喪亂，尚傳其禮。爰至後漢，祀典仍存。明帝永平二年，郊祀五帝於明堂，以光武配，祭牲各一櫝，奏樂如南郊。董卓西移，載籍湮滅，告朔之禮，於此而墜。暨於晉末，戎馬生郊，禮樂衣冠，埽地總盡。元帝過江，是稱狼狽，禮樂制度，南遷蓋寡，彝典殘缺，無復舊章，軍國所資，臨事議之。既闕明堂，寧論告朔。宋朝何承天纂集其文，以爲《禮論》雖加編次，事則闕如。梁代崔靈恩撰《三禮義宗》，但捃摭前儒，因循故事而已。隋大業中，煬帝命學士撰《江都禮集》，只抄撮禮論，更無異文。《貞觀》、《顯慶禮》及《祠令》不言告朔者，蓋爲歷代不傳，其文遂闕，各有由緒，不足依據。今禮官引爲明證，在臣誠實有疑。陛下肇建明堂，聿遵古典，告朔之禮，猶闕舊章，欽若稽古，應須補葺。若每月聽政於明堂，事亦煩數，孟月視朔，恐不可廢。」上又命奉常廣集衆儒，取方慶、仁諝所奏，議定得失。當時大儒成均博士吴揚吾、太學博士郭山惲曰：「臣等謹案《周禮》、《禮記》及三《傳》，皆有天子告朔之禮。夫天子頒告朔于諸侯，秦政焚滅《詩》、《書》，由是告朔禮廢。今明堂肇建，總章新立，紹百王之絶軌，樹萬代之鴻規，上以嚴配祖宗，下以敬授人時，使人知禮樂，道適中和，灾害不生，禍亂不作。今若因循頒朔，每月依行，禮貴隨時，事須沿革。望依王方慶議，用四時孟月日及季夏於明堂修復告朔之禮，以頒天下。其帝及神，亦請依方慶用鄭玄義，告五時帝於明堂上。則嚴配之道，通於神明；至孝之德，光於四海。」制從之。

【《張齊賢傳》】聖曆初，爲太常奉禮郎。武后詔百官議告朔于明堂，讀時令，布政事。太常博士辟閭仁諝請罷告朔月祭，齊賢不踶其說，質曰：「穀梁氏稱『閏月，天子不告朔』，它月故告朔矣。左氏言魯『不告閏朔，爲棄時政』，則諸侯雖閏告朔矣。周太史『頒朔于邦國』，《玉藻》『閏月，王居門』，是天子雖閏亦告朔。二家去聖不遠，載天子、諸侯告朔事，顯顯弗繆。今議者乃以《太宰》正月之吉，布治邦國，而言天子元日一告朔，殊失其旨。一歲之元，六官自布所職之典。干寶爲當作「謂」。吉爲朔，故世人繆吉爲告，據繆失經，不得爲法。議者又引左氏說，專在諸侯，不知《玉藻》與左說正同，而獨於天子言歲首一告，何去取之恣也！又謂時帝，五人帝也。玄於時帝包天人，故以文、武作配，是並告兩五帝爲不疑。諸侯受朔天子，藏於廟。天子受朔于天，宜在明堂，故告時帝，配祖考。議者曰：『天子月告祭頒朔，則諸侯安得藏之？故太宰歲首布一歲事，太史頒之也。』是不然。《周太史》『頒朔邦國』，是總頒十二朔於諸侯；天子猶月告者，頒官府都鄙也。內外異言之也。禮不可罷。」鳳閣侍郎王方慶又言：「若月一聽，則近于煩，每孟月視朔，惟制定其禮，臣下不敢專。」成均博士吴揚吾等請兼如齊賢、方慶議。不數歲，禮亦廢。

蕙田案：齊賢之論最當，如方慶、楊吾之說，則仍是五時迎氣，何告朔之有？且方慶自言告朔十二，而忽病其煩，其爲師心棄禮，夫亦自知之矣。

【《舊唐書·禮儀志》】長安四年，始制元日明堂受朝，停讀時令。

蕙田案：武后以周篡唐，實爲元惡，

而違天動衆，非禮興作，尤屬妖妄。著其矯誣，正以嚴其斧鉞也。馬氏《通考》幾于削而棄之，今取其有關事迹者載之，以彰世宙之變，而概降一格，以貶其文。至諸臣立武氏之朝而紛紛議禮，誠如《子昂傳》贊所云「薦圭璧于房闥，以脂澤汙漫之者」，亦可醜矣，更何足論其得失乎！

【《唐書・中宗本紀》】神龍元年九月壬午，祀天地于明堂，大赦。

【《舊唐書・禮儀志》】中宗即位，神龍元年九月，親享明堂，合祭天地，以高宗配。禮畢，曲赦京師。明年，駕入京，於季秋大享，復就圜丘行事，迄于睿宗之世。

蕙田案：唐初本無明堂，武后創之，而中宗反承用之，以是行禮，曾不若復就圜丘之爲愈矣。

【《唐書・陳貞節傳》】明年，帝將大享明堂，貞節惡武后所營，非古所謂「木不鏤、土不文」之制，乃與馮宗上言：「明堂必直丙巳，以憲房、心布政，太微上帝之所。武后始以乾元正寢占陽午地，先帝所以聽政，故毁作堂。撤之日，有音如雷，庶民讙訕，以爲神靈不悦。堂成，灾火從之。后不修德，俄復營構，殫用極侈，詭禳厥變，又欲嚴配上帝，神安肯臨？且密邇掖庭，人神雜擾，是謂不可放物者也。二京上都，四方是則。天子聽政，乃居便坐，無以尊示羣臣。願以明堂復爲乾元殿，使人識其舊，不亦愈乎？」詔所司詳議。刑部尚書王志愔等僉謂：「明堂壞怪不法，天燼之餘，不容大享。請因舊循制，還署乾元正寢。正、至，天子御以朝會。若大享，復寓圜丘。」制曰可。

【《舊唐書·禮儀志》】開元二年八月，太子賓客薛謙光獻《九鼎銘》。其《蔡州鼎銘》，天后御撰，曰：「羲、農首出，軒、昊膺期。唐、虞繼踵，湯、禹乘時。天地光宅，域中雍熙。上天降鑒，方建隆基。」紫微令姚崇奏曰：「聖人啓運，休兆必彰。請宣付史館。」從之。五年正月，幸東都，將行大享之禮。太常少卿王仁忠、博士馮宗、陳貞節等議，以武氏所造明堂，有乖典制，奏議曰：「明堂之建，其所從來遠矣！自天垂象，聖人則之。蒿柱茅簷之規，上圜下方之制，考之大數，不逾三七之間，定之方中，必居丙巳之地者，豈非得房心布政之所，當太微上帝之宫乎？昔漢氏承秦，經籍道息。孝武初，議立明堂於長安城南，遭竇太后不好儒術，事乃中廢。孝成之代，又欲立於城南，議其制度，莫之能決。至孝平元始四年，始創造於南郊，以申嚴配。光武中興元年，立於國城之南。自魏、晉迄於梁朝，雖規制或殊，而所居之地，常取丙巳者，斯蓋百王不易之道也。高宗永徽三年，詔禮官學士議明堂制度，羣儒紛競，各執異端，久之不決，因而遂止。則天太后以爲乾元大殿，承慶小寢，當正陽亭午之地，實先聖聽斷之宫。乃起工徒，挽令摧覆。既毁之後，雷聲隱然，衆庶聞之，或以爲神靈感動之象也。於是增土木之麗，因府庫之饒，煙焰蔽日，梁柱排雲，人斯告勞，天實貽誡。煨燼甫爾，遽加修復。况乎地殊丙巳，未答靈心，跡匪膺期，乃申嚴配。事昧彝典，神不昭格。此其不可者一也。又明堂之制，木不鏤，土不文。今體式乖宜，違經紊禮，雕鐫所及，窮侈極麗。此其不可者二也。高明爽塏，事資虔敬，密邇宫掖，何以祈天？人神雜擾，不可放物。此其不可者三也。況兩京上都，萬方取則，而天子闕當陽之位，聽政居便殿之中，職司其憂，豈容沉默。當須審攷歷之計，擇煩省之宜，不便者量事改修，可因者隨宜適用，削彼明堂之號，克復乾元之名，則當宁無偏，人識其舊矣。」詔令所司詳議奏聞。刑部尚書王志愔等奏議，咸以此堂所置，實乖典制，多請改削，依舊造乾元殿。自是駕在東都，常以元日冬至於乾元殿受朝賀。季秋大享祀，依舊於圜丘行事。十年，復題乾元殿爲明堂，而不行享祀之禮。

【《通典》】開元十五年，太常博士錢嘉會上議曰：「准《月令》，九月農功畢，大享五帝於明堂。貞觀及神龍皆於南郊報祭。中間寢廢，有虧祀典。准《孝經》『宗祀文王於明堂以配上帝』，請每年九月，於南郊雩壇行享禮，以睿宗皇帝配。」從之。二十年季秋，大享於明堂，祀昊天上帝，以睿宗配。又以五方帝、五官從祀。籩豆罇罍之數，與雩禮同。

【《唐書·王仲丘傳》】開元中，上言：「《貞觀禮》，季秋祀五方帝、五官於明堂。《顯慶禮》，祀昊天上帝於明堂。臣謂周郊祀后稷以配天，宗祀文王於明堂以配上帝。先儒以天爲感帝，引太微五帝著之，上帝則屬之昊天。鄭玄稱《周官》旅上帝，祀五帝，各文而異禮，不容并而爲一。故於《孝經》天、上帝，申之曰：『上帝亦天也。』神無二主，但異其處，以避后稷。今《顯慶》享上帝，合於《經》，然《貞觀》嘗祀五方帝矣。請二禮皆用。」

詔可。

蕙田案：《仲丘傳》本無年月，據《通典》當在此年。又案是年大享，新舊《書》本紀並失載，然杜氏必可信，且據《舊書》本紀，《開元新禮》適以是年九月告成，則正行大享尤爲得情，否則大享一門爲虚設矣。

【《通典》】開元禮纂類：皇帝季秋大享於明堂攝事附。將祀，有司卜日如别儀。前祀七日，戒誓百官，皇帝散齋、致齋，並如圜丘儀。祀官齋戒同。

陳設　前祀三日，尚舍直長施大次於明堂東門之外道北，尚舍奉御鋪御座。守宫設文武侍臣次於大次之後，文官在左，武官在右，俱相向。諸祀官次於璧水東門之外道南，從祀官文官九品以上於祀官之東，東方、南方蕃客又於其東，俱重行，每等異位，北向西上。介公、酅公於璧水西門之外道南，武官九品以上於介公、酅公西，西方、北方蕃客又於其西，俱重行，每等異位，北向東上。褒聖侯于文官三品之下。若有諸州使人，分方各于文武官之後。惟攝事無大次以下儀，守宫設祀官、公卿已下次于璧水東門外道南，北向西上。設陳饌幔於璧水東門之内道北，南向。前祀二日，太樂令設宫懸之樂於明堂前庭，如圜丘之儀。右校清埽明堂内官。郊社令積柴於燎壇，其壇于樂懸之南。方一丈，高丈二尺，開上，南出户，方六尺。前祀一日，奉禮設御位於堂之東南，西向。設祀官、公卿位於東門之内道南，攝事設祀官、公卿位于明堂東南。執事者位於公卿之後，近南，每等異位，俱重行，西面北上。設御史位於堂下，一位在東南，西向，一位在西南，東向，令史各陪其後。設奉禮位於樂懸東北，❶贊者二人在南，差退，俱西向。設協律郎位於堂上午陛之西，東向。❷設太樂令位於北懸之間，攝則于此下便設望燎位于柴壇之北，南向，無太祝已下至褒聖侯之位也。太祝奉玉帛位於柴壇之南，皆北向。設從祀文官九品已上於執事之南，東方、南方蕃客又於其南，俱每等異位，重行，西面北上。介公、酅公位於西門之内，道南，武官九品已上於介公、酅公之後，西方、北方蕃客於武官之南，俱每等異位，重行，東面北上。其褒聖侯于文武三品之下。若有諸州使人，分方位各于文武之後。又設祀官及從祀羣官等門外位於東門外道南，皆如設次之式。設牲牓於東門之外，當門，西向南上，牲數如雩祀之儀。設酒罇之位明堂之上下：昊天上帝太罇二，著罇二，犧罇二，山罍二，在室内神座之左。象罇二，壺罇二，山罍二，在堂下東南，西向。配帝著罇二，犧罇二，象罇二，罍二，在堂下神座之左。五方帝各太罇二，著罇二，犧罇二，罍二，各於室内神座之内，左向。五帝各著罇二，在堂上，各於神座之左，俱内向。五官各象罇二，在階下，皆於神座之左，俱右向。堂上之罇皆于坫，階下之罇皆藉以席，俱加勺、冪，設爵于罇下。設御洗於東階東南，攝事設祝官洗。亞獻之洗又於東南，俱北向，罍水在洗東，篚在洗西，南肆。篚實以巾爵。設五官罍洗篚冪，各於酒罇之左，俱右向。其執罇罍篚冪者，各位於其後。各設玉幣之篚於堂之上下罇坫之間。祀日未明五刻，太史令、郊社令升設昊天上帝神座於

❶「北」，原脱，據《通典》卷一一〇補。

❷「西東」，原乙，據《通典》卷一一〇及《大唐開元禮》卷一〇乙正。

明堂太室之内中央，南向，席以藁秸。設睿宗大聖真皇帝神座於上帝之東南，西向，席以莞。設青帝於木室，西向；赤帝於火室，北向；黄帝於太室南户之西，北向；白帝於金室，東向；黑帝於水室，南向，席皆以藁秸。設太昊、炎帝、軒轅、少昊、顓頊之座，各於五方帝之左，俱内向，差退。若非明堂五室，皆如雩祀圜丘設座之禮。設五官座於明堂之庭，各依其方，俱内向，席皆以莞。設神位各於座首。

省牲器如别儀。

鑾駕出宮如圜丘儀。

奠玉帛　祀日未明三刻，諸祀官各服其服。設罇罍玉幣，升行埽除，門外位儀，舞人就位、皇帝出行宮之次、羣官入就位、近侍臣陪從儀，並同圜丘。攝亦如圜丘攝事。皇帝至版位，西向立。每位立定，太常卿與博士退立於左。太常卿前奏稱：「請再拜。」退復位。皇帝再拜。奉禮曰：「衆官再拜。」衆官在位者皆再拜。謁者引諸獻官俱詣東陛升堂，立於罇所。太祝與諸獻官皆跪取玉幣於篚，立於東南隅，東向北上。五方帝、五配帝太祝立於西南隅，東向北上。五方帝、五官、諸太祝及獻官又取幣於篚立於罇所。太常卿引皇帝，《太和》之樂作，皇帝每行，皆張《太和》之樂。皇帝升自南陛，侍中、中書令已下及左右侍衛、量人從升，已下皆如之，攝則謁者引太尉升南陛，奠玉帛。皇帝升堂，北面立，樂止。太祝加玉於幣以授侍中，侍中奉玉帛西向進，皇帝搢鎮珪，受玉帛。凡受物皆搢鎮珪，奠訖，執珪，俛伏，興。登歌，作《肅和》之樂，以大吕之均。太常卿引皇帝進，北向跪奠於昊天上帝神座，俛伏，興，太常卿引皇帝立於南方，北面。五方帝之太祝奉玉帛，各奠於神座，還罇所。皇帝再拜訖，太祝又以配帝之幣授侍中，攝事皆謁者贊授太尉，上下皆然。侍中奉幣西向進，皇帝受幣，太常卿引皇帝進，西面跪，奠於睿宗大聖真皇帝神座前，俛伏，興，太常卿引皇帝立於東方，西向。五帝之獻官各奠幣於神座，各還；五官之祝次奠幣神座，各還鐏所。皇帝再拜訖，登歌止。太常卿引皇帝，樂作，皇帝降自南陛，還版位，西向立，樂止。初羣官拜訖，祝史皆奉毛血之豆立於堂下，於登歌止，祝史奉毛血各由其階升，諸太祝迎取於堂上，俱進奠於神座，諸太祝與祝史退立於鐏所。

進熟　皇帝既升奠玉帛，其設饌盥洗鐏爵，一如圜丘之儀。攝則太尉既升奠。太常卿引皇帝立於南方，北向。太祝一人持版進於皇帝之右，西面跪讀祝文曰：「維某年歲次某月朔日，子嗣天子臣某敢昭告於攝事云：「天子臣某，謹遣太尉封臣名，敢昭告于」。昊天上帝：惟神覆燾羣生，甄陶庶類，不言而信，普博無私。謹擇元辰，祇率恒禮，敬以玉帛犧齊，粢盛庶品，肅恭禋祀，式展誠敬，皇考睿宗大聖真皇帝配神作主，尚饗。」訖，興。皇帝再拜。初讀祝文訖，樂作，太祝進奠版於天帝神座，還鐏所，皇帝拜訖，樂止。太常卿引皇帝詣配帝酒鐏所，執鐏者舉冪，侍中取爵於坫，進引皇帝受爵，侍中贊酌汎齊。訖，樂作，太常卿引皇帝，進睿宗大聖真皇帝座前，西向跪奠爵，俛伏，興，太常卿引皇帝立於東方，西向。謁者五人引五方帝之太祝詣罍洗盥手，俱取匏爵於坫，酌汎齊，各進奠於其神座前，還鐏所，樂止。配帝太祝一人持版進於皇帝之左，北面跪讀祝文曰：「維某年歲次月朔日，孝子開元神武皇帝臣某，敢昭告於皇考睿宗大聖真皇帝：祇率舊章，肅恭恒禮，敬致禋祀於昊天上帝。惟皇考德光宇宙，道叶乾元，申錫無疆，實膺嚴配。謹以制幣犧齊，粢盛庶品，肅恭明薦，侑神作主，尚饗。」訖，興。皇帝再拜。初讀祝文訖，樂作，太祝進奠版於神座前，還鐏所，皇帝拜訖，樂止。太常卿引皇帝南方北向立，樂作，其飲福、還宮，並如圜丘儀。攝事亦同雩祀攝事。

【《舊唐書·禮儀志》】二十五年，駕在西京，詔將作大匠康䛒素往東都毀之。䛒素以毀拆勞人，乃奏請且拆上層，卑於舊制九十五尺。又去柱心木，平座上置八角樓，樓上有八龍，騰身捧火珠。又小於舊制，圜五尺，覆以真瓦，取其永逸。依舊爲乾元殿。

蕙田案：《通典》、新舊《唐書》皆作「康䛒素」，惟《通考》脱「素」字，誤。

【《玄宗本紀》】二十七年冬十月，將改作明堂。訛言官取小兒埋于明堂之下，以爲厭勝。村野童兒藏于山谷，都城騷然，咸言兵至。上惡之，遣主客郎中王佶往東都及諸州宣慰百姓，久之乃定。冬十一月，毀東都明堂之上層，改拆下層爲乾元殿。

蕙田案：史文連書冬十月，當衍其一，否則後當爲十一月之誤。

【《文獻通考》】自是迄唐之世，季秋大享皆寓圜丘。

代宗永泰二年，禮儀使杜鴻漸奏：「季秋大享明室祀昊天上帝，請以肅宗配。」制可。

憲宗元和元年，太常禮院奏：「季秋大享明堂祀昊天上帝，今太廟祔享禮畢，大饗之日，准禮合奉皇考順宗配神作主。」詔曰：「敬依典禮。」

十五年，時穆宗已即位。禮院奏：「大享明堂，案禮文皇考配坐，今奉憲宗配神作主。」詔曰：「敬依典禮。」

蕙田案：此三大饗，新舊《書》紀志俱不載，馬氏必別有所考。

右唐明堂。

五禮通考卷第二十七

淮陰吴玉搢校字

五禮通考卷第二十八

內廷供奉禮部右侍郎金匱秦蕙田編輯
太子太保總督直隸右都御史桐城方觀承同訂
按察司副使元和宋宗元參校

吉禮二十八

明　堂

【《宋史·仁宗本紀》】皇祐二年三月戊子朔，詔季秋有事于明堂。己丑，以大慶殿爲明堂。戊戌，詔明堂禮成，羣臣毋上尊號。夏五月丁亥朔，新作明堂禮神玉。六月己未，出新製明堂樂八曲。九月辛亥，大饗天地于明堂，以太祖、太宗、真宗配，如圜丘，大赦，百官進秩一等。

【《文獻通考》】宋初，因唐舊制，每歲冬至圜丘，正月上辛祈穀，孟夏雩祀，季秋大享，凡四祭昊天上帝。太宗雍熙元年，詔季秋大享，以太祖配上帝。淳化四年，詔季秋大享以宣祖配。真宗時，季秋大享以太祖配。

【《宋史·禮志》】真宗乾興元年，真宗崩，詔禮官定遷郊祀配帝，乃請：「明堂，以真宗配。」奏可。

【《玉海》】太祖開寶八年十一月丙申，西京明堂殿成。

蕙田案：皇祐以前，明堂未立，故紀志直以皇祐爲始。馬氏據大享致祭，則以太宗、真宗爲端。夫大享專主明堂，既無明堂，安得以郊壇之寓祭託大享之名，而即屬之于明堂也？況祭天以冬至爲重，宋帝以不能親郊，而併行之於明堂，尚非大享之正，況并不在明堂耶。斷以《宋史》爲是，故附載《通考》，而識其説云。

又案：《玉海》稱開寳八年明堂殿成，未詳何據。

【《宋史·樂志》】景祐大享明堂二首：

真宗配位奠幣，《誠安》　思文聖考，對越在天。侑神作主，奉幣申虔。

酌獻，《德安》　偃革興文，封巒考瑞。威烈巍巍，允膺宗祀。

蕙田案：此仁宗以真宗配享之樂歌，不過季秋之祭，而實非明堂也。

【《禮志》】宋初，雖有季秋大享之文，然未嘗親祠，命有司攝事而已。真宗始議行之，屬封岱宗，祀汾陰，故亦未遑。皇祐二年三月，仁宗謂輔臣：「今年冬至日，當親祀圜丘，欲以季秋行大享明堂禮。然自漢以來，諸儒各爲論議，駁而不同。夫明堂者，布政之宫，朝諸侯之位，天子之路寢，乃今之大慶殿也。況明道初合祀天地于此，今之親祀，不當因循，尚于郊壇寓祭也。其以大慶殿爲明堂，分五室于內。」仍詔所司詳定儀注以聞。禮院請依《周禮》，設五室于大慶殿。舊禮，明堂五帝位皆爲幔室。今旁帷上幕，宜用青繒朱裏；四户八牖，赤綴户，白綴牖，宜飾以朱白繒。詔曰：「祖宗親郊，合祭天地，祖宗並配，百神從祀。今祀明堂，正當親郊之期，而禮官所定，祭天不及地祇，配坐不及祖宗，未合三朝之制。且移郊爲大享，蓋亦爲民祈福，宜合祭皇地祇，奉太祖、太宗、真宗並配，而五帝、神州亦親獻之。日、月、河、海諸神，悉如圜丘從祀之數。」禮官議諸神位未决，帝諭文彦博等曰：「郊壇第一龕者在堂，第二、第三龕設于左右夾廡及龍墀上，在壝内外者，列于堂東西厢及後廡，以象壇壝之制。仍先繢圖。」令輔臣、禮官視設神位。昊天上帝，堂下山罍各四。此六字内恐有脱誤。皇地祇，大尊、著尊、犧尊、山罍各二，在堂上室外神坐左；象尊二，壺尊二，山罍四，在堂下中陛東。三配帝、五方帝，山罍各二，于室外神坐左。神州，大尊、著尊、山罍各一，在堂上神坐左。牲各用一犢，毛不能如其方，以純色代。籩豆，數用大祠。日、月、天皇大帝、北極，大尊各二，在殿上神坐左。籩豆，數用中祠。五官，數用小祠。内官，象尊各二，每方岳、鎮、海、瀆，山尊各二，在堂左右。中官，壺尊各二，在丹墀、龍墀上。外官，每方丘陵、墳衍、原隰，概尊各二，衆星，散尊各二，在東西厢神坐左右。配帝席蒲越，五人帝莞，北極以上稾秸，悉加褥，❶五官、五星以下莞不加褥，餘如南郊。景靈宫升降，置黄道褥位。致齋日，陳法駕、鹵簿、儀仗，壝門大次之後設小次。知廟卿酌奠七祠，文臣分享奉慈、后廟，近侍宿朝堂。行事及從升堂百官分宿昇龍門外，内庭省司宿本所，諸方客使宿公館。❷設宿爟火于望燎位東南。牲增四犢，羊、豕依郊各十六，以薦從祀。帝謂前代禮有祭玉、燔玉，今獨有燔玉，命擇良玉爲琮、璧。皇地祇黄琮，黄幣，神州兩圭有邸，黑幣，日月圭、璧，

❶「悉」，原脱，據《太常因革禮》卷三五《大享明堂中》補。

❷「使」，原脱，據《太常因革禮》卷三五《大享明堂中》補。「公」，原作「分」，據《宋史・禮志》改。

皆置神坐前，燔玉加上幣。❶五人帝、五官白幣，日月、内官以下，幣從方色。九月二十四日未漏上水一刻，百官朝服，齋于文德殿。明日未明二刻，鼓三嚴，帝服通天冠、絳紗袍，玉輅，警蹕，赴景靈宫，即齋殿易衮圭，薦享天興殿畢，詣太廟宿齋，其禮具太廟。未明三刻，帝韡袍，小輦，殿門契勘，門下省奉寶輿先入。及大次，易衮圭入，至版位，樂舞作，沃盥，自大階升。禮儀使導入太室，詣上帝位，奠玉幣于神坐，次皇地祇、五方帝、神州，次祖宗。奠幣、酌獻之敘亦然。皇帝降自中階，還版位，樂止。禮生引分獻官奉玉幣，祝史、齋郎助奠諸神坐，乃進熟。諸太祝迎上帝、皇地祇饌，升自中階；青帝、赤帝、神州、配帝、大明、北極、太昊、神農氏饌，升自東階；黄帝、白帝、黑帝、夜明、天皇大帝、軒轅、少昊、高陽氏饌，升自西階；内中官、五官、外官、五星諸饌，隨便升設。亞獻將升，禮生分引獻官俱詣罍洗，各由其階酌獻五人帝、日月、天皇、北極，下及左右夾廡、丹墀、龍墀、庭中五官、東西廂外官衆星坐。禮畢，帝還大次，解嚴，改服乘輦，御紫宸殿，百官稱賀。乃常服，御宣德門，肆赦，文武内外官遞進官有差。宣制畢，宰臣百僚賀于樓下，賜百官福胙及内外致仕文武升朝官以上粟帛、羊酒。

蕙田案：是年，明堂未建，一切權制苟簡而已。合祭天地，祖宗並配，百神從祀，揆諸古制，無一是者。且圜丘本是正祭，今乃移郊爲大享，凡合祭並配從祀諸非禮，俱不得不然，可謂名實俱舛矣。

❶「上幣」，原作「幣上」，據《宋史·禮志》改。

【《宋仁宗實録》】皇祐二年五月丁亥朔，禮院新作明堂禮神玉及燔玉。初，上謂輔臣曰：「前代禮神有祭玉、燔玉，今獨有燔玉，無乃于祀典缺乎？」文彦博對曰：「唐太和中，太常卿王起以當時祀事止有燔玉，因請造璧琮等九器，止用珉。蓋唐以來，禮神之玉已不復備。」上曰：「朕奉天地、祖宗，盡物盡志，豈于玉寳有所愛乎？其有司備製之。」時沙州適貢玉，乃擇其良者，製爲琮璧等九器，其黝璜尤粹，祭玉始備。己酉，御製明堂樂曲及二舞名。十月辛未，詔禮神玉，令少府擇寬潔之室奉藏。

【《文獻通考》】先是，宋庠建議，以今年當郊，而日至在晦，用建隆故事，宜有所避，因請季秋大享于明堂。乃下詔以大慶殿爲明堂，揭御篆「明堂」二字、飛白「明堂之門」四字，祠已，藏宗正寺。判太常寺兼儀事宋祁等檢詳典禮，條請：一，據明堂制，有五室。當大享時，即設昊天上帝座于太室中央，南向；配帝位于上帝東南，西向；青帝室在東，西向；赤帝室在南，北向；黄帝室在太室内少西南，北向；白帝室在西，東向；黑帝室在北，南向。今大慶殿初無五室，欲權爲幔室，以准古制，每室爲四户八牖；或不爲幔室，即止依方設版位，于禮亦不至妨闕。其五神位，即設于庭中東南。一，明堂古制，南面三階，三面各二階。今大慶殿惟南向一面有兩階，其三面之制即難備設。欲于南向權設五階，以備乘輿登降。一，明堂大饗，唯真宗崇配，據禮合止告一室。伏緣乘輿入廟，仰對列聖，若專享一室，禮未厭情。今欲罷有司今年孟秋時饗，請皇帝親行朝享之禮，即七室皆徧，可盡恭虔，于禮爲便。其真宗室祝册，兼告崇配之意，自餘齋宿，如南郊之儀。一，南郊禮畢，自大次輦還帷宮，鈞容鼓吹導引；自帷宮還内，諸營兵夾路鼓吹奉迎。今明堂禮畢還文德殿，以須旦明登樓肆赦，緣宫禁地近，難用鈞容鼓吹。其鈞容合在宣德門外排列，營兵鼓吹合在馳道左右排列，欲候禮成乘輿離大次還文德殿時，自内傳呼出外，許鈞容及諸營鼓吹一時振作，俟乘輿至文德殿御幄，即傳呼令罷。

蕙田案：周人以后稷配天，故將郊必告祖廟。文王配上帝，則大享之前亦先告文王廟可知矣。告祭只在一室，不偏七廟，以其非歲祀之常也。宋祁因明堂告祭，請罷孟秋時饗，失之矣。

太常禮院言：「昨赴大慶殿詳度陳列天地以下神位，今參比郊壇壝兆上下位敘如左：殿上五室，内太室中北；昊天上帝位，皇地祇在左，皆南面；太祖、太宗、真宗位在東，西向。黄帝在太室中西南，北面，人帝在左，少退；青帝、赤帝、白帝、黑帝各從本室，人帝在左，少退。神州地祇、日、月、北極、天皇大帝，並設于五室之間，其位少退。五帝、神州、日、月、北極、天皇大帝，郊壇爲第一龕位。五官、勾芒以下設于明堂廷中少東南，别爲露幄。五緯、十二次、紫微垣内官、五方嶽、鎮、海、瀆、歲星、玄枵、鈎星以下七十二位，于東西夾廡下版設。于郊壇爲第二龕位。二十八舍、黄道内天官、角宿、攝提、五方山林、川、澤以下一百七十九位，于丹墀、龍墀道東西版設。于郊壇爲第三龕位。黄道外天官及衆星、五方墳、衍、原、隰以下四百九十六位，並東西廡周環殿後版設，以北爲上，于郊壇爲内壝之内外位。倣古明堂之制，又稍與壇壝位敘相類。及今修内司并少府、司天監量廣深丈尺，約陳列祭器，不至併隘。如得允當，望下司天監繪圖以進。」

蕙田案：宋合祭天地，其郊壇神位，錯雜已甚。宋祁判太常不能講求更定，乃令明堂大享亦倣而行之，是踵唐武后之失也。至祁之條請曰明堂大享唯真宗崇配，則其初議固不主泛配之説矣。

【《玉海》】皇祐二年二月十八日乙亥，上謂輔臣曰：「孝莫大于嚴父，嚴父莫大于配天。今冬至日當親祀圜丘，欲以季秋有事于明堂，行饗帝饗親之禮，以極孝恭。然前代諸儒議論皆異，將安適從？」先是，宋庠建議請季秋享明堂。文彦博等奏曰：「臣等檢討舊典，昊天上帝一歲四祭，皆于南郊，以公卿攝事。惟至日圜丘，率三歲一親祠。開寶中，藝祖幸西京，以四月庚子有事于南郊，行大雩禮。淳化四年，至道二年，太宗皆以正月上辛躬行祈穀之祀，悉如南郊之祀。唯季秋大享，缺而未舉。真宗祥符初，以元符昭降議行此禮，以魯國諸生、東土耆老徯望昇平，只有事于岱宗，故未遑合宫之事，將上帝祖宗之意，以俟陛下。」三月一日戊子朔，御札曰：「事天事地，邦國之善經。享帝享親，聖王之盛節。緬稽先憲，祇事穹祇，祈穀于春，祭雩以夏，迨升禋于景至，嘗親展于國容。惟明堂布政之方，尊嚴父配天之禮。雖崇精享，未即躬行，言念及兹，心焉載惕。今將涓季秋之吉旦，舉宗祀之上儀，躬接神明，奉將牲幣，庶幾繼孝，豈敢憚勤。朕取今年九月二十七日辛亥有事于明堂。其今年冬至親祀南郊，宜即輟罷。恩賞依南郊例。」至日，御宣德門行禮。己丑，詔以大慶殿爲明堂。先是，禮官議：「王者郊用辛，蓋取齋戒自新之義。又通禮，祀明堂亦用辛。」遂下司天擇日，得辛亥。戊戌，詔羣臣毋得請上尊號。于時，宰相文彦博爲大禮使，宋庠爲禮儀使，王貽永爲儀仗使，龐籍爲鹵簿使，高若訥爲橋道頓遞使。己亥，詔乘輿服御務裁簡。丙辰，判太常禮儀事宋祁上《明堂通議》二篇。四月丁巳朔，禮院言：「《周禮》夏世室，鄭玄云堂上有五室，象五行，木室于東北，火東南，金西南，水西北，土中央。崔靈恩亦如之。請如崔、鄭之説，設五室于大慶殿。又舊禮，五帝位爲縵室。今旁帷上幕宜用青繒，朱裏，四户八牖，赤綴户，白綴牖，宜飾以朱白繒。」從之。乙丑，手詔合祭天地、祖宗並配，百神從祀。因謂彦博等曰：「禮非天降地出，緣人情耳。禮官習拘儒之舊傳，捨三聖之成法，朕甚不取。」彦博曰：「惟聖明能達禮之情，適禮之變。」翌日，奏五帝神州命官分獻。上曰：「朕于大祀，豈敢憚勞。」甲午，禮院上明堂五室制度圖。六月己巳，鹵簿使言用法駕鹵簿減大駕三分之一。兵部無字圖，詔禮官定圖。七月戊子，出御製樂曲宫垂登歌舞佾之奏，凡九十一曲，徧作之。上服鞾袍。八月乙卯朔，罷前一夕警場。辛未，上鹵簿字圖，法駕用萬一千八十八人。九月丁亥，御崇政殿，閲試雅樂。五日，詔乘新玉輅。

丙申，詔杜衍、任布陪祠，皆力辭不至，賜衣帶器幣。庚子，太常禮院言：「大慶殿牓當以黑繒金書『明堂』二字。門牓以朱繒墨書『明堂之門』四字。」上曰：「朕當親書。」二字金篆，四字飛白，書于禁中，韡袍，書二牓，自晝至夜而畢，宣示羣臣。一本云乙巳，書兩牓，禮畢，詔表飾加軸，藏宗正寺。又摹刻爲副本，頒二府及近侍。中外榮之。五使請各以銜名書二軸之後，許之。戊申，齋于文德殿閣，輔臣宗室夕于齋次，百官致齋明堂。先是，積雨彌旬，上虔禱，方午而霽，至夜，月星明朗。己酉，上服通天、絳紗，具法駕，乘玉輅，薦享景靈宮。禮畢，謁太廟。庚戌，祼獻七室。質明，還文德齋次。辛亥，未明三刻，服韡袍，乘小輦，至大次。侍中奏嚴辦。衮冕執圭。禮儀使、太常卿奉導入明堂中門，至版位，樂舞作。自大階升詣天地一祖二宗坐，奠玉幣。每詣神坐，行禮畢，鞠躬却行，須盡褥位，方改步，移鄉。又令侍臣徧諭獻官及進徹俎豆，悉安徐謹嚴。質明，禮畢，還大次，解嚴，改服乘輦，御紫宸殿。百僚稱賀。常服御宣德樓，肆赦。下詔止絶請託曰：「成湯以六事責躬，女謁、苞苴之先戒。管氏以四維正國，禮義廉恥之具張。應内降恩，澤及原減罪犯者。中書密院執奏，不得施行。臣庶有結託貴近者，御史諫官覺察論奏。」于是中外咸竦。彦博等六人各進詩，兩禁館閣及中外之臣上詩賦頌，凡奏御者三十有八。詔褒答。十月癸酉，以大饗慶成，謁太平興國寺開先殿，酌獻。又詣啓聖院永隆殿、慈孝寺彰德殿、萬壽觀。翼日，謁會靈祥源觀，賜從官食。初，上將宗祀，命罷秋宴。十三日，賜飲福宴于集英殿，上舉觴屬羣臣畢釂，曰：「與卿等均受其福酒。」至九行，罷。乙亥，燕京畿父老百五十人于錫慶院。　五月一日丁亥朔，禮院言：「奉詔詳定明堂祭玉，今惟蒼璧不用外，定用四圭有邸，黄琮、圭、璧各二，青珪、赤璋、白琥、黝璜，兩圭有邸，凡十一玉，並合擇佳玉，准《三禮圖》，參選《周禮》義疏，造依聶崇義所説，指尺爲度。」從之。仍令内侍盧昭序領焉。一以禮神，置于神位，禮畢藏之少府。一以爲燔玉，加牲體之上，并燎燔之。

【《樂志》】皇祐親享明堂六首：

降神，《誠安》　維聖享帝，維孝感親。肇圖世室，躬展精禋。鏞鼓既設，籩豆既陳。至誠攸感，保格上神。

奠玉幣，《鎮安》　乾亨坤慶育函生，路寢明堂致潔誠。玉帛非馨期感格，❶降康億載保登平。

酌獻，《慶安》　肅肅路寢，祀維明堂。二儀鑒止，三聖侑旁。靈期訢合，祠節齊莊。至誠並貺，降福無疆。

三聖配位奠幣，《信安》　祖功宗德啓隆熙，嚴配交修太室祠。圭幣薦誠知顧享，本支錫羡固邦基。

酌獻《孝安》　藝祖造邦，二宗紹德。肅雍孝享，❷登配圜極。先訓有開，菲躬何力！　歆馨錫羡，保民釐億。

送神，《誠安》　我將我享，辟公顯助。獻終豆徹，禮成樂具。飾駕上遊，升煙高騖。神保聿歸，介兹景祚。

❶「期」，原作「斯」，據《宋史·樂志》改。
❷「雍」，原爲空闕，據庫本補。

【《仁宗本紀》】皇祐三年二月，宰官文彥博進《大享明堂記》。

【《玉海》】皇祐三年二月丙戌，文彥博等上《大享明堂記》二十卷，目一卷。又言：「《明堂記》起三月戊子下詔，迄季秋辛亥禮成，廣記備言，垂萬世法。然簡牘頗繁，慮煩乙覽，因纂成《大享明堂紀要》以聞。」庚寅，内出御製序賜彥博，令崇文院鏤版賜近臣。彥博言：「先帝東薦岱牒，右奠汾琮，祀譙苦之密都，策天祖之徽稱，並存注記。」

蕙田案：明堂宗祀非常巨典，《玉海》載當日情事，歷歷如繪，大都皆爲非禮之禮，而潞公委蛇其間，未聞匡正，且見之記載，伊豈疏于稽古，夫亦憚于興作，抑時勢所趨，積重難返耶！

【《仁宗本紀》】嘉祐七年七月壬子，詔季秋有事于明堂。八月己亥朔，出明堂樂章，肄于太常。九月辛亥，大饗明堂，以真宗配，大赦。

【《禮志》】嘉祐七年七月，詔復有事于明堂，有司言：「皇祐參用南郊百神之位，不應祭法。宜如隋唐舊制，設昊天上帝、五方帝位，以真宗配，而五人帝、五官神從祀，餘皆罷。」❶又：「前一日，親享太廟，嘗停孟冬之薦，考詳典禮，宗廟時祭，未有因嚴配而輟者。今明堂去孟冬畫日尚遠，請復薦廟。前者祖宗並侑，今用典禮獨配；前者地祇、神州並享，今以配天而罷。是皆變于禮中之大者也。《開元》、《開寶》二禮，五帝無親獻儀。舊禮，先詣昊天奠獻，五帝並行分

❶「餘」，原脱，據《宋史・禮志》補。

獻，以侍臣奠幣，皇帝再拜，次詣真宗神坐，于禮爲允。」而帝欲盡恭于祀事，五方帝位並親獻焉。朝廟用犢一，羊七，豕七；昊天上帝、配帝犢各一，羊、豕各二；五方、五人帝共犢五，豕五，羊五；五官從祀共羊、豕十。

蕙田案：大饗前一日，親饗太廟，此告祭也。准禮合止告配帝之廟，不應偏祭七室。禮院此言，雖足以正宋祁停罷時享之失，而于偏祭七廟之非，猶未暇置論也。其謂罷五人帝、五官神從祀，極是。

【《樂志》】嘉祐親享明堂二首：

降神，《誠安》 燁燁房心，下照重屋。我嚴帝親，匪配之瀆。西顥沆碭，夕景已肅。靈其來娭，嘉薦芳郁。

送神，《誠安》 明明合宮，莫尊享帝。禮樂熙成，精與神契。桂尊初闌，羽駕倏逝。遺我嘉祥，於顯萬世。

【《文獻通考》】英宗治平元年冬十月，詔明堂奉仁宗配。

時禮院奏，乞與兩制同議仁宗皇帝配侑明堂。錢公輔等奏曰：「三代之法，郊以祭天，而明堂以祭五帝。郊之祭，以始封之祖有聖人之德者配焉，故《孝經》曰：『昔者，周公郊祀后稷以配天，宗祀文王于明堂以配上帝。』又曰：『孝莫大于嚴父，嚴父莫大于配天，則周公其人也。』以周公言之，則嚴父也；以成王言之，則嚴祖也。後世失禮，不足考據，請一以周事言之。臣竊謂聖宋崛起，非有始封之祖也，則創業之君，是爲太祖矣。太祖則周之后稷，配祭于郊者也；太宗則周之文王，配祭于明堂者也。此二配至重，萬世不遷之法也。真宗則周之武王，宗乎廟而不祧者也，雖有配天之功，而無配天之祭。未聞成王以嚴父之故，廢文王配天之祭，而移于武王也。仁宗則周之成王也，雖有配天之功，而無配天之祭。亦未聞康王以嚴父之故，廢文王配天之祭，而移于成王也。以孔子之心，推周公之志，則嚴父也；以周公之心，攝成王之祭，則嚴祖也。嚴祖、嚴父，其義一也。下至于兩漢，去聖甚遠，明堂配祭，東漢爲得。在西漢時，則孝武始營明堂，而以高帝配之，其後又以景帝配之，孝武之後無聞焉。在東漢時，則孝明始建明堂，而以光武配，其後孝章、孝安之後無聞焉。當始配之代，適符嚴父之説，及時異事遷，而章、安二帝亦弗之變，此最爲近古而合乎禮者也。有唐始在孝和時，則以高宗配之；在明皇時，則以睿宗配之；在永泰時，則以肅宗配之。

禮官杜鴻漸、王淮輩皆不能推明經訓，務合古初，反雷同其論，以惑時主，延及于今，牢不可破。當仁宗之初，尚有建是論者，配天之祭，當在乎太宗矣。當時無一人言者，故使宗周之典禮，不明于聖代，而有唐之曲學，流弊乎後人。願陛下深詔有司，博謀羣賢，使配天之祭不膠于嚴父，而嚴父之道不專于配天，循宗周之典禮，替有唐之曲學。治平元年正月上。」于是又詔臺諫及講讀官與兩制再詳定以聞。

【《宋史·禮志》】觀文殿學士孫抃等曰：「《易》稱：『先王作樂崇德，薦之上帝，以配祖考。』蓋祖、考並可配天，符于《孝經》之説，不可謂必嚴其父也。祖、考皆可配郊與明堂而不同位，不可謂『嚴祖、嚴父其義一也』。雖周家不聞廢文配而移于武，廢武配而移于成，然《易》之『配考』，《孝經》之『嚴父』，歷代循守，不爲無説。魏明帝祀文帝于明堂以配上帝，史官謂是時二漢之制具存，則魏所損益可知，亦不可謂章、安之後配祭無傳，遂以爲未嘗嚴父也。唐至本朝講求不爲少，所以不敢異者，舍周、孔之言無所本也。今以爲《我將》之詩，祀文王于明堂而歌者，安知非孔子删《詩》，存周全盛之《頌》被于管弦者，獨取之也？仁宗繼體守成，置天下于泰安四十二年，功德可謂極矣。今祔廟之始，抑而不得配帝，甚非所以宣章嚴父之大孝。」諫官司馬光、吕誨曰：「孝子之心，孰不欲尊其父？聖人制禮以爲之極，不敢踰也。《詩》曰：『思文后稷，克配彼天。』又：『我將，祀文王于明堂。』下此，皆不見于經。前漢以高祖配天，後漢以光武配明堂。以是觀之，自非建邦啓土、造有區夏者，皆無配天之文。故雖周之成、康，漢之文、景、明、章，德業非不美也，然而不敢推以配天，避祖宗也。孔子以周公有聖人之德，成太平之業，制禮作樂，而文王適其父，故引以證『聖人之德莫大于孝』以答曾子，非謂凡有天下者皆當尊其父以配天，然後爲孝也。近代祀明堂者，皆以其父配上帝，此乃誤釋《孝經》之義，而違先王之禮也。景祐中，以太祖爲帝者之祖，比周之后稷，太宗、真宗爲帝者之宗，比周之文、武，然則祀真宗于明堂以配上帝，亦未失古禮。仁宗雖豐功美德洽于四海，而不在二祧之位，議者乃欲舍真宗而以仁宗配，恐于祭法不合。」詔從抃議。御史趙鼎請遞遷真宗配雩祭，太宗配祈穀、神州，用唐故事。學士王珪等以爲：「天地大祭有七，皆以始封受命創業之君配神作主，明堂用古嚴父之道配以近考，故在真宗時以太宗配，在仁宗時以真宗配，今則以仁宗配。仁宗始罷太宗明堂之配，太宗先已配雩祀、祈穀及神州之祭，本非遞遷。今明堂既用嚴父之道，則真宗配天之祭于禮當罷，不當復分雩祭之配也。」

【《王博文傳》】博文子疇，遷給事中。時詔近臣議仁宗配祭。故事，冬、夏至祀昊天上帝、皇地祇，以太祖配；正月上辛祈穀，孟夏雩祀，孟冬祀神州地祇，以太宗配；正月上辛祀感生帝，以宣祖配；季秋大饗明堂，祀昊天上帝，以真宗配。而學士王珪等與禮官上議，以爲季秋大饗，宜以仁宗配，爲嚴父之道。知制誥錢公輔獨謂仁宗不當配祭。疇以爲珪等議遺真宗不得配，公輔議遺宣祖、真宗、仁宗俱不得配，于禮意未安。乃獻議曰：「請依王珪等議，奉仁宗配饗明堂，以符《大易》配考之説、《孝經》嚴父之禮。奉遷真宗配孟夏雩祀，以仿唐貞觀、顯慶故事。太宗依舊配正月上辛祈穀、孟冬祀神州地祇，餘依本朝故事。如此，則列聖並侑，對越昊穹，厚澤流光，垂裕萬祀。❶必如公輔之議，則陷四聖爲失禮，導陛下爲不孝，違經戾古，莫此爲甚。」因此公輔不悦，而朝廷以疇論事有補，帝與執政大臣皆器異之。遷翰林學士、尚書禮部侍郎、同提舉諸司庫務。數月，拜樞密副使。

【顧我鈞《嚴父配天論》】周公之禮，緣祀帝而立配者也。孔子《孝經》之言，緣論孝而及于配帝者也。其爲事體、語勢，固自不同。宋錢公輔及司馬文正公辨析之詳，亦足以破除嚴父之惑矣。然而孫抃諂辭，卒見依允，甚矣！夫愚陋之識，知以私爲孝，而不知以禮爲孝也。夫聖人制作，義各有取。冬至郊天，一陽之始生也，故

❶「垂」，原作「聖」，據《宋史・王博文傳》改。

以始封之祖配之；季秋大享，萬物之告成也，故以成功之祖配之。此其義類灼然，無可疑者。夫所謂成功之祖，將屬之創業者乎？屬之守成者乎？當創業之日，其功固已成矣。雖有成、康、文、景，不過襲前人之業而繼序之，非有所加也。即在守文中主，蒙業苟安，亦未嘗遽至于大壞，奈何可代之配帝乎？今必以大功之成歸美于父，是必開創以來，有隳先業而失之者，而後人起而光復之，若漢之光武可也。苟先世未失而歸功于父，是誣之也。誣其祖以尊其父，其罪大矣。且人各有父，由父而溯之創業之祖，勢益遠分益疏，固其情也。聖人惟以功德斷之，使後之子孫雖歷萬世而不忘其祖，所以爲敬之至也。夫以祖宗之最疏者而敬之若此，則遞而近者，其無不敬可知也，而豈慮其不敬于父乎？故曰：所以教孝也。今乃遞而遷之，廢其祖而以父易之，則他時傳子之後，將必廢其父而以己易之，不待言矣。由是言之，則明堂之配，乃以教不孝也。夫父之功德，雖有不同，宋之仁宗不可謂非成、康、文、景之儔也，然一云嚴父，則禮意已失，又不可以父之優劣而進退之矣。使英宗當日能從二公之議，專以太祖配天，太宗配帝，則有宋祀典，百世遵之可矣。乃以姑息之私，甘從孫抃之請，相沿不止，至紹興之世，而配帝乃屬之徽宗，是周室東遷之日，罷文王而配幽王也。其與周公嚴父之義，相去何如哉！

蕙田案：禮院、兩制及温公、吕公議，卓然得禮之正。朱子亦從之。惜乎不行，而反從抃議也。趙鼎、王疇調停阿附，直襲唐之陋説耳，已詳明堂饗帝宗祀條。

治平四年九月，大享明堂，以英宗配。

【《文獻通考》】治平四年七月，時神宗已即位。翰林學士承旨張方平等言：「季秋大享明堂，請以英宗皇帝配神作主，以合嚴父之意。」詔恭依。

【《神宗本紀》】熙寧四年九月辛卯，大饗明堂，以英宗配，赦天下。內外官進秩有差。

【《文獻通考》】熙寧四年六月，詔以今年季秋有事于明堂，冬至更不行南郊之禮，恩賞就明堂禮畢施行。

太常禮院言：「親祀明堂，惟昊天上帝、英宗皇帝及五方帝，並皇帝親獻；五人帝、五官神位，即命分獻。」從之。

蕙田案：宋之南郊，沿五季陋習，例有恩赦賞賚。時君苦之，而迫于悍卒邀恩久慣，一不遂其欲，則且囂然思變，故雖知其非禮，而不能改也。茲以明堂輟郊，可謂失禮，而恩賞獨如故，其亦有所迫而然與？

【《宋史·樂志》】熙寧享明堂二首：

英宗奠幣，《誠安》　於皇聖考，克配上帝。永言孝思，昭薦嘉幣。

酌獻，《德安》　英聲邁古，德施在民。允秩宗祀，賓延上神。

【《神宗本紀》】元豐三年七月丁亥，罷羣神從祀明堂。九月辛巳，大饗明堂，以英宗配，赦天下。

【《玉海》】元豐三年七月丁亥，詔：「遠而尊者祖，則祀于圜丘而配天；邇而親者禰，則祀于明堂而配上帝。圜丘祀天則對越諸神，明堂則上帝而已。歷代以來，合宮所配，既紊于經，至雜以六天之說，朕甚不取。祀英宗于明堂，以配上帝，餘從祀羣神悉罷。」

【《禮志》】元豐中，詳定禮文所言：「祀帝南郊，以天道事之，則雖配帝用犢，《禮》所謂『帝牛不吉，以爲稷牛』是也。享帝明堂，以人道事之，則雖天帝用太牢，《詩》所謂『我將我享，維羊維牛』是也。自梁用特牛，隋、唐因之，皆用特牲，非所謂以人道享上帝之意也。皇祐、熙寧所用犢與羊、豕，❶皆未應

❶「用」，原作「謂」，據《宋史·禮志》改。

禮。今親祠上帝、配帝、五方帝、五人帝，請用牛、豕各一。」太常禮院言：「今歲明堂，尚在慈聖光獻皇后三年之内，請如熙寧元年南郊故事，惟祀事用樂，鹵簿鼓吹、宫架、諸軍音樂皆備而不作，警場止鳴金鉦、鼓角而已。」自是，凡國有故，皆用此制。六月，詔曰：「歷代以來，合宫所配，雜以先儒六天之説，朕甚不取。將來祀英宗皇帝于明堂，惟以配上帝，餘從祀羣神悉罷。」詳定所言：「案《周禮》有稱昊天上帝，有稱上帝，有稱五帝者，一帝而已。將來祀英宗于明堂，合配昊天上帝及五帝，欲以此修入儀注。」并據知太常禮院趙君錫等狀：「案《周官·掌次職》曰：『王大旅上帝，則張氈案；祀五帝，則設大次、小次。』又《司服職》曰：『祀昊天上帝則服大裘而冕，祀五帝亦如之。』明上帝與五帝異。則宗祀文王以配上帝者，非可兼五帝也。自鄭氏之學興，乃有六天之説，而事非經見。晉泰始初，論者始以爲非，遂于明堂惟設昊天上帝一坐而已。唐《顯慶禮》亦然。請如詔祀英宗于明堂，惟配上帝，以稱嚴父之意。」又請：「以莞席代藁秸、蒲越，以玉爵代匏爵，其豆、登、簠、俎、尊、罍並用宗廟之器，第以不裸，不用彝瓚。罷爟火及設褥，上帝席以藁秸，配帝以蒲越，皆加褥其上。飲福受胙，俟終三獻。」並從之。監察御史裏行王祖道言：「前詔以六天之説爲非古，今復欲兼祀五帝，是亦六天也。禮官欲去四圭而廢祀神之玉，殊失事天之禮。望復舉前詔，以正萬世之失。」仍并詔詳定合用圭、璧。詳定所言：「宋朝祀天禮以蒼璧，則燎玉亦用蒼璧；禮神以四圭有邸，則燎玉亦用四圭有邸。而議者欲以蒼璧禮神，以四圭有邸從燎，義無所主。《開寶》、《開元禮》，祀昊天上帝及五帝于明堂，禮神、燔燎皆用四圭有邸。今詔惟祀上帝，則四圭有邸，自不當設。宜如南郊，禮神、燔燎皆用蒼璧。」又請：「宿齋于文德殿，祭之旦，服通天冠、絳紗袍，至大次，改祭服行事，如郊廟之禮。」

【《文獻通考》】楊氏曰：「《孝經》曰：『昔者，周公郊祀后稷以配天，宗祀文王于明堂以配上帝。』而注疏家言明堂者，皆曰祀五帝，然則上帝之與五帝同乎，異乎？山陰黄度曰：『昊天上帝者，天之大名也；五帝，分王于四時者也。周人祀天于圜丘，祀上帝于明堂，皆報本也；祀五帝于四郊，所以致其生物之功也。《大宗伯》言禋祀昊天上帝，而不言祀五帝，義可知矣。』由此觀之，則明堂祀上帝者，祀天也，非祀五帝也。而注疏家言明堂者，皆曰祀五帝，其説何從始乎？遭秦滅學，專用夷禮。漢興，襲秦四畤，增之爲五畤。自是以後，郊祀用新垣平之言，則祠五帝；明堂用公玉帶之言，則祠五帝。皆以五畤爲主，不知有上帝、五帝之分也。成帝即位，用匡衡之説改郊祀，明年，衡坐事免官，衆庶多言不當變動祭祠者，遂復甘泉泰畤及雍五畤如故。夫明堂祀五帝，自武帝首行之。光武中興以後，始建明堂，明帝、章帝、安帝遵行不變，大抵以武帝汶上明堂爲法，不知周人祀上帝于明堂之意矣。是故漢儒之注釋明堂者，皆云祀五帝，蓋其見聞習熟然也。其後晉泰始中，有言明堂、南郊宜除五帝座，只設昊天上帝一位。未幾，韓楊建言，以漢魏故事，兼祀五帝，無祀一天者，竟復明堂五帝位，是又習熟漢魏故事而然也。抑又有甚焉者，唐開元中，王仲丘奏謂：『禋享上帝，有合經義，而五帝並祀，行之已久，請二禮並行，以成大享之義。』本朝皇祐中，宋祁奏以上帝、五帝二禮並存，以明聖人尊天奉神之義，不敢有所裁抑。夫祀上帝于明堂，周禮也；祀五帝于明堂，漢禮也。合周、漢而並用之，既並祀五帝，又祀上帝，其義何居！是説也，創于王仲丘，襲于宋祁，後之言禮者，習熟見聞，又將循此以爲不易之典。甚矣！知天之學不明，諸儒惑于古今同異，而莫知所决，行之既久，而莫覺其誤也。肆我神祖，聖學高明，洞見周人明堂以文王配上帝之深意，屏黜邪説，斷然行之，不以爲疑。非聰明睿知不惑之至，其孰能與于此哉！」

蕙田案：是年詳定禮文所之議，其合于禮者有六：天帝用太牢，一也；大喪惟祀事用樂，餘皆備而不作，二也；宗祀上帝不兼五帝，三也；用宗廟之器，四也；不裸不用彝瓚，五也；罷爟火，六也。因神宗卓識，特罷羣神從祀，爲一時曠舉，故禮臣亦遂引經以證，事而漸近乎禮，皆由有以導之故也。楊氏論祀天祀五帝之辨，義理正大，援據詳明，聖人復起，不能易已。厥後，明太祖聽廷臣之議，六天五帝之説，廓清埽除，千古快事，豈非諸儒之議開其先歟？經術之有功如是。

又案：明堂兼祭上帝、五帝，自漢元封五年始祀明堂，即祀太一、五帝。太一在漢爲天神最尊者，即上帝矣。是其説固非創于王仲丘也。

元豐六年，詳定禮文所言：「本朝親祠明堂，習儀于大慶殿，近于瀆。伏請明堂習儀于尚書省，以遠神爲恭。」

【《哲宗本紀》】元祐元年九月辛酉，大享明堂，以神宗配，赦天下。

【《文獻通考》】詔：「明堂禮畢，御紫宸殿，羣臣起居，不奏祥瑞。御樓唯行肆赦儀，稱賀並罷。」以太常寺言司馬光薨故也。

【《宋史·吕希純傳》】元祐祀明堂，將用皇祐故事，並饗天地百神，皆以祖宗配。希純言：「皇祐之禮，事不經見，嘉祐既已釐正。至元豐中，但以英宗配上帝，悉罷從祀羣神，得嚴父之義，請循其式。」從之。

四年八月，太皇太后詔：「今後明堂大禮，毋令百官拜表稱賀。」九月戊寅，致齋垂拱殿。辛巳，大饗明堂，赦天下，百官加恩，賜賚士庶高年九十以上者。

【《禮志》】先是，三省言：「案天聖五年南郊故事，禮畢行勞酒之禮，如元會之儀。今明堂禮畢，請太皇太后御會慶殿，皇帝于簾内行恭謝之禮，百僚稱賀訖，升殿賜酒。」太皇太后不許。

【《文獻通考》】太皇太后詔曰：「皇帝臨御，海内晏安，五經季秋再講，宗祀以享天心。顧吾何功，獲被斯福？今有司因天聖之故事，修會慶之盛禮，將俾文武稱慶于庭。吾自臨決萬幾疑脱二字。祇畏，豈以菲薄之德，自比章獻之明？矧復皇帝致賀于禁中，羣臣奉表于閫左，禮文既具，夫又何求？前朝舊儀，吾不敢受。將來明堂禮畢，更不受賀，百官並内東門拜表。」

六年，太常博士趙叡言：「本朝親享之

禮，自明道以來，即大慶殿以爲明堂，至于有司攝事之所，乃尚寓于圜丘。竊見南郊齋宮有望祭殿，請就行禮。」從之。

【《哲宗本紀》】紹聖二年九月辛亥，大饗明堂，赦天下。

【《禮志》】元符元年，尚書左丞蔡卞言：「每歲大享明堂，即南郊望祭殿行禮，制度隘窄，未足以仰稱嚴事之意。今新作南郊齋宮端誠殿，實天子潔齋奉祠及見羣臣之所，高明邃深，可以享神，即此行禮，于義爲合。」初，元豐禮官以明堂寓大慶路寢，別請建立以盡嚴奉，而未暇講求。至是蔡京爲相，始以庫部員外郎姚舜仁《明堂圖議》上，詔依所定營建。明年正月，以彗出東方，罷。大觀元年，大享，猶寓大慶殿。

【《樂志》】元符親享明堂十一首：

皇帝升降，《儀安》 嚴父配天，孝乎明堂。與奠升階，降音以將。天步有節，帝容必莊。辟公憲之，禮元不臧。

上帝位奠玉幣，《鎮安》 聖能享帝，孝克事親。於皇宗祀，盛節此陳。何以薦虔？一精有煒。何以致祥？上天鑒止。

神宗奠幣，《信安》 合宫禮備，時維哲王。堂筵四敞，明德馨香。聖孝來格，降福穰穰。承承繼繼，萬祀其昌。

奉俎，《禧安》 奕奕明堂，天子即事。奠我聖考，配于上帝。凡百有職，疇敢不祇！俎潔牲肥，其登有儀。

上帝位酌獻，《慶安》 惟禮不瀆，所以嚴親。惟孝不匱，所以教民。陟配文考，享于大神。重禧累福，祚裔無垠。

配位酌獻，《德安》 隆功駿德，兩有烈光。陟配宗祀，惠我無疆。

退文舞、迎武舞，《穆安》　舞以象功，樂惟崇德。文經萬邦，武靖四國。一張一弛，其儀不忒。神鑒孔昭，孝思維則。

亞獻，《穆安》　於昭盛禮，嚴父配天。盡物盡誠，莫匪吉蠲。重觴既薦，九奏相宣。神介景福，億萬斯年。

飲福，《胙安》　莫尊乎天，莫親乎父。既享既侑，誠申禮舉。戛擊堂上，八音始具。天子億齡，飲神之助。

徹豆，《歆安》　穆穆在堂，肅肅在庭。於顯辟公，來相思成。神既歆止，有聞無聲。錫我休嘉，燕及羣生。

歸大次，《憩安》　有奕明堂，萬方時會。宗子聖考，作帝之配。樂酌虞典，禮從周志。釐事即成，於皇來暨。

蕙田案：元符雖罷享，而樂章先已撰定，故《宋史》編入，今從之。

【《文獻通考》】徽宗崇寧四年，詔：「營建明堂，已度地鳩工，俟過來歲，取旨興役。」明年，以彗出西方，遂詔罷之。

【《宋史・徽宗本紀》】大觀元年九月辛亥，大饗明堂，赦天下。

【《樂志》】大觀宗祀明堂五首：

奠玉幣，《鎮安》　交于神明，內心爲貴。外致其文，亦效精意。嘉玉既陳，將以量幣。肅肅雝雝，惟帝之對。　有邦事神，享帝爲尊。內心致德，外示彌文。嘉玉效珍，薦以量幣。恭欽伊何？惟以宗祀。

配位奠幣，《信安》　肇祀明堂，告成大報。顒顒祇祇，率見昭考。涓選休辰，齊明朝夕。於維皇王，孝思罔極。

酌獻，《孝安》　若昔大猷，孝思維則。永言孝思，丕承其德。於昭明威，侑于上帝。賚我思成，永綏福祉。

配位酌獻，《大明》於昭皇考，大明體神。憲章文思，宜民宜人。嚴父之道，陟配于天。躬行孝告，有孚于先。

【《禮志》】九月，大享于明堂，猶寓大慶殿。

【《徽宗本紀》】政和五年秋七月丁丑，詔建明堂于寢殿之南。八月己酉，以秘書省地爲明堂。

【《禮志》】政和五年，詔：「宗祀明堂以享上帝，寓于寢殿，禮蓋云闕。崇寧之初，嘗詔建立，去古既遠，歷代之模，無足循襲。朕刺經稽古，度以九筵，分其五室，通以八風，上圓下方，參合先王之制。相方視址，于寢之南，僝工鳩材，自我作古，以稱朕昭事上帝率見昭考之心。」既又以言者「明堂基宜正臨丙方近東，以據福德之地」，乃徙秘書省宣德門東，以其地爲明堂。又詔：「明堂之制，朕取《考工》互見之文，得其制作之本。『夏后氏曰世室，堂脩二七，廣四脩一，五室三四步四三尺，九階，四旁兩夾窗』。考夏后氏之制，名曰世室，又曰堂者，則世室非廟堂。『脩二七，廣四脩一』，則度以六尺之步，其堂脩十四步，廣十七步之半。又曰『五室三四步四三尺』者，四步益四尺，中央土室也，三步益三尺，木、火、金、水四室也。每室四户，户兩夾窗，❶此夏制也。『商人重屋，堂脩七尋，崇三尺，四阿重屋』，而又曰堂者，非寢也。度以八尺之尋，其堂脩七尋。又曰『四阿，重屋』，阿者屋之曲也，重者屋之複也，則商人有四隅之阿，四柱複屋，則知下方也。周人明堂，度以九尺之筵。三代之制不相襲，夏曰世室，商曰重

❶「户」，原脱，據《宋史·禮志》補。

屋，周曰明堂，則知皆堂也。❶東西九筵則東西長，南北七筵則南北狹，所以象天，則知上圓也。名不相襲，其製則一，唯步、尋、筵廣狹不同而已。朕益世室之度，兼四阿重屋之制，度以九尺之筵，上圓象天，下方法地，四户以合四序，八窗以應八節，五室以象五行，十二堂以聽十二朔。九階、四阿，每室四户，夾以八窗。享帝嚴父，聽朔布政于一堂之上，于古皆合，其制大備。宜令明堂使司遵圖建立。」于是内出圖式，宣示于崇政殿，命蔡京爲明堂使，開局興工，日役萬人。京言：「三代之制，脩廣不相襲，夏度以六尺之步，商度以八尺之尋，而周以九尺之筵，世每近，制每廣。今若以二筵爲太室，方一丈八尺，則室中設版位、禮器已不可容，理當增廣。今從周制，以九尺之筵爲度，太室脩四筵，三丈六尺。廣五筵，四丈五尺。共爲九筵。木、火、金、水四室各脩三筵，益四五，三丈一尺五寸。廣四筵，三丈六尺。共七筵，益四尺五寸。十二堂古無脩廣之數，今亦廣以九尺之筵。明堂、玄堂各脩四筵，三丈六尺。廣五筵，四丈五尺。左右个各脩廣四筵。三丈六尺。青陽、總章各脩廣四筵，三丈六尺。左右个各脩四筵，三丈六尺。廣三筵，益四五。三丈一尺五寸。四阿各四筵，三丈六尺。堂柱外基各一筵，九尺。堂總脩一十九筵，一十七丈一尺。廣二十一筵。一十八丈九尺。」蔡攸言：「明堂五門，諸廊結瓦，古無制度，漢、唐或蓋以茅，或蓋以瓦，或以木爲瓦，以夾紵漆之。今酌古之制，適今之宜，蓋以素

❶「堂」，原作「室」，據《宋大詔令集》卷一二四《明堂制度御筆手詔》、《宋會要・禮》二四之六九及《通考》卷七四改。

瓦，而用琉璃緣裏及頂蓋鴟尾綴飾，上施銅雲龍。其地則隨所向甃以五色之石。欄楯柱端以銅爲文鹿或辟邪象。明堂設飾，雜以五色，而各以其方所尚之色。八窗、八柱則以青、黄、緑相間。堂室柱門欄楯，並塗以朱。堂階爲三級，級崇三尺，共爲一筵。庭樹松、梓、檜，門不設戟，殿角皆垂鈴。」詔以「玄堂」犯祖諱，取「平在朔易」之義，改爲平朔，門亦如之。仍改敷祐門曰左敷佑，左承天門曰右敷佑，右承天門曰平秩，更衣大次曰齋明殿。

【《文獻通考》】其明堂，青陽、總章、玄堂、太室五門，並御書榜之。

蕙田案：明堂之制，自漢以後，屢議屢更。未有通九爲五，堂室、階隅、屋宇、户牖、方圓、脩廣，契經合傳，如政和内出圖式者也。其指在取互見之文，得制作之本，是以纖悉周備，毫髮無憾，而漢唐之陋説不入焉。至于辨世室非廟，重屋非寢，夏商周名不相襲，惟步尋筵廣狹不同，尤爲的確。惟寢室之南爲地太近，與淳于説不合。然宗祀告朔、朝會布政，天子常親臨視，自當以國中爲是。然則此議可爲考三王而不謬，俟百世而不惑者矣。與今考定之圖恰合，詳見前宫室制度條。

又案：當時增廣丈尺，古今權宜，自可酌從，所謂不以人廢言。

【《徽宗本紀》】政和七年，明堂成。八月癸亥，詔明堂，并祠五帝。九月辛卯，大饗明堂，赦天下。十月乙卯朔，初御明堂，頒朔布政。

【《禮志》】七年四月，明堂成，有司請頒常視朔聽朝。詔：「明堂專以配帝嚴父，餘悉移于大慶、文德殿。」羣臣五表陳請，乃從之。禮制局言：「祀天神于冬至，祀地祇于夏至，乃有常日，無所事卜。季秋享帝，以先王配，則有常月而未有常日。禮不卜常祀而卜其日，所謂卜日者，卜其辛爾。蓋月有上辛、次辛，請以吉辛爲正。」又言：「《周禮》：『祀昊天上帝，則大裘而冕，祀五帝亦如之。享先王則衮冕。』蓋于大裘舉正位以見配位，于衮冕舉配位以見正位，以天道事之，❶則舉卑明尊。大裘象道，衮冕象德，明堂以人道享上帝，請服衮冕。郊祀正位設蒲越，明堂正配位以莞，蓋取《禮記》所謂『莞簟之安』。請明堂正配位並用莞簟。又《周禮》：『以蒼璧禮天。』又曰：『四圭有邸，以祀天，旅上帝。』然説者謂禮神在求神之前，祀神在禮神之後。蓋一祭而並用也。夏祭方澤，兩圭有邸，與黄琮並用。明堂大享，蒼璧及四圭有邸亦宜並用。圜丘、方澤，執玄圭則搢大圭，執大圭則奠玄圭。《禮經》，祀大神祇，享先王如一，❷明堂親祠，宜如上儀。其正配二位，請各用籩二十六，簠八，簋八，登三，鉶三，柶槃、神位席、幣篚，祝篚、玉爵反坫，瑶爵，牛、羊、豕鼎各一，并局匕、畢茅、冪俎六，大尊、山尊、著尊、犧尊、象尊各二，壺尊六，皆設而弗酌。尊加冪。犧尊、象尊、壺尊、犧罍、象罍、壺罍各五，加勺、冪。御槃匜一，并篚、勺、巾。飲福受黍豆一，以玉飾。飯福受胙俎一。

❶ 案《通考》卷一一三作「以天道事之，則舉尊明卑；以人道事之，則舉卑明尊」。此處疑奪「則舉尊明卑以人道事之」十字。

❷ 「如一」，原作「一如」，且屬下句，據《宋會要·禮》二四之六〇乙正。

亞獻、終獻盥洗罍、爵洗罍并篚、勺、巾各一，神厨鸞刀一。」又言：「明堂用牲而不設庶羞之鼎。案元豐禮，明堂牲牢，正、配各用牛一、羊一、豕一。宗祀止用三鼎而不設庶羞之鼎，其俎亦止合用六。宗廟祭祀五齊三酒，有設而弗酌者，若《酒正》所謂『以法共五齊三酒，以實八尊』是也。有設而酌者，若《司尊彝》所謂『醴齊縮酌，盎齊涗酌，凡酒脩酌』是也。今太廟、明堂之用，請以大尊實泛齊，山尊實醴齊，著尊實盎齊，犧尊實緹齊，象尊實沈齊，❶壺尊實三酒，皆爲弗酌之尊。又以犧尊實醴齊爲初獻，象尊實盎齊爲亞獻，並陳于阼階之上，犧在西，象在東。壺尊實清酒爲終獻，陳于阼階之下，皆爲酌尊。尊三，其貳以備乏匱。明堂雖嚴父，然配天與上帝，所以求天神而禮之，宜同郊祀，用禮天神六變之樂，以天帝爲尊焉。皇祐以來，以大慶殿爲明堂，奏請致齋于文德殿，禮成受賀于紫宸殿。今明堂肇建，宜于大慶殿奏請致齋，于文德殿禮成受賀。宿齋奏嚴，本以警備。仁宗詔明堂直端門，故齋夕權罷。今明堂在寢東南，不與端門直，將來宗祀，大慶殿齋宿，皇城外不設鹵簿儀仗，其警場請列于大慶殿門之外。王者祀上帝于郊，配以祖，祀于明堂，配以禰。今有司行事，乃寓端誠殿，未盡禮意。請非親祀歲，有司行事，亦于明堂。改儀仗使曰禮衛，鹵簿使曰禮器，橋道頓遞使曰禮頓，大禮、禮儀二使仍舊制。又設季秋大享，登歌並用方士。」初，禮部尚書許光凝等議：「明堂五室祀五帝，而王安石以五帝爲五精之君，昊天之佐，故分位于五

❶「象」，原作「衆」，據庫本改。

室，與享明堂。神宗詔惟以英宗配帝，悉去從祀羣神。陛下肇新宏規，得其時制，位五帝于五室，既無以禰概配之嫌，止祀五帝，又無羣神從祀之瀆，則神考紬六天于前，陛下正五室于後，其揆一也。」至是詔罷從祀，而親祀五室焉。尋詔每歲季秋大享，親祀明堂如孟月朝獻禮，罷有司攝事，及五使儀仗等。已而太常寺上《明堂儀》：皇帝散齋七日于别殿，致齋三日于内殿，有司設大次于齋明殿，設小次于明堂東階下。祀日，行事、執事、陪祀官立班殿下，東西相向。皇帝服衮冕，太常卿、東上閤門官、太常博士前導。禮部侍郎奏「中嚴、外辦」，太常卿奏「請行禮」。太常卿奏「禮畢」，禮部郎中奏「解嚴」。其禮器、牲牢、酒饌、奠獻、玉幣、升烟、燔首、祭酒、讀册、飲福、受胙并樂舞等，並如宗祀明堂儀。其行事、執事、陪祠官，並前十日受誓戒于朝堂。❶行事、執事官致齋三日，前一日並服朝服立班省饌，祀日並祭服。陪位官致齋一日。祀前二日仍奏告神宗配侑。自是迄宣和七年，歲皆親祀明堂。

【《文獻通考》】禮制局列上明堂七議：「一曰，古者朔必告廟，示不敢專。請視朝、聽朔必先奏告，以見繼述之意。二曰，古者天子負扆南向，以朝諸侯，聽朔則各隨其方。請自今御明堂正南向之位，布政則隨月而御堂，其閏月則居門焉。三曰，《禮記·月令》，天子居青陽、總章，每月異禮。請稽《月令》十二堂之制，修定時令，使有司奉而行之。四曰，《月令》以季秋之月爲來歲受朔之日。請以每歲十月，于明堂受新曆，退

❶「朝」，原作「明」，據《宋會要·禮》二四之六七改。

而頒之郡國。五曰，古者天子負扆，公侯伯子男，蠻、夷、戎、狄四塞之國，各以内外尊卑爲位。請自今元正、冬至及朝會，並御明堂，遼使依賓禮，蕃國各隨其方，立于四門之外。六曰，古者以明堂爲布政之宫。自今若有御札手詔，並請先于明堂宣示，然後榜之廟堂，頒之天下。七曰，赦書德音，舊制宣于文德殿。自今請非御樓肆赦，並請于明堂宣讀。」九月，詔頒朔布政自十月爲始。其月，皇帝御明堂平朔左个，頒天運政治，及八年戊戌歲運曆數于天下。百官常服立明堂下。乘輿自内殿出，負扆坐于明堂，大晟樂作，百官朝于堂下。大臣陞階進呈所頒布時令，左右丞二員跪請付外施行，宰相承制可之，左右丞乃下授頒政官，頒政官受而讀之，訖，出。閤門奏「禮畢」，皇帝降御座，百官乃退。自是以爲常。

【《玉海》】政和七年六月，明堂成。御製《上梁文》及《明堂頌》。七月二十三日，詔以明堂制度編類成書，與《明堂記》相爲表裏。十一月，御明堂，朝百辟。

蕙田案：禮制局所議度數儀文，與古略有出入，凡卜辛、服衮冕、設莞簟、搢圭、執圭、奠圭，以及籩豆尊鉶、酒齊樂舞、頒朔布政、朝諸侯，皆可據爲典則。惟親祠五室，究爲非禮，而登歌用方士，爲不經耳。惜其書之不存，後嗣不能率而由之也。

【《宋史・徽宗本紀》】重和元年四月，詔每歲以季秋親祀明堂，如孟月朝獻禮。九月辛巳，大饗明堂。《通考》作「辛卯」。

蕙田案：依《本紀》，當爲辛巳，《通考》「卯」字誤。

宣和元年九月辛酉，大饗明堂。二年九

月辛亥，大饗明堂。　三年九月辛未，大饗明堂。　四年九月辛酉，大饗明堂。　五年九月辛酉，大饗明堂。　六年九月辛巳，大饗明堂。　七年九月辛巳，大饗明堂。

【《欽宗本紀》】靖康元年春二月丙午，省明堂，頒朔布政。

【《劉豫傳》】紹興五年七月，豫廢明堂，爲講武殿，暴風連日。

蕙田案：政和明堂最爲合古，豫一朝舉而廢之，宜天心之不從也。惜哉！

淮陰吴玉搢校字

五禮通考卷第二十八

五禮通考卷第二十九

內廷供奉禮部右侍郎金匱秦蕙田編輯
太子太保總督直隸右都御史桐城方觀承同訂
按察司副使元和宋宗元參校

吉禮二十九

明堂

【《宋史·高宗本紀》】紹興元年九月辛亥，合祭天地于明堂，太祖、太宗並配，大赦。

【《禮志》】紹興元年，禮部言：「國朝冬祀大禮，神位六百九十，行事官六百七十餘員，今鹵簿、儀仗、祭器、法物散失殆盡，不可悉行。宗廟行禮，又不可及天地。明堂之禮，可舉而行，乞詔有司討論以聞。」禮部、御史、太常寺言：「仁宗明堂以大慶殿爲之，今乞于常御殿設位行禮。」乃下詔曰：「肇稱吉禮，已見于三歲之郊；載考彝章，當間以九筵之祀。因秋成物，輯古上儀，會天地以同禋，升祖宗而並配。」乃以九月十八日行事。先是，紹興初，權禮部尚書胡直孺等言：「國朝配祀，自英宗始配以近考，司馬光、呂誨爭之，以爲詘祖進父，然卒不能奪王珪、孫抃之諂辭。其後，神宗謂周公宗祀在成王之世，成王以文王爲祖，則明堂非以考配明矣。王安石亦對以誤引《孝經》嚴父之説，惜乎當時無有辨正之者。今或者曰：后稷爲周之祖，文王、武王是爲二祧。高祖爲漢之祖，孝文、孝武特崇兩朝。皆子孫世世所奉承者。太祖爲帝者祖，太宗、真宗宜爲帝者宗。皇祐以一祖二宗並配，議出于此。直孺等聞前漢以高祖配天，後漢以光武配明堂，蓋古之帝王非建邦啓土者，皆無配天之祭。故雖周之成、康，漢之文、景、明、章，其德業非不美也，然而子孫不敢推以配天者，避祖宗也。有宋肇基創業之君，太祖是已。太祖則周之后稷，配祭于郊者也；太宗則周之文王，配祭于明堂者也。此二祭者，萬世不遷之法。皇祐宗祀，合祭天地，固宜以太祖、太宗配。當時蓋拘于嚴父，故配帝并及于真宗。今主上紹膺大統，自真宗至于神宗均爲祖廟，獨躋則患在于無名，並配則幾同于祫享。今參酌皇祐詔書，請合祭昊天上帝、皇地祇于明堂，奉太祖、太宗以配，惟禮專而事簡，庶幾可以致力于神，萬世行之可也。」

蕙田案：此議宗祀之理極是，但合祭天地，祖宗並配，則非禮也，宜未幾爲章誼所駁矣。

【《文獻通考》】時太常少卿蘇遲等則請用皇祐詔書之意，兼采景祐禮官之請，即常御殿，南向西上，設昊天上帝、皇地祇位；西向北上，設太祖、太宗、真宗神位；于殿之東廡，設圜丘第一龕九位；于殿之西廡，設方澤第一成一十六位。庶幾誠意可展，儀物可備。如以不徧及列聖爲未足，則大禮前一日，有親詣太廟之文，今神主在溫州，恐當命大臣于某處攝行祀事。如以不徧及百神爲未足，則請即行在天慶觀之恐有脱文。大享後，擇一日，取祖宗大禮既畢恭謝之文，亦命大臣簡其儀物，悉舉以告，亦足以盡祈報之心。詔：「依禮部新儀，一遵皇祐二年詔書，仍以明堂大禮爲稱，于常御殿設位行禮。」　禮部言：「準詔參酌皇祐詔書，合祭天地于明堂，奉太祖、太宗以配。合用神位四位，元係御筆明金青字，出雕木鏤金五綵裝蓮花戲龍座，黄紗明金罩子，黄羅夾軟罩子，黄羅襯褥，朱紅漆腰摺套匣，黄羅夾帕事件，全昨緣揚州渡江失去，乞下所屬制造。」從之。　先時，有司請議明堂，禮部侍郎陳與義議曰：「竊惟明堂之禮，有漢武帝汶上之制，紹興元年，實已行之。若再舉而行，適宜于今事，無戾于古典。或謂自維揚南郊之後，至于今日，再遇當郊之歲，不可以逾六年而不郊。以臣考之，郊之疏數，本無定制。或以周公嚴父之文爲疑，則既有治平中司馬光、吕誨之議，又有熙寧中祖宗之聖訓與王安石之説，足以破萬世之惑矣。或以並配之禮爲疑，謹案皇祐詔書，其略曰：國朝自祖宗以來，三歲一郊。今祀明堂，正當三歲親郊之期，而禮官所定配坐，不及祖宗，宜並配，以稱朕恭事祖宗之意。蓋太祖則周之后稷，當配祭于郊者也；太宗則周之文王，當配祭于明堂者也。郊當祭太祖，而以當郊之歲，舉明堂之禮，則不可以遺太祖而不祭。稽之神理，本之人情，則皇祐詔書之本意，可以爲萬世不刊之典。」詔從之。蓋中興郊祀明堂、合祭天地、並配祖宗之禮，參考推明，至與義之議而始定。于是太常寺條具：「乞以明堂大禮爲稱，左僕射誓行事、執事、陪祠官于尚書省，刑部尚書莅誓。明堂殿上下徹去黄道裀褥，入殿門不張蓋，百官不得回班。御燎從物、繖扇更不入殿。行禮前，衛士不起居呼萬歲，讀册官讀册至御名勿興。」詔並從之。

【《王居正傳》】建炎中，遷禮部員外郎，建議合祭天地于明堂，請奉太祖、太宗配。

范宗尹是之，議遂定。

【《宋史·高宗本紀》】二年閏四月己未，詔自今明堂專祀昊天上帝，以太宗配。

【《章誼傳》】詔集議明堂配享，胡直孺等請合祭天地，而以太祖、太宗配。誼言：「稽之經旨則未合，參之典故則未盡，施之事帝則未爲簡嚴。今國家既以太祖配天于郊，比周之后稷，則太宗宜配帝于明堂，以比周之文王。仁宗皇祐二年，始行明堂合祭天地，並配祖宗，乃一時變禮。至嘉祐七年，再行宗祀，已悟皇祐之非，乃罷配享，仍徹地示之位，故有去並侑煩文之詔。如嘉祐之詔，則太祖、地示已不與祭；元豐正祀典之詔，則悉罷羣祀。臣等謂將來明堂大饗，宜專祀昊天上帝，而以太宗配。」後不果行。

四年四月，詔明堂用皇祐典禮，兼祀天皇大帝、神州地祇以下諸神。六月，作明堂行禮殿于教場。九月辛酉，合祭天地于明堂，大赦。

【《玉海》】初，紹興宗祀，止設天、地、祖、宗四位。至四年，始設從祀神位四百四十三，用祭器七千五百七十一，登歌樂四十，祭服六十三，玉十二，犢四，羊、豕各二十有二，分獻官五十八，奉禮郎四，樂舞工各二百八十七。而五帝、神州地祇，上不親獻，用崇寧禮也。始議設從祀諸神七百十一位，議者請裁省。禮官言：「十二階三百六十位，無神名，請每階各設三十五位。」七月戊辰，請如祖宗故事，權御臺門肆赦。議者以宮門地隘，儀衛不能容，乃止。赦于常御殿前，赦文云：「遵皇祐之遺則，舉合祀並配之儀，續會稽之闕文，處四望六宗之位。」

【《宋史·禮志》】四年，太常寺看詳、國子監丞王普言明堂有未合禮者十一事：其一，謂陶匏用于郊丘，玉爵用于明堂，今兹明堂實兼郊禮，宜用陶匏，他日正宗祀之禮，當奉玉爵。其二，《禮經》，太牢當以牛、羊、豕爲序，今用《我將》之詩，遂以羊、豕、牛爲序，所謂以辭害意，豈有用大牲作元祀，❶而反在羊、豕之後者？其三，陳設尊罍，宜倣《周官·司尊彝》秋嘗之制。其四，泛齊、醴齊，宜代以今酒而不易其名。其五、其六，祭器、冕服，當從古制。其七，皇帝未後詣齋室，則是致齋二日有半，乞用質明，以成三日之禮。其八，齋不飲酒茹葷，乞罷官給酒饌，俾得專心致志，交于神明。其九，設神位版及升烟、奠册，不當委之散吏。其十、十一，皆論樂。並從之。

【《文獻通考》】國子監丞王普言：「大禮明堂有未合典禮之事：正、配每位設太尊三，著尊三，犧尊、象尊、壺尊、山尊各一，又設罍如尊之數。太尊，一實供内法酒，一實汎齊，一實醴齊；著尊，一實祠祭法酒，一實盎齊；犧尊實醍齊，象尊實沈齊，壺尊實昔酒，山尊實事酒；太罍，一實清酒，餘皆實明水。謹案《周禮》，春祠、夏禴用兩犧尊、兩象尊，秋嘗、冬烝用兩著尊、兩壺尊；四時之間祀用兩太尊、兩山尊。又曰凡祭祀，供五齊、三酒以實八尊，然則六尊之數，凡十有二，其當時所用者四，其設而不酌者八。明堂乃季秋大享，則初獻當用兩著尊，一實玄酒，一實醴齊；亞、終獻當用兩壺尊，一實玄

❶「用大」，原作「大用」，據《宋史·禮志》改。

酒，一實盎齊，皆有罍，如尊之實。又設兩太尊、兩山尊、兩犧尊、兩象尊，實五齊、三酒而不酌，罍亦如之。今祭祀所用惟九尊，而首設太尊者三，以供内法酒及泛齊、醴齊實之；又設著尊者二，以祠祭法酒及盎齊實之；又設犧尊、象尊、壺尊、山尊，各以醍齊、沈齊、事酒、昔酒實之。尊之數不足以盡五齊、三酒也，又設大罍，以清酒實之。玄酒不與齊酒對設也，則又爲八罍以實之，且在三酒之後焉。蓋不論所設之適與所陳之義，但取遍于尊罍之數而已，實無經據也。宜倣《司尊彝》秋嘗之制，設兩著尊，一實玄酒，一實醴齊，以俟初獻；又設兩壺尊，一實玄酒，一實盎齊，以俟亞獻、終獻；其餘八尊，以實五齊、三酒，設而不酌，悉如《周官》之制。其醴齊，請以祠祭法酒代之；其盎齊，請以供内法酒代之。增三尊爲十二之數，庶與《周官》相應。」又言：「案祭器實倣聶崇義《三禮圖》制度，如爵爲爵形，負盞于背，則不可以反坫；簠、簋如桶，其上爲龜，則不可以却蓋。此類甚多，蓋出于臆度，而未嘗親見古器也。自劉敞著《先秦古器記》，歐陽修著《集古録》，李公麟著《古器圖》，吕大臨著《攷古圖》，乃親得三代之器，驗其款式，可以爲據。政和新成禮器制度，皆出于此，其用銅者，嘗有詔許外州以漆木爲之。至主上受命于應天，郊祀于維揚，皆用新成禮器，初未嘗廢止。緣渡江散失，無有存者。昨來明堂所用，乃有司率意，略倣崇義《三禮圖》，其制非是，宜並從古器制度爲定，其簠、簋、尊、罍之屬，仍以漆木代銅，庶幾易得成就。」

七年九月辛巳，合祭天地于明堂，大赦。

【《文獻通考》】時徽宗升遐，上躬行三年之喪，禮部、太常寺言：「景德、熙、豐南郊故事，皆在諒陰中，當時親郊行禮，除郊廟、景靈宫合用樂外，所有鹵簿、鼓吹及樓前宫架、諸軍音樂皆備而不作，其逐處警場，止鳴金鉦鼓角。乞依累朝故事行。」太常博士孫邦乞自受誓戒日，皇帝暨百僚、禁衛等權易吉服，至禮成還内仍舊。中書舍人傅崧卿援嚴父之文，欲陞徽宗配享。詔令侍從、臺諫、禮官同議。禮部侍郎陳公輔言：「陛下方居道君皇帝之喪，而道君皇帝神靈方在几筵，豈可遽預配祭之禮？况梓宫未還，祔廟未有定議，臣愚以爲當先期一日，陛下盡哀致奠，奏于道君皇帝以將有事明堂，暫離几筵，暫假吉服，蓋國家故事不敢廢也。然後即齋宫入太廟，行明堂事，事畢，服喪如初，斯謂合禮。」

【《宋史・禮志》】陳公輔言：「今梓宫未還，廟社未定，疆土未復，臣竊意祖宗、上皇神靈所望于陛下者，必欲興衰撥亂，恢復中原，迎還梓宫，歸藏陵寢，以隆我宋無疆之業。若如議者之言，以陛下貴爲天子，上皇北狩十有一年，未獲天下之養，今不幸而崩，且欲因明堂之禮，追祀上帝，謂是足以盡人子之孝，則于陛下之志，恐亦小矣。宜依故事合祭天地，祖、宗並侑。太上升配，似未可行。」

【《文獻通考》】吏部尚書孫近等議，引司馬光之説曰：「近世祀明堂者，皆以其父配，此乃誤認《孝經》之意，而違先王之禮，不可以爲法。况梓宫未還，几筵未除，山陵未下，而遽議配侑之事乎？臣等伏請今年明堂大禮，權依紹興元年詔書，請俟削平僭亂，恢復大業，然後定郊祀明堂之議，一從成周，庶不失《禮經》之正。」詔從之。

【《宋史·朱震傳》】故事，當喪無享廟之禮。時徽宗未祔廟，太常少卿吴表臣奏行明堂之祭。震因言：「《王制》：『喪三年不祭，惟天地社稷，爲越紼而行事。』《春秋》書：『夏五月乙酉，吉禘于莊公。』《公羊傳》曰：『譏始不三年也。』國朝景德二年，真宗居明德皇后喪，既易月而除服，明年遂享太廟，合祀天地于圜丘。當時未行三年之喪，專行以日易月之制可也，在今日行之則非也。」詔侍從、臺諫、禮官參議，卒用御史趙涣、禮部侍郎陳公輔言，大饗明堂。

【《玉海》】紹興九年八月，討論明堂、祭服、禮器。

【《高宗本紀》】十年九月庚戌，合祀天地于明堂，大赦。

【《玉海》】十年九月十日辛亥，復行明堂禮，太常定儀注，自誓戒、致齋，至飲福、燎瘞。是歲，始用大樂，飲福用金爵。

蕙田案：《紀》稱庚戌，《玉海》稱辛亥，必有一誤。

【《文獻通考》】太常寺修定明堂大禮儀注：

誓戒。同郊祀。

致齋。三日，一日于文德殿，一日于太廟，一日再赴文德殿，儀並同郊祀，但改大慶殿爲文德殿。

奏告

前祀二日，奏告太祖皇帝、太宗皇帝室，如常告之儀。

陳設。內玉幣，籩豆、簠簋、俎實、尊罍、酒齊，數目並同郊祀，不重録。惟實俎增羊腥、豕腥，如牛腥之數。

前祀三日，有司設大次于垂拱殿門内東廊，又設小次于明堂阼階下之東稍南，西面；設文武侍臣次于明堂門外，行事、執事、陪祠宗室及有司次于明堂門外；設東方、南方客使次于文臣之後，西方、北方客使次于武臣之後。設饌幔于明堂門外稍西，南向。前祀二日，太社令帥其屬埽除明堂之内外，置燎壇于明堂庭之東南隅。太社令積柴于燎壇，光禄牽牲詣祠所。太常設登歌之樂于堂上前楹間稍南，北向；設宫架于庭中，立舞表于酇綴之間。前祀一日，太常設神位版：昊天上帝、皇地祇位于堂上北方，南面西上；太祖皇帝、太宗皇帝位于堂上東方，西向北上。告潔畢，權徹。五方帝、神州地祇、大明、夜明、天皇大帝、北極、五行、五官、五岳位二十五；北斗、天一、太一、帝座、五帝内座、五星、十二辰、河漢内官、五鎮、四海、四瀆、二十八宿、中官、山林、川澤、外官、丘陵、墳衍、原隰位三百八十有二；衆星位三百有六十。並分設于兩廊，東西相向，以北爲上。内南廊所設衆星，重行北向，以西爲上，鋪設席皆以莞。奉禮郎、禮直官設皇帝位版于阼階之上，西向；飲福位于昊天上帝之西南，北向；望燎位于殿隔門上當中，南向。贊者設亞、終獻位于堂下阼階之東少南，西向；大禮使、左丞相又于其南，行事吏部、户部、禮部、兵部、刑部、工部尚書，吏部、禮部、刑部侍郎，光禄卿，讀册、舉册官，光禄丞，于大禮使、左丞相之後。光禄丞稍却。執事官位又于其後。奉禮郎、搏黍太祝、太社、太官令，位于亞獻之北少東，俱西向北上。監察御史位四：二于堂下西階之西，東向北上；一于殿隔門外東階下，一于殿隔門外西階下。協律郎位二：一于堂上磬虡之北，❶少西；一于宫架之西北，俱東向。押樂太常丞位于登歌鐘虡之北，押樂太常卿位于宫架之北，俱北向。分獻官、奉禮郎各立于從祀神位之前，俱北向。良醖令于酌尊所，北向。又設陪祀文武官位于行事、執事之南，東西相向。諸方客使在文武官之南，隨其方國。

光禄陳牲于明堂門外，東向，祝史各位于牲後。太常設省牲位于牲東，大禮使、左丞相在北，南向東上，分獻官位于其後。行事吏部、户部、禮部、兵部、刑部、工部尚書，吏部、禮部、刑部侍郎，押樂太常卿、光禄卿，讀册、舉册官，押樂太常丞、光禄丞，奉禮、協律郎、搏黍太祝、太社、太官令在南，北向東上。太常丞以下位皆稍却。監察御史在吏部尚書之東，異位稍却。光禄陳禮饌于行禮殿隔門外稍東，南向，設省饌位版于禮饌之南，大禮使、左丞相在南，北向西上，分獻官位于其後。吏部、户部、禮部、兵部、刑部、工部尚書，吏部、禮部、刑部侍郎，押樂太常卿、光禄卿，讀册、舉册官，押樂官、太常丞、光禄丞，奉禮、協律郎，搏黍太祝，太社、太官令在東，西向北上。禮部率其屬設祝册案于神位之右，司尊彝率其屬設玉幣篚于酌尊所；次設籩、豆、簠、簋之位：正、配位皆左二十有五籩，右二十有五豆，俱爲四行。俎三，一在籩前，一在豆前。又俎六，在豆右，爲二重。登一，在籩豆間。鉶三，皆有柶，在登之前。簠七、簋七，在籩豆外三俎間，簠在左，簋在右。又設尊罍之位：每位皆著尊二、壺尊二，皆有罍，加勺、羃，爲酌

❶「虡」，原作「虛」，據庫本改。下「虡」字同。

尊；太尊二、山尊二、犧尊二、象尊二，皆有罍，加冪，設而不酌。並在堂上稍南，北向西上。配位設于正位酒尊之東，每位三爵，一有坫。又設從祀諸神籩、豆、簠、簋之位：五方帝以下二十有五位，皆左十籩，右十豆，俱爲三行，俎二在籩豆前，登一在籩豆間，簠二、簋二在俎間，簠在左，簋在右，爵一在俎前，有坫。內神州地祇、五行、五官、五岳，每位皆加槃一，在登之前。其餘神位皆左二籩，右二豆，俎一在籩豆前，簠、簋在俎前，簠在左，簋在右，爵一次之，登一在籩豆間。衆星三百六十位，皆不設登。又設從祀尊、坫之位：五方帝、神州地祇、大明、夜明、天皇大帝、北極，每位各設太尊二、著尊二于籩前之左；又各于東西廊五行、五官、五嶽神位之前，稍北，共設犧尊二、象尊二；又于東西廊帝座北斗以下神位之前，稍北，共設犧尊二、象尊二、壺尊二、概尊二；又于東西廊東鎮、西鎮以下神位之前，稍北，共設山尊二、蜃尊二、散尊二；又于東西南廊衆星神位之前，共設散尊二十有四；又設正配位籩、豆、簠、簋、槃各一，俎各三于饌幔內；設御盤匜于阼階上，進盤匜、帨巾內侍位于皇帝版位之後，分左右。奉盤者北向，奉匜及執巾者南向。又設亞終獻盥洗、爵洗于其位之北，盥洗在東，爵洗在西。罍在洗東，加勺，篚在洗西，南肆，實以巾。若爵洗之篚，則又實以篚。執罍篚者位于其後。分獻官盥洗十二并罍、勺、篚、巾，分設于東西廊下，執罍、篚者各位于其後。祀日丑前五刻，太社令與太史官屬各服其服陞，設昊天上帝、皇地祇、太祖皇帝、太宗皇帝神位版于堂上，又設五方帝、神州地祇、大明、夜明、天皇大帝、北極、五行、五官、五嶽二十五位于兩朵殿。太府卿、少府監帥其屬入陳玉幣于篚；光禄卿率其屬入實正、配位籩、豆、簠、簋；大官令帥其屬入實俎；良醞令帥其屬入實尊、罍，又實從祀神位之饌，又實從祀神位之尊。太常官設燭于神位之前，又設大禮使以下行事、執事官攝位于明堂門外，如省牲位；有司設神位版幄，又設册幄于明堂門外。

皇帝自太廟詣文德殿。並同郊祀車駕詣青城儀，止改青城齋宫爲麗正門。

省牲器。並同郊祀，止改郊壇爲明堂。

奠玉幣。並同郊祀。

行事

皇帝自齋殿服通天冠、絳紗袍乘輿以出，近侍及扈從之官導從至垂拱殿門内大次，皇帝降輿入大次，簾降。禮儀使、樞密院官、太常卿、閤門官、太常博士、禮直官，分立于大次外之左右，次引禮部侍郎詣大次前奏請中嚴；少頃，又奏外辦。符寶郎奉寶陳于宫架之側，禮儀使當次前俛伏，跪奏：「禮儀使臣某言，請皇帝行事。」奏訖，俛伏，興，還，侍立。禮儀使奏「禮畢」，准此。簾捲，皇帝服衮冕以出，侍衛如常儀。禮儀使以下前導至明堂殿西于班門，殿中監跪進大圭，前導皇帝入門。侍衛不應入者止于門外。協律郎跪，俛伏，舉麾，興，工鼓柷，宫架《儀安》之樂作。皇帝升降、行止，皆奏《儀安》之樂。由西廊降階，自宫架前至阼階下，偃麾，戛敔，樂止。凡樂皆協律郎跪，俛伏，舉麾，興，工鼓柷而後作，偃麾戛敔而後止之也。陞自阼階，大禮使從。皇帝升降，大禮使皆從，左右侍衛之官量人數從升。登歌樂作。至版位西向立，樂止。禮儀使以下分左右侍立。凡行禮，皆禮儀使、樞密院官、太常卿、閤門官、太常博士、禮直官前導，至位，則分立于左右。禮儀使前奏：「有司謹具，請行事。」宫架作《成安》之樂、《右文化俗》之舞，樂作三成止。先引左丞相、吏部尚書、侍郎陞堂，詣昊天上帝神位前立，左丞相、吏部尚書俱西向北上，吏部侍郎東向，樂作六成止。太社令陞烟，燔牲首，禮儀使奏請再拜，皇帝再拜；贊者曰：『再拜。』在位官皆再拜。内侍取玉幣于篚，立于尊所，内侍各執盤匜、帨巾以進，宮架樂作。禮儀使奏請皇帝搢大圭、盥手，内侍進盤匜，沃水，皇帝盥手。又奏請帨手，内侍進巾，皇帝帨手訖，又奏請皇帝執大圭，樂止。禮儀使前導，登歌《鎮安》之樂作，殿中監跪進鎮圭，禮儀使奏請搢大圭、執鎮圭，前導皇帝詣昊天上帝神位前，北向立。内侍先設繅藉于地，禮儀使奏：「請跪奠鎮圭于繅藉，執大圭，俛伏，興。」又奏：「請搢大圭。」跪。内侍加玉于幣，以授吏部尚書，吏部尚書以授左丞相，西向跪以進。禮儀使奏：「請受玉幣。」皇帝受奠訖，吏部侍郎東向跪受以興，進奠于昊天上帝神位前。左丞相、吏部尚書、侍郎俱詣皇地祇神位前以俟。禮儀使奏：「請執大圭，俛伏，興。」内侍舉鎮圭授殿中監，内侍又以繅藉詣皇地祇神位前，先設繅藉于地。禮儀使奏：「請再拜。」皇帝再拜訖，樂止。禮儀使前導皇帝詣皇地祇、太祖皇帝、太宗皇帝神位前，奠鎮圭、玉、幣，並如上儀。皇地祇位作《嘉安》之樂，太祖皇帝位作《廣安》之樂，太宗皇帝位作《化安》之樂，配位唯不奠玉。皇帝東向受幣，左丞相北向進幣，吏部侍郎南向受幣。左丞相、吏部侍郎權于堂上稍西，東向立，吏部尚書降復位。禮儀使前導皇帝還版位，登歌樂作。至位西向立，樂止。内侍舉鎮圭、繅藉，以鎮圭授殿中監，以授有司。初，皇帝將奠配帝之幣，贊者引分獻官俱詣盥洗位，搢笏，盥手，帨手，執笏，各陞詣五方帝、神州地祇以下從祀神位前，各搢笏跪。奉禮郎以幣授分獻官，五岳以上，奉禮自奉幣，餘從祀，執事者奉幣。分獻官受幣奠之，執笏，俛伏，興，再拜訖，俱退復位。内五方帝、神州地祇、大明、夜明、五岳神位前，奠玉幣。祝史奉毛血槃立于堂下，陞自西階，太祝迎于堂上，俱進奠于神位前，太祝、祝史退立于尊所。

進熟

祀日，有司陳鼎十二于神厨，各在鑊右。大官令帥進饌者詣厨，以匕、畢陞牛于鑊，實于一鼎。肩、臂、臑、肫、胳、正脊一、直脊一、横脊一、長脅一、短脅一、代脅一，皆二骨以並。次陞羊如牛，陞豕如羊，各實于一鼎。每位牛、羊、豕各一鼎。皆設扃鼏，祝史對舉，陳于饌幔内，重行，南向西上。太常實籩、豆、簠、簋于饌幔内。籩實以粉餈，簠實以粱，豆實以糝食，簋實以稷。次引禮部侍郎詣饌所，視腥熟之節，俟皇帝陞奠玉幣訖，復位。樂止，引禮部尚書詣饌所，執籩、豆、簠、簋以入；户部、兵部、工部尚書詣饌所，奉俎以入。户部奉牛，兵部奉羊，工部奉豕。舉鼎官舉鼎，大官令引入正門，宫架《禧安》之樂作，由宫架東折方進行，陳于西階下，北向北上。祝史抽扃，委于鼎右，除鼏。初，鼎序入，有司執匕、畢及俎以從，至西階下，各設俎于鼎北，匕、畢加于鼎。大官令以匕、畢陞牛及羊、豕，各于一俎，其載如牛。每位牛、羊、豕各一俎。鼎先退，祝史進徹毛血槃，以次出。引禮部尚書搢笏，執籩、豆、簠、簋，户部、兵部、工部尚書搢笏奉俎以陞，執事者各迎于堂上。禮部尚書奉籩、豆、簠、簋詣昊天上帝神位前，北向跪奠，啓蓋于下訖，執笏，俛伏，興。有司設籩于糗餌前，豆于酏食前，簠于稻前，簋于黍前。

次引户部、兵部、工部尚書奉俎詣昊天上帝神位前，北向跪奠，先薦牛，次薦羊，次薦豕，各執笏，俛伏，興。有司設于豆右，腸、胃、膚之前。皆牛在左，羊在中，豕在右。次詣皇地祇、太祖皇帝、太宗皇帝神位前，配位並東向。跪奠並如上儀。樂止，俱降復位。太祝取菹擩于醢，祭于豆間三。又取黍、稷、肺祭如初，皆藉以茅，退還尊所。次引左丞相、吏部侍郎陞詣昊天上帝神位前立，左丞相西向，吏部侍郎東向；又引吏部侍郎陞堂，詣昊天上帝酌尊所，跪取玉爵于坫，詣皇帝版位前，奉爵北向立。内侍各執槃匜、帨巾以進，宫架樂作。禮儀使奏：「請皇帝搢大圭盥手」，内侍進槃匜，沃水，皇帝盥手；又奏：「請帨手。」内侍進巾，皇帝帨手訖，奏：「請皇帝洗爵。」吏部侍郎進爵，内侍沃水，皇帝洗爵；奏：「請拭爵。」内侍進巾，皇帝拭爵訖，樂止。又奏：「請執大圭。」吏部侍郎受爵，奉爵詣昊天上帝酌尊所，西向立。執尊者舉冪，良醖令酌著尊之醴齊訖，先詣皇地祇酌尊所，北向立。禮儀使前導，登歌《慶安》之樂作。皇帝詣昊天上帝神位前，北向立。禮儀使奏：「請搢大圭，跪。」吏部侍郎以爵授左丞相，左丞相西向跪以進。禮儀使奏：「請執爵。」皇帝執爵，祭酒，三祭于茅苴。奠爵。吏部侍郎以爵復于坫。禮儀使奏：「請執大圭，俛伏，興。」又奏請皇帝少立。樂止。左丞相、吏部侍郎先詣皇地祇神位前，西向立以俟。舉册官搢笏跪舉祝册，讀册官搢笏，東向跪，讀册文訖，奠册，各執笏興，先詣皇地祇神位前，東向立。禮儀使奏「請再拜」，皇帝再拜訖，禮儀使前導皇帝詣皇地祇、太祖皇帝、太宗皇帝神位前，酌獻並如上儀。皇地祇位作《光安》之樂，太祖皇帝位作《彰安》之樂，太宗皇帝位作《韶安》之樂。其配位酌獻，皇帝東向，左丞相北向進爵，讀册官南向讀册文。左丞相以下俱復位。禮儀使前導皇帝還版位，登歌樂作；至版位西向立，樂止。禮儀使奏：「請皇帝還小次。」登歌樂作；前導皇帝降自阼階，樂止。宮架樂作，將至小次，禮儀使奏：「請釋大圭。」殿中監跪受大圭。入小次，簾降，樂止。文舞退，武舞進，宮架《穆安》之樂作。舞者立定，樂止。禮直官、太常博士引亞獻詣盥洗位，北向立，搢圭，盥手，帨手，執圭，詣爵洗位，北向立，搢圭，洗爵，拭爵，以爵授執事者，執圭陞堂，詣昊天上帝酌尊所，西向立。宮架作《穆安》之樂、《威功睿德》之舞。執事者以爵授亞獻，亞獻搢圭，跪，執爵，執尊者舉冪，大官令酌壺尊之盎齊訖，先詣皇地祇酌尊所，北向立。亞獻以爵授執事者，執圭興，詣昊天上帝神位前，北向搢圭跪，執事者以爵授亞獻，亞獻執爵祭酒，三祭于茅苴。奠爵，執圭，俛伏，興，少退，北向再拜。次詣皇地祇、太祖皇帝、太宗皇帝神位前，酌獻並如上儀。樂止，降復位。初，亞獻行禮將畢，禮直官、太常博士引終獻詣洗及升堂酌獻，並如亞獻之儀，訖，降復位。初，亞獻將陞，次引分獻官俱詣盥洗位，搢笏，盥手，帨手，執笏，各陞詣從祀神位前，搢笏，跪，執爵，三祭酒于地，奠爵，執笏，俛伏，興，再拜，訖，各復位。

飲福。

望燎。儀並同郊祀。

紫宸殿稱賀

前期，有司帥其屬設御座于紫宸殿，于殿後設御閤如儀。俟皇帝行禮訖，還大次，奏解嚴，鼓吹振作。皇帝服靴袍出大次，樂作；

乘輦入紫宸殿，降輦，樂止，歸後幄。內侍催班，先管軍臣僚并行門一班，北向立定。太史局奏，祥瑞官面西，側立。閤門引樞密使、知閤門官以下至看班祗候，并横行及諸司祗應、武功大夫，并行事武功大夫至保義郎，並常服于管軍後北向立。次御史臺、閤門、太常寺分引宰臣、使相、執政以下，並諸軍指揮使員僚，並常服詣紫宸殿下，分東西相向立定。閤門提點引皇太子常服東壁立。班定，皇帝服靴袍出，鳴鞭，禁衛等迎駕，自奏：「聖躬萬福。」皇帝座，舍人揖管軍臣僚至行門躬，贊：「拜。」兩拜，班首不離位，躬奏：「聖躬萬福。」訖，班首出班，俛伏，跪致詞賀訖，俛伏，興，歸位。舍人揖躬，贊：「拜。」兩拜，三呼：「萬歲。」始宣諭，俟宣諭訖，又贊拜，兩拜，三呼「萬歲」，贊各祗候直身立，管軍臣僚赴東壁侍立，行門分左右排立。次太史局官赴當殿北向立。舍人揖躬，贊：「拜。」兩拜，不離位，躬奏：「聖躬萬福。」訖，自出班躬奏祥瑞訖，歸位。舍人揖躬，贊：「拜。」兩拜，贊祗候東出次。舍人揖樞密使以下躬，舍人當殿面北，直身通某官姓名以下起居稱賀；通訖，轉身西向立，舍人贊拜，樞密使以下兩拜，搢笏舞蹈，又兩拜，班首不離位，躬奏：「聖躬萬福。」訖，又兩拜。舍人引班首出班，俛伏，跪，致詞賀訖，俛伏，興，歸位。舍人揖躬，贊：「拜。」兩拜，起，搢笏舞蹈，又兩拜，起且躬身。知閤門官當殿躬承旨訖，西向稱：「有制。」樞密使以下兩拜，起且躬身。知閤門官宣答訖，歸侍立位，舍人贊拜，樞密使以下兩拜，起，搢笏舞蹈，又再拜。贊各祗候、樞密使由西階升殿侍立，知閤門官以下赴殿下東壁面西侍立，餘官分出。引舍人揖皇太子以下就位躬。舍人當殿面北，直身，通文武百僚、皇太子某以下起居稱賀；通訖，舍人提點引皇太子以下横行北向立，兩省官并宗室遥郡以下依舊相向立。稱賀並如上儀。典儀贊拜，樞密當御座前承旨退，于折檻東稱「有制宣答」。賀訖，宣答樞密歸侍立位，宰臣、參知政事並由東階升殿東壁侍立。皇太子以下並退。皇帝興，殿下侍立宰臣、參知政事並退。自殿乘輦，樂作；出紫宸殿赴文德殿，至殿降輦，樂止。

【《玉海》】紹興十三年六月，禮官言：「十年，明堂設昊天、地祇、太祖、太宗、天皇、神州以下從祀四百四十三位，共四百四十七位。今郊祀增設衆星三百二十四位，通七百七十一位。」從之。

二十九年五月二日，詔曰：「孝莫大于嚴父，禮莫重于饗帝。宗祀昭配之儀，久闕不講，何以彰皇考之烈？」令有司討論典禮。

三十年八月，禮官言：「徽宗配帝明堂，若依皇祐徧祀羣神，其禮煩；依元豐罷從祀，其禮略。欲如熙寧，設五方、五人帝、五方神從祀位。」從之。

蕙田案：此亦調停之論，非禮也。

【《文獻通考》】禮部、太常寺言：「明堂大禮，車輅、鹵簿、法駕、儀仗，禮合預行討論。欲依《政和五禮新儀》，宗祀上帝。有司陳法駕、鹵簿，車駕自太廟乘玉輅詣文德殿。皇祐《明堂記·大駕字圖》用萬有八千二百五十六人；大中祥符元年，法駕用萬有六百六十一人。較之昨禮，令三分減一爲率。禮官所定凡萬有一千八十八人。昨紹興二十五年至二十八年郊祀大禮，大駕、鹵簿、捧日、奉宸隊等共一萬五千二百二十二人。今討論明堂大禮，乞依紹興二十八年例三分減一，用一萬一百四十人。」從之。

【《宋史·高宗本紀》】三十一年九月辛未，宗祀徽宗于明堂，以配上帝，大赦。

【《禮志》】三十一年，以欽宗之喪，用元祐故事，前期朝獻景靈宮、朝享太廟，皆遣大臣攝事；唯親行大享之禮，禮畢宣赦，樂備不作。祔廟畢如故事。享罷合祭，奉徽宗配。祀五天帝、五人帝于堂上，五官神于東厢，仍罷從祀諸神位，用熙寧禮也。

【《文獻通考》】三十一年七月二十七日，臣僚言：「伏遇宗祀徽考于明堂，以配上帝，聞有司將設五方帝位于朶殿，五人帝、五官神位于兩廊，悉于典故未合。望詔禮官更加詳議。」禮部、太常寺討論：「今行禮殿難設五室，欲依臣僚所乞，升祀五方帝位、五人帝于堂，各依方向鋪設神位，内五人帝從位各于其左稍却，五官神位于殿下東廊稍南，設位俱西向，以北爲上，並差官分獻行禮。其五帝、五人帝既升祀于堂，依禮例逐位各用十二籩豆。」從之。

【《宋史·樂志》】紹興親享明堂二十六首：

皇帝入門，《儀安》 唯我有宋，昊天子之。三年卜祀，百世承基。施及冲眇，奉牲以祠。敢忘齋栗，偏舉上儀。

升堂，《儀安》 於赫明堂，肇稱禋祀。祖宗來游，亦侑于帝。九州駿奔，百辟咸事。斂時純休，錫我萬世。

降神，《誠安》 噫神何親？惟德是輔。玉牲具陳，誠則來顧。我開明堂，遵國之故。尚蒙居歆，以篤宗祏。

盥洗，《儀安》 肇開九筵，維古之儆。皇皇大神，來顧來享。庶儀交脩，百辟顯相。微誠自中，交際天壤。

上帝位奠玉幣，《鎮安》　皇皇后帝，周覽四方。眷我前烈，燕娭此堂。金支秀發，黼帳高張。世歆明祀，曰宋是常。

皇地祇位奠玉幣，《嘉安》　至哉坤元，持載萬物！繼天神聖，觀世治忽。頌祇之堂，薦以圭瓚。孰爲邦休，四海無拂？

太祖位奠幣，《廣安》　推尊太元，重屋爲盛。誰其配之？我祖齊聖。開基握符，正位凝命。於萬斯年，孝孫有慶。

太宗位奠幣，《化安》　帝神來格，靡祀不從。侑坐而食，獨升祖宗。在庭祇肅，展采錯重。三獻之禮，百年之容。

徽宗位奠幣，《泰安》　於穆帝臨，至矣元造！克配其儀，唯我文考。仁恩廣覃，奕葉永保。宗祀唯初，以揚孝道。

皇帝還位，《儀安》　耳聽銷玉，目瞻熉珠。樂備周奏，儀參漢圖。神人並況，天地同符。亦既見帝，王心則愉。

尚書捧俎，《禧安》　展牲登俎，《簫韶》在庭。❶　羞陳五室，意徹三靈。匪物斯享，唯誠則馨。永作祭主，神其億寧。

昊天上帝位酌獻，《慶安》　日在東陸，維時上辛。肇開陽館，恭禮尊神。蒼玉輝夜，紫烟煬晨。祖宗並配，天地同禋。

皇地祇位酌獻，《彰安》　地禖泰圻，歌同《我將》。黝牲純潔，絲竹發揚。博厚而久，含洪以光。扶持宗社，曰篤不忘。

太祖位酌獻，《孝安》　一德開基，百年垂統。中天禘郊，薄海朝貢。寶龜相承，器鼎加重。澤深慶綿，帝復命宋。

太宗位酌獻，《韶安》　紹天承業，繼世立

❶「韶」，原作「品」，據庫本改。

功。帷幄屢勝，車書始同。武埽氛霧，文垂日虹。遺澤所及，孰知其終！

徽宗位酌獻，《成安》 欽唯合宫，承神至尊。祇戒專精，儼然若存。奠兹嘉觴，苣蘭其芬。發祉隤祥，以子以孫。

皇帝還小次，《儀安》 匏尊既舉，鞂席未移。有德斯顧，靡神不娭。物情肅穆，天宇清夷。宅中受命，永復邦基。

文舞退、武舞進，《穆安》 神之欸至，慶陰杳冥，風馬雲車，恍若有承。備形聲容，於昭文明。庶幾嘉虞，來享來寧。

亞獻，《穆安》 四阿有嚴，神既戾止。備物雖儀，潔誠唯已。有來振振，相我熙事。載酌陶匏，以成毖祀。

終獻，《穆安》 誠一爲專，禮三而稱。孰陪邦祠？唯我同姓。金絲屢調，玉圭交映。是謂熙成，福來神聽。

皇帝飲福，《胙安》 孰謂天遠，至誠則通。孰謂地厚，與天則同。惠我純嘏，克成大功。握圖而治，如日之中。

徹豆，《歆安》 工祝告休，笙鏞云闋。酒茅既除，牲俎斯徹。幽明罔恫，中外咸悦。禮成伊何？天地同節。

送神，《誠安》 奕奕宗祀，煌煌禮文。高靈下墮，精意升聞。熙事既畢，忽乘青雲。敢拜明貺，永清世氛。

望燎，《儀安》 載酌載獻，以純以精。歌傳夜誦，物備秋成。報本斯極，聽卑則明。願儲景貺，福我羣生。

望瘞，《儀安》 禮協豐融，誠交彷彿。辟公受膰，宗祀臨瘞。貽我來牟，以興嗣歲。山川出雲，天地同氣。

還大次，《憩安》 應天以實，已事而竣。氈案朝帝，竹宫拜神。靈光下燭，協氣斯陳。福禄時萬，基圖日新。

蕙田案：明堂自政和建立以後，制度之詳，宗祀之典，其合于古者蓋十有八九，誠千載之嘉會也。高宗南渡，雖文物散失，而典章尚有可考，迺不思率由舊章，俾盈庭築舍，舉一切非禮之事踵而仍之，合祭天地，並配祖宗，宗祀嚴父，從祀諸神，至七百七十一位，《大駕字圖》用一萬一百四十人，壇座龐雜，儀衛繁費，何其舛也！厥後承訛益謬，國勢遂以日削，不亦惜哉！

【《禮志》】孝宗乾道五年，太常少卿林栗乞四祭並即圜壇。禮部侍郎鄭聞謂：「明堂當從屋祭，不當在壇。有司攝事，當于望祭殿行禮。」從之。

【《文獻通考》】中興後，昊天上帝四祀：春祈，夏雩，秋享，冬報。其二在南郊圜壇，其二在城西惠照院望祭齋宫。紹興十九年八月，葺惠照望祭殿，建齋宫于其西，凡十有一區。

【《孝宗本紀》】淳熙六年九月辛未，合祭天地于明堂，大赦。

【《禮志》】淳熙六年，以羣臣議，復合祭天地，並侑祖宗，從祀百神，如南郊。

【《文獻通考》】先時，詔今歲行明堂大禮，令禮部、太常寺詳議。宰執進呈禮、寺議狀：「竊觀黄帝拜祀上帝于明堂，唐、虞祀五帝于五府，歷時既久，其詳莫得而聞。至《禮記》始載《明堂位》一篇，言天子負斧依南向而立，内之公侯伯子男，外之蠻夷戎狄，以序而立，故曰：『明堂也者，明諸侯之尊卑也。』《孟子》亦曰：『明堂者，王者之堂也。』《周禮·大司樂》有冬至圜丘之樂，夏至方丘之樂，宗廟九變之樂，三者皆大祭祀，唯不及明堂。豈非明堂者，布政會朝之地，周成王時，嘗于此歌《我將》之頌，宗祀其祖文王乎？後暨漢唐，雖有沿革，至于祀帝而配以祖宗，多由義起，未始執一。本朝仁宗皇祐中，破諸儒異同之論，即大慶殿行親享之禮，並侑祖宗，從以百神，前期朝獻景靈宮，享太廟，一如郊祀之制。太上皇帝中興，斟酌家法，舉行皇祐之制于紹興之初，亦在殿庭合祭天地，並配祖宗，蓋得聖經之遺意。且國家大祀有四：春祈穀，夏雩祀，秋明堂，冬郊祀是也。陛下即位以來，固嘗一講祈穀，四躬冬祀，唯合宮、雩壇之禮，猶未親行。今若據已行典禮，及用仁宗時名儒李覯《明堂嚴祖說》，并治平中吕誨、司馬光、錢公輔等集議，近歲李燾奏劄所陳，特舉秋享，于義爲允。」上曰：「明堂合祭天地，並侑祖宗，從祀百神，並依南郊禮例，可依詳議事理施行。」

蕙田案：九變之樂不及明堂者，天神同也。乃專以爲布政會朝之地，而以祀帝配祖爲義起，謬矣。周人宗祀文王，何嘗有二配乎？不舉政和之典，而以紹興之初舉行皇祐之制爲得聖經遺意，將誰欺耶？雖當時國勢孱弱，不能興復大禮，爲苟且簡便之計，然有其廢之不舉則已耳，不得以非禮爲正而踵行之也。周必大《玉堂雜記》，時必大爲禮部尚書，特主此議，過矣。

禮部、太常寺言：「明堂所設神位，並依南郊禮例，繫七百七十一位。今大慶殿鋪設昊天上帝、皇地祇、太祖皇帝、太宗皇帝四位，其從祀神位凡七百六十有七，于東西兩朵殿鋪設，五方帝至五嶽二十五位；餘從祀衆星，東廊二百八十位，西廊二百四十八位，南廊六十六位，欲于南廊前連簷修蓋瓦屋，與東西廊相接，設一百四十八位。依《議令》，合設饌幔，欲于新置便門外幔道下，結縛搭蓋屋二間，及合用祝册幄次，乞于南宫門裏過道門下面東兩壁釘設；其禮部捧册、職掌等，乞于過道門面南壁宿齋；其皇帝位版幄次，乞于内藏庫相對廊上釘設。」從之。

太史局言：「將來明堂大禮，合祭天地，並侑祖宗，從祀百神，並依南郊禮例。今照得明堂兩朵殿上鋪設神位版共二十五位，其上十位。五方帝、昊天上帝、皇地祇、神州地祇、夜明、大明共十位。並金面青字大版，内一十五位，五行、五官、五瀆。皆朱紅漆面金字小版，將來鋪設大小不等。乞下所屬創造朱紅漆面金字大版神位一十五位。」從之。

御書「明堂」、「明堂之門」六字，并「嗣天子臣御名恭書」七字，令修内司製造牌二面，將來明堂大禮，其「明堂」牌于行禮殿上安掛，其「明堂之門」牌于行禮殿西門新置便門上安掛。

蕙田案：當時誕慢之景，宛然可見。國事如此，其可爲乎！

【周必大《玉堂雜記》】己亥三月丁卯，詔今歲郊祀，以例約束省費。下禮部、太常寺議明堂大禮。予以禮部尚書兼翰林學士與諸儒議以聞。乙亥有旨，從之。辛酉午時，集官受誓戒。丙寅大雨，丁卯鎖院，草赦。戊辰，百執事冒雨入麗正門，過後殿，請皇帝致齋。己巳，上乘逍遥車，朝獻景靈宫，入太廟宿齋。四日之間，雨晝夜傾注，通衢殆如溪澗，有旨來早不乘玉輅，止用逍遥車，徑入北門，趨文德殿。致齋朝服，導駕官皆改常服，應儀仗排立，人並放。趙相爲大禮使，密諭有司未得放散。黄昏後，雨驟止。夜分，内侍李思恭傳旨御史臺、閤門、太常寺，仍舊乘玉輅，府合行事件，疾速施行。庚午昧爽，駕來登輅，必大執綏。上喜曰：『且得晴霽。』辛未行禮，月色如晝，上拜起不倦，以迄于成。黎明登樓，肆赦，簪花，過德壽宫，人情熙然。赦書乃必大視草，其間云：「唯周成宗祀洛中，陟配于文王。唯漢武合祠汶上，推嚴于高帝。皆用親郊之禮，具殫尊祖之誠。於鑠本朝，若稽前代。倣經路寢，有皇祐之彝儀；偏秩羣神，有紹興之近制。不愆于素，可舉而行。蓋欲明著古禮，以示來世也。」後數日，加恩羣臣，必大復草。趙相制云：「祼將太宫，霖潦驟霽。陟恪大寢，月華正中。」又云：「鎮定大事，如彦博之恢宏；貫通羣經，如宋庠之博洽。」皆紀一時之事，且以仁宗初行明堂，二公實爲相也。

蕙田案：己亥必大奉詔議狀，即《通考》第一條摘録者是也。並祭合祀，其論起于皇祐宋庠之議，文潞公附和成之。方爲明堂典禮之累，紹興旋覺其非，大經集議，斷自宸衷，始克追復古制。乃觀其所議及草制，云：「倣經路寢，有皇祐之彝儀；偏秩羣神，有紹興之近制。」又云：「鎮定大事，如彦博之恢宏；貫通羣經，如宋庠之博洽。」其意直以皇祐爲是，而靦然自以爲得，斯亦陋矣！

【《宋史・孝宗本紀》】淳熙九年九月辛巳，大享明堂。

十五年九月辛丑，大享明堂，以太祖、太宗配。

【《禮志》】十五年九月，有事于明堂，上問宰執配位。周必大奏：「昨已申請，高宗几筵未除，用徽宗故事，未應配坐，且當以太祖、太宗並配。」留正亦言之。上曰：「有紹興間典故，可參照無疑。」

【《尤袤傳》】淳熙十四年，將有事于明堂，詔議升配，袤主紹興孫近、陳公輔之説，謂：「方在几筵，不可配帝。」且歷舉郊歲在喪服中者凡四，維元祐明堂用吕大防請，升配神考，時去大祥止百餘日，且祖宗悉用以日易月之制，故升侑無嫌。「今陛下行三年之喪，高宗雖已祔廟，百官猶未吉服，詎可近違紹興而遠法元祐升侑之禮？請俟喪畢議之。」詔可。

【《文獻通考》】淳熙十五年，大享明堂。以在高宗諒闇之内，自受誓戒以後，權易吉服，禮畢仍舊。其朝獻景靈宫、朝饗太廟，恭謝景靈宫，並遣官分詣行禮，仍免紫宸殿稱賀。太常寺言：「今年九月，有事于明堂。檢照紹興三十一年六月十六日禮官議，案《禮經》：『喪三年不祭，唯祭天地、社稷，爲越紼而行事。』元祐之初，大享明堂，而哲宗居神祖之喪，禮官謂景靈宫、太廟當用三年不祭之禮，遣大臣攝事。或謂聖祖爲天神，非廟享也。當時雖從其説，然黄帝實我宋之所自出，豈得不同于宗廟？今秋有事于明堂，以孝慈淵聖皇帝升遐，主上持斬衰之服，考之《禮經》及元祐已行故事，并當時禮官所議，竊謂前期朝獻景靈宫、朝享太廟，皆當遣大臣攝事，主上唯親行大享之禮。其玉帛、牲牢、禮料、器服、樂舞，凡奉神之物依典禮外，鑾駕既不出宫，所有車輅、儀仗、供張、宿頓之屬，令有司更不排辦。禮畢，于殿庭宣赦，及朝享景靈宫、朝享太廟。緣皇帝在高宗聖神武文憲孝皇帝諒闇之内，乞依上件典故。」從之。權禮部侍郎尤袤等言：「逐次明堂大禮所設神位，沿革不一。紹興四年、七年、十年，設昊天上帝、皇地祇、太祖皇帝、太宗皇帝并天皇大帝以下從祀四百四十三位；紹興三十一年，設昊天上帝、徽宗皇帝並五方帝、五人帝、五官神從祀共一十七位；淳熙六年、九年，設昊天上帝、皇地祇、太祖皇帝、太宗皇帝并天皇大帝已下從祀共七百七十一位。」宰執進呈禮官申請明堂畫一，上曰：「配位如何？」周必大奏：「禮官昨已申請，高宗几筵未除，用徽宗故事，未應配坐，且當以太祖、太宗並配。他日高宗几筵既除，自當別議。大抵前代儒者多用《孝經》嚴父之說，便謂宗祀專以考配，殊不知周公雖攝政，而主祭則成王，自周公言之，故曰『嚴父』耳。晉紀瞻答秀才策曰：『周制明堂，宗其祖以配上帝，故漢武帝汶上明堂，捨文、景而遠取高祖爲配。』此其證也。」留正奏：「『嚴父莫大于配天，則周公其人也。』是嚴父專指周公而言，若成王則其祖也。」上曰：「有紹興間典故，自可參照，可以無疑。」

【《建炎以來朝野雜記》】明堂者，仁宗皇祐中始行之，其禮合祭天地，並配祖宗，又設從祀諸神，如郊丘之數。政和七年，既建明堂于大內，自是歲以九月行之，然獨祀上帝，而配以神宗，惟五帝從祀。紹興元年，上在會稽，將行明堂禮，命邇臣議之。王剛中居正爲禮部郎官，首建合祭之議，宰相范覺民主之，乃以常御殿爲明堂，但設天、地、祖、宗四位而已。四年，始設從祀諸神。七年，復祀明堂，而徽宗崩問已至，中書舍人傅崧卿請增設道君太上皇帝配位于太宗之次，禮部侍郎陳公輔言：「道君方在几筵，未可配帝。」乃不行。三十一年，始宗祀徽宗于明堂，以配上帝，而祀五天帝、五人帝于明堂上，五官神于東廂，罷從祀諸神位，用熙寧禮也。乾道以後，說者以德壽宮爲嫌，止行郊禮。淳熙六年，用李仁父、周子充議，復行明堂之祭，並侑焉。逮十四年，高宗崩，明年秋季，乃用嚴父之典，令郊祀從紹興，❶明堂從皇祐，惟歲時常祀，則以太祖配冬至圜丘，太宗配祈穀大雩，高宗配明堂宗祀，蓋尤延之爲禮官時所請云。

【《光宗本紀》】淳熙十六年閏五月癸酉，詔：「季秋有事于明堂，以高宗配。」

【《文獻通考》】淳熙十六年，光宗既受禪，閏五月，禮官言：「冬祀配以太祖，而春、夏、秋皆配以太宗。祖有功，宗有德，故推以配上帝。高宗身濟大業，紹開中興，揖遜之美，越超于古，❷功德茂盛，爲宋高宗。秋享明堂，宜奉以升侑。」又謂：「《我將》祀文王，實在成王之時，錢公輔、司馬光、吕誨皆以爲嚴祖。今以高宗配，于周制爲合。」于是高宗始配上帝。

【《宋史·樂志》】紹興、淳熙分命館職定撰十七首

降神，《景安》，圜鐘爲宮　上直房、心，時惟明堂。配天享親，宗祀有常。盛德在金，日吉辰良。享我克誠，來格來康。

黄鐘爲角　合宮盛禮，金商令時。備成熙事，蒐揚上儀。駿奔在庭，精意肅祇。來享嘉薦，神靈燕娭。

太簇爲徵　休德孔昭，靈承上帝。孝極尊親，嚴配于位。嘉薦芬芳，禮無不備。神其格思，享茲誠至。

姑洗爲羽　霜露既降，孝思奉先。陟降上帝，禮隆九筵。有馨黍稷，有肥牲牷。神來燕娭，想像肅然。

盥洗，《正安》　禮經之重，祭典爲宗。上公攝事，進退彌恭。庶品豐潔，令儀肅

❶「令」，原作「今」，據《建炎以來朝野雜記》改。
❷「越超于古」，《文獻通考》卷七五作「超越千古」。

雍。百祥萃止，惟吉之從。

升殿，《正安》 皇祖配帝，歲祀明堂。冕服陟降，玉佩瑲瑲。疾徐有節，進止克莊。維時右享，日靖四方。

上帝位奠玉幣，《嘉安》 大享季秋，百執揚厲。明明太宗，赫赫上帝。祇薦忱誠，式嚴圭幣。祚我明德，錫兹來裔。

太宗位奠幣，《宗安》 穆穆皇祖，丕昭聖功。聲律身度，樂備禮隆。祇薦量幣，祀于合宮。玉帛萬國，驩心載同。

捧俎，《豐安》 備物昭陳，工祝告具。維羊維牛，孔碩孔庶。有嘉維馨，加食宜飫。歆時五福，永膺豐胙。

上帝位酌獻，《嘉安》 熚彼房心，明明有融。維聖享帝，禮行合宮。祀事時止，粢盛潔豐。昭受申命，萬福攸同。

太宗位酌獻，《德安》 受命溥將，勳高百王。寰宇大定，聖治平康。有嚴陟配，宗祀明堂。神保是格，申錫無疆。

徹豆，《肅安》 於皇上帝，肅然來臨。恭薦芳俎，以達高明。烹飪既事，享于克誠。以介景福，惟德之馨。

送神，《景安》 帝在合宮，鑒觀盛禮。黍稷惟馨，神心則喜。禮備樂成，亦既歸止。億萬斯年，以貺多祉。

高宗位奠幣，《宗安》 赫赫高廟，于堯有光。覆被萬祀，冠冕百王。有量斯幣，蠲潔是將。在帝左右，維時降康。

配獻，《德安》 炎運中興，蒼生載寧。九秩燕豫，❶三紀豐凝。精祀上帝，陟配威靈。錫羨胙祉，萬世承承。

蕙田案：此高、孝兩朝，遞有更定，

❶「秩」，原作「秋」，據庫本改。

史家總而載之，其中已有高宗配位，
故列于此。

五禮通考卷第二十九

淮陰吳玉搢校字

五禮通考卷第三十

內廷供奉禮部右侍郎金匱秦蕙田編輯
太子太保總督直隸右都御史桐城方觀承同訂
按察司副使元和宋宗元參校

吉禮三十

明堂

【《宋史·寧宗本紀》】紹熙五年即位，九月辛未，合祭天地于明堂，大赦。

【《文獻通考》】光宗紹熙五年，詔：「今歲郊祀大禮，改作明堂大禮，令有司除事神儀物、諸軍賞賜依舊外，其乘輿服御、中外支費，並從省約。」後以在壽皇喪制內，依淳熙十五年典故施行。

【《寧宗本紀》】慶元六年九月辛未，合祭天地于明堂，大赦。

【《文獻通考》】寧宗慶元六年，大饗明堂。以諒闇，用紹熙禮。紹熙五年，明堂，孝宗未卒哭。時趙汝愚朝獻景靈宮，嗣秀王伯圭朝享太廟，而上獨祀明堂。是年，光宗之喪甫踰月，而當行大禮，乃命右丞相謝深甫欵天興之祠，嗣濮王不儔攝宗廟之祭，蓋亦用紹熙禮云。

開禧二年九月辛卯，合祭天地于明堂。

【《玉海》】開禧二年，禮部侍郎倪思奏：「周家明堂，本爲嚴父。自皇祐定制，以太祖、太宗、真宗參配，事祖嚴父，于是兩盡。獨壽皇累行重屋之禮，是時高宗尊御德壽。陛下初款合宮，而光宗頤神壽康，是以上于並侑祖宗。今光宗飏御在天，升祔云久，望亟命有司討論舊典，以光宗與祖宗並配天地。」詔集議。參政李璧奏：「竊考神宗聖訓有曰：周公宗祀，乃在成王之世，成王以文王爲祖，則明堂非以配考明矣。大哉王言，皇祐故事，後爲南郊，止云且奉三聖並侑。司馬光謂孔子以周公輔成王致太平之業，而文王其父也，故引之以證聖人之德莫大于孝，答曾子之問而已，非謂凡有天下者皆當以父配天，然後爲孝也。近世祀明堂者，皆以其父配帝，此誤識《孝經》之意，而違先王之禮，不可以爲法也。光所指近世，謂唐故事。代宗用杜鴻漸等議，以考肅宗配天，一時誤禮，本不足據。故錢公輔等于治平初，推本經訓，亦謂當先朝時，惜無一引古義而争者。光、公輔之言，與神宗聖訓相爲表裏，有合乎祀無豐昵之義。」思又奏：「《易》之《豫》曰配祖考，則是饗帝可以兼配祖考也。晉摯虞之議曰：『郊丘之祀，埽地而祭，牲用繭栗，器用陶匏，事反其始，故配以遠祖；明堂之祭，備物以薦三牲，並陳籩豆成列，禮同人理，故配以近考。』此諸儒之論有合于經者。皇祐參配，紹興專配，未嘗不嚴父。」璧又奏：「淳熙詔書曰『具殫尊祖之誠』，則是嚴父之説，已經釐正，足以刊千載之誤，垂萬世之規。欲再舉淳熙以前典禮，則與壽皇所既改者又將牴牾。因阜陵之已行，申神考之明訓，復先王之舊禮，一洗魏晉以來之曲説。」詔：「祀事日迫，候將來別議。」思又奏：「聖莫聖于神宗，賢莫賢于司馬光，固可以爲定論。然熙寧四年、元豐三年，兩行明堂親祠，實以英宗配。元祐初，光相哲宗，而明堂之祠實以神宗配，已見于議論，終不敢輕改舊制，蓋以經文及漢晉以來典章故耳。」集議官謂：「《豫卦》非爲明堂立文，考之正義云配祀明堂以考文王也，則是爲明堂立文分明。」

蕙田案：李璧此議宗祀配帝之義，最爲曲盡。

嘉定二年九月辛丑，合祭天地于明堂，大赦。

【《文獻通考》】嘉定二年，當郊，詔行明堂大禮。臣僚言：「臣聞古之王者，父事天，母事地，一歲之間，冬夏日至，大雩、大享，以及四時迎氣之類，無非躬行郊見之禮。後世彌文日增，乘輿出郊，儀衛之供，百物之須，賞賚之數，無名之費，不一而足，雖欲行禮如先王，不可得已。夫禮從宜，苟不失乎先王之意，而有得于事天之實，何害其爲禮也。恭惟藝祖在位十有七年，親郊者四；太宗在位二十二年，親郊者五；真宗以後，三歲一郊，遂爲定制。逮仁宗皇祐間，始有事于明堂，蓋稽之古典，斷自聖意，而以義起也。陛下即位以來，圜丘、重屋，其禮迭舉，及兹三載，又當親郊之期。有司文移督辦錢物，固已旁午于道；州縣之間，以應奉爲名，抑配于民，不知其幾。軍旅之後，旱蝗相仍，公私之積，旦暮不繼，民生既囏，國力大屈；重以近日使命往來，❶其費逾倍，空匱之狀，可爲寒心。臣願陛下相時之宜，權停郊祀之禮，仍以季秋大享明堂，既無失于事天之誠，而可以省不急之費。

❶「近」，原作「今」，據《文獻通考》卷七五改。

古之行禮，視年之上下，正此意耳。昔咸平中，鹽鐵使王嗣宗奏郊祀費用繁重，望行謁廟之禮。當是之時，帑藏充溢，天下富饒，嗣宗猶以爲請，况今日國計，比之咸平，萬萬不侔矣。檢照國朝故事，仁宗嘉祐元年，恭謝天地于大慶殿；四年，祫祭；七年，明堂。蓋不行郊禋者九年。哲宗元祐，繼舉明堂者再；高宗紹興，繼舉明堂者三。若陛下申講宗祀之儀，則于祖宗舊章，不爲無據。欲望下臣此章，令禮部詳議施行。臣又聞真宗因王嗣宗之請，詔三司非禋祀所須，並行減省。是歲減應奉雜物十萬六千。計其數之可考若此，則必有條目，而非漫然者矣。今若舉行明堂，其費比之郊丘，雖已不等，然明堂祭祀儀物之外，賜予浮費，豈無合從節約者？望并詔有司，取其凡目，參酌考訂，當減者減之，當去者去之，一切條畫，無爲具文。方國用窘乏、民力殫竭之餘，減千則吾之千也。疑有脱文。若曰細微不足經意，則真宗全盛之時，視十萬六千何足道哉？唯陛下果斷而行之！」從之。

八年九月辛未，合祭天地于明堂。

【王圻《續通考》】寧宗嘉定八年，合祭天地于明堂。吴詠繳進明堂御劄狀曰：「臣嘗出入《禮經》，讀《郊特牲》，謂：『祭有祈，有報，有辟焉。』讀《周官・大祝》，謂：『祀有祈福祥，有求永正，有弭灾兵焉。』所謂肇禋于郊，宗祀于明堂者，不但曰報而已，蓋海内乂安，兵革不興，年至于屢豐，則鋪張揚厲而主報；疆埸多事，水旱間作，民未有寧宇，則禬禳祀禱而主祈。此皆成周之令典，國家列聖以來成法，所不能廢也。粵自近歲，詞臣所撰赦詔，類多頌美形容之詞，而少愛人惻怛之意。矧今兵祲未解，民食孔艱，陛下畏威一念，如對上帝，毖祀一忱，若保赤子，所宜因此時力致祈天永命之請。臣用是輒援仁祖、高宗兩朝故事，載之御劄。所有將來合降赦書，更宜推廣此意，深自貶損，明示四方，如建炎間臣夢得所上奏疏，紹興間臣蓋、臣近、臣世將諸臣所撰赦文，則庶幾可以迓續天命，感動人心，仰昭陛下寅畏懷保之實。」

十一年九月辛巳，合祭天地于明堂，大赦。

蕙田案：《文獻通考》數寧宗親祀明堂七，有十四年九月辛卯，但紀志未載，用識于此。

【《宋史·理宗本紀》】嘉定十七年，嗣皇帝位。九月辛卯，祀明堂，大赦。

【《禮志》】嘉定十七年閏八月，理宗即位，大享當用九月八日，在寧宗梓宮未發之前，下禮官及臺諫、兩省詳議。吏部尚書羅點等言：「本朝每三歲一行郊祀，皇祐以來始講明堂之禮，至今遵行。稽之《禮經》，有『越紼行事』之文，『既殯而祭』之説，則雖未葬以前，可以行事。且紹熙五年九月，在孝宗以日易月釋服之後，未發引之前；慶元六年九月，亦在光宗以日易月釋服之後，未發引之前。今來九月八日，前祀十日，皇帝散齋別殿，百官各受誓戒，係在閏八月二十七日，即當在以日易月未釋服之內。乞下太史局，于九月內擇次辛日行禮，則在釋服之後，正與前史相同。」乃用九月二十八日辛卯。前二日，朝獻景靈宮，前一日，享太廟，遣官攝事。皇帝親行大享，禮成不賀。

【《理宗本紀》】紹定三年九月辛丑，祀明堂，大赦。　六年九月辛亥，祀明堂，大赦。

端平三年九月辛未，祀明堂，大赦。

【王圻《續通考》】端平三年，詔以今年九月有事于明堂。直寶謨閣、知婺州陳庸熙奏當舉皇祐典禮，以太祖、太宗、寧考並配于明堂。詔令禮部、太常寺討論以聞。

【《宋史·理宗本紀》】嘉熙三年九月辛巳，祀明堂，大赦。

淳祐二年九月辛卯，祀明堂，大赦。

【《禮志》】淳祐三年，將作少監、權樞密都承旨韓祥言：「竊以明堂之禮，累聖不廢嚴父配侑之典。南渡以來，事頗不同。高廟中興，徽宗北狩，當時合祭天地于明堂，以太祖、太宗配，非廢嚴父之祀，以父在故也。及紹興末，乃以徽廟配。孝宗在位二十八年，娛奉堯父，故無祀父之典，南郊、明堂，惟以太祖、太宗配，沿襲至今，遂使陛下追孝寧考之心，有所未盡。」時朝散大夫康熙亦援倪思所著《合宮嚴父》爲言。上曰：「三后並侑之説最當。」是後明堂以太祖、太宗、寧宗並侑。

蕙田案：《續通考》載端平三年，婺州陳庸熙言當舉皇祐典禮，以太祖、太宗、寧考並配，疑《禮志》朝散大夫康熙，即庸熙之訛也，存之以俟考。

【《理宗本紀》】淳祐五年九月辛亥，祀明堂，奉太祖、太宗、寧宗並侑，大赦。

八年九月辛酉，祀明堂，大赦。

【王圻《續通考》】監察御史陳垓言：「祀者，國之大事，三歲明禋將享，多非本物，皆自見科市户。今仰臣監督，各備正色，毋以他物充代。」從之。

十一年九月辛未，祀明堂，大赦。

寶祐二年九月辛亥，祀明堂，大赦。　五年九月辛酉，祀明堂，大赦。

【《禮志》】寶祐五年九月辛酉，復奉高宗升侑，于是明堂之禮，一祖三宗並配。

【王圻《續通考》】五年三月，詔曰：「高宗皇帝克紹大業，寵綏萬民，厄十世以中興，恢旋乾轉坤之烈，御六飛而南渡，有櫛風沐雨之勞。定社稷以奠鰲極之安，明統系以詒燕謀之永，豈有光復我家之盛，未隆升陪世室之尊？永言孝思，稽古多闕，所以採博士、議郎之是，酌人情禮制之宜，倣有夏之祀少康，法元和之尊光武，合一祖三宗而並侑，有德有功；則參天貳地之宏規，丕承丕顯，用秩元祀，昭宣重光。陟配而多歷年，以陳常于時夏。會通而行典禮，將大享于季秋。」

【《宋史·理宗本紀》】景定元年九月辛巳，祀明堂，大赦。

【《禮志》】度宗咸淳二年，將舉郊祀，時復議以高宗參配。時吏部侍郎洪燾等議：「禮者，所以別等差，視儀則，遠而尊者配于郊，近而親者配于明堂，明有等也。臣等謂宜如紹興故事，奉太宗配，將來明堂遵用先皇帝彝典，以高宗參侑，庶于報本之禮、奉先之孝，爲兩盡其至。」詔恭依。

【《度宗本紀》】咸淳五年九月辛酉，祀明堂，大赦。丙寅，明堂禮成，加上皇太后尊號寶册。

【《禮志》】度宗咸淳五年，又去寧宗，以太祖、太宗、高宗、理宗並配。

蕙田案：王氏《通考》有咸淳二年、四年大享，無五年大享。今依《宋史》爲定。

【《度宗本紀》】八年九月辛未，明堂禮成，祀景靈宮。還，遇大雨，改乘逍遥輦入和寧門，肆赦。

【王圻《續通考》】八年，起居舍人高斯得進郊天故事曰：「臣聞人主事天之道，唯質與忱而已。蓋質者，天地之性，而忱則天之道也。大路越席，埽地不壇，器用陶匏，牲用繭栗，皆尚質也。立澤聽誓，皮弁聽報，齋明盛服，三宿七戒，皆致忱也。外盡乎質，内盡乎忱，則天之親德享道也宜矣。秦漢之後，文縟而掩其質，敬弛而汩其忱，千乘萬騎以爲華，寶鼎天馬以爲飾，而事天之本廢矣；牡荆靈旗以禱兵，方士秘術以求福，而事天之心蕩矣。若成帝者，則以文滅質，以欲汩忱之尤者也。甘泉泰畤之祠，正承武帝奢華之後，丞相匡衡欲少去華就實，乃奏罷鑾輅龍鱗、黻繡周張之飾，更定其儀與其樂章。帝雖勉從而終不能改，故雄賦《甘泉》，極道八神警蹕、星陳天行、萬騎中營、玉車千乘之盛，以致靡麗之譏。是時，趙昭儀又大幸，每上至甘泉，常陪法從，故雄賦云『想西王母欣然而上壽兮，屏玉女而却虙妃。玉女無所眺其清盧兮，虙妃曾不得施其蛾眉』，以戒齊肅之事，惜乎帝之馳鶩于紛華，湛溺于逸欲，而不能用也。欲以感動天地，逆釐三神，不亦難乎！陛下穆卜季秋中辛，以行暘館之祀，今有日矣。咸秩之禮，昭事之忱，所宜早戒而預定者，聖心固已孜孜于此。蓋自乾淳以來，每遇郊禋，必詔有司，自事天儀物及諸軍賞給之外，凡車服、仗衛、聲名、文物之具，莫不裁約而歸于儉。錫賚推恩，亦減承平之半，或三之一，可謂尚質之至矣。至于前期齋殿，致其精明以對越在天者，尤極其嚴；行事之際，避黄道而不履，虚小次而不御，可謂至恍之極矣。是以神天顧歆，或積雨而頓霽，或微恙而立瘳，以樂成熙事，此則陛下之家法也。厥今四郊多壘，財力單匱，遠不逮乾淳之時，臣願陛下于阜陵節約之外，損之又損。庶幾曰祀，曰戒，二者兼得。乃若以忱事天，又其大本。《記》曰：『齋者，防其邪物，絶其嗜欲，言不敢散其志也。』今距齋宿之期雖曰尚賒，然臣願陛下以聖人久禱爲心，兢兢業業，已如上帝臨汝、神在其上之時，則積此精誠，用于一日。天人相與，如響應聲，天神之不降，地祇之不格，風雨之不節，寒暑之不時，臣不信也。」

蕙田案：是年九月，享明堂，故斯得疏云穆卜季秋，行踢館之禮。南渡以後，當郊之歲，每以資用不足權停郊祀，止享明堂。蓋以明堂代郊，故臣僚封事統謂之郊天耳，實非南郊也。

【王儀《明禋儀注》】明堂殿正配四位：昊天上帝、皇地祇、太祖、太宗。各牲牢、禮饌。二十二拜，一十三跪，俛伏，興。第一，上參神兩拜，盥帨，各詣前位，跪奠鎮圭，俛伏，興。跪，奠玉幣，俛伏，興，兩拜。第二，上再盥帨，洗拭爵，各詣前位，跪，三祭酒，俛伏，興。讀册訖，兩拜，請還小次。依例不還。第三，上亞終獻畢，詣飲福位，兩拜，跪三祭酒，啐酒，受俎，受摶黍，俛伏，興，兩拜，送神。望燎，奏：「饌畢。」恐當作「禮畢」。太廟及明堂殿，並以丑時一刻行事。前一刻，到大次。逐處行禮。讀册官讀册，御樂傳旨，高宣御名，勿興。太廟行禮。祼鬯畢，還版位，宫架樂作。御樂宣諭樂卿，徐其音節，毋得減促，九成止。　行禮：歸大次東神門上，御樂宣諭亞終獻：「列祖上帝，享以多儀，動容周旋，實勞宣力。」　五使：大禮使總一行大禮事務，行事日，復從皇帝行禮；禮儀使，行事日，前導奏請皇帝行禮；儀仗使，總轄提振一行儀仗。　儀仗用四千一百八十九人，自太廟排列至麗正門。　鹵簿使，依《禮經》「鹵者，大盾也」，總一部儀仗前連後從，謂之鹵簿；橋道頓遞使，提振修整車駕經由道路、頓宿齋殿等。　應奉官，禮儀使、禮部侍郎二員，奏中嚴、外辦，御前奏。　殿中監、進接圭，兼進飲酒，後受虚爵。　太常卿、贊導。　禮部郎中二員，奏「解嚴」，御前奏。　太常博士四員，引禮儀使，引太常卿，引亞獻，引終獻。尚醖奉御，執尊，合上尊酒，酌飲福酒。　宿齋行事官，侍中一員。　奏請皇帝降座，歸齋室。明堂大禮使、亞獻、終獻、左丞相同景靈宮。吏部尚書同前。　户部尚書同前，兼進飲福酒。　禮部尚書同前。　兵部尚書薦羊俎，并徹。　吏部侍郎二員、禮部侍郎省牲、視腥熟節。　刑部侍郎同上。　讀册官、太常卿押樂。　光禄卿、監察御史三員殿下，隔門外東階下，隔門外西階下。　舉册官、太府卿、太常丞登歌，押樂。　少府監、光禄丞、奉禮郎、協律郎、太祝、太社令、大官令、良醖令酌皇帝獻酒。　執事官五員，分獻官五員，亞、終獻，執事官五員。　太廟行禮畢，如值雨，道路泥濘，降指揮，乘逍遥子赴文德殿宿齋，❶應導駕官並免導駕，並令常服從駕，許令張雨具入麗正門；應執仗官兵等並免排立，❷並放散。　淳熙六年九月，明堂。　因

❶「子」，《文獻通考》卷七五所引《明禋儀注》作「輦」。

❷「並」，原作「與」，據《文獻通考》卷七五所引《明禋儀注》改。

雨，降前指揮。當晚晴霽，續降指揮，仍舊乘輅，合用執儀仗官兵等止令于側近營寨，量前據數差撥前來排設。開禧二年九月，明堂。爲值雨，依前件指揮行事。

明堂神位。殿上正配四位：昊天上帝、皇地祇、太祖皇帝、太宗皇帝。　東朶殿一十三位：青帝、感生帝、黄帝、大明、天皇大帝、木神、火神、土神、勾芒、祝融、后土、東岳、南岳。　西朶殿一十二位：白帝、黑帝、神州地祇、夜明、北極、金神、水神、蓐收、玄冥、中岳、西岳、北岳。　東廊二百單八位：❶北斗、天乙、太乙、歲星、熒惑、鎮星、玄枵、星紀、析木、大火、壽星、鶉尾、鈎星、天柱、天厨、柱史、女史、御女、尚書、大理、陰德、天槍、真戈、天牀、三師、輔星、相星、太陽守、東鎮、南鎮、中鎮、東海、南海、東瀆、南瀆、虚宿、女宿、牛宿、斗宿、箕宿、尾宿、太子、心宿、庶子、房宿、宋星、氐宿、亢宿、角宿、軫宿、翼宿、張宿、織女、建星、天紀、日星、七公、帝座、大角、攝提、人星、司命、司危、司非、司禄、天津、離珠、羅偃、天桴、奚仲、左旂、河鼓、右旂、天雞、輦道、漸臺、敗瓜、扶箱、天井、天棓、帛度、屠肆、宗星、宗人、宗正、天籥、女牀、侯星、市樓、宦者、天江、東肆、斗星、斛星、天市垣、列肆、東咸、罰宿、貫索、鍵閉、鈎鈐、周伯星、西咸、天乳、招摇、梗河、玄池、周鼎、天田、平道、進賢、郎位、郎將、内五諸侯、三公内座、九卿内座、東山、南山、中山、東林、南林、中林、東川、南川、東澤、南澤、天壘城、璃瑜、代星、齊星、周星、晉星、韓星、秦星、魏星、燕星、楚星、鄭星、越星、趙星、九坎、

❶「單」，原誤作「丹」，據庫本改。

天田、狗國、天淵、狗星、鱉星、農丈人、❶杵星、糠星、魚星、龜星、傳説、神官、積卒、從官、天輻、騎陣將軍、陣車、車騎、騎官、頓頑、折威、陽門、五柱、天門、衡星、軍樓、平星、南門、青丘、長沙、土司空、左右轄、軍門、器府、東甌、天廟、酒旗、天相、東丘、南丘、中丘、西丘、北丘、東陵、南陵、中陵、西陵、北陵、東墳、南墳、中墳、西墳、北墳；東衍、南衍、中衍、西衍、北衍；東原、南原、中原、西原、北原；東隰、南隰、中隰、西隰、北隰。

西廊一百七十五位：帝座、五帝内座、太白、辰星、鶉火、鶉首、實沈、大梁、降婁、娵訾、河漢、天理、執星、内厨、天牢、三公、文昌、内階、四輔、八穀、扛星、華蓋、傳舍、六甲、鈎陳、紫微垣、西鎮、北鎮、西海、北海、西瀆、北瀆、星宿、柳宿、鬼宿、井宿、參宿、觜宿、畢宿、昴宿、胃宿、婁宿、奎宿、壁宿、室宿、危宿、太微垣、太子、明堂、權星、三台、五車、諸王、月星、謁者、幸臣、帝陳、内屏、從官、虎賁、靈臺、少微、長垣、黄帝座、四帝座、内平、太尊、積薪、積水、北河、天罇五、諸侯、鉞星、座旗、司怪、天闕、咸池、天漢、天柱、天高、礪石、天街、天船、積水、天讒、卷舌、天河、積尸、大陵、左更、天火將軍、罝南門、右更、附路、閣道、王良、策星、天廐、土公、雲雨、霹靂、滕蛇、雷電、離宫、造父、土公、吏内、杵臼星、蓋屋、虚梁、墳墓、車府、西山、北山、西林、北林、中川、西川、北川、中澤、西澤、北澤、天稷、爟星、天記、外厨、天狗、南河、天社、矢星、水星、闕星、狼星、弧星、老人星、四瀆、野雞、

❶「人」，原作「□」，庫本奪此字，據《文獻通考》卷七五所引《明禋儀注》補。

軍市、水府、孫星、子星、丈人、天屎、天厠、伐星、屏星、軍井、玉井、九斿、參旗、附耳、九州珠口、天節、天園、天陰、天廩、天苑、天囷、芻藁、天庾、天倉、鈇鑕、天溷、外屏、土司空、八魁、羽林軍、壘壁陣斧鉞、敗臼、天綱、北落師門、天錢、泣星、哭星。 東廊、西廊、南廊衆星共一百五十八位。

【《文獻通考》】馬氏曰：「右明禋親祠，❶先公景定庚申以樞密院編修官攝殿中監，咸淳己巳以右丞相充儀仗使，壬申充禮儀使，此儀注則當時奉常禮院所供也。 喪亂以來，文書散失，貴謹弟游當塗，于故家得之，因得以參考史志、《會要》之所未備，如景靈宮、太廟、明堂三日行禮拜跪之節，與五使以下職掌之詳，從祠神祇之名數是也。 其餘儀文，史之所有而纂輯已備者，則更不贅録云。」

又曰：《禮經》言：「郊報天而主日，配以月。」然則周之郊，以后稷配天之外，從祀唯日月而已。 明堂則鄭氏注謂所祀者五方五帝及五人帝、五官，配以文王、武王而已，不祀他神也。 自秦漢以來，郊禮從祀之神漸多。 晉大興中，賀循言郊壇之上，尊卑雜位，千五百神。 唐圜丘壇位上帝，配帝以及從祀，通計七百餘座。 然圜丘所祀者昊天，則從祀者天神而已，于地祇、人鬼無預也。 自漢末始有合祭天地之禮，魏晉以來，則圜丘、方澤之祀未嘗相溷。 宋承五代之弊政，一番郊祀，賞賚繁重，國力不給，于是親祠之禮不容數舉，遂以后土合祭于圜丘，而海、岳、鎮、瀆、山川、丘陵、原隰、墳衍皆在從祀之列，❷于是祭天從祀始及地祇矣。 至仁宗

❶「祠」，原作「祀」，據《文獻通考》卷七五改。
❷「原隰墳衍」，原作「墳隰原衍」；「列」，原誤作「例」，今並據《文獻通考》卷七五改。

皇祐二年，大享明堂，蓋以親郊之歲，移其祀于明堂，而其禮則合祭天地，並祀百神，蓋雖祀于明堂而所行實郊禮也。然既曰明堂，則當如鄭氏之注及歷代所行，故以太昊、炎帝、黄帝、少昊、顓頊五人帝，勾芒、祝融、后土、蓐收、玄冥五官神侑祀五帝。于是祭天從祀又及人鬼矣。中興以來，國勢偏安，三歲親祀，多遵皇祐明堂之禮。然觀儀注所具神位，殿上正、配四位，東朶殿自青帝至南岳十三位，西朶殿自白帝至北岳十二位，東廊自北斗至北隰二百有八位，西廊自帝座至哭星一百七十五位，又有衆星一百五十八位，共五百七十位，則比晉賀循所言纔三之一，唐圜丘所祀三之二耳。然晉唐未嘗雜祀地祇、人鬼，而位數反多，此則以圜丘、方澤、明堂所祠合爲一祠，自五帝、五官、海、岳以至于原隰，而位數反少，殆不可曉。然《晉史》、《唐史》但能言從祀之總數，而不及其名位之詳，故無由參稽互考，而不知其纖悉也。姑誌于此，以俟博聞者共訂焉。

蕙田案：馬氏《通考》止于嘉定，而《明禋儀注》供自咸淳，中間相隔四十餘年，故附度宗之末。

【《宋史·瀛國公本紀》】德祐元年九月辛巳，有事于明堂，赦。

右宋明堂。

【《明史·世宗本紀》】嘉靖十七年六月丙辰，定明堂大饗禮。九月辛卯，大享上帝于元極寶殿，奉睿宗配。

【《禮志》】明初無明堂之制。嘉靖十七年六月，致仕揚州府同知豐坊上疏言：「孝莫大于嚴父，嚴父莫大于配天。請復古禮，建明堂。加尊皇考獻皇帝廟號稱宗，以配上帝。」下禮部會議。尚書嚴嵩等言：「昔羲、農肇祀上帝，或爲明堂。嗣是夏后氏世室，殷人重屋，周人作明堂之制，視夏、殷加詳焉。蓋聖王事天，如子事父，體尊而情親。故制爲一歲享祀之禮，冬至圜丘，孟春祈穀，孟夏雩壇，季秋明堂，皆所以尊之也。明堂帝而享之，又以親之也。今日創制，古法難尋，要在師先王之意。明堂、圜丘，皆所以事天。今大祀殿在圜丘之北，禁城東南，正應古之方位。明堂秋享，即以大祀殿行之爲當。至配侑之禮，昔周公宗祀文王于明堂，《詩傳》以爲物成形于帝，猶人成形于父，故季秋祀帝明堂，而以父配之，取其成物之時也。漢孝武明堂之享，以景帝配，孝章以光武配，唐中宗以高宗配，明皇以睿宗配，代宗以肅宗配，宋真宗以太宗配，仁宗以真宗配，英宗以仁宗配，皆世以遞配，此主于親親也。宋錢公輔曰：『郊之祭，以始封之祖，有聖人之功者配焉。明堂之祭，以繼體之君，有聖人之德者配焉。』當時司馬光、孫抃諸臣執辨于朝，程、朱大賢倡義于下，此主于祖宗之功德也。今復古明堂大享之制，其所當配之帝，亦唯二説而已。若以功德論，則太宗再造家邦，功符太祖，當配以太宗。若以親親論，則獻皇帝，陛下之所自出，陛下之功德，即皇考之功德，當配以獻皇帝。至稱宗之説，則臣等不敢妄議。」

帝降旨：「明堂秋報大禮，于奉天殿行，其配帝務求畫一之説。皇考稱宗，何爲不可？再會議以聞。」于是户部左侍郎唐胄抗疏言：「三代之禮，莫備于周。《孝經》曰：『郊祀后稷以配天，宗祀文王于明堂以配上帝。』又曰：『嚴父莫大于配天，則周公其人也。』説者謂：周公有聖人之德，制作禮樂，而文王適其父，故引以證聖人之孝，答曾子問而已，非謂有天下者必皆以父配天，然後爲孝。不然，周公輔成王踐祚，其禮蓋爲成王而制，于周公爲嚴父，于成王則爲嚴祖矣。然周公歸政之後，未聞成王以嚴父之故，廢文王配天之祭，而移于武王也。後世祀明堂者，皆配以父，此乃誤《孝經》之義，而違先王之禮。昔有問于朱熹曰：『周公之後，當以文王配耶，當以時王之父配耶？』熹曰：『只當以文王配。』又曰：『繼周者如何？』熹曰：『只以有功之祖配，後來第爲嚴父之説所惑亂耳。』由此觀之，明堂之配，不專于父明矣。今禮臣不能辨嚴父之非，不舉文、武、成、康之盛，而乃濫引漢、唐、宋不足法之事爲言，謂之何哉！雖然，豐坊明堂之議，雖未可從，而明堂之禮則不可廢。今南、北兩郊皆主尊尊，必季秋一大享帝，而親親之義始備。自三代以來，郊與明堂各立所配之帝。太祖、太宗功德並盛，比之于周，太祖則后稷也，太宗則文王也。今兩郊及祈穀，皆奉配太祖，而太宗獨未有配，甚爲缺典。故今奉天殿大享之祭，必奉配太宗，而後我朝之典禮始備。」帝怒，下冑詔獄。嵩乃再會廷臣，先議配帝之禮，言：「考季秋成物之指，嚴父配天之文，宜奉獻皇帝配帝侑食。」因請奉文皇帝配祀于孟春祈穀。帝從獻皇帝配帝之請，而却文皇議不行。已復以稱宗之禮，集文武大臣于東閣議，言：「《禮》稱：『祖有功，宗有德。』釋者曰：『祖，始也。宗，尊也。』《漢書注》曰：『祖之稱始，始受命也。宗之稱尊，有德可尊也。』《孝經》曰：『宗祀文王于明堂，以配上帝。』王肅注曰：『周公于文王，尊而祀之也。』此宗尊之説也。古者天子七廟。劉歆曰：『七者正法，苟有功德則宗之，不可預爲設數。宗不在數中，宗變也。』朱熹亦以歆之説爲然。陳氏《禮書》曰：『父昭子穆，而有常數者，禮也。祖功宗德，而無定法者，義也。』此宗無數之説，禮以義起者。今援據古義，推緣人情，皇考至德昭聞，密佑穹旻，宗以其德可。聖子神孫，傳授無疆，皆皇考一人所衍布，宗以其世亦可。宜加宗皇考，配帝明堂，永爲有德不遷之廟。」帝以疏不言祔廟，留中不下，乃設爲臣下奏對之詞，作《明堂或問》，以示輔臣。大略言：「文皇遠祖，不應嚴父之義，宜以父配。稱宗雖無定説，尊親崇上，義所當行。既稱宗，則當祔廟，豈有太廟中四親不具之禮？」帝既排正議，崇私親，心念太宗永無配享，無以謝廷臣，乃定獻皇配帝稱宗，而改稱太宗號曰成祖。時未建明堂，迫季秋遂大享上帝于玄極寶殿，奉睿宗獻皇帝配。殿在宫右乾隅，舊名欽安殿。禮成，禮部請帝陞殿，百官表賀，如郊祀慶成儀。帝以大享初舉，命賜宴羣臣于謹身殿。已而以足疾不御殿，命羣臣勿行賀禮。禮官以表聞，並罷宴，令光禄寺分給。

【王圻《續通考》】嘉靖十七年定大享禮：

一，前期五日，上詣犧牲所視牲。其先一日，上告于廟。及還，參拜，俱如大祀之儀。告詞、參詞，改稱大祀曰大享，餘並同。次日以後，命大臣輪視如常儀。

一，前期四日，太常寺奏：「祭祀如常儀。」諭百官致齋三日。

一，前期三日，上詣太廟寢殿告請睿宗配帝，以酺醢、酒果，再拜一獻禮。祝文曰：「維嘉靖某年某月某日，孝子皇帝御名敢昭告于皇考睿宗皇帝，曰：茲以今月某日，恭行大享禮于大享殿，謹請皇考配帝侑神，伏唯鑒知，謹告。」

一，前期二日，太常卿、光禄卿奏省牲如常儀。

一，前期一日，上親填祝版于文華殿。夜二鼓，禮部同太常堂上官詣安神御版位，俱如祈穀之儀。

一，陳設上帝位，犢一，玉用蒼璧一，帛十二，青色。登一，簠、簋各二，籩十二，豆十二，玉爵三，酒尊三，篚一，祝案一。配帝位同，惟不用玉。

一，正祭。與祈穀同。

一，祝文：「維嘉靖某年某月某日，嗣天子臣御名恭奏享于皇天上帝，曰：時當季秋，咸成農事，羣生蒙利，黎兆允安，邦家是賴，帝德敷天。臣統羣工，宜爲酬享，謹用玉帛、犧牲，祇謝生成大福，備此禋燎。奉皇考睿宗，知天守道，洪德淵仁，寬穆純聖，恭儉敬文，獻皇帝配帝侑歆，尚享。」

【《圖書編》】國朝明堂大享典禮：季秋行大饗禮于南郊大饗殿，省牲，齋戒，儀同前祈穀。前三日，上祭服詣睿宗廟，請皇考配帝，行一獻禮，用祝。前三日，太常博士奉祝版于文華殿，上填御名訖，捧安于香帛亭。厨役舁至神庫供奉。三更初，太常官請安神位，陳設如儀。祭品　皇天上帝南向，騂牛一，蒼璧。皇考西向配，陳設同，無玉。是日，上常服乘輿至内西天門外神樂觀。二知觀叩頭，起，執香爐導至神路。錦衣衛官跪奏「降輦」，上降輿，導引官導上至大次，具祭服，出。導引官導上由左門入至陛上。典儀唱：「樂舞生就位，執事官各司其事。」內贊、對引官導上至拜位，內贊奏：「就位。」典儀唱：「迎帝神。」奏樂，樂止，奏：「四拜。」傳贊百官同。典儀唱：「奠玉帛。」奏樂。奏：「陞壇。」內贊導上至上帝香案前，跪奏：「搢圭。」奏：「上香。」訖，上受玉帛，奏：「獻玉帛。」訖。奏：「出圭。」內贊導上至配位香案前，儀同前。奏：「復位。」樂止，典儀唱：「進俎。」奏樂，齊郎舁安訖，奏：「陞壇。」內贊導上至上帝前，奏：「搢圭。」奏：「進俎。」奏：「出圭。」內贊導上至配位前。儀同前。奏：「復位。」樂止。典儀唱：「行初獻禮。」奏樂，奏：「陞壇。」內贊導上至上帝前，奏：「搢圭。」上受爵。奏：「獻爵。」訖，奏：「出圭。」奏：「詣讀祝位。」樂暫止，奏：「跪。」傳贊衆官皆跪。贊：「讀祝。」訖，樂復作。奏：「俛伏，興，平身。」傳贊百官同。內贊導上至配位前，同前。獻爵訖，奏：「復位。」樂止。典儀唱：「行亞獻禮、終獻禮。」儀同初獻，惟不讀祝。樂止，太常卿立于殿西，東向，唱：「賜福胙。」內贊奏：「詣飲福位。」內贊導上至祝飲位。光禄寺卿捧福酒胙，跪進于左。奏：「跪。」奏：「搢圭。」奏：「飲福酒。」訖，奏：「受胙。」訖，奏：「出圭。」奏：「俯伏，興，平身。」奏：「復位。」奏：「四拜。」傳贊百官同。典儀唱：「徹饌。」奏樂，樂止。典儀唱：「送帝神。」樂奏。四拜。傳贊百官同。樂止。典儀唱：「讀祝官捧祝，進帛官捧帛，掌祭官捧饌，各恭詣泰壇上。」退拜位之東立。典儀唱：「望燎。」奏樂。捧祝、帛、饌官出殿中門，奏：「詣望燎位。」內贊、對引官導上至望燎位。燎半，奏：「禮畢。」導引官導上至大次，易祭服，出，樂止，上回。

【《明史·樂志》】嘉靖十七年，定大饗樂章。

迎神，《中和》之曲　於皇穆清兮弘覆惟仁，既成萬寶兮惠此烝民。祇受厥明兮欲報無因，爰稽古昔兮式展明禋。肅肅廣庭兮遥遥紫旻，笙鏞始奏兮祥風導雲。臣拜稽首兮中心孔殷，爰瞻寶輦兮森羅萬神。庶幾昭格兮眷命其申，徘徊顧歆兮鑒我恭寅。

奠玉帛，《肅和》之曲　捧珪幣兮瑶堂，穆將愉兮聖皇。秉予心兮純一，荷帝德兮溥將。

進俎，《凝和》之曲　歲功阜兮庶類成，黍稷飶兮濡鼎馨。敬薦之兮斟非輕，大禮不煩兮惟一誠。

初獻，《壽和》之曲　金風動兮玉宇澄，初獻觴兮交聖靈。瞻元造兮懷鴻禎，曷以酬之心怦怦。

亞獻，《豫和》之曲　帝眷我兮居歆，紛繁會兮五音。再捧觴兮莫殫臣心，❶惟帝欣懌兮生民是任。

終獻，《熙和》之曲　綏萬邦兮屢豐年，眇眇予躬兮實荷昊天。酒三獻兮心益虔，帝命參與兮勿遽旋。

徹饌，《雍和》之曲　祀禮既洽兮神人肅雍，享帝享親兮勉竭臣衷。惟洪恩兮罔極，儼連蜷兮聖容。

送神，《清和》之曲　《九韶》既成兮金玉鏗鏘，百辟森立兮戚羽斯藏。皇天在上兮昭考在旁，嚴父配天兮祇修厥常。殷薦既終兮神去無方，玄雲上升兮鸞鵠參

❶「捧觴」至下文「眇予躬兮實」三十五字，原無，據庫本、《明史·樂志》補。

翔。靈光回照兮郁乎芬芳，載慕載瞻兮願錫亨昌。子孫庶民兮惟帝是將，於昭明德兮永懷不忘。

望燎，《時和》之曲　龍輿杳杳兮歸上方，金風應律兮燎斯揚，達精誠兮合靈光。帝廷納兮玉帛將，顧下土兮眷不忘，願錫吾民兮長阜康。

【《唐胄傳》】帝欲祀獻皇帝明堂，配上帝。胄力言不可，下詔獄拷掠，削籍歸。

【《豐熙傳》】子坊，嘉靖二年進士，出爲南京吏部考功主事。尋謫通州同知。免歸。家居貧乏，思效張璁、夏言片言取通顯。十七年，詣闕上書，言建明堂事，又言宜加獻皇帝廟號稱宗，以配上帝。世宗大悦。未幾，進號睿宗，配饗玄極殿。其議蓋自坊始，人咸惡坊畔父云。明年復進《慶雲雅詩》一章，詔付史館。待命久之，竟無所進擢，歸家悒悒以卒。

蕙田案：豐坊獻邪説以邀寵，卒悒悒以卒，可謂枉自爲小人矣。然當時亦必有惡之而使之然者，豈非公議有不可泯没者乎！諂如嚴嵩，尚爲兩可之論，而坊竟毅然出之，異哉！

【王圻《續通考》】十八年九月六日，遣成國公朱希忠行大享禮于玄極殿，奉皇考配帝。

【《明史·禮志》】二十一年，敕諭禮部：「季秋大享明堂，成周禮典，與郊祀並行。曩以享地未定，特祭于玄極寶殿，朕誠未盡。南郊舊殿原爲大祀所，昨歲已令有司撤之。朕自作制象，立爲殿，恭薦名曰泰享，用昭寅奉上帝之意。」乃定歲以秋季大享上帝，奉皇考睿宗配享。行禮如南郊，陳設如祈穀。明年，禮部尚書費寀以大享殿工將竣，請帝定殿門名，門曰大享，殿曰皇乾。及殿成，而大享仍于玄極寶殿，遣官行禮以爲常。

【《會典》】嘉靖二十四年，即故大祀殿之址建大享殿，而建皇乾殿于大享殿北，以藏神版。命禮部歲用季秋，奏請擇吉行大享禮，已又命暫行于玄極寶殿。

【《明史·穆宗本紀》】隆慶元年正月丙寅，罷睿宗明堂配享。

【《禮志》】隆慶元年，禮臣言：「我朝大享之禮，自皇考舉行，追崇睿宗，以昭嚴父配天之孝。自皇上視之，則睿宗爲皇祖，非周人宗祀文王于明堂之義。」于是帝從其請，罷大享禮，命玄極寶殿仍改欽安殿。

【《續通考》】王氏圻曰：明初無明堂之制，世宗執嚴父配天之説，特創斯禮，以追隆所生。玄極既配之後，明年，幸承天，享帝于龍飛殿，亦奉獻皇帝配，所以尊其親者至矣。其後自定規制，更建泰享殿，三年而後成。一時創制更新，典物隆備，宜與合宫世室，昭垂令典矣。乃殿成而祀事不舉，内殿殷薦，止于代攝，蓋帝排正議，崇私親，雖矯强于一時，終有惄然不自安者。故禮臣敦請，屢諭緩行，非僅耽奉玄修，憚乘輿之一出也。穆宗即位，以禮臣議罷之，允矣。

蕙田案：明代明堂之禮肇于世宗，然大享殿並非五室九階之制，大祀禮行于玄極道士之宫，并與唐宋之規摹講求者異矣。至違正議而豐私昵，憚親行而藉攝事，不能見喻于臣民，矧可希踪于古哲耶！

右明明堂。

五禮通考卷第三十

淮陰吴玉搢校字

鳴謝

《儒藏》精華編惠蒙善助，共襄斯文；謹列如左，用伸謝忱。

本焕法師　壹佰萬元

智海企業集團董事長　馮建新先生　壹佰萬元

NE・TIGER 時裝有限公司董事長　張志峰先生　壹佰萬元

張貞書女士　壹佰萬元

北京大學《儒藏》編纂與研究中心

本册审稿人　方向東　王　鍔

本册責任編委　沙志利

圖書在版編目(CIP)數據

儒藏.精華編.六二/北京大學《儒藏》編纂與研究中心編.—北京：北京大學出版社，2020.7

ISBN 978-7-301-11780-4

Ⅰ.①儒… Ⅱ.①北… Ⅲ.①儒家 Ⅳ.①B222

中國版本圖書館CIP數據核字（2020）第027593號

書　　名	儒藏（精華編六二） RUZANG（JINGHUABIAN LIUER）
著作責任者	北京大學《儒藏》編纂與研究中心　編
責任編輯	王　應
標準書號	ISBN 978-7-301-11780-4
出版發行	北京大學出版社
地　　址	北京市海淀區成府路205號　100871
網　　址	http://www.pup.cn　　新浪微博：@北京大學出版社
電子信箱	dianjiwenhua@126.com
電　　話	郵購部 010-62752015　發行部 010-62750672　編輯部 010-62756449
印 刷 者	北京中科印刷有限公司
經 銷 者	新華書店
	787毫米×1092毫米　16開本　65印張　750千字
	2020年7月第1版　2020年7月第1次印刷
定　　價	1200.00元

ISBN 978-7-301-11780-4
9 787301 117804 >
定價：1200.00元